검찰 | 법원 | 교정 | 경찰 시험대비

박문각 공무원
기출문제

기출로 합격까지!

- 기본서 체계를 반영한 단원별 문제 구성
- 최신 출제경향 및 개정법령 완벽 반영
- 상세한 해설 및 완벽한 오답 정리

최정훈 편저

최정훈 형법각론
단원별 기출문제집

동영상 강의 www.pmg.co.kr

PREFACE 이 책의 머리말

본서는 기존의 기출문제집을 공무원 수험서에 맞게 개편하여 출간하였다. 막상 마음먹은 개정 작업을 하려 보니 상당한 시간과 정성을 가지고 작업을 하지 않으면 안 될 것 같았고, 기왕 개정을 할 바에는 기존 기출문제집의 단점을 보완하여 공무원 수험서의 틀에 맞추어 수험생들이 효과적으로 대응할 수 있도록 군더더기 없이 전면적인 개정을 하기로 하였다.

공무원 시험에 있어서 형법은 분명 수험생들에게 부담이 되는 과목일 것이다.
그것은 그 양의 방대함과 지난한 이론들의 정리에 연유함이다.

그러나 기출문제를 통하여 중요한 부분을 파악하고, 기본서를 읽으면서 강약을 조절한다면 재미를 느낄 수 있고 또한 고득점을 담보하는 과목임을 부인할 수 없다.

각종 국가고시, 자격시험의 기출문제를 정리함으로써 장래에 출제될 문제를 예상하고, 집중적으로 공부해야 할 포인트를 파악하는 것은 고득점의 비결이고 첩경이라고 저자는 믿는다.

기출지문 하나하나의 내용을 분석하고 이해하여 기본기를 착실하게 닦아 나가는 것은 고득점에 접근하는 최선의 방법이다. 기본이 탄탄할 때 신경향 문제의 적응력도 높아지기 때문이다.

본서는 2025년까지의 각종 국가고시(변호사 시험, 법원행시, 7급·9급 국가직, 법원직, 경찰간부, 경찰승진, 일반순경 채용시험)과 자격시험(법무사)의 기출문제를 가급적 총 망라하여 정리하였다.

본서는 다음과 같은 점에 유의하여 구성하였다.
첫째 – 수험생들에게 익숙한 기본서 편제에 따라 문제를 편성하여 전체적인 체계가 낯설지 않도록 배려하였다.

둘째 – 2025년까지의 각종 국가고시 문제와 자격시험의 기출문제를 자세한 해설과 정확한 정답을 명쾌히 정리하였다.

셋째 – 기본서 순서대로 문제를 배열하였고 함정에 빠지기 쉬운 비교 문제를 순차적으로 나열함으로써 한 페이지에서 이를 비교·정리할 수 있도록 하였다.

넷째 – 기존 기출문제집의 단점이었던 중복된 기출 지문을 공무원 수험서의 틀에 맞게 중복되지 않게 4지선다로 편집·응용하여 효율적이고 알차게 정리하였다.

본서가 생명을 얻기까지 많은 분들의 도움이 있었다.
바쁘신 와중에도 본서의 출간에 힘이 되어 주신 박문각 편집부 김미리님, 춥거나 덥거나 연구실 골방에서 물심양면으로 애써준 도규민, 최수현 조교에게 지면을 통해 진심으로 감사드린다.

아울러 본서를 믿고 아껴주시고 자신과의 외로운 싸움을 하고 있는 수험생 여러분들의 격려와 질책에 감사드리고 조속히 수험생 여러분 앞날에 승전보가 전해지기를 간절히 기원한다.

최정훈 드림

Part 01 개인적 법익에 대한 죄

Chapter 01 생명과 신체에 대한 죄 8
제1절 살인의 죄 8
제2절 상해와 폭행의 죄 13
제3절 과실치사상의 죄 24
제4절 낙태의 죄 28
제5절 유기와 학대의 죄 29

Chapter 02 자유에 대한 죄 33
제1절 협박의 죄 33
제2절 강요의 죄 37
제3절 체포와 감금의 죄 40
제4절 약취와 유인 및 인신매매의 죄 46
제5절 강간과 추행의 죄 51

Chapter 03 명예와 신용에 대한 죄 68
제1절 명예에 관한 죄 68
제2절 신용·업무와 경매에 관한 죄 93

Chapter 04 사생활의 평온에 대한 죄 109

Chapter 05 재산에 대한 죄 122
제1절 재산죄 일반 122
제2절 절도의 죄 128
제3절 강도의 죄 144
제4절 사기의 죄 168
제5절 공갈의 죄 224
제6절 횡령의 죄 235
제7절 배임의 죄 268
제8절 장물의 죄 307
제9절 손괴의 죄 322
제10절 권리행사방해의 죄 331

Part 02 사회적 법익에 대한 죄

Chapter 01 공공의 안전과 평온에 대한 죄 — 356
제1절 공안을 해하는 죄 — 356
제2절 폭발물에 관한 죄 — 359
제3절 방화와 실화·일수의 죄 — 360
제4절 교통방해의 죄 — 372

Chapter 02 공공의 신용에 대한 죄 — 381
제1절 문서에 관한 죄 — 381
제2절 유가증권·인지·우표에 관한 죄 — 439
제3절 통화에 관한 죄 — 452
제4절 인장에 관한 죄 — 456

Chapter 03 사회의 도덕에 대한 죄 — 458
제1절 성풍속에 관한 죄 — 458
제2절 도박과 복표에 관한 죄 — 464
제3절 신앙에 관한 죄 — 470

Part 03 국가적 법익에 대한 죄

Chapter 01 국가의 존립과 권위에 대한 죄 — 474
Chapter 02 국가의 기능에 대한 죄 — 481
제1절 공무원의 직무에 관한 죄 — 481
제2절 공무방해에 관한 죄 — 530
제3절 도주와 범인은닉의 죄 — 575
제4절 위증과 증거인멸의 죄 — 585
제5절 무고의 죄 — 603

최정훈 형법각론
단원별 기출문제집

PART 01

개인적 법익에 대한 죄

Chapter 01 생명과 신체에 대한 죄
Chapter 02 자유에 대한 죄
Chapter 03 명예와 신용에 대한 죄
Chapter 04 사생활의 평온에 대한 죄
Chapter 05 재산에 대한 죄

Chapter 01 생명과 신체에 대한 죄

출제 방향

살인죄에서는 사람의 시기, 고의의 인정 여부, 자살관여죄의 인정 여부를 중심으로 판례를 숙지하여야 하고, 상해죄와 폭행죄, (업무상)과 실치사상죄에서는 각 범죄의 인정 여부에 관한 판례를 숙지하여야 한다. 또한, 유기죄의 주체에 관한 판례의 인정 여부를 학습하여야 한다.

제1절 살인의 죄

◎ 지문의 내용에 대해 학설의 대립 등 다툼이 있는 경우 판례에 의함

01 살인의 죄에 대한 설명으로 가장 적절하지 않은 것은?

① 피고인이 7세, 3세 남짓된 어린자식들에 대하여 함께 죽자고 권유하여 물속에 따라 들어오게 하여 결국 익사하게 하였다면 비록 피해자들을 물속에 직접 밀어서 빠뜨리지 않았다고 하더라도 자살의 의미를 이해할 능력이 없고, 피고인의 말이라면 무엇이나 복종하는 어린 자식들을 권유하여 익사하게 한 이상 살인죄가 성립한다.

② 살인예비죄가 성립하기 위해서는 살인죄의 실현을 위한 준비행위가 있어야 하는데, 여기서 준비행위는 객관적으로 보아 살인죄의 실현에 실질적으로 기여할 수 있는 외적 행위임을 요하지 아니하고 단순히 범행의 의사 또는 계획만으로도 족하다.

③ 자살방조죄는 자살하려는 사람의 자살행위를 도와주어 용이하게 실행하도록 함으로써 성립되는 것으로서, 그 방법에는 자살도구인 총, 칼 등을 빌려주거나 독약을 만들어 주거나 조언 또는 격려를 한다거나 기타 적극적, 소극적, 물질적, 정신적 방법이 모두 포함될 수 있다.

④ 혼인 외의 출생자가 인지하지 않은 생모를 살해하면 존속살해죄가 성립한다.

해설

① 【O】 피고인이 7세, 3세 남짓된 어린자식들에 대하여 함께 죽자고 권유하여 물속에 따라 들어오게 하여 결국 익사하게 하였다면 비록 피해자들을 물속에 직접 밀어서 빠뜨리지는 않았다고 하더라도 자살의 의미를 이해할 능력이 없고 피고인의 말이라면 무엇이나 복종하는 어린 자식들을 권유하여 익사하게 한 이상 살인죄의 범의는 있었음이 분명하다(대판 1987.1.20. 86도2395). 즉 자살교사·방조죄의 객체인 '사람'은 자살의 의미를 이해하고 자유로운 의사결정능력이 있어야 하므로, 이러한 능력이 없는 유아나 심신상실자는 동죄의 객체가 될 수 없고, 이들의 자살을 교사·방조한 때에는 살인죄(간접정범)가 성립할 뿐이다. 19. 경찰승진

② 【X】 형법 제255조, 제250조의 살인예비죄가 성립하기 위하여는 형법 제255조에서 명문으로 요구하는 살인죄를 범할 목적 외에도 살인의 준비에 관한 고의가 있어야 하며, 나아가 실행의 착수까지는 이르지 아니하는 살인죄의 실현을 위한 준비행위가 있어야 한다. 여기서의 준비행위는 물적인 것에 한정되지 아니하며 특별한 정형이 있는 것도 아니지만, 단순히 범행의 의사 또는 계획만으로는 그것이 있다고 할 수 없고 객관적으로 보아서 살인죄의 실현에 실질적으로 기여할 수 있는 외적 행위를 필요로 한다.

> **사실관계**
> 甲이 乙을 살해하기 위하여 丙, 丁 등을 고용하면서 그들에게 대가의 지급을 약속한 경우, 甲에게는 살인죄를 범할 목적 및 살인의 준비에 관한 고의뿐만 아니라 살인죄의 실현을 위한 준비행위를 하였음을 인정할 수 있어 살인예비죄가 성립한다(대판 2009.10.29. 2009도7150). 19. 경찰승진

③ 【 O 】 자살의 방조란 이미 자살을 결심하고 있는 자에게 유형적·무형적 방법으로 그 자살행위를 돕는 일체의 행위를 말한다. 자살방조죄의 방법에는 그 방법에는 자살도구인 총, 칼 등을 빌려주거나 독약을 만들어 주거나 조언 또는 격려를 한다거나 기타 적극적, 소극적, 물질적, 정신적 방법이 모두 포함된다 할 것이나, 이러한 자살방조죄가 성립하기 위해서는 그 방조 상대방의 구체적인 자살의 실행을 원조하여 이를 용이하게 하는 행위의 존재 및 그 점에 대한 행위자의 인식이 요구된다(대판 2005.6.10. 2005도1373). 19. 경찰승진
④ 【 O 】 대판 1980.9.9. 80도1731 16. 경찰채용 2차

정답 ②

02 다음 설명 중 옳은 것은?

① 甲이 식당주인 A를 살해할 의사로 농약 1포를 숭늉그릇에 투입하여 식당에 놓아두었는데, 식당주인의 딸 B가 이를 마시고 사망한 경우, 甲은 살인죄가 아닌 과실치사죄가 성립한다.
② 선박침몰 등과 같은 급박한 상황이 발생한 경우에 선박의 운항을 지배하고 있는 선장 甲이 자신에게 요구되는 개별적·구체적인 구호의무를 이행함으로써 사망의 결과를 쉽게 방지할 수 있음에도 이를 방관하여 승객의 사망을 초래한 경우, 甲은 부작위에 의한 살인죄가 성립한다.
③ 위계 또는 위력으로써 자살을 결의하게 한 때에는 형법 제252조 제2항 자살교사죄의 예에 의하여 처벌한다.
④ 군인 甲이 하사 A를 살해할 목적으로 발사한 총탄에 이를 제지하려고 甲앞으로 뛰어들던 병장 B가 맞아 사망한 경우 甲은 A에 대한 살인미수죄와 B에 대한 과실치사죄의 상상적 경합이 된다.

해설
① 【 X 】 피고인이 사람을 살해할 의사로서 행위를 하였고 그와 같은 행위에 의하여 살해라는 결과가 발생한 이상 피고인의 행위와 살해라는 결과와의 사이에는 인과관계가 있다고 아니할 수 없으므로 A의 장녀 B를 살해할 의사는 없었다고 주장함으로써 살인기수 사실을 부인하는 취지의 논지는 이유없다(대판 1968.8.23. 68도884). 16. 국가직
② 【 O 】 대판 2015.11.12. 2015도6809(全) 16. 국가직
③ 【 X 】 위계 또는 위력으로써 자살을 결의하게 한 때에는 형법 제250조(살인죄 또는 존속살해죄)의 예에 의하여 처벌한다(형법 제253조). 16. 경찰채용 2차
④ 【 X 】 [1] 사람을 살해할 목적으로 총을 발사한 이상 그것이 목적하지 아니한 다른 사람에게 명중되어 사망의 결과가 발생하였다 하더라도 살의를 조각하지 않는다.
[2] 피고인 甲이 하사 A를 살해할 목적으로 발사한 총탄이 이를 제지하려고 甲앞으로 뛰어들던 병장 B에게 명중되어 B가 사망한 경우 B에 대한 살인죄가 성립한다(대판 1975.4.22. 75도727). 16. 국가직

정답 ②

03 살인의 죄에 관한 다음 설명 중 가장 틀린 것은?

① 독립행위가 사망의 결과에 원인이 된 것이 분명한 경우에는 각 행위를 모두 기수범으로 처벌한다고 하여 어떤 모순이 있을 수 없으므로 이미 총격을 받은 피해자에 대한 확인사살도 살인죄가 성립한다.

② 형법 제252조 제2항의 자살방조죄는 자살하려는 사람의 자살행위를 도와주어 용이하게 실행하도록 함으로써 성립되는 것으로서, 방조 상대방의 구체적인 자살의 실행을 원조하여 이를 용이하게 하는 행위의 존재 및 그 점에 대한 행위자의 인식이 요구된다.

③ 강도의 공범자 중 1인이 강도의 기회에 피해자의 신체에 대하여 폭행을 가하거나 피해자의 신체를 상해하여 피해자를 살해한 경우에, 살인까지는 공모하지 아니한 다른 공범자도 폭행이나 상해로 생긴 결과에 대하여 공범으로서의 책임을 져야 하므로 강도치사죄로 처벌할 수 있다.

④ 사람을 살해한 자가 그 살해의 목적을 수행함에 있어 사후 사체의 발견이 불가능 또는 심히 곤란하게 하려는 의사로 인적이 드문 장소로 피해자를 유인하거나 실신한 피해자를 끌고 가서 그곳에서 살해하고 사체를 그대로 둔 채 도주하여 사체의 발견이 현저하게 곤란하게 된 경우에는 살인죄와 별도로 사체은닉죄가 성립한다.

해설

① 【O】 대판 1980.5.20. 80도306(全) 12. 법원행시
② 【O】 대판 2005.6.10. 2005도1373 12. 법원행시
③ 【O】 대판 1991.11.12. 91도2156 12. 법원행시
④ 【X】 살인, 강도살인 등의 목적으로 사람을 살해한 자가 그 살해의 목적을 수행함에 있어 사후 사체의 발견이 불가능 또는 심히 곤란하게 하려는 의사로 인적이 드문 장소로 피해자를 유인하거나 실신한 피해자를 끌고 가서 그곳에서 살해하고 사체를 그대로 둔 채 도주한 경우에는 비록 결과적으로 사체의 발견이 현저하게 곤란을 받게 되는 사정이 있다 하더라도 별도로 사체은닉죄가 성립되지 아니한다(대판 1986.6.24. 86도891). 12. 법원행시

정답 ④

04 생명과 신체에 대한 죄에 관한 설명 중 가장 적절하지 않은 것은?

① 전문의 甲이 보호자의 간청에 따라 치료를 요하는 자기 환자 乙의 치료를 중단하고 퇴원을 허용하는 조치를 취함으로써 乙을 사망에 이르게 한 경우 甲은 살인죄의 정범이 된다.

② 소란을 피우는 피해자를 말리다가 피해자가 욕하는데 격분하여 예리한 칼로 피해자의 왼쪽 가슴부분에 길이 6cm, 깊이 17cm의 상처 등이 나도록 찔러 곧바로 좌측심낭까지 절단된 경우 피고인에게 살인의 고의가 인정된다.

③ 피고인이 범행 당시 살인의 범의는 없었고 단지 상해 또는 폭행의 범의만 있었을 뿐이라고 다투는 경우에 범행 당시 살인의 범의가 있었는지 여부는 피고인이 범행에 이르게 된 경위, 범행의 동기, 준비된 흉기의 유무·종류·용법, 공격의 부위와 반복성, 사망의 결과발생 가능성 정도 등 범행 전후의 객관적인 사정을 종합하여 판단할 수밖에 없다.

④ 조산원이 분만이 개시된 후 분만 중인 태아를 질식사에 이르게 한 경우에는 업무상 과실치사죄가 성립한다.

해설
① 【 X 】 보호자가 의학적 권고에도 불구하고 치료를 요하는 환자의 퇴원을 간청하여 담당 전문의와 주치의가 치료중단 및 퇴원을 허용하는 조치를 취함으로써 환자를 사망에 이르게 한 행위에 대하여 보호자, 담당 전문의 및 주치의가 부작위에 의한 살인죄의 공동정범으로 기소된 사안에서, 담당 전문의와 주치의에게 환자의 사망이라는 결과 발생에 대한 정범의 고의는 인정되나 환자의 사망이라는 결과나 그에 이르는 사태의 핵심적 경과를 계획적으로 조종하거나 저지·촉진하는 등으로 지배하고 있었다고 보기는 어려워 공동정범의 객관적 요건인 이른바 기능적 행위지배가 흠결되어 있다는 이유로 작위에 의한 살인방조죄만 성립한다(대판 2004.6.24. 2002도995). 15. 경찰승진
② 【 O 】 대판 1991.10.22. 91도2174 15. 경찰승진
③ 【 O 】 대판 2009.2.26. 2008도9867 16. 경찰채용 2차
④ 【 O 】 대판 1982.10.12. 81도2621 15. 경찰승진

정답 ①

05 생명과 신체에 관한 죄에 대한 설명 중 옳지 않은 것은?

① 공휴일 또는 야간에 구치소 소장을 대리하는 당직간부에게는 구치소에 수용된 수용자들의 생명·신체에 대한 위험을 방지할 법령상 내지 조리상의 의무가 있고, 이와 같은 의무를 직무로서 수행하는 교도관들의 업무는 업무상과실치사죄에서 말하는 업무에 해당한다.
② 甲이 乙을 살해하려고 하였으나 미수에 그친 경우 乙로부터 사후의 승낙을 받았다 하더라도 甲은 승낙살인죄의 미수범이 아니라 살인미수죄로 처벌된다.
③ 양친자관계를 창설하려는 명백한 의사가 있고 기타 입양의 실질적 요건이 구비되었음에도 입양신고를 하지 아니한 채 친생자 출생신고를 한 이후 계속하여 자신을 양육하여 온 사람을 살해한 경우 존속살해죄가 성립한다.
④ 형법의 해석상 태아는 임산부 신체의 일부에 해당된다고 볼 수 있어, 낙태행위는 임산부 신체의 일부에 대한 훼손이나 임산부의 태아 양육·출산 기능의 침해 측면에서 낙태죄와는 별개로 임산부에 대한 상해죄를 구성한다.

해설
① 【 O 】 대판 2007.5.31. 2006도3493 12. 사시
② 【 O 】 사후승낙은 유효한 승낙이 될 수 없다. 12. 사시
③ 【 O 】 피고인을 친생자로 한 출생신고는 피해자와 피고인 사이에서도 입양신고로서 효력이 있으므로 피고인은 피해자의 양자라고 할 것이고, 피고인이 피해자를 살해한 경우 존속살해죄가 성립한다(대판 2007.11.29. 2007도8333, 2007감도22). 12. 사시
④ 【 X 】 우리 형법은 태아를 임산부 신체의 일부로 보거나, 낙태행위가 임산부의 태아양육, 출산 기능의 침해라는 측면에서 낙태죄와는 별개로 임산부에 대한 상해죄를 구성하는 것으로 보지는 않는다고 해석된다. 따라서 태아를 사망에 이르게 하는 행위가 임산부 신체의 일부를 훼손하는 것이라거나 태아의 사망으로 인하여 그 태아를 양육, 출산하는 임산부의 생리적 기능이 침해되어 임산부에 대한 상해가 된다고 볼 수는 없다(대판 2007.6.29. 2005도3832). 12. 사시

정답 ④

06 자살교사·방조죄에 관한 다음의 설명 중 가장 옳지 않은 것은?

① 피고인이 7세, 3세 남짓된 어린자식들에 대하여 함께 죽자고 권유하여 물속에 따라 들어오게 하여 결국 익사하게 하였다면, 비록 피해자들을 물속에 직접 밀어서 빠뜨리지는 않았다고 하더라도 자살의 의미를 이해할 능력이 없고 피고인의 말이라면 무엇이나 복종하는 어린 자식들을 권유하여 익사하게 한 이상 자살교사죄에 해당한다.

② 피고인과 말다툼을 하다가 죽고 싶다 또는 같이 죽자고 하며 피고인에게 기름을 사오라는 말을 하였고, 이에 따라 피고인이 피해자에게 휘발유 1병을 사다주었는데 그 직후에 피해자가 몸에 휘발유를 뿌리고 불을 붙여 자살하였고 피해자의 자살경위가 피고인과 피해자 사이의 가정불화 등이었다면, 피고인이 휘발유를 이용하여 자살할 수도 있다는 것을 충분히 예상할 수 있었으므로 자살방조죄가 성립한다.

③ 자살방조죄가 성립하기 위해서는 그 방조 상대방의 구체적인 자살의 실행을 원조하여 이를 용이하게 하는 행위의 존재 및 그 점에 대한 행위자의 인식이 요구된다.

④ 피고인이 인터넷 사이트 내 자살 관련 카페 게시판에 청산염 등 자살용 유독물의 판매광고를 하였더라도 그것이 단지 금원 편취 목적의 사기행각의 일환으로 이루어졌고, 변사자들이 다른 경로로 입수한 청산염을 이용하여 자살하였다면, 피고인의 행위는 자살방조에 해당하지 않는다.

해설

① 【 X 】 자살교사·방조죄의 객체인 '사람'은 자살의 의미를 이해하고 자유로운 의사결정능력이 있어야 하므로, 이러한 능력이 없는 유아나 심신상실자는 동죄의 객체가 될 수 없고, 이들의 자살을 교사·방조한 때에는 살인죄(간접정범)가 성립할 뿐이다. 14. 경찰간부
② 【 O 】 대판 2010.4.29. 2010도2328 14. 경찰간부
③ 【 O 】 대판 2005.6.10. 2005도1373 14. 경찰간부
④ 【 O 】 대판 2005.6.10. 2005도1373 14. 경찰간부

정답 ①

제2절 상해와 폭행의 죄

◎ 지문의 내용에 대해 학설의 대립 등 다툼이 있는 경우 판례에 의함

01 상해와 폭행의 죄에 관한 설명으로 가장 적절하지 않은 것은?

① 甲이 동일한 일시, 장소에서 동일한 목적을 가지고 이발용 면도칼을 휘둘러 乙과 丙에게 상해를 입힌 경우, 甲의 행위는 피해자별로 각각 별개의 상해죄가 성립하는 것이 아니라, 1개의 행위가 수개의 죄에 해당하는 경우라고 보아야 한다.
② 폭행죄는 피해자의 명시한 의사에 반하여 공소를 제기할 수 없는 반의사불벌죄로서 처벌불원의 의사표시는 의사능력이 있는 피해자가 단독으로 할 수 있는 것이고, 피해자가 사망한 후 그 상속인이 피해자를 대신하여 처벌불원의 의사표시를 할 수는 없다고 보아야 한다.
③ 상해죄 및 폭행죄의 상습범에 관한 「형법」 제264조에서 말하는 '상습'이란 동 규정에 열거된 상해 내지 폭행 행위의 습벽을 말하는 것이므로, 동 규정에 열거되지 아니한 다른 유형의 범죄까지 고려하여 상습성의 유무를 결정하여서는 아니 된다.
④ 甲이 乙에게 중상해를 교사하였는데 乙이 이를 넘어 살인을 실행한 경우, 일반적으로 甲은 중상해죄의 죄책을 지게 되는 것이지만, 이 경우에 甲에게 피해자의 사망이라는 결과에 대하여 과실 내지 예견가능성이 있는 때에는 상해치사죄의 죄책을 지울 수 있다.

[해설]
① 【X】 상해를 입힌 행위가 동일한 일시·장소에서 동일한 목적으로 저질러진 것이라 하더라도 피해자를 달리하고 있으면 피해자별로 각각 별개의 상해죄를 구성한다고 보아야 할 것이고 1개의 행위가 수개의 죄에 해당하는 경우라고 볼 수 없다(대판 1983.4.26. 83도524). 25. 경찰
② 【O】 대판 2010.5.27. 2010도2680 25. 경찰
③ 【O】 상습폭행죄의 상습성을 판단함에 있어 피고인의 재물손괴나 주거침입 전과까지 종합하여 판단하는 것은 위법하다(대판 2018.4.24. 2017도21663). 25. 경찰
④ 【O】 대판 2002.10.25. 2002도4089 25. 경찰

정답 ①

02 상해와 폭행의 죄에 관한 설명으로 가장 적절하지 않은 것은?

① 형법은 태아를 임산부 신체의 일부로 보거나, 낙태행위가 임산부의 태아양육, 출산 기능의 침해라는 측면에서 임산부에 대한 상해죄를 구성하는 것으로 보지는 않는다고 해석된다.
② 다방 종업원 숙소에 이르러 종업원들 중 1인이 자신을 만나주지 않는다는 이유로 시정된 탁구장문과 주방문을 부수고 주방으로 들어가 방문을 열어주지 않으면 모두 죽여버린다고 폭언하면서 시정된 방문을 단순히 수회 발로 찬 甲의 행위도 종업원들의 신체에 대한 유형력의 행사로 볼 수 있어 폭행죄에 해당한다.
③ 식당의 운영자인 甲이 식당 밖에서 당겨 열도록 표시되어 있는 출입문을 열고 음식 배달차 밖으로 나가던 중 이웃 가게 손님으로 마침 위 식당 출입문 앞쪽 길가에 서 있던 A의 오른발 뒤꿈치 부위를 위 출입문 모서리 부분으로 충격하여 상해를 입게 한 행위는 업무상과실치상죄의 성립을 인정할 수 없다.
④ 甲이 상습으로 A를 폭행하고, 어머니 B를 존속폭행하였다는 내용으로 기소된 사안에서, 甲에게 폭행 범행을 반복하여 저지르는 습벽이 있고 이러한 습벽에 의하여 단순폭행, 존속폭행 범행을 저지른 사실이 인정된다면 단순폭행, 존속폭행의 각 죄별로 상습성을 판단할 것이 아니라 포괄하여 그 중 법정형이 가장 중한 상습존속폭행죄만 성립할 여지가 있다.

【해설】
① 【 O 】 대판 2007.6.29. 2005도3832 22. 경찰
② 【 X 】 다방 종업원들의 숙소에 이르러 종업원 중 1인이 피고인을 만나주지 않는다는 이유로 주방문을 부수고 주방으로 들어가 방문을 열어주지 않으면 모두 죽여 버린다고 폭언하면서 시정된 방문을 수회 발로 찬 피고인의 행위는 다른 범죄가 성립함은 별론으로 하고, 단순히 방문을 발로 몇 번 찼다고 하여 그것이 피해자들의 신체에 대한 유형력의 행사로는 볼 수 없어 폭행죄에 해당한다 할 수 없다(대판 1984.2.14. 83도3186). 22. 경찰
③ 【 O 】 업무상과실치상을 인정할 수 없다(대판 2009.10.29. 2009도5753). 단순과실치상죄가 성립한다. 22. 경찰
④ 【 O 】 대판 2018.4.24. 2017도10956 22. 경찰

정답 ②

03 다음 중 상해와 폭행의 죄에 대한 설명으로 가장 옳지 않은 것은?

① 甲과 乙이 의사연락 없이 우연히 A를 각각 폭행하여 상해의 결과가 발생한 경우, 상해가 甲의 폭행에 의한 것으로 밝혀졌다면 乙을 공동정범의 예에 의하여 처벌할 수는 없다.
② 甲에게 폭행 범행을 반복하여 저지르는 습벽이 있고 이러한 습벽에 의하여 단순폭행, 존속폭행 범행을 저지른 사실이 인정된다면 그 중 법정형이 가장 경한 단순폭행의 상습범만 성립한다.
③ 범행 현장에서 범행에 사용하려는 의도로 위험한 물건을 소지하거나 몸에 지닌 경우, 피해자가 이를 인식하지 못하였거나 실제 범행에 사용하지 아니하더라도 특수폭행죄의 '휴대'에 해당한다.
④ 상해죄 및 폭행죄의 상습범에 관한 「형법」제264조에서 말하는 '상습'이란 동 규정에 열거된 상해 내지 폭행 행위의 습벽을 말하고, 동 규정에 열거되지 아니한 다른 유형의 범죄까지 고려하여 상습성의 유무를 결정하여서는 안된다.

【해설】
① 【 O 】 시간적 차이가 있는 독립된 상해행위나 폭행행위가 경합하여 사망의 결과가 일어나고 그 사망의 원인된 행위가 판명되지 않은 경우에는 공동정범의 예에 의하여 처벌할 것이다(대판 2000.7.28. 2000도2466). 다만 상해가 甲의 폭행에 의한 것으로 밝혀졌다면 乙은 상해죄의 공동정범의 예에 의하여 처벌할 수 없고 폭행죄의 죄책을 진다. 23. 해경간부
② 【 X 】 이러한 습벽에 의하여 단순폭행, 존속폭행 범행을 저지른 사실이 인정된다면 단순폭행, 존속폭행의 각 죄별로 상습성을 판단할 것이 아니라 포괄하여 그 중 법정형이 가장 중한 상습존속폭행죄만 성립한다(대판 2018.4.24. 2017도10956). 23. 해경간부
③ 【 O 】 대판 2007.3.30. 2007도914 23. 해경간부
④ 【 O 】 대판 2018.4.24. 2017도21663 23. 해경간부

정답 ②

04 상해와 폭행의 죄에 관한 설명 중 가장 적절하지 않은 것은?

① 태아를 사망에 이르게 하는 행위가 임산부 신체의 일부를 훼손하는 것이라거나 태아의 사망으로 인하여 그 태아를 양육, 출산하는 임산부의 생리적 기능이 침해되어 임산부에 대한 상해가 된다고 볼 수는 없다.
② 폭행죄의 폭행이란 소위 사람의 신체에 대한 유형력의 행사를 가리키며, 그 유형력의 행사는 신체적 고통을 주는 물리력의 작용을 의미하므로 신체의 청각기관을 직접적으로 자극하는 음향도 경우에 따라서는 유형력에 포함될 수 있다.
③ 폭행죄는 반의사불벌죄로서 개인적 법익에 관한 죄이므로 피해자가 폭행과 무관한 사유로 사망한 경우 그 상속인이 피해자를 대신하여 처벌불원의 의사표시를 할 수 있다.
④ 중상해죄는 사람의 신체를 상해하여 생명에 대한 위험을 발생하게 함으로써 성립한다.

[해설]
① 【 O 】 대판 2007.6.29. 2005도3832 17. 경찰승진
② 【 O 】 대판 2003.1.10. 20000도5716 17. 경찰승진
③ 【 X 】 폭행죄는 피해자의 명시한 의사에 반하여 공소를 제기할 수 없는 반의사불벌죄로서 처벌불원의 의사표시는 의사능력이 있는 피해자가 단독으로 할 수 있는 것이고, 피해자가 사망한 후 그 상속인이 피해자를 대신하여 처벌불원의 의사표시를 할 수는 없다고 보아야 한다(대판 2010.5.27. 2010도2680). 17. 경찰승진
④ 【 O 】 형법 제258조 제1항 17. 경찰승진

정답 ③

05 상해와 폭행의 죄에 대한 설명 중 가장 적절한 것은?

① 형법의 폭행죄, 존속폭행죄, 특수폭행죄는 모두 미수범 처벌 규정이 없으며, 피해자의 명시한 의사에 반하여 공소를 제기할 수 없다.
② 甲과 乙이 독립하여 A를 살해하고자 총을 쏘아 탄환 하나가 A의 다리에 적중하여 A가 상해를 입었는데, 甲과 乙 중 누구의 탄환인지 밝혀지지 않은 경우 甲과 乙에게 형법 제263조의 동시범이 성립하지 않는다.
③ 甲은 A와 어머니 B 사이에서 태어난 친생자로 호적부상 등재 되어 있으나 사실은 A가 수년간 집을 떠나 있는 사이에 B가 C와 정교관계를 맺어 甲을 출산한 경우 甲이 A에게 상해를 가하면 甲에게 존속상해죄가 성립한다.
④ 甲이 "방문을 열어주지 않으면 죽여버린다"고 방안에 있는 A에게 폭언을 하면서 잠긴 방문을 발로 차는 경우 폭행죄가 성립한다.

[해설]
① 【 X 】 폭행죄와 존속폭행죄는 반의사불벌죄이나, 특수폭행죄는 반의사불벌죄가 아니다. 20. 경찰승진
② 【 O 】 형법 제263조의 동시범이 성립하지 않고 형법 제19조의 동시범이 적용된다. 20. 경찰승진
③ 【 X 】 친자관계라는 사실은 호적상의 기재여하에 의하여 좌우되는 것은 아니며 호적상 친권자라고 등재되어 있다 하더라도 사실에 있어서 그렇지 않은 경우에는 법률상 친자관계가 생길 수 없다 할 것인바, 피고인은 호적부상 피해자와 모 사이에 태어난 친생자로 등재되어 있으나 피해자가 집을 떠난 사이 모가 타인과 정교관계를 맺어 피고인을 출산하였다면 피고인과 피해자 사이에는 친자관계가 없으므로 존속상해죄는 성립될 수 없다(대판 1983.6.28. 83도996). 20. 경찰승진
④ 【 X 】 폭행죄는 성립하지 않는다(대판 1991.1.29. 90도2153). 20. 경찰승진

정답 ②

06 상해와 폭행의 죄에 대한 설명으로 가장 적절하지 않은 것은?

① 동시 또는 이시의 독립행위가 경합하여 상해의 결과를 발생하게 한 경우에 있어서 그 결과발생의 원인된 행위가 판명되지 아니한 때에는 각 행위자를 공동정범의 예에 의하여 처벌한다.
② 상해죄의 성립에는 상해의 원인인 폭행에 관한 인식이 있으면 충분하고 상해를 가할 의사의 존재는 필요하지 않으나, 폭행을 가한다는 인식마저 없이 행위함으로써 피해자에게 상해를 입힌 경우에는 상해죄가 성립하지 않는다.
③ 폭행죄에 있어서의 폭행이란 사람의 신체에 대한 유형력의 행사를 뜻하므로 반드시 피해자의 신체에 접촉함을 필요로 하고, 피해자에게 근접하여 욕설을 하면서 때릴 듯이 손발을 휘두르거나 물건을 던지는 행위를 한 것만으로는 폭행죄가 성립하지 아니한다.
④ 「형법」 제260조의 폭행죄의 경우, 검사는 피해자의 명시한 의사에 반해 공소를 제기할 수 없다.

해설

① 【 O 】 형법 제263조. 18. 경찰채용 2차
② 【 O 】 상해죄는 결과범이므로 그 성립에는 상해의 원인인 **폭행에 관한 인식이** 있으면 충분하고 상해를 가할 의사의 존재는 필요하지 않으나, 폭행을 가한다는 인식이 없는 행위의 결과로 피해자가 상해를 입었던 경우에는 상해죄가 성립하지 아니한다(대판 1983.3.22. 83도231). 18. 경찰채용 2차
③ 【 X 】 피해자에게 근접하여 욕설을 하면서 때릴 듯이 손발이나 물건을 휘두르거나 던지는 행위는 **직접 피해자의 신체에 접촉하지 않았다고 하여도** 피해자에 대한 불법한 유형력의 행사로서 폭행에 해당하나, 공소사실 중에 때릴 듯이 위세 또는 위력을 보인 구체적인 행위내용이 적시되어 있지 않다면 결국 욕설을 함으로써 위세 또는 위력을 보였다는 취지로 해석할 수밖에 없고 이와 같이 욕설을 한 것 외에 별다른 행위를 한 적이 없다면 이는 유형력의 행사라고 보기 어려울 것이다(대판 1990.2.13. 89도1406). 18. 경찰채용 2차
④ 【 O 】 폭행죄는 반의사불벌죄이다(형법 제260조 제3항). 18. 경찰채용 2차

정답 ③

07 형법 제263조(동시범)에 대한 설명으로 옳지 않은 것은?

① 시간적 차이가 있는 독립된 상해행위나 폭행행위가 경합하여 사망의 결과가 일어나고 그 사망의 원인된 행위가 판명되지 아니한 경우에는 공동정범의 예에 의하여 처벌한다.
② 처음에는 甲이, 그 다음에는 甲의 연락을 받고 온 乙과 丙이 함께 잡귀를 물리친다면서 피해자의 팔과 다리를 붙잡고 배와 가슴을 손과 무릎으로 힘껏 누르고 밟아 피해자가 복강내출혈로 사망에 이르렀으나 원인행위가 판명되지 아니한 경우에는 동시범의 문제가 발생하지 않는다.
③ 피고인은 자신의 행위와 상해의 결과 사이에 개별 인과관계가 존재하지 않음을 입증하더라도 상해의 결과에 대한 책임에서 벗어날 수 없다.
④ 「형법」 제263조는 상해와 폭행죄에 관한 특별규정으로서 그 보호법익을 달리하는 강간치상죄에는 적용할 수 없다.

해설

① 【 O 】 대판 2000.7.28. 2000도2466 19. 국가직
② 【 O 】 동시범은 2인 이상이 **상호의사의 연락없이** 동시에 범죄구성요건에 해당하는 행위를 하였을 때에 성립하는 것이므로, 공범관계에 있어 **공동가공의 의사가 있었다면** 이에는 동시범 등의 문제는 제기될 여지가 없다(대판 1985.12.10. 85도1892). 19. 국가직
③ 【 X 】 형법 제263조를 적용하기 위하여 검사는 실제로 발생한 상해를 야기할 수 있는 구체적인 위험성을 가진 가해행위의 존재를 입증하여야 하므로, 피고인은 자신의 행위와 상해의 결과 사이에 **개별 인과관계가 존재하지 않음을 입증하여** 상해의 결과에 대한 책임에서 벗어날 수 있다(헌재 2018.3.29. 2017헌가10). 19. 국가직
④ 【 O 】 형법 제263조의 동시범은 상해와 폭행죄에 관한 특별규정으로서 동 규정은 그 보호법익을 달리하는 **강간치상죄에는** 적용할 수 없다(대판 1984.4.24. 84도372). 19. 국가직

정답 ③

08 상해와 폭행의 죄에 대한 설명으로 적절한 것은?

① 지하철 공사구간 현장안전업무 담당자인 甲이 공사현장에 인접한 기존의 횡단보도 표시선 안쪽으로 돌출된 강철빔 주위에 라바콘 3개를 설치하고 신호수 1명을 배치하였는데, 피해자가 위 횡단보도를 건너면서 강철빔에 부딪혀 상해를 입은 경우 업무상 과실치상죄가 성립한다.
② 속칭 '생일빵'을 한다는 명목으로 甲이 A를 폭행하였다면 폭행죄에 해당하나, '생일빵'은 사회상규에 위배되지 아니하는 정당행위에 해당하므로, 폭행죄에 대한 위법성이 조각된다.
③ 甲이 자신의 차를 가로막고 서 있는 A를 향해 차를 조금씩 전진시키고 A가 뒤로 물러나면 다시 차를 전진시키는 방식의 운행을 반복하였다면 甲은 특수폭행죄에 해당한다.
④ 상해죄의 성립에는 상해의 원인인 폭행에 관한 인식 및 상해를 가할 의사가 필요하다.

[해설]
① 【X】 사안의 경우 제반 사정에 비추어 피고인이 안전조치를 취하여야 할 업무상 주의의무를 위반하였다고 보기 어려우므로 업무상과실치상죄를 인정할 수 없다(대판 2014.4.10. 2012도11361). 18. 경찰승진
② 【X】 [1] 속칭 '생일빵'을 한다는 명목 하에 피해자를 가격하였다면 폭행죄가 성립하고, 가격행위의 동기, 방법, 횟수 등 제반 사정에 비추어 사회상규에 위배되지 아니하는 정당행위에 해당하지 않는다.
[2] 속칭 '생일빵'을 한다는 명목 하에 피해자를 가격하여 사망에 이르게 한 경우, 폭행과 사망 간에 인과관계는 인정되지만 폭행 당시 피해자의 사망을 예견할 수 없으므로 폭행치사죄는 성립하지 않는다(대판 2010.5.27. 2010도2680). 18. 경찰승진
③ 【O】 사안의 경우 피해자에 대해 위법한 유형력을 행사한 것이라고 보아야 하므로 특수폭행죄가 성립한다(대판 2016.10.27. 2016도9302). 18. 경찰승진
④ 【X】 상해죄의 성립에는 상해의 원인인 폭행에 대한 인식이 있으면 충분하고 상해를 가할 의사의 존재까지는 필요하지 않다(대판 2000.7.4. 99도4341; 대판 1983.3.22. 83도231). 18. 경찰승진

[정답] ③

09 상해와 폭행의 죄에 관한 설명 중 폭행죄에만 해당되는 것은 모두 몇 개인가?

㉠ 존속에 대하여 가중 처벌한다.
㉡ 상습범인 경우에 형을 가중 처벌한다.
㉢ 피해자의 명시한 의사에 반하여 공소를 제기할 수 없다.
㉣ 자기 또는 타인의 형사사건의 수사 또는 재판과 관련하여 고소·고발 등 수사단서의 제공, 진술, 증언 또는 자료 제출에 대한 보복의 목적인 때에는 가중 처벌한다.
㉤ 미수범을 처벌하는 규정이 있다.

① 없음　　　② 1개　　　③ 2개　　　④ 3개

[해설]
㉠ 【X】 상해죄와 폭행죄 모두 존속에 대하여 범한 경우 가중처벌한다(형법 제257조 제2항 및 제260조 제2항) 12. 경찰간부
㉡ 【X】 상해죄와 폭행죄 모두 상습범을 처벌한다(형법 제264조) 12. 경찰간부
㉢ 【O】 상해죄는 반의사불벌죄가 아니지만, 폭행죄는 반의사불벌죄에 해당한다. 12. 경찰간부
㉣ 【X】 상해죄와 폭행죄 모두 '보복범죄의 가중처벌' 규정이 특정범죄 가중처벌 등에 관한 법률에 존재한다(제5조의9). 참고로 동 법상의 가중처벌되는 보복범죄로는 '살인죄, 상해죄, 폭행죄, 체포·감금죄, 협박죄' 등이 있다. 12. 경찰간부
㉤ 【X】 상해죄는 미수범 처벌규정이 있으나, 폭행죄는 거동범으로서 미수범 처벌규정이 없다. 12. 경찰간부

[정답] ②

10 상해와 폭행의 죄에 관한 다음 설명 중 옳지 않은 것은?

① 피해자를 강간하려다가 미수에 그치고 그 과정에서 피해자에게 경부 및 전흉부 피하출혈, 통증으로 약 7일 간의 가료를 요하는 상처가 발생한 경우, 그 상처가 굳이 치료를 받지 않더라도 일상생활을 하는 데 아무런 지장이 없고 시일이 경과함에 따라 자연적으로 치유될 수 있는 정도라고 하더라도 강간치상죄의 상해에 해당한다.

② 구 성폭력범죄의 처벌 및 피해자보호 등에 관한 법률 제9조 제1항의 상해는 피해자의 신체의 완전성을 훼손하거나 생리적 기능에 장애를 초래하는 것으로, 반드시 외부적인 상처가 있어야만 하는 것이 아니고, 여기서의 생리적 기능에는 육체적 기능뿐만 아니라 정신적 기능도 포함된다.

③ 오랜 시간 동안의 협박과 폭행을 이기지 못하고 실신하여 범인들이 불러온 구급차 안에서야 정신을 차리게 되었다면, 외부적으로 어떤 상처가 발생하지 않았다고 하더라도 상해가 있었다고 할 것이다.

④ 시간적 차이가 있는 독립된 상해행위나 폭행행위가 경합하여 사망의 결과가 일어나고 그 사망의 원인된 행위가 판명되지 않은 경우에는 공동정범의 예에 의하여 처벌할 것이다.

[해설]
① 【X】 피해자를 강간하려다가 미수에 그치고 그 과정에서 피해자에게 경부 및 전흉부 피하출혈, 통증으로 약 7일 간의 가료를 요하는 상처가 발생하였으나 그 상처가 굳이 치료를 받지 않더라도 일상생활을 하는 데 아무런 지장이 없고 시일이 경과함에 따라 자연적으로 치유될 수 있는 정도라면 그로 인하여 신체의 완전성이 손상되고 생활기능에 장애가 왔다거나 건강상태가 불량하게 변경되었다고 보기는 어려워 강간치상죄의 상해에 해당하지 않는다(대판 1994.11.4. 94도1311). 17. 경찰간부
② 【O】 대판 1999.1.26. 98도3732 17. 경찰간부
③ 【O】 대판 1996.12.10. 96도2529 17. 경찰간부
④ 【O】 대판 2000.7.28. 2000도2466 17. 경찰간부

정답 ①

11 상해죄에 관한 설명 중 가장 적절하지 않은 것은?

① 1~2개월간 입원할 정도로 다리가 부러진 상해 또는 3주간의 치료를 요하는 우측흉부자상이 중상해에 해당하지 않는다.

② 피해자가 소형승용차 안에서 강간범행을 모면하려고 저항하는 과정에서 피고인과의 물리적 충돌로 인하여 입은 우측 슬관절 부위 찰과상 등이 강간치상죄의 상해에 해당한다.

③ 피해자의 음모의 모근 부분을 남기고 모간 부분만을 일부 잘라냄으로써 음모의 전체적인 외관에 변형만 생겼다면 강제추행치상죄의 상해에 해당하지 않는다.

④ 난소를 이미 제거하여 임신불능 상태에 있는 피해자의 자궁을 적출했다 하더라도 그 경우 자궁을 제거한 것이 신체의 완전성을 해한 것이거나 생활기능에 아무런 장애를 주는 것이 아니고 건강상태를 불량하게 변경한 것도 아니라고 할 것이므로 상해에 해당한다고 볼 수 없다.

[해설] 13. 경찰간부
① 【O】 대판 2005.12.9. 2005도7527
② 【O】 대판 2005.5.26. 2005도1039
③ 【O】 대판 2000.3.23. 99도3099
④ 【X】 난소의 제거로 이미 임신불능 상태에 있는 피해자의 자궁을 적출했다 하더라도 그 경우 자궁을 제거한 것이 신체의 완전성을 해한 것이 아니라거나 생활기능에 아무런 장애를 주는 것이 아니라거나 건강상태를 불량하게 변경한 것이 아니라고 할 수 없고 이는 업무상 과실치상죄에 있어서의 상해에 해당한다(대판 1993.7.27. 92도2345).

정답 ④

12 상해와 폭행의 죄에 대한 설명으로 가장 적절하지 않은 것은?

① 독립행위가 경합하여 상해의 결과를 발생하게 한 경우에 있어서 원인된 행위가 판명되지 아니한 때에는 공동정범의 예에 의한다.

② 피해자에게 상해가 발생하였는지는 객관적·일률적으로 판단할 것이 아니라 피해자의 신체·정신상의 구체적인 상태나 신체·정신상의 변화와 내용 및 정도를 종합적으로 고려하여 판단하여야 한다.

③ 직계존속인 피해자를 폭행하고, 상해를 가한 것이 존속에 대한 동일한 폭력습벽의 발현에 의한 것으로 인정되는 경우, 법정형이 더 중한 상습존속상해죄에 상습존속폭행죄를 포괄시켜 하나의 죄만이 성립한다.

④ 피해자로부터 신용카드를 강취하고 비밀번호를 알아내는 과정에서 피해자에게 입힌 상처가 극히 경미하고 일상생활에 지장을 초래하지 않았고, 그 회복을 위하여 치료행위가 특별히 필요하지 않은 경우에도 강도상해죄의 상해에 해당한다.

해설

① 【 O 】 형법 제263조 19. 경찰승진
② 【 O 】 대판 2017.6.29. 2017도3196 19. 경찰승진
③ 【 O 】 단순폭행, 존속폭행의 범행이 동일한 폭행 습벽의 발현에 의한 것으로 인정되는 경우, 그중 법정형이 더 중한 상습존속폭행죄에 나머지 행위를 포괄하여 하나의 죄만이 성립한다고 봄이 타당하다. 그리고 상습존속폭행죄로 처벌되는 경우에는 형법 제260조 제3항이 적용되지 않으므로, 피해자의 명시한 의사에 반하여도 공소를 제기할 수 있다(대판 2018.4.24. 2017도10956). 19. 경찰승진
④ 【 X 】 피고인들이 피해자의 집에 들어가 피해자의 반항을 억압하고 강취한 신용카드의 비밀번호를 알아내는 과정에서 피해자를 수회 폭행하여 피해자의 얼굴과 팔다리 부분에 멍이 생긴 경우, 피해자가 입은 상처는 일상생활에 지장을 초래하지 않았고 나아가 그 회복을 위하여 치료행위가 특별히 필요하지 않은 정도로서 강도상해죄에 있어서의 상해에 해당된다고 할 수 없다(대판 2003.7.11. 2003도2313). ⇨ 특수강도죄 19. 경찰승진

정답 ④

13 폭행의 죄에 관한 설명 중 가장 옳지 않은 것은?

① 피고인들이 공동하여 피해자를 폭행하여 당구장 3층에 있는 화장실에 숨어 있던 피해자를 다시 폭행하려고 피고인 甲은 화장실을 지키고, 피고인 乙은 당구치는 기구로 문을 내려쳐 부수자 위협을 느낀 피해자가 화장실 창문 밖으로 숨으려다가 실족하여 떨어짐으로써 사망한 경우 피고인들에 대하여 폭행치사죄의 공동정범이 성립된다.
② 피고인은 빚 독촉을 하다가 시비 중 멱살을 잡고 대드는 피해자의 손을 뿌리치고 그를 뒤로 밀어 넘어트려 뒹굴게 하여 그 순간 그 등에 업힌 피해자의 딸(생후 7개월)에게 두개골절 등 상해를 입혀 그로 말미암아 그를 사망케 한 경우 피고인이 폭행을 가한 대상자와 그 폭행의 결과 사망한 대상자가 서로 다른 인격자이므로 폭행치사죄에 해당하지는 않는다.
③ 경륜장 사무실에서 술에 취해 소란을 피우면서 '소화기'를 집어던졌지만 특정인을 겨냥하여 던진 것이 아닌 경우, 위 '소화기'는 폭력행위 등 처벌에 관한 법률 제3조 제1항의 '위험한 물건'에 해당하지 않는다.
④ 거리상 멀리 떨어져 있는 사람에게 전화기를 이용하여 전화하면서 고성을 내거나 그 전화 대화를 녹음 후 듣게 하는 경우는 특수한 방법으로 수화자의 청각기관을 자극하여 그 수화자로 하여금 고통스럽게 느끼게 할 정도의 음향을 이용하였다는 등의 특별한 사정이 없는 한 신체에 대한 유형력의 행사를 한 것으로 보기 어렵다.

【해설】
① 【 O 】 대판 1990.10.16. 90도1786 22. 국가직
② 【 X 】 어린애를 업은 사람을 밀어 넘어뜨려 그 결과 어린애가 사망한 경우, 피고인이 폭행을 가한 대상자와 그 폭행의 결과 사망한 대상자는 서로 다른 인격자라 할지라도 위와 같이 어린애를 업은 사람을 밀어 넘어트리면 그 어린애도 따라서 필연적으로 넘어질 것임은 피고인도 예견하였을 것이므로 어린애를 업은 사람을 넘어트린 행위는 그 어린애에 대해서도 역시 폭행이 된다(대판 1972.11.28. 72도2201). 22. 국가직 7급
③ 【 O 】 대판 2010.4.29. 2010도930 24. 경찰채용 1차
④ 【 O 】 대판 2003.1.10. 2000도5716 22. 국가직

정답 ②

14 폭행죄에 관한 다음 설명 중 가장 적절하지 않은 것은?

① 다방 종업원들의 숙소에 이르러 종업원 중 1인이 피고인을 만나주지 않는다는 이유로 주방문을 부수고 주방으로 들어가 방문을 열어주지 않으면 모두 죽여 버린다고 폭언하면서 시정된 방문을 수회 발로 찬 피고인의 행위는 다른 범죄가 성립함은 별론으로 하고, 단순히 방문을 발로 몇 번 찼다고 하여 그것이 피해자들의 신체에 대한 유형력의 행사로는 볼 수 없어 폭행죄에 해당한다 할 수 없다.
② 외국사절의 숙소 앞에서 시위를 벌이다가 숙소에서 나오던 외국사절을 태운 승용차를 발견하고 5m도 되지 않는 거리에서 위 승용차를 향하여 연이어 계란 4개를 던져 그 중 2개를 위 승용차 운전석 유리창 및 본넷에 맞힌 행위는 외국사절폭행죄에서의 폭행에 해당한다.
③ 형법 제260조에 규정된 폭행죄는 사람의 신체에 대한 유형력의 행사를 가리키므로 음향(音響)은 유형력에 포함될 수 없다.
④ 피해자에게 근접하여 욕설을 하면서 때릴 듯이 손발이나 물건을 휘두르거나 던지는 행위를 한 경우에 직접 피해자의 신체에 접촉하지 않았다고 하여도 피해자에 대한 유형력의 행사로서 폭행에 해당한다.

해설 22. 해경

① 【 O 】 대판 1984.2.14. 83도3186
② 【 O 】 형법 제108조 제1항에서 말하는 외국사절에 대한 폭행죄에 있어서의 폭행이라 함은 외국사절의 신체에 대한 위법한 일체의 유형력의 행사를 의미하고, 여기서의 유형력의 행사는 외국사절의 신체에 대하여 가해지면 충분하며 반드시 신체에 직접적으로 접촉할 필요는 없다. 따라서 계란이 직접으로 외국사절의 몸에 닿진 않았지만, 승용차의 유리에 부딪혀 깨진 것은 폭행으로 볼 수 있다.
③ 【 X 】 신체의 청각기관을 직접적으로 자극하는 음향도 경우에 따라서는 유형력에 포함될 수 있다(대판 2003.1.10. 2000도5716).
④ 【 O 】 대판 1990.2.13. 89도1406

정답 ③

15 다음 설명 중 가장 옳지 않은 것은?

① 甲은 이미 2시간 전 쯤 乙의 가해행위에 의해서 부상을 당하여 의자에 누워있던 丙을 밀어 땅바닥에 떨어지게 하였는데, 그 후 丙이 사망하였으나 그 사망의 원인이 甲의 가해행위 때문인지 아니면 乙의 가해행위 때문인지 밝혀지지 않은 경우 甲에게는 폭행치사죄가 성립한다.
② 甲이 乙에게 근접하여 욕설을 하면서 때릴 듯이 손발이나 물건을 휘두르거나 던지는 행위는 乙에 대한 불법한 유형력의 행사로서 폭행에 해당한다.
③ 공사현장 출입구 앞 도로 한복판을 점거하고 공사차량의 출입을 방해하던 甲의 팔과 다리를 잡고 도로 밖으로 옮기려고 한 경찰관의 적법한 공무집행에 대해, 甲이 경찰관의 팔을 물어뜯어 상해를 입힌 경우 甲에게는 공무집행방해치상죄가 성립한다.
④ 거리상 멀리 떨어져 있는 사람에게 전화기를 이용하여 전화 하면서 고성을 내거나 그 전화 대화를 녹음 후 듣게 하는 경우, 특수한 방법으로 수화자의 청각기관을 자극하여 수화자로 하여금 고통스럽게 느끼게 할 정도의 음향을 이용하였다는 등의 특별한 사정이 없는 한 폭행죄에 있어서의 신체에 대한 유형력의 행사를 한 것으로 보기 어렵다.

해설

① 【 O 】 대판 2000.7.28. 2000도2466 17. 경찰간부
② 【 O 】 대판 1990.2.13. 89도1406 17. 경찰간부
③ 【 X 】 공사현장 출입구 앞 도로 한복판을 점거하고 공사차량의 출입을 방해하던 피고인의 팔과 다리를 잡고 도로 밖으로 옮기려고 한 경찰관의 행위를 적법한 공무집행으로 보고 경찰관의 팔을 물어뜯은 피고인에 대한 공무집행방해 및 상해의 공소사실을 모두 유죄로 인정한 원심의 판단은 정당하다(대판 2013.9.26. 13도643). 17. 경찰간부
④ 【 O 】 대판 2003.1.10. 2000도5716 17. 경찰간부

정답 ③

16 살인 및 폭행·상해의 죄에 관한 설명 중 가장 적절하지 않은 것은?

① 살인예비죄가 성립하기 위하여는 살인죄를 범할 목적 외에도 살인의 준비에 관한 고의가 있어야 한다.
② 자살의 의미를 이해할 능력이 없고 자신의 말은 무엇이나 복종하는 어린 자식을 권유하여 익사하게 하였다면, 물속에 직접 밀어서 빠뜨린 것이 아니더라도 「형법」 제253조의 위계에 의한 살인죄가 성립한다.
③ 시간적 차이가 있는 2인 이상의 독립된 상해행위가 경합하여 사망의 결과가 일어난 경우에 그 원인된 행위가 판명되지 아니한 때에는 공동정범의 예에 의하여야 한다.
④ 단순폭행, 존속폭행의 범행이 동일한 폭행 습벽의 발현에 의한 것으로 인정되어 상습존속폭행죄로 처벌되는 경우 피해자의 명시한 의사에 반하여도 공소를 제기할 수 있다.

해설

① 【O】 대판 2009.10.29. 2009도7150 23. 경찰
② 【X】 피고인이 7세, 3세 남짓 된 어린자식들에 대하여 함께 죽자고 권유하여 물속에 따라 들어오게 하여 결국 익사하게 하였다면 비록 피해자들을 물속에 직접 밀어서 빠뜨리지는 않았다고 하더라도 자살의 의미를 이해할 능력이 없고 피고인의 말이라면 무엇이나 복종하는 어린 자식들을 권유하여 익사하게 한 이상 살인죄의 범의는 있었음이 분명하다(대판 1987.1.20. 86도2395). 즉 형법 제253조의 위계에 의한 살인죄는 자살의 의미를 이해하고 자유로운 의사결정능력이 있어야 하므로, 이러한 능력이 없는 유아나 심신상실자는 동죄의 객체가 될 수 없고, 이들의 자살을 교사·방조한 때에는 살인죄(간접정범)가 성립할 뿐이다. 23. 경찰
③ 【O】 대판 2000.7.28. 2000도2466 23. 경찰
④ 【O】 단순폭행, 존속폭행의 범행이 동일한 폭행 습벽의 발현에 의한 것으로 인정되는 경우, 그중 법정형이 더 중한 상습존속폭행죄에 나머지 행위를 포괄하여 하나의 죄만이 성립한다고 봄이 타당하다. 그리고 상습존속폭행죄로 처벌되는 경우에는 형법 제260조 제3항이 적용되지 않으므로, 피해자의 명시한 의사에 반하여도 공소를 제기할 수 있다(대판 2018.4.24. 2017도10956). 23. 경찰

정답 ②

17 폭력행위 등 처벌에 관한 법률 제3조 제1항의 '위험한 물건'에 관한 설명으로 옳지 않은 것은?

① 견인료납부를 요구하는 교통관리직원을 승용차 앞 범퍼 부분으로 들이받아 폭행한 경우, 그 승용차는 위험한 물건에 해당한다.
② 피고인이 甲과 운전 중 발생한 시비로 한차례 다툼이 벌어진 직후 甲이 계속하여 피고인이 운전하던 자동차를 뒤따라온다고 보고 순간적으로 화가 나 甲에게 겁을 주기 위하여 자동차를 정차한 후 4 내지 5m 후진하여 甲이 승차하고 있던 자동차와 충돌한 경우, 그 자동차는 위험한 물건에 해당한다.
③ 국회의원인 피고인이 한미 자유무역협정 비준동의안의 국회 본회의 심리를 막기 위하여 의장석 앞 발언대 뒤에서 최루탄 1개를 터뜨리고 최루탄 몸체에 남아있는 최루분말을 국회부의장에게 뿌려 폭행한 경우, 위 최루탄과 최루분말은 폭력행위 등 처벌에 관한 법률 제3조 제1항의 '위험한 물건'에 해당하지 아니한다.
④ 피고인이 이혼 분쟁 과정에서 자신의 아들을 승낙 없이 자동차에 태우고 떠나려고 하는 피해자들 일행을 상대로 급하게 추격 또는 제지하는 과정에서 소형승용차로 중형승용차를 충격한 것이며, 충격할 당시 두 차량 모두 정차하여 있다가 막 출발하는 상태로서 차량 속도가 빠르지 않았고 상대방 차량의 손괴 정도가 그다지 심하지 아니하였으며, 이 사건 자동차의 충격으로 피해자들이 입은 상해의 정도가 비교적 경미하였을 경우, 상해 및 손괴행위에 있어 그 소형승용차(라노스)는 위험한 물건에 해당하지 아니한다.

해설 23. 해경간부

① 【O】 대판 1997.5.30. 97도597
② 【O】 대판 2010.11.11. 2010도10256
③ 【X】 **최루탄과 최루분말은** 사회통념에 비추어 상대방이나 제3자로 하여금 생명 또는 신체에 위험을 느낄 수 있도록 하기에 충분한 물건으로서 폭력행위 등 처벌에 관한 법률 제3조 제1항의 '위험한 물건'에 해당한다(대판 2014.6.12. 2014도1894).
④ 【O】 대판 2009.3.26. 2007도3520

정답 ③

18 다음 중 위험한 물건을 휴대하면 형법상 가중 처벌되는 범죄는 모두 몇 개인가?

㉠ 주거침입죄   ㉡ 공무집행방해죄
㉢ 손괴죄   ㉣ 체포죄

① 1개   ② 2개   ③ 3개   ④ 4개

해설
4개의 범죄 모두 가중 처벌한다.
㉠ 【O】 **제320조(특수주거침입)** 단체 또는 다중의 위력을 보이거나 위험한 물건을 휴대하여 전조의 죄를 범한 때에는 5년 이하의 징역에 처한다고 규정하여 가중 처벌
㉡ 【O】 **제144조(특수공무방해)** ① 단체 또는 다중의 위력을 보이거나 위험한 물건을 휴대하여 제136조, 제138조와 제140조 내지 전조의 죄를 범한 때에는 각조에 정한 형의 2분의 1까지 가중한다라고 규정하여 가중 처벌
㉢ 【O】 **제369조(특수손괴)** ① 단체 또는 다중의 위력을 보이거나 위험한 물건을 휴대하여 제366조의 죄를 범한 때에는 5년 이하의 징역 또는 1천만원 이하의 벌금에 처한다라고 규정하여 가중 처벌
㉣ 【O】 **제278조(특수체포, 특수감금)** 단체 또는 다중의 위력을 보이거나 위험한 물건을 휴대하여 전2조의 죄를 범한 때에는 그 죄에 정한 형의 2분의 1까지 가중한다라고 규정하여 가중 처벌

2016년 1월 6일 개정형법상 추가된 범죄(단체 또는 다중의 위력을 보이거나 위험한 물건을 휴대)

1. **제258조의2(특수상해)** ① 단체 또는 다중의 위력을 보이거나 위험한 물건을 휴대하여 제257조 제1항(상해) 또는 제2항의 죄(존속상해)를 범한 때에는 1년 이상 10년 이하의 징역에 처한다.
   ② 단체 또는 다중의 위력을 보이거나 위험한 물건을 휴대하여 제258조의 죄(중상해, 존속중상해)를 범한 때에는 2년 이상 20년 이하의 징역에 처한다.
2. **제324조(강요)** ② 단체 또는 다중의 위력을 보이거나 위험한 물건을 휴대하여 제1항의 죄(강요죄)를 범한 자는 10년 이하의 징역 또는 5천만원 이하의 벌금에 처한다.
3. **제50조의2(특수공갈)** 단체 또는 다중의 위력을 보이거나 위험한 물건을 휴대하여 제350조의 죄를 범한 자는 1년 이상 15년 이하의 징역에 처한다.

정답 ④

제3절 과실치사상의 죄

> 지문의 내용에 대해 학설의 대립 등 다툼이 있는 경우 판례에 의함

01 과실치사상죄에 관한 설명으로 옳은 것은 모두 몇 개인가?

> ㉠ 산후조리원의 신생아 집단관리 책임자 甲이 산후조리원에 입소한 신생아가 계속하여 잦은 설사 등의 이상증세를 보임에도 불구하고 의사의 진찰을 받도록 하지 않아 신생아가 사망한 경우, 甲에게 업무상 과실치사죄가 인정된다.
> ㉡ 임대한 방실의 부엌으로 통하는 문과 벽사이에 0.4센티미터 정도의 틈이 있다면 이는 문 전체를 다시 제작하여 붙이지 않더라도 다른 목재로 부착보수하는 정도로서 그 틈을 막을 수 있는 경우, 이는 임차인의 통상의 수선관리의무에 속한 것이라 못할바 아니므로 위 문틈으로 스며든 연탄가스에 중독되는 사고가 발생했다 하더라도 위 사고는 임대인의 과실로 인한 것이라고 볼 수 없다.
> ㉢ 건물 소유자가 안전배려나 안전관리 사무에 계속적으로 종사하거나 그러한 계속적 사무를 담당하는 지위를 가지지 않은 채, 단지 건물을 비정기적으로 수리하거나 건물의 일부분을 임대한 경우라도 건물 소유자의 위와 같은 행위가 업무상과실치상죄의 '업무'에 해당한다고 보아야 한다.
> ㉣ 의사 A가 자신의 진료를 보조하는 간호사 甲과 乙에게 수술직후의 환자에 대해 1시간 간격으로 4회 활력징후를 측정하라는 지시를 하였으나, 이를 미이행하여 환자에게 발생한 출혈을 조기에 발견하지 못해 과다출혈로 사망한 경우, 甲과 乙에게 업무상과실이 인정된다.

① 1개 ② 2개 ③ 3개 ④ 4개

해설

㉠ 【O】 신생아의 집단관리업무를 책임지는 사람으로서는 건강상태를 면밀히 살펴 이상증세가 보이면 의사나 한의사 등 전문가에게 진료를 받도록 하는 등 적절한 조치를 취하여야 할 업무상 주의의무가 있다(대판 2007.11.16. 2005도1796). 25. 경찰
㉡ 【O】 그 하자가 방실을 사용할 수 없을 정도의 파손상태이거나 임대인에게 수선의무가 있는 대규모의 것이라고는 할 수 없고 임차인의 통상의 수선관리의무에 속한 것이라 못할 바 아니므로 위 사고는 임대인의 과실로 인한 것이라고 볼 수 없다(대판 1985.3.12. 84도2034). 25. 경찰
㉢ 【X】 안전배려 내지 안전관리 사무에 계속적으로 종사하여 사람의 사회생활면에 있어서의 하나의 지위로서의 계속성을 가지지 아니한 채, 단지 건물의 소유자로서 건물을 비정기적으로 수리하거나 건물의 일부분을 임대하였다는 사정만으로 업무상 과실치사상죄의 '업무'에 해당한다고 보기는 어렵다(대판 2009.5.28. 2009도1040). 25. 경찰
㉣ 【X】 대판 2010.10.28. 2008도8606 25. 경찰

정답 ②

02 업무상 과실치사상죄에 대한 다음의 설명 중 옳지 않은 것은 모두 몇 개인가?

㉠ 수술도중에 수술용 메스가 부러지자 담당의사가 부러진 메스조각을 찾아 제거하려고 노력을 다하였으나 찾지 못하자 메스조각의 정확한 위치와 이동상황을 파악한 후 재수술을 할 생각으로 수술부위를 봉합한 경우에 담당의사의 업무상 과실을 인정할 수 없다.
㉡ 야간 당직간호사가 담당 환자의 심근경색증상을 당직의사에게 제대로 보고하지 않아 당직의사가 필요한 조치를 취하지 못한 채 환자가 사망한 경우 당직간호사에게 업무상 과실을 인정할 수 없다.
㉢ 내과의사가 신경과 전문의에 대한 협의진료 결과와 환자에 대한 진료경과 등을 신뢰하여 뇌혈관계통 질환의 가능성을 염두에 두지 않고 내과 영역의 진료행위를 계속하다가 피해자의 뇌지주막하출혈을 발견하지 못하여 식물인간 상태에 이르게 한 경우 내과의사의 업무상 과실이 인정된다.
㉣ 교사가 징계목적으로 학생들의 손바닥을 때리기 위해 회초리를 들어 올리는 순간 이를 구경하기 위해 옆으로 고개를 돌려 일어나는 다른 학생의 눈을 찔러 그로 하여금 우안 실명의 상해를 입게 한 경우 업무상 과실치상죄에 해당한다.
㉤ 건설회사가 건설공사 중 타워크레인의 설치작업을 전문업자에게 도급주어 타워크레인 설치작업 중 발생한 사고에 대하여 건설회사 현장대리인에게 업무상 과실이 인정된다.

① 1개　　　　② 2개　　　　③ 3개　　　　④ 4개

해설

㉠ 【 O 】 대판 1999.12.10, 99도3711　16. 경찰간부
㉡ 【 X 】 야간 당직간호사가 담당 환자의 심근경색 증상을 당직의사에게 제대로 보고하지 않음으로써 당직의사가 필요한 조치를 취하지 못한 채 환자가 사망한 경우, 병원의 야간당직 운영체계상 당직간호사에게 환자의 사망을 예견하거나 회피하지 못한 업무상 과실이 있고, 당직의사에게는 업무상 과실을 인정하기 어렵다고 한 사례(대판 2007.9.20, 2006도294).　16. 경찰간부
㉢ 【 X 】 내과의사가 신경과 전문의에 대한 협의진료 결과 피해자의 증세와 관련하여 신경과 영역에서 이상이 없다는 회신을 받았고, 그 회신 전후의 진료 경과에 비추어 그 회신 내용에 의문을 품을 만한 사정이 있다고 보이지 않자 그 회신을 신뢰하여 뇌혈관계통 질환의 가능성을 염두에 두지 않고 내과 영역의 진료 행위를 계속하다가 피해자의 증세가 호전되기에 이르자 퇴원하도록 조치한 경우, 피해자의 지주막하출혈을 발견하지 못한 데 대하여 내과의사의 업무상과실을 부정한 사례(대판 2003.1.10, 2001도3292).　16. 경찰간부
㉣ 【 X 】 교사가 징계의 목적으로 회초리로 학생들의 손바닥을 때리기 위해 회초리를 들어 올리는 순간 이를 구경하기 위해 옆으로 고개를 돌려 일어나는 다른 학생의 눈을 찔러 그로 하여금 우안실명의 상해를 입게 한 경우, 직접 징계당하는 학생의 옆에 있는 다른 학생이 징계 당하는 것을 구경하기 위하여 고개를 돌려 뒤에서 다가선다던가 옆자리에서 일어나는 것까지 예견할 수는 없다고 할 것이고 교사가 교육의 목적으로 학생을 징계하기 위하여 매질하는 경우에 반드시 한 사람씩 불러내어서 해야 할 주의의무가 있다고도 할 수 없어 위 교사의 행위를 업무상 과실치상죄에 문의할 수는 없다(대판 1985.7.9, 84도822).　16. 경찰간부
㉤ 【 X 】 건설회사가 건설공사 중 타워크레인의 설치작업을 전문업자에게 도급주어 타워크레인 설치작업을 하던 중 발생한 사고에 대하여 건설회사의 현장대리인에게 업무상과실치사상의 죄책을 물을 수 없다고 한 원심의 판단을 수긍한 사례(대판 2005.9.9, 2005도3108).

정답 ④

03 다음 중 甲에게 업무상 과실치상죄가 성립하는 것은 모두 몇 개인가?

> ㉠ 한의사인 甲이 피해자에게 문진하여 과거 봉침을 맞고도 별다른 이상 반응이 없었다는 답변을 듣고 알레르기 반응검사를 생략한 채 환부에 봉침시술을 하였는데, 피해자가 위 시술 직후 쇼크반응을 나타내는 등 상해를 입은 경우
> ㉡ 甲이 화물차를 주차하고 적재함에 적재된 토마토 상자를 운반하던 중 적재된 상자 일부가 떨어지면서 지나가던 피해자에게 상해를 입힌 경우
> ㉢ 환자의 주치의 겸 정형외과 전공의 甲이 같은 과 수련의 乙의 처방에 대한 감독의무를 소홀히 한 나머지, 환자가 수련의 乙의 잘못된 처방으로 인하여 상해를 입게 된 경우
> ㉣ 지하철 공사구간 현장안전업무 담당자인 甲이 공사현장에 인접한 기존의 횡단보도 표시선 안쪽으로 돌출된 강철빔 주위에 라바콘 3개를 설치하고 신호수 1명을 배치하였는데, 피해자가 위 횡단보도를 건너면서 강철빔에 부딪혀 상해를 입은 경우

① 1개 ② 2개 ③ 3개 ④ 4개

[해설]
㉠【X】대판 2011.4.14. 2010도10104 15. 경찰간부
㉡【O】교통사고처리 특례법에 정한 '교통사고'에 해당하지 않아 업무상과실치상죄가 성립한다(대판 2009.7.9. 2009도2390). 15. 경찰간부
㉢【O】대판 2007.2.22. 2005도9229 15. 경찰간부
㉣【X】이 사건 사고 발생 사이에 상당인과관계에 있다고 보기도 어렵다(대판 2014.4.10. 2012도11361). 15. 경찰간부

정답 ②

04 업무상 과실치사상의 죄에 관한 설명 중 옳은 것은 모두 몇 개인가?

> ㉠ 업무상 과실치사상죄에 있어서의 업무란 사람의 사회생활면에 있어서의 하나의 지위로서 계속적으로 종사하는 사무를 말하고, 여기에는 수행하는 직무 자체가 위험성을 갖기 때문에 안전배려를 의무의 내용으로 하는 경우는 물론 사람의 생명·신체의 위험을 방지하는 것을 의무의 내용으로 하는 업무도 포함된다.
> ㉡ 공사감리자가 관계 법령과 계약에 따른 감리업무를 소홀히 하여 건축물 붕괴 등으로 인하여 사상의 결과가 발생한 경우에는 업무상 과실치사상의 죄책을 면할 수 없다.
> ㉢ 버스 운전사에게는 전날 밤에 주차해 둔 버스를 그 다음날 아침에 출발하기에 앞서 차체 밑에 장애물이 있는지 여부를 확인하여야 할 주의의무가 있다.
> ㉣ 골프장의 경기보조원이 골프 카트에 승객을 태우고 진행하기 전에 안전 손잡이를 잡도록 고지하지도 않고, 또한 승객들이 안전 손잡이를 잡았는지 확인하지도 않은 상태에서 만연히 출발하였으며, 각도 70°가 넘는 우로 굽은 길을 속도를 충분히 줄이지 않고 급하게 우회전하여 상해를 입게 한 경우 업무상 과실이 인정된다.

① 1개 ② 2개 ③ 3개 ④ 4개

[해설] 21. 해경간부
㉠ 【O】 대판 2009.5.28. 2009도1040
㉡ 【O】 대판 2010.6.24. 2010도2615
㉢ 【O】 대판 1988.9.27. 88도833
㉣ 【O】 대판 2010.7.22. 2010도1911

[정답] ④

05 다음의 업무상 과실치사상죄에 관한 설명 중 가장 옳지 않은 것은?

① 호텔을 경영하는 주식회사에 대표이사가 별도로 있고 실질적인 책임자로서 업무전반을 총괄하는 전무 등 임직원이 각 소관업무를 분담처리하면서, 소방법 소정의 방화관리자까지 선정, 당국에 신고하여 소방훈련 및 화기사용 또는 취급에 관한 지도감독 등을 하고 있었다면, 위 회사의 업무에 전혀 관여하지 않고 있던 소위 회장에게는 호텔 종업원의 부주의와 호텔구조상의 결함으로 발생, 확대된 화재에 대한 구체적이고도 직접적인 주의의무가 인정되지 않는다.

② 상무이사인 현장소장이 현장에서의 공사감독을 전담하였다면, 사장에게 자신의 직접적인 지휘·감독을 받지 않는 회사직원 혹은 고용한 노무자들이 저지른 안전수칙 위반사고에 대하여 일일이 세부적인 안전대책을 강구하여야 하는 구체적이고 직접적인 주의의무는 인정되지 않는다.

③ 병원에서 인턴의 수가 부족하여 수혈함에 있어 두 번째 이후의 혈액봉지는 인턴 대신 간호사가 교체하는 관행이 확립되어 있는 경우, 담당의사의 지시를 받은 인턴이 피해자에게 수혈할 두 번째 혈액봉지를 직접 교체한 후 간호사에게 다음 혈액봉지를 교체할 것을 맡겼다면, 인턴에게 혈액봉지가 바뀐 것에 대한 과실책임을 물을 수 없다.

④ 안전배려 내지 안전관리 사무에 계속적으로 종사하여 사람의 사회생활면에 있어서의 하나의 지위로서의 계속성을 가지지 아니한 채, 단지 건물의 소유자로서 건물을 비정기적으로 수리하거나 건물의 일부분을 임대하였다는 사정만으로 업무상 과실치사상죄의 '업무'에 해당한다고 보기는 어렵다.

[해설]
① 【O】 대판 1986.7.22. 85도108 14. 경찰간부
② 【O】 대판 1989.11.24. 89도1618 14. 경찰간부
③ 【X】 [1] 수혈은 종종 그 과정에서 부작용을 수반하는 의료행위이므로, 수혈을 담당하는 의사는 혈액형의 일치 여부는 물론 수혈의 완성 여부를 확인하고, 수혈 도중에도 세심하게 환자의 반응을 주시하여 부작용이 있을 경우 필요한 조치를 취할 준비를 갖추는 등의 주의의무가 있다. 그리고 의사는 … 간호사로 하여금 의료행위에 관여하게 하는 경우에도 그 의료행위는 의사의 책임하에 이루어지는 것이고 간호사는 그 보조자에 불과하므로, 의사는 당해 의료행위가 환자에게 위해가 미칠 위험이 있는 이상 간호사가 과오를 범하지 않도록 충분히 지도·감독을 하여 사고의 발생을 미연에 방지하여야 할 주의의무가 있고, 이를 소홀히 한 채 만연히 간호사를 신뢰하여 간호사에게 당해 의료행위를 일임함으로써 간호사의 과오로 환자에게 위해가 발생하였다면 의사는 그에 대한 과실책임을 면할 수 없다.
[2] 피고인이 근무하는 병원에서는 인턴의 수가 부족하여 수혈의 경우 두 번째 이후의 혈액봉지는 인턴 대신 간호사가 교체하는 관행이 있었다고 하더라도, 위와 같이 혈액봉지가 바뀔 위험이 있는 상황에서 피고인이 그에 대한 아무런 조치도 취함이 없이 간호사에게 혈액봉지의 교체를 일임한 것이 관행에 따른 것이라는 이유만으로 정당화될 수는 없다(대판 1998.2.27. 97도2812). 14. 경찰간부
④ 【O】 대판 2009.5.28. 2009도1040 14. 경찰간부

[정답] ③

제4절 낙태의 죄

> 지문의 내용에 대해 학설의 대립 등 다툼이 있는 경우 판례에 의함

01 다음은 (구) 형법 제269조 제1항 자기낙태죄에 대한 헌법재판소의 입장에 대한 설명이다. 가장 적절하지 않은 것은?

① 자기결정권에는 여성이 그의 존엄한 인격권을 바탕으로 하여 자율적으로 자신의 생활영역을 형성해 나갈 수 있는 권리가 포함되고, 여기에는 임신한 여성이 자신의 신체를 임신상태로 유지하여 출산할 것인지 여부에 대하여 결정할 수 있는 권리가 포함되어 있다.

② 자기낙태죄 조항은 태아의 생명을 보호하기 위한 것으로서 그 입법목적이 정당하고, 낙태를 방지하기 위하여 임신한 여성의 낙태를 형사처벌하는 것은 이러한 입법목적을 달성하는 데 적합한 수단이다.

③ 동일한 생명이라 할지라도 법질서가 생명의 발전과정을 일정한 단계들로 구분하고 그 각 단계에 상이한 법적 효과를 부여하는 것이 불가능하지 않다. 태아가 모체를 떠난 상태에서 독자적으로 생존할 수 있는 시점인 임신 22주 내외에 도달하기 전이면서 동시에 임신 유지와 출산 여부에 관한 자기결정권을 행사하기에 충분한 시간이 보장되는 시기까지의 낙태에 대해서는 국가가 생명보호의 수단 및 정도를 달리 정할 수 있다

④ 자기낙태죄 조항은 입법목적을 달성하기 위하여 필요한 최소한의 정도를 넘어 임신한 여성의 자기결정권을 제한하고 있다고 볼 수는 없지만, 태아의 생명 보호와 임신한 여성의 자기결정권의 실제적 조화와 균형을 이루려는 노력을 충분히 하지 아니하여 태아의 생명 보호라는 공익에 대하여만 일방적이고 절대적인 우위를 부여함으로써 공익과 사익간의 적정한 균형관계를 달성하지 못하여 법익균형성의 원칙에 위반하였다고 할 것이므로, 임신한 여성의 자기결정권을 침해하는 위헌적인 규정이다.

해설

①②③ 【O】 자기낙태죄 조항은 모자보건법이 정한 예외를 제외하고는 임신기간 전체를 통틀어 모든 낙태를 전면적·일률적으로 금지하고, 이를 위반할 경우 형벌을 부과함으로써 임신의 유지·출산을 강제하고 있으므로, 임신한 여성의 자기결정권을 제한한다. 자기낙태죄 조항은 태아의 생명을 보호하기 위한 것으로서, 정당한 입법목적을 달성하기 위한 적합한 수단이다.

임신·출산·육아는 여성의 삶에 근본적이고 결정적인 영향을 미칠 수 있는 중요한 문제이므로, 임신한 여성이 임신을 유지 또는 종결할 것인지 여부를 결정하는 것은 스스로 선택한 인생관·사회관을 바탕으로 자신이 처한 신체적·심리적·사회적·경제적 상황에 대한 깊은 고민을 한 결과를 반영하는 전인적(全人的) 결정이다.

현 시점에서 최선의 의료기술과 의료 인력이 뒷받침될 경우 태아는 임신 22주 내외부터 독자적인 생존이 가능하다고 한다. 한편 자기결정권이 보장되려면 임신한 여성이 임신 유지와 출산 여부에 관하여 전인적 결정을 하고 그 결정을 실행함에 있어서 충분한 시간이 확보되어야 한다. 이러한 점들을 고려하면, 태아가 모체를 떠난 상태에서 독자적으로 생존할 수 있는 시점인 임신 22주 내외에 도달하기 전이면서 동시에 임신 유지와 출산 여부에 관한 자기결정권을 행사하기에 충분한 시간이 보장되는 시기(이하 착상 시부터 이 시기까지를 '결정가능기간'이라 한다)까지의 낙태에 대해서는 국가가 생명보호의 수단 및 정도를 달리 정할 수 있다고 봄이 타당하다. 낙태갈등 상황에서 형벌의 위하가 임신종결 여부 결정에 미치는 영향이 제한적이라는 사정과 실제로 형사처벌되는 사례도 매우 드물다는 현실에 비추어 보면, 자기낙태죄 조항이 낙태갈등 상황에서 태아의 생명 보호를 실효적으로 하지 못하고 있다고 볼 수 있다. 낙태갈등 상황에 처한 여성은 형벌의 위하로 말미암아 임신의 유지 여부와 관련하여 필요한 사회적 소통을 하지 못하고, 정신적 지지와 충분한 정보를 제공받지 못한 상태에서 안전하지 않은 방법으로 낙태를 실행하게 된다.

모자보건법상의 정당화사유에는 다양하고 광범위한 사회적·경제적 사유에 의한 낙태갈등 상황이 전혀 포섭되지 않는다. 예컨대, 학업이나 직장생활 등 사회활동에 지장이 있을 것에 대한 우려, 소득이 충분하지 않거나 불안정한 경우, 자녀가 이미 있어서 더 이상의 자녀를 감당할 여력이 되지 않는 경우, 상대 남성과 교제를 지속할 생각이 없거나 결혼 계획이 없는 경우, 혼인이 사실상 파탄에 이른 상태에서 배우자의 아이를 임신했음을 알게 된 경우, 결혼하지 않은 미성년자가 원치 않은 임신을 한 경우 등이 이에 해당할 수 있다.

자기낙태죄 조항은 모자보건법에서 정한 사유에 해당하지 않는다면 결정가능기간 중에 다양하고 광범위한 사회적·경제적 사유를 이유로 낙태갈등 상황을 겪고 있는 경우까지도 예외 없이 전면적·일률적으로 임신의 유지 및 출산을 강제하고, 이를 위반한 경우 형사처벌하고 있다.

따라서, 자기낙태죄 조항은 입법목적을 달성하기 위하여 필요한 최소한의 정도를 넘어 임신한 여성의 자기결정권을 제한하고 있어 침해의 최소성을 갖추지 못하였고, 태아의 생명 보호라는 공익에 대하여만 일방적이고 절대적인 우위를 부여함으로써 법익균형성의 원칙도 위반하였으므로, 과잉금지원칙을 위반하여 임신한 여성의 자기결정권을 침해한다.

자기낙태죄 조항과 동일한 목표를 실현하기 위하여 임신한 여성의 촉탁 또는 승낙을 받아 낙태하게 한 의사를 처벌하는 의사낙태죄 조항도 같은 이유에서 위헌이라고 보아야 한다(헌재 2019.4.11. 2017헌바127). 22. 경찰간부

④ 【 X 】 자기낙태죄 조항은 모자보건법에서 정한 사유에 해당하지 않는다면 결정가능기간 중에 다양하고 광범위한 사회적·경제적 사유를 이유로 낙태갈등 상황을 겪고 있는 경우까지도 예외 없이 전면적·일률적으로 임신의 유지 및 출산을 강제하고, 이를 위반한 경우 형사처벌하고 있다. 따라서, 자기낙태죄 조항은 입법목적을 달성하기 위하여 필요한 최소한의 정도를 넘어 임신한 여성의 자기결정권을 제한하고 있어 침해의 최소성을 갖추지 못하였고, 태아의 생명 보호라는 공익에 대하여만 일방적이고 절대적인 우위를 부여함으로써 법익균형성의 원칙도 위반하였으므로, 과잉금지원칙을 위반하여 임신한 여성의 자기결정권을 침해한다(헌재 2019.4.11. 2017헌바127). 22. 경찰간부

정답 ④

제5절 유기와 학대의 죄

○ 지문의 내용에 대해 학설의 대립 등 다툼이 있는 경우 판례에 의함

01 유기와 학대의 죄에 관한 설명으로 가장 적절하지 않은 것은?

① 유기죄에 있어서는 행위자가 요부조자에 대한 보호책임의 발생원인이 된 사실이 존재한다는 것을 인식하고 이에 기한 부조의무를 해태한다는 의식이 있음을 요한다.

② 친권자인 甲이 아동 乙을 양육하면서 집안 내부에 먹다 남은 음식물 쓰레기, 소주병, 담배꽁초가 방치된 비위생적인 환경에서 乙에게 제대로 세탁하지 않아 음식물이 묻어있는 옷을 입히고, 목욕을 주기적으로 시키지 않아 몸에서 악취를 풍기게 하는 등의 행위를 한 경우, 비록 甲이 乙의 생존에 필요한 최소한의 보호와 애정표현을 했다는 사정이 있더라도 방임에 해당한다.

③ 「형법」 제275조 제1항의 유기치사·치상죄는 결과적 가중범이므로, 위 죄가 성립하려면 유기행위와 사상의 결과 사이에 상당인과관계가 있어야 하며 행위 시에 결과의 발생을 예견할 수 있어야 한다. 다만 유기행위가 피해자의 사상이라는 결과를 발생하게 한 유일하거나 직접적인 원인이 된 경우뿐만 아니라, 그 행위와 결과 사이에 제3자의 행위가 일부 기여하였다고 할지라도 유기행위로 초래된 위험이 그대로 또는 그 일부가 사상이라는 결과로 현실화된 경우라면 상당인과관계를 인정할 수 있다.

④ 「형법」 제273조 제1항에서 말하는 '학대'라 함은 육체적으로 고통을 주거나 정신적인 차별대우를 포함하는 행위로서, 단순히 상대방의 인격에 대한 반인륜적 침해행위가 있으면 그 즉시 범죄가 완성되는 즉시범이다.

해설

① 【 O 】 대판 1988.8.9. 86도225 25. 경찰

② 【 O 】 생존에 필요한 최소한의 보호를 하였다는 사정이나 아들이 피고인에게 애정을 표현했다는 사정만으로는 피고인이 아들의 친권자로서 아들의 건강과 안전, 행복을 위하여 필요한 책무를 다했다고 보기 어렵다. 따라서 피고인이 비위생적인 환경에서 아들을 양육하였고 아들의 의복과 몸을 청결하게 유지해 주지 않았으며 아들을 집에 두고 외출하기도 하는 등 의식주를 포함한 기본적인 보호·양육·치료 및 교육을 소홀히 하는 방임행위를 하였다고 볼 것이다(대판 2020.9.3. 2020도7625). 25. 경찰

③ 【 O 】 대판 2015.11.12. 2015도6809 전합 25. 경찰

④ 【 X 】 학대죄는 자기의 보호 또는 감독을 받는 사람에게 육체적으로 고통을 주거나 정신적으로 차별대우를 하는 행위가 있음과 동시에 범죄가 완성되는 상태범 또는 즉시범이다(대판 1986.7.8. 84도2922). 25. 경찰

정답 ④

02 유기와 학대의 죄에 대한 설명 중 옳은 것만을 고르면?

> ㉠ 유기죄에서 '계약상 의무'는 계약에 기한 주된 급부의무가 부조를 제공하는 것인 경우에 한정된다.
> ㉡ 술에 만취된 피해자가 경찰지구대로 운반되어 의자 위에 눕혀졌을 때 숨을 가쁘게 쿨쿨 내뿜고 자신의 수족과 의사도 자제할 수 없는 상태에 있음에도 불구하고 경찰관이 3시간여 동안이나 아무런 구호조치를 취하지 아니한 경우 유기죄의 범의를 인정할 수 있다.
> ㉢ 강간치상의 범행을 저지른 자가 그 범행으로 인하여 실신상태에 있는 피해자를 구호하지 아니하고 방치하였더라도 유기죄는 성립하지 않는다.
> ㉣ 학대죄의 '학대'란 육체적으로 고통을 주거나 정신적으로 차별대우를 하는 행위를 가리키는 것으로, 단순히 상대방의 인격에 대한 반인륜적 침해만으로는 부족하지만 유기에 준할 정도에 이를 것은 요하지 않는다.

① ㉠, ㉢   ② ㉠, ㉣   ③ ㉡, ㉢   ④ ㉡, ㉣

[해설]
㉠【X】유기죄에 관한 형법 제271조 제1항은 그 행위의 주체를 "노유, 질병 기타 사정으로 부조를 요하는 자를 보호할 법률상 또는 계약상 의무 있는 자"라고 정하고 있다. 여기서의 '계약상 의무'는 간호사나 보모와 같이 계약에 기한 주된 급부의무가 부조를 제공하는 것인 경우에 반드시 한정되지 아니하며, 계약의 해석상 계약관계의 목적이 달성될 수 있도록 상대방의 신체 또는 생명에 대하여 주의와 배려를 한다는 부수적 의무의 한 내용으로 상대방을 부조하여야 하는 경우를 배제하는 것은 아니라고 할 것이다(대판 2011.11.24. 2011도12302). 21. 국가직 9급
㉡【O】대판 1972.6.27. 72도863   21. 국가직 9급
㉢【O】대판 1980.6.24. 80도726   21. 국가직 9급
㉣【X】학대라 함은 육체적으로 고통을 주거나 정신적으로 차별대우를 하는 행위를 말하고, 단순히 상대방의 인격에 대한 반인륜적 침해만으로는 부족하고 유기에 준할 정도에 이르러야 한다고 한다(대판 2000.4.25. 2000도223). 21. 국가직 9급

[정답] ③

03 유기와 학대의 죄에 관한 다음 설명 중 가장 옳지 않은 것은?

① 학대죄는 자기의 보호 또는 감독을 받는 사람에게 육체적으로 고통을 주거나 정신적으로 차별대우를 하는 행위가 있음과 동시에 범죄가 완성되는 상태범 또는 즉시범이다.
② 형법은 유기죄에 있어서 법률상, 계약상 또는 사회상규상 의무있는 자를 유기죄의 주체로 규정하고 있다.
③ 학대행위는 단순히 상대방의 인격에 대한 반인륜적 침해만으로는 부족하고 적어도 유기에 준할 정도에 이르러야 한다.
④ 강간치상의 범행을 저지른 자가 그 범행으로 인하여 실신상태에 있는 피해자를 구호하지 아니하고 방치하였다고 하더라도 그 행위는 포괄적으로 단일의 강간치상죄만을 구성한다.

[해설]
①【O】대판 1986.7.8. 84도2922   17. 경찰간부
②【X】형법 제271조 제1항에서는 "법률상 또는 계약상의 의무 있는자"로 유기죄의 주체를 규정하고 있다. 17. 경찰간부
③【O】학대라 함은 육체적으로 고통을 주거나 정신적으로 차별대우를 하는 행위를 말하고, 단순히 상대방의 인격에 대한 반인륜적 침해만으로는 부족하고 유기에 준할 정도에 이르러야 한다고 한다(대판 2000.4.25. 2000도223). 17. 경찰간부
④【O】강간치상죄를 범한 자가 실신한 피해자를 구호하지 않고 방치한 경우에는 포괄적으로 단일의 강간치상죄만 성립한다(대판 1980.6.24. 80도726). 17. 경찰간부

[정답] ②

04 유기와 학대의 죄에 관한 설명 중 가장 적절한 것은?

① 현행 형법은 부조를 요하는 자를 보호할 법률상 또는 계약상 의무 있는 자만을 유기죄의 주체로 규정하고 있다.
② 甲은 호텔 객실에서 애인인 乙女에게 성관계를 요구하였는데 乙女는 그 순간을 모면하기 위하여 甲이 모르는 사이에 7층 창문으로 뛰어내리다가 중상을 입었다. 그러나 이 사실을 모르는 甲이 빈사상태의 乙女를 방치하고 혼자서 호텔을 나온 경우 甲에게 유기죄가 성립한다.
③ 형법 제271조 제1항의 죄를 범하여 사람의 생명·신체에 대한 위험을 발생하게 한 때에는 중유기죄로서 가중처벌된다.
④ 유기죄는 형법상 상습범에 관한 가중처벌 규정이 있다.

[해설]

① 【 O 】 형법 제271조 제1항 17. 경찰승진
② 【 X 】 유기죄에 있어서는 행위자가 요부조자에 대한 보호책임의 발행원인이 된 사실이 존재한다는 것을 인식하고 이에 기한 부조의무를 해태한다는 의식이 있음을 요하는바 사안의 경우 피해자가 위 1713호실에서 뛰어내린 여부를 피고인이 전혀 알지 못하였다면 피고인의 범의를 인정 할 수 없다(대판 1988.8.9. 86도225). 17. 경찰승진
③ 【 X 】 제1항의 죄를 범하여 사람의 생명에 대한 위험을 발생하게 한 때에는 7년 이하의 징역에 처한다(형법 제271조 제3항). ⇨ 생명·신체에 대한 위험을 발생하게 한 때가 아니라 '생명'에 대한 위험을 발생하게 한 때이다. 17. 경찰승진
④ 【 X 】 유기죄는 형법상 상습범에 관한 가중처벌규정이 없다. 형법상 상습범에 관한 가중처벌규정이 있는 부분은 〈아편에 관한 죄, 상해와 폭행의 죄, 체포와 감금의 죄, 협박의 죄, 절도와 강도의 죄, 사기와 공갈의 죄 등〉이다. 17. 경찰승진

정답 ①

05 유기와 학대의 죄에 대한 설명 중 옳지 않은 것을 모두 고른 것은?

㉠ 자기의 보호 또는 감독을 받는 16세 미만의 자를 그 생명 또는 신체에 위험한 업무에 사용할 영업자 또는 그 종업자에게 인도한 자는 「형법」 제274조 아동혹사죄에 해당한다.
㉡ 특정 종교의 신도인 甲이 교리에 어긋난다는 이유로 최선의 치료방법인 수혈을 요하는 수술을 거부하여 자신의 딸인 乙을 사망하게 한 경우에는 유기치사죄가 성립한다.
㉢ 4세인 아들이 대소변을 가리지 못한다고 닭장에 가두고 전신을 구타한 사안에서 판례는 학대죄를 인정하였다.
㉣ 계약상 부수의무로서의 민사적 부조의무 또는 보호의무가 인정되는 경우 「형법」상 유기죄의 '계약상 의무'는 당연히 긍정된다고 할 것이다.

① ㉠, ㉡   ② ㉠, ㉣   ③ ㉡, ㉢   ④ ㉣

해설

㉠ 【O】 형법 제274조 19. 경찰승진
㉡ 【O】 대판 1980.9.24. 79도1387 15. 경찰승진
㉢ 【O】 대판 1969.2.4. 68도1793 15. 경찰승진
㉣ 【X】 유기죄에 관한 형법 제271조 제1항은 그 행위의 주체를 "노유, 질병 기타 사정으로 부조를 요하는 자를 보호할 법률상 또는 계약상 의무 있는 자"라고 정하고 있다. 여기서의 '계약상 의무'는 간호사나 보모와 같이 계약에 기한 **주된 급부의무**가 부조를 제공하는 것인 경우에 반드시 한정되지 아니하며, 계약의 해석상 계약관계의 목적이 달성될 수 있도록 상대방의 신체 또는 생명에 대하여 주의와 배려를 한다는 **부수적 의무**의 한 내용으로 상대방을 부조하여야 하는 경우를 배제하는 것은 아니라고 할 것이다. 그러나 그 의무 위반의 효과로서 주로 손해배상책임이 문제되는 민사영역에서와는 달리 유기죄의 경우에는 당사자의 인적 책임에 대한 형사적 제재가 문제된다는 점 등을 고려하여 보면, 단지 위와 같은 **부수의무**로서의 민사적 부조의무 또는 보호의무가 인정된다고 해서 형법 제271조 소정의 '계약상 의무'가 **당연히 긍정된다고는** 말할 수 없고, 당해 계약관계의 성질과 내용, 계약당사자 기타 관련자들 사이의 관계 및 그 전개양상, 그들의 경제적·사회적 지위, 부조가 필요하기에 이른 전후의 경위, 필요로 하는 부조의 대체가능성을 포함하여 그 부조의 종류와 내용, 달리 부조를 제공할 사람 또는 설비가 있는지 여부 기타 제반 사정을 고려하여 위 '계약상의 부조의무'의 유무를 신중하게 판단하여야 한다.

> **사실관계**
> 피고인이 자신이 운영하는 **주점에 손님으로 와서** 수일 동안 식사는 한 끼도 하지 않은 채 계속하여 술을 마시고 만취한 피해자를 주점 내에 **그대로 방치하여 저체온증 등으로** 사망에 이르게 하였다는 내용으로 예비적으로 기소된 사안에서, 피해자가 피고인의 지배 아래 있는 주점에서 3일 동안 과도하게 술을 마시고 추운 날씨에 난방이 제대로 되지 아니한 주점 내 소파에서 잠을 자면서 정신을 잃은 상태에 있었다면, 피고인은 주점의 운영자로서 피해자의 생명 또는 신체에 대한 위해가 발생하지 아니하도록 피해자를 주점 내실로 옮기거나 인근에 있는 여관에 데려다 주어 쉬게 하거나 피해자의 지인 또는 경찰에 연락하는 등 필요한 조치를 강구하여야 할 계약상의 부조의무를 부담한다고 판단하여 유기치사죄를 인정한 원심판결을 수긍한 사례 (대판 2011.11.24. 2011도12302) 19. 경찰승진

정답 ④

Chapter 02 자유에 대한 죄

출제방향

협박죄에서는 주체와 객체, 협박죄의 인정 여부를 학습하여야 하고, 강요죄와 체포·감금죄에서는 조문을 분석하고 각 범죄의 인정 여부에 관한 판례를 숙지하여야 한다. 또한 약취·유인의 죄에서는 약취와 유인의 개념과 각 범죄의 인정 여부에 관한 판례를 숙지하여야 하고, 강간과 강제추행죄에서는 강간과 추행에서 요구하는 폭행·협박의 개념과 각 범죄의 인정 여부에 관한 판례를 학습하여야 한다.

제1절 협박의 죄

◎ 지문의 내용에 대해 학설의 대립 등 다툼이 있는 경우 판례에 의함

01 협박의 죄에 대한 설명 중 가장 적절하지 않은 것은?

① 특수협박죄와 상습협박죄는 피해자의 명시한 의사에 반하여 공소를 제기할 수 있다.
② 협박죄에서 고의는 행위자가 해악을 고지한다는 것을 인식, 인용하는 것을 그 내용으로 하고, 고지한 해악을 실제로 실현할 의도나 욕구는 필요하지 않다.
③ 해악의 고지는 적어도 발생 가능한 것으로 생각될 수 있는 정도로 구체적이어야 하며, 행위 전후의 여러 사정을 종합하여 볼 때 일반적으로 사람으로 하여금 공포심을 일으키게 하기에 충분한 것이어야 한다.
④ 채권추심회사의 지사장이 자신의 횡령행위에 대한 민·형사상 책임을 모면하기 위하여 회사 본사에 '회사의 내부비리 등을 관계 기관에 고발하겠다'는 취지의 서면을 보내는 한편, 위 회사 대표이사의 처남으로서 경영지원본부장인 피해자 A에게 전화를 걸어 위 서면의 내용과 같은 취지로 발언한 경우 회사 본사와 A 모두에 대해서 협박죄가 성립한다.

[해설]
① 【O】 특수협박죄와 상습협박죄는 반의사불벌죄가 아니다. 20. 경찰승진
② 【O】 대판 1991.5.10. 90도2102 20. 경찰승진
③ 【O】 대판 1995.9.29. 94도2187 20. 경찰승진
④ 【X】 법인은 협박의 객체가 될 수 없다. 따라서 경영지원본부장인 피해자 A에 대한 협박죄만 성립하고, 회사본사에 대한 협박죄는 성립하지 않는다(대판 2010.7.15. 2010도1017). 20. 경찰승진

정답 ④

02 협박죄에 관한 설명 중 가장 적절하지 않은 것은?

① 협박죄가 성립하기 위해서는 적어도 발생 가능한 것으로 생각될 수 있는 정도의 구체적인 해악의 고지가 있어야 한다.
② 피고인이 혼자 술을 마시던 중 甲 정당이 국회에서 예산안을 강행처리하였다는 것에 화가 나서 공중전화를 이용하여 경찰서에 여러 차례 전화를 걸어 전화를 받은 각 경찰관에게 경찰서 관할구역 내에 있는 甲 정당의 당사를 폭파하겠다는 말을 한 경우, 피고인의 행위는 각 경찰관에 대한 협박죄를 구성한다.
③ 정보보안과 소속 경찰관이 자신의 지위를 내세우면서 타인의 민사분쟁에 개입하여 빨리 채무를 변제하지 않으면 상부에 보고하여 문제를 삼겠다고 말한 경우, 객관적으로 상대방이 공포심을 일으키기에 충분한 정도의 해악의 고지에 해당하므로 현실적으로 피해자가 공포심을 일으키지 않았다 하더라도 협박죄의 기수에 이르렀다고 할 수 있다.
④ 甲은 乙女에게 "자동차에 타라. 타지 않으면 가만있지 않겠다"고 협박하면서 乙女를 자동차 뒷자석에 강제로 밀어 넣고 20여 분간 자동차를 운전한 경우 감금죄 외에 협박죄는 성립되지 아니한다.

[해설]
① 【 O 】 대판 1998.3.10. 98도70 17. 경찰승진
② 【 X 】 피고인이 혼자 술을 마시던 중 甲 정당이 국회에서 예산안을 강행처리하였다는 것에 화가 나서 공중전화를 이용하여 경찰서에 여러 차례 전화를 걸어 전화를 받은 각 경찰관에게 경찰서 관할구역 내에 있는 甲 정당의 당사를 폭파하겠다는 말을 한 경우, 피고인은 甲 정당에 관한 해악을 고지한 것이므로 각 경찰관 개인에 관한 해악을 고지하였다고 할 수 없고, 다른 특별한 사정이 없는 한 일반적으로 甲 정당에 대한 해악의 고지가 각 경찰관 개인에게 공포심을 일으킬 만큼 서로 밀접한 관계에 있다고 보기 어렵다(대판 2012.8.17. 2011도10451). 17. 경찰승진
③ 【 O 】 대판 2007.9.28. 2007도606(全) 17. 경찰승진
④ 【 O 】 대판 1982.6.22. 82도705 17. 경찰승진

정답 ②

03 협박죄에 대한 설명 중 가장 적절하지 않은 것은?

① 협박죄는 자연인만을 그 대상으로 예정하고 있을 뿐 법인은 협박죄의 객체가 될 수 없다.
② 협박죄의 미수범 처벌조항은 해악의 고지가 현실적으로 상대방에게 도달하지 아니한 경우나 도달은 하였으나 상대방이 이를 지각하지 못하였거나 고지된 해악의 의미를 인식하지 못한 경우 등에 적용될 뿐이다.
③ 피고인이 피해자의 장모가 있는 자리에서 서류를 보이면서 "피고인의 요구를 들어주지 않으면 서류를 세무서로 보내 세무조사를 받게 하여 피해자를 망하게 하겠다"라고 말하여 피해자의 장모로 하여금 피해자에게 위와 같은 사실을 전하게 하고, 그 다음 날 피해자의 처에게 전화를 하여 "며칠 있으면 국세청에서 조사가 나올 것이니 그렇게 아시오"라고 말한 경우, 위 각 행위는 협박죄에 있어서 해악의 고지에 해당하지 않는다.
④ 피해자 본인이나 그 친족뿐만 아니라 그 밖의 제3자에 대한 법익 침해를 내용으로 하는 해악을 고지하는 것이라고 하더라도 피해자 본인과 제3자가 밀접한 관계에 있어 그 해악의 내용이 피해자 본인에게 공포심을 일으킬 만한 정도의 것이라면 협박죄가 성립할 수 있다. 이때 제3자에는 자연인뿐만 아니라 법인도 포함된다.

[해설]
① 【 O 】 대판 2010.7.15. 2010도1017 18. 경찰채용 1차
② 【 O 】 대판 2007.9.28. 2007도606 전합 18. 경찰채용 1차
③ 【 X 】 위 각 행위는 협박죄에 있어서 해악의 고지에 해당한다(대판 2007.6.1. 2006도1125). 18. 경찰채용 1차
④ 【 O 】 대판 2010.7.15. 2010도1017 18. 경찰채용 1차

정답 ③

04 협박의 죄에 대한 설명으로 가장 적절하지 않은 것은?

① 조상천도제를 지내지 아니하면 좋지 않은 일이 생긴다는 취지의 해악의 고지는 길흉화복이나 천재지변의 예고로서 행위자에 의하여 직접·간접적으로 좌우될 수 없는 것이고 가해자가 현실적으로 특정되어 있지도 않으며 해악의 발생가능성이 합리적으로 예견될 수 있는 것이 아니므로 협박으로 평가될 수 없다.
② 폭행죄는 미수범 처벌규정이 없으나, 협박죄의 미수범은 처벌된다.
③ 협박죄는 사람의 의사결정의 자유를 보호법익으로 하는 위험범이라 봄이 상당하므로, 해악의 고지가 상대방에 도달은 하였으나 상대방이 이를 지각하지 못하였거나 고지된 해악의 의미를 인식하지 못한 경우라도 협박죄의 기수를 인정할 수 있다.
④ 사채업자인 피고인이 채무자 甲에게 채무를 변제하지 않으면 甲이 숨기고 싶어하는 과거 행적과 사채를 쓴 사실 등을 남편과 시댁에 알리겠다는 등의 문자메시지를 발송한 행위는 정당행위에 해당하지 않아 협박죄가 성립한다.

[해설]
① 【 O 】 대판 2002.2.8. 2000도3245 16. 경찰채용 1차
② 【 O 】 폭행죄는 미수범 처벌규정이 없으나, 협박죄는 미수범 처벌규정이 있다(형법 제286조). 16. 경찰채용 1차
③ 【 X 】 협박죄는 사람의 의사결정의 자유를 보호법익으로 하는 위험범이라 봄이 상당하고, 협박죄의 미수범 처벌조항은 해악의 고지가 현실적으로 상대방에게 도달하지 아니한 경우나, 도달은 하였으나 상대방이 이를 지각하지 못하였거나 고지된 해악의 의미를 인식하지 못한 경우 등에 적용될 뿐이다. 19. 경찰승진
④ 【 O 】 대판 2011.5.26. 2011도2412 19. 경찰승진

정답 ③

05 협박죄에 대한 설명 중 옳지 않은 것을 모두 몇 개인가?

㉠ 피고인이 자신의 동거남과 성관계를 가진 바 있던 피해자에게 "사람을 사서 쥐도 새도 모르게 파묻어버리겠다. 너까짓 것 쉽게 죽일 수 있다."라고 말한 경우, 이는 언성을 높이면서 말다툼으로 흥분한 나머지 단순히 감정적인 욕설 내지 일시적 분노의 표시를 한 것에 불과하고 해악을 고지한다는 인식을 갖고 한 것이라고 보기 어렵다.
㉡ 제3자로 하여금 해악을 가하도록 하겠다는 방식으로 해악을 고지하는 경우 고지자가 제3자의 행위를 사실상 지배하거나 제3자에게 영향을 미칠 수 있는 지위에 있는 것으로 믿게 하는 명시적·묵시적 언동을 하였거나 제3자의 행위가 고지자의 의사에 의하여 좌우될 수 있는 것으로 상대방이 인식한 경우에 한하여 비로소 고지자가 직접 해악을 가하겠다고 고지한 것과 마찬가지의 행위로 평가할 수 있다.
㉢ 피고인이 피해자인 누나의 집에서 온 몸에 연소성이 높은 고무놀을 바르고 라이타 불을 켜는 동작을 하면서 이를 말리려는 피해자 등에게 가위, 송곳을 휘두르면서 "방에 불을 지르겠다", "가족 전부를 죽여버리겠다"고 소리치고 이를 약 1시간 가량 말리던 피해자가 끝내 무섭고 두려워 신고를 하였다면, 피고인의 행위는 피해자 등에게 공포심을 일으키기에 충분할 정도의 해악을 고지한 것이고, 나아가 피고인에게 실제로 피해자 등의 신체에 위해를 가할 의사나 불을 놓을 의사가 없었다고 할지라도 위와 같은 해악을 고지한다는 점에 대한 인식, 인용은 있었다고 봄이 상당하다.
㉣ 협박죄에 있어서의 협박이라 함은, 일반적으로 보아 사람으로 하여금 공포심을 일으킬 수 있는 정도의 해악을 고지하는 것을 의미하므로 그 주관적 구성요건으로서의 고의는 행위자가 그러한 정도의 해악을 고지한다는 것을 인식, 인용하는 것을 그 내용으로 하고 고지한 해악을 실제로 실현할 의도나 욕구는 필요로 하지 아니한다.

① 없음   ② 1개   ③ 2개   ④ 3개

해설
- ㉠ 【 O 】 대판 2006.8.25. 2006도546 17. 경찰간부
- ㉡ 【 X 】 대판 2006.12.8. 2006도6155
- ㉢ 【 O 】 대판 1991.5.10. 90도2102 17. 경찰간부
- ㉣ 【 O 】 대판 2006.8.25. 2006도546 17. 경찰간부

정답 ②

06 협박죄에 관한 설명 중 옳은 것은 모두 몇 개인가?

㉠ 술에 취한 상태에서 경찰서에 연행되어 경찰로부터 뺨까지 맞자 흥분하여 항의조로 "내가 너희들의 목을 자른다, 내 동생을 시켜서라도 자른다"라는 취지의 말을 하였다면 피고인에게는 협박죄를 구성하는 해악을 고지할 의사가 있었다고 볼 수 있다.

㉡ "앞으로 수박이 없어지면 네 책임으로 한다"고 말한 것은 해악의 고지라고 보기 어렵고, 가사 다소간의 해악의 고지에 해당한다고 가정하더라도 위법성이 없다.

㉢ 협박죄에 있어서의 해악을 가할 것을 고지하는 행위는 통상 언어에 의하는 것이므로, 사소한 문제로 시비하다가 소지 중이던 가위를 목에 겨누면서 찌를 것처럼 한 행위는 협박에 해당하지 아니한다.

㉣ 피해자와 언쟁 중 "입을 찢어 버릴라"라고 한 말이 당시의 주위사정에 비추어 단순한 감정적인 욕설에 불과하다면 피해자에게 해악을 가할 것을 고지한 행위라고 볼 수 없기 때문에 협박에 해당하지 않는다.

㉤ 친권자는 자녀를 보호 또는 교양하기 위하여 필요한 징계를 할 수 있지만, 야구방망이로 때릴 듯이 그 자녀에게 "죽여 버린다"고 말하여 협박하는 것은 그 자체로 자녀의 인격 성장에 장해를 가져올 우려가 커서 교양권의 행사에 의한 정당행위라고 볼 수 없으므로 그 친권자는 협박죄로 처벌된다.

① 2개　　② 3개　　③ 4개　　④ 5개

해설 24. 경찰간부
- ㉠ 【 X 】 당시 피고인에게 협박죄를 구성할 만한 해악을 고지할 의사가 있었다고 볼 수 없다(대판 1972.8.29. 72도1565).
- ㉡ 【 O 】 대판 1995.9.29. 94도2187
- ㉢ 【 X 】 협박죄에 있어서의 해악을 가할 것을 고지하는 행위는 통상 언어에 의하는 것이나 경우에 따라서는 한마디 말도 없이 거동에 의하여서도 고지할 수 있는 것이다(대판 1975.10.7. 74도2727).
- ㉣ 【 O 】 대판 1986.7.22. 86도1140
- ㉤ 【 O 】 대판 2002.2.8. 2001도6468

정답 ②

제2절 강요의 죄

> 지문의 내용에 대해 학설의 대립 등 다툼이 있는 경우 판례에 의함

01 협박과 강요의 죄에 관한 설명으로 가장 적절하지 않은 것은?

① 협박이라 함은, 상대방에게 공포심을 일으킬 목적으로 해악을 고지하는 일체의 행위를 의미하는 것으로서, 고지하는 해악의 내용이 경미하여 상대방이 전혀 개의치 않을 정도인 경우에는 협박에 해당하지 않는다.

② 강요죄는 폭행 또는 협박으로 사람의 권리행사를 방해하거나 의무 없는 일을 하게 하는 범죄이다. 여기에서 '폭행'은 간접적인 유형력의 행사도 포함하며, 사람에 대한 간접적인 유형력의 행사를 강요죄의 폭행으로 평가하기 위해서는 피고인이 유형력을 행사한 의도와 방법, 피고인의 행위와 피해자의 근접성, 유형력이 행사된 객체와 피해자의 관계 등을 종합적으로 고려해야 한다.

③ 협박죄에 있어서의 해악을 고지하는 방법으로는 통상 언어에 의하는 것이나 경우에 따라서는 한마디 말도 없이 거동에 의하여서도 고지할 수 있다.

④ 협박죄는 미수범을 처벌하는 규정을 두고 있지만 상대방이 현실적으로 공포심을 느꼈을 때 비로소 협박죄의 기수범을 인정하는 위험범으로 해석해야 한다.

해설

① 【 O 】 구 공직선거 및 선거부정방지법 제244조에서 규정하고 있는 선거사무관리관계자에 대한 협박죄에 있어서의 협박이라 함은, 상대방에게 공포심을 일으킬 목적으로 해악을 고지하는 일체의 행위를 의미하는 것으로서, 고지하는 해악의 내용이 그 경위, 행위 당시의 주위 상황, 행위자의 성향, 행위자와 상대방과의 친숙의 정도, 지위 등의 상호관계 등 여러 사정을 종합하여 객관적으로 상대방으로 하여금 공포심을 느끼게 하기에 족하면 되고, 상대방이 현실로 공포심을 일으킬 것까지 요구되는 것은 아니며, 다만 고지하는 해악의 내용이 경미하여 상대방이 전혀 개의치 않을 정도인 경우에는 협박에 해당하지 않는다(대판 2005.3.25. 2004도8984). 25. 경찰

② 【 O 】 대판 2021.11.25. 2018도1346 25. 경찰

③ 【 O 】 대판 1975.10.7. 74도2727 25. 경찰

④ 【 X 】 협박죄는 사람의 의사결정의 자유를 보호법익으로 하는 위험범이므로 사람으로 하여금 공포심을 일으키게 할 만한 해악을 고지함으로써 상대방이 그 의미를 인식한 이상 상대방이 현실적으로 공포심을 일으켰는지 여부와 관계없이 협박죄의 기수에 이른 것으로 보아야 한다(대판 2007.9.28. 2007도606 전합). 25. 경찰

정답 ④

02 강요의 죄에 대한 설명 중 가장 적절한 것은?

① 인질강요죄에서 강요의 상대방에 '인질'은 포함되지 않으며, 인질강요죄를 범한 자가 인질을 안전한 장소에 풀어준 때에는 그 형을 감경한다.
② 폭행 또는 협박으로 '법률상 의무 없는 일' 뿐만 아니라, '법률상 의무 있는 일'을 하게 한 경우에도 강요죄가 성립한다.
③ 환경단체 소속 회원들이 마치 단속의 권한이 있는 것처럼 축산 농가들의 폐수배출 단속활동을 벌이면서, 폐수배출 현장을 사진 촬영하거나 폐수배출 사실확인서를 징구하는 과정에서 이에 서명하지 아니하면 법에 저촉된다고 겁을 주는 등의 행위를 한경우 강요죄에 해당한다.
④ 투자금 회수를 위해 피해자를 강요하여 물품대금을 횡령하였다는 자인서를 받아낸 뒤 이를 근거로 돈을 갈취한 경우에는 강요죄와 공갈죄의 실체적 경합이 된다.

[해설]
① 【X】 인질을 안전한 장소에 풀어준 때에는 그 형을 감경할 수 있다(제324조의6). 20. 경찰승진
② 【X】 폭행 또는 협박으로 법률상 의무 있는 일을 하게 한 경우에는 폭행 또는 협박죄만 성립할 뿐 강요죄는 성립하지 아니한다 (대판 2008.5.15. 2008도1097). 20. 경찰승진
③ 【O】 대판 2010.4.29. 2007도7064 20. 경찰승진
④ 【X】 피고인은 단일한 공갈의 범의하에 갈취의 방법으로 일단 자인서를 작성케 한 후 이를 근거로 계속하여 갈취행위를 한 것으로 보아야 할 것이므로 위 행위는 포함하여 공갈죄 일죄만을 구성한다고 보아야 한다(대판 1985.6.25. 84도2083). 20. 경찰승진

정답 ③

03 강요의 죄에 관한 다음 설명 중 가장 옳지 않은 것은?

① 강요죄는 폭행 또는 협박으로 사람의 권리행사를 방해하거나 의무 없는 일을 하게 하는 것을 말하고, 여기에서 '의무 없는 일'이란 법령, 계약 등에 기하여 발생하는 법률상 의무 없는 일을 말하므로, 폭행 또는 협박으로 법률상 의무 있는 일을 하게 한 경우에는 폭행 또는 협박죄만 성립할 뿐 강요죄는 성립하지 아니한다.
② 투자금의 회수를 위해 피해자를 강요하여 물품대금을 횡령하였다는 자인서를 받아낸 뒤 이를 근거로 돈을 갈취한 경우, 주된 범의가 피해자로부터 돈을 갈취하는 데에 있었던 것이라도 위 행위는 공갈죄 외에 강요죄도 성립한다.
③ 강요죄의 수단인 협박은 일반적으로 사람으로 하여금 공포심을 일으키게 하는 정도의 해악을 고지하는 것으로 그 방법은 통상 언어에 의하는 것이나 경우에 따라서 한마디 말도 없이 거동에 의하여서도 할 수 있다.
④ 전답의 점유를 침탈당한 자가 그 전답의 점유를 실력으로 회수하려고 하자 피고인이 그에게 폭행을 가한 경우 피고인에게 강요죄가 성립하지 않는다.

[해설] 20. 경찰승진
① 【O】 대판 2008.5.15. 2008도1097
② 【X】 피고인이 투자금의 회수를 위해 피해자를 강요하여 물품대금을 횡령하였다는 자인서를 받아낸 뒤 이를 근거로 돈을 갈취한 경우, 피고인의 주된 범의가 피해자로부터 돈을 갈취하는 데에 있었던 것이라면 피고인은 단일한 공갈의 범의하에 갈취의 방법으로 일단 자인서를 작성케 한 후 이를 근거로 계속하여 갈취행위를 한 것으로 보아야 할 것이므로 위 행위는 포괄하여 공갈죄 일죄만을 구성한다고 보아야 한다(대판 1985.6.25. 84도2083).
③ 【O】 대판 2010.4.29. 2007도7064
④ 【O】 전답의 점유를 침탈당한 자라도 이를 실력으로 회수할 수 없는 것이니 그 전답의 점유를 실력으로 회수하려는 자에게 폭행을 가하였다면 이는 단순폭행죄에 해당한다 할 것이고 권리행사를 방해하였다고는 논할 수 없다(대판 1961.11.9. 4294형상357).

정답 ②

04 강요죄에 관한 다음 설명 중 옳지 않은 것은?

① 골프시설의 운영자가 골프회원에게 불리하게 변경된 내용의 회칙에 대하여 동의한다는 내용의 등록신청서를 제출하지 아니하면 회원으로 대우하지 아니하겠다고 통지한 것은 강요죄에 해당한다.
② 폭력조직 전력이 있는 피고인이 특정 연예인에게 팬미팅 공연을 하도록 강요하면서 만날 것을 요구하고, 팬미팅 공연이 이행되지 않으면 안 좋은 일을 당할 것이라고 협박한 경우, 해당 연예인에게 공연을 할 의무가 없다는 점에 대한 미필적 인식이 피고인에게 있는 것으로 보아 강요죄의 고의가 있다고 할 것이다.
③ 상관이 직무수행을 태만히 하거나 지시사항을 불이행하고 허위보고 등을 한 부하에게 근무태도를 교정하고 직무수행을 감독하기 위하여 직무수행의 내역을 일지 형식으로 기재하여 보고하도록 명령하는 행위는 직무권한 범위 내에서 내린 정당한 명령이므로 부하는 명령을 실행할 법률상 의무가 있고, 명령을 실행하지 아니하는 경우 군인사법 제57조 제2항에서 정한 징계처분이 내려진다거나 그에 갈음하여 얼차려의 제재가 부과된다고 하여 그와 같은 명령이 형법 제324조의 강요죄를 구성한다고 볼 수 없다.
④ 직장에서 상사가 범죄행위를 저지른 부하직원에게 징계절차에 앞서 자진하여 사직할 것을 단순히 권유하였다고 하여 이를 강요죄에서의 협박에 해당한다고 볼 수는 없다.

[해설]
① 【O】 대판 2003.9.26. 2003도763 17. 경찰간부
② 【X】 폭력조직 전력이 있는 피고인이 특정 연예인에게 팬미팅 공연을 하도록 강요하면서 만날 것을 요구하고, 팬미팅 공연이 이행되지 않으면 안 좋은 일을 당할 것이라고 협박한 사안에서, 위 연예인에게 공연을 할 의무가 없다는 점에 대한 미필적 인식 즉, 강요죄의 고의가 피고인에게 있었다고 단정하기 어렵다고 판단한 원심을 수긍한 사례(대판 2008.5.15. 2008도1097). 17. 경찰간부
③ 【O】 대판 2012.11.29. 2010도1233 17. 경찰간부
④ 【O】 대판 2008.11.27. 2008도7018 17. 경찰간부

정답 ②

05 다음 중 인질강요죄에 대한 설명으로 옳지 않은 것은?

① 강요죄에 있어서 권리에 비재산적 권리도 포함된다.
② 인질강요죄에서 강요를 당하는 자는 인질 혹은 제3자이다.
③ 폭행 또는 협박으로 법률상 의무 있는 일을 하게 한 경우에는 폭행 또는 협박죄만 성립할 뿐 강요죄는 성립하지 않는다.
④ 형법상 인질강요죄를 범한 자가 인질을 안전한 장소에 풀어준 때에는 그 형을 감경할 수 있다.

[해설]
① 【O】 재산적·비재산적 권리를 불문한다(대판 1993.7.27. 93도901).
② 【X】 인질강요죄에 있어 강요의 상대방은 인질을 제외한 제3자이다.
③ 【O】 대판 2008.5.15. 2008도1097
④ 【O】 인질강요죄는 해방감경규정이 적용된다(제324조의6).

정답 ②

제3절 체포와 감금의 죄

> 지문의 내용에 대해 학설의 대립 등 다툼이 있는 경우 판례에 의함

01 체포·감금의 죄에 대한 설명 중 옳고 그름의 표시(○, ×)가 바르게 된 것은?

> ㉠ 감금행위가 강간죄나 강도죄의 수단이 된 경우에도 감금죄는 강간죄나 강도죄에 흡수되지 아니하고 별죄를 구성한다.
> ㉡ 감금하기 위한 수단으로 협박한 경우 협박행위는 감금죄에 흡수되어 별도의 죄를 구성하지 아니한다.
> ㉢ 중감금죄가 성립하기 위해서는 사람을 감금한 후 가혹행위를 하여 생명·신체에 대한 구체적 위험이 발생해야 한다.
> ㉣ 미성년자를 유인한 자가 계속하여 미성년자를 불법하게 감금한 경우 미성년자유인죄 외에 감금죄가 별도로 성립한다.

① ㉠ (○) ㉡ (○) ㉢ (×) ㉣ (○)
② ㉠ (○) ㉡ (×) ㉢ (○) ㉣ (×)
③ ㉠ (○) ㉡ (○) ㉢ (○) ㉣ (○)
④ ㉠ (×) ㉡ (○) ㉢ (×) ㉣ (○)

[해설]
㉠ 【○】 대판 1983.4.26. 83도323 20. 경찰승진
㉡ 【○】 대판 1982.6.22. 82도705 20. 경찰승진
㉢ 【×】 중감금죄는 생명·신체에 대한 구체적 위험이 발생해야 하는 구체적 위험범이 아니다. 20. 경찰승진
㉣ 【○】 대판 1961.9.21. 429형상455 20. 경찰승진

정답 ①

02 다음 설명 중 옳지 않은 것은 모두 몇 개인가?

> ㉠ 피해자가 피고인으로부터 강간미수 피해를 입은 후 피고인을 뿌리치고 현관문을 열고 나와 엘리베이터를 누르고 기다리는데 피고인이 팬티 바람으로 쫓아 나왔으며, 피해자가 엘리베이터를 탔는데도 피해자의 팔을 잡고 끌어내리려고 해서 이를 뿌리쳤다면, 피고인은 강간미수죄와 체포기수죄가 성립한다.
> ㉡ 감금죄에 있어서의 사람의 행동의 자유의 박탈은 반드시 전면적이어야 할 필요가 없으므로 감금된 특정구역 내부에서 일정한 생활의 자유가 허용되어 있었다고 하더라도 감금죄가 성립한다.
> ㉢ 「정신보건법」 제23조 제2항에서 정한 자의(自意)입원 정신질환자로부터 퇴원요청이 있었음에도 관련 법령에 정해진 절차를 밟지 않은 채 방치한 경우 감금행위에 해당한다.
> ㉣ 정신병자의 어머니의 의뢰 및 승낙 하에 감호를 위하여 그 보호실 문을 야간에 한해서 3일간 시정하여 출입을 못하게 하였다면 위법성이 없다.
> ㉤ 피고인이 알콜중독의 남편인 피해자를 의사의 진찰도 없이 병원원무과장에게 부탁하여 강제로 병원에 입원시켰고, 이후 불안감을 느낀 피해자가 퇴원을 조건으로 하여 그 부동산의 이전 요구에 응하였다면, 감금죄와 공갈죄의 상상적 경합의 죄책을 진다.

① 1개 ② 2개 ③ 3개 ④ 4개

해설

㉠㉢ 2개가 옳지 않다.
㉠ 【 X 】 피해자가 피고인으로부터 강간미수 피해를 입은 후 피고인의 집에서 나가려고 하였는데 피고인이 피해자가 나가지 못하도록 현관에서 거실 쪽으로 피해자를 세 번 밀쳤고, 피해자가 피고인을 뿌리치고 현관문을 열고 나와 엘리베이터를 누르고 기다리는데 피고인이 팬티 바람으로 쫓아 나왔으며, 피해자가 엘리베이터를 탔는데 피해자의 팔을 잡고 끌어내리려고 해서 이를 뿌리쳤고, 피고인이 닫히는 엘리베이터 문을 손으로 막으며 엘리베이터로 들어오려고 하자 피해자가 버튼을 누르고 손으로 피고인의 가슴을 밀어낸 사실을 인정한 다음, 피고인은 피해자의 신체적 활동의 자유를 박탈하려는 고의를 가지고 피해자의 신체에 대한 유형력의 행사를 통해 일시적으로나마 피해자의 신체를 구속하였다고 판단하였다. 앞서 본 법리와 증거에 비추어 살펴보아도, 위와 같은 원심의 판단에 상고이유 주장과 같이 체포미수죄에서의 유형력 행사의 정도에 관한 법리를 오해한 잘못이 없다(대판 2018.2.28. 2017도21249). 21. 해경간부
㉡ 【 O 】 대판 2011.9.29. 2010도5962 21. 해경간부
㉢ 【 O 】 대판 2017.8.18. 2017도7134 21. 해경간부
㉣ 【 O 】 대판 1980.2.12. 79도1349 21. 해경간부
㉤ 【 X 】 감금죄와 공갈죄의 실체적 경합범의 죄책을 진다(대판 2001.2.23. 2000도4415). 21. 해경간부

정답 ②

03 체포와 감금의 죄에 대한 설명으로 옳은 것은?

① 강도계획 후에 피해자를 강제로 자신의 승용차에 태우고 가면서 돈을 빼앗고 상해를 가한 뒤에 계속하여 상당한 거리를 진행하여 가다가 교통사고를 일으켜 감금행위가 중단된 경우 감금죄와 강도상해죄의 실체적 경합범이 성립한다.
② 체포죄에서 체포의 수단과 방법은 불문하며, 체포의 고의로 타인의 신체적 활동의 자유를 현실적으로 침해하는 행위를 개시한 때 체포죄의 기수가 된다.
③ 미성년자를 유인한 자가 계속하여 미성년자를 불법하게 감금한 경우 감금죄는 성립하지 않고 미성년자유인죄만 성립한다.
④ 운전자가 피해자를 강제로 승용차에 태운 뒤 운전하여 가자 겁에 질린 피해자가 차에서 뛰어 내리다가 상해를 입은 경우 감금죄와 상해죄의 실체적 경합범이 성립한다.

해설

① 【 O 】 감금행위가 단순히 강도상해 범행의 수단이 되는 데 그치지 아니하고 강도상해의 범행이 끝난 뒤에도 계속된 경우에는 1개의 행위가 감금죄와 강도상해죄에 해당하는 경우라고 볼 수 없으므로 이 경우 감금죄와 강도상해죄는 형법 제37조의 경합범 관계에 있다(대판 2003.1.10. 2002도4380). 즉 상상적 경합관계가 아니라 실체적 경합관계가 된다. 21. 국가직 9급
② 【 X 】 형법 제276조 제1항의 체포죄에서 말하는 '체포'는 사람의 신체에 대하여 직접적이고 현실적인 구속을 가하여 신체활동의 자유를 박탈하는 행위를 의미하는 것으로서 수단과 방법을 불문한다. 체포죄는 계속범으로서 체포의 행위에 확실히 사람의 신체의 자유를 구속한다고 인정할 수 있을 정도의 시간적 계속이 있어야 하나, 체포의 고의로써 타인의 신체적 활동의 자유를 현실적으로 침해하는 행위를 개시한 때 체포죄의 실행에 착수하였다고 볼 것이다(대판 2018.2.28. 2017도21249). 21. 국가직 9급
③ 【 X 】 미성년자유인죄 이외에 감금죄가 별도로 성립한다(대판 1998.5.26. 98도1036). 21. 국가직 9급
④ 【 X 】 감금치상죄가 성립한다(대판 2000.5.26. 2000도440). 21. 국가직 9급

정답 ①

04 체포·감금죄에 대한 설명으로 옳지 않은 것은?

① 피고인의 협박과 폭행행위로 말미암아 야기된 공포심으로 피해자가 밖으로 나가지 못한 것이라면 피해자가 처음에 그 장소에 간 것이 자발적인 것이고 또 그 장소에 시정장치 등 출입에 물리적인 장애사유가 없었다고 하여도 감금이 성립한다.
② 감금에 있어서의 사람의 행동의 자유의 박탈은 반드시 전면적이어야 할 필요가 없으므로 감금된 특정구역 내부에서 일정한 생활의 자유가 허용되어 있었다고 하더라도 감금죄는 성립한다.
③ 사람을 체포한 자가 계속해서 감금한 때에는 포괄하여 하나의 감금죄가 성립한다.
④ 甲은 乙녀에게 '자동차에 타라. 타지 않으면 가만있지 않겠다'고 협박하면서 乙녀를 자동차 뒷좌석에 강제로 밀어 넣고 자동차를 운전한 경우 감금죄 외에 협박죄는 성립되지 아니한다.
⑤ 甲과 乙이 피해자로부터 돈을 빼앗자고 공모한 다음 그를 강제로 승용차에 태우고 가면서 그로부터 돈을 빼앗고 상해를 가한 뒤에도 계속하여 상당한 거리를 진행하여 가다가 교통사고를 일으켜 감금행위가 중단되었다면, 감금죄와 강도상해죄는 1개의 행위에 의하여 실현된 경우로서 형법 제40조의 상상적 경합관계에 있게 된다.

해설

①② 【O】 대판 2000.3.24. 2000도102
③ 【O】 옳은 설명이다.
④ 【O】 감금을 하기 위한 수단으로서 행사된 폭행이나 협박행위는 감금죄에 흡수되어 따로 폭행죄나 협박죄를 구성하지 아니한다(대판 1982.6.22. 82도705).
⑤ 【X】 감금행위가 단순히 강도상해 범행의 수단이 되는 데 그치지 아니하고 강도상해의 범행이 끝난 뒤에도 계속된 경우에는 1개의 행위가 감금죄와 강도상해죄에 해당하는 경우라고 볼 수 없으므로 이 경우 감금죄와 강도상해죄는 형법 제37조의 경합범 관계에 있다(대판 2003.1.10. 2002도4380). 즉 상상적 경합관계가 아니라 실체적 경합관계가 된다.

정답 ⑤

05 체포·감금죄에 관한 설명이다. 옳은 것은 모두 몇 개인가?

㉠ 심리적, 무형적 장애에 의한 감금 행위도 가능하다.
㉡ 피해자를 강제로 승용차에 태우고 가면서 피해자의 금품을 강취하기 위해 상해를 가한 후 금품을 강취한 다음 피해자를 태운 채 계속하여 상당한 거리를 운전하여 간 경우 강도상해죄와 감금죄의 상상적 경합이 된다.
㉢ 감금죄에 대하여는 미수범을 처벌한다는 규정이 있다.
㉣ 위험한 물건을 휴대하고 체포죄를 범한 경우 형법상 가중처벌된다.
㉤ 정신병자도 감금죄의 객체가 될 수 있다.

① 1개　② 2개　③ 3개　④ 4개

해설 23. 해경승진(유사)
㉠ 【 O 】 감금의 방법은 물리적·유형적 장애뿐만 아니라 심리적·무형적 장애에 의해서도 가능하고 행동의 자유의 박탈은 반드시 전면적이어야 할 필요가 없다(대판 1998.5.26. 98도1036).
㉡ 【 X 】 감금행위가 단순히 강도상해 범행의 수단이 되는 데 그치지 아니하고 강도상해의 범행이 끝난 뒤에도 계속된 경우에는 감금죄와 강도상해죄는 경합범 관계에 있다(대판 2003.1.10. 2002도4380).
㉢ 【 O 】 옳은 설명이다.
㉣ 【 O 】 단체 또는 다중의 위력을 보이거나 위험한 물건을 휴대하여 체포 또는 감금 등의 죄를 범한 경우에는 특수체포·감금죄로 그 죄에 정한 형의 2분의 1까지 가중한다(형법 제278조).
㉤ 【 O 】 대판 2002.10.11. 2002도4315

정답 ④

06 감금죄에 관한 설명 중 옳은 것은 모두 몇 개인가?

㉠ 차량 내에서 피해자의 하차요구를 무시하고 빠른 속도로 진행하여 피해자를 내리지 못하게 하는 행위는 감금죄에 해당하지 않는다.
㉡ 정신병자의 어머니의 의뢰 및 승낙 하에 그 감호를 위하여 그 보호실 문을 야간에 한해서 3일간 시정하여 출입을 못하게 한 감금행위는 그 병자의 신체의 안정과 보호를 위하여 사회통념상 부득이한 조처로서 수긍될 수 있는 것이면 위법성이 없다.
㉢ 피해자가 만약 도피하는 경우에는 생명·신체에 심한 해를 당할지도 모른다는 공포감에서 도피하기를 단념하고 있는 상태 하에서 호텔로 데리고 가서 함께 유숙한 후 함께 항공기로 국외로 나간 행위는 감금죄를 구성한다.
㉣ 피고인들이 대한상이군경회원 80여명과 공동으로 호텔출입문을 봉쇄하며 피해자들의 출입을 방해하였다면 감금죄에 해당한다.

① 1개 ② 2개 ③ 3개 ④ 4개

해설 20. 경찰승진(유사)
㉠ 【 X 】 승용차로 피해자를 가로막아 승차하게 한 후 피해자의 하차 요구를 무시한 채 당초 목적지가 아닌 다른 장소를 향하여 시속 약 60km 내지 70km의 속도로 진행하여 피해자를 차량에서 내리지 못하게 한 행위는 감금죄에 해당한다(대판 2000.2.11. 99도5286).
㉡ 【 O 】 대판 1980.2.12. 79도1349
㉢ 【 O 】 대판 1991.8.27. 91도1604
㉣ 【 O 】 대판 1983.9.13. 80도277

정답 ③

07 다음 설명 중 가장 적절하지 않은 것은?

① 감금죄는 사람의 행동의 자유를 그 보호법익으로 하여 사람이 특정한 구역에서 나가는 것을 불가능하게 하거나 또는 심히 곤란하게 하는 그 장해는 물리적, 유형적 장해 뿐만 아니라 심리적, 무형적 장해에 의하여서도 가능하다.
② 감금행위가 단순히 강도상해 범행의 수단이 되는 데 그치지 아니하고 강도상해의 범행이 끝난 뒤에도 계속된 경우에는 감금죄와 강도상해죄가 성립하고, 두 죄는 상상적 경합범 관계에 있다.
③ 피해자가 만약 도피하는 경우에는 생명·신체에 심한 해를 당할지도 모른다는 공포감에서 도피하기를 단념하고 있는 상태 하에서 호텔로 데리고 가서 함께 유숙한 후 함께 항공기로 국외에 나간 행위는 감금죄를 구성한다.
④ 정신의료기관의 장인 피고인이 자의(自意)로 입원한 환자로부터 수차례 퇴원요청을 받았음에도 정해진 절차를 밟지 않은 채 방치한 경우 감금행위가 성립한다

해설
① 【 O 】 대판 2011.9.29. 2010도5962
② 【 X 】 실체적 경합범 관계에 있다(대판 2003.1.10. 2002도4380).
③ 【 O 】 대판 1991.8.27. 91도1604
④ 【 O 】 구 정신보건법(2015. 1. 28. 법률 제13110호로 개정되기 전의 것, 이하 같다) 제23조 제2항은 '정신의료기관의 장은 자의(自意)로 입원 등을 한 환자로부터 퇴원 신청이 있는 경우에는 지체 없이 퇴원을 시켜야 한다.'고 정하고 있다(2016. 5. 29. 법률 제14224호로 개정된 정신건강증진 및 정신질환자 복지서비스 지원에 관한 법률 제41조 제2항은 '정신의료기관등의 장은 자의입원 등을 한 사람이 퇴원 등을 신청한 경우에는 지체 없이 퇴원 등을 시켜야 한다.'고 정하고 있다). 환자로부터 퇴원 요구가 있는데도 구 정신보건법에 정해진 절차를 밟지 않은 채 방치한 경우에는 위법한 감금행위가 있다고 보아야 한다(대판 2017.8.18. 2017도7134).

정답 ②

08 다음 두 사례에서 甲의 죄책으로 바르게 연결된 것은?

A: 甲은 아파트 안방에서 안방문에 못질을 하여 동거녀 乙이 술집에 나가지 못하도록 감금한 후에, 乙을 때리고 옷을 벗기는 등 가혹행위를 하여 乙녀가 이를 피하기 위해 甲이 거실로 나오는 사이에 갑자기 안방창문을 통하여 알몸으로 아파트 아래 잔디밭에 뛰어내리다가 사망하였다.
B: 甲은 乙女가 자동차에서 내릴 수 없는 상태에 있음을 이용하여 강간하려고 결의하고, 주행 중인 자동차에서 탈출 불가능하게 하여 외포케 하고 50km를 운행하여 여관 앞까지 강제연행한 후 강간하려다 미수에 그쳤다.

① A: 중감금죄, B: 감금죄와 강간미수죄의 실체적 경합
② A: 중감금죄, B: 감금죄와 강간미수죄의 상상적 경합
③ A: 중감금치사죄, B: 감금죄와 강간미수죄의 실체적 경합
④ A: 중감금치사죄, B: 감금죄와 강간미수죄의 상상적 경합

[해설]
A 피고인의 중감금행위와 피해자의 사망 사이에는 인과관계가 있어 피고인은 중감금치사죄의 죄책을 진다(대판 1991.10.25. 91도2085).
B [1] 강간죄의 성립에 언제나 직접적으로 또 필요한 수단으로서 감금행위를 수반하는 것은 아니므로 감금행위가 강간미수죄의 수단이 되었다 하여 감금행위는 강간미수죄에 흡수되어 범죄를 구성하지 않는다고 할 수는 없는 것이고, 그때에는 감금죄와 강간미수죄는 일개의 행위에 의하여 실현된 경우로서 형법 제40조의 상상적 경합관계에 있다.
[2] 사안에서의 협박은 감금죄의 실행의 착수임과 동시에 강간미수죄의 실행의 착수라고 할 것이다.

정답 ④

09 다음 사례에서 甲과 乙의 죄책에 대한 설명으로 옳지 않은 것은?

> 사장 甲은 자신이 추진하는 사업에 반대하는 장인(丈人) A를 주주총회에 참석하지 못하게 하기 위하여 친구 乙에게 "어떻게 해서든 네 차에 A를 태워 여기저기 돌아다니면서 A가 총회장에 참석할 수 없도록 해라"고 교사하였고, 乙은 이를 승낙하였다. 乙은 사건 당일 집을 나오는 A를 협박하여 강제로 승용차에 태운 뒤 A의 하차요구에도 불구하고 몇 시간 동안 도로를 주행하다가 집에 데려다 주었다.

① 위 사례에서 甲은 존속감금죄의 교사범의 죄책을 진다.
② A가 정신병자인 경우에도 乙에게는 감금죄가 성립하는 데 지장이 없다.
③ 감금하기 위해 그 수단으로 행사된 협박에 대해서는 별개의 죄가 성립하지 않는다.
④ 만약 乙이 A를 자동차에 감금한 상태에서 A를 폭행·협박하여 금품을 강취한 후 약 1시간 동안 도로를 주행하다가 집으로 데려다 주고 도주하였다면, 乙은 감금죄와 강도죄의 상상적 경합의 죄책을 진다.
⑤ 만약 A가 감금상태를 벗어나기 위하여 달리던 차량을 빠져나오다가 길바닥에 떨어져 사망하였다면, 乙이 A의 사망을 예견할 수 있었던 경우 乙은 감금치사죄의 죄책을 진다.

[해설] 19. 해경간부
① 【O】 甲은 직계존속인 A를 감금하라고 乙에게 교사하였으므로 제33조 본문에 의하여 甲은 존속감금죄의 교사범이 성립한다(판례).
② 【O】 정신병자도 감금죄의 객체가 될 수 있다(대판 2002.10.11. 2002도4315).
③ 【O】 체포·감금의 수단으로 폭행 또는 협박을 한 때에는 본죄만 성립하며 폭행죄나 협박죄가 성립하는 것이 아니다(대판 1982.6.22. 82도705).
④ 【X】 도상해의 범행이 끝난 뒤에도 감금행위가 계속된 경우는 감금죄와 강도상해죄는 경합범이다(대판 2003.1.10. 2002도4380).
⑤ 【O】 대판 2000.2.11. 99도5286

정답 ④

제4절 약취와 유인 및 인신매매의 죄

◆ 지문의 내용에 대해 학설의 대립 등 다툼이 있는 경우 판례에 의함

01 다음 중 형법상 약취와 유인의 죄에 관한 설명으로 틀린 것은?

① 미성년자를 약취한 자가 그 미성년자를 안전한 장소로 풀어 준 때에는 그 형을 감경할 수 있다.
② 국외이송을 위한 약취·유인죄의 경우 예비, 음모한 자도 징역 3년에 처해질 수 있다.
③ 약취와 유인의 죄의 장의 각 죄들은 친고죄에 해당하지 않으며, 대한민국 영역 밖에 죄를 범한 외국인에게도 적용되도록 세계주의 규정을 두고 있다.
④ 형법 제288조 제1항의 영리목적 약취죄는 존속에 대한 범죄에 대하여 가중처벌 규정을 두고 있다.

[해설]
① 【O】 제287조(미성년자약취유인죄)부터 제290조까지, 제292조와 제294조의 죄를 범한 사람이 약취·유인·매매 또는 이송된 사람을 안전한 장소로 풀어준 때에는 그 형을 감경할 수 있다(제295조의2). ◆ 해방감경은 임의적 감경임을 주의해야 한다.
② 【O】 국외이송을 위한 약취·유인죄를 포함하여 약취, 유인 및 인신매매의 죄의 장의 각 죄는 대부분 예비·음모 처벌규정과 미수범 처벌규정이 있다. 예비·음모 처벌규정과 미수범 처벌규정이 없는 것은 약취·유인·매매·이송 치상죄와 치사죄, 약취·유인·매매·이송 목적 모집·운송·전달죄이다.
③ 【O】 개정형법은 약취, 유인 및 인신매매의 죄에서 친고죄 규정을 삭제하였으며 인류에 대한 공통적인 범죄인 약취·유인과 인신매매 등 죄의 규정이 대한민국 영역 밖에서 죄를 범한 외국인에게도 적용될 수 있도록 세계주의 규정을 도입하였다.
④ 【X】 영리목적약취죄는 존속에 대한 범죄에 대하여 가중처벌 규정을 두고 있지 않다.

[정답] ④

02 약취와 유인의 죄에 관한 설명 중 가장 적절하지 않은 것은?

① 미성년자를 보호·감독하고 있던 그 아버지의 감호권을 침해하여 피해자를 자신들의 사실상 지배하로 옮긴 이상 미성년자약취죄가 성립한다 할 것이고, 약취행위에 미성년자의 동의가 있었다 하더라도 본죄의 성립에는 변함이 없다.
② 미성년자 혼자 머무는 주거에 침입하여 강도 범행을 하는 과정에서 미성년자와 그 부모에게 폭행·협박을 가하여 일시적으로 부모와의 보호관계가 사실상 침해·배제된 경우 형법상 미성년자약취죄가 성립하지 않는다.
③ 15세 된 가출소녀를 유혹하여 단란주점에 팔 생각으로 피해자에게 접근하여 취직자리를 찾아 주겠다고 속여 자신의 원룸 아파트에 유인하였다가 단란주점 주인과 약속장소로 가는 도중에 검거되었다면 미성년자유인죄의 미수에 해당한다.
④ 간음의 목적으로 11세에 불과한 어린 나이의 피해자를 유혹하여 위 모텔 앞길에서부터 위 모텔 301호실까지 데리고 간 이상, 간음목적유인죄의 기수에 이른 것이다.

[해설]
① 【O】 대판 2003.2.11. 2002도7115 ◆ 미성년자유인죄의 경우에도 동일하다.
② 【O】 대판 2008.1.17. 2007도8485
③ 【X】 영리목적 약취·유인죄(제288조 제1항)의 객체는 미성년자도 포함되므로 영리목적이 인정되면 미성년자 약취·유인죄는 성립하지 않으며, 본죄는 영리를 목적으로 사람을 약취·유인하여 사실적 지배관계에 어느 정도 시간적 계속이 있으면 기수가 되고 목적(이익)의 달성여부는 불문하므로 영리목적 유인죄의 기수에 해당한다.
④ 【O】 대판 2007.5.11. 2007도2318

[정답] ③

03 약취와 유인의 죄에 관한 다음 설명 중 가장 적절하지 않은 것은?

① 미성년자유인죄라 함은 기망 또는 유혹을 수단으로 하여 미성년자를 꾀어 현재의 보호상태로부터 이탈하게 하여 자기 또는 제3자의 사실적 지배하로 옮기는 행위를 말한다.
② 유인의 수단으로서 유혹이라 함은 기망의 정도에는 이르지 아니하나 감언이설로써 상대방을 현혹시켜 판단의 적정을 그르치게 하는 것이므로 반드시 그 유혹의 내용이 허위일 것을 요하지는 않는다.
③ 약취의 경우에 폭행·협박의 정도는 상대방의 반항을 억압할 정도의 것임을 요한다.
④ 미성년자를 유인한 자가 계속하여 미성년자를 불법하게 감금하였을 때에는 미성년자유인죄 이외에 감금죄가 별도로 성립한다.
⑤ 친권자가 외조부가 맡아서 양육해 오던 미성년인 자(子)를 자(子)의 의사에 반하여 사실상 자신의 지배하에 옮긴 경우, 미성년자약취·유인죄가 성립한다.

[해설]

① 【 O 】 대판 1996.2.27. 95도2980
② 【 O 】 대판 1982.4.27. 82도186
③ 【 X 】 형법 제288조에 규정된 약취행위는 피해자를 그 의사에 반하여 자유로운 생활관계 또는 보호관계로부터 범인이나 제3자의 사실상 지배하에 옮기는 행위를 말하는 것으로서, 폭행 또는 협박을 수단으로 사용하는 경우에 그 폭행 또는 협박의 정도는 상대방을 실력적 지배하에 둘 수 있을 정도이면 족하고 반드시 상대방의 반항을 억압할 정도의 것임을 요하지는 아니한다(대판 1991.8.13. 91도1184).
④ 【 O 】 대판 1998.5.26. 98도1036
⑤ 【 O 】 미성년자를 보호감독하는 자라 하더라도 다른 보호감독자의 감호권을 침해하거나 자신의 감호권을 남용하여 미성년자 본인의 이익을 침해하는 경우에는 미성년자 약취·유인죄의 주체가 될 수 있다(대판 2008.1.31. 2007도8011).

정답 ③

04 다음 설명 중 옳지 않은 것은?

① 17세의 소녀를 간음할 목적으로 약취·유인하였으나 다음날 그 소녀가 탈출하여 간음하지 못한 경우 간음목적약취·유인죄가 성립한다.
② 18세의 여자를 약취·유인하여 석방의 대가로 부모에게 금전을 요구하여 취득한 경우 인질강도죄가 성립한다.
③ 18세의 여자를 유흥주점에 팔 생각으로 유인하여 자기 집에 데리고 있으면서 강간한 후, 유흥주점 업주에게 넘기려다 검거된 경우 미성년자유인죄와 강간죄의 경합범이 성립한다.
④ 16세의 소녀를 위계로써 간음한 경우 미성년자간음죄가 성립한다.

[해설]

① 【 O 】 미성년자인 17세의 소녀를 간음할 목적으로 약취·유인한 경우에는 불법가중적 구성요건인 간음목적약취·유인죄만 성립하고 기본범죄인 미성년자약취·유인죄는 별도로 성립하지 아니하며, 또한 위 미성년자가 행위자 또는 제3자의 실력적 지배하에 놓이고 어느 정도 시간적 계속성이 인정될 때 기수가 되고, 목적의 실현여부는 기수를 인정하는데 장애가 되지 아니하므로 그 소녀가 탈출하여 간음하지 못한 경우에도 간음목적약취·유인죄가 성립한다.
② 【 O 】 인질강도죄(형법 제336조)는 사람을 체포·감금·약취 또는 유인하여 이를 인질로 삼아 재물 또는 재산상의 이익을 취득하거나 제3자로 하여금 이를 취득하게 함으로써 성립하는 범죄로서, 위 사안의 경우에는 인질강도죄가 성립한다.
③ 【 X 】 유흥주점에 팔 생각으로 유인한 경우는 영리목적이 인정되어 영리목적유인죄가 성립하고 별도로 강간하였으므로, 영리목적유인죄와 강간죄는 실체적 경합관계에 있다(대판 1998.5.26. 98도1036).
④ 【 O 】 미성년자 또는 심신미약자에 대하여 위계 또는 위력으로써 간음 또는 추행을 한 자는 5년 이하의 징역에 처한다(형법 제302조).

정답 ③

05 다음 중 甲에게 미성년자 약취·유인죄가 성립하는 것은 모두 몇 개인가?

㉠ 미성년자의 어머니가 교통사고로 사망하여 아버지 甲이 미성년자의 양육을 외조부에게 맡겼으나 교통사고 배상금 등으로 분쟁이 발생하자, 학교에서 귀가하는 미성년자를 甲이 본인의 의사에 반하여 강제로 차에 태우고 데려갔다.
㉡ 베트남 국적 여성인 피고인이 남편의 동의 없이 생후 13개월 된 자녀를 베트남에 있는 친정으로 데려간 행위는 실력을 행사하여 자녀를 평온하던 종전의 보호·양육 상태로부터 이탈시킨 것으로서 국외이송약취죄 및 피약취자국외이송죄에 해당한다.
㉢ 甲은 자신의 교리설교에 속아 스스로 가출한 15세의 피해자를 보살피면서 '주의 일'(껌팔이) 등 행상을 시켰다.
㉣ 甲이 자신의 4촌 매형의 가게에서 일하면서 숙식을 해결하는 미성년인 저능아를 제주도로 데리고 간 후 이 사실을 매형에게 숨기고 몇 개월 후 다시 데려왔다.

① 1개　　② 2개　　③ 3개　　④ 4개

해설

㉠ 【 O 】 대판 2008.1.31. 2007도8011 18. 경찰간부
㉡ 【 X 】 제반 사정을 종합할 때 피고인이 乙을 데리고 베트남으로 떠난 행위는 어떠한 실력을 행사하여 乙을 평온하던 종전의 보호·양육 상태로부터 이탈시킨 것이라기보다 친권자인 모로서 출생 이후 줄곧 맡아왔던 乙에 대한 보호·양육을 계속 유지한 행위에 해당하여, 이를 폭행, 협박 또는 불법적인 사실상의 힘을 사용하여 乙을 자기 또는 제3자의 지배하에 옮긴 약취행위로 볼 수는 없다(대판 2013.6.20. 2010도14328(숲)). 17. 경찰승진
㉢ 【 O 】 대판 1982.4.27. 82도186. 18. 경찰간부
㉣ 【 O 】 대판 1996.2.27. 95도2980 18. 경찰간부

정답 ③

06 다음 설명 중 가장 옳지 않은 것은?

① 미성년자 약취행위에서 폭행 또는 협박의 정도는 상대방을 실력적 지배하에 둘 수 있을 정도면 족하고 반드시 상대방의 반항을 억압할 정도의 것임을 요하지 않는다.
② 미성년 자녀를 부모가 함께 동거하면서 보호·양육하여 오던 중 부모의 일방이 상대방 부모나 그 자녀에게 어떠한 폭행, 협박이나 불법적인 사실상의 힘을 행사함이 없이 그 자녀를 데리고 종전의 거소를 벗어나 다른 곳으로 옮겨 자녀에 대한 보호·양육을 계속하였다면, 그 행위가 보호·양육권의 남용에 해당한다는 등 특별한 사정이 없는 한 설령 이에 관하여 법원의 결정이나 상대방 부모의 동의를 얻지 아니하였다고 하더라도 그러한 행위에 대하여 곧바로 형법상 미성년자약취죄의 성립을 인정할 수는 없다.
③ 미성년자가 혼자 머무는 주거에 침입하여 그를 감금한 뒤 폭행 또는 협박에 의하여 부모의 출입을 봉쇄하거나, 미성년자와 부모가 거주하는 주거에 침입하여 부모만을 강제로 퇴거시키고 독자적인 생활관계를 형성하기에 이르렀다면 미성년자약취죄에 해당한다.
④ 미성년자를 보호·감독하고 있던 그 아버지의 감호권을 침해하여 미성년자를 피고인의 사실상 지배 아래 옮긴 경우 미성년자약취죄가 성립하고, 다만 약취행위에 미성년자의 동의가 있었던 경우에는 미성년자약취죄가 성립하지 아니한다.

해설

① 【 O 】 대판 2009.7.9. 2009도3816 17. 법원행시
② 【 O 】 대판 2013.6.20. 2010도14328 17. 법원행시
③ 【 O 】 대판 2008.1.17. 2007도8485 17. 법원행시
④ 【 X 】 미성년자약취죄의 입법 취지는 미성년자의 자유 외에 보호감독자의 감호권도 그 보호법익으로 하고 있다는 점을 고려하면, 피고인과 공범들이 피해자(여, 14세)를 보호·감독하고 있던 그 아버지의 감호권을 침해하여 그녀를 자신들의 사실상 지배하로 옮긴 이상 미성년자약취죄가 성립한다 할 것이고, 위 약취행위에 피해자의 동의가 있었다 하더라도 본죄의 성립에는 변함이 없다(대판 2003.2.11. 2002도7115). 17. 법원행시

정답 ④

07 약취와 유인의 죄에 대한 설명 중 옳지 않은 것은 모두 몇 개인가?

> ㉠ 형법은 추행·간음·영리목적의 약취·유인과 결혼목적약취·유인의 법정형을 상이하게 규정하고 있다.
> ㉡ 형법상 약취·유인의 죄는 모두 일정한 목적이 있는 경우에만 성립하는 목적범의 형태로 규정되어 있다.
> ㉢ 미성년자를 약취·유인한 자가 그 미성년자를 안전한 장소로 풀어준 때에는 그 형을 감경하거나 면제할 수 있다.
> ㉣ 미성년자약취·유인죄를 범할 목적으로 예비·음모한 경우, 세계주의 원칙에 따라 대한민국 영역 밖에서 이 죄를 범한 외국인에게도 대한민국 형법을 적용한다.
> ㉤ 형법 제289조 제4항의 국외이송목적 인신매매 및 국외이송의 죄를 범한 사람이 매매 또는 이송된 사람을 안전한 장소로 풀어준 때에는 그 형을 감경할 수 있다.

① 1개   ② 2개   ③ 3개   ④ 4개

해설

㉠ 【 X 】 추행, 간음, 결혼 또는 영리의 목적으로 사람을 약취, 유인한 자는 모두 1년 이상 10년 이하의 징역에 처한다(제288조 제1항). 21. 경찰간부

㉡ 【 X 】 제287조의 미성년자약취·유인죄는 특별한 목적이 없어도 성립한다. 21. 경찰간부

㉢ 【 X 】 미성년자를 약취·유인한 자가 그 미성년자를 안전한 장소로 풀어준 때에는 그 형을 감경할 수 있다(제287조, 제295조의2). 21. 경찰간부

㉣ 【 X 】 예비·음모죄를 범한 경우에는 대한민국 형법이 적용되지 아니한다. 21. 경찰간부

㉤ 【 O 】 형법 제295조의2 17. 경찰승진

정답 ④

---

08 형법상 약취·유인·매매된 자 또는 인질을 안전한 장소로 풀어준 때에 형을 감경하는 규정(해방감경규정)이 존재하는 범죄는 모두 몇 개인가?

> ㉠ 인질강도죄   ㉡ 인질상해·치상죄
> ㉢ 인질살해·치사죄   ㉣ 약취와 유인의 죄
> ㉤ 인신매매죄   ㉥ 인질강요죄
> ㉦ 체포·감금죄

① 2개   ② 3개   ③ 4개   ④ 5개

해설

해방감경규정(임의적 감경임을 주의)이 있는 죄: 약취·유인의 죄, 인신매매죄, 인질상해·치상죄, 인질강요죄
해방감경규정이 없는 죄: 체포·감금의 죄, 인질강도죄, 인질살해·치사죄

> **참고조문**
> 1. 제295조의2(형의 감경) 제287조부터 제290조까지(각종 약취, 유인, 인신매매), 제292조(약취,유인,매매,이송된 사람의 수수·은닉 등)와 제294조(미수범을 처벌하는 경우)조의 죄를 범한 사람이 약취, 유인, 매매 또는 이송된 사람을 안전한 장소로 풀어준 때에는 그 형을 감경할 수 있다.
> 2. 제324조의6(형의 감경) 제324조의2(인질강요) 또는 제324조의3(인질상해·치상)의 죄를 범한 자 및 그 죄의 미수범이 인질을 안전한 장소로 풀어준 때에는 그 형을 감경할 수 있다.

정답 ③

제5절 강간과 추행의 죄

● 지문의 내용에 대해 학설의 대립 등 다툼이 있는 경우 판례에 의함

01 강간과 추행의 죄에 대한 설명으로 옳지 않은 것은?

① 피해자가 깊은 잠에 빠져 있거나 술·약물 등에 의해 일시적으로 의식을 잃은 상태 또는 완전히 의식을 잃지는 않았더라도 그와 같은 사유로 정상적인 판단능력과 대응·조절능력을 행사할 수 없는 상태에 있었다면, 이는 준강간죄 또는 준강제추행죄에서의 심신상실 또는 항거불능 상태에 해당한다.

② 위계에 의한 간음죄에 해당하는지 여부를 판단할 때에는 구체적인 범행 상황에 놓인 피해자의 입장과 관점이 충분히 고려되어야 하고, 일반적·평균적 판단능력을 갖춘 성인 또는 충분한 보호와 교육을 받은 또래의 시각에서 인과관계를 쉽사리 부정하여서는 안 된다.

③ 「성폭력범죄의 처벌 등에 관한 특례법」 제11조의 '공중밀집장소에서의 추행'이 기수에 이르기 위하여는 행위자의 행위로 인하여 대상자가 성적 수치심이나 혐오감을 반드시 실제로 느껴야 하는 것은 아니고, 객관적으로 일반인에게 성적 수치심이나 혐오감을 일으키게 할 만한 행위로서 선량한 성적 도덕관념에 반하는 행위를 실행하는 것으로 충분하다.

④ 사람 및 차량의 왕래가 빈번한 도로에서 피고인이 자신의 말을 무시한 피해자에게 성적이지 않은 욕설을 하면서 단순히 바지를 내리고 자신의 성기를 피해자에게 보여 준 경우 강제추행죄가 성립한다.

[해설]

① 【 O 】 대판 2021.2.4. 2018도9781 24. 국가직 7급
② 【 O 】 대판 2020.8.27. 2015도9436 전합 24. 국가직 7급
③ 【 O 】 대판 2020.6. 25. 2015도7102 24. 국가직 7급
④ 【 X 】 피고인이 피해자 甲(여, 48세)에게 욕설을 하면서 자신의 바지를 벗어 성기를 보여주는 방법으로 강제추행하였다는 내용으로 기소된 사안에서, 제반 사정을 고려할 때 단순히 피고인이 바지를 벗어 자신의 성기를 보여준 것만으로는 폭행 또는 협박으로 '추행'을 하였다고 볼 수 없다(대판 2012.7.26. 2011도8805). 24. 국가직 7급

정답 ④

02 강간과 추행의 죄에 관한 설명으로 가장 적절하지 않은 것은?

① 엘리베이터 안에서 피해자들을 칼로 위협하여 자신의 실력적인 지배하에 둔 다음 피해자들에게 자신의 자위행위 모습을 보여 주고 이를 외면하거나 피할 수 없게 한 행위는 강제추행에 해당한다.
② 골프장 여종업원이 거부의사를 밝혔음에도 골프장 사장과의 친분을 내세워 함께 술을 마시지 않으면 신분상의 불이익을 가할 것처럼 협박하여 이른바 '러브샷'의 방법으로 술을 마시게 한 경우에는 강제추행죄가 성립한다.
③ 강간죄의 폭행·협박 여부를 판단함에 있어 피해자가 성교 이전에 범행 현장을 벗어날 수 있었다거나 피해자가 사력을 다하여 반항하지 않았다면 가해자의 폭행·협박이 피해자의 항거를 현저히 곤란하게 할 정도에 이르지 않았다고 보아야 한다.
④ 협박과 간음 사이에 시간적 간격이 있더라도 협박에 의하여 간음이 이루어진 것으로 인정될 수 있으면 강간죄가 성립한다.

[해설]

① 【 O 】 대판 2010.2.25. 2009도13716 24. 경찰승진
② 【 O 】 대판 2008.3.13. 2007도10050 24. 경찰승진
③ 【 X 】 사후적으로 보아 피해자가 성교 전에 범행 현장을 벗어날 수 있었다거나 피해자가 사력을 다하여 반항하지 않았다는 사정만으로 가해자의 폭행·협박이 피해자의 항거를 현저히 곤란하게 할 정도에 이르지 않았다고 섣불리 단정하여서는 안 된다(대판 2012.7.12. 2012도4031). 24. 경찰승진
④ 【 O 】 대판 2007.1.25. 2006도5979 24. 경찰승진

정답 ③

03 형법상 강간과 추행의 죄에 대한 다음의 설명 중 가장 옳지 않은 것은?

① 폭행·협박으로 사람에 대하여 구강의 내부에 손가락 등 신체(성기를 제외한다) 일부 또는 도구를 넣는 행위를 한 사람은 유사강간죄로 처벌된다.
② 형량을 차등하여 규정하고 있는 강간치사죄와 강간살인죄와 달리, 강간치상죄와 강간상해죄는 형량이 동일하다.
③ 미성년자 또는 심신미약자에 대한 위계·위력에 의한 간음·추행죄의 미수는 처벌하지 않는다.
④ 상습범에 대해서는 그 죄에 정한 형의 2분의 1까지 가중한다.

[해설]

① 【 X 】 유사강간죄(제297조의2)는 '폭행 또는 협박으로 사람에 대하여 구강, 항문 등 신체(성기는 제외한다)의 내부에 성기를 넣거나 성기, 항문에 손가락 등 신체(성기는 제외한다)의 일부 또는 도구를 넣는 행위를 한 사람은 2년 이상의 유기징역에 처한다.'라고 규정하고 있다. ◎ 「형법」은 유사강간죄의 법정형을 강간죄의 법정형(3년 이상의 유기징역)보다 낮게 규정하고 있다. 14. 경찰간부
② 【 O 】 옳은 설명이다. 14. 경찰간부
③ 【 O 】

📌 참고

1. 처벌하는 경우 14. 경찰간부
   가. 미수범 처벌 규정 있는 경우 : (준)강간죄, (준)유사강간죄, (준)강제추행죄
   나. 판례가 미수범 처벌을 인정하는 경우 : 미성년자의제강간·유사강간·강제추행죄
2. 처벌하지 않는 경우 : 미성년자·심신미약자 간음·추행죄, 업무상 위력 등에 의한 간음죄(피감호자 간음죄와 피구금자 간음죄), 강간 등 상해·치상죄, 강간 등 살인·치사죄

④ 【 O 】 제305조의2 14. 경찰간부

정답 ①

04 성폭력범죄에 대한 설명으로 옳지 않은 것은?

① 골프장 여종업원이 거부의사를 밝혔음에도 골프장 사장과의 친분관계를 내세워 함께 술을 마시지 않으면 신분상의 불이익을 가할 것처럼 협박하여 이른바 '러브샷'의 방법으로 술을 마시게 한 행위는 「형법」 제298조의 강제추행죄에 해당한다.

② 피고인이 타인의 주거에 침입하여 피해자를 강제추행한 경우, 「성폭력 범죄의 처벌 등에 관한 특례법」 제3조 제1항에 따라 주거침입강제추행죄로 가중처벌된다.

③ 다른 특별한 사정이 없는 한 강간범이 강간의 범행 후에 특수강도의 범의를 일으켜 그 피해자의 재물을 강취한 경우에는 이를 「성폭력 범죄의 처벌 등에 관한 특례법」 제3조 제2항 소정의 특수강도강간죄로 의율할 수 없다.

④ 甲이 카메라폰(촬영된 피사체의 영상정보가 기계장치 내의 RAM 등 주기억장치에 입력되어 임시저장되는 기능 탑재)을 가지고 에스컬레이터에서 A의 치마 속 신체 부위에 대한 동영상 촬영을 시작하여 일정한 시간이 경과하였다면, 설령 촬영 중 경찰관에게 발각되어 저장버튼을 누르지 않고 촬영을 종료하였더라도 「성폭력 범죄의 처벌 등에 관한 특례법」 제14조 제1항 카메라등이용촬영죄의 기수범이 성립한다.

[해설]

① 【O】 대판 2008.3.13. 2007도10050 23. 국가직 7급

② 【X】 주거침입강제추행죄 및 주거침입준강제추행죄에 대하여 무기징역 또는 7년 이상의 징역에 처하도록 한 '성폭력범죄의 처벌 등에 관한 특례법'(이하 '성폭력처벌법'이라 한다) 제3조 제1항 중 '형법 제319조 제1항 (주거침입)의 죄를 범한 사람이 같은 법 제298조 (강제추행), 제299조 (준강제추행) 가운데 제298조의 예에 의하는 부분의 죄를 범한 경우에는 무기징역 또는 7년 이상의 징역에 처한다.'는 부분(이하 '심판대상조항'이라 한다)이 책임과 형벌 간의 비례원칙에 위배된다(헌재 2023.2.23. 2021헌가9). 23. 국가직 7급

③ 【O】 대판 2002.2.8. 2001도6425 23. 국가직 7급

④ 【O】 대판 2011.6.9. 2010도10677 23. 국가직 7급

정답 ②

05 강간과 추행의 죄에 관한 설명으로 가장 적절한 것은?

① 「형법」 제299조의 준강제추행죄는 정신적·신체적 사정으로 인하여 성적인 자기방어를 할 수 없는 사람의 성적 자기결정권을 보호해 주는 것을 보호법익으로 하며, 그 성적 자기결정권은 원치 않는 성적 관계를 거부할 권리라는 소극적 측면을 말한다.

② 범인이 피해자를 촬영하기 위하여 육안 또는 캠코더의 줌 기능을 이용하여 피해자가 있는지 여부를 탐색하다가 피해자를 발견하지 못하고 촬영을 포기하였더라도 이는 촬영을 위한 준비행위를 한 것으로 성폭력범죄의 처벌 등에 관한 특례법 위반(카메라 등 이용촬영)죄의 실행에 착수한 것이다.

③ 「성폭력범죄의 처벌 등에 관한 특례법」 제14조 제2항에서 유포행위의 한 유형으로 열거하고 있는 '공공연한 전시'란 불특정 또는 다수인이 촬영물 등을 인식할 수 있는 상태에 두는 것을 의미하고, 따라서 촬영물 등의 '공공연한 전시'로 인한 범죄는 불특정 또는 다수인이 전시된 촬영물 등을 실제 인식하지 못하였다면 성립하지 않는다.

④ '강제추행'이란 객관적으로 일반인에게 성적 불쾌감이나 혐오감을 일으키게 하고 선량한 성적 도덕 관념에 반하는 행위로서 피해자의 성적 자유를 침해하는 것이므로 강제추행죄의 성립에 필요한 주관적 구성요건으로는 성욕을 자극·흥분·만족시키려는 주관적 동기나 목적이 있어야 한다.

해설

① 【 O 】 대판 2021.2.4. 2018도9781 23. 경찰
② 【 X 】 범인이 피해자를 촬영하기 위하여 육안 또는 캠코더의 줌 기능을 이용하여 피해자가 있는지 여부를 탐색하다가 피해자를 발견하지 못하고 촬영을 포기한 경우에는 촬영을 위한 준비행위에 불과하여 성폭력처벌법 위반(카메라등이용촬영)죄의 실행에 착수한 것으로 볼 수 없다. 이에 반하여 범인이 카메라 기능이 설치된 휴대전화를 피해자의 치마 밑으로 들이밀거나, 피해자가 용변을 보고 있는 화장실 칸 밑 공간 사이로 집어넣는 등 카메라 등 이용 촬영 범행에 밀접한 행위를 개시한 경우에는 성폭력처벌법 위반(카메라이용촬영)죄의 실행에 착수하였다고 볼 수 있다(대판 2021.3.25. 2021도749). 23. 경찰
③ 【 X 】 성폭력처벌법 제14조 제2항 에서 유포 행위의 한 유형으로 열거하고 있는 '공공연한 전시'란 불특정 또는 다수인이 촬영물 등을 인식할 수 있는 상태에 두는 것을 의미하고, 촬영물 등의 '공공연한 전시'로 인한 범죄는 불특정 또는 다수인이 전시된 촬영물 등을 실제 인식하지 못했다고 하더라도 촬영물 등을 위와 같은 상태에 둠으로써 성립한다(대판 2022.6.9. 2022도1683). 23. 경찰
④ 【 X 】 강제추행죄의 성립에 필요한 주관적 구성요건으로는 성욕을 자극·흥분·만족시키려는 주관적 동기나 목적이 있어야 하는 것은 아니다(대판 2013.9.26. 2013도5856). 23. 경찰

정답 ①

06 강간과 추행의 죄에 대한 설명이다. 아래 ㉠부터 ㉣까지의 설명 중 옳고 그름의 표시(O, ×)가 바르게 된 것은?

㉠ 강간과 추행의 죄에서 말하는 '성적 자유'는 적극적으로 성행위를 할 수 있는 자유가 아니라 소극적으로 원치 않는 성행위를 하지 않을 자유를 말하고, '성적 자기결정권'은 성행위를 할 것인가 여부, 성행위를 할 때 그 상대방을 누구로 할 것인가 여부, 성행위의 방법 등을 스스로 결정할 수 있는 권리를 의미한다.

㉡ 강제추행죄는 자수범이라고 볼 수 없으므로 처벌되지 아니하는 타인을 도구로 삼아 피해자를 강제로 추행하는 간접정범의 형태로도 범할 수 있으나, 여기에서의 강제추행에 관한 간접정범의 의사를 실현하는 도구로서의 타인에는 피해자가 포함되지 않는다.

㉢ 위계에 의한 간음죄에서 행위자의 위계적 언동이 존재하였다는 사정만으로 위계에 의한 간음죄가 성립하는 것은 아니고, 위계적 언동의 내용 중에 피해자가 성행위를 결심하게 된 중요한 동기를 이룰 만한 사정이 포함되어 있어 피해자의 자발적인 성적 자기결정권의 행사가 없었다고 평가할 수 있어야 한다.

㉣ '미성년자 또는 심신미약자에 대하여 위계 또는 위력으로써 간음 또는 추행'한 자를 처벌하는 「형법」 제302조는, 미성년자나 심신미약자와 같이 판단능력이나 대처능력이 일반인에 비하여 낮은 사람은 낮은 정도의 유·무형력의 행사에 의해서도 저항을 제대로 하지 못하고 피해를 입을 가능성이 있기 때문에 그 범죄의 성립요건을 강간죄나 강제추행죄보다 완화된 형태로 규정한 것이다.

① ㉠ (O) ㉡ (×) ㉢ (O) ㉣ (O)
② ㉠ (O) ㉡ (×) ㉢ (O) ㉣ (×)
③ ㉠ (O) ㉡ (O) ㉢ (×) ㉣ (O)
④ ㉠ (×) ㉡ (O) ㉢ (×) ㉣ (×)

해설

㉠ 【O】 대판 2019.6.13. 2019도3341 21. 경찰

㉡ 【X】 처벌되지 아니하는 타인을 도구로 삼아 피해자를 강제로 추행하는 간접정범의 형태로도 범할 수 있다. 여기서 강제추행에 관한 간접정범의 의사를 실현하는 도구로서의 타인에는 피해자도 포함될 수 있으므로, 피해자를 도구로 삼아 피해자의 신체를 이용하여 추행행위를 한 경우에도 강제추행죄의 간접정범에 해당할 수 있다(대판 2018.2.8. 2016도17733). 21. 경찰

㉢ 【O】 위계에 의한 간음죄에서 '위계'란 행위자의 행위목적을 달성하기 위하여 피해자에게 오인, 착각, 부지를 일으키게 하여 이를 이용하는 것을 말한다. 피해자가 오인, 착각, 부지에 빠지게 되는 대상은 간음행위 자체일 수도 있고, 간음행위에 이르게 된 동기이거나 간음행위와 결부된 금전적·비금전적 대가와 같은 요소일 수도 있다. 다만 행위자의 위계적 언동이 존재하였다는 사정만으로 위계에 의한 간음죄가 성립하는 것은 아니므로 위계적 언동의 내용 중에 피해자가 성행위를 결심하게 된 중요한 동기를 이룰 만한 사정이 포함되어 있어 피해자의 자발적인 성적 자기결정권의 행사가 없었다고 평가할 수 있어야 한다.
한편 위계에 의한 간음죄가 보호대상으로 삼는 아동·청소년, 미성년자, 심신미약자, 피보호자·피감독자, 장애인 등의 성적 자기결정 능력은 그 나이, 성장과정, 환경, 지능 내지 정신기능 장애의 정도 등에 따라 개인별로 차이가 있으므로 <u>간음행위와 인과관계가 있는 위계에 해당하는지 여부를 판단할 때에는 구체적인 범행 상황에 놓인 피해자의 입장과 관점이 충분히 고려되어야 하고, 일반적·평균적 판단능력을 갖춘 성인 또는 충분한 보호와 교육을 받은 또래의 시각에서 인과관계를 쉽사리 부정하여서는 안 된다</u>(대판 2020.8.27. 2015도9436 전합). 21. 경찰

㉣ 【O】 형법 제302조는 "미성년자 또는 심신미약자에 대하여 위계 또는 위력으로써 간음 또는 추행을 한 자는 5년 이하의 징역에 처한다."라고 규정하고 있다. 형법은 제2편 제32장에서 '강간과 추행의 죄'를 규정하고 있는데, 이 장에 규정된 죄는 모두 개인의 성적 자유 또는 성적 자기결정권을 침해하는 것을 내용으로 한다. 여기에서 '성적 자유'는 적극적으로 성행위를 할 수 있는 자유가 아니라 소극적으로 원치 않는 성행위를 하지 않을 자유를 말하고, '성적 자기결정권'은 성행위를 할 것인가 여부, 성행위를 할 때 상대방을 누구로 할 것인가 여부, 성행위의 방법 등을 스스로 결정할 수 있는 권리를 의미한다. 형법 제32장의 죄의 기본적 구성요건은 강간죄(제297조)나 강제추행죄(제298조)인데, 이 죄는 미성년자나 심신미약자와 같이 판단능력이나 대처능력이 일반인에 비하여 낮은 사람은 낮은 정도의 유·무형력의 행사에 의해서도 저항을 제대로 하지 못하고 피해를 입을 가능성이 있기 때문에 범죄의 성립요건을 보다 완화된 형태로 규정한 것이다(대판 2019.6.13. 2019도3341). 21. 경찰

정답 ①

07 강간과 추행의 죄에 대한 설명이다. 아래 ㉠부터 ㉣까지의 설명 중 옳고 그름의 표시(○, ×)가 바르게 된 것은?

㉠ 강제추행죄는 자수범이 아니므로 피해자를 도구로 삼아 추행하는 간접정범의 형태로도 범할 수 있다.
㉡ 甲이 A가 심신상실 또는 항거불능의 상태에 있다고 인식하고 그러한 상태를 이용하여 간음할 의사로 A를 간음하였으나 A가 실제로는 심신상실 또는 항거불능의 상태에 있지 않은 경우에는 준강간죄의 장애미수가 성립한다.
㉢ 「형법」 제302조의 위계에 의한 간음죄에서의 '위계'는 간음행위 그 자체에 대한 오인, 착각, 부지를 의미하고, 간음행위에 이르게 된 동기 내지 간음행위와 결부된 금전적 대가와 같은 요소는 위계의 대상이 될 수 없다.
㉣ 강제추행죄의 '추행'이란 일반인에게 성적 수치심이나 혐오감을 일으키고 선량한 성적 도덕관념에 반하는 행위인 것으로 족하고, 반드시 그 행위의 상대방인 피해자의 성적 자기결정의 자유를 침해할 필요까지는 없다.

① ㉠ (○) ㉡ (×) ㉢ (×) ㉣ (○)
② ㉠ (○) ㉡ (×) ㉢ (×) ㉣ (×)
③ ㉠ (○) ㉡ (×) ㉢ (○) ㉣ (×)
④ ㉠ (×) ㉡ (○) ㉢ (○) ㉣ (○)

해설

㉠ 【○】 강제추행죄가 '자수범'에 해당하는지 여부(소극) / 피해자를 도구로 삼아 피해자의 신체를 이용하여 추행행위를 한 경우, 강제추행죄의 간접정범에 해당하는지 여부(적극) ⇨ 강제추행죄는 사람의 성적 자유 내지 성적 자기결정의 자유를 보호하기 위한 죄로서 정범 자신이 직접 범죄를 실행하여야 성립하는 자수범이라고 볼 수 없으므로, 처벌되지 아니하는 타인을 도구로 삼아 피해자를 강제로 추행하는 간접정범의 형태로도 범할 수 있다. 여기서 강제추행에 관한 간접정범의 의사를 실현하는 도구로서의 타인에는 피해자도 포함될 수 있으므로, 피해자를 도구로 삼아 피해자의 신체를 이용하여 추행행위를 한 경우에도 강제추행죄의 간접정범에 해당할 수 있다(대판 2018.2.8. 2016도17733). 22. 경찰승진

㉡ 【×】 피고인이 피해자가 심신상실 또는 항거불능의 상태에 있다고 인식하고 그러한 상태를 이용하여 간음할 의사를 가지고 간음하였으나, 실행의 착수 당시부터 피해자가 실제로는 심신상실 또는 항거불능의 상태에 있지 않았다면, 실행의 수단 또는 대상의 착오로 준강간죄의 기수에 이를 가능성이 처음부터 없다고 볼 수 있다. 이 경우 피고인이 행위 당시에 인식한 사정을 놓고 일반인이 객관적으로 판단하여 보았을 때 정신적·신체적 사정으로 인하여 성적인 자기방어를 할 수 없는 사람의 성적 자기결정권을 침해하여 준강간의 결과가 발생할 위험성이 있었다면 불능미수가 성립한다(대판 2019.3.28. 2018도16002 전합). 22. 경찰승진

㉢ 【×】 위계에 의한 간음죄에서 '위계'란 행위자의 행위목적을 달성하기 위하여 피해자에게 오인, 착각, 부지를 일으키게 하여 이를 이용하는 것을 말한다. 피해자가 오인, 착각, 부지에 빠지게 되는 대상은 간음행위 자체일 수도 있고, 간음행위에 이르게 된 동기이거나 간음행위와 결부된 금전적·비금전적 대가와 같은 요소일 수도 있다. 다만 행위자의 위계적 언동이 존재하였다는 사정만으로 위계에 의한 간음죄가 성립하는 것은 아니므로 위계적 언동의 내용 중에 피해자가 성행위를 결심하게 된 중요한 동기를 이룰 만한 사정이 포함되어 있어 피해자의 자발적인 성적 자기결정권의 행사가 없었다고 평가할 수 있어야 한다.
한편 위계에 의한 간음죄가 보호대상으로 삼는 아동·청소년, 미성년자, 심신미약자, 피보호자·피감독자, 장애인 등의 성적 자기결정 능력은 그 나이, 성장과정, 환경, 지능 내지 정신기능 장애의 정도 등에 따라 개인별로 차이가 있으므로 간음행위와 인과관계가 있는 위계에 해당하는지 여부를 판단할 때에는 구체적인 범행 상황에 놓인 피해자의 입장과 관점이 충분히 고려되어야 하고, 일반적·평균적 판단능력을 갖춘 성인 또는 충분한 보호와 교육을 받은 또래의 시각에서 인과관계를 쉽사리 부정하여서는 안 된다(대판 2020.8.27. 2015도9436 전합). 22. 경찰승진

㉣ 【×】 형법 제298조는 "폭행 또는 협박으로 사람에 대하여 추행을 한 자"를 강제추행죄로 벌할 것을 정한다. 그런데 강제추행죄는 개인의 성적 자유라는 개인적 법익을 침해하는 죄로서, 위 법규정에서의 '추행'이란 일반인에게 성적수치심이나 혐오감을 일으키고 선량한 성적 도덕관념에 반하는 행위인 것만으로는 부족하고 그 행위의 상대방인 피해자의 성적 자기결정의 자유를 침해하는 것이어야 한다(대판 2012.7.26. 2011도8805). 22. 경찰승진

정답 ②

08 강간과 추행에 관한 죄에 대한 설명 중 옳지 않은 것은 모두 몇 개인가?

㉠ 강간죄에서의 폭행 협박과 간음 사이에는 인과관계가 있어야 하나, 폭행 협박이 반드시 간음행위보다 선행되어야 하는 것은 아니다.
㉡ 피고인은 피해자가 심신상실 또는 항거불능의 상태에 있다고 인식하고 그러한 상태를 이용하여 간음할 의사로 피해자를 간음하였으나 실제로는 피해자가 심신상실 또는 항거불능의 상태에 있지 않은 경우에는 준강간죄의 장애미수가 성립한다.
㉢ 강제추행에 관한 간접정범의 의사를 실현하는 도구로서의 타인에는 피해자도 포함될 수 있으므로, 피해자를 도구로 삼아 피해자의 신체를 이용하여 추행행위를 한 경우에도 강제추행죄의 간접정범에 해당할 수 있다.
㉣ 피고인이 놀이터 의자에 앉아서 통화 중이던 피해자의 뒤로 몰래 접근하여 성기를 드러내고 피해자의 등 쪽에 소변을 본 경우 행위 당시에 피해자가 이를 인식하지 못하였더라도 추행에 해당할 수 있다.
㉤ 강제추행죄, 준강제추행죄, 미성년자의제강제추행죄는 예비·음모 처벌규정이 없다.

① 1개 ② 2개 ③ 3개 ④ 4개

해설

㉠ 【O】 대판 2017.10.12. 2016도16948 23. 경찰승진
㉡ 【X】 피고인이 피해자가 심신상실 또는 항거불능의 상태에 있다고 인식하고 그러한 상태를 이용하여 간음할 의사를 가지고 간음하였으나, 실행의 착수 당시부터 피해자가 실제로는 심신상실 또는 항거불능의 상태에 있지 않았다면, 실행의 수단 또는 대상의 착오로 준강간죄의 기수에 이를 가능성이 처음부터 없다고 볼 수 있다. 이 경우 피고인이 행위 당시에 인식한 사정을 놓고 일반인이 객관적으로 판단하여 보았을 때 정신적·신체적 사정으로 인하여 성적인 자기방어를 할 수 없는 사람의 성적 자기결정권을 침해하여 준강간의 결과가 발생할 위험성이 있었다면 불능미수가 성립한다(대판 2019.3.28. 2018도16002 전합). 23. 경찰승진
㉢ 【O】 강제추행죄는 사람의 성적 자유 내지 성적 자기결정의 자유를 보호하기 위한 죄로서 정범 자신이 직접 범죄를 실행하여야 성립하는 자수범이라고 볼 수 없으므로, 처벌되지 아니하는 타인을 도구로 삼아 피해자를 강제로 추행하는 간접정범의 형태로도 범할 수 있다. 여기서 강제추행에 관한 간접정범의 의사를 실현하는 도구로서의 타인에는 피해자도 포함될 수 있으므로, 피해자를 도구로 삼아 피해자의 신체를 이용하여 추행행위를 한 경우에도 강제추행죄의 간접정범에 해당할 수 있다(대판 2018.2.8. 2016도17733). 23. 경찰승진
㉣ 【O】 피고인이 아파트 놀이터의 의자에 앉아 전화통화를 하고 있던 甲(여, 18세)의 뒤로 몰래 다가가 甲의 머리카락 및 옷 위에 소변을 보아 강제추행하였다는 내용으로 기소된 사안에서, 피고인이 처음 보는 여성인 甲의 뒤로 몰래 접근하여 성기를 드러내고 甲을 향한 자세에서 甲의 등 쪽에 소변을 본 행위는 객관적으로 일반인에게 성적 수치심이나 혐오감을 일으키게 하고 선량한 성적 도덕관념에 반하는 행위로서 甲의 성적 자기결정권을 침해하는 추행행위에 해당한다고 볼 여지가 있고, 행위 당시 甲이 이를 인식하지 못하였더라도 마찬가지라는 이유로, 이와 달리 보아 공소사실을 무죄로 판단한 원심판결에 법리오해 및 심리미진의 잘못이 있다고 한 사례. 강제추행죄에 해당한다(대판 2021.10.28. 2021도7538). 23. 경찰승진
㉤ 【X】 강간죄, 유사강간죄, 준강간죄, 강간 등 상해죄, 미성년자의제강간·추행죄는 예비·음모 처벌하지만, 강제추행죄, 준강제추행죄, 준유사강간, 미성년자 등 간음·추행죄, 업무상 위력 등에 의한 간음죄, 강간 등 치사상죄, 강간살인죄는 예비·음모를 처벌하지 않는다.

정답 ②

09 강간과 추행에 관한 죄에 대한 설명 중 옳은 것은 모두 몇 개인가?

㉠ 미성년자의제강간·강제추행죄를 규정한 형법 제305조가 강간죄와 강제추행죄의 미수범 처벌에 관한 형법 제300조를 명시적으로 인용하고 있지 않으므로 미성년자의제강간·강제추행의 미수범은 처벌할 수 없다.

㉡ A는 인터넷 채팅사이트를 통해 성매매를 하려고 만난 甲으로부터 졸피뎀과 트리아졸람이 섞인 커피를 받아 마신 후 정신을 잃고 깊이 잠들었다가 약 3시간 뒤에 깨어났고, 甲은 A를 항거불능 상태에 빠뜨린 후 강간하려고 시도하였으나 미수에 그쳤으며, A는 커피를 마신 다음에 자신이 잠들기 전까지 무슨 행동을 하였는지를 기억하지 못하였으나, A가 의식을 회복한 다음에는 일상생활에 특별한 지장이 없었고 치료도 받지 않았다면 甲을 강간치상죄로 처벌할 수는 없다.

㉢ 乙이 방안에서 丙의 숙제를 도와주던 중 丙의 왼손을 잡아 자신의 성기 쪽으로 끌어당겼고, 이를 거부하고 자리를 이탈하려는 丙의 의사에 반하여 丙을 끌어안은 다음 침대로 넘겨져 丙의 위에 올라탄 후 丙의 가슴을 만졌으며, 방문을 나가려는 丙을 뒤따라가 끌어안은 행위를 한 경우, 설령 乙의 행위가 丙의 항거를 곤란하게 할 정도의 폭행 또는 협박에 해당하지 않는다고 하더라도 丙을 강제추행한 것에 해당한다고 볼 수 있다.

㉣ 업무상 위력 등에 의한 추행에 관한 처벌 규정인 성폭력범죄의 처벌 등에 관한 특례법 제10조 제1항에서 정한 '업무, 고용이나 그 밖의 관계로 인하여 자기의 보호, 감독을 받는 사람'에는 직장 안에서 보호 또는 감독을 받거나 사실상 보호 또는 감독을 받는 상황에 있는 사람만이 포함되는 것이고, 채용 절차에서 영향력의 범위 안에 있는 사람도 포함된다고 해석할 수는 없다.

① 1개　　② 2개　　③ 3개　　④ 4개

해설

㉠ 【X】 미성년자의제강간·강제추행죄를 규정한 형법 제305조가 "13세 미만의 부녀를 간음하거나 13세 미만의 사람에게 추행을 한 자는 제297조, 제298조, 제301조 또는 제301조의2의 예에 의한다"로 되어 있어 강간죄와 강제추행죄의 미수범의 처벌에 관한 형법 제300조를 명시적으로 인용하고 있지 아니하나, 형법 제305조의 입법 취지는 성적으로 미성숙한 13세 미만의 미성년자를 특별히 보호하기 위한 것으로 보이는바 이러한 입법 취지에 비추어 보면 동조에서 규정한 형법 제297조와 제298조의 '예에 의한다'는 의미는 미성년자의제강간·강제추행죄의 처벌에 있어 그 법정형뿐만 아니라 미수범에 관하여도 강간죄와 강제추행죄의 예에 따른다는 취지로 해석되고, 이러한 해석이 형벌법규의 명확성의 원칙에 반하는 것이거나 죄형법정주의에 의하여 금지되는 확장해석이나 유추해석에 해당하는 것으로 볼 수 없다(대판 2007.3.15. 2006도9453). 24. 법원행시

㉡ 【X】 피해자는 당시에 약물 투약으로 정보나 경험을 기억하는 신체의 기능에 일시적으로 장애가 생긴 것으로 보이고, 여기에 의식이 저하된 정도나 수면시간 등을 종합하여 피해자의 상태를 살펴보면, 약물의 투약으로 피해자의 항거가 불가능하거나 현저히 곤란해진 데에서 나아가 피해자의 건강상태가 나쁘게 변경되고 생활기능에 장애가 초래되는 결과가 발생하였다고 할 것이므로 이는 강간치상죄에서 말하는 상해에 해당한다. 피해자가 의식을 회복한 후에 일상생활에 지장이 없거나 치료를 받지 않았다고 하여 달리 볼 것은 아니다(대판 2017.7.11. 2015도3939). 24. 법원행시

㉢ 【O】 피고인이 자신의 주거지 방안에서 4촌 친족관계인 피해자 甲(여, 15세)의 학교 과제를 도와주던 중 甲을 양팔로 끌어안은 다음 침대에 쓰러뜨린 후 甲의 가슴을 만지는 등 강제로 추행하였다는 성폭력범죄의 처벌 등에 관한 특례법 위반(친족관계에 의한 강제추행)의 주위적 공소사실로 기소된 사안에서, 당시 피고인은 방안에서 甲의 숙제를 도와주던 중 甲의 왼손을 잡아 자신의 성기 쪽으로 끌어당겼고, 이를 거부하고 자리를 이탈하려는 甲의 의사에 반하여 甲을 끌어안은 다음 침대로 넘겨져 甲의 위에 올라탄 후 甲의 가슴을 만졌으며, 방문을 나가려는 甲을 뒤따라가 끌어안았는바, 이러한 피고인의 행위는 甲의 신체에 대하여 불법한 유형력을 행사하여 甲을 강제추행한 것에 해당한다고 볼 여지가 충분하다는 이유로, 이와 달리 피고인의 행위가 甲의 항거를 곤란하게 할 정도의 폭행 또는 협박에 해당하지 않는다고 보아 위 공소사실을 무죄로 판단한 원심의 조치에 강제추행죄의 폭행에 관한 법리오해 등의 잘못이 있다(대판 2023.9.21. 2018도13877). 24. 법원행시

② 【 X 】 성폭력범죄의 처벌 등에 관한 특례법 제10조는 '업무상 위력 등에 의한 추행'에 관한 처벌 규정인데, 제1항에서 "업무, 고용이나 그 밖의 관계로 인하여 자기의 보호, 감독을 받는 사람에 대하여 위계 또는 위력으로 추행한 사람은 3년 이하의 징역 또는 1천 500만 원 이하의 벌금에 처한다."라고 정하고 있다. '업무, 고용이나 그 밖의 관계로 인하여 자기의 보호, 감독을 받는 사람'에는 직장 안에서 보호 또는 감독을 받거나 사실상 보호 또는 감독을 받는 상황에 있는 사람뿐만 아니라 채용 절차에서 영향력의 범위 안에 있는 사람도 포함된다(대판 2020.7.9. 2020도5646). 24. 법원행시

정답 ①

10 강간과 추행의 죄에 대한 설명 중 가장 적절한 것은?

① 2020.5.19. 형법 개정으로 만 18세인 자가 만 15세인 사람의 자유로운 동의를 받아 성교행위를 한 경우도 처벌이 가능해졌다.
② 사람 및 차량의 왕래가 빈번한 도로에서 甲이 자신의 말을 무시한 피해자에게 성적이지 않은 욕설을 하면서 단순히 바지를 내리고 자신의 성기를 피해자에게 보여준 경우 강제추행죄가 성립한다.
③ 피고인이 엘리베이터 안에서 피해자를 칼로 위협하는 등의 방법으로 꼼짝하지 못하도록 하여 자신의 실력적인 지배하에 둔 다음 자위행위 모습을 보여주고 피할 수 없게 한 경우 성폭력범죄의 처벌 등에 관한 특례법의 특수강제추행죄가 성립한다.
④ 야간에 강간을 목적으로 피해자의 집에 담을 넘어 침입한 후, 안방에서 자고 있던 피해자의 가슴과 엉덩이를 만지면서 강간하려고 하였으나, 피해자가 '야' 하고 비명을 지르는 바람에 도망한 경우 강간죄의 장애미수에 해당한다.

해설
① 【 X 】 13세 이상 16세 미만의 사람에 대하여 간음 또는 추행을 한 19세 이상의 자는 제297조, 제297조의2, 제298조, 제301조 또는 제301조의2의 예에 의한다. 따라서 만 18세인 자가 만 15세인 사람의 자유로운 동의를 받아 성교행위를 한 경우는 처벌하지 않는다.
② 【 X 】 피고인이 피해자 甲(여, 48세)에게 욕설을 하면서 자신의 바지를 벗어 성기를 보여주는 방법으로 강제추행하였다는 내용으로 기소된 사안에서, 제반 사정을 고려할 때 단순히 피고인이 바지를 벗어 자신의 성기를 보여준 것만으로는 폭행 또는 협박으로 '추행'을 하였다고 볼 수 없다(대판 2012.7.26. 2011도8805). 22. 경찰승진
③ 【 O 】 대판 2010.2.25. 2009도13716 22. 경찰승진
④ 【 X 】 강간죄의 실행의 착수가 있었다고 하려면 강간의 수단으로서 폭행이나 협박을 한 사실이 있어야 할 터인데 피고인이 강간할 목적으로 피해자의 집에 침입하였다 하더라도 안방에 들어가 누워 자고 있는 피해자의 가슴과 엉덩이를 만지면서 간음을 기도하였다는 사실만으로는 강간의 수단으로 피해자에게 폭행이나 협박을 개시하였다고 하기는 어렵다(대판 1990.5.25. 90도607). 22. 경찰승진

정답 ③

11 강간과 추행의 죄에 대한 설명으로 가장 적절한 것은?

① 피고인이 알고 지내던 여성인 피해자가 자신의 머리채를 잡아 폭행을 가하자 보복의 의미에서 피해자의 입술, 귀, 유두, 가슴 등을 입으로 깨무는 등의 행위를 한 것이라면 강제추행죄가 성립하지 않는다.
② 강제추행죄는 사람의 성적 자유 내지 성적 자기결정의 자유를 보호하기 위한 죄로서 정범 자신이 직접 범죄를 실행하여야 성립하는 자수범이라고 볼 수 없으므로, 처벌되지 아니하는 타인을 도구로 삼아 피해자를 강제로 추행하는 간접정범의 형태로도 범할 수 있다.
③ 강간할 목적으로 피해자의 집 안방에 침입하여 자고 있는 피해자의 가슴과 엉덩이를 만지면서 간음을 기도한 경우, 이 행위만으로도 강간의 수단으로서의 폭행이나 협박을 개시하였다고 할 수 있다.
④ 「형법」 제305조의 미성년자의제강제추행죄는 그 성립에 필요한 주관적 구성요건요소는 고의 이외에도 성욕을 자극·흥분·만족시키려는 주관적 동기나 목적이 있을 것을 요한다.

해설

① 【X】 피고인이, 알고 지내던 여성인 피해자 甲이 자신의 머리채를 잡아 폭행을 가하자 보복의 의미에서 甲의 입술, 귀, 유두, 가슴 등을 입으로 깨무는 등의 행위를 한 사안에서, 객관적으로 여성인 피해자의 입술, 귀, 유두, 가슴을 입으로 깨무는 행위는 일반적이고 평균적인 사람으로 하여금 성적 수치심이나 혐오감을 일으키게 하고 선량한 성적 도덕관념에 반하는 행위로서, 甲의 성적 자유를 침해하였다고 보는 것이 타당하다는 이유로, 피고인의 행위가 강제추행죄의 '추행'에 해당한다(대판 2013.9.26. 2013도5856). 19. 경찰승진

② 【O】 **강제추행죄는** 사람의 성적 자유 내지 성적 자기결정의 자유를 보호하기 위한 죄로서 정범 자신이 직접 범죄를 실행하여야 성립하는 **자수범**이라고 볼 수 없으므로, 처벌되지 아니하는 타인을 도구로 삼아 피해자를 강제로 추행하는 간접정범의 형태로도 범할 수 있다. 여기서 강제추행에 관한 간접정범의 의사를 실현하는 도구로서의 타인에는 피해자도 포함될 수 있으므로, **피해자를 도구로** 삼아 피해자의 신체를 이용하여 추행행위를 한 경우에도 강제추행죄의 간접정범에 해당할 수 있다(대판 2018.2.8. 2016도17733). 19. 경찰승진

> **사실관계**
> 피고인이 피해자들을 협박하여 겁을 먹은 피해자들로 하여금 어쩔 수 없이 나체나 속옷만 입은 상태가 되게 하여 스스로를 촬영하게 하거나, 성기에 이물질을 삽입하거나 자위를 하는 등의 행위를 하게 하였다면, 이러한 행위는 피해자들을 도구로 삼아 피해자들의 신체를 이용하여 그 성적 자유를 침해한 행위로서, 그 행위의 내용과 경위에 비추어 일반적이고도 평균적인 사람으로 하여금 성적 수치심이나 혐오감을 일으키게 하고 선량한 성적 도덕관념에 반하는 행위라고 볼 여지가 충분하다. 따라서 피고인의 위와 같은 행위들은 피해자들을 이용하여 강제추행의 범죄를 실현한 것으로 평가할 수 있고, 피고인이 직접 위와 같은 행위들을 하지 않았다거나 피해자들의 신체에 대한 직접적인 접촉이 없었다고 하더라도 달리 볼 것은 아니다.

③ 【X】 강간죄의 실행의 착수가 있었다고 하려면 강간의 수단으로서 폭행이나 협박을 한 사실이 있어야 할 터인데 피고인이 강간할 목적으로 피해자의 집에 침입하였다 하더라도 안방에 들어가 누워 자고 있는 피해자의 가슴과 엉덩이를 만지면서 간음을 기도하였다는 사실만으로는 강간의 수단으로 피해자에게 폭행이나 협박을 개시하였다고 하기는 어렵다(대판 1990.5.25. 90도607). 강간예비죄에 해당한다. 19. 경찰승진

④ 【X】 형법 제305조의 미성년자의제강제추행죄는 그 성립에 필요한 주관적 구성요건요소는 고의만으로 충분하고, 그 외에 성욕을 자극·흥분·만족시키려는 주관적 동기나 목적까지 있어야 하는 것은 아니다. 따라서 초등학교 4학년 담임교사(남자)가 교실에서 자신이 담당하는 반의 남학생의 성기를 만진 행위는 미성년자의제강제추행죄에서 말하는 '추행'에 해당한다(대판 2006.1.13. 2005도6791). 19. 경찰승진

정답 ②

12 강간과 추행의 죄에 관한 다음 설명 중 옳지 않은 것은?

① 피고인이 간음할 목적으로 새벽 4시에 여자 혼자 있는 방문 앞에 가서 피해자가 방문을 열어 주지 않으면 부수고 들어갈 듯한 기세로 방문을 두드리고, 피해자가 위험을 느끼고 창문에 걸터 앉아 가까이 오면 뛰어 내리겠다고 하는데도 베란다를 통하여 창문으로 침입하려고 하였다면 강간의 수단으로서의 폭행에 착수하였다고 할 수 있으므로 강간의 착수가 있었다고 할 것이다.
② 형법 제305조 소정의 미성년자에 대한 강간죄는 13세미만의 사람이라는 사실을 알고 간음을 하면 성립되는 것이고 간음을 함에 있어서 피해자에게 폭행, 협박을 가하거나 피해자의 의사에 반하여야 하는 것은 아니다.
③ 강간미수의 경우에도 그 행위와 치상의 결과 간에 인과관계가 인정되면 강간치상죄가 성립한다.
④ 피고인이 잠을 자고 있는 피해자의 옷을 벗긴 후 자신의 바지를 내린 상태에서 피해자의 음부 등을 만지고 자신의 성기를 피해자의 음부에 삽입하려고 하였으나 피해자가 몸을 뒤척이고 비트는 등 잠에서 깨어 거부하는 듯한 기색을 보이자 더 이상 간음행위에 나아가는 것을 포기한 경우, 준강간죄의 실행에 착수하였다고 볼 수 없다.

해설

① 【 O 】 대판 1991.4.9. 91도288 17. 경찰간부
② 【 O 】 대판 1975.5.13. 75도855 17. 경찰간부
③ 【 O 】 대판 2003.5.30. 2003도1256 17. 경찰간부
④ 【 X 】 피고인은 잠을 자고 있는 피해자의 옷을 벗기고 자신의 바지를 내린 상태에서 피해자의 음부 등을 만지는 행위를 한 시점에서 피해자의 항거불능의 상태를 이용하여 간음을 할 의도를 가지고 간음의 수단이라고 할 수 있는 행동을 시작한 것으로서 준강간죄의 실행에 착수하였다고 보아야 할 것이고, 그 후 피고인이 위와 같은 행위를 하는 바람에 피해자가 잠에서 깨어나 피고인이 성기를 삽입하려고 할 때에는 객관적으로 항거불능의 상태에 있지 아니하였다고 하더라도 준강간미수죄의 성립에 지장이 없다(대판 2000.1.14. 99도5187). 17. 경찰간부

정답 ④

13 강간과 추행에 관한 설명 중 가장 적절하지 않은 것은?

① 업무, 고용 기타 관계로 인하여 자기의 보호 또는 감독을 받는 만 20세 이상인 사람에 대하여 위계 또는 위력으로써 간음하려고 한 자가 미수에 그친 경우는 현행 형법상 처벌하지 않는다.
② 실질적인 혼인관계가 유지되고 있는 경우에도 남편이 반항을 불가능하게 하거나 현저히 곤란하게 할 정도의 폭행이나 협박을 가하여 아내를 간음한 경우 강간죄가 성립한다.
③ 미용업체인 A주식회사를 운영하는 甲이 A회사의 가맹점에서 근무하는 乙을 비롯한 직원들과 노래방에서 회식을 하던 중 乙을 자신의 옆자리에 앉힌 후 귓속말로 "일하는 것 어렵지 않냐. 힘든 것 있으면 말하라"고 하면서 갑자기 乙의 볼에 입을 맞추고, 이에 乙이 "하지 마세요"라고 하였음에도 계속하여 "괜찮다. 힘든 것 있으면 말해라. 무슨 일이든 해결해 줄 수 있다"고 하면서 오른손으로 乙의 오른쪽 허벅지를 쓰다듬었다. 그럼에도 불구하고 당시 乙은 즉시 甲에게 항의하거나 반발하는 등 거부의사를 밝히지 않고 그 자리에 가만히 있었다면, 강제추행죄가 성립한다고 볼 수 없다.
④ 피고인이 아파트 엘리베이터 내에 11세의 乙녀와 단둘이 탄 다음 乙녀를 향하여 성기를 꺼내어 잡고 여러 방향으로 움직이다가 이를 보고 놀란 乙쪽으로 가까이 다가갔으나 乙녀의 신체에 대한 접촉은 하지 않은 경우 성폭력범죄의 처벌 등에 관한 특례법상 위력에 의한 추행에 해당한다.

해설

① 【 O 】 업무상 위력 등에 의한 간음죄는 미수범 처벌규정이 없다.
② 【 O 】 대판 2013.5.16. 2012도14788(全)
③ 【 X 】 피고인이 여성인 피해자가 성적 수치심이나 혐오감을 느낄 수 있는 부위인 허벅지를 쓰다듬은 행위는, 피해자의 의사에 반하여 이루어진 것인 한 앞서 본 법리에 비추어 피해자의 성적 자유를 침해하는 유형력의 행사에 해당할 뿐 아니라 일반인에게도 성적 수치심이나 혐오감을 일으키게 하는 추행행위라고 보아야 한다(대판 2020.3.26. 2019도15994).
④ 【 O 】 대판 2013.1.16. 2011도7164

정답 ③

14 강간과 추행의 죄에 대한 설명으로 가장 적절하지 않은 것은 모두 몇 개인가?

㉠ 「형법」상 강제추행죄에는 상대방에 대하여 폭행 또는 협박을 가하여 항거를 곤란하게 한 뒤에 추행행위를 하는 경우뿐만 아니라 폭행행위 자체가 추행행위라고 인정되는 경우도 포함되며, 이 경우의 폭행은 반드시 상대방의 의사를 억압할 정도의 것일 필요가 없다.

㉡ 「성폭력범죄의 처벌 등에 관한 특례법」 제11조는 공중이 밀집하는 장소에서의 추행을 벌하는 바, 여기서 말하는 '공중 밀집 장소'란 현실적으로 사람들이 빽빽이 들어서 있어 서로 간의 신체적 접촉이 이루어지고 있는 곳만을 의미하는 것이 아니라 공중의 이용에 상시적으로 제공·개방된 상태에 놓여 있는 곳 일반을 의미한다.

㉢ 여성에 대한 추행에 있어 신체 부위에 따라 본질적인 차이가 있다고 볼 수는 없다.

㉣ 「형법」 제305조의 미성년자의제강제추행죄의 성립에 필요한 주관적 구성요건요소는 고의 외에 성욕을 자극·흥분·만족시키려는 주관적 동기나 목적까지 있어야 한다.

㉤ 甲이 밤에 술을 마시고 배회하던 중 버스에서 내려 혼자 걸어가는 17세의 피해자를 발견하고 마스크를 착용한 채 뒤따라 가다가 인적이 없고 외진 곳에서 가까이 접근하여 껴안으려 하였으나 피해자가 뒤돌아보면서 소리치자 그 상태로 몇 초 동안 쳐다보다가 다시 오던 길로 되돌아간 경우 甲의 행위만으로는 피해자의 항거를 곤란하게 하는 정도의 폭행이나 협박이라고 보기 어려워 강제추행의 실행의 착수가 있었다고 볼 수 없다.

① 1개   ② 2개   ③ 3개   ④ 4개

해설

㉠ 【 O 】 강제추행죄의 '폭행 또는 협박'은 상대방의 항거를 곤란하게 할 정도로 강력할 것이 요구되지 아니하고, 상대방의 신체에 대하여 불법한 유형력을 행사(폭행)하거나 일반적으로 보아 상대방으로 하여금 공포심을 일으킬 수 있는 정도의 해악을 고지(협박)하는 것이라고 보아야 한다(대판 2023.9.21. 2018도13877 전합).

㉡ 【 O 】 공중밀집장소에서의 추행죄의 '공중이 밀집하는 장소'에는 현실적으로 사람들이 빽빽이 들어서 있어 서로간의 신체적 접촉이 이루어지고 있는 곳만을 의미하는 것이 아니라 이 사건 **찜질방 등과 같이 공중의 이용에 상시적으로 제공·개방된 상태에 놓여 있는 곳** 일반을 의미한다(대판 2009.10.29. 2009도5704). 18. 경찰채용 2차

㉢ 【 O 】 직장 상사 등 뒤에서 피해자의 의사에 명백히 반하여 어깨를 주무른 경우, 여성에 대한 추행에 있어 신체 부위에 따라 본질적인 차이가 있다고 볼 수 없으므로 추행에 해당한다(대판 2004.4.16. 2004도52). 19. 경찰승진

㉣ 【 X 】 미성년자의제강제추행죄의 성립에 필요한 주관적 구성요건요소는 고의만으로 충분하고, 그 외에 성욕을 자극·흥분·만족시키려는 주관적 동기나 목적까지 있어야 하는 것은 아니다(대판 2006.1.13. 2005도6791). 19. 경찰승진

㉤ 【 X 】 피고인이 밤에 술을 마시고 배회하던 중 버스에서 내려 혼자 걸어가는 피해자를 발견하고 마스크를 착용한 채 뒤따라가다가 인적이 없고 외진 곳에서 가까이 접근하여 껴안으려 하였으나, 피해자가 뒤돌아보면서 소리치자 그 상태로 몇 초 동안 쳐다보다가 다시 오던 길로 되돌아간 경우, 강제추행미수죄에 해당한다(대판 2015.9.10. 2015도6980). 17. 경찰간부

정답 ②

15 다음 설명 중 옳지 않은 것은 모두 몇 개인가?

㉠ 피해자를 위협하여 항거불능케 한 후 1회 간음하고 2백미터쯤 오다가 다시 1회 간음한 경우, 두번째의 간음행위는 처음 한 행위의 계속으로 볼 수 있으므로 단순일죄가 성립한다.

㉡ 甲이 술에 취하여 안방에서 잠을 자고 있던 피해자를 발견하고 갑자기 욕정을 일으켜 피해자의 옆에 누워 피해자의 몸을 더듬다가 피해자의 바지를 벗기려는 순간 피해자가 어렴풋이 잠에서 깨어났으나 피해자는 잠결에 자신의 바지를 벗기려는 甲을 자신의 애인으로 착각하여 반항하지 않고 응함에 따라 피해자를 1회 간음한 경우, 피해자의 위와 같은 의식상태를 심신상실의 상태에 이르렀다고 보기는 어렵다.

㉢ 甲이 스마트폰 채팅 애플리케이션을 통하여 알게 된 14세의 피해자에게 자신을 '고등학교 2학년인 乙'이라고 거짓으로 소개하고 채팅을 통해 교제하던 중 자신을 스토킹하는 여성때문에 힘들다며 그 여성을 떼어내려면 자신의 선배와 성관계를 하여야 한다는 취지로 피해자에게 이야기하고, 甲과 헤어지는 것이 두려워 甲의 제안을 승낙한 피해자를 마치 자신이 乙의 선배인 것처럼 행세하여 간음한 경우, 피해자가 간음행위 자체에 대한 착오에 빠졌다거나 이를 알지 못하였다고 할 수는 없다고 할 것이므로, 甲의 위 행위는 아동·청소년의 성보호에 관한 법률 제7조 제5항에서의 위계에 해당하지 않는다.

㉣ 강제추행죄는 사람의 성적 자유 내지 성적 자기결정의 자유를 보호하기 위한 죄로서 정범 자신이 직접 범죄를 실행하여야 성립하는 자수범이므로, 처벌되지 아니하는 타인을 도구로 삼아 피해자를 강제로 추행하는 간접정범의 형태로는 범할 수 없다.

㉤ 음주 후 준강간 또는 준강제추행을 당하였음을 호소한 피해자의 경우, 범행 당시 알코올이 기억형성의 실패만을 야기한 알코올 블랙아웃 상태였다면 피해자는 기억장애 외에 인지기능이나 의식 상태의 장애에 이르렀다고 인정하기 어렵다.

① 1개   ② 2개   ③ 3개   ④ 4개

해설

㉠ 【 O 】 대판 1970.9.29. 70도1516 21. 법원행시
㉡ 【 O 】 대판 2000.2.25. 98도4355 21. 법원행시
㉢ 【 X 】 피고인이 스마트폰 채팅 애플리케이션을 통하여 알게 된 14세의 피해자에게 자신을 '고등학교 2학년인 甲'이라고 거짓으로 소개하고 채팅을 통해 교제하던 중 자신을 스토킹하는 여성 때문에 힘들다며 그 여성을 떼어내려면 자신의 선배와 성관계를 하여야 한다는 취지로 피해자에게 이야기하고, 피고인과 헤어지는 것이 두려워 피고인의 제안을 승낙한 피해자를 마치 자신이 甲의 선배인 것처럼 행세하여 간음한 사안에서, 피고인은 간음의 목적으로 피해자에게 오인, 착각, 부지를 일으키고 피해자의 그러한 심적 상태를 이용하여 피해자를 간음한 것이므로 피고인의 간음행위는 위계에 의한 것이라고 평가할 수 있다(대판 2020.8.27. 2015도9436). 21. 법원행시
㉣ 【 X 】 강제추행죄는 사람의 성적 자유 내지 성적 자기결정의 자유를 보호하기 위한 죄로서 정범 자신이 직접 범죄를 실행하여야 성립하는 **자수범**이라고 볼 수 없으므로, 처벌되지 아니하는 타인을 도구로 삼아 피해자를 강제로 추행하는 간접정범의 형태로도 범할 수 있다. 여기서 강제추행에 관한 간접정범의 의사를 실현하는 도구로서의 타인에는 피해자도 포함될 수 있으므로, **피해자를 도구로** 삼아 피해자의 신체를 이용하여 추행행위를 한 경우에도 강제추행죄의 간접정범에 해당할 수 있다(대판 2018.2.8. 2016도 17733). 23. 경찰승진
㉤ 【 O 】 음주 후 준강간 또는 준강제추행을 당하였음을 호소한 피해자의 경우, 범행 당시 알코올이 위의 기억형성의 실패만을 야기한 알코올 블랙아웃 상태였다면 피해자는 기억장애 외에 인지기능이나 의식 상태의 장애에 이르렀다고 인정하기 어렵지만, 이에 비하여 피해자가 술에 취해 수면상태에 빠지는 등 의식을 상실한 패싱아웃 상태였다면 심신상실의 상태에 있었음을 인정할 수 있다. 또한 '준강간죄 또는 준강제추행죄에서의 심신상실·항거불능'의 개념에 비추어, 피해자가 의식상실 상태에 빠져 있지는 않지만 알코올의 영향으로 의사를 형성할 능력이나 성적 자기결정권 침해행위에 맞서려는 저항력이 현저하게 저하된 상태였다면 '항거불능'에 해당하여, 이러한 피해자에 대한 성적 행위 역시 준강간죄 또는 준강제추행죄를 구성할 수 있다(대판 2021.2.4. 2018도9781). 21. 법원행시

정답 ②

16 강간과 추행의 죄에 대한 설명으로 옳은 것을 모두 고른 것은?

㉠ 성인 甲은 스마트폰 채팅을 통하여 알게 된 A(14세)에게 자신을 '고등학생 乙'이라고 속여 채팅을 통해 교제하던 중 스토킹하는 여성때문에 힘들다며 그 여성을 떼어내려면 자신의 선배와 성관계를 하여야 한다는 취지로 A에게 이야기하고, 甲과 헤어지는 것이 두려워 이를 승낙한 A를 마치 자신이 乙의 선배인 것처럼 행세하여 간음한 경우, A가 간음행위와 불가분적 관련성이 인정되지 않는 다른 조건에 관하여 甲에게 속았던 것이기에 甲은 아동·청소년의 성보호에 관한 법률위반죄(위계등간음)로 처벌되지 아니한다.

㉡ 피해자가 깊은 잠에 빠져 있거나 술·약물 등에 의해 일시적으로 의식을 잃은 상태 또는 완전히 의식을 잃지는 않았더라도 그와 같은 사유로 정상적인 판단능력과 대응·조절능력을 행사할 수 없는 상태에 있었다면 이는 준강간죄 또는 준강제추행죄에서의 심신상실 또는 항거불능 상태에 해당한다.

㉢ 성폭력범죄의 처벌 등에 관한 특례법 제10조 제1항에서 정한 '업무, 고용이나 그 밖의 관계로 인하여 자기의 보호, 감독을 받는 사람'에는 직장 안에서 보호 또는 감독을 받거나 사실상 보호 또는 감독을 받는 상황에 있는 사람뿐만 아니라 채용 절차에서 영향력의 범위 안에 있는 사람도 포함된다.

㉣ 형법 제302조의 미성년자는 '13세 이상 19세 미만의 사람'을 의미하고, 심신미약자는 '정신기능의 장애로 인하여 사물을 변별하거나 의사를 결정할 능력이 미약한 사람'을 의미한다.

㉤ 甲이 A를 강간할 목적으로 자고 있는 A의 가슴과 엉덩이를 만지다가 A가 깨어 소리치자 도망간 경우에는 강간의 실행의 착수가 인정되지 않아 甲의 행위는 현행 형법상 범죄로 처벌할 수 없다.

① ㉠, ㉡, ㉢ ② ㉡, ㉢, ㉣ ③ ㉡, ㉣, ㉤ ④ ㉢, ㉣, ㉤

해설

㉠ 【 X 】 피고인이 스마트폰 채팅 애플리케이션을 통하여 알게 된 14세의 피해자에게 자신을 '고등학교 2학년인 甲'이라고 거짓으로 소개하고 채팅을 통해 교제하던 중 자신을 스토킹하는 여성때문에 힘들다며 그 여성을 떼어내려면 자신의 선배와 성관계를 하여야 한다는 취지로 피해자에게 이야기하고, 피고인과 헤어지는 것이 두려워 피고인의 제안을 승낙한 피해자를 마치 자신이 甲의 선배인 것처럼 행세하여 간음한 사안에서, 피고인은 간음의 목적으로 피해자에게 오인, 착각, 부지를 일으키고 피해자의 그러한 심적 상태를 이용하여 피해자를 간음한 것이므로 피고인의 간음행위는 위계에 의한 것이라고 평가할 수 있다(대판 2020.8.27. 2015도9436). 21. 경찰

㉡ 【 O 】 대판 2021.2.4. 2018도9781 21. 경찰
㉢ 【 O 】 대판 2020.7.9. 2020도5646 21. 경찰
㉣ 【 O 】 대판 2019.6.13. 2019도3341 21. 경찰
㉤ 【 X 】 강간예비죄로 처벌된다. 21. 경찰

정답 ②

17 강간과 추행의 죄에 대한 설명으로 가장 적절하지 않은 것은 모두 몇 개인가?

> ⊙ 특수강간범이 강간행위 계속 중에 특수강도의 행위를 한 후 강간행위를 종료한 경우 성폭력범죄의 처벌 등에 관한 특례법상의 특수강도강간죄가 성립한다.
> ⓒ 甲, 乙, 丙이 사전의 모의에 따라 강간할 목적으로 심야에 인가에서 멀리 떨어져 있어 쉽게 도망할 수 없는 야산으로 피해자 A, B, C를 유인한 다음 곧바로 암묵적인 합의에 따라 각자 마음에 드는 피해자 1명씩만을 데리고 불과 100m 이내의 거리에 있는 곳으로 흩어져 동시 또는 순차적으로 피해자들을 각각 강간하였다면, 甲에게는 A, B, C 모두에 대한 성폭력범죄의 처벌 등에 관한 특례법상의 특수강간죄가 성립한다.
> ⓒ 강간범이 강간행위 후에 강도의 범의를 일으켜 그 부녀의 재물을 강취하는 경우 강도강간죄가 성립한다.
> ⓔ 甲이 피해자들을 협박하여 겁을 먹은 피해자들로 하여금 스스로 가슴 사진, 성기 사진, 가슴을 만지는 동영상 등을 촬영하게 하고 촬영된 사진과 동영상을 전송받은 경우 甲의 행위는 피해자들의 신체에 대한 접촉이 있는 경우와 동등한 정도로 성적 자기결정권을 침해했다고 볼 수 없다.

① 1개 ② 2개 ③ 3개 ④ 4개

해설

⊙ 【O】 대판 2010.12.9. 2010도9630
ⓒ 【O】 대판 2004.8.20. 2004도2870
ⓒ 【X】 강간죄와 강도죄의 경합범이 성립한다(대판 2002.2.8. 2001도6425).
ⓔ 【X】 이러한 행위는 피해자들을 도구로 삼아 피해자들의 신체를 이용하여 그 성적 자유를 침해한 행위로서, 그 행위의 내용과 경위에 비추어 일반적이고도 평균적인 사람으로 하여금 성적 수치심이나 혐오감을 일으키게 하고 선량한 성적 도덕관념에 반하는 행위라고 볼 여지가 충분하다(대판 2018.2.8. 2016도17733).

정답 ②

18 성범죄에 관한 설명으로 가장 적절한 것은?

① 준강간죄에서 피해자가 술에 취해 수면상태에 빠지는 등 의식을 상실한 패싱아웃(passing out) 상태뿐만 아니라 범행당시 알코올이 기억형성의 실패만을 야기한 알코올 블랙아웃(black out) 상태인 경우에도 기억장애 외에 인지 기능이나 의식 상태의 장애에 이르렀다고 인정된다.
② 강제추행죄의 폭행 또는 협박이 추행보다 시간적으로 앞서 그 수단으로 행해진 이른바 폭행·협박 선행형의 경우에는 상대방의 항거를 곤란하게 하는 정도의 폭행 또는 협박이어야 한다.
③ 강간치사상죄에 있어서 사상의 결과는 간음행위 그 자체로부터 발생한 경우나 강간의 수단으로 사용한 폭행으로부터 발생한 경우는 포함되지만, 강간에 수반하는 행위에서 발생한 경우는 포함되지 않는다.
④ 성폭력범죄의 처벌 등에 관한 특례법위반(주거침입강간)죄는 주거침입죄를 범한 후에 사람을 강간하는 등의 행위를 하여야 하는 일종의 신분범이고, 선후가 바뀌어 강간죄 등을 범한 자가 그 피해자의 주거에 침입한 경우에는 이에 해당하지 않고 강간죄 등과 주거침입죄 등의 실체적 경합범이 된다.

해설

① 【X】 음주 후 준강간 또는 준강제추행을 당하였음을 호소한 피해자의 경우, 범행 당시 알코올이 위의 기억형성의 실패만을 야기한 알코올 블랙아웃 상태였다면 피해자는 기억장애 외에 인지기능이나 의식 상태의 장애에 이르렀다고 인정하기 어렵지만, 이에 비하여 피해자가 술에 취해 수면상태에 빠지는 등 의식을 상실한 패싱아웃 상태였다면 심신상실의 상태에 있었음을 인정할 수 있다. 또한 '준강간죄 또는 준강제추행죄에서의 심신상실·항거불능'의 개념에 비추어, 피해자가 의식상실 상태에 빠져 있지는 않지만 알코올의 영향으로 의사를 형성할 능력이나 성적 자기결정권 침해행위에 맞서려는 저항력이 현저하게 저하된 상태였다면 '항거불능'에 해당하여, 이러한 피해자에 대한 성적 행위 역시 준강간죄 또는 준강제추행죄를 구성할 수 있다(대판 2021.2.4. 2018도9781). 24. 경찰

② 【X】 강제추행죄의 '폭행 또는 협박'은 상대방의 항거를 곤란하게 할 정도로 강력할 것이 요구되지 아니하고, 상대방의 신체에 대하여 불법한 유형력을 행사(폭행)하거나 일반적으로 보아 상대방으로 하여금 공포심을 일으킬 수 있는 정도의 해악을 고지(협박)하는 것이라고 보아야 한다(대판 2023.9.21. 2018도13877 전합). 24. 경찰

③ 【X】 강간이 미수에 그친 경우라도 그로 인하여 피해자가 상해를 입었으면, 강간치상죄가 성립하는 것이고, 강간치상죄에 있어 상해의 결과는 강간의 수단으로 사용한 폭행으로부터 발생한 경우뿐만 아니라 간음행위 그 자체로부터 발생한 경우나 강간에 수반하는 행위에서 발생한 경우도 포함된다(대판 2003.5.30. 2003도1256). 24. 경찰

④ 【O】 대판 2021.8.12. 2020도17796 24. 경찰

정답 ④

19 성폭력범죄에 관한 설명 중 옳지 않은 것은?

① 골프장 여종업원들이 거부의사를 밝혔음에도, 골프장 사장과의 친분관계를 내세워 함께 술을 마시지 않을 경우 신분상의 불이익을 가할 것처럼 협박하여 이른바 '러브샷'의 방법으로 술을 마시게 한 것은 강제추행죄에 해당한다.

② 다른 특별한 사정이 없는 한 특수강간범이 강간행위 종료 전에 특수강도의 행위를 하고 계속하여 그 자리에서 강간행위를 하는 경우 특수강도가 강간한 때에 해당하여 성폭력범죄의 처벌 등에 관한 특례법 위반(특수강도강간등)죄가 성립한다.

③ 甲이 같은 시간에 같은 장소에서 A와 B를 강제로 추행함에 있어 A의 반항을 억압하는 과정에서 깨어진 병조각을 휴대하고 있었다면 비록 B의 반항을 억압하는 과정에서는 이를 휴대하지 아니하고 있었다 하더라도 B에 대한 범행 역시 성폭력범죄의 처벌 등에 관한 특례법 위반(특수강제추행)죄에 해당한다.

④ 甲이 에스컬레이터에서 카메라폰으로 A의 치마 속 신체 부위를 일정한 시간 동안 동영상 촬영하여 영상정보가 주 기억장치 등에 입력되었으나 카메라폰의 저장버튼을 누르지 않은 상태에서 경찰관에게 발각되었다면 성폭력범죄의 처벌 등에 관한 특례법 위반(카메라등이용촬영)죄의 미수범이 성립한다.

해설

① 【O】 대판 2008.3.13. 2007도10050 12. 사시

② 【O】 대판 2010.12.9. 2010도9630 12. 사시

③ 【O】 같은 시간에 같은 장소에서 피해자 2명을 강제로 추행하여 상해를 입게 함에 있어 그 중 한 피해자의 반항을 억압하는 과정에서 위험한 물건인 깨어진 병조각을 휴대하고 있었다면 비록 다른 피해자의 반항을 억압하는 과정에서는 이를 휴대하지 아니하고 있었다 하더라도 그 범행 역시 특정범죄가중처벌등에관한법률 제5조의7 제6항, 제2항, 제1항 소정의 범죄를 구성한다(대판 1992.3.31. 92도265). 12. 사시

④ 【X】 사안의 경우, 동영상 촬영 중 저장버튼을 누르지 않고 촬영을 종료하였다 하더라도 기수가 된다(대판 2011.6.9. 2010도10677). 12. 사시

정답 ④

20 다음 사안에서 甲의 형사책임에 대한 설명으로 가장 적절한 것은?

> 甲은 피해자 A를 강간하려다 미수에 그치고 의도치 않게 동 행위로 인하여 A에게 상해를 입혔다. 甲은 자신의 범행으로 인해 의식을 잃고 쓰러진 A를 구호하지 아니하고 그 자리를 떠났다. A는 의식불명인 상태로 범행현장에 방치되어 있다가 몇 시간 뒤 행인에게 구조되었다.

① 甲의 강간 범행이 미수에 그치고 그로 인해 상해의 결과가 발생하였으므로 甲은 강간치상죄의 미수범으로 처벌된다.
② 甲이 의식불명이 된 피해자 A를 구호하지 아니하고 방치한 행위에 대해서는 별도로 유기죄가 성립한다.
③ 만일 A가 집에 돌아가서 수치심과 절망감에 휩싸여 몇 주 뒤 자살을 하기에 이르렀다면 甲을 강간치사죄로 처벌할 수 있다.
④ 사안을 달리하여, A가 입은 상해가 사람의 반항을 억압할 만한 폭행 또는 협박이 없어도 일상생활 중 발생할 수 있는 것이거나 합의에 따른 성교행위에서도 통상 발생할 수 있는 상해와 같은 정도의 것이라고 가정한다면, 이는 강간치상죄의 상해에 해당되지 아니한다고 할 수 있다.

해설

① 【 X 】 기본범죄가 미수에 그치더라도 중한 결과가 발생하면 결과적 가중범의 기수가 성립한다. 따라서 甲은 강간치상죄의 기수범으로 처벌된다.
② 【 X 】 강간치상의 범행을 저지른 자가 그 범행으로 인하여 실신상태에 있는 피해자를 구호하지 아니하고 방치하였다 하더라도 그 행위는 포괄적으로 단일의 강간치상죄만을 구성하고 별도로 유기죄는 성립하지 아니한다(대판 1980.6.24. 80도726).
③ 【 X 】 강간을 당한 피해자가 집에 돌아가 음독자살하기에 이른 원인이 강간을 당함으로 인하여 생긴 수치심과 장래에 대한 절망감 등에 있었다 하더라도 그 자살행위가 바로 강간행위로 인하여 생긴 당연의 결과라고 볼 수는 없으므로 강간행위와 피해자의 자살행위 사이에 인과관계를 인정할 수는 없다(대판 1982.11.23. 82도1446).
④ 【 O 】 강간행위에 수반하여 생긴 상해가 극히 경미한 것으로서 굳이 치료할 필요가 없어서 **자연적으로 치유**되며 **일상생활을 하는데 아무런 지장이 없는** 경우에는 강간치상죄의 상해에 해당되지 아니한다고 할 수 있을 터이나, 그러한 논거는 피해자의 반항을 억압할 만한 **폭행 또는 협박이 없어도 일상생활 중 발생할 수 있는** 것이거나 **합의에 따른 성교행위에서도 통상 발생할 수 있는** 상해와 같은 정도임을 전제로 하는 것이므로 그러한 정도를 넘는 상해가 그 폭행 또는 협박에 의하여 생긴 경우라면 상해에 해당된다고 할 것이며, 피해자의 건강상태가 나쁘게 변경되고 생활기능에 장애가 초래된 것인지는 객관적, 일률적으로 판단될 것이 아니라 피해자의 연령, 성별, 체격 등 신체, 정신상의 구체적 상태를 기준으로 판단되어야 한다(대판 2003.9.26. 2003도4606).

정답 ④

Chapter 03 명예와 신용에 대한 죄

출제 방향

명예훼손죄에서는 공연성, 구체적 사실의 적시, 제310조 위법성조각사유, 출판물명예훼손죄, 모욕죄 등의 조문을 분석하고, 범죄의 인정 여부에 관한 판례를 분석하고 암기하여야 한다. 또한 업무방해죄에서는 업무의 의미를 이해하고 범죄의 인정 여부에 관한 판례를 숙지하여야 한다.

제1절 명예에 관한 죄

◈ 지문의 내용에 대해 학설의 대립 등 다툼이 있는 경우 판례에 의함

01 다음 설명 중 가장 적절하지 않은 것은?

① 적시된 사실이 허위의 사실이라고 하더라도 행위자에게 허위성에 대한 인식이 없는 경우에는 제307조 제2항의 명예훼손죄가 아니라 제307조 제1항의 명예훼손죄가 성립될 수 있다.
② 진실인 사실을 공연히 유포하여 타인의 신용을 훼손한 경우 명예훼손죄는 성립할 수 있으나 신용훼손죄는 성립하지 않는다.
③ 통상 사람에게 사실을 적시할 경우 그 자체로서 적시된 사실이 외부에 공표되는 것이므로 그 때부터 곧 전파가능성을 따져 공연성 여부를 판단하여야 할 것이고, 이는 기자를 통해 사실을 적시하는 경우라고 하여 달리 볼 것은 아니다.
④ 사실을 발설하였는지 확인하는 질문에 답하는 과정에서 명예 훼손 사실을 발설하게 된 것이라면, 명예훼손의 범의를 인정할 수 없다.

해설

① 【 O 】 대판 2017.4.26. 2016도18024 20. 경찰승진
② 【 O 】 신용훼손죄는 '허위사실'을 요건으로 하므로 진실한 사실에 대하여 신용훼손죄는 성립하지 않는다.
③ 【 X 】 통상 기자가 아닌 보통 사람에게 사실을 적시할 경우에는 그 자체로서 적시된 사실이 외부에 공표되는 것이므로 그 때부터 곧 전파가능성을 따져 공연성 여부를 판단하여야 할 것이지만, 그와는 달리 기자를 통해 사실을 적시하는 경우에는 기사화되어 보도되어야만 적시된 사실이 외부에 공표된다고 보아야 할 것이므로 기자가 취재를 한 상태에서 아직 기사화하여 보도하지 아니한 경우에는 전파가능성이 없다고 할 것이어서 공연성이 없다고 봄이 상당하다(대판 2000.5.16. 99도5622).
④ 【 O 】 대판 1983.8.23. 83도1017 20. 경찰승진

정답 ③

02 다음 중 명예훼손죄에 관한 설명으로 가장 옳지 않은 것은?

① 집합적 명칭을 사용하여 명예훼손 행위를 한 경우, 그 명칭의 사용에 의하여 그 범위에 속하는 특정인을 가리키는 것이 명백하면 집합 구성원 각자에 대한 명예훼손죄가 성립한다.
② 甲이 고발의 동기나 경위에 관한 언급 없이 제3자에게 "乙이 丙을 「선거법」위반으로 고발하였다."는 말만 하였다면, 乙의 사회적 가치나 평가를 침해하기에 충분한 구체적 사실이 적시되었다고 보기 어렵다.
③ 이미 사회의 일부에 잘 알려진 공지의 사실은 명예훼손의 객체에 해당하지 않으므로, 이를 적시하여 사람의 사회적 평가를 저하시킬 만한 행위를 하더라도 명예훼손죄가 성립하지 않는다.
④ 언론매체가 피해자의 명예를 현저하게 훼손할 수 있는 보도내용의 주된 부분이 허위임을 충분히 인식하면서도 이를 보도하였다면, 특별한 사정이 없는 한 거기에는 사람을 비방할 목적이 있다고 볼 것이다.

[해설]

① 【 O 】 대판 2000.10.10. 99도5407 22. 해경간부
② 【 O 】 대판 2009.9.24. 2009도6687 22. 해경간부
③ 【 X 】 명예훼손죄가 성립하기 위하여는 반드시 숨겨진 사실을 적발하는 행위만에 한하지 아니하고 이미 사회의 일부에 잘 알려진 사실이라고 하더라도 이를 적시하여 사람의 사회적 평가를 저하시킬 만한 행위를 한 때에는 명예훼손죄를 구성한다(대판 1994.4.12. 93도3535). 22. 해경간부
④ 【 O 】 대판 1983.8.23. 83도1017 22. 해경간부

정답 ③

03 명예훼손죄에 관한 설명 중 가장 적절하지 않은 것은?

① 직장의 전산망에 설치된 전자게시판에 타인의 명예를 훼손하는 내용의 사실을 적시한 글을 게시한 경우 명예훼손죄가 성립한다.
② 적시된 사실이 공공의 이익에 관한 것인 경우에는 특별한 사정이 없는 한 형법 제309조 제1항(출판물 등에 의한 명예훼손) 소정의 비방의 목적이 인정되지 않는다.
③ 어느 사람에게 귀엣말 등 그 사람만 들을 수 있는 방법으로 그 사람 본인의 사회적 가치 내지 평가를 떨어뜨릴 만한 사실을 이야기하였다 하더라도 그 사람이 들은 말을 스스로 다른 사람들에게 전파하였다면 명예훼손죄의 구성요건인 공연성이 인정된다.
④ 객관적으로 피해자의 사회적 평가를 저하시키는 사실에 관한 보도내용이 소문이나 제3자의 말, 보도를 인용하는 방법으로 단정적인 표현이 아닌 전문 또는 추측한 것을 기사화한 형태로 표현하였지만, 그 표현 전체의 취지로 보아 그 사실이 존재할 수 있다는 것을 암시하는 방식으로 이루어진 경우에는 사실을 적시한 것이라고 보아야 한다.

[해설]

① 【 O 】 대판 2000.5.12. 99도5734
② 【 O 】 대판 2005.4.29. 2003도2137
③ 【 X 】 명예훼손죄의 구성요건인 공연성은 불특정 또는 다수인이 인식할 수 있는 상태를 말하는 것으로서, 비록 개별적으로 한 사람에 대하여 사실을 적시하더라도 그로부터 불특정 또는 다수인에게 전파될 가능성이 있다면 공연성의 요건을 충족하는 것이나, 어느 사람에게 귀엣말 등 그 사람만 들을 수 있는 방법으로 그 사람 본인의 사회적 가치 내지 평가를 떨어뜨릴 만한 사실을 이야기하였다면, 위와 같은 이야기가 불특정 또는 다수인에게 전파될 가능성이 있다고 볼 수 없어 명예훼손의 구성요건인 공연성을 충족하지 못하는 것이며, 그 사람이 들은 말을 스스로 다른 사람들에게 전파하였더라도 위와 같은 결론에는 영향이 없다(대판 2005.12.9. 2004도2880).
④ 【 O 】 대판 2008.11.27. 2007도5312

정답 ③

04 다음은 명예훼손죄에 대한 설명이다. 옳은 것은 모두 몇 개인가?

㉠ 「형법」 제307조 제1항의 '사실'은 제2항의 '허위의 사실'과 반대되는 '진실한 사실'을 말하며, 가치판단이나 평가를 내용으로 하는 '의견'에 대치되는 개념은 아니다.
㉡ 공연성의 존부는 발언자와 상대방 또는 피해자 사이의 관계나 지위, 대화를 하게 된 경위와 상황, 사실 적시의 내용, 적시의 방법과 장소 등 행위 당시의 객관적 제반 사정으로부터 상대방이 불특정 또는 다수인에게 전파할 가능성이 있는지 여부를 검토하여 종합적으로 판단하여야 하며, 발언 후 실제 전파 여부라는 우연한 사정은 공연성 인정 여부를 판단함에 있어 소극적 사정으로만 고려되어야 한다.
㉢ 「형법」 제310조의 '공공의 이익'이라 함은 널리 국가·사회 기타 일반 다수인의 이익에 관한 것뿐만 아니라 특정한 사회집단이나 그 구성원의 관심과 이익에 관한 것도 포함한다.
㉣ 「형법」 제309조 제1항의 '사람을 비방할 목적'은 제310조의 '공공의 이익'을 위한 것과는 행위자의 주관적 의도의 방향에 있어 서로 상반되는 관계에 있으므로, 적시한 사실이 공공의 이익에 관한 것인 경우 특별한 사정이 없는 한 비방할 목적은 부인된다.

① 1개 ② 2개 ③ 3개 ④ 4개

해설

㉠ 【 X 】 형법 제307조 제1항, 제2항, 제310조의 체계와 문언 및 내용에 의하면, 제307조 제1항의 '사실'은 제2항의 '허위의 사실'과 반대되는 '진실한 사실'을 말하는 것이 아니라 가치판단이나 평가를 내용으로 하는 '의견'에 대치되는 개념이다. 따라서 제307조 제1항의 명예훼손죄는 적시된 사실이 진실한 사실인 경우이든 허위의 사실인 경우이든 모두 성립될 수 있고, 특히 적시된 사실이 허위의 사실이라고 하더라도 행위자에게 허위성에 대한 인식이 없는 경우에는 제307조 제2항의 명예훼손죄가 아니라 제307조 제1항의 명예훼손죄가 성립될 수 있다(대판 2017.4.26. 2016도18024). 23. 경찰
㉡ 【 O 】 대판 2020.11.19. 2020도5813 23. 경찰
㉢ 【 O 】 대판 2017.4.26. 2016도18024 23. 경찰
㉣ 【 O 】 대판 2005.4.29. 2003도2137 23. 경찰

정답 ③

05 명예에 관한 죄에 대한 아래 ㉠부터 ㉤까지의 설명 중 옳고 그름의 표시(○, ×)가 모두 바르게 된 것은?

㉠ 인터넷 댓글에 의하여 모욕을 당한 피해자의 인터넷 아이디(ID)만을 알 수 있을 뿐 그 밖의 주위사정을 종합해 보더라도 그와 같은 인터넷 아이디를 가진 사람이 동 피해자임을 알아차릴 수 없는 경우라면 명예훼손죄 또는 모욕죄가 성립하지 않는다.

㉡ 어떠한 표현이 상대방의 인격적 가치에 대한 사회적 평가를 저하시킬 만한 것이 아니라면 설령 그 표현이 다소 무례한 방법으로 표시되었다 하더라도 이를 두고 모욕죄의 구성요건에 해당한다고 볼 수 없다.

㉢ 모욕죄는 피해자의 외부적 명예를 저하시킬 만한 추상적 판단이나 경멸적 감정을 공연히 표시함으로써 성립하는 것으로, 피해자의 외부적 명예가 현실적으로 침해되거나 적어도 구체적 현실적으로 침해될 위험이 발생하여야 한다.

㉣ 형법 제307조 명예훼손죄에 있어서의 사실의 적시는 가치판단이나 평가를 내용으로 하는 의견표현에 대치되는 개념으로서 시간적으로나 공간적으로 구체적인 과거 또는 현재의 사실관계에 관한 보고나 진술을 뜻한다.

㉤ 정보통신망을 이용한 명예훼손의 경우에는 게재 행위의 종료만으로 범죄행위가 종료하는 것은 아니고 원래 게시물이 삭제되어 정보의 송수신이 불가능해지는 시점을 범죄의 종료시기로 보아야 한다.

① ㉠(○) ㉡(×) ㉢(○) ㉣(×) ㉤(○)
② ㉠(○) ㉡(○) ㉢(×) ㉣(○) ㉤(×)
③ ㉠(×) ㉡(×) ㉢(○) ㉣(×) ㉤(×)
④ ㉠(○) ㉡(○) ㉢(×) ㉣(○) ㉤(○)

[해설]

㉠ 【 ○ 】 헌재 2008.6.26. 2007헌마461 22. 경찰
㉡ 【 ○ 】 대판 2018.11.29. 2017도2661 22. 경찰
㉢ 【 × 】 모욕죄는 피해자의 외부적 명예를 저하시킬 만한 추상적 판단이나 경멸적 감정을 공연히 표시함으로써 성립하는 것으로, 피해자의 외부적 명예가 현실적으로 침해되거나 적어도 구체적·현실적으로 침해될 위험이 발생하여야 하는 것은 아니다(대판 2017.4.13. 2016도15264). 22. 경찰
㉣ 【 ○ 】 대판 2021.3.25. 2016도14995 22. 경찰
㉤ 【 × 】 서적·신문 등 기존의 매체에 명예훼손적 내용의 글을 게시하는 경우에 그 게시행위로써 명예훼손의 범행은 종료하는 것이며 그 서적이나 신문을 회수하지 않는 동안 범행이 계속된다고 보지는 않는다는 점을 고려해 보면, 정보통신망을 이용한 명예훼손의 경우에, 게시행위 후에도 독자의 접근가능성이 기존의 매체에 비하여 좀 더 높다고 볼 여지가 있다 하더라도 그러한 정도의 차이만으로 정보통신망을 이용한 명예훼손의 경우에 범죄의 종료시기가 달라진다고 볼 수는 없다(대판 2007.10.25. 2006도346). 22. 경찰

[정답] ②

06 명예에 관한 죄에 대한 설명으로 옳은 것만을 모두 고르면?

> ㉠ 정부의 업무수행과 관련된 사항을 주된 내용으로 하는 발언으로 그에 관여한 공직자에 대한 사회적 평가가 다소 저하될 수 있더라도, 그 발언 내용이 공직자 개인에 대한 악의적이거나 심히 경솔한 공격으로서 현저히 상당성을 잃은 것으로 평가되지 않는 한 공직자 개인에 대한 명예훼손이 되지 않는다.
> ㉡ 이혼소송계속 중인 아내가 남편의 친구에게 서신을 보내면서 남편의 명예를 훼손하는 문구가 기재된 서신을 동봉한 것만으로는 공연성이 인정되지 않는다.
> ㉢ 피해자에 대한 허위사실을 적시한 서명자료를 만들어 여러 명의 동료들에게 읽게 하고 서명을 받은 경우, 그 내용이 동료들 사이에 만연한 소문이었다면 명예훼손죄를 구성하지 않는다.
> ㉣ 학교폭력 피해 학생의 어머니가 자신의 SNS 계정 프로필 상태메시지에 '학교폭력범은 접촉금지'라는 글과 주먹 모양의 그림말 세 개를 게시한 것은 학교폭력 가해자의 사회적 가치나 평가를 저하시키기에 충분한 구체적인 사실의 적시에 해당한다.

① ㉠, ㉡　　　　② ㉠, ㉣　　　　③ ㉡, ㉢　　　　④ ㉢, ㉣

[해설]

㉠ 【 O 】 대판 2018.11.29. 2016도14678 22. 국가직 7급, 24. 해경
㉡ 【 O 】 대판 2000.2.11. 99도4579 22. 국가직 7급, 24. 해경
㉢ 【 X 】 피해자에 대한 허위사실을 적시한 서명자료를 만들어 여러 명의 동료들에게 읽게 하고 서명을 받은 경우, 그 내용이 동료들 사이에 만연한 소문이었다고 하더라도 명예훼손죄가 성립한다(대판 2020.12.30. 2015도15619). 22. 국가직 7급, 24년 해경
㉣ 【 X 】 학교폭력 피해 학생의 어머니가 자신의 SNS 계정 프로필 상태메시지에 '학교폭력범은 접촉금지'라는 글과 주먹 모양의 그림말 세 개를 게시한 것은 학교폭력 가해자의 사회적 가치나 평가를 저하시키기에 충분한 구체적인 사실을 드러냈다고 볼 수 없다(대판 2020.5.28. 2019도12750). 22. 국가직 7급, 24. 해경

[정답] ①

07 명예에 관한 죄에 대한 설명으로 옳은 것은 모두 몇 개인가?

㉠ 甲이 명예훼손 사실을 발설한 것이 정말이냐는 A의 질문에 대답하는 과정에서 타인의 명예를 훼손하는 사실을 발설하게 된 경우, 명예훼손의 고의가 인정되지 아니한다.

㉡ 甲이 집 뒷길에서 자신의 남편과 A의 친척이 듣는 가운데 다른 사람들이 들을 수 있을 정도의 큰 소리로 A에게 "저것이 징역 살다 온 전과자다."고 말한 경우, 자신의 남편과 A의 친척에게 말한 것이라 할지라도 명예훼손죄의 구성요건요소인 '공연성'이 인정된다.

㉢ 사이버대학교 학생 甲이 학과 학생들만 가입할 수 있는 네이버 밴드 게시판에 A의 "총학생회장 출마자격에 관하여 조언을 구한다."는 글에 대한 댓글로 직전 회장 선거에 입후보하였다가 중도 사퇴한 친구 B의 실명을 거론하며, 객관적 사실에 부합하는 "B 학우가 학생회비도 내지 않고 총학생회장 선거에 출마하려 했다가 상대방 후보를 비방하고 이래저래 학과를 분열시키고 개인적인 감정을 표한 사례가 있다."고 언급한 다음 "그러한 부분은 지양했으면 한다."는 의견을 덧붙인 경우, 甲의 주요한 동기와 목적은 공공의 이익을 위한 것으로서 甲에게 B를 비방할 목적이 있다고 보기 어렵다.

㉣ 제품의 안정성에 논란이 많은 가운데 인터넷 신문사 소속 기자 A가 인터넷 포털 사이트의 '핫이슈'난에 제품을 옹호하는 기사를 게재하자 그 기사를 읽은 상당수의 독자들이 '네티즌 댓글'난에 A를 비판하는 댓글을 달고 있는 상황에서 甲이 "이런걸 기레기라고 하죠?"라는 댓글을 게시한 경우, 이는 모욕적 표현에 해당하나 사회상규에 위배되지 않는 행위로서 형법 제20조에 의하여 위법성이 조각된다.

① 1개　　② 2개　　③ 3개　　④ 4개

해설

㉠ 【 O 】 대판 2010.10.28. 2010도2877 21. 경찰
㉡ 【 O 】 대판 2020.11.19. 2020도5813 21. 경찰
㉢ 【 O 】 대판 2020.3.2. 2018도15868 21. 경찰
㉣ 【 O 】 대판 2021.3.25. 2017도17643 21. 경찰

정답 ④

08 명예훼손죄에 관한 설명으로 옳은 것을 모두 고른 것은?

㉠ 전파가능성이 있다는 이유로 공연성을 인정하는 것은 문언의 통상적 의미를 벗어나 피고인에게 불리한 확장 해석으로 죄형법정주의에서 금지하는 유추해석에 해당한다.
㉡ 사실적시의 내용이 사회 일반의 일부 이익에만 관련된 사항이라도 다른 일반인과 공동생활에 관계된 사항이라면 공익성을 지니고, 나아가 개인에 관한 사항이더라도 공공의 이익과 관련되어 있고 사회적인 관심을 획득하거나 획득할 수 있는 경우라면 직접적으로 국가·사회 일반의 이익이나 특정한 사회집단에 관한 것이 아니라는 이유만으로 「형법」 제310조의 적용을 배제할 것은 아니다.
㉢ 객관적으로 피해자의 사회적 평가를 저하시키는 사실에 관한 발언이 보도, 소문이나 제3자의 말을 인용하는 방법으로 단정적인 표현이 아닌 전문 또는 추측의 형태로 표현된 경우, 표현 전체의 취지로 보아 사실이 존재할 수 있다는 것을 '암시'하는 방식으로 이루어졌다면 사실을 적시한 것으로 볼 수 없다.
㉣ 정보통신망 이용촉진 및 정보보호 등에 관한 법률위반(명예훼손) 죄의 '비방할 목적'이란 공공의 이익을 위한 것과는 행위자의 주관적 의도의 방향에서 서로 상반되는 관계에 있으므로, 적시한 사실이 공공의 이익에 관한 것인 경우에는 특별한 사정이 없는 한 비방할 목적은 부인된다.
㉤ 명예훼손죄의 공연성에 관해 확립된 법리로 정착된 이른바 전파가능성 이론은 「정보통신망 이용촉진 및 정보 보호 등에 관한 법률」상 정보통신망을 이용한 명예훼손뿐만 아니라 「공직선거법」상 후보자비방죄 등의 공연성 판단에도 동일하게 적용된다.

① ㉠, ㉢, ㉣　　② ㉡, ㉢, ㉤　　③ ㉡, ㉣, ㉤　　④ ㉡, ㉢, ㉣, ㉤

[해설]
㉠【X】전파가능성이 있다는 이유로 공연성을 인정하는 것은 문언의 통상적 의미를 벗어나 피고인에게 불리한 확장 해석으로 죄형법정주의에서 금지하는 유추해석에 해당하지 아니한다. 24. 경찰
㉡【O】대판 2023.2.2. 2022도13425 24. 경찰
㉢【X】객관적으로 피해자의 사회적 평가를 저하시키는 사실에 관한 발언이 보도, 소문이나 제3자의 말을 인용하는 방법으로 단정적인 표현이 아닌 전문 또는 추측의 형태로 표현된 경우, 표현 전체의 취지로 보아 사실이 존재할 수 있다는 것을 '암시'하는 방식으로 이루어진 경우에는 사실을 적시한 것으로 보아야 한다(대판 2021.3.25. 2016도14995). 24. 경찰
㉣【O】대판 2020.3.2. 2018도15868 24. 경찰
㉤【O】대판 2020.11.19. 2020도5813 24. 경찰

정답 ③

09 명예에 관한 죄에 대한 설명으로 가장 적절한 것은?

① 「형법」 제307조 제1항의 명예훼손죄는 적시된 사실이 진실한 사실인 경우이든 허위의 사실인 경우이든 모두 성립될 수 있다.
② 국가나 지방자치단체도 국민에 대한 관계에서는 형벌의 수단을 통해 보호되는 외부적 명예의 주체가 될 수 있고, 따라서 명예훼손죄나 모욕죄의 피해자가 될 수 있다.
③ 일반적으로 범죄의 고의는 확정적 고의뿐만 아니라 결과발생에 대한 인식이 있고 그를 용인하는 미필적 고의도 포함하나, 「형법」 제308조의 사자명예훼손죄의 판단에서는 미필적 고의에 의하여 죄가 성립하지 아니한다.
④ 「형법」 제311조의 모욕죄의 피해자는 특정되어야 하므로 이른바 집단표시에 의한 모욕은 그 비난의 정도가 희석되지 않아 구성원 개개인의 사회적 평가를 저하시킬 만한 것으로 평가될 경우라도 구성원 개개인에 대한 모욕죄를 구성하지 않는다.

해설

① 【O】 형법 제307조 제1항, 제2항, 제310조의 체계와 문언 및 내용에 의하면, 제307조 제1항의 '사실'은 제2항의 '허위의 사실'과 반대되는 '진실한 사실'을 말하는 것이 아니라 가치판단이나 평가를 내용으로 하는 '의견'에 대치되는 개념이다. 따라서 제307조 제1항의 명예훼손죄는 적시된 사실이 **진실한 사실인 경우이든 허위의 사실인 경우이든** 모두 성립될 수 있고, 특히 적시된 사실이 허위의 사실이라고 하더라도 행위자에게 허위성에 대한 인식이 없는 경우에는 제307조 제2항의 명예훼손죄가 아니라 제307조 제1항의 명예훼손죄가 성립될 수 있다. 제307조 제1항의 법정형이 2년 이하의 징역 등으로 되어 있는 반면 제307조 제2항의 법정형은 5년 이하의 징역 등으로 되어 있는 것은 적시된 사실이 객관적으로 허위일 뿐 아니라 행위자가 그 사실의 허위성에 대한 주관적 인식을 하면서 명예훼손행위를 하였다는 점에서 가벌성이 높다고 본 것이다(대판 2017.4.26. 2016도18024). 18. 경찰채용 2차

② 【X】 형법이 명예훼손죄 또는 모욕죄를 처벌함으로써 보호하고자 하는 사람의 가치에 대한 평가인 외부적 명예는 **개인적 법익으로서**, 국민의 기본권을 보호 내지 실현해야 할 책임과 의무를 지고 있는 공권력의 행사자인 국가나 지방자치단체는 **기본권의 수범자일 뿐** 기본권의 주체가 아니고, 정책결정이나 업무수행과 관련된 사항은 항상 국민의 광범위한 감시와 비판의 대상이 되어야 하며 이러한 감시와 비판은 그에 대한 표현의 자유가 충분히 보장될 때에 비로소 정상적으로 수행될 수 있으므로, 국가나 지방자치단체는 국민에 대한 관계에서 형벌의 수단을 통해 보호되는 외부적 명예의 주체가 될 수는 없고, 따라서 명예훼손죄나 모욕죄의 피해자가 될 수 없다(대판 2016.12.27. 2014도15290). 18. 경찰채용 2차

③ 【X】 범죄의 고의는 확정적 고의뿐만 아니라 결과 발생에 대한 인식이 있고 그를 용인하는 의사인 이른바 미필적 고의도 포함하므로 허위사실 적시에 의한 명예훼손죄 역시 미필적 고의에 의하여도 성립하고, 위와 같은 법리는 형법 제308조의 사자명예훼손죄의 판단에서도 마찬가지로 적용된다(대판 2014.3.13. 2013도12430). 18. 경찰채용 2차

④ 【X】 모욕죄는 특정한 사람 또는 인격을 보유하는 단체에 대하여 사회적 평가를 저하시킬 만한 경멸적 감정을 표현함으로써 성립하므로 그 **피해자는 특정되어야** 한다. 그리고 이른바 집단표시에 의한 모욕은, 모욕의 내용이 집단에 속한 특정인에 대한 것이라고는 해석되기 힘들고, 집단표시에 의한 비난이 개별구성원에 이르러서는 비난의 정도가 희석되어 구성원 개개인의 사회적 평가에 영향을 미칠 정도에 이르지 아니한 경우에는 구성원 개개인에 대한 모욕이 성립되지 않는다고 봄이 원칙이고, **비난의 정도가 희석되지 않아** 구성원 개개인의 사회적 평가를 저하시킬 만한 것으로 평가될 경우에는 예외적으로 **구성원 개개인에 대한 모욕이 성립할 수 있다.** 한편 구성원 개개인에 대한 것으로 여겨질 정도로 구성원 수가 적거나 당시의 주위 정황 등으로 보아 집단 내 개별구성원을 지칭하는 것으로 여겨질 수 있는 때에는 집단 내 개별구성원이 피해자로서 특정된다고 보아야 할 것인데, 구체적인 기준으로는 집단의 크기, 집단의 성격과 집단 내에서의 피해자의 지위 등을 들 수 있다(대판 2014.3.27. 2011도15631). 18. 경찰채용 2차

정답 ①

10 명예훼손죄에 관한 다음 설명 중 가장 옳지 않은 것은?

① 작업장의 책임자인 피고인이 甲으로부터 작업장에서 발생한 성추행 사건에 대해 보고받은 사실이 있음에도, 직원 5명이 있는 회의 자리에서 상급자로부터 경과보고를 요구받으면서 과태료 처분에 관한 책임을 추궁받자 이에 대답하는 과정에서 '甲은 성추행 사건에 대해 애초에 보고한 사실이 없다. 그런데도 이를 수사기관 등에 신고하지 않았다고 과태료 처분을 받는 것은 억울하다.'는 취지로 발언한 경우 피고인에게 명예훼손의 고의를 인정하기 어렵다.

② 동장인 피고인이 동 주민자치위원에게 전화를 걸어 '어제 열린 당산제(마을제사) 행사에 남편과 이혼한 甲도 참석을 하여, 이에 대해 행사에 참여한 사람들 사이에 안 좋게 평가하는 말이 많았다.'는 취지로 말하고, 동 주민들과 함께한 저녁식사 모임에서 '甲은 이혼했다는 사람이 왜 당산제에 왔는지 모르겠다.'는 취지로 말한 경우, 피고인의 위 발언은 甲의 사회적 가치나 평가를 침해하는 구체적인 사실의 적시에 해당한다.

③ 회사에서 징계 업무를 담당하는 직원인 피고인이 피해자에 대한 징계절차 회부 사실이 기재된 문서를 근무현장 방재실, 기계실, 관리사무실의 각 게시판에 게시한 경우, 위 행위는 회사 내부의 원활하고 능률적인 운영의 도모라는 공공의 이익에 관한 것으로 볼 수 없다.

④ 피고인이 피해자 집 뒷길에서 피고인의 남편 및 피해자의 친척이 듣는 가운데 피해자에게 '저것이 징역 살다온 전과자다.' 등으로 큰 소리로 말한 경우 공연성이 인정된다.

해설

① 【O】 대판 2022.4.14. 2021도17744 23. 법원직
② 【X】 피고인의 발언은 피해자의 사회적 가치나 평가를 침해하는 구체적 사실의 적시에 해당하지 않고 피해자의 당산제 참여에 관한 의견표현에 지나지 않는다(대판 2022.5.13. 2020도15642). 23. 법원직
③ 【O】 회사에서 징계 업무를 담당하는 직원인 피고인이 피해자에 대한 징계절차 회부 사실이 기재된 문서를 근무현장 방재실, 기계실, 관리사무실의 각 게시판에 게시함으로써 공연히 피해자의 명예를 훼손하였다는 내용으로 기소된 사안에서, 징계혐의 사실은 징계절차를 거친 다음 확정되는 것이므로 징계절차에 회부되었을 뿐인 단계에서 그 사실을 공개함으로써 피해자의 명예를 훼손하는 경우, 이를 사회적으로 상당한 행위라고 보기는 어려운 점, 피해자에 대한 징계 의결이 있기 전에 징계절차에 회부되었다는 사실이 공개되는 경우 피해자가 입게 되는 피해의 정도는 가볍지 않은 점 등을 종합하면, 피해자에 대한 징계절차 회부 사실을 공지하는 것이 회사 내부의 원활하고 능률적인 운영의 도모라는 공공의 이익에 관한 것으로 볼 수 없다(대판 2021.8.26.선고 2021도6416). 23. 법원직
④ 【O】 대판 2020.11.19. 2020도5813 전합 23. 법원직

정답 ②

11 명예에 관한 죄에 관한 설명으로 옳지 않은 것은?

① 甲이 양육비 지급 판결을 받는 등 양육비 지급의무가 있음에도 이를 지급하지 않고 있는 A, B, C에 대한 제보를 받아 그들의 이름, 얼굴 사진, 거주지, 직장명 등 신상정보를 특정 인터넷 사이트에 공개하는 글을 게시한 경우, 이는 양육비 미지급으로 인한 사회적 문제를 공론화하기 위한 목적이 있었더라도 신상정보의 공개는 이러한 공익적 목적과 직접적인 관련성이 있다고 보기 어려운 점 등을 고려하면 甲에게는 A, B, C를 '비방할 목적'이 인정된다.

② 甲이 A의 집 뒷길에서 자신의 남편 B 및 A의 친척인 C가 듣는 가운데 A에게 '저것이 징역 살다온 전과자다' 등으로 큰 소리로 말한 경우, A와 C 사이의 촌수나 구체적 친밀관계가 밝혀진 바도 없으나 단지 A와 C가 친척관계에 있다는 이유만으로도 전파가능성이 부정되므로 명예훼손죄가 성립될 여지가 없다.

③ 甲이 산후조리원을 이용한 후, 9회에 걸쳐 임신, 육아 등에 관한 인터넷 카페나 자신의 블로그 등에 자신이 직접 겪은 불편사항 등을 후기 형태로 게시한 경우, 이는 실제 이용하면서 느낀 주관적 평가이고 다소 과장되기는 했지만 대체로 객관적 사실에 부합되는 점 등 제반 사정에 비추어 볼 때 산후조리원 정보를 구하는 다른 임산부의 의사결정에 도움을 주는 정보 제공 등 공공의 이익에 관한 것이라고 봄이 타당하고, '비방할 목적'이 있었다고 보기 어렵다.

④ 적시된 사실이 허위의 사실이라고 하더라도 행위자에게 허위성에 대한 인식이 없는 경우에는 「형법」 제307조 제1항의 명예훼손죄가 성립될 수 있다.

【해설】

① 【O】 피고인 甲은 양육비채권자의 제보를 받아 양육비 미지급자의 신상정보를 공개하는 인터넷 사이트 'Bad Fathers'의 운영에 관계된 사람이고, 피고인 乙은 위 사이트에 자신의 전 배우자 丙을 제보한 사람인데, 피고인들은 각자 또는 공모하여 위 사이트에 丙을 비롯한 피해자 5명의 이름, 얼굴 사진, 거주지, 직장명 등 신상정보를 공개하는 글이 게시되게 하고, 피고인 乙은 자신의 인스타그램에 위 사이트 게시 글의 링크 주소를 첨부하고 丙에 대하여 '미친년'이라는 표현 등을 덧붙인 글을 게시함으로써 피해자들을 비방할 목적으로 사실을 적시하였다는 정보통신망 이용촉진 및 정보보호 등에 관한 법률 위반(명예훼손)의 공소사실로 기소된 사안에서, 제반 사정을 종합하면, 피고인들에게 피해자들을 '비방할 목적'이 인정된다(대판 2024.1.4. 2022도699). 25. 경찰간부

② 【X】 甲이 A의 집 뒷길에서 甲의 남편 B 및 A의 친척인 C가 듣는 가운데 A에게 '저것이 징역 살다온 전과자다' 등으로 큰 소리로 말함으로써 공연히 사실을 적시하여 A의 명예를 훼손하였다는 내용으로 기소된 사안에서, C가 A와 친척관계에 있다는 이유만으로 전파가능성이 부정된다고 볼 수 없고, 오히려 甲은 A와의 싸움 과정에서 단지 A를 모욕 내지 비방하기 위하여 공개된 장소에서 큰 소리로 말하여 다른 마을 사람들이 들을 수 있을 정도였던 것으로 불특정 또는 다수인이 인식할 수 있는 상태였다고 봄이 타당하므로, 甲의 위 발언은 공연성이 인정된다(대판 2020.11.19. 2020도5813). 25. 경찰간부

③ 【O】 대판 2012.11.29. 2012도10392 25. 경찰간부

④ 【O】 형법 제307조 제1항, 제2항, 제310조의 체계와 문언 및 내용에 의하면, 제307조 제1항의 '사실'은 제2항의 '허위의 사실'과 반대되는 '진실한 사실'을 말하는 것이 아니라 가치판단이나 평가를 내용으로 하는 '의견'에 대치되는 개념이다. 따라서 제307조 제1항의 명예훼손죄는 적시된 사실이 진실한 사실인 경우이든 허위의 사실인 경우이든 모두 성립될 수 있고, 특히 적시된 사실이 허위의 사실이라고 하더라도 행위자에게 허위성에 대한 인식이 없는 경우에는 제307조 제2항의 명예훼손죄가 아니라 제307조 제1항의 명예훼손죄가 성립될 수 있다(대판 2017.4.26. 2016도18024). 25. 경찰간부

정답 ②

12 명예훼손죄에 대한 설명 중 가장 적절하지 않은 것은?

① 개인 블로그의 비공개 대화방에서 상대방으로부터 비밀을 지키겠다는 말을 듣고 일대일로 대화하였다고 하더라도, 그 사정만으로 대화 상대방이 대화내용을 불특정 또는 다수에게 전파할 가능성이 없다고 할 수 없으므로 공연성을 인정할 여지가 있다.
② 전국교직원노동조합 소속 교사가 작성·배포한 보도자료가 전체적으로 그 기재 내용이 진실하고 공공의 이익을 위한 것이라도 보도자료의 일부에 사실과 다른 기재가 있으면 명예훼손죄의 위법성이 조각되지 않는다.
③ '서울시민', '경기도민'이라 함과 같은 막연한 표시에 의해서는 명예훼손죄를 구성하지 아니한다고 할 것이지만, 집합적 명사를 쓴 경우에도 그것에 의해 그 범위에 속하는 특정인을 가리키는 것이 명백하면 이를 각자의 명예를 훼손하는 행위라고 볼 수 있다.
④ 명예훼손죄가 성립하기 위하여는 사실의 적시가 있어야 하는데, 여기에서 적시의 대상이 되는 사실이란 현실적으로 발생하고 증명할 수 있는 과거 또는 현재의 사실을 말하며, 장래의 일을 적시하더라도 그것이 과거 또는 현재의 사실을 기초로 하거나 이에 대한 주장을 포함하는 경우에는 명예훼손죄가 성립한다.

[해설]
① 【O】 대판 2008.2.14. 2007도8155 18. 경찰채용 1차
② 【X】 전국교직원노동조합 소속 교사가 작성·배포한 보도자료의 일부에 사실과 다른 기재가 있으나 전체적으로 그 기재 내용이 진실하고 공공의 이익을 위한 것이라면 명예훼손죄의 위법성이 조각된다고 한 사례(대판 2001.10.9. 2001도3594) 18. 경찰채용 1차
③ 【O】 대판 2000.10.10. 99도5407
④ 【O】 대판 2003.5.13. 2002도7420 18. 경찰채용 1차

정답 ②

13 '명예에 관한 죄'에 대한 설명으로 가장 적절하지 않은 것은?

① 甲운영의 산후조리원을 이용한 피고인이 인터넷 카페나 자신의 블로그 등에 자신이 직접 겪은 불편사항 등을 후기 형태로 게시한 경우「정보통신망 이용촉진 및 정보보호 등에 관한 법률」제70조 제1항에서 정한 명예훼손죄의 구성요건요소인 '사람을 비방할 목적'이 있었다고 보기 어렵다.
② 甲이 진정서 사본과 고소장 사본을 특정 사람들에게만 개별적으로 우송하였더라도, 그 수가 200명에 이른 경우에는 명예훼손의 공연성이 인정된다.
③ 피고인이 자신의 아들 등에게 폭행을 당하여 입원한 피해자의 병실로 찾아가 그의 모(母) 甲과 대화 중 甲의 이웃 乙 및 피고인의 일행 丙 등이 있는 자리에서 "학교에 알아보니 피해자에게 원래 정신병이 있었다고 하더라."라고 허위사실을 말한 경우, 그 자리에 있던 사람들의 관계 등 여러 사정에 비추어 공연성이 인정된다.
④ 정부 또는 국가기관은 형법상 명예훼손죄의 피해자가 될 수 없으나, 언론보도의 내용이 공직자 개인에 대한 악의적이거나 심히 경솔한 공격으로서 현저히 상당성을 잃은 것으로 평가된다면 공직자 개인에 대한 명예훼손에 해당할 수 있다.

[해설]
① 【O】 대판 2012.11.29. 2012도10392
② 【O】 대판 1991.6.25. 91도347
③ 【X】 피고인이 丙과 함께 피해자의 병문안을 가서 피고인·甲·乙·丙 4명이 있는 자리에서 피해자에 대한 폭행사건에 관하여 대화를 나누던 중 위 발언을 한 것이라면 불특정 또는 다수인이 인식할 수 있는 상태라고 할 수 없고, 또 그 자리에 있던 사람들의 관계 등 여러 사정에 비추어 피고인의 발언이 불특정 또는 다수인에게 전파될 가능성이 있다고 보기도 어려워 공연성이 없다(대판 2011.9.8. 2010도7497).
④ 【O】 대판 2011.9.2. 2010도17237

정답 ③

14 다음은 명예훼손죄에 대한 설명이다. 옳은 것은 모두 몇 개인가?

㉠ 피고인이 다방에서 피해자와 동업관계로 친한 사이인 甲에게 피해자의 험담을 한 경우에 있어서 다방 내의 좌석이 다른 손님의 자리와 멀리 떨어져 있고, 그 당시 甲은 피고인에게 "왜 피해자에 관해서 그런 말을 하느냐"고 힐책까지 한 사실이 있는 경우 - 공연성 부정

㉡ 피고인이 평소 乙이 자신의 일에 간섭하는 것에 기분이 나쁘다는 이유로 甲으로부터 취득한 乙의 범죄경력기록을 같은 아파트에 거주하는 丙에게 보여주면서 "전과자이고 나쁜년"이라고 사실을 적시한 경우 - 공연성 인정

㉢ 중학교 교사에 대해 "전과범으로서 교사직을 팔아가며 이웃을 해치고 고발을 일삼는 악덕 교사"라는 취지의 진정서를 그가 근무하는 학교법인 이사장 앞으로 제출한 행위 - 공연성 부정

㉣ 명예훼손의 발언(피해자들이 전과가 많다는 내용)을 들은 사람들이 피해자들과는 일면식이 없거나 이미 피해자들의 전과사실을 알고 있었던 경우 - 공연성 인정

① 1개 ② 2개 ③ 3개 ④ 4개

해설

㉠ 【 O 】 대판 1984.2.28. 83도891
㉡ 【 X 】 피고인이 甲으로부터 취득한 乙의 범죄경력기록을 丙에게 보여주면서 "전과자이고 나쁜 년"이라고 사실을 적시하여 乙의 명예를 훼손하였다는 공소사실에 대하여, 위 유포 사실이 불특정 또는 다수인에게 전파될 가능성이 없다는 이유로 무죄를 선고한 원심판결을 수긍한 사례(대판 2010.11.11. 2010도8265).
㉢ 【 O 】 대판 1983.10.25. 83도2190
㉣ 【 O 】 대판 1993.3.23. 92도455

정답 ③

15 명예훼손죄에 대한 설명 중 옳지 않은 것은?

① 피고인이 피해자를 괴롭히기 위하여 피해자가 동성애자가 아님에도 불구하고 인터넷사이트에 7회에 걸쳐 피해자가 동성애자라는 내용의 글을 게재하였다면, 그러한 행위는 피해자의 명예를 훼손하는 행위에 해당한다고 볼 수 있다.

② 글의 집필의도, 논리적 흐름, 서술체계 및 전개방식, 해당 글과 비평의 대상이 된 말 또는 글의 전체적인 내용 등을 종합하여 볼 때, 평균적인 독자의 관점에서 문제된 부분이 실제로는 비평자의 주관적 의견에 해당하고, 다만 비평자가 자신의 의견을 강조하기 위한 수단으로 그와 같은 표현을 사용한 것이라고 이해된다 하더라도 명예훼손죄에서 말하는 사실의 적시에 해당한다.

③ 'A회사가 일본 B맥주에 지분이 50%가 넘어가 일본 기업이 됐다'라는 표현만으로는 ○○소주를 생산하는 피해자 A회사의 대주주 내지 지배주주가 일본 회사라고 적시하는 경우 일부 소비자들이 ○○소주의 구매에 소극적이 될 여지가 있다 하더라도 이를 사회통념상 A회사의 사회적 가치 내지 평가가 침해될 가능성이 있는 명예훼손적 표현이라고 보기는 힘들다.

④ 교장 甲이 여성 기간제교사 乙에게 차 접대 요구와 부당한 대우를 하였다는 인상을 주는 내용의 글을 게재한 교사 丙의 명예훼손행위가 공공의 이익에 관한 것으로서 위법성이 조각된다.

해설
① 【 O 】 대판 2007.10.25. 2007도5077
② 【 X 】 글의 집필의도, 논리적 흐름, 서술체계 및 전개방식, 해당 글과 비평의 대상이 된 말 또는 글의 전체적인 내용 등을 종합하여 볼 때, 평균적인 독자의 관점에서 문제된 부분이 실제로는 비평자의 주관적 의견에 해당하고, 다만 비평자가 자신의 의견을 강조하기 위한 수단으로 그와 같은 표현을 사용한 것이라고 이해된다면 명예훼손죄에서 말하는 사실의 적시에 해당하지 않는다(대판 2020.11.19. 2020도5813). 22. 국가직 9급
③ 【 O 】 대판 2008.11.27. 2008도6728
④ 【 O 】 대판 2008.7.10. 2007도9885

정답 ②

16 명예훼손죄에 관한 설명 중 옳지 않은 것은?

① 「형법」제310조에 따라서 위법성이 조각되어 처벌받지 않기 위하여는 적시된 사실이 객관적으로 볼 때 공공의 이익에 관한 것으로서 행위자도 공공의 이익을 위하여 그 사실을 적시한 것이어야 할 뿐만 아니라, 그 적시된 사실이 진실한 것이거나 적어도 행위자가 그 사실을 진실한 것으로 믿었고 또 그렇게 믿을 만한 상당한 이유가 있어야 한다.

② 행위자의 주요한 목적이나 동기가 공공의 이익을 위한 것이라면 부수적으로 다른 사익적 목적이나 동기가 내포되어 있다 하더라도 「형법」제310조의 적용을 배제할 수 없다.

③ 「형법」제309조 소정의 '사람을 비방할 목적'이란 가해의 의사 내지 목적을 요하는 것으로서 공공의 이익을 위한 것과는 행위자의 주관적 의도의 방향에 있어 서로 상반되는 관계에 있다고 할 것이므로, 적시한 사실이 공공의 이익에 관한 것인 때에는 특별한 사정이 없는 한 비방의 목적은 부인된다.

④ 명예훼손 사실을 발설한 것이 정말이냐는 질문에 대답하는 과정에서 타인의 명예를 훼손하는 사실을 발설하였다면 명예훼손의 범의를 인정할 수 있다.

해설
① 【 O 】 대판 2007.5.10. 2006도8544 16. 사시
② 【 O 】 대판 1999.6.8. 99도1543 16. 사시
③ 【 O 】 대판 2003.12.26. 2003도6036 16. 사시
④ 【 X 】 명예훼손사실을 발설한 것이 사실이냐는 질문에 대답하는 과정에서 타인의 명예를 훼손하는 사실을 발설하게 된 것이라면, 그 발설내용과 동기에 비추어 명예훼손의 범의를 인정할 수 없고, 질문에 대한 단순한 확인대답이 명예훼손에서 말하는 사실적시라고도 할 수 없다(대판 2008.10.23. 2008도6515). 16. 사시

정답 ④

17 명예에 관한 죄에 관한 다음 설명 중 가장 옳지 않은 것은?

① 甲이 乙에 대한 징계절차 회부 사실이 기재된 문서를 근무현장 방재실, 기계실, 관리사무실의 각 게시판에 게시한 경우 위 문서의 내용은 회사 내부의 원활하고 능률적인 운영의 도모라는 공공의 이익에 관한 것이라고 볼 수 있어 위법성이 조각되는 경우에 해당한다.
② 사자명예훼손죄는 고소가 있어야 공소를 제기할 수 있고, 출판물에 의한 명예훼손죄는 피해자의 명시한 의사에 반하여 공소를 제기할 수 없다.
③ 다른 특별한 사정이 없는 한, 그 진실이 무엇인지 확인할 수 없는 과거의 역사적 사실관계 등에 대하여 민사판결을 통하여 어떠한 사실인정이 있었다는 이유만으로, 이후 그와 반대되는 사실의 주장이나 견해의 개진 등을 형법상 명예훼손죄 등에 있어서 '허위의 사실 적시'라는 구성요건에 해당한다고 쉽게 단정하여서는 아니 된다.
④ 모욕의 수단과 방법에는 제한이 없으므로 언어적 수단이 아닌 비언어적·시각적 수단만을 사용하여 표현을 하더라도 그것이 사람의 사회적 평가를 저하시킬 만한 추상적 판단이나 경멸적 감정을 전달하는 것이라면 모욕죄가 성립한다.
⑤ 사실적시의 내용이 사회 일반의 일부 이익에만 관련된 사항이라도 다른 일반인과 공동생활에 관계된 사항이라면 공익성을 지니고, 나아가 개인에 관한 사항이더라도 공공의 이익과 관련되어 있고 사회적인 관심을 획득하거나 획득할 수 있는 경우라면 직접적으로 국가·사회 일반의 이익이나 특정한 사회집단에 관한 것이 아니라는 이유만으로 형법 제310조의 적용을 배제할 것은 아니다.

해설

① 【 X 】 회사에서 징계 업무를 담당하는 직원인 피고인이 피해자에 대한 징계절차 회부 사실이 기재된 문서를 근무현장 방재실, 기계실, 관리사무실의 각 게시판에 게시함으로써 공연히 피해자의 명예를 훼손하였다는 내용으로 기소된 사안에서, 징계혐의 사실은 징계절차를 거친 다음 확정되는 것이므로 징계절차에 회부되었을 뿐인 단계에서 그 사실을 공개함으로써 피해자의 명예를 훼손하는 경우, 이를 사회적으로 상당한 행위라고 보기는 어려운 점, 피해자에 대한 징계 의결이 있기 전에 징계절차에 회부되었다는 사실이 공개되는 경우 피해자가 입게 되는 피해의 정도는 가볍지 않은 점 등을 종합하면, 피해자에 대한 징계절차 회부 사실을 공지하는 것이 회사 내부의 원활하고 능률적인 운영의 도모라는 공공의 이익에 관한 것으로 볼 수 없다(대판 2021.8.26. 2021도6416). 24. 법원행시
② 【 O 】 사자명예훼손죄, 모욕죄는 친고죄이고, 명예훼손죄와 출판물명예훼손죄는 반의사불벌죄이다. 24. 법원행시
③ 【 O 】 대판 2017.12.5. 2017도15628 24. 법원행시
④ 【 O 】 대판 2023.2.2. 2022도4719 24. 법원행시
⑤ 【 O 】 대판 2023.2.2. 2022도13425 24. 법원행시

정답 ①

18 다음 명예훼손죄에 관한 설명 중 가장 적절하지 못한 것은?

① 집합적 명사를 쓴 경우에도 그것에 의하여 그 범위에 속하는 특정인을 가리키는 것이 명백하면 이를 각자의 명예를 훼손하는 행위라고 볼 수 있다.
② 형법 제307조 제2항이 허위사실 적시에 의한 명예훼손이 성립함에는 사실을 적시하는 사람이 그 사실을 허위라고 인식할 필요가 없고 객관적으로 허위이면 된다.
③ 피고인이 자신의 발언내용을 진실한 것으로 알고 있었다면 그것이 객관적으로 허위의 사실로 밝혀지더라도 「형법」 제307조 제2항의 허위사실적시 명예훼손죄에 해당하지 않는다.
④ 형법 제310조 '오로지 공공의 이익에 관한 때'의 공공의 이익에 관한 것에는 널리 국가 사회 기타 일반 다수인의 이익에 관한 것 뿐만 아니라 특정한 사회집단이나 그 구성원전체의 관심과 이익에 관한 것도 포함하는 것이다.

해설
① 【 O 】 대판 2000.10.10. 99도5407
② 【 X 】 형법 제307조 제2항이 정하는 허위사실 적시에 의한 명예훼손죄가 성립하기 위하여는 범인이 공연히 사실의 적시를 하여야 하고, 그 적시한 사실이 사람의 사회적 평가를 저하시키는 것으로서 허위이어야 하며, 범인이 그와 같은 사실이 허위라고 인식하였어야 한다. 형법 제307조 제2항을 적용하기 위하여 적시된 사실이 허위의 사실인지 여부를 판단함에 있어서는 적시된 사실의 내용 전체의 취지를 살펴볼 때 중요한 부분이 객관적 사실과 합치되는 경우에는 세부에 있어서 진실과 약간 차이가 나거나 다소 과장된 표현이 있다 하더라도 이를 허위의 사실이라고 볼 수는 없다(대판 2000.2.25. 99도4757).
③ 【 O 】 허위사실을 진실한 사실로 오인하고 적시한 경우에는 형법 제15조 제1항이 적용되어 제307조 제1항의 명예훼손죄가 성립한다(대판 1997.2.14. 96도2234).
④ 【 O 】 대판 2004.10.15. 2004도3912

정답 ②

19 다음 설명 중 가장 옳지 않은 것은?

① 허위사실 적시에 의한 명예훼손죄에 해당하는 행위에 대하여는 위법성조각에 관한 형법 제310조는 적용될 여지가 없다.
② 누구든지 범죄가 있다고 생각하는 때에는 고발할 수 있는 것이므로 어떤 사람이 범죄를 고발하였다는 사실이 주위에 알려졌다고 하여 그 고발사실 자체만으로 고발인의 사회적 가치나 평가가 침해될 가능성이 있다고 볼 수는 없다.
③ 목사가 예배 중 특정인을 가리켜 "이단 중에 이단이다"라고 설교한 것은 명예훼손죄에서 말하는 '사실의 적시'에 해당하지 않는다.
④ 타인을 비방할 목적으로 허위사실인 기사의 재료를 신문기자에게 제공하여 편집인이 신문지상에 이를 게재하였더라도, 기사를 신문지상에 게재하느냐의 여부는 신문 편집인의 권한에 속하므로, 기사재료의 제공행위는 형법 제309조 제2항 소정의 출판물에 의한 명예훼손죄에 해당하지 않는다.

해설
① 【 O 】 대판 2004.8.20. 2003도4732 14. 법원행시
② 【 O 】 대판 2009.9.24. 2009도6687 14. 법원행시
③ 【 O 】 대판 2008.10.9. 2007도1220 14. 법원행시
④ 【 X 】 타인을 비방할 목적으로 허위사실인 기사의 재료를 신문기자에게 제공한 경우에 기사를 신문지상에 게재하느냐의 여부는 신문 편집인의 권한에 속한다고 할 것이나 이를 편집인이 신문지상에 게재한 이상 기사의 게재는 기사재료를 제공한 자의 행위에 기인한 것이므로 기사재료의 제공행위는 형법 제309조 제2항 소정의 출판물에 의한 명예훼손죄의 죄책을 면할 수 없다(대판 2002.3.29. 2001도2624). 14. 법원행시

정답 ④

20 명예훼손죄에 관한 설명 중 옳지 않은 것은?

① 허위사실 적시에 의한 명예훼손죄 역시 미필적 고의에 의하여도 성립하고, 그러한 법리는 형법 제308조의 사자명예훼손죄의 판단에서도 마찬가지로 적용된다.

② 인터넷 포털사이트의 기사란에 마치 특정 여자연예인이 재벌의 아이를 낳았거나 그 대가를 받은 것처럼 댓글이 달린 상황에서 "지고지순의 뜻이 뭔지나 아나? 모 재벌님하고의 관계는 끝났나?"라는 추가 댓글을 게시한 경우, 허위사실의 적시에 해당하여 「정보통신망 이용촉진 및 정보보호 등에 관한 법률」상의 명예훼손죄가 성립한다.

③ 종교적 목적을 위한 언론·출판의 자유를 행사하는 과정에서 타 종교의 신앙의 대상을 우스꽝스럽게 묘사하거나 다소 모욕적이고 불쾌하게 느껴지는 표현을 사용하였더라도 그것이 그 종교를 신봉하는 신도들에 대한 증오의 감정을 드러내는 것이거나 그 자체로 폭행·협박 등을 유발할 우려가 있는 정도가 아닌 이상 허용된다고 보아야 하므로, 명예훼손이 성립하지 않는다.

④ 허위사실 적시에 의한 명예훼손죄가 성립하기 위하여는 범인이 공연히 사실의 적시를 하여야 하고, 그 적시한 사실이 사람의 사회적 평가를 저하시키는 것으로서 허위이어야 하나, 범인이 그와 같은 사실이 허위라고 인식까지 할 필요는 없다.

[해설]

① 【 O 】 대판 2014.3.13. 2013도12430
② 【 O 】 위와 같은 댓글이 이루어진 장소, 시기와 상황, 그 표현의 전 취지 등을 위 법리에 비추어 보면, 피고인의 위와 같은 행위는 간접적이고 우회적인 표현을 통하여 위와 같은 허위 사실의 존재를 구체적으로 암시하는 방법으로 사실을 적시한 경우에 해당한다고 하지 않을 수 없다(대판 2008.7.10. 2008도2422).
③ 【 O 】 대판 2014.9.4. 2012도13718
④ 【 X 】 사실이 허위라는 것을 인식하여야 한다.

정답 ④

21 형법 제310조의 위법성조각사유에 관한 다음 설명 중 옳지 않은 것으로 짝지은 것은?

㉠ 형법 제310조는 사실적시 명예훼손죄와 모욕죄에 대해서 적용되지만, 출판물에 의한 명예훼손죄, 허위사실적시 명예훼손죄에 대해서는 적용되지 않는다.
㉡ 형법 제310조에 정한 '공공의 이익'은 반드시 공적 생활에 관한 사실에 한정될 뿐이므로 사적 활동에 관한 사실은 제외된다.
㉢ 형법 제310조에 정한 '진실한 사실'은 내용 전체의 취지를 살펴볼 때 중요부분이 객관적 사실과 합치되는 사실이라는 의미로서 세부에 있어 진실과 약간 차이가 있거나 다소 과장된 표현이 있더라도 무방하다.
㉣ 언론매체의 사실적시 명예훼손행위가 형법 제310조에 의해 처벌되지 않기 위해서는 적시된 사실은 반드시 진실해야 한다.
㉤ 형법 제310조에 정한 진실한 사실로서 오로지 공공의 이익에 해당하는지 여부는 행위자가 증명해야 한다.

① ㉠, ㉡, ㉣   ② ㉠, ㉢, ㉣   ③ ㉡, ㉢, ㉣   ④ ㉡, ㉢, ㉤

해설

㉠ 【 X 】 형법 제310조는 제307조 제1항의 사실적시 명예훼손죄의 경우에만 적용되고 그 이외의 명예훼손죄 및 모욕죄에 대해서는 적용되지 않는다. 17. 경찰간부
㉡ 【 X 】 개인의 사적인 신상에 관하여 적시된 사실도 그 적시의 주요한 동기가 공공의 이익을 위한 것이라면 위와 같은 의미에서 형법 제310조 소정의 공공의 이익에 관한 것으로 볼 수 있는 경우가 있다(대판 1996.4.12. 94도3309). 17. 경찰간부
㉢ 【 O 】 형법 제310조에 정한 사실은 진실한 사실이어야 한다. 여기서 진실한 사실이란 적시된 사실의 중요부분이 진실과 합치되는 사실이면 충분하고 세부에 이르기까지 합치될 필요는 없으며, 다소 과장된 표현이라고 하더라도 허위사실이라고 할 수 없다(대판 2001.10.9. 2001도3594). 17. 경찰간부
㉣ 【 X 】 형법 제310조의 규정은 인격권으로서의 개인의 명예의 보호와 헌법 제21조에 의한 정당한 표현의 자유의 보장이라는 상충되는 두 법익의 조화를 꾀한 것이라고 보아야 할 것이므로, 두 법익간의 조화와 균형을 고려한다면 적시된 사실이 진실한 것이라는 증명이 없더라도 행위자가 진실한 것으로 믿었고 또 그렇게 믿을 만한 상당한 이유가 있는 경우에는 위법성이 없다고 보아야 할 것이다(대판 2007.12.14. 2006도2074). 17. 경찰간부
㉤ 【 O 】 공연히 사실을 적시하여 사람의 명예를 훼손한 행위가 형법 제310조의 규정에 따라서 위법성이 조각되어 처벌대상이 되지 않기 위하여는 그것이 진실한 사실로서 오로지 공공의 이익에 관한 때에 해당된다는 점을 행위자가 증명하여야 하는 것이나, 그 증명은 엄격한 증거에 의하여야 하는 것은 아니므로, 이때에는 전문증거에 대한 증거능력의 제한을 규정한 형사소송법 제310조의2는 적용될 여지가 없다(대판 1996.10.25. 95도1473). 17. 경찰간부

정답 ①

22 명예에 관한 죄에 대한 설명으로 가장 적절한 것은?

① 장래의 희망이 아나운서라고 한 여학생들에게 "다 줄 생각을 해야 하는데, 그래도 아나운서 할 수 있겠느냐. ○○여대 이상은 자존심 때문에 그렇게 못하더라."라는 등의 말을 한 경우, 이른바 집단 표시에 의한 모욕으로서 여성 아나운서 개개인에 대한 모욕죄가 그 자체로 성립된다.

② 명예훼손죄에 있어서 피고인의 행위에 피해자를 비방할 목적이 함께 숨어 있었다면 그 주요한 동기가 공공의 이익을 위한 것이라도 「형법」제310조의 적용이 배제된다.

③ 아파트 입주자 대표회의 감사가 업무처리에 항의하며 연장자인 관리소장에게 공연히 "야, 이따위로 일할래.", "나이 처먹은 게 무슨 자랑이냐."라고 말한 경우는 모욕죄가 성립한다.

④ 영화가 허위의 사실을 표현하여 개인의 명예를 훼손한 경우에도 행위자가 그것을 진실이라고 믿었고 또 그렇게 믿을 만한 상당한 이유가 있어 그 행위자에게 명예훼손으로 인한 불법행위책임을 물을 수 없다면 특별한 사정이 없는 한 그 광고·홍보행위가 별도로 명예훼손의 불법행위를 구성한다고 볼 수 없다.

해설

① **[X]** 모욕죄는 특정한 사람 또는 인격을 보유하는 단체에 대하여 사회적 평가를 저하시킬 만한 경멸적 감정을 표현함으로써 성립하므로 그 **피해자는 특정되어야 한다**. 그리고 이른바 집단표시에 의한 모욕은, 모욕의 내용이 집단에 속한 특정인에 대한 것이라고는 해석되기 힘들고, 집단표시에 의한 비난이 **개별구성원에 이르러서는 비난의 정도가 희석되어** 구성원 개개인의 사회적 평가에 영향을 미칠 정도에 이르지 아니한 경우에는 구성원 개개인에 대한 모욕이 성립되지 않는다고 봄이 원칙이고, 비난의 정도가 희석되지 않아 구성원 개개인의 사회적 평가를 저하시킬 만한 것으로 평가될 경우에는 예외적으로 구성원 개개인에 대한 모욕이 성립할 수 있다. 한편 구성원 개개인에 대한 것으로 여겨질 정도로 **구성원 수가 적거나** 당시의 주위 정황 등으로 보아 집단 내 개별구성원을 지칭하는 것으로 여겨질 수 있는 때에는 집단 내 개별구성원이 피해자로서 특정된다고 보아야 할 것인데, 구체적인 기준으로는 집단의 크기, 집단의 성격과 집단 내에서의 피해자의 지위 등을 들 수 있다(대판 2014.3.27. 2011도15631). 19. 경찰승진

② **[X]** 형법 제309조 제1항 소정의 출판물에 의한 명예훼손죄는 타인을 비방할 목적으로 신문, 잡지 또는 라디오 기타 출판물에 의하여 사실을 적시하여 타인의 명예를 훼손할 경우에 성립되는 범죄로서, 여기서 '비방할 목적'이란 가해의 의사 내지 목적을 요하는 것으로서 공공의 이익을 위한 것과는 행위자의 주관적 의도의 방향에 있어 서로 상반되는 관계에 있다고 할 것이므로, 적시한 사실이 공공의 이익에 관한 것인 경우에는 특별한 사정이 없는 한 비방할 목적은 부인된다고 봄이 상당하다(대판 2005.4.29. 2003도2137). 19. 경찰승진

③ **[X]** 아파트 입주자대표회의 감사인 피고인이 관리소장 甲의 외부특별감사에 관한 업무처리에 항의하기 위해 관리소장실을 방문한 자리에서 甲과 언쟁을 하다가 "야, 이따위로 일할래.", "나이 처먹은 게 무슨 자랑이냐."라고 말한 사안에서, 피고인과 甲의 관계, 피고인이 발언을 하게 된 경위와 발언의 횟수, 발언의 의미와 전체적인 맥락, 발언을 한 장소와 발언 전후의 정황 등에 비추어 볼 때, 피고인의 발언은 상대방을 불쾌하게 할 수 있는 무례하고 저속한 표현이기는 하지만 객관적으로 甲의 인격적 가치에 대한 **사회적 평가를 저하시킬 만한 모욕적 언사에 해당하지 않는다**(대판 2015.9.10. 2015도2229). 19. 경찰승진

④ **[O]** 실제 인물이나 사건을 모델로 한 영화가 허위의 사실을 적시하여 개인의 명예를 훼손하는 행위를 한 경우에도 그것이 공공의 이해에 관한 사항으로서 그 목적이 공공의 이익을 위한 것일 때에는 행위자가 적시된 사실을 진실이라고 믿었고 또 그렇게 믿을 만한 상당한 이유가 있으면 그 행위자에게 불법행위책임을 물을 수 없다(대판 2010.7.15. 2007다3483). 19. 경찰승진

정답 ④

23 모욕죄와 명예훼손죄에 대한 다음 설명 중 옳은 것은 모두 몇 개인가?

㉠ 피고인이 택시 기사와 요금 문제로 시비가 벌어져 112 신고를 한 후, 신고를 받고 출동한 경찰관 甲에게 늦게 도착한 데에 대하여 항의하는 과정에서 '아이 씨발!'이라고 말한 경우, 모욕죄가 인정된다.

㉡ 아파트 입주자대표회의 감사인 피고인이 관리소장 甲의 업무처리에 항의하기 위해 관리소장실을 방문한 자리에서 甲과 언쟁을 하다가 '야, 이 따위로 일할래', '나이 처먹은 게 무슨 자랑이냐'라고 말한 경우 모욕죄가 인정된다.

㉢ 임대아파트의 분양전환과 관련하여 임차인인 피고인이 아파트 관리사무소의 방송시설을 이용하여 임차인대표회의의 전임회장을 비판하며 '전 회장의 개인적인 의사에 의하여 주택공사의 일방적인 견해에 놀아나고 있기 때문에'라고 말한 경우 모욕죄가 인정된다.

㉣ 골프클럽 경기보조원들의 구직편의를 위해 제작된 인터넷 사이트 내 회원 게시판에 특정 골프클럽의 운영상 불합리성을 비난하는 글을 게시하면서 위 클럽담당자에 대하여 '한심하고 불쌍한 인간'이라는 등의 표현을 한 경우 모욕죄가 인정된다.

㉤ 의사 甲(피고인)이 의료기기 회사와의 분쟁을 정치적으로 해결하기 위하여 국회의원에게 해당 의료기기 회사에 관한 권력비호와 특혜금융 및 의료기기의 성능이 좋지 않다는 허위의 사실을 제보하였을 뿐인데, 위 국회의원의 예상치 못한 발표로 그 사실이 일간신문에 게재된 경우, 허위사실적시 명예훼손죄가 성립된다.

㉥ 모욕죄는 특정한 사람에 대하여 사회적 평가를 저하시킬 만한 경멸적 감정을 표현함으로써 성립하므로, 인격을 보유하는 단체라고 하더라도 피해자가 될 수 없다.

① 1개   ② 2개   ③ 3개   ④ 4개

해설

㉠ 【X】 피고인의 발언은 구체적으로 상대방을 지칭하지 않은 채 단순히 발언자 자신의 불만이나 분노한 감정을 표출하기 위하여 흔히 쓰는 말로서 상대방을 불쾌하게 할 수 있는 무례하고 저속한 표현이기는 하지만 직접적으로 甲을 특정하여 그의 인격적 가치에 대한 사회적 평가를 저하시킬 만한 경멸적 감정을 표현한 모욕적 언사에 해당한다고 단정하기는 어렵다(대판 2015.12.24. 2015도6622).

㉡ 【X】 피고인의 발언은 상대방을 불쾌하게 할 수 있는 무례하고 저속한 표현이기는 하지만 객관적으로 甲의 인격적 가치에 대한 사회적 평가를 저하시킬 만한 모욕적 언사에 해당한다고 보기는 어렵다(대판 2015.9.10. 2015도2229).

㉢ 【X】 피고인이 한 표현은 직접적으로 전임회장을 겨냥하여 그의 사회적 평가를 저하시킬 만한 추상적 판단이나 그에 대한 경멸적 감정을 표현한 것으로 보기 어려워 모욕죄의 '모욕'에 해당하지 않는다(대판 2008.12.11. 2008도8917).

㉣ 【X】 골프클럽 경기보조원들의 구직편의를 위해 제작된 인터넷 사이트 내 회원 게시판에 특정 골프클럽의 운영상 불합리성을 비난하는 글을 게시하면서 클럽담당자에 대하여 "한심하고 불쌍한 인간"이라는 등 경멸적 표현을 했더라도, 게시의 동기와 경위, 모욕적 표현의 정도와 비중 등에 비추어 사회상규에 위배되지 않는다고 봄이 상당하다(대판 2008.7.10. 2008도1433).

㉤ 【O】 제보한 내용이 기사화되어 출간되었다고 하더라도, **기자에게 제보한 경우에만** 출판물에 의한 명예훼손죄의 간접정범이 성립할 수 있다(대판 2002.6.28. 2000도3045 참고). 따라서 **국회의원에게 제보한 경우에는 우연히 기사화되었다고 하더라도 제307조 제2항의 허위사실적시 명예훼손죄만 성립한다**(대판 2004.4.9. 2004도340 참고).

㉥ 【X】 모욕죄는 특정한 사람 또는 인격을 보유하는 단체에 대하여 사회적 평가를 저하시킬 만한 경멸적 감정을 표현함으로써 성립하므로 그 피해자는 특정되어야 한다(대판 2014.3.27. 2011도15631).

정답 ①

24 모욕죄와 명예훼손죄에 대한 다음 설명 중 옳은 것은 모두 몇 개인가?

> ⓐ 정부 또는 국가기관의 정책결정이나 업무수행과 관련된 사항은 항상 국민의 감시와 비판의 대상이 되어야 하고, 이러한 감시와 비판은 표현의 자유가 충분히 보장될 때 비로소 정상적으로 이루어질 수 있으므로, 정부 또는 국가기관은 형법상 명예훼손죄의 피해자가 될 수 없다.
> ⓑ 명예훼손죄와 모욕죄에서 전파가능성을 이유로 공연성을 인정하는 경우에 적어도 범죄 구성요건의 주관적 요소로서 미필적 고의가 필요하므로, 전파가능성에 대한 인식이 있음은 물론 나아가 위험을 용인하는 내심의 의사가 있어야 한다.
> ⓒ 「형법」 제310조는 "제307조 제1항의 행위가 진실한 사실로서 오로지 공공의 이익에 관한 때에는 처벌하지 아니한다."라고 규정하고 있는데, 여기서 '공공의 이익에 관한 것'에는 널리 국가·사회 기타 일반 다수인의 이익에 관한 것을 의미할 뿐 특정한 사회집단이나 그 구성원 전체의 관심과 이익에 관한 것은 포함되지 아니한다.
> ⓓ 피고인이 인터넷 포털사이트 뉴스 댓글난에 연예인인 피해자를 '국민호텔녀'로 지칭하는 댓글을 게시한 경우, 모욕죄의 구성요건에 해당하지만 정당한 비판의 범위를 벗어나지 않은 것으로서 정당행위에 해당한다.

① ⓐ, ⓑ   ② ⓐ, ⓒ   ③ ⓑ, ⓓ   ④ ⓒ, ⓓ

해설

ⓐ 【 O 】 대판 2021.3.25. 2016도14995 24. 경찰승진
ⓑ 【 O 】 대판 2022.7.28. 2020도8336 24. 경찰승진
ⓒ 【 X 】 형법 제310조 '공공의 이익에 관한 것'에는 널리 국가·사회 기타 일반 다수인의 이익에 관한 것뿐만 아니라 특정한 사회집단이나 그 구성원 전체의 관심과 이익에 관한 것도 포함된다(대판 2017.6.15. 2016도855). 24. 경찰승진
ⓓ 【 X 】 피고인이 인터넷 포털사이트 뉴스 댓글난에 연예인인 피해자를 '국민호텔녀'로 지칭하는 댓글을 게시하여 모욕죄로 기소된 사안에서, '국민호텔녀'라는 표현은 피해자의 사생활을 들추어 피해자가 종전에 대중에게 호소하던 청순한 이미지와 반대의 이미지를 암시하면서 피해자를 성적 대상화하는 방법으로 비하하는 것으로서 여성 연예인인 피해자의 사회적 평가를 저하시킬 만한 모멸적인 표현으로 평가할 수 있고, 정당한 비판의 범위를 벗어난 것으로서 정당행위로 보기도 어렵다(대판 2022.12.15. 2017도19229). 24. 경찰승진

정답 ①

25 명예훼손죄 및 모욕죄에 관한 다음 설명 중 가장 옳지 않은 것은?

① 공연성의 존부는 발언자와 상대방 또는 피해자 사이의관계나 지위, 대화를 하게 된 경위와 상황, 사실적시의 내용, 적시의 방법과 장소 등 행위 당시의 객관적 제반 사정에 관하여 심리한 다음, 그로부터 상대방이 불특정 또는 다수인에게 전파할 가능성이 있는지 여부를 검토하여 종합적으로 판단하여야 한다. 발언 이후 실제 전파되었는지 여부는, 전파가능성 유무를 판단하는 고려요소가 될 수 있으나, 발언 후 실제 전파 여부라는 우연한 사정은 공연성 인정 여부를 판단함에 있어 소극적 사정으로만 고려되어야 한다.

② 사실적시의 내용이 사회 일반의 일부 이익에만 관련된 사항이라도 다른 일반인과의 공동생활에 관계된 사항이라면 공익성을 지닌다고 할 것이고, 이에 나아가 개인에 관한 사항이더라도 그것이 공공의 이익과 관련되어 있고 사회적인 관심을 획득한 경우라면 직접적으로 국가·사회 일반의 이익이나 특정한 사회집단에 관한 것이 아니라는 이유만으로 형법 제310조의 적용을 배제할 것은 아니다.

③ 어떤 글이 모욕적 표현을 담고 있는 경우에도 그 글이 객관적으로 타당성이 있는 사실을 전제로 하여 그 사실관계나 이를 둘러싼 문제에 관한 자신의 판단과 피해자의 태도 등이 합당한가 하는 데 대한 자신의 의견을 밝히고, 자신의 판단과 의견이 타당함을 강조하는 과정에서 부분적으로 모욕적인 표현이 사용된 것에 불과하다면 사회상규에 위배되지 않는 행위로서 형법 제20조에 의하여 위법성이 조각될 수 있다.

④ 명예훼손죄에서 '사실의 적시'란 가치판단이나 평가를 내용으로 하는 '의견표현'에 대치되는 개념으로서 시간적으로나 공간적으로 구체적인 과거 또는 현재의 사실관계에 관한 보고나 진술을 뜻하고, 표현 내용을 증거로 증명할 수 있는 것을 말한다. 따라서 객관적으로 피해자의 사회적 평가를 저하시키는 사실에 관한 발언이 보도, 소문이나 제3자의 말을 인용하는 방법으로 단정적인 표현이 아닌 전문 또는 추측의 형태로 표현되었다면 표현 전체의 취지로 보아 사실이 존재할 수 있다는 것을 암시하는 방식으로 이루어졌더라도 사실을 적시한 것으로 볼 수 없다.

해설
① 【 O 】 대판 2020.11.19. 2020도5813 22. 법원직
② 【 O 】 대판 2022.2.11. 2021도10827 22. 법원직
③ 【 O 】 대판 2021.3.25. 2017도17643 22. 법원직
④ 【 X 】 객관적으로 피해자의 사회적 평가를 저하시키는 사실에 관한 발언이 보도, 소문이나 제3자의 말을 인용하는 방법으로 단정적인 표현이 아닌 전문 또는 추측의 형태로 표현된 경우, 표현 전체의 취지로 보아 사실이 존재할 수 있다는 것을 '암시'하는 방식으로 이루어진 경우에는 사실을 적시한 것으로 보아야 한다(대판 2021.3.25. 2016도14995). 22. 법원직

정답 ④

26 명예훼손죄와 모욕죄에 대한 다음 설명 중 옳지 않은 것만을 모두 고른 것은?

㉠ A대학교 총학생회장인 甲이 총학생회 주관의 농활 사전답사 과정에서 B를 비롯한 학생회 임원진의 음주 및 음주운전 사실을 계기로 음주운전 및 이를 묵인하는 관행을 공론화하여 '총학생회장으로서 음주운전을 끝까지 막지 못하여 사과드립니다.' 라는 글을 페이스북 등에 게시한 경우, 甲에게는 B에 대한 명예훼손죄가 성립하지 않는다.

㉡ 지역버스 노동조합 조합원인 甲이 자신의 페이스북에 집회 일정을 알리면서 노동조합 집행부인 A와 B를 지칭하며 "버스노조 악의 축, A와 B를 구속수사하라!!"라는 표현을 적시한 경우, 甲에게는 A와 B에 대한 모욕죄가 성립한다.

㉢ 甲이 초등학생인 딸 A의 학교폭력 피해사실을 신고하여 교장이 가해 학생인 B에게 학교폭력대책자치위원회의 의결에 따라 '피해학생에 대한 접촉, 보복행위의 금지' 등의 조치를 하였는데, 그 후 甲이 자신의 카카오톡 계정 프로필 상태메시지에 "학교폭력범은 접촉금지!!!"라는 글과 주먹 모양의 그림말 세 개를 게시한 경우, 甲에게는 B에 대한 명예훼손죄가 성립한다.

㉣ 甲이 골프클럽 경기보조원들의 구직편의를 위해 제작된 인터넷 사이트 내 회원 게시판에 특정 골프클럽의 운영상 불합리성을 비난하는 글을 게시하면서 위 클럽담당자 A에 대하여 '한심하고 불쌍한 인간'이라는 등 경멸적 표현을 한 경우, 甲에게는 A에 대한 모욕죄가 성립한다.

① ㉠, ㉡ ② ㉡, ㉢ ③ ㉠, ㉢, ㉣ ④ ㉡, ㉢, ㉣

해설

㉠ 【 O 】 게시글의 중요한 부분은 '진실한 사실'에 해당되고, 피고인의 주요한 동기·목적이 공공의 이익을 위한 것임이 인정된 이상, 형법 제310조에 따라 위법성이 조각된다고 봄이 타당하다(대판 2023.2.2. 2022도13425). 24. 경찰

㉡ 【 X 】 지역버스노동조합 조합원인 피고인이 자신의 페이스북에 집회 일정을 알리면서 노동조합 집행부인 피해자 甲과 乙을 지칭하며 "버스노조 악의 축, 甲과 乙 구속수사하라!!"라는 표현을 적시하여 피해자들을 모욕하였다는 내용으로 기소된 사안에서, 위 표현이 피해자들의 사회적인 평가를 저해시킬 만한 경멸적인 표현에 해당하는 것으로 보이지만, 제반 사정을 종합할 때 피고인이 노동조합 집행부의 공적 활동과 관련한 자신의 의견을 담은 게시글을 작성하면서 그러한 표현을 한 것은 사회상규에 위배되지 않는 정당행위로서 위법성이 조각된다고 볼 여지가 크다(대판 2022.10.27. 2019도14421). 24. 경찰

㉢ 【 X 】 피고인이 초등학생인 딸 甲에 대한 학교폭력을 신고하여 교장이 가해학생인 乙에 대하여 학교폭력대책자치위원회의 의결에 따라 '피해학생에 대한 접촉, 보복행위의 금지' 등의 조치를 하였는데, 그 후 피고인이 자신의 카카오톡 계정 프로필 상태메시지에 "학교폭력범은 접촉금지!!!"라는 글과 주먹 모양의 그림말 세 개를 게시함으로써 乙의 명예를 훼손하였다고 하여 정보통신망 이용촉진 및 정보보호 등에 관한 법률 위반(명예훼손)으로 기소된 사안에서, 제반 사정에 비추어 피고인이 위 상태메시지를 통해 乙의 사회적 가치나 평가를 저하시키기에 충분한 구체적인 사실을 드러냈다고 볼 수 있다(대판 2020.5.28. 2019도12750). 24. 경찰

㉣ 【 X 】 골프클럽 경기보조원들의 구직편의를 위해 제작된 인터넷 사이트 내 회원 게시판에 특정 골프클럽의 운영상 불합리성을 비난하는 글을 게시하면서 위 클럽담당자에 대하여 한심하고 불쌍한 인간이라는 등 경멸적 표현을 한 사안에서, 게시의 동기와 경위, 모욕적 표현의 정도와 비중 등에 비추어 사회상규에 위배되지 않는다고 보아 모욕죄의 성립은 부정된다(대판 2008.7.10. 2008도1433). 24. 경찰

정답 ④

27 명예에 관한 죄에 대한 설명으로 가장 적절하지 않은 것은?

① 사실적시의 내용이 개인에 관한 사항이더라도 공공의 이익과 관련되어 있고 사회적인 관심을 획득한 경우라면 직접적으로 국가·사회 일반의 이익이나 특정한 사회집단에 관한 것이 아니라는 이유만으로 「형법」 제310조의 적용을 배제할 것은 아니다.
② 명예훼손죄와 모욕죄에서 전파가능성을 이유로 공연성을 인정하는 경우에는 적어도 범죄구성요건의 주관적 요소로서 미필적 고의가 필요하므로, 전파가능성에 대한 인식이 있음은 물론 나아가 위험을 용인하는 내심의 의사가 있어야 한다.
③ 인터넷 등 공간에서 작성된 단문의 글이라고 하더라도, 그 내용이 자신의 의견을 강조하거나 압축하여 표현한 것이라고 평가할 수 있고 표현도 지나치게 모욕적이거나 악의적이지 않다면 「형법」 제20조에 의하여 위법성이 조각될 수 있다.
④ 甲은 자신의 인터넷 채널에 A의 방송 영상을 게시하면서 A의 얼굴에 '개' 얼굴을 합성하는 방법을 사용하였는바, 그 영상의 전체적인 내용을 살펴볼 때 A의 얼굴을 가리는 용도로 동물 그림을 사용하면서 A에 대한 부정적인 감정을 다소 해학적으로 표현하려 한 것에 불과한 경우라도 이러한 행위는 모욕적 표현에 해당한다.

[해설]
① 【 O 】 대판 2022.2.11. 2021도10827 23. 경찰
② 【 O 】 대판 2022.7.28. 2020도8336 23. 경찰
③ 【 O 】 대판 2022.8.25. 2020도16897 23. 경찰
④ 【 X 】 甲은 자신의 인터넷 채널에 A의 방송 영상을 게시하면서 A의 얼굴에 '개' 얼굴을 합성하는 방법을 사용하였는바, 그 영상의 전체적인 내용을 살펴볼 때 A의 얼굴을 가리는 용도로 동물 그림을 사용하면서 A에 대한 부정적인 감정을 다소 해학적으로 표현하려 한 것에 불과하다고 볼 여지도 상당하다면 영상이 A를 불쾌하게 할 수 있는 표현이기는 하지만 객관적으로 A의 인격적 가치에 대한 사회적 평가를 저하시킬 만한 모욕적 표현을 한 경우에 해당한다고 단정하기는 어렵다(대판 2023.2.2. 2022도4719). 23. 경찰

정답 ④

28 다음 설명 중 옳지 않은 것은?

① 모욕죄에서 말하는 모욕이란 사실을 적시하지 아니하고 사람의 사회적 평가를 저하시킬 만한 추상적 판단이나 경멸적 감정을 표현하는 것을 말한다.
② 어떤 글이 특히 모욕적인 표현을 포함하는 판단 또는 의견의 표현을 담고 있는 경우에도 그 시대의 건전한 사회통념에 비추어 그 표현이 사회상규에 위배되지 않는 행위로 볼 수 있는 때에는 형법 제20조에 의하여 예외적으로 위법성이 조각된다.
③ 동네사람 4명과 구청직원 2명 등이 있는 자리에서 피해자가 듣는 가운데 구청직원에게 피해자를 가리키면서 '저 망할년 저기 오네'라고 하였다면 모욕죄가 성립한다.
④ 피고인이 방송국 시사프로그램을 시청한 후 방송국 홈페이지의 시청자 의견란에 작성·게시한 글에서 "그렇게 소중한 자식을 범법행위 변명의 방패로 쓰시다시 정말 대단하십니다."라고 말한 경우 모욕죄가 성립한다.

해설

① 【 O 】 대판 2008.12.11. 2008도8917
② 【 O 】 대판 2008.7.10. 2008도1433
③ 【 O 】 대판 1990.9.25. 90도873
④ 【 X 】 피고인이 방송국 시사프로그램을 시청한 후 방송국 홈페이지의 시청자 의견란에 작성·게시한 글에서 "그렇게 소중한 자식을 범법행위 변명의 방패로 쓰시다시 정말 대단하십니다."라고 말한 경우, 사회상규에 위배되지 않는 행위이므로 모욕죄는 성립하지 않는다(대판 2008.7.10. 2008도1433). 21. 경찰간부

정답 ④

29 모욕죄에 관한 다음 설명 중 가장 옳지 않은 것은?

① 형법 제311조의 모욕죄는 사람의 가치에 대한 사회적 평가를 의미하는 외부적 명예를 보호법익으로 하는 범죄로서, 모욕죄에서 말하는 모욕이란 사실을 적시하지 아니하고 사람의 사회적 평가를 저하시킬 만한 추상적 판단이나 경멸적 감정을 표현하는 것을 의미한다. 따라서 어떠한 표현이 상대방의 인격적 가치에 대한 사회적 평가를 저하시킬 만한 것이 아니라면 설령 그 표현이 다소 무례한 방법으로 표시되었다 하더라도 이를 두고 모욕죄의 구성요건에 해당한다고 볼 수 없다.
② 언어적 수단이 아닌 비언어적·시각적 수단만을 사용하여 표현을 한 경우라면, 그것이 사람의 사회적 평가를 저하시킬 만한 추상적 판단이나 경멸적 감정을 전달하는 것이라 하더라도 모욕죄가 성립할 수 없다.
③ 어떠한 표현이 모욕죄의 모욕에 해당하는지는 상대방 개인의 주관적 감정이나 정서상 어떠한 표현을 듣고 기분이 나쁜지 등 명예감정을 침해할 만한 표현인지를 기준으로 판단할 것이 아니라 당사자들의 관계, 해당 표현에 이르게 된 경위, 표현방법, 당시 상황 등 객관적인 제반 사정에 비추어 상대방의 외부적 명예를 침해할 만한 표현인지를 기준으로 엄격하게 판단하여야 한다.
④ 공연성은 명예훼손죄와 모욕죄의 구성요건으로서, 명예훼손이나 모욕에 해당하는 표현을 특정 소수에게 한 경우 공연성이 부정되는 유력한 사정이 될 수 있으므로, 전파될 가능성에 관해서는 검사의 엄격한 증명이 필요하다.

해설

① 【 O 】 대판 2023.2.2. 2022도4719 23. 법원직
② 【 X 】 언어적 수단이 아닌 비언어적·시각적 수단만을 사용하여 표현을 하더라도, 그것이 사람의 사회적 평가를 저하시킬 만한 추상적 판단이나 경멸적 감정을 전달하는 것이라면 모욕죄가 성립한다(대판 2023.2.2. 2022도4719) 23. 법원직
③ 【 O 】 대판 2022.8.31. 2019도7370 23. 법원직
④ 【 O 】 대판 2022.7.28. 2020도8336 23. 법원직

정답 ②

30 다음 사례 중 갑에게 모욕죄(또는 상관모욕죄)가 성립하는 것은?

① 甲이 소속 노동조합 위원장 A를 '어용', '앞잡이' 등으로 지칭하여 표현한 현수막, 피켓 등을 장기간 반복하여 일반인의 왕래가 잦은 도로변 등에 게시한 경우
② 부사관 교육생 甲이 동기들과 함께 사용하는 단체 채팅방에서 지도관 A가 목욕탕 청소 담당에게 과실 지적을 많이 한다는 이유로 "도라이 ㅋㅋㅋ 습기가 그렇게 많은데"라는 글을 게시한 경우
③ A주식회사 해고자 신분으로 노동조합 사무장직을 맡아 노조활동을 하는 甲이 노사 관계자 140여 명이 있는 가운데 큰소리로 자신보다 15세 연장자인 A회사 부사장 B를 향해 "야○○아, ○○이 여기 있네, 니 이름이 ○○이잖아, ○○아 나오니까 좋지?"등으로 여러 차례 B의 이름을 부른 경우
④ 甲이 인터넷 포털 사이트의 'A추진운동본부'에 접속하여 '자칭타칭 B하면 떠오르는 키워드!!!'라는 제목의 게시글에 '공황장애 ㅋ'라는 댓글을 게시한 경우

[해설]
① 【 O 】 피고인들이 소속 노동조합 위원장 甲을 '어용', '앞잡이' 등으로 지칭하여 표현한 현수막, 피켓 등을 장기간 반복하여 일반인의 왕래가 잦은 도로변 등에 게시한 사안에서, '어용'이란 자신의 이익을 위하여 권력자나 권력 기관에 영합하여 줏대 없이 행동하는 것을 낮잡아 이르는 말, '앞잡이'란 남의 사주를 받고 끄나풀 노릇을 하는 사람을 뜻하는 말로서 언제나 위 표현들이 지칭된 상대방에 대한 모욕에 해당한다거나 사회상규에 비추어 허용되지 않는 것은 아니지만, 제반 사정에 비추어 피고인들의 위 행위는 甲에 대한 모욕적 표현으로서 사회상규에 위배되지 않는 행위로 보기 어렵다(대판 2021.9.9. 2016도88). 22. 경찰
② 【 X 】 피고인의 위 표현은 동기 교육생들끼리 고충을 토로하고 의견을 교환하는 사이버공간에서 상관인 피해자에 대하여 일부 부적절한 표현을 사용하게 된 것에 불과하고 이로 인하여 군의 조직질서와 정당한 지휘체계가 문란하게 되었다고 보이지 않으므로, 이러한 행위는 사회상규에 위배되지 않는다고 보는 것이 타당하다(대판 2021.8.19. 2020도14576). 22. 경찰
③ 【 X 】 피고인의 위 발언은 상대방을 불쾌하게 할 수 있는 무례하고 예의에 벗어난 표현이기는 하지만 객관적으로 乙의 인격적 가치에 대한 사회적 평가를 저하시킬 만한 모욕적 언사에 해당하지 않는다(대판 2018.11.29. 2017도2661). 22. 경찰
④ 【 X 】 피고인의 표현은 상대방을 불쾌하게 할 수 있는 무례한 표현이기는 하나 상대방의 인격적 가치에 대한 사회적 평가를 저하시킬 만한 표현에 해당한다고 보기는 어렵다(대판 2018.5.30. 2016도20890). 22. 경찰

정답 ①

제2절 신용·업무와 경매에 관한 죄

> 지문의 내용에 대해 학설의 대립 등 다툼이 있는 경우 판례에 의함

01 다음 중 죄명과 행위태양의 연결이 가장 적절하지 않은 것은?

① 신용훼손죄 : 허위사실유포, 기타 위계, 위력
② 업무방해죄 : 허위사실유포, 기타 위계, 위력
③ 컴퓨터 등 업무방해죄 : 손괴, 허위정보·부정명령 입력, 기타 방법
④ 경매방해죄 : 위계, 위력, 기타 방법

[해설]
① 【 X 】 신용훼손죄는 허위의 사실을 유포하거나 기타 위계로써 사람의 신용을 훼손한 경우에 성립하는 범죄이다(제313조).
② 【 O 】 제314조 제1항
③ 【 O 】 제314조 제2항
④ 【 O 】 제315조

정답 ①

02 신용훼손죄에 관한 설명 중 가장 옳지 않은 것은?

① 형법상 신용훼손죄는 허위사실의 유포 기타 위계로써 사람의 신용을 훼손함으로써 성립하는 범죄이다.
② 신용훼손죄(형법 제313조)에서 '허위사실'은 객관적으로 보아 진실과 부합하지 않는 과거 또는 현재의 사실에 국한하지 않고 증거에 의한 입증이 가능한 미래의 사실도 포함하나, 단순한 의견이나 가치판단을 표시하는 것은 이에 해당하지 않는다.
③ 형법상 신용훼손죄에서의 '신용'은 경제적 신용, 즉 사람의 지불능력 또는 지불의사에 대한 사회적 신뢰를 의미한다.
④ 퀵서비스 운영자인 피고인이 배달업무를 하면서, 손님의 불만이 예상되는 경우에는 평소 경쟁관계에 있는 甲 운영의 퀵서비스 명의로 된 영수증을 작성·교부함으로써 손님들로 하여금 불친절하고 배달을 지연시킨 사업체가 피해자 운영의 퀵서비스인 것처럼 인식하게 한 행위는 형법상 신용훼손죄에 해당한다.

[해설]
① 【 O 】 형법 제313조
② 【 O 】 대판 1983.2.8. 82도2486
③ 【 O 】 대판 2011.5.13. 2009도5549
④ 【 X 】 퀵서비스 운영자인 피고인이 배달업무를 하면서, 손님의 불만이 예상되는 경우에는 평소 경쟁관계에 있는 피해자 운영의 퀵서비스 명의로 된 영수증을 작성·교부함으로써 손님들로 하여금 불친절하고 배달을 지연시킨 사업체가 피해자 운영의 퀵서비스인 것처럼 인식하게 한 사안에서, 퀵서비스의 주된 계약내용이 신속하고 친절한 배달이라 하더라도, 그와 같은 사정만으로 위 행위가 피해자의 경제적 신용, 즉 지급능력이나 지급의사에 대한 사회적 신뢰를 저해하는 행위에 해당한다고 보기는 어렵다는 이유로, 피고인에 대한 신용훼손의 주위적 공소사실을 무죄로 인정한 원심판단을 수긍한 사례(대판 2011.5.13. 2009도5549).

정답 ④

03 신용과 업무의 죄에 관한 설명으로 가장 적절하지 않은 것은?

① 컴퓨터 등 업무방해죄가 성립하기 위해서는 가해행위의 결과 정보처리장치가 그 사용목적에 부합하는 기능을 하지 못하거나 사용목적과 다른 기능을 하는 등 정보처리의 장애가 현실적으로 발생하였을 것을 요한다.
② 학칙에 따라 입학에 관한 업무가 총장 甲의 권한에 속한다고 하더라도 그 중 면접업무가 면접위원 A에게 위임되었다면, 그 위임된 업무는 A의 독립된 업무에 속하므로 甲과의 관계에서도 업무방해죄의 객체인 타인의 업무에 해당한다.
③ 甲이 무자격자에 의해 개설된 의료기관에 고용된 의료인 A의 진료업무를 방해한 경우, A의 진료업무가 업무방해죄의 보호대상이 되는 업무에 해당하여 甲을 업무방해죄로 처벌하기 위해서는 의료기관의 개설·운영 형태, 해당 의료기관에서 이루어지는 진료의 내용과 방식, 甲의 행위로 인하여 방해되는 업무의 내용 등 사정을 종합적으로 고려하여 판단해야 한다.
④ 비록 다른 사람이 작성한 논문을 피고인 단독 혹은 공동으로 작성한 논문인 것처럼 학술지에 제출·발표한 논문연구실적을, 부교수 승진심사 서류에 포함하여 제출하였다고 하더라도, 당해 논문을 제외한 다른 논문만으로도 부교수 승진 요건을 월등히 충족하고 있었다면 위계에 의한 업무방해죄가 성립하지 않는다.

해설

① 【O】 대판 2013.3.14. 2010도410 24. 경찰간부
② 【O】 업무방해죄에 있어서의 행위의 객체는 타인의 업무이고, 여기서 타인이라 함은 범인 이외의 자연인과 법인 및 법인격 없는 단체를 가리킨다. △△△대 학칙 등에 따라 △△△대의 입학에 관한 업무가 총장인 피고인의 권한에 속한다고 하더라도, 그중 면접업무는 면접위원들에게, 신입생 모집과 사정업무는 교무위원들에게 각 위임되었고, 그 수임자들은 각자의 명의와 책임으로 수임받은 권한을 행사하여야 한다. 따라서 위와 같이 위임된 업무는 면접위원들 및 교무위원들의 독립된 업무에 속하고, 총장인 피고인의 관계에서도 타인의 업무에 해당한다(대판 2018.5.15. 2017도19499). 24. 경찰간부
③ 【O】 의료인이나 의료법인이 아닌 자가 의료기관을 개설하여 운영하는 행위는 업무방해죄의 보호대상 이 되는 업무에 해당하지 않는다. 그러나 무자격자에 의해 개설된 의료기관에 고용된 의료인이 환자를 진료한다고 하여 그 진료행위 또한 당연히 반사회성을 띠는 행위라고 볼 수는 없다. 이때 의료인의 진료업무가 업무방해죄의 보호대상이 되는 업무인지는 의료기관의 개설·운영 형태, 해당 의료기관에서 이루어지는 진료의 내용과 방식, 피고인의 행위로 인하여 방해되는 업무의 내용 등 사정을 종합적으로 고려하여 판단해야 한다(대판 2023.3.16. 2021도16482). 24. 경찰간부
④ 【X】 다른 사람이 작성한 논문을 피고인 단독 혹은 공동으로 작성한 논문인 것처럼 학술지에 제출하여 발표한 논문연구실적을 부교수 승진심사 서류에 포함하여 제출한 사안에서, 당해 논문을 제외한 다른 논문만으로도 부교수 승진 요건을 월등히 충족하고 있었다는 등의 사정만으로는 승진심사 업무의 적정성이나 공정성을 해할 위험성이 없었다고 단정할 수 없으므로, 위계에 의한 업무방해죄를 구성한다(대판 2009.9.10. 2009도4772). 24. 경찰간부

정답 ④

04 업무방해죄에 관한 설명 중 옳지 않은 것은 모두 몇 개인가?

○ 인터넷 자유게시판에 실제의 객관적인 사실을 게시하는 행위는 설령 그로 인하여 타인의 업무가 방해된다고 하더라도 「형법」 제314조 제1항 소정의 위계에 의한 업무방해죄에 있어서의 '위계'에 해당하지 않는다.
○ 업무방해죄의 성립에는 업무방해의 결과를 초래할 위험이 발생한 것만으로는 족하지 않고, 업무방해의 결과가 실제로 발생함을 요한다.
○ 정당의 국회의원 비례대표 후보자 추천을 위한 당내 경선 과정에서 甲이 선거권자들로부터 인증번호만을 전달받은 뒤 그들의 명의로 甲 자신이 지지하는 특정 후보자에게 전자투표를 한 경우, 이는 당내 경선업무에 참여하거나 관여한 당 관계자들에 대하여 위력으로써 경선 업무의 적정성이나 공정성을 방해한 경우에 해당한다.
○ 의료인이나 의료법인이 아닌 자가 의료기관을 개설하여 운영하는 행위는 그 위법의 정도가 중하여 사회생활상 도저히 용인될 수 없는 정도로 반사회성을 띠고 있으므로 업무방해죄의 보호대상이 되는 '업무'에 해당하지 않는다.

① 1개 ② 2개 ③ 3개 ④ 4개

해설

○ 【 O 】 대판 2007.6.29. 2006도3839 25. 경찰간부
○ 【 X 】 업무방해죄의 성립에는 업무방해의 결과가 실제로 발생함을 요하지 않고, 업무방해의 결과를 초래할 위험이 발생하는 것이면 족하다(대판 2013.1.31. 2012도3475). 25. 경찰간부
○ 【 X 】 컴퓨터 등 정보처리장치에 정보를 입력하는 등의 행위가 그 입력된 정보 등을 바탕으로 업무를 담당하는 사람의 오인, 착각 또는 부지를 일으킬 목적으로 행해진 경우에는 그 행위가 업무를 담당하는 사람을 직접적인 대상으로 이루어진 것이 아니라고 하여 위계가 아니라고 할 수는 없다(대판 2013.11.28. 2013도5117). 25. 경찰간부
○ 【 O 】 의료인이나 의료법인이 아닌 자가 의료기관을 개설하여 운영하는 행위는 그 위법의 정도가 중하여 사회생활상 도저히 용인될 수 없는 정도로 반사회성을 띠고 있으므로 업무방해죄의 보호대상이 되는 '업무'에 해당하지 않는다(대판 2001.11.30. 2001도2015). 25. 경찰간부

정답 ②

05 업무방해죄에 관한 설명 중 적절한 것을 모두 고른 것은?

㉠ 피고인이 자신의 명의로 등록되어 있는 피해자 운영의 학원에 대하여 피해자에게 사전에 통고를 하였으나 피해자의 승낙을 받지 아니한 상태에서 폐원신고를 한 경우에는 위계에 의한 업무방해죄는 성립하지 않는다.
㉡ 주식회사의 대표이사가 회사의 직원들과 공모하여 위 회사의 주주총회에서 위력으로 개인 주주들이 발언권과 의결권을 행사하지 못하도록 한 경우에는 업무방해죄가 성립하지 않는다.
㉢ 종중 정기총회를 주재하는 종중 회장의 의사진행업무는 업무방해죄의 보호대상이 되는 업무에 해당한다.
㉣ 법원으로부터 직무집행정지 가처분결정을 받아 그 직무집행이 정지된 자가 법원의 가처분결정에 반하여 계속 수행하는 업무도 업무방해죄의 보호대상이 되는 업무에 해당한다.

① ㉠   ② ㉡, ㉢   ③ ㉢, ㉣   ④ ㉠, ㉡, ㉢

[해설]
㉠【O】대판 2005.3.25. 2003도5004 17. 경찰승진
㉡【O】대판 2004.10.28. 2004도1256 17. 경찰승진
㉢【O】대판 1995.10.12. 95도1589 17. 경찰승진
㉣【X】법원의 직무집행정지 가처분결정에 의하여 그 직무집행이 정지된 자가 법원의 결정에 반하여 직무를 수행함으로써 업무를 계속 행하는 경우 그 업무는 국법질서와 재판의 존엄성을 무시하는 것으로서 그 업무자체는 법의 보호를 받을 가치를 상실하였다고 하지 않을 수 없어 업무방해죄에서 말하는 업무에 해당하지 않는다(대판 2002.8.23. 2001도5592). 17. 경찰승진

정답 ④

06 업무방해죄에 대한 설명 중 옳은 것을 모두 고른 것은?

㉠ 폭력조직 간부가 조직원들과 공모하여 타인이 운영하는 성매매 업소 앞에 속칭 '병풍'을 치거나 차량을 주차해 놓는 등 위력으로써 성매매업을 방해한 경우 업무방해죄에 해당한다.
㉡ 업무방해죄의 성립에는 업무방해의 결과가 실제로 발생함을 요하지 않고, 업무방해의 결과를 초래할 위험이 발생하는 것이면 족하다.
㉢ 신규직원 채용권한을 가지고 있는 지방공사 사장인 피고인이 시험업무 담당자들에게 부정한 지시를 하여 상호 공모 내지 양해 하에 시험성적조작 등의 부정행위를 한 경우 위계에 의한 업무방해죄에 해당하지 않는다.
㉣ 선착장에 대한 공유수면점용허가를 받음이 없이 고흥군의 지시에 따라 선착장점용허가권자인 마을주민 대표들과 임대차 계약을 체결하고 선박으로 폐석을 운반하는 업무는 업무방해죄의 보호대상이 되는 업무에 해당하지 않는다.

① ㉠, ㉡   ② ㉠, ㉣   ③ ㉡, ㉢   ④ ㉡, ㉣

해설
㉠ 【 X 】 폭력조직 간부인 피고인이 조직원들과 공모하여 甲이 운영하는 성매매소 앞에 속칭 '병풍'을 치거나 차량을 주차해 놓는 등 위력으로써 업무를 방해하였다는 내용으로 기소된 사안에서, 성매매소 운영업무가 업무방해죄의 보호대상인 업무라고 볼 수 없다(대판 2011.10.13. 2011도7081). 20. 경찰승진
㉡ 【 O 】 대판 2013.1.31. 2012도3475 20. 경찰승진
㉢ 【 O 】 대판 2017.12.27. 2005도6404 20. 경찰승진
㉣ 【 X 】 위 회사는 관리청인 고흥군으로부터 따로 선착장에 대한 점용허가를 받음이 없이 고흥군의 지시에 따라 선착장점용허가권자인 마을주민 대표들과 임대차계약을 체결하고 위 선착장을 이용하여 왔던 사실을 알 수 있음에 비추어, 위 회사의 폐석운반 업무를 업무방해죄에 의하여 보호하여야 할 대상이 되지 못하는 업무라고 단정하기는 어렵다고 할 것이다(대판 1996.11.12. 96도2214). 20. 경찰승진

정답 ③

07 다음 중 형법 제314조 제1항의 업무방해죄에서 보호되는 업무에 해당하는 것은 모두 몇 개인가?

㉠ 의료인이나 의료법인이 아닌 자가 의료기관을 개설하여 운영하는 행위
㉡ 초등학생들이 학교에 등교하여 교실에서 수업을 듣는 것
㉢ 종중 정기총회를 주재하는 종중 회장의 의사진행업무
㉣ 대학원 입학전형 업무
㉤ 공인중개사가 아닌 사람이 영위하는 부동산중개업
㉥ 서울시장이 매년 직무상 행하는 년초의 기자회견

① 1개 ② 2개 ③ 3개 ④ 4개

해설
㉠ 【 X 】 의료법인이 아닌 자가 의료기관을 개설하여 운영하는 행위는 그 위법의 정도가 중하여 사회생활상 도저히 용인될 수 없는 정도로 반사회성을 띠고 있으므로 업무방해죄의 보호대상이 되는 업무에 해당하지 않는다(대판 2001.11.30. 2001도2015). 16. 경찰채용 2차
㉡ 【 X 】 초등학생들이 학교에 등교하여 교실에서 수업을 듣는 것은 학생들 본인의 권리를 행사하는 것이거나 국가 내지 부모들의 의무를 이행하는 것에 불과할 뿐 그것이 직업 기타 사회생활상의 지위에 기하여 계속적으로 종사하는 사무 또는 사업에 해당한다고 할 수 없다(대판 2013.6.14. 2013도3829). 16. 경찰채용 2차
㉢ 【 O 】 종중 회장의 의사진행업무 자체는 1회성을 갖는 것이라고 하더라도 그것이 사회적인 지위에서 계속적으로 행하여 온 종중 업무수행의 일환으로 행하여진 것이라면 업무방해죄에 의하여 보호되는 업무에 해당된다(대판 1995.10.12. 95도1589). 16. 경찰채용 2차
㉣ 【 O 】 대학원 입학전형 업무를 방해함에 있어서 피고인들이 공모하여 방조한 이상 대학원 입학전형 업무는 업무방해죄의 객체인 '업무'에 해당된다(대판 1995.12.5. 94도1520). 16. 경찰채용 2차
㉤ 【 X 】 피해자의 중개업은 법에 의하여 금지된 행위로서 형사처벌의 대상이 되는 범죄행위에 해당하는 것으로서 업무방해죄의 보호대상이 되는 업무라고 볼 수 없다(대판 2007.1.12. 2006도6599). 14. 경찰간부
㉥ 【 X 】 공무원이 직무상 수행하는 공무를 방해하는 행위에 대해서는 업무방해죄로 의율할 수는 없다(대판 2011.7.28. 2009도11104). 14. 경찰간부

정답 ②

08 다음 설명 중 가장 옳지 않은 것은?

① 위력으로써 공무원의 직무집행을 방해하는 경우 업무방해죄가 성립하지 아니한다.
② 파업에 이르게 된 전후 사정과 경위 등에 비추어, 파업이 전격적으로 이루어져 사용자의 사업운영에 심대한 혼란 내지 막대한 손해를 초래할 위험이 있는 등의 사정으로 사용자의 사업계속에 관한 자유의사가 제압·혼란될 수 있다고 평가할 수 있는 경우 비로소 그러한 집단적 노무제공의 거부도 위력에 해당하여 업무방해죄를 구성한다.
③ 의료인이 아니거나 의료법인이 아닌 자가 의료기관을 개설하여 운영하는 행위는 업무방해죄의 보호대상이 되는 업무에 포함된다.
④ 대부업체 직원이 대출금을 회수하기 위하여 소액의 지연이자를 문제 삼아 법적 조치를 거론하면서 소규모 간판업자인 채무자의 휴대전화로 한 달 여에 걸쳐 수백 회에 이르는 전화공세를 한 경우 업무방해죄를 구성한다.

해설

① 【O】 대판 2009.11.19. 2009도4166 전합 18. 법원직
② 【O】 대판 2011.3.17. 2007도482 18. 법원직
③ 【X】 의료인이나 의료법인이 아닌 자가 의료기관을 개설하여 운영하는 행위는 그 위법의 정도가 중하여 사회생활상 도저히 용인될 수 없는 정도로 반사회성을 띠고 있으므로 업무방해죄의 보호대상이 되는 '업무'에 해당하지 않는다(대판 2001.11.30. 2001도2015). 17. 변호사
④ 【O】 대판 2005.5.27. 2004도8447 17. 변호사

정답 ③

09 업무방해죄에 관한 다음 설명 중 가장 적절한 것은?

① 지방경찰청 민원실에서 민원인들이 진정사건의 처리와 관련하여 지방경찰청장과의 면담 등을 요구하면서 이를 제지하는 경찰관들에게 큰소리로 욕설을 하고 행패를 부린 행위는 업무방해죄를 구성한다.
② 노동조합 간부들이 회사와 협의 없이 일방적으로 휴무를 결정한 후 유인물을 배포하여 유급 휴일로 오인한 근로자들이 출근하지 아니하여 공장의 가동을 불능케 한 것은 위계에 의한 업무방해죄에 해당한다.
③ 건물의 전차인이 임대인의 승낙 없이 전차하였다면 전차인의 전차장소에서의 음식점 영업은 업무방해죄에 의하여 보호받는 업무라고 볼 수 없다.
④ 근로자들이 집단적으로 근로의 제공을 거부하여 사용자의 정상적인 업무운영을 저해하고 손해를 발생하게 한 행위는 당연히 위력에 해당하므로, 노동관계 법령에 따른 정당한 쟁의행위로서 위법성이 조각되는 경우가 아닌 한 업무방해죄를 구성한다.

해설

① 【X】 공무원이 직무상 수행하는 공무를 방해하는 행위에 대해서는 업무방해죄로 의율할 수는 없다(대판 2009.11.19. 2009도4166 전합).
② 【O】 대판 1992.3.31. 92도58
③ 【X】 건물의 전차인이 임대인의 승낙 없이 전차하였다고 하더라도 전차인이 불법침탈 등의 방법에 의하여 위 건물의 점유를 개시한 것이 아니고 그동안 평온하게 음식점 등 영업을 하면서 점유를 계속하여 온 이상 위 전차인의 업무를 업무방해죄에 의하여 보호받지 못하는 권리라고 단정할 수 없다(대판 1986.12.23. 86도1372).
④ 【X】 근로자들이 집단적으로 근로의 제공을 거부하여 사용자의 정상적인 업무운영을 저해하고 손해를 발생하게 한 행위가 당연히 위력에 해당하는 것을 전제로 노동관계 법령에 따른 정당한 쟁의행위로서 위법성이 조각되는 경우가 아닌 한 업무방해죄를 구성한다는 취지로 판시한 대법원 판결 등은 이 판결의 견해에 배치되는 범위 내에서 변경한다(대판 2011.3.17. 2007도482(全)). 19. 법원직

정답 ②

10 업무방해죄가 성립하는 것은 모두 몇 개인가?

㉠ 어장의 대표자가 후임자에게 어장에 대한 허위채권을 주장하면서 인장의 인도를 거절한 경우 위계에 의한 업무방해죄를 구성한다.
㉡ 시장번영회 회장이 이사회의 결의와 시장번영회의 관리규정에 따라서 관리비 체납자의 점포에 대해 실시한 단전조치
㉢ 임대인이 임차인의 물건을 임의로 철거·폐기할 수 있다는 임대차계약 조항에 따라 임대인이 임차인 점포의 간판을 철거하고 출입문을 봉쇄한 경우
㉣ 임대인 甲으로부터 건물을 임차하여 학원을 운영하던 피고인이 건물을 인도한 이후에도 자신 명의로 된 학원설립등록을 말소하지 않고 휴원신고를 연장함으로써 새로운 임차인 乙이 그 건물에서 학원설립등록을 하지 못하도록 한 경우

① 1개   ② 2개   ③ 3개   ④ 4개

해설

㉠ 【 X 】 소외 어장의 대표자였던 피고인이 어장측에 대한 허위의 채권을 주장하면서 후임대표자에게 그 인장을 인도하기를 거절함으로써 후임대표자가 만기도래한 어장소유의 수산업협동조합 예탁금을 인출하지 못하였고 어장소유 선박의 검사를 받지 못한 결과를 초래하였다 하여, 피고인의 위 **허위주장을** 가리켜 **허위사실을 유포**하거나 **기타 위계**로써 타인의 업무를 방해한 경우에 해당한다고는 할 수 없다(대판 1984.7.10. 84도638). 18. 경찰간부
㉡ 【 X 】 정당행위로서 업무방해죄를 구성하지 아니한다(대판 2004.8.20. 2004도4732).
㉢ 【 O 】 임차인은 개인적으로나 법적으로나 하등의 이의를 제기하지 않는다'는 임대차계약 조항은 무효라고 할 것이다(피고인이 간판업자를 동원하여 피해자가 영업 중인 식당 점포의 간판을 철거한 등의 행위는 위력을 사용하여 피해자의 업무를 방해한 행위에 해당한다(대판 2005.3.10. 2004도341). 17. 경찰간부
㉣ 【 X 】 피고인의 휴원연장신고와 乙이 학원설립등록을 하지 못한 점 사이에 인과관계가 있다고 단정하기 어렵고, 피고인의 행위가 乙의 자유의사를 제압·혼란케할 정도의 위력에 해당한다고 보기 어려워 위력에 의한 업무방해죄는 성립하지 않는다(대판 2010.11.25. 2010도9186). 17. 경찰간부

정답 ①

11 업무방해죄에 관한 설명 중 옳은 것은 모두 몇 개인가?

㉠ 甲이 서류배달업 회사의 담당 직원 모르게 위 회사가 고객으로부터 배달을 의뢰받은 서류의 포장용지 안에 특정 종교를 비방하는 내용의 전단을 집어넣어 함께 배달하게 한 경우, 업무방해죄가 성립한다.
㉡ 회사 메인컴퓨터의 시스템관리자가 그 컴퓨터의 비밀번호를 후임자에게 알려주지 않은 행위는 컴퓨터등장애업무방해죄에 해당한다.
㉢ 도급인이 수급인의 채무불이행을 이유로 공사계약을 적법하게 해제하였고 수급인 스스로 공사를 중단한 상태였더라도 도급인이 공사현장에 남아 있는 수급인 소유의 공사자재 등을 다른 곳에 옮겨 놓았다면 업무방해죄가 성립한다.
㉣ 교수인 乙이 출제교수로부터 대학원 신입생 전형 시험문제를 받아 수험생 甲에게 그 시험문제를 알려주어, 甲이 답안쪽지를 작성한 다음 이를 답안지에 그대로 베껴 써서 시험 감독관에게 제출한 경우, 甲에게 업무방해죄가 성립한다.

① 1개　　② 2개　　③ 3개　　④ 4개

해설

㉠【O】대판 1999.5.14. 98도3767
㉡【X】메인 컴퓨터의 비밀번호는 시스템관리자가 시스템에 접근하기 위하여 사용하는 보안 수단에 불과하므로, 단순히 메인 컴퓨터의 비밀번호를 알려주지 아니한 것만으로는 정보처리장치의 작동에 직접 영향을 주어 그 사용목적에 부합하는 기능을 하지 못하게 하거나 사용목적과 다른 기능을 하게 하였다고 볼 수 없어 형법 제314조 제2항에 의한 컴퓨터등장애업무방해죄로 의율할 수 없다 할 것이다(대판 2004.7.9. 2002도631).
㉢【X】도급인의 공사계약 해제가 적법하고 수급인이 스스로 공사를 중단한 상태에서 도급인이 공사현장에 남아 있는 수급인 소유의 공사자재 등을 다른 곳에 옮겨 놓았다고 하여 도급인이 수급인의 공사업무를 방해한 것으로 볼 수는 없다(대판 1999.1.29. 98도3240).
㉣【O】대판 1991.11.12. 91도2211

정답 ②

12 다음 설명 중 옳은 것은 모두 몇 개인가?

㉠ 업무방해죄의 보호 대상이 되는 '업무'란 직업 또는 계속적으로 종사하는 사무나 사업으로서 타인의 위법한 행위에 의한 침해로부터 보호할 가치가 있으면 되고, 반드시 그 업무가 적법하거나 유효할 필요는 없다.
㉡ 피해자가 시장번영회를 상대로 잦은 진정을 하고 협조를 하지 않는다는 이유로 시장번영회의 총회결의에 의하여 피해자 소유점포에 대하여 정당한 권한 없이 단전조치를 한 경우 위력에 의한 업무방해죄를 구성한다.
㉢ 피고인이 그가 경영하던 공장을 甲에게 양도하면서 미수외상대금채권의 수금권을 포기하기로 약정하고도 이를 외상채무자들에게 고지하지 아니하고 외상대금을 수령한 행위는 업무방해죄가 성립한다.
㉣ 포털사이트 운영회사의 통계집계시스템 서버에 허위의 클릭정보를 전송하여 검색순위 결정 과정에서 위와 같이 전송된 허위의 클릭정보가 실제로 통계에 반영됨으로써 정보처리에 장애가 현실적으로 발생하였다면, 그로 인하여 실제로 검색순위의 변동을 초래하지는 않았다고 하더라도 컴퓨터등장애업무방해죄가 성립한다.

① 1개　　② 2개　　③ 3개　　④ 4개

해설
㉠ 【 O 】 대판 2013.11.28. 2013도4430 19. 법원직
㉡ 【 O 】 대판 1983.11.8. 83도1798 18. 경찰간부
㉢ 【 X 】 피고인이 그가 경영하던 공장을 공소외 甲에게 양도하면서 미수 외상대금 채권의 수금권을 포기하기로 약정하고도 이를 외상채무자들에게 고지하지 아니하고 외상대금을 수령하였다 하여 이로써 위계로 위 공소외인의 공장경영의무를 방해한 것이라 할 수 없다(대판 1984.5.9. 83도2270). 14. 경찰채용 1차
㉣ 【 O 】 대판 2009.4.9. 2008도11978 18. 경찰간부

정답 ③

13 업무방해죄에 관한 다음 설명 중 틀린 것은?

① 위계에 의한 업무방해죄에서 '위계'란 행위자가 행위목적을 달성하기 위하여 상대방에게 오인, 착각 또는 부지를 일으키게 하여 이를 이용하는 것을 말하고, 업무수행 자체가 아닌 업무의 적정성 내지 공정성이 방해된 경우에도 업무방해죄가 성립한다.
② 컴퓨터 등 정보처리장치에 정보를 입력하는 등의 행위가 그 입력된 정보 등을 바탕으로 업무를 담당하는 사람의 오인, 착각 또는 부지를 일으킬 목적으로 행해진 경우에는 그 행위가 업무를 담당하는 사람을 직접적인 대상으로 이루어진 것이 아니더라도 위계에 해당한다.
③ 쟁의행위로서의 파업은 위력의 요소를 가지고 있어 일단 업무방해죄의 구성요건에는 해당하지만, 다만 정당한 쟁의행위인 경우 위법성이 조각된다.
④ 소비자불매운동도 구매력을 무기로 자신들의 선호를 반영하기 위한 집단적인 시도이기는 하지만, 헌법 제124조에 따라 보장되는 소비자보호운동의 요건을 갖추지 못하였다는 사정만으로는, 위력에 의한 업무방해죄가 바로 성립되는 것으로 볼 수 없다.

해설
① 【 O 】 대판 2013.11.28. 2013도5117
② 【 O 】 대판 2013.11.28. 2013도5117
③ 【 X 】 쟁의행위로서의 파업은 근로자가 사용자에게 압력을 가하여 그 주장을 관철하고자 집단적으로 노무제공을 중단하는 실력행사여서 업무방해죄에서의 위력으로 볼 만한 요소를 포함하고 있지만, 이러한 파업이 언제나 업무방해죄의 구성요건을 충족한다고 할 것은 아니며, 전후 사정과 경위 등에 비추어 전격적으로 이루어져 사용자의 사업운영에 심대한 혼란 내지 막대한 손해를 초래할 위험이 있는 등의 사정으로 사용자의 사업계속에 관한 자유의사가 제압·혼란될 수 있다고 평가할 수 있는 경우 비로소 그러한 집단적 노무제공의 거부도 위력에 해당하여 업무방해죄를 구성한다(대판 2014.11.13. 2011도393).
④ 【 O 】 대판 2013.3.14. 2010도410

정답 ③

14 업무방해죄를 인정한 경우는 모두 몇 개인가?

㉠ 도로관리청으로부터 권한을 위임받아 과적단속 업무를 담당하는 피해자의 적재량 재측정을 거부하면서, 재측정의 목적으로 피고인의 차량에 올라탄 피해자를 그대로 둔 채 차량을 진행한 경우
㉡ 전국철도노동조합이 파업을 예고한 상황에서 파업 예정일 하루 전에 사용자인 한국철도공사 측 교섭위원 甲이 산하 차량정비단 직원들을 상대로 설명회 등 특별교육을 실시하려고 하자, 노동조합 간부인 피고인 등이 직원들의 교육장 진입을 막는 등 위력으로 甲의 업무를 방해한 경우
㉢ 기존의 비실명예금을 합의차명에 의하여 명의대여자의 실명으로 전환한 행위는 금융기관의 실명전환에 관한 업무를 방해한 경우
㉣ 주차장이 원래 소유자이었던 乙로부터 丙, 丁, 戊에게 순차 임대 또는 전대되어 戊가 주차장을 운영해 오고 있었는데, 정당한 소유자로부터 위 주차장을 새로 임대받은 甲이 戊의 주차장 영업을 방해한 경우

① 1개 ② 2개 ③ 3개 ④ 4개

해설

㉠ 【 X 】 도로관리청 또는 그로부터 권한을 위임받아 과적차량 단속을 위한 적재량 측정의 업무를 수행하는 자라고 하더라도, 적재량 측정을 강제할 수 있는 법령상의 근거가 없는 한, 측정을 강제하기 위한 조치를 취할 권한은 없으므로, 이를 위한 조치가 정당한 업무집행이라고 볼 수는 없다(대판 2010.6.10. 2010도935).
㉡ 【 O 】 위 특별교육은 노동조합 운영에 대한 지배·개입의 노동행위로서 '업무'에 해당한다(대판 2013.1.31. 2012도3475).
㉢ 【 X 】 기존의 비실명예금을 합의차명에 의하여 명의대여자의 실명으로 전환한 행위는 위 긴급명령에 따른 금융기관의 실명전환에 관한 업무를 방해한 것이라 할 수 없다(대판 1997.4.17. 96도3377(全)).
㉣ 【 O 】 피고인이 정당한 소유자로부터 위 주차장을 새로 임대받았다고 하더라도, 피고인이 다른 특별한 사정없이 공소외 戊의 주차장 영업을 방해한 행위는 업무방해죄에 해당한다고 할 것이다(대판 2008.3.14. 2007도11181).

정답 ②

15 다음은 업무방해죄에 대한 설명이다. 가장 적절하지 않은 것은?

① 경비원이 상사의 명령에 의하여 일시적으로 수행하는 유인물의 배부행위는 설사 계속적인 직무권한에 속하지 아니한 일시적인 것이라 할지라도 업무방해죄의 업무에 해당한다.
② 대학의 컴퓨터 시스템 서버를 관리하던 자가 전보발령을 받아 더 이상 웹서버를 관리·운영할 권한이 없는 상태에서 그 웹서버에 접속하여 홈페이지 관리자의 아이디와 비밀번호를 함부로 변경한 행위는 피해 대학에 업무방해의 위험을 초래하는 행위에 해당하여 컴퓨터등장애업무방해죄가 성립한다.
③ 인터넷카페의 운영진인 피고인들이 카페 회원들과 공모하여, 특정 신문들에 광고를 게재하는 광고주들에게 불매운동의 일환으로 지속적·집단적으로 항의전화를 하거나 항의글을 게시하는 등의 방법으로 광고중단을 압박한 경우, 광고주들과 신문사들에 대한 업무방해죄가 성립한다.
④ 신고한 옥외집회에서 고성능 확성기 등을 사용하여 발생된 소음이 82.9dB 내지 100.1dB에 이르고, 사무실 내에서의 전화통화, 대화 등이 어려웠으며, 밖에서는 부근을 통행하기조차 곤란하였고, 인근 상인들도 소음으로 인한 고통을 호소하는 정도에 이르렀다면 이는 위력으로 인근 상인 및 사무실 종사자들의 업무를 방해한 업무방해죄를 구성한다.

[해설]
① 【 O 】 대판 1971.5.24. 71도399 14. 경찰채용 1차
② 【 O 】 대판 2006.3.10. 2005도382
③ 【 X 】 피고인들의 위 행위가 광고주들의 자유의사를 제압할 만한 세력으로서 위력에 해당한다고 본 것은 정당하나, 신문사들에 대한 직접적인 위력의 행사가 없어 신문사들에 대한 위력에 의한 업무방해죄는 성립하지 않는다(대판 2013.3.14. 2010도410).
④ 【 O 】 대판 2004.10.15. 2004도4467

정답 ③

16 다음 기술 중 업무방해죄가 인정되지 않는 것은?

① 특정 회사가 제공하는 게임사이트에서 정상적인 포커게임을 하고 있는 것처럼 가장하면서 통상적인 업무처리 과정하에서 적발해 내기 어려운 사설 프로그램을 이용하여 약관상 양도가 금지되는 포커머니를 약속된 상대방에게 이전해 준 경우
② A가 B로부터 임차하여 경작 중이던 농작물을 甲이 트랙터로 갈아엎은 다음 그곳에 이랑을 만들고 새로운 농작물을 심어 A의 자유로운 논밭 경작행위를 불가능하게 하거나 현저히 곤란하게 한 경우
③ 공사 노동조합이 임금 등 근로조건 개선을 내세워 쟁의행위에 돌입하였으나, 구조조정 조기시행 방침이 경영상의 필요와 합리적인 이유없이 결정되었다는 등의 특별한 사정없이 그 주된 목적이 정부의 공기업 구조조정 및 그 일환으로 추진되는 하부기구 통폐합을 반대하기 위한 대정부 투쟁에 있는 경우
④ 시험의 출제위원이 문제를 선정하여 시험실시자에게 제출하기 전에 이를 외부에 유출하였으나, 그 후 유출된 문제가 시험실시자에게 제출되지 아니한 경우

[해설]
① 【 O 】 이는 구 정보통신망 이용촉진 및 정보보호 등에 관한 법률 제48조 제2항에서 정한 '악성프로그램'이나 형법 제314조 제2항(컴퓨터업무방해죄)에 정한 '부정한 명령의 입력'에 해당하지는 않지만, 회사의 정상적인 게임사이트 운영 업무를 방해한 것이므로 위계에 의한 업무방해죄를 구성한다(대판 2009.10.15. 2007도9334).
② 【 O 】 사안의 경우 위력에 의한 업무방해죄에 해당한다(대판 2009.9.10. 2009도5732).
③ 【 O 】 정리해고나 부서·조직의 통폐합 등 구조조정은 고도의 경영상 결단에 속하는 사항으로서 이는 원칙적으로 단체교섭의 대상이 될 수 없고, 근로자들의 지위나 근로조건의 변경이 필연적으로 수반된다 하더라도 그 쟁의행위는 목적의 정당성을 인정할 수 없어 업무방해죄가 성립한다(대판 2003.12.11. 2001도3429).
④ 【 X 】 유출된 문제가 시험실시자에게 제출되지도 아니하였다면 그러한 문제유출로 인하여 시험실시 업무가 방해될 추상적인 위험조차도 있다고 할 수 없으므로 업무방해죄가 성립한다고 할 수 없다(대판 1999.12.10. 99도3487).

정답 ④

17 업무방해죄에 대한 설명이다. 아래 ㉠부터 ㉣까지의 설명 중 옳지 않은 것은 모두 몇 개인가?

㉠ X시의 시장 A와 Y회사 관계자 등이 'Y회사 공장 유치 확정'에 관한 기자회견을 하려고 하자, 甲이 다른 사람들과 공모하여 위력으로써 기자회견을 방해한 경우, X시의 시장 A의 기자회견은 공무원이 직무상 수행하는 공무에 해당하므로 甲의 행위는 A에 대하여는 업무방해죄가 성립하지 않는다.

㉡ 수산업협동조합의 신규직원 채용에 응시한 A와 B가 필기시험에서 합격선에 못 미치는 점수를 받게 되자, 채점업무 담당자들이 조합장인 피고인의 지시에 따라 점수조작행위를 통하여 이들을 필기시험에 합격시킴으로써 필기시험 합격자를 대상으로 하는 면접시험에 응시할 수 있도록 한 사안에서, 위 점수 조작행위에 공모 또는 양해하였다고 볼 수 없는 일부 면접위원들이 조합의 신규직원 채용업무로서 수행한 면접업무는 위 점수조작행위에 의하여 방해되었다고 보아야 한다.

㉢ 컴퓨터 등 정보처리장치에 정보를 입력하는 등의 행위가 그 입력된 정보 등을 바탕으로 업무를 담당하는 사람의 오인, 착각 또는 부지를 일으킬 목적으로 행해진 경우 그 행위가 업무를 담당하는 사람을 직접적인 대상으로 이루어진 것이 아니라면 위계에 의한 업무방해죄가 성립하지 아니한다.

㉣ 인터넷 자유게시판 등에 실제의 객관적인 사실을 게시하더라도 그로 인하여 피해자의 업무가 방해된 경우에는 「형법」 제314조 제1항 소정의 위계에 의한 업무방해죄에 있어서의 '위계'에 해당한다.

㉤ 고속도로 통행요금징수 기계화시스템의 성능에 대한 한국도로공사의 현장평가시에 각종 소형화물차 16대의 타이어 공기압을 낮추어 접지면을 증가시킨 후 톨게이트를 통과시킨 행위는 업무방해죄에 해당한다.

① 1개 ② 2개 ③ 3개 ④ 4개

[해설]

㉠ 【O】 대판 2011.7.28. 2009도11104
㉡ 【O】 대판 2010.3.25. 2009도8506
㉢ 【X】 위계에 의한 업무방해죄에서 '위계'란 행위자가 행위목적을 달성하기 위하여 상대방에게 오인, 착각 또는 부지를 일으키게 하여 이를 이용하는 것을 말하고, 업무방해죄의 성립에는 업무방해의 결과가 실제로 발생함을 요하지 않고 업무방해의 결과를 초래할 위험이 발생하면 족하며, 업무수행 자체가 아니라 업무의 적정성 내지 공정성이 방해된 경우에도 업무방해죄가 성립한다. <u>나아가 컴퓨터 등 정보처리장치에 정보를 입력하는 등의 행위가 그 입력된 정보 등을 바탕으로 업무를 담당하는 사람의 오인, 착각 또는 부지를 일으킬 목적으로 행해진 경우에는 그 행위가 업무를 담당하는 사람을 직접적인 대상으로 이루어진 것이 아니라고 하여 위계가 아니라고 할 수는 없다</u>(대판 2013.11.28. 2013도5117).
㉣ 【X】 형법 제314조 제1항 소정의 위계에 의한 업무방해죄에 있어서의 '위계'라 함은 행위자의 행위목적을 달성하기 위하여 상대방에게 **오인·착각 또는 부지**를 일으키게 하여 이를 이용하는 것을 말하므로, 인터넷 자유게시판 등에 실제의 객관적인 사실을 게시하는 행위는, 설령 그로 인하여 피해자의 업무가 방해된다고 하더라도, 위 법조항 소정의 '위계'에 해당하지 않는다(대판 2007.6.29. 2006도3839).
㉤ 【O】 한국도로공사가 공소외 乙주식회사의 고속도로 통행요금징수 기계화시스템의 성능에 대한 2차 현장평가를 하게 되었는데, 위 乙주식회사와는 반대의 이해관계를 가진 공소외 甲주식회사의 직원들인 피고인들이 위 설비가 차량판별시 타이어의 접지면을 고려하고 있어 타이어의 접지면이 통상 예정했던 경우와 달라지면 그 차량판별에 오차가 발생하는 등의 문제점이 있음을 알아내어, 위 설비의 차량판별에 있어서의 문제점을 부각시키기 위하여, 한국도로공사에 알리지 아니한 채, 인위적으로 각종 소형화물차 16대의 타이어 공기압을 낮추어 접지면을 증가시킨 후 위 설비가 설치되어 있는 동서울톨게이트 하행선 우측 2번 라인을 통과하도록 하였다면, 이와 같은 피고인들의 행위는 위계를 사용하여 한국도로공사의 현장시험업무에 지장을 줄 위험을 발생케 한 것으로서, 이에 의하여 실지로 업무방해의 결과가 발생하였는지 여부에 상관없이 업무방해죄를 구성함에 충분하다(대판 1994.6.14. 93도288). 16. 경찰간부

정답 ②

18 다음 설명 중 옳지 않은 것은?

① 대학교 시간강사 임용과 관련하여 허위의 학력이 기재된 이력서만을 제출한 사안에서, 임용심사업무 담당자가 불충분한 심사로 인하여 허위 학력이 기재된 이력서를 믿은 것이므로 위계에 의한 업무방해죄를 구성하지 않는다.
② 주택재건축조합 조합장인 甲이 자신에 대한 감사활동을 방해하기 위하여 조합사무실에 있던 조합 직원의 컴퓨터에 비밀번호를 설정하고 하드디스크를 분리·보관한 경우 甲의 행위는 컴퓨터등장애업무방해죄에 해당한다.
③ 공인중개사 甲이 공인중개사 아닌 A와 동업하여 중개사무소를 운영하다가 동업관계가 종료된 후 자신의 명의로 등록되어 있는 지위를 이용하여 임의로 폐업신고를 하였다면 위력에 의한 업무방해죄가 성립한다.
④ 甲이 불특정 다수의 인터넷 이용자들에게 배포한 A프로그램은, B포털사이트 서버가 이용자의 컴퓨터에 정보를 전송하는 데에는 아무런 영향을 주지 않고, 다만 이용자의 동의에 따라 위 프로그램이 설치된 컴퓨터 화면에서만 B포털사이트 화면이 전송받은 원래 모습과는 달리 甲의 광고가 대체 혹은 삽입된 형태로 나타나도록 하는 것에 불과하다면 컴퓨터등장애업무방해죄에 해당하지 않는다.

해설

① 【 O 】 대판 2009.1.30. 2008도6950 16. 경찰간부
② 【 O 】 대판 2012.5.24. 2011도7943
③ 【 X 】 공인중개사인 피고인이 자신의 명의로 등록되어 있으나 실제로는 공인중개사가 아닌 피해자가 주도적으로 운영하는 형식으로 동업하여 중개사무소를 운영하다가 위 동업관계가 피해자의 귀책사유로 종료되고 피고인이 동업관계의 종료로 부동산중개업을 그만두기로 한 경우, 피해자의 중개업은 법에 의하여 금지된 행위로서 형사처벌의 대상이 되는 범죄행위에 해당하는 것으로서 업무방해죄의 보호대상이 되는 업무라고 볼 수 없다(대판 2007.1.12. 2006도6599).
④ 【 O 】 형법 제314조 제2항의 컴퓨터등장애업무방해죄가 성립하기 위해서는 정보처리의 장애가 현실적으로 발생하였을 것을 요한다. '업링크솔루션'이라는 프로그램은, 甲 회사의 네이버 포털사이트 서버가 이용자의 컴퓨터에 정보를 전송하는 데에는 아무런 영향을 주지 않는다면, 컴퓨터등장애업무방해죄로 의율할 수 없다(대판 2010.9.30. 2009도12238).

정답 ③

19 입찰방해죄에 관한 다음 설명 중 가장 옳지 않은 것은?

① 공적·사적 경제주체의 임의선택에 따른 계약체결의 과정에 공정한 경쟁을 해하는 행위가 개재되었다면 입찰방해죄로 처벌할 수는 있다.
② 이른바 담합행위가 입찰방해죄로 되기 위하여 반드시 입찰참가자 전원과의 사이에 담합이 이루어져야 하는 것은 아니고, 입찰참가자들 중 일부와의 사이에만 담합이 이루어진 경우라고 하더라도 그것이 입찰의 공정을 해하는 것으로 평가되는 이상 입찰방해죄는 성립한다.
③ 입찰방해죄에서 위력이란 사람의 자유의사를 제압, 혼란케 할 만한 일체의 유형적 또는 무형적 세력을 말하는 것으로서 폭행, 협박은 물론 사회적, 경제적, 정치적 지위와 권세에 의한 압력 등을 포함하는 것이다.
④ 입찰방해죄는 결과의 불공정이 현실적으로 나타나는 것을 요하지 아니한다.

해설

① 【 X 】 입찰의 공정을 해하는 행위란 공정한 자유경쟁을 통한 적정한 가격형성에 부당한 영향을 주는 상태를 발생시키는 것으로, 그 행위에는 가격결정뿐 아니라 적법하고 공정한 경쟁방법을 해하는 행위도 포함된다 할 것이지만, 이러한 입찰방해 행위가 있다고 하기 위해서는 그 방해의 대상이 되는 입찰절차가 존재하여야 할 것이므로 공정한 자유경쟁을 통한 적정한 가격형성을 목적으로 하는 입찰절차가 아니라 공적·사적 경제주체의 임의의 선택에 따른 계약체결의 과정에 공정한 경쟁을 해하는 행위가 개재되었다 하여 입찰방해죄로 처벌할 수는 없다 할 것이다(대판 2008.12.24. 2007도9287).
② 【 O 】 대판 2009.5.14. 2008도11361 17. 법원행시
③ 【 O 】 대판 2000.7.6. 99도4079 17. 법원행시
④ 【 O 】 대판 2003.9.26. 2002도3924 17. 법원행시

정답 ①

20 업무와 경매에 관한 죄의 설명 중 가장 적절한 것은?

① 甲이 서울특별시 도시철도공사가 발주한 시각장애인용 음성유도기 제작설치 입찰에 관한 담합에 가담하기로 하였다가 자신이 낙찰받기 위하여 당초의 합의에 따르지 아니한 채 원래 낙찰 받기로 한 특정업체보다 저가로 입찰한 경우, 비록 입찰의 공정을 해할 우려가 있었으나 실제 입찰의 공정을 해하지 아니하였기에 甲에게는 입찰방해죄가 성립하지 아니한다.

② 甲이 일부 입찰참가자들과 가격을 합의하고, 낙찰이 되면 특정 업체가 모든 공사를 하기로 합의하는 등 담합하여 투찰행위를 한 경우, 그 투찰에 참여한 업체의 수가 많아서 실제로 가격형성에 부당한 영향을 주지 않았다면 甲에게는 입찰방해죄가 성립하지 아니한다.

③ 한국토지공사 지역본부가 중고자동차매매단지를 분양하기 위하여 유자격 신청자들을 대상으로 무작위 공개추첨하여 1인의 수분양자를 선정하는 절차를 진행함에 있어, 신청자격이 없는 甲이 총 12인의 신청자 중 9인과 맺은 합작투자의 약정에 따라 그 신청자의 자격과 명의를 빌려 당첨확률을 약 75%까지 인위적으로 높여 분양을 신청한 경우, 분양업무의 적정성과 공정성 등을 방해하는 행위라고 볼 수 있어 甲에게는 입찰방해죄가 성립한다.

④ 甲과 乙이 공모하여, 甲은 A고등학교의 학생 丙이 약 10개월 동안 총 84시간의 봉사활동을 한 것처럼 허위로 기재된 봉사 활동확인서를 발급받아 乙에게 교부하고, 乙은 이를 丙의 담임교사를 통하여 A학교에 제출하여 丙이 학교장 명의의 봉사상을 수상하게 한 경우, 甲과 乙에게는 업무방해죄가 성립한다.

해설

① 【X】 입찰방해죄가 성립한다(대판 2010.10.14. 2010도4940). 22. 경찰
② 【X】 대입찰방해죄가 성립한다(대판 2009.5.14. 2008도11361). 22. 경찰
③ 【X】 한국토지공사 지역본부가 중고자동차매매단지를 분양하기 위하여 유자격 신청자들을 대상으로 무작위 공개추첨하여 1인의 수분양자를 선정하는 절차를 진행하는데, 신청자격이 없는 피고인이 총 12인의 신청자 중 9인의 신청자의 자격과 명의를 빌려 그 당첨확률을 약 75%까지 인위적으로 높여 분양을 신청한 사안에서, 위 분양절차는 공정한 자유경쟁을 통한 적정한 가격형성을 목적으로 하는 입찰절차에 해당하지 않고, 피고인이 분양절차에 참가한 것은 9인의 신청자와 맺은 합작투자의 약정에 따른 것으로서 위 분양업무의 주체인 한국토지공사가 예정하고 있던 범위 내의 행위이므로, 위 추첨방식의 분양업무의 적정성과 공정성 등을 방해하는 행위라고 볼 수 없어 입찰방해죄나 업무방해죄가 성립하지 않는다(대판 22008.5.29. 2007도5037). 22. 경찰
④ 【O】 대판 2020.9.24. 2017도19283 22. 경찰

정답 ④

21. 명예와 업무·경매의 죄에 관한 설명으로 가장 적절하지 않은 것은?

① 「형법」 제307조 제2항 허위사실 적시 명예훼손죄에 있어서의 범의는 그 구성요건사실 즉 적시한 사실이 허위인 점과 그 사실이 사람의 사회적 평가를 저하시킬 만한 것이라는 점을 인식하는 것을 말하고 특히 비방의 목적이 있음을 요하지 않는다.

② 「형법」 제311조 모욕죄는 사람의 인격적 가치에 대한 사회적 평가를 의미하는 '외부적 명예'를 보호법익으로 하는 범죄로서, 여기서 '모욕'이란 사실을 적시하지 아니하고 사람의 외부적 명예를 침해할 만한 추상적 판단이나 경멸적 감정을 표현하는 것을 의미한다. 이에 어떠한 표현이 상대방의 인격을 허물어뜨릴 정도로 모멸감을 주는 혐오스러운 욕설이 아니라 상대방을 불쾌하게 할 수 있는 무례하고 예의에 벗어난 정도와 같은 경미한 수준의 추상적 표현이나 욕설이 사용된 경우 등이라면 특별한 사정이 없는 한 외부적 명예를 침해할 만한 표현으로 볼 수 없어 모욕죄가 성립하지 않는다.

③ 甲이 어떠한 방법으로 변조된 게임프로그램을 실행하여 게임서버에 접속하였는지에 관하여 전혀 특정하지 아니한 채 변조된 게임프로그램을 게시·유포하였다는 사실만으로는 위계로써 乙게임회사의 업무를 방해한 것으로 볼 수 없다.

④ 입찰참가자들 사이의 담합행위가 입찰방해죄로 되기 위하여는 입찰참가자들 일부가 아닌 전원 사이에 담합이 이루어져야 하는 것이고, 나아가 그것이 입찰의 공정을 해하는 것으로 평가되는 이상 입찰방해죄는 성립한다.

해설

① 【O】 대판 1991.3.27. 91도156 25. 경찰

② 【O】 [1] 형법 제311조 모욕죄는 사람의 인격적 가치에 대한 사회적 평가를 의미하는 '외부적 명예'를 보호법익으로 하는 범죄로서, 여기서 '모욕'이란 사실을 적시하지 아니하고 사람의 외부적 명예를 침해할 만한 추상적 판단이나 경멸적 감정을 표현하는 것을 의미한다. [2] 어떠한 표현이 개인의 인격권을 심각하게 침해할 우려가 있는 것이거나 상대방의 인격을 허물어뜨릴 정도로 모멸감을 주는 혐오스러운 욕설이 아니라 상대방을 불쾌하게 할 수 있는 무례하고 예의에 벗어난 정도이거나 상대방에 대한 부정적·비판적 의견이나 감정을 나타내면서 경미한 수준의 추상적 표현이나 욕설이 사용된 경우 등이라면 특별한 사정이 없는 한 외부적 명예를 침해할 만한 표현으로 볼 수 없어 모욕죄의 구성요건에 해당된다고 볼 수 없다(대판 2022.8.31. 2019도7370). 25. 경찰

③ 【O】 피고인이 피해자 게임회사들이 제작한 모바일게임의 이용자들의 게임머니나 능력치를 높게 할 수 있는 변조된 게임프로그램을 해외 인터넷 사이트에서 다운로드받은 다음, 위와 같은 게임프로그램을 제공한다는 것을 나타내는 문구가 게임프로그램 실행 시 화면에 나올 수 있도록 게임프로그램을 변조한 후 자신이 직접 개설한 모바일 어플리케이션 공유사이트 게시판에 위와 같이 변조한 게임프로그램들을 게시·유포한 경우, 피고인이 어떠한 방법으로 변조된 게임프로그램을 실행하여 게임서버에 접속하였는지에 관하여 전혀 특정하지 아니한 채 변조된 게임프로그램을 게시·유포하였다는 사실만으로는 그 게임프로그램을 제작한 게임회사들에 대하여 오인·착각·부지를 일으켜 업무를 방해하였다고 보기 어려워 위계에 의한 업무방해죄는 성립하지 않는다(대판 2017.2.21. 2016도15144). 25. 경찰

④ 【X】 입찰참가자들 사이의 담합행위가 입찰방해죄로 되기 위하여는 반드시 입찰참가자 전원 사이에 담합이 이루어져야 하는 것은 아니고, 입찰참가자들 중 일부 사이에만 담합이 이루어진 경우라고 하더라도 그것이 입찰의 공정을 해하는 것으로 평가되는 이상 입찰방해죄는 성립한다(대판 2009.5.14. 2008도11361). 25. 경찰

정답 ④

22 입찰방해죄에 관한 다음 설명 중 옳지 않은 것은?

① 입찰자들 상호간에 특정업체가 낙찰받기로 하는 담합이 이루어진 상태에서 일부 입찰자가 자신이 낙찰받기 위하여 당초의 합의에 따르지 아니한 채 낙찰받기로 한 특정 업체보다 저가로 입찰하였다면, 이러한 일부 입찰자의 행위는 입찰방해죄에 해당한다.
② 일부 입찰참가자들이 가격을 합의하고 낙찰이 되면 특정 업체가 모든 공사를 하기로 합의하는 등 담합하여 투찰행위를 한 경우 입찰참가자들 중 일부 사이에만 담합이 이루어졌고 투찰에 참여한 업체의 수가 많아 실제로 가격형성에 부당한 영향을 주지 않았다고 하더라도 입찰방해죄는 성립한다.
③ 동업자들이 무모한 출혈경쟁을 방지하기 위한 수단으로 실질적으로 단독입찰을 하면서 경쟁입찰인 것 같이 가장한 경우에 입찰방해죄가 성립한다.
④ 고속도로 휴게소 운영권 입찰에서 여러 회사가 각자 입찰에 참가하되 누구라도 낙찰될 경우 동업하여 새로운 회사를 설립하고 그 회사로 하여금 휴게소를 운영하기로 합의한 후 입찰에 참가한 경우에 입찰방해죄가 성립한다.
⑤ 입찰자들의 전부 또는 일부 사이에서 담합을 시도하는 행위가 있었을 뿐 실제로 담합이 이루어지지 못하였고, 또 위계 또는 위력 기타의 방법으로 담합이 이루어진 것과 같은 결과를 얻어내거나 다른 입찰자들의 응찰 내지 투찰행위를 저지하려는 시도가 있었지만 역시 그 위계 또는 위력 등의 정도가 담합이 이루어진 것과 같은 결과를 얻어내거나 그들의 응찰 내지 투찰행위를 저지할 정도에 이르지 못하였고 또 실제로 방해된 바도 없다면, 이로써 공정한 자유경쟁을 방해할 염려가 있는 상태를 발생시켜 그 입찰의 공정을 해하였다고 볼 수 없으므로 입찰방해죄의 기수에 이르렀다고 할 수 없어 이는 입찰방해미수죄로 처벌해야 된다.

해설

① 【O】 대판 2010.10.14. 2010도4940 14. 법원행시
② 【O】 대판 2009.5.15. 2008도11361 14. 법원행시
③ 【O】 대판 2003.9.26. 2002도3924 14. 법원행시
④ 【O】 대판 2006.12.22. 2004도2581 14. 법원행시
⑤ 【X】 입찰자들의 전부 또는 일부 사이에서 담합을 시도하는 행위가 있었을 뿐 실제로 담합이 이루어지지 못하였고, 또 위계 또는 위력 기타의 방법으로 담합이 이루어진 것과 같은 결과를 얻어내거나 다른 입찰자들의 응찰 내지 투찰행위를 저지하려는 시도가 있었지만 역시 그 위계 또는 위력 등의 정도가 담합이 이루어진 것과 같은 결과를 얻어내거나 그들의 응찰 내지 투찰행위를 저지할 정도에 이르지 못하였고 또 실제로 방해된 바도 없다면, 이로써 공정한 자유경쟁을 방해할 염려가 있는 상태 즉, 공정한 자유경쟁을 통한 적정한 가격형성에 부당한 영향을 주는 상태를 발생시켜 그 입찰의 공정을 해하였다고 볼 수 없어, 이는 입찰방해미수행위에 불과하다(대판 2003.9.26. 2002도3924). ⇨ 입찰방해죄는 미수범 처벌규정이 없으므로 불가벌 14. 법원행시

정답 ⑤

Chapter 04 사생활의 평온에 대한 죄

출제방향

주거침입죄와 퇴거불응죄에 관한 판례를 인정·부정으로 이분화하여 숙지하여야 한다.

◎ 지문의 내용에 대해 학설의 대립 등 다툼이 있는 경우 판례에 의함

01 주거침입의 죄에 대한 설명 중 가장 적절하지 않은 것은?

① 형법의 주거침입죄와 퇴거불응죄는 미수범 처벌규정이 있다.
② 주거침입죄가 계속범이라는 견해에 따르면 불법하게 주거에 침입한 자가 퇴거요구를 받고 불응한 때에는 퇴거불응죄가 별도로 성립하지 아니한다.
③ 사용자의 직장폐쇄가 정당한 쟁의행위로 인정되지 아니하는 때에는 다른 특별한 사정이 없는 한 근로자가 평소 출입이 허용 되는 사업장 안에 들어가는 행위는 주거침입죄를 구성하지 아니 한다.
④ 다른 사람의 주택에 무단 침입한 범죄사실로 이미 유죄판결을 받은 사람이 그 판결이 확정된 후에도 퇴거하지 아니하고 계속하여 당해 주택에 거주한 경우 위 판결 확정 이후의 행위는 별도의 주거침입죄를 구성하지 않는다.

해설

① 【O】 형법 제322조 20. 경찰승진
② 【O】 주거침입죄가 계속범이라는 견해에 따르면 불법하게 주거에 침입한 자가 퇴거요구를 받고 불응한 때에는 퇴거불응죄가 별도로 성립하지 아니한다. 20. 경찰승진
③ 【O】 대판 2007.12.28. 2007도5204 20. 경찰승진
④ 【X】 다른 사람의 주택에 무단 침입한 범죄사실로 이미 유죄판결을 받은 사람이 그 판결이 확정된 후에도 퇴거하지 않은 채 계속하여 당해 주택에 거주한 사안에서, 위 판결 확정 이후의 행위는 별도의 주거침입죄를 구성한다(대판 2008.5.8. 2007도11322). 20. 경찰승진

정답 ④

02 주거침입의 죄에 대한 설명으로 옳은 것만을 모두 고르면?

㉠ 외부인이 주거 내에 현재하는 거주자의 현실적인 승낙을 받아 통상적인 출입방법에 따라 공동주거에 들어갔다 하더라도 그것이 부재중인 다른 거주자의 의사에 반하는 것으로 추정되는 경우 주거침입죄가 성립한다.

㉡ 관리자의 현실적인 승낙을 받아 건조물에 통상적인 출입방법으로 들어간 경우에도 관리자의 가정적·추정적 의사는 고려되어야 하며, 그 승낙의 동기에 착오가 있었던 경우 승낙의 유효성에 영향을 미쳐 건조물침입죄가 성립할 수 있다.

㉢ 일반인의 출입이 허용된 음식점에 영업주의 승낙을 받아 통상적인 출입방법으로 들어갔다면 설령 행위자가 범죄 등을 목적으로 음식점에 출입하였거나 영업주가 행위자의 실제 출입목적을 알았더라면 출입을 승낙하지 않았을 것이라는 사정이 인정되더라도 주거침입죄에서 규정하는 침입행위에 해당하지 않는다.

㉣ 주거침입죄의 실행의 착수는 구성요건의 일부를 실현하는 행위까지 요구하는 것은 아니고 범죄구성요건의 실현에 이르는 현실적 위험성을 포함하는 행위를 개시하는 것으로 족하다.

① ㉠, ㉡   ② ㉠, ㉢   ③ ㉡, ㉣   ④ ㉢, ㉣

해설

㉠ 【 X 】 공동거주자 중 주거 내에 현재하는 거주자의 현실적인 승낙을 받아 통상적인 출입방법에 따라 들어갔다면, 설령 그것이 부재중인 다른 거주자의 의사에 반하는 것으로 추정된다고 하더라도 주거침입죄의 보호법익인 사실상 주거의 평온을 깨뜨렸다고 볼 수는 없다. 만일 외부인의 출입에 대하여 공동거주자 중 주거 내에 현재하는 거주자의 승낙을 받아 통상적인 출입방법에 따라 들어갔음에도 불구하고 그것이 부재중인 다른 거주자의 의사에 반하는 것으로 추정된다는 사정만으로 주거침입죄의 성립을 인정하게 되면, 주거침입죄를 의사의 자유를 침해하는 범죄의 일종으로 보는 것이 되어 주거침입죄가 보호하고자 하는 법익의 범위를 넘어서게 되고, '평온의 침해' 내용이 주관화·관념화되며, 출입 당시 현실적으로 존재하지 않는, 부재중인 거주자의 추정적 의사에 따라 주거침입죄의 성립 여부가 좌우되어 범죄 성립 여부가 명확하지 않고 가벌성의 범위가 지나치게 넓어지게 되어 부당한 결과를 가져오게 된다(대판 2021.9.9. 2020도12630). 23. 국가직 9급

㉡ 【 X 】 관리자에 의해 출입이 통제되는 건조물에 관리자의 승낙을 받아 건조물에 통상적인 출입방법으로 들어갔다면, 이러한 승낙의 의사표시에 기망이나 착오 등의 하자가 있더라도 특별한 사정이 없는 한 형법 제319조 제1항에서 정한 건조물침입죄가 성립하지 않는다. 이러한 경우 관리자의 현실적인 승낙이 있었으므로 가정적·추정적 의사는 고려할 필요가 없다. 단순히 승낙의 동기에 착오가 있다고 해서 승낙의 유효성에 영향을 미치지 않으므로, 관리자가 행위자의 실제 출입 목적을 알았더라면 출입을 승낙하지 않았을 사정이 있더라도 건조물침입죄가 성립한다고 볼 수 없다. 나아가 관리자의 현실적인 승낙을 받아 통상적인 출입방법에 따라 건조물에 들어간 경우에는 출입 당시 객관적·외형적으로 드러난 행위태양에 비추어 사실상의 평온상태를 해치는 모습으로 건조물에 들어간 것이라고 평가할 수도 없다(대판 2022.3.31. 2018도15213). 23. 국가직 9급

㉢ 【 O 】 일반인의 출입이 허용된 음식점에 영업주의 승낙을 받아 통상적인 출입방법으로 들어갔다면 특별한 사정이 없는 한 주거침입죄에서 규정하는 침입행위에 해당하지 않는다. 설령 행위자가 범죄 등을 목적으로 음식점에 출입하였거나 영업주가 행위자의 실제 출입 목적을 알았더라면 출입을 승낙하지 않았을 것이라는 사정이 인정되더라도 그러한 사정만으로는 출입 당시 객관적·외형적으로 드러난 행위 태양에 비추어 사실상의 평온상태를 해치는 방법으로 음식점에 들어갔다고 평가할 수 없으므로 침입행위에 해당하지 않는다(대판 2022.3.24. 2017도18272). 23. 국가직 9급

㉣ 【 O 】 대판 2008.4.10. 2008도1463 23. 국가직 9급

정답 ④

03 주거침입의 죄에 관한 설명 중 가장 적절하지 않은 것은?

① 관리자가 일정한 토지와 외부의 경계에 인적 또는 물적 설비를 갖추고 외부인의 출입을 제한하고 있다면 그 토지에 인접하여 건조물로서의 요건을 갖춘 구조물이 존재하지 않더라도 이러한 토지는 건조물침입죄의 객체인 위요지에 해당한다.
② 다가구용 단독주택이나 다세대주택·연립주택·아파트와 같은 공동주택 내부의 엘리베이터, 공용 계단, 복도 등 공용 부분도 그 거주자들의 사실상 주거의 평온을 보호할 필요성이 있으므로 주거침입죄의 객체인 '사람의 주거'에 해당한다.
③ 범죄의 목적으로 일반인의 출입이 허용된 음식점에 영업주의 승낙을 받아 통상적인 출입방법으로 들어간 경우, 특별한 사정이 없는 한 주거침입죄의 침입행위에 해당하지 않는다.
④ 공동거주자 중 한 사람이 법률적인 근거 기타 정당한 이유 없이 다른 공동거주자가 공동생활의 장소에 출입하는 것을 금지한 경우, 다른 공동거주자가 이에 대항하여 공동생활의 장소에 들어갔더라도 주거침입죄는 성립하지 않는다.

[해설]

① 【 X 】 건조물침입죄에서 침입행위의 객체인 '건조물'은 건조물침입죄가 사실상 주거의 평온을 보호법익으로 하는 점에 비추어 엄격한 의미에서의 건조물 그 자체뿐만 아니라 그에 부속하는 위요지를 포함한다고 할 것이나, 여기서 위요지라고 함은 건조물에 인접한 그 주변의 토지로서 외부와의 경계에 담 등이 설치되어 그 토지가 건조물의 이용에 제공되고 또 외부인이 함부로 출입할 수 없다는 점이 객관적으로 명확하게 드러나야 한다. 그러나 관리자가 일정한 토지와 외부의 경계에 인적 또는 물적 설비를 갖추고 외부인의 출입을 제한하고 있더라도 그 토지에 인접하여 건조물로서의 요건을 갖춘 구조물이 존재하지 않는다면 이러한 토지는 건조물침입죄의 객체인 위요지에 해당하지 않는다고 봄이 타당하다(대판 2017.12.22. 2017도690). 23. 경찰
② 【 O 】 대판 2022.8.25. 2022도3801 23. 경찰
③ 【 O 】 일반인의 출입이 허용된 음식점에 영업주의 승낙을 받아 통상적인 출입방법으로 들어갔다면 특별한 사정이 없는 한 주거침입죄에서 규정하는 침입행위에 해당하지 않는다. 설령 행위자가 범죄 등을 목적으로 음식점에 출입하였거나 영업주가 행위자의 실제 출입 목적을 알았더라면 출입을 승낙하지 않았을 것이라는 사정이 인정되더라도 그러한 사정만으로는 출입 당시 객관적·외형적으로 드러난 행위 태양에 비추어 사실상의 평온상태를 해치는 방법으로 음식점에 들어갔다고 평가할 수 없으므로 침입행위에 해당하지 않는다(대판 2022.3.24. 2017도18272). 23. 경찰
④ 【 O 】 공동거주자 중 한 사람이 법률적인 근거 기타 정당한 이유 없이 다른 공동거주자가 공동생활의 장소에 출입하는 것을 금지하고, 이에 대항하여 다른 공동거주자가 공동생활의 장소에 들어가는 과정에서 그의 출입을 금지한 공동거주자의 사실상 평온상태를 해쳤더라도 주거침입죄가 성립하지 않는 경우로서, 그 공동거주자의 승낙을 받아 공동생활의 장소에 함께 들어간 외부인의 출입 및 이용행위가 전체적으로 그의 출입을 승낙한 공동거주자의 통상적인 공동생활 장소의 출입 및 이용행위의 일환이자 이에 수반되는 행위로 평가할 수 있는 경우라면, 이를 금지하는 공동거주자의 사실상 평온상태를 해쳤음에도 불구하고 그 외부인에 대하여도 역시 주거침입죄가 성립하지 않는다고 봄이 타당하다(대판 2021.9.9. 2020도6085). 23. 경찰

정답 ①

04 주거침입죄에 관한 설명으로 가장 적절하지 않은 것은?

① 건조물의 이용에 기여하는 인접의 부속 토지라고 하더라도 인적 또는 물적 설비 등에 의한 구획 내지 통제가 없어 통상의 보행으로 그 경계를 쉽사리 넘을 수 있는 정도라고 한다면, 이는 다른 특별한 사정이 없는 한 주거침입죄의 객체에 속하지 아니한다.

② 공동거주자 중 주거 내에 현재하는 거주자의 현실적인 승낙을 받아 통상적인 출입방법에 따라 들어갔다면, 설령 그것이 부재 중인 다른 거주자의 의사에 반하는 것으로 추정되더라도 주거침입죄의 보호법익인 사실상 주거의 평온을 깨뜨렸다고 볼 수 없다.

③ 공동주거의 경우 여러 사람이 하나의 생활공간에서 거주하는 성질에 비추어 공동거주자 각자는 다른 거주자와의 관계로 인하여 주거에서 누리는 사실상 주거의 평온이라는 법익이 일정 부분 제약될 수밖에 없고, 공동거주자는 공동주거 관계를 형성하면서 이러한 사정을 서로 용인하였다고 보아야 한다.

④ 공동거주자 중 한 사람인 A가 정당한 이유 없이 다른 공동거주자가 공동생활의 장소에 출입하는 것을 금지한 경우, 다른 공동거주자인 甲이 이에 대항하여 공동생활의 장소에 들어갔더라도 주거침입죄는 성립하지 않고, 다만 甲이 그 장소에 출입하기 위하여 출입문의 잠금장치를 손괴하는 등 다소간의 물리력을 행사한 경우에는 주거침입죄가 성립할 수 있다.

해설

① 【O】 대판 2010.4.29. 2009도14643 22. 경찰

②③ 【O】 [1] 주거침입죄의 보호법익은 사적 생활관계에 있어서 사실상 누리고 있는 주거의 평온, 즉 '사실상 주거의 평온'으로서, 주거를 점유할 법적 권한이 없더라도 사실상의 권한이 있는 거주자가 주거에서 누리는 사실적 지배·관리관계가 평온하게 유지되는 상태를 말한다. 외부인이 무단으로 주거에 출입하게 되면 이러한 사실상 주거의 평온이 깨어지는 것이다. 이러한 보호법익은 주거를 점유하는 사실상태를 바탕으로 발생하는 것으로서 사실적 성질을 가진다.
한편 공동주거의 경우에는 여러 사람이 하나의 생활공간에서 거주하는 성질에 비추어 공동거주자 각자는 다른 거주자와의 관계로 인하여 주거에서 누리는 사실상 주거의 평온이라는 법익이 일정 부분 제약될 수밖에 없고, 공동거주자는 공동주거관계를 형성하면서 이러한 사정을 서로 용인하였다고 보아야 한다.
부재중인 일부 공동거주자에 대하여 주거침입죄가 성립하는지를 판단할 때에도 이러한 주거침입죄의 보호법익의 내용과 성질, 공동주거관계의 특성을 고려하여야 한다. 공동거주자 개개인은 각자 사실상 주거의 평온을 누릴 수 있으므로 어느 거주자가 부재중이라고 하더라도 사실상의 평온상태를 해치는 행위태양으로 들어가거나 그 거주자가 독자적으로 사용하는 공간에 들어간 경우에는 그 거주자의 사실상 주거의 평온을 침해하는 결과를 가져올 수 있다. 그러나 공동거주자 중 주거 내에 현재하는 거주자의 현실적인 승낙을 받아 통상적인 출입방법에 따라 들어갔다면, 설령 그것이 부재중인 다른 거주자의 의사에 반하는 것으로 추정된다고 하더라도 주거침입죄의 보호법익인 사실상 주거의 평온을 깨뜨렸다고 볼 수는 없다. 만일 외부인의 출입에 대하여 공동거주자 중 주거 내에 현재하는 거주자의 승낙을 받아 통상적인 출입방법에 따라 들어갔음에도 불구하고 그것이 부재중인 다른 거주자의 의사에 반하는 것으로 추정된다는 사정만으로 주거침입죄의 성립을 인정하게 되면, 주거침입죄를 의사의 자유를 침해하는 범죄의 일종으로 보는 것이 되어 주거침입죄가 보호하고자 하는 법익의 범위를 넘어서게 되고, '평온의 침해' 내용이 주관화·관념화되며, 출입 당시 현실적으로 존재하지 않는, 부재중인 거주자의 추정적 의사에 따라 주거침입죄의 성립 여부가 좌우되어 범죄 성립 여부가 명확하지 않고 가벌성의 범위가 지나치게 넓어지게 되어 부당한 결과를 가져오게 된다.
[2] 피고인이 甲의 부재중에 甲의 처 乙과 혼외 성관계를 가질 목적으로 乙이 열어 준 현관 출입문을 통하여 甲과 乙이 공동으로 거주하는 아파트에 들어간 사안에서, 피고인이 乙로부터 현실적인 승낙을 받아 통상적인 출입방법에 따라 주거에 들어갔으므로 주거의 사실상 평온상태를 해치는 행위태양으로 주거에 들어간 것이 아니어서 주거에 침입한 것으로 볼 수 없고, 피고인의 주거 출입이 부재중인 甲의 의사에 반하는 것으로 추정되더라도 주거침입죄의 성립 여부에 영향을 미치지 않는다(대판 2021.9.9. 2020도12630). 22. 경찰

③ 【O】 대판 2007.12.28. 2007도5204 22. 경찰

④ 【X】 공동거주자 중 한 사람이 법률적인 근거 기타 정당한 이유 없이 다른 공동거주자가 공동생활의 장소에 출입하는 것을 금지하고, 이에 대항하여 다른 공동거주자가 공동생활의 장소에 들어가는 과정에서 그의 출입을 금지한 공동거주자의 사실상 평온상태를 해쳤더라도 주거침입죄가 성립하지 않는 경우로서, 그 공동거주자의 승낙을 받아 공동생활의 장소에 함께 들어간 외부인의 출입 및 이용행위가 전체적으로 그의 출입을 승낙한 공동거주자의 통상적인 공동생활 장소의 출입 및 이용행위의 일환이자 이에 수반되는 행위로 평가할 수 있는 경우라면, 이를 금지하는 공동거주자의 사실상 평온상태를 해쳤음에도 불구하고 그 외부인에 대하여도 역시 주거침입죄가 성립하지 않는다고 봄이 타당하다(대판 2021.9.9. 2020도6085). 22. 경찰

정답 ④

05 주거침입의 죄에 대한 설명 중 옳은 것만을 모두 고른 것은?

㉠ 甲이 A의 부재중에 A의 아내인 B와 혼인 외 성관계를 가질 목적으로 B가 열어준 출입문을 통해서 A와 B가 공동거주하는 아파트에 들어간 경우, 甲이 B의 승낙을 얻어 통상적인 출입방법에 의하여 들어 갔다 하더라도 甲의 출입은 부재중인 A의 추정적 의사에 반하므로 주거침입죄가 성립한다.

㉡ 甲이 일반인의 출입이 허용된 음식점에 영업주의 승낙을 받아 통상적인 출입방법으로 들어갔다면, 설령 甲이 범죄 등의 목적으로 음식점에 출입하였거나 영업주가 甲의 실제출입 목적을 알았더라면 출입을 승낙하지 않았을 것이라는 사정이 인정되더라도 주거침입죄가 성립하지 아니한다.

㉢ 甲이 아내 A와의 불화로 인해 A와 공동생활을 영위하던 아파트에서 짐 일부를 챙겨 나온 후 A의 외출 중 자신의 어머니 乙과 함께 그 아파트에 들어가려고 그 안에 있던 처제 B에게 출입문을 열어달라고 요구하였으나 A로부터 열어주지 말라는 말을 들은 B가 체인형 걸쇠를 걸어 잠그며 현관문을 열어주지 않자 甲이 乙과 함께 그 걸쇠를 부수고 아파트에 들어간 경우, 甲과 乙에게는 주거침입죄의 공동정범이 성립한다.

㉣ 甲이 교제하다 헤어진 A가 거주하는 아파트 109동 305호에 들어가려고 아파트 지하 주차장에서 위 305호가 있는 109동으로 연결된 출입구의 공동출입문에 A나 다른 입주자의 승낙 없이 무단으로 비밀번호를 입력하여 아파트의 공용부분에 들어가 위 305호 현관문 앞까지 출입한 경우, A와 같은 109동에 거주하는 다른 입주자들의 사실상 주거의 평온상태를 해한 것으로 볼 수 있다면 주거침입죄가 성립한다.

① ㉠, ㉡   ② ㉡, ㉢   ③ ㉡, ㉣   ④ ㉡, ㉢, ㉣

해설

㉠【X】甲이 A의 부재중에 A의 처 B와 혼외 성관계를 가질 목적으로 B가 열어 준 현관 출입문을 통하여 A와 B가 공동으로 거주하는 아파트에 들어간 사안에서, 甲이 B로부터 현실적인 승낙을 받아 통상적인 출입방법에 따라 주거에 들어갔으므로 주거의 사실상 평온상태를 해치는 행위태양으로 주거에 들어간 것이 아니어서 주거에 침입한 것으로 볼 수 없고, 甲의 주거 출입이 부재중인 A의 의사에 반하는 것으로 추정되더라도 주거침입죄의 성립 여부에 영향을 미치지 않는다(대판 2021.9.9. 2020도12630). 23. 경찰간부

㉡【O】일반인의 출입이 허용된 음식점에 영업주의 승낙을 받아 통상적인 출입방법으로 들어갔다면 특별한 사정이 없는 한 주거침입죄에서 규정하는 침입행위에 해당하지 않는다. 설령 행위자가 범죄 등을 목적으로 음식점에 출입하였거나 영업주가 행위자의 실제 출입 목적을 알았더라면 출입을 승낙하지 않았을 것이라는 사정이 인정되더라도 그러한 사정만으로는 출입 당시 객관적·외형적으로 드러난 행위 태양에 비추어 사실상의 평온상태를 해치는 방법으로 음식점에 들어갔다고 평가할 수 없으므로 침입행위에 해당하지 않는다(대판 2022.3.24. 2017도18272). 23. 경찰간부

㉢【X】공동거주자 중 한 사람이 법률적인 근거 기타 정당한 이유 없이 다른 공동거주자가 공동생활의 장소에 출입하는 것을 금지하고, 이에 대항하여 다른 공동거주자가 공동생활의 장소에 들어가는 과정에서 그의 출입을 금지한 공동거주자의 사실상 평온상태를 해쳤더라도 주거침입죄가 성립하지 않는 경우로서, 그 공동거주자의 승낙을 받아 공동생활의 장소에 함께 들어간 외부인의 출입 및 이용행위가 전체적으로 그의 출입을 승낙한 공동거주자의 통상적인 공동생활 장소의 출입 및 이용행위의 일환이자 이에 수반되는 행위로 평가할 수 있는 경우라면, 이를 금지하는 공동거주자의 사실상 평온상태를 해쳤음에도 불구하고 그 외부인에 대하여도 역시 주거침입죄가 성립하지 않는다고 봄이 타당하다(대판 2021.9.9. 2020도6085). 23. 경찰간부

㉣【O】아파트 등 공동주택의 공동현관에 출입하는 경우에도, 그것이 주거로 사용하는 각 세대의 전용 부분에 필수적으로 부속하는 부분으로 거주자와 관리자에게만 부여된 비밀번호를 출입문에 입력하여야만 출입할 수 있거나, 외부인의 출입을 통제·관리하기 위한 취지의 표시나 경비원이 존재하는 등 외형적으로 외부인의 무단출입을 통제·관리하고 있는 사정이 존재하고, 외부인이 이를 인식하고서도 그 출입에 관한 거주자나 관리자의 승낙이 없음은 물론, 거주자와의 관계 기타 출입의 필요 등에 비추어 보더라도 정당한 이유 없이 비밀번호를 임의로 입력하거나 조작하는 등의 방법으로 거주자나 관리자 모르게 공동현관에 출입한 경우와 같이, 그 출입 목적 및 경위, 출입의 태양과 출입한 시간 등을 종합적으로 고려할 때 공동주택 거주자의 사실상 주거의 평온상태를 해치는 행위태양으로 볼 수 있는 경우라면 공동주택 거주자들에 대한 주거침입에 해당할 것이다(대판 2022.1.27. 2021도15507). 23. 경찰간부

정답 ③

06 주거침입의 죄에 관한 다음 설명 중 옳지 않은 것은 몇 개인가?

⊙ 근로자들이 직장 또는 사업장 시설을 전면적·배타적으로 점거하여 조합원 이외의 자의 출입을 저지하거나 사용자 측의 관리지배를 배제하여 업무의 중단 또는 혼란을 야기케 하는 것과 같은 행위는 쟁의행위의 정당성의 한계를 벗어난 것이다.
⊙ 근로자들이 사용자와 제3자가 공동으로 관리·사용하는 공간을 사용자에 대한 정당한 쟁의행위를 이유로 관리자의 의사에 반하여 침입·점거한 경우, 위 제3자에 대하여는 정당행위로서 주거침입의 위법성이 조각되지 않는다.
⊙ 근로자들이 타워크레인에 올라가 이를 점거한 사안에서, 타워크레인은 건설기계의 일종으로서 작업을 위하여 토지에 고정되었을 뿐이고 운전실은 기계를 운전하기 위한 작업공간 그 자체이지 건조물침입죄의 객체인 건조물에 해당하지 아니한다.
⊙ 사용자의 직장폐쇄가 정당한 쟁의행위로 인정되지 아니하는 때에는 적법한 쟁의행위로서 사업장을 점거 중인 근로자들이 직장폐쇄를 단행한 사용자로부터 퇴거 요구를 받고 이에 불응한 채 직장점거를 계속하더라도 퇴거불응죄가 성립하지 아니한다.

① 0개 ② 1개 ③ 2개 ④ 3개

해설

⊙ 【 O 】 대판 1991.6.11. 91도383 17. 경찰간부
⊙ 【 O 】 대판 2010.3.11. 2009도5008 17. 경찰간부
⊙ 【 O 】 대판 2005.10.7. 2005도5351 17. 경찰간부
⊙ 【 O 】 대판 2007.3.29. 2006도9307 17. 경찰간부

정답 ①

07 다음 설명 중 옳은 것은 모두 몇 개인가?

㉠ 주택의 매수인이 계약금과 중도금을 지급하고서 그 주택을 인도받아 점유하고 있던 중 위 매매계약을 해제하고 중도금 반환청구 소송을 제기하여 얻은 그 승소판결에 기하여 강제집행에 착수한 이후에, 매도인이 매수인이 잠가 놓은 위 주택의 출입문을 열고 들어간 경우라면 매도인으로서는 매수인이 그 주택에 대한 모든 권리를 포기한 것으로 알고 그 주택에 들어간 것이라고 할 수 있을 뿐만 아니라 그 주택에 대하여 보호받아야 할 매수인의 주거에 대한 평온상태는 소멸되었다고 볼 수 있으므로 매도인의 행위는 주거침입죄를 구성하지 아니한다.

㉡ 일반인의 출입이 허용된 상가 등 영업장소에 영업주의 승낙을 받아 통상적인 출입방법으로 들어갔다면 특별한 사정이 없는 한 건조물침입죄에서 규정하는 침입행위에 해당하지 않고, 설령 행위자가 범죄 등을 목적으로 영업장소에 출입하였거나 영업주가 행위자의 실제 출입 목적을 알았다면 출입을 승낙하지 않았을 것이라는 사정이 인정되더라도 그러한 사정만으로는 출입 당시 객관적·외형적으로 드러난 행위 태양에 비추어 사실상의 평온상태를 해치는 방법으로 영업장소에 들어갔다고 평가할 수 없으므로 침입행위에 해당하지 않는다.

㉢ 주거침입죄와 퇴거불응죄는 모두 사실상의 주거의 평온을 그 보호법익으로 하므로, 퇴거요구를 받고 건물의 열쇠를 반환한 다음 건물에서 나가면서 가재 도구를 남겨둔 경우에는 퇴거불응죄가 성립한다.

㉣ 형법 제331조 제2항의 특수절도에 있어서 주거침입은 그 구성요건이 아니므로, 절도범인이 그 범행수단으로 주거침입을 한 경우에 그 주거침입행위는 절도죄에 흡수되지 아니하고 별개로 주거침입죄를 구성하여 절도죄와는 실체적 경합의 관계에 있게 되나, 2인 이상이 합동하여 야간이 아닌 주간에 절도의 목적으로 타인의 주거에 침입한 경우에는 아직 절취할 물건의 물색행위를 시작하기 전이라도 특수절도죄의 미수죄가 성립한다.

㉤ 피고인이 주택에 무단 침입한 범죄사실로 이미 유죄판결을 받고 그 판결이 확정되었음에도 퇴거하지 아니한 채 계속해서 위 주택에 거주함으로써 위 판결이 확정된 이후로 피고인의 주거침입행위 및 그로 인한 위법상태가 계속되고 있다고 하더라도 이미 확정판결이 있었던 이상 별도의 주거침입죄를 구성하지 않는다.

① 1개　② 2개　③ 3개　④ 4개

해설

㉠【O】대판 1987.5.12. 87도3 24. 법원행시
㉡【O】대판 2022.8.25. 2022도3801 24. 법원행시
㉢【X】정당한 퇴거요구를 받고 건물에서 나가면서 가재도구 등을 남겨둔 경우 퇴거불응죄를 구성하지 않는다(대판 2007.11.5. 2007도6990). 24. 법원행시
㉣【X】형법 제331조 제2항의 특수절도에 있어서 주거침입은 그 구성요건이 아니므로, 절도범인이 그 범행수단으로 주거침입을 한 경우에 그 주거침입행위는 절도죄에 흡수되지 아니하고 별개로 주거침입죄를 구성하여 절도죄와는 실체적 경합의 관계에 있게 되고, 2인 이상이 합동하여 야간이 아닌 주간에 절도의 목적으로 타인의 주거에 침입하였다 하여도 아직 절취할 물건의 물색행위를 시작하기 전이라면 특수절도죄의 실행에는 착수한 것으로 볼 수 없는 것이어서 그 미수죄가 성립하지 않는다(대판 2009.12.24. 2009도9667). 24. 법원행시
㉤【X】다른 사람의 주택에 무단 침입한 범죄사실로 이미 유죄판결을 받은 사람이 그 판결이 확정된 후에도 퇴거하지 않은 채 계속하여 당해 주택에 거주한 사안에서, 위 판결 확정 이후의 행위는 별도의 주거침입죄를 구성한다(대판 2008.5.8. 2007도11322). 24. 법원행시

정답 ②

08 주거침입의 죄에 관한 설명으로 가장 옳은 것은?

① 주거침입죄에 있어서 주거 또는 건조물이라 함은 단순히 가옥만을 말하는 것이 아니고 그 위요지를 포함한다 할 것이나, 사찰의 정문에 설치된 철조망을 걷어내고 무단으로 사찰의 경내로 진입한 행위만으로는 주거침입죄를 구성한다고 볼 수 없다.
② 주거침입죄는 사실상의 주거의 평온을 보호법익으로 하는 것이므로 남의 집 대문을 몰래 열고 들어와 담장과 건물 사이의 좁은 통로에서 창문을 통하여 방안을 엿본 행위만으로는 주거의 사실상 평온상태가 침해되지 않아 주거침입죄가 성립하지 않는다.
③ 다가구용 단독주택인 빌라의 시정되지 않은 대문을 열고 들어가 계단으로 빌라 3층까지 올라가서 그곳의 문을 두드려본 후 다시 1층으로 내려온 것만으로는 주거침입죄의 객체인 '사람의 주거'에 침입하였다고 할 수 없어 주거침입죄가 성립하지 않는다.
④ 건조물의 이용에 기여하는 인접의 부속 토지라고 하더라도 인적 또는 물적 설비 등에 의한 구획 내지 통제가 없어 통상의 보행으로 그 경계를 쉽사리 넘을 수 있는 정도라고 한다면 일반적으로 외부인의 출입이 제한된다는 사정이 객관적으로 명확하게 드러났다고 보기 어려우므로, 이는 다른 특별한 사정이 없는 한 주거침입죄의 객체에 속하지 않는다.

해설

① 【X】 주거침입죄에 있어서 주거 또는 건조물이라 함은 단순히 가옥만을 말하는 것이 아니고 그 **위요지를** 포함한다 할 것이고, 침입이라 함은 거주자 또는 간수자의 의사에 반하여 들어가면 족한 것이고 어떤 저항을 받을 것을 요하지 않으며, 일반적으로 **개방되어 있는 장소라도** 필요한 때는 관리자가 그 출입을 금지 내지 제한할 수 있는 것이므로 그 출입금지 내지 제한하는 의사에 반하여 무리하게 주거 또는 건조물 구내에 들어간다면 주거침입죄를 구성한다.

> **사실관계**
> 약 270명의 승려 및 신도들이 피고인의 주지취임을 반대하면서 사찰경내를 굳게 지키고 있는 상황을 알면서, 피고인이 약 37명 가량의 일반승려들을 규합하여 이들과 함께 날이 채 새기도 전에 잠겨진 뒷문을 넘어 들어가거나 **정문에 설치된 철조망을 걷어 내고** 정문을 통과하는 방법으로 사찰 경내로 난입했다면, 그러한 피고인 등의 행위는 종법에 따른 검수절차를 통한 주지직 취임의 한계를 일탈한 것이고, 전임 주지측의 사찰경내에 대한 사실상 점유의 평온을 침해한 것으로 주거침입죄가 성립한다(대판 1983.3.8. 82도1363). 18. 경찰간부

② 【X】 주거침입죄는 사실상의 주거의 평온을 보호법익으로 하는 것으로 거주자가 누리는 사실상의 주거의 평온을 해할 수 있는 정도에 이르렀다면 범죄구성요건을 충족하는 것이라고 보아야 하고, 주거침입죄에 있어서 주거라 함은 단순히 가옥 자체만을 말하는 것이 아니라 그 **위요지를** 포함한다. 따라서 이미 수일 전에 2차례에 걸쳐 피해자를 강간하였던 **피고인이 대문을 몰래 열고 들어와 담장과 피해자가 거주하던 방 사이의 좁은 통로에서 창문을 통하여 방안을 엿본 경우, 주거침입죄에 해당한다**(대판 2001.4.24. 2001도1092). 18. 경찰간부

③ 【X】 주거침입죄에서 주거란 단순히 가옥 자체만을 말하는 것이 아니라 그 정원 등 **위요지를 포함한다.** 따라서 다가구용 단독주택이나 다세대주택·연립주택·아파트 등 공동주택 안에서 공용으로 사용하는 **계단과 복도는,** 주거로 사용하는 각 가구 또는 세대의 전용 부분에 필수적으로 부속하는 부분으로서 그 거주자들에 의하여 일상생활에서 감시·관리가 예정되어 있고 사실상의 주거의 평온을 보호할 필요성이 있는 부분이므로, 특별한 사정이 없는 한 주거침입죄의 객체인 '사람의 주거'에 해당한다.

> **사실관계**
> 다가구용 단독주택인 빌라의 잠기지 않은 대문을 열고 들어가 공용 계단으로 빌라 3층까지 올라갔다가 1층으로 내려온 경우, 주거인 공용 계단에 들어간 행위가 거주자의 의사에 반한 것이라면 주거에 침입한 것이라고 보아야 한다(대판 2009.8.20. 2009도3452). 18. 경찰간부

④ 【O】 차량 통행이 빈번한 도로에 바로 접하여 있고, 도로에서 주거용 건물, 축사 4동 및 비닐하우스 2동으로 이루어진 시설로 들어가는 입구 등에 **그 출입을 통제하는 문이나 담 기타 인적·물적 설비가 전혀 없고** 노폭 5m 정도의 통로를 통하여 누구나 축사 앞 공터에 이르기까지 자유롭게 드나들 수 있는 통로로 진입하여 축사 앞 공터까지 들어간 행위는 주거침입에 해당하지 않는다(대판 2010.4.29. 2009도14643). 18. 경찰간부

정답 ④

09 주거침입의 죄에 대한 설명으로 가장 적절한 것은?

① 건물의 소유자라고 주장하는 피고인과 그것을 점유 관리하는 피해자 사이에 건물의 소유권에 대한 분쟁이 계속되고 있는 상황이라면 피고인이 피해자의 허락없이 그 건물에 침입하는 행위를 주거침입죄로 처벌할 수 없다.
② 퇴거불응죄는 실행행위의 소극적 성격으로 인해 주거침입죄에 비해 법정형이 경하게 규정되어 있다.
③ 주거침입죄의 실행의 착수가 인정되기 위해서는 주거자의 의사에 반하여 주거나 관리하는 건조물 등에 들어가는 행위까지 요구하는 것은 아니고, 범죄구성요건의 실현에 이르는 현실적 위험성을 포함하는 행위를 개시하는 것으로 족하다.
④ 피고인 甲이 A의 부재중에 A의 처인 B와 혼외 성관계를 가질 목적으로 B가 열어 준 현관 출입문을 통하여 A와 B가 공동으로 거주하는 아파트에 3회에 걸쳐 들어간 경우 주거침입죄가 성립하지 않는다.

해설

① 【X】 건물의 소유권에 대한 분쟁이 계속되고 있는 상황이라면 피고인이 그 건물에 침입하는 것에 대한 피해자의 **추정적 승낙**이 있었다거나 피고인의 이 사건 범행이 사회상규에 위배되지 않는다고 볼 수 없다(대판 1989.9.12. 89도889). 18. 경찰채용 3차
② 【X】 주거침입죄와 퇴거불응죄는 법정형이 동일하다. 제319조 참고. 18. 경찰채용 3차
③ 【O】 대판 2008.4.10. 2008도1464 18. 경찰채용 3차
④ 【X】 甲이 A의 부재중에 A의 처 B와 혼외 성관계를 가질 목적으로 B가 열어 준 현관 출입문을 통하여 A와 B가 공동으로 거주하는 아파트에 들어간 사안에서, 甲이 B로부터 현실적인 승낙을 받아 통상적인 출입방법에 따라 주거에 들어갔으므로 주거의 사실상 평온상태를 해치는 행위태양으로 주거에 들어간 것이 아니어서 주거에 침입한 것으로 볼 수 없고, 甲의 주거 출입이 부재중인 A의 의사에 반하는 것으로 추정되더라도 주거침입죄의 성립 여부에 영향을 미치지 않는다(대판 2021.9.9. 2020도12630). 23. 경찰승진

정답 ③

10 주거침입죄에 관한 다음 설명 중 가장 적절한 것은?

① 주거침입죄가 계속범이라는 견해에 의하면 불법하게 주거에 침입한 자가 퇴거요구를 받고 불응한 때에는 퇴거불응죄가 별도로 성립한다.
② 피고인이 이웃에 있는 고종사촌인 A의 집에 놀러 가서 잠시 머무르고 있는 동안에 A에게 돈을 변제하고자 찾아온 B의 돈을 절취하였다면 주거침입죄가 성립한다.
③ 점유자에게 건물을 점유할 권리가 없는 경우라고 하더라도 권리자가 그 권리의 실행을 위하여 자력구제의 수단으로 건물에 침입한 경우에 주거침입죄가 성립한다.
④ 임대차기간 종료 후 임차인이 불법하게 점유하고 있는 건물에 임대인이 임의로 출입문을 폐쇄하자 임차인이 임대인이 폐쇄한 출입구를 뜯고 그 건물에 들어갔다면 주거침입죄가 성립한다.

해설

① 【X】 퇴거불응죄의 주체는 주거 등에 '적법하게 또는 과실로 들어간 자'이다. 따라서 처음부터 타인의 의사에 반하는 주거침입이 있었으면 그 후 퇴거요구에 불응하더라도 주거침입죄만이 성립한다. 이는 주거침입죄를 계속범으로 보든 상태범으로 보든 마찬가지다. 다만 주거침입죄가 계속범이라는 견해에 의하면 이 경우 법조경합 중 보충관계에 해당하지만, 만일 상태범으로 보게 되면 불가벌적 사후행위로서 법조경합 중 흡수관계에 있다고 보아야 할 것이다.
② 【X】 피고인이 인근동리에 사는 고모의 아들인 피해자의 집에 잠시 들어가 있는 동안에 동 피해자에게 돈을 갚기 위하여 찾아온 동 피해자의 이질의 돈을 절취하였다면 피고인이 당초부터 불법목적을 가지고 위 피해자의 집에 들어갔거나 그의 의사에 반하여 그의 집에 들어간 것이 아니어서 주거침입죄 부분의 공소사실은 범죄의 증명이 없는 때에 해당한다(대판 1984.2.14. 83도2897).
③ 【O】 대판 1985.3.26. 85도122
④ 【X】 적법한 임대차기간이 종료한 후 계속 점유(사실상 불법점유)하고 있는 건물에 대하여 소유자가 마음대로 건물출입문에 판자를 대어 폐쇄한 것을 자력으로 판자를 뜯어 위 건물에 들어갔다고 해서 건조물침입죄가 된다고 볼 수 없다(대판 1973.6.26. 73도460).

정답 ③

11 주거침입죄에 관한 다음 설명 중 가장 틀린 것은?

① 침입 대상인 아파트에 사람이 있는지를 확인하기 위해 그 집의 초인종을 누른 행위만으로는 침입의 현실적 위험성을 포함하는 행위를 시작하였다거나, 주거의 사실상의 평온을 침해할 객관적인 위험성을 포함하는 행위를 한 것으로 볼 수 없다.
② 피고인 甲이 다른 손님들의 대화 내용 및 장면을 녹음 녹화할 수 있는 장치를 설치할 목적으로 음식점의 방실에 들어간 경우 음식점 영업주로부터 승낙을 받아 통상적인 출입방법에 따라 음식점의 방실에 들어갔더라도 주거침입죄는 성립한다.
③ 피해자 소유의 축사건물 및 그 부지를 임의경매 절차에서 매수한 사람이 위 부지 밖에 설치된 피해자 소유 소독시설을 통로로 삼아 위 축사건물에 출입한 경우 건조물침입죄를 구성한다.
④ 야간에 아파트에 들어가 재물을 절취할 목적으로 침입 대상 아파트의 창문이 열려 있으면 안으로 들어가겠다는 의사 아래 창문을 열어보는 행위만으로는 야간주거침입절도에 있어서 실행의 착수가 있었다고 볼 수 있다.

[해설]
① 【 O 】 대판 2008.4.10. 2008도1464
② 【 X 】 피고인들이 공모하여, 甲, 乙이 운영하는 각 음식점에서 인터넷 언론사 기자 丙을 만나 식사를 대접하면서 丙이 부적절한 요구를 하는 장면 등을 확보할 목적으로 녹음·녹화장치를 설치하거나 장치의 작동 여부 확인 및 이를 제거하기 위하여 각 음식점의 방실에 들어감으로써 甲, 乙의 주거에 침입하였다는 내용으로 기소된 사안에서, 피고인들이 각 음식점 영업주로부터 승낙을 받아 통상적인 출입방법에 따라 각 음식점의 방실에 들어간 것은 주거침입죄에서 규정하는 침입행위에 해당하지 아니하고, 설령 다른 손님인 丙과의 대화 내용과 장면을 녹음·녹화하기 위한 장치를 설치하거나 장치의 작동 여부 확인 및 이를 제거할 목적으로 각 음식점의 방실에 들어갔더라도, 그러한 사정만으로는 피고인들에게 주거침입죄가 성립하지 않는다(대판 2022.3.24. 2017도18272).
23. 경찰승진
③ 【 O 】 대판 2007.12.13. 2007도7247
④ 【 O 】 대판 2006.9.14. 2006도2824

[정답] ②

12 다음 설명 중 옳지 않은 것은?

① 대학교가 교내에서의 집회를 허용하지 아니하고 집회와 관련된 외부인의 출입을 금지하였는데도 집회를 위하여 제지를 받음 없이 대학교에 들어간 경우 주거침입죄가 성립한다.
② 해고의 효력을 다투는 자가 노조사무실 출입목적으로 경비원을 뿌리치고 회사 내로 들어가는 것은 주거침입죄에 해당한다.
③ 피고인이 자신 소유의 집을 동거 중인 자가 매각하여 타인이 점유하고 있는 위 주거에 무단히 들어갔다면 주거침입죄가 성립한다.
④ 노조원들에 의한 회사 점거 중 해고근로자가 노조 임시사무실에 들어간 행위는 주거침입죄를 구성한다.

[해설]
① 【 O 】 대판 2003.9.23. 2001도4328
② 【 X 】 해고된 근로자라도 상당한 기간 내에 그 해고의 효력을 다투는 자는 조합원의 지위가 인정되므로 주거침입죄가 성립하지 않는다(대판 1991.11.8. 91도326).
③ 【 O 】 대판 1969.12.23. 69도2098
④ 【 O 】 해고근로자로서 노동조합법 제12조의2에서 개입을 금지하는 제3자에 해당하지 아니하는 자는 "상당한 기간 내에 그 해고가 부당노동행위이거나 무효라고 주장하여 노동위원회나 법원에 부당노동행위의 구제신청이나 해고무효확인의 소를 제기하여 그 효력을 다투는 자"에 국한되므로 해고근로자가 법률적 쟁송 이외의 방법으로 개별적 또는 집단적 협의과정을 통하여 해고의 효력을 다투고 있다 하여 위 법조에서 말하는 제3자가 아니라고 할 수 없다. 노조원들에 의한 회사 점거중 해고근로자가 노조 임시사무실에 들어간 행위가 건조물침입죄를 구성한다(대판 1994.2.8. 93도120). ● ②와 ④를 구별하여야 한다.

정답 ②

13 주거침입죄에 관한 다음 설명 중 가장 옳지 않은 것은?

① 다가구용 단독주택이나 다세대주택·연립주택·아파트 등 공동주택 안에서 공용으로 사용하는 계단과 복도는 특별한 사정이 없는 한 주거침입죄의 객체인 '사람의 주거'에 해당한다.
② 일반인의 출입이 허용된 음식점이라 하더라도, 영업주의명시적 또는 추정적 의사에 반하여 들어간 것이라면 주거침입죄가 성립된다.
③ 주거침입죄의 경우 주거침입의 범의로써 예컨대, 주거로 들어가는 문의 시정장치를 부수거나 문을 여는 등 침입을 위한 구체적 행위를 시작하였다면 주거침입죄의 실행의 착수는 있었다고 보아야 한다.
④ 출입문이 열려 있으면 안으로 들어가겠다는 의사 아래 출입문을 당겨보는 행위만으로는 주거침입의 실행에 착수한 것으로 볼 수 없다.

[해설]
① 【 O 】 대판 2009.9.10. 2009도4335 19. 법원직
② 【 O 】 대판 1997.3.28. 95도2674 19. 법원직
③ 【 O 】 대판 2003.10.24. 2003도4417 19. 법원직
④ 【 X 】 출입문이 열려 있으면 안으로 들어가겠다는 의사 아래 출입문을 당겨보는 행위는 바로 주거의 사실상의 평온을 침해할 객관적인 위험성을 포함하는 행위를 한 것으로 볼 수 있어 주거침입의 실행에 착수한 것으로 보아야 한다(대판 2008.4.10. 2008도1464).

정답 ④

14 주거침입죄와 퇴거불응죄에 관한 다음 설명 중 틀린 것은?

① 야간에 타인의 집의 창문을 열고 집 안으로 얼굴을 들이미는 등의 행위를 하였다면 피고인이 자신의 신체의 일부가 집 안으로 들어간다는 인식하에 하였더라도 주거침입죄의 범의는 인정되고, 또한 비록 신체의 일부만이 집 안으로 들어갔다고 하더라도 사실상 주거의 평온을 해하였다면 주거침입죄는 기수에 이른 것이다.
② 정당한 퇴거요구를 받고 건물에서 나가면서 가재도구 등을 남겨둔 경우 퇴거불응죄는 성립하지 않는다.
③ 피고인이 야간에 다세대주택 2층의 불이 꺼져있는 것을 보고 물건을 절취하기 위하여 가스배관을 타고 올라가다가, 발은 1층 방범창을 딛고 두 손은 1층과 2층 사이에 있는 가스배관을 잡고 있던 상태에서 순찰 중이던 경찰관에게 발각되자 그대로 뛰어내렸다면 야간주거침입절도죄의 실행에 착수한 것이다.
④ 적법하게 직장폐쇄를 단행한 사용자로부터 퇴거요구를 받고도 불응한 채 직장점거를 계속한 행위는 퇴거불응죄를 구성한다.

해설

① 【O】 대판 1995.9.15. 94도2561
② 【O】 [1] 주거침입죄와 퇴거불응죄는 모두 사실상의 주거의 평온을 그 보호법익으로 하고, 주거침입죄에서의 침입이 신체적 침해로서 행위자의 신체가 주거에 들어가야 함을 의미하는 것과 마찬가지로 퇴거불응죄의 퇴거 역시 행위자의 신체가 주거에서 나감을 의미한다.
[2] 정당한 퇴거요구를 받고 건물에서 나가면서 가재도구 등을 남겨둔 경우 퇴거불응죄를 구성하지 않는다고 한 사례(대판 2007.11.15. 2007도6990).
③ 【X】 피고인이 이 사건 다세대주택 2층의 불이 꺼져있는 것을 보고 물건을 절취하기 위하여 가스배관을 타고 올라가다가, 발은 1층 방범창을 딛고 두 손은 1층과 2층 사이에 있는 가스배관을 잡고 있던 상태에서 순찰 중이던 경찰관에게 발각되자 그대로 뛰어내린 경우, 이러한 피고인의 행위만으로는 주거의 사실상의 평온을 침해할 현실적 위험성이 있는 행위를 개시한 때에 해당한다고 보기 어렵다(대판 2008.3.27. 2008도917).
④ 【O】 대판 1991.8.13. 91도1324

정답 ③

15 사생활의 평온에 관한 죄에 대한 설명으로 옳은 것은 모두 몇 개인가?

㉠ 甲이 교제하다 헤어진 A가 거주하는 아파트에 들어가려고 아파트 지하 주차장에서 A나 다른 입주자의 승낙 없이 무단으로 A가 거주하는 101동으로 연결된 출입구의 공동출입문 비밀번호를 입력하여 아파트의 공용부분에 들어가 A의 집 현관문 앞까지 출입한 경우, A와 같은 아파트 101동에 거주하는 다른 입주자들의 사실상 주거의 평온 상태를 해한 것으로 볼 수 있다면 甲에게 주거침입죄가 성립한다.
㉡ 관리자의 현실적인 승낙을 받아 건조물에 통상적인 출입방법으로 들어간 경우에도 관리자의 가정적·추정적 의사는 고려되어야 하며, 그 승낙의 동기에 착오가 있었던 경우 승낙의 유효성에 영향을 미쳐 건조물침입죄가 성립할 수 있다.
㉢ 「형법」 제316조 제2항 소정의 전자기록등내용탐지죄는 봉함 기타 비밀장치한 전자기록 등 특수매체기록을 기술적 수단을 이용하여 그 내용을 알아낸 자를 처벌하는 규정이나, 봉함 기타 비밀장치가 되어 있지 아니한 전자기록 등 특수매체기록도 기술적 수단을 동원하여 그 내용을 알아낸 경우, 전자기록등내용탐지죄가 성립한다.
㉣ 업무시간 중 출입자격 등의 제한 없이 일반적으로 개방되어 있는 장소에 들어간 경우, 관리자의 명시적 출입금지 의사 및 조치가 없었던 이상 그 출입행위가 결과적으로 관리자의 추정적 의사에 반하였다는 사정만으로는 사실상의 평온상태를 해치는 행위 태양으로 출입하였다고 평가할 수 없다.

① 1개 ② 2개 ③ 3개 ④ 4개

해설

㉠ 【 O 】 아파트 등 공동주택의 공동현관에 출입하는 경우에도, 그것이 주거로 사용하는 각 세대의 전용 부분에 필수적으로 부속하는 부분으로 거주자와 관리자에게만 부여된 비밀번호를 출입문에 입력하여야만 출입할 수 있거나, 외부인의 출입을 통제·관리하기 위한 취지의 표시나 경비원이 존재하는 등 외형적으로 외부인의 무단출입을 통제·관리하고 있는 사정이 존재하고, 외부인이 이를 인식하고서도 그 출입에 관한 거주자나 관리자의 승낙이 없음은 물론, 거주자와의 관계 기타 출입의 필요 등에 비추어 보더라도 정당한 이유 없이 비밀번호를 임의로 입력하거나 조작하는 등의 방법으로 거주자나 관리자 모르게 공동현관에 출입한 경우와 같이, 그 출입 목적 및 경위, 출입의 태양과 출입한 시간 등을 종합적으로 고려할 때 공동주택 거주자의 사실상 주거의 평온상태를 해치는 행위태양으로 볼 수 있는 경우라면 공동주택 거주자들에 대한 주거침입에 해당할 것이다(대판 2022.1.27. 2021도15507). 24. 경찰승진

㉡ 【 X 】 거주자로부터 현실적인 승낙을 받아 통상적인 출입방법에 따라 주거에 들어간 경우라면, 설령 행위자가 범죄 등을 목적으로 주거에 들어갔거나 거주자가 행위자의 진정한 출입 목적을 알았더라면 출입을 승낙하지 않았을 것이라는 사정이 인정되더라도 특별한 사정이 없는 한 주거침입죄가 성립하지 않는다고 보아야 한다.
거주자가 출입을 승낙한 사안에서 행위자의 출입 목적 등과 같은 승낙의 동기에 착오가 있다는 이유로 주거침입죄로 처벌해서는 안 된다. 단순히 승낙의 동기에 착오가 있다고 해서 승낙의 유효성에 영향을 미치지 않는다. 거주자가 승낙했는데도 그 동기에 착오가 있는 경우까지 승낙의 유효성을 부정하여 주거침입죄가 성립한다고 인정한다면 주거침입죄로 처벌되는 범위가 지나치게 넓어져 부당한 결과를 가져온다(대판 2022.3.24. 2017도18272 전합). 24. 경찰승진

㉢ 【 X 】 형법 제316조 제2항 소정의 전자기록등내용탐지죄는 봉함 기타 비밀장치한 전자기록 등 특수매체기록을 기술적 수단을 이용하여 그 내용을 알아낸 자를 처벌하는 규정인바, 전자기록 등 특수매체기록에 해당하더라도 봉함 기타 비밀장치가 되어 있지 아니한 것은 이를 기술적 수단을 동원해서 알아냈더라도 전자기록등내용탐지죄가 성립하지 않는다(대판 2022.3.31. 2021도8900). 25. 경찰

㉣ 【 O 】 대판 2024.1.4. 2022도15955 25. 경찰

정답 ②

Chapter 05 재산에 대한 죄

출제방향

재산죄 일반이론에서는 재물과 재산상 이익, 각 유형별 점유의 개념, 불법영득의사와 친족상도례의 개념과 판례를 숙지하여야 한다. 또한 절도죄·강도죄·준강도죄·사기죄·공갈죄·횡령죄·배임죄·권리행사방해죄에 관한 조문을 철저하게 분석하고 이에 따른 판례도 분석하여야 한다.

제1절 재산죄 일반

> 지문의 내용에 대해 학설의 대립 등 다툼이 있는 경우 판례에 의함

01 재산죄에 관한 설명으로 가장 적절한 것은?

① 「형법」 제333조 후단의 강도죄(이른바 강제이득죄)의 요건인 재산상의 이익이란 재물을 포함한 모든 재산상의 이익을 말하는 것으로서 적극적 이익(적극적인 재산의 증가)이든 소극적 이익(소극적인 부채의 감소)이든 묻지 않는다.

② 甲이 상대방으로부터 금품이나 재산상 이익을 받을 것을 약속하고 성행위를 하는 경우 그 행위의 대가는 사기죄의 객체인 경제적 이익에 해당하지 않는다.

③ 甲이 피해자를 폭행·협박하여 매출전표에 허위 서명하게 하고 이를 교부받아 소지한 경우 甲이 신용카드회사에 매출전표를 제출하여도 신용카드회사가 신용카드 가맹점 규약 또는 약관의 규정을 들어 그 금액의 지급을 거절할 수 있으므로 甲은 '재산상 이익'을 취득하였다고 볼 수 없다.

④ 사기로 편취한 재물 또는 재산상의 이익의 가액을 구체적으로 산정할 수 없는 경우에는 편취한 재물 또는 재산상 이익의 가액이 5억 원 이상 또는 50억 원 이상인 것이 범죄구성요건의 일부로 되어 있고 그 가액에 따라 그 죄에 대한 형벌도 가중하는 특정경제범죄 가중처벌 등에 관한 법률위반(사기)죄로 처벌할 수 없다.

[해설]

① 【 X 】 형법 제333조 후단의 강도죄, 이른바 강제이득죄에서 말하는 '재산상의 이익'이란 재물 이외의 재산상의 이익을 말하는 것으로서 적극적 이익(재산의 증가)과 소극적 이익(부채의 감소)을 모두 포함한다. 강제이득죄를 처벌하는 취지는 권리의무관계가 외형상으로라도 불법적으로 변동되는 것을 막고자 함에 있고, 강도죄는 항거불능이나 반항을 억압할 정도의 폭행·협박을 그 요건으로 한다. 따라서 법률상 정당하게 그 이행을 청구할 수 있는 것이 아니어도 강도죄에서의 재산상의 이익에 해당할 수 있고, 그 재산상의 이익은 반드시 사법상 유효한 재산상의 이득만을 의미하는 것이 아니며, 외견상 재산상의 이득을 얻을 것이라고 인정할 수 있는 사실관계만 있으면 여기에 해당된다(대판 2020.10.15. 2020도7218). 24. 경찰

② 【 X 】 일반적으로 부녀와의 성행위 자체는 경제적으로 평가할 수 없고, 부녀가 상대방으로부터 금품이나 재산상 이익을 받을 것을 약속하고 성행위를 하는 약속 자체는 선량한 풍속 기타 사회질서에 위반한 사항을 내용으로 하는 법률행위로서 무효이나, 사기죄의 객체가 되는 재산상의 이익이 반드시 사법(사법)상 보호되는 경제적 이익만을 의미하지 아니하고, 부녀가 금품 등을 받을 것을 전제로 성행위를 하는 경우 그 행위의 대가는 사기죄의 객체인 경제적 이익에 해당하므로, 부녀를 기망하여 성행위 대가의 지급을 면하는 경우 사기죄가 성립한다(대판 2001.10.23. 2001도2991). 24. 경찰

③ 【X】 피고인들이 폭행·협박으로 피해자로 하여금 매출전표에 서명을 하게 한 다음 이를 교부받아 소지함으로써 이미 외관상 각 매출전표를 제출하여 신용카드회사들로부터 그 금액을 지급받을 수 있는 상태가 되었는바, 피해자가 각 매출전표에 허위 서명한 탓으로 피고인들이 신용카드회사들에게 각 매출전표를 제출하여도 신용카드회사들이 신용카드 가맹점 규약 또는 약관의 규정을 들어 그 금액의 지급을 거절할 가능성이 있다 하더라도, 그로 인하여 피고인들이 각 매출전표 상의 금액을 지급받을 가능성이 완전히 없어져 버린 것이 아니고 외견상 여전히 그 금액을 지급받을 가능성이 있는 상태이므로, 결국 피고인들이 '재산상 이익'을 취득하였다고 볼 수 있다(대판 1997.2.25. 96도3411). 24. 경찰

④ 【O】 사기로 인한 「특정경제범죄 가중처벌 등에 관한 법률」위반죄는 편취한 재물 또는 재산상 이익의 가액이 5억 원 이상 또는 50억 원 이상인 것이 범죄구성요건의 일부로 되어 있고 그 가액에 따라 그 죄에 대한 형벌도 가중되어 있으므로, 이를 적용함에 있어서는 편취한 재물이나 재산상 이익의 가액을 엄격하고 신중하게 산정함으로써 죄형균형 원칙이나 책임주의 원칙이 훼손되지 않도록 유의하여야 한다. 그러므로 사기로 편취한 재물 또는 재산상의 이익의 가액을 구체적으로 산정할 수 없는 경우에는 「특정경제범죄 가중처벌 등에 관한 법률」위반(사기)죄로 처벌할 수 없다(대판 2022.6.30. 2022도3771). 24. 경찰

정답 ④

02 재물과 재산상 이익에 관한 설명으로 가장 적절하지 않은 것은?

① 비트코인은 경제적인 가치를 디지털로 표상하여 전자적으로 이전, 저장과 거래가 가능하도록 한 가상자산의 일종으로 사기죄의 객체인 재산상 이익에 해당한다.

② 甲이 乙의 돈을 절취한 다음 다른 금전과 섞거나 교환하지 않고 쇼핑백 등에 넣어 자신의 집에 숨겨두었는데, 丙이 乙의 지시로 甲에게 겁을 주어 쇼핑백 등에 들어 있던 절취된 돈을 교부받아 갈취하였다면, 위 돈은 타인인 甲의 재물이라고 볼 수 없다.

③ 형법 제333조(강도)에서의 '재산상 이익'은 반드시 사법상 유효한 재산상의 이득만을 의미하는 것은 아니나, 단지 외견상 재산상의 이득을 얻을 것이라고 인정할 수 있는 사실관계만으로는 재산상의 이익을 인정할 수 없다.

④ 배임죄에 있어서 재산상의 손해를 가한 때라 함은 현실적인 손해를 가한 경우뿐만 아니라 재산상 실해 발생의 위험을 초래한 경우도 포함된다.

해설

① 【O】 대판 2021.11.11. 2021도9855 22. 경찰

② 【O】 공갈죄의 대상이 되는 재물은 타인의 재물을 의미하므로, 사람을 공갈하여 자기의 재물을 교부받는 경우에는 공갈죄가 성립하지 아니한다. 그리고 타인의 재물인지는 민법, 상법, 기타의 실체법에 의하여 결정되는데, 금전을 도난당한 경우 절도범이 절취한 금전만 소지하고 있을 때 등과 같이 구체적으로 절취된 금전을 특정할 수 있어 객관적으로 다른 금전 등과 구분됨이 명백한 예외적인 경우에는 절도 피해자에 대한 관계에서 그 금전이 절도범인 타인의 재물이라고 할 수 없다(대판 2012.8.30. 2012도6157). 22. 경찰

③ 【X】 형법 제333조 후단의 강도죄, 이른바 강제이득죄에서 말하는 '재산상의 이익'이란 재물 이외의 재산상의 이익을 말하는 것으로서 적극적 이익(재산의 증가)과 소극적 이익(부채의 감소)을 모두 포함한다. 강제이득죄를 처벌하는 취지는 권리의무관계가 외형상으로라도 불법적으로 변동되는 것을 막고자 함에 있고, 강도죄는 항거불능이나 반항을 억압할 정도의 폭행·협박을 그 요건으로 한다. 따라서 법률상 정당하게 그 이행을 청구할 수 있는 것이 아니어도 강도죄에서의 재산상의 이익에 해당할 수 있고, 그 재산상의 이익은 반드시 사법상 유효한 재산상의 이득만을 의미하는 것이 아니며, 외견상 재산상의 이득을 얻을 것이라고 인정할 수 있는 사실관계만 있으면 여기에 해당된다(대판 2020.10.15. 2020도7218). 22. 경찰

④ 【O】 피고인 등이 甲에게서 되찾은 돈은 절취 대상인 당해 금전이라고 구체적으로 특정할 수 있어 객관적으로 甲의 다른 재산과 구분됨이 명백하므로 이를 타인인 甲의 재물이라고 볼 수 없고, 따라서 비록 피고인 등이 甲을 공갈하여 돈을 교부받았더라도 타인의 재물을 갈취한 행위로서 공갈죄가 성립된다고 볼 수 없다(대판 2012.8.30. 2012도6157). 22. 경찰

정답 ③

03 다음 설명 중 가장 적절하지 않은 것은?

① 甲이 A의 영업점 내에 있는 A 소유의 휴대전화를 허락 없이 가지고 나와 통화 등에 사용한 다음 약 1~2시간 후 위 영업점 정문 옆 화분에 휴대전화를 놓아두고 갔다면 甲에게 불법영득의사가 인정된다.
② 어떠한 물건을 점유자의 의사에 반하여 취거하는 행위가 결과적으로 소유자의 이익으로 된다는 사정 또는 소유자의 추정적 승낙이 있다고 볼 만한 사정이 있다고 하더라도, 다른 특별한 사정이 없는 한 불법영득의 의사가 인정된다.
③ 甲이 피해자 A의 승낙 없이 혼인신고서를 작성하기 위하여 A의 도장을 몰래 꺼내어 사용한 후 곧바로 제자리에 가져다 놓았는데, 그 가치의 소모가 경미하다고 하더라도 도장에 대한 불법영득의 의사가 인정된다.
④ 甲이 乙의 돈을 절취한 다음 다른 금전과 섞거나 교환하지 않고 쇼핑백 등에 넣어 자신의 집에 숨겨두었는데, 피고인이 乙의 지시로 폭력조직원 丙과 함께 甲에게 겁을 주어 쇼핑백 등에 들어 있던 절취된 돈을 교부받아 갈취하였다면 피고인에게는 공갈죄가 성립하지 아니한다.

해설

① 【O】 절도죄의 성립에 필요한 불법영득의 의사란 권리자를 배제하고 타인의 물건을 자기의 소유물과 같이 이용·처분할 의사를 말하고, 영구적으로 물건의 경제적 이익을 보유할 의사임은 요하지 않으며, 일시 사용의 목적으로 타인의 점유를 침탈한 경우에도 사용으로 인하여 물건 자체가 가지는 경제적 가치가 상당한 정도로 소모되거나 또는 상당한 장시간 점유하고 있거나 본래의 장소와 다른 곳에 유기하는 경우에는 이를 일시 사용하는 경우라고는 볼 수 없으므로 영득의 의사가 없다고 할 수 없다. 따라서 피고인(甲)이 A의 영업점 내에 있는 A 소유의 휴대전화를 허락 없이 가지고 나와 이를 이용하여 통화를 하고 문자메시지를 주고받은 다음 약 1~2시간 후 甲에게 아무런 말을 하지 않고 위 영업점 정문 옆 화분에 놓아두고 간 경우, 피고인이 A의 휴대전화를 자신의 소유물과 같이 경제적 용법에 따라 이용하다가 본래의 장소와 다른 곳에 유기한 것이므로 피고인에게는 절도죄의 불법영득의사가 있었다고 보아야 한다(대판 2012.7.12. 2012도1132). 18. 경찰승진

② 【O】 형법상 절취란 타인이 점유하고 있는 자기 이외의 자의 소유물을 점유자의 의사에 반하여 점유를 배제하고 자기 또는 제3자의 점유로 옮기는 것을 말한다. 그리고 절도죄의 성립에 필요한 불법영득의 의사란 타인의 물건을 그 권리자를 배제하고 자기의 소유물과 같이 그 경제적 용법에 따라 이용·처분하고자 하는 의사를 말하는 것으로서, 단순히 타인의 점유만을 침해하였다고 하여 그로써 곧 절도죄가 성립하는 것은 아니나, 재물의 소권권 또는 이에 준하는 본권을 침해하는 의사가 있으면 되고 반드시 영구적으로 보유할 의사가 필요한 것은 아니며, 그것이 물건 자체를 영득할 의사인지 물건의 가치만을 영득할 의사인지를 불문한다. 따라서 어떠한 물건을 점유자의 의사에 반하여 취거하는 행위가 결과적으로 소유자의 이익으로 된다는 사정 또는 소유자의 추정적 승낙이 있다고 볼 만한 사정이 있다고 하더라도, 다른 특별한 사정이 없는 한 그러한 사유만으로 불법영득의 의사가 없다고 할 수는 없다(대판 2014.2.21. 2013도14139). 18. 경찰승진

③ 【X】 피해자의 승낙 없이 혼인신고서를 작성하기 위하여 피해자의 도장을 몰래 꺼내어 사용한 후 곧바로 제자리에 갖다 놓은 경우, 도장에 대한 불법영득의 의사가 있었다고 볼 수 없다(대판 2000.3.28. 2000도493). 18. 경찰승진

④ 【O】 피고인 등이 甲에게서 되찾은 돈은 절취 대상인 당해 금전이라고 구체적으로 특정할 수 있어 객관적으로 甲의 다른 재산과 구분됨이 명백하므로 이를 타인인 甲의 재물이라고 볼 수 없고, 따라서 비록 피고인 등이 甲을 공갈하여 돈을 교부받았더라도 타인의 재물을 갈취한 행위로서 공갈죄가 성립된다고 볼 수 없다(대판 2012.8.30. 2012도6157). 18. 경찰승진

정답 ③

04 다음 사례에서 甲, 乙, 丙, 丁의 죄책에 대한 설명 중 옳은 것은?

> Ⅰ. 甲은 1,500만원이 예금되어 있는 A 명의의 예금통장을 몰래 가져가 이를 이용하여 예금 1,000만 원을 인출한 후 바로 예금통장을 A에게 반환하였다.
> Ⅱ. B가 인터넷뱅킹을 하던 중 계좌번호를 잘못 입력하는 바람에 착오로 乙명의의 계좌로 송금한 돈을 乙이 임의로 인출하여 소비하였다.
> Ⅲ. 丙은 예금주이자 현금카드 소유자인 C로부터 C 명의의 현금카드를 강취한 후 그 카드를 이용하여 현금자동지급기에서 현금을 인출하여 소비하였다.
> Ⅳ. 丁은 자신의 통장이 사기 범행에 이용되리라는 사정을 알고도 자신의 명의로 예금계좌를 개설한 다음 그 통장을 戊에게 양도하였다. 戊는 D를 속여 D로 하여금 돈을 위 계좌로 송금하게 하였다. 그 후 丁은 위 송금된 돈의 일부를 인출하였다.

① 甲의 행위로 인하여 예금통장 자체가 가지는 경제적 가치가 그 인출된 예금액만큼 소모되었다고 할 수 없고 甲이 통장을 사용한 직후 곧 반환한 이상 통장에 대한 불법영득의사가 없었다고 보아야 하므로 甲이 통장을 몰래 가져가 예금을 인출한 행위는 절도죄에 해당하지 아니한다.
② 乙과 B 사이에 횡령죄의 구성요건인 보관관계가 인정된다고 보기 어려우므로 乙의 소비행위는 횡령죄에 해당하지 아니한다.
③ 丙에게는 인출된 현금의 보관자의 지위가 인정되므로 丙의 소비행위는 횡령죄에 해당한다.
④ 丙의 현금 인출행위는 강취행위의 불가벌적 사후행위이므로 절도죄에 해당하지 아니한다.
⑤ 戊의 사기행위는 丁이 D로부터 丁의 예금계좌로 돈을 송금받아 취득함으로써 종료되는 것이고, 그 후 丁이 자신의 예금계좌에서 위 돈을 인출하였다 하더라도 이는 예금명의자로서 은행에 예금반환을 청구한 결과일 뿐이므로 丁의 인출행위는 장물취득죄에 해당하지 아니한다.

[해설]

① 【 X 】 대판 2010.5.27. 2009도9008
② 【 X 】 어떤 예금계좌에 돈이 착오로 잘못 송금되어 입금된 경우에는 그 예금주와 송금인 사이에 신의칙상 보관관계가 성립한다고 할 것이므로, 피고인이 송금 절차의 착오로 인하여 피고인 명의의 은행 계좌에 입금된 돈을 임의로 인출하여 소비한 행위는 횡령죄에 해당하고, 이는 송금인과 피고인 사이에 별다른 거래관계가 없다고 하더라도 마찬가지이다(대판 2010.12.9. 2010도891).
③④ 【 X 】 횡령죄의 위탁관계는 사실상의 위탁관계로 족하기는 하지만 丙이 C의 현금카드를 강취한 경우에는 현금카드나 현금카드로 인출한 금전에 대한 위탁관계를 인정할 수는 없다. 따라서, 丙이 현금을 인출한 행위는 절도죄를 구성하고 이를 소비한 행위는 처벌하지 않는다.
⑤ 【 O 】 사기 범행에 이용되리라는 사정을 알고서도 자신의 명의로 새마을금고 예금계좌를 개설하여 戊에게 이를 양도함으로써 戊이 D를 속여 D로 하여금 1,000만 원을 위 계좌로 송금하게 한 사기 범행을 방조한 피고인이 위 계좌로 송금된 돈 중 140만 원을 인출한 경우, 본범의 사기행위는 피고인이 예금계좌를 개설하여 본범에게 양도한 방조행위가 가공되어 본범에게 편취금이 귀속되는 과정 없이 피고인이 피해자로부터 피고인의 예금계좌로 돈을 송금받아 취득함으로써 종료되는 것이고, 이는 예금명의자로서 은행에 예금반환을 청구한 결과일 뿐 본범으로부터 위 돈에 대한 점유를 이전받아 사실상 처분권을 획득한 것은 아니므로, 피고인의 위와 같은 인출행위를 장물취득죄로 벌할 수는 없다(대판 2010.12.9. 2010도6256).

정답 ⑤

05 다음 중 불법영득의사가 인정되는 것은 몇 개인가?

㉠ 피고인이 타인 소유의 버스요금함 서랍 견본 1개를 그에 대한 최초 고안자로서의 권리를 확보하겠다는 생각으로 가지고 나가 변리사에게 의장출원을 의뢰하고 그 도면을 작성한 뒤 당일 이를 원래 있던 곳에 가져다 둔 경우

㉡ 피고인이 타인의 인감도장을 그의 책상서랍에서 몰래 꺼내어 가서 그것을 차용금증서의 연대보증인란에 찍고 난 후 곧 제자리에 넣어둔 경우

㉢ 은행이 발급한 직불카드를 사용하여 타인의 예금계좌에서 자기의 예금계좌로 돈을 이체시킨 후 직불카드를 반환한 경우 직불카드에 대한 불법영득의사

㉣ 피고인이 살인범행의 증거를 인멸하기 위하여, 살해된 피해자의 주머니에서 꺼낸 지갑을 살해도구로 이용한 골프채와 옷 등 다른 증거품들과 함께 자신의 차량에 싣고 가다가 쓰레기 소각장에서 태워버린 경우

㉤ 회사의 총무과장 甲이 물품대금채권을 확보할 목적으로 채무자 乙의 승낙없이 乙의 점포앞에 세워놓은 乙의 자동차를 회사로 옮겨 놓은 경우

① 1개 ② 2개 ③ 3개 ④ 4개 ⑤ 5개

해설

㉠ 【 X 】 불법영득의사를 인정할 수 없다(대판 1991.6.11. 91도878).
㉡ 【 X 】 이와 같은 사실만으로는 위 도장에 대한 불법영득의 의사가 있었다고 인정할 수 없다(대판 1987.12.8. 87도1959).
㉢ 【 X 】 직불카드 자체가 가지는 경제적 가치가 계좌이체된 금액만큼 소모되었다고 할 수는 없으므로, 이를 일시 사용하고 곧 반환한 경우에는 그 직불카드에 대한 불법영득의 의사는 없다(대판 2006.3.9. 2005도7819).
㉣ 【 X 】 불법영득의 의사가 있었다고 보기 어렵다고 한 사례(대판 2000.10.13. 2000도3655).
㉤ 【 O 】 위 자동차의 권리자를 배제하고 타인의 물건을 자기의 소유인 것과 마찬가지로 그 경제적용법에 따라 이용하거나 처분할 의사로 자동차를 광주로 운전하여 간 것으로 보지 않을 수 없으므로 불법영득의 의사가 있었다고 볼 수밖에 없다(대판 1990.5.25. 90도573).

정답 ①

06 다음 중 甲에게 불법영득의사가 인정되는 것은 모두 몇 개인가?

㉠ 甲이 A로부터 자신의 월급 등을 제대로 받지 못할 것을 염려하여 A의 예금통장을 무단사용하여 예금 1000만원을 인출한 후 바로 예금통장을 반환한 경우

㉡ A회사가 乙에게 철재를 외상판매하고 그 대금지급을 위하여 받은 약속어음이 부도되어 물품의 반환청구권을 가지고 있었는데, A회사의 사원인 甲이 乙로부터 피해자 丙이 위 철재를 매수하여 점유하고 있는 사실을 알면서도 이를 운반하여 간 경우

㉢ 甲이 乙이 퉁명스럽게 비웃자 순간적으로 화가 나서 乙에게 분한 감정을 심어주려는 생각에 그 곳에 있던 乙의 가방을 들고 나온 경우

㉣ 장교 甲이 근무자를 협박하여 소총을 교부받아 실탄을 장전한 후 하급자에게 건네주며 소대원들이 내무반에서 나오는지 여부를 감시하도록 지시한 경우

㉤ 甲이 乙을 강간할 목적으로 끌고 가기 위해 손가방을 빼앗은 경우

① 2개 ② 3개 ③ 4개 ④ 5개

해설

㉠ 【 O 】 경제적 가치의 소모가 무시할 수 있을 정도로 경미한 경우가 아닌 이상, 예금통장 자체가 가지는 예금액 증명기능의 경제적 가치에 대한 불법영득의 의사를 인정할 수 있으므로 절도죄가 성립한다(대판 2010.5.27. 2009도9008).
㉡ 【 O 】 대판 1983.11.22. 83도2539
㉢ 【 X 】 화가 나서 피해자를 혼내주려고 피해자의 가방을 들고 나온 경우 불법영득의 의사가 있다고 할 수 없다(대판 1993.4.13. 93도328).
㉣ 【 O 】 피고인에게 그 소총에 대한 군용물특수강도죄의 불법영득의사가 없었다고 할 수 없다(대판 1995.7.11. 95도910).
㉤ 【 X 】 불법영득의 의사가 인정되지 않는다.

정답 ②

07 다음 설명 중 틀린 것은?

① 재산죄의 객체인 재물은 반드시 객관적인 금전적 교환가치를 가질 필요는 없고 소유자, 점유자가 주관적인 가치를 가지고 있음으로써 족하다고 할 것이고, 이 경우 주관적, 경제적 가치의 유무를 판별함에 있어서는 그것이 타인에 의하여 이용되지 않는다고 하는 소극적 관계에 있어서 그 가치가 성립하더라도 관계없다.
② 피고인이 피해자에게 이 사건 밍크 45마리에 관하여 자기에게 그 권리가 있다고 주장하면서 이를 가져간데 대하여 피해자의 묵시적인 동의가 있었더라도 피고인의 주장이 후에 허위임이 밝혀졌다면 피고인의 행위는 절도죄의 절취행위에 해당한다.
③ 약속어음 공정증서에 증서를 무효로 하는 사유가 존재한다고 하더라도 그 증서자체에 이를 무효로 하는 사유의 기재가 없고 외형상 권리의무를 증명함에 족한 체제를 구비하고 있는 한 그 증서는 형법상의 재물로서 사기죄의 객체가 됨에 아무런 지장이 없다.
④ 민법상의 점유보조자라고 할지라도 그 물건에 대하여 사실상 지배력을 행사하는 경우에는 형법상 보관의 주체로 볼 수 있는 것이다. 배임죄는 재산상 이익을 객체로 하는 범죄로서, 법률적 관점에서 무효라 하더라도 경제적 관점에서 손해를 입힐 가능성이 있으면 배임죄가 성립한다.

해설

① 【 O 】 대판 2007.8.23. 2007도2595
② 【 X 】 피고인이 피해자에게 이 사건 밍크 45마리에 관하여. 자기에게 그 권리가 있다고 주장하면서 이를 가져간 데 대하여 피해자의 묵시적인 동의가 있었다면 피고인의 주장이 후에 허위임이 밝혀졌더라도 피고인의 행위는 절도죄의 절취행위에는 해당하지 않는다(대판 1990.8.10. 90도1211).
③ 【 O 】 대판 1982.3.9. 81도3396
④ 【 O 】 대판 1982.3.9. 81도3396

정답 ②

제2절 절도의 죄

◎ 지문의 내용에 대해 학설의 대립 등 다툼이 있는 경우 판례에 의함

01 절도죄에 관한 설명 중 가장 적절하지 않은 것은?

① 형법상 절취란 타인이 점유하고 있는 자기 이외의 자의 소유물을 점유자의 의사에 반하여 그 점유를 배제하고 자기 또는 제3자의 점유로 옮기는 것을 말한다.
② 절도범이 혼자 입목을 땅에서 완전히 캐낸 후에 비로소 제3자가 가담하여 함께 입목을 운반하였다면 특수절도죄가 성립한다.
③ 명의대여 약정에 따라 종업원 甲 명의로 음식점의 영업허가를 받고 사업자등록을 한 뒤 甲 명의의 영업허가증과 사업자등록증을 乙이 교부받아 보관하고 있던 중 甲이 이를 꺼내어 갔다면 절도죄에 해당한다.
④ 자동차 명의신탁관계에서 제3자가 명의수탁자로부터 승용차를 가져가 매도할 것을 허락받고 인감증명 등을 교부받아 위 승용차를 명의신탁자 몰래 가져간 경우 위 제3자와 명의수탁자는 절도죄의 공모공동정범에 해당한다.

해설

① 【 O 】 대판 2001.10.26. 2001도4546 17. 경찰승진
② 【 X 】 [1] 입목을 절취하기 위하여 캐낸 때에 소유자의 입목에 대한 점유가 침해되어 범인의 사실적 지배하에 놓이게 되므로 범인이 그 점유를 취득하고 절도죄는 기수에 이른다. 이를 운반하거나 반출하는 등의 행위는 필요하지 않다.
[2] 절도범인이 혼자 입목을 땅에서 완전히 캐낸 후에 비로소 제3자가 가담하여 함께 입목을 운반한 사안에서, 특수절도죄의 성립을 부정한 사례(대판 2008.10.23. 2008도6080). 17. 경찰승진
③ 【 O 】 대판 2004.3.12. 2002도5090 17. 경찰승진
④ 【 O 】 대판 2007.1.11. 2006도4498 17. 경찰승진

정답 ②

02 절도죄에 관한 설명으로 가장 적절한 것은?

① 甲이 피해 회사의 사무실에서 피해 회사 명의의 농협 통장을 몰래 가지고 나와 예금 1,000만 원을 인출한 후 다시 위 통장을 제자리에 갖다 놓은 경우, 위 통장에 대한 불법영득의사는 없다고 보아야 하므로 위 통장에 대한 절도죄는 성립하지 않는다.
② 甲이 자신의 모친 A의 명의로 구입·등록하여 A에게 명의신탁한 자동차를 B에게 담보로 제공한 후 B 몰래 가져간 경우, 甲에게 절도죄가 성립한다.
③ 피해자의 영업점 내에 있는 피해자 소유의 휴대전화를 허락 없이 가지고 나와 사용한 다음 약 1~2시간 후 위 영업점 정문 옆 화분에 놓아두고 간 경우, 절도죄의 불법영득의사가 인정되지 않는다.
④ 어떠한 물건을 점유자의 의사에 반하여 취거하더라도 그것이 결과적으로 소유자의 이익으로 된다는 사정 또는 소유자의 추정적 승낙이 있다고 볼 만한 사정이 인정된다면, 다른 특별한 사정이 없는 한 불법영득의 의사가 있다고 할 수 없다.

해설

① 【 X 】 예금통장은 예금채권을 표창하는 유가증권이 아니고 그 자체에 예금액 상당의 경제적 가치가 화체되어 있는 것도 아니지만, 이를 소지함으로써 예금채권의 행사자격을 증명할 수 있는 자격증권으로서 예금계약사실 뿐 아니라 예금액에 대한 증명기능이 있고 이러한 증명기능은 예금통장 자체가 가지는 경제적 가치라고 보아야 하므로, 예금통장을 사용하여 예금을 인출하게 되면 그 인출된 예금액에 대하여는 예금통장 자체의 예금액 증명기능이 상실되고 이에 따라 그 상실된 기능에 상응한 경제적 가치도 소모된다. 그렇다면 타인의 예금통장을 무단사용하여 예금을 인출한 후 바로 예금통장을 반환하였다 하더라도 그 사용으로 인한 위와 같은 경제적 가치의 소모가 무시할 수 있을 정도로 경미한 경우가 아닌 이상, 예금통장 자체가 가지는 예금액 증명기능의 경제적 가치에 대한 불법영득의 의사를 인정할 수 있으므로 절도죄가 성립한다(대판 2010.5.27. 2009도9008). 24. 경찰승진

② 【 O 】 대판 2012.4.26. 2010도11771 24. 경찰승진

③ 【 X 】 피고인이 甲의 영업점 내에 있는 甲 소유의 휴대전화를 허락 없이 가지고 나와 사용한 다음 약 1~2시간 후 위 영업점 정문 옆 화분에 놓아두고 가 절취하였다는 내용으로 기소된 사안에서, 피고인이 甲의 휴대전화를 자신의 소유물과 같이 경제적 용법에 따라 이용하다가 본래의 장소와 다른 곳에 유기하여 불법영득의사가 있었다고 할 것이다(대판 2012.7.12. 2012도1132). 24. 경찰승진

④ 【 X 】 어떠한 물건을 점유자의 의사에 반하여 취거하는 행위가 결과적으로 소유자의 이익으로 된다는 사정 또는 소유자의 추정적 승낙이 있다고 볼 만한 사정이 있다고 하더라도 다른 특별한 사정이 없는 한 그러한 사유만으로 불법영득의 의사가 없다고 할 수는 없다(대판 2014.2.21. 2013도14139). 24. 경찰승진

정답 ②

03 절도의 죄에 대한 설명 중 가장 적절하지 않은 것은?

① 甲이 자신의 모(母) A 명의로 구입 등록하여 A에게 명의신탁한 자동차를 B에게 담보로 제공한 후 B 몰래 가져간 경우 甲은 절도죄로 처벌된다.

② 채권자 甲이 채무자가 점유하고 있는 양도담보 목적물인 동산을 제3자인 乙에게 매각하여 그 목적물의 소유권을 취득하게 한 다음 乙로 하여금 甲으로부터 목적물반환청구권을 양도받는 방법으로 그 목적물을 취거하게 한 경우 乙의 취거행위는 절도죄로 처벌되지 않지만 甲의 목적물 처분행위는 절도죄로 처벌된다.

③ 甲이 A 소유 토지에 권원 없이 식재한 감나무에서 감을 수확한 경우 甲은 절도죄로 처벌된다.

④ 甲과 乙이 합동하여 야간이 아닌 주간에 절도의 목적으로 타인의 주거에 침입하였다 하여도 아직 절취할 물건의 물색행위를 시작하기 전이라면 특수절도죄의 실행에 착수가 인정되지 않는다.

해설

① 【 O 】 대판 2012.4.26. 2010도11771 20. 경찰승진

② 【 X 】 양도담보권자인 채권자가 제3자에게 담보목적물인 동산을 매각한 경우, 제3자는 채권자와 채무자 사이의 정산절차 종결 여부와 관계없이 양도담보 목적물을 인도받음으로써 소유권을 취득하게 되고, 양도담보의 설정자가 담보목적물을 점유하고 있는 경우에는 그 목적물의 인도는 채권자로부터 목적물반환청구권을 양도받는 방법으로도 가능하다. 채권자가 양도담보 목적물을 위와 같은 방법으로 제3자에게 처분하여 그 목적물의 소유권을 취득하게 한 다음 그 제3자로 하여금 그 목적물을 취거하게 한 경우, 그 제3자로서는 자기의 소유물을 취거한 것에 불과하므로, 채권자의 이 같은 행위는 절도죄를 구성하지 않는다(대판 2008.11.27. 2006도4263). 20. 경찰승진

③ 【 O 】 대판 1980.9.30. 80도1874 20. 경찰승진

④ 【 O 】 대판 2009.12.24. 2009도9667 20. 경찰승진

정답 ②

04 절도의 죄에 대한 설명으로 옳지 않은 것은 몇 개인가?

> ㉠ 야간에 도로에 주차된 차량의 문을 열고 현금 등을 훔치기로 마음먹고, 차량의 문이 잠겨 있는지 확인하기 위해 양손으로 운전석 문의 손잡이를 잡고 열려고 하던 중 경찰관에게 발각된 경우, 절도죄의 실행에 착수한 것으로 보아야 한다.
> ㉡ 2인 이상이 합동하여 주간에 절도의 목적으로 타인의 주거에 침입하여 아직 절취할 물건의 물색행위를 시작하지 않았더라도 특수절도죄의 실행에 착수한 것으로 보아야 한다.
> ㉢ 절도죄의 성립에 필요한 불법영득의 의사란 권리자를 배제하고 타인의 물건을 자기의 소유물과 같이 이용·처분할 의사를 말하고, 일시 사용의 목적으로 타인의 점유를 침탈한 경우에도 사용으로 인하여 물건 자체가 가지는 경제적 가치가 상당한 정도로 소모된 경우에는 영득의 의사가 없다고 할 수 없다.
> ㉣ 타인의 예금통장을 무단 사용하여 예금을 인출한 후 바로 예금통장을 반환하였다 하더라도 그 사용으로 인한 위와 같은 경제적 가치의 소모가 무시할 수 있을 정도로 경미한 경우가 아닌 이상, 예금통장자체가 가지는 예금액 증명기능의 경제적 가치에 대한 불법영득의 의사를 인정할 수 있으므로 절도죄가 성립한다.

① 1개   ② 2개   ③ 3개   ④ 4개

해설
㉠ 【 O 】 대판 2009.9.24. 2009도5595 17. 경찰간부
㉡ 【 X 】 2인 이상이 합동하여 야간이 아닌 주간에 절도의 목적으로 타인의 주거에 침입하였다 하여도 아직 절취할 물건의 물색행위를 시작하기 전이라면 특수절도죄의 실행에는 착수한 것으로 볼 수 없는 것이어서 그 미수죄가 성립하지 않는다(대판 2009.12.24. 2009도9667). 17. 경찰간부
㉢ 【 O 】 대판 1999.7.9. 99도857 17. 경찰간부
㉣ 【 O 】 대판 2010.5.27. 2009도9008 16. 경찰

정답 ①

05 절도죄에 대한 설명으로 옳지 않은 것은?

① 직원 甲이 회사 컴퓨터에 저장되어 있는 신제품시스템의 설계도면을 자신의 USB 저장장치에 저장하여 가지고 나온 경우 설계도면에 대한 절도죄가 성립한다.
② 발행자가 회수하여 세 조각으로 찢어버림으로써 폐지로 되어 쓸모없는 것처럼 보이는 약속어음의 소지를 침해하여 가져갔다면 절도죄가 성립한다.
③ 임차인 甲이 임대계약 종료 후 식당건물에서 퇴거하면서 종전부터 사용하던 냉장고의 전원을 켜 둔 채 그대로 두었다가 약 1개월 후 철거해 가는 바람에 그 기간 동안 전기가 소비되게 한 경우 전기에 대한 절도죄가 성립하지 않는다.
④ 甲이 내리막길에 주차된 자동차를 절취할 목적으로 조수석 문을 열고 시동을 걸려고 차 안의 기기를 만지다가 핸드 브레이크를 풀게 되어 시동이 걸리지 않은 상태에서 약 10미터 전진하다가 가로수를 들이받은 경우 자동차에 대한 절도죄의 기수범이 성립하지 않는다.

해설
① 【 X 】 절도죄의 객체는 관리가능한 동력을 포함한 '재물'에 한한다. 컴퓨터에 저장되어 있는 '정보' 그 자체는 유체물이라고 볼 수도 없고, 물질성을 가진 동력도 아니므로 재물이 될 수 없다 할 것이며, 또 이를 복사하거나 출력하였다 할지라도 그 정보 자체가 감소하거나 피해자의 점유 및 이용가능성을 감소시키는 것이 아니므로 그 복사나 출력 행위를 가지고 절도죄를 구성한다고 볼 수도 없다(대판 2002.7.12. 2002도745). 18. 국가직 9급
② 【 O 】 대판 1976.1.27. 74도3442
③ 【 O 】 이는 당초부터 자기의 점유·관리하에 있던 전기를 사용한 것에 불과하고, 타인의 점유·관리하에 있던 전기를 사용한 것이라고 할 수는 없고, 피고인에게 절도의 범의가 있었다고도 할 수 없으므로 피고인을 절도죄로 의율할 수는 없다고 할 것이다(대판 2008.7.10. 2008도3252). 18. 국가직 9급
④ 【 O 】 사실관계가 이와 같다면, 피고인의 판시 소위는 절도의 기수에 해당한다고 볼 수 없다(대판 1994.9.9. 94도1522). 18. 국가직 9급

정답 ①

06 절도의 죄에 대한 설명으로 가장 적절한 것은?

① 甲이 동거중인 A의 지갑에서 현금을 꺼내 가는 것을 A가 목격 하고서도 만류하지 않은 경우에는 위법성이 조각되어 절도죄가 성립하지 않는다.
② 甲과 A의 동업자금으로 구입하여 A가 관리하고 있던 건설기계를 甲이 A의 허락 없이 乙로 하여금 운전하여 가도록 한 행위는 절도죄를 구성하지 않는다.
③ 甲과 乙이 자신들의 A에 대한 물품대금 채권을 다른 채권자들 보다 우선적으로 확보할 목적으로 A가 부도를 낸 다음날 새벽에 A의 승낙을 받지 아니한 채 A의 가구점의 시정장치를 쇠톱으로 절단하고 그곳에 침입하여 A의 가구들을 화물차에 싣고 가 다른 장소에 옮겨 놓은 경우에는 甲과 乙에게 불법영득의사가 인정되지 않아 특수절도죄가 성립하지 않는다.
④ 반드시 영구적으로 보유할 의사가 아니더라도 재물의 소유권 또는 이에 준하는 본권을 침해하는 의사가 있으면 절도죄의 성립에 필요한 불법영득의 의사를 인정할 수 있고, 그것이 물건 자체를 영득할 의사인지 물건의 가치만을 영득할 의사인지는 불문한다.

해설
① 【 X 】 피고인이 동거중인 피해자의 지갑에서 현금을 꺼내가는 것을 피해자가 현장에서 목격하고도 만류하지 아니하였다면 피해자가 이를 허용하는 묵시적 의사가 있었다고 봄이 상당하여 이는 절도죄를 구성하지 않는다(대판 1985.11.26. 85도1487). 절도의 구성요건에 해당하지 않아 절도죄가 성립하지 않는다(양해에 해당). 22. 경찰승진
② 【 X 】 피고인이 피고인과 피해자의 동업자금으로 구입하여 피해자가 관리하고 있던 다이야포크레인 1대를 그의 허락 없이 공소외인으로 하여금 운전하여 가도록 한 행위는 절도죄를 구성한다(대판 1990.9.11. 90도1021). 22. 경찰승진
③ 【 X 】 피고인들이 자신들의 피해자에 대한 물품대금 채권을 다른 채권자들보다 우선적으로 확보할 목적으로 피해자가 부도를 낸 다음날 새벽에 피해자의 승낙을 받지 아니한 채 피해자의 가구점의 시정장치를 쇠톱으로 절단하고 그곳에 침입하여 시가 16,000,000원 상당의 피해자의 가구들을 화물차에 싣고 가 다른 장소에 옮겨 놓은 행위에 대하여 피고인들에게는 불법영득의사가 있었다고 볼 수밖에 없어 특수절도죄가 성립한다(대판 2006.3.24. 2005도8081). 22. 경찰승진
④ 【 O 】 대판 2014.2.21. 2013도14139 22. 경찰승진

정답 ④

07 절도죄에 대한 설명 중 옳은 것을 모두 고른 것은?

㉠ 사실상 퇴사하면서 회사의 승낙 없이 가지고 간 부동산매매계약서 사본들은 절도죄의 객체인 재물에 해당하지 않는다.

㉡ 묘는 이장하고 망부석만 30년 방치된 상태에서 임야의 관리인으로서 망부석을 사실상 점유하여 온 자가 이를 처분한 경우 절도죄가 성립하지 않는다.

㉢ 종전 점유자의 점유가 그의 사망으로 인한 상속에 의하여 당연히 그 상속인에게 이전된다는 민법 제193조는 절도죄의 요건으로서의 '타인의 점유'와 관련하여서는 적용의 여지가 없고, 재물을 점유하는 소유자로부터 이를 상속받아 그 소유권을 취득하였다고 하더라도 상속인이 그 재물에 관하여 사실상의 지배를 가지게 되어야만 이를 점유하는 것으로서 그때부터 비로소 상속인에 대한 절도죄가 성립할 수 있다.

㉣ 甲이 부정행위를 한 A를 꾸짖어 줄 목적으로 A의 소유물건을 가져와 보관하고 있으면 A가 이를 찾으러 올 것이고 그때에 그 물건을 반환하면서 A를 꾸짖어 줄 생각으로 그 물건을 가져온 것이라면 절도죄가 성립한다.

① ㉠, ㉡ ② ㉡, ㉢ ③ ㉡, ㉣ ④ ㉢, ㉣

해설

㉠【X】절도죄의 객체인 재물은 반드시 객관적인 금전적 교환가치를 가질 필요는 없고 소유자, 점유자가 주관적인 가치를 가지고 있음으로써 족하다고 할 것이고, 이 경우 주관적, 경제적 가치의 유무를 판별함에 있어서는 그것이 타인에 의하여 이용되지 않는다고 하는 소극적 관계에 있어서 그 가치가 성립하더라도 관계없다. 따라서 이 사건 부동산매매계약서 사본들은 절도죄의 객체인 재물에 해당하고, 나아가 피고인이 이 사건 부동산매매계약서를 사본이나 부본의 형태로 업무상 필요에 따라 사용할 수 있다 하여도 그 때문에 피해 회사의 점유가 상실된다거나 피고인이 피해 회사와는 무관하게 독자적으로 점유를 하고 있다고는 볼 수 없으므로, 피고인이 사실상 퇴사하면서 피해 회사의 승낙 없이 위 서류들을 가지고 간 이상 절도죄가 성립된다(대판 2007.8.23. 2007도2595). 18. 경찰승진

㉡【O】망부석이 묘의 장구로서 묘주의 소유에 속하였는데 묘는 이장하고 망부석만이 30여년간 방치된 상태에 있어 외형상 그 소유자가 소유권을 포기한 것으로 되어 그 물건은 산주의 추상적, 포괄적 소지에 속하게 되었어도 그 산주가 망부석을 사실상 지배할 의사가 없음을 표시한 경우에는 그의 소지하에 있다고 볼 수 없고, 이는 임야의 관리인으로서 사실상 점유하여 온 자의 소지하에 있다고 볼 것이므로 관리인이 이를 처분한 경우 절도죄가 성립하지 않는다(대판 1981.8.25. 80도509). 18. 경찰승진

㉢【O】대판 2012.4.26. 2010도6334 16. 법원행시

㉣【X】부정행위를 한 타인을 꾸짖어 줄 목적으로 그 타인의 소유물건을 가져와 보관하고 있으면 그가 이를 찾으러 올 것이고 그때에 그 물건을 반환하면서 그를 꾸짖어 줄 생각으로 그 물건을 가져온 것이라면 절도죄가 성립되지 아니한다(대판 1973.2.28. 72도2812). ⇨ 불법영득의 의사 없음 18. 경찰승진

정답 ②

08 다음 사례에 대한 설명으로 옳은 것은?

> (가) 甲은 21:30경 남편 乙이 경비원으로 근무하고 있는 A연구소 외부에 있는 주차장에 승용차를 세워두고 연구소 정문 안으로 들어가 절취하기 위하여 앞마당에 있던 관상수 한 그루를 캤다. 하지만 甲은 혼자서 운반할 수 없게 되자 乙에게 연락하여 그곳으로 오게 한 후 乙과 함께 관상수를 운반하다가 미처 연구소 밖으로 나가기 전에 다른 경비원 丙에게 발각되었다. 이에 甲과 乙은 관상수를 그대로 둔 채 승용차로 도주하려고 하였다.
>
> (나) 이때 乙은 甲을 조수석에 태운 채 승용차를 운전하여 달아나려고 하였는데 丙이 달려와 승용차 앞을 가로막자 승용차의 앞 범퍼로 丙을 치어 전치 4주의 부상을 입힌 후 도주하였다.

① (가)에서 甲은 건조물침입 및 절도미수의 죄책을 진다.
② (가)에서 乙은 특수절도기수의 죄책을 진다.
③ (나)에서 乙은 특수폭행의 죄책을 진다.
④ (나)에서 乙은 특정범죄 가중처벌 등에 관한 법률위반(도주치상)의 죄책을 지지 않는다.

해설

①② 【X】 [1] 입목을 절취하기 위하여 캐낸 때에 소유자의 입목에 대한 점유가 침해되어 범인의 사실적 지배하에 놓이게 되므로 범인이 그 점유를 취득하고 절도죄는 기수에 이른다. 이를 운반하거나 반출하는 등의 행위는 필요하지 않다.
[2] 甲이 A주식회사에서 운영하는 연소 마당 뒤편에 있는 시가 70만원 상당의 연산홍 1그루를 캔 다음, 영산홍의 높이가 약 1m 50cm 이상, 폭이 약 1m 정도로서 상당히 클 뿐만 아니라 뿌리가 상하지 않도록 뿌리 부분의 흙까지 함께 캐내어져 자기 혼자서는 이를 운반하기 어렵자, 남편 乙에게 전화를 걸어 영산홍을 차에 싣는 것을 도와 달라고 말하여 乙이 도착하자 함께 위 연구소 앞마당에 세워놓은 자동차로 함께 운반하여 위 자동차 바로 뒤에서 연산홍을 함께 잡고 있다가 연구소 직원에게 발각된 경우, 甲이 영산홍을 땅에서 캔 그 시점에서 甲의 영산홍 절취행위는 기수에 이르렀다고 할 것이고, 이와 같이 보는 이상 그 이후에 乙이 영산홍을 甲과 함께 승용차까지 운반하였다고 하더라도 그러한 행위가 다른 죄에 해당하는지의 여부는 별론으로 하고, 乙이 甲과 합동하여 영산홍 절취행위를 하였다고 볼 수는 없다고 할 것이다(대판 2008.10.23. 2008도6080). ⇨ (가)에서 甲은 건조물침입 및 절도죄(기수)의 죄가 성립되고 乙은 절도기수 후에 운반에 가담한 것이므로 장물운반죄가 성립한다.
③ 【X】 피고인이 甲과 운전 중 발생한 시비로 한차례 다툼이 벌어진 직후 甲이 계속하여 피고인이 운전하던 자동차를 뒤따라온다고 보고 순간적으로 화가 나 甲에게 겁을 주기 위하여 자동차를 정차한 후 4내지 5m 후진하여 甲이 승차하고 있던 자동차와 충돌시킨 경우 ⇨ 피고인이 자동차를 이용하여 甲에게 상해를 가하고, 甲의 자동차를 손괴한 행위는 폭력행위 등 처벌에 관한 법률 제3조 제1항이 정한 '위험한 물건'을 휴대하여 이루어진 범죄라고 봄(대판 2010.11.11. 2010도10256) - 자동차는 위험한 물건에 해당하므로 특수상해가 성립한다.
④ 【O】 도주치상죄의 요건은 형법 제268조의 죄(업무상과실,중과실 치사상)를 범한 자가 피해자의 구조를 해태하고 도주하는 경우에 성립하는 범죄로 사안은 특수상해인 고의범이 성립하므로 도주치상죄가 성립하지 않는다.

정답 ④

09 절도에 관한 죄에 대한 설명으로 옳지 않은 것은 몇 개인가?

㉠ 주간에 사람의 주거에 침입하여 야간에 타인의 재물을 절취한 행위는 야간주거침입절도죄가 성립하지 않는다.
㉡ 주간에 2인이 합동하여 아파트 출입문 시정장치를 손괴하다가 발각되어 도주한 경우에 특수절도미수죄가 성립되지 않는다.
㉢ 야간에 타인의 재물을 절취할 목적으로 주거에 침입한 경우 야간주거침입절도죄의 실행의 착수가 인정된다.
㉣ A, B는 2009. 4. 22. 12:00경 동해시 부곡동에 있는 甲의 ○○아파트에 이르러, 육각렌치로 출입문 시정장치를 손괴한 다음 위 아파트 안에 사람이 있는지를 확인하려다가 마침 귀가하던 甲에게 발각되어 도주하였다. 이 경우 A, B는 공동주거침입의 죄책 및 특수절도미수의 죄책을 지고 위 각 죄는 실체적 경합관계에 있다.

① 1개 ② 2개 ③ 3개 ④ 4개

해설

㉠ 【 O 】 대판 2011.4.14. 2011도300 17. 경찰간부
㉡ 【 O 】 대판 2009.12.24. 2009도9667 17. 경찰간부
㉢ 【 O 】 대판 2006.9.14. 2006도2824 17. 경찰간부
㉣ 【 X 】 2인 이상이 합동하여 야간이 아닌 주간에 절도의 목적으로 타인의 주거에 침입하였다 하여도 절취할 물건의 물색행위를 시작하기 전이라면 특수절도죄의 실행에 착수한 것으로 볼 수 없으므로(합동절도의 착수시기는 물색행위시) 미수죄가 성립하지 않는다. 따라서 주간에 피해자의 아파트 출입문 시정장치를 손괴하다가 마침 귀가하던 피해자에게 발각되어 도주한 경우 형법 제331조 제2항에 정한 특수절도죄의 실행의 착수가 인정되지 않는다는 취지로 판시함(대판 2009.12.24. 2009도9667).
 ✔ 사안의 경우 특수절도죄는 예비죄 처벌규정이 없으므로 결국 주거침입죄만 성립할 것이다. 만약 야간이었다면 손괴후야간주거침입절도죄(제331조 제1항)는 손괴시에 실행의 착수가 인정되므로 미수가 성립할 것이다.

정답 ①

10 절도죄에 대한 설명으로 옳은 것은?

① 타인의 예금통장을 무단 사용하여 상당액의 예금을 인출한 후 바로 반환한 경우 그 예금통장에 대한 절도죄가 성립한다.
② 타인의 인감도장을 몰래 가지고 가서 차용금증서의 연대보증인란에 찍고 난 후 바로 제자리에 넣어 둔 경우 그 인감도장에 대한 절도죄가 성립한다.
③ 타인의 직불카드를 무단 사용하여 그 타인의 예금계좌에서 자기의 예금계좌로 돈을 이체시킨 후 바로 반환한 경우 그 직불카드에 대한 절도죄가 성립한다.
④ 타인의 신용카드를 무단 사용하여 현금자동지급기에서 현금을 인출한 후 바로 반환한 경우 그 신용카드에 대한 절도죄가 성립한다.

해설

① 【 O 】 대판 2010.5.27. 2009도9008 16. 국가직
② 【 X 】 피고인이 피해자의 도장과 인감도장을 그의 책상 서랍에서 몰래 꺼내어 가서 그것을 차용금증서의 연대보증인란에 찍고 난 후 곧 제자리에 넣어 두었다면, 도장에 대한 불법영득의 의사가 있었다고 인정할 수 없다(대판 1987.12.8. 87도1959). 16. 국가직
③ 【 X 】 직불카드를 사용하여 타인의 예금계좌에서 자기의 예금계좌로 돈을 이체시켰다 하더라도 직불카드 자체가 가지는 경제적 가치가 계좌 이체된 금액만큼 소모되었다고 할 수는 없으므로 이를 일시 사용하고 곧 반환한 경우에는 직불카드에 대한 불법영득의 의사는 없다고 보아야 한다(대판 2006.3.9. 2005도7819). 16. 국가직
④ 【 X 】 신용카드를 사용하여 현금자동지급기에서 현금을 인출하였다 하더라도 신용카드 자체가 가지는 경제적 가치가 인출된 예금액만큼 소모되었다고 할 수 없으므로 이를 일시 사용하고 곧 반환한 경우에는 불법영득의 의사가 없다고 보아야 한다(대판 1999.7.9. 99도857). 16. 국가직

정답 ①

11 절도죄에 대한 다음 설명 중 옳지 않은 것은 몇 개인가?

㉠ 피고인이 자신의 어머니 甲명의로 구입·등록하여 甲에게 명의신탁한 자동차를 乙에게 담보로 제공한 후 乙 몰래 가져간 경우 절도죄가 성립한다.

㉡ 타인의 명의를 모용하여 발급받은 신용카드를 사용하여 현금자동지급기에서 현금대출을 받는 행위는 카드회사에 의하여 미리 포괄적으로 허용된 행위가 아니라, 현금자동지급기의 관리자의 의사에 반하여 그의 지배를 배제한 채 그 현금을 자기의 지배하에 옮겨 놓는 행위로서 절도죄에 해당한다.

㉢ 결혼예식장에서 신부 측 축의금 접수인인 것처럼 행세하면서 축의금을 교부받아 가로챈 것은 사기죄가 아니라 절도죄에 해당한다.

㉣ 甲이 밍크 45마리에 관하여 자기에게 그 권리가 있다고 주장하면서 이를 가져간 데 대해 밍크 소유자인 乙의 묵시적 동의가 있었다면 그 주장이 후에 허위임이 밝혀졌더라도 위법성이 조각되어 甲은 절도죄의 죄책을 지지 않는다.

㉤ 강간을 당한 피해자가 도피하면서 현장에 놓아두고 간 손가방은 점유이탈물이 아니라 사회통념상 피해자의 지배하에 있는 물건이라고 보아야 하므로, 피고인이 그 손가방 안에 들어 있는 피해자 소유의 돈을 꺼낸 경우 절도죄에 해당한다.

① 1개 ② 2개 ③ 3개 ④ 4개

해설

㉠ 【 O 】 乙에 대한 관계에서 자동차의 소유자는 甲(신탁자)이고 피고인(제3자)은 소유자가 아니므로(신탁적 소유권이전설), 乙이 점유하고 있는 자동차를 임의로 가져간 이상 절도죄가 성립한다(대판 2012.4.26. 2010도11771). 18. 경찰간부
㉡ 【 O 】 대판 2006.7.27. 2006도3126 16. 경찰
㉢ 【 O 】 대판 1996.10.15. 96도2227 18. 경찰간부
㉣ 【 X 】 피고인이 피해자에게 이 사건 밍크 45마리에 관하여 자기에게 그 권리가 있다고 주장하면서 이를 가져간 데 대하여 피해자의 묵시적인 동의가 있었다면 피고인의 주장이 후에 허위임이 밝혀졌더라도 피고인의 행위는 절도죄의 **절취행위에는 해당하지 않는다**(대판 1990.8.10. 90도1211). ⇨ 절도죄에서의 '피해자의 동의'는 **구성요건해당성** 자체를 조각하는 '양해'에 해당한다. 18. 경찰간부
㉤ 【 O 】 대판 1984.2.28. 84도38 21. 법원직 9급

정답 ①

12 다음 설명 중 옳지 않은 것은?

① 사실상 퇴사하면서 회사의 승낙 없이 가지고 간 부동산매매계약서 사본들은 절도죄의 객체인 재물에 해당한다.
② 타인의 전화기를 무단으로 사용하여 전화통화를 하는 행위에 의하여 이용하는 역무는 절도죄의 객체가 되지 아니한다.
③ 컴퓨터에 저장되어 있는 '정보' 그 자체는 재물이 될 수 없고, 또 이를 복사하거나 출력한 행위를 가지고 절도죄를 구성한다고 볼 수도 없다.
④ 위조된 유가증권은 절도죄의 객체가 될 수 없다.

해설

① 【 O 】 대판 2007.8.23. 2007도2595
② 【 O 】 대판 1998.6.23. 98도700
③ 【 O 】 대판 2002.7.12. 2002도745
④ 【 X 】 유가증권도 그것이 정상적으로 발행된 것은 물론 비록 작성권한 없는 자에 의하여 위조된 것이라고 하더라도 절차에 따라 몰수되기까지는 그 소지자의 점유를 보호하여야 한다는 점에서 형법상 재물로서 절도죄의 객체가 된다(대판 1998.11.24. 98도2967).

정답 ④

13 절도죄에 관한 설명 중 옳지 않은 것은?

① 동네 선배의 차량을 빌렸다가 반환하지 아니한 보조열쇠를 이용하여 3차례에 걸쳐 2~3시간 정도 운행한 후 주차된 곳에 갖다 놓은 경우 절도죄가 성립하지 않는다.
② 후일 변제할 의사로 피해자의 승낙 없이 현금이 들어있는 지갑을 가져간 경우 절도죄가 성립한다.
③ 타인의 연구소에 식재된 연산홍을 절취하기 위하여 땅에서 캐낸 것만으로 절도죄는 기수에 이르는 것이 아니라, 이를 피고인의 승용차에 운반하거나 반출하는 등의 행위를 함으로써 절도죄가 기수에 이른다.
④ 주점 점원의 초청을 받고 주점에 온 자가 주점주인이 잠가둔 샷타문을 열고 그곳 주방 안에 있는 맥주를 꺼내 마신 경우 절도죄가 성립한다.

해설

① 【 O 】 대판 1992.4.24. 92도118 15. 경찰간부
② 【 O 】 대판 1999.4.9. 99도519 15. 경찰간부
③ 【 X 】 입목을 절취하기 위하여 이를 캐낸 때에는 그 시점에서 이미 소유자의 입목에 대한 점유가 침해되어 범인의 사실적 지배하에 놓이게 됨으로써 범인이 그 점유를 취득하게 되는 것이므로 이때 절도죄는 기수에 이르렀다고 할 것이고, 이를 운반하거나 반출하는 등의 행위는 필요로 하지 않는다(대판 2008.10.23. 2008도6080). 16. 경찰
④ 【 O 】 피해자가 경영하는 주점의 잠겨 있는 샷타문을 열고 그곳 주방안에 있던 맥주 등을 꺼내어 마셨다면 타인의 재물에 대한 불법영득의 의사가 있었다고 할 것이고 주점까지 가게된 동기가 주점점원의 초청에 의한 것이었다 하더라도 피해자의 승낙없이 재물을 지거하는 행위는 절도죄를 구성한다(대판 1986.9.9. 86도1439). 15. 경찰간부

정답 ③

14 절도죄에 대한 설명 중 가장 적절하지 않은 것은?

① 육지로부터 멀리 떨어진 섬에서 광산을 개발하기 위하여 발전기, 경운기 엔진을 섬으로 반입하였다가 광업권 설정이 취소됨으로써 광산개발이 불가능하게 되자 육지로 그 물건들을 반출하는 것을 포기하고 그대로 유기하여 둔 채 섬을 떠난 후 10년 동안 그 물건들을 관리하지 않고 있었는데, 그 섬에 거주하는 피고인이 그 소유자가 섬을 떠난 지 7년이 경과한 뒤 노후된 물건들을 피고인 집 가까이 옮겨 놓은 경우 절도죄가 성립하지 않는다.
② 물건의 운반을 의뢰받은 짐꾼이 그 물건을 의뢰인에게 운반해 주지 않고 용달차에 싣고 가서 처분한 경우에는 절도죄를 구성한다.
③ 일시사용의 목적으로 소유자의 승낙 없이 오토바이를 타고 가다가 원래 있던 장소로부터 3km 정도 떨어진 장소에 버린 경우 절도죄가 성립한다.
④ 타인의 토지상에 권원 없이 감나무를 식재한 자가 감을 수확한 것은 절도죄에 해당한다.

해설

① 【 O 】 대판 1994.10.11. 94도1481
② 【 X 】 피해자가 시장 점포에서 물건을 매수하여 묶어서 그곳에 맡겨 놓은 후 그곳에서 약 50미터 떨어져 동 점포를 살펴볼 수 없는 딴 가게로 가서 지게 짐꾼인 피고인을 불러 피고인 단독으로 위 점포에 가서 맡긴 물건을 운반해 줄 것을 의뢰하였더니 피고인이 동 점포에 가서 맡긴 물건을 찾아 피해자에게 운반해 주지 않고 용달차에 싣고 가서 처분한 것이라면 피고인의 위 운반을 위한 소지 관계는 피해자의 위탁에 의한 보관관계에 있다고 할 것이므로 이를 영득한 행위는 절도죄가 아니라 횡령죄를 구성한다(대판 1982.11.23. 82도2394).
③ 【 O 】 대판 2002.9.6. 2002도3465
④ 【 O 】 타인의 토지상에 권원 없이 식재한 수목의 소유권은 토지소유자에게 귀속하고 권원에 의하여 식재한 경우에는 그 소유권이 식재한 자에게 있으므로, 권원 없이 식재한 감나무에서 감을 수확한 것은 절도죄에 해당한다(대판 1998.4.24. 97도3425).

정답 ②

15 절도죄에 관한 다음 설명 중 옳지 않은 것은?

① 피해자가 가지고 있는 책을 잠깐 보겠다고 하며 그 자리에서 보는 척 하다가 가져갔다면 그 책은 아직 피해자의 점유하에 있었다고 할 것이므로 절도죄가 성립한다.
② 사원이 A회사를 퇴사하면서 A회사 연구실에 보관 중이던 회사의 목적 업무상 기술분야에 관한 문서사본을 가져간 경우, 그것이 국내에서 구하기 어려우며 직원들의 업무수행을 위하여 필요한 경우에만 사용이 허용된 것이라면 주관적 가치와 경제적 가치 모두 인정되므로 절도죄가 성립한다.
③ 현금카드 소유자를 협박하여 예금인출 승낙과 함께 현금카드를 교부받은 후 이를 사용하여 현금자동지급기에서 예금을 여러 번(17회) 인출한 경우, 현금자동지급기에서 피해자의 예금을 취득한 행위를 현금자동지급기 관리자의 의사에 반하여 그가 점유하고 있는 현금을 절취한 것이라 하여 이를 현금카드 갈취행위와 분리하여 따로 절도죄로 처단할 수는 없다.
④ 양도담보권설정자인 채무자가 점유개정의 방식으로 담보목적물인 동산을 점유하고 있는 상태에서 양도담보권자인 채권자 丙이 丁에게 담보목적물을 매각하고 목적물반환청구권을 양도하여 丁이 임의로 이를 가져가게 하였다. 위 동산의 실질적인 소유권은 채무자에게 있으므로 丙과 丁은 절도죄의 공동정범의 죄책을 진다.

> 해설

① 【 O 】 대판 1983.2.22. 82도3115
② 【 O 】 대판 1986.9.23. 86도1205
③ 【 O 】 현금카드를 교부받은 공갈행위와 예금인출행위는 단일하고 계속된 범의에서 이루어진 일련의 행위이므로, 포괄하여 1개의 공갈죄가 성립할 뿐이고 별도로 절도죄는 성립하지 아니한다(대판 1996.9.20. 95도1728).
④ 【 X 】 채권자가 양도담보 목적물을 위와 같은 방법으로 제3자에게 처분하여 그 목적물의 소유권을 취득하게 한 다음 그 제3자로 하여금 그 목적물을 취거하게 한 경우, 그 제3자로서는 자기의 소유물을 취거한 것에 불과하므로, 채권자의 이 같은 행위는 절도죄를 구성하지 않는다(대판 2008.11.27. 2006도4263).

정답 ④

16 절도죄에 관한 설명 중 가장 적절하지 않은 것은?

① 피고인이 컴퓨터에 저장된 정보를 출력하여 생성한 문서는 피해회사의 업무를 위하여 생성되어 피해회사에 의하여 보관되고 있던 문서가 아니라 피고인이 가지고 갈 목적으로 피해회사의 업무와 관계없이 새로이 생성시킨 문서라 할 것이므로 이는 피해회사 소유의 문서라고 볼 수는 없다 할 것이어서 이를 가지고 간 행위를 들어 피해회사 소유의 문서를 절취한 것으로 볼 수는 없다.

② 피고인이 甲의 영업점 내에 있는 甲소유의 휴대전화를 허락 없이 가지고 나와 이를 이용하여 통화를 하고 문자메시지를 주고받은 다음 약 1~2시간 후 甲에게 아무런 말을 하지 않고 위 영업점 정문 옆 화분에 놓아두고 간 경우 절도죄를 구성한다.

③ 피고인이 절취한 타인의 신용카드를 이용하여 현금지급기에서 자신의 계좌로 돈을 이체한 후 현금지급기에서 피고인 자신의 신용카드나 현금카드를 이용하여 현금을 인출한 경우 컴퓨터등사용사기죄와 절도죄가 성립한다.

④ 내리막길에 주차된 자동차를 절취할 목적으로 조수석 문을 열고 시동을 걸려고 차 안의 기기를 만지다가 핸드브레이크를 풀게 되어 시동이 걸리지 않은 상태에서 약 10미터 전진하다가 가로수를 들이받게 한 甲은 절도죄의 기수로 처벌되지 않는다.

> 해설

① 【 O 】 대판 2002.7.12. 2002도745
② 【 O 】 대판 2012.7.12. 2012도1132
③ 【 X 】 절취한 타인의 신용카드를 이용하여 현금지급기에서 계좌이체를 한 행위는 컴퓨터등사용사기죄에서 컴퓨터 등 정보처리장치에 권한 없이 정보를 입력하여 정보처리를 하게 한 행위에 해당함은 별론으로 하고 이를 절취행위라고 볼 수는 없고, 한편 위 계좌이체 후 현금지급기에서 현금을 인출한 행위는 자신의 신용카드나 현금카드를 이용한 것이어서 이러한 현금인다(대판 2008.6.12. 2008도2440). ◉ 컴퓨터등사용사기죄는 성립할 수 있음을 주의해야 한다.
④ 【 O 】 대판 1994.9.9. 94도1522

정답 ③

17 다음은 절도죄에 대한 설명이다. 가장 적절하지 않은 것은?

① 같은 회사 동료 여직원의 자리에서 도장을 몰래 가져가 혼인신고서에 도장을 찍고 곧바로 제자리에 갖다 놓은 경우 절도죄가 성립하지 않는다.
② 지하철의 승무원은 유실물법상 전동차의 관수자로서 승객이 잊고 내린 유실물을 점유한다고 보아야 하므로, 승객이 놓고 내린 지하철의 전동차 바닥이나 선반 위에 있던 물건을 제3자가 가지고 간 행위는 절도죄에 해당한다.
③ 피고인이 내연관계에 있는 甲과 아파트에서 동거하다가 甲의 사망으로 상속인인 乙 및 丙 소유에 속하게 된 부동산 등기권리증 등이 들어 있는 가방을 위 아파트에서 가지고 간 경우 절도죄가 성립하지 않는다.
④ 수산업법에 의한 양식어업권을 행사하는 구역 내에서 자연 번식하는 수산동·식물을 채취한 경우에는 절도죄가 성립하지 않는다.

해설

① 【 O 】 대판 2000.3.28. 2000도493
② 【 X 】 점유이탈물횡령죄에 해당함은 별론으로 하고 절도죄에 해당하지는 않는다(대판 1999.11.26. 99도3963).
③ 【 O 】 대판 2012.4.26. 2010도6334
④ 【 O 】 [1] 수산업법에 의한 양식어업권은 행정관청의 면허를 받아 해상의 일정구역 내에서 패류·해조류 또는 정착성 수산동물을 포획·채취할 수 있는 권리를 가리키는 것으로서 이는 그 지역에서 천연으로 생육하는 수산동식물을 어업면허를 받은 종류에 한하여 배타적·선점적으로 채취할 수 있는 권리에 불과하고 그 지역 내의 수산동식물의 소유권을 취득하는 권리는 아니므로 어업권의 취득만으로 당연히 그 지역 내에서 자연 번식하는 수산동식물의 소유권이나 점유권까지 취득한다고는 볼 수 없다.
[2] 어업권자와 어업권행사계약을 체결하고 어업권을 행사하는 피해자의 양식장에서 '자연산'모시조개를 무단 채취한 행위가 절도죄에 해당하지 아니한다고 한 사례(대판 2010.4.8. 2009도11827).

정답 ②

18 다음 중 절도죄의 실행의 착수가 인정되지 않는 것은?

① 소매치기의 경우 피해자의 양복상의 주머니로부터 금품을 절취하려고 그 호주머니에 손을 뻗쳐 그 겉을 더듬은 때
② 피해자 소유 자동차 안에 들어 있는 밍크코트를 발견하고 이를 절취할 생각으로 공범이 위 차 옆에서 망을 보는 사이, 위 차 오른 쪽 앞문을 열려고 앞문 손잡이를 잡아당긴 때
③ 소를 흥정하고 있는 피해자의 뒤에 접근하여 그가 들고 있던 가방으로 돈이 들어 있는 피해자의 하의 왼쪽 주머니를 스치면서 지나간 때
④ 야간에 손전등과 박스 포장용 노끈을 이용하여 도로에 주차된 차량의 문을 열고 현금 등을 훔치기로 마음먹고, 차량의 문이 잠겨 있는지 확인하기 위해 양손으로 운전석 문의 손잡이를 잡고 열려고 한 때

해설

① 【 O 】 대판 1984.12.11. 84도2524 14. 경찰간부
② 【 O 】 대판 1986.12.23. 86도2256 14. 경찰간부
③ 【 X 】 소를 흥정하고 있는 피해자의 뒤에 접근하여 그가 들고 있던 가방으로 돈이 들어 있는 피해자의 하의 왼쪽 주머니를 스치면서 지나간 행위는 단지 피해자의 주의력을 흐트려 주머니속에 들은 금원을 절취하기 위한 예비단계의 행위에 불과한 것이고 이로써 실행의 착수에 이른 것이라고는 볼 수 없다(대판 1986.11.11. 86도1109). 14. 경찰간부
④ 【 O 】 대판 2009.9.24. 2009도5595 14. 경찰간부

정답 ③

19 다음 중 절도죄로 처벌할 수 있는 것은 모두 몇 개인가?

㉠ 인터넷 뱅킹의 전산망에 무단으로 침입하여 타인의 예금계좌에서 자신의 예금계좌로 예금을 이체한 경우
㉡ 동사무소의 사환이 동사무소 직원으로부터 시청금고에 입금하도록 교부 받은 현금과 예금에서 찾은 돈을 사생활비에 소비한 경우
㉢ 경리담당직원의 요청으로 은행에 동행하여 찾은 현금 일부를 그의 부탁으로 소지하게 되었는데 사무실에 당도하여 그 금액의 일부를 현금처럼 가장한 돈뭉치와 바꿔치기 하여 취득한 경우
㉣ 타인의 전화기를 무단으로 사용하여 전화통화를 하는 행위
㉤ 피해자인 점포주인이 종업원인 피고인에게 금고 열쇠와 오토바이 열쇠를 맡기고 가스가 배달되어 오면 금고안의 돈으로 그 대금을 지급할 것을 지시한 후 외출하였는데, 피고인이 혼자서 점포를 지키다가 금고 안에서 현금을 꺼내어 오토바이를 타고 도주한 경우

① 1개   ② 2개   ③ 3개   ④ 4개

[해설]
㉠ 【 X 】 사안의 경우는 컴퓨터사용사기죄(제347조의2)가 성립한다.
㉡ 【 X 】 절도죄가 아니라 횡령죄가 성립한다(대판 1968.10.29. 68도1222).
㉢ 【 O 】 피고인의 운반을 위한 소지는 피고인의 독립적인 점유에 속하는 것이 아니고 피해자의 점유에 해당하므로 이를 영득한 행위는 절도죄가 성립한다(대판 1966.1.31. 65도1178).
㉣ 【 X 】 역무는 무형적인 이익에 불과하고 물리적 관리의 대상이 될 수 없어 재물이 아니라고 할 것이므로, 절도죄의 객체가 되지 아니한다.
㉤ 【 X 】 민법상 점유보조자(점원)라고 할지라도 그 물건에 대하여 사실상 지배력을 행사하는 경우에는 형법상 보관의 주체로 볼 수 있으므로 이를 영득한 경우에는 절도죄가 아니라 횡령죄에 해당한다(대판 1982.3.9. 81도3396).

[정답] ①

20 甲의 죄책에 관한 설명 중 옳은 것(○)과 옳지 않은 것(×)을 올바르게 조합한 것은?

㉠ 甲이 야간에 카페에서 업주의 주거로 사용되는 그곳 내실에 침입하여 장식장 안에 들어 있는 정기적금 통장을 꺼내 들고 카페로 나오던 중 발각되어 돌려준 경우 야간주거침입절도죄의 기수가 성립한다.
㉡ 甲이 乙 명의로 구입·등록하여 丙에게 명의신탁한 자동차를 피해자에게 담보로 제공한 후, 甲이 피해자가 점유 중인 자동차를 몰래 가져간 경우 이 자동차는 甲 소유의 재물이어서 권리행사방해죄의 객체가 되므로 자동차에 대한 절도죄가 성립하지 않는다.
㉢ 손님인 甲이 PC방에서 다른 손님이 두고 간 휴대전화를 업주 몰래 가지고 간 경우 업주가 휴대전화를 현실적으로 발견하지 않는 한 이에 대한 점유를 개시하였다고 할 수 없으므로 절도죄가 아닌 점유이탈물횡령죄가 성립한다.
㉣ 甲이 상사와의 의견충돌 끝에 항의의 표시로 사표를 제출한 다음 평소 자신이 전적으로 보관·관리해 오던 비자금관련 서류 및 금품이 든 가방을 가지고 나왔으나 그 이후 계속 정상적으로 근무한 경우 불법영득의사를 인정할 수 없어 절도죄가 성립하지 않는다.

① ㉠ (×) ㉡ (○) ㉢ (○) ㉣ (×)
② ㉠ (○) ㉡ (×) ㉢ (×) ㉣ (○)
③ ㉠ (○) ㉡ (○) ㉢ (×) ㉣ (×)
④ ㉠ (×) ㉡ (×) ㉢ (×) ㉣ (×)
⑤ ㉠ (○) ㉡ (○) ㉢ (×) ㉣ (○)

해설

㉠ 【 O 】 대판 1991.4.23. 91도476 14. 변호사
㉡ 【 X 】 丙에 대한 관계에서 자동차의 소유자는 乙이고 피고인(甲)은 소유자가 아니므로 丙이 점유하고 있는 자동차를 임의로 가져간 이상 절도죄가 성립한다(대판 2012.4.26. 2010도11771). 14. 변호사
㉢ 【 X 】 피해자가 피씨방에 두고 간 핸드폰은 피씨방 관리자의 점유하에 있어서 제3자가 이를 취한 행위는 절도죄를 구성한다(대판 2007.3.15. 2006도9338). 14. 변호사
㉣ 【 O 】 대판 1995.9.5. 94도3033 14. 변호사

정답 ②

21 절도죄에 관한 설명 중 옳은 것은 모두 몇 개인가?

㉠ 절도범들이 담을 넘어 마당에 들어가 그 중 1명이 그곳에 있는 구리를 찾기 위하여 담에 붙어 걸어가다가 잡힌 경우 실행의 착수에 이른 것으로 볼 수 없다.
㉡ 야간에 다세대 주택에 침입하여 물건을 절취하기 위하여 가스배관을 타고 오르다가 경찰관에게 발각되자 그냥 뛰어내려 도주한 경우, 야간주거침입절도미수가 성립한다.
㉢ '주간에' 사람의 주거 등에 침입하여 '야간에' 타인의 재물을 절취한 경우에는 계속범 형식의 주거침입이 주간뿐 아니라 야간에도 이루어진 것이므로 형법 제330조의 야간주거침입절도죄가 성립한다.
㉣ 2인 이상이 합동하여 주간에 절도의 목적으로 아파트 출입문 잠금장치를 손괴하다가 발각되어 도주한 경우라면 특수절도죄(형법 제331조 제2항)의 실행의 착수로 볼 수 없다.

① 1개   ② 2개   ③ 3개   ④ 4개

해설

옳은 것은 ㉣ 1개이다.
㉠ 【 X 】 범인들이 함께 담을 넘어 마당에 들어가 그 중 1명이 그곳에 있는 구리를 찾기 위하여 담에 붙어 걸어가다가 잡혔다면 절취 대상품에 대한 물색행위가 없었다고 할 수 없다(대판 1989.9.12. 89도1153).
㉡ 【 X 】 이러한 피고인의 행위만으로는 주거의 사실상의 평온을 침해할 현실적 위험성이 있는 행위를 개시한 때에 해당한다고 보기 어렵다(대판 2008.3.27. 2008도917).
㉢ 【 X 】 주거침입이 주간에 이루어진 경우에는 야간주거침입절도죄가 성립하지 않는다고 해석하는 것이 타당하다(대판 2011.4.14. 2011도300).
㉣ 【 O 】 2인 이상이 합동하여 야간이 아닌 주간에 절도의 목적으로 타인의 주거에 침입하였다 하여도 아직 절취할 물건의 물색행위를 시작하기 전이라면 특수절도죄의 실행에는 착수한 것으로 볼 수 없는 것이어서 그 미수죄가 성립하지 않는다(대판 2009.12.24. 2009도9667). ● 만약 야간이라면 야간손괴후주거침입절도죄의 실행의 착수가 인정되므로 미수가 성립할 것이다.

정답 ①

22 절도에 관한 죄에 대한 다음 설명 중 가장 옳은 것은?

① 2인 이상이 합동하여 주간에 절도의 목적으로 타인의 주거에 침입한 때에 실행의 착수가 있으므로 그 집에 사람이 있어 물건을 절취하지 못하고 도망갔더라도 특수절도미수죄가 성립한다.
② 특정범죄 가중처벌 등에 관한 법률 제5조의4 제1항이 적용되는 피고인의 상습절도미수 범죄에 대하여도 형법 제25조 제2항에 의한 형의 미수감경을 할 수 있다.
③ A가 2009. 5. 20. 22:15경 아파트 신축공사 현장 안에 있는 건축자재 등을 훔칠 생각으로 공범과 함께 위 공사현장 안으로 들어간 후 창문을 통하여 신축 중인 아파트의 지하실 안쪽을 살핀 행위는 위 지하실에 놓여 있던 동파이프에 대한 특수절도죄의 실행의 착수에 해당하지 않는다.
④ A가 2010. 6. 16. 15:40경 피해자가 운영하는 OO 모텔에 이르러, 피해자가 평소 비어 있는 객실의 문을 열어 둔다는 사실을 알고 그곳 202호 안까지 들어가 침입한 다음, 같은 날 21:00경 그곳에 설치되어 있던 피해자 소유의 재물을 가지고 나온 경우, 형법 제330조의 야간주거침입절도죄가 성립한다.

해설

① 【 X 】 2인 이상이 합동하여 야간이 아닌 주간에 절도의 목적으로 타인의 주거에 침입하였다 하여도 아직 절취할 물건의 물색행위를 시작하기 전이라면 특수절도죄의 실행에는 착수한 것으로 볼 수 없는 것이어서 그 미수죄가 성립하지 않는다(대판 2009.12.24. 2009도9667).
② 【 X 】 구 특정범죄 가중처벌 등에 관한 법률 제5조의4 제1항은 '상습적으로 형법 제329조부터 제331조까지의 죄 또는 그 미수죄를 범한 사람은 무기 또는 3년 이상의 징역에 처한다'고 규정하고 있다. 이와 같이 위 규정에 의한 상습절도죄는 상습절도미수 행위 자체를 범죄의 구성요건으로 정하고 그에 관하여 무기 또는 3년 이상의 징역형을 법정하고 있는 점, 약취·유인죄의 가중처벌에 관한 위 법 제5조의2 제6항에서는 일부 기수행위에 대한 미수범의 처벌규정을 별도로 두고 있는 반면 상습절도죄 등의 가중처벌에 관한 같은 법 제5조의4에서는 그와 같은 형식의 미수범 처벌규정이 아닌 위와 같은 내용의 처벌규정을 두고 있는 점을 비롯한 위 규정에 의한 상습절도죄의 입법 취지 등을 종합하면, 위 법 제5조의4 제1항이 적용되는 상습절도죄의 경우에는 형법 제25조 제2항에 의한 형의 미수감경이 허용되지 아니한다(대판 2010.11.25. 2010도11620).
③ 【 O 】 대판 2010.4.29. 2009도14554
④ 【 X 】 형법은 제329조에서 절도죄를 규정하고 곧바로 제330조에서 야간주거침입절도죄를 규정하고 있을 뿐, 야간절도죄에 관하여는 처벌규정을 별도로 두고 있지 아니하다. 이러한 형법 제330조의 규정형식과 그 구성요건의 문언에 비추어 보면, 형법은 야간에 이루어지는 주거침입행위의 위험성에 주목하여 그러한 행위를 수반한 절도를 야간주거침입절도죄로 중하게 처벌하고 있는 것으로 보아야 하고, 따라서 주거침입이 주간에 이루어진 경우에는 야간주거침입절도죄가 성립하지 않는다고 해석하는 것이 타당하다(대판 2011.4.14. 2011도300).

정답 ③

23 형법 제331조의 특수절도죄에 대한 설명으로 가장 적절한 것은?

① 피고인이 야간에 식당에 침입하여 현금을 절취한 사안에서, 피고인이 피해자들이 운영하는 식당의 창문과 방충망을 창틀에서 분리하였을 뿐 물리적으로 훼손하여 효용을 상실하게 한 것이 아니라면, 「형법」 제331조 제1항의 특수절도죄의 손괴에는 해당한다고 할 수 없다.

② 절도범이 혼자 입목을 땅에서 완전히 캐낸 후에 비로소 제3자가 가담하여 함께 입목을 운반하였다면 특수절도죄가 성립한다.

③ 「형법」 제331조 제2항의 특수절도죄에서의 합동은 공동정범의 공동과 동일한 의미로 사용되며, 반드시 시간적·장소적 협동을 필요로 하지 않는다.

④ 피고인들이 합동하여 재물을 절취하기 위해 주간에 아파트 출입문 잠금장치를 손괴하다가 발각되어 도주하였다면, 아직 절취할 물건의 물색행위를 시작하기 전이라 하더라도 「형법」 제331조 제2항의 특수절도죄의 실행의 착수를 인정할 수 있다.

> 해설

① 【 O 】 형법 제331조 제1항은 야간에 문호 또는 장벽 기타 건조물의 일부를 손괴하고 형법 제330조의 장소에 침입하여 타인의 재물을 절취한 자는 1년 이상 10년 이하의 징역에 처한다고 규정하고 있다. 형법 제331조 제1항에 정한 '손괴'는 물리적으로 문호 또는 장벽 기타 건조물의 일부를 훼손하여 <u>그 효용을 상실시키는 것</u>을 말한다. 따라서 야간에 피해자들이 운영하는 식당의 창문과 방충망을 손괴하고 침입하여 현금을 절취하였다는 내용으로 형법 제331조 제1항의 특수절도로 기소된 경우, 피고인이 창문과 방충망을 창틀에서 분리하였을 뿐 물리적으로 훼손하여 효용을 상실하게 한 것이 아니라면, 「형법」 제331조 제1항의 특수절도죄의 손괴에는 해당한다고 할 수 없다(대판 2015.10.29. 2015도7559). 18. 경찰

② 【 X 】 <u>입목을 절취하기 위하여 이를 캐낸 때에는</u> 그 시점에서 이미 소유자의 입목에 대한 점유가 침해되어 **범인의 사실적 지배하에** 놓이게 됨으로써 범인이 그 점유를 취득하게 되는 것이므로, 이때 **절도죄는 기수**에 이르렀다고 할 것이고, 이를 운반하거나 반출하는 등의 행위는 필요로 하지 않는다고 할 것이다. 따라서 피고인 2는 피고인 1이 영산홍을 땅에서 완전히 캐낸 이후에 비로소 범행장소로 와서 피고인 1과 함께 위 영산홍을 승용차까지 운반하였으므로, 피고인 1이 영산홍을 땅에서 캐낸 그 시점에서 이미 피해자의 영산홍에 대한 점유가 침해되어 그 사실적 지배가 피고인 1에게 이동되었다고 봄이 상당하므로, 그때 피고인 1의 영산홍 절취행위는 기수에 이르렀다고 할 것이고, <u>그 이후에 피고인 2가 영산홍을 피고인 1과 함께 승용차까지 운반하였다고 하더라도 그러한 행위가 다른 죄에 해당하는지의 여부는 별론으로 하고, 피고인 2가 피고인 1과 **합동하여 영산홍 절취행위**를 하였다고 볼 수는 없다</u>(대판 2008.10.23. 2008도6080).

③ 【 X 】 형법 제331조 제2항 후단의 2인 이상이 합동하여 타인의 재물을 절취한 경우의 특수절도죄가 성립하기 위하여는 <u>주관적 요건으로서의 공모와 객관적 요건으로서의 **실행행위의 분담**이 있어야 하고 그 실행행위에 있어서는 **시간적으로나 장소적으로 협동관계**에 있음을 요한다</u>(대판 1996.3.22. 96도313). 18. 경찰

④ 【 X 】 형법 제331조 제2항의 특수절도에 있어서 주거침입은 그 구성요건이 아니므로, 절도범인이 그 범행수단으로 주거침입을 한 경우에 그 주거침입행위는 절도죄에 흡수되지 아니하고 별개로 주거침입죄를 구성하여 절도죄와는 실체적 경합의 관계에 있게 되고, <u>2인 이상이 합동하여 야간이 아닌 **주간에** 절도의 목적으로 타인의 주거에 침입하였다 하여도 아직 절취할 물건의 **물색행위를 시작하기 전이라면** 특수절도죄의 실행에는 착수한 것으로 볼 수 없는 것이어서 그 미수죄가 성립하지 않는다</u>.

> 사실관계

'주간에' 아파트 출입문 시정장치를 손괴하다가 발각되어 도주한 피고인들이 특수절도미수죄로 기소된 사안에서, '실행의 착수'가 없었다는 이유로 형법 제331조 제2항의 특수절도죄의 점에 대해 무죄를 선고한 원심 판단을 수긍한 사례(대판 2009.12.24. 2009도9667) 18. 경찰

정답 ①

제3절 강도의 죄

● 지문의 내용에 대해 학설의 대립 등 다툼이 있는 경우 판례에 의함

01 강도의 죄에 대한 설명으로 가장 적절한 것은?

① 甲이 A의 집에 침입하여 TV를 훔쳐 나오다가 A와 A의 아내 B가 소리를 지르며 쫓아오자 체포면탈 목적으로 A의 얼굴을 팔꿈치로 1회 가격하여 폭행하고, 곧바로 B의 정강이를 발로 걷어 차 B에게만 약 3주간의 치료가 필요한 상해를 가한 경우 甲은 포괄하여 하나의 강도상해죄만 성립한다.

② 甲이 절취품을 물색하던 중 피해자가 잠에서 깨어 '도둑이야'라고 고함치자 체포면탈목적으로 이불을 덮어씌우고 목을 졸라 상해를 입힌 경우 절도의 목적 달성 여부에 따라 강도상해죄의 성립 여부가 결정된다.

③ 甲과 乙이 합동하여 강도를 하던 중 乙이 사람을 살해한 경우 살해행위에 대해 甲과 乙이 공모한 바 없더라도 甲에게 강도살인죄가 성립한다.

④ 甲이 피해자의 재물을 강취하려 했으나 피해자가 가진 것이 없어 미수에 그쳤고, 그 자리에서 피해자를 강간하려고 했으나 역시 미수에 그치고 반항을 억압하기 위한 폭행으로 피해자에게 상해를 입힌 경우 강도강간미수죄와 강도치상죄의 실체적 경합범이 성립한다.

해설

① 【 O 】 대판 2001.8.21. 2001도3447 20. 경찰승진

② 【 X 】 피고인이 절취품을 물색중 피해자가 잠에서 깨어나 "도둑이야"고 고함치자 체포를 면탈할 목적으로 그녀에게 이불을 덮어씌우고 입과 목을 졸라 상해를 입혔다면 절도의 목적달성여부에 관계없이 강도상해죄가 성립한다(대판 1985.5.28. 85도682). 20. 경찰승진

③ 【 X 】 甲과 乙이 합동하여 강도를 하던 중 乙이 사람을 살해한 경우 살해행위에 대해 甲과 乙이 공모한 바 없다면 甲에게 강도살인죄가 성립할 수 없고 사망에 대한 예견가능이 있으면 강도치사죄가 성립한다. 20. 경찰승진

④ 【 X 】 강도가 재물강취의 뜻을 재물의 부재로 이루지 못한 채 미수에 그쳤으나 그 자리에서 항거불능의 상태에 빠진 피해자를 간음할 것을 결의하고 실행에 착수했으나 역시 미수에 그쳤더라도 반항을 억압하기 위한 폭행으로 피해자에게 상해를 입힌 경우에는 강도강간미수죄와 강도치상죄가 성립되고 이는 1개의 행위가 2개의 죄명에 해당되어 상상적 경합관계가 성립된다(대판 1988.6.28. 88도820). 20. 경찰승진

정답 ①

02 강도의 죄에 대한 설명으로 가장 적절한 것은?

① 강도죄는 재물죄이며, 재산상의 이익은 강도죄의 객체가 될 수 없다.
② 피고인이 강도하기로 모의를 한 후 남성피해자의 금품을 빼앗고, 그 기회에 이어서 여성피해자를 강간하였다면 강도죄와 강간죄의 경합범이 성립한다.
③ 강도상해죄가 성립하기 위해서는 강도의 수단인 폭행에 의하여 상해를 입힐 것을 요하므로, 피고인의 상해행위는 강도가 기수에 이르기 전에 행하여져야만 한다.
④ 절도미수범이 체포를 면탈할 목적으로 피해자를 폭행한 경우에는 준강도죄의 미수범이 성립한다.

해설

① 【 X 】 강도죄의 객체는 재물뿐만 아니라, 재산상 이익도 포함된다. 형법 제333조 참고. 18. 경찰
② 【 X 】 피고인이 강도하기로 모의를 한 후 피해자 甲남으로부터 금품을 빼앗고 이어서 피해자 乙녀를 강간하였다면 강도강간죄를 구성한다(대판 1991.11.12. 91도2241). 18. 경찰
③ 【 X 】 형법 제337조의 강도상해죄는 강도범인이 **강도의 기회에** 상해행위를 함으로써 성립하므로 강도범행의 실행 중이거나 실행 직후 또는 실행의 범의를 포기한 직후로서 사회통념상 범죄행위가 완료되지 아니하였다고 볼 수 있는 단계에서 상해가 행하여짐을 요건으로 한다. 그러나 반드시 강도범행의 수단으로 한 폭행에 의하여 상해를 입힐 것을 요하는 것은 아니고 상해행위가 강도가 기수에 이르기 전에 행하여져야만 하는 것은 아니므로, **강도범행 이후에도** 피해자를 계속 끌고 다니거나 차량에 태우고 함께 이동하는 등으로 강도범행으로 인한 피해자의 심리적 저항불능 상태가 해소되지 않은 상태에서 강도범인의 상해행위가 있었다면 강취행위와 상해행위 사이에 다소의 시간적·공간적 간격이 있었다는 것만으로는 강도상해죄의 성립에 영향이 없다(대판 2014.9.26. 2014도9567). 18. 경찰
④ 【 O 】 ✔ 준강도의 기수미수의 구별은 절도행위의 기수미수를 기준으로 한다. 따라서 지문은 준강도죄의 미수범이 성립한다.
『형법 제335조에서 절도가 재물의 탈환을 항거하거나 체포를 면탈하거나 죄적을 인멸할 목적으로 폭행 또는 협박을 가한 때에 준강도로서 강도죄의 예에 따라 처벌하는 취지는, 강도죄와 준강도죄의 구성요건인 재물탈취와 폭행·협박 사이에 시간적 순서상 전후의 차이가 있을 뿐 실질적으로 위법성이 같다고 보기 때문인바, 이와 같은 준강도죄의 입법 취지, 강도죄와의 균형 등을 종합적으로 고려해 보면, 준강도죄의 기수 여부는 **절도행위의 기수 여부를** 기준으로 하여 판단하여야 한다(대판 2004.11.18. 2004도5074 전합). 18. 경찰

정답 ④

03 절도와 강도의 죄에 관한 다음 설명 중 옳지 않은 것은 모두 몇 개인가?

㉠ 회사 직원이 업무와 관련하여 다른 사람이 작성한 회사의 문서(회사 중역들에 대한 특별상여금 지급내역서 1부 및 퇴직금 지급내역서 2부)를 복사기를 이용하여 복사한 후 원본은 제자리에 갖다 놓고 그 사본만 가져간 경우 회사 소유의 문서 사본을 절취한 것으로 볼 수는 없다.
㉡ 임차인이 임대차계약 종료 후 식당 건물에서 퇴거하면서 종전부터 사용하던 냉장고의 전원을 켜 둔 채 그대로 두었다가 약 1개월 후 철거해 가는 바람에 그 기간동안 전기가 소비되었다고 하더라도 임차인에게 절도죄가 성립하지 않는다.
㉢ 甲이 마당에 심어져 있던 영산홍을 땅에서 완전히 캐낸 이후 乙이 비로소 범행장소로 와서 甲과 함께 위 영산홍을 승용차까지 운반하였다면 乙은 甲과 합동하여 영산홍 절취행위를 한 것으로 볼 수 있다.
㉣ 예금주인 현금카드 소유자를 협박하여 그 카드를 갈취하였고, 하자 있는 의사표시이기는 하지만 피해자의 승낙에 의하여 현금카드를 사용할 권한을 부여받아 이를 이용하여 현금을 인출한 경우 현금지급기에서 피해자의 예금을 취득한 행위를 현금지급기 관리자의 의사에 반하여 그가 점유하고 있는 현금을 절취한 것이라 하여 이를 현금카드 갈취행위와 분리하여 따로 절도죄로 처단할 수는 없다.
㉤ 절도범인이 체포를 면탈할 목적으로 경찰관에게 폭행 또는 협박을 가한 때에는 준강도죄와 공무집행방해죄를 구성하고 양 죄는 상상적 경합 관계에 있으나, 강도 범인이 체포를 면탈할 목적으로 경찰관에게 폭행을 가한 때에는 강도죄와 공무집행방해죄는 실체적 경합 관계에 있다.

① 1개 ② 2개 ③ 3개 ④ 4개

해설

㉠ 【O】 대판 1996.8.23. 95도192 24. 법원행시
㉡ 【O】 대판 2008.7.10. 2008도3252 24. 법원행시
㉢ 【X】 입목을 절취하기 위하여 **이를 캐낸 때에는** 그 시점에서 이미 소유자의 입목에 대한 점유가 침해되어 **범인의 사실적 지배하에** 놓이게 됨으로써 범인이 그 점유를 취득하게 되는 것이므로, 이때 **절도죄는 기수**에 이르렀다고 할 것이고, 이를 운반하거나 반출하는 등의 행위는 필요로 하지 않는다고 할 것이다. 따라서 피고인 2는 피고인 1이 영산홍을 땅에서 완전히 캐낸 이후에 비로소 범행장소로 와서 피고인 1과 함께 위 영산홍을 승용차까지 운반하였으므로, 피고인 1이 영산홍을 땅에서 캐낸 그 시점에서 이미 피해자의 영산홍에 대한 점유가 침해되어 그 사실적 지배가 피고인 1에게 이동되었다고 봄이 상당하므로, 그때 피고인 1의 영산홍 절취행위는 기수에 이르렀다고 할 것이고, 그 이후에 피고인 2가 영산홍을 피고인 1과 함께 승용차까지 운반하였다고 하더라도 그러한 행위가 다른 죄에 해당하는지의 여부는 별론으로 하고, 피고인 2가 피고인 1과 **합동하여 영산홍 절취행위**를 하였다고 볼 수는 없다(대판 2008.10.23. 2008도6080). 24. 법원행시
㉣ 【O】 대판 1996.9.20. 95도1728 24. 법원행시
㉤ 【O】 대판 1992.7.28. 92도917 24. 법원행시

정답 ①

04 절도와 강도의 죄에 관한 다음 설명 중 옳지 않은 것은 모두 몇 개인가?

㉠ 작성권한 없는 자에 의하여 위조된 유가증권이라고 하더라도 절차에 따라 몰수되기까지는 그 소지자의 점유를 보호하여야 한다는 점에서 절도죄의 객체가 될 수 있다.
㉡ 강도범행 이후에도 피해자를 계속 끌고 다니거나 차량에 태우고 함께 이동하는 등으로 강도범행으로 인한 피해자의 심리적 저항불능 상태가 해소되지 않은 상태에서 강도 범인의 상해행위가 있었다면 강취행위와 상해행위 사이에 다소의 시간적·공간적 간격이 있었으므로 강도상해죄가 성립하지 않는다.
㉢ 甲이 A의 방에서 A를 살해한 후 불법영득의사가 생겨 비로소 A의 물건을 가지고 나온 경우, 그 물건에 대한 A의 점유가 계속되고 있어 甲의 행위는 절도죄에 해당한다.
㉣ 절도 습벽의 발현으로 절도, 야간주거침입절도, 특수절도, 자동차등불법사용의 범행을 함께 저지른 경우, 자동차등불법사용의 범행은 상습절도 등의 죄에 흡수되어 1죄만이 성립하고 이와 별개로 자동차등 불법사용죄가 성립하는 것은 아니다.

① 1개 ② 2개 ③ 3개 ④ 4개

해설

㉠ 【 O 】 대판 1998.11.24. 98도2967 24. 경찰간부
㉡ 【 X 】 형법 제337조의 강도상해죄는 강도범인이 **강도의 기회에** 상해행위를 함으로써 성립하므로 강도범행의 실행 중이거나 실행 직후 또는 실행의 범의를 포기한 직후로서 사회통념상 범죄행위가 완료되지 아니하였다고 볼 수 있는 단계에서 상해가 행하여짐을 요건으로 한다. 그러나 반드시 강도범행의 수단으로 한 폭행에 의하여 상해를 입힐 것을 요하는 것은 아니고 상해행위가 강도가 기수에 이르기 전에 행하여져야만 하는 것은 아니므로, **강도범행 이후에도** 피해자를 계속 끌고 다니거나 차량에 태우고 함께 이동하는 등으로 강도범행으로 인한 피해자의 심리적 저항불능 상태가 해소되지 않은 상태에서 강도범인의 상해행위가 있었다면 강취행위와 상해행위 사이에 다소의 시간적·공간적 간격이 있었다는 것만으로는 강도상해죄의 성립에 영향이 없다(대판 2014.9.26. 2014도9567). 24. 경찰간부
㉢ 【 O 】 대판 1993.9.28. 93도2143 24. 경찰간부
㉣ 【 O 】 대판 2002.4.26. 2002도429 24. 경찰간부

정답 ①

05 절도와 강도의 죄에 대한 설명으로 가장 적절하지 않은 것은?

① 피고인이 내연관계에 있는 甲과 A아파트에서 동거하다가 甲의 사망으로 상속인인 乙 및 丙 소유에 속하게 된 부동산등기권리증 등이 들어 있는 가방을 A아파트에서 가지고 간 경우 절도죄가 성립하지 않는다.
② 피고인이 자신의 명의로 등록된 자동차를 사실혼 관계에 있던 甲에게 증여하여 甲만이 이를 운행·관리하여 오다가 서로 별거하면서 재산분할 내지 위자료 명목으로 甲이 소유하기로 하였는데, 피고인이 이를 임의로 운전해 간 경우 피고인에게는 절도죄가 인정된다.
③ 여관에 들어가 안내실에 있던 여관의 관리인을 칼로 찔러 상해를 가하고 그로부터 금품을 강취한 다음, 각 객실에 들어가 각 투숙객들로부터 금품을 강취한 행위가 시간적으로 접착된 상황에서 동일한 방법으로 이루어진 것이라면 포괄하여 1개의 강도상해죄만을 구성한다.
④ 강도죄의 성질상 그 권리의무관계의 외형상 변동의 사법상 효력의 유무는 그 범죄의 성립에 영향이 없고, 법률상 정당하게 그 이행을 청구할 수 있는 것이 아니라도 강도죄에 있어서의 재산상의 이익에 해당한다.

해설

① 【O】 절도죄란 재물에 대한 타인의 점유를 침해함으로써 성립하는 것이다. 여기서의 '점유'라고 함은 현실적으로 어떠한 재물을 지배하는 순수한 사실상의 관계를 말하는 것으로서, 민법상의 점유와 반드시 일치하는 것이 아니다. 물론 이러한 현실적 지배라고 하여도 점유자가 반드시 직접 소지하거나 항상 감수하여야 하는 것은 아니고, 재물을 위와 같은 의미에서 사실상으로 지배하는지 여부는 재물의 크기·형상, 그 개성의 유무, 점유자와 재물과의 시간적·장소적 관계 등을 종합하여 사회통념에 비추어 결정되어야 한다. 그렇게 보면 종전 점유자의 점유가 그의 사망으로 인한 상속에 의하여 당연히 그 상속인에게 이전된다는 민법 제193조는 절도죄의 요건으로서의 '타인의 점유'와 관련하여서는 **적용의 여지가 없고**, 재물을 점유하는 소유자로부터 이를 상속받아 그 소유권을 취득하였다고 하더라도 상속인이 그 재물에 관하여 위에서 본 의미에서의 사실상의 지배를 가지게 되어야만 이를 점유하는 것으로서 그때부터 비로소 상속인에 대한 절도죄가 성립할 수 있다.

> **사실관계**
> 피고인이 내연관계에 있는 甲과 아파트에서 동거하다가, **甲의 사망으로 甲의 상속인인 乙 및 丙 소유에 속하게 된** 부동산등기권리증 등 서류들이 들어 있는 가방을 위 아파트에서 가지고 가 절취하였다는 내용으로 기소된 사안에서, 피고인이 甲의 사망 전부터 아파트에서 甲과 함께 거주하였고, 甲의 자식인 乙 및 丙은 위 아파트에서 전혀 거주한 일이 없이 다른 곳에서 거주·생활하다가 甲의 사망으로 아파트 등의 소유권을 상속하였으나, 乙 및 丙이 甲 사망 후 피고인이 가방을 가지고 가기까지 그들의 소유권 등에 기하여 아파트 또는 그곳에 있던 가방의 인도 등을 요구한 일이 전혀 없는 사정 등에 비추어, 피고인이 가방을 들고 나온 시점에 乙 및 丙이 아파트에 있던 가방을 사실상 지배하여 **점유하고 있었다고 볼 수 없어** 피고인의 행위가 乙 등의 가방에 대한 점유를 침해하여 절도죄를 구성한다고 할 수 없는데도, 이와 달리 보아 절도죄를 인정한 원심판결에 절도죄의 점유에 관한 법리오해 등의 위법이 있다고 한 사례(대판 2012.4.26. 2010도6334) 19. 경찰승진

② 【O】 자동차에 대한 소유권의 득실변경은 등록을 함으로써 그 효력이 생기고 등록이 없는 한 대외적 관계에서는 물론 당사자의 대내적 관계에서도 소유권을 취득할 수 없는 것이 원칙이지만, 당사자 사이에 소유권을 등록명의자 아닌 자가 보유하기로 약정하였다는 등의 특별한 사정이 있는 경우에는 **그 내부관계에 있어서는** 등록명의자 아닌 자가 소유권을 보유하게 된다고 할 것이다(필자 주 : 명의신탁관계).

> **사실관계**
> 피고인이 자신의 명의로 등록된 자동차를 사실혼 관계에 있던 甲에게 증여하여 甲만이 이를 운행·관리하여 오다가 서로 별거하면서 재산분할 내지 위자료 명목으로 甲이 소유하기로 하였는데, 피고인이 이를 임의로 운전해 간 사안에서, 자동차 등록명의와 관계없이 피고인과 甲 사이에서는 甲을 소유자로 보아야 한다는 이유로 절도죄를 인정한 원심판단을 정당하다고 한 사례(대판 2013.2.28. 2012도15303) 19. 경찰승진

③ 【X】 강도가 여관에 들어가 안내실에 있던 여관의 관리인을 칼로 찔러 상해를 가하고 그로부터 금품을 강취한 다음, 각 객실에 들어가 각 투숙객들로부터 금품을 강취한 행위가 피해자 별로 강도상해죄 및 강도죄의 실체적 경합범이 된다(대판 1991.6.25. 91도643). 19. 경찰승진

④ 【 O 】 형법 제333조 후단의 강도죄, 이른바 강제이득죄의 요건인 재산상의 이익이란 재물 이외의 재산상의 이익을 말하는 것으로서 **적극적 이익**(적극적인 재산의 증가)이든 소극적 이익(소극적인 부채의 감소)이든 상관없는 것이고, 강제이득죄는 권리의무관계가 외형상으로라도 불법적으로 변동되는 것을 막고자함에 있는 것으로서 항거불능이나 반항을 억압할 정도의 폭행 협박을 그 요건으로 하는 강도죄의 성질상 그 권리의무관계의 외형상 변동의 사법상 효력의 유무는 그 범죄의 성립에 영향이 없고, **법률상 정당하게 그 이행을 청구할 수 있는 것이 아니라도** 강도죄에 있어서의 재산상의 이익에 해당하는 것이며, 따라서 이와 같은 재산상의 이익은 반드시 사법상 유효한 재산상의 이득만을 의미하는 것이 아니고 외견상 재산상의 이득을 얻을 것이라고 인정할 수 있는 사실관계만 있으면 된다(대판 1994.2.22. 93도428). 19. 경찰승진

정답 ③

06 강도의 죄에 관한 설명 중 가장 적절하지 않은 것은?

① 강도죄와 준강도죄는 그 취지와 본질을 달리한다고 보아야 하며, 준강도죄의 주체는 절도이고 여기에는 기수는 물론 형법상 처벌규정이 있는 미수도 포함되는 것이지만, 준강도죄의 기수·미수의 구별은 구성요건적 행위인 폭행 또는 협박이 종료되었는가 하는 점에 따라 결정된다.
② 강도 실행의 범의를 포기한 직후로서 사회통념상 범죄행위가 완료되지 않았다고 볼 수 있는 단계에서 살인이 행해진 경우는 강도살인죄를 구성한다.
③ 채무자가 채무를 면탈할 의사로 채권자를 살해하였더라도 채무의 존재가 명백할 뿐만 아니라 채권자의 상속인이 존재하고 그 상속인에게 채권의 존재를 확인할 방법이 확보되어 있는 경우 강도살인죄가 성립할 수 없다.
④ 절도범인이 체포를 면탈할 목적으로 체포하려는 여러 사람에게 같은 기회에 폭행을 가하여 그 중 1인에게만 상해를 가하였다면 포괄하여 하나의 강도상해죄만 성립한다.

해설

① 【 X 】 형법 제335조에서 절도가 재물의 탈환을 항거하거나 체포를 면탈하거나 죄적을 인멸할 목적으로 폭행 또는 협박을 가한 때에 준강도로서 강도죄의 예에 따라 처벌하는 취지는, 강도죄와 준강도죄의 구성요건인 재물탈취와 폭행·협박 사이에 시간적 순서상 전후의 차이가 있을 뿐 실질적으로 위법성이 같다고 보기 때문인바, 이와 같은 준강도죄의 입법 취지, 강도죄와의 균형 등을 종합적으로 고려해 보면, 준강도죄의 기수 여부는 절도행위의 기수 여부를 기준으로 하여 판단하여야 한다(대판 2004.11.18. 2004도5074(全)). 17. 경찰승진
② 【 O 】 대판 2004.6.24. 2004도1098 17. 경찰승진
③ 【 O 】 대판 2004.6.24. 2004도1098 17. 경찰승진
④ 【 O 】 대판 2001.8.21. 2001도3447 17. 경찰승진

정답 ①

07 다음 설명 중 가장 옳지 않은 것은?

① 피해자가 운영하는 가게의 시정되어 있지 않은 출입문을 열고 침입한 다음 훔칠 물건을 물색하던 중 가게로 나온 피해자에게 붙잡히자 체포를 면탈할 목적으로 피해자를 밀어 넘어뜨린 경우 준강도죄가 성립한다.
② 절도범인이 처음에는 흉기를 휴대하지 아니하였으나, 체포를 면탈할 목적으로 폭행 또는 협박을 가할 때에 비로소 흉기를 휴대하여 사용하게 된 경우에는 형법 제334조의 예에 의한 특수강도의 준강도가 된다.
③ 甲이 乙과 공모하여 타인의 재물을 절취하려다 미수에 그친 이상 乙이 체포를 면탈하려고 경찰관에게 상해를 가할 때 甲이 비록 거기에는 가담하지 아니하였다고 하더라도 乙의 행위를 예견하지 못한 것으로 볼 수 없는 한 준강도상해의 죄책을 면할 수 없다.
④ 준강도죄에 있어서의 폭행이나 협박은 반드시 현실적으로 반항을 억압하였음을 필요로 하는 것은 아니다.
⑤ 절도피해자가 잠을 자다가 이마를 맞고 잠이 깨어 비로소 맞은 것을 알았다고 진술할 뿐이라면 준강도상해의 죄책을 지울 수 없다.

해설

① 【X】 준강도로서 강도죄의 예에 따라 처벌하는 취지는, 강도죄와 준강도죄의 구성요건인 재물탈취와 폭행·협박 사이에 시간적 순서상 전후의 차이가 있을 뿐 실질적으로 위법성이 같다고 보기 때문인바, 준강도죄의 기수 여부는 절도행위의 기수 여부를 기준으로 하여 판단하여야 한다(대판 2004.11.18. 2004도5074 전합). 17. 법원행시

② 【O】 절도범인이 처음에는 흉기를 휴대하지 아니하였으나 체포를 면탈할 목적으로 폭행 또는 협박을 가할 때에 비로소 흉기를 휴대사용하게 된 경우에는 형법 제334조의 예에 의한 준강도(특수강도의 준강도)가 되는 것으로 해석하여야 할 것이다(대판 1973.11.13. 73도1553 전합). 17. 법원행시

③ 【O】 2인 이상이 합동하여 절도를 한 경우 범인 중의 1인이 체포를 면탈할 목적으로 폭행을 하여 상해를 가한 때에는 나머지 범인도 이를 예기하지 못한 것으로 볼 수 없으면 강도상해죄에 죄책을 면할 수 없다 할 것이다(대판 1984.12.26. 84도2552). 17. 법원행시

④ 【O】 준강도죄에 있어서의 폭행이나 협박은 강도죄의 폭행·협박과 마찬가지로 상대방의 반항을 억압할 정도이어야 한다. 다만 일반적으로 반항을 억압할 정도이면 족하고, 현실적으로 반항을 억압하였을 것은 요하지 않는다(대판 1981.3.24. 81도409). 17. 법원행시

⑤ 【O】 피해자는 잠을 자다가 이마를 맞고 잠이 깨어 비로소 맞은 것을 알았다는 취지로 진술하고 있고, 기록을 살펴보아도 피해자가 피고인을 보고 소리를 지르기 때문에 피고인이 체포를 면탈할 목적으로 위 피해자의 이마를 때린 것이라고 인정할 만한 아무런 증거가 없다. 결국 원심판단에는 증거없이 준강도 상해사실을 인정한 잘못이 있다고 할 것이다(대판 1984.6.5. 84도460). 17. 법원행시

정답 ①

08 다음 설명 중 가장 옳지 않은 것은?

① 강도죄에 있어서의 폭행, 협박은 반드시 재물의 소유자 또는 점유자에 대하여 가해져야 하는 것은 아니다.
② 소위 '날치기'와 같이 강제력을 사용하여 재물을 절취하는 행위가 때로는 피해자를 넘어뜨리는 경우가 있고, 그러한 결과가 피해자의 반항 억압을 목적으로 함이 없이 점유탈취의 과정에서 우연히 가해진 경우라면 강도죄가 성립하지 아니한다.
③ 강간범이 강간행위 후에 강도의 범의를 일으켜 그 부녀의 재물을 강취하는 경우에는 형법상 강도강간죄가 아니라 강간죄와 강도죄의 경합범이 성립한다.
④ 강도범행에 의하여 피해자로 하여금 채무면제의 의사표시를 하게 한 경우, 이러한 피해자의 의사표시는 사법상 무효 또는 취소사유에 해당하지만 강도죄에 있어서의 재산상 이익에는 해당한다.
⑤ 채무자가 채무를 면탈할 목적으로 채권자를 살해한 경우, 채권자의 상속인인 처가 채권의 존재를 알고 있었다고 하더라도 강도살인죄가 성립한다.

해설

① 【 O 】 재물 또는 재산상 이익의 피해자 이외에 강취에 장애가 될 수 있는 제3자도 폭행·협박의 상대방이 될 수 있다. 또한 폭행·협박의 상대방이 반드시 재산에 대한 정당한 권리자이거나 이를 보호할 지위에 있는 자일 것도 요하지 않는다. 17. 법원행시

② 【 O 】 소위 '날치기'와 같이 강제력을 사용하여 재물을 절취하는 행위가 때로는 피해자를 넘어뜨리거나 상해를 입게 하는 경우가 있고, 그러한 결과가 피해자의 반항 억압을 목적으로 함이 없이 점유탈취의 과정에서 우연히 가해진 경우라면 이는 강도가 아니라 절도에 불과하지만, 그 강제력의 행사가 사회통념상 객관적으로 상대방의 반항을 억압하거나 항거 불능케 할 정도의 것이라면 이는 강도죄의 폭행에 해당한다. 날치기 수법으로 피해자가 들고 있던 가방을 탈취하면서 가방을 놓지 않고 버티는 피해자를 5m 가량 끌고 감으로써 피해자의 무릎 등에 상해를 입힌 경우, 반항을 억압하기 위한 목적으로 가해진 강제력으로서 그 반항을 억압할 정도에 해당하므로 강도치상죄가 성립한다(대판 2007.12.13. 2007도7601). 17. 법원행시

③ 【 O 】 강간범이 강간행위 후에 강도의 범의를 일으켜 그 부녀의 재물을 강취하는 경우에는 강도강간죄가 아니라 강간죄와 강도죄의 경합범이 성립될 수 있을 뿐이지만, 강간행위의 종료 전 즉 그 실행행위의 계속 중에 강도의 행위를 할 경우에는 이때에 바로 강도의 신분을 취득하는 것이므로 이후에 그 자리에서 강간행위를 계속하는 때에는 강도가 부녀를 강간한 때에 해당하여 형법 제339조에 정한 강도강간죄를 구성한다(대판 2010.12.9. 2010도9630). 17. 법원행시

④ 【 O 】 피고인들이 폭행·협박으로 피해자로 하여금 매출전표에 서명을 하게 한 다음 이를 교부받아 소지함으로써 이미 외관상 각 매출전표를 제출하여 신용카드회사들로부터 그 금액을 지급받을 수 있는 상태가 되었는바, 피해자가 각 매출전표에 허위 서명한 탓으로 피고인들이 신용카드회사들에게 각 매출전표를 제출하여도 신용카드회사들이 신용카드 가맹점 규약 또는 약관의 규정을 들어 그 금액의 지급을 거절할 가능성이 있다 하더라도, 그로 인하여 피고인들이 각 매출전표 상의 금액을 지급받을 가능성이 완전히 없어져 버린 것이 아니고 외견상 여전히 그 금액을 지급받을 가능성이 있는 상태이므로, 결국 피고인들이 '재산상 이익'을 취득하였다고 볼 수 있다(대판 1997.2.25. 96도3411). 17. 법원행시

⑤ 【 X 】 피고인 甲, 乙이 공모하여 채무를 면탈할 의사로 채권자 丙을 살해한 경우, 甲의 丙에 대한 채무의 존재가 명백할 뿐만 아니라 丙의 상속인이 존재하고 그 상속인에게 채권의 존재를 확인할 방법이 확보되어 있으므로 일시적으로 채권자측의 추급을 면한 것에 불과하고 재산상 이익의 지배가 채권자측으로부터 甲 앞으로 이전되었다고 볼 수 없으므로 강도살인죄는 성립하지 않는다(대판 2010.9.30. 10도7405). 17. 법원행시

정답 ⑤

09 강도죄에 대한 다음 설명 중 옳지 않은 것은 모두 몇 개인가?

㉠ 甲과 乙은 야간에 丙의 집에 이르러 재물을 강취할 의도로 甲은 출입문 옆의 창살을 통하여 침입하고, 乙은 부엌 방충망을 뜯고 들어가다가 丙의 시아버지의 헛기침에 발각된 것으로 알고 도주한 경우 甲과 乙의 죄책은 특수강도미수죄이다.
㉡ 甲은 강도의 범의로 야간에 칼을 휴대한 채 타인의 주거에 침입하여 동정을 살피다가 피해자 乙을 발견하고 갑자기 욕정을 일으켜 칼로 협박하고 강간하였다. 甲의 죄책은 특수강도강간죄이다.
㉢ 형법 제334조 제1항(특수강도)은 야간에 사람의 주거, 관리하는 건조물, 선박이나 항공기 또는 자동차에 침입하여 제333조(강도)의 죄를 범한 자를 처벌한다고 규정하고 있다.
㉣ 형법 제336조(인질강도)의 죄를 범한 자가 인질을 안전한 장소로 풀어준 경우 형법 각칙에 해방 감경 규정이 있다.

① 1개   ② 2개   ③ 3개   ④ 4개

해설

㉠ 【O】 [1] 형법 제334조 제1항 소정의 야간주거침입강도죄는 주거침입과 강도의 결합범으로서 시간적으로 주거침입 행위가 선행되는 것이므로 주거침입을 한 때에 본죄의 실행에 착수한 것으로 볼 것인 바, 같은 조 제2항 소정의 흉기휴대 합동강도죄에 있어서도 그 강도행위가 야간에 주거에 침입하여 이루어지는 경우에는 주거침입을 한 때에 실행에 착수한 것으로 보는 것이 타당하다. [2] 피고인들이 재물을 강취할 의도로 야간에 피해자 丙의 집에 침입하였다가 丙의 시아버지의 헛기침에 발각된 것으로 알고 도주한 경우, 피고인들은 특수강도죄의 실행에 착수한 것으로서 그 미수범으로서 처단되어야 한다(대판 1992.7.28. 92도917). ㉠ 판례와 아래 ㉡ 판례는 서로 모순되는 것으로 대법원 전합 판결이 나오지 않는 한 어떤 것이 더 옳다고 볼 수 없다. 그러한 의미에서 2011년 이후 시험에 출제된 바 없는데도, 이번 경찰채용 시험에 이 판례들을 출제한 것은 좀 의문이 든다. 16. 경찰
㉡ 【X】 형법 제334조 제1, 2항 소정의 특수강도의 실행의 착수는 강도의 실행행위 즉 사람의 반항을 억압할 수 있는 정도의 폭행 또는 협박에 나아갈 때에 있다 할 것이고, 야간에 흉기를 휴대한 채 타인의 주거에 침입하여 집안의 동정을 살피는 것만으로는 특수강도의 실행에 착수한 것이라고 할 수 없으므로 특수강도에 착수하기도 전에 저질러진 강간행위는 구 특가법 제5조의6 제1항 [개정법 성폭법 제3조 제2항] 소정의 특수강도강간죄에 해당한다고 할 수 없다(대판 1991.11.22. 91도2296). 16. 경찰
㉢ 【X】 형법 제334조 제1항의 특수강도는 야간에 사람의 주거, 관리하는 건조물, 선박이나 항공기 또는 '점유하는 방실에' 침입하여 강도의 죄를 범한 때에 성립한다(형법 제334조 제1항). 16. 경찰
㉣ 【X】 형법 제336조의 인질강도죄에 대해서는 이른바 해방감경 규정이 적용되지 아니한다. 16. 경찰

정답 ③

10 다음 설명 중 가장 옳지 않은 것은?

① 준강도죄의 주체는 절도범인이고, 절도죄의 객체는 재물이므로 피고인이 甲에게 지급해야 할 술값의 지급을 면하여 재산상 이익을 취득하고 甲을 폭행하였다는 범죄사실로는 준강도죄를 인정할 수 없다.
② 절도범인이 일단 체포되었으나 아직 신병확보가 확실하지 않은 단계에서 체포상태를 면하기 위해 폭행하여 상해를 가한 경우 그 행위는 절도의 기회에 체포를 면탈할 목적으로 폭행하여 상해를 가한 것으로서 강도상해죄에 해당한다.
③ 강도예비·음모죄가 성립하기 위해서는 예비·음모 행위자에게 미필적으로라도 '강도'를 할 목적이 있음이 인정되어야 하는데, 판례는 '준강도'할 목적이 있음에 그치는 경우에도 강도예비·음모죄로 처벌할 수 있다고 본다.
④ 준강도죄의 기수 여부는 절도행위의 기수 여부를 기준으로 하여 판단하여야 한다.
⑤ 절도범이 체포를 면탈할 목적으로 체포하려는 여러 명의 피해자에게 같은 기회에 폭행을 가하여 그 중 1인에게만 상해를 가하였다면 이러한 행위는 포괄하여 하나의 강도상해죄만 성립한다.

[해 설]
① 【 O 】 대판 2014.5.16. 2014도2521 16. 법원행시
② 【 O 】 대판 2001.10.23. 2001도4142 16. 법원행시
③ 【 X 】 강도예비·음모죄가 성립하기 위해서는 예비·음모 행위자에게 미필적으로라도 '강도'를 할 목적이 있음이 인정되어야 하고 그에 이르지 않고 단순히 '준강도'할 목적이 있음에 그치는 경우에는 강도예비·음모죄로 처벌할 수 없다(대판 2006.9.14. 2004도6432). 16. 법원행시
④ 【 O 】 대판 2004.11.18. 2004도5074(全) 16. 법원행시
⑤ 【 O 】 대판 2001.8.21. 2001도3447 16. 법원행시

정답 ③

11 강도죄와 관련된 판례의 태도로 가장 적절하지 않은 것은?

① 강도범이 폭행, 협박으로 타인의 재물을 탈취한 이상 피해자가 우연히 재물탈취 사실을 알지 못하였다고 하더라도 강도죄는 성립한다.
② 강도가 피해자에게 상해를 입혔으나 재물의 강취에는 이르지 못하고 그 자리에서 항거불능상태에 빠진 피해자를 간음한 경우에는 강도상해죄와 강도강간죄만 성립하고 강도미수 행위는 별개의 범죄를 구성하지 않는다.
③ 강간범이 부녀를 강간할 목적으로 폭행, 협박에 의하여 반항을 억압한 후 반항억압 상태가 계속 중임을 이용하여 재물을 탈취하는 경우에는 재물탈취를 위한 새로운 폭행, 협박이 없더라도 강도죄는 성립한다.
④ 강간범이 강간하는 과정에서 피해자들이 도망가지 못하게 하기 위해 손가방을 빼앗은 경우 강도강간죄에 해당한다.
⑤ 수회에 걸쳐 "총을 훔쳐 전역 후 은행이나 현금수송차량을 털어 한탕하자"는 말을 하는 것은 강도음모죄에 해당하지 않는다.

해설

① 【 O 】 대판 2010.12.9. 2010도9630
② 【 O 】 대판 2010.4.29. 2011도1099
③ 【 O 】 대판 2010.12.9. 2010도9630
④ 【 X 】 불법영득의 의사라 함은 권리자를 배제하여 타인의 물건을 자기의 물건과 같이 그 경제적 용법에 따라 이용 처분하는 의사를 말하는 것이므로 강간하는 과정에서 피해자들이 도망가지 못하게 하기 위해 손가방을 빼앗은 것에 불과하다면 이에 불법영득의 의사가 있었다고 할 수 없다(대판 1985.8.13. 85도1170). 강도강간죄는 강도가 강간한 때 성립하므로 사안의 경우 강도죄가 성립하지 않으므로 강도강간죄는 성립할 수 없다.
⑤ 【 O 】 대판 1999.11.12. 99도3801

정답 ④

12 강도죄에 관한 설명 중 옳은 것은?

① 甲과 乙이 함께 강도행위를 하던 중 甲이 홀로 A에 대한 강간행위를 하였고, 乙은 甲의 강간의 실행의 착수 이후에 이 사실을 알게 되었으나 甲의 강간행위를 도와준 바 없이 집에서 나왔더라도 乙은 甲의 강간행위에 대한 공동정범의 죄책을 진다.

② 피고인이 주점 도우미인 피해자에게 화대를 지급하고 성관계를 하던 중에 피해자가 피고인의 성교행위가 너무 과격하다는 이유로 항의를 하면서 성교를 중단하는 바람에 말다툼이 벌어져 이에 화가 난 피고인이 피해자에 대한 폭행을 시작하면서 피해자가 이불을 뒤집어쓴 후에도 계속해서 주먹과 발로 피해자를 구타한 후 이불 속에 들어 있는 피해자를 두고 옷을 입고 방을 나가다가 탁자 위의 피해자 손가방 안에서 현금 20만원 등이 든 피해자의 키홀더를 가져갔다면 강도죄가 성립한다.

③ 피고인이 술집 운영자 甲으로부터 술값의 지급을 요구받자 甲을 유인·폭행하고 도주하였다면, 甲에게 지급해야 할 술값의 지급을 면하여 재산상 이익을 취득하였으므로 준강도죄가 성립한다.

④ 준강도죄의 주체는 절도이고 여기에는 기수는 물론 형법상 처벌규정이 있는 미수도 포함되는 것이지만, 준강도죄의 기수·미수의 구별은 구성요건적 행위인 폭행 또는 협박이 종료되었는가 하는 점에 따라 결정된다.

⑤ 강간범인이 부녀를 강간할 목적으로 폭행, 협박에 의하여 반항을 억압한 후 반항억압 상태가 계속 중임을 이용하여 재물을 탈취하는 경우에는 재물탈취를 위한 새로운 폭행, 협박이 없더라도 강도죄가 성립한다.

[해설]

① 【 X 】 甲 등 3명이 강도를 공모한 후 A녀의 집에 침입하여 A녀를 폭행한 후 甲이 장롱을 뒤지는 사이 다른 두 명이 한 명은 A녀를 붙잡고 다른 한 명이 A녀를 강간한 경우, 다른 두 명은 강도강간죄의 공동정범이 되지만 甲은 특수강도죄만 성립한다(대판 1988.9.13. 88도1114).

② 【 X 】 피고인이 타인에 대하여 반항을 억압함에 충분한 정도의 폭행 또는 협박을 가한 사실이 있다 해도 그 타인이 재물 취거의 사실을 알지 못하는 사이에 그 틈을 이용하여 피고인이 우발적으로 타인의 재물을 취거한 경우에는 위 폭행이나 협박이 재물 탈취의 방법으로 사용된 것이 아님은 물론, 그 폭행 또는 협박으로 조성된 피해자의 반항억압의 상태를 이용하여 재물을 취득하는 경우에도 해당하지 아니하여 양자 사이에 인과관계가 존재하지 아니한다 할 것이므로, 위 폭행 또는 협박에 의한 반항억압의 상태가 처음부터 재물 탈취의 계획하에 이루어졌다거나 양자가 시간적으로 극히 밀접되어 있는 등 전체적·실질적으로 단일한 재물 탈취의 범의의 실현행위로 평가할 수 있는 경우에 해당하지 아니하는 한 강도죄의 성립을 인정하여서는 안 될 것이다(대판 2009.1.30. 2008도10308).

③ 【 X 】 [1] 형법 제335조는 '절도'가 재물의 탈환을 항거하거나 체포를 면탈하거나 죄적을 인멸할 목적으로 폭행 또는 협박을 가한 때에 준강도가 성립한다고 규정하고 있으므로, 준강도죄의 주체는 절도범이고, 절도죄의 객체는 재물이다.
[2] 피고인이 술집 운영자 甲으로부터 술값의 지급을 요구받자 甲을 유인·폭행하고 도주함으로써 술값의 지급을 면하여 재산상 이익을 취득하고 상해를 가하였다고 하여 강도상해로 기소되었는데, 원심이 위 공소사실을 '피고인이 甲에게 지급해야 할 술값의 지급을 면하여 재산상 이익을 취득하고 甲을 폭행하였다'는 범죄사실로 인정하여 준강도죄를 적용한 사안에서, 원심이 인정한 범죄사실에는 그 자체로 절도의 실행에 착수하였다는 내용이 포함되어 있지 않음에도 준강도죄를 적용하여 유죄로 인정한 원심판결에 준강도죄의 주체에 관한 법리오해의 잘못이 있다고 한 사례(대판 2014.5.16. 2014도2521).

④ 【 X 】 형법 제335조에서 절도가 재물의 탈환을 항거하거나 체포를 면탈하거나 죄적을 인멸할 목적으로 폭행 또는 협박을 가한 때에 준강도로서 강도죄의 예에 따라 처벌하는 취지는, 강도죄와 준강도죄의 구성요건인 재물탈취와 폭행·협박 사이에 시간적 순서상 전후의 차이가 있을 뿐 실질적으로 위법성이 같다고 보기 때문인바, 이와 같은 준강도죄의 입법 취지, 강도죄와의 균형 등을 종합적으로 고려해 보면, 준강도죄의 기수 여부는 절도행위의 기수 여부를 기준으로 하여 판단하여야 한다(대판 2004.11.18. 2004도5074(全)).

⑤ 【 O 】 대판 2010.12.9. 2010도9630

정답 ⑤

13 다음 설명 중 가장 적절하지 않은 것은?

① 강도죄에 있어서 폭행과 협박의 정도는 사회통념상 객관적으로 상대방의 반항을 억압하거나 항거불능하게 할 정도의 것이라야 한다.
② 절도범인이 체포를 면탈할 목적으로 경찰관에게 폭행, 협박을 가한 때에는 준강도죄와 공무집행방해죄를 구성하고 양 죄는 상상적 경합관계에 있다.
③ 강도범인이 체포를 면탈할 목적으로 경찰관에게 폭행을 가한 때에는 강도죄와 공무집행방해죄는 실체적 경합관계에 있다.
④ 소위 '날치기'와 같이 강제력을 사용하여 재물을 절취하는 행위가 때로는 피해자를 넘어뜨리거나 상해를 입게 하는 경우가 있고, 그러한 결과가 피해자의 반항억압을 목적으로 함이 없이 점유탈취의 과정에서 우연히 가해진 경우라면 이는 강도가 아니라 절도에 불과하므로, 날치기 수법의 점유탈취 과정에서 이를 알아채고 재물을 뺏기지 않으려는 피해자의 반항에 부딪혔음에도 계속하여 피해자를 끌고 가면서 억지로 재물을 빼앗은 행위는 피해자의 반항이 억압되지 못한 경우이므로 강도에 해당하지 않는다.

해설

① 【 O 】 대판 1993.3.9. 92도2884
②③ 【 O 】 대판 1992.7.28. 92도917
④ 【 X 】 [1] 소위 '날치기'와 같이 강제력을 사용하여 재물을 절취하는 행위가 때로는 피해자를 넘어뜨리거나 상해를 입게 하는 경우가 있고, 그러한 결과가 피해자의 반항 억압을 목적으로 함이 없이 점유탈취의 과정에서 우연히 가해진 경우라면 이는 강도가 아니라 절도에 불과하지만, 그 강제력의 행사가 사회통념상 객관적으로 상대방의 반항을 억압하거나 항거 불능케 할 정도의 것이라면 이는 강도죄의 폭행에 해당한다. 그러므로 날치기 수법의 점유탈취 과정에서 이를 알아채고 재물을 뺏기지 않으려는 상대방의 반항에 부딪혔음에도 계속하여 피해자를 끌고 가면서 억지로 재물을 빼앗은 행위는 피해자의 반항을 억압한 후 재물을 강취한 것으로서 강도에 해당한다.
[2] 날치기 수법으로 피해자가 들고 있던 가방을 탈취하면서 가방을 놓지 않고 버티는 피해자를 5m 가량 끌고 감으로써 피해자의 무릎 등에 상해를 입힌 경우, 반항을 억압하기 위한 목적으로 가해진 강제력으로서 그 반항을 억압할 정도에 해당한다고 보아 강도치상죄의 성립을 인정한 사례(대판 2007.12.13. 2007도7601).

정답 ④

14 강도의 죄에 관한 설명 중 가장 옳지 않은 것은?

① 형법 제333조 후단의 강도죄(이른바 강제이득죄)의 요건이 되는 재산상의 이익은 반드시 사법상 유효한 재산상의 이득만을 의미하는 것이 아니고 외견상 재산상의 이득을 얻을 것이라고 인정할 수 있는 사실관계만 있으면 여기에 해당된다 할 것이다.
② 피고인이 다른 피고인들과 택시강도를 모의한 후 다른 피고인들이 피해자에 대한 폭행에 착수하기 전에 겁을 먹고 미리 현장에서 도주해 버린 경우 피고인을 특수강도의 합동범으로 다스릴 수 없다.
③ 준강도죄의 성립에 필요한 수단으로서의 폭행이나 협박의 정도는 상대방의 반항을 억압하는 수단으로서 일반적・객관적으로 가능하다고 인정되는 정도의 것이면 되고 반드시 현실적으로 반항을 억압하였음을 필요로 하는 것은 아니다.
④ 준강도는 목적범이며 미수범을 처벌하지 않는다.

해설

① 【 O 】 대판 1997.2.25. 96도3411
② 【 O 】 피고인이 다른 피고인들과 택시강도를 하기로 모의한 일이 있다고 하여도 다른 피고인들이 피해자에 대한 폭행에 착수하기 전에 겁을 먹고 미리 현장에서 도주해 버렸다면 다른 피고인들과의 사이에 강도의 실행행위를 분담한 협동관계가 있었다고 보기는 어려우므로 피고인을 특수강도의 합동범으로 다스릴 수는 없다(대판 1985.3.26. 84도2956).
③ 【 O 】 대판 1981.3.24. 81도409

각죄의 폭행・협박의 정도 비교

1. **강도죄와 준강도죄**: 사회통념상 객관적으로 반항을 억압하거나 항거불능하게 할 정도(현실적으로 반항이 억압될 것을 필요로 하지 않음을 주의해야 한다)
2. **강간죄**: 반항을 억압하거나 현저히 곤란하게 하는 정도
3. **강제추행죄**: 반항을 곤란하게 하는 정도
4. **공갈죄의 협박**: 객관적으로 사람의 의사결정의 자유를 제한하거나 의사실행의 자유를 방해할 정도로 겁을 먹게 할 만한 해악을 고지

④ 【 X 】 준강도죄는 ㉠ 재물탈환 항거 ㉡ 체포면탈 ㉢ 죄적인멸의 목적을 필요로 한다는 점에서 목적범이라는 기술은 옳지만, 재물탈환 항거 등을 위해 폭행 또는 협박하였으나 절도행위가 미수에 그쳤다면 준강도미수죄로 처벌될 수 있다는 점에서 미수범을 처벌하지 않는다는 기술은 옳지 않다.

▶ 참고로 준강도죄가 신분범인지와 관련하여 준강도는 절도범인이 주체가 된다는 점에서 신분범이라는 견해와 절도는 결합범인 준강도의 한 내용에 불과하므로 신분범이 아니라는 견해가 대립한다.

정답 ④

15 준강도에 대한 설명으로 옳지 않은 것은?

① 절도범이 체포를 면탈할 목적으로 체포하려는 여러 명의 피해자에게 같은 기회에 폭행을 가하여 그 중 1인에게만 상해를 가하였다면 포괄하여 하나의 강도상해죄만 성립한다.
② 주간에 절도의 목적으로 타인의 주거에 침입하였다가 발각되어 체포를 면탈하고자 폭행을 가한 경우, 아직 절도의 실행에 착수하지 못하였다면, 단순 주거침입죄와 폭행죄의 경합범이 성립할 뿐, 준강도에는 해당하지 아니한다.
③ 甲이 야간에 절도의 목적으로 乙이 경영하는 자동차수리공장의 담을 넘다가 방범대원 丙에게 발각되어 추격을 받자 체포를 면탈할 목적으로 丙에게 폭행을 가하였다면 준강도미수죄가 성립한다.
④ 절도범인인 甲이 피해자 乙의 집에서 절도범행을 한 지 10분가량 지나 乙의 집에서 200m 정도 떨어진 버스정류장이 있는 곳에서 뒤쫓아 온 乙에게 붙잡혀 乙의 집으로 돌아왔을 때 비로소 乙을 폭행한 경우 준강도죄는 성립하지 않는다.
⑤ 피고인이 술값의 지급을 면하기 위하여 술집주인인 피해자를 부근에 있는 아파트 뒤편 골목으로 유인한 후 폭행하여 반항하지 못하게 하고 그대로 도주함으로써 술값의 지급을 면한 경우 준강도죄가 성립한다.

해설

① 【 O 】 대판 2001.8.21. 2001도3447
② 【 O 】 준강도의 주체는 절도로서 절도죄의 실행에 착수한 자이어야 하기 때문이다(대판 2003.10.24. 2003도4417).
③ 【 O 】 준강도의 기수여부는 '절도행위'의 기수여부를 기준으로 판단한다는 것이 판례이다(대판 2004.11.18. 2004도5074(全)). 따라서 사안의 경우 야간에 절도의 목적으로 담을 넘었으므로 절도의 착수가 인정되고, 아직 재물의 취득이 없으므로 (야간주거침입)절도죄의 미수에 해당한다. 그러므로 판례에 의하면 준강도죄는 미수에 해당한다.
④ 【 O 】 대판 1999.2.26. 98도3321
⑤ 【 X 】 [1] 형법 제335조는 '절도'가 재물의 탈환을 항거하거나 체포를 면탈하거나 죄적을 인멸할 목적으로 폭행 또는 협박을 가한 때에 준강도가 성립한다고 규정하고 있으므로, 준강도죄의 주체는 절도범인이고, 절도죄의 객체는 재물이다.
[2] 피고인이 술집 운영자 甲으로부터 술값의 지급을 요구받자 甲을 유인·폭행하고 도주함으로써 술값의 지급을 면하여 재산상 이익을 취득하고 상해를 가하였다고 하여 강도상해로 기소되었는데, 원심이 위 공소사실을 '피고인이 甲에게 지급해야 할 술값의 지급을 면하여 재산상 이익을 취득하고 甲을 폭행하였다'는 범죄사실로 인정하여 준강도죄를 적용한 사안에서, 원심이 인정한 범죄사실에는 그 자체로 절도의 실행에 착수하였다는 내용이 포함되어 있지 않음에도 준강도죄를 적용하여 유죄로 인정한 원심판결에 준강도죄의 주체에 관한 법리오해의 잘못이 있다고 한 사례(대판 2014.5.16. 2014도2521). ◆ 중요한 판례로서 주의를 요한다.

정답 ⑤

16 준강도죄에 관한 기술 중 가장 적절하지 않은 것은?

① 준강도는 절도범인이 절도의 기회에 재물탈환의 항거 등의 목적으로 폭행 또는 협박을 가함으로써 성립되는 것이므로, 피해자 측이 절도범인을 추적하는 태세에 있는 경우 또는 범인이 일단 체포되었다고 하더라도 아직 신병의 확보가 확실하지 않은 경우에 체포된 상태를 면하기 위하여 피해자를 폭행하였다면 준강도죄가 성립한다.
② 절도범인을 체포하려는 피해자가 체포에 필요한 정도를 넘어서서 발로 차며 전치 3개월의 늑골골절상 등을 입힐 정도로 심한 폭력을 가해오자 범인이 이를 피하기 위하여 솥뚜껑을 들어 위 폭력을 막아내려다가 그 솥뚜껑에 스치어 피해자가 상처를 입게 되었을 경우, 범인의 위 행위가 체포를 면탈하는 과정에서 이루어졌더라도 위 행위는 준강도상해죄를 구성하지 않는다.
③ 합동하여 절도를 한 경우 범인 중 1인이 체포를 면탈할 목적으로 폭행을 하여 상해를 가한 때에는 나머지 범인이 이를 예기할 수 있었는가를 가리지 않고 그 나머지 범인 역시 준강도상해죄의 죄책을 면할 수 없다.
④ 피고인이 옷을 잡히자 체포를 면하려고 충동적으로 저항을 시도하여 잡은 손을 뿌리친 정도의 폭행을 행사한 경우에는 준강도죄로 의율할 수 없다.
⑤ 준강도죄에 있어서의 '재물의 탈환을 항거할 목적'이라 함은 일단 절도가 재물을 자기의 배타적 지배하에 옮긴 뒤 탈취한 재물을 피해자측으로부터 탈환당하지 않기 위하여 대항하는 것을 말한다.

해설

① 【 O 】 대판 2001.10.23. 2001도4142, 2001감도100
② 【 O 】 피고인을 체포하려는 피해자가 체포에 필요한 정도를 넘어서서 발로 차며 늑골 9, 10번 골절상, 좌폐기흉증, 좌흉막출혈 등 전치 3개월을 요하는 중상을 입힐 정도로 심한 폭력을 가해오자 피고인이 이를 피하기 위하여 엉겁결에 솥뚜껑을 들어 위 폭력을 막아 내려다가 그 솥뚜껑에 스치어 피해자가 상처를 입게 되었다면 피고인의 위 행위는 일반적, 객관적으로 피해자의 체포의사를 제압할 정도의 폭행에 해당하지 않는다고 할 것이므로 준강도상해죄는 성립되지 않는다(대판 1990.4.24. 90도193).
③ 【 X 】 합동하여 절도를 한 경우 범인 중 1인이 체포를 면탈할 목적으로 폭행을 하여 상해를 가한 때에는 나머지 범인도 이를 예기하지 못한 것으로 볼 수 없으면 준강도상해죄의 죄책을 면할 수 없다(대판 1982.7.13. 82도1352). 즉 예견가능성이 있어야 준강도상해죄의 죄책을 진다.
④ 【 O 】 대판 1985.5.14. 85도619
⑤ 【 O 】 대판 2003.7.25. 2003도2316

정답 ③

17 다음 설명 중 옳지 않은 것은 모두 몇 개인가?

> ㉠ 피해자를 살해한 후 상당한 시간이 지나 살인의 범죄행위가 이미 완료된 후 별도의 범의에 터 잡아 재물 취거행위를 하였다면 강도살인죄가 성립한다.
> ㉡ 피해자의 택시를 무임승차하고 택시요금을 요구하는 피해자의 추급을 벗어나고자 동인을 살해한 직후 피해자의 주머니에서 택시 열쇠와 돈 8,000원을 꺼내어 피해자의 택시를 운전하고 현장을 벗어난 경우 강도살인죄가 성립한다.
> ㉢ 甲이 강도범행 직후 신고를 받고 출동한 경찰관이 범행현장에서 甲을 파출소로 연행하려고 하자 체포를 면탈할 목적으로 경찰관을 찔러 살해한 경우 강도살인죄가 성립한다.
> ㉣ 술집에 피고인과 술집 주인 두 사람밖에 없는 상황에서 술값의 지급을 요구하는 술집 주인을 살해하고 곧바로 피해자가 소지하던 현금을 탈취한 경우 강도살인죄가 성립한다.

① 없음 ② 1개 ③ 2개 ④ 3개

[해설]

㉠ 【 X 】 [1] 강도살인죄는 강도범인이 강도의 기회에 살인행위를 함으로써 성립하는 것이므로, 강도범행의 실행 중이거나 그 실행 직후 또는 실행의 범의를 포기한 직후로서 사회통념상 범죄행위가 완료되지 아니하였다고 볼 수 있는 단계에서 살인이 행하여짐을 요건으로 한다.
[2] 피고인이 피해자 소유의 돈과 신용카드에 대하여 불법영득의 의사를 갖게 된 것이 살해 후 상당한 시간이 지난 후로서 살인의 범죄행위가 이미 완료된 후의 일이라면, 살해 후 상당한 시간이 지난 후에 별도의 범의에 터잡아 이루어진 재물 취거행위를 그보다 앞선 살인행위와 합쳐서 강도살인죄로 처단할 수 없다고 한 사례(대판 2004.6.24. 2004도1098). 14. 경찰간부

㉡ 【 O 】 채무면탈의 목적으로 채권자를 살해하고 동인의 반항능력이 완전히 상실된 것을 이용하여 즉석에서 동인이 소지하고 있던 재물까지 탈취하였다면 살인행위와 재물탈취행위는 서로 밀접하게 관련되어 있어 살인행위를 이용한 재물탈취행위라고 볼 것이므로 이는 강도살인죄에 해당한다(대판 1985.10.22. 85도1527). 14. 경찰간부

㉢ 【 O 】 대판 1996.7.12. 96도1108 14. 경찰간부

㉣ 【 O 】 대판 1999.3.9. 99도242 14. 경찰간부

[정답] ②

18 甲은 강도의 의사로 乙을 폭행하여 재물을 강취하려 하였으나 재물의 부재로 미수에 그치고 그 자리에서 항거불능의 상태에 빠진 乙을 간음할 것을 결의하고 실행에 착수 했으나 역시 실패하고 그 과정에서 반항을 억압하기 위한 폭행으로 乙에게 상해를 입혔다. 甲의 죄책은?

① 강도미수죄와 강간치상죄의 실체적 경합범
② 강도미수죄와 강도치상죄, 강간치상죄의 상상적 경합범
③ 강도강간미수죄와 강간치상죄의 실체적 경합범
④ 강도강간미수죄와 강도치상죄의 상상적 경합범
⑤ 강도미수죄와 강도강간죄, 강간치상죄의 실체적 경합범

[해설]

강도가 재물강취의 뜻을 재물의 부재로 이루지 못한 채 미수에 그쳤으나 그 자리에서 항거불능의 상태에 빠진 피해자를 간음할 것을 결의하고 실행에 착수했으나 역시 미수에 그쳤더라도 반항을 억압하기 위한 폭행으로 피해자에게 상해를 입힌 경우에는 강도강간미수죄와 강도치상죄가 성립되고 이는 1개의 행위가 2개의 죄명에 해당되어 상상적 경합관계가 성립된다(대판 1988.6.28. 88도820).

[정답] ④

19 다음 설명 중 가장 적절하지 않은 것은?

① 피고인 甲, 乙이 공모하여 채무를 면탈할 의사로 채권자 丙을 살해한 경우, 甲의 丙에 대한 채무의 존재가 명백하고 丙의 상속인이 존재하며 그 상속인에게 채권의 존재를 확인할 방법이 확보되어 있다면, 강도살인죄는 성립하지 않는다.
② 강도의 기회에 강간을 한 경우, 강도가 기수에 이르지 못하였더라도 강도강간의 기수에 해당한다.
③ 피고인이 여관에서 종업원을 칼로 찔러 상해를 가하고 객실로 끌고 들어가는 등 폭행·협박을 하고 있던 중, 마침 다른 방에서 나오던 여관의 주인도 같은 방에 밀어 넣은 후, 주인으로부터 금품을 강취하고, 1층 안내실에서 종업원 소유의 현금을 꺼내 갔다면, 여관 종업원에 대한 강도상해죄와 주인에 대한 특수강도죄는 실체적 경합범 관계이다.
④ 여관에 들어가 안내실에 있던 여관의 관리인을 칼로 찔러 상해를 가하고 그로부터 금품을 강취한 다음, 각 객실에 들어가 각 투숙객들로부터 금품을 강취한 행위는 피해자별로 강도상해죄 및 강도죄의 실체적 경합범이 된다.

[해설]
① 【O】 대판 2010.9.30. 2010도7405
② 【O】 형법 제339조의 강도강간죄는 강도가 실행에 착수한 뒤 강도행위를 완료하기 전에 강간을 한 경우에도 성립된다(대판 1986.5.27. 86도507).
③ 【X】, ④ 【O】 대판 1991.6.25. 91도643을 기초로 한 문제로서 지문 ③은 상상적 경합관계이고 지문 ④는 실체적 경합관계이다. 양자를 정확히 구별해야 한다.
[1] 강도가 동일한 장소에서 동일한 방법으로 시간적으로 접착된 상황에서 수인의 재물을 강취하였다고 하더라도, 수인의 피해자들에게 폭행 또는 협박을 가하여 그들로부터 그들이 각기 점유관리하고 있는 재물을 각각 강취하였다면, 피해자들의 수에 따라 수개의 강도죄를 구성하는 것이고, 다만 강도범인이 피해자들의 반항을 억압하는 수단인 폭행·협박행위가 사실상 공통으로 이루어졌기 때문에, 법률상 1개의 행위로 평가되어 상상적경합으로 보아야 될 경우가 있는 것은 별문제이다.
[2] 피고인이 여관에서 종업원을 칼로 찔러 상해를 가하고 객실로 끌고 들어가는 등 폭행·협박을 하고 있던 중, 마침 다른 방에서 나오던 여관의 주인도 같은 방에 밀어 넣은 후, 주인으로부터 금품을 강취하고, 1층 안내실에서 종업원 소유의 현금을 꺼내 갔다면, 여관 종업원과 주인에 대한 각 강도행위가 각별로 강도죄를 구성하되 피고인이 피해자인 종업원과 주인을 폭행·협박한 행위는 법률상 1개의 행위로 평가되는 것이 상당하므로 위 2죄는 상상적 경합범관계에 있다고 할 것이다. ⇨ 지문 ③
[3] 강도가 서로 다른 시기에 다른 장소에서 수인의 피해자들에게 각기 폭행 또는 협박을 하여 각 그 피해자들의 재물을 강취하고, 그 피해자들 중 1인을 상해한 경우에는, 각기 별도로 강도죄와 강도상해죄가 성립하는 것임은 물론, 법률상 1개의 행위로 평가되는 것도 아닌 바, 피고인이 여관에 들어가 1층 안내실에 있던 여관의 관리인을 칼로 찔러 상해를 가하고, 그로부터 금품을 강취한 다음, 각 객실에 들어가 각 투숙객들로부터 금품을 강취하였다면, 피고인의 위와 같은 각 행위는 비록 시간적으로 접착된 상황에서 동일한 방법으로 이루어지기는 하였으나, 포괄하여 1개의 강도상해죄만을 구성하는 것이 아니라 실체적 경합범의 관계에 있는 것이라고 할 것이다. ⇨ 지문 ④

정답 ③

20 다음 설명 중 가장 적절하지 않은 것은?

① 강도하기로 모의한 후 피해자 甲(男子)으로부터 금품을 빼앗고 이어서 피해자 乙(女子)을 강간하였다면 강도강간죄를 구성할 수 있다.
② 피고인이 채무를 면탈할 의사로 채권자를 살해하였더라도 채무의 존재가 명백하고 채권자의 상속인이 존재하며 그 상속인에게 채권의 존재를 확인할 방법이 확보되어 있다면 강도살인죄는 성립하지 않는다.
③ 강간범이 강간행위 후에 강도의 범의를 일으켜 그 부녀의 재물을 강취하는 경우에는 형법상 강도강간죄가 아니라 강간죄와 강도죄의 경합범이 성립될 수 있을 뿐이다.
④ 절도범이 체포를 면탈할 목적으로 사람을 살해한 때에는 강도살인죄가 성립한다.
⑤ 甲이 A로부터 재물을 강취하고 A가 운전하는 자동차에 함께 타고 1시간 20분 동안 도주하다가 단속경찰관이 뒤따라오자 A를 칼로 찔러 상해를 가한 경우 강도죄와 상해죄의 실체적 경합범이 성립한다.

[해설]
① 【O】 강도강간죄가 성립하기 위해서 강도의 피해자와 강간의 피해자가 반드시 동일인일 필요가 없다(대판 1991.11.12. 91도2241).
② 【O】 대판 2010.9.30. 2010도7405
③ 【O】 대판 2002.2.8. 2001도6425
④ 【O】 강도살인죄(형법 제338조)의 주체인 강도는 준강도죄(형법 제335조)의 강도범인을 포함한다고 할 것이므로 절도가 체포를 면탈할 목적으로 사람을 살해한 때에는 강도살인죄가 성립한다(대판 1987.9.22. 87도1592).
⑤ 【X】 피고인이 피해자로부터 강취한 택시에 피해자를 태우고 돌아다니는 동안 피해자는 피고인의 강도범행에 의하여 계속 제압된 상태에 있었다고 할 것이므로, 피고인이 그로부터 도망하려는 피해자에게 상해를 가한 경우 강도범행이 완료되지 아니한 상태에서 '강도의 기회'에 상해행위를 저지른 것으로 볼 수 있어 강도상해죄의 일죄로 처벌하는 것이 옳다(대판 2014.9.26. 2014도956).

[정답] ⑤

21 다음 사례에 대한 설명으로 옳지 않은 것은?

> 甲과 乙은 주간에 함께 A의 집에 침입하여 도품을 물색하던 중, A에게 발각되어 각자 다른 길로 도주했다. 도주 중 甲은 자신을 추적해 오는 A를 발로 차서 넘어지게 하였다. 한편 乙은 순찰 중에 "도둑이야!"라는 소리를 듣고 범인을 체포하려고 달려온 사복 경찰관을 집주인 A라고 생각하고 체포를 면탈하기 위해 각목을 주워 그의 머리를 내리쳐 전치 8주의 상처를 입혔다.

① 甲과 乙이 A의 집에 침입한 행위는 공동주거침입에 해당한다.
② 甲과 乙이 A의 집에서 도품을 물색한 행위는 합동절도의 실행의 착수에 해당한다.
③ 甲이 자신을 추적해 오는 A를 폭행한 행위는 준강도죄(미수)를 구성한다.
④ 乙이 경찰관에게 상해를 가한 행위는 강도상해죄와 특수공무집행방해치상죄를 구성한다.

[해설]
① 【O】 폭력행위등 처벌에 관한 법률 제2조 제2항 제2호 19. 국가직 9급
② 【O】 야간이 아닌 주간에 절도의 목적으로 다른 사람의 주거에 침입하여 절취할 재물의 물색행위를 시작하는 등 그에 대한 사실상의 지배를 침해하는 데에 밀접한 행위를 개시하면 절도죄의 실행에 착수한 것으로 보아야 한다(대판 2003.6.24. 2003도1985). 19. 국가직 9급
③ 【O】 형법 제335조(대판 2004.11.18. 2004도5074 전합) 19. 국가직 9급
④ 【X】 강도상해죄가 성립함에는 의문이 없다. 그러나 상대방이 공무를 집행하는 공무원이라는 사실을 인식하지 못하였으므로(공무집행방해의 고의가 없으므로) 특수공무집행방해치상죄는 성립하지 않는다. 19. 국가직 9급

[정답] ④

22 강도의 죄에 대한 다음 설명 중 가장 옳지 않은 것은?

① 날치기 수법으로 피해자가 들고 있던 가방을 탈취하면서 가방을 놓지 않고 버티는 피해자를 5m 가량 끌고 감으로써 피해자의 무릎 등에 상해를 입힌 경우, 강도치상죄가 성립한다.
② 채무면탈의 의사로 채권자를 살해한 경우, 채무의 존재가 명백할 뿐만 아니라 채권자의 상속인이 존재하고 상속인에게 그 채권의 존재를 확인할 방법이 확보되어 있다면 강도살인죄가 성립할 수 없다.
③ 피고인이 주점 도우미인 피해자에게 화대를 지급하고 성관계를 하던 중에 피해자가 피고인의 성교행위가 너무 과격하다는 이유로 항의를 하면서 성교를 중단하는 바람에 말다툼이 벌어져 이에 화가 난 피고인이 피해자에 대한 폭행을 시작하면서 피해자가 이불을 뒤집어 쓴 후에도 계속해서 주먹과 발로 피해자를 구타한 후 이불 속에 들어있는 피해자를 두고 옷을 입고 방을 나가다가 탁자 위의 피해자 손가방 안에서 현금 20만원 등이 든 피해자의 키홀더를 가져갔다면 강도죄가 성립한다.
④ 야간에 절도의 목적으로 피해자의 집에 담을 넘어 들어갔다가 피해자에게 발각되어 도망치는 과정에서 계속 추격해온 피해자를 체포면탈 목적으로 폭행을 가했다면 폭행을 가한 장소가 피해자 집으로부터 200미터가 넘더라도 준강도죄가 성립한다.

해 설

① 【 O 】 대판 2007.12.13. 2007도7601 18. 경찰간부
② 【 O 】 대판 2004.6.24. 2004도1098 18. 경찰간부
③ 【 X 】 주점 도우미인 피해자와의 윤락행위 도중 시비 끝에 피해자를 이불로 덮어씌우고 폭행한 후 이불 속에 들어 있는 피해자를 두고 나가다가 탁자 위의 피해자 손가방 안에서 현금을 가져간 경우, 비록 위 재물의 취득이 피해자에 대한 폭행 직후에 이루어지긴 했지만 위 폭행이 피해자의 재물 탈취를 위한 피해자의 반항억압의 수단으로 이루어졌다고 단정할 수 없어 양자 사이에 **인과관계가 존재한다고 보기 어렵다** 할 것이고, 달리 위 폭행이 처음부터 재물 탈취의 범의하에 이루어졌다거나 피고인의 위 폭행 및 재물 취거의 각 행위를 전체적으로 종합하여 단일한 재물 강취의 범행으로 인정할 만한 증거가 존재하지 아니하는 이상, 위 인정 사실만으로는 폭행에 의한 강도죄의 성립을 인정하기에 부족하다(대판 2009.1.30. 2008도10308) ⇨ 재물취거행위는 절도죄에 해당할 뿐이다. 18. 경찰간부
④ 【 O 】 대판 1984.9.11. 84도1398 18. 경찰간부

정답 ③

23 다음 설명 중 가장 적절하지 않은 것은?

① 보험금을 지급받을 수 있는 사유가 있다 하더라도 이를 기화로 실제 지급받을 수 있는 보험금보다 다액의 보험금을 편취할 의사로 장기간의 입원 등을 통하여 과다한 보험금을 지급받는 경우에는 지급받은 보험금 전체에 대하여 사기죄가 성립한다.

② 준강도죄의 기수 여부는 절도행위의 기수 여부를 기준으로 하여 판단하여야 한다.

③ 채무자가 대물변제예약에 따라 부동산에 관한 소유권이전등기절차를 이행할 의무는 배임죄에서 말하는 신임관계에 기초하여 채권자의 재산을 보호 또는 관리하여야 하는 '타인의 사무'에 해당한다.

④ 강도예비·음모죄가 성립하기 위해서는 예비·음모 행위자에게 미필적으로라도 '강도'를 할 목적이 있음이 인정되어야 하고 그에 이르지 않고 단순히 '준강도'할 목적이 있음에 그치는 경우에는 강도예비·음모죄로 처벌할 수 없다.

해설

① 【 O 】 기망행위를 수단으로 한 권리행사의 경우 그 권리행사에 속하는 행위와 그 수단에 속하는 기망행위를 전체적으로 관찰하여 그와 같은 기망행위가 사회통념상 권리행사의 수단으로서 용인할 수 없는 정도라면 그 권리행사에 속하는 행위는 사기죄를 구성하는데, 보험금을 지급받을 수 있는 사유가 있다 하더라도 이를 기화로 실제 지급받을 수 있는 보험금보다 다액의 보험금을 편취할 의사로 장기간의 입원 등을 통하여 과다한 보험금을 지급받는 경우에는 지급받은 **보험금 전체**에 대하여 사기죄가 성립한다(대판 2009.5.28. 2008도4665). 19. 경찰

② 【 O 】 [준강도의 미수·기수 판단기준] 형법 제335조에서 절도가 재물의 탈환을 항거하거나 체포를 면탈하거나 죄적을 인멸할 목적으로 폭행 또는 협박을 가한 때에 준강도로서 강도죄의 예에 따라 처벌하는 취지는, **강도죄와 준강도죄의 구성요건인 재물탈취와 폭행·협박 사이에 시간적 순서상 전후의 차이가 있을 뿐 실질적으로 위법성이 같다**고 보기 때문인바, 이와 같은 준강도죄의 입법 취지, 강도죄와의 균형 등을 종합적으로 고려해 보면, 준강도죄의 기수 여부는 **절도행위의 기수 여부**를 기준으로 하여 판단하여야 한다(대판 2004.11.18. 2004도5074). 19. 경찰

③ 【 X 】 〈대물변제예약 사안에서 배임죄 사건〉[대물변제예약부동산처분사건] 채무자가 채권자에 대하여 소비대차 등으로 인한 채무를 부담하고 이를 담보하기 위하여 장래에 부동산의 소유권을 이전하기로 하는 내용의 대물변제예약에서, 약정의 내용에 좇은 이행을 하여야 할 채무는 특별한 사정이 없는 한 **자기의 사무**에 해당하는 것이 원칙이다. 채무자가 대물변제예약에 따라 부동산에 관한 소유권이전등기절차를 이행할 의무는 궁극적 목적을 달성하기 위해 채무자에게 요구되는 부수적 내용이어서 이를 가지고 배임죄에서 말하는 신임관계에 기초하여 채권자의 재산을 보호 또는 관리하여야 하는 '타인의 사무'에 해당한다고 볼 수는 없다. 그러므로 채권 담보를 위한 대물변제예약 사안에서 채무자가 대물로 변제하기로 한 부동산을 제3자에게 처분하였다고 하더라도 형법상 배임죄가 성립하는 것은 아니다(대판 2014.8.21. 2014도3363 전합).

> **사실관계**
> 채무자인 피고인이 채권자 甲에게 차용금을 변제하지 못할 경우 자신의 어머니 소유 부동산에 대한 유증상속분을 대물변제하기로 약정한 후 유증을 원인으로 위 부동산에 관한 소유권이전등기를 마쳤음에도 이를 제3자에게 매도한 경우 배임죄가 성립하지 않는다. 19. 경찰

④ 【 O 】 강도예비·음모죄가 성립하기 위해서는 예비·음모 행위자에게 미필적으로라도 '강도'를 할 목적이 있음이 인정되어야 하고 그에 이르지 않고 단순히 '준강도'할 목적이 있음에 그치는 경우에는 강도예비·음모죄로 처벌할 수 없다(대판 2006.9.14. 2004도6432). 19. 경찰

정답 ③

24 다음 사례와 관련된 설명 중 옳은 것은?

> 甲이 절도의 고의로 이웃집에 담을 넘어 들어갔다가 훔칠 물건을 찾을 새도 없이 때마침 귀가한 A에게 곧바로 발각되었다. A가 甲을 향해 "너, 누구야?"라고 소리치며 붙잡으려 하자, 甲이 도망치기 위해 A를 폭행하였다.

① 위 사례가 주간에 발생했다면, 甲에게 절도미수죄가 성립한다.
② 위 사례가 주간에 발생했고, 甲이 담을 넘어 들어갈 때 범행에 사용할 의도로 칼을 소지하고 있었다고 하더라도, 실제 甲이 A를 폭행할 때 칼을 사용하지 않았다면 특수주거침입죄나 특수폭행죄는 성립하지 않는다.
③ 위 사례가 야간에 발생했다면, 甲에게 준강도기수죄가 성립한다.
④ 위 사례가 야간에 발생했고, 甲이 A를 폭행한 후 곧이어 뒤따라 온 B에게 붙잡히게 되자 도망치기 위해 B에게 상해를 가한 경우, 甲에게는 포괄하여 하나의 강도상해죄가 성립한다.
⑤ 위 사례와는 별도로, 甲이 차량 내부의 물건을 훔치려고 하다가 혹시라도 발각되었을 때 체포를 면탈하는 데 도움이 될 수 있을 것이라는 생각에서 칼을 소지하고 심야에 인적이 드문 길가에 주차된 차량들을 살피던 중 적발된 경우, 甲에게 강도예비죄가 성립한다.

해설

① 【 X 】 사례의 경우 물건을 찾을 새도 없이 표현되어 있으므로 아직 물색 전이므로 실행의 착수가 없어 절도미수죄는 성립하지 않는다. 24. 변호사
② 【 X 】 폭력행위 등 처벌에 관한 법률의 목적과 그 제3조 제1항의 규정 취지에 비추어 보면, 같은 법 제3조 제1항 소정의 '흉기 기타 위험한 물건을 휴대하여 그 죄를 범한 자'란 범행현장에서 '사용하려는 의도' 아래 흉기 기타 위험한 물건을 소지하거나 몸에 지니는 경우를 가리키는 것이고, 그 범행과는 전혀 무관하게 우연히 이를 소지하게 된 경우까지를 포함하는 것은 아니라 할 것이나, 범행 현장에서 범행에 사용하려는 의도 아래 흉기 등 위험한 물건을 소지하거나 몸에 지닌 이상 그 사실을 피해자가 인식하거나 실제로 범행에 사용하였을 것까지 요구되는 것은 아니라 할 것이다(대판 2002.6.14. 2002도1341). 24. 변호사
③ 【 X 】 야간주거침입절도죄의 경우 주거침입시에 실행의 착수가 있다고 보아야 한다(대판 2006.9.14. 2006도2824). 또한 준강도죄의 기수 여부는 절도행위의 기수 여부를 기준으로 하여 판단한다(대판 2004.11.18. 2004도5074). 甲은 절도의 기수에 이르지 못했으므로 준강도미수의 죄책을 진다. 24. 변호사
④ 【 O 】 대판 2001.8.21. 2001도3447 24. 변호사
⑤ 【 X 】 강도예비·음모죄가 성립하기 위해서는 예비·음모 행위자에게 미필적으로라도 '강도'를 할 목적이 있음이 인정되어야 하고 그에 이르지 않고 단순히 '준강도'할 목적이 있음에 그치는 경우에는 강도예비·음모죄로 처벌할 수 없다(대판 2006.9.14. 2004도6432). 24. 변호사

정답 ④

25 다음 〈사례〉에 대한 설명으로 가장 옳지 않은 것은?

> 甲은 A와 채무 변제기의 유예 여부 등을 놓고 언쟁을 벌이다가 순간적으로 A를 살해하여 채무의 지급을 면하기로 마음먹고, 망치로 A의 뒷머리 부분을 수회 때리는 등의 방법으로 살해하였다. 마침 A의 옷에 지갑이 있는 것을 발견하고, 장차 사체가 발견될 때 A의 신원이 밝혀지는 게 두려워 이를 숨기기 위하여 지갑을 꺼내 A가 타고 온 차량의 사물함에 통째로 넣어두었다. 그로부터 15시간 가량 지난 후인 그 다음 날 10:00경 범행현장에 다시 와서 A의 사체를 인근 공사장 창고에 버리고, 지갑 속에 들어 있던 돈을 꺼내어 담뱃값으로 사용하였다.

① 채무면탈 목적으로 A를 살해하는 행위는 채무의 존재가 명백할 뿐만 아니라 채권자의 상속인이 존재하고 그 상속인에게 채권의 존재를 확인할 방법이 확보되어 있다면 강도살인죄가 성립하지 않는다.
② 지갑 속의 돈을 꺼내어 담뱃값으로 사용한 행위는 살인행위와 시간상 및 거리상 극히 근접하여 사회통념상 범죄행위가 완료되지 아니한 상태에서 이루어진 것이므로 甲에게는 강도살인죄가 성립한다.
③ A의 사체가 발견될 때 피해자의 신원이 밝혀지는게 두려워 이를 숨기기 위하여 지갑을 꺼내 차량의 사물함에 통째로 넣어 두는 행위에 대하여 甲에게 지갑에 대한 불법영득의사를 인정하기 어렵다.
④ A의 사체를 공사장 창고에 버리는 행위는 사체유기죄에 해당하며, 사체유기죄는 살인행위 등으로 성립될 범죄와 실체적 경합관계에 있다.

해설

① 【O】채무의 존재가 명백할 뿐만 아니라 상속인이 존재하고 그 상속인에게 채권의 존재를 확인할 방법이 확보되어 있으므로 일시적으로 채권자측의 추급을 면한 것에 불과하고 재산상 이익의 지배가 채권자측으로부터 甲 앞으로 이전되었다고 볼 수 없으므로 강도살인죄는 성립하지 않는다(대판 2010.9.30. 2010도7405). 23. 해경간부
② 【X】피고인이 피해자 소유의 돈과 신용카드에 대하여 불법영득의 의사를 갖게 된 것이 살해 후 상당한 시간이 지난 후로서 살인의 범죄행위가 이미 완료된 후의 일이라면, 살해 후 상당한 시간이 지난 후에 별도의 범의에 터잡아 이루어진 재물 취거행위를 그보다 앞선 살인행위와 합쳐서 강도살인죄로 처단할 수 없다(대판 2004.6.24. 2004도1098). 23. 해경간부
③ 【O】피고인은 살해 직후 피해자가 운전하고 온 차량의 적재함에 피해자의 시체를 싣고 보니 마침 그 상의 조끼에 지갑이 있는 것을 발견하고, 장차 시체가 발견될 때 피해자의 신원이 밝혀지는 게 두려워 이를 숨기기 위하여 지갑을 꺼내 그 차량의 사물함에 통째로 넣어두었다가(따라서 이때까지는 피고인에게 지갑 속의 재물에 대한 불법영득의 의사를 인정하기 어렵다), 그로부터 15시간 가량 지난 후인 그 다음날 10:00경 범행현장에 다시 왔을 때 지갑 속에 들어 있던 돈과 피해자의 바지주머니에 별도로 들어 있던 10만 원 가량의 돈을 꺼냈다가, 지갑 속의 돈은 피에 젖어 사용할 수 없을 것으로 생각하여 며칠 후 월악산 계곡에다 지갑째로 버리고, 다만 바지주머니에서 꺼낸 돈을 유류대금과 담배값 등으로 사용하였음을 알 수 있다(대판 2004.6.24. 2004도1098). 23. 해경간부
④ 【O】살인죄와 사체유기죄의 실체적 경합범이 성립한다(대판 2004.6.24. 2004도1098). 23. 해경간부

정답 ②

26 다음 중 〈사례〉에 관한 설명으로 가장 옳은 것은?

> 甲과 乙은 2009. 4. 22. 13:00경 A가 거주하는 ○○아파트 C동 202호에 이르러 그곳에 들어가 금품을 절취하기 위하여 육각렌치로 출입문 시정 장치를 손괴하던 중 A에게 발각되어 도주하다가 경찰에게 체포되었다.

① 甲과 乙에게 특수절도죄의 미수범이 성립한다.
② 만약 甲과 乙이 출입문 시정장치를 손괴하고 방 안까지 들어가자마자 A에게 발각되어 도주 한 경우라면 특수절도죄의 미수범이 성립한다.
③ 만약 甲과 乙이 절도의 범의로 같은 날 22:00경 乙이 아파트 현관에서 망을 보고 甲이 202호 출입문 시정장치를 육각렌치로 손괴한 후 안으로 들어가려는 순간, 귀가하던 A에게 발각되어 도주한 경우라면 특수절도죄의 미수범이 성립한다.
④ 만약 甲이 1층에서 망을 보고 乙이 같은 날 23:30경 위 202호의 불이 꺼져 있는 것을 보고 금품을 절취하기 위하여 도시가스 배관을 타고 올라가다가 발은 1층 방범창을 딛고 두 손은 1층과 2층 사이에 있는 도시가스 배관을 잡고 있던 상태에서 A에게 발각되어 도주한 경우라면 특수절도죄의 미수범이 성립한다.

[해설]
① 【 X 】 '주간에' 아파트 출입문 시정장치를 손괴하다가 발각되어 도주한 피고인들이 특수절도미수죄로 기소된 사안에서, '실행의 착수'가 없었다는 이유로 형법 제331조 제2항의 특수절도죄의 점에 대해 무죄를 선고한 원심 판단을 수긍한 사례(대판 2009.12.24. 2009도9967). 23. 해경간부
② 【 X 】 2인 이상이 합동하여 야간이 아닌 주간에 절도의 목적으로 타인의 주거에 침입하였다 하여도 아직 절취할 물건의 물색행위를 시작하기 전이라면 특수절도죄의 실행에는 착수한 것으로 볼 수 없는 것이어서 그 미수죄가 성립하지 않는다(대판 2009.12.24. 2009도9967). 23. 해경간부
③ 【 O 】 야간에 절도의 목적으로 출입문에 장치된 자물통 고리를 절단하고 출입문을 손괴한 뒤 집안으로 침입하려다가 발각된 것이라면 이는 특수절도죄의 실행에 착수한 것이다(대판 1986.9.9. 86도1273). 23. 해경간부
④ 【 X 】 야간에 다세대주택에 침입하여 물건을 절취하기 위하여 가스배관을 타고 오르다가 순찰 중이던 경찰관에게 발각되어 그냥 뛰어내렸다면, 야간주거침입절도죄의 실행의 착수에 이르지 못하였다(대판 2008.3.27. 2008도917). 23. 해경간부

[정답] ③

제4절 사기의 죄

◎ 지문의 내용에 대해 학설의 대립 등 다툼이 있는 경우 판례에 의함

01 사기죄에 관한 설명 중 가장 적절한 것은?

① 「민법」제746조의 불법원인급여에 해당하여 급여자가 수익자에 대한 반환청구권을 행사할 수 없다면, 수익자가 기망을 통하여 급여자로 하여금 불법원인급여에 해당하는 재물을 제공하도록 하였더라도 사기죄를 구성하지 않는다.
② 甲이 A에 대한 사기범행을 실현하는 수단으로서 사기의 고의가 없는 B를 기망하여 그를 A로부터 편취한 재물이나 재산상 이익을 전달하는 도구로서만 이용한 경우, 편취의 대상인 재물 또는 재산상 이익에 관하여 A에 대한 사기죄가 성립할 뿐, 도구로 이용된 B에 대한 사기죄는 별도로 성립하지 않는다.
③ 사기죄가 성립하기 위해서는 적극적 기망행위가 있어야 하므로 부작위에 의한 기망은 있을 수 없다.
④ 사기죄의 '처분행위'라 함은 재산적 처분행위로서 피해자가 자유의사로 직접 재산상 손해를 초래하는 작위에 나아가는 것을 말하므로, 피해자가 기망에 의하여 착오에 빠진 결과 채권의 존재를 알지 못하여 채권을 행사하지 아니한 것에 불과하다면 그와 같은 부작위는 재산의 처분행위에 해당하지 않는다.

해설

① **[X]** 민법 제746조의 불법원인급여에 해당하여 급여자가 수익자에 대한 반환청구권을 행사할 수 없다고 하더라도, 수익자가 기망을 통하여 급여자로 하여금 불법원인급여에 해당하는 재물을 제공하도록 하였다면 사기죄가 성립한다고 할 것인바, 피고인이 피해자 공소외인으로부터 도박자금으로 사용하기 위하여 금원을 차용하였더라도 사기죄의 성립에는 영향이 없다(대판 2006.11.23. 2006도6795). 23. 경찰
② **[O]** 간접정범을 통한 범행에서 피이용자는 간접정범의 의사를 실현하는 수단으로서의 지위를 가질 뿐이므로, 피해자에 대한 사기범행을 실현하는 수단으로서 타인을 기망하여 그를 피해자로부터 편취한 재물이나 재산상 이익을 전달하는 도구로서만 이용한 경우에는 편취의 대상인 재물 또는 재산상 이익에 관하여 피해자에 대한 사기죄가 성립할 뿐 도구로 이용된 타인에 대한 사기죄가 별도로 성립한다고 할 수 없다(대판 2017.5.31. 2017도3894). 23. 경찰
③ **[X]** 사기죄의 요건으로서의 기망은 널리 재산상의 거래관계에 있어 서로 지켜야 할 신의와 성실의 의무를 저버리는 모든 적극적 또는 소극적 행위를 말하는 것이고, 이러한 소극적 행위로서의 부작위에 의한 기망은 법률상 고지의무 있는 자가 일정한 사실에 관하여 상대방이 착오에 빠져 있음을 알면서 이를 고지하지 아니함을 말하는 것이다(대판 2007.4.12. 2007도967). 23. 경찰
④ **[X]** 사기죄는 타인을 기망하여 착오를 일으키게 하고 그로 인한 처분행위를 유발하여 재물·재산상의 이득을 얻음으로써 성립하고, 여기서 처분행위라 함은 재산적 처분행위로서 피해자가 자유의사로 직접 재산상 손해를 초래하는 작위에 나아가거나 또는 부작위에 이른 것을 말하므로, 피해자가 착오에 빠진 결과 채권의 존재를 알지 못하여 채권을 행사하지 아니하였다면 그와 같은 부작위도 재산의 처분행위에 해당한다(대판 2007.7.12. 2005도9221). 23. 경찰

정답 ②

02 사기의 죄에 관한 설명으로 옳은 것은 모두 몇 개인가?

㉠ 사기죄에서 피해자에게 대가가 지급된 후 피해자를 기망하여 그가 보유하고 있는 그 대가를 다시 편취한 경우, 이는 새로운 법익의 침해가 발생한 것으로서 기존에 성립한 사기죄와 별도의 새로운 사기죄가 성립한다.

㉡ 적극적 소송당사자인 원고뿐만 아니라 방어적인 위치에 있는 피고라 하더라도 허위내용의 서류를 작성하여 이를 증거로 제출하거나 위증을 시키는 등의 적극적인 방법으로 법원을 기망하여 착오에 빠지게 한 결과 승소 확정판결을 받음으로써 자기의 재산상의 의무이행을 면하게 된 경우, 그 재산가액 상당에 대하여 사기죄가 성립한다.

㉢ 甲은 A를 기망하여 A가 소유한 B부동산(아무런 부담이 없는 상태에서 시가 10억 원임)의 소유권을 이전받음으로써 B부동산을 편취 하였는데 B부동산에는 근저당권설정등기가 경료되어 있었던 경우(근저당권의 채권최고액은 3억 원이고, 피담보채권액은 4억 원임), 「특정경제범죄 가중처벌 등에 관한 법률」 제3조의 적용을 전제로 하여 그 부동산의 가액(이득액)을 산정하면 10억 원이 된다.

㉣ 금방에서 마치 귀금속을 구입할 것처럼 가장하여 금방 주인으로부터 순금목걸이 등을 건네받은 다음 화장실에 갔다 오겠다는 핑계를 대고 도주한 경우, 사기죄가 성립한다.

㉤ 거래의 상대방이 일정한 사정에 관한 고지를 받았더라면 당해 거래에 임하지 아니하였을 것임이 경험칙상 명백한 경우, 그 거래로 인하여 재물을 수취하는 자에게는 신의성실의 원칙상 사전에 상대방에게 그와 같은 사정을 고지할 의무가 있다고 할 것이므로 이를 고지하지 아니한 것은 고지할 사실을 묵비함으로써 상대방을 기망한 것이 되어 사기죄를 구성한다.

① 1개   ② 2개   ③ 3개   ④ 4개

해설

㉠ 【 O 】 대판 2009.10.29. 2009도7052 24. 경찰
㉡ 【 O 】 대판 2004.3.12. 2003도333 24. 경찰
㉢ 【 X 】 사람을 기망하여 부동산의 소유권을 이전받거나 제3자로 하여금 이전받게 함으로써 이를 편취한 경우에 특정경제범죄 가중처벌 등에 관한 법률 제3조의 적용을 전제로 하여 그 부동산의 가액을 산정함에 있어서는, 그 부동산에 아무런 부담이 없는 때에는 그 부동산의 시가 상당액이 곧 그 가액이라고 볼 것이지만, 그 부동산에 근저당권설정등기가 경료되어 있거나 압류 또는 가압류 등이 이루어져 있는 때에는 특별한 사정이 없는 한 아무런 부담이 없는 상태에서의 그 부동산의 시가 상당액에서 근저당권의 채권최고액 범위 내에서의 피담보채권액, 압류에 걸린 집행채권액, 가압류에 걸린 청구금액 범위 내에서의 피보전채권액 등을 뺀 실제의 교환가치를 그 부동산의 가액으로 보아야 한다(대판 2007.4.19. 2005도7288). ⇨ 부동산시가 10억－근저당권의 채권최고액 3억 ＝7억원이 부동산 가액(이득액) 24. 경찰
㉣ 【 X 】 피고인이 피해자 경영의 금방에서 마치 귀금속을 구입할 것처럼 가장하여 피해자로부터 순금목걸이 등을 건네받은 다음 화장실에 갔다 오겠다는 핑계를 대고 도주한 것이라면 위 순금목걸이 등은 도주하기 전까지는 아직 피해자의 점유하에 있었다고 할 것이므로 이를 절도죄로 의율 처단한 것은 정당하다(대판 1994.8.12. 94도1487). 24. 경찰
㉤ 【 O 】 대판 1996.7.30. 96도1081 24. 경찰

정답 ③

03 사기죄에 관한 설명으로 가장 적절하지 않은 것은?

① 상품의 선전, 광고의 경우라도 거래에 있어서 중요한 사항에 관하여 구체적 사실을 거래상의 신의성실의 의무에 비추어 비난받을 정도의 방법으로 허위로 고지한 경우에는 사기죄의 기망행위에 해당한다.

② 소비대차 거래에서 대주가 차주의 신용 상태를 인식하고 있어 장래의 변제 지체 또는 변제불능에 대한 위험을 예상하고 있었거나 충분히 예상할 수 있는 경우, 차주가 차용 당시 구체적인 변제의사, 변제능력, 차용조건 등과 관련하여 소비대차 여부를 결정지을 수 있는 중요 사항에 관해 허위 사실을 말했다는 등의 다른 사정이 없었다면, 차주가 그 후 제대로 변제하지 못했다는 사실만을 가지고 변제능력에 관하여 대주를 기망했다거나 차주에게 편취의 범의가 있었다고 단정할 수 없다.

③ 피기망자와 재산상의 피해자가 같은 사람이 아닌 경우에는 피기망자가 피해자를 위하여 그 재산을 처분할 수 있는 권능을 갖거나 그 지위에 있어야 하지만, 이는 반드시 사법상의 위임이나 대리권의 범위와 일치해야 하는 것은 아니고, 피해자의 의사에 따라 재산을 처분할 수 있는 서류 등이 교부된 경우에는 피기망자의 처분행위가 설사 피해자의 진정한 의도와 어긋나는 경우라도 이와 같은 권능을 갖거나 그 지위에 있는 것으로 보아야 한다.

④ 甲이 특정 권원에 기하여 민사소송을 진행하던 중 법원에 조작된 증거를 제출하면서 종전에 주장하던 특정 권원과 별개의 허위의 권원을 추가로 주장한 경우, 법원이 종전의 특정 권원을 인정하여 甲에게 승소판결을 선고하였다면 甲의 이러한 행위는 특별한 사정이 없는 한 소송사기의 실행의 착수에 해당하지 않는다.

해설

① 【O】 사기죄의 본질은 기망에 의한 재물이나 재산상 이익의 취득에 있고 상대방에게 현실적으로 재산상 손해가 발생함을 그 요건으로 하지 아니하는바, 일반적으로 상품의 선전, 광고에 있어 다소의 과장, 허위가 수반되는 것은 그것이 일반 상거래의 관행과 신의칙에 비추어 시인될 수 있는 한 기망성이 결여된다 할 것이나 거래에 있어서 중요한 사항에 관하여 구체적 사실을 거래상의 신의성실의 의무에 비추어 비난받을 정도의 방법으로 허위로 고지한 경우에는 과장, 허위광고의 한계를 넘어 사기죄의 기망행위에 해당한다(대판 2002.2.5. 2001도5789). 25. 경찰

② 【O】 소비대차 거래에서, 대주와 차주 사이의 친척·친지와 같은 인적 관계 및 계속적인 거래 관계 등에 의하여 대주가 차주의 신용 상태를 인식하고 있어 장래의 변제지체 또는 변제불능에 대한 위험을 예상하고 있었거나 충분히 예상할 수 있는 경우에는 차주가 차용 당시 구체적인 변제의사, 변제능력, 차용 조건 등과 관련하여 소비대차 여부를 결정지을 수 있는 중요한 사항에 관하여 허위 사실을 말하였다는 등의 다른 사정이 없다면, 차주가 그 후 제대로 변제하지 못하였다는 사실만을 가지고 변제능력에 관하여 대주를 기망하였다거나 차주에게 편취의 범의가 있었다고 단정할 수 없다(대판 2016.4.2. 2012도14516). 25. 경찰

③ 【O】 사기죄가 성립되려면 피기망자가 착오에 빠져 어떠한 재산상의 처분행위를 하도록 유발하여 재산적 이득을 얻을 것을 요하고, 피기망자와 재산상의 피해자가 같은 사람이 아닌 경우에는 피기망자가 피해자를 위하여 그 재산을 처분할 수 있는 권능을 갖거나 그 지위에 있어야 하지만, 여기에서 피해자를 위하여 재산을 처분할 수 있는 권능이나 지위라 함은 반드시 사법상의 위임이나 대리권의 범위와 일치하여야 하는 것은 아니고 피해자의 의사에 기하여 재산을 처분할 수 있는 서류 등이 교부된 경우에는 피기망자의 처분행위가 설사 피해자의 진정한 의도와 어긋나는 경우라고 할지라도 위와 같은 권능을 갖거나 그 지위에 있는 것으로 보아야 한다(대판 1994.10.11. 94도1575). 25. 경찰

④ 【X】 피고인이 특정 권원에 기하여 민사소송을 진행하던 중 법원에 조작된 증거를 제출하면서 종전에 주장하던 특정 권원과 별개의 허위의 권원을 추가로 주장하는 경우에 그 당시로서는 종전의 특정권원의 인정 여부가 확정되지 아니하였고, 만약 종전의 특정 권원이 배척될 때에는 조작된 증거에 의하여 법원을 기망하여 추가된 허위의 권원을 인정받아 승소판결을 받을 가능성이 있으므로, 가사 나중에 법원이 종전의 특정 권원을 인정하여 피고인에게 승소판결을 선고하였다고 하더라도, 피고인의 이러한 행위는 특별한 사정이 없는 한 소송사기의 실행의 착수에 해당된다(대판 2004.6.25. 2003도7124). 25. 경찰

정답 ④

04 사기죄와 관련된 다음 설명 중 옳은 것은 모두 몇 개인가?

㉠ 피기망자가 기망당한 결과 자신의 작위 또는 부작위가 갖는 의미를 제대로 인식하지 못하여 그러한 행위가 초래하는 결과를 인식하지 못하였더라도 그와 같은 착오 상태에서 재산상 손해를 초래하는 행위를 하였다면 피기망자의 처분행위와 그에 상응하는 처분의사가 있다고 보아야 한다.
㉡ 위조된 약속어음을 진정한 약속어음인 것처럼 속여 기왕의 물품대금의 변제를 위해 채권자에게 교부한 경우에는 사기죄가 성립하지 않는다.
㉢ 통정허위표시로서 무효인 임대차계약에 기초하여 임차권 등기를 마침으로써 외형상 임차인으로서 취득하게 된 권리는 사기죄에서 말하는 재산상 이익에 해당한다.
㉣ 채무자의 기망행위로 인해 채권자가 채무를 확정적으로 소멸 내지 면제시키는 특약 등 처분행위를 한 경우에는 채무의 면제라고 하는 재산상 이익에 관한 사기죄가 성립하지만 후에 그 재산상 처분행위가 사기를 이유로 민법에 따라 취소될 수 있는 경우라면 사기죄는 성립할 수 없다.

① 1개 ② 2개 ③ 3개 ④ 4개

[해설]

㉠ 【 O 】 피기망자가 기망당한 결과 자신의 작위 또는 부작위가 갖는 의미를 제대로 인식하지 못하여 그러한 행위가 초래하는 결과를 인식하지 못하였더라도 그와 같은 착오 상태에서 재산상 손해를 초래하는 행위를 하기에 이르렀다면 피기망자의 처분행위와 그에 상응하는 처분의사가 있다고 보아야 한다.
피해자의 처분행위에 처분의사가 필요하다고 보는 근거는 처분행위를 피해자가 인식하고 한 것이라는 점이 인정될 때 처분행위를 피해자가 한 행위라고 볼 수 있기 때문이다. 다시 말하여 사기죄에서 피해자의 처분의사가 갖는 기능은 피해자의 처분행위가 존재한다는 객관적 측면에 상응하여 이를 주관적 측면에서 확인하는 역할을 하는 것일 뿐이다. 따라서 처분행위라고 평가되는 어떤 행위를 피해자가 인식하고 한 것이라면 피해자의 처분의사가 있다고 할 수 있다. 결국 피해자가 처분행위로 인한 결과까지 인식할 필요가 있는 것은 아니다(대판 2017.2.16. 2016도13362). 20. 경찰간부

㉡ 【 O 】 위조된 약속어음을 진정한 약속어음인 것처럼 속여 기왕의 물품대금채무의 변제를 위하여 채권자에게 교부하였다고 하여도 어음이 결제되지 않는 한 물품대금채무가 소멸되지 아니하므로 사기죄는 성립되지 않는다(대판 1983.4.12. 82도2938). 20. 경찰간부

㉢ 【 O 】 형법 제347조에서 말하는 재산상 이익 취득은 그 재산상의 이익을 법률상 유효하게 취득함을 필요로 하지 아니하고 그 이익 취득이 법률상 무효라 하여도 외형상 취득한 것이면 족한 것이다.
임차권등기명령의 집행에 의한 임차권등기가 경료되면 임차인은 제3조 제1항의 규정에 의한 대항력 및 제5조 제2항의 규정에 의한 우선변제권을 취득하고(임차인이 임차권등기 이전에 이미 대항력 또는 우선변제권을 취득한 경우에는 그 대항력 또는 우선변제권이 그대로 유지된다), 임차권등기 이후에는 제3조 제1항의 대항요건을 상실하더라도 이미 취득한 대항력 또는 우선변제권을 상실하지 아니하는 효력이 있으므로, 그 임차권등기의 기초가 되는 임대차계약이 통정허위표시로서 무효라 하더라도, 장차 피신청인의 이의신청 또는 취소신청에 의한 법원의 재판을 거쳐 그 임차권등기가 말소될 때까지는 신청인은 외형상으로 우선변제권 있는 임차인으로서 부동산 담보권에 유사한 권리를 취득하게 된다 할 것이니, 이러한 이익은 재산적 가치가 있는 구체적 이익으로서 사기죄의 객체인 재산상 이익에 해당한다(대판 2012.5.24. 2010도12732). 20. 경찰간부

㉣ 【 X 】 사기죄에서 '재산상의 이익'이란 채권을 취득하거나 담보를 제공받는 등의 적극적 이익뿐만 아니라 채무를 면제받는 등의 소극적 이익까지 포함하며, 채무자의 기망행위로 인하여 채권자가 채무를 확정적으로 소멸 내지 면제시키는 특약 등 처분행위를 한 경우에는 채무의 면제라고 하는 재산상 이익에 관한 사기죄가 성립하고, 후에 재산적 처분행위가 사기를 이유로 민법에 따라 취소될 수 있다고 하여 달리 볼 것은 아니다(대판 2012.4.13. 2012도1101). 20. 경찰간부

정답 ③

05 사기죄에 대한 설명이다. 아래 설명 중 옳고 그름의 표시(○, ×)가 바르게 된 것은?

㉠ 사기죄의 피해자 법인이나 단체 대표자 또는 실질적으로 의사 결정의 최종결재권자 등이 기망행위자와 동일인이거나 기망행위자와 공모하는 등 기망행위임을 알고 있었던 경우에는 기망행위로 인한 착오가 있다고 볼 수 없고, 재물교부등의 처분행위가 있었더라도 기망행위와 인과관계가 있다고 보기 어려워 사기죄가 성립하지 않는다.

㉡ 용도를 속여 국민주택 건설자금을 대출받을 때 기금대출사무를 위탁받은 은행의 일선 담당 직원이 대출금이 지정된 용도에 사용되지 않을 것이라는 점을 알고 있었다 하더라도, 은행장은 피기망자라고 보기 어렵기 때문에 이 행위를 사기죄로 처벌할 수 없다.

㉢ 근저당권자의 대리인인 피고인이 채무자 겸 소유자인 피해자를 대리하여 경매개시결정 정본을 받을 권한이 없음에도, 경매개시결정 정본 등 서류의 수령을 피고인에게 위임한다는 내용의 피해자 명의의 위임장을 위조하여 법원에 제출하는 방법으로 경매개시결정 정본을 교부받음으로써 경매절차가 진행되도록 하는 행위는 위 근저당권이 유효하기 때문에 사기죄에 있어서의 기망행위에 해당하지 않는다.

㉣ 甲이 A 주식회사에서 운영하는 전자복권구매시스템에서 일정한 조건하에 복권 구매명령을 입력하면 가상계좌로 복권구매요청금과 동일한 액수의 가상현금이 입금되는 프로그램 오류를 이용하여 복권 구매명령을 입력하는 행위를 반복함으로써 자신의 가상계좌로 구매요청금 상당의 금액이 입금되게 한 甲의 행위는 컴퓨터등사용사기죄에서 정한 '부정한 명령의 입력'에 해당한다.

㉤ 피해자에 대한 사기범행을 실현하는 수단으로서 타인을 기망하여 그를 피해자로부터 편취한 재물이나 재산상 이익을 전달하는 도구로서만 이용한 경우에는 편취의 대상인 재물 또는 재산상 이익에 관하여 피해자에 대한 사기죄가 성립하고, 도구로 이용된 타인에 대한 사기죄도 별도로 성립한다.

① ㉠(○) ㉡(×) ㉢(×) ㉣(○) ㉤(×)
② ㉠(×) ㉡(○) ㉢(○) ㉣(○) ㉤(×)
③ ㉠(○) ㉡(×) ㉢(×) ㉣(×) ㉤(○)
④ ㉠(×) ㉡(○) ㉢(×) ㉣(×) ㉤(○)

해설

㉠ 【 ○ 】 대판 2017.9.26. 2017도8449 22. 경찰간부
㉡ 【 × 】 용도를 속여 국민주택 건설자금을 대출받음에 있어, 기금 대출사무를 위탁받은 은행의 일선 담당 직원이 대출금이 지정된 용도에 사용되지 않을 것이라는 점을 알고 있었다 하더라도, 대출 신청액이 일정한 금액을 초과하는 경우에는 은행장이 대출 승인 여부를 결정할 권한이 있으므로, 은행장을 피기망자라고 보아 사기죄의 성립을 인정한 사례(대판 2002.7.26. 2002도2620). 22. 경찰간부
㉢ 【 × 】 근저당권자의 대리인인 피고인이 채무자 겸 소유자인 피해자를 대리하여 경매개시결정 정본을 받을 권한이 없음에도, 경매개시결정 정본 등 서류의 수령을 피고인에게 위임한다는 내용의 피해자 명의의 위임장을 위조하여 법원에 제출하는 방법으로 경매개시결정 정본을 교부받은 사안에서, 위 행위는 사회통념상 도저히 용인될 수 없으므로 비록 근저당권이 유효하다고 하더라도 사기죄의 기망행위에 해당한다(대판 2009.7.9. 2009도295). 22. 경찰간부
㉣ 【 ○ 】 사기죄는 타인을 기망하여 착오를 일으키게 하고 그로 인한 처분행위를 유발하여 재물·재산상의 이득을 얻음으로써 성립하고, 여기서 처분행위라 함은 재산적 처분행위로서 피해자가 자유의사로 직접 재산상 손해를 초래하는 작위에 나아가거나 또는 부작위에 이른 것을 말하므로, 피해자가 착오에 빠진 결과 채권의 존재를 알지 못하여 채권을 행사하지 아니하였다면 그와 같은 부작위도 재산의 처분행위에 해당한다(대판 2013.11.14. 2011도4440). 22. 경찰간부
㉤ 【 × 】 간접정범을 통한 범행에서 피이용자는 간접정범의 의사를 실현하는 수단으로서의 지위를 가질 뿐이므로, 피해자에 대한 사기범행을 실현하는 수단으로서 타인을 기망하여 그를 피해자로부터 편취한 재물이나 재산상 이익을 전달하는 도구로서만 이용한 경우에는 편취의 대상인 재물 또는 재산상 이익에 관하여 피해자에 대한 사기죄가 성립할 뿐 도구로 이용된 타인에 대한 사기죄가 별도로 성립한다고 할 수 없다(대판 2017.5.31. 2017도3894). 22. 경찰간부

정답 ①

06 사기의 죄에 대한 설명으로 가장 적절한 것은?

① 「민법」 제746조의 불법원인급여에 해당하여 급여자가 수익자에 대한 반환청구권을 행사할 수 없다면, 설령 수익자가 기망을 통하여 급여자로 하여금 불법원인급여에 해당하는 재물을 제공하도록 하였더라도 사기죄는 성립하지 않는다.
② 담당 공무원을 기망하여 납부의무가 있는 농지보전부담금을 면제받아 재산상 이익을 취득하였다면, 부과권자의 직접적인 권력작용을 사기죄의 보호법익인 재산권과 동일하게 평가할 수 있어 사기죄가 성립한다.
③ 의료인으로서 자격과 면허를 보유한 사람이 「의료법」 제4조 제2항을 위반하여 다른 의료인의 명의로 의료기관을 개설·운영함으로써 요양급여비용을 지급받은 경우, 「국민건강보험법」상 요양급여 비용을 적법하게 지급받을 수 있는 자격 내지요건이 흠결되지 않더라도 국민건강보험공단을 피해자로 하는 사기죄를 구성한다.
④ 피해자 법인이나 단체의 대표자 또는 실질적으로 의사결정을 하는 최종결재권자 등 기망의 상대방이 기망행위자와 동일인이거나 기망행위자와 공모하는 등 기망행위를 알고 있었던 경우에는 기망의 상대방에게 기망행위로 인한 착오가 있다고 볼 수 없고, 기망의 상대방이 재물을 교부하는 등의 처분을 했더라도 기망행위와 인과관계가 있다고 보기 어렵다.

[해설]

① 【X】 민법 제746조의 불법원인급여에 해당하여 급여자가 수익자에 대한 반환청구권을 행사할 수 없다고 하더라도, 수익자가 기망을 통하여 급여자로 하여금 불법원인급여에 해당하는 재물을 제공하도록 하였다면 사기죄가 성립한다고 할 것인바, 피고인이 피해자 공소외인으로부터 도박자금으로 사용하기 위하여 금원을 차용하였더라도 사기죄의 성립에는 영향이 없다(대판 2006.11.23. 2006도6795). 21. 경찰
② 【X】 기망행위에 의하여 국가적 또는 공공적 법익을 침해하는 경우라도 그와 동시에 형법상 사기죄의 보호법익인 재산권을 침해하는 것과 동일하게 평가할 수 있는 때에는 행정법규에서 사기죄의 특별관계에 해당하는 처벌규정을 별도로 두고 있지 않는 한 사기죄가 성립할 수 있다. 그런데 중앙행정기관의 장, 지방자치단체의 장 등 법률에 따라 금전적 부담의 부과권한을 부여받은 자(이하 '부과권자'라 한다)가 재화 또는 용역의 제공과 관계없이 특정 공익사업과 관련하여 권력작용으로 부담금을 부과하는 것은 일반 국민의 재산권을 제한하는 침해행정에 속한다. 이러한 침해행정 영역에서 일반 국민이 담당 공무원을 기망하여 권력작용에 의한 재산권 제한을 면하는 경우에는 부과권자의 직접적인 권력작용을 사기죄의 보호법익인 재산권과 동일하게 평가할 수 없는 것이므로, 행정법규에서 그러한 행위에 대한 처벌규정을 두어 처벌함은 별론으로 하고, 사기죄는 성립할 수 없다(대판 2019.12.24. 2019도2003). 21. 경찰
③ 【X】 의료인으로서 자격과 면허를 보유한 사람이 의료법에 따라 의료기관을 개설하여 건강보험의 가입자 또는 피부양자에게 국민건강보험법에서 정한 요양급여를 실시하고 국민건강보험공단으로부터 요양급여비용을 지급받았다면, 설령 그 의료기관이 다른 의료인의 명의로 개설·운영되어 의료법 제4조 제2항을 위반하였더라도 그 자체만으로는 국민건강보험법상 요양급여비용을 청구할 수 있는 요양기관에서 제외되지 아니하므로, 달리 요양급여비용을 적법하게 지급받을 수 있는 자격 내지 요건이 흠결되지 않는 한 국민건강보험공단을 피해자로 하는 사기죄를 구성한다고 할 수 없다(대판 2019.5.30. 2019도1839). 21. 경찰
④ 【O】 대판 2017.9.26. 2017도8449 21. 경찰

정답 ④

07 사기죄에 관한 다음 설명 중 가장 옳지 않은 것은?

① 소극적 행위로서의 부작위에 의한 기망은 법률상 고지의무 있는 자가 일정한 사실에 관하여 상대방이 착오에 빠져 있음을 알면서도 이를 고지하지 아니함을 말하는 것으로서, 일반거래의 경험칙상 상대방이 그 사실을 알았더라면 당해 법률행위를 하지 않았을 것이 명백한 경우에는 신의칙에 비추어 그 사실을 고지할 법률상 의무가 인정되는 것이다.

② 공사도급계약 당시 관련 영업 또는 업무를 규제하는 행정법규나 입찰 참가자격, 계약절차 등에 관한 규정을 위반한 사정이 있는 때에는 그러한 사정만으로 공사도급계약을 체결한 행위가 기망행위에 해당한다고 단정해서는 안되고, 그 위반으로 말미암아 계약 내용대로 이행되더라도 공사의 완성이 불가능하였다고 평가할 수 있을 만큼 그 위법이 공사의 내용에 본질적인 것인지 여부를 심리·판단하여야 한다.

③ 금원 편취를 내용으로 하는 사기죄에서 그 대가가 일부지급 되거나 담보가 제공된 경우에도 편취액은 피해자로부터 교부된 금원으로부터 그 대가 또는 담보 상당액을 공제한 차액이 아니라 교부받은 금원 전부라고 보아야 한다.

④ 의료인으로서 자격과 면허를 보유한 사람이 의료법에 따라 의료기관을 개설하여 건강보험의 가입자 또는 피부양자에게 국민건강보험법에서 정한 요양급여를 실시하고 국민건강보험 공단으로부터 요양급여비용을 지급 받았다고 하더라도, 그 의료기관이 다른 의료인의 명의로 개설·운영되어 의료법 제4조 제2항을 위반하였다면, 국민건강보험공단을 피해자로 하는 사기죄를 구성한다.

해설

① 【 O 】 대판 2015.10.29. 2014도5939 21. 법원직
② 【 O 】 대판 2020.2.6. 2015도9130 21. 법원직
③ 【 O 】 대판 2017.12.22. 2017도12649 21. 법원직
④ 【 X 】 의료인으로서 자격과 면허를 보유한 사람이 의료법에 따라 의료기관을 개설하여 건강보험의 가입자 또는 피부양자에게 국민건강보험법에서 정한 요양급여를 실시하고 국민건강보험공단으로부터 요양급여비용을 지급받았다면, 설령 그 의료기관이 다른 의료인의 명의로 개설·운영되어 의료법 제4조 제2항을 위반하였더라도 그 자체만으로는 국민건강보험법상 요양급여비용을 청구할 수 있는 요양기관에서 제외되지 아니하므로, 달리 요양급여비용을 적법하게 지급받을 수 있는 자격 내지 요건이 흠결되지 않는 한 국민건강보험공단을 피해자로 하는 사기죄를 구성한다고 할 수 없다(대판 2019.5.30. 2019도1839). 21. 법원직

정답 ④

08 사기의 죄에 대한 설명 중 가장 적절한 것은?

① A회사 운영자 甲이 'A회사의 B에 대한 채권'이 존재하지 않는다는 사실을 알면서 그 사실을 모르는 A회사에 대한 채권자 C에게 'A회사의 B에 대한 채권'의 압류 및 전부(추심)명령을 신청하게 하여 그 명령을 받게 하였으나, 아직 C가 B를 상대로 전부금 소송을 제기하지 않은 경우 소송사기의 실행에 착수하였다고 볼 수 없다.
② 어음의 발행인들이 각자 자력이 부족한 상태에서 자금을 편법으로 확보하기 위해 서로 동액의 융통어음을 발행하여 교환한 경우 자기가 발행한 어음이 그 지급기일에 결제되지 않으리라는 점을 예견하였다면 사기죄가 성립한다.
③ 상대방으로부터 소송비용 명목으로 일정한 금액을 이미 송금 받았음에도 불구하고 상대방을 피고로 하여 소송비용 상당액의 지급을 구하는 손해배상금 청구의 소를 제기하였다가 판사의 권유에 따라 소를 취하한 경우 사기죄의 불능미수범으로 처벌된다.
④ 형질변경 및 건축허가를 받는 데 필요하다고 피해자를 속여 교부받은 인감증명서 등으로 등기소요서류를 작성하여 피해자 소유의 부동산에 관해 자기 명의로 소유권이전등기를 마친 경우 해당 부동산에 대한 사기죄가 성립한다.

[해설]

① 【 O 】 소송사기는 법원을 기망하여 자기에게 유리한 판결을 얻음으로써 상대방의 재물 또는 재산상 이익을 취득하는 것을 내용으로 하는 범죄로서, 소송사기가 성립하기 위하여는 제소 당시에 그 주장과 같은 채권이 존재하지 아니한다는 것만으로는 부족하고, 그 주장의 채권이 존재하지 아니하는 사실을 잘 알면서도 허위의 주장과 입증으로써 법원을 기망한다는 인식을 하고 있어야만 한다. 한편, 채권에 대한 압류 및 전부(추심)명령을 신청한 경우, 집행력 있는 정본의 존부, 집행개시의 요건 구비 여부 등은 법원의 심사 대상이지만 피압류채권의 존부는 그 심사 대상이 아니다(대판 2009.12.10. 2009도9982). 20. 경찰승진
② 【 X 】 어음의 발행인이 그 지급기일에 결제되지 않으리라는 점을 예견하였거나 지급기일에 지급될 수 있다는 확신이 없으면서도 그러한 내용을 상대방에게 고지하지 아니한 채 이를 속여 어음을 발행·교부하고 상대방으로부터 그 대가를 교부받았다면 사기죄가 성립하는 것이지만, 이와 달리 어음의 발행인들이 각자 자력이 부족한 상태에서 자금을 편법으로 확보하기 위하여 서로 동액의 융통어음을 발행하여 교환한 경우에는, 특별한 사정이 없는 한 쌍방은 그 상대방의 부실한 자력상태를 용인함과 동시에, 상대방이 발행한 어음이 지급기일에 결제되지 아니할 때에는 자기가 발행한 어음도 결제하지 않겠다는 약정 하에 서로 어음을 교환하는 것이므로, 자기가 발행한 어음이 그 지급기일에 결제되지 않으리라는 점을 예견하였거나 지급기일에 지급될 수 있다는 확신 없이 상대방으로부터 어음을 교부받았다고 하더라도 사기죄가 성립하는 것은 아니다(대판 2002.4.23. 2001도6570). 20. 경찰승진
③ 【 X 】 소송비용을 편취할 의사로 소송비용의 지급을 구하는 손해배상청구의 소를 제기한 경우, 사기죄의 불능범에 해당한다(대판 2005.12.8. 2005도8105). 20. 경찰승진
④ 【 X 】 사기죄는 타인을 기망하여 착오에 빠뜨리고 그로 인한 처분행위로 재물의 교부를 받거나 재산상의 이익을 취득한 때에 성립하는 것이므로, 피고인이 피해자에게 부동산매도용인감증명 및 등기의무자본인확인서면의 진실한 용도를 속이고 그 서류들을 교부받아 피고인 등 명의로 위 부동산에 관한 소유권이전등기를 경료하였다 하여도 피해자의 위 부동산에 관한 처분행위가 있었다고 할 수 없을 것이고 따라서 사기죄를 구성하지 않는다(대판 2001.7.13. 2001도1289). 20. 경찰승진

[정답] ①

09 사기죄에 관한 다음 설명 중 가장 옳지 않은 것은?

① 이른바 '서명사취' 사기에서, 피기망자가 처분결과 즉, 문서의 구체적 내용과 법적 효과를 미처 인식하지 못하였더라도, 어떤 문서에 스스로 서명 또는 날인함으로써 처분문서에 서명 또는 날인하는 행위에 관한 인식이 있었던 이상 피기망자의 처분의사는 인정된다.
② 甲이 乙과 공모하여 乙을 상대로 제소하고 의제자백의 판결을 받아 이에 기하여 乙로부터 부동산 소유권이전등기를 마친 경우, 甲・乙은 소송사기의 공동정범으로 처벌된다.
③ 채무이행을 연기받는 것은 사기죄에 있어서 재산상의 이익이 되므로 채무자가 채권자에 대하여 소정기일까지 지급할 의사나 능력이 없음에도 종전 채무의 변제기를 늦출 목적에서 어음을 발행・교부한 경우에는 사기죄가 성립한다.
④ 편취한 약속어음을 그와 같은 사실을 모르는 제3자에게 편취 사실을 숨기고 할인받은 행위는 당초의 어음 편취와는 별개로 새로운 사기죄를 구성한다.

해설

① 【O】 피기망자의 의사에 기초한 어떤 행위를 통해 행위자 등이 재물 또는 재산상의 이익을 취득하였다고 평가할 수 있는 경우라면 사기죄에서 말하는 처분행위가 인정된다. … 처분의사는 착오에 빠진 피기망자가 어떤 행위를 한다는 인식이 있으면 충분하고, 그 행위가 가져오는 결과에 대한 인식까지 필요하다고 볼 것은 아니다. … 피기망자가 기망당한 결과 자신의 작위 또는 부작위가 갖는 의미를 제대로 인식하지 못하여 그러한 행위가 초래하는 결과를 인식하지 못하였더라도 그와 같은 착오 상태에서 재산상 손해를 초래하는 행위를 하기에 이르렀다면 피기망자의 처분행위와 그에 상응하는 처분의사가 있다고 보아야 한다. 피기망자가 행위자의 기망행위로 인하여 착오에 빠진 결과 내심의 의사와 다른 효과를 발생시키는 내용의 처분문서에 서명 또는 날인함으로써 처분문서의 내용에 따른 재산상 손해가 초래된 경우, 피기망자의 행위가 사기죄에서 말하는 처분행위에 해당한다. 이때 피기망자가 처분결과, 즉 문서의 구체적 내용과 법적 효과를 미처 인식하지 못하였으나 처분문서에 서명 또는 날인하는 행위에 관한 인식이 있었던 경우, 피기망자의 처분의사가 인정된다(대판 2017.2.16. 2016도13362 전합). 17. 경찰간부

② 【X】 소송사기에 있어 피기망자인 법원의 재판은 피해자의 처분행위에 갈음하는 내용과 효력이 있는 것이어야 하므로, 피고인이 타인과 공모하여 그 공모자를 상대로 제소하여 의제자백의 판결을 받아 이에 기하여 부동산의 소유권이전등기를 하였다고 하더라도 이는 소송 상대방의 의사에 부합하는 것으로서 착오에 의한 재산적 처분행위가 있다고 할 수 없어 동인으로부터 부동산을 편취한 것이라고 볼 수 없고, 또 그 부동산의 진정한 소유자가 따로 있다고 하더라도 피고인이 의제자백판결에 기하여 그 진정한 소유자로부터 소유권을 이전받은 것이 아니므로 그 소유자로부터 부동산을 편취한 것이라고 볼 여지도 없다(대판 1997.12.23. 97도2430). 17. 경찰간부

③ 【O】 사기죄는 기망되어 착오에 빠진 피기망자의 재산상 처분행위에 의하여 범인이 재물이나 재산상 이득을 취득하는 경우에 성립되는 것으로서, 그 이득의 취득으로써 상대방의 재산이 침해되는 것이므로 상대방에게 현실적으로 재산상의 손해가 발생하지 않았다고 하더라도 사기죄의 성립에 영향이 없는 것이고, 한편 채무이행을 연기받는 것도 사기죄에 있어서 재산상의 이익이 되므로, 채무자가 채권자에 대하여 소정기일까지 지급할 의사와 능력이 없음에도 종전 채무의 변제기를 늦출 목적에서 어음을 발행 교부한 경우에는 사기죄가 성립한다(대판 2005.9.15. 2005도5215). 17. 경찰간부

④ 【O】 편취한 약속어음을 그와 같은 사실을 모르는 제3자에게 편취사실을 숨기고 할인받는 행위는 당초의 어음 편취와는 별개의 새로운 법익을 침해하는 행위로서 기망행위와 할인금의 교부행위 사이에 상당인과관계가 있어 새로운 사기죄를 구성한다 할 것이고, 설령 그 약속어음을 취득한 제3자가 선의이고 약속어음의 발행인이나 배서인이 어음금을 지급할 의사와 능력이 있었다 하더라도 이러한 사정은 사기죄의 성립에 영향이 없다(대판 2005.9.30. 2005도5236). 17. 경찰간부

정답 ②

10 사기죄에 대한 설명으로 가장 적절하지 않은 것은?

① 사기죄의 처분행위라고 하는 것은 재산적 처분행위를 의미하고, 그것은 주관적으로 피기망자에게 처분의사 즉 처분결과에 대한 인식이 있고, 객관적으로 이러한 의사에 지배된 행위가 있을 것을 요한다.
② A가 甲의 기망행위로 인하여 착오에 빠진 결과 내심의 의사와 다른 효과를 발생시키는 내용의 처분문서에 서명 또는 날인함으로써 처분문서의 내용에 따른 재산상 손해가 초래되었다면 그와 같은 처분문서에 서명 또는 날인한 A의 행위는 사기죄에서 말하는 처분행위에 해당한다.
③ 주유소 운영자가 농・어민 등에게 「조세특례제한법」에 정한 면세유를 공급한 것처럼 위조한 유류공급확인서로 정유회사를 기망하여 면세유를 공급받은 경우, 국가 또는 지방자치단체에 대한 사기죄가 성립하지 않는다.
④ 비의료인이 개설한 의료기관이 「의료법」에 의하여 적법하게 개설된 요양기관인 것처럼 국민건강보험공단에 요양급여비용의 지급을 청구하여 지급받은 경우 사기죄가 성립한다.

해설

① 【 X 】 사기죄에서 처분행위는 행위자의 기망행위에 의한 피기망자의 착오와 행위자 등의 재물 또는 재산상 이익의 취득이라는 최종적 결과를 중간에서 매개・연결하는 한편, 착오에 빠진 피해자의 행위를 이용하여 재산을 취득하는 것을 본질적 특성으로 하는 사기죄와 피해자의 행위에 의하지 아니하고 행위자가 탈취의 방법으로 재물을 취득하는 절도죄를 구분하는 역할을 한다. 사기죄에서 피기망자의 처분의사는 기망행위로 착오에 빠진 상태에서 형성된 하자 있는 의사이므로 불완전하거나 결함이 있을 수밖에 없다. 처분행위의 법적 의미나 경제적 효과 등에 대한 피기망자의 주관적 인식과 실제로 초래되는 결과가 일치하지 않는 것이 오히려 당연하고, 이 점이 사기죄의 본질적 속성이다. 따라서 처분의사는 착오에 빠진 피기망자가 어떤 행위를 한다는 인식이 있으면 충분하고, 그 행위가 가져오는 결과에 대한 인식까지 필요하다고 볼 것은 아니다. 따라서 피기망자가 기망당한 결과 자신의 작위 또는 부작위가 갖는 의미를 제대로 인식하지 못하여 그러한 행위가 초래하는 결과를 인식하지 못하였더라도 그와 같은 착오 상태에서 재산상 손해를 초래하는 행위를 하기에 이르렀다면 피기망자의 처분행위와 그에 상응하는 처분의사가 있다고 보아야 한다(대판 2017.2.16. 2016도13362 전합). 18. 경찰승진

② 【 O 】 이른바 '서명사취' 사기는 기망행위에 의해 유발된 착오로 인하여 피기망자가 내심의 의사와 다른 처분문서에 서명 또는 날인함으로써 재산상 손해를 초래한 경우이다. 여기서는 행위자의 기망행위 태양 자체가 피기망자가 자신의 처분행위의 의미나 내용을 제대로 인식할 수 없는 상황을 이용하거나 피기망자로 하여금 자신의 행위로 인한 결과를 인식하지 못하게 하는 것을 핵심적인 내용으로 하고, 이로 말미암아 피기망자는 착오에 빠져 처분문서에 대한 자신의 서명 또는 날인행위가 초래하는 결과를 인식하지 못하는 특수성이 있다. 피기망자의 하자 있는 처분행위를 이용하는 것이 사기죄의 본질인데, 서명사취 사안에서는 그 하자가 의사표시 자체의 성립과정에 존재한다. 이러한 서명사취 사안에서 피기망자가 처분문서의 내용을 제대로 인식하지 못하고 처분문서에 서명 또는 날인함으로써 내심의 의사와 처분문서를 통하여 객관적・외부적으로 인식되는 의사가 일치하지 않게 되었더라도, 피기망자의 행위에 의하여 행위자 등이 재물이나 재산상 이익을 취득하는 결과가 초래되었다고 할 수 있는 것은 그러한 재산의 이전을 내용으로 하는 처분문서가 피기망자에 의하여 작성되었다고 볼 수 있기 때문이다. 이처럼 피기망자가 행위자의 기망행위로 인하여 착오에 빠진 결과 내심의 의사와 다른 효과를 발생시키는 내용의 처분문서에 서명 또는 날인함으로써 처분문서의 내용에 따른 재산상 손해가 초래되었다면 그와 같은 처분문서에 서명 또는 날인을 한 피기망자의 행위는 사기죄에서 말하는 처분행위에 해당한다. 아울러 비록 피기망자가 처분결과, 즉 문서의 구체적 내용과 법적 효과를 미처 인식하지 못하였더라도, 어떤 문서에 스스로 서명 또는 날인함으로써 처분문서에 서명 또는 날인하는 행위에 관한 인식이 있었던 이상 피기망자의 처분의사 역시 인정된다(대판 2017.2.16. 2016도13362 전합). 18. 경찰승진

③ 【 O 】 [1] 기망행위에 의하여 국가적 또는 공공적 법익을 침해한 경우라도 그와 동시에 형법상 사기죄의 보호법익인 재산권을 침해하는 것과 동일하게 평가할 수 있을 때에는 당해 행정법규에서 사기죄의 특별관계에 해당하는 처벌규정을 별도로 두고 있지 않는 한 사기죄가 성립할 수 있다. 그런데 기망행위에 의하여 조세를 포탈하거나 조세의 환급・공제를 받은 경우에는 조세범처벌법 제9조에서 이러한 행위를 처벌하는 규정을 별도로 두고 있을 뿐만 아니라, 조세를 강제적으로 징수하는 국가 또는 지방자치단체의 직접적인 권력작용을 사기죄의 보호법익인 재산권과 동일하게 평가할 수 없는 것이므로 조세범처벌법 위반죄가 성립함은 별론으로 하고, 형법상 사기죄는 성립하지 않는다.
[2] 주유소 운영자가 농・어민 등에게 조세특례제한법에 정한 면세유를 공급한 것처럼 위조한 면세유류공급확인서로 정유회사를 기망하여 면세유를 공급받음으로써 면세유와 정상유의 가격 차이 상당의 이득을 취득한 사안에서, 정유회사에 대하여 사기죄를 구성하는 것은 별론으로 하고, 국가 또는 지방자치단체를 기망하여 국세 및 지방세의 환급세액 상당을 편취한 것으로 볼 수 없다(대판 2008.11.27. 2008도7303). 18. 경찰승진

④ 【○】 국민건강보험법 제42조 제1항 제1호는 요양급여를 실시할 수 있는 요양기관 중 하나인 의료기관을 '의료법에 따라 개설된 의료기관'으로 한정하고 있다. 따라서 의료법 제33조 제2항을 위반하여 적법하게 개설되지 아니한 의료기관에서 환자를 진료하는 등의 요양급여를 실시하였다면 해당 의료기관은 국민건강보험법상 요양급여비용을 청구할 수 있는 요양기관에 해당되지 아니하므로 요양급여비용을 적법하게 지급받을 자격이 없다. 따라서 비의료인이 개설한 의료기관이 마치 의료법에 의하여 적법하게 개설된 요양기관인 것처럼 국민건강보험공단에 요양급여비용의 지급을 청구하는 것은 국민건강보험공단으로 하여금 요양급여비용 지급에 관한 의사결정에 착오를 일으키게 하는 것으로서 사기죄의 기망행위에 해당하고, 이러한 기망행위에 의하여 국민건강보험공단에서 요양급여비용을 지급받을 경우에는 사기죄가 성립한다. 이 경우 의료기관의 개설인인 비의료인이 개설 명의를 빌려준 의료인으로 하여금 환자들에게 요양급여를 제공하게 하였다 하여도 마찬가지이다(대판 2015.7.9. 2014도11843). 18. 경찰승진

정답 ①

11 다음 설명 중 옳은 것은 모두 몇 개인가?

㉠ 사기죄에서 말하는 처분행위가 인정되려면 처분의사가 있어야 하는데, 그러한 처분의사는 착오에 빠진 피기망자가 어떤 행위를 한다는 인식이 있으면 충분하고, 그 행위가 가져오는 결과에 대한 인식까지 필요하다고 볼 것은 아니다.
㉡ 전기통신금융사기(이른바 보이스피싱 범죄)의 범인이 피해자를 기망하여 피해자의 돈을 사기이용계좌로 송금·이체받았다면 이로써 편취행위는 기수에 이른다. 따라서 범인이 피해자의 돈을 보유하게 되었더라도 이로 인하여 피해자와 사이에 어떠한 위탁 또는 신임관계가 존재한다고 할 수 없는 이상 피해자의 돈을 보관하는 지위에 있다고 볼 수 없으며, 나아가 그 후에 범인이 사기이용계좌에서 현금을 인출하였더라도 이는 이미 성립한 사기범행의 실행행위에 지나지 아니하여 새로운 법익을 침해한다고 보기도 어려우므로, 위와 같은 인출행위는 사기의 피해자에 대하여 따로 횡령죄를 구성하지 아니한다. 그리고 이러한 법리는 사기범행에 이용되리라는 사정을 알고서도 자신 명의의 계좌의 접근매체를 양도함으로써 사기범행을 방조한 종범이 사기이용계좌로 송금된 피해자의 돈을 임의로 인출한 경우에도 마찬가지로 적용된다.
㉢ 사기죄에 있어서 수인의 피해자에 대하여 각 피해자별로 기망행위를 하여 각각 재물을 편취한 경우에 그 범의가 단일하고 범행방법이 동일하다고 하더라도 포괄일죄가 성립하는 것이 아니라 피해자별로 1개씩의 죄가 성립하는 것으로 보아야 한다.
㉣ 피고인 등이 사기도박에 필요한 준비를 갖추고 그러한 의도로 피해자들에게 도박에 참가하도록 권유한 때 또는 늦어도 그 정을 알지 못하는 피해자들이 도박에 참가한 때에는 이미 사기죄의 실행에 착수하였다고 할 것이므로, 피고인 등이 그 후에 사기도박을 숨기기 위하여 얼마간 정상적인 도박을 하였더라도 이는 사기죄의 실행행위에 포함되는 것이어서 피고인에 대하여는 피해자들에 대한 사기죄만이 성립하고 도박죄는 따로 성립하지 아니한다.
㉤ 공동의 사기 범행으로 인하여 얻은 돈을 공범자끼리 수수한 행위가 공동정범들 사이의 그 범행에 의하여 취득한 돈이나 재산상 이익의 내부적인 분배행위에 지나지 않는 것이라면 그 돈의 수수행위가 따로 배임수증재죄를 구성한다고 볼 수는 없다.

① 2개   ② 3개   ③ 4개   ④ 5개

해설

㉠ 【 O 】 처분의사는 착오에 빠진 피기망자가 어떤 행위를 한다는 인식이 있으면 충분하고, 그 행위가 가져오는 결과에 대한 인식까지 필요하다고 볼 것은 아니다. … 피기망자가 기망당한 결과 자신의 작위 또는 부작위가 갖는 의미를 제대로 인식하지 못하여 그러한 행위가 초래하는 결과를 인식하지 못하였더라도 그와 같은 착오 상태에서 재산상 손해를 초래하는 행위를 하기에 이르렀다면 피기망자의 처분행위와 그에 상응하는 처분의사가 있다고 보아야 한다(대판 2017.2.16. 2016도13362). 17. 법원행시

㉡ 【 O 】 전기통신금융사기(이른바 보이스피싱 범죄)의 범인이 피해자를 기망하여 피해자의 자금을 사기이용계좌로 송금·이체받으면 사기죄는 기수에 이르고, 범인이 피해자의 자금을 점유하고 있다고 하여 피해자와의 어떠한 위탁관계나 신임관계가 존재한다고 볼 수 없을 뿐만 아니라, 그 후 범인이 사기이용계좌에서 현금을 인출하였더라도 이는 이미 성립한 사기범행이 예정하고 있던 행위에 지나지 아니하여 새로운 법익을 침해한다고 보기도 어려우므로, 위와 같은 인출행위는 사기의 피해자에 대하여 별도의 횡령죄를 구성하지 아니한다. 이러한 법리는 사기범행에 이용되리라는 사정을 알고서 자신 명의의 계좌의 접근매체를 양도함으로써 사기범행을 방조한 종범이 사기이용계좌로 송금된 피해자의 자금을 임의로 인출한 경우에도 마찬가지로 적용된다(대판 2017.5.31. 2017도3894). 17. 법원행시

㉢ 【 O 】 수인의 피해자에 대하여 개별로 기망행위를 하여 각각 재물을 편취한 경우, 범의가 단일하고 범행방법이 동일하더라도 각 피해자의 피해법익은 독립한 것이므로 이를 포괄일죄로 파악할 수 없고 피해자별로 독립한 사기죄가 성립된다(대판 2001.12.28. 2001도6130). 17. 법원행시

㉣ 【 O 】 피고인 등이 사기도박에 필요한 준비를 갖추고 그러한 의도로 피해자들에게 도박에 참가하도록 권유한 때 또는 늦어도 그 정을 알지 못하는 피해자들이 도박에 참가한 때에는 이미 사기죄의 실행에 착수하였다고 할 것이므로, 피고인등이 그 후에 사기도박을 숨기기 위하여 얼마간 정상적인 도박을 하였더라도 이는 사기죄의 실행행위에 포함되는 것이어서 피고인에 대하여는 피해자들에 대한 사기죄만이 성립하고 도박죄는 따로 성립하지 아니한다. 그리고 피고인등이 피해자들을 유인하여 사기도박으로 도금을 편취한 행위는 사회관념상 1개의 행위로 평가하는 것이 타당하므로, 피해자들에 대한 각 사기죄는 상상적 경합의 관계에 있다(대판 2011.1.13. 2010도9330). 17. 법원행시

㉤ 【 O 】 공동의 사기 범행으로 인하여 얻은 돈을 공범자끼리 수수한 행위가 공동정범들 사이의 범행에 의하여 취득한 돈이나 재산상 이익의 내부적인 분배행위에 지나지 않는다면 돈의 수수행위가 따로 배임수증재죄를 구성한다고 볼 수는 없다(대판 2016.5.24. 2015도18795). 17. 법원행시

정답 ④

12 사기죄에 관한 다음 설명 중 옳은 것은?

① 피고인이 피해자에게 불행을 고지하거나 길흉화복에 관한 어떠한 결과를 약속하고 기도비 등의 명목으로 대가를 교부받은 경우라면 사기죄에 해당할 수 없다.
② 사기죄의 피해자가 법인이나 단체인 경우에 기망행위로 인한 착오, 인과관계 등이 있었는지 여부는 단체의 업무를 처리하는 실무자인 일반 직원이나 구성원 등이 기망행위임을 알고 있었는지 여부를 기준으로 판단하여야 한다.
③ 피해자 법인이나 단체의 대표자 또는 실질적으로 의사결정을 하는 최종결재권자 등이 기망행위자와 동일인이거나 기망행위자와 공모하는 등 기망행위임을 알고 있었던 경우에는 기망행위로 인한 착오가 있다고 볼 수 없고, 재물 교부 등의 처분행위가 있었다고 하더라도 기망행위와 인과관계가 있다고 보기 어렵다.
④ 피해자 법인이나 단체의 업무를 처리하는 실무자인 일반 직원이나 구성원 등이 기망행위임을 알고 있었다면, 피해자 법인이나 단체의 대표자 또는 실질적으로 의사결정을 하는 최종결재권자 등이 기망행위임을 알지 못한 채 착오에 빠져 처분행위에 이른 경우라도, 피해자 법인에 대한 사기죄의 성립되지 않는다.

해설

① 【 X 】 피고인이 피해자에게 불행을 고지하거나 길흉화복에 관한 어떠한 결과를 약속하고 기도비 등의 명목으로 대가를 교부받은 경우에 전통적인 관습 또는 종교행위로서 허용될 수 있는 한계를 벗어났다면 사기죄에 해당한다(대판 2017.11.9. 2016도12460).
② 【 X 】 사기죄의 피해자가 법인이나 단체인 경우에 기망행위로 인한 착오, 인과관계 등이 있었는지는 법인이나 단체의 대표 등 최종 의사결정권자 또는 내부적인 권한 위임 등에 따라 실질적으로 법인의 의사를 결정하고 처분을 할 권한을 가지고 있는 사람을 기준으로 판단하여야 한다(대판 2017.9.26. 2017도8449).
③ 【 O 】 피해자 법인이나 단체의 대표자 또는 실질적으로 의사결정을 하는 최종결재권자 등이 기망행위자와 동일인이거나 기망행위자와 공모하는 등 기망행위임을 알고 있었던 경우에는 기망행위로 인한 착오가 있다고 볼 수 없고, 재물 교부 등의 처분행위가 있었더라도 기망행위와 인과관계가 있다고 보기 어렵다. 이러한 경우에는 사안에 따라 업무상횡령죄 또는 업무상배임죄 등이 성립하는 것은 별론으로 하고 사기죄가 성립한다고 볼 수 없다(대판 2017.9.26. 2017도8449).
④ 【 X 】 피해자 법인이나 단체의 업무를 처리하는 실무자인 일반 직원이나 구성원 등이 기망행위임을 알고 있었더라도, 피해자 법인이나 단체의 대표자 또는 실질적으로 의사결정을 하는 최종결재권자 등이 기망행위임을 알지 못한 채 착오에 빠져 처분행위에 이른 경우라면, 피해자 법인에 대한 사기죄의 성립에 영향이 없다(대판 2017.9.26. 2017도8449).

정답 ③

13 다음 중 사기죄에 있어 부작위에 의한 기망행위와 관련하여 법률상 고지의무가 인정되는 것은 모두 몇 개인가?

㉠ 부동산의 이중매매에 있어서 제2의 매수인에게 제1의 매매계약을 일방적으로 해제할 수 없는 처지에 있다는 사실을 고지할 의무
㉡ 매매목적물에 관하여 매수인에게 이미 제3자의 신청에 의하여 처분금지가처분결정이 된 사실을 고지할 의무
㉢ 임대인이 임대차계약을 체결하면서 임차인에게 임대목적물이 경매진행중인 사실을 고지할 의무
㉣ 매각 토지에 대하여 도시계획이 입안되어 있어 장차 협의매수되거나 수용될 것이라는 사정을 이를 잘 알지 못하는 매수인에게 고지할 의무

① 1개　　② 2개　　③ 3개　　④ 4개

해설
㉠【인정X】부동산의 이중매매에 있어서 매도인이 제1의 매매계약을 일방적으로 해제할 수 없는 처지에 있었다는 사정만으로는, 바로 제2의 매매계약의 효력이나 그 매매계약에 따르는 채무의 이행에 장애를 가져오는 것이라고 할 수 없음은 물론, 제2의 매수인의 매매목적물에 대한 권리의 실현에 장애가 된다고 볼 수도 없는 것이므로 매도인이 제2의 매수인에게 그와 같은 사정을 고지하지 아니하였다고 하여 제2의 매수인을 기망한 것이라고 평가할 수는 없을 것이다(대판 2012.1.26. 2011도15179). 17. 법원행시
㉡【인정O】매매에 있어서 매수인이 알았다면 매수하지 아니할 것이 거래의 경험칙상 명백한 사실에 대하여는 매도인은 신의성실의 원칙에 따라 이를 상대방에게 고지할 법률상 의무가 있다고 보아야 할 것이므로 제3자가 매도인을 상대로 대지 및 지상건물에 대한 명도소송을 제기하여 계속 중이고 점유이전금지가처분까지 되어 있는 사실을 매수인이 알았다면 거래의 경험칙상 위 대지를 매수하지 아니하였을 것이 분명하므로 신의성실의 원칙에 따라 매도인은 위와 같은 소송관계를 매수인에게 고지할 법률상 의무가 있다(대판 1985.3.26. 84도301). 17. 법원행시
㉢【인정O】임대인이 임대차계약을 체결하면서 임차인에게 임대목적물이 경매진행중인 사실을 알리지 아니한 경우, 피고인은 신의칙상 피해자에게 이를 고지할 의무가 있다 할 것이고, 피해자 스스로 그 건물에 관한 등기부를 확인 또는 열람하는 것이 가능하다고 하여 결론을 달리 할 것은 아니다(대판 1998.12.8. 98도3263). 17. 법원행시
㉣【인정O】토지에 대하여 도시계획이 입안되어 있어 장차 협의매수되거나 수용될 것이라는 사정을 매수인에게 고지하지 아니하고 매도한 경우, 위 사정을 모르고 위 토지를 매수하려는 피해자에게 위와 같은 사정을 고지할 신의칙상 의무가 있다할 것이므로 이러한 사정을 고지하지 아니한 피고인의 행위는 부작위에 의한 사기죄를 구성한다(대판 1993.7.13. 93도14). 17. 법원행시

정답 ③

14 다음 설명 중 가장 옳은 것은?

① 이른바 '보이스피싱' 범죄에 사용될 것임을 알고 자기 계좌의 통장을 양도한 다음, 그 계좌에 입금된 '보이스피싱' 피해 금원을 인출한 경우 그 피해자에 대한 횡령죄가 성립한다.

② 사기죄에서 말하는 처분행위가 인정되려면 피기망자에게 처분결과에 대한 인식이 있어야 하므로, 토지거래허가에 필요한 서류라고 믿고 근저당권설정등기신청서에 날인한 경우 사기죄에서의 처분행위라고 할 수 없다.

③ 변제능력이 없는데도 돈을 빌려주면 갚겠다고 거짓말하여 차용금을 편취한 사기죄가 성립하면, 그 돈을 빌리면서 담보로 제공한 채권을 추심하여 임의로 소비하였더라도 횡령죄는 별도로 성립할 수 없다.

④ 자기 계좌에 타인이 착오로 송금한 돈을 인출한 경우 은행에 대한 사기죄가 성립한다.

[해설]

① 【 X 】 전기통신금융사기(이른바 보이스피싱 범죄)의 범인이 피해자를 기망하여 피해자의 자금을 사기이용계좌로 송금·이체받으면 사기죄는 기수에 이르고, 범인이 피해자의 자금을 점유하고 있다고 하여 피해자와의 어떠한 위탁관계나 신임관계가 존재한다고 볼 수 없을 뿐만 아니라, 그 후 범인이 사기이용계좌에서 현금을 인출하였더라도 이는 이미 성립한 사기범행이 예정하고 있던 행위에 지나지 아니하여 새로운 법익을 침해한다고 보기도 어려우므로, 위와 같은 인출행위는 사기의 피해자에 대하여 별도의 횡령죄를 구성하지 아니한다. 이러한 법리는 사기범행에 이용되리라는 사정을 알고서 자신 명의 계좌의 접근매체를 양도함으로써 사기범행을 방조한 종범이 사기이용계좌로 송금된 피해자의 자금을 임의로 인출한 경우에도 마찬가지로 적용된다(대판 2017.5.31. 2017도3894). 18. 법원직

② 【 X 】 처분의사는 착오에 빠진 피기망자가 어떤 행위를 한다는 인식이 있으면 충분하고, 그 행위가 가져오는 결과에 대한 인식까지 필요하다고 볼 것은 아니다. … 피기망자가 기망당한 결과 자신의 작위 또는 부작위가 갖는 의미를 제대로 인식하지 못하여 그러한 행위가 초래하는 결과를 인식하지 못하였더라도 그와 같은 착오 상태에서 재산상 손해를 초래하는 행위를 하기에 이르렀다면 피기망자의 처분행위와 그에 상응하는 처분의사가 있다고 보아야 한다(대판 2017.2.16. 2016도13362). 18. 법원직

③ 【 O 】 피고인(A)이 피해자(B)에게서 돈을 빌리면서 담보 명목으로 乙에 대한 채권을 양도하였는데도 피해자(B)에게 채권양도 통지를 하기 전에 이를 추심하여 임의로 소비한 사안에서, 차용금 편취의 점과 담보로 양도한 채권을 추심하여 임의 소비한 횡령의 점은 양도된 채권의 가치, 채권양도에 관한 피고인의 진정성 등의 사정에 따라 비양립적인 관계라 할 것이어서, 피고인(A)의 위 일련의 행위가 그 중 어느 죄에 해당하는지를 가려야 한다고 판시 —사기죄와 횡령죄는 비양립적이므로 사기죄 성립시에 횡령죄는 불성립한다는 의미(대판 2011.5.13. 2011도1442). 18. 법원직

④ 【 X 】 송금의뢰인이 수취인의 예금구좌에 계좌이체 등을 한 이후, 수취인이 은행에 대하여 예금반환을 청구함에 따라 은행이 수취인에게 그 예금을 지급하는 행위는 계좌이체금액 상당의 예금계약의 성립 및 그 예금채권 취득에 따른 것으로서 은행이 착오에 빠져 처분행위를 한 것이라고 볼 수 없으므로, 결국 이러한 행위는 은행을 피해자로 한 형법 제347조의 사기죄에 해당하지 않는다고 봄이 상당하다. 수취인이 송금의뢰인과 사이에 원인관계가 없음에도 계좌이체를 받은 후 출금을 한 경우 은행에 대한 사기죄는 성립하지 않는다(대판 2010.5.27. 2010도3498). 18. 법원직

정답 ③

15 다음 설명 중 옳은 것은?

① 압류금지채권의 목적물이 채무자의 예금계좌에 입금된 경우에는 그 예금채권에 대하여 더 이상 압류금지의 효력이 미치지 아니하므로 그 예금은 압류금지채권에 해당하지 않지만 압류금지채권의 목적물이 채무자의 예금계좌에 입금되기 전까지는 여전히 강제집행 또는 보전처분의 대상이 될 수 있다.

② 타인의 사무를 처리하는 자가 증재자(贈財者)로부터 돈이 입금된 계좌의 예금통장이나 이를 인출할 수 있는 현금카드나 신용카드를 교부받아 이를 소지하면서 언제든지 위 예금통장 등을 이용하여 예금된 돈을 인출할 수 있어 예금통장의 돈을 자신이 지배하고 입금된 돈에 대한 실질적인 사용권한과 처분권한을 가지고 있는 것으로 평가될 수 있다면, 예금된 돈을 취득한 것으로 보아야 한다.

③ 금원 편취를 내용으로 하는 사기죄에서는 기망으로 인한 금원 교부가 있으면 그 자체로써 피해자의 재산침해가 되어 바로 사기죄가 성립하고, 상당한 대가가 지급되었다거나 피해자의 전체 재산상에 손해가 없다면 사기죄는 성립하지 않는다.

④ 사기죄에 있어서 그 대가가 일부 지급되거나 담보가 제공된 경우에도 그 편취액은 피해자로부터 교부된 금원으로부터 그 대가 또는 담보 상당액을 공제한 차액이 피해액이 성립한다.

해설

① 【 X 】 압류금지채권의 목적물이 채무자의 예금계좌에 입금된 경우에는 그 예금채권에 대하여 더 이상 압류금지의 효력이 미치지 아니하므로 그 예금은 압류금지채권에 해당하지 않지만(대법원 2014.7.10. 선고 2013다25552 판결 등 참조), 압류금지채권의 목적물이 채무자의 예금계좌에 입금되기 전까지는 여전히 강제집행 또는 보전처분의 대상이 될 수 없는 것이므로, 압류금지채권의 목적물을 수령하는 데 사용하던 기존 예금계좌가 채권자에 의해 압류된 채무자가 압류되지 않은 다른 예금계좌를 통하여 그 목적물을 수령하더라도 강제집행이 임박한 채권자의 권리를 침해할 위험이 있는 행위라고 볼 수 없어 강제집행면탈죄가 성립하지 않는다(대판 2017.8.18. 2017도6229).

② 【 O 】 타인의 사무를 처리하는 자가 그 임무에 관하여 부정한 청탁을 받고 재물 또는 재산상의 이익을 취득하거나 제3자로 하여금 이를 취득하게 하면 배임수재죄가 성립한다(형법 제357조 제1항). 타인의 사무를 처리하는 자가 증재자(贈財者)로부터 돈이 입금된 계좌의 예금통장이나 이를 인출할 수 있는 현금카드나 신용카드를 교부받아 이를 소지하면서 언제든지 위 예금통장 등을 이용하여 예금된 돈을 인출할 수 있어 예금통장의 돈을 자신이 지배하고 입금된 돈에 대한 실질적인 사용권한과 처분권한을 가지고 있는 것으로 평가될 수 있다면, 예금된 돈을 취득한 것으로 보아야 한다(대판 2017.12.5. 2017도11564).

③④ 【 X 】 금원 편취를 내용으로 하는 사기죄에서는 기망으로 인한 금원 교부가 있으면 그 자체로써 피해자의 재산침해가 되어 바로 사기죄가 성립하고, 상당한 대가가 지급되었다거나 피해자의 전체 재산상에 손해가 없다 하여도 사기죄의 성립에는 그 영향이 없다. 그러므로 사기죄에 있어서 그 대가가 일부 지급되거나 담보가 제공된 경우에도 그 편취액은 피해자로부터 교부된 금원으로부터 그 대가 또는 담보 상당액을 공제한 차액이 아니라 교부받은 금원 전부라고 보아야 한다(대판 2017.12.22. 2017도12649).

정답 ②

16 사기죄에 관한 설명 중 가장 적절한 것은?

① 피고인이 타인과 공모하여 그를 상대로 자백간주 판결을 받아 소유권이전등기를 마친 경우에는 그 타인과 소송사기의 공동정범으로 처벌받는다.
② 배당이의 소송의 1심에서 패소판결을 받고 항소한 자가 그 항소를 취하하는 것만으로는 사기죄에서 말하는 재산적 처분행위가 있다고 할 수 없다.
③ 자기에게 유리한 판결을 얻기 위하여 소송상의 주장이 사실과 다름이 객관적으로 명백하거나 증거가 조작되어 있는 점을 인식하지 못하는 제3자를 이용하여 그로 하여금 소송의 당사자가 되게 하고 법원을 기망하여 소송 상대방의 재물 또는 재산상 이익을 취득하려고 하였다면 간접정범의 형태에 의한 소송사기죄가 성립한다.
④ 자동차의 명의신탁관계에서 자동차의 명의수탁자가 명의신탁 사실을 고지하지 않고, 나아가 자신 소유라는 말을 하면서 자동차를 제3자(매수인)에게 매도하고 이전등록까지 마쳐준 경우, 제3자(매수인)에 대한 관계에서 사기죄가 성립한다.

[해설]
① 【 X 】 소송사기에 있어 피기망자인 법원의 재판은 피해자의 처분행위에 갈음하는 내용과 효력이 있는 것이어야 하므로, 피고인이 타인과 공모하여 그 공모자를 상대로 제소하여 의제자백의 판결을 받아 이에 기하여 부동산의 소유권이전등기를 하였다고 하더라도 이는 소송 상대방의 의사에 부합하는 것으로서 착오에 의한 재산적 처분행위가 있다고 할 수 없어 동인으로부터 부동산을 편취한 것이라고 볼 수 없고, 또 그 부동산의 진정한 소유자가 따로 있다고 하더라도 피고인이 의제자백판결에 기하여 그 진정한 소유자로부터 소유권을 이전받은 것이 아니므로 그 소유자로부터 부동산을 편취한 것이라고 볼 여지도 없다(대판 1997.12.23. 97도2430). 17. 경찰승진
② 【 X 】 사기죄는 타인을 기망하여 착오에 빠뜨리게 하고 그 처분행위를 유발하여 재물이나 재산상의 이득을 얻음으로써 성립하는 것이므로 여기에 처분행위라고 하는 것은 재산적 처분행위를 의미하는 것이라고 할 것인바, 배당이의 소송의 제1심에서 패소판결을 받고 항소한 자가 그 항소를 취하하면 그 즉시 제1심판결이 확정되고 상대방이 배당금을 수령할 수 있는 이익을 얻게 되는 것이므로 위 항소를 취하하는 것 역시 사기죄에서 말하는 재산적 처분행위에 해당한다(대판 2002.11.22. 2000도4419). 17. 경찰승진
③ 【 O 】 대판 2007.9.6. 2006도3591 17. 경찰승진
④ 【 X 】 부동산의 명의수탁자가 부동산을 제3자에게 매도하고 매매를 원인으로 한 소유권이전등기까지 마쳐 준 경우, 명의신탁의 법리상 대외적으로 수탁자에게 그 부동산의 처분권한이 있는 것임이 분명하고, 제3자로서도 자기 명의의 소유권이전등기가 마쳐진 이상 무슨 실질적인 재산상의 손해가 있을 리 없으므로 그 명의신탁 사실과 관련하여 신의칙상 고지의무가 있다거나 기망행위가 있었다고 볼 수도 없어서 그 제3자에 대한 사기죄가 성립될 여지가 없고, 나아가 그 처분시 매도인(명의수탁자)의 소유라는 말을 하였다고 하더라도 역시 사기죄가 성립하지 않으며, 이는 자동차의 명의수탁자가 처분한 경우에도 마찬가지이다(대판 2007.1.11. 2006도4498). 17. 경찰승진

정답 ③

17 사기의 죄와 관련한 설명 중 옳은 것은?

① 소송사기에 있어서 방어적인 위치에 있는 피고는 소송사기의 주체가 될 수 없다.
② 배당이의 소송의 제1심에서 패소판결을 받고 항소한 자가 그 항소를 취하하는 것만으로는 사기죄에서 말하는 재산적 처분행위가 있다고 할 수 없다.
③ 자신이 절취한 장물을 자기의 소유물로 위장하여 제3자에게 담보로 제공하고 금원을 편취한 경우 사기죄가 성립할 수 있다.
④ 주유소 운영자가 농·어민 등에게 조세특례제한법에 정한 면세유를 공급한 것처럼 위조한 면세유류공급확인서로 정유회사를 기망하여 상당의 이득을 취득한 경우 정유회사는 물론 국가 또는 지방자치단체를 기망하여 환급세액을 편취한 것이므로 국가 또는 지방자치단체에 대해서도 사기죄가 성립한다.

> **해설**

① 【X】 적극적 소송당사자인 원고뿐만 아니라 방어적인 위치에 있는 피고라 하더라도 허위내용의 서류를 작성하여 이를 증거로 제출하거나 위증을 시키는 등의 적극적인 방법으로 법원을 기망하여 착오에 빠지게 한 결과 승소확정판결을 받음으로써 자기의 재산상의 의무이행을 면하게 된 경우에는 그 재산가액 상당에 대하여 사기죄가 성립한다(대판 2004.3.12. 2003도333). 17. 경찰간부
② 【X】 배당이의 소송의 제1심에서 패소판결을 받고 항소한 자가 그 항소를 취하하면 그 즉시 제1심판결이 확정되고 상대방이 배당금을 수령할 수 있는 이익을 얻게 되는 것이므로 위 항소를 취하하는 것 역시 사기죄에서 말하는 재산적 처분행위에 해당한다(대판 2002.11.22. 2000도4419). 17. 경찰간부
③ 【O】 대판 1980.11.25. 80도2310 17. 경찰간부
④ 【X】 주유소 운영자가 농·어민 등에게 조세특례제한법에 정한 면세유를 공급한 것처럼 위조한 면세유류공급확인서로 정유회사를 기망하여 면세유를 공급받음으로써 면세유와 정상유의 가격 차이 상당의 이득을 취득한 사안에서, 정유회사에 대하여 사기죄를 구성하는 것은 별론으로 하고, 국가 또는 지방자치단체를 기망하여 국세 및 지방세의 환급세액 상당을 편취한 것으로 볼 수 없다고 한 사례(대판 2008.11.27. 2008도7303) 17. 경찰간부

정답 ③

---

18 사기의 죄에 관한 설명 중 옳은 것과 틀린 것이 바르게 표시된 것은?

㉠ 타인의 명의를 모용하여 발급받은 신용카드의 번호와 그 비밀번호를 이용하여 ARS 전화서비스나 인터넷 등을 통하여 신용대출을 받는 방법으로 재산상의 이익을 취득하였다면 컴퓨터등사용사기죄에 해당한다.
㉡ 부녀가 금품 등을 받을 것을 전제로 성행위를 하는 경우 그 행위의 대가는 사기죄의 객체인 경제적 이익에 해당하지 않고, 부녀를 기망하여 성행위 대가의 지급을 면하는 경우 사기죄는 성립하지 않는다.
㉢ 사기죄는 타인을 기망하여 착오를 일으키게 하고 그로 인한 처분행위를 유발하여 재물·재산상의 이익을 얻음으로써 성립하고, 여기서 처분행위라 함은 재산적 처분행위로서 피기망자가 자유의사로 직접 재산상의 손해를 초래하는 작위에 나아갈 것이 필요하며, 부작위에 의한 처분행위는 인정되지 않는다.
㉣ 피해자에게 근저당권을 설정해 주겠다고 기망하여 금원을 편취한 후 목적 부동산에 대하여 제3자에게 근저당권을 설정하여 준 행위는 사기죄의 불가벌적 사후행위로서 별죄를 구성하지 않는다.

① ㉠ (O) ㉡ (X) ㉢ (X) ㉣ (X)
② ㉠ (O) ㉡ (X) ㉢ (O) ㉣ (X)
③ ㉠ (O) ㉡ (O) ㉢ (X) ㉣ (X)
④ ㉠ (X) ㉡ (O) ㉢ (X) ㉣ (O)

[해설]

㉠ 【 O 】 대판 2006.7.27. 2006도3126 17. 경찰간부

㉡ 【 X 】 일반적으로 부녀와의 성행위 자체는 경제적으로 평가할 수 없고, 부녀가 상대방으로부터 금품이나 재산상 이익을 받을 것을 약속하고 성행위를 하는 약속 자체는 선량한 풍속 기타 사회질서에 위반한 사항을 내용으로 하는 법률행위로서 무효이나, 사기죄의 객체가 되는 재산상의 이익이 반드시 사법(私法)상 보호되는 경제적 이익만을 의미하지 아니하고, 부녀가 금품 등을 받을 것을 전제로 성행위를 하는 경우 그 행위의 대가는 사기죄의 객체인 경제적 이익에 해당하므로, 부녀를 기망하여 성행위 대가의 지급을 면하는 경우 사기죄가 성립한다(대판 2001.10.23. 2001도2991). 17. 경찰간부

㉢ 【 X 】 사기죄는 타인을 기망하여 착오를 일으키게 하고 그로 인한 처분행위를 유발하여 재물·재산상의 이득을 얻음으로써 성립하고, 여기서 처분행위라 함은 재산적 처분행위로서 피해자가 자유의사로 직접 재산상 손해를 초래하는 작위에 나아가거나 또는 부작위에 이른 것을 말하므로, 피해자가 착오에 빠진 결과 채권의 존재를 알지 못하여 채권을 행사하지 아니하였다면 그와 같은 부작위도 재산의 처분행위에 해당한다(대판 2007.7.12. 2005도9221). 17. 경찰간부

㉣ 【 X 】 부동산에 피해자 명의의 근저당권을 설정하여 줄 의사가 없음에도 피해자를 속이고 근저당권설정을 약정하여 금원을 편취한 경우라 할지라도, 이러한 약정은 사기 등을 이유로 취소되지 않는 한 여전히 유효하여 피해자 명의의 근저당권설정등기를 하여 줄 임무가 발생하는 것이고, 그럼에도 불구하고 임무에 위배하여 그 부동산에 관하여 제3자 명의로 근저당권설정등기를 마친 경우, 이러한 배임행위는 금원을 편취한 사기죄와는 전혀 다른 새로운 보호법익을 침해하는 행위로서 사기 범행의 불가벌적 사후행위가 되는 것이 아니라 별죄를 구성한다(대판 2008.3.27. 2007도9328). 17. 경찰간부

[정답] ①

19 사기죄에 대한 다음 설명 중 가장 적절하지 않은 것은?

① 피고인 등이 피해자 甲등에게 자동차를 매도하겠다고 거짓말하고 자동차를 양도하면서 매매대금을 편취한 다음, 자동차에 미리 부착해 놓은 지피에스(GPS)로 위치를 추적하여 자동차를 절취하였다고 하여 사기죄 및 특수절도죄로 기소된 경우, 피고인에게는 사기죄 및 특수절도죄가 성립한다.

② 소비대차 거래에서 차주가 돈을 빌릴 당시에는 변제할 의사와 능력을 가지고 있었다면 비록 그 후에 변제하지 않고 있더라도 이는 민사상 채무불이행에 불과하며 형사상 사기죄가 성립하지는 아니한다.

③ 부동산등기부상 소유자로 등기된 적이 있는 자가 자기 이후에 소유권이전등기를 경료한 등기명의인들을 상대로 허위의 사실을 주장하면서 그들 명의의 소유권이전등기의 말소를 구하는 소송을 제기한 경우 말소등기청구 소송의 제기는 사기의 실행에 착수한 것이라고 보아야 한다.

④ 보험모집인이 자동차 보험가입자의 형사책임을 면하게 하기 위하여 위 보험가입자의 미납보험료가 정상적으로 납부된 것처럼 전산조작하는 방법으로 보험회사를 기망하여 보험가입사실증명원을 발급받은 경우 사기죄가 성립하지 않는다.

[해설]

① 【 X 】 피고인 등이 피해자 甲등에게 자동차를 매도하면서 그 자동차를 인도하고 소유권이전등록에 필요한 일체의 서류를 교부하였으나 자동차에 미리 부착해 놓은 GPS로 위치를 추적하여 그 자동차를 절취한 경우, 자동차를 인도하고 소유권이전등록에 필요한 일체의 서류를 교부함으로써 甲등이 언제든지 소유권이전등록을 마칠 수 있게 된 이상, 甲등에게 자동차의 소유권을 이전하여 줄 의사가 없었다고 볼 수는 없고 또한 자동차를 매도할 당시 곧바로 다시 절취할 의사를 가지고 있으면서도 이를 숨긴 것을 기망이라고 할 수도 없어 특수절도죄만 성립할 뿐 사기죄는 성립하지 아니한다(대판 2016.3.24. 2015도17452). 16. 경찰

② 【 O 】 대판 2016.4.28. 2012도14516 16. 경찰

③ 【 O 】 대판 2003.7.22. 2003도1951 16. 경찰

④ 【 O 】 보험가입사실증명원은 재물이나 재산상의 이익의 처분에 관한 사항을 포함하고 있는 것이 아니므로 사기죄의 객체가 되지 않는다는 취지의 판례이다(대판 1997.3.28. 96도2625). 16. 경찰

[정답] ①

20 사기의 죄에 대한 다음 설명 중 가장 옳지 않은 것은?

① 발행인의 자금부족으로 지급이 거절된 약속어음도 사기죄의 객체가 된다.
② 甲은 전매금지된 택지분양권을 A에게 매도한 뒤 이를 다시 B에게 매도한 다음 이중매도한 사실을 고지하지 아니한 채 B가 C에게 이 분양권을 전매하는 매매계약에 형식적인 매도인으로 관여하면서 직접 매매대금을 수령하지 않고 C로 하여금 B에게 매매대금을 교부하게 한 경우 甲에게 사기죄가 성립한다.
③ 토지에 대하여 도시계획이 입안되어 있어 장차 협의매수 되거나 수용될 것이라는 사정을 매수인에게 고지하지 아니한 행위가 부작위에 의한 사기죄를 구성한다.
④ 의사가 전화를 이용하여 진찰한 것임에도 내원 진찰인 것처럼 가장하여 국민건강보험관리공단에 요양급여비용을 청구하여 진찰료를 수령한 경우 사기죄가 성립하지 않는다.

해설

① 【 O 】 약속어음은 그 **자체가** 재산적 가치를 지닌 유가증권으로서 만기에 지급장소에서 어음금이 지급되지 아니하는 때라도 소지인은 배서인, 발행인 기타 어음채무자에 대하여 **소구권**을 행사할 수 있어서 그 효용이 소멸된 것이 아니므로 발행인의 자금부족으로 지급장소에서 지급되지 아니하는 약속어음이라도 사기죄의 객체가 된다(대판 1985.3.9. 85도951). 17. 경찰간부

② 【 O 】 범인이 기망행위에 의해 스스로 재물을 취득하지 않고 **제3자로 하여금** 재물의 교부를 받게 한 경우에 사기죄가 성립하려면, 그 제3자가 범인과 사이에 정을 모르는 도구 또는 범인의 이익을 위해 행동하는 대리인의 관계에 있거나, 그렇지 않다면 적어도 **불법영득의사와의** 관련상 범인에게 그 제3자로 하여금 재물을 취득하게 할 의사가 있어야 한다. 위와 같은 의사는 반드시 적극적 의욕이나 확정적 인식이어야 하는 것은 아니고 미필적 인식이 있으면 충분하며, 그 의사가 있는지 여부는 범인과 그 제3자 및 피해자 사이의 관계, 기망행위 혹은 편취행위의 동기, 경위와 수단·방법, 그 행위의 내용과 태양 및 당시의 거래관행 등 여러 사정을 종합하여 사회통념에 비추어 합리적으로 판단하여야 한다. 한편, 재물편취를 내용으로 하는 사기죄에 있어서는 기망으로 인한 재물교부가 있으면 그 자체로써 피해자의 재산침해가 되어 곧 사기죄는 성립하는 것이고, 그로 인한 이익이 결과적으로 누구에게 귀속하는지는 사기죄의 성부에 아무런 영향이 없다.

> **사실관계**
> 甲이 乙에게 이중매도한 택지분양권을 순차 매수한 丙·丁에게 이중매도 사실을 숨긴 채 자신의 명의로 형식적인 매매계약서를 작성해 준 경우, 甲이 직접 매매대금을 수령하지 않았더라도 丙·丁에 대한 사기죄가 성립한다(대판 2009.1.30. 2008도9985). 17. 경찰간부

③ 【 O 】 대판 1993.7.13. 93도14 17. 경찰간부

④ 【 X 】 의사인 피고인이 전화를 이용하여 진찰(이하 '전화 진찰')한 것임에도 내원 진찰인 것처럼 가장하여 국민건강보험관리공단에 요양급여비용을 청구함으로써 진찰료 등을 편취하였다는 내용으로 기소된 사안에서, **당시에 시행되던** 구 '국민건강보험 요양급여의 기준에 관한 규칙'에 기한 보건복지부장관의 고시는 내원을 전제로 한 진찰만을 요양급여의 대상으로 정하고 있고 전화 진찰이나 이에 기한 약제 등의 지급은 요양급여의 대상으로 정하고 있지 아니하므로, 전화 진찰이 구 의료법 제17조 제1항에서 정한 '직접 진찰'에 해당한다고 하더라도 그러한 사정만으로 요양급여의 대상이 된다고 할 수 없는 이상, 전화 진찰을 요양급여대상으로 되어 있던 내원 진찰인 것으로 하여 요양급여비용을 청구한 것은 기망행위로서 사기죄를 구성하고, 피고인의 불법이득의 의사 또한 인정된다(대판 2013.4.26. 2011도10787). 17. 경찰간부

정답 ④

21 사기죄에 대한 설명으로 옳지 않은 것은?

① 사기죄에서 피해자에게 그 대가가 지급된 경우 피해자를 기망하여 그가 보유하고 있는 그 대가를 다시 편취하거나 피해자로부터 그 대가를 위탁받아 보관 중 횡령하였다면, 기존에 성립한 사기죄와는 별도의 새로운 사기죄나 횡령죄가 성립한다.

② 보험금을 지급받을 수 있는 사유가 있다 하더라도 이를 기화로 실제 지급받을 수 있는 보험금보다 다액의 보험금을 편취할 의사로 장기간의 입원 등을 통하여 과다한 보험금을 지급받은 경우에는 지급받은 보험금 전체에 대하여 사기죄가 성립한다.

③ 甲이 점포에 대한 권리금을 지급한 것처럼 허위의 사용내역서를 작성·교부하여 동업자들을 기망하고 출자금 지급을 면제 받으려 하였으나 미수에 그친 경우 동업자들이 甲에 대한 출자의무를 명시적으로 면제하지 않았더라도 착오에 빠져 이를 면제해 주는 결과에 이를 수 있기 때문에 이는 부작위에 의한 처분행위에 해당한다.

④ 甲이 乙에게 이중매도한 택지분양권을 순차 매수한 丙·丁에게 이중매도 사실을 숨긴 채 자신의 명의로 형식적인 매매계약서를 작성해 준 경우 甲이 직접 매매대금을 수령하지 않았다면 丙·丁에 대한 사기죄가 성립하지 않는다.

[해설]

① 【O】 대판 2009.10.29. 2009도7052 16. 국가직 7급
② 【O】 대판 2011.2.24. 2010도17512 16. 국가직 7급
③ 【O】 대판 2009.3.26. 2008도6641 16. 국가직 7급
④ 【X】 [1] 범인이 기망행위에 의해 스스로 재물을 취득하지 않고 제3자로 하여금 재물의 교부를 받게 한 경우에 사기죄가 성립하려면, 그 제3자가 범인과 사이에 정을 모르는 도구 또는 범인의 이익을 위해 행동하는 대리인의 관계에 있거나 그렇지 않다면 적어도 불법영득의사와의 관련상 범인에게 그 제3자로 하여금 재물을 취득하게 할 의사가 있어야 한다. 한편 재물편취를 내용으로 하는 사기죄에 있어서는 기망으로 인한 재물교부가 있으면 그 자체로써 피해자의 재산침해가 되어 곧 사기죄는 성립하는 것이고, 그로 인한 이익이 결과적으로 누구에게 귀속하는지는 사기죄의 성부에 아무런 영향이 없다.

[2] 甲이 전매금지된 택지분양권을 제3자에게 매도한 뒤 이를 다시 乙에게 매도한 다음, 이중매도한 사실을 고지하지 아니한 채 丙과 丁에게 순차로 분양권을 전매하는 매매계약에 형식적 매도인으로 관여하면서 직접 매매대금을 수령하지 않고 乙과 丙으로 하여금 수령하게 한 경우(순차로 丙은 乙에게 매매대금을 지급하고, 丁은 丙에게 매매대금을 지급하게 한 경우), 甲에게는 매매계약에 있어 실질적 매도인인 乙이나 丙으로 하여금 매매대금을 취득하게 할 의사가 있었다고 볼 여지가 충분하고(乙이나 丙으로 하여금 매매대금을 불법영득시킬 의사가 있었다고 볼 수 있고), 이는 매매대금 상당의 경제적 이익이 궁극적으로 피고인에게 연결되지 않았다 하여 달리 볼 것은 아니다(대판 2009.1.30. 2008도9985). 16. 국가직 7급

【정답】 ④

22 사기죄에 관한 다음 설명 중 가장 옳지 않은 것은?

① 토지를 매도함에 있어서 채무담보를 위한 가등기와 근저당권 설정 등기가 경료되어 있는 사실을 숨기고 이를 고지하지 아니하여 매수인이 이를 알지 못한 탓에 그 토지를 매수하였다면 사기죄가 성립한다.
② 부동산매매에 있어서 매매목적물에 관하여 유언으로 재단법인에 출연(出捐)되었는지의 여부가 문제되고 다른 부동산에 관하여는 이미 위 유언이 유효하다는 판결까지 있었다면 이러한 사정들은 특별한 사정이 없는 한 매수인으로서는 매매계약의 체결여부를 결정짓는 매우 중요한 요소이므로 매도인은 거래의 신의성실의 원칙상 매수인에게 이를 고지할 법률상의 의무가 있고 매도인이 매수인에게 위와 같은 사실을 숨기고 매도하여 대금을 교부받았다면 이는 사기죄를 구성한다.
③ 토지에 대하여 도시계획이 입안되어 있어 장차 협의매수되거나 수용될 것이라는 사정을 매수인에게 고지하지 아니한 행위는 부작위에 의한 사기죄를 구성한다.
④ 중고자동차 매매에 있어서 매도인의 할부금융회사 또는 보증보험에 대한 할부금 채무가 매수인에게 당연히 승계되는 것이 아니므로 그 할부금 채무의 존재를 매수인에게 고지하지 아니한 것은 부작위에 의한 기망에 해당하지 아니한다.
⑤ 부동산의 명의수탁자가 부동산을 제3자에게 매도하고 매매를 원인으로 한 소유권이전등기까지 마쳐주었으나 명의신탁 사실을 알리지 아니한 경우, 그 제3자에 대한 사기죄가 성립한다.

[해설]
① 【 O 】 대판 1981.8.20. 81도1638 16. 법원행시
② 【 O 】 대판 1992.8.14. 91도2202 16. 법원행시
③ 【 O 】 대판 1993.7.13. 93도14 16. 법원행시
④ 【 O 】 대판 1998.4.14. 98도231 16. 법원행시
⑤ 【 X 】 부동산의 명의수탁자가 부동산을 제3자에게 매도하고 매매를 원인으로 한 소유권이전등기까지 마쳐 준 경우, 명의신탁의 법리상 대외적으로 수탁자에게 그 부동산의 처분권한이 있는 것임이 분명하고, 제3자로서도 자기 명의의 소유권이전등기가 마쳐진 이상 무슨 실질적인 재산상의 손해가 있을 리 없으므로 그 명의신탁 사실과 관련하여 신의칙상 고지의무가 있다거나 기망행위가 있었다고 볼 수도 없어서 그 제3자에 대한 사기죄가 성립될 여지가 없고, 나아가 그 처분시 매도인(명의수탁자)의 소유라는 말을 하였다고 하더라도 역시 사기죄가 성립되지 않는다(대판 2007.1.11. 2006도4498). 16. 법원행시

정답 ⑤

23 다음 중 사기죄(미수 포함)가 인정되는 경우는 모두 몇 개인가?

㉠ 무효인 가등기여서 그 말소를 구할 권리를 가진 부동산소유자가 기망행위를 사용하여 가등기를 말소하게 한 경우
㉡ 피고인이 특정 권원에 기하여 민사소송을 진행하던 중 법원에 조작된 증거를 제출하면서 종전에 주장하던 특정 권원과 별개의 허위의 권원을 추가로 주장하는 경우
㉢ 분식회계에 의한 재무제표 등으로 금융기관을 기망하여 대출을 받은 경우
㉣ 허위의 내용으로 신청한 지급명령이 그대로 확정된 경우

① 1개　　　② 2개　　　③ 3개　　　④ 4개

해설

㉠ 【 O 】 무효인 가등기여서 그 말소를 구할 권리를 가진 자라 하더라도 기망행위를 사용하여 이를 말소하게 하였다면 사기죄가 성립한다(대판 2008.1.24. 2007도9417).

㉡ 【 O 】 피고인이 특정 권원에 기하여 민사소송을 진행하던 중 법원에 조작된 증거를 제출하면서 종전에 주장하던 특정 권원과 별개의 허위의 권원을 추가로 주장하는 경우에 그 당시로서는 종전의 특정권원의 인정 여부가 확정되지 아니하였고, 만약 종전의 특정 권원이 배척될 때에는 조작된 증거에 의하여 법원을 기망하여 추가된 허위의 권원을 인정받아 승소판결을 받을 가능성이 있으므로, 가사 나중에 법원이 종전의 특정 권원을 인정하여 피고인에게 승소판결을 선고하였다고 하더라도, 피고인의 이러한 행위는 특별한 사정이 없는 한 소송사기의 실행의 착수에 해당된다(대판 2004.6.25. 2003도7124).

㉢ 【 O 】 사기죄는 상대방을 기망하여 하자 있는 상대방의 의사에 의하여 재물을 교부받음으로써 성립하는 것이므로 분식회계에 의한 재무제표 등으로 금융기관을 기망하여 대출을 받았다면 사기죄는 성립하고, 변제의사와 변제능력의 유무 그리고 충분한 담보가 제공되었다거나 피해자의 전체 재산상에 손해가 없고, 사후에 대출금이 상환되었다고 하더라도 사기죄의 성립에는 영향이 없다(대판 2005.4.29. 2002도7262).

㉣ 【 O 】 지급명령을 송달받은 채무자가 2주일 이내에 이의신청을 하지 않는 경우에는 구 민사소송법 제445조에 따라 지급명령은 확정되고, 이와 같이 확정된 지급명령에 대해서는 항고를 제기하는 등 동일한 절차 내에서는 불복절차가 따로 없어서 이를 취소하기 위해서는 재심의 소를 제기하거나 위 법 제505조에 따라 청구이의의 소로써 강제집행의 불허를 소구할 길이 열려 있을 뿐인데, 이는 피해자가 별도의 소로써 피해구제를 받을 수 있는 것에 불과하므로 허위의 내용으로 신청한 지급명령이 그대로 확정된 경우에는 소송사기의 방법으로 승소 판결을 받아 확정된 경우와 마찬가지로 사기죄는 이미 기수에 이르렀다고 볼 것이다(대판 2004.6.24. 2002도4151).

정답 ④

24 사기죄에 관한 설명 중 가장 적절하지 않은 것은?

① 출판사 경영자가 출고현황표를 조작하는 방법으로 실제출판부수를 속여 작가에게 인세의 일부만을 지급한 경우 사기죄가 성립하지 않는다.
② 중고자동차 매매에 있어서 매도인의 할부금융회사 또는 보증보험에 대한 할부금 채무는 매수인에게 당연히 승계되는 것이 아니므로 그 할부금 채무의 존재를 매수인에게 고지하지 아니한 것은 부작위에 의한 기망에 해당하지 아니한다.
③ 수입소고기를 사용하는 식당영업주가 한우만을 취급한다는 취지의 상호를 사용하고 식단표 등에도 한우만을 사용한다고 기재한 경우는 사기죄의 기망행위에 해당된다.
④ 주권을 교부한 자가 그것을 분실하였다고 허위로 공시최고신청을 하여 제권판결을 받아 확정된 경우에는 사기죄가 성립한다.

해설

① 【 X 】 출판사 경영자가 출고현황표를 조작하는 방법으로 실제출판부수를 속여 작가에게 인세의 일부만을 지급한 사안에서, 작가가 나머지 인세에 대한 청구권의 존재 자체를 알지 못하는 착오에 빠져 이를 행사하지 아니한 것이 사기죄에 있어 부작위에 의한 처분행위에 해당한다고 본 사례(대판 2007.7.12. 2005도9221). 15. 경찰승진
② 【 O 】 대판 1998.4.14. 98도231 15. 경찰승진
③ 【 O 】 대판 1997.9.9. 97도1561 15. 경찰승진
④ 【 O 】 대판 2007.5.31. 2006도8488 15. 경찰승진

정답 ①

25 다음 중 판례에 의할 때 틀린 것은 모두 몇 개인가?

> ㉠ 부동산소유권이전등기 등에 관한 특별조치법에 의거하여 임야의 사실상 양수자가 확인서발급신청을 하자 피고인이 위조된 계약서사본을 첨부하여 위 임야의 소유자라고 허위 주장하여 이의신청을 한 결과 위 확인서 발급신청이 기각된 경우, 사기죄의 실행에 착수한 것이다.
> ㉡ 건설산업기본법 제96조 제4호, 제 21조에 규정된 건설업자가 다른 사람에게 자기 성명 또는 상호를 사용하여 건설공사를 수급하게 하거나 공사에 착수하게 한 때에 건설산업기본법위반죄는 완성되어 기수가 된다.
> ㉢ 장해보상지급청구권자에게 보상금을 찾아주겠다고 거짓말을 하여 동인을 보상금지급기관까지 유인한 경우 아직 사기죄의 실행에 착수한 것이 아니다.
> ㉣ 甲이 금융기관에 피고인의 명의로 예금을 하면서 자신만이 이를 인출할 수 있게 해달라고 요청하여 금융기관 직원이 예금관련 전산시스템에 '甲이 예금, 인출 예정'이라고 입력하였고 피고인도 이의를 제기하지 않았는데, 그 후 피고인이 금융기관을 상대로 예금 지급을 구하는 소를 제기하였다가 금융기관의 변제공탁으로 패소한 경우 사기미수죄가 성립한다.

① 1개 ② 2개 ③ 3개 ④ 4개

[해설]

㉠ 【 X 】 부동산소유권이전등기등에관한특별조치법에 의거하여 임야의 사실상의 양수자가 확인서발급 신청을 하자 피고인이 위조된 계약서 사본을 첨부하여 위 임야의 소유자라고 허위 주장하여 이의신청을 한 결과 위 확인서발급신청이 기각되었다 하더라도 위 임야를 편취하려는 기망행위에 나아간 것이라고 보기 어렵다(대판 1982.3.9. 81도2767).
㉡ 【 O 】 대판 2007.4.12. 2007도883
㉢ 【 O 】 대판 1980.5.13. 78도2259
㉣ 【 X 】 甲이 금융기관에 피고인 명의로 예금을 하면서 자신만이 이를 인출할 수 있게 해달라고 요청하여 금융기관 직원이 예금관련 전산시스템에 '甲이 예금, 인출 예정'이라고 입력하였고 피고인도 이의를 제기하지 않았는데, 그 후 피고인이 금융기관을 상대로 예금 지급을 구하는 소를 제기하였다가 금융기관의 변제공탁으로 패소한 사안에서, 제반 사정에 비추어 금융기관과 甲 사이에 실명확인 절차를 거쳐 서면으로 이루어진 피고인 명의의 예금계약을 부정하여 예금명의자인 피고인의 예금반환청구권을 배제하고, 甲에게 이를 귀속시키겠다는 명확한 의사의 합치가 있었다고 인정할 수 없어 예금주는 여전히 피고인이라는 이유로, 이와 달리 예금주가 甲이라는 전제하에 피고인에게 사기미수죄를 인정한 원심판단에 예금계약의 당사자 확정 방법에 관한 법리오해의 위법이 있다고 한 사례(대판 2011.5.13. 2009도5386).

[정답] ②

26 사기죄에 관한 설명 중 옳지 않은 것은?

① 변호사가 대법관에게 로비자금으로 사용한다고 기망하여 의뢰인에게서 금원을 교부받은 경우 사기죄가 성립할 수 있다.
② 사기 범행의 피해자로부터 현금을 예금계좌로 송금 받은 경우 사기죄의 객체는 재물이 아니라 재산상 이익이다.
③ 임대차 계약을 체결하면서 임대인이 임차인에게 임대목적물에 대한 경매가 진행 중인 사실을 알리지 않으면 사기죄가 성립할 수 있다.
④ 피기망자와 피해자가 일치하지 않아도 사기죄가 성립할 수 있다.

해설

① 【 O 】 변호사가 대법관에게 로비자금으로 사용한다고 기망하여 의뢰인에게서 금원을 교부받은 경우, 위 금원은 불법원인급여에 해당한다. 한편 불법원인급여의 경우 판례는 그 편취한 금원에 대한 사기죄를 인정하고 있다. 민법 제746조의 불법원인급여에 해당하여 급여자가 수익자에 대한 반환청구권을 행사할 수 없다고 하더라도, 수익자가 기망을 통하여 급여자로 하여금 불법원인급여에 해당하는 재물을 제공하도록 하였다면 사기죄가 성립한다(대판 2006.11.23. 2006도6795).

② 【 X 】 사기죄의 객체는 타인이 점유하는 '타인의' 재물 또는 재산상의 이익이므로, 피해자와의 관계에서 살펴보아 그것이 피해자 소유의 재물인지 아니면 피해자가 보유하는 재산상의 이익인지에 따라 '재물'이 객체인지 아니면 '재산상의 이익'이 객체인지 구별하여야 하는 것으로서, 이 사건과 같이 피해자가 본범의 기망행위에 속아 현금을 피고인 명의의 은행 예금계좌로 송금하였다면, 이는 재물에 해당하는 현금을 교부하는 방법이 예금계좌로 송금하는 형식으로 이루어진 것에 불과하여, 피해자의 은행에 대한 예금 채권은 당초 발생하지 않는다(대판 2010.12.9. 2010도6256).

③ 【 O 】 예를 들어 여관건물이 경매진행 중임에도 불구하고 이를 알리지 않고 임대하여 보증금을 수령한 경우 사기죄가 성립한다(대판 1998.12.8. 98도3263).

④ 【 O 】 사기죄가 성립하기 위해서는 처분행위가 필요한바, 처분행위가 인정되기 위해서 처분행위자와 피기망자는 반드시 같아야 하지만, 처분행위자(피기망자)와 재산상 피해자는 반드시 동일인임을 요하지 않는다. 이러한 경우를 삼각사기라고 한다. 처분행위자(피기망자)와 재산상 피해자가 서로 일치하지 않는 경우, 판례는 처분행위자가 피해자를 대신하여 그의 재산을 법적 또는 사실상 처분할 수 있는 지위에 있으면 사기죄가 성립할 수 있다고 본다.

정답 ②

27 사기죄에 관한 설명 중 가장 적절한 것은?

① 양도증서 등 특허 관련 명의변경 서류를 위조하여 일본국 특허청 공무원에게 제출함으로써 특허의 출원자를 자신의 명의로 변경한 경우 사기죄가 성립한다.
② 허위채권으로 본안소송을 제기하지 아니한 채 가압류만 한 경우에도 실행의 착수가 인정된다.
③ 실재하고 있지 아니한 자에 대하여 허위의 권원에 의한 소송을 제기하여 승소판결이 확정된 경우에는 사기죄가 성립한다.
④ 법원을 기망하여 승소판결을 받고 그 확정판결에 의하여 소유권이전등기를 경료한 경우에는 사기죄와 공정증서원본부실기재죄의 실체적 경합범이 된다.
⑤ 토지소유자로 등기된 자가 자신이 진정한 소유자가 아님을 알고 있었다고 할지라도 당해 토지의 수용보상금을 출급·수령한 것에 불과하다면 기망행위가 없어 사기죄는 성립하지 아니한다.

해설

① 【 X 】 양도증서 등 특허 관련 명의변경 서류를 위조하여 일본국 특허청 공무원에게 제출함으로써 특허의 출원자를 자신의 명의로 변경한 사안에서, 특허권에 관한 처분행위가 있었다고 볼 수 없으므로 사기죄를 구성하지 않는다고 한 사례(대판 2007.11.16. 2007도3475).

② 【 X 】 허위채권으로 본안소송을 제기하지 아니한 채 가압류만 한 경우에는 사기죄의 실행의 착수가 인정되지 않는다(대판 1988.9.13. 88도55).

③ 【 X 】 소송사기에 있어서 피기망자인 법원의 재판은 피해자의 처분행위에 갈음하는 내용과 효력이 있는 것이어야 하는바, 실재하고 있지 아니한 자에 대하여 판결이 선고되더라도 그 판결은 피해자의 처분행위에 갈음하는 내용과 효력을 인정할 수 없고, 따라서 착오에 의한 재물의 교부행위를 상정할 수 없는 것이므로 사기죄의 성립을 시인할 수 없다(대판 1992.12.11. 92도743).

④ 【 O 】 대판 1983.4.26. 83도188

⑤ 【 X 】 비록 토지의 소유자로 등기되어 있다고 하더라도 자신이 진정한 소유자가 아닌 사실을 알게 된 이상, 당해 토지의 수용보상금을 수령함에 있어서 당해 토지를 수용한 기업자나 공탁공무원에게 그러한 사실을 고지하여야 할 의무가 있다고 보아야 할 것이고, 이러한 사실을 고지하지 아니한 채 수용보상금으로 공탁된 공탁금의 출급을 신청하여 이를 수령한 이상 기망행위가 없다고 할 수 없다(대판 1994.10.14. 94도1911).

정답 ④

28 다음 중 사기죄가 성립하지 않는 경우는?

① 자기앞수표를 갈취당한 자가 이를 분실하였다고 허위로 공시최고신청을 하여 제권판결을 선고받은 경우
② 등기부에 경매개시결정이 기재된 여관건물을 타인에게 임대하면서 경매절차가 진행 중인 사실을 고지하지 않은 경우
③ 자신이 진정한 토지의 소유자가 아닌 사실을 알면서도 그 사실을 고지하지 아니한 채 수용보상금으로 공탁된 공탁금의 출급을 신청하여 이를 수령한 경우
④ 법인이 임대주택용지 분양신청을 함에 있어서 분양신청자 중의 추첨대상자에 들기 위하여 법인의 대표이사 개인의 허위 건축실적증명을 첨부하였으나 마감시간이 지나도록 다른 업체로부터의 매수신청이 없어 위 법인의 대표이사에게 매수신청서를 제출하도록 하여 수의계약을 체결한 경우
⑤ 변제의 의사나 능력이 없음에도 이를 숨긴 채 피해자에게 금원 대여를 요청하여 이에 속은 피해자로부터 동인의 배서가 된 약속어음을 교부받아 이를 금융기관에서 할인한 후 그 할인금을 사용하였으나 그 후 위 약속어음이 지급기일에 거절되고 피고인이 금융기관에 대하여 그 상환채무를 지게 된 경우

해설

① 【 O 】 자기앞수표를 갈취당한 자가 이를 분실하였다고 허위로 공시최고신청을 하여 제권판결을 선고받은 경우, 그 수표를 갈취하여 소지하고 있는 자에 대한 사기죄가 성립된다(대판 2003.12.26. 2003도4914).
② 【 O 】 임차인이 등기부를 확인 또는 열람하는 것이 가능하더라도 사기죄가 성립한다(대판 1998.12.8. 98도3263).
③ 【 O 】 비록 토지의 소유자로 등기되어 있다고 하더라도 자신이 진정한 소유자가 아닌 사실을 알게 된 이상, 당해 토지의 수용보상금을 수령함에 있어서 당해 토지를 수용한 기업자나 공탁공무원에게 그러한 사실을 고지하여야 할 의무가 있다고 보아야 할 것이고, 이러한 사실을 고지하지 아니한 채 수용보상금으로 공탁된 공탁금의 출급을 신청하여 이를 수령한 이상 기망행위가 없다고 할 수 없다(대판 1994.10.14. 94도1911).
④ 【 X 】 수의계약을 하는 경우에는 매수신청인의 실적증명은 필요 없고, 이 사건의 경우 공소외 회사로부터 매수신청서를 접수한 후 마감시간이 지나도록 다른 업체로부터의 매수신청이 없어 공소외 회사의 대표이사에게 매수신청서를 제출하도록 하여 수의계약을 체결하게 되었다는 것인바, 그렇다면 피고인이 비록 피고인 개인의 주택건설실적에 대한 내용이 허위인 실적증명은 제출한 바 있다 하더라도 그것만으로는 위 부산지사의 분양대상자의 선정에 영향을 미치는 사유가 된다고 보기 어렵다고 할 것이고, 따라서 피고인의 그러한 행위는 위 부산지사의 처분행위를 유발할 수 있는 것이 되지 못하고, 그들 사이에는 인과관계가 존재한다고 보기 어렵다 할 것이어서, 피고인의 판시와 같은 행위가 사기죄의 구성요건으로서의 기망행위에 해당한다거나 피고인의 판시 소위가 사기미수죄를 구성한다고 할 수는 없을 것이다(대판 1994.5.24. 93도1839). 법인이 임대주택용지 분양신청을 함에 있어서 분양신청자 중의 추첨대상자에 들기 위하여 법인의 대표이사 개인의 허위 건축실적증명을 첨부한 경우 기망행위와 처분행위사이의 인과관계가 없어 사기죄를 구성하지 않는다고 한 사례이다.
⑤ 【 O 】 대판 2007.4.12. 2007도1033

정답 ④

29 사기죄에 관한 설명 중 옳지 않은 것은?

① 종전에 출하한 일이 없던 신상품에 대하여 첫 출하시부터 종전가격 및 할인가격을 비교표시하여 막바로 세일에 들어가는 이른바 변칙세일은 진실규명이 가능한 구체적 사실인 가격조건에 관하여 기망이 이루어진 경우로서 사기죄이다.

② 판매하다 남은 식품에 부착되어 있는 바코드와 비닐랩 포장을 뜯어내고 다시 포장을 하면서 가공일이 당일로 기재된 바코드와 백화점 상표를 부착하여 진열대에 진열하여 마치 위 상품이 판매 당일 구입·가공되어 신선한 것처럼 고객에게 판매한 행위는 사기죄이다.

③ 사기도박과 같이 도박당사자의 일방이 사기의 수단으로써 승패의 수를 지배하는 경우에는 도박에서의 우연성이 결여되어 사기죄만 성립하고 도박죄는 성립하지 아니한다.

④ 타인의 명의를 모용하여 발급받은 신용카드를 이용하여 현금자동지급기에서 현금을 인출한 행위와 ARS 전화서비스 등으로 신용대출을 받은 행위는 포괄적으로 카드회사에 대한 사기죄가 된다.

⑤ 공사대금채권과 대여금채권을 합산하여 임대차보증금반환채권으로 전환하기로 합의하여 임대차계약을 체결하고, 실제로 임차인이 임대차목적물에 거주하면서 주민등록전입신고를 하고 확정일자를 받은 경우, 임차인이 이에 기하여 경매법원으로부터 배당을 받은 행위는 사기죄에 해당하지 않는다.

[해설]

① 【 O 】 대판 1992.9.14. 91도2994
② 【 O 】 대판 1995.7.28. 95도1157
③ 【 O 】 대판 2011.1.13. 2010도9330
④ 【 X 】 [1] 타인의 명의를 모용하여 발급받은 신용카드를 사용하여 현금자동지급기에서 현금대출을 받는 행위는 카드회사에 의하여 미리 포괄적으로 허용된 행위가 아니라, 현금자동지급기의 관리자의 의사에 반하여 그의 지배를 배제한 채 그 현금을 자기의 지배하에 옮겨 놓는 행위로서 절도죄에 해당한다.
[2] 타인의 명의를 모용하여 발급받은 신용카드의 번호와 그 비밀번호를 이용하여 ARS 전화서비스나 인터넷 등을 통하여 신용대출을 받는 방법으로 재산상 이익을 취득하는 행위 역시 미리 포괄적으로 허용된 행위가 아닌 이상, 컴퓨터 등 정보처리장치에 권한 없이 정보를 입력하여 정보처리를 하게 함으로써 재산상 이익을 취득하는 행위로서 컴퓨터등사용사기죄에 해당한다(대판 2006.7.27. 2006도3126).
⑤ 【 O 】 대판 2004.7.22. 2003도6412

정답 ④

30 다음 보기 중에서 사기죄가 성립하는 것은 모두 몇 개인가?

㉠ 전당표를 훔쳐 이를 전당포에 제시하여 전당물을 찾은 경우
㉡ 훔친 자기앞수표를 음식비용으로 내고 거스름돈을 받은 경우
㉢ 매매목적물에 대하여 소송계속중인 사실을 알리지 않고 계약을 체결하여 대금을 받은 경우
㉣ 자기가 점유하는 타인의 재물을 횡령하기 위하여 기망수단을 쓴 경우
㉤ 절취한 열차승차권을 마치 자기가 구입한 것처럼 승차권 매표소 직원을 기망하여 환불받은 경우

① 1개 ② 2개 ③ 3개 ④ 4개

[해설]

㉠ 【 O 】 대판 1980.10.14. 80도2155
㉡ 【 X 】 금융기관발행의 자기앞수표는 그 액면금을 즉시 지급받을 수 있어 현금에 대신하는 기능을 하고 있으므로 절취한 자기앞수표를 현금 대신으로 교부한 행위는 절도행위에 대한 가벌적 평가에 당연히 포함되는 것으로 봄이 상당하다 할 것이므로 절취한 자기앞수표를 음식대금으로 교부하고 거스름돈을 환불받은 행위는 절도의 불가벌적 사후처분행위로서 사기죄가 되지 아니한다(대판 1987.1.20. 86도1728).
㉢ 【 O 】 대판 1986.9.9. 86도956
㉣ 【 X 】 자기가 점유하는 타인의 재물을 횡령하기 위하여 기망수단을 쓴 경우에는 피기망자에 의한 재산처분행위가 없으므로 일반적으로 횡령죄만 성립되고 사기죄는 성립되지 아니한다(대판 1980.12.9. 80도1177).
㉤ 【 X 】 열차승차권은 그 자체에 권리가 화체되어 있는 무기명증권이므로 이를 곧 사용하여 승차하거나 권면가액으로 양도할 수 있고 매입금액의 환불을 받을 수 있는 것으로서 열차승차권을 절취한 자가 환불을 받음에 있어 비록 기망행위가 수반한다 하더라도 절도죄 외에 별도로 사기죄가 성립하지 아니한다(대판 1975.8.29. 75도1996).

정답 ②

31 다음 중 甲에게 사기죄가 성립하지 않는 것은 모두 몇 개인가?

㉠ 부동산중개업자인 甲이 아파트 입주권을 매도하면서 입주권을 2억 5,000만 원에 확보하여 2억 9,500만 원에 전매하는 사실을 매수인에게 고지하지 않았고, 매수인도 매도인의 입주권 구입가격을 묻지 않아, 위 거래로 甲이 4,500만 원의 재산상 이익을 취득한 경우
㉡ 甲이 피해자를 속여 부동산을 매도하면서 매매대금 전부를 피해자의 甲에 대한 기존 채권과 상계하는 방법으로 지급받은 경우
㉢ A회사의 운영자 甲이 A회사의 피해자 B에 대한 채권이 존재하지 않는다는 사실을 알면서도 그 사실을 모르는 A회사의 채권자인 C로 하여금 A회사의 피해자 B에 대한 채권의 압류 및 전부명령을 신청하게 하여 그 명령을 받게 한 경우
㉣ 부동산 소유권이전등기절차의 이행을 구하는 소를 제기하여 동시이행의 조건 없이 이행을 명하는 승소 확정판결을 받은 甲이 그 판결에 기해 이전등기를 할 수 있었음에도 그렇게 하지 않고 乙에게 위 부동산 이전등기를 경료해 주면 매매잔금을 공탁해 줄 것처럼 거짓말 하여 위 부동산 소유권을 임의로 이전받고 매매잔금을 공탁하지 않은 경우

① 1개 ② 2개 ③ 3개 ④ 4개

해설

㉠ 【 X 】 [1] 부동산을 매매함에 있어서 매도인이 매수인에게 매매와 관련된 어떤 구체적인 사정을 고지하지 아니함으로써 장차 매매의 효력이나 매매에 따르는 채무의 이행에 장애를 가져와 매수인이 매매목적물에 대한 권리를 확보하지 못할 위험이 생길 수 있음을 알면서도 매수인에게 그와 같은 사정을 고지하지 아니한 채 매매계약을 체결하고 매매대금을 교부받는 한편, 매수인은 그와 같은 사정을 고지받았더라면 매매계약을 체결하지 아니하거나 매매대금을 지급하지 아니하였을 것임이 경험칙상 명백한 경우에는, 신의성실의 원칙상 매수인에게 미리 그와 같은 사정을 고지할 의무가 매도인에게 있다고 할 것이므로, 매도인이 매수인에게 그와 같은 사정을 고지하지 아니한 것이 사기죄의 구성요건인 기망에 해당한다고 할 것이지만, 매매로 인한 법률관계에 아무런 영향도 미칠 수 없는 것이어서 매수인의 권리의 실현에 장애가 되지 아니하는 사유까지 매도인이 매수인에게 고지할 의무가 있다고는 볼 수 없다.

[2] 부동산중개업자인 피고인이 아파트 입주권을 매도하면서 그 입주권을 2억 5,000만 원에 확보하여 2억 9,500만 원에 전매한다는 사실을 매수인에게 고지하지 않은 사안에서, 피고인이 매수인을 기망하여 차액 4,500만 원을 편취하였다고 보기 어려워 사기죄가 성립하지 않는다고 본 원심판단을 수긍한 사례(대판 2011.1.27. 2010도5124).

㉡ 【 O 】 [1] 사기죄에서 '재산상의 이익'이란 채권을 취득하거나 담보를 제공받는 등의 적극적 이익뿐만 아니라 채무를 면제받는 등의 소극적 이익까지 포함하며, 채무자의 기망행위로 인하여 채권자가 채무를 확정적으로 소멸 내지 면제시키는 특약 등 처분행위를 한 경우에는 채무의 면제라고 하는 재산상 이익에 관한 사기죄가 성립하고, 후에 재산적 처분행위가 사기를 이유로 민법에 따라 취소될 수 있다고 하여 달리 볼 것은 아니다.

[2] 피고인이 피해자들을 기망하여 부동산을 매도하면서 매매대금 중 일부를 피해자들의 피고인에 대한 기존 채권과 상계하는 방법으로 지급받아 채무 소멸의 재산상 이익을 취득하였다는 내용으로 기소된 사안에서, 피고인이 상계에 의하여 기존 채무가 소멸되는 재산상 이익을 취득하였다고 보아 사기죄를 인정한 원심판단을 정당하다고 한 사례(대판 2012.4.13. 2012도1101).

㉢ 【 X 】 [1] 소송사기는 법원을 기망하여 자기에게 유리한 판결을 얻음으로써 상대방의 재물 또는 재산상 이익을 취득하는 것을 내용으로 하는 범죄로서, 소송사기가 성립하기 위하여는 제소 당시에 그 주장과 같은 채권이 존재하지 아니한다는 것만으로는 부족하고, 그 주장의 채권이 존재하지 아니하는 사실을 잘 알면서도 허위의 주장과 입증으로써 법원을 기망한다는 인식을 하고 있어야만 한다.

[2] 피고인(A회사 운영자)이 'A회사의 B에 대한 채권'이 존재하지 않는다는 사실을 알면서 그 사실을 모르는 C(A회사에 대한 채권자)에게 'A회사의 B에 대한 채권'의 압류 및 전부(추심)명령을 신청하게 하여 그 명령을 받게 한 사안에서, C가 A회사에 대하여 진정한 채권을 가지고 있는 이상, 위와 같은 사정만으로는 법원을 기망하였다고 볼 수 없고, A가 B를 상대로 전부(추심)금 소송을 제기하지 않은 이상 소송사기의 실행에 착수하였다고 볼 수도 없다고 한 사례(대판 2009.12.10. 2009도9982).

㉣ 【 O 】 [1] 기망행위를 수단으로 한 권리행사의 경우 그 권리행사에 속하는 행위와 그 수단에 속하는 기망행위를 전체적으로 관찰하여 그와 같은 기망행위가 사회통념상 권리행사의 수단으로서 용인할 수 없는 정도라면 그 권리행사에 속하는 행위는 사기죄를 구성한다.

[2] 부동산 소유권이전등기절차 이행을 구하는 소를 제기하여 동시이행 조건 없이 이행을 명하는 승소확정판결을 받은 피고인이, 부동산 소유권을 이전받더라도 매매잔금을 공탁할 의사나 능력이 없음에도 피해자에게 매매잔금을 공탁해 줄 것처럼 거짓말을 하여 그러한 내용으로 합의한 후 그에 따라 부동산 소유권을 임의로 이전받은 사안에서, 피고인의 행위는 사회통념상 권리행사의 수단으로서 용인할 수 있는 범위를 벗어난 것으로 사기죄의 기망행위에 해당한다고 한 사례(대판 2011.3.10. 2010도14856). 피고인이 피해자에 대하여 동시이행 조건 없이 이 사건 부동산에 관한 소유권이전등기절차의 이행을 명하는 승소확정판결을 받아 단독으로 이전등기를 경료할 수 있었다 하더라도, 피고인이 그 판결에 기해 이전등기를 경료하지 않고 위 판결 확정 후 피해자에게 매매잔금을 공탁해 줄 것처럼 거짓말을 하여 '이 사건 부동산에 관한 이전등기를 경료받은 후 피해자에게 매매잔금을 공탁해 주는 조건으로 이 사건 부동산의 소유권을 임의로 이전받기로' 피해자와 합의하고 그에 기해 이 사건 부동산의 소유권을 이전받은 이상, 이와 같은 피고인의 행위는 사회통념상 권리행사의 수단으로서 용인할 수 있는 범위를 벗어난 것으로 사기죄에 있어서의 기망행위에 해당한다고 할 것이다.

정답 ②

32 다음 중 사기죄가 인정되는 것은 모두 몇 개인가?

㉠ 채무자의 기망행위로 인하여 채권자가 채무를 확정적으로 소멸 내지 면제시키는 특약 등 처분행위를 하였으나, 후에 재산적 처분행위가 사기를 이유로 민법에 따라 취소될 수 있는 경우
㉡ 송금의뢰인과 수취인 사이에 계좌이체 등의 원인이 되는 법률관계가 존재하지 않음에도 계좌이체에 의하여 수취인이 이체금액 상당의 예금채권을 취득한 경우, 수취인이 은행에 예금반환을 청구하여 지급받는 행위
㉢ 피고인이 피해자에게서 매수한 재개발아파트 수분양권을 이미 매도하였는데도 마치 자신이 피해자의 입주권을 정당하게 보유하고 있는 것처럼 피해자의 딸과 사위에게 거짓말하여 피해자 명의의 인감증명서를 교부받은 경우
㉣ 예고등기로 인한 경매대상 부동산의 경매가격 하락 등을 목적으로 허위 채권을 주장하며 채권자대위의 방식에 의한 원인무효로 인한 소유권보존등기 말소청구소송을 제기한 경우

① 1개 ② 2개 ③ 3개 ④ 4개

해설

㉠ 【 O 】 [1] 사기죄에서 '재산상의 이익'이란 채권을 취득하거나 담보를 제공받는 등의 적극적 이익뿐만 아니라 채무를 면제받는 등의 소극적 이익까지 포함하며, 채무자의 기망행위로 인하여 채권자가 채무를 확정적으로 소멸 내지 면제시키는 특약 등 처분행위를 한 경우에는 채무의 면제라고 하는 재산상 이익에 관한 사기죄가 성립하고, 후에 재산적 처분행위가 사기를 이유로 민법에 따라 취소될 수 있다고 하여 달리 볼 것은 아니다.
[2] 피고인이 피해자들을 기망하여 부동산을 매도하면서 매매대금 중 일부를 피해자들의 피고인에 대한 기존 채권과 상계하는 방법으로 지급받아 채무 소멸의 재산상 이익을 취득하였다는 내용으로 기소된 사안에서, 피고인이 상계에 의하여 기존 채무가 소멸되는 재산상 이익을 취득하였다고 보아 사기죄를 인정한 원심판단을 정당하다고 한 사례(대판 2012.4.13. 2012도1101). 12. 경찰

㉡ 【 X 】 [1] 송금의뢰인이 수취인의 예금계좌에 계좌이체 등을 한 이후, 수취인이 은행에 대하여 예금반환을 청구함에 따라 은행이 수취인에게 그 예금을 지급하는 행위는 계좌이체금액 상당의 예금계약의 성립 및 그 예금채권 취득에 따른 것으로서 은행이 착오에 빠져 처분행위를 한 것이라고 볼 수 없으므로, 결국 이러한 행위는 은행을 피해자로 한 형법 제347조의 사기죄에 해당하지 않는다고 봄이 상당하다.
[2] 예금주인 피고인이 제3자에게 편취당한 송금의뢰인으로부터 자신의 은행계좌에 계좌송금된 돈을 출금한 사안에서, 피고인은 예금주로서 은행에 대하여 예금반환을 청구할 수 있는 권한을 가진 자이므로, 위 은행을 피해자로 한 사기죄가 성립하지 않는다는 원심의 판단을 정당하다고 한 사례(대판 2010.5.27. 2010도3498). 12. 경찰

㉢ 【 O 】 [1] 인감증명서는 인감과 함께 소지함으로써 인감 자체의 동일성을 증명함과 동시에 거래행위자의 동일성과 거래행위가 행위자의 의사에 의한 것임을 확인하는 자료로서 개인의 권리의무에 관계되는 일에 사용되는 등 일반인의 거래상 극히 중요한 기능을 가진다. 따라서 그 문서는 다른 특별한 사정이 없는 한 재산적 가치를 가지는 것이어서 형법상의 '재물'에 해당한다고 할 것이다. 이는 그 내용 중에 재물이나 재산상 이익의 처분에 관한 사항이 포함되어 있지 아니하다고 하여 달리 볼 것이 아니다. 따라서 위 용도로 발급되어 그 소지인에게 재산적 가치가 있는 것으로 인정되는 인감증명서를 그 소지인을 기망하여 편취하는 것은 그 소지인에 대한 관계에서 사기죄가 성립한다고 할 것이다.
[2] 사안에서, 위 인감증명서는 피해자측이 발급받아 소지하게 된 피해자 명의의 것으로서 재물성이 인정된다 할 것인데, 피고인이 피해자측을 기망하여 이를 교부받은 이상 재물에 대한 편취행위가 성립한다고 보아야 하고, 피고인은 피해자의 재개발아파트 수분양권을 이중으로 매도할 목적으로 그에 중요한 의미를 가지는 피해자 명의의 인감증명서를 기망에 의하여 취득하였다는 것이므로 위 인감증명서에 대한 편취의 고의도 인정하기에 충분하므로, 위와 같은 피고인의 행위에 대하여는 재물의 편취에 의한 사기죄가 성립한다고 할 것인데, 이와 달리 보아 무죄를 선고한 원심판결에는 사기죄의 객체가 되는 재물에 관한 법리오해의 위법이 있다고 한 사례(대판 2011.11.10. 2011도9919). 12. 경찰

ⓔ 【 X 】 예고등기로 인한 경매대상 부동산의 경매가격 하락 등을 목적으로 허위의 채권을 주장하며 채권자대위의 방식에 의한 원인무효로 인한 소유권보존등기 말소청구소송을 제기한 경우, 피고인 등이 허위의 주장을 하여 소유권보존등기말소청구 소송 등을 제기한 것은 그로 인하여 경매절차가 진행 중인 부동산에 예고등기가 경료되도록 함으로써 경매가격 하락 등을 의도한 것으로 보일 뿐이고, 위 말소청구소송을 통하여 승소판결을 받아 재산상의 이익을 취하려고 한 것으로 보기 어렵다. 피고인 등이 위와 같이 말소청구소송 등을 제기하고 법원의 촉탁으로 예고등기가 경료된 이후에는 대부분 그 소를 취하하거나 변론기일에 출석하지 아니하여 소취하 간주되는 등으로 소송이 종결된 것도 그러한 의도가 없음을 뒷받침한다. 따라서 피고인에게는 허위 주장에 기한 소송을 통하여 승소판결을 받아 재물 또는 재산상의 이익을 취득하려는 고의 내지 불법영득의 의사가 있었다고 볼 수 없다(대판 2009.4.9. 2009도128). 12. 경찰

정답 ②

33 사기죄에 대한 다음 설명 중 옳은 것은 모두 몇 개인가?

㉠ 재물편취를 내용으로 하는 사기죄에 있어서는 기망으로 인한 재물교부가 있으면 그 자체로써 피해자의 재산침해가 되어 이로써 곧 사기죄가 성립하는 것이고, 상당한 대가가 지급되었다거나 피해자의 전체 재산상에 손해가 없다 하여도 사기죄의 성립에는 그 영향이 없으므로 사기죄에 있어서 그 대가가 일부 지급된 경우에도 그 편취액은 피해자로부터 교부된 재물의 가치로부터 그 대가를 공제한 차액이 아니라 교부받은 재물 전부이다.
㉡ 피고인이 보험사고에 해당할 수 있는 사고로 인하여 경미한 상해를 입었다고 하더라도 이를 기화로 보험금을 편취할 의사로 그 상해를 과장하여 병원에 장기간 입원하고 이를 이유로 실제 피해에 비하여 과다한 보험금을 지급받는 경우에는 그 보험금 전체에 대해 사기죄가 성립한다.
㉢ 사기죄는 타인을 기망하여 착오에 빠뜨리고 처분행위를 유발하여 재물을 교부받거나 재산상 이익을 얻음으로써 성립하는 것으로서, 기망-착오-재산적 처분행위 사이에 인과관계가 있어야 한다.
㉣ 민법 제746조의 불법원인급여에 해당하여 급여자가 수익자에 대한 반환청구권을 행사할 수 없다고 하더라도, 수익자가 기망을 통하여 급여자로 하여금 불법원인급여에 해당하는 재물을 제공하도록 하였다면 사기죄가 성립한다

① 1개　　② 2개　　③ 3개　　④ 4개

해설
㉠ 【 O 】 대판 2007.10.11. 2007도6012 14. 경찰간부
㉡ 【 O 】 대판 2007.5.11. 2007도2134 14. 경찰간부
㉢ 【 O 】 대판 2011.10.13. 2011도8829 14. 경찰간부
㉣ 【 O 】 대판 2006.11.23. 2006도6795 14. 경찰간부

정답 ④

34 다음 기술 중 甲에게 사기죄가 성립하지 않는 것은?

① 甲은 전매금지된 택지분양권을 A에게 매도한 뒤 이를 다시 B에게 매도한 다음, 이중매도한 사실을 고지하지 아니한 채 B가 C에게 이 분양권을 전매하는 매매계약에 형식적인 매도인으로 관여하면서 직접 매매대금을 수령하지 않고 C로 하여금 B에게 매매대금을 교부하게 하였다.

② 甲은 채무변제의 의사나 능력 없이 제3자에 대한 차량담보대출채권을 담보로 제공하고 새마을금고로부터 자동차담보채권액만큼 대출을 받았다. 다만 새마을금고측도 甲의 재무상태 등에 대한 실사를 거쳤지만 새마을금고 측의 과실로 甲에 대한 대출이 가능하지 않다는 점을 알아내지 못하였다.

③ 甲은 A에게 국회의원 입법로비 자금으로 사용할 테니 1,000만 원을 달라고 말하여 그 명목으로 받은 돈을 자신의 채무변제에 사용하였다. 甲은 처음부터 로비자금으로 사용할 의도가 아니라 자신의 기존 채무를 변제하는 데 사용할 생각이었다.

④ 甲은 은행의 송금 절차의 착오로 자신의 계좌에 입금된 500만 원을 은행에 대하여 예금반환청구를 하여 이를 지급받았다.

해설

① 【 O 】 甲이 乙에게 이중매도한 택지분양권을 순차 매수한 丙·丁에게 이중매도 사실을 숨긴 채 자신의 명의로 형식적인 매매계약서를 작성해 주었으나 甲이 직접 매매대금을 수령하지 않고 실질적 매도인인 A, B로 하여금 교부받게 한 경우, 매매매금을 교부받은 A나 B는 피고인과 사이에 직접적 또는 형식적으로 이 사건 분양권에 관한 매매계약을 체결한 자들로서 피고인과 전혀 무관계한 제3자라고는 볼 수 없고, 甲은 그 자신의 의사에 기해 형식상 매도인의 지위에서 피해자들에게 각 매매계약서를 작성해 주었고, 그에 따른 사례금도 수령하였던 점, 만약 피고인이 이 사건 각 매매계약에 협력하지 않았더라면, 그 각 실질적 매도인 A나 B는 丙이나 丁으로부터 각 매매대금을 교부받을 수 없었고, 피고인의 협력으로 인하여 결과적으로 각 상당액의 전매차익을 취하게 되었던 점 등으로 보면, 피고인에게는 이 사건 각 매매계약에 있어 실질적 매도인인 A나 B로 하여금 그 각 매매대금을 취득하게 할 의사가 있었다고 볼 여지가 충분하고, 이는 위 각 매매대금 상당의 경제적 이익이 궁극적으로 피고인에게 연결되지 않았다 하여 달리 볼 것도 아니라 할 것이므로 丙·丁에 대한 사기죄가 성립한다(대판 2009.1.30. 2008도9985).

② 【 O 】 대부업자가 새마을금고와 제3자에 대한 차량담보대출채권을 담보로 제공하고 개개 자동차담보채권액만큼 대출받는 것을 내용으로 하는 '대출채권담보대출 중개운용에 관한 업무협약 및 채권담보계약'을 체결하였음에도, 계약 취지와 달리 대출금을 기존채무의 변제에 사용하고 새마을금고의 허락 없이 임의로 차량에 설정된 근저당권을 해제하는 등 새마을금고에 대한 채무변제를 성실히 이행하지 않은 사안에서, 위 대부업자가 대출 당시 대출금채무를 변제할 의사나 능력이 없음에도 있는 것처럼 새마을금고를 기망하여 이에 속은 새마을금고로부터 대출금을 편취하였고 그 편취의 범위도 인정된다고 보아, 위 대출이 새마을금고의 재무상태 등에 대한 실사를 거쳐 실행됨으로써 새마을금고가 위 대출이 가능하다는 착오에 빠지는 원인 중에 새마을금고 측의 과실이 있더라도 사기죄의 성립이 인정된다(대판 2009.6.23. 2008도1697). 착오에 빠진 원인 중에 피기망자 측의 과실이 있는 경우에도 사기죄가 성립한다는 취지의 판례이다.

③ 【 O 】 사기죄의 실행행위로서의 기망은 반드시 법률행위의 중요 부분에 관한 허위표시임을 요하지 아니하고 상대방을 착오에 빠지게 하여 행위자가 희망하는 재산적 처분행위를 하도록 하기 위한 판단의 기초가 되는 사실에 관한 것이면 충분하므로, 용도를 속이고 돈을 빌린 경우에 만일 진정한 용도를 고지하였더라면 상대방이 빌려 주지 않았을 것이라는 관계에 있는 때에는 사기죄의 실행행위인 기망은 있는 것으로 보아야 한다(대판 1995.9.15. 95도707). 사안의 경우 甲이 자신의 기존 채무를 변제하는 데 사용한다는 진정한 용도를 고지하였다면 A가 빌려주지 않았으리라고 보이므로 기망이 있다고 볼 것이다.

④ 【 X 】 피고인이 자신 명의의 계좌에 착오로 송금된 돈을 다른 계좌로 이체하는 등 임의로 사용한 경우, 횡령죄가 성립한다(대판 2005.10.28. 2005도5975). 또한 "예금주인 피고인이 제3자에게 편취당한 송금의뢰인으로부터 자신의 은행계좌에 계좌송금된 돈을 출금한 경우, 피고인은 예금주로서 은행에 대하여 예금반환을 청구할 수 있는 권한을 가진 자이므로 은행이 착오에 빠져 처분행위를 한 것이라고 볼 수 없어 위 은행을 피해자로 한 사기죄가 성립하지 않는다(대판 2010.5.27. 2010도3498)."는 취지의 판례에 비추어 보면, 설문의 경우 甲에게 사기죄는 성립하지 않는다고 보아야 한다.

정답 ④

35 사기죄에 대한 설명으로 가장 적절한 것은?

① 부동산 소유권이전등기절차 이행을 구하는 소를 제기하여 동시이행 조건 없이 이행을 명하는 승소확정판결을 받은 甲이 그 판결에 기해 이전등기를 할 수 있었음에도 그렇게 하지 않고 乙에게 위 부동산 이전등기를 경료해 주면 매매잔금을 공탁해 줄 것처럼 거짓말하여 위 부동산 소유권을 임의로 이전받고 매매잔금을 공탁하지 않은 경우 사기죄의 기망행위에 해당한다.

② 피고인 등이 피해자 甲 등에게 자동차를 매도하겠다고 거짓말하고 자동차를 양도하면서 소유권이전등록에 필요한 일체의 서류를 교부하고 매매대금을 편취한 다음, 자동차에 미리 부착해 놓은 지피에스(GPS)로 위치를 추적하여 자동차를 절취한 경우 피고인에게 사기죄와 특수절도죄가 성립한다.

③ 사무처리 목적에 비추어 정당하지 아니한 사무처리를 하게 하였다고 하더라도, 사무처리시스템의 프로그램 자체에서 발생하는 오류를 적극적으로 이용한 것에 불과하다면 컴퓨터등사용사기죄가 성립하지 않는다.

④ 부동산가압류결정을 받아 부동산에 관한 가압류집행까지 마친 자가 그 가압류를 해제하면 소유자는 가압류의 부담이 없는 부동산을 소유하는 이익을 얻게 되므로, 가압류를 해제하는 것 역시 사기죄에 말하는 재산적 처분행위에 해당하나, 그 이후 가압류의 피보전채권이 존재하지 않는 것으로 밝혀진 경우 가압류의 해제로 인한 재산상의 이익은 없었다고 할 것이다.

[해설]

① 【O】 부동산 소유권이전등기절차 이행을 구하는 소를 제기하여 동시이행 조건 없이 이행을 명하는 승소확정판결을 받은 피고인이 부동산 소유권을 이전받더라도 매매잔금을 공탁할 의사나 능력이 없음에도 피해자에게 매매잔금을 공탁해 줄 것처럼 거짓말을 하여 그러한 내용으로 합의한 후 그에 따라 부동산 소유권을 임의로 이전받은 경우, **피고인의 행위는 사회통념상 권리행사의 수단으로서 용인할 수 있는 범위를 벗어난** 것으로 사기죄의 기망행위에 해당한다(대판 2011.3.10. 2010도14856). 19. 경찰승진

② 【X】 피고인 등이 피해자 甲 등에게 자동차를 매도하겠다고 거짓말하고 자동차를 양도하면서 매매대금을 편취한 다음, 자동차에 미리 부착해 놓은 지피에스(GPS)로 위치를 추적하여 자동차를 절취한 경우 ⇨ 피고인이 甲 등에게 자동차를 인도하고 소유권이전등록에 필요한 일체의 서류를 교부함으로써 甲 등이 언제든지 자동차의 소유권이전등록을 마칠 수 있게 된 이상, 피고인이 자동차를 양도한 후 다시 절취할 의사를 가지고 있었더라도 자동차의 소유권을 이전하여 줄 의사가 없었다고 볼 수 없고, 피고인이 자동차를 매도할 당시 곧바로 다시 절취할 의사를 가지고 있으면서도 이를 숨긴 것을 **기망이라고 할 수 없어**, 결국 피고인이 자동차를 매도할 당시 기망행위가 없었으므로, 피고인에게 사기죄를 인정한 원심판결에 법리오해의 잘못이 있다(대판 2016.3.24. 2015도17452). ✓ 사기죄 불성립, 특수절도는 가능 19. 경찰승진

③ 【X】 형법 제347조의2는 컴퓨터 등 정보처리장치에 허위의 정보 또는 부정한 명령을 입력하거나 권한 없이 정보를 입력·변경하여 정보처리를 하게 함으로써 재산상의 이익을 취득하거나 제3자로 하여금 취득하게 하는 행위를 처벌하고 있다. 여기서 '부정한 명령의 입력'은 당해 사무처리시스템에 예정되어 있는 사무처리의 목적에 비추어 지시해서는 안 될 명령을 입력하는 것을 의미한다. 따라서 설령 '허위의 정보'를 입력한 경우가 아니라고 하더라도, 당해 사무처리시스템의 프로그램을 구성하는 개개의 명령을 부정하게 변개·삭제하는 행위는 물론 프로그램 자체에서 발생하는 오류를 적극적으로 이용하여 그 사무처리의 목적에 비추어 정당하지 아니한 사무처리를 하게 하는 행위도 특별한 사정이 없는 한 위 '부정한 명령의 입력'에 해당한다.

> [사실관계] 피고인이 甲 주식회사에서 운영하는 전자복권구매시스템에서 은행환불명령을 입력하여 가상계좌 잔액이 1,000원 이하로 되었을 때 복권 구매명령을 입력하면 가상계좌로 복권 구매요청금과 동일한 액수의 가상현금이 입금되는 프로그램 오류를 이용하여 잔액을 1,000원 이하로 만들고 다시 **복권 구매명령을** 입력하는 행위를 반복함으로써 피고인의 가상계좌로 구매요청금 상당의 금액이 입금되게 한 경우, 피고인의 행위는 형법 제347조의2에서 정한 '허위의 정보 입력'에 해당하지는 않더라도, 프로그램 자체에서 발생하는 오류를 적극적으로 이용하여 사무처리의 목적에 비추어 정당하지 아니한 사무처리를 하게 한 행위로서 '부정한 명령의 입력'에 해당한다(대판 2013.11.14. 2011도4440). 19. 경찰승진

④ 【X】 부동산가압류결정을 받아 부동산에 관한 가압류집행까지 마친 자가 그 가압류를 해제하면 소유자는 가압류의 부담이 없는 부동산을 소유하는 이익을 얻게 되므로, **가압류를 해제하는 것** 역시 사기죄에서 말하는 **재산적 처분행위에 해당**하고, 그 이후 가압류의 피보전채권이 존재하지 않는 것으로 밝혀졌다고 하더라도 가압류의 해제로 인한 재산상의 이익이 없었다고 할 수 없다(대판 2007.9.20. 2007도5507). 19. 경찰승진

[정답] ①

36 사기죄에 관한 다음 설명 중 옳지 않은 것은?

① 피고인들이 매수인들에게 토지의 매수를 권유하면서 언급한 내용이 객관적 사실에 부합하거나 비록 확정된 것은 아닐지라도 연구용의 보고서와 신문스크랩 등에 기초한 경우라면 사기죄의 기망행위에 해당하지 않는다.
② 주식매도인이 주식매수인에게 주식거래의 목적물이 증자 전의 주식이 아니라 증자 후의 주식이라는 점을 제대로 알리지 않고 매각한 경우 사기죄의 기망행위에 해당한다.
③ 사기죄에서의 기망은 널리 재산상의 거래관계에서 서로 지켜야 할 신의와 성실의 의무를 져버리는 모든 적극적 또는 소극적 행위를 말하는 것으로서, 반드시 법률행위의 중요부분에 관한 것임을 요하지 않고, 상대방을 착오에 빠지게 하여 행위자가 희망하는 재산적 처분행위를 하도록 하기 위한 판단의 기초 사실에 관한 것이면 충분하다.
④ 부동산 중개인이 매매계약을 중개함에 있어 매도인이 전매인이라는 사정과 매도인과 원소유자 사이의 매매대금의 액수에 관하여 고지하지 않았더라도 사기죄가 되지 않는다.
⑤ 보험회사가 정한 약관에서 고지의무의 대상이 되는 질병을 앓고 있는 자가 자신의 질병에 대해 고지하지 않은 채 보험회사와 그 질병을 담보하는 보험계약을 체결한 후 그 질병의 발병을 사유로 보험금을 청구한 경우 보험회사가 그 사실을 알지 못한 데에 과실이 있거나 고지의무위반을 이유로 보험계약을 해제할 수 있었다면 사기죄는 성립하지 않는다.

해설
① 【 O 】 대판 2007.1.25. 2004도45
② 【 O 】 대판 2006.10.27. 2004도6503
③ 【 O 】 대판 1987.6.23. 87도1045
④ 【 O 】 부동산중개인에게 그러한 고지의무가 인정되지 않아 사기죄는 성립하지 않는다.
⑤ 【 X 】 사안의 경우 특별한 사정이 없는 한 사기죄에 있어서의 기망행위 내지 편취의 범의를 인정할 수 있고, 보험회사가 그 사실을 알지 못한 데에 과실이 있다거나 고지의무위반을 이유로 보험계약을 해제할 수 있었다고 하여 사기죄의 성립에 영향이 생기는 것은 아니다(대판 2007.4.12. 2007도967).

정답 ⑤

37 사기죄에 대한 판례의 태도로 틀린 것은?

① 보험금을 지급받을 수 있는 사유가 있음을 기화로 실제로 지급받을 수 있는 보험금보다 다액의 보험금을 편취할 의사로 장기간의 입원을 하고서 과다한 보험금을 지급받는 경우에는, 과다하게 지급받은 금액에 대해 사기죄가 성립하는 것이 아니라 지급받은 보험금 전체에 대하여 사기죄가 성립한다.
② 주유소 운영자가 농·어민 등에게 조세제한특례법에 정한 면세유를 공급한 것처럼 위조한 면세유류공급확인서로 정유회사를 기망하여 면세유를 공급받음으로써 면세유와 정상유의 가격 차이 상당의 이득을 취득한 경우, 정유회사에 대하여 사기죄를 구성하는 것은 물론이고, 국가 또는 지방자치단체를 기망하여 국세 및 지방세의 환급세액 상당을 편취한 것으로 볼 수 있다.
③ 어음의 할인에 의한 사기죄에서 편취액은 다른 특별한 사정이 없는 한, 어음의 액면금이 아니라 피해자로부터 실제 수령한 할인금이다.
④ 부동산가압류결정을 받아 부동산에 관한 가압류집행까지 마친 자가 그 가압류를 해제하면 소유자는 가압류의 부담이 없는 부동산을 소유하는 이익을 얻게 되므로, 가압류를 해제하는 것 역시 사기죄에서 말하는 재산적 처분행위에 해당하고, 그 이후 가압류의 피보전채권이 존재하지 않는 것으로 밝혀졌다고 하더라도 가압류의 해제로 인한 재산상의 이익이 없었다고 할 수 없다.

해설

① 【 O 】 대판 2009.5.28. 2008도4665
② 【 X 】 기망행위에 의하여 국가적 또는 공공적 법익을 침해한 경우라도 그와 동시에 형법상 사기죄의 보호법익인 재산권을 침해하는 것과 동일하게 평가할 수 있는 때에는 당해 행정법규에서 사기죄의 특별관계에 해당하는 처벌규정을 별도로 두고 있지 않는 한 사기죄가 성립할 수 있다. 그런데 기망행위에 의하여 조세를 포탈하거나 조세의 환급·공제를 받은 경우에는 조세범처벌법 제9조에서 이러한 행위를 처벌하는 규정을 별도로 두고 있을 뿐만 아니라, 조세를 강제적으로 징수하는 국가 또는 지방자치단체의 직접적인 권력작용을 사기죄의 보호법익인 재산권과 동일하게 평가할 수 없는 것이므로 조세범처벌법 위반죄가 성립함은 별론으로 하고, 형법상 사기죄는 성립하지 않는다(대판 2008.11.27. 2008도7303).
③ 【 O 】 대판 2009.7.23. 2009도2384
④ 【 O 】 대판 2007.9.20. 2007도5507

정답 ②

38 다음 사례에 대한 설명으로 가장 적절한 것은?

> 甲은 A주식회사가 운영하는 인터넷사이트의 가상계좌에서 은행환불명령을 입력하여 가상계좌의 잔액이 1,000원 이하로 되었을 때 전자복권 구매명령을 입력하면 가상계좌로 복권구매요청금과 동일한 액수의 가상현금이 입금되는 프로그램 오류가 발생하는 사실을 알게 되었다. 甲은 이를 이용하여 그 잔액을 1,000원 이하로 만들고 다시 전자복권 구매명령을 입력하는 행위를 반복함으로써 자신의 가상계좌로 2천만원이 입금되게 하였다.

① 甲은 허위의 정보를 입력하는 방법으로 기망행위를 하고 이를 통하여 A주식회사의 계좌로부터 자신의 계좌로 돈을 입금되도록 하였는바, 사기죄로 처벌된다.
② 甲은 관리자인 A주식회사의 의사에 반하여 부당하게 2천만원에 대한 법률적 지배권한을 획득하였는바, 그에 대하여 절도죄의 책임을 부담한다.
③ 甲은 사실상의 신임관계에 기초하여 A주식회사의 재물을 관리하는 지위에 서게 되는바, 甲이 1천만원을 임의로 인출, 소비하였다면 이는 횡령죄의 구성요건을 충족시킨다.
④ 甲은 프로그램 자체에서 발생하는 오류를 적극적으로 이용하여 부정한 명령을 입력한 것이므로 컴퓨터등사용사기죄로 처벌된다.

해설

④ 【 O 】 [1] 형법 제347조의2는 컴퓨터 등 정보처리장치에 허위의 정보 또는 부정한 명령을 입력하거나 권한 없이 정보를 입력·변경하여 정보처리를 하게 함으로써 재산상의 이익을 취득하거나 제3자로 하여금 취득하게 하는 행위를 처벌하고 있다. 여기서 '부정한 명령의 입력'은 당해 사무처리시스템에 예정되어 있는 사무처리의 목적에 비추어 지시해서는 안 될 명령을 입력하는 것을 의미한다. 따라서 설령 '허위의 정보'를 입력한 경우가 아니라고 하더라도, 당해 사무처리시스템의 프로그램을 구성하는 개개의 명령을 부정하게 변개·삭제하는 행위는 물론 프로그램 자체에서 발생하는 오류를 적극적으로 이용하여 그 사무처리의 목적에 비추어 정당하지 아니한 사무처리를 하게 하는 행위도 특별한 사정이 없는 한 위 '부정한 명령의 입력'에 해당한다고 보아야 한다.
[2] 피고인이 甲 주식회사에서 운영하는 전자복권구매시스템에서 은행환불명령을 입력하여 가상계좌 잔액이 1,000원 이하로 되었을 때 복권 구매명령을 입력하면 가상계좌로 복권 구매요청금과 동일한 액수의 가상현금이 입금되는 프로그램 오류를 이용하여 잔액을 1,000원 이하로 만들고 다시 복권 구매명령을 입력하는 행위를 반복함으로써 피고인의 가상계좌로 구매요청금 상당의 금액이 입금되게 한 사안에서, 피고인의 행위는 형법 제347조의2에서 정한 '허위의 정보 입력'에 해당하지는 않더라도, 프로그램 자체에서 발생하는 오류를 적극적으로 이용하여 사무처리의 목적에 비추어 정당하지 아니한 사무처리를 하게 한 행위로서 '부정한 명령의 입력'에 해당한다고 한 사례(대판 2013.11.14. 2011도4440).

정답 ④

39 다음 사례에서 甲의 죄책으로 옳은 것은?

① 예금주 甲이 A에게 기망당한 송금의뢰인 B로부터 자신의 은행계좌에 송금된 돈을 어느 날 우연히 발견하고 은행을 상대로 예금반환을 청구하여 그 돈을 출금한 경우 은행을 상대로 한 사기죄가 성립한다.

② A회사 운영자 甲이 'A회사의 B에 대한 채권'이 존재하지 않는다는 사실을 알면서도 그 사실을 모르는 A회사의 채권자 乙에게 'A회사의 B에 대한 채권'의 압류 및 전부명령을 신청하게 하여 그 명령을 받게 하였으나, 아직 乙이 B를 상대로 전부금 소송을 제기하지는 않은 상태인 경우 사기미수죄가 성립한다.

③ 甲이 자신 소유의 부동산에 A 명의의 근저당권을 설정하여 줄 의사가 없음에도 A를 속이고 근저당권 설정을 약정하여 금원을 편취하고, 그 후 그 부동산에 관하여 B 명의로 근저당권설정등기를 하여 준 경우 사기죄만 성립하고 배임죄는 성립하지 않는다.

④ 甲이 상대방으로부터 소송비용 명목으로 일정한 금액을 이미 송금 받았음에도 불구하고 그 상대방을 피고로 하여 소송비용 상당액의 지급을 구하는 손해배상금 청구의 소를 제기하였다가 판사의 권유에 따라 소를 취하한 경우 사기죄의 미수범으로 처벌되지 않는다.

해설

① 【X】 甲은 자신에게 귀속된 예금채권을 행사하여 인출한 것으로서 은행에 대한 사기죄가 성립하는 것은 아니다.
 ◎ 장물취득죄도 성립하지 않는다.

② 【X】 피고인이 타인명의로 제3자를 상대로 법원을 기망하여 지급명령과 가집행선고부 지급명령을 발부받고 이를 채무명의로 하여 채무자의 제3채무자에 대한 정기예금 원리금 채권에 대하여 채권압류 및 전부명령을 하게 하고 송달시켜 위 채권을 전부받아 편취한 경우에는 그로서 사기죄는 기수에 이르렀다 할 것이고 실제로 위 원리금을 은행으로부터 지급받아 취득하였는지 여부는 사기의 기수미수를 논하는데 아무런 소장을 가져오지 않는다(대판 1977.1.11. 76도3700).

③ 【X】 채무의 담보로 근저당권설정등기를 하여 줄 임무가 있음에도 불구하고 이를 이행하지 않고 임의로 제3자 명의로 근저당권설정등기를 마치는 행위는 배임죄를 구성하는 것인바, 부동산에 피해자 명의의 근저당권을 설정하여 줄 의사가 없음에도 피해자를 속이고 근저당권 설정을 약정하여 금원을 편취한 경우라 할지라도, 이러한 약정은 사기 등을 이유로 취소되지 않는 한 여전히 유효하여 피해자 명의의 근저당권설정등기를 하여 줄 임무가 발생하는 것이고, 그럼에도 불구하고 임무에 위배하여 그 부동산에 관하여 제3자 명의로 근저당권설정등기를 마친 경우, 이러한 배임행위는 금원을 편취한 사기죄와는 전혀 다른 새로운 보호법익을 침해하는 행위로서 사기 범행의 불가벌적 사후행위가 되는 것이 아니라 별죄를 구성한다고 보아야 한다(대판 2008.3.27. 2007도9328).

④ 【O】 불능범의 판단기준으로서 위험성의 판단은 피고인이 행위 당시에 인식한 사정을 놓고 이것이 객관적으로 일반인의 판단으로 보아 결과발생의 가능성이 있느냐를 따져야 하므로, 소송비용을 편취할 의사로 소송비용의 지급을 구하는 손해배상청구의 소를 제기하였다고 하더라도 이는 객관적으로 소송비용의 청구방법에 관한 법률적 지식을 가진 일반인의 판단으로 보아 결과발생의 가능성이 없어 위험성이 인정되지 않으므로 사기죄의 불능범에 해당한다(대판 2005.12.8. 2005도8105).

정답 ④

40 다음 중 사기죄에 관한 설명으로 틀린 것은?

① 부동산가압류결정을 받아 부동산에 관한 가압류집행까지 마친 자가 그 가압류를 해제하면 소유자는 가압류의 부담이 없는 부동산을 소유하는 이익을 얻게 되므로, 가압류를 해제하는 것 역시 사기죄에서 말하는 재산적 처분행위에 해당하나, 그 이후 가압류의 피보전채권이 존재하지 않는 것으로 밝혀졌다면 가압류의 해제로 인한 재산상의 이익이 있었다고 할 수 없다.
② 신용보증기금의 신용보증서 발급이 피고인의 기망행위에 의하여 이루어진 이상 그로써 곧 사기죄는 성립하고, 그로 인하여 피고인이 취득한 재산상 이익은 신용보증금액 상당액이다.
③ 농어촌구조개선 특별회계기금을 재원으로 하여 임업후계자육성을 위해 이루어지는 정책자금대출로서 그 대출의 조건 및 용도가 임야매수자금으로 한정되어 있는 정책자금을 대출받음에 있어 임야매수자금을 실제보다 부풀린 허위의 계약서를 제출함으로써 대출취급기관을 기망하였다면, 피고인에게 대출받을 자금을 상환할 의사와 능력이 있었는지 여부를 불문하고 편취의 고의가 인정된다.
④ 기망행위에 의하여 조세를 포탈하거나 조세의 환급·공제를 받은 경우에는 조세범처벌법에서 이러한 행위를 처벌하는 규정을 별도로 두고 있으므로 형법상 사기죄는 성립하지 않는다.

해설

① 【 X 】 부동산가압류결정을 받아 부동산에 관한 가압류집행까지 마친 자가 그 가압류를 해제하면 소유자는 가압류의 부담이 없는 부동산을 소유하는 이익을 얻게 되므로, 가압류를 해제하는 것 역시 사기죄에서 말하는 재산적 처분행위에 해당하고, 그 이후 가압류의 피보전채권이 존재하지 않는 것으로 밝혀졌다고 하더라도 가압류의 해제로 인한 재산상의 이익이 없었다고 할 수 없다(대판 2007.9.20. 2007도5507). 11. 법원행시
② 【 O 】 대판 2007.4.26. 2007도1274 11. 법원행시
③ 【 O 】 대판 2007.4.27. 2006도7634 11. 법원행시
④ 【 O 】 대판 2008.11.27. 2008도7303 11. 법원행시

정답 ①

41 다음 설명 중 가장 적절한 것은?

① 甲이 乙로부터 20,000원을 인출해오라는 부탁을 받으면서 乙 소유의 현금카드를 받은 것을 기화로 현금자동지급기에서 50,000원을 인출하여 20,000원만 甲에게 건네주고 나머지 30,000원을 취득하였다면, 甲의 죄책은 사기죄와 절도죄의 상상적 경합이다.
② 자기가 강취한 신용카드를 자신의 것처럼 카드가맹점에 제시하여 100만원 상당의 등산용품을 구입한 경우 신용카드에 대한 강도죄 이외에 사기죄가 성립하며 양 죄는 경합범에 해당한다.
③ 甲은 사실은 국민주택건설자금으로 사용할 의사가 없으면서도 국민주택건설자금으로 사용할 것처럼 용도를 속여 국민주택건설자금을 대출받았다. 甲이 대출받을 당시 자금의 일부를 지급받는 대신 이로써 같은 은행에 대한 기존채무의 변제에 갈음하기로 하였다면 그 변제액을 제외한 대출금에 대하여만 사기죄가 성립한다.
④ 부동산의 명의수탁자인 甲이 부동산을 제3자인 乙에게 매도하고 매매를 원인으로 한 소유권이전등기까지 마쳐 준 경우, 설령 甲이 그 처분 시 乙에게 해당 부동산이 甲의 소유라는 말을 하였다고 하더라도 乙에 대한 사기죄는 성립하지 않는다.

[해설]

① 【X】 예금주인 현금카드 소유자로부터 일정한 금액의 현금을 인출해 오라는 부탁을 받으면서 이와 함께 현금카드를 건네받은 것을 기화로 그 위임을 받은 금액을 초과하여 현금을 인출하는 방법으로 그 차액 상당을 위법하게 이득할 의사로 현금자동지급기에 그 초과된 금액이 인출되도록 입력하여 그 초과된 금액의 현금을 인출한 경우에는 그 인출된 현금에 대한 점유를 취득함으로써 이때에 그 인출한 현금 총액 중 인출을 위임받은 금액을 넘는 부분의 비율에 상당하는 재산상 이익을 취득한 것으로 볼 수 있으므로 이러한 행위는 그 차액 상당액에 관하여 형법 제347조의2(컴퓨터등사용사기)에 규정된 '컴퓨터 등 정보처리장치에 권한 없이 정보를 입력하여 정보처리를 하게 함으로써 재산상의 이익을 취득'하는 행위로서 컴퓨터등사용사기죄에 해당된다(대판 2006.3.24. 2005도3516).
② 【X】 사안의 경우, 신용카드에 대한 강도죄 이외에 사기죄가 성립하며 양 죄는 경합범에 해당한다(대판 1997.1.21. 96도2715).
③ 【X】 국민주택건설자금을 융자받고자 하는 민간사업자가 사실은 국민주택건설자금으로 사용할 의사가 없으면서도 국민주택건설자금으로 사용할 것처럼 용도를 속여 자금융자승인을 받아 국민주택건설자금을 대출받은 경우에는, 대출받을 당시 자금의 일부를 지급받는 대신 이로써 같은 은행에 대한 기존채무의 변제에 갈음하기로 하였다 하더라도 대출금 전액에 대하여 사기죄가 성립한다(대판 2002.7.26. 2002도2620).
④ 【O】 부동산의 명의수탁자가 부동산을 제3자에게 매도하고 매매를 원인으로 한 소유권이전등기까지 마쳐 준 경우, 명의신탁의 법리상 대외적으로 수탁자에게 그 부동산의 처분권한이 있는 것임이 분명하고, 제3자로서도 자기 명의의 소유권이전등기가 마쳐진 이상 무슨 실질적인 재산상의 손해가 있을 리 없으므로 그 명의신탁 사실과 관련하여 신의칙상 고지의무가 있다거나 기망행위가 있었다고 볼 수도 없어서 그 제3자에 대한 사기죄가 성립될 여지가 없고, 나아가 그 처분시 매도인(명의수탁자)의 소유라는 말을 하였다고 하더라도 역시 사기죄가 성립하지 않으며, 이는 자동차의 명의수탁자가 처분한 경우에도 마찬가지이다(대판 2007.1.11. 2006도4498).

[정답] ④

42 다음 설명 중 옳은 것은?

① 허위의 주장을 하면서 소유권보존등기 명의자를 상대로 보존등기말소청구의 소를 제기하여 승소확정판결을 받았다고 하더라도, 그 확정판결 자체의 효력에 의해서는 등기명의인의 보존등기가 말소될 뿐 소송 제기자가 어떠한 권리를 취득하거나 의무를 면하는 것은 아니므로 사기죄의 기수에 이르렀다고 할 수 없다.
② 소송에서 상대방에게 유리한 증거를 제출하지 않거나 상대방에게 유리한 사실을 진술하지 않는 행위만으로도 소송사기에 있어서 기망이 될 수 있다.
③ 유치권에 의한 경매를 신청한 유치권자는 일반채권자와 마찬가지로 피담보채권액에 기초하여 배당을 받게 되므로 피담보채권인 공사대금 채권을 실제와 달리 허위로 크게 부풀려 유치권에 의한 경매를 신청할 경우 소송사기죄의 실행의 착수에 해당한다.
④ 허위의 내용으로 지급명령신청을 하였으나 상대방이 이의신청을 한 경우, 그 지급명령은 이의의 범위 안에서 효력을 잃게 되므로, 이때는 사기죄의 실행의 착수가 있었다고 볼 수 없다.

[해설]

① 【 X 】 피고인 또는 그와 공모한 자가 자신이 토지의 소유자라고 허위의 주장을 하면서 소유권보존등기 명의자를 상대로 보존등기의 말소를 구하는 소송을 제기한 경우 그 소송에서 위 토지가 피고인 또는 그와 공모한 자의 소유임을 인정하여 보존등기 말소를 명하는 내용의 승소확정판결을 받는다면, 이에 터 잡아 언제든지 단독으로 상대방의 소유권보존등기를 말소시킨 후 위 판결을 부동산등기법 제130조 제2호 소정의 소유권을 증명하는 판결로 하여 자기 앞으로의 소유권보존등기를 신청하여 그 등기를 마칠 수 있게 되므로, 이는 법원을 기망하여 유리한 판결을 얻음으로써 '대상 토지의 소유권에 대한 방해를 제거하고 그 소유명의를 얻을 수 있는 지위'라는 재산상 이익을 취득한 것이고, 그 경우 기수시기는 위 판결이 확정된 때이다(대판 2006.4.7. 2005도9858 전합). 14. 법원직

② 【 X 】 소송사기는 법원을 속여 자기에게 유리한 판결을 얻음으로써 상대방의 재물 또는 재산상 이익을 취득하는 범죄로서, 이를 처벌하는 것은 누구든지 자기에게 유리한 주장을 하고 소송을 통하여 권리구제를 받을 수 있는 민사재판제도의 위축을 가져올 수밖에 없으므로 피고인이 그 범행을 인정한 경우 외에는 그 소송상의 주장이 사실과 다름이 객관적으로 명백할 때 또는 피고인이 그 소송상의 주장이 명백히 거짓인 것을 인식하였거나 증거를 조작하려고 하였음이 인정되는 때와 같이 사기죄가 성립되는 것이 명백한 경우가 아니면 이를 유죄로 인정하여서는 아니 된다(대판 2003.2.11. 2002도6851). 14. 법원직

③ 【 O 】 유치권에 의한 경매를 신청한 유치권자는 일반채권자와 마찬가지로 피담보채권액에 기초하여 배당을 받게 되는 결과 피담보채권인 공사대금 채권을 실제와 달리 허위로 크게 부풀려 유치권에 의한 경매를 신청할 경우 정당한 채권액에 의하여 경매를 신청한 경우보다 더 많은 배당금을 받을 수도 있으므로, 이는 법원을 기망하여 배당이라는 법원의 처분행위에 의하여 재산상 이익을 취득하려는 행위로서, 불능범에 해당한다고 볼 수 없고, 소송사기죄의 실행의 착수에 해당한다(대판 2012.11.15. 2012도9603). 14. 법원직

④ 【 X 】 지급명령신청에 대해 상대방이 이의신청을 하면 지급명령은 이의의 범위 안에서 그 효력을 잃게 되고 지급명령을 신청한 때에 소를 제기한 것으로 보게 되는 것이지만 이로써 이미 실행에 착수한 사기의 범행 자체가 없었던 것으로 되는 것은 아니다(대판 2004.6.24. 2002도4151). 14. 법원직

정답 ③

43 사기의 죄에 관한 설명 중 가장 적절하지 않은 것은?

① 甲이 일제시대 사정(査定)받은 토지에 대하여 소유자 미복구를 원인으로 국가 명의의 소유권보존등기가 되어 있는 상태에서, 피고인이 甲의 상속인인 것처럼 조작하여 국가를 상대로 소유권보존등기 말소등기 청구소송을 제기하여 이를 인용하는 화해권고결정이 확정되었다면 사기죄가 성립한다.
② 피고인이 컴퓨터를 이용하여 이동통신회사들의 전산망에 접속한 다음 전산프로그램상으로 사용 정지된 휴대전화를 사용할 수 있도록 하거나 유심칩 읽기를 통해 문자메시지 발송 한도를 해제하여 광고성 문자를 대량 발송하여 그 이용대금 상당의 재산상 이득을 취득하였더라도 사람을 기망한 것으로 볼 수 없어 사기죄가 성립하지 않는다.
③ 의사가 전화를 이용하여 진찰한 것임에도 내원 진찰인 것처럼 가장하여 국민건강보험관리공단에 요양급여비용을 청구하여 진찰료를 수령한 경우 사기죄가 성립하지 않는다.
④ 식육식당을 경영하는 자가 음식점에서 한우만을 취급한다는 취지의 상호를 사용하면서 광고선전판, 식단표 등에도 한우만을 사용한다고 기재하면서 이를 보고 찾아온 손님들에게 수입소갈비를 판매한 경우 사기죄가 성립한다.
⑤ 농업협동조합의 조합원이나 검품위원이 아닌 자가 TV홈쇼핑업체에 납품한 삼이 제3자가 산삼의 종자인지 여부가 불분명한 삼의 종자를 뿌려 이식하면서 인공적으로 재배한 삼이라는 사실을 알면서도 광고방송에 출연하여 위 삼이 조합의 조합원들이 자연산삼의 종자를 심산유곡에 심고 자연방임 상태에서 성장시킨 산양산삼이며 자신이 조합의 검품위원으로서 위 삼중 우수한 것만을 선정하여 감정인의 감정을 받은 것처럼 허위 내용의 광고를 한 경우 사기죄가 성립한다.

해설

① 【 O 】 사안의 경우, 위 부동산에 대하여 민법 제1053조 이하의 절차에 따른 국가귀속 절차가 이루어지거나 국가가 소유권을 가지게 된 다른 특별한 사정이 있지 않는 한 당연히 국가 소유가 되는 것은 아니라고 할 것이나, 이미 국가 명의로 소유권보존등기가 되어 있는 상태에서 소유권보존등기의 말소 청구를 하고 청구의 일부인용 판결에 준하는 화해권고결정이 확정된 이상, 청구인용 부분에 대하여는 법원을 기망하여 유리한 결정을 받음으로써 '대상 토지의 소유명의를 얻을 수 있는 지위'라는 재산상 이익을 취득하였다고 할 것이고, 이는 사기죄의 대상인 재산상 이익의 편취에 해당한다는 이유로, 위 청구인용 부분에 대하여 사기죄, 그리고 화해권고결정에 의하여 등기말소청구를 포기한 부분에 대하여 사기미수죄를 각 인정한 원심판단을 수긍한 사례(대판 2011.12.23. 2011도8873).
② 【 O 】 대판 2011.7.28. 2011도5299
③ 【 X 】 사안의 경우, 당시에 시행되던 구 '국민건강보험 요양급여의 기준에 관한 규칙'에 기한 보건복지부장관의 고시는 내원을 전제로 한 진찰만을 요양급여의 대상으로 정하고 있고 전화 진찰이나 이에 기한 약제 등의 지급은 요양급여의 대상으로 정하고 있지 아니하므로, 전화 진찰이 구 의료법 제17조 제1항에서 정한 '직접 진찰'에 해당한다고 하더라도 그러한 사정만으로 요양급여의 대상이 된다고 할 수 없는 이상, 전화 진찰을 요양급여대상으로 되어 있던 내원 진찰인 것으로 하여 요양급여비용을 청구한 것은 기망행위로서 사기죄를 구성한다(대판 2013.4.26. 2011도10797).
④ 【 O 】 대판 1997.9.9. 97도1561
⑤ 【 O 】 대판 2002.2.5. 2001도5789

정답 ③

44 다음 사례에 대한 설명으로 옳지 않은 것은?

甲의 보이스피싱에 속은 V가 자신의 현금 1,000만원을 甲이 양도받아 가지고 있던 乙명의의 통장으로 송금하였고 乙이 현금 140만 원을 인출하였는데, 이 통장은 乙이 누군가의 보이스피싱에 사용될 것임을 알면서 자기 명의로 발급받아 현금카드 및 비밀번호와 함께 돈을 받고 판 것이었고, 통장발급 금융기관에서 SMS 문자서비스로 계좌에 1,000만원이 입금되었음을 알려주자 乙이 직불카드를 이용하여 甲보다 먼저 인출하였다.

① 甲에게는 사기죄가 성립한다.
② 乙에게는 사기죄의 방조범이 성립한다.
③ 이 사례에서 사기범행으로 취득된 것은 乙의 통장에 입금된 1,000만 원이라는 재산상 이익이다.
④ 乙에게는 장물취득죄가 성립하지 않는다.

해설

①②④ 【 O 】 [1] 장물취득죄에서 '취득'이라 함은 장물의 점유를 이전받음으로써 그 장물에 대하여 사실상 처분권을 획득하는 것을 의미하는데, 이 사건의 경우 본범의 사기행위는 피고인이 예금계좌를 개설하여 본범에게 양도한 방조행위가 가공되어 본범에게 편취금이 귀속되는 과정 없이 피고인이 피해자로부터 피고인의 예금계좌로 돈을 송금받아 취득함으로써 종료되는 것이고, 그 후 피고인이 자신의 예금계좌에서 위 돈을 인출하였다 하더라도 이는 예금명의자로서 은행에 예금반환을 청구한 결과일 뿐 본범으로부터 위 돈에 대한 점유를 이전받아 사실상 처분권을 획득한 것은 아니므로, 피고인의 위와 같은 인출행위를 장물취득죄로 벌할 수는 없다.

[2] 사기 범행에 이용되리라는 사정을 알고서도 乙의 명의로 새마을금고 예금계좌를 개설하여 甲에게 이를 양도함으로써 甲이 V를 속여 V로 하여금 1,000만 원을 위 계좌로 송금하게 한 사기 범행을 방조한 乙이 위 계좌로 송금된 돈 중 140만 원을 인출하여 甲이 편취한 장물을 취득하였다는 공소사실에 대하여, 甲이 사기 범행으로 취득한 것은 재산상 이익이어서 장물에 해당하지 않는다는 원심판단은 적절하지 아니하지만, 乙의 위와 같은 인출행위를 장물취득죄로 벌할 수는 없으므로, 위 '장물취득' 부분을 무죄로 선고한 원심의 결론을 정당하다(대판 2010.12.9. 2010도6256).

③ 【 X 】 사기죄의 객체는 타인이 점유하는 '타인의' 재물 또는 재산상의 이익이므로, 피해자와의 관계에서 살펴보아 그것이 피해자 소유의 재물인지 아니면 피해자가 보유하는 재산상의 이익인지에 따라 '재물'이 객체인지 아니면 '재산상의 이익'이 객체인지 구별하여야 하는 것으로서, 이 사건과 같이 피해자가 본범의 기망행위에 속아 현금을 피고인 명의의 은행 예금계좌로 송금하였다면, 이는 재물에 해당하는 현금을 교부하는 방법이 예금계좌로 송금하는 형식으로 이루어진 것에 불과하여, 피해자의 은행에 대한 예금채권은 당초 발생하지 않는다(대판 2010.12.9. 2010도6256).

정답 ③

45 소송사기에 관한 설명 중 옳지 않은 것은 모두 몇 개인가?

㉠ 甲이 자신이 토지의 소유자라고 허위 주장을 하면서 소유권보존등기 명의자를 상대로 보존등기의 말소를 구하는 소송을 제기한 경우, 그 소송에서 위 토지가 甲의 소유임을 인정하여 보존등기 말소를 명하는 내용의 승소확정판결을 받는다면 甲에게 소송사기죄가 성립하고, 이 경우 기수시기는 위 판결이 확정된 때이다.

㉡ A가 자기의 비용과 노력으로 건물을 신축하여 소유권을 원시취득한 미등기건물의 소유자임에도, A에 대한 채권담보 등을 위하여 건축허가명의만을 가진 甲과 甲에 대한 채권자 乙이 공모하여 乙이 甲을 상대로 위 건물에 관한 강제경매를 신청하여 법원의 경매개시결정이 내려지고, 그에 따라 甲 앞으로 촉탁에 의한 소유권보존등기가 된 경우, 甲과 乙에게는 A에 대한 관계에서 사기죄의 공동정범이 성립한다.

㉢ 허위 채권에 기한 공정증서를 집행권원으로 하여 채무자의 소유권이전등기청구권에 대하여 압류신청을 한 것만으로는 소송사기의 실행에 착수하였다고 볼 수 없다.

㉣ 甲이 소송상의 주장이 사실과 다름이 객관적으로 명백하거나 증거가 조작되어 있다는 점을 인식하지 못하는 제3자를 이용하여 그로 하여금 소송의 당사자가 되게 하여 법원을 기망하였다면, 甲에게 간접정범의 형태에 의한 소송사기죄가 성립한다.

① 1개 ② 2개 ③ 3개 ④ 4개

㉣ 【 O 】 [1] 자기에게 유리한 판결을 얻기 위하여 소송상의 주장이 사실과 다름이 객관적으로 명백하거나 증거가 조작되어 있다는 점을 인식하지 못하는 제3자를 이용하여 그로 하여금 소송의 당사자가 되게 하고 법원을 기망하여 소송 상대방의 재물 또는 재산상 이익을 취득하려 하였다면 간접정범의 형태에 의한 소송사기죄가 성립하게 된다.
[2] 甲이 乙 명의 차용증을 가지고 있기는 하나 그 채권의 존재에 관하여 乙과 다툼이 있는 상황에서 당초에 없던 월 2푼의 약정이자에 관한 내용 등을 부가한 乙 명의 차용증을 새로 위조하여, 이를 바탕으로 자신의 처에 대한 채권자인 丙에게 차용원금 및 위조된 차용증에 기한 약정이자 2,500만 원을 양도하고, 이러한 사정을 모르는 丙으로 하여금 乙을 상대로 양수금 청구소송을 제기하도록 한 사안에서, 적어도 위 약정이자 2,500만 원 중 법정지연손해금 상당의 돈을 제외한 나머지 돈에 관한 甲의 행위는 丙을 도구로 이용한 간접정범 형태의 소송사기죄를 구성한다(대판 2018.1.25. 2016도6757). 23. 변호사

정답 ②

46 소송사기에 대한 설명으로 옳지 않은 것은?

① 피고인이 허위의 채권을 피보전권리로 삼아 가압류를 하였다 하더라도 본안소송을 제기하지 아니한 채 가압류를 한 것만으로는 사기죄의 실행에 착수하였다고 할 수 없다.
② 피고인이 허위의 채권으로 법원에 지급명령을 신청하였으나 이에 대해 상대방이 이의신청을 하면 지급명령은 이의의 범위 안에서 그 효력을 잃게 되므로 사기죄의 실행의 착수는 인정되지 아니한다.
③ 피고인이 허위의 증거를 조작하는 등의 적극적인 사술을 사용하지 아니한 채 기한 미도래의 채권에 대해 단지 즉시 지급을 구하는 취지의 지급명령신청을 한 경우, 이는 법원에 대한 기망행위에 해당하지 아니한다.
④ 부동산등기부상 소유자로 등기된 적이 있는 자가 자기 이후 소유권이전등기를 경료한 등기명의인들을 상대로 허위 사실을 주장하면서 그들 명의의 소유권이전등기의 말소를 구하는 소송을 제기한 경우 사기죄의 실행의 착수가 인정된다.

해설

① 【 O 】 가압류는 강제집행의 보전방법에 불과한 것이어서 허위의 채권을 피보전권리로 삼아 가압류를 하였다고 하더라도 그 채권에 관하여 현실적으로 청구의 의사표시를 한 것이라고는 볼 수 없으므로, 본안소송을 제기하지 아니한 채 가압류를 한 것만으로는 사기죄의 실행에 착수하였다고 할 수 없다(대판 1988.9.13. 88도55). 23. 국가직 9급
② 【 X 】 지급명령신청에 대해 상대방이 이의신청을 하면 지급명령은 이의의 범위 안에서 그 효력을 잃게 되고 지급명령을 신청한 때에 소를 제기한 것으로 보게 되는 것이지만 이로써 이미 실행에 착수한 사기의 범행 자체가 없었던 것으로 되는 것은 아니다(대판 2004.6.24. 2002도4151). 23. 국가직 9급
③ 【 O 】 기한 미도래의 채권을 소송에 의하여 청구함에 있어서 기한의 이익이 상실되었다는 허위의 증거를 조작하는 등의 적극적인 사술을 사용하지 아니한 채 단지 즉시 지급을 구하는 취지의 지급명령신청은 법원을 기망하여 부당한 이득을 편취하려는 기망행위에 해당하지 아니한다(대판 1982.7.27. 82도1160). 23. 국가직 9급
④ 【 O 】 이른바 소송사기는 법원을 기망하여 자기에게 유리한 재판을 얻고 이에 기하여 상대방으로부터 재물의 교부를 받거나 재산상 이익을 취득하는 것을 말하는 것인바, 부동산등기부상 소유자로 등기된 적이 있는 자가 자기 이후에 소유권이전등기를 경료한 등기명의인들을 상대로 허위의 사실을 주장하면서 그들 명의의 소유권이전등기의 말소를 구하는 소송을 제기한 경우 그 소송에서 승소한다면 등기명의인들의 등기가 말소됨으로써 그 소송을 제기한 자의 등기명의가 회복되는 것이므로 이는 법원을 기망하여 재물이나 재산상 이익을 편취한 것이라고 할 것이고 따라서 등기명의인들 전부 또는 일부를 상대로 하는 그와 같은 말소등기청구 소송의 제기는 사기의 실행에 착수한 것이라고 보아야 한다(대판 2003.7.22. 2003도1951). 23. 국가직 9급

정답 ②

47 소송사기죄에 관한 다음 설명 중 가장 옳은 것은?

① 유치권에 의한 경매를 신청한 유치권자는 일반채권자와 마찬가지로 피담보채권액에 기초하여 배당을 받을 수는 없으므로, 피담보채권액을 허위로 크게 부풀려 유치권에 의한 경매를 신청하였다고 하더라도 그 자체로는 소송사기죄의 실행의 착수가 있다고 보기 어렵다.
② 자신이 토지의 소유자라고 허위의 주장을 하면서 소유권보존등기 명의자를 상대로 보존등기의 말소를 구하는 소송을 제기하여 보존등기의 말소를 명하는 내용의 확정판결을 받았다면, 아직 자기 앞으로 소유권보존등기를 경료하지 않은 상태라고 하더라도 소송사기죄의 기수에 이르렀다고 할 것이다.
③ 소유권이전등기청구권에 대한 압류는 당해 부동산에 대한 경매의 실시를 위한 사전 단계로서의 의미를 가지는 것에 불과하므로, 허위 채권에 기한 공정증서를 집행권원으로 하여 채무자의 소유권이전등기청구권에 대하여 압류신청을 하였더라도 소송사기의 실행에 착수하였다고 볼 수 없다.
④ 허위채권에 기하여 가압류신청을 한 이상 본안소송을 제기하지 아니하였다고 하더라도 가압류신청을 한 때에 소송사기죄의 실행에 착수하였다고 할 것이다.

해설

① 【X】 유치권에 의한 경매를 신청한 유치권자는 일반채권자와 마찬가지로 피담보채권액에 기초하여 배당을 받게 되는 결과 피담보채권인 공사대금 채권을 실제와 달리 허위로 크게 부풀려 유치권에 의한 경매를 신청할 경우 정당한 채권액에 의하여 경매를 신청한 경우보다 더 많은 배당금을 받을 수도 있으므로, 이는 법원을 기망하여 배당이라는 법원의 처분행위에 의하여 재산상 이익을 취득하려는 행위로서, 불능범에 해당한다고 볼 수 없고, 소송사기죄의 실행의 착수에 해당한다(대판 2012.11.15. 2012도9603). 18. 법원직

② 【O】 피고인 또는 그와 공모한 자가 자신이 토지의 소유자라고 허위의 주장을 하면서 소유권보존등기 명의자를 상대로 보존등기의 말소를 구하는 소송을 제기한 경우, 그 소송에서 토지가 피고인 또는 그와 공모한 자의 소유임을 인정하여 보존등기 말소를 명하는 확정판결을 받는다면 이에 터잡아 언제든지 단독으로 상대방의 소유권보존등기를 말소시킨 후 위 판결을 부동산등기법 제130조 제2호 소정의 소유권을 증명하는 판결로 하여 자기 앞으로 소유권보존등기를 신청하여 그 등기를 마칠 수 있게 되므로 이는 법원을 기망하여 유리한 판결을 얻음으로써 '대상 토지의 소유권에 대한 방해를 제거하고 그 소유명의를 얻을 수 있는 지위'라는 재산상 이익을 취득한 것이고, 그 경우 기수시기는 위 판결이 확정된 때이다(대판 2006.4.7. 2005도9858 전합). 18. 법원직

③ 【X】 민사집행법 제244조에서 규정하는 부동산에 관한 권리이전청구권에 대한 강제집행은 그 자체를 처분하여 대금으로 채권에 만족을 기하는 것이 아니고, 부동산에 관한 권리이전청구권을 압류하여 청구권의 내용을 실현시키고 부동산을 채무자의 책임재산으로 귀속시킨 다음 다시 부동산에 대한 경매를 실시하여 매각대금으로 채권에 만족을 기하는 것이다. 이러한 경우 소유권이전등기청구권에 대한 압류는 당해 부동산에 대한 경매의 실시를 위한 사전 단계로서의 의미를 가지나, 전체로서의 강제집행절차를 위한 일련의 시작행위라고 할 수 있으므로, 허위 채권에 기한 공정증서를 집행권원으로 하여 채무자의 소유권이전등기청구권에 대하여 압류신청을 한 시점에 소송사기의 실행에 착수하였다고 볼 것이다(대판 2015.2.12. 2014도10086). 18. 법원직

④ 【X】 가압류는 강제집행의 보전방법에 불과한 것이어서 허위의 채권을 피보전권리로 삼아 가압류를 하였다고 하더라도 그 채권에 관하여 현실적으로 청구의 의사표시를 한 것이라고는 볼 수 없으므로, 본안소송을 제기하지 아니한 채 가압류를 한 것만으로는 사기죄의 실행에 착수하였다고 할 수 없다(대판 1988.9.13. 88도55). 18. 법원직

정답 ②

48 다음 설명 중 가장 옳지 않은 것은?

① 소송사기가 성립하기 위하여는 제소 당시에 그 주장과 같은 채권이 존재하지 아니하다는 것만으로는 부족하고 그 주장의 채권이 존재하지 아니한 사실을 잘 알고 있으면서도 허위의 주장과 입증으로써 법원을 기망한다는 인식을 하고 있어야만 하고, 단순히 사실을 잘못 인식하거나 법률적인 평가를 그르침으로 인하여 존재하지 않는 채권을 존재한다고 믿고 제소하는 행위는 사기죄를 구성하지 않는다.
② 피고인이 타인과 공모하여 그 공모자를 상대로 제소하여 의제자백의 판결을 받아 이에 기하여 부동산의 소유권이전등기를 한 경우, 그 부동산의 진정한 소유자가 따로 있는 이상 소송사기가 성립한다.
③ 소송사기에서 말하는 증거의 조작이란 처분문서 등을 거짓으로 만들어 내거나 증인의 허위 증언을 유도하는 등으로 객관적·제3자적 증거를 조작하는 행위를 말한다.
④ 유치권에 의한 경매를 신청한 유치권자는 일반채권자와 마찬가지로 피담보채권액에 기초하여 배당을 받게 되므로 피담보채권인 공사대금 채권을 실제와 달리 허위로 크게 부풀려 유치권에 의한 경매를 신청할 경우 소송사기죄의 실행의 착수에 해당한다.
⑤ 근저당권자의 대리인인 피고인이 채무자 겸 소유자인 피해자를 대리하여 경매개시결정정본을 받을 권한이 없음에도, 경매개시결정정본 등 서류의 수령을 피고인에게 위임한다는 내용의 피해자 명의의 위임장을 위조하여 법원에 제출하는 방법으로 경매개시결정정본을 교부받음으로써 경매절차가 진행되도록 하는 행위는 사기죄에 있어서의 기망행위에 해당한다.

[해설]
① 【 O 】 대판 2003.5.16. 2003도373
② 【 X 】 소송사기에 있어 피기망자인 법원의 재판은 피해자의 처분행위에 갈음하는 내용과 효력이 있는 것이어야 하므로, 피고인이 타인과 공모하여 그 공모자를 상대로 제소하여 의제자백의 판결을 받아 이에 기하여 부동산의 소유권이전등기를 하였다고 하더라도 이는 소송 상대방의 의사에 부합하는 것으로서 착오에 의한 재산적 처분행위가 있다고 할 수 없어 동인으로부터 부동산을 편취한 것이라고 볼 수 없고, 또 그 부동산의 진정한 소유자가 따로 있다고 하더라도 피고인이 의제자백판결에 기하여 그 진정한 소유자로부터 소유권을 이전받은 것이 아니므로 그 소유자로부터 부동산을 편취한 것이라고 볼 여지도 없다(대판 1997.12.23. 97도2430).
③ 【 O 】 대판 2004.3.25. 2003도7700
④ 【 O 】 대판 2012.11.15. 2012도9603
⑤ 【 O 】 대판 2009.7.9. 2009도295

정답 ②

49 소송사기에 관한 설명 중 옳지 않은 것은?

① 甲이 소송비용을 편취할 의사로 소송비용의 지급을 구하는 손해배상청구의 소를 제기한 경우 사기죄의 불가벌적 불능범에 해당한다.
② 甲이 사망자 乙 명의의 문서를 위조하여 소장에 첨부한 후, 乙을 상대로 법원에 제소한 경우 사문서위조 및 위조사문서행사죄는 성립하지만 사기죄는 성립하지 않는다.
③ 부동산등기부상 소유자로 등기된 적이 있는 甲이 자신 이후에 소유권이전등기를 경료한 등기명의인들을 상대로 허위의 사실을 주장하면서 그들 명의의 소유권이전등기말소를 구하는 소를 제기하더라도 사기죄의 실행에 착수한 것이 아니다.
④ 甲이 피담보채권인 공사대금채권을 실제와 달리 허위로 크게 부풀려 유치권에 기한 경매신청을 한 경우 사기죄의 실행에 착수한 것이다.
⑤ 甲이 진정한 임차권자가 아니면서 허위의 임대차 계약서를 법원에 제출하여 임차권등기명령을 신청한 경우 사기죄의 실행에 착수한 것이다.

해설

① 【 O 】 대판 2005.12.8. 2005도8105 15. 변호사
② 【 O 】 피고인의 제소가 사망한 자를 상대로 한 것이라면 이와 같은 사망한 자에 대한 판결은 그 내용에 따른 효력이 생기지 아니하여 상속인에게 그 효력이 미치지 아니하고 따라서 사기죄를 구성한다고 할 수 없다(대판 2002.1.11. 2000도1881). 15. 변호사
  ✦ 사망자와 허무인 명의의 문서위조죄와 동행사죄는 성립 가능
③ 【 X 】 이른바 소송사기는 법원을 기망하여 자기에게 유리한 재판을 얻고 이에 기하여 상대방으로부터 재물의 교부를 받거나 재산상 이익을 취득하는 것을 말하는 것인바, 부동산등기부상 소유자로 등기된 적이 있는 자가 자기 이후에 소유권이전등기를 경료한 등기명의인들을 상대로 허위의 사실을 주장하면서 그들 명의 소유권이전등기의 말소를 구하는 소송을 제기한 경우 그 소송에서 승소한다면 등기명의인들의 등기가 말소됨으로써 그 소송을 제기한 자의 등기명의가 회복되는 것이므로 이는 법원을 기망하여 재물이나 재산상 이익을 편취한 것이라고 할 것이고 따라서 등기명의인들 전부 또는 일부를 상대로 하는 그와 같은 말소등기청구소송의 제기는 사기의 실행에 착수한 것이라고 보아야 한다(대판 2003.7.22. 2003도1951). 15. 변호사
④ 【 O 】 대판 2012.11.15. 2012도9603 15. 변호사
⑤ 【 O 】 소송사기에 있어서 피기망자인 법원의 재판은 피해자의 처분행위에 갈음하는 내용과 효력이 있는 것이어야 하고, 그렇지 아니하는 경우에는 착오에 의한 재물의 교부행위가 있다고 할 수 없어서 사기죄는 성립되지 아니하는바, 위에서 본 바와 같은 임차권등기명령의 절차 및 그 집행에 의한 임차권등기의 법적 효력을 고려하면, 다른 특별한 사정이 없는 한, 법원의 임차권등기명령은 피신청인의 재산상의 지위 또는 상태에 영향을 미칠 수 있는 행위로서 피신청인의 처분행위에 갈음하는 내용과 효력이 있다고 보아야 하고, 따라서 이러한 법원의 임차권등기명령을 이용한 소송사기의 경우 피해자인 피신청인이 직접 처분행위를 하였는지 여부는 사기죄의 성부에 아무런 영향을 주지 못한다. 위와 같이 법원의 임차권등기명령을 피해자의 재산적 처분행위에 갈음하는 내용과 효력이 있는 것으로 보고 그 집행에 의한 임차권등기가 마쳐짐으로써 신청인이 재산상 이익을 취득하였다고 보는 이상, 진정한 임차권자가 아니면서 허위의 임대차계약서를 법원에 제출하여 임차권등기명령을 신청하면 그로써 소송사기의 실행행위에 착수한 것으로 보아야 하고, 나아가 그 임차보증금 반환채권에 관하여 현실적으로 청구의 의사표시를 하여야만 사기죄의 실행의 착수가 있다고 볼 것은 아니다(대판 2012.5.24. 2010도12732). 15. 변호사

정답 ③

50 사기죄에 대한 설명 중 가장 옳지 않은 것은?

① 보험모집인이 자동차 보험가입자의 형사책임을 면하게 하기 위하여 위 보험가입자의 미납 보험료가 정상적으로 납부된 것처럼 전산 조작하는 방법으로 보험회사를 기망하여 보험가입사실증명원을 발급받은 경우 사기죄가 성립하지 않는다.
② 기망으로 인한 재물의 교부가 있으면 피해자의 전체 재산상의 손해가 없다고 하여도 사기죄의 성립에는 영향이 없다.
③ 채무자가 강제집행을 승낙한 취지의 기재가 있는 약속어음 공정증서에 있어서 그 약속어음의 원인관계가 소멸하였음에도 불구하고 약속어음 공정증서 정본을 소지하고 있음을 기화로 이를 근거로 하여 강제집행을 한 경우 사기죄가 성립하지 않는다.
④ 가계수표발행인이 자기가 발행한 가계수표를 타인이 교부받아 소지하고 있는 사실을 알면서도, 또한 그 수표가 적법히 지급 제시되어 수표상의 소구의무(遡求義務)를 부담하고 있음에도 불구하고 허위의 분실사유를 들어 공시최고 신청을 하고 이에 따라 법원으로부터 제권판결(除權判決)을 받음으로써 수표상의 채무를 면한 경우 사기죄가 성립한다.
⑤ 공동소유자에게 공유하고 있던 부동산의 매각처분 권한을 위임하여 위 부동산을 매매하였음에도 불구하고 이를 권원 없는 불법 매도라고 주장하여 소를 제기한 경우 사기죄의 실행의 착수로 인정된다.

[해설]
① 【 O 】 대판 1997.3.28. 96도2625
② 【 O 】 대판 1999.7.9. 99도1040
③ 【 X 】 채무자가 강제집행을 승낙한 취지의 기재가 있는 약속어음 공정증서에 있어서 그 약속어음의 원인관계가 소멸하였음에도 불구하고, 약속어음 공정증서 정본을 소지하고 있음을 기화로 이를 근거로 하여 강제집행을 하였다면 사기죄를 구성한다(대판 1999.12.10. 99도2213).
④ 【 O 】 대판 1999.4.9. 99도364
⑤ 【 O 】 법관으로 하여금 착오에 빠지게 함으로써 본인에게 유리한 재판을 하게 하고 그 효과로서 위 부동산을 영득하려 한 것이니 위 행위에 대하여 사기미수의 죄가 성립된다(대판 1987.5.12. 87도417).

[정답] ③

51 컴퓨터등사용사기죄에 대한 설명 중 옳지 않은 것은 모두 몇 개인가?

> ㉠ 컴퓨터등사용사기죄는 재물죄인 동시에 이득죄이다.
> ㉡ 컴퓨터등사용사기죄는 상습범 처벌규정이 있다.
> ㉢ 컴퓨터를 이용하여 신용정보 조회 서비스사이트에 접속하여 신용정보를 조회한 후 타인의 인적사항을 도용하여 타인명의로 발급받은 신용카드의 번호와 그 비밀번호를 인터넷 사이트에 입력하여 그 이용대금을 결제한 경우 컴퓨터등사용사기죄가 성립한다.
> ㉣ 예금주인 현금카드 소유자로부터 일정한 금액의 현금을 인출해 오라는 부탁을 받으면서 이와 함께 이득할 의사를 가지고 현금자동지급기에 초과된 금액이 인출되도록 입력하여 그 초과된 금액의 현금을 인출한 경우 컴퓨터등사용사기죄에 해당한다.

① 없음   ② 1개   ③ 2개   ④ 3개

[해설]
㉠ 【 X 】 컴퓨터등사용사기죄는 컴퓨터등 정보처리장치에 허위의 정보 또는 부정한 명령을 입력하거나 권한 없이 정보를 입력·변경하여 정보를 처리하게 함으로써 재산상의 이익을 취득하거나 제3자로 하여금 취득하게 한 때 성립하는 범죄로써, '순수한 이득죄'에 해당한다.
㉡ 【 O 】 형법 제351조
㉢ 【 O 】 대판 2003.1.10. 2002도2363
㉣ 【 O 】 대판 2006.3.24. 2005도3516

[정답] ②

52 컴퓨터등사용사기죄에 대한 설명으로 옳지 않은 것은?

① '정보처리'는 사기죄에서 피해자의 처분행위에 상응하므로 입력된 허위의 정보 등에 의하여 계산이나 데이터의 처리가 이루어짐으로써 직접적으로 재산처분의 결과가 초래되어야 한다.

② 피고인이 A회사에서 운영하는 전자복권구매시스템에서 일정한 조건하에 복권 구매명령을 입력하면 가상계좌로 복권 구매 요청금과 동일 액수의 가상현금이 입금되는 프로그램 오류를 이용하여 복권 구매명령 입력행위를 반복함으로써 자신의 가상계좌로 구매요청금 상당의 금액이 입금되게 하였다면 '부정한 명령의 입력'에 해당한다.

③ 평상시 여·수신업무를 처리할 권한이 있는 금융기관직원이 범죄의 목적으로 전산단말기를 이용하여 다른 공범들이 지정한 특정계좌에 무자원 송금의 방식으로 거액을 입금한 것은 '권한 없이 정보를 입력하여 정보처리를 하게 한 경우'에 해당하지 않는다.

④ 지방자치단체 컴퓨터시스템에 악성프로그램을 설치하여 낙찰 하한가를 미리 알아낸 다음 특정 건설사에 낙찰이 가능한 입찰금액을 알려주어 건설사가 낙찰받게 한 경우, 컴퓨터등사용사기죄는 성립하지 않는다.

해설

①④ 【O】 컴퓨터등사용사기죄에서의 '정보처리'는 입력된 허위의 정보 등에 의하여 계산이나 데이터의 처리가 이루어짐으로써 직접적으로 재산처분의 결과를 초래하여야 하고, 행위자나 제3자의 '재산상 이익 취득'은 사람의 처분행위가 개재됨이 없이 컴퓨터 등에 의한 정보처리과정에서 이루어져야 하므로, 지방자치단체 컴퓨터시스템에 악성프로그램을 설치하여 낙찰 하한가를 미리 알아낸 다음 특정 건설사에 낙찰이 가능한 입찰금액을 알려주어 건설사가 낙찰받게 한 경우, 컴퓨터등사용사기죄는 성립하지 않는다(대판 2014.3.13. 2013도16099).

② 【O】 설령 '허위의 정보'를 입력한 경우가 아니라고 하더라도 당해 사무처리시스템의 프로그램을 구성하는 개개의 명령을 부정하게 변개·삭제하는 행위는 물론 프로그램 자체에서 발생하는 오류를 적극적으로 이용하여 그 사무처리의 목적에 비추어 정당하지 아니한 사무처리를 하게 하는 행위도 특별한 사정이 없는 한 '부정한 명령의 입력'에 해당한다(대판 2013.11.14. 2011도4440).

③ 【X】 법 제347조의2는 정보처리장치에 허위의 정보 또는 부정한 명령을 입력하거나 권한 없이 정보를 입력·변경하여 정보처리를 하게 함으로써 재산상의 이익을 취득하거나 제3자로 하여금 취득하게 한 자는 이를 처벌하도록 규정하고 있는바, 금융기관 직원이 범죄의 목적으로 전산단말기를 이용하여 다른 공범들이 지정한 특정계좌에 무자원 송금의 방식으로 거액을 입금한 것은 형법 제347조의2에서 정하는 컴퓨터등사용사기죄에서의 '권한 없이 정보를 입력하여 정보처리를 하게 한 경우'에 해당한다고 할 것이고, 이는 그 직원이 평상시 금융기관의 여·수신업무를 처리할 권한이 있었다고 하여도 마찬가지이다(대판 2006.1.26. 2005도8507).

정답 ③

53 신용카드 범죄에 대한 설명으로 옳지 않은 것은?

① 절취한 타인의 신용카드를 이용하여 현금자동지급기에서 자신의 예금계좌로 돈을 이체시킨 후 그 예금계좌에서 현금을 인출한 경우 현금에 대한 절도죄는 성립하지 않는다.
② 타인의 명의를 모용하여 발급받은 신용카드를 이용하여 현금자동지급기에서 현금대출을 받은 경우 현금에 대한 절도죄가 성립한다.
③ 타인의 명의를 모용하여 발급받은 신용카드 번호와 그 비밀번호를 이용하여 ARS전화서비스나 인터넷 등을 통하여 신용대출을 받는 방법으로 재산상 이익을 취득하는 경우 컴퓨터등사용사기죄가 성립한다.
④ 신용카드를 절취한 사람이 물품 대금의 결제를 위해 신용카드를 제시하고 카드회사의 승인까지 받았다면 매출전표에 서명한 사실이 없고 도난카드임이 밝혀져 최종적으로 매출취소로 거래가 종결되었다 하더라도 「여신전문금융업법」의 신용카드부정사용죄의 기수범이 성립한다.

해설

① 【 O 】 절취한 타인의 신용카드를 이용하여 현금지급기에서 계좌이체를 한 행위는 컴퓨터등사용사기죄에서 컴퓨터 등 정보처리장치에 권한 없이 정보를 입력하여 정보처리를 하게 한 행위에 해당함은 별론으로 하고 이를 절취행위라고 볼 수는 없고, 한편 위 계좌이체 후 현금지급기에서 현금을 인출한 행위는 자신의 신용카드나 현금카드를 이용한 것이어서 이러한 현금인출이 현금지급기 관리자의 의사에 반한다고 볼 수 없어 절취행위에 해당하지 않으므로 절도죄를 구성하지 않는다(대판 2008.6.12. 2008도2440). 18. 국가직 9급

② 【 O 】 피고인이 타인의 명의를 모용하여 발급받은 신용카드를 사용하여 현금자동지급기에서 현금대출을 받는 행위는 현금대출 관리자의 의사에 반하여 그의 지배를 배제한 채 그 현금을 자기의 지배하에 옮겨 놓는 행위로서 절도죄에 해당한다(대판 2006.7.27. 2006도3126). 18. 국가직 9급

③ 【 O 】 타인의 명의를 모용하여 발급받은 신용카드의 번호와 그 비밀번호를 이용하여 ARS 전화서비스나 인터넷 등을 통하여 신용대출을 받는 방법으로 재산상 이익을 취득하는 행위 역시 미리 포괄적으로 허용된 행위가 아닌 이상, 컴퓨터 등 정보처리장치에 권한 없이 정보를 입력하여 정보처리를 하게 함으로써 재산상 이익을 취득하는 행위로서 컴퓨터등사용사기죄에 해당한다(대판 2006.7.27. 2006도3126). 18. 국가직 9급

④ 【 X 】 신용카드업법 제25조 제1항 소정의 신용카드부정사용죄의 구성요건적 행위인 신용카드의 사용이라 함은 신용카드의 소지인이 신용카드의 본래 용도인 대금결제를 위하여 가맹점에 신용카드를 제시하고 매출표에 서명하여 이를 교부하는 일련의 행위를 가리키므로, 단순히 신용카드를 제시하는 행위만으로는 신용카드부정사용죄의 실행에 착수한 것에 불과하고 그 사용행위를 완성한 것으로 볼 수 없다(대판 1993.11.23. 93도604). 18. 국가직 9급 결국, 신용카드 부정사용의 미수행위에 불과하다 할 것인데, 미수행위를 처벌하는 규정을 두고 있지 아니한 이상 피고인을 위 법률반죄로 처벌할 수 없다.

정답 ④

54 카드(신용카드, 직불카드 등) 관련 범죄에 관한 다음 설명 중 가장 옳지 않은 것은? (다툼이 있는 경우 판례에 의하고, 전원합의체 판결의 경우 다수의견에 의함)

① 타인 명의를 모용하여 발급받은 신용카드를 이용하여 현금자동지급기에서 현금을 인출한 행위는 현금자동지급기의 관리자에 대한 절도죄가, ARS 전화서비스 등을 이용하여 신용대출을 받은 행위에 관하여는 카드회사에 대한 사기죄가 각 성립한다.
② 은행이 발급한 직불카드를 사용하여 타인의 예금계좌에서 자기의 예금계좌로 돈을 이체한 후 그 직불카드를 곧 반환한 경우 직불카드에 대한 절도죄는 성립하지 않는다.
③ 정상적으로 발급받은 자기 명의의 신용카드를 사용한 경우라 하더라도 신용카드 사용으로 인한 대출금채무를 변제할 의사나 능력이 없는 상황에서 계속하여 신용카드를 사용하였다면 사기죄가 성립할 수 있다.
④ 예금주인 현금카드 소유자로부터 일정액의 현금을 인출해 오라는 부탁과 함께 현금카드를 건네받았는데 그 위임받은 금액을 초과한 현금을 인출하였다면 컴퓨터등사용사기죄가 성립한다.

해설 18 법원직 9급

① 【 X 】 타인의 명의를 모용하여 발급받은 신용카드의 번호와 그 비밀번호를 이용하여 ARS 전화서비스나 인터넷 등을 통하여 신용대출을 받는 방법으로 재산상 이익을 취득하는 행위 역시 미리 포괄적으로 허용된 행위가 아닌 이상, 컴퓨터 등 정보처리장치에 권한 없이 정보를 입력하여 정보처리를 하게 함으로써 재산상 이익을 취득하는 행위로서 컴퓨터등사용사기죄에 해당한다(대판 2006.7.27. 2006도3126). 18. 법원직

② 【 O 】 피고인이 피해자가 자리를 비운 틈을 이용하여 피해자의 핸드백에서 직불카드를 꺼내어 예금계좌에서 피고인의 계좌로 1,700만 원을 이체시킨 다음 피해자와 헤어진 뒤로부터 3시간 가량 지난 무렵에 피해자에게 전화로 위와 같은 사실을 말하고 만나 즉시 위 직불카드를 반환한 경우, 직불카드 자체가 가지는 경제적 가치가 계좌이체된 금액만큼 소모되었다고 할 수는 없으므로, 이를 일시 사용하고 곧 반환한 경우에는 그 직불카드에 대한 불법영득의 의사는 없다고 보아야 한다(대판 2006.3.9. 2005도7819). 18. 법원직 ⇨ 계좌이체한 현금에 대한 컴퓨터등사용사기죄만 성립

③ 【 O 】 신용카드사용으로 인한 신용카드업자의 금전채권을 발생케 하는 행위는 카드회원이 신용카드업자에 대하여 대금을 성실히 변제할 것을 전제로 하는 것이므로, 카드회원이 일시적인 자금궁색 등의 이유로 그 채무를 일시적으로 이행하지 못하게 되는 상황이 아니라 이미 과다한 부채의 누적 등으로 신용카드 사용으로 인한 대출금채무를 변제할 의사나 능력이 없는 상황에 처하였음에도 불구하고 신용카드를 사용하였다면, 사기죄에 있어서 기망행위 내지 편취의 범의를 인정할 수 있다 할 것이다(대판 2006.3.24. 2006도282). 18. 법원직

④ 【 O 】 예금주인 현금카드 소유자로부터 일정한 금액의 현금을 인출해 오라는 부탁을 받으면서 이와 함께 현금카드를 건네받은 것을 기화로 그 위임을 받은 금액을 초과하여 현금을 인출하는 방법으로 그 차액 상당을 위법하게 이득할 의사로 현금자동지급기에 그 초과된 금액이 인출되도록 입력하여 그 초과된 금액의 현금을 인출한 경우에는 그 인출된 현금에 대한 점유를 취득함으로써 이때에 그 인출한 현금 총액 중 인출을 위임받은 금액을 넘는 부분의 비율에 상당하는 재산상 이익을 취득한 것으로 볼 수 있으므로 이러한 행위는 그 차액 상당액에 관하여 형법 제347조의2(컴퓨터등사용사기)에 규정된 '컴퓨터 등 정보처리장치에 권한 없이 정보를 입력하여 정보처리를 하게 함으로써 재산상의 이익을 취득'하는 행위로서 컴퓨터등사용사기죄에 해당된다(대판 2006.3.24. 2005도3516). 18. 법원직

정답 ①

55 신용카드범죄에 대한 설명으로 옳은 것은?

① 분실한 신용카드를 습득한 자가 대금결제를 위하여 가맹점에 신용카드를 제시하고 매출표에 서명하여 이를 교부하는 일련의 행위를 한 경우 신용카드부정사용죄와 사문서위조 및 동행사죄의 상상적 경합이 된다.
② 절취한 타인의 신용카드를 사용하여 여러 가맹점으로부터 물품을 구매한 경우 부정사용행위는 절도범행의 불가벌적 사후행위가 되는 것은 아니므로 절도죄, 신용카드부정사용죄, 사기죄의 실체적 경합이 된다.
③ 절취한 타인의 신용카드를 사용하여 현금자동지급기에서 현금대출을 받은 경우 절도죄와 컴퓨터등사용사기죄의 실체적 경합이 된다.
④ 대금결제의 의사나 능력이 없으면서도 자기의 신용카드로 현금자동지급기에서 현금대출을 받은 경우 사람을 기망한 것이 아니므로 사기죄는 성립하지 않는다.

해설

① 【 X 】 신용카드부정사용죄의 구성요건적 행위인 '신용카드의 사용'이라 함은 가맹점에 신용카드를 제시하고 매출표에 서명하여 이를 교부하는 일련의 행위를 가리키고 단순히 신용카드를 제시하는 행위만을 가리키는 것이 아니므로, 매출표의 서명 및 교부가 별도로 사문서위조 및 동행사의 죄의 구성요건을 충족한다고 하여도 사문서위조 및 동행사의 죄는 신용카드부정사용죄에 흡수되어 신용카드부정사용죄의 1죄만이 성립하고 별도로 사문서위조 및 동행사의 죄는 성립하지 않는다(대판 1992.6.9. 92도77). 16. 국가직 7급
② 【 O 】 대판 1996.7.12. 96도1181 16. 국가직 7급
③ 【 X 】 피고인이 절취한 신용카드를 사용하여 현금자동인출기에서 현금을 인출한 경우, 이는 신용카드업법 제25조 제1항[개정법 여신전문금융업법 제70조 제1항 제3호]의 부정사용죄에 해당할 뿐 아니라 현금자동인출기 관리자의 의사에 반하여 그의 지배를 배제하고 현금을 자기의 지배하에 옮겨 놓는 것이 되므로 별도로 절도죄를 구성한다 할 것이고, 양죄는 그 보호법익이나 행위태양이 전혀 달라 실체적 경합 관계에 있다(대판 1995.7.28. 95도997). 16. 국가직 7급 지문의 경우 컴퓨터등사용사기죄는 성립하지 아니한다.
④ 【 X 】 피고인이 대금결제의 의사와 능력이 없으면서도 있는 것 같이 가장하여 카드회사를 기망하고, 카드회사는 일정 한도 내에서 카드사용을 허용해 줌으로써 카드회사의 신용공여라는 하자 있는 의사표시에 편승하여 자동지급기를 통한 현금대출도 받고, 가맹점을 통한 물품구입대금 대출도 받아 카드발급회사로 하여금 같은 액수 상당의 피해를 입게 한 경우, 카드사용으로 인한 일련의 편취행위가 포괄적으로 이루어지는 것이므로 카드회사의 손해는 그것이 자동지급기에 의한 인출행위이든 가맹점을 통한 물품구입 행위이든 불문하고 모두가 피해자인 카드회사의 기망당한 의사표시에 따른 카드발급에 터잡아 이루어지는 사기의 포괄일죄라 할 것이다(대판 1996.4.9. 95도2466). 카드회사는 '법인(法人)'으로 지문의 경우 얼마든지 사람을 기망한 것으로 볼 수 있다(대판 2006.3.24. 2006도282 참고). 16. 국가직 7급

정답 ②

56 카드사용 범죄에 대한 설명으로 가장 적절한 것은?

① 타인명의의 현금카드 겸용 신용카드를 무단으로 이용하여 현금자동지급기에서 예금을 인출한 때에는 여신전문금융업법위반죄와 절도죄가 성립한다.
② 타인명의의 신용카드를 무단으로 이용하여 현금자동지급기에서 단기카드대출로 현금을 인출한 때에는 여신전문금융업법위반죄와 컴퓨터등사용사기죄가 성립한다.
③ 타인명의의 신용카드를 무단으로 이용하여 가맹점에서 물품을 구입한 때에는 여신전문금융업법위반죄와 사문서위조 및 동 행사죄, 사기죄가 성립한다.
④ 타인명의의 현금카드를 무단으로 이용하여 현금자동지급기에서 피해자의 계좌로부터 자신의 계좌로 자금을 이체한 때에는 컴퓨터등사용사기죄가 성립한다.

> 해설

① 【 X 】 현금카드 겸용 신용카드로 예금을 인출한 행위는 신용카드 본래의 용도로 사용한 것이 아니므로 <u>신용카드부정사용죄(여신전문금융업법위반죄)가 성립하지 않고 절도죄만 성립한다.</u>
『여신전문금융업법 제70조 제1항 소정의 부정사용이라 함은 위조·변조 또는 도난·분실된 신용카드나 직불카드를 진정한 카드로서 신용카드나 직불카드의 본래의 용법에 따라 사용하는 경우를 말하는 것이므로, <u>절취한 직불카드를 온라인 현금자동지급기에 넣고 비밀번호 등을 입력하여 **피해자의 예금을 인출한** 행위는 여신전문금융업법 제70조 제1항 소정의 부정사용의 개념에 포함될 수 없다.</u>』(대판 2003.11.14. 2003도3977). 18. 경찰

> 심화해설

대판 1998.2.27. 97도2974는 유사한 사안에서 신용카드부정사용죄(구신용카드업법위반죄)를 인정하였지만, (구)신용카드업법과 (현)여신전문금융업법이 신용카드(직불카드 포함)의 본래용도를 달리 규정하고 있었기 때문에 그러한 결론에 이른 것뿐이다. 생각건대 신용카드범죄는 경제범죄로서 사회적 법익에 대한 죄의 성격을 가지므로 그 적용범위를 제한하는 것이 옳다. 따라서 신용카드의 본래기능을 축소하여 범죄성립 범위를 제한하고 있는 (현)여신전문금융업법 및 대판 2003.11.14. 2003도3977의 태도는 타당하다.

② 【 X 】 여신전문금융업법위반죄만 성립한다.
『우리 형법은 재산범죄의 객체가 재물인지 재산상의 이익인지에 따라 이를 재물죄와 이득죄로 명시하여 규정하고 있는데, 형법 제347조가 일반 사기죄를 재물죄 겸 이득죄로 규정한 것과 달리 형법 제347조의2는 컴퓨터등사용사기죄의 객체를 재물이 아닌 재산상의 이익으로만 한정하여 규정하고 있으므로, <u>절취한 타인의 신용카드로 현금자동지급기에서 현금을 인출하는 행위가 재물에 관한 범죄임이 분명한 이상 이를 위 컴퓨터등사용사기죄로 처벌할 수는 없다</u>고 할 것이고, 입법자의 의도가 이와 달리 이를 위 죄로 처벌하고자 하는 데 있었다거나 유사한 사례와 비교하여 처벌상의 불균형이 발생할 우려가 있다는 이유만으로 그와 달리 볼 수는 없다.』(대판 2003.5.13. 2003도1178). 18. 경찰

③ 【 X 】 신용카드업법 제25조 제1항은 신용카드를 위조·변조하거나 도난·분실 또는 위조·변조된 신용카드를 사용한 자는 7년 이하의 징역 또는 5천만 원 이하의 벌금에 처한다고 규정하고 있는바, 위 부정사용죄의 구성요건적 행위인 신용카드의 사용이라 함은 신용카드의 소지인이 신용카드의 본래 용도인 대금결제를 위하여 가맹점에 신용카드를 제시하고 매출표에 서명하여 이를 교부하는 일련의 행위를 가리키고 단순히 신용카드를 제시하는 행위만을 가리키는 것은 아니라고 할 것이므로, <u>위 매출표의 서명 및 교부가 별도로 사문서위조 및 동행사의 죄의 구성요건을 충족한다고 하여도 이 사문서위조 및 동행사의 죄는 위 **신용카드부정사용죄에 흡수되어** 신용카드부정사용죄의 1죄만이 성립하고 별도로 사문서위조 및 동행사의 죄는 성립하지 않는다</u>(대판 1992.6.9. 92도77). 18. 경찰

④ 【 O 】 절취한 타인의 신용카드를 이용하여 현금지급기에서 계좌이체를 한 행위는 **컴퓨터등사용사기죄**에서 컴퓨터 등 정보처리장치에 권한 없이 정보를 입력하여 정보처리를 하게 한 행위에 해당함은 별론으로 하고 이를 <u>**절취행위라고 볼 수는 없고**</u>, 한편 위 계좌이체 후 현금지급기에서 현금을 인출한 행위는 자신의 신용카드나 현금카드를 이용한 것이어서 이러한 현금인출이 현금지급기 관리자의 의사에 반한다고 볼 수 없어 절취행위에 해당하지 않으므로 절도죄를 구성하지 않는다(대판 2008.6.12. 2008도2440). 18. 경찰

> 정답 ④

57 신용카드범죄에 관한 설명 중 옳지 않은 것은 모두 몇 개인가?

㉠ 강취한 신용카드를 가지고 자신이 그 신용카드의 정당한 소지인인 것처럼 가맹점의 점주를 속이고 주류 등을 제공받은 경우 여신전문금융업법상의 신용카드부정사용죄와 별도로 사기죄가 성립한다. (강도죄는 고려하지 아니함)
㉡ 타인의 신용카드를 임의로 가지고 가 현금자동지급기에서 현금을 인출한 후 곧바로 반환한 경우 불법영득의 의사가 없으므로 신용카드에 대한 절도죄는 성립하지 않는다.
㉢ 폭행·협박으로 피해자로 하여금 매출전표에 서명을 하게 한 다음 이를 교부받아 소지한 경우, 피해자가 허위로 서명을 하여 교부하였다면 신용카드회사가 가맹점 규약 또는 약관의 규정을 들어 전표에 기재된 금액의 지급을 거절할 수 있으므로 강도죄가 성립하지 않는다.
㉣ 신용카드를 절취한 사람이 대금을 결제하기 위하여 신용카드를 제시하고 카드회사의 승인까지 받았다고 하더라도 매출전표에 서명한 사실이 없고 도난카드임이 밝혀져 최종적으로 매출취소로 거래가 종결되었다면, 여신전문금융업법상의 신용카드 부정사용 미수행위로 처벌된다.

① 1개 ② 2개 ③ 3개 ④ 4개

해설

㉠ 【 O 】 대판 2007.5.10. 2007도1375 15. 변호사
㉡ 【 O 】 대판 2006.7.27. 2006도3126 15. 변호사
㉢ 【 X 】 [1] 강도죄(이른바 강제이득죄)의 요건이 되는 재산상의 이익이란 재물 이외의 재산상의 이익을 말하는 것으로서, 그 재산상의 이익은 반드시 사법상 유효한 재산상의 이득만을 의미하는 것이 아니고 외견상 재산상의 이득을 얻을 것이라고 인정할 수 있는 사실관계만 있으면 여기에 해당된다.
[2] 피고인들이 폭행·협박으로 피해자로 하여금 매출전표에 서명을 하게 한 다음 이를 교부받아 소지함으로써 이미 외관상 각 매출전표를 제출하여 신용카드회사들로부터 그 금액을 지급받을 수 있는 상태가 되었으므로 결국 피고인들이 '재산상 이익'을 취득하였다고 볼 수 있다(대판 1997.2.25. 96도3411). 15. 변호사
㉣ 【 X 】 신용카드업법 제25조 제1항 소정의 신용카드부정사용죄의 구성요건적 행위인 신용카드의 사용이라 함은 신용카드의 소지인이 신용카드의 본래 용도인 대금결제를 위하여 가맹점에 신용카드를 제시하고 매출표에 서명하여 이를 교부하는 일련의 행위를 가리키므로, 단순히 신용카드를 제시하는 행위만으로는 신용카드부정사용죄의 실행에 착수한 것에 불과하고 그 사용행위를 완성한 것으로 볼 수 없다. 피고인 자신이 절취한 신용카드로 대금을 결제하기 위하여 신용카드를 제시하였으나 카드확인과정에서 도난카드임이 밝혀져 매출표도 작성하지 못한 채 검거된 경우, 피고인의 행위가 신용카드 부정사용의 미수행위에 불과하다 할 것이고, 신용카드업법에서 위와 같은 미수행위를 처벌하는 규정을 두고 있지 아니한 이상 피고인을 신용카드업법위반죄로 처벌할 수 없다(대판 1993.11.23. 93도604). 15. 변호사

정답 ②

58 신용카드범죄와 관련된 다음 설명 중 옳은 것은 모두 몇 개인가?

> ㉠ 부정한 방법으로 발급받은 자기 또는 타인 명의의 신용카드를 실제로 사용하면 이는 신용카드부정사용죄를 구성한다.
> ㉡ 신용카드부정사용죄와 사기죄는 행위태양과 보호법익이 유사하여 상상적 경합관계에 있다.
> ㉢ 절취한 타인의 신용카드로 여러 가맹점에서 수차례 물품을 구입한 경우 신용카드부정사용죄 부분은 포괄하여 일죄가 된다.
> ㉣ 정상적으로 대금을 결제할 의사나 능력 없이 발급받은 자기명의의 신용카드로 물품을 구입하고, 또 현금서비스를 받았다면 물품을 구입한 행위와 현금서비스를 받은 행위는 모두 사기죄의 포괄일죄이다.

① 1개   ② 2개   ③ 3개   ④ 4개

해설

㉠ 【 X 】 여신전문금융업법 제70조 제1항에 규정된 신용카드는 타인명의의 신용카드를 전제로 하므로 자기명의의 신용카드를 부정사용하는 행위는 동법 위반죄(신용카드부정사용죄)가 성립하지 않는다. 타인의 성명을 모용하여 신용카드를 발급받은 후 이를 부정사용한 경우 신용카드부정사용죄가 성립할 것인가에 대해서는 견해가 대립한다.

㉡ 【 X 】 신용카드를 부정사용한 결과가 사기죄의 구성요건에 해당하고 그 각 사기죄가 실체적 경합관계에 해당한다고 하여도 신용카드부정사용죄와 사기죄는 그 보호법익이나 행위의 태양이 전혀 달라 실체적 경합관계에 있다(대판 1996.7.12. 96도1181).

㉢ 【 O 】 피고인은 절취한 카드로 가맹점들로부터 물품을 구입하겠다는 단일한 범의를 가지고 그 범의가 계속된 가운데 동종의 범행인 신용카드 부정사용행위를 동일한 방법으로 반복하여 행하였고, 또 위 신용카드의 각 부정사용의 피해법익도 모두 위 신용카드를 사용한 거래의 안전 및 이에 대한 공중의 신뢰인 것으로 동일하므로, 피고인이 동일한 신용카드를 위와 같이 부정사용한 행위는 포괄하여 일죄에 해당한다(대판 1996.7.12. 96도1181).

㉣ 【 O 】 [1] 피고인이 카드사용으로 인한 대금결제의 의사와 능력이 없으면서도 있는 것 같이 가장하여 카드회사를 기망하고, 카드회사는 이에 착오를 일으켜 일정 한도 내에서 카드사용을 허용해 줌으로써 피고인은 기망당한 카드회사의 신용공여라는 하자 있는 의사표시에 편승하여 자동지급기를 통한 현금대출도 받고, 가맹점을 통한 물품구입대금 대출도 받아 카드발급회사로 하여금 같은 액수 상당의 피해를 입게 함으로써, 카드사용으로 인한 일련의 편취행위가 포괄적으로 이루어지는 것이다.
[2] 따라서 카드사용으로 인한 카드회사의 손해는 그것이 자동지급기에 의한 인출행위이든 가맹점을 통한 물품구입행위이든 불문하고 모두가 피해자인 카드회사의 기망당한 의사표시에 따른 카드발급에 터잡아 이루어지는 사기의 포괄일죄이다(대판 1996.4.9. 95도2466).

정답 ②

59 현금카드 기능이 있는 신용카드 사용범죄에 관한 설명 중 옳지 않은 것을 모두 고른 것은?

㉠ 피고인이 피해자를 협박하여 강취한 타인의 신용카드를 사용하여 현금자동지급기에서 예금을 인출한 행위는 그 현금을 객체로 하는 절도죄가 성립한다.

㉡ 타인의 명의를 모용하여 발급받은 신용카드를 사용하여 현금자동지급기에서 현금대출(현금서비스)을 받은 행위는 그 현금을 객체로 하는 절도죄가 성립한다.

㉢ 절취한 타인의 신용카드를 사용하여 현금자동지급기에서 현금대출(현금서비스)을 받은 행위는 그 현금을 객체로 하는 절도죄가 성립한다.

㉣ 물품을 구입하고 절취한 신용카드로 결제를 하면서 매출전표에 서명하여 이를 교부한 경우 신용카드부정사용죄 외에 사문서위조죄 및 위조사문서행사죄로 처벌된다.

㉤ 갈취한 타인의 신용카드와 그 타인으로부터 알아낸 비밀번호를 이용하여 현금자동지급기에서 예금을 인출한 행위는 그 현금을 객체로 하는 절도죄가 성립한다.

① ㉠, ㉡   ② ㉡, ㉣   ③ ㉣, ㉤   ④ ㉠, ㉢, ㉤   ⑤ ㉡, ㉣, ㉤

해설

㉠ 【 O 】 강도죄는 공갈죄와는 달리 피해자의 반항을 억압할 정도로 강력한 정도의 폭행·협박을 수단으로 재물을 탈취하여야 성립하므로, 피해자로부터 현금카드를 강취하였다고 인정되는 경우에는 피해자로부터 현금카드의 사용에 관한 승낙의 의사표시가 있었다고 볼 여지가 없다. 따라서 강취한 현금카드를 사용하여 현금자동지급기에서 예금을 인출한 행위는 피해자의 승낙에 기한 것이라고 할 수 없으므로, 현금자동지급기 관리자의 의사에 반하여 그의 지배를 배제하고 그 현금을 자기의 지배하에 옮겨 놓는 것이 되어서 강도죄와는 별도로 절도죄를 구성한다(대판 2007.5.10. 2007도1375). 15. 변호사

㉡ 【 O 】 대판 2006.7.27. 2006도3126 15. 변호사

㉢ 【 O 】 피해자 명의의 신용카드를 부정사용하여 현금자동인출기에서 현금을 인출하고 그 현금을 취득까지 한 행위는 신용카드업법 제25조 제1항(현행 여신전문금융업법 제70조 제1항)의 부정사용죄에 해당할 뿐 아니라 그 현금을 취득함으로써 현금자동인출기 관리자의 의사에 반하여 그의 지배를 배제하고 그 현금을 자기의 지배하에 옮겨 놓는 것이 되므로 별도로 절도죄를 구성하고, 위 양 죄의 관계는 그 보호법익이나 행위태양이 전혀 달라 실체적 경합관계에 있는 것으로 보아야 한다(대판 1995.7.28. 95도997). 15. 변호사

㉣ 【 X 】 신용카드부정사용죄의 구성요건적 행위인 신용카드의 사용이라 함은 신용카드의 소지인이 신용카드의 본래 용도인 대금결제를 위하여 가맹점에 신용카드를 제시하고 매출표에 서명하여 이를 교부하는 일련의 행위를 가리키고 단순히 신용카드를 제시하는 행위만을 가리키는 것은 아니라고 할 것이므로, 위 매출표의 서명 및 교부가 별도로 사문서위조 및 동행사의 죄의 구성요건을 충족한다고 하여도 이 사문서위조 및 동행사의 죄는 위 신용카드부정사용죄에 흡수되어 신용카드부정사용죄의 1죄만이 성립하고 별도로 사문서위조 및 동행사의 죄는 성립하지 않는다(대판 1992.6.9. 92도77). 15. 변호사

㉤ 【 X 】 예금주인 현금카드 소유자를 협박하여 그 카드를 갈취한 다음 피해자의 승낙에 의하여 현금카드를 사용할 권한을 부여받아 이를 이용하여 현금자동지급기에서 현금을 인출한 행위는 모두 피해자의 예금을 갈취하고자 하는 피고인의 단일하고 계속된 범의 아래에서 이루어진 일련의 행위로서 포괄하여 하나의 공갈죄를 구성하므로, 현금자동지급기에서 피해자의 예금을 인출한 행위를 현금카드 갈취행위와 분리하여 따로 절도죄로 처단할 수는 없다(대판 2007.5.10. 2007도1375). 15. 변호사

◎ 신용카드를 강취하여 현금을 인출한 경우인 ㉠지문과 비교해야 한다.

정답 ③

60 다음 설명 중 옳은 것을 모두 고른 것은?

㉠ 甲이 자신이 일하는 회사 사무실에서 회사 명의의 예금통장을 몰래 가지고 나와 예금 1,000만 원을 인출한 후 다시 그 통장을 제자리에 갖다 놓은 경우, 甲에게 예금통장에 대한 불법영득의사는 인정되지 않으므로 예금통장에 대한 절도죄는 성립하지 않는다.

㉡ PC방 종업원 甲이 손님 A로부터 2만 원의 현금을 인출해 오라는 부탁과 함께 A의 현금카드를 건네받아 현금자동지급기에서 5만 원을 인출한 뒤 2만 원만 A에게 건네주고 나머지는 자신이 가진 경우, 甲의 행위는 현금자동지급기 관리자의 의사에 반해 현금 3만 원에 대한 점유를 침탈한 것이므로 절도죄를 구성한다.

㉢ 乙이 권한 없이 인터넷뱅킹으로 타인의 예금계좌에서 자신의 예금계좌로 돈을 이체한 후 그중 일부를 현금으로 인출하여 甲에게 주었는데 甲이 그 정을 알고 받았다면, 甲이 받은 돈은 재물로서 장물에 해당하므로 甲에게는 장물취득죄가 성립한다.

㉣ 甲이 A의 명의를 모용하여 카드회사로부터 발급받은 신용카드를 사용하여 현금자동지급기에서 현금대출을 받은 경우, 현금대출을 받은 甲의 행위는 현금자동지급기 관리자의 의사에 반해 그의 지배를 배제한 채 그 현금을 자기의 지배하에 옮겨 놓는 행위이므로 절도죄를 구성한다.

㉤ 甲이 A를 협박하여 A 소유의 현금카드를 강취한 다음 이를 이용하여 현금자동지급기에서 현금을 인출한 경우, 甲의 현금인출행위는 현금카드 사용에 관한 A의 승낙에 기한 것이라고 할 수 없어 현금카드에 대한 강도죄와는 별도로 절도죄를 구성한다.

① ㉠, ㉤   ② ㉢, ㉣   ③ ㉣, ㉤   ④ ㉠, ㉡, ㉢   ⑤ ㉡, ㉣, ㉤

② 【 O 】 피고인이 타인의 명의를 모용하여 신용카드를 발급받은 경우, 비록 카드회사가 피고인으로부터 기망을 당한 나머지 피고인에게 피모용자 명의로 발급된 신용카드를 교부하고, 사실상 피고인이 지정한 비밀번호를 입력하여 현금자동지급기에 의한 현금대출(현금서비스)을 받을 수 있도록 하였다 할지라도, 카드회사의 내심의 의사는 물론 표시된 의사도 어디까지나 카드명의인인 피모용자에게 이를 허용하는 데 있을 뿐, 피고인에게 이를 허용한 것은 아니라는 점에서 피고인이 타인의 명의를 모용하여 발급받은 신용카드를 사용하여 현금자동지급기에서 현금대출을 받는 행위는 카드회사에 의하여 미리 포괄적으로 허용된 행위가 아니라, 현금자동지급기의 관리자의 의사에 반하여 그의 지배를 배제한 채 그 현금을 자기의 지배하에 옮겨 놓는 행위로서 절도죄에 해당한다 (대판 2002.7.12. 2002도2134). 19. 변호사
⑩ 【 O 】 대판 2007.5.10. 2007도1375 19. 변호사

정답 ③

61 형법 제349조 부당이득죄에 관한 설명으로 틀린 것은?

① 사람의 궁박한 상태를 이용하여 현저하게 부당한 이익을 취득한 자를 처벌하는 규정이다.
② 궁박한 상태는 경제적인 곤궁한 상태에 국한하지 않으나, 궁박한 상태를 피해자 스스로 초래한 경우는 이를 이용하였더라도 본죄에 해당하지 않는다.
③ 현저하게 부당한 이익인지 여부는 일반인의 사회통념에 의하여 결정하여야 한다.
④ 판례는 궁박이라 함은 '급박한 곤궁'을 의미하는 것으로서 피해자가 궁박한 상태에 있었는지 여부는 거래당사자의 신분과 상호간의 관계, 피해자가 처한 상황의 절박성의 정도 등 제반 상황을 종합하여 구체적으로 판단하여야 한다고 판시하고 있다.
⑤ 이른바 토지개발지역 내 일부 토지를 매수하였다가 개발공사 진척도에 따라 시세보다 비싸게 매도하는 '알박기'가 본죄에 해당할 여지가 있다.

[해설]
② 【 X 】 궁박상태에 이르게 된 원인이 누구에게 있는가는 불문한다. 따라서 피해자 스스로 궁박상태를 초래한 경우에도 이를 이용하면 부당이득죄가 성립한다.

[참고판례]
개발사업 등이 추진되는 사업부지 중 일부의 매매와 관련된 이른바 '알박기' 사건에서 부당이득죄의 성립을 인정하기 위하여는 피고인이 피해자의 개발사업 등이 추진되는 상황을 미리 알고 그 사업부지 내의 부동산을 매수한 경우이거나 피해자에게 협조를 거부하는 경우 등과 같이 피해가가 궁박한 상태에 빠지게 된 데에 피고인이 적극적으로 원인을 제공하였거나 상당한 책임을 부담하는 정도에 이르러야 한다(대판 2010.5.27. 2010도778).

정답 ②

제5절 공갈의 죄

> 지문의 내용에 대해 학설의 대립 등 다툼이 있는 경우 판례에 의함

01 공갈의 죄에 대한 설명 중 가장 적절하지 않은 것은?

① 부동산에 대한 공갈죄는 그 부동산의 소유권이전등기를 경료받거나 또는 인도를 받은 때에 기수가 된다.
② 피공갈자의 처분행위는 반드시 작위에 한하지 않고 부작위로도 가능하여, 피공갈자가 외포심을 일으켜 묵인하고 있는 동안에 공갈자가 직접 재산상의 이익을 탈취한 경우 공갈죄가 성립할 수 있다.
③ A가 甲의 돈을 절취한 다음 다른 금전과 섞거나 교환하지 않고 쇼핑백에 넣어 자신의 집에 숨겨두었는데 乙이 甲의 지시를 받아 A를 위협하여 쇼핑백에 들어 있던 절취된 돈을 교부받은 경우 乙에게 공갈죄가 성립하지 않는다.
④ 甲이 예금주인 현금카드 소유자를 협박하여 그 카드를 갈취한 다음 피해자의 승낙에 의하여 현금카드를 사용할 권한을 부여 받아 이를 이용하여 여러 차례 현금자동지급기에서 예금을 인출한 경우 공갈죄와 절도죄의 경합범이 성립한다.

해설
① 【○】 대판 1992.9.14. 92도1506 20. 경찰승진
② 【○】 대판 2012.1.27. 2011도16044 20. 경찰승진
③ 【○】 대판 2012.8.30. 2012도6157 20. 경찰승진
④ 【X】 예금주인 현금카드 소유자를 협박하여 그 카드를 갈취한 다음 피해자의 승낙에 의하여 현금카드를 사용할 권한을 부여받아 이를 이용하여 현금자동지급기에서 현금을 인출한 행위는 모두 피해자의 예금을 갈취하고자 하는 피고인의 단일하고 계속된 범의 아래에서 이루어진 일련의 행위로서 포괄하여 하나의 공갈죄를 구성하므로, 현금자동지급기에서 피해자의 예금을 인출한 행위를 현금카드 갈취행위와 분리하여 따로 절도죄로 처단할 수는 없다. 왜냐하면 위 예금 인출 행위는 하자 있는 의사표시이기는 하지만 피해자의 승낙에 기한 것이고, 피해자가 그 승낙의 의사표시를 취소하기까지는 현금카드를 적법, 유효하게 사용할 수 있으므로, 은행으로서도 피해자의 지급정지 신청이 없는 한 그의 의사에 따라 그의 계산으로 적법하게 예금을 지급할 수밖에 없기 때문이다(대판 2007.5.10. 2007도1375). 20. 경찰승진

정답 ④

02 공갈의 죄에 대한 다음 설명 중 가장 옳지 않은 것은?

① 피고인이 예금주인 현금카드 소유자를 협박하여 그 카드를 갈취한 다음 피해자의 승낙에 의하여 현금카드를 사용할 권한을 부여받아 이를 이용하여 여러 차례 현금자동지급기에서 예금을 인출한 경우 포괄하여 하나의 공갈죄를 구성한다.
② 공갈죄에 있어서 공갈의 상대방은 재산상의 피해자와 동일함을 요하지는 않는다.
③ 공갈죄의 대상이 되는 재물은 타인의 재물을 의미하므로 사람을 공갈하여 자기의 재물을 교부받는 경우에는 공갈죄가 성립하지 아니한다.
④ 택시 승객이 택시요금을 면하기 위하여 택시운전사를 폭행하고 도주한 경우, 택시운전사의 처분행위가 없었더라도 재산상 이익실현의 장애가 발생하였다면 공갈죄의 기수범이 성립한다.

해설

① 【 O 】 대판 1996.9.20. 95도1728 18. 경찰간부
② 【 O 】 대판 2005.9.29. 2005도4738 18. 경찰간부
③ 【 O 】 대판 2012.8.30. 2012도6157 18. 경찰간부
④ 【 X 】 재산상 이익의 취득으로 인한 공갈죄가 성립하려면 폭행 또는 협박과 같은 공갈행위로 인하여 피공갈자가 재산상 이익을 공여하는 **처분행위가 있어야** 한다. 물론 그러한 처분행위는 반드시 작위에 한하지 아니하고 부작위로도 족하여서, 피공갈자가 외포심을 일으켜 묵인하고 있는 동안에 공갈자가 직접 재산상의 이익을 탈취한 경우에도 공갈죄가 성립할 수 있다. 그러나 폭행의 상대방이 위와 같은 의미에서의 처분행위를 한 바 없고, 단지 행위자가 법적으로 의무 있는 재산상 이익의 공여를 면하기 위하여 상대방을 폭행하고 **현장에서 도주함으로써** 상대방이 행위자로부터 원래라면 얻을 수 있었던 재산상 이익의 실현에 장애가 발생한 것에 불과하다면, 그 행위자에게 공갈죄의 죄책을 물을 수 없다.

사실관계

피고인이 피해자가 운전하는 택시를 타고 간 후 최초의 장소에 이르러 택시요금의 지급을 면할 목적으로 다른 장소에 가자고 하였다면서 택시에서 내린 다음 택시요금 지급을 요구하는 피해자를 때리고 달아나자, 피해자가 피고인이 말한 다른 장소까지 쫓아가 기다리다 그곳에서 피고인을 발견하고 택시요금 지급을 요구하였는데 피고인이 다시 피해자의 얼굴 등을 주먹으로 때리고 달아난 사안에서, 피해자가 피고인에게 계속해서 택시요금의 지급을 요구하였으나 피고인이 이를 면하고자 피해자를 폭행하고 달아났을 뿐, 피해자가 폭행을 당하여 외포심을 일으켜 수동적·소극적으로라도 피고인이 택시요금 지급을 면하는 것을 용인하여 이익을 공여하는 처분행위를 하였다고 할 수 없는데도, 이와 달리 보아 공갈죄를 인정한 원심판결에 법리오해 등 위법이 있다고 한 사례(대판 2012.1.27. 2011도16044). 18. 경찰간부

정답 ④

03 공갈죄에 관한 다음 설명 중 옳은 것은 모두 몇 개인가?

㉠ 공갈죄의 수단인 협박은 사람의 의사결정의 자유를 제한하거나 의사실행의 자유를 방해할 정도로 겁을 먹게 할 만한 해악을 고지하는 것을 말하는데, 해악의 고지는 반드시 명시적인 방법이 아니더라도 말이나 행동을 통해서 상대방으로 하여금 어떠한 해악에 이르게 할 것이라는 인식을 갖게 하는 것이면 족하고, 피공갈자 이외의 제3자를 통해서 간접적으로 할 수도 있다.

㉡ 공갈죄는 다른 사람을 공갈하여 그로 인한 하자 있는 의사에 기하여 자기 또는 제3자에게 재물을 교부하게 하거나 재산상 이익을 취득하게 함으로써 성립되는 범죄로서, 공갈의 상대방이 재산상의 피해자와 같아야 할 필요는 없고, 공갈의 목적이 된 재물 기타 재산상의 이익을 처분할 수 있는 권한을 갖거나 그 지위에 있을 필요도 없다.

㉢ 피공갈자의 하자 있는 의사에 기하여 이루어지는 재물의 교부 자체가 공갈죄에서의 재산상 손해에 해당하므로, 반드시 피해자의 전체 재산의 감소가 요구되는 것은 아니다.

㉣ 대상 기업에 특정한 요구를 하면서 이에 응하지 않을 경우 불매운동의 실행 등 대상 기업에 불이익이 되는 조치를 취하겠다고 고지하거나 공표하는 것과 같이 소비자불매운동의 일환으로 이루어지는 것으로 볼 수 있는 표현이나 행동이라고 하더라도 정치적 표현의 자유나 일반적 행동의 자유 등의 관점에서 전체 법질서상 용인될 수 없을 정도로 사회적 상당성을 갖추지 못한 때에는 그 행위 자체가 강요죄나 공갈죄에서 말하는 협박의 개념에 포섭될 수 있다.

㉤ 공갈범행으로 인하여 취득한 이득액은 불법영득의 대상이 된 재물이나 재산상의 이익의 가액이 기준이 되어야 하고, 범죄의 기수시기를 기준으로 하여 산정할 것이며 그 후의 사정변경을 고려할 것이 아니고 그와 같은 사정변경의 가능성이 공갈행위 시 예견 가능한 것이라고 하여도 마찬가지이다.

① 1개   ② 2개   ③ 3개   ④ 4개

해설

- ㉠ 【 O 】 대판 2013.4.11. 2010도13774 22. 법원행시
- ㉡ 【 X 】 공갈죄에 있어서 공갈의 상대방은 재산상의 피해자와 동일함을 요하지는 아니하나, 공갈의 목적이 된 재물 기타 재산상의 이익을 처분할 수 있는 사실상 또는 법률상의 권한을 갖거나 그러한 지위에 있음을 요한다고 할 것이다(대판 2005.9.29. 2005도4738). 22. 법원행시
- ㉢ 【 O 】 대판 2013.4.11. 2010도13774 22. 법원행시
- ㉣ 【 O 】 대판 3013.4.11. 2010도13774 22. 법원행시
- ㉤ 【 O 】 대판 1990.10.16. 90도1815 22. 법원행시

정답 ④

04 다음 중 옳지 않은 것은 모두 몇 개 인가?

> ㉠ 교통사고로 2주일간의 치료를 요하는 상해를 당하여 그로 인한 손해배상청구권이있음을 기화로 사고차량의 운전사가 바뀐 것을 알고서 그 운전사의 사용자에게 과다한 금원을 요구하면서 이에 응하지 않으면 수사기관에 신고할 듯 한 태도를 보여 이에 겁을 먹은 동인으로부터 금 3,500,000원을 교부 받은 경우 공갈죄가 성립한다.
> ㉡ 피해자의 기망에 의하여 부동산을 비싸게 매수한 자가 그 계약을 취소하지 않고 등기를 자신의 앞으로 둔 채 피해자를 협박하여 전매차익을 받아낸 경우 공갈죄가 성립한다.
> ㉢ 조상천도제를 지내지 아니하면 피해자와 그의 가족의 생명과 신체 등에 어떤 위해가 발생할 것처럼 겁을 주고 이에 외포된 피해자로부터 예금계좌로 835,000원을 송금받은 경우 공갈죄가 성립한다.
> ㉣ 방송기자가 건설회사 경영주에게 그 회사가 건축한 아파트의 공사 하자에 관하여 방송으로 계속 보도할 것 같은 태도를 보임으로써 회사의 신용훼손을 우려한 그로부터 속보 무마비조로 돈 2,000,000원을 받은 경우 공갈죄가 성립한다.
> ㉤ 공무원이 직무행위 의사없이 또는 직무처리와 대가적 관계없이 타인을 공갈하여 재물을 교부하게 한 경우에는 공갈죄가 성립하고, 이러한 경우 재물의 교부자는 공갈자가 공무원이라는 사실을 알았으며 해악의 고지로 인하여 외포의 결과 금품을 제공한 것이어서 그는 공갈죄의 피해자임과 동시에 뇌물공여자가 된다.

① 1개　　② 2개　　③ 3개　　④ 4개

해설

- ㉠ 【 O 】 대판 1990.3.27. 89도2036 21. 해경간부
- ㉡ 【 O 】 대판 1991.9.24. 91도1824 21. 해경간부
- ㉢ 【 X 】 조상천도제를 지내지 아니하면 좋지 않은 일이 생긴다는 취지의 해악의 고지는 길흉화복이나 천재지변의 예고로서 행위자에 의하여 직접, 간접적으로 좌우될 수 없는 것이고 가해자가 현실적으로 특정되어 있지도 않으며 해악의 발생가능성이 합리적으로 예견될 수 있는 것이 아니므로 협박으로 평가될 수 없다고 한 사례(대판 2002.2.8. 2000도3245). 21. 해경간부
- ㉣ 【 O 】 공갈죄의 구성요건이 충족되고 또 인과관계도 인정된다고 할 것이다(대판 1991.5.28. 91도80).
- ㉤ 【 X 】 공무원이 직무집행의 의사 없이 또는 직무처리와 대가적 관계없이 타인을 공갈하여 재물을 교부하게 한 경우에는 공갈죄만이 성립하고, 이러한 경우 재물의 교부자가 공무원의 해악의 고지로 인하여 외포의 결과 금품을 제공한 것이라면 그는 공갈죄의 피해자가 될 것이고 뇌물공여죄는 성립될 수 없다고 하여야 할 것이다(대판 1994.12.22. 94도2528). 21. 해경간부

정답 ②

05 공갈죄에 관한 설명 중 가장 적절하지 않은 것은?

① 공갈죄의 수단으로서 협박은 사람의 의사결정의 자유를 제한하거나 의사실행의 자유를 방해할 정도로 겁을 먹게 할 만한 해악을 고지하는 것을 말하고 해악의 고지는 반드시 명시의 방법에 의할 것을 요하지 아니한다.
② 사회통념상 용인되기 어려운 정도를 넘는 협박을 수단으로 상대방을 외포케 하여 재물의 교부 또는 재산상의 이익을 받았다고 하더라도, 피고인이 피해자에 대하여 진정한 채권을 가지고 있다면 공갈죄는 성립하지 아니한다.
③ 지역신문의 발행인이 시정에 관한 비판기사 및 사설을 보도하고 관련 공무원에게 광고의뢰 및 직보배정을 타 신문사와 같은 수준으로 높게 해달라고 요청한 사실만으로는 공갈죄의 수단으로서 그 상대방을 협박하였다고 볼 수 없다.
④ 공갈죄에 있어서 공갈의 상대방은 재산상의 피해자와 동일함을 요하지는 아니하나, 공갈의 목적이 된 재물 기타 재산상의 이익을 처분할 수 있는 사실상 또는 법률상의 권한을 갖거나 그러한 지위에 있음을 요한다.

[해설]
① 【O】 대판 2003.5.13. 2003도709 17. 경찰승진
② 【X】 아무리 자신에게 정당한 권리가 있다고 하더라도, 그 권리의 행사를 빙자하여, 사회통념상 허용되는 정도나 범위를 넘어서는 협박을 수단으로 상대방을 겁주어 재물을 교부받거나 재산상의 이익을 받으려고 하였다면, 이는 공갈죄의 실행에 착수한 것이라고 보아야 하고, 이 경우 구체적으로 어떠한 행위가 사회통념상 허용되는 정도나 범위를 넘는 것인지 여부는 그 행위의 주관적인 측면과 객관적인 측면, 즉 추구된 목적과 선택된 수단을 전체적으로 종합하여 판단하여야 한다(대판 2006.5.12. 2005도9595). 17. 경찰승진
③ 【O】 대판 2002.12.10. 2001도7095 17. 경찰승진
④ 【O】 대판 2005.9.29. 2005도4738 17. 경찰승진

정답 ②

06 공갈죄에 관한 다음 설명 중 가장 옳지 않은 것은?

① 공갈죄는 다른 사람을 공갈하여 그로 인한 하자 있는 의사에 기하여 자기 또는 제3자에게 재물을 교부하게 하거나 재산상 이익을 취득하게 함으로써 성립되는 범죄로서 공갈의 상대방이 재산상의 피해자와 같아야 할 필요는 없고, 반드시 피해자의 전체 재산의 감소가 요구되는 것도 아니다.
② 공갈죄의 대상이 되는 재물은 타인의 재물을 의미하므로 사람을 공갈하여 자기의 재물을 교부받는 경우에는 공갈죄가 성립하지 아니한다.
③ 폭행의 상대방이 재산상 이익을 공여하는 처분행위를 한 바 없고, 단지 행위자가 법적으로 의무 있는 재산상 이익의 공여를 면하기 위하여 상대방을 폭행하고 현장에서 도주함으로써 상대방이 행위자로부터 원래라면 얻을 수 있었던 재산상 이익의 실현에 장애가 발생한 것에 불과하다면 그 행위자에게 공갈죄의 죄책을 물을 수 없다.
④ 공갈죄의 수단으로서의 협박은 사람의 의사결정의 자유를 제한하거나 의사실현의 자유를 방해할 정도로 겁을 먹게 할 만한 해악을 고지하는 것을 말하고, 해악의 고지가 권리실현의 수단으로 사용된 경우에는 공갈죄가 성립하지 아니한다.
⑤ 예금주인 현금카드 소유자를 협박하여 그 카드를 갈취한 다음 피해자의 승낙에 의하여 현금카드를 사용할 권한을 부여받아 이를 이용하여 현금자동지급기에서 현금을 인출한 행위는 포괄하여 하나의 공갈죄를 구성하고 현금자동지급기에서 피해자의 예금을 인출한 행위를 현금카드 갈취행위와 분리하여 따로 절도죄로 처단할 수는 없다.

[해설]
① 【O】 대판 2013.4.11. 2010도13774 16. 법원행시
② 【O】 대판 2012.8.30. 2012도6157 16. 법원행시
③ 【O】 대판 2012.1.27. 2011도16044 16. 법원행시
④ 【X】 해악의 고지가 권리실현의 수단으로 사용된 경우라고 하여도 그것이 권리행사를 빙자하여 협박을 수단으로 상대방을 겁을 먹게 하였고 권리실행의 수단 방법이 사회통념상 허용되는 정도나 범위를 넘는다면 공갈죄가 성립한다(대판 2012.9.13. 2012도7461). 16. 법원행시
⑤ 【O】 대판 1996.9.20. 95도1728 16. 법원행시

정답 ④

07 공갈죄에 관한 설명 중 가장 적절하지 않은 것은?

① 공갈죄의 수단인 협박은 객관적으로 사람의 의사결정의 자유를 제한하거나 의사실행의 자유를 방해할 정도로 겁을 먹게 할 만한 해악을 고지하는 것을 말한다.
② 가출자의 가족에 대하여 그의 소재를 알려주는 조건으로 보험가입을 요구한 경우는 공갈죄에 있어서의 협박으로 볼 수 없다.
③ 사회통념상 용인되기 어려운 정도를 넘는 협박을 수단으로 상대방을 외포케 하여 재물의 교부 또는 재산상의 이익을 받았다고 하더라도, 피고인이 피해자에 대하여 진정한 채권을 가지고 있다면 공갈죄는 성립하지 아니한다.
④ 지역신문의 발행인이 시정에 관한 비판기사 및 사설을 보도하고 관련 공무원에게 광고의뢰 및 직보배정을 타신문사와 같은 수준으로 높게 해달라고 요청한 사실만으로는 공갈죄의 수단으로서 그 상대방을 협박하였다고 볼 수 없다.
⑤ 피해자의 기망에 의하여 부동산을 비싸게 매수한 피고인이 그 계약을 취소함이 없이 등기를 피고인 앞으로 둔 채 피해자를 협박하여 재산상의 이득을 얻거나 돈을 받은 행위는 공갈죄를 구성한다.

[해설]
① 【O】 대판 2003.5.13. 2003도709
② 【O】 대판 1976.4.27. 75도2818
③ 【X】 피고인이 피해자에 대하여 채권이 있다고 하더라도 그 권리행사를 빙자하여 사회통념상 용인되기 어려운 정도를 넘는 협박을 수단으로 상대방을 외포케 하여 재물의 교부 또는 재산상의 이익을 받았다면 공갈죄가 되는 것이다(대판 2000.2.25. 99도4305).
④ 【O】 대판 2002.12.10. 2001도7095
⑤ 【O】 정당한 권리행사의 범위를 넘은 것으로서 사회통념상 용인될 수 없으므로 공갈죄를 구성한다(대판 1991.9.24. 91도1824).

정답 ③

08 공갈죄에 대한 설명 중 가장 옳지 않은 것은?

① 甲은 자기 채권을 변제받기 위해 乙의 멱살을 잡고 채무변제를 요구하여 "만일 돈을 갖지 않을 때에는 집에 불을 질러 모두 태워버리겠다"고 협박하였다. 이에 乙이 채무를 변제하였다면 甲에게 공갈죄가 성립한다.
② 甲이 조상천도제를 지내지 아니하면 가정에 액운이 온다고 하여 천도제 비용 명목으로 100만원을 받았다고 하더라도 甲에게 공갈죄는 성립하지 않는다.
③ 공갈죄의 수단으로서의 협박은 객관적으로 사람의 의사결정의 자유를 제한하거나 의사실행의 자유를 방해할 정도로 겁을 먹게 할 만한 해악을 고지하는 것을 말하는 것이며, 그 해악에는 천재지변 또는 신력이나 길흉화복에 관한 것은 포함될 여지가 없다.
④ 공갈죄의 성립을 위해서 공갈의 상대방이 재산상의 피해자와 같아야 할 필요는 없고, 피공갈자의 하자 있는 의사에 기하여 이루어지는 재물의 교부 자체가 공갈죄에서의 재산상 손해에 해당하므로, 반드시 피해자의 전체 재산의 감소가 요구되는 것도 아니다.

[해설]

① 【 O 】 피고인이 피해자에 대하여 채권이 있다고 하더라도 그 권리행사를 빙자하여 사회통념상 용인되기 어려운 정도를 넘는 협박을 수단으로 상대방을 외포케 하여 재물의 교부 또는 재산상의 이익을 받았다면 공갈죄가 되는 것이다(대판 2000.2.25. 99도4305).

② 【 O 】, ③ 【 X 】 [1] 공갈죄의 수단으로써의 협박은 객관적으로 사람의 의사결정의 자유를 제한하거나 의사실행의 자유를 방해할 정도로 겁을 먹게 할 만한 해악을 고지하는 것을 말하고, 그 해악에는 인위적인 것뿐만 아니라 천재지변 또는 신력이나 길흉화복에 관한 것도 포함될 수 있으나, 다만 천재지변 또는 신력이나 길흉화복을 해악으로 고지하는 경우에는 상대방으로 하여금 행위자 자신이 그 천재지변 또는 신력이나 길흉화복을 사실상 지배하거나 그에 영향을 미칠 수 있는 것으로 믿게 하는 명시적 또는 묵시적 행위가 있어야 공갈죄가 성립한다.
[2] 조상천도제를 지내지 아니하면 좋지 않은 일이 생긴다는 취지의 해악의 고지는 길흉화복이나 천재지변의 예고로서 행위자에 의하여 직접, 간접적으로 좌우될 수 없는 것이고 가해자가 현실적으로 특정되어 있지도 않으며 해악의 발생가능성이 합리적으로 예견될 수 있는 것이 아니므로 협박으로 평가될 수 없다고 한 사례(대판 2002.2.8. 2000도3245).

④ 【 O 】 2013.4.11. 2010도13774

정답 ③

09 공갈죄에 관한 다음 설명 중 틀린 것은 모두 몇 개인가?

㉠ 공갈죄의 수단으로서 한 협박은 공갈죄에 흡수될 뿐 별도로 협박죄를 구성하지 않으므로, 그러한 협박행위를 당하였다는 내용의 범죄사실에 대한 피해자의 고소는 결국 공갈죄에 대한 것이라 할 것이어서, 그 후 고소가 취소되었다 하여 공갈죄로 처벌하는 데에 아무런 장애가 되지 않는다.
㉡ 공갈죄의 수단으로서의 협박은 해악을 고지하는 것을 말하는데, 여기에서 고지된 해악의 실현은 반드시 그 자체가 위법한 것임을 요하지 않으며, 해악의 고지가 정당한 권리자에 의하여 권리실행의 수단으로서 사용된 경우에 공갈죄가 성립하기 위하여는 행위의 주관적인 측면과 객관적인 측면을 종합적으로 판단할 때 그 방법이 사회통념상 허용되는 정도를 넘어야 한다.
㉢ 토지매도인이 그 매매대금을 지급받기 위하여 매수인을 상대로 하여 당해 토지에 관한 소유권이전등기말소청구소송을 제기하고 위 대금을 변제받지 못하면 위 소송을 취하하지 아니하고 예고등기도 말소하지 않겠다는 취지를 알린 경우, 공갈행위에 해당한다고 단정할 수 있다.
㉣ 공갈죄는 폭행 또는 협박과 같은 공갈행위로 인하여 피공갈자가 재산상 이익을 공여하는 처분행위가 있어야 성립하며, 처분행위는 반드시 작위에 한하지 아니하고, 피공갈자가 외포심을 일으켜 묵인하고 있는 동안에 공갈자가 직접 재산상의 이익을 탈취하는 부작위로도 가능하다.
㉤ 부동산에 대한 공갈죄는 그 부동산의 소유권이전등기에 필요한 서류를 교부받은 때에 기수가 된다.

① 1개 ② 2개 ③ 3개 ④ 4개

해설

㉠ 【 O 】 대판 1996.9.24. 96도2151
㉡ 【 O 】 대판 2006.5.12. 2005도9595
㉢ 【 X 】 처분권주의, 변론주의의 원리를 채택하고 있는 민사소송에 있어 부당한 제소나 그 소송의 유지가 있다 하더라도 상대방은 이에 응소하여 방어권을 충분히 행사할 수 있는 것이고 소의 취하는 상대방이 이를 강제할 수 없는 것이므로, 토지매도인이 그 매매대금을 지급받기 위하여 매수인을 상대로 하여 당해 토지에 관한 소유권이전등기말소청구소송을 제기하고 위 대금을 변제받지 못하면 위 소송을 취하하지 아니하고 예고등기도 말소하지 않겠다는 취지를 알렸다고 하여 이를 지목하여 공갈행위라고 단정할 수는 없다(대판 1989.2.28. 87도690).
㉣ 【 O 】 대판 2012.1.27. 2011도16044
㉤ 【 X 】 부동산에 대한 공갈죄는 그 부동산에 관하여 소유권이전등기를 경료받거나 또는 인도를 받은 때에 기수로 되는 것이고, 소유권이전등기에 필요한 서류를 교부 받은 때에 기수로 되어 그 범행이 완료되는 것은 아니다(대판 1992.9.14. 92도1506).

정답 ②

10 공갈죄에 관한 설명 중 옳은 것은?

① 피고인이 甲주식회사가 특정 신문들에 광고를 편중했다는 이유로 기자회견을 열어 甲회사에 대하여 불매운동을 하겠다고 하면서 특정 신문들에 대한 광고를 중단할 것과 다른 신문들에 대해서도 동등하게 광고를 집행할 것을 요구하고 甲회사 인터넷 홈페이지에 그와 같은 내용의 팝업창을 띄우게 한 경우 강요죄나 공갈죄의 협박에 해당하지 않는다.
② 甲이 乙의 돈을 절취한 다음 다른 금전과 섞거나 교환하지 않고 쇼핑백 등에 넣어 자신의 집에 숨겨두었는데, 피고인이 乙의 지시로 폭력조직원 丙과 함께 甲에게 겁을 주어 쇼핑백 등에 들어 있던 절취된 돈을 교부받아 갈취하였다면 공갈죄가 성립된다.
③ 피고인이 피해자가 운전하는 택시를 타고 간 후 최초의 장소에 이르러 택시요금의 지급을 면할 목적으로 다른 장소에 가자고 하였다면서 택시에서 내린 다음 택시요금 지급을 요구하는 피해자를 때리고 달아나자, 피해자가 피고인이 말한 다른 장소까지 쫓아가 기다리다 그곳에서 피고인을 발견하고 택시요금 지급을 요구하였는데 피고인이 다시 피해자의 얼굴 등을 주먹으로 때리고 달아났다면 공갈죄가 성립한다.
④ 주점의 종업원에게 신체에 위해를 가할 듯한 태도를 보여 이에 겁을 먹은 위 종업원으로부터 주류를 제공받은 경우에, 위 종업원은 주류에 대한 사실상의 처분권자이므로 공갈죄의 피해자에 해당되고 공갈죄가 성립한다.
⑤ 공무원이 직무집행의 의사 없이 또는 직무처리와 대가적 관계없이 타인을 공갈하여 재물을 교부하게 한 경우에는 공갈죄가 성립하고, 이러한 경우 재물의 교부자는 공갈자가 공무원이라는 사실을 알았으며 해악의 고지로 인하여 외포의 결과 금품을 제공한 것이어서 그는 공갈죄의 피해자임과 동시에 뇌물공여자가 된다.

해설

① 【 X 】 피고인이, 甲 주식회사가 특정 신문들에 광고를 편중했다는 이유로 기자회견을 열어 甲 회사에 대하여 불매운동을 하겠다고 하면서 특정 신문들에 대한 광고를 중단할 것과 다른 신문들에 대해서도 특정 신문들과 동등하게 광고를 집행할 것을 요구하고 甲 회사 인터넷 홈페이지에 '甲 회사는 앞으로 특정 언론사에 편중하지 않고 동등한 광고 집행을 하겠다'는 내용의 팝업창을 띄우게 한 사안에서, 불매운동의 목적, 그 조직과정 및 규모, 대상 기업으로 甲 회사 하나만을 선정한 경위, 기자회견을 통해 공표한 불매운동의 방법 및 대상 제품, 甲 회사 직원에게 고지한 요구사항의 구체적인 내용, 위 공표나 고지행위 당시의 상황, 그에 대한 甲 회사 경영진의 반응, 위 요구사항에 응하지 않을 경우 甲 회사에 예상되는 피해의 심각성 등 제반 사정을 고려할 때, 피고인의 행위는 甲 회사의 의사결정권자로 하여금 그 요구를 수용하지 아니할 경우 불매운동이 지속되어 영업에 타격을 입게 될 것이라는 겁을 먹게 하여 의사결정 및 의사실행의 자유를 침해한 것으로 강요죄나 공갈죄의 수단으로서의 협박에 해당한다고 본 원심판단을 수긍한 사례(대판 2013.4.11. 2010도13774).
② 【 X 】 甲이 乙의 돈을 절취한 다음 다른 금전과 섞거나 교환하지 않고 쇼핑백 등에 넣어 자신의 집에 숨겨두었는데, 피고인이 乙의 지시로 폭력조직원 丙과 함께 甲에게 겁을 주어 쇼핑백 등에 들어 있던 절취된 돈을 교부받아 갈취하였다고 하여 폭력행위 등 처벌에 관한 법률 위반(공동공갈)으로 기소된 사안에서, 피고인 등이 甲에게서 되찾은 돈은 절취 대상인 당해 금전이라고 구체적으로 특정할 수 있어 객관적으로 甲의 다른 재산과 구분됨이 명백하므로 이를 타인인 甲의 재물이라고 볼 수 없고, 따라서 비록 피고인 등이 甲을 공갈하여 돈을 교부받았더라도 타인의 재물을 갈취한 행위로서 공갈죄가 성립된다고 볼 수 없는데, 이와 달리 보아 유죄를 인정한 원심판결에 공갈죄의 대상인 타인의 재물 등에 관한 법리오해의 위법이 있다고 한 사례(대판 2012.8.30. 2012도6157).
③ 【 X 】 피해자가 폭행을 당하여 외포심을 일으켜 수동적·소극적으로라도 피고인이 택시요금 지급을 면하는 것을 용인하여 이익을 공여하는 처분행위를 하였다고 할 수 없는데, 이와 달리 보아 공갈죄를 인정한 원심판결에 법리오해 등 위법이 있다고 한 사례(대판 2012.1.27. 2011도16044).
④ 【 O 】 대판 2005.9.29. 2005도4738
⑤ 【 X 】 공무원이 직무집행의 의사 없이 또는 직무처리와 대가적 관계없이 타인을 공갈하여 재물을 교부하게 한 경우에는 공갈죄만이 성립하고, 이러한 경우 재물의 교부자가 공무원의 해악의 고지로 인하여 외포의 결과 금품을 제공한 것이라면 그는 공갈죄의 피해자가 될 것이고 뇌물공여죄는 성립될 수 없다고 하여야 할 것이다(대판 1994.12.22. 94도2528).

정답 ④

11 공갈죄에 대한 설명 중 틀린 것은 모두 몇 개인가?

> ㉠ 공갈죄에 있어서 공갈의 상대방은 재산상의 피해자와 동일함을 요하지 아니하나, 공갈의 목적이 된 재물 기타 재산상의 이익을 처분할 수 있는 사실상 또는 법률상의 권한을 갖거나 그러한 지위에 있음을 요한다.
> ㉡ 피해자의 기망에 의하여 부동산을 비싸게 매수한 피고인이 그 계약을 취소함이 없이 등기를 피고인 앞으로 둔 채 피해자를 협박하여 재산상의 이득을 얻거나 돈을 받은 행위는 공갈죄를 구성한다.
> ㉢ 교통사고로 2주일간의 치료를 요하는 상해를 당하여 그로 인한 손해배상청구권이 있음을 기화로 사고차량의 운전사가 바뀐 것을 알고서 그 운전사의 사용자에게 과다한 금원을 요구하면서 이에 응하지 않으면 수사기관에 신고할 듯한 태도를 보여 이에 겁을 먹은 동인으로부터 금 3,500,000원을 교부받은 경우 공갈죄가 성립한다.
> ㉣ 방송기자가 건설회사 경영주에게 그 회사가 건축한 아파트의 공사하자에 관하여 방송으로 계속 보도할 것 같은 태도를 보임으로써 회사의 신용훼손을 우려한 경영주로부터 속보 무마비조로 돈 2,000,000원을 받은 경우 공갈죄가 성립한다.

① 없음   ② 1개   ③ 2개   ④ 3개

해설

㉠ 【 O 】 대판 2005.9.29. 2005도4738
㉡ 【 O 】 대판 1991.9.24. 91도1824
㉢ 【 O 】 대판 1990.3.27. 89도2036
㉣ 【 O 】 대판 1991.5.28. 91도80

정답 ①

12 사기와 공갈의 죄에 대한 설명으로 옳지 않은 것을 모두 고른 것은?

> ㉠ 타인으로부터 금전을 차용하면서 그 용도를 속였고, 만일 사실대로 용도를 고지하였더라면 상대방이 그에 응하지 않았을 경우에 차용금채무에 대한 상당한 담보를 제공하였다는 사정이 있으면 사기죄가 성립하지 아니한다.
> ㉡ 1개의 기망행위에 의하여 다수의 피해자로부터 각각 재물을 편취한 경우에는 피해자별로 수개의 사기죄가 성립하고, 각 죄는 실체적 경합의 관계에 있다.
> ㉢ 피해자를 기망하여 재물의 교부를 받고 그 대가를 일부 지급한 경우에는 피해자로부터 교부된 재물의 가치로부터 그 대가를 공제한 차액이 사기죄의 편취액으로 산정된다.
> ㉣ 예금주인 현금카드 소유자를 협박하여 카드를 갈취하고, 하자 있는 의사표시이기는 하나 피해자의 승낙에 의하여 현금카드를 사용할 권한을 부여받아 이를 사용하여 현금자동지급기에서 예금을 여러 번 인출한 행위들은 포괄하여 하나의 공갈죄를 구성한다.
> ㉤ 다른 공범자가 공갈행위의 실행에 착수한 후 그 범행을 인식하면서 그와 공동의 범의를 가지고 그 후의 공갈행위를 계속하여 재물의 교부나 재산상 이익의 취득에 이른 때에는 공갈죄의 공동정범이 성립한다.

① ㉠, ㉡, ㉢   ② ㉠, ㉡, ㉣   ③ ㉠, ㉢, ㉤   ④ ㉡, ㉢, ㉤

해설

㉠ 【 X 】 사기죄의 구성요건인 편취의 범의는 피고인이 자백하지 않는 이상 범행 전후의 피고인의 재력, 환경, 범행의 내용, 거래의 이행과정 등과 같은 객관적인 사정 등을 종합하여 판단할 수밖에 없는 것이고, 타인으로부터 금전을 차용함에 있어서 그 **차용한 금전의 용도나 변제할 자금의 마련방법에 관하여** 사실대로 고지하였더라면 상대방이 응하지 않았을 경우에 그 용도나 변제자금의 마련방법에 관하여 진실에 반하는 사실을 고지하여 금전을 교부받은 경우에는 사기죄가 성립하고, 이 경우 차용금채무에 대한 담보를 제공하였다는 사정만으로는 결론을 달리 할 것은 아니다(대판 2005.9.15. 2003도5382). 18. 경찰

㉡ 【 X 】 **1개의 기망행위**에 의하여 여러 피해자로부터 각각 재물을 편취한 경우에는 피해자별로 수개의 사기죄가 성립하고, 그 사이에는 **상상적 경합**의 관계에 있는 것으로 보아야 한다(대판 2011.1.13. 2010도9330). 18. 경찰

> 사실관계
> 피고인 등이 피해자들을 유인하여 사기도박으로 도금을 편취한 행위는 사회관념상 1개의 행위로 평가하는 것이 타당하므로, 피해자들에 대한 각 사기죄는 상상적 경합의 관계에 있다고 보아야 한다.

㉢ 【 X 】 재물편취를 내용으로 하는 사기죄에 있어서는 기망으로 인한 재물교부가 있으면 그 자체로써 피해자의 재산침해가 되어 이로써 곧 사기죄가 성립하는 것이고, 상당한 대가가 지급되었다거나 피해자의 전체 재산상에 손해가 없다 하여도 사기죄의 성립에는 그 영향이 없으므로 사기죄에 있어서 그 대가가 일부 지급된 경우에도 그 편취액은 피해자로부터 교부된 재물의 가치로부터 **그 대가를 공제한 차액이 아니라** 교부받은 재물 전부라 할 것이다(대판 2000.7.7. 2000도1899). 18. 경찰

㉣ 【 O 】 예금주인 현금카드 소유자를 협박하여 그 카드를 갈취한 다음 피해자의 승낙에 의하여 현금카드를 사용할 권한을 부여받아 이를 이용하여 현금자동지급기에서 현금을 인출한 행위는 모두 피해자의 예금을 갈취하고자 하는 피고인의 단일하고 계속된 범의 아래에서 이루어진 일련의 행위로서 **포괄하여 하나의 공갈죄**를 구성하므로, 현금자동지급기에서 피해자의 예금을 인출한 행위를 현금카드 갈취행위와 분리하여 따로 절도죄로 처단할 수는 없다. 왜냐하면 위 예금 인출 행위는 하자 있는 의사표시이기는 하지만 피해자의 승낙에 기한 것이고, 피해자가 그 승낙의 의사표시를 취소하기까지는 현금카드를 적법, 유효하게 사용할 수 있으므로, 은행으로서도 피해자의 지급정지 신청이 없는 한 그의 의사에 따라 그의 계산으로 적법하게 예금을 지급할 수밖에 없기 때문이다(대판 2007.5.10. 2007도1375). 18. 경찰

㉤ 【 O 】 2인 이상이 공모하여 범죄에 공동 가공하는 공범관계에 있어서 공모는 법률상 어떤 정형을 요구하는 것이 아니고 공범자 상호간에 직접 또는 간접으로 범죄의 공동실행에 관한 암묵적인 의사연락이 있으면 족한 것으로 비록 **전체의 모의과정이 없었다고 하더라도** 수인 사이에 의사의 결합이 있으면 공동정범이 성립되는 것이므로, 공범자가 공갈행위의 실행에 착수한 후 그 범행을 인식하면서 그와 공동의 범의를 가지고 그 후의 공갈행위를 계속하여 재물의 교부나 재산상 이익의 취득에 이른 때에는 공갈죄의 공동정범이 성립한다(대판 1997.2.14. 96도1959). 18. 경찰

> 사실관계
> 부실공사 관련 기사에 대한 해당 업체의 반박광고가 있음에도 반복 기사가 나간 상태에서, 그 신문사 사주 및 광고국장이 그 업체 대표이사에게 감정이 격양되어 있는 기자들의 분위기를 전하는 방식으로 자사 신문에 사과광고를 게재토록 하면서 과다 광고료를 받은 행위는 공갈죄의 구성요건에 해당하며, 신문사 사주 및 광고국장 사이에 광고료 갈취에 대한 사전모의는 없었으나 암묵적인 의사연락에 의한 공범관계가 존재하고, 동일 장소에서 동일 기회에 상호 다른 자의 범행을 인식하고 이를 이용한 경우에 해당하므로, 공갈죄의 공동정범이 성립한다.

정답 ①

13 사기와 공갈의 죄에 대한 설명으로 옳은 것을 모두 고른 것은?

㉠ 비트코인은 경제적인 가치를 디지털로 표상하여 전자적으로 이전, 저장과 거래가 가능하도록 한 가상자산의 일종으로 사기죄의 객체인 재산상 이익에 해당한다.

㉡ 피해자 A는 드라이버를 구매하기 위해 특정 매장에 방문하였다가 지갑을 떨어뜨렸는데, 10분쯤 후 甲이 같은 매장에서 우산을 구매하고 계산을 마친 뒤, 지갑을 발견하여 습득한 매장 주인 B로부터 "이 지갑이 선생님 지갑이 맞느냐?"라는 질문을 받자 "내 것이 맞다."라고 대답한 후 이를 교부 받아가지고 간 경우, 甲에게 사기죄가 아닌 절도죄가 성립한다.

㉢ 소송사기가 성립하기 위하여는 제소 당시에 그 주장과 같은 채권이 존재하지 아니한다는 것만으로는 부족하고 그 주장의 채권이 존재하지 아니하는 사실을 잘 알면서도 허위의 주장과 증명으로써 법원을 기망한다는 인식을 하고 있어야만 한다.

㉣ 재산상 이익의 취득으로 인한 공갈죄가 성립하려면 폭행 또는 협박과 같은 공갈행위로 인하여 피공갈자가 재산상 이익을 공여하는 처분행위가 있어야 하므로, 피공갈자가 외포심을 일으켜 묵인하고 있는 동안에 공갈자가 직접 재산상의 이익을 탈취한 경우에는 공갈죄가 성립할 수 없다.

① ㉠, ㉢   ② ㉠, ㉣   ③ ㉡, ㉢   ④ ㉡, ㉣

해설

㉠ 【 O 】 대판 2021.11.11. 2021도9855 24. 경찰승진

㉡ 【 X 】 피해자 A는 드라이버를 구매하기 위해 특정 매장에 방문하였다가 지갑을 떨어뜨렸는데, 10분쯤 후 甲이 같은 매장에서 우산을 구매하고 계산을 마친 뒤, 지갑을 발견하여 습득한 매장 주인 B로부터 "이 지갑이 선생님 지갑이 맞느냐?"라는 질문을 받자 "내 것이 맞다."라고 대답한 후 이를 교부 받아가지고 간 경우, B의 행위는 사기죄에서 말하는 처분행위에 해당하고, 피고인의 행위를 절취행위로 평가할 수 없다(대판 2022.12.29. 2022도12494). 24. 경찰승진

㉢ 【 O 】 대판 2018.12.28. 2018도13305 24. 경찰승진

㉣ 【 X 】 재산상 이익의 취득으로 인한 공갈죄가 성립하려면 폭행 또는 협박과 같은 공갈행위로 인하여 피공갈자가 재산상 이익을 공여하는 처분행위가 있어야 한다. 물론 그러한 처분행위는 반드시 작위에 한하지 아니하고 부작위로도 족하여서, 피공갈자가 외포심을 일으켜 묵인하고 있는 동안에 공갈자가 직접 재산상의 이익을 탈취한 경우에도 공갈죄가 성립할 수 있다. 그러나 폭행의 상대방이 위와 같은 의미에서의 처분행위를 한 바 없고, 단지 행위자가 법적으로 의무 있는 재산상 이익의 공여를 면하기 위하여 상대방을 폭행하고 현장에서 도주함으로써 상대방이 행위자로부터 원래라면 얻을 수 있었던 재산상 이익의 실현에 장애가 발생한 것에 불과하다면, 그 행위자에게 공갈죄의 죄책을 물을 수 없다(대판 2012.1.27. 2011도16044). 24. 경찰승진

정답 ①

제6절 횡령의 죄

> 지문의 내용에 대해 학설의 대립 등 다툼이 있는 경우 판례에 의함

01 횡령의 죄에 관한 설명으로 가장 적절하지 않은 것은?

① 횡령죄의 본질에 관한 영득행위설에 따르면, 보관하는 재물을 위탁의 취지에 반하여 일시사용·손괴·은닉의 목적으로 처분하는 등 불법영득의 의사가 없는 경우, 횡령죄가 성립하지 않는다.

② 보관자도 업무자도 아닌 甲이 위탁받은 재물의 보관자인 동시에 업무자인 乙의 업무상횡령죄를 방조한 경우, 甲에게는 업무상횡령죄의 방조범이 성립한다.

③ 주주나 대표이사 또는 그에 준하여 회사 자금의 보관이나 운용에 관한 사실상의 사무를 처리하는 자가 회사 소유 재산을 제3자의 자금 조달을 위하여 담보로 제공하는 등 사적인 용도로 임의처분한 경우 횡령죄가 성립하지만, 그 처분에 관하여 주주총회나 이사회의결의가 있었다면 횡령죄가 성립하지 않는다.

④ 건물의 임차인 甲이 임대인 A에 대한 임대차보증금 반환 채권을 B에게 양도하였는데도 A에게 채권양도 통지를 하지 않고 A로부터 남아 있던 임대차보증금을 반환받아 보관하던 중 개인적인 용도로 사용한 경우, 별도의 약정이나 그 밖의 특별한 사정이 인정되지 않는 한 甲에게는 횡령죄가 성립하지 않는다.

해설

① 【 O 】 옳은 지문이다. 24. 경찰

② 【 O 】 비신분자인 甲이 신분자인 乙에게 방조로 가담한 경우, 판례에 의하면 본문규정에 따라 甲에게는 업무상횡령죄의 방조범이 성립하고, 단서조항에 따라 단순횡령의 방조범으로 처벌된다. 24. 경찰

③ 【 X 】 주식회사는 주주와 독립된 별개의 권리주체로서 이해가 반드시 일치하는 것은 아니므로, 주주나 대표이사 또는 그에 준하여 회사 자금의 보관이나 운용에 관한 사실상의 사무를 처리하는 자가 회사 소유 재산을 제3자의 자금 조달을 위하여 담보로 제공하는 등 사적인 용도로 임의 처분하였다면 그 처분에 관하여 주주총회나 이사회의 결의가 있었는지 여부와는 관계없이 횡령죄의 죄책을 면할 수는 없다(대판 2011.3.24. 2010도17396). 24. 경찰

④ 【 O 】 채권양도인이 채무자에게 채권양도 통지를 하는 등으로 채권양도의 대항요건을 갖추어 주지 않은 채 채무자로부터 채권을 추심하여 금전을 수령한 경우, 특별한 사정이 없는 한 금전의 소유권은 채권양수인이 아니라 채권양도인에게 귀속하고 채권양도인이 채권양수인을 위하여 양도 채권의 보전에 관한 사무를 처리하는 신임관계가 존재한다고 볼 수 없다. 따라서 채권양도인이 위와 같이 양도한 채권을 추심하여 수령한 금전에 관하여 채권양수인을 위해 보관하는 자의 지위에 있다고 볼 수 없으므로, 채권양도인이 위 금전을 임의로 처분하더라도 횡령죄는 성립하지 않는다.

횡령죄에서 재물의 타인성과 관련하여 대법원 판례가 유지해 온 형법상 금전 소유권 개념에 관한 법리에 비추어 보더라도, 채권양도인이 채권양도 통지를 하기 전에 채무자로부터 채권을 추심하여 금전을 수령한 경우 금전의 소유권은 채권양도인에게 귀속할 뿐이고 채권양수인에게 귀속한다고 볼 수 없다.

따라서 채권양도인이 채권양수인에게 채권양도와 관련하여 부담하는 의무는 일반적인 권리이전계약에 따른 급부의무에 지나지 않으므로, 채권양도인이 채권양수인을 위하여 어떠한 재산상 사무를 대행하거나 맡아 처리한다고 볼 수 없다. 채권양도인과 채권양수인은 통상의 계약에 따른 이익대립관계에 있을 뿐 횡령죄의 보관자 지위를 인정할 수 있는 신임관계에 있다고 할 수 없다(대판 2022.6.23. 2017도3829). 24. 경찰

정답 ③

02 횡령죄에 관한 설명으로 가장 적절하지 않은 것은?

① 횡령죄에서 재물의 보관은 재물에 대한 사실상 또는 법률상 지배력 있는 상태를 의미하므로, 소유권의 취득에 등록이 필요한 타인 소유의 차량을 인도받아 보관하고 있는 사람이 이를 사실상 처분하면 횡령죄가 성립하며, 보관 위임자나 보관자가 차량의 등록명의자일 필요는 없다.
② 甲이 A로부터 A 소유의 차량을 인도받아 사용하고 있는 경우, 당사자 사이에서 소유권을 등록명의자가 아닌 甲이 보유하기로 약정하였다는 등의 특별한 사정이 있는 경우에는 그 내부관계에서 甲이 소유권을 보유하게 되나, 이때에도 대외적 관계에서는 여전히 A가 소유권을 보유하고 있으므로 A가 甲에게 해당 차량의 반환을 요구하였음에도 甲이 이를 거부하였다면 횡령죄가 성립한다.
③ 甲이 A로부터 액면금 10억 원의 수표 1매를 현금으로 교환해 주면 1천만 원의 대가를 주겠다는 제안을 받고, 위 수표가 B 등이 사기범행을 통해 취득한 범죄수익이라는 사실을 알면서도 교부받아 그 일부를 현금으로 교환한 후, 아직 교환되지 못한 수표 및 교환된 현금을 임의로 사용한 경우 甲에게는 횡령죄가 성립하지 않는다.
④ 병원에서 의약품 선정·구매 업무를 담당하는 약국장이 병원을 대신하여 제약회사로부터 의약품 제공의 대가로 기부금 명목의 돈을 받아 보관하던 중 임의소비한 경우, 업무상 횡령죄가 성립한다.

해설

① 【 O 】 대판 2015.6.25. 2015도1944 전합 25. 경찰
② 【 X 】 자동차에 대한 소유권의 득실변경은 등록을 함으로써 그 효력이 생기고 등록이 없는 한 대외적 관계에서는 물론 당사자의 대내적 관계에서도 소유권을 취득할 수 없는 것이 원칙이지만, 당사자 사이에 소유권을 등록명의자 아닌 자가 보유하기로 약정하였다는 등의 특별한 사정이 있는 경우에는 그 내부관계에 있어서는 등록명의자 아닌 자가 소유권을 보유하게 된다(대판 2023.6.1. 2023도1096). 따라서 자동차는 A와 甲의 내부관계에서는 A의 재물이 아닌 甲의 재물이므로, A가 甲에게 해당 차량의 반환을 요구하였음에도 甲이 이를 거부하였다면 횡령죄가 성립하지 않는다. 25. 경찰
③ 【 O 】 피고인이 甲으로부터 범죄수익 등의 은닉범행 등을 위해 교부받은 수표는 불법의 원인으로 급여한 물건에 해당하여 소유권이 피고인에게 귀속되고, 따라서 피고인이 그중 교환하지 못한 수표와 이미 교환한 현금을 임의로 소비하였더라도 횡령죄가 성립하지 않는다(대판 2017.4.26. 2016도18035). 25. 경찰
④ 【 O 】 [1] 피고인이 병원을 대신하여 제약회사들로부터 의약품을 공급받는 대가로 그 의약품 매출액에 비례하여 기부금 명목의 금원을 제공받은 다음 병원을 위하여 보관하여 왔던 것뿐이라면, 다른 특별한 사정이 없는 한 이를 두고 선량한 풍속 기타 사회질서에 반하는 행위로서 불법원인급여에 해당한다고 보기는 어렵다.
[2] 위 돈은 병원이 약국장에게 불법원인급여를 한 것에 해당하지 않아 여전히 반환청구권을 가지므로 업무상 횡령죄가 성립한다(대판 2008.10.9. 2007도2511). 25. 경찰

정답 ②

03 횡령의 죄에 관한 설명 중 가장 적절한 것은?

① 횡령죄의 본질에 관한 학설 중 월권행위설에 따르면 본죄가 성립하기 위하여는 불법영득의사가 있어야 한다.
② 횡령죄에 있어서 재물의 보관이란 재물에 대한 사실상 또는 법률상 지배력이 있는 상태를 의미하며, 그것은 반드시 사용대차, 임대차, 위임 등이 계약에 의해 설정될 필요는 없고, 사무관리, 관습, 조리, 신의칙에 의해서도 성립한다.
③ 소유권의 취득에 등록이 필요한 차량에 대한 횡령죄에서는 타인의 재물을 보관하는 사람의 지위는 등록에 의하여 차량을 제3자에게 법률상 유효하게 처분할 수 있는 권능 유무에 따라 결정된다.
④ 횡령죄는 타인의 재물에 관한 소유권 등 본권을 보호법익으로 하는 범죄이므로 본권 침해의 결과가 발생하였을 때 성립하는 이른바 침해범이다.

[해설]
① 【 X 】 횡령죄의 본질에 관한 학설 중 월권행위설은 영득행위를 하지 않더라도 월권행위만 있으면 성립하므로 횡령죄의 성립에 불법영득의사를 필요로 하지 않는다. 22. 경찰
② 【 O 】 횡령죄에서 '재물의 보관'이란 재물에 대한 사실상 또는 법률상 지배력이 있는 상태를 의미하고 그 보관이 위탁관계에 기인하여야 하는 것은 물론이나, 반드시 사용대차·임대차·위임 등의 계약에 의하여 설정될 것을 요하지 아니하고, 사무관리·관습·조리·신의칙 등에 의해서도 성립될 수 있다(대판 2011.3.24. 2010도17396). 22. 경찰
③ 【 X 】 소유권의 취득에 등록이 필요한 타인 소유 차량을 인도받아 보관하고 있는 사람이 이를 사실상 처분한 경우, 보관 위임자나 보관자가 차량의 등록명의자가 아니라도 횡령죄가 성립한다.
지입회사에 소유권이 있는 차량에 대하여 지입회사에서 운행관리권을 위임받은 지입차주 또는 지입차주에게서 차량 보관을 위임받은 사람이 지입회사 또는 지입차주의 승낙 없이 보관 중인 차량을 사실상 처분한 경우 횡령죄가 성립한다(대판 2015.6.25. 2015도1944). 22. 경찰
④ 【 X 】 횡령죄는 본권이 침해될 위험성이 있으면 그 침해의 결과가 발생하지 아니하더라도 성립하는 이른바 위태범이다(대법 2009.2.12. 2008도10971). 22. 경찰

[정답] ②

04 횡령의 죄에 대한 설명으로 옳지 않은 것은?

① 회사의 대표이사 혹은 그에 준하여 회사 자금의 보관이나 운용에 관한 사실상의 사무를 처리하여 온 자가 이자나 변제기의 약정과 이사회 결의 등 적법한 절차 없이 회사를 위한 지출 이외의 용도로 거액의 회사 자금을 가지급금 등의 명목으로 인출, 사용한 행위는 횡령죄를 구성한다.
② 다른 사람의 유실물인 줄 알면서 당국에 신고하거나 피해자의 숙소에 운반하지 아니하고 자기 친구 집에 운반한 사실만으로는 점유이탈물횡령죄의 범의를 인정하기 어렵다.
③ 타인의 재물을 보관하는 자가 단순히 반환을 거부한 사실만으로는 횡령죄를 구성하는 것은 아니며, 반환거부의 이유 및 주관적인 의사 등을 종합하여 반환거부행위가 횡령행위와 같다고 볼 수 있을 정도이어야만 횡령죄가 성립한다.
④ 주식회사는 주주와 독립된 별개의 권리주체로서 이해가 반드시 일치하는 것은 아니므로, 주주나 대표이사 또는 그에 준하여 회사 자금의 보관이나 운용에 관한 사실상의 사무를 처리하는 자가 회사 소유 재산을 제3자의 자금 조달을 위하여 담보로 제공하는 등 사적인 용도로 임의처분하였고 그 처분에 관하여 주주총회나 이사회의 결의가 있었던 경우에는 횡령죄의 죄책을 면할 수 있다.

[해설]
① 【 O 】 대판 2017.4.13. 2017도953 22. 국가직 9급
② 【 O 】 대판 1969.8.19. 69도1087 22. 국가직 9급
③ 【 O 】 대판 2013.8.23. 2011도7637 22. 국가직 9급
④ 【 X 】 주식회사는 주주와 독립된 별개의 권리주체로서 이해가 반드시 일치하는 것은 아니므로, 주주나 대표이사 또는 그에 준하여 회사 자금의 보관이나 운용에 관한 사실상의 사무를 처리하는 자가 회사 소유 재산을 제3자의 자금 조달을 위하여 담보로 제공하는 등 사적인 용도로 임의 처분하였다면 그 처분에 관하여 주주총회나 이사회의 결의가 있었는지 여부와는 관계없이 횡령죄의 죄책을 면할 수는 없다(대판 2011.3.24. 2010도17396). 22. 국가직 9급

[정답] ④

05 횡령죄에 대한 설명으로 옳은 것은 모두 몇 개인가?

㉠ 부동산을 공동으로 상속한 자들 중 1인이 부동산을 혼자 점유하다가 다른 공동상속인의 상속지분을 임의로 처분하여도 그에게는 그 처분권능이 없어 횡령죄가 성립하지 아니한다.

㉡ 전기통신금융사기의 공범인 계좌명의인이 개설한 예금계좌로 피해자가 송금·이체한 사기 피해금을 계좌명의인이 영득할 의사로 인출하면 피해자에 대한 횡령죄가 성립한다.

㉢ 초·중등교육법에 정한 학교발전기금으로 기부한 금액은 관련 법령상 엄격히 제한된 용도 외에 학교운영에 필요한 특정한 공익적 용도로 수수한 것으로 볼 수 있는 예외적 경우가 아닌 한, 학교운영위원회에 귀속되어 법령에서 정한 사용 목적으로만 사용되어야 하고, 정해진 용도 외의 사용행위는 원칙적으로 횡령죄를 구성한다.

㉣ 익명조합의 경우에는 익명조합원이 영업을 위하여 출자한 금전 기타의 재산은 상대편인 영업자의 재산이 되므로 영업자는 타인의 재물을 보관하는 자의 지위에 있지 않아 영업자가 영업이익금 등을 임의로 소비하였더라도 횡령죄가 성립하지 아니한다.

① 1개 ② 2개 ③ 3개 ④ 4개

해설

㉠ 【 O 】 부동산에 관한 횡령죄에 있어서 타인의 재물을 보관하는 자의 지위는 동산의 경우와는 달리 부동산에 대한 점유의 여부가 아니라 부동산을 제3자에게 유효하게 처분할 수 있는 권능의 유무에 따라 결정하여야 하므로, 부동산을 공동으로 상속한 자들 중 1인이 부동산을 혼자 점유하던 중 다른 공동상속인의 상속지분을 임의로 처분하여도 그에게는 그 처분권능이 없어 횡령죄가 성립하지 아니한다(대판 2000.4.11. 2000도565). 21. 경찰

㉡ 【 X 】 전기통신금융사기(이른바 보이스피싱 범죄)의 범인이 피해자를 기망하여 피해자의 돈을 사기이용계좌로 송금·이체받았다면 이로써 편취행위는 기수에 이른다. 따라서 범인이 피해자의 돈을 보유하게 되었더라도 이로 인하여 피해자와 사이에 어떠한 위탁 또는 신임관계가 존재한다고 할 수 없는 이상 피해자의 돈을 보관하는 지위에 있다고 볼 수 없으며, 나아가 그 후에 범인이 사기이용계좌에서 현금을 인출하였더라도 이는 이미 성립한 사기범행의 실행행위에 지나지 아니하여 새로운 법익을 침해한다고 보기도 어려우므로, 위와 같은 인출행위는 사기의 피해자에 대하여 따로 횡령죄를 구성하지 아니한다. 그리고 이러한 법리는 사기범행에 이용되리라는 사정을 알고서도 자신 명의 계좌의 접근매체를 양도함으로써 사기범행을 방조한 종범이 사기이용계좌로 송금된 피해자의 돈을 임의로 인출한 경우에도 마찬가지로 적용된다(대판 2017.5.31. 2017도3045). 21. 경찰

㉢ 【 O 】 초·중등교육법, 그 시행령 및 학교발전기금의 조성·운용 및 회계에 관한 규칙 등 관련 법령이 학교발전기금의 조성에 관한 그 주체·목적·절차·방법 등은 물론이고 학교발전기금의 운용·사용·회계관리 등에 관하여도 엄격히 규정하고 있고, 이와 같은 관련 법령의 입법취지가 '열악한 교육재정여건을 감안하여 학교운영위원회를 통한 기금의 조성을 허용하는 대신에 기금의 조성 및 사용에 투명성을 기하고 찬조금 등 금품모금과 관련한 잡음을 없애기 위한 것'에 있는 점 등에 비추어 볼 때, 초·중등교육법에 정한 학교발전기금으로 기부한 금원의 경우, 그 기부의 경위와 목적, 상황, 액수 등 그 실질에 비추어 위와 같이 법령상 엄격히 제한된 용도 외에 학교운영에 필요한 특정한 공익적 용도로 수수한 것으로 볼 수 있는 예외적 경우가 아닌 한, 학교운영위원회에 귀속되어 법령에서 정한 사용목적으로만 사용되어야 할 것이므로, 그 정해진 용도 외의 사용행위는 원칙적으로 횡령죄를 구성한다고 보아야 할 것이다(대판 2014.3.13. 2012도6336). 21. 경찰

㉣ 【 O 】 익명조합관계에 있는 영업에 대한 익명조합원이 상대방의 영업을 위하여 출자한 금전 기타의 재산은 상대방인 영업자의 재산으로 되는 것이므로 영업자가 그 영업의 이익금을 함부로 자기 용도에 소비하였다 하여도 횡령죄가 될 수 없다(대판 1971.12.28. 71도2032). 21. 경찰

정답 ③

06 다음 사례에서 (업무상)횡령죄가 성립하는 경우는?

① 적법한 종중총회의 결의가 없는 상태에서 종중의 회장으로부터 담보 대출을 받아달라는 부탁과 함께 종중 소유의 임야를 이전받은 자가 임야를 담보로 금원을 대출받아 임의로사용한 경우(종중에 대한 관계에서)
② 법인의 임직원이 법인의 운영에 필요한 자금을 조달하기 위하여 법인의 무자료 거래를 통해 비자금을 조성한 경우(법인에 대한 관계에서)
③ 전기통신금융사기 공범인 계좌명의인이 자신이 개설한 예금계좌에 사기 피해자가 사기 피해금을 송금·이체하자 그 돈을 영득할 의사로 인출한 경우(전기통신금융사기의 범인에 대한 관계에서)
④ 부동산의 공유자 중 1인이 구분소유자 전원의 공유에 속하는 공용부분인 지하주차장 일부를 독점 임대하고 임차료를 수령한 경우(다른 공유자에 대한 관계에서)

[해설]
① 【성립】 피고인이 종중의 회장으로부터 담보 대출을 받아달라는 부탁과 함께 종중 소유의 임야를 이전받은 다음 임야를 담보로 금원을 대출받아 임의로 사용하고 자신의 개인적인 대출금 채무를 담보하기 위하여 임야에 근저당권을 설정한 행위가 종중에 대한 관계에서 횡령죄를 구성한다(대판 2005.6.24. 2005도2413). 21. 국가직 9급
② 【불성립】 법인의 운영자 또는 관리자가 법인의 자금을 이용하여 비자금을 조성하였다고 하더라도 그것이 당해 비자금의 소유자인 법인 이외의 제3자가 이를 발견하기 곤란하게 하기 위한 장부상의 분식에 불과하거나 법인의 운영에 필요한 자금을 조달하는 수단으로 인정되는 경우에는 불법영득의 의사를 인정하기 어렵다(대판 2010.12.9. 2010도11015). 21. 국가직 9급
③ 【불성립】 계좌명의인이 개설한 예금계좌가 전기통신금융사기 범행에 이용되어 그 계좌에 피해자가 사기피해금을 송금·이체한 경우에도 마찬가지로 적용된다. 계좌명의인은 피해자와 사이에 아무런 법률관계 없이 송금·이체된 사기피해금 상당의 돈을 피해자에게 반환하여야 하므로(대법원 2014.10.15. 선고 2013다207286 판결 참조), 피해자를 위하여 사기피해금을 보관하는 지위에 있다고 보아야 하고, 만약 계좌명의인이 그 돈을 영득할 의사로 인출하면 피해자에 대한 횡령죄가 성립한다. 이때 계좌명의인이 사기의 공범이라면 자신이 가담한 범행의 결과 피해금을 보관하게 된 것일 뿐이어서 피해자와 사이에 위탁관계가 없고, 그가 송금·이체된 돈을 인출하더라도 이는 자신이 저지른 사기범행의 실행행위에 지나지 아니하여 새로운 법익을 침해한다고 볼 수 없으므로 사기죄 외에 별도로 횡령죄를 구성하지 않는다(대판 2018.7.19. 2017도17494). 21. 국가직 9급
④ 【불성립】 [1] 부동산에 관한 횡령죄에 있어서 타인의 재물을 보관하는 자의 지위는 동산의 경우와는 달리 부동산에 대한 점유의 여부가 아니라 부동산을 제3자에게 유효하게 처분할 수 있는 권능의 유무에 따라 결정하여야 하므로, 부동산의 공유자 중 1인이 다른 공유자의 지분을 임의로 처분하거나 임대하여도 그에게는 그 처분권능이 없어 횡령죄가 성립하지 아니한다.
[2] 구분소유자 전원의 공유에 속하는 공용부분인 지하주차장 일부를 그 중 1인이 독점 임대하고 수령한 임차료를 임의로 소비한 경우 횡령죄가 성립하지 아니한다(대판 2004.5.27. 2003도6988). 21. 국가직 9급

[정답] ①

07 횡령죄에 대한 설명으로 옳은 것만을 모두 고르면?

㉠ 지입회사에 소유권이 있는 차량에 대하여 지입회사에서 운행관리권을 위임받은 지입차주가 지입회사의 승낙없이 보관 중인 차량을 사실상 처분한 경우에는 횡령죄가 성립하지만, 지입차주에게서 차량 보관을 위임받은 사람이 지입차주의 승낙 없이 보관 중인 차량을 사실상 처분한 경우에는 보관을 위임받은 사람을 타인의 재물을 보관한 자로 볼 수 없으므로 횡령죄가 성립하지 않는다.

㉡ 부동산 실권리자명의 등기에 관한 법률을 위반하여 명의신탁자 甲이 그 소유인 부동산의 등기명의를 명의수탁자 乙에게 이전하는 이른바 양자간 명의신탁의 경우, 이때 乙이 신탁받은 부동산을 임의로 처분하면 甲에 대한 관계에서 횡령죄가 성립하지 않는다.

㉢ 채무자가 기존 금전채무를 담보하기 위하여 다른 금전 채권을 채권자에게 양도한 후 제3채무자에게 채권양도 통지를 하지 않은 채 자신이 사용할 의도로 제3채무자로부터 변제를 받아 변제금을 수령한 후 채무자가 이를 임의로 소비한 경우, 횡령죄가 성립하지 않는다.

㉣ 채권의 담보를 목적으로 부동산의 소유권이전등기를 마친 양도담보권자인 채권자 甲이 목적물을 점유하다가 임의로 그 변제기일 이전에 제3자에게 근저당권을 경료하여 준 경우, 채무자 소유인 타인의 부동산을 불법영득한 것이므로 횡령죄가 성립한다.

㉤ 내적 조합의 조합원 중 한 사람이 조합재산 처분으로 얻은 대금을 임의로 소비한 경우 횡령죄는 성립하지만, 익명조합의 익명조합원이 영업을 위하여 출자한 금전기타 재산에 대하여 상대편인 영업자가 영업이익금을 임의로 소비한 경우 횡령죄는 성립하지 않는다.

① ㉠, ㉢ ② ㉡, ㉣ ③ ㉡, ㉢, ㉤ ④ ㉡, ㉣, ㉤

해설

㉠ 【 X 】 횡령죄는 타인의 재물을 보관하는 사람이 재물을 횡령하거나 반환을 거부한 때에 성립한다(형법 제355조 제1항). 횡령죄에서 재물의 보관은 재물에 대한 사실상 또는 법률상 지배력이 있는 상태를 의미하며, 횡령행위는 불법영득의사를 실현하는 일체의 행위를 말한다. 따라서 소유권의 취득에 등록이 필요한 타인 소유의 차량을 인도받아 보관하고 있는 사람이 이를 사실상 처분하면 횡령죄가 성립하며, 보관 위임자나 보관자가 차량의 등록명의자일 필요는 없다. 그리고 이와 같은 법리는 지입회사에 소유권이 있는 차량에 대하여 지입회사에서 운행관리권을 위임받은 지입차주가 지입회사의 승낙 없이 보관 중인 차량을 사실상 처분하거나 지입차주에게서 차량 보관을 위임받은 사람이 지입차주의 승낙 없이 보관 중인 차량을 사실상 처분한 경우에도 마찬가지로 적용된다(대판 2015.6.25. 2015도1944). 21. 국가직 7급

㉡ 【 O 】 명의수탁자가 명의신탁자에 대하여 소유권이전등기말소의무를 부담하게 되나, 위 소유권이전등기는 처음부터 원인무효여서 명의수탁자는 명의신탁자가 소유권에 기한 방해배제청구로 말소를 구하는 것에 대하여 상대방으로서 응할 처지에 있음에 불과하다. 명의수탁자가 제3자와 한 처분행위가 부동산실명법 제4조 제3항에 따라 유효하게 될 가능성이 있다고 하더라도 이는 거래 상대방인 제3자를 보호하기 위하여 명의신탁약정의 무효에 대한 예외를 설정한 취지일 뿐 명의신탁자와 명의수탁자 사이에 위 처분행위를 유효하게 만드는 어떠한 위탁관계가 존재함을 전제한 것이라고는 볼 수 없다. 따라서 말소등기의무의 존재나 명의수탁자에 의한 유효한 처분가능성을 들어 명의수탁자가 명의신탁자에 대한 관계에서 '타인의 재물을 보관하는 자'의 지위에 있다고 볼 수도 없다. 이러한 법리는, 부동산 명의신탁이 부동산실명법 시행 전에 이루어졌고 같은 법이 정한 유예기간 이내에 실명등기를 하지 아니함으로써 그 명의신탁약정 및 이에 따라 행하여진 등기에 의한 물권변동이 무효로 된 후에 처분행위가 이루어진 경우에도 마찬가지로 적용된다(대판 2021.2.18. 2016도18761). 21. 국가직 7급

㉢ 【 O 】 채무자가 채권 양도담보계약에 따라 담보 목적 채권의 담보가치를 유지·보전할 의무는 계약에 따른 자신의 채무에 불과하고, 채권자와 채무자 사이에 채무자가 채권자를 위하여 담보가치의 유지·보전사무를 처리함으로써 채무자의 사무처리를 통해 채권자가 담보 목적을 달성한다는 신임관계가 존재한다고 볼 수 없다. 그러므로 채무자가 제3채무자에게 채권양도 통지를 하지 않은 채 자신이 사용할 의도로 제3채무자로부터 변제를 받아 변제금을 수령한 경우, 이는 단순한 민사상 채무불이행에 해당할 뿐, 채무자가 채권자와의 위탁신임관계에 의하여 채권자를 위해 위 변제금을 보관하는 지위에 있다고 볼 수 없고, 채무자가 이를 임의로 소비하더라도 횡령죄는 성립하지 않는다(대판 2021.2.25. 2020도12927). 21. 국가직 7급

ⓒ 【 X 】 채권의 담보를 목적으로 부동산의 소유권이전등기를 마친 채권자는 채무자가 변제기일까지 그 채무를 변제하면 채무자에게 그 소유명의를 환원하여 주기 위하여 그 소유권이전등기를 이행할 의무가 있으므로, 그 변제기일 이전에 그 임무에 위배하여 제3자에게 근저당권을 경료하여 주었다면 변제기일까지 채무자의 채무변제가 없었다고 하더라도 배임죄는 성립되고, 그와 같은 법리는 채무자에게 환매권을 주는 형식을 취하였다고 하여 다를 바가 없다(대판 1995.5.12. 95도283). 21. 국가직 7급

ⓜ 【 O 】 익명조합관계에 있는 영업에 대한 익명조합원이 상대방의 영업을 위하여 출자한 금전 기타의 재산은 상대방인 영업자의 재산으로 되는 것이므로 영업자가 그 영업의 이익금을 함부로 자기 용도에 소비하였다 하여도 횡령죄가 될 수 없다(대판 1971.12.28. 71도2032). 21. 국가직 7급

정답 ③

08 횡령죄에 관한 다음 설명 중 가장 옳지 않은 것은?

① 건설기계등록원부에의 등록을 소유권 취득의 요건으로 하는 화물자동차에 대한 횡령죄에 있어서, 타인의 재물을 보관하는 자의 지위는 일반 동산의 경우와는 달리 화물자동차에 대한 점유의 여부가 아니라 화물자동차를 제3자에게 유효하게 처분할 수 있는 권능의 유무에 따라 결정하여야 할 것이므로, 화물자동차의 지입차주로부터 그 자동차에 관한 관리·운영권만을 위임받아 이를 점유하여 온 자는 그 화물자동차를 법률상 처분할 수 있는 지위에 있다고 할 수 없으므로 타인의 재물을 보관하는 자에 해당하지 않는다고 할 것이다.

② 부동산 실권리자명의 등기에 관한 법률을 위반한 양자간 명의신탁의 경우 명의수탁자가 신탁받은 부동산을 임의로 처분하여도 명의신탁자에 대한 관계에서 횡령죄가 성립하지 아니한다.

③ 구분소유적 공유관계에서 구분소유하고 있는 특정 구분부분별로 독립한 필지로 분할되는 경우에는 특별한 사정이 없는 한 각자의 특정 구분부분에 해당하는 필지가 아닌 나머지 각 필지에 전사된 공유자 명의의 공유지분등기는 더 이상 당해 공유자의 특정 구분부분에 해당하는 필지를 표상하는 등기라고 볼 수 없고, 각 공유자 상호 간에 상호명의신탁 관계만이 존속하므로, 각 공유자는 나머지 각 필지 위에 전사된 자신 명의의 공유지분에 관하여 다른 공유자에 대한 관계에서 그 공유지분을 보관하는 자의 지위에 있다고 할 것이므로, 다른 공유자의 특정 구분부분에 전사된 자신의 지분을 담보로 제공하는 경우 횡령죄가 성립한다.

④ 계좌명의인이 개설한 예금계좌가 전기통신금융사기 범행에 이용되어 그 계좌에 피해자가 사기피해금을 송금·이체한 경우 계좌명의인은 피해자와 사이에 아무런 법률관계 없이 송금·이체된 사기피해금 상당의 돈을 피해자에게 반환하여야 하므로, 피해자를 위하여 사기피해금을 보관하는 지위에 있다고 보아야 하고, 만약 계좌명의인이 그 돈을 영득할 의사로 인출하면 피해자에 대한 횡령죄가 성립한다고 할 것이나, 이때 계좌명의인이 사기의 공범이라면 자신이 가담한 범행의 결과 피해금을 보관하게 된 것일 뿐이어서 피해자와 사이에 위탁관계가 없고, 그가 송금·이체된 돈을 인출하더라도 이는 자신이 저지른 사기범행의 실행행위에 지나지 아니하여 새로운 법익을 침해한다고 볼 수 없으므로 사기죄외에 별도로 횡령죄를 구성하지 않는다.

해설

① 【 X 】 횡령죄는 타인의 재물을 보관하는 사람이 재물을 횡령하거나 반환을 거부한 때에 성립한다(형법 제355조 제1항). 횡령죄에서 재물의 보관은 재물에 대한 사실상 또는 법률상 지배력이 있는 상태를 의미하며, 횡령행위는 불법영득의사를 실현하는 일체의 행위를 말한다. 따라서 소유권의 취득에 등록이 필요한 타인 소유의 차량을 인도받아 보관하고 있는 사람이 이를 사실상 처분하면 횡령죄가 성립하며, 보관 위임자나 보관자가 차량의 등록명의자일 필요는 없다. 그리고 이와 같은 법리는 지입회사에 소유권이 있는 차량에 대하여 지입회사에서 운행관리권을 위임받은 지입차주가 지입회사의 승낙 없이 보관 중인 차량을 사실상 처분하거나 지입차주에게서 차량 보관을 위임받은 사람이 지입차주의 승낙 없이 보관 중인 차량을 사실상 처분한 경우에도 마찬가지로 적용된다(대판 2015.6.25. 2015도1944). 22. 법원직

② 【 O 】 대판 2021.2.18. 2016도18761 22. 법원직
③ 【 O 】 대판 2014.12.24. 2011도11084 22. 법원직
④ 【 O 】 대판 2018.7.19. 2017도17494 22. 법원직

정답 ①

09 횡령죄의 불법영득의사에 관한 다음 설명 중 가장 옳지 않은 것은?

① 피고인이 자신이 위탁받아 보관하고 있던 돈이 모두 없어졌는데도 그 행방이나 사용처를 제대로 설명하지 못한다면 일응 피고인이 이를 임의 소비하여 횡령한 것이라고 추단할 수 있다.

② 아파트의 입주자대표회의 회장인 피고인이 일반 관리비와 별도로 적립·관리되는 특별수선충당금을 아파트 구조진단 견적비 및 시공사에 대한 손해배상청구소송의 변호사 선임료로 사용함으로써 아파트 관리규약에 의하여 정하여진 용도 외에 사용한 경우, 피고인이 특별수선충당금을 위와 같이 지출한 것이 위탁 취지에 반하여 자기 또는 제3자의 이익을 위하여 자기의 소유인 것처럼 처분하였다고 단정하기 어렵다.

③ 횡령죄가 성립하기 위해서는 우선 타인의 재물을 보관하는 자의 지위에 있어야 하고, 부동산에 대한 보관자의 지위는 부동산에 대한 점유가 아니라 부동산을 제3자에게 유효하게 처분할 수 있는 권능의 유무를 기준으로 결정해야 한다.

④ 타인 소유의 토지에 관하여 허위의 보증서와 확인서를 발급받아 부동산소유권 이전등기 등에 관한 특별조치법에 따른 소유권이전등기를 임의로 마친 사람은 그 원인무효 등기에 따라 토지에 대한 처분권능이 새로이 발생하는 것이 아니므로 토지에 대한 '보관자의 지위'에 있다고 할 수 없다.

⑤ 단체의 비용으로 지출할 수 있는 변호사 선임료는 단체 자체가 소송당사자가 된 경우에 한하므로, 단체의 대표자 개인이 당사자가 된 민·형사사건의 변호사 비용은 단체의 비용으로 지출할 수 없다. 따라서 비록 분쟁에 대한 실질적인 이해관계는 단체에 있으나 법적인 이유로 그 대표자의 지위에 있는 개인이 소송 기타 법적 절차의 당사자가 된 경우에는 단체의 비용으로 변호사 선임료를 지출할 수는 없다.

해설

① 【 O 】 대판 2001.9.4. 2000도1743 22. 법원행시
② 【 O 】 대판 2017.2.15. 2013도14777 22. 법원행시
③ 【 O 】 대판 2021.6.30. 2018도18010 22. 법원행시
④ 【 O 】 대판 1987.2.10. 86도1607 22. 법원행시
⑤ 【 X 】 단체의 비용으로 지출할 수 있는 변호사 선임료는 원칙적으로 단체 자체가 소송당사자가 된 경우에 한하므로 다른 특별한 사정이 없는 한 단체의 대표자 개인이 당사자가 된 민·형사사건의 변호사 비용은 단체의 비용으로 지출할 수 없다. 그러나 예외적으로 분쟁에 대한 실질적인 이해관계는 단체에게 있으나 법적인 이유로 그 대표자의 지위에 있는 개인이 소송 기타 법적 절차의 당사자가 되었다거나 대표자로서 단체를 위하여 적법하게 행한 직무행위 또는 대표자의 지위에 있음으로 말미암아 의무적으로 행한 행위 등과 관련하여 분쟁이 발생한 경우와 같이, 당해 법적 분쟁이 단체와 업무적인 관련이 깊고 당시의 제반 사정에 비추어 단체의 이익을 위하여 소송을 수행하거나 고소에 대응하여야 할 특별한 필요성이 있는 경우에는 단체의 비용으로 변호사 선임료를 지출할 수 있다고 할 것이다(대판 2009.9.24. 2009도3982). 22. 법원행시

정답 ⑤

10 부동산 명의신탁에 관한 다음 설명 중 가장 옳지 않은 것은?

① 명의신탁자와 명의수탁자 사이에 무효인 명의신탁약정 등에 기초하여 존재한다고 주장될 수 있는 사실상의 위탁관계라는 것은 부동산실명법에 반하여 범죄를 구성하는 불법적인 관계에 지나지 아니할 뿐 이를 형법상 보호할 만한 가치 있는 신임에 의한 것이라고 할 수 없다.

② 명의신탁자가 매수한 부동산에 관하여 부동산실명법을 위반하여 명의수탁자와 맺은 명의신탁약정에 따라 매도인에게서 바로 명의수탁자 명의로 소유권이전등기를 마친 이른바 중간생략등기형 명의신탁을 한 경우, 명의신탁자는 신탁부동산의 소유권을 가지지 아니하고, 명의신탁자와 명의수탁자 사이에 위탁신임관계를 인정할 수도 없다.

③ 부동산 명의신탁이 부동산실명법 시행 전에 이루어졌으나, 같은 법이 정한 유예기간 이내에 실명등기를 하지 아니함으로써 그 명의신탁약정 및 이에 따라 행하여진 등기에 의한 물권변동이 무효로 된 후에 처분행위가 이루어졌다면, 명의수탁자가 명의신탁자에 대한 관계에서 여전히 '타인의 재물을 보관하는 자'의 지위에 있다고 보아야 한다.

④ 구분소유하고 있는 특정 구분부분별로 독립한 필지로 분할되는 경우에는 특별한 사정이 없는 한 각 공유자 상호간에 상호명의신탁관계만이 존속하는 것이므로, 각 공유자는 나머지 각 필지 위에 전사된 자신 명의의 공유지분에 관하여 다른 공유자에 대한 관계에서 그 공유지분을 보관하는 자의 지위에 있다.

[해설]

① 【O】 대판 2021.2.18. 2016도18761 23. 법원직
② 【O】 대판 2016.5.19. 2014도6992 23. 법원직
③ 【X】 명의수탁자가 명의신탁자에 대하여 소유권이전등기말소의무를 부담하게 되나, 위 소유권이전등기는 처음부터 원인무효여서 명의수탁자는 명의신탁자가 소유권에 기한 방해배제청구로 말소를 구하는 것에 대하여 상대방으로서 응할 처지에 있음에 불과하다. 명의수탁자가 제3자와 한 처분행위가 부동산실명법 제4조 제3항에 따라 유효하게 될 가능성이 있다고 하더라도 이는 거래상대방인 제3자를 보호하기 위하여 명의신탁약정의 무효에 대한 예외를 설정한 취지일 뿐 명의신탁자와 명의수탁자 사이에 위 처분행위를 유효하게 만드는 어떠한 위탁관계가 존재함을 전제한 것이라고는 볼 수 없다. 따라서 말소등기의무의 존재나 명의수탁자에 의한 유효한 처분가능성을 들어 명의수탁자가 명의신탁자에 대한 관계에서 '타인의 재물을 보관하는 자'의 지위에 있다고 볼 수도 없다.
이러한 법리는, 부동산 명의신탁이 부동산실명법 시행 전에 이루어졌고 같은 법이 정한 유예기간 이내에 실명등기를 하지 아니함으로써 그 명의신탁약정 및 이에 따라 행하여진 등기에 의한 물권변동이 무효로 된 후에 처분행위가 이루어진 경우에도 마찬가지로 적용된다(대판 2021.2.18. 2016도18761). 23. 법원직
④ 【O】 대판 2014.12.24. 2011도11084 23. 법원직

정답 ③

11 횡령의 죄에 대한 설명 중 가장 적절한 것은?

① 피고인이 근저당권설정등기를 마치는 방법으로 부동산을 횡령하여 취득한 구체적인 이득액은 부동산의 시가 상당액에서 위 범행 전에 설정된 피담보채무액을 공제한 잔액이다.
② 수의계약을 체결하는 공무원이 해당 공사업자와 적정한 금액 이상으로 계약금액을 부풀려서 계약하고, 부풀린 금액을 자신이 되돌려 받기로 사전에 약정한 다음 그에 따라 수수한 돈은 성격상 뇌물이 아니고 횡령금에 해당한다.
③ A주식회사의 대표이사인 甲이 자신의 채권자 B에게 차용금에 대한 담보로 A주식회사 명의의 정기예금에 질권을 설정하여 주었는데, 그 후 B가 甲의 동의하에 위 정기예금 계좌에 입금되어 있던 A주식회사의 자금을 전액 인출하였다면 甲의 예금인출 동의행위는 업무상횡령죄에 해당한다.
④ 제3자 명의의 사기이용계좌(이른바 대포통장)의 계좌명의인이 영득의 의사로써 전기통신금융사기 피해금을 인출한 경우 계좌 명의인이 사기 범행의 공범인지 여부와 상관없이 전기통신금융 사기 피해자에 대한 횡령죄에 해당하지 않는다.

해설

① 【X】 피고인이 근저당권설정등기를 마치는 방법으로 위 각 부동산을 횡령하여 취득한 구체적인 이득액은 위 각 부동산의 시가 상당액에서 위 범행 전에 설정된 피담보채무액을 공제한 잔액이 아니라 위 각 부동산을 담보로 제공한 피담보채무액 내지 그 채권최고액이라고 보아야 한다(대판 2013.5.9. 2013도2857). 20. 경찰승진
② 【O】 대판 2007.10.12. 2005도7112 20. 경찰승진
③ 【X】 甲 주식회사 대표이사인 피고인이 자신의 채권자 乙에게 차용금에 대한 담보로 甲 회사 명의 정기예금에 질권을 설정하여 주었는데, 그 후 乙이 피고인의 동의하에 정기예금 계좌에 입금되어 있던 甲 회사 자금을 전액 인출하였다고 하여 구 특정경제범죄 가중처벌 등에 관한 법률 위반으로 기소된 사안에서, 위와 같은 예금인출동의행위는 이미 배임행위로써 이루어진 질권설정행위의 불가벌적 사후행위에 해당하는데도, 이와 달리 배임죄와 별도로 횡령죄까지 성립한다고 본 원심판결에 법리오해의 위법이 있다고 한 사례(대판 2012.11.29. 2012도10980). 20. 경찰승진
④ 【X】 계좌명의인이 개설한 예금계좌가 전기통신금융사기 범행에 이용되어 그 계좌에 피해자가 사기피해금을 송금·이체한 경우에도 마찬가지로 적용된다. 계좌명의인은 피해자와 사이에 아무런 법률관계 없이 송금·이체된 사기피해금 상당의 돈을 피해자에게 반환하여야 하므로(대법원 2014.10.15. 선고 2013다207286 판결 참조), 피해자를 위하여 사기피해금을 보관하는 지위에 있다고 보아야 하고, 만약 계좌명의인이 그 돈을 영득할 의사로 인출하면 피해자에 대한 횡령죄가 성립한다. 이때 계좌명의인이 사기의 공범이라면 자신이 가담한 범행의 결과 피해금을 보관하게 된 것일 뿐이어서 피해자와 사이에 위탁관계가 없고, 그가 송금·이체된 돈을 인출하더라도 이는 자신이 저지른 사기범행의 실행행위에 지나지 아니하여 새로운 법익을 침해한다고 볼 수 없으므로 사기죄 외에 별도로 횡령죄를 구성하지 않는다(대판 2018.7.19. 2017도17494). 20. 경찰승진

정답 ②

12 횡령의 죄에 대한 설명 중 가장 적절하지 않은 것은?

① 부동산을 공동으로 상속한 자들 중 1인이 상속 부동산을 혼자 점유하던 중 다른 공동상속인의 상속지분을 임의로 처분하여도 횡령죄가 성립하지 아니한다.
② 주상복합상가의 매수인들로부터 우수상인 유치비 명목으로 금원을 납부받아 보관하던 중 그 용도와 무관하게 일반경비로 사용한 경우 횡령죄가 성립한다.
③ 甲 주식회사 대표이사인 피고인이 자신의 채권자 乙에게 차용금에 대한 담보로 甲 회사 명의 정기예금에 질권을 설정하여 주었는데, 그 후 乙이 차용금과 정기예금의 변제기가 모두 도래한 이후 피고인의 동의하에 정기예금 계좌에 입금되어 있던 甲 회사 자금을 전액 인출하였다면 피고인의 행위는 배임죄와 별도로 횡령죄까지 성립한다.
④ 명의신탁자가 매수한 부동산에 관하여 「부동산 실권리자명의 등기에 관한 법률」을 위반하여 명의수탁자와 맺은 명의신탁약정에 따라 매도인에게서 바로 명의수탁자 명의로 소유권이전등기를 마친 이른바 중간생략등기형 명의신탁을 한 경우, 명의수탁자가 신탁받은 부동산을 임의로 처분하여도 명의신탁자에 대한 관계에서 횡령죄가 성립하지 아니한다.

해설

① 【O】 부동산에 관한 횡령죄에 있어서 타인의 재물을 보관하는 자의 지위는 동산의 경우와는 달리 부동산에 대한 점유의 여부가 아니라 부동산을 제3자에게 유효하게 처분할 수 있는 권능의 유무에 따라 결정하여야 하므로 부동산을 공동으로 상속한 자들 중 1인이 부동산을 혼자 점유하던 중 다른 공동상속인의 상속지분을 임의로 처분하여도 그에게는 그 처분권능이 없어 횡령죄가 성립하지 아니한다(대판 2000.4.11. 2000도565). 18. 경찰
② 【O】 횡령죄에 있어서의 불법영득의 의사라 함은 자기 또는 제3자의 이익을 꾀할 목적으로 보관하고 있는 타인의 재물을 자기의 소유인 것과 같이 사실상 또는 법률상 처분하는 의사를 의미하는 것으로, 타인으로부터 용도가 엄격히 제한된 자금을 위탁받아 집행하면서 그 제한된 용도 이외의 목적으로 자금을 사용하는 것은, 그 사용이 개인적인 목적에서 비롯된 경우는 물론 결과적으로 자금을 위탁한 본인을 위하는 면이 있더라도, 그 사용행위 자체로서 불법영득의 의사를 실현한 것이 되어 횡령죄가 성립한다. 주상복합상가의 매수인들로부터 우수상인유치비 명목으로 금원을 납부받아 보관하던 중 그 용도와 무관하게 일반경비로 사용한 경우 횡령죄를 구성한다(대판 2002.8.23. 2002도366). 18. 경찰
③ 【X】 甲 주식회사 대표이사인 피고인이 자신의 채권자 乙에게 차용금에 대한 담보로 甲 회사 명의 정기예금에 질권을 설정하여 주었는데, 그 후 乙이 차용금과 정기예금의 변제기가 모두 도래한 이후 피고인의 동의하에 정기예금 계좌에 입금되어 있던 甲 회사 자금을 전액 인출하였다고 하여 기소된 사안에서, 민법 제353조에 의하면 질권자는 질권의 목적이 된 채권을 직접 청구할 수 있으므로, 피고인의 예금인출 동의행위는 이미 배임행위로써 이루어진 질권설정행위의 사후조치에 불과하여 새로운 법익의 침해를 수반하지 않는 이른바 불가벌적 사후행위에 해당하고, 별도의 횡령죄를 구성하지 않는다(대판 2012.11.29. 2012도10980).
④ 【O】 명의신탁자가 매수한 부동산에 관하여 부동산실명법을 위반하여 명의수탁자와 맺은 명의신탁약정에 따라 매도인에게서 바로 명의수탁자 명의로 소유권이전등기를 마친 이른바 중간생략등기형 명의신탁을 한 경우, 명의신탁자는 신탁부동산의 소유권을 가지지 아니하고, 명의신탁자와 명의수탁자 사이에 위탁신임관계를 인정할 수도 없다. 따라서 명의수탁자가 명의신탁자의 재물을 보관하는 자라고 할 수 없으므로, 명의수탁자가 신탁받은 부동산을 임의로 처분하여도 명의신탁자에 대한 관계에서 횡령죄가 성립하지 아니한다(대판 2016.5.19. 14도6992). 18. 경찰

정답 ③

13 횡령죄에 관한 다음 설명 중 가장 옳은 것은?

① A가 B로부터 금전을 보관해 달라는 부탁과 함께 A명의로 된 은행계좌로 송금받은 경우, A는 현금이라는 실물을 점유하지 않고 은행에 대한 예금청구권만을 갖기 때문에 위 금전에 대한 보관자의 지위에 있다고 할 수 없다.
② C가 D명의 계좌에 착오로 잘못 송금한 돈의 경우, C의 위탁행위가 없기 때문에 D는 위 돈에 대한 보관자의 지위에 있다고 할 수 없다.
③ 소유권의 취득에 등록이 필요한 타인 소유의 차량을 인도받아 보관하고 있는 자가 이를 사실상 처분한 경우에 그 보관자가 차량의 등록명의자가 아니라고 하더라도 횡령죄가 성립한다.
④ 명의신탁자가 매수한 부동산에 관하여 부동산 실권리자명의 등기에 관한 법률을 위반하여 명의수탁자와 맺은 명의신탁약정에 따라 매도인에게서 바로 명의수탁자 명의로 소유권이전등기를 마친 이른바 중간생략등기형 명의신탁을 한 경우, 명의수탁자가 위 부동산을 임의로 처분하면 횡령죄가 성립한다.
⑤ 부동산을 공동으로 상속한 상속인들이 공동으로 상속등기를 경료한 후, 상속인 중 1인이 부동산을 단독으로 점유하던 중 다른 공동상속인들의 승낙 없이 위 부동산 전체를 임의로 처분하였을 경우, 횡령죄가 성립한다.

해설

① 【X】 횡령죄에서 보관이라 함은 재물이 사실상 지배하에 있는 경우뿐만 아니라 법률상의 지배·처분이 가능한 상태에 있는 경우를 포함한다. 그 보관은 반드시 사용대차, 임대차, 위임 등의 계약에 의하여 설정되어야 하는 것은 아니고, 사무관리, 관습, 조리, 신의칙에 의해서도 성립하며, 타인의 금전을 위탁받아 보관하는 자가 보관방법으로 이를 은행 등의 금융기관에 예치한 경우에도 보관자의 지위를 가진다(대판 2015.2.12. 2014도11244). 17. 법원행시

② 【X】 피고인(D)이 甲 회사의 직원(C)의 착오로 D 명의 은행 계좌에 잘못 송금한 돈을 임의로 인출하여 사용한 경우, D가 甲 회사(C)와 아무런 거래관계가 없다는 등의 이유만으로 주위적 공소사실인 횡령에 대하여 무죄를 선고한 원심판결에 법리오해의 위법이 있다(대판 2010.12.9. 2010도891). 17. 법원행시 ⇨ [착오로 송금되어 입금된 돈을 임의로 인출하여 소비한 행위가 송금인과 피고인 사이에 별다른 거래관계가 없는 경우에도 횡령죄 해당]

③ 【O】 소유권의 취득에 등록이 필요한 타인 소유의 차량을 인도받아 보관하고 있는 사람이 이를 사실상 처분하면 횡령죄가 성립하며, 보관 위임자나 보관자가 차량의 등록명의자일 필요는 없다. 그리고 이와 같은 법리는 지입회사에 소유권이 있는 차량에 대하여 지입회사에서 운행관리권을 위임받은 지입차주가 지입회사의 승낙 없이 보관 중인 차량을 사실상 처분하거나 지입차주에게서 차량 보관을 위임받은 사람이 지입차주의 승낙 없이 보관 중인 차량을 사실상 처분한 경우에도 마찬가지로 적용된다(대판 2015.6.25. 2015도1944). 17. 법원행시

④ 【X】 명의신탁자가 매수한 부동산에 관하여 부동산실명법을 위반하여 명의수탁자와 맺은 명의신탁약정에 따라 매도인으로부터 바로 명의수탁자 명의로 소유권이전등기를 마친 이른바 중간생략등기형 명의신탁을 한 경우, 명의신탁자는 신탁부동산의 소유권을 가지지 아니하고, 명의신탁자와 명의수탁자 사이에 위탁신임관계를 인정할 수도 없다. 따라서 명의수탁자가 명의신탁자의 재물을 보관하는 자라고 할 수 없으므로, 명의수탁자가 신탁받은 부동산을 임의로 처분하여도 명의신탁자에 대한 관계에서 횡령죄가 성립하지 아니한다(대판 2016.5.19. 2014도6992 전합). 17. 법원행시

⑤ 【X】 부동산에 관한 횡령죄에 있어서 타인의 재물을 보관하는 자의 지위는 동산의 경우와는 달리 부동산에 대한 점유의 여부가 아니라 부동산을 제3자에게 유효하게 처분할 수 있는 권능의 유무에 따라 결정하여야 하므로 부동산을 공동으로 상속한 자들 중 1인이 부동산을 혼자 점유하던 중 다른 공동상속인의 상속지분을 임의로 처분하여도 그에게는 그 처분권능이 없어 횡령죄가 성립하지 아니한다(대판 2000.4.11. 2000도565). 17. 법원행시

정답 ③

14 횡령죄에 관한 다음 설명 중 가장 옳지 않은 것은?

① 공무원에게 뇌물로 전달하여 달라는 부탁을 받았음에도 뇌물로 전달하지 않고 소비한 경우 횡령죄가 성립하지 않는다.

② 소유권의 취득에 등록이 필요한 차량에 대한 횡령죄에서 타인의 재물을 보관하는 사람의 지위는 차량에 대한 점유 여부가 아니라 등록에 의하여 차량을 제3자에게 법률상 유효하게 처분할 수 있는 권한 유무에 따라 결정되어야 하므로 차량의 등록명의자가 아닌 사람은 타인의 재물을 보관하는 자에 해당하지 않는다.

③ 발행인으로부터 일정한 금액의 범위 내에서 액면을 보충·할인하여 달라는 의뢰를 받고 액면이 백지인 약속어음을 교부받아 보관 중이던 자가 보충권의 한도를 넘어 보충을 한 약속어음을 자신의 채무변제조로 제3자에게 교부하여 임의로 사용하였다고 하더라도 횡령죄가 성립될 수는 없다.

④ 위탁판매인과 위탁자간에 판매대금에서 각종 비용이나 수수료 등을 공제한 이익을 분배하기로 하는 등 그 대금처분에 관하여 특별한 약정이 있는 경우에는 위탁물을 판매하여 이를 소비하거나 인도를 거부하였다 하여 곧바로 횡령죄가 성립한다고는 할 수 없다.

해설

① 【O】 조합장이 조합으로부터 공무원에게 뇌물로 전달하여 달라고 금원을 교부받은 것은 불법원인으로 인하여 지급 받은 것으로서 이를 뇌물로 전달하지 않고 타에 소비하였다고 해서 타인의 재물을 보관 중 횡령하였다고 볼 수는 없다(대판 1988.9.20. 86도628). 급여한 물건의 소유권은 급여를 받은 상대방에게 귀속되는바 소유권이 조합장에게 귀속되어 자기소유물을 소비한 것에 지나지 않는다는 의미 18. 법원직

② 【X】 횡령죄는 타인의 재물을 보관하는 사람이 재물을 횡령하거나 반환을 거부한 때에 성립한다. 횡령죄에서 재물의 보관은 재물에 대한 사실상 또는 법률상 지배력이 있는 상태를 의미하며, 횡령행위는 불법영득의사를 실현하는 일체의 행위를 말한다. 따라서 소유권의 취득에 등록이 필요한 타인 소유의 차량을 인도받아 보관하고 있는 사람이 이를 사실상 처분하면 횡령죄가 성립하며, 보관 위임자나 보관자가 차량의 등록명의자일 필요는 없다. 지입회사에 소유권이 있는 차량에 대하여 지입회사에서 운행관리권을 위임받은 지입차주가 지입회사의 승낙 없이 보관 중인 차량을 사실상 처분하거나 지입차주에게서 차량 보관을 위임받은 사람이 지입차주의 승낙 없이 보관 중인 차량을 사실상 처분한 경우에도 마찬가지로 적용된다(대판 2015.6.25. 2015도1944). 18. 법원직

③ 【O】 발행인으로부터 일정한 금액의 범위 내에서 액면을 보충, 할인하여 달라는 의뢰를 받고 액면 백지인 약속어음을 교부받아 보관중이던 자가 발행인과의 합의에 의하여 정해진 보충권의 한도를 넘어 보충을 한 경우에는 발행인의 서명·날인 있는 기존의 약속어음 용지를 이용하여 새로운 별개의 약속어음을 발행한 것에 해당하여 이러한 보충권의 남용행위로 인하여 생겨난 새로운 약속어음에 대하여는 발행인과의 관계에서 보관자의 지위에 있다 할 수 없으므로, 설사 그 약속어음을 자신의 채무변제조로 제3자에게 교부하여 임의로 사용하였다고 하더라도, 발행인으로 하여금 제3자에 대하여 어음상의 채무를 부담하는 손해를 입게 한 데에 대한 배임죄가 성립될 수 있음은 별론으로 하고, 보관자의 지위에 있음을 전제로 횡령죄가 성립될 수는 없다 할 것이다(대판 1995.1.20. 94도2760). 18. 법원직

④ 【O】 통상 위탁판매의 경우에 위탁판매인이 위탁물을 매매하고 수령한 금원은 위탁자의 소유에 속하여 위탁판매인이 함부로 이를 소비하거나 인도를 거부하는 때에는 횡령죄가 성립한다고 할 것이나, 위탁판매인과 위탁자간에 판매대금에서 각종 비용이나 수수료 등을 공제한 이익을 분배하기로 하는 등 그 대금처분에 관하여 특별한 약정이 있는 경우에는 이에 관한 정산관계가 밝혀지지 않는 한 위탁물을 판매하여 이를 소비하거나 인도를 거부하였다 하여 곧바로 횡령죄가 성립한다고는 할 수 없다(대판 1990.3.27. 89도813). 18. 법원직

정답 ②

15 재산범죄에 대한 설명으로 옳지 않은 것은?

① 부동산의 계약명의신탁에서 수탁자 甲이 그 부동산을 임의로 처분한 경우 매도인이 명의신탁사실을 몰랐다면 그 소유권이 甲에게 있으므로 甲에게 횡령죄가 성립하지 않는다.
② 중간생략등기형 명의신탁에서 수탁자 甲이 그 부동산을 임의로 처분한 경우 그 소유권은 신탁자에게 있을 수 없으므로 甲에게 횡령죄가 성립하지 않는다.
③ 부동산양도담보권자 甲이 변제기 경과 후에 담보권을 실행하기 위하여 담보목적물을 부당하게 염가로 처분한 경우 甲에게 배임죄가 성립하지 않는다.
④ 종중 토지의 명의신탁에서 수탁자 甲이 그 토지에 근저당권을 설정하여 횡령한 이후 기존의 근저당권과 관계없이 그 토지를 매도한 경우 甲에게 별개의 횡령죄가 성립하지 않는다.

[해설]

① 【 O 】 신탁자와 수탁자가 명의신탁 약정을 맺고, 이에 따라 수탁자가 당사자가 되어 명의신탁 약정이 있다는 사실을 알지 못하는 소유자와 사이에서 부동산에 관한 매매계약을 체결한 후 그 매매계약에 기하여 당해 부동산의 소유권이전등기를 수탁자 명의로 경료한 경우에는, 그 소유권이전등기에 의한 당해 부동산에 관한 물권변동은 유효하고, 한편 신탁자와 수탁자 사이의 명의신탁 약정은 무효이므로, 결국 수탁자는 전소유자인 매도인뿐만 아니라 신탁자에 대한 관계에서도 유효하게 당해 부동산의 소유권을 취득한 것으로 보아야 할 것이고, 따라서 그 수탁자는 타인의 재물을 보관하는 자라고 볼 수 없다(대판 2000.3.24. 98도4347). 18. 국가직 9급

② 【 O 】 명의신탁자가 매수한 부동산에 관하여 부동산실명법을 위반하여 명의수탁자와 맺은 명의신탁약정에 따라 매도인으로부터 바로 명의수탁자 명의로 소유권이전등기를 마친 이른바 중간생략등기형 명의신탁을 한 경우, 명의신탁자는 신탁부동산의 소유권을 가지지 아니하고, 명의신탁자와 명의수탁자 사이에 위탁신임관계를 인정할 수도 없다. 따라서 명의수탁자가 명의신탁자의 재물을 보관하는 자라고 할 수 없으므로, 명의수탁자가 신탁받은 부동산을 임의로 처분하여도 명의신탁자에 대한 관계에서 횡령죄가 성립하지 아니한다(대판 2016.5.19. 2014도6992 전합). 18. 국가직 9급

③ 【 O 】 담보권자가 변제기 경과 후에 담보권을 실행하기 위하여 담보목적물을 처분하는 행위는 담보계약에 따라 담보권자에게 주어진 권능이어서 자기의 사무처리에 속하는 것이지 타인인 채무자의 사무처리에 속하는 것이라고 할 수 없으므로, 담보권자가 담보권을 실행하기 위하여 담보목적물을 처분함에 있어 시가에 따른 적절한 처분을 하여야 할 의무는 담보계약상의 민사채무일 뿐 그와 같은 형법상의 의무가 있는 것은 아니므로 그에 위반한 경우 배임죄가 성립된다고 할 수 없다(대판 1997.12.23. 97도2430). 18. 국가직 9급

④ 【 X 】 타인의 부동산을 보관 중인 자가 불법영득의사를 가지고 그 부동산에 근저당권설정등기를 경료함으로써 일단 횡령행위가 기수에 이르렀다 하더라도 그 후 같은 부동산에 별개의 근저당권을 설정하여 새로운 법익침해의 위험을 추가함으로써 법익침해의 위험을 증가시키거나 해당 부동산을 매각함으로써 기존의 근저당권과 관계없이 법익침해의 결과를 발생시켰다면, 이는 당초의 근저당권 실행을 위한 임의경매에 의한 매각 등 그 근저당권으로 인해 당연히 예상될 수 있는 범위를 넘어 새로운 법익침해의 위험을 추가시키거나 법익침해의 결과를 발생시킨 것이므로 특별한 사정이 없는 한 불가벌적 사후행위로 볼 수 없고, 별도로 횡령죄를 구성한다(대판 2013.2.21. 2010도10500 전합). 18. 국가직 9급

정답 ④

16 횡령과 배임의 죄에 대한 설명 중 옳은 것을 모두 고른 것은?

㉠ 타인으로부터 용도가 엄격히 제한된 자금을 위탁받아 집행하면서 그 제한된 용도 이외의 목적으로 자금을 사용하였더라도 결과적으로 자금을 위탁한 본인을 위하는 면이 있다면 불법영득의사가 인정되지 않아 횡령죄가 성립하지 아니한다.
㉡ 소유권의 취득에 등록이 필요한 타인 소유의 차량을 인도받아 보관하고 있는 사람이 이를 사실상 처분한 경우 보관 위임자나 보관자가 차량의 등록명의자가 아니라도 횡령죄가 성립한다.
㉢ 대표이사가 대표권을 남용하여 자신의 개인채무에 대하여 회사 명의의 차용증을 작성하여 주었고, 그 상대방이 이와 같은 진의를 알았거나 알 수 있었던 경우일지라도 무효인 차용증을 작성하여 준 것만으로는 업무상 배임죄가 성립하지 않는다.
㉣ 배임죄에서 재산상 실해 발생의 위험이란 본인에게 손해가 발생할 막연한 위험이 있는 것만으로는 부족하고 법률적인 관점에서 보아 본인에게 손해가 발생한 것과 같은 정도로 구체적인 위험이 있는 경우를 의미한다.

① ㉠, ㉡   ② ㉡, ㉢   ③ ㉢, ㉣   ④ ㉠, ㉣

해설

㉠ 【 X 】 대판 2014.8.28. 2014도6286 18. 경찰승진
㉡ 【 O 】 소유권의 취득에 등록이 필요한 타인 소유의 차량을 인도받아 보관하고 있는 사람이 이를 사실상 처분하면 횡령죄가 성립하며, 보관 위임자나 보관자가 차량의 등록명의자일 필요는 없다(대판 2015.6.25. 2015도1944(全)). 18. 국가직 9급
㉢ 【 O 】 [1] 대표권남용의 일반적인 경우 : 주식회사의 대표이사가 대표권을 남용하는 등 그 임무에 위배하여 회사 명의로 의무를 부담하는 행위를 하더라도 일단 회사의 행위로서 유효하고, 다만 상대방이 대표이사의 진의를 알았거나 알 수 있었을 때에는 회사에 대하여 무효가 된다. 따라서 **상대방이 대표권남용 사실을 알았거나 알 수 있었던 경우** 그 의무부담행위는 원칙적으로 회사에 대하여 효력이 없고, 경제적 관점에서 보아도 이러한 사실만으로는 회사에 현실적인 손해가 발생하였다거나 실해 발생의 위험이 초래되었다고 평가하기 어려우므로, 달리 그 의무부담행위로 인하여 실제로 채무의 이행이 이루어졌다거나 회사가 민법상 불법행위책임을 부담하게 되었다는 등의 사정이 없는 이상 배임죄의 기수에 이른 것은 아니다. 그러나 이 경우에도 대표이사로서는 배임의 범의로 임무위배행위를 함으로써 실행에 착수한 것이므로 배임죄의 미수범이 된다. 그리고 상대방이 대표권남용 사실을 알지 못하였다는 등의 사정이 있어 그 의무부담행위가 회사에 대하여 유효한 경우에는 회사의 채무가 발생하고 회사는 그 채무를 이행할 의무를 부담하므로, 이러한 채무의 발생은 그 자체로 현실적인 손해 또는 재산상 실해 발생의 위험이라고 할 것이어서 그 채무가 현실적으로 이행되기 전이라도 배임죄의 기수에 이르렀다고 보아야 한다.
[2] 대표권남용이 어음발행인 경우 : 주식회사의 대표이사가 대표권을 남용하는 등 그 임무에 위배하여 약속어음 발행을 한 행위가 배임죄에 해당하는지도 원칙적으로 위에서 살펴본 의무부담행위와 마찬가지로 보아야 한다. 다만 약속어음 발행의 경우 어음법상 발행인은 종전의 소지인에 대한 인적 관계로 인한 항변으로써 소지인에게 대항하지 못하므로(어음법 제17조, 제77조), 어음발행이 무효라 하더라도 그 어음이 실제로 제3자에게 유통되었다면 회사로서는 어음채무를 부담할 위험이 구체적·현실적으로 발생하였다고 보아야 하고, 따라서 그 어음채무가 실제로 이행되기 전이라도 배임죄의 기수범이 된다. 그러나 약속어음 발행이 무효일 뿐만 아니라 그 어음이 유통되지도 않았다면 회사는 어음발행의 상대방에게 어음채무를 부담하지 않기 때문에 특별한 사정이 없는 한 회사에 현실적으로 손해가 발생하였다거나 실해 발생의 위험이 발생하였다고도 볼 수 없으므로, 이때에는 배임죄의 기수범이 아니라 배임미수죄로 처벌하여야 한다(대판 2017.7.20. 2014도1104 전합). 18. 국가직 9급

> **관련판례**
> 대표이사가 대표권을 남용하여 자신의 개인채무에 대하여 회사 명의의 차용증을 작성하여 주었고, 그 상대방도 이와 같은 진의를 알았거나 알 수 있었던 경우, 무효인 차용증을 작성하여 준 것만으로는 회사에 재산상 손해가 발생하였다거나 재산상 실해 발생의 위험이 초래되었다고 볼 수 없어 업무상배임죄가 성립하지 않는다(대판 2010.5.27. 2010도1490).

㉣ 【 X 】 배임죄에 있어서 '재산상의 손해를 가한 때'라 함은 현실적인 손해를 가한 경우뿐만 아니라, 재산상 실해 발생의 위험을 초래한 경우도 포함되고, 재산상 손해의 유무에 대한 판단은 본인의 전 재산 상태와의 관계에서 법률적 판단에 의하지 아니하고 경제적 관점에서 파악하여야 하며, 따라서 법률적 판단에 의하여 당해 배임행위가 무효라 하더라도 경제적 관점에서 파악하여 배임행위로 인하여 본인에게 현실적 손해를 가하였거나 재산상 실해 발생의 위험을 초래한 경우에는 재산상의 손해를 가한 때에 해당되어 배임죄를 구성한다(대판 2014.2.13. 2011도16763). 18. 국가직 9급

정답 ②

17 다음 설명 중 가장 옳지 않은 것은?

① 공로에 출입할 수 있는 다른 도로가 있는 상태에서 토지 소유자로부터 일시적인 사용승낙을 받아 통행하거나 토지 소유자가 개인적으로 사용하면서 부수적으로 타인의 통행을 묵인한 장소에 불과한 도로에 가드레일을 설치하는 행위는 일반교통방해죄로는 처벌되지 아니한다.
② 감금된 기간 동안 피해자에게 감금된 특정구역 내부에서 일정한 생활의 자유가 허용되어 있었다고 하더라도 감금죄는 성립한다.
③ 공문서 작성권자를 보조하는 직무에 종사하는 공무원이 허위공문서를 기안한 후, 작성권자의 결재를 받지 않고 직인 등을 보관하는 담당자를 기망하여 작성권자의 직인을 날인하도록 하여 공문서를 완성한 경우, 허위공문서작성죄가 성립한다.
④ 신고 당시에는 신고범죄사실이 형사처벌의 대상이었으나 그 후 대법원 판례의 변경으로 형사처벌의 대상이 되지 않았다고 하더라도 특별한 사정이 없는 한 이미 성립한 무고죄에는 영향을 미치지 아니한다.
⑤ 법인이 특정 사업의 명목상의 주체로 특수목적법인을 설립하여 그 명의로 자금집행 등 사업진행을 하면서도 자금의 관리·처분에 관하여는 실질 사업주체인 법인이 의사결정권한을 행사하면서 특수목적법인 명의로 보유한 자금에 대하여 현실적 지배를 하고 있는 경우에는, 사업주체인 법인의 대표자 등이 특수목적법인의 보유 자금에 대하여 횡령죄에 있어서의 '보관자'의 지위를 갖는다.

해설

① 【O】 통행로를 이용하는 사람이 적은 경우에도 위 규정에서 말하는 육로에 해당할 수 있으나, 공로에 출입할 수 있는 다른 도로가 있는 상태에서 토지 소유자로부터 일시적인 사용승낙을 받아 통행하거나 토지 소유자가 개인적으로 사용하면서 부수적으로 타인의 통행을 묵인한 장소에 불과한 도로는 위 규정에서 말하는 육로에 해당하지 않는다(대판 2017.4.7. 16도12563). 17. 법원행시

② 【O】 감금죄는 사람의 행동의 자유를 그 보호법익으로 하여 사람이 특정한 구역에서 나가는 것을 불가능하게 하거나 또는 심히 곤란하게 하는 죄로서 이와 같이 사람이 특정한 구역에서 나가는 것을 불가능하게 하거나 심히 곤란하게 하는 그 장해는 물리적, 유형적 장해뿐만 아니라 심리적, 무형적 장해에 의하여서도 가능하고 또 감금의 본질은 사람의 행동의 자유를 구속하는 것으로 행동의 자유를 구속하는 그 수단과 방법에는 아무런 제한이 없으므로 그 수단과 방법에는 유형적인 것이거나 무형적인 것이거나를 가리지 아니하며 감금에 있어서의 사람의 행동의 자유의 박탈은 반드시 전면적이어야 할 필요가 없으므로 감금된 특정구역 내부에서 일정한 생활의 자유가 허용되어 있었다고 하더라도 감금죄의 성립에는 아무 소장이 없다(대판 2000.3.24. 2000도102). 17. 법원행시

③ 【X】 허위공문서작성죄의 주체는 문서를 작성할 권한이 있는 명의인인 공무원에 한하고 그 공무원의 문서작성을 보조하는 직무에 종사하는 공무원은 허위공문서작성죄의 주체가 될 수 없다. 따라서 보조 직무에 종사하는 공무원이 허위공문서를 기안하여 허위임을 모르는 작성권자의 결재를 받아 공문서를 완성한 때에는 허위공문서작성죄의 간접정범이 될 것이지만, 이러한 결재를 거치지 않고 임의로 작성권자의 직인 등을 부정 사용함으로써 공문서를 완성한 때에는 공문서위조죄가 성립한다. 이는 공문서의 작성권한 없는 사람이 허위공문서를 기안하여 작성권자의 결재를 받지 않고 공문서를 완성한 경우에도 마찬가지이다. 나아가 작성권자의 직인 등을 보관하는 담당자는 일반적으로 작성권자의 결재가 있는 때에 한하여 보관 중인 직인 등을 날인할 수 있을 뿐이다. 이러한 경우 다른 공무원 등이 작성권자의 결재를 받지 않고 직인 등을 보관하는 담당자를 기망하여 작성권자의 직인을 날인하도록 하여 공문서를 완성한 때에도 공문서위조죄가 성립한다(대판 2017.5.17. 2016도13912). 17. 법원행시

④ 【O】 무고당시에는 형사처벌 대상이었지만, 무고 후 판례변경으로 처벌대상이 아니게 된 경우 허위로 신고한 사실이 무고행위 당시 형사처분의 대상이 될 수 있었던 경우에는 국가의 형사사법권의 적정한 행사를 그르치게 할 위험과 부당하게 처벌받지 않을 개인의 법적 안정성이 침해될 위험이 이미 발생하였으므로 무고죄는 기수에 이르고, 이후 그러한 사실이 형사범죄가 되지 않는 것으로 판례가 변경되었더라도 특별한 사정이 없는 한 이미 성립한 무고죄에는 영향을 미치지 않는다(대판 2017.5.30. 2015도15398). 17. 법원행시

⑤ 【O】 법인 소유의 자금에 대한 사실상 또는 법률상 지배·처분 권한을 가지고 있는 대표자 등은 법인에 대한 관계에서 그 자금의 보관자 지위에 있다고 할 것이므로, 법인이 특정 사업의 명목상의 주체로 특수목적법인을 설립하여 그 명의로 자금 집행 등 사업진행을 하면서도 자금의 관리·처분에 관하여는 실질적 사업주체인 법인이 의사결정권한을 행사하면서 특수목적법인 명의로 보유한 자금에 대하여 현실적 지배를 하고 있는 경우에는, 사업주체인 법인의 대표자 등이 특수목적법인의 보유 자금을 정해진 목적과 용도 외에 임의로 사용하면 위탁자인 법인에 대하여 횡령죄가 성립할 수 있다(대판 2017.3.22. 2016도17465). 17. 법원행시

정답 ③

18 (업무상)횡령죄에 대한 설명으로 옳지 않은 것은?

① 부동산 입찰절차에서 甲, 乙, 丙이 대금을 분담하되 그중 1인인 甲 명의로 낙찰받기로 약정하고 낙찰을 받은 후 甲이 그 부동산을 임의로 처분한 경우 甲에게는 (업무상)횡령죄가 성립한다.
② 학교법인을 운영하는 甲이 A사립학교의 교비회계자금을 같은 학교법인에 속하는 B사립학교의 교비회계에 사용한 경우 甲에게는 (업무상)횡령죄가 성립한다.
③ 甲이 A에게 금전을 대여하면서 A로부터 그 담보로 동산을 교부받아 보관하고 있던 중 담보권의 범위를 벗어나서 그 동산 담보물을 처분한 경우 甲에게는 횡령죄가 성립한다.
④ 프랜차이즈 계약을 맺은 가맹점주 甲이 물품판매대금의 일부를 본사로 송금하지 않고 임의로 소비한 경우 甲에게는 (업무상)횡령죄가 성립하지 않는다.

[해설]

① 【 X 】 부동산 입찰절차에서 수인이 대금을 분담하되, 그 중 1인명의로 낙찰받기로 약정하여, 그에 따라 낙찰이 이루어진 경우 그 입찰절차에서 낙찰인의 지위에 서게 되는 사람은 어디까지나 그 명의인이므로, 입찰목적부동산의 소유권은 경락대금을 실질적으로 부담한 자가 누구인가와 상관없이 그 명의인이 취득한다 할 것이다. 낙찰허가결정을 받아 그 경락대금을 완납한 이상 이 사건 대지는 대외적으로는 물론 대내적으로도 피고인의 소유라 할 것이어서 횡령죄의 객체가 되는 타인의 재물이라고 볼 수 없으므로, 피고인의 근저당권설정행위는 횡령죄를 구성하지 않는다(대판 2000.9.8. 2000도258). 18. 국가직 9급
② 【 O 】 학교법인의 회계는 학교회계와 법인회계로 구분되고 학교회계 중 특히 교비회계에 속하는 수입은 다른 회계에 전출하거나 대여할 수 없는 등 용도가 엄격히 제한되어 있으므로 교비회계자금을 다른 용도에 사용하였다면 그 자체로서 횡령죄가 성립하고 이는 사립학교법상 교비회계에 속하는 금원을 같은 학교법인에 속하는 다른 학교의 교비회계에 사용한 경우에도 마찬가지이다(대판 2014.8.28. 2014도6286). 18. 국가직 9급
③ 【 O 】 채무자가 채무이행의 담보를 위하여 동산에 관한 양도담보계약을 체결하고 점유개정의 방법으로 여전히 그 동산을 점유하는 경우, 그 동산의 소유권은 여전히 채무자에게 남아 있고, 채권자는 단지 양도담보물권을 취득하는 데 지나지 않으므로 그 동산을 다른 사유에 의하여 보관하게 된 채권자는 타인 소유의 물건을 보관하는 자로서 횡령죄의 주체가 될 수 있다(대판 1989.4.11. 88도906). 18. 국가직 9급
④ 【 O 】 프랜차이즈 계약 내용에 비추어 가맹점주가 물품판매대금을 임의 소비한 경우, 가맹점인 피고인이 판매하여 보관 중인 물품판매 대금은 피고인의 소유라 할 것이어서 피고인이 이를 임의 소비한 행위는 프랜차이즈 계약상의 채무불이행에 지나지 아니하므로, 결국 횡령죄는 성립하지 아니한다(대판 1998.4.14. 98도292). 18. 국가직 9급

정답 ①

19 (업무상)횡령죄의 불법영득의사에 대한 설명으로 옳지 않은 것은?

① 근로자가 운송회사로부터 일정액의 급여를 받으면서 당일 운송수입금을 전부 운송회사에 납입하고 운송회사는 이를 월 단위로 정산하여 급여의 증감 여부를 결정하기로 하는 약정이 체결된 경우, 근로자가 운송수입금을 회사에 납입하지 않고 임의로 소비하였다면 불법영득의사가 인정된다.

② 회사의 업무추진비가 직무수행경비를 보전해 주는 실비변상적 급여의 성질을 가지고 있고, 정관 등에서 업무와 관련하여 지출하도록 포괄적으로 정하고 그 용도나 목적에 구체적인 제한을 두고 있지 않으며, 이를 사용한 후에도 그 지출에 관한 증빙자료를 요구하고 있지 않다면, 임직원이 이 업무추진비를 업무와 관련하여 합리적인 범위를 넘어 과다하게 지출하였더라도 불법영득의사가 인정되지 아니한다.

③ 자기 또는 제3자의 이익을 꾀할 목적으로 업무상의 임무에 위반하여 보관하고 있는 타인의 재물을 자기의 소유인 것과 같이 사실상 또는 법률상 처분하였다면 사후에 이를 반환하거나 변상, 보전하는 의사가 있었다고 하더라도 불법영득의사가 인정된다.

④ 대학교 산학협력단의 운영자가 산학협력단의 자금을 이용하여 비자금을 조성하였다고 하더라도 그것이 단지 당해 비자금의 소유자인 법인 이외의 제3자가 이를 발견하기 곤란하게 하기 위한 목적으로 장부상의 분식을 한 경우라면 불법영득의사가 인정되지 아니한다.

해설

① 【O】 근로자가 운송회사로부터 일정액의 급여를 받으면서 당일 운송수입금을 전부 운송회사에 납입하되, 운송회사는 근로자가 납입한 운송수입금을 월 단위로 정산하여 그 운송수입금이 월간 운송수입금 기준액인 사납금을 초과하는 경우에는 그 초과금액에 대하여 운송회사와 근로자에게 일정 비율로 배분하여 정산하고, 사납금에 미달되는 경우에는 그 부족금액에 대하여 근로자의 급여에서 공제하여 정산하기로 하는 약정이 체결되었다면, 근로자가 사납금 초과 수입금을 개인 자신에게 직접 귀속시키는 경우와는 달리, 근로자가 애초 거둔 운송수입금 전액은 운송회사의 관리와 지배 아래 있다고 봄이 상당하므로 근로자가 운송수입금을 임의로 소비하였다면 횡령죄를 구성한다. 이는 근로자가 운송회사에 대하여 사납금을 초과하는 운송수입금의 일부를 배분받을 권리를 가지고 있다고 하더라도 다른 특별한 사정이 없는 한 다를 바 없다고 할 것이다(대판 2014.4.30. 2013도8799). 17. 국가직 7급

② 【X】 법인이나 단체에서 임직원에게 업무를 수행하는 데에 드는 비용 명목으로 정관 기타의 규정에 의해 지급되는 이른바 판공비 또는 업무추진비가 직무수행에 드는 경비를 보전해 주는 실비변상적 급여의 성질을 가지고 있고, 정관이나 그 지급기준 등에서 업무와 관련하여 지출하도록 포괄적으로 정하고 있을 뿐 그 용도나 목적에 구체적인 제한을 두고 있지 않을 뿐만 아니라, 이를 사용한 후에도 그 지출에 관한 영수증 등 증빙자료를 요구하고 있지 않은 경우에는, 임직원에게 그 사용처나 규모, 업무와 관련된 것인지 여부 등에 대한 판단이 맡겨져 있고, 그러한 판단은 우선적으로 존중되어야 할 것이다. 따라서 임직원이 판공비 등을 불법영득의 의사로 횡령한 것으로 인정하려면 판공비 등이 업무와 관련 없이 개인적인 이익을 위하여 지출되었다거나 또는 업무와 관련되더라도 합리적인 범위를 넘어 지나치게 과다하게 지출되었다는 점이 증명되어야 할 것이고, 단지 판공비 등을 사용한 임직원이 그 행방이나 사용처를 제대로 설명하지 못하거나 사후적으로 그 사용에 관한 증빙자료를 제출하지 못하고 있다고 하여 함부로 불법영득의 의사로 이를 횡령하였다고 추단하여서는 아니 될 것이다(대판 2010.6.24. 2007도5899). 17. 국가직 7급

③ 【O】 업무상횡령죄에 있어서 불법영득의 의사라 함은 자기 또는 제3자의 이익을 꾀할 목적으로 업무상의 임무에 위배하여 보관하는 타인의 재물을 자기의 소유인 경우와 같은 처분을 하는 의사를 말하고 사후에 이를 반환하거나 변상, 보전하는 의사가 있다 하더라도 불법영득의 의사를 인정함에 지장이 없다(대판 2006.6.2. 2005도3431). 17. 국가직 7급

④ 【O】 업무상횡령죄가 성립하기 위하여는 자기 또는 제3자의 이익을 꾀할 목적으로 업무상 임무에 위배하여 자신이 보관하는 타인의 재물을 자기의 소유인 것 같이 사실상 또는 법률상 처분하는 의사를 의미하는 불법영득의 의사가 있어야 한다. 법인의 운영자 또는 관리자가 법인의 자금을 이용하여 비자금을 조성하였다고 하더라도 그것이 당해 비자금의 소유자인 법인 이외의 제3자가 이를 발견하기 곤란하게 하기 위한 장부상의 분식에 불과하거나 법인의 운영에 필요한 자금을 조달하는 수단으로 인정되는 경우에는 불법영득의 의사를 인정하기 어렵다. 다만 법인의 운영자 또는 관리자가 법인을 위한 목적이 아니라 법인과는 아무런 관련이 없거나 개인적인 용도로 착복할 목적으로 법인의 자금을 빼내어 별도로 비자금을 조성하였다면 그 조성행위 자체로써 불법영득의 의사가 실현된 것으로 볼 수 있을 것이다(대판 2015.2.26. 2014도15182). 17. 국가직 7급

정답 ②

20 다음 중 (업무상)횡령죄가 성립되지 않는 것은 모두 몇 개인가?

㉠ 양식어업면허권을 양도하고도 그 어업면허권이 자기 앞으로 되어 있음을 이유로 어업권손실보상금을 수령한 경우
㉡ 타인의 송금절차의 착오로 자신의 계좌에 입금된 돈을 인출하여 소비한 경우
㉢ 주상복합상가의 매수인들로부터 우수상인 유치비 명목으로 금원을 납부받아 보관 중 그 용도와 무관하게 일반경비로 사용한 경우
㉣ 채무자 甲이 채무총액에 대한 지불각서를 써줄 것으로 믿고 채권자 乙이 甲에게 액면금액을 확인할 수 있도록 가계수표를 건네주자 甲이 그 일부를 찢어버린 경우
㉤ 회사에 대하여 개인적인 채권을 가지고 있는 대표이사가 이사회의 승인 등의 절차 없이 자기가 보관 중인 회사자금으로 자신의 채권의 변제에 충당한 경우

① 1개 ② 2개 ③ 3개 ④ 4개

[해설]

㉠ 【 O 】 대판 1993.8.24. 93도1578 18. 경찰간부
㉡ 【 O 】 대판 2005.10.28. 2005도5975 18. 경찰간부
㉢ 【 O 】 횡령죄에 있어서의 불법영득의 의사라 함은 자기 또는 제3자의 이익을 꾀할 목적으로 보관하고 있는 타인의 재물을 자기의 소유인 것과 같이 사실상 또는 법률상 처분하는 의사를 의미하는 것으로, **타인으로부터 용도가 엄격히 제한된** 자금을 위탁받아 집행하면서 그 제한된 **용도 이외의 목적으로** 자금을 사용하는 것은, 그 사용이 개인적인 목적에서 비롯된 경우는 물론 결과적으로 자금을 위탁한 본인을 위하는 면이 있더라도, 그 사용행위 자체로서 불법영득의 의사를 실현한 것이 되어 횡령죄가 성립한다.

> **사실관계**
> 주상복합상가의 매수인들로부터 우수상인유치비 명목으로 금원을 납부받아 보관하던 중 그 용도와 무관하게 일반경비로 사용한 경우 횡령죄를 구성한다(대판 2002.8.23. 2002도366). 18. 경찰간부

㉣ 【 O 】 채무자가 채무총액에 관한 지불각서를 써 줄 것으로 믿고, 채권자가 채무자에게 그 액면금 등을 확인할 수 있도록 가계수표들을 교부하였다면, 채권자와 채무자 사이에는 만약 합의가 결렬되어 채무자가 채권자에게 지불각서를 써 주지 아니하는 경우에는 곧바로 그 가계수표들을 채권자에게 반환하기로 하는, 횡령죄에 있어서 **조리에 의한 위탁관계**가 발생하였다고 볼 것이다(대판 1996.5.14. 96도410). 18. 경찰간부

㉤ 【 X 】 회사에 대하여 개인적인 채권을 가지고 있는 대표이사가 회사를 위하여 보관하고 있는 회사 소유의 금전으로 자신의 채권 변제에 충당하는 행위는 회사와 이사의 이해가 충돌하는 **자기거래행위에** 해당하지 않는 것이므로, 대표이사가 이사회의 승인 등의 절차 없이 그와 같이 자신의 회사에 대한 채권을 변제하였더라도, 이는 **대표이사의 권한 내에서** 한 회사 채무의 이행행위로서 유효하고, 따라서 불법영득의 의사가 인정되지 아니하여 횡령죄의 죄책을 물을 수 없다(대판 2002.7.26. 2001도5459). 18. 경찰간부

[정답] ①

21 횡령죄에 관한 설명 중 적절한 것을 모두 고른 것은?

㉠ 부동산을 공동으로 상속한 자들 중 1인이 상속 부동산을 혼자 점유하던 중 다른 공동상속인의 상속지분을 임의로 처분한 경우 횡령죄의 죄책을 부담한다.
㉡ 원인무효인 소유권이전등기의 명의자는 횡령죄의 주체인 타인의 재물을 보관하는 자에 해당한다고 할 수 없다.
㉢ 주식회사의 대표이사가 회사의 금원을 인출하여 사용하였는데 그 사용처에 관한 증빙자료를 제시하지 못하고 있고 그 인출사유와 금원의 사용처에 관하여 납득할 만한 합리적인 설명을 하지 못하고 있다면, 이러한 금원은 그가 불법영득의 의사로 회사의 금원을 인출하여 개인적 용도로 사용한 것으로 추단할 수 있다.
㉣ 이른바 계약명의신탁 방식으로 명의수탁자가 당사자가 되어 명의신탁약정이 있다는 사실을 알고 있는 소유자와 부동산에 관한 매매계약을 체결하고 그 명의로 소유권이전등기를 마쳤는데, 명의수탁자가 자신의 채무를 담보하기 위해 위 부동산에 관해 제3자에게 근저당권을 설정해 준 경우 횡령죄가 성립한다

① ㉠, ㉢　　　② ㉡, ㉢　　　③ ㉡, ㉣　　　④ ㉢, ㉣

[해설]

㉠ 【X】 부동산에 관한 횡령죄에 있어서 타인의 재물을 보관하는 자의 지위는 동산의 경우와는 달리 부동산에 대한 점유의 여부가 아니라 부동산을 제3자에게 유효하게 처분할 수 있는 권능의 유무에 따라 결정하여야 하므로, 부동산을 공동으로 상속한 자들 중 1인이 부동산을 혼자 점유하던 중 다른 공동상속인의 상속지분을 임의로 처분하여도 그에게는 그 처분권능이 없어 횡령죄가 성립하지 아니한다(대판 2000.4.11. 2000도565). 17. 경찰승진
㉡ 【O】 대판 2010.6.24. 2009도9242 17. 경찰승진
㉢ 【O】 대판 2008.3.27. 2007도9250 17. 경찰승진
㉣ 【X】 명의신탁자와 명의수탁자가 이른바 계약명의신탁 약정을 맺고 명의수탁자가 당사자가 되어 명의신탁 약정이 있다는 사실을 알고 있는 소유자와 부동산에 관한 매매계약을 체결한 후 매매계약에 따라 부동산의 소유권이전등기를 명의수탁자 명의로 마친 경우에는 부동산 실권리자명의 등기에 관한 법률(이하 '부동산실명법'이라 한다) 제4조 제2항 본문에 의하여 수탁자 명의의 소유권이전등기는 무효이고 부동산의 소유권은 매도인이 그대로 보유하게 되므로, 명의수탁자는 부동산 취득을 위한 계약의 당사자도 아닌 명의신탁자에 대한 관계에서 횡령죄에서 '타인의 재물을 보관하는 자'의 지위에 있다고 볼 수 없고, 또한 명의수탁자가 명의신탁자에 대하여 매매대금 등을 부당이득으로 반환할 의무를 부담한다고 하더라도 이를 두고 배임죄에서 '타인의 사무를 처리하는 자'의 지위에 있다고 보기도 어렵다. 한편 위 경우 명의수탁자는 매도인에 대하여 소유권이전등기말소의무를 부담하게 되나, 위 소유권이전등기는 처음부터 원인무효여서 명의수탁자는 매도인이 소유권에 기한 방해배제청구로 말소를 구하는 것에 대하여 상대방으로서 응할 처지에 있음에 불과하고, 그가 제3자와 한 처분행위가 부동산실명법 제4조 제3항에 따라 유효하게 될 가능성이 있다고 하더라도 이는 거래 상대방인 제3자를 보호하기 위하여 명의신탁 약정의 무효에 대한 예외를 설정한 취지일 뿐 매도인과 명의수탁자 사이에 위 처분행위를 유효하게 만드는 어떠한 신임관계가 존재함을 전제한 것이라고는 볼 수 없으므로, 말소등기의무의 존재나 명의수탁자에 의한 유효한 처분가능성을 들어 명의수탁자가 매도인에 대한 관계에서 횡령죄에서 '타인의 재물을 보관하는 자' 또는 배임죄에서 '타인의 사무를 처리하는 자'의 지위에 있다고 볼 수도 없다(대판 2012.11.29. 2011도7361). 17. 경찰승진

정답 ②

22 횡령죄에 대한 설명으로 옳지 않은 것은 모두 몇 개인가?

㉠ 수의계약을 체결하는 공무원이 해당 공사업자와 적정한 금액 이상으로 계약금을 부풀려서 계약하고 부풀린 금액을 자신이 되돌려 받기로 사전에 약정한 다음 그에 따라 수수한 돈은 성질상 횡령금에 해당한다.
㉡ 사립학교의 교비회계에 속하는 수입을 교비회계의 세출에 포함되는 용도가 아닌 다른 용도에 사용한 경우 그 자체로써 횡령죄가 성립하지는 않는다.
㉢ 타인의 금전을 위탁받아 보관하는 자가 보관방법으로 금융기관에 자신의 명의로 이를 예치한 경우에는 보관자의 지위를 갖지 않는다.
㉣ 부동산에 대한 원인무효인 소유권이전등기의 명의자는 횡령죄의 주체인 '타인의 재물을 보관하는 자'에 해당한다고 할 수 없다.

① 없음 ② 1개 ③ 2개 ④ 3개

해설

㉠ 【 O 】 대판 2007.10.12. 2005도7112 17. 경찰간부
㉡ 【 X 】 사립학교의 경우, 사립학교법 제29조 및 같은 법 시행령에 의해 학교법인의 회계가 학교회계와 법인회계로 구분되고 학교회계 중 특히, 교비회계에 속하는 수입은 다른 회계에 전출하거나 대여할 수 없는 등 용도가 엄격히 제한되어 있기 때문에 교비회계 자금을 다른 용도에 사용하였다면 그 자체로서 횡령죄가 성립한다(대판 2004.12.24. 2003도4570). 17. 경찰간부
㉢ 【 X 】 횡령죄에 있어서 보관이라 함은 재물이 사실상 지배하에 있는 경우뿐만 아니라 법률상의 지배·처분이 가능한 상태를 모두 가리키는 것으로 타인의 금전을 위탁받아 보관하는 자는 보관방법으로 이를 은행 등의 금융기관에 예치한 경우에도 보관자의 지위를 갖는 것이다(대판 2000.8.18. 2000도1856). 17. 경찰간부
㉣ 【 O 】 대판 2010.6.24. 2009도9242 17. 경찰간부

정답 ③

23 횡령죄에 관한 설명 중 옳지 않은 것은?

① 소유권 취득에 등록이 필요한 다른 사람 소유 차량을 인도받아 보관받고 있는 사람이 이를 사실상 처분한 경우 보관 위임자나 보관자가 차량의 등록명의자가 아니라면 횡령죄가 성립하지 않는다.
② 근로자는 운송회사로부터 일정액의 급여를 받으면서 당일 운송수입금을 전부 운송회사에 납입하고, 운송회사는 이를 월 단위로 정산하기로 한 약정이 체결된 경우, 근로자가 운송수입금을 임의로 소비하였다면 이는 횡령죄를 구성하며 근로자가 사납금을 초과하는 수입금 일부를 배분받을 권리가 있더라도 마찬가지이다.
③ 횡령죄의 객체는 자기가 보관하는 '타인의 재물'이므로 재물이 아닌 재산상의 이익은 횡령죄의 객체가 될 수 없고, 사무적으로 관리가 가능한 채권이나 그 밖의 권리 등은 재물에 포함된다고 해석할 수 없다.
④ 주식회사의 설립업무 또는 증자업무를 담당한 자와 주식인수인이 사전에 공모하여 제3자로부터 차용한 돈으로 주금을 납입하고 설립등기 또는 증자등기 후 바로 인출하여 차용금 변제에 사용하는 경우에는 업무상 횡령죄가 성립하지 않는다.

> 해설
① 【 X 】 소유권의 취득에 등록이 필요한 타인 소유의 차량을 인도받아 보관하고 있는 사람이 이를 사실상 처분하면 횡령죄가 성립하며, 보관 위임자나 보관자가 차량의 등록명의자일 필요는 없다(대판 2015.6.25. 2015도1944(全)). 17. 경찰간부
② 【 O 】 대판 2014.4.30. 2013도8799 17. 경찰간부
③ 【 O 】 대판 1994.3.8. 93도2272 17. 경찰간부
④ 【 O 】 대판 2004.6.17. 2003도7645(全) 17. 경찰간부

> 정답 ①

24 횡령죄에 대한 다음 설명 중 가장 적절하지 않은 것은?

① 광업권은 재물인 광물을 취득할 수 있는 권리에 불과하지, 재물 그 자체는 아니므로 횡령죄의 객체가 된다고 할 수 없다.
② 동업자 사이에 손익분배의 정산이 되지 아니하였다면 동업자의 한 사람이 임의로 동업자들의 합유에 속하는 동업재산을 처분할 권한이 없는 것이므로, 동업자의 한 사람이 동업재산을 보관 중 임의로 횡령하였다면 지분비율에 따라 횡령한 금액에 대하여 횡령죄의 죄책을 부담한다.
③ 명의신탁자가 매수한 부동산에 관하여 「부동산 실권리자명의 등기에 관한 법률」을 위반하여 명의수탁자와 맺은 명의신탁약정에 따라 매도인에게서 바로 명의수탁자 명의로 소유권이전등기를 마친 이른바 중간생략 등기형 명의신탁을 한 경우, 명의수탁자가 신탁 받은 부동산을 임의로 처분하여도 명의신탁자에 대한 관계에서 횡령죄가 성립하지 아니한다.
④ 양식어업면허권자가 그 어업면허권을 양도한 후 아직도 어업면허권이 자기 앞으로 되어 있음을 틈타서 어업권손실보상금을 수령하여 일부는 자기 이름으로 예금하고 일부는 생활비 등에 소비하였다면 이는 횡령죄가 성립한다.

> 해설
① 【 O 】 대판 1994.3.8. 93도2272 16. 경찰
② 【 X 】 동업자 사이에 손익분배의 정산이 되지 아니하였다면 동업자의 한 사람이 임의로 동업자들의 합유에 속하는 동업재산을 처분할 권한이 없는 것이므로, 동업자의 한 사람이 동업재산을 보관 중 임의로 횡령하였다면 지분비율에 관계없이 임의로 횡령한 금액 전부에 대하여 횡령죄의 죄책을 부담한다(대판 2011.6.10. 2010도17684). 16. 경찰
③ 【 O 】 중간생략명의신탁 사건의 경우 횡령죄가 성립한다고 판시한 과거의 판례들(대판 2010.9.30. 2010도8556 등 다수)은 이 전합 판결(대판 2016.5.19. 2014도6992(全))에 의하여 폐기되어 현재는 죄가 되지 않음을 주의하여야 한다. 중간생략명의신탁의 경우 부동산에 대한 소유권은 여전히 매도인에게 남아 있고(명의신탁자의 재물이 아니다) 또한 명의신탁 자체가 형사처벌의 대상이 되는 범죄행위이므로 명의신탁자와 명의수탁자 사이에 신임·위탁관계가 없거나 있다고 보더라도 이를 보호할 가치가 없으므로 명의수탁자가 신탁받은 부동산을 임의로 처분해도 '신임·위탁관계에 의하여 보관 중인 명의신탁자의 재물을 횡령한 것이 아니므로' 횡령죄가 성립하지 않는다는 취지이다. 또한 위임형(계약) 명의신탁의 경우는 무죄인데 이와 비슷하고 실제로도 구별이 어려운 중간생략 명의신탁의 경우는 횡령죄가 성립한다는 것은 매우 이상한데, 이 또한 무죄로 판시한 이유 중에 하나이다. 이 전합 판결의 취지에 비추어보면 중간생략 명의신탁의 경우 횡령죄는 물론 배임죄도 성립하지 않는다. 주의할 것은 2자간 명의신탁의 경우는 분명히 명의신탁자의 재물이므로 여전히 횡령죄가 성립한다는 점이다.
◎ 다시 한 번 정리하면 다음과 같다. 2자간 명의신탁의 경우는 횡령죄이지만, 중간생략 명의신탁이나 위임형(계약) 명의신탁의 경우는 무죄이다. 16. 경찰
④ 【 O 】 대판 1993.8.24. 93도1578 16. 경찰

> 정답 ②

25 甲에게 횡령죄 또는 업무상횡령죄가 성립하는 경우는?

① 골프회원권 매매중개업체를 운영하는 甲이 매수의뢰와 함께 입금받아 다른 회사자금과 함께 보관하던 금원을 일시적으로 다른 회원권의 매입대금 등으로 임의로 소비한 경우
② 법인의 이사를 상대로 한 이사직무집행정지 가처분이 결정되자 법인의 대표자 甲이 위 가처분에 대항하여 항쟁할 필요가 있기 때문에 직무집행정지 가처분 결정을 받은 이사에게 그 사건에 관한 소송비용을 법인 경비로 지급한 경우
③ 채무자 甲이 채권자에게 동산을 양도담보로 제공하고 점유개정의 방법으로 점유하고 있는 상태에서 이것을 제3자에게 처분한 경우
④ 병원에서 의약품 선정·구매 업무를 담당하는 약국장 甲이 병원을 대신하여 제약회사로부터 의약품 제공의 대가로 기부금 명목의 돈을 받아 보관 중 임의로 소비한 경우

[해설]

① 【 X 】 골프회원권 매매중개업체를 운영하는 자가 매수의뢰와 함께 입금받아 보관하던 금원을 일시적으로 다른 회원권의 매입대금 등으로 임의로 소비한 경우, 위 매입대금은 그 목적과 용도를 정하여 위탁된 금전으로서 골프회원권 매입시까지 그 소유권이 위탁자에게 유보되어 있으나 다른 회사자금과 함께 보관된 이상 그 특정성을 인정하기 어렵고, 피고인의 불법영득의사를 추단할 수 없으므로 횡령죄를 구성하지 아니한다(대판 2008.3.14. 2007도7568). 16. 국가직 7급

② 【 X 】 법인의 이사를 상대로 한 이사직무집행정지가처분결정이 된 경우, 당해 법인의 업무를 수행하는 이사의 직무집행이 정지당함으로써 사실상 법인의 업무수행에 지장을 받게 될 것은 명백하므로 법인으로서는 이사 자격의 부존재가 객관적으로 명백하여 항쟁의 여지가 없는 경우가 아닌 한 가처분에 대항하여 항쟁할 필요가 있다고 할 것이고, 이와 같이 필요한 한도 내에서 법인의 대표자가 법인 경비에서 당해 가처분 사건의 피신청인인 이사의 소송비용을 지급하더라도 이는 법인의 업무수행을 위하여 필요한 비용을 지급한 것에 해당하고 법인의 경비를 횡령한 것이라고는 볼 수 없다(대판 2009.3.12. 2008도10826). 16. 국가직 7급

③ 【 X 】 채무자가 채권자에게 동산을 양도담보로 제공하고 점유개정의 방법으로 점유하고 있는 경우에는 그 동산의 소유권은 여전히 채무자에게 유보되어 있는 것이어서 채무자는 자기의 물건을 보관하고 있는 셈이 되므로, 양도담보의 목적물을 제3자에게 처분하거나 담보로 제공하였다 하더라도 횡령죄를 구성하지 아니한다(대판 2009.2.12. 2008도10971). 채무자가 금전채무를 담보하기 위하여 그 소유의 동산을 채권자에게 양도담보로 제공함으로써 채권자인 양도담보권자에 대하여 담보물의 담보가치를 유지·보전할 의무 내지 담보물을 타에 처분하거나 멸실, 훼손하는 등으로 담보권 실행에 지장을 초래하는 행위를 하지 않을 의무를 부담하게 되었더라도, 이를 들어 채무자가 통상의 계약에서의 이익대립관계를 넘어서 채권자와의 신임관계에 기초하여 채권자의 사무를 맡아 처리하는 것으로 볼 수 없다. 따라서 채무자를 배임죄의 주체인 '타인의 사무를 처리하는 자'에 해당한다고 할 수 없고, 그가 담보물을 제3자에게 처분하는 등으로 담보가치를 감소 또는 상실시켜 채권자의 담보권 실행이나 이를 통한 채권실현에 위험을 초래하더라도 배임죄가 성립한다고 할 수 없다(대판 2020.2.20. 2019도9756 전합). 16. 국가직 7급

④ 【 O 】 피고인이 병원을 대신하여 제약회사들로부터 의약품을 공급받는 대가로 그 의약품 매출액에 비례하여 기부금 명목의 금원을 제공받은 다음 병원을 위하여 보관하여 왔던 것 뿐이라면, 다른 특별한 사정이 없는 한 이를 두고 선량한 풍속 기타 사회질서에 반하는 행위로서 불법원인급여에 해당한다고 보기는 어려우므로 병원이 제약회사들로부터 위와 같은 금원을 제공받아 보관하고 있던 피고인에 대해 그 반환을 구하지 못한다고 할 수 없어 피고인이 이를 병원에게 반환하지 않고 개인적인 용도로 사용하였다면 업무상 횡령죄가 성립한다(대판 2008.10.9. 2007도2511). 16. 국가직 7급

정답 ④

26 다음 설명 중 가장 옳지 않은 것은?

① 타인의 금전을 위탁받아 보관하는 자가 보관방법으로 금융기관에 자신의 명의로 예치한 경우 수탁자가 이를 함부로 인출하여 소비하거나 또는 위탁자로부터 반환요구를 받았음에도 이를 영득할 의사로 반환을 거부하는 경우에는 횡령죄가 성립한다.
② 회사의 이사 등이 회사의 자금으로 뇌물을 공여하였다면 회사에 대하여 업무상횡령죄의 죄책을 면하지 못한다.
③ 명의신탁자가 매수한 부동산에 관하여 부동산실명법을 위반하여 명의수탁자와 맺은 명의신탁약정에 따라 매도인에게서 바로 명의수탁자 명의로 소유권이전등기를 마친 이른바 중간생략등기형 명의신탁을 한 경우 명의수탁자가 신탁받은 부동산을 임의로 처분하여도 명의신탁자에 대한 관계에서 횡령죄가 성립하지 아니한다.
④ 타인의 부동산을 보관 중인 자가 불법영득의사를 가지고 그 부동산에 근저당권설정등기를 경료함으로써 일단 횡령행위가 기수에 이르렀다면, 그 후 같은 부동산에 별개의 근저당권을 설정하여 새로운 법익침해의 위험을 추가하였다고 하더라도 이는 불가벌적 사후행위로써 별도의 횡령죄를 구성하지 않는다.
⑤ 이른바 계약명의신탁 방식으로 명의수탁자가 당사자가 되어 명의신탁약정이 있다는 사실을 알고 있는 소유자로부터 부동산을 매수하는 계약을 체결한 후 명의수탁자 앞으로 소유권이전등기가 행하여진 경우 명의수탁자가 명의신탁자에 대한 관계에서 횡령죄의 '타인의 재물을 보관하는 자'에 해당하지 않는다.

[해설]
① 【O】 대판 2015.2.12. 2014도11244 16. 법원행시
② 【O】 대판 2013.4.25. 2011도9238 16. 법원행시
③ 【O】 대판 2016.5.19. 2014도6992(全) 16. 법원행시
④ 【X】 타인의 부동산을 보관 중인 자가 그 부동산에 근저당권설정등기를 경료함으로써 일단 횡령행위가 기수에 이르렀다 하더라도 그 후 같은 부동산에 별개의 근저당권을 설정하여 새로운 법익침해의 위험을 추가함으로써 법익침해의 위험을 증가시키거나 해당 부동산을 매각함으로써 기존의 근저당권과 관계없이 법익침해의 결과를 발생시켰다면, 이는 근저당권으로 인해 당연히 예상될 수 있는 범위를 넘어 새로운 법익침해의 위험을 추가시키거나 법익침해의 결과를 발생시킨 것이므로 특별한 사정이 없는 한 불가벌적 사후행위로 볼 수 없고, 별도로 횡령죄를 구성한다(대판 2015.1.29. 2014도12022). 16. 법원행시
⑤ 【O】 대판 2012.11.29. 2011도7361 16. 법원행시

정답 ④

27 다음 중 횡령죄(업무상횡령 포함)가 성립하지 않는 것은?

① 회사의 대표이사가 근로자의 임금에서 국민연금 보험료 중 근로자가 부담하는 기여금을 원천공제한 뒤 국민연금관리공단에 납부하지 않고 개인적 용도로 사용한 경우
② 피고인이 주식회사의 경영권을 인수한 후 회사 소유의 예금을 인출하여 피고인의 위 회사 인수를 위한 대출금 변제에 사용한 경우
③ 타인에 대한 채무변제를 위탁받은 돈을 자신의 위탁자에 대한 채권에 충당한 경우
④ 구분소유자 전원의 공유에 속하는 공용부분인 지하주차장 일부를 그 중 1인이 독점 임대하고 수령한 임차료를 임의로 소비한 경우

[해설]
① 【O】 구 국민연금법, 구 국민연금법 시행령 등의 규정에 의하여 사용자는 매월 임금에서 국민연금 보험료 중 근로자가 부담할 기여금을 원천공제하여 근로자를 위하여 보관하고, 국민연금관리공단에 위 보험료를 납부하여야 할 업무상 임무를 부담하게 되며, 사용자가 이에 위배하여 근로자의 임금에서 원천공제한 기여금을 위 공단에 납부하지 아니하고, 나아가 이를 개인적 용도로 소비하였다면 업무상횡령죄의 책임을 면할 수 없다(대판 2011.2.10. 2010도13284). 13. 경찰승진

② 【 O 】 피고인이 甲 주식회사의 경영권을 인수한 후 甲 회사 소유의 예금을 인출하여 피고인의 甲 회사 인수를 위한 대출금 변제에 사용하는 방법으로 횡령하였다는 내용으로 기소된 사안에서, 피고인이, 위 예금이 인출되기 직전에 있었던 주주총회에서 피고인 측 이사 3명이 선출됨으로써 甲 회사의 실질적 운영자의 지위를 취득하였던 점 등에 비추어 위 예금을 보관하는 자의 지위에 있었다는 이유로, 이를 유죄로 인정한 원심판단을 수긍한 사례(대판 2011.3.24. 2010도17396). 13. 경찰승진

③ 【 O 】 타인에 대한 채무의 변제를 위하여 위탁받은 금원을 함부로 자신의 위탁자에 대한 채권에 충당함은 당초의 금원위탁의 취지에 위반되는 것으로서 횡령죄를 구성한다고 볼 것이고, 위탁자에 대한 채권의 존재는 횡령죄의 성립에 영향을 미치는 것이 아니다(대판 1984.11.13. 84도1199). 13. 경찰승진

④ 【 X 】 [1] 부동산에 관한 횡령죄에 있어서 타인의 재물을 보관하는 자의 지위는 동산의 경우와는 달리 부동산에 대한 점유의 여부가 아니라 부동산을 제3자에게 유효하게 처분할 수 있는 권능의 유무에 따라 결정하여야 하므로, 부동산의 공유자 중 1인이 다른 공유자의 지분을 임의로 처분하거나 임대하여도 그에게는 그 처분권능이 없어 횡령죄가 성립하지 아니한다.
[2] 구분소유자 전원의 공유에 속하는 공용부분인 지하주차장 일부를 그 중 1인이 독점 임대하고 수령한 임차료를 임의로 소비한 경우 횡령죄가 성립하지 아니한다고 한 사례(대판 2004.5.27. 2003도6988). 13. 경찰승진

정답 ④

28 다음 설명 중 옳지 않은 것은?

① 송금인이 송금 절차의 착오로 인하여 甲명의의 은행 계좌에 잘못 송금한 돈을 甲이 임의로 인출하여 소비한 경우 송금인과 甲사이에 별다른 거래관계가 없다고 하더라도 甲에게 횡령죄가 성립한다.

② 매도인 甲이 매매잔금을 교부받으면서 매수인 乙이 착오에 빠져 자기앞수표 1장을 추가로 교부하였는데, 甲이 교부받던 중에 그 사정을 알면서도 알리지 않고 그대로 수령한 경우 甲에게 사기죄가 성립한다.

③ 채무자 甲이 차용금을 변제하지 못할 경우 어머니 소유 부동산에 대한 유증상속분을 대물변제하기로 乙과 약정한 후, 막상 부동산을 상속받자 甲이 이를 乙이 아닌 제3자에게 매도한 경우 甲에게 배임죄가 성립하지 않는다.

④ 부동산을 매수한 명의신탁자 甲이 명의수탁자 乙과 맺은 명의신탁약정에 따라 매도인 丙에게서 바로 명의수탁자 乙에게 중간생략의 소유권이전등기를 하였는데 명의수탁자 乙이 신탁받은 부동산을 임의로 처분한 경우 乙에게 횡령죄가 성립한다.

해설

① 【 O 】 대판 2010.12.9. 2010도891 16. 국가직 7급
② 【 O 】 대판 2004.5.27. 2003도4531 16. 국가직 7급
③ 【 O 】 대판 2014.8.21. 2014도3363(全) 16. 국가직 7급
④ 【 X 】 [1] 부동산을 매수한 명의신탁자가 자신의 명의로 소유권이전등기를 하지 아니하고 명의수탁자와 맺은 명의신탁약정에 따라 매도인으로부터 바로 명의수탁자에게 중간생략의 소유권이전등기를 마친 경우, 부동산실명법 제4조 제2항 본문에 의하여 명의수탁자 명의의 소유권이전등기는 무효이고, 신탁부동산의 소유권은 매도인이 그대로 보유하게 된다. 따라서 명의신탁자로서는 매도인에 대한 소유권이전등기청구권을 가질 뿐 신탁부동산의 소유권을 가지지 아니하고, 명의수탁자 역시 명의신탁자에 대하여 직접 신탁부동산의 소유권을 이전할 의무를 부담하지는 아니하므로, 신탁부동산의 소유자도 아닌 명의신탁자에 대한 관계에서 명의수탁자가 횡령죄에서 말하는 '타인의 재물을 보관하는 자'의 지위에 있다고 볼 수는 없다.
[2] 그리고 명의신탁자와 명의수탁자 사이에 그 위탁신임관계를 근거지우는 계약인 명의신탁약정 또는 이에 부수한 위임약정이 무효임에도 불구하고 횡령죄 성립을 위한 사무관리·관습·조리·신의칙에 기초한 위탁신임관계가 있다고 할 수는 없다. 또한 명의신탁자와 명의수탁자 사이에 존재한다고 주장될 수 있는 사실상의 위탁관계라는 것도 부동산실명법에 반하여 범죄를 구성하는 불법적인 관계에 지나지 아니할 뿐 이를 형법상 보호할 만한 가치 있는 신임에 의한 것이라고 할 수 없다.
[3] 그러므로 명의신탁자가 매수한 부동산에 관하여 명의수탁자와 맺은 명의신탁약정에 따라 매도인으로부터 바로명의수탁자 명의로 소유권이전등기를 마친 이른바 중간생략등기형 명의신탁을 한 경우, 명의신탁자는 신탁부동산의 소유권을 가지지 아니하고, 명의신탁자와 명의수탁자 사이에 위탁신임관계를 인정할 수도 없어 명의수탁자가 명의신탁자의 재물을 보관하는 자라고 할 수 없으므로 명의수탁자가 신탁받은 부동산을 임의로 처분하여도 명의신탁자에 대한 관계에서 횡령죄가 성립하지 아니한다(대판 2016.5.19. 2014도6992(全)). 16. 국가직 7급

정답 ④

29 다음 중 횡령죄 또는 업무상횡령죄가 성립하는 것을 모두 고른 것은?

> ㉠ 지사에 근무하는 직원들이 본사를 위하여 보관 중이던 돈의 일부를 접대비 명목 등으로 임의로 나누어 사용하려고 비자금으로 조성한 경우
> ㉡ 마을 이장이 경로당 화장실 개·보수 공사를 위하여 업무상 보관 중이던 공사비를 그 용도 외에 다른 용도로 사용하였지만, 과거에 마을을 위하여 자신의 개인 돈을 지출하였던 경우
> ㉢ 회사의 대표이사가 보관 중인 회사 재산을 회사의 이익을 도모할 목적보다는 후보자 개인의 이익을 도모할 목적으로 처분하여 그 대금을 정치자금으로 기부한 경우
> ㉣ 분쟁에 대한 실질적인 이해관계는 단체에게 있으나 법적인 이유로 그 대표자의 지위에 있는 개인이 소송 기타 법적 절차의 당사자가 되었다거나 대표자의 지위에 있음으로 말미암아 의무적으로 행한 행위 등과 관련하여 분쟁이 발생한 상황에서 단체의 비용으로 변호사 선임료를 지출한 경우
> ㉤ 이른바 계약명의신탁 방식으로 명의수탁자가 당사자가 되어 명의신탁약정이 있다는 사실을 알고 있는 소유자와 부동산에 관한 매매계약을 체결하고 그 명의로 소유권이전등기를 마쳤는데, 명의수탁자가 자신의 채무를 담보하기 위해 위 부동산에 관해 제3자에게 근저당권을 설정해 준 경우

① ㉠, ㉤ ② ㉠, ㉡, ㉢ ③ ㉡, ㉢, ㉣ ④ ㉠, ㉡, ㉢, ㉣ ⑤ ㉠, ㉡, ㉢, ㉤

[해설]

㉠ 【O】 감정평가법인 지사에서 근무하는 감정평가사들이 접대비 명목 등으로 임의로 나누어 사용할 목적으로 감정평가법인을 위하여 보관 중이던 돈의 일부를 비자금으로 조성한 경우, 피고인들이 위 지사를 독립채산제로 운영하기로 했다고 하더라도 그것은 지사가 처리한 감정평가업무로 인한 경제적 이익의 분배에 관하여 그와 같이 약정을 한 것에 불과한 것이므로 피고인들이 사용한 지사의 자금이 법률상으로는 위 법인의 자금이 아니라고 할 수는 없고, 당초의 비자금 조성 목적 등에 비추어 비자금 조성 당시 피고인들의 불법영득의사가 객관적으로 표시되었다고 할 것인 점 등에 비추어, 위 비자금 조성행위가 업무상횡령죄에 해당한다(대판 2010.5.13. 2009도1373). 13. 사시

㉡ 【O】 마을 이장인 피고인이 경로당 화장실 개·보수 공사를 위하여 업무상 보관 중이던 공사비를 그 용도 외에 다른 용도로 사용한 이상 횡령죄는 성립하고, 피고인이 과거 마을을 위하여 개인 돈을 지출하였다고 하여 이에 충당할 수는 없다(대판 2010.9.30. 2010도7012). 13. 사시

㉢ 【O】 회사의 대표이사가 보관 중인 회사 재산을 처분하여 그 대금을 정치자금으로 기부한 경우 그것이 회사의 이익을 도모할 목적으로 합리적인 범위 내에서 이루어졌다면 그 이사에게 횡령죄에 있어서 요구되는 불법영득의 의사가 있다고 할 수 없을 것이나, 그것이 회사의 이익을 도모할 목적보다는 후보자 개인의 이익을 도모할 목적이나 기타 다른 목적으로 행하여졌다면 그 이사는 회사에 대하여 횡령죄의 죄책을 면하지 못한다(대판 2005.5.26. 2003도5519). 13. 사시

㉣ 【X】 원칙적으로 단체의 비용으로 지출할 수 있는 변호사 선임료는 단체 자체가 소송당사자가 된 경우에 한하므로 단체의 대표자 개인이 당사자가 된 민·형사사건의 변호사 비용은 단체의 비용으로 지출할 수 없고, 예외적으로 분쟁에 대한 실질적인 이해관계는 단체에게 있으나 법적인 이유로 그 대표자의 지위에 있는 개인이 소송 기타 법적 절차의 당사자가 되었다거나 대표자로서 단체를 위해 적법하게 행한 직무행위 또는 대표자의 지위에 있음으로 말미암아 의무적으로 행한 행위 등과 관련하여 분쟁이 발생한 경우와 같이, 당해 법적 분쟁이 단체와 업무적인 관련이 깊고 당시의 제반 사정에 비추어 단체의 이익을 위하여 소송을 수행하거나 고소에 대응하여야 할 특별한 필요성이 있는 경우에 한하여 단체의 비용으로 변호사 선임료를 지출할 수 있다(대판 2006.10.26. 2004도6280). 13. 사시

㉤ 【X】 명의신탁자와 명의수탁자가 이른바 계약명의신탁약정을 맺고 명의수탁자가 당사자가 되어 그러한 명의신탁약정이 있다는 사실을 알고 있는 소유자로부터 부동산을 매수하는 계약을 체결한 후 그 매매계약에 따라 명의수탁자 앞으로 당해 부동산의 소유권이전등기가 행하여졌다면 '부동산 실권리자명의 등기에 관한 법률' 제4조 제2항 본문에 의하여 명의수탁자 명의의 소유권이전등기는 무효이고 당해 부동산의 소유권은 매도인이 그대로 보유하게 된다. 나아가 그 경우 명의신탁자는 부동산매매계약의 당사자가 되지 아니하고 또 명의신탁약정은 위 법률 제4조 제1항에 의하여 무효이므로, 그는 다른 특별한 사정이 없는 한 부동산 자체를 매도인으로부터 이전받아 취득할 수 있는 권리 기타 법적 가능성을 가지지 못한다. 따라서 이때 명의수탁자가 명의신탁자에 대한 관계에서 횡령죄에서의 '타인의 재물을 보관하는 자'의 지위에 있다고 볼 수 없다(대판 2012.12.13. 2010도10515).
> ● 그 명의수탁자가 제3자에게 부동산을 처분한 경우에도 명의신탁자에 대한 관계에서 횡령죄가 성립하지 않는다. 13. 사시

정답 ②

30 횡령죄 또는 업무상 횡령죄에 관한 설명 중 옳은 것은?

① 법인의 이사를 상대로 한 이사직무집행정지 가처분결정이 된 경우 그 법인의 대표자가 법인의 업무수행에 지장을 받게 될 것으로 우려하여 법인의 자금으로 당해 이사의 소송비용을 지급한 경우라면 비록 이사 자격의 부존재가 객관적으로 명백하더라도 법인의 경비를 횡령한 것이라고 할 수 없다.
② 독립된 상인 간에 일방이 타방의 상호·상표 등의 영업표지를 이용하고 그 영업에 관하여 일정한 통제를 받으며 이에 대한 대가를 타방에 지급하기로 하는 계약 형태인 이른바 '프랜차이즈 계약(가맹점 계약)'에서 그 가맹점주가 보관 중인 물품판매대금을 본사의 승인 없이 소비한 경우 횡령죄가 성립한다.
③ 부동산의 소유자에 관한 다툼이 있는 사안에서 부동산 보관자의 지위에 있는 등기명의자가 명의이전을 거부하면서 부동산의 진정한 소유자가 밝혀진 후에 명의이전을 하겠다는 의사를 표시한 경우 횡령죄가 성립한다.
④ 타인의 금전을 위탁받아 보관하는 자가 보관방법으로 금융기관에 자신의 명의로 예치한 후 이를 반환받아 임의로 소비한 경우에는 횡령죄가 성립한다.
⑤ 소유권의 취득에 등록이 필요한 타인 소유의 차량을 인도받아 보관하고 있는 사람이 이를 사실상 처분한 경우 보관 위임자가 차량의 등록명의자인 때에 한하여 횡령죄가 성립한다.

[해설]

① 【X】 법인의 이사를 상대로 한 이사직무집행정지 가처분결정이 된 경우, 당해 법인의 업무를 수행하는 이사의 직무집행이 정지당함으로써 사실상 법인의 업무수행에 지장을 받게 될 것은 명백하므로 법인으로서는 그 이사 자격의 부존재가 객관적으로 명백하여 항쟁의 여지가 없는 경우가 아닌 한 위 가처분에 대항하여 항쟁할 필요가 있다고 할 것이고, 이와 같이 필요한 한도 내에서 법인의 대표자가 법인 경비에서 당해 가처분 사건의 피신청인인 이사의 소송비용을 지급하더라도 이는 법인의 업무수행을 위하여 필요한 비용을 지급한 것에 해당하고, 법인의 경비를 횡령한 것이라고는 볼 수 없다(대판 2007.12.28. 2006도9100).
  ✓ 이사 자격의 부존재가 객관적으로 명백하여 항쟁의 여지가 없는 경우 경우임에도 법인 경비에서 소송비용을 지급하였다면 횡령이 된다. 16. 사시
② 【X】 이러한 가맹점 계약을 동업계약 관계로는 볼 수 없고, 따라서 가맹점주인 피고인이 판매하여 보관 중인 물품판매 대금은 피고인의 소유라 할 것이어서 피고인이 이를 임의 소비한 행위는 프랜차이즈 계약상의 채무불이행에 지나지 아니하므로, 결국 횡령죄는 성립하지 아니한다(대판 1998.4.14. 98도292). 16. 사시
③ 【X】 보관자의 지위에 있는 등기명의자가 명의이전을 거부하면서 부동산의 진정한 소유자가 밝혀진 후에 명의이전을 하겠다는 의사를 표시하였다면 불법영득의 의사를 가지고 그 반환을 거부한 것이라고 단정할 수 없다고 한 사례(대판 2002.9.4. 2000도637). 16. 사시
④ 【O】 대판 2000.8.18. 2000도1856 16. 사시
⑤ 【X】 횡령죄는 타인의 재물을 보관하는 사람이 재물을 횡령하거나 반환을 거부한 때에 성립한다(형법 제355조 제1항). 횡령죄에서 재물의 보관은 재물에 대한 사실상 또는 법률상 지배력이 있는 상태를 의미하며, 횡령행위는 불법영득의사를 실현하는 일체의 행위를 말한다. 따라서 소유권의 취득에 등록이 필요한 타인 소유의 차량을 인도받아 보관하고 있는 사람이 이를 사실상 처분하면 횡령죄가 성립하며, 보관 위임자나 보관자가 차량의 등록명의자일 필요는 없다. 그리고 이와 같은 법리는 지입회사에 소유권이 있는 차량에 대하여 지입회사에서 운행관리권을 위임받은 지입차주가 지입회사의 승낙 없이 보관 중인 차량을 사실상 처분하거나 지입차주에게서 차량 보관을 위임받은 사람이 지입차주의 승낙 없이 보관 중인 차량을 사실상 처분한 경우에도 마찬가지로 적용된다(대판 2015.6.25. 2015도1944 전합). 16. 사시

정답 ④

31 횡령죄에 관한 설명 중 가장 적절하지 않은 것은?

① 포주가 윤락녀와 사이에 윤락녀가 받은 화대를 포주가 보관하였다가 분배하기로 약정하고도 보관 중인 화대를 임의로 소비한 경우 불법원인급여이므로 횡령죄가 성립하지 않는다.
② 주상복합상가의 매수인들로부터 우수상인 유치비 명목으로 금원을 납부받아 보관하던 중 그 용도와 무관하게 일반경비로 사용한 경우 횡령죄가 성립한다.
③ 보험을 유치하면서 특별이익 제공과는 무관한 통상적인 실적급여로서의 시책비를 지급받아 그 중 일부를 개인적인 용도로 사용한 경우 횡령죄가 성립하지 않는다.
④ 사립학교에 있어서 학교교육에 직접 필요한 시설, 설비를 위한 경비 등과 같이 원래 교비회계에 속하는 자금으로 지출할 수 있는 항목에 관한 차입금을 상환하기 위하여 교비회계자금을 지출한 경우 횡령죄가 성립하지 않는다.

해설

① 【 X 】 포주가 윤락녀와 사이에 윤락녀가 받은 화대를 포주가 보관하였다가 절반씩 분배하기로 약정하고도 보관 중인 화대를 임의로 소비한 경우, 포주와 윤락녀의 사회적 지위, 약정에 이르게 된 경위와 약정의 구체적 내용, 급여의 성격 등을 종합해 볼 때 포주의 불법성이 윤락녀의 불법성보다 현저히 크므로 화대의 소유권이 여전히 윤락녀에게 속한다는 이유로 횡령죄를 구성한다고 본 사례(대판 1999.9.17. 98도2036). 15. 경찰승진
② 【 O 】 대판 2002.8.23. 2002도366 15. 경찰승진
③ 【 O 】 위 피고인들이 소비한 금전은 모두 통상적인 실적급여로서의 성격을 가진 시책비에 해당하여 그 목적이나 용도가 특정되어 위탁된 금전이라고 보기 어렵다고 할 것이다(대판 2006.3.9. 2003도6733). 15. 경찰승진
④ 【 O 】 대판 2006.4.28. 2005도4085 15. 경찰승진

정답 ①

32 횡령죄에 관한 설명 중 옳은 것은?

① 타인이 착오로 피고인 명의의 홍콩 H은행 계좌로 잘못 송금한 300만 홍콩달러를 피고인이 임의로 인출하여 사용하였더라도, 피고인과 송금인 사이에 별다른 거래관계가 없는 경우에는 횡령죄가 성립하지 않는다.
② 지명채권의 양도인이 채무자에 대한 양도의 통지 전에 채무자로부터 채권을 추심하여 금전을 수령한 경우 그 금전은 양도인의 소유에 속하므로 이를 양도인이 임의로 소비하더라도 횡령죄가 성립하지 않는다.
③ 임차토지에 동업계약에 기해 식재되어 있는 수목을 관리·보관하던 동업자 일방이 다른 동업자의 허락을 받지 않고 함부로 제3자에게 수목을 매도하기로 계약을 체결한 후 계약금을 수령·소비하였으나, 다른 동업자의 저지로 계약의 추가적인 이행이 진행되지 아니한 경우 횡령죄 미수가 성립한다.
④ 주주나 대표이사 또는 그에 준하여 회사 자금의 보관이나 운용에 관한 사실상의 사무를 처리하는 자가 회사 소유의 재산을 제3자의 자금 조달을 위하여 담보로 제공하는 등 사적인 용도로 임의 처분하였더라도, 그 처분에 관하여 주주총회나 이사회의 결의가 있었던 경우에는 횡령죄가 성립하지 않는다.

해설

① 【 X 】 어떤 예금계좌에 돈이 착오로 잘못 송금되어 입금된 경우에는 그 예금주와 송금인 사이에 신의칙상 보관관계가 성립한다고 할 것이므로, 피고인이 송금 절차의 착오로 인하여 피고인 명의의 은행 계좌에 입금된 돈을 임의로 인출하여 소비한 행위는 횡령죄에 해당하고, 이는 송금인과 피고인 사이에 별다른 거래관계가 없다고 하더라도 마찬가지이다(대판 2010.12.9. 2010도891). 14. 변호사

② 【 X 】 채권양도의 당사자 사이에서는 양도인은 양수인을 위하여 양수채권 보전에 관한 사무를 처리하는 자라고 할 수 있고, 이는 이미 채권을 양도하여 그 채권에 관한 한 아무런 권한도 가지지 아니하는 양도인이 양수인에게 귀속된 채권에 대한 변제로서 수령한 것이므로, 채권양도의 당연한 귀결로서 그 금전을 자신에게 귀속시키기 위하여 수령할 수는 없는 것이고, 오로지 양수인에게 전달해 주기 위하여서만 수령할 수 있을 뿐이어서, 양도인이 수령한 금전은 양도인과 양수인 사이에서 양수인의 소유에 속하고, 여기에다가 위와 같이 양도인이 양수인을 위하여 채권보전에 관한 사무를 처리하는 지위에 있다는 것을 고려하면, 양도인은 이를 양수인을 위하여 보관하는 관계에 있다고 보아야 할 것이다(대판 1999.4.15. 97도666(全)). 14. 변호사

③ 【 O 】 대판 2012.8.17. 2011도9113 14. 변호사

④ 【 X 】 주식회사는 주주와 독립된 별개의 권리주체로서 이해가 반드시 일치하는 것은 아니므로, 주주나 대표이사 또는 그에 준하여 회사 자금의 보관이나 운용에 관한 사실상의 사무를 처리하는 자가 회사 소유 재산을 제3자의 자금 조달을 위하여 담보로 제공하는 등 사적인 용도로 임의 처분하였다면 그 처분에 관하여 주주총회나 이사회의 결의가 있었는지 여부와는 관계없이 횡령죄의 죄책을 면할 수는 없다(대판 2011.3.24. 2010도17396). 14. 변호사

정답 ③

33 횡령죄에 관한 다음 설명 중 가장 옳지 않은 것은?

① 일방이 타방의 상호, 상표 등의 영업표지를 이용하고 그 영업에 관하여 일체의 통제를 받으며 이에 대한 대가를 타방에 지급하기로 하는 계약 형태인 일명 '프랜차이즈 계약(가맹점계약)'에 있어서 그 가맹점주가 보관중인 물품 판매대금을 본사의 승인없이 임의로 소비한 경우 횡령죄가 성립하지 않는다.

② 송금절차의 착오로 인하여 자신의 은행계좌에 잘못 입금된 돈을 자신의 다른 계좌로 이체하는 등 임의로 사용한 경우 횡령죄가 성립한다.

③ 액면을 보충, 할인하여 달라는 의뢰를 받고 액면 백지인 약속어음을 교부받은 자가 보충권의 한도를 넘어 보충하여 임의로 사용한 경우 횡령죄가 성립한다.

④ 자기가 점유하는 타인의 재물에 대하여는 이것을 영득함에 기망행위를 한다 하여도 사기죄는 성립하지 아니하고 횡령죄만을 구성한다 할 것이다.

⑤ 위탁판매에서 판매대금에 대한 특약이나 특별한 사정이 없는 한 수탁자가 판매대금을 임의로 사용한 경우는 횡령죄가 성립한다.

해설

① 【 O 】 대판 1998.4.14. 98도292

② 【 O 】 대판 2005.10.28. 2005도5975

③ 【 X 】 액면을 보충·할인하여 달라는 의뢰를 받고 액면 백지인 약속어음을 교부받은 자가 보충권의 한도를 넘어 보충하여 임의로 사용한 경우, 발행인의 서명날인 있는 기존의 약속어음 용지를 이용하여 새로운 별개의 약속어음을 발행한 것에 해당하여 이러한 보충권의 남용행위로 인하여 생겨난 새로운 약속어음에 대하여는 발행인과의 관계에서 보관자의 지위에 있다 할 수 없으므로, 설사 그 약속어음을 자신의 채무변제조로 제3자에게 교부하여 임의로 사용하였다고 하더라도, 발행인으로 하여금 제3자에 대하여 어음상의 채무를 부담하는 손해를 입게 한 데에 대한 배임죄가 성립될 수 있음은 별론으로 하고, 보관자의 지위에 있음을 전제로 횡령죄가 성립될 수는 없다(대판 1995.1.20. 94도2760).

④ 【 O 】 대판 1980.12.9. 80도1177

⑤ 【 O 】 통상 위탁판매의 경우에 위탁판매인이 위탁물을 매매하고 수령한 금원은 위탁자의 소유에 속하여 위탁판매인이 함부로 이를 소비하거나 인도를 거부하는 때에는 횡령죄가 성립한다고 할 것이나, 위탁판매인과 위탁자간에 판매대금에서 각종 비용이나 수수료 등을 공제한 이익을 분배하기로 하는 등 그 대금처분에 관하여 특별한 약정이 있는 경우에는 이에 관한 정산관계가 밝혀지지 않는 한 위탁물을 판매하여 이를 소비하거나 인도를 거부하였다 하여 곧바로 횡령죄가 성립한다고는 할 수 없다(대판 1990.3.27. 89도813). ● 특약이나 특별한 사정이 없는 경우이므로 횡령죄가 성립한다.

정답 ③

34 횡령죄에 관한 설명 중 옳지 않은 것은?

① 익명조합원이 영업을 위하여 출자한 금전을 상대방인 영업자가 개인 용도에 소비하더라도 횡령죄가 성립하지 않는다.
② 출자지분이 2인에게 귀속되어 있는 유한회사의 대표사원이 자신이 업무상 보관 중이던 회사 재산을 다른 사원의 승낙을 얻어 개인 용도로 소비한 경우 업무상횡령죄가 성립하지 않는다.
③ 甲이 乙과 동업계약을 체결한 다음 乙의 승낙 없이 동업재산인 사업권을 제3자에게 양도하는 계약을 체결한 후 그 계약금을 받아 임의로 소비한 경우, 甲과 乙의 동업계약상 지분비율과 관계없이 임의로 소비한 금액 전부에 대하여 횡령죄의 죄책을 부담한다.
④ 공사감독자가 도급인인 교회로부터 레미콘 대금으로 지급하라는 명목으로 돈을 지급받고서 교회에 대한 자신의 채권과 상계처리한 경우 횡령죄가 성립한다.
⑤ 프랜차이즈 계약을 맺은 가맹점주가 물품판매대금의 일부를 본사로 송금하지 않고 임의로 소비한 경우 횡령죄가 성립하지 않는다.

[해설]
① 【 O 】 익명조합원이 영업을 위하여 출자한 금전 기타의 재산은 상대방인 영업자의 재산으로 되는 것이므로 영업자가 그 영업의 이익금을 함부로 자기용도에 소비하였다 하여도 횡령죄가 되지 아니한다(대판 1971.12.28. 71도2032).
② 【 X 】 본인과 유한회사는 별개의 인격체이므로 보관중인 회사의 재산을 개인용도로 소비한 때에는 횡령죄가 성립한다(대판 1986.9.9. 86도280).
③ 【 O 】 [1] 동업재산은 동업자의 합유에 속하므로, 동업관계가 존속하는 한 동업자는 동업재산에 대한 지분을 임의로 처분할 권한이 없고, 동업자 한 사람이 지분을 임의로 처분하거나 또는 동업재산의 처분으로 얻은 대금을 보관 중 임의로 소비하였다면 횡령죄의 죄책을 면할 수 없다.
[2] 동업자 사이에 손익분배 정산이 되지 아니하였다면 동업자 한 사람이 임의로 동업자들의 합유에 속하는 동업재산을 처분할 권한이 없는 것이므로, 동업자 한 사람이 동업재산을 보관 중 임의로 횡령하였다면 지분비율에 관계없이 횡령한 금액 전부에 대하여 횡령죄의 죄책을 부담한다(대판 2011.6.10. 2010도17684).
④ 【 O 】 판례는 용도를 특정하여 위탁받은 돈을 자신의 채권에 상계충당한 때에는 횡령죄가 성립한다고 한다(대판 1997.9.26. 97도1520).
⑤ 【 O 】 가맹점주인 피고인이 판매하여 보관 중인 물품판매 대금은 피고인의 소유라 할 것이어서 피고인이 이를 임의 소비한 행위는 프랜차이즈 계약상의 채무불이행에 지나지 아니하므로, 결국 횡령죄는 성립하지 아니한다(대판 1998.4.14. 98도292).

정답 ②

35 甲의 죄책에 관한 다음 설명 중 가장 적절하지 않은 것은?

① 甲이 고속버스에 다른 손님이 놓고 내린 타인의 핸드백을 가져간 경우, 고속버스의 운전사는 고속버스의 관수자로서 유실물을 교부받을 권능을 가지므로 운전사가 유실물을 현실적으로 발견하지 않는 한 점유이탈물횡령의 죄책을 지지 않고 절도의 죄책을 진다.
② 甲이 乙로부터 공무원에게 뇌물로 전달하여 달라고 금원을 교부받은 것은 불법원인으로 인하여 지급받은 것으로서 이를 뇌물로 전달하지 않고 임의로 소비하였다고 하더라도 甲은 횡령죄의 죄책을 지지 않는다.
③ 甲이 기자행세를 하면서 주점 객실에서 나체쇼를 한 주점 접대부 乙을 고발할 것처럼 데리고 나와 여관으로 유인한 다음 겁에 질려있는 乙의 상태를 이용하여 동침하면서 1회 성교한 것은 매음대가의 지급을 면하였다고 볼 수 없어 공갈죄의 죄책을 지지 않는다.
④ 형법상 장물죄는 상습범에 대한 처벌규정을 두고 있으나, 횡령죄는 상습범에 대한 처벌규정을 두고 있지 않다.

해설

① 【 X 】 고속버스 운전사는 고속버스의 관수자로서 차내에 있는 승객의 물건을 점유하는 것이 아니고 승객이 잊고 내린 유실물을 교부받을 권능을 가질 뿐이므로 유실물을 현실적으로 발견하지 않는 한 이에 대한 점유를 개시하였다고 할 수 없고, 그 사이에 다른 승객이 유실물을 발견하고 이를 가져갔다면 절도에 해당하지 아니하고 점유이탈물횡령에 해당한다(대판 1993.3.16. 92도3170).
② 【 O 】 대판 1999.6.11. 99도275
③ 【 O 】 대판 1983.2.8. 82도2714
④ 【 O 】 옳은 설명이다.

정답 ①

36 다음 설명 중 가장 옳지 않은 것은?

① 회사의 사무를 처리하는 자가 회사로 하여금 자신의 채무에 관하여 연대보증채무를 부담하게 한 다음, 회사의 자금을 보관하는 자의 지위에서 회사의 이익이 아닌 자신의 채무를 변제하려는 의사로 회사의 자금을 임의로 인출한 후 위 개인채무의 변제에 사용한 행위는 배임죄와 별도로 횡령죄를 구성한다.
② 물건 납품의 선매대금을 매수인으로부터 받은 매도인이 물건 납품 전에 선매대금을 임의로 소비한 경우 횡령죄가 성립한다.
③ 주식회사의 대표이사가 타인을 기망하여 회사가 발행하는 신주를 인수하게 한 다음, 그로부터 납입받은 신주인수대금을 보관하던 중 횡령한 행위는 사기죄와는 전혀 다른 새로운 보호법익을 침해하는 행위로서 별죄를 구성한다.
④ 절도범인으로부터 장물보관 의뢰를 받은 자가 그 정을 알면서 이를 인도받아 보관하고 있다가 임의 처분하였다 하여도 장물보관죄가 성립하는 때에는 이미 그 소유자의 소유물 추구권을 침해하였으므로 그 후의 횡령행위는 불가벌적 사후행위에 불과하여 별도로 횡령죄가 성립하지 않는다.

해설

① 【 O 】 대판 2011.4.14. 2011도277
② 【 X 】 매도인이 매수인으로부터 교부받은 물건납품을 위한 선매대금을 임의로 소비한 경우, 물건납품을 위한 선매대금은 매수인으로부터 매도인에게 교부되면 그 소유권이 매도인에게 이전되는 것이고 따라서 매수인을 위하여 그 대금을 보관하는 지위에 있지 아니하므로 매도인이 그 대금으로 교부받은 돈을 임의로 소비하였다 하더라도 이는 횡령죄를 구성하지 아니한다(대판 1986.6.24. 86도631).
③ 【 O 】 대판 2006.10.27. 2004도6503
④ 【 O 】 대판 2004.4.9. 2003도8219

정답 ②

37 다음 사안에서 乙의 형사책임에 대한 설명으로 가장 적절한 것은?

> 甲은 A로부터 그의 소유인 부동산을 매수하기로 계약을 체결했다. 甲은 매매계약의 당사자로서 A에게 소정의 대금을 모두 지불했다. 한편, 甲은 거래 부동산의 등기명의를 자신의 이름으로 하지 않고 A로부터 乙에게 바로 소유권이전등기를 경료하게끔 乙과 명의신탁약정을 했다. 약속대로 A는 乙에게 소유권이전등기를 경료해 주었고, 乙은 위 부동산의 소유명의자가 되었다. 얼마 후 乙은 甲 몰래 丙에게 위 부동산을 매도했다. 丙은 乙로부터 소유권이전등기를 경료받아 해당 부동산의 소유명의자가 되었다.

① 위 부동산에 관해 A로부터 乙 앞으로 이루어진 소유권이전등기는 현행법상 무효이나, 甲이 매매계약의 당사자로서 A에 대해 소유권이전등기청구권을 가지는 이상, 乙은 甲을 위해 그의 부동산을 보관하는 자의 지위에 서게 된다.
② 乙은 甲의 부동산을 보관하는 자의 지위에 있으면서 동 부동산을 임의로 처분하였으므로 횡령죄의 죄책을 지게 된다.
③ 乙이 丙에게 위 명의신탁약정의 존재를 고지하지 않고 부동산을 처분하였을 경우 乙에게 사기죄는 성립하지 않는다.
④ 사안을 달리하여, 만일 乙이 甲과 명의신탁약정을 맺고 직접 매매계약의 당사자가 되어 A로부터 부동산을 매수하였다고 가정한다면, 乙은 甲의 사무를 처리하는 자의 지위에 있게 되어 임의로 그 부동산을 처분한 행위가 배임죄에 해당한다.

[해설]

①② **[X]** 사안은 이른바 **중간생략형 명의신탁**에 해당한다. 중간생략형 명의신탁의 경우 신탁부동산의 소유권은 여전히 매도인(A)에게 있으며, 신탁자(甲)와 수탁자(乙) 사이에는 횡령죄로 보호할 만한 위탁관계를 인정할 수 없다. 따라서 수탁자(乙)는 '타인의 재물을 보관하는 자'라고 할 수 없어 횡령죄의 주체가 되지 않는다(무죄).

『횡령죄에서 보관이란 위탁관계에 의하여 재물을 점유하는 것을 뜻하므로 횡령죄가 성립하기 위하여는 재물의 보관자와 재물의 소유자(또는 기타의 본권자) 사이에 법률상 또는 사실상의 위탁신임관계가 존재하여야 한다. 이러한 위탁신임관계는 사용대차·임대차·위임 등의 계약에 의하여서뿐만 아니라 사무관리·관습·조리·신의칙 등에 의해서도 성립될 수 있으나, 횡령죄의 본질이 신임관계에 기초하여 위탁된 타인의 물건을 위법하게 영득하는 데 있음에 비추어 볼 때 위탁신임관계는 **횡령죄로 보호할 만한 가치 있는** 신임에 의한 것으로 한정함이 타당하다. … 부동산실명법의 입법 취지와 아울러, 명의신탁약정에 따른 명의수탁자 명의의 등기를 금지하고 이를 위반한 명의신탁자와 명의수탁자 쌍방을 형사처벌까지 하고 있는 부동산실명법의 명의신탁관계에 대한 규율 내용 및 태도 등에 비추어 볼 때, 명의신탁자와 명의수탁자 사이에 위탁신임관계를 근거 지우는 계약인 명의신탁약정 또는 이에 부수한 위임약정이 무효임에도 불구하고 횡령죄 성립을 위한 사무관리·관습·조리·신의칙에 기초한 위탁신임관계가 있다고 할 수는 없다. … 그러므로 명의신탁자가 매수한 부동산에 관하여 부동산실명법을 위반하여 명의수탁자와 맺은 명의신탁약정에 따라 매도인에게서 바로 명의수탁자 명의로 소유권이전등기를 마친 이른바 중간생략등기형 명의신탁을 한 경우, 명의신탁자는 신탁부동산의 소유권을 가지지 아니하고, 명의신탁자와 명의수탁자 사이에 위탁신임관계를 인정할 수도 없다. 따라서 명의수탁자가 명의신탁자의 재물을 보관하는 자라고 할 수 없으므로, 명의수탁자가 신탁받은 부동산을 임의로 처분하여도 명의신탁자에 대한 관계에서 횡령죄가 성립하지 아니한다.』(대판 2016.5.19. 2014도6992 전합)

③ **[O]** 부동산의 명의수탁자가 부동산을 제3자에게 매도하고 매매를 원인으로 한 소유권이전등기까지 마쳐 준 경우, 명의신탁의 법리상 대외적으로 수탁자에게 그 부동산의 처분권한이 있는 것임이 분명하고, 제3자로서도 자기 명의의 소유권이전등기가 마쳐진 이상 무슨 실질적인 재산상의 손해가 있을 리 없으므로 그 명의신탁 사실과 관련하여 신의칙상 고지의무가 있다거나 기망행위가 있었다고 볼 수도 없어서 그 제3자에 대한 **사기죄가 성립될 여지가 없고**, 나아가 그 처분시 매도인(명의수탁자)의 소유라는 말을 하였다고 하더라도 역시 사기죄가 성립하지 않으며, 이는 자동차의 명의수탁자가 처분한 경우에도 마찬가지이다(대판 2007.1.11. 2006도4498).

④ 【 X 】 지문은 이른바 계약명의신탁에 해당한다. 계약명의신탁의 경우 매도인이 선의인지의 여부에 따라 수탁자의 소유권 취득 여부도 달라진다. 그러나 매도인의 선악에 상관없이 수탁자가 부동산을 처분하여도 횡령죄나 배임죄는 성립하지 않는다(무죄). 『명의신탁자와 명의수탁자가 이른바 계약명의신탁 약정을 맺고 명의수탁자가 당사자가 되어 명의신탁 약정이 있다는 사실을 알고 있는 소유자와 부동산에 관한 매매계약을 체결한 후 매매계약에 따라 부동산의 소유권이전등기를 명의수탁자 명의로 마친 경우에는 부동산 실권리자명의 등기에 관한 법률(이하 '부동산실명법'이라 한다) 제4조 제2항 본문에 의하여 수탁자 명의의 소유권이전등기는 무효이고 부동산의 소유권은 매도인이 그대로 보유하게 되므로, 명의수탁자는 부동산 취득을 위한 계약의 당사자도 아닌 명의신탁자에 대한 관계에서 횡령죄에서 '타인의 재물을 보관하는 자'의 지위에 있다고 볼 수 없고, 또한 명의수탁자가 명의신탁자에 대하여 매매대금 등을 부당이득으로 반환할 의무를 부담한다고 하더라도 이를 두고 배임죄에서 '타인의 사무를 처리하는 자'의 지위에 있다고 보기도 어렵다. 한편 위 경우 명의수탁자는 매도인에 대하여 소유권이전등기말소의무를 부담하게 되나, 위 소유권이전등기는 처음부터 원인무효여서 명의수탁자는 매도인이 소유권에 기한 방해배제청구로 말소를 구하는 것에 대하여 상대방으로서 응할 처지에 있음에 불과하고, 그가 제3자와 한 처분행위가 부동산실명법 제4조 제3항에 따라 유효하게 될 가능성이 있다고 하더라도 이는 거래 상대방인 제3자를 보호하기 위하여 명의신탁 약정의 무효에 대한 예외를 설정한 취지일 뿐 매도인과 명의수탁자 사이에 위 처분행위를 유효하게 만드는 어떠한 신임관계가 존재함을 전제한 것이라고는 볼 수 없으므로, 말소등기의무의 존재나 명의수탁자에 의한 유효한 처분가능성을 들어 명의수탁자가 매도인에 대한 관계에서 횡령죄에서 '타인의 재물을 보관하는 자' 또는 배임죄에서 '타인의 사무를 처리하는 자'의 지위에 있다고 볼 수도 없다.』(대판 2012.11.29. 2011도7361)

정답 ③

제7절 배임의 죄

> 지문의 내용에 대해 학설의 대립 등 다툼이 있는 경우 판례에 의함

01 배임의 죄에 대한 설명으로 가장 적절하지 않은 것은?

① 채무자가 본인 소유의 동산을 채권자에게 「동산·채권 등의 담보에 관한 법률」에 따른 동산담보로 제공한 경우, 채무자가 담보물을 제3자에게 처분하는 등으로 담보가치를 감소 또는 상실시켜 채권자의 담보권 실행이나 이를 통한 채권실현에 위험을 초래하더라도 배임죄는 성립하지 않는다.

② 채무자가 금전채무를 담보하기 위한 저당권 설정계약에 따라 채권자에게 본인 소유의 부동산에 관하여 저당권을 설정할 의무를 부담하게 된 경우, 이는 통상의 계약에서 이루어지는 이익대립 관계를 넘어서 채권자와의 신임관계에 기초하여 채권자의 사무를 맡아 처리하는 것으로 보아야 하므로 배임죄에서의 '타인의 사무를 처리하는 자'라고 할 수 있다.

③ 서면으로 부동산 증여의 의사를 표시한 증여자가 수증자에게 증여계약에 따라 부동산의 소유권을 이전하지 아니하고 부동산을 제3자에게 처분하여 등기를 하는 행위는 수증자와의 신임관계를 저버리는 행위로서 배임죄가 성립한다.

④ 주식회사의 대표이사가 대표권을 남용하는 등 그 임무에 위배하여 약속어음을 발행하였는데 그 약속어음의 발행이 무효일 뿐만 아니라 유통되지도 않은 경우, 회사는 어음발행의 상대방에게 어음채무를 부담하지 않기 때문에 특별한 사정이 없는 한 배임죄의 기수범이 아니라 배임미수죄로 처벌하여야 한다.

해설

① 【O】 채무자가 금전채무를 담보하기 위하여 그 소유의 동산을 채권자에게 동산·채권 등의 담보에 관한 법률(이하 '동산채권담보법'이라 한다)에 따른 동산담보로 제공함으로써 채권자인 동산담보권자에 대하여 담보물의 담보가치를 유지·보전할 의무 또는 담보물을 타에 처분하거나 멸실, 훼손하는 등으로 담보권 실행에 지장을 초래하는 행위를 하지 않을 의무를 부담하게 되었더라도, 이를 들어 채무자가 통상의 계약에서의 이익대립관계를 넘어서 채권자와의 신임관계에 기초하여 채권자의 사무를 맡아 처리하는 것으로 볼 수 없다. 따라서 이러한 경우 채무자를 배임죄의 주체인 '타인의 사무를 처리하는 자'에 해당한다고 할 수 없고, 그가 담보물을 제3자에게 처분하는 등으로 담보가치를 감소 또는 상실시켜 채권자의 담보권 실행이나 이를 통한 채권실현에 위험을 초래하더라도 배임죄가 성립하지 아니한다(대판 2020.8.27. 2019도14770). 21. 경찰

② 【X】 채무자가 저당권설정계약에 따라 채권자에 대하여 부담하는 저당권을 설정할 의무는 계약에 따라 부담하게 된 채무자 자신의 의무이다. 채무자가 위와 같은 의무를 이행하는 것은 채무자 자신의 사무에 해당할 뿐이므로, 채무자를 채권자에 대한 관계에서 '타인의 사무를 처리하는 자'라고 할 수 없다. 따라서 채무자가 제3자에게 먼저 담보물에 관한 저당권을 설정하거나 담보물을 양도하는 등으로 담보가치를 감소 또는 상실시켜 채권자의 채권실현에 위험을 초래하더라도 배임죄가 성립한다고 할 수 없다.
위와 같은 법리는, 채무자가 금전채무에 대한 담보로 부동산에 관하여 양도담보설정계약을 체결하고 이에 따라 채권자에게 소유권이전등기를 해 줄 의무가 있음에도 제3자에게 그 부동산을 처분한 경우에도 적용된다(대판 2020.6.18. 2019도14340). 21. 경찰

③ 【O】 부동산 매매계약에서 중도금이 지급되는 등 계약이 본격적으로 이행되는 단계에 이른 때에는 계약이 취소되거나 해제되지 않는 한 매도인은 매수인에게 부동산의 소유권을 이전할 의무에서 벗어날 수 없다. 이러한 단계에 이른 때에 매도인은 매수인에게 매수인의 재산보전에 협력하여 재산적 이익을 보호·관리할 신임관계에 있게 되고, 그때부터 배임죄에서 말하는 '타인의 사무를 처리하는 자'에 해당한다고 보아야 한다. 그러한 지위에 있는 매도인이 매수인에게 계약 내용에 따라 부동산의 소유권을 이전해 주기 전에 부동산을 제3자에게 처분하여 등기를 하는 행위는 매수인의 부동산 취득이나 보전에 지장을 초래하는 행위로서 배임죄가 성립한다.
이러한 법리는 서면에 의한 부동산 증여계약에도 마찬가지로 적용된다. 서면으로 부동산 증여의 의사를 표시한 증여자는 계약이 취소되거나 해제되지 않는 한 수증자에게 목적부동산의 소유권을 이전할 의무에서 벗어날 수 없다. 그러한 증여자는 '타인의 사무를 처리하는 자'에 해당하고, 그가 수증자에게 증여계약에 따라 부동산의 소유권을 이전하지 않고 부동산을 제3자에게 처분하여 등기를 하는 행위는 수증자와의 신임관계를 저버리는 행위로서 배임죄가 성립한다(대판 2018.12.13. 2016도19308). 21. 경찰

④ 【 O 】 주식회사의 대표이사가 대표권을 남용하는 등 그 임무에 위배하여 회사 명의로 의무를 부담하는 행위를 하더라도 일단 회사의 행위로서 유효하고, 다만 상대방이 대표이사의 진의를 알았거나 알 수 있었을 때에는 회사에 대하여 무효가 된다. 따라서 상대방이 대표권남용 사실을 알았거나 알 수 있었던 경우 그 의무부담행위는 원칙적으로 회사에 대하여 효력이 없고, 경제적 관점에서 보아도 이러한 사실만으로는 회사에 현실적인 손해가 발생하였다거나 실해 발생의 위험이 초래되었다고 평가하기 어려우므로, 달리 그 의무부담행위로 인하여 실제로 채무의 이행이 이루어졌다거나 회사가 민법상 불법행위책임을 부담하게 되었다는 등의 사정이 없는 이상 배임죄의 기수에 이른 것은 아니다. 그러나 이 경우에도 대표이사로서는 배임의 범의로 임무위배행위를 함으로써 실행에 착수한 것이므로 배임죄의 미수범이 된다.

그리고 상대방이 대표권남용 사실을 알지 못하였다는 등의 사정이 있어 그 의무부담행위가 회사에 대하여 유효한 경우에는 회사의 채무가 발생하고 회사는 그 채무를 이행할 의무를 부담하므로, 이러한 채무의 발생은 그 자체로 현실적인 손해 또는 재산상 실해 발생의 위험이라고 할 것이어서 그 채무가 현실적으로 이행되기 전이라도 배임죄의 기수에 이르렀다고 보아야 한다(대판 2017.7.20. 2014도1104). 21. 경찰

정답 ②

02 배임죄에 대한 설명으로 가장 적절하지 않은 것은?

① 회사의 이사 등이 타인에게 회사자금을 대여함에 있어 그 타인이 채무변제능력을 상실하여 그에게 자금을 대여할 경우 회사에 손해가 발생하리라는 점을 충분히 알면서 대여했거나, 충분한 담보를 제공받는 등 상당하고도 합리적인 채권 회수조치를 취하지 아니한 채 대여해 주었다면 이는 회사에 대하여 배임행위가 된다.

② 업무상배임죄가 성립하려면 주관적 요건으로서 임무위배의 인식과 그로 인하여 자기 또는 제3자가 이익을 취득하고 본인에게 손해를 가한다는 인식, 즉 배임의 고의가 있어야 하고, 이러한 인식은 미필적 인식으로도 충분하다.

③ 보통예금은 은행 등 법률이 정하는 금융기관을 수치인으로 하는 금전의 소비임치 계약으로서 그 예금계좌에 입금된 금전의 소유권은 금융기관에 이전되고 예금주는 그 예금계좌를 통한 예금반환 채권을 취득하는 것이므로, 금융기관의 임직원은 예금주로부터 예금계좌를 통한 적법한 예금반환 청구가 있으면 이에 응할 의무가 있을 뿐 예금주와의 사이에서 그의 재산관리에 관한 사무를 처리하는 자의 지위에 있다고 할 수 없다.

④ 배임죄에 있어서 '타인의 사무를 처리하는 자'라 함은 양자간의 신임관계에 기초를 둔 타인의 재산보호 내지 관리의무가 있음을 그 본질적 내용으로 하는 것이므로, 배임죄의 성립에 있어서는 행위자가 대외관계에서 타인의 재산을 처분할 적법한 대리권이 있음을 요한다.

해설

① 【 O 】 대판 2017.11.9. 2015도12633 21. 경찰
② 【 O 】 대판 2013.9.26. 2013도5214 21. 경찰
③ 【 O 】 대판 2008.4.24. 2008도1408 21. 경찰
④ 【 X 】 배임죄에 있어서 타인의 사무를 처리하는 자라 함은 양자간의 신임관계에 기초를 둔 타인의 재산보호 내지 관리의무가 있음을 그 본질적 내용으로 하는 것이므로, 배임죄의 성립에 있어 행위자가 대외관계에서 타인의 재산을 처분할 적법한 대리권이 있음을 요하지 아니한다(대판 1999.9.17. 97도3219). 21. 경찰

정답 ④

03 배임죄에 대한 설명으로 가장 적절하지 않은 것은?

① 동산매매계약에서의 매도인은 매수인에 대하여 그의 사무를 처리하는 지위에 있지 아니하므로, 매도인이 목적물을 매수인에게 인도하지 아니하고 이를 타에 처분하였다 하더라도 매도인에게 형법상 배임죄가 성립하지 않는다.

② 채무담보를 위하여 채권자에게 부동산에 관하여 근저당권을 설정해 주기로 약정한 채무자가 담보목적물을 임의로 처분한 경우 채무자에게 배임죄가 성립하지 않는다.

③ 부동산 매도인인 피고인이 매수인 甲 등과 매매계약을 체결하고 甲 등으로부터 계약금과 중도금을 지급받은 후 매매목적물인 부동산을 제3자 乙 등에게 이중으로 매도하고 소유권이전등기를 마쳐 준 것만으로는 피고인에게 배임죄가 성립하지 않는다.

④ 채무자가 금전채무를 담보하기 위하여 그 소유의 동산을 채권자에게 동산 채권 등의 담보에 관한 법률에 따른 동산담보로 제공함으로써 채권자인 동산담보권자에 대하여 담보물의 담보가치를 유지 보전할 의무 또는 담보물을 타에 처분하거나 멸실, 훼손하는 등으로 담보권 실행에 지장을 초래하는 행위를 하지 않을 의무를 부담하게 된 경우라도 채무자는 배임죄의 주체인 '타인의 사무를 처리하는 자'에 해당하지 않는다.

해설

① 【O】 매매의 목적물이 동산일 경우, 매도인은 매수인에게 계약에 정한 바에 따라 그 목적물인 동산을 인도함으로써 계약의 이행을 완료하게 되고 그때 매수인은 매매목적물에 대한 권리를 취득하게 되는 것이므로, 매도인에게 자기의 사무인 동산인도채무 외에 별도로 매수인의 재산의 보호 내지 관리 행위에 협력할 의무가 있다고 할 수 없다. 동산매매계약에서의 매도인은 매수인에 대하여 그의 사무를 처리하는 지위에 있지 아니하므로, 매도인이 목적물을 매수인에게 인도하지 아니하고 이를 타에 처분하였다 하더라도 형법상 배임죄가 성립하는 것은 아니다(대판 2011.1.20. 2008도10479). 21. 경찰승진

② 【O】 대판 2020.6.18. 2019도14340 21. 경찰승진

③ 【X】 부동산 매매계약에서 계약금만 지급된 단계에서는 어느 당사자나 계약금을 포기하거나 그 배액을 상환함으로써 자유롭게 계약의 구속력에서 벗어날 수 있다. 그러나 중도금이 지급되는 등 계약이 본격적으로 이행되는 단계에 이른 때에는 계약이 취소되거나 해제되지 않는 한 매도인은 매수인에게 부동산의 소유권을 이전해 줄 의무에서 벗어날 수 없다. 따라서 이러한 단계에 이른 때에 매도인은 매수인에 대하여 매수인의 재산보전에 협력하여 재산적 이익을 보호·관리할 신임관계에 있게 된다. 그때부터 매도인은 배임죄에서 말하는 '타인의 사무를 처리하는 자'에 해당한다고 보아야 한다. 그러한 지위에 있는 매도인이 매수인에게 계약내용에 따라 부동산의 소유권을 이전해 주기 전에 그 부동산을 제3자에게 처분하고 제3자 앞으로 그 처분에 따른 등기를 마쳐 준 행위는 매수인의 부동산 취득 또는 보전에 지장을 초래하는 행위이다. 이는 매수인과의 신임관계를 저버리는 행위로서 배임죄가 성립한다(대판 2018.5.17. 2017도4027). 21. 경찰승진

④ 【O】 대판 2020.8.27. 2019도14770 21. 경찰승진

정답 ③

04 배임죄에 관한 다음 설명 중 옳은 것은 모두 몇 개인가?

㉠ 1인 회사의 주주가 자신의 개인채무를 담보하기 위하여 회사 소유의 부동산에 대하여 근저당권 설정등기를 마쳐 주어 배임죄가 성립한 이후에 그 부동산에 대하여 새로운 담보권을 설정해 주는 행위는, 선순위 근저당권의 담보가치를 공제한 나머지 담보가치 상당의 재산상이익을 침해하는 행위로서 별도의 배임죄가 성립한다.

㉡ 법률적 판단에 의하여 당해 배임행위가 무효라면 경제적 관점에서 파악하여 배임행위로 인하여 본인에게 현실적인 손해를 가하였거나 재산상 실해발생의 위험을 초래한 경우에도 재산상의 손해를 가한 때에 해당되지 아니하여 배임죄를 구성하지 아니한다.

㉢ 채권 담보를 위한 대물변제예약을 한 경우, 채무자가 대물로 변제하기로 한 부동산을 제3자에게 처분하였다고 하더라도 형법상 배임죄가 성립하는 것은 아니다.

㉣ 금융기관이 금원을 대출함에 있어 대출금 중 선이자를 공제한 나머지만 교부한 경우, 배임행위로 인하여 금융기관이 입는 손해는 선이자를 공제한 금액으로 보아야 하고, 이와 달리 선이자로 공제한 금원을 포함한 대출금 전액으로 볼 것은 아니다.

㉤ 타인을 위하여 도급계약을 체결할 임무가 있는 자가 부당하게 높은 가격으로 도급계약을 체결하여 타인에게 부당하게 많은 채무를 부담하게 하였다면 그로써 곧바로 업무상배임죄가 성립하고, 그 경우 배임액은 도급계약의 도급금액 전액에서 정당한 도급금액을 공제한 금액으로 보아야 한다.

① 1개 ② 2개 ③ 3개 ④ 4개

해설

㉠ 【 O 】 대판 2005.10.28. 2005도4915 23. 법원행시

㉡ 【 X 】 배임죄에 있어 재산상의 손해를 가한 때라 함은 현실적인 손해를 가한 경우뿐만 아니라 재산상 실해 발생의 위험을 초래한 경우도 포함되고, 재산상 손해의 유무에 대한 판단은 본인의 전재산 상태와의 관계에서 법률적 판단에 의하지 아니하고 경제적 관점에서 파악하여야 하며, 따라서 법률적 판단에 의하여 당해 배임행위가 무효라 하더라도 경제적 관점에서 파악하여 배임행위로 인하여 본인에게 현실적인 손해를 가하였거나 재산상 실해 발생의 위험을 초래한 경우에는 재산상의 손해를 가한 때에 해당되어 배임죄를 구성하는 것이라고 볼 것이다(대판 1992.5.26. 91도2963). 23. 법원행시

㉢ 【 O 】 대물변제예약의 궁극적 목적은 차용금반환채무의 이행 확보에 있고, 채무자가 대물변제예약에 따라 부동산에 관한 소유권이전등기절차를 이행할 의무는 그 궁극적 목적을 달성하기 위해 채무자에게 요구되는 부수적 내용이어서 이를 가지고 배임죄에서 말하는 신임관계에 기초하여 채권자의 재산을 보호 또는 관리하여야 하는 '타인의 사무'에 해당한다고 볼 수는 없다. 그러므로 채권 담보를 위한 대물변제예약 사안에서 채무자가 대물로 변제하기로 한 부동산을 제3자에게 처분하였다고 하더라도 배임죄가 성립하는 것은 아니다(대판 2014.8.21. 2014도3363(全)). 23. 법원행시

㉣ 【 X 】 금융기관이 금원을 대출함에 있어 대출금 중 선이자를 공제한 나머지만 교부하거나 약속어음을 할인함에 있어 만기까지의 선이자를 공제한 경우 금융기관으로서는 대출금채무의 변제기나 약속어음의 만기에 선이자로 공제한 금원을 포함한 대출금 전액이나 약속어음 액면금 상당액을 취득할 것이 기대된다 할 것이므로 배임행위로 인하여 금융기관이 입는 손해는 선이자를 공제한 금액이 아니라 선이자로 공제한 금원을 포함한 대출금 전액이나 약속어음 액면금 상당액으로 보아야 한다(대판 2003.10.10. 2003도3516). 23. 법원행시

㉤ 【 O 】 대판 1999.4.27. 99도883 23. 법원행시

정답 ③

05 배임죄에 관한 다음 설명 중 옳은 것은 모두 몇 개인가?

㉠ 타인에 대한 채무의 담보로 제3채무자에 대한 채권에 대하여 권리질권을 설정하고, 질권설정자가 제3채무자에게 질권설정의 사실을 통지하거나 제3채무자가 이를 승낙한 상태에서, 질권설정자가 질권자의 동의 없이 제3채무자에게서 질권의 목적인 채권의 변제를 받은 경우, 질권자에 대한 관계에서 배임죄가 성립한다.

㉡ A은행 지점장인 甲이 A은행을 대리하여 乙이 丙에 대하여 장래 부담하게 될 물품대금 채무에 대하여 지급보증을 하였다고 하더라도, 乙과 丙이 거래를 개시하지 않아 지급보증의 대상인 물품대금 지급채무가 현실적으로 발생하지 않았다면, 甲에게 배임죄가 성립하는지 여부를 검토함에 있어, A은행에게 경제적인 관점에서 손해가 발생한 것과 같은 정도의 구체적인 위험이 발생하였다고 평가하기는 어렵다고 보아야 한다.

㉢ 주식회사의 대표이사가 대표권을 남용하여 약속어음을 발행하였고, 그 어음발행이 무효라고 하더라도, 그 어음이 제3자에게 유통되었다면 그 어음채무가 실제로 이행되기 전이라도 배임죄의 기수범이 성립한다.

㉣ 주권발행 전 주식에 대한 양도계약에서 양도인이 양수인으로 하여금 회사 이외의 제3자에게 대항할 수 있도록 확정일자 있는 증서에 의한 양도통지 또는 승낙을 갖추어 주지 아니하고 위 주식을 다른 사람에게 처분한 경우, 배임죄가 성립한다.

㉤ 업무상배임죄의 실행으로 이익을 얻게 되는 수익자는 배임죄의 공범이라고 볼 수 없는 것이 원칙이고, 실행 행위자에게 배임행위를 교사하거나 또는 배임행위의 전 과정에 관여하는 등으로 배임행위에 적극 가담한 경우에 한하여 배임의 실행행위자에 대한 공동정범으로 인정할 수 있다.

① 1개　　② 2개　　③ 3개　　④ 4개

[해설]

㉠ 【X】 타인에 대한 채무의 담보로 제3채무자에 대한 채권에 대하여 권리질권을 설정한 경우 질권설정자는 질권자의 동의 없이 질권의 목적된 권리를 소멸하게 하거나 질권자의 이익을 해하는 변경을 할 수 없다(민법 제352조). 또한 질권설정자가 제3채무자에게 질권설정의 사실을 통지하거나 제3채무자가 이를 승낙한 때에는 제3채무자가 질권자의 동의 없이 질권의 목적인 채무를 변제하더라도 이로써 질권자에게 대항할 수 없고, 질권자는 여전히 제3채무자에 대하여 직접 채무의 변제를 청구하거나 변제할 금액의 공탁을 청구할 수 있다(민법 제353조 제2항, 제3항). 그러므로 이러한 경우 질권설정자가 질권의 목적인 채권의 변제를 받았다고 하여 질권자에 대한 관계에서 타인의 사무를 처리하는 자로서 임무에 위배하는 행위를 하여 질권자에게 손해를 가하거나 손해 발생의 위험을 초래하였다고 할 수 없고, 배임죄가 성립하지도 않는다(대판 2016.4.29. 2015도5665). 21. 법원행시

㉡ 【O】 대판 2015.9.10. 2015도6745 21. 법원행시

㉢ 【O】 [1] 주식회사의 대표이사가 **대표권을 남용**하는 등 그 임무에 위배하여 회사 명의로 의무를 부담하는 행위를 하더라도 일단 회사의 행위로서 유효하고, 다만 상대방이 대표이사의 진의를 **알았거나 알 수 있었을 때에는 회사에 대하여 무효가 된다**. 따라서 상대방이 대표권남용 사실을 알았거나 알 수 있었던 경우 그 의무부담행위는 원칙적으로 회사에 대하여 효력이 없고, 경제적 관점에서 보아도 이러한 사실만으로는 회사에 현실적인 손해가 발생하였다거나 실해 발생의 위험이 초래되었다고 평가하기 어려우므로, 달리 그 의무부담행위로 인하여 실제로 채무의 이행이 이루어졌다거나 회사가 민법상 불법행위책임을 부담하게 되었다는 등의 사정이 없는 이상 배임죄의 기수에 이른 것은 아니다. 그러나 이 경우에도 대표이사로서는 배임의 범의로 임무위배행위를 함으로써 실행에 착수한 것이므로 배임죄의 미수범이 된다.

그리고 상대방이 대표권남용 사실을 **알지 못하였다는** 등의 사정이 있어 그 의무부담행위가 회사에 대하여 유효한 경우에는 회사의 채무가 발생하고 회사는 그 채무를 이행할 의무를 부담하므로, 이러한 채무의 발생은 그 자체로 현실적인 손해 또는 재산상 실해 발생의 위험이라고 할 것이어서 그 채무가 현실적으로 이행되기 전이라도 배임죄의 기수에 이르렀다고 보아야 한다.

[2] 주식회사의 대표이사가 대표권을 남용하는 등 그 임무에 위배하여 약속어음 발행을 한 행위가 배임죄에 해당하는지도 원칙적으로 위에서 살펴본 의무부담행위와 마찬가지로 보아야 한다. 다만 약속어음 발행의 경우 어음법상 발행인은 종전의 소지인에 대한 인적 관계로 인한 항변으로써 소지인에게 대항하지 못하므로(어음법 제17조, 제77조), 어음발행이 무효라 하더라도 그 어음이 실제로 제3자에게 <u>유통되었다면</u> 회사로서는 어음채무를 부담할 위험이 구체적·현실적으로 발생하였다고 보아야 하고, 따라서 그 어음채무가 실제로 이행되기 전이라도 배임죄의 기수범이 된다. 그러나 약속어음 발행이 무효일 뿐만 아니라 그 어음이 유통되지도 않았다면 회사는 어음발행의 상대방에게 어음채무를 부담하지 않기 때문에 특별한 사정이 없는 한 회사에 현실적으로 손해가 발생하였다거나 실해 발생의 위험이 발생하였다고도 볼 수 없으므로, 이때에는 배임죄의 기수범이 아니라 배임미수죄로 처벌하여야 한다(대판 2017.7.20. 2014도1104 전합). 21. 법원행시

㉣【 O 】주권발행 전 주식의 양도는 양도인과 양수인의 의사표시만으로 효력이 발생한다. 그 주식 양수인은 특별한 사정이 없는 한 양도인의 협력을 받을 필요 없이 단독으로 자신이 주식을 양수한 사실을 증명함으로써 회사에 대하여 명의개서를 청구할 수 있다.
따라서 양도인이 양수인으로 하여금 회사 이외의 제3자에게 대항할 수 있도록 확정일자 있는 증서에 의한 양도통지 또는 승낙을 갖추어 주어야 할 채무를 부담한다 하더라도 이는 자기의 사무라고 보아야 하고, 이를 양수인과의 신임관계에 기초하여 양수인의 사무를 맡아 처리하는 것으로 볼 수 없다.
그러므로 주권발행 전 주식에 대한 양도계약에서의 양도인은 양수인에 대하여 그의 사무를 처리하는 지위에 있지 아니하여, 양도인이 위와 같은 제3자에 대한 대항요건을 갖추어 주지 아니하고 이를 타에 처분하였다 하더라도 형법상 배임죄가 성립하는 것은 아니다(대판 2020.6.4. 2015도6057). 21. 법원행시

㉤【 O 】거래상대방의 대향적 행위의 존재를 필요로 하는 유형의 배임죄에서 거래상대방은 기본적으로 배임행위의 실행행위자와 별개의 이해관계를 가지고 반대편에서 독자적으로 거래에 임한다는 점을 고려하면, 업무상배임죄의 실행으로 이익을 얻게 되는 수익자는 배임죄의 공범이라고 볼 수 없는 것이 원칙이고, 실행행위자의 행위가 피해자 본인에 대한 배임행위에 해당한다는 점을 인식한 상태에서 배임의 의도가 전혀 없었던 실행행위자에게 배임행위를 교사하거나 또는 배임행위의 전 과정에 관여하는 등으로 배임행위에 적극 가담한 경우에 한하여 배임의 실행행위자에 대한 공동정범으로 인정할 수 있다(대판 2016.10.13. 2014도17211). 21. 법원행시

정답 ④

06 횡령과 배임의 죄에 관한 설명으로 옳은 것은 모두 몇 개인가?

㉠ 건물의 임차인 甲이 임대인 A에 대한 임대차 보증금반환 채권을 B에게 양도하고, 이를 A에게 통지하지 않고, A로부터 남아있던 임대차보증금을 반환받아 甲이 소비한 경우 횡령죄가 성립하지 않는다.
㉡ 직무발명에 대한 권리를 사용자 등에게 승계한다는 취지를 정한 약정 또는 근무규정의 적용을 받는 종업원 등이 직무발명의 완성 사실을 사용자 등에게 통지하지 아니한 채 그에 대한 특허를 받을 수 있는 권리를 제3자에게 이중으로 양도하여 제3자가 특허권 등록까지 마치도록 하는 등으로 발명의 내용이 공개되도록 한 경우, 배임죄가 성립한다.
㉢ 채무자가 본인 소유의 동산을 채권자에게 「동산·채권 등의 담보에 관한 법률」에 따른 동산담보로 제공한 경우, 채무자가 담보물을 제3자에게 처분하는 등으로 담보가치를 감소 또는 상실시켜 채권자의 담보권 실행이나 이를 통한 채권실현에 위험을 초래하더라도 배임죄는 성립하지 않는다.
㉣ 甲이 범죄수익 등의 은닉을 위해 乙로부터 교부받은 무기명 양도성예금증서를 현금으로 교환하여 임의로 소비하였다면 횡령죄가 성립한다.

① 1개   ② 2개   ③ 3개   ④ 4개

해설

㉠ 【 O 】 채권양도인이 채무자에게 채권양도 통지를 하는 등으로 채권양도의 대항요건을 갖추어 주지 않은 채 채무자로부터 채권을 추심하여 금전을 수령한 경우, 특별한 사정이 없는 한 금전의 소유권은 채권양수인이 아니라 채권양도인에게 귀속하고 채권양도인이 채권양수인을 위하여 양도 채권의 보전에 관한 사무를 처리하는 신임관계가 존재한다고 볼 수 없다. 따라서 채권양도인이 위와 같이 양도한 채권을 추심하여 수령한 금전에 관하여 채권양수인을 위해 보관하는 자의 지위에 있다고 볼 수 없으므로, 채권양도인이 위 금전을 임의로 처분하더라도 횡령죄는 성립하지 않는다(대판 2022.6.23. 2017도3829). 24. 경찰간부

㉡ 【 O 】 직무발명에 대한 특허를 받을 수 있는 권리 등을 사용자 등에게 승계한다는 취지를 정한 약정 또는 근무규정의 적용을 받는 종업원 등은 사용자 등이 이를 승계하지 아니하기로 확정되기 전까지는 임의로 위와 같은 승계 약정 또는 근무규정의 구속에서 벗어날 수 없는 상태에 있는 것이어서, 종업원 등이 그 발명의 내용에 관한 비밀을 유지한 채 사용자 등의 특허권 등 권리의 취득에 협력하여야 할 의무는 자기 사무의 처리라는 측면과 아울러 상대방의 재산보전에 협력하는 타인 사무의 처리라는 성격을 동시에 가지게 되므로, 이러한 경우 종업원 등은 배임죄의 주체인 '타인의 사무를 처리하는 자'의 지위에 있다고 할 것이다. 따라서 위와 같은 지위에 있는 종업원 등이 임무를 위반하여 직무발명을 완성하고도 그 사실을 사용자 등에게 알리지 않은 채 그 발명에 대한 특허를 받을 수 있는 권리를 제3자에게 이중으로 양도하여 제3자가 특허권 등록까지 마치도록 하는 등으로 그 발명의 내용이 공개되도록 하였다면, 이는 사용자 등에게 손해를 가하는 행위로서 배임죄를 구성한다(대판 2012.11.15. 2012도6676). 24. 경찰간부

㉢ 【 O 】 대판 2020.8.27. 2019도14770 24. 경찰간부

㉣ 【 X 】 피고인이, 甲 등이 금융다단계 사기 범행을 통하여 취득한 범죄수익 등인 무기명 양도성예금증서 7장을 乙로부터 건네받아 현금으로 교환한 후 임의로 소비하였다고 하여 특정경제범죄 가중처벌 등에 관한 법률 위반(횡령)으로 기소된 사안에서, 피고인이 乙로부터 범죄수익 등의 은닉을 위해 교부받은 무기명 양도성예금증서는 불법의 원인으로 급여한 물건에 해당하여 소유권이 피고인에게 귀속되므로, 피고인이 무기명 양도성예금증서를 교환한 현금을 임의로 소비하였더라도 횡령죄가 성립하지 않는다(대판 2017.10.26. 2017도9254). 24. 경찰간부

정답 ③

07 횡령과 배임의 죄에 대한 설명으로 옳지 않은 것은?

① 타인의 재물을 보관하는 사람이 단순히 반환을 거부한 사실만으로 횡령죄가 성립하는 것은 아니며, 반환거부의 이유 및 주관적인 의사 등을 종합하여 반환거부행위가 횡령행위와 같다고 볼 수 있을 정도이어야만 횡령죄가 성립할 수 있다.

② 저당권설정계약에 따라 채권자에게 저당권설정의무를 부담하는 채무자가 제3자에게 먼저 담보물에 관한 저당권을 설정하거나 담보물을 양도하는 등으로 채권자의 채권실현에 위험을 초래하더라도 배임죄가 성립한다고 할 수 없다.

③ 건물의 임차인이 임대인에 대한 임대차보증금반환채권을 제3자에게 양도하였는데도 임대인에게 채권양도 통지를 하지 않고 임대인으로부터 남아 있던 임대차보증금을 반환받아 보관하던 중 이를 개인적인 용도로 사용하면, 채권을 양수한 제3자를 피해자로 하는 횡령죄가 성립한다.

④ 주식회사의 대표이사가 대표권을 남용하는 등 그 임무에 위배하여 회사 명의로 의무를 부담하는 행위를 하더라도 상대방이 대표권남용 사실을 알았거나 알 수 있었던 경우, 그 의무부담행위로 인하여 실제로 채무의 이행이 이루어졌다거나 회사가 민법상 불법행위책임을 부담하게 되었다는 등의 사정이 없는 이상 배임죄의 기수에 이른 것은 아니다.

해설

① 【 ○ 】 대판 2013.8.23. 2011도7637 24. 국가직 9급
② 【 ○ 】 대판 2020.6.18. 2019도14340 24. 국가직 9급
③ 【 × 】 채권양도인이 채무자에게 채권양도 통지를 하는 등으로 채권양도의 대항요건을 갖추어 주지 않은 채 채무자로부터 채권을 추심하여 금전을 수령한 경우, 특별한 사정이 없는 한 금전의 소유권은 채권양수인이 아니라 채권양도인에게 귀속하고 채권양도인이 채권양수인을 위하여 양도 채권의 보전에 관한 사무를 처리하는 신임관계가 존재한다고 볼 수 없다. 따라서 채권양도인이 위와 같이 양도한 채권을 추심하여 수령한 금전에 관하여 채권양수인을 위해 보관하는 자의 지위에 있다고 볼 수 없으므로, 채권양도인이 위 금전을 임의로 처분하더라도 횡령죄는 성립하지 않는다(대판 2022.6.23. 2017도3829). 24. 국가직 9급
④ 【 ○ 】 주식회사의 대표이사가 <u>대표권을 남용</u>하는 등 그 임무에 위배하여 회사 명의로 의무를 부담하는 행위를 하더라도 일단 회사의 행위로서 유효하고, 다만 상대방이 대표이사의 진의를 **알았거나 알 수 있었을 때**에는 회사에 대하여 무효가 된다. 따라서 상대방이 대표권남용 사실을 알았거나 알 수 있었던 경우 그 의무부담행위는 원칙적으로 회사에 대하여 효력이 없고, 경제적 관점에서 보아도 이러한 사실만으로는 회사에 현실적인 손해가 발생하였다거나 실해 발생의 위험이 초래되었다고 평가하기 어려우므로, 달리 그 의무부담행위로 인하여 실제로 채무의 이행이 이루어졌다거나 회사가 민법상 불법행위책임을 부담하게 되었다는 등의 사정이 없는 이상 배임죄의 기수에 이른 것은 아니다. 그러나 이 경우에도 대표이사로서는 배임의 범의로 임무위배행위를 함으로써 실행에 착수한 것이므로 배임죄의 미수범이 된다.
그리고 <u>상대방이 대표권남용 사실을 **알지 못하였다는**</u> 등의 사정이 있어 그 의무부담행위가 회사에 대하여 유효한 경우에는 회사의 채무가 발생하고 회사는 그 채무를 이행할 의무를 부담하므로, 이러한 채무의 발생은 그 자체로 현실적인 손해 또는 재산상 실해 발생의 위험이라고 할 것이어서 그 채무가 현실적으로 이행되기 전이라도 배임죄의 기수에 이르렀다고 보아야 한다.
[2] 주식회사의 대표이사가 대표권을 남용하는 등 그 임무에 위배하여 약속어음 발행을 한 행위가 배임죄에 해당하는지도 원칙적으로 위에서 살펴본 의무부담행위와 마찬가지로 보아야 한다. 다만 약속어음 발행의 경우 어음법상 발행인은 종전의 소지인에 대한 인적 관계로 인한 항변으로써 소지인에게 대항하지 못하므로(어음법 제17조, 제77조), 어음발행이 무효라 하더라도 그 어음이 실제로 제3자에게 **유통되었다면** 회사로서는 어음채무를 부담할 위험이 구체적·현실적으로 발생하였다고 보아야 하고, 따라서 그 어음채무가 실제로 이행되기 전이라도 **배임죄의 기수범**이 된다. 그러나 약속어음 발행이 무효일 뿐만 아니라 그 어음이 유통되지도 않았다면 회사는 어음발행의 상대방에게 어음채무를 부담하지 않기 때문에 특별한 사정이 없는 한 회사에 현실적으로 손해가 발생하였다거나 실해 발생의 위험이 발생하였다고도 볼 수 없으므로, 이때에는 배임죄의 기수범이 아니라 배임미수죄로 처벌하여야 한다(대판 2017.7.20. 2014도1104 전합). 24. 국가직 9급

정답 ③

08 횡령과 배임의 죄에 대한 설명이다. 아래 ㉠부터 ㉣까지의 설명 중 옳고 그름의 표시(○, ×)가 바르게 된 것은?

㉠ 명의신탁받아 보관 중인 타인의 부동산에 근저당권설정등기를 경료함으로써 일단 횡령죄가 기수에 이르렀다면, 그 후 해당 부동산을 매각하는 행위는 새로운 법익침해의 결과를 발생시켰다고 볼 수 없으므로 불가벌적 사후행위에 해당한다.
㉡ 절도범인으로부터 장물보관을 의뢰받은 자가 그 정을 알면서 이를 인도받아 보관하고 있다가 임의처분한 경우 장물보관죄가 성립하는 외에 별도로 횡령죄도 성립한다.
㉢ 타인의 위탁에 의하여 사무를 처리하는 자가 그 사무처리상 임무에 위배하여 본인을 기망하고 착오에 빠진 본인으로부터 재물을 교부받은 경우에는 사기죄가 성립하며, 별도로 배임죄가 성립하지 않는다.
㉣ 주식회사의 대표이사가 그 임무에 위배하여 약속어음을 발행한 행위가 있었다면, 어음발행행위가 무효가 되었다 하더라도 그 어음이 실제로 제3자에게 유통되었다면 그 어음채무가 실현되기 전이라 하더라도 배임죄의 기수범이 된다.

① ㉠ (×) ㉡ (○) ㉢ (×) ㉣ (×)
② ㉠ (×) ㉡ (×) ㉢ (×) ㉣ (○)
③ ㉠ (○) ㉡ (×) ㉢ (○) ㉣ (○)
④ ㉠ (○) ㉡ (○) ㉢ (○) ㉣ (×)

해설

㉠ 【 X 】 횡령죄는 다른 사람의 재물에 관한 소유권 등 본권을 보호법익으로 하고 법익침해의 위험이 있으면 침해의 결과가 발생되지 아니하더라도 성립하는 위험범이다. 그리고 일단 특정한 처분행위(이를 '선행 처분행위')로 인하여 법익침해의 위험이 발생함으로써 횡령죄가 기수에 이른 후 종국적인 법익침해의 결과가 발생하기 전에 새로운 처분행위(이를 '후행 처분행위')가 이루어졌을 때, ⅰ) 후행 처분행위가 선행 처분행위에 의하여 발생한 위험을 현실적인 법익침해로 완성하는 수단에 불과하거나 그 과정에서 당연히 예상될 수 있는 것으로서 새로운 위험을 추가하는 것이 아니라면 후행 처분행위에 의해 발생한 위험은 선행 처분행위에 의하여 이미 성립된 횡령죄에 의해 평가된 위험에 포함되는 것이므로 후행 처분행위는 이른바 불가벌적 사후행위에 해당한다. ⅱ) 그러나 후행 처분행위가 이를 넘어서서, 선행 처분행위로 예상할 수 없는 새로운 위험을 추가함으로써 법익침해에 대한 위험을 증가시키거나 선행 처분행위와는 무관한 방법으로 법익침해의 결과를 발생시키는 경우라면, 이는 선행 처분행위에 의하여 이미 성립된 횡령죄에 의해 평가된 위험의 범위를 벗어나는 것이므로 특별한 사정이 없는 한 별도로 횡령죄를 구성한다고 보아야 한다.
따라서 타인의 부동산을 보관 중인 자가 불법영득의사를 가지고 그 부동산에 **근저당권설정등기**를 경료함으로써 일단 횡령행위가 기수에 이르렀다 하더라도 그 후 같은 부동산에 **별개의 근저당권**을 설정하여 새로운 법익침해의 위험을 추가함으로써 법익침해의 **위험을 증가시키거나 해당 부동산을 매각함**으로써 기존의 근저당권과 관계없이 법익침해의 결과를 발생시켰다면, 이는 당초의 근저당권 실행을 위한 임의경매에 의한 매각 등 그 근저당권으로 인해 당연히 예상될 수 있는 범위를 넘어 새로운 법익침해의 위험을 추가시키거나 법익침해의 결과를 발생시킨 것이므로 특별한 사정이 없는 한 불가벌적 사후행위로 볼 수 없고, 별도로 횡령죄를 구성한다(대판 2013.2.21. 2010도10500 전합). 18. 경찰

㉡ 【 X 】 절도범인으로부터 장물보관의뢰를 받은 자가 그 정을 알면서 이를 인도받아 보관하고 있다가 임의처분하였다 하여도 장물보관죄가 성립되는 때에는 **이미 그 소유자의 소유물추구권을 침해하였으므로** 그 후의 횡령행위는 불가벌적 사후행위에 불과하여 별도로 횡령죄가 성립하지 않는다(대판 1976.11.23. 76도3067). 18. 경찰

㉢ 【 X 】 업무상배임행위에 사기행위가 수반된 때의 죄수 관계에 관하여 보면, 사기죄는 사람을 기망하여 재물의 교부를 받거나 재산상의 이익을 취득하는 것을 구성요건으로 하는 범죄로서 임무위배를 그 구성요소로 하지 아니하고 사기죄의 관념에 임무위배 행위가 당연히 포함된다고 할 수도 없으며, 업무상배임죄는 업무상 타인의 사무를 처리하는 자가 그 업무상의 임무에 위배하는 행위로써 재산상의 이익을 취득하거나 제3자로 하여금 이를 취득하게 하여 본인에게 손해를 가하는 것을 구성요건으로 하는 범죄로서 **기망적 요소를 구성요건의 일부로 하는 것이 아니어서** 양 죄는 그 구성요건을 달리하는 별개의 범죄이고 형법상으로도 각각 별개의 장에 규정되어 있어, 1개의 행위에 관하여 사기죄와 업무상배임죄의 각 구성요건이 모두 구비된 때에는 양 죄를 법조경합 관계로 볼 것이 아니라 **상상적 경합관계**로 봄이 상당하다 할 것이고, 나아가 업무상배임죄가 아닌 단순배임죄라고 하여 양 죄의 관계를 달리 보아야 할 이유도 없다(대판 2002.7.18. 2002도669 전합). 18. 경찰

㉣ 【 O 】 [1] 주식회사의 대표이사가 **대표권을 남용**하는 등 그 임무에 위배하여 회사 명의로 의무를 부담하는 행위를 하더라도 일단 회사의 행위로서 유효하고, 다만 상대방이 대표이사의 진의를 **알았거나 알 수 있었을 때에는** 회사에 대하여 무효가 된다. 따라서 상대방이 대표권남용 사실을 알았거나 알 수 있었던 경우 그 의무부담행위는 원칙적으로 회사에 대하여 효력이 없고, 경제적 관점에서 보아도 이러한 사실만으로는 회사에 현실적인 손해가 발생하였다거나 실해 발생의 위험이 초래되었다고 평가하기 어려우므로, 달리 그 의무부담행위로 인하여 실제로 채무의 이행이 이루어졌다거나 회사가 민법상 불법행위책임을 부담하게 되었다는 등의 사정이 없는 이상 배임죄의 기수에 이른 것은 아니다. 그러나 이 경우에도 대표이사로서는 배임의 범의로 임무위배행위를 함으로써 실행에 착수한 것이므로 배임죄의 미수범이 된다.
그리고 상대방이 대표권남용 사실을 **알지 못하였다는** 등의 사정이 있어 그 의무부담행위가 회사에 대하여 유효한 경우에는 회사의 채무가 발생하고 회사는 그 채무를 이행할 의무를 부담하므로, 이러한 채무의 발생은 그 자체로 현실적인 손해 또는 재산상 실해 발생의 위험이라고 할 것이어서 그 채무가 현실적으로 이행되기 전이라도 배임죄의 기수에 이르렀다고 보아야 한다.
[2] 주식회사의 대표이사가 대표권을 남용하는 등 그 임무에 위배하여 약속어음 발행을 한 행위가 배임죄에 해당하는지도 원칙적으로 위에서 살펴본 의무부담행위와 마찬가지로 보아야 한다. 다만 약속어음 발행의 경우 어음법상 발행인은 종전의 소지인에 대한 인적 관계로 인한 항변으로써 소지인에게 대항하지 못하므로(어음법 제17조, 제77조), 어음발행이 무효라 하더라도 그 어음이 실제로 제3자에게 **유통되었다면** 회사로서는 어음채무를 부담할 위험이 구체적·현실적으로 발생하였다고 보아야 하고, 따라서 그 어음채무가 실제로 이행되기 전이라도 **배임죄의 기수범**이 된다. 그러나 약속어음 발행이 무효일 뿐만 아니라 그 어음이 유통되지도 않았다면 회사는 어음발행의 상대방에게 어음채무를 부담하지 않기 때문에 특별한 사정이 없는 한 회사에 현실적으로 손해가 발생하였다거나 실해 발생의 위험이 발생하였다고도 볼 수 없으므로, 이때에는 배임죄의 기수범이 아니라 배임미수죄로 처벌하여야 한다(대판 2017.7.20. 2014도1104 전합). 18. 경찰

정답 ②

09 다음 중 배임죄 또는 업무상배임죄가 성립하지 않는 경우를 모두 고른 것은?

㉠ 새마을금고 임직원이 동일인 대출한도 제한규정을 위반하여 초과대출행위를 하였더라도 대출채권회수에 문제가 없는 것으로 판단되는 경우
㉡ 자기소유의 동산에 대해 매수인과 매매계약을 체결한 매도인이 중도금까지 지급받은 상태에서 그 목적물을 제3자에 대한 자기의 채무변제에 갈음하여 그 제3자에게 양도한 경우
㉢ 회사의 승낙없이 임의로 지정 할인율보다 더 높은 할인율을 적용하여 회사가 지정한 가격보다 낮은 가격으로 거래처에 제품을 판매하였지만 시장거래 가격에 따라 제품을 판매한 경우
㉣ 피고인의 채권에 대한 담보목적으로 피해자가 자신의 대지와 건물을 피고인에게 소유권이전등기를 해주었는데, 피해자가 약정기일까지 차용한 금전을 이행하지 못하자 피고인이 담보권의 실행으로 담보부동산을 염가로 처분한 경우

① ㉠, ㉡   ② ㉠, ㉢   ③ ㉡, ㉢, ㉣   ④ ㉠, ㉡, ㉢, ㉣

[해설]

모두 성립하지 않는다.

㉠ 【 X 】 구 새마을금고법(2007. 5. 25. 법률 제8485호로 개정되기 전의 것) 제26조의2, 제27조에 비추어 보면 동일인 대출한도를 초과하였다는 사정만으로는 다른 회원들에 대한 대출을 곤란하게 하여 새마을금고의 적정한 자산운용에 장애를 초래한다는 등 어떠한 위험이 발생하였다고 단정할 수도 없다. 따라서 동일인 대출한도를 초과하여 대출함으로써 구 새마을금고법을 위반하였다고 하더라도, 대출한도 제한규정 위반으로 처벌함은 별론으로 하고, 그 사실만으로 특별한 사정이 없는 한 업무상배임죄가 성립한다고 할 수 없다(대판 2008.6.19. 2006도4876). 20. 경찰승진

㉡ 【 X 】 피고인이 '인쇄기'를 甲에게 양도하기로 하고 계약금 및 중도금을 수령하였음에도 이를 자신의 채권자 乙에게 기존 채무변제에 갈음하여 양도함으로써 재산상 이익을 취득하고 甲에게 동액 상당의 손해를 입혔다는 배임의 공소사실에 대하여, 피고인은 甲에 대하여 그의 사무를 처리하는 지위에 있지 아니하다(대판 2011.1.20. 2008도10479). 20. 경찰승진

㉢ 【 X 】 피고인이 피해 회사의 승낙 없이 임의로 지정 할인율보다 더 높은 할인율을 적용하여 회사가 지정한 가격보다 낮은 가격으로 제품을 판매하는 이른바 '덤핑판매'로 제3자인 거래처에 재산상의 이익이 발생하였는지 여부는 경제적 관점에서 실질적으로 판단하여야 할 것인바, 피고인이 피해 회사가 정한 할인율 제한을 위반하였다 하더라도 시장에서 거래되는 가격에 따라 제품을 판매하였다면 지정 할인율에 의한 제품가격과 실제 판매시 적용된 할인율에 의한 제품가격의 차액 상당을 거래처가 얻은 재산상의 이익이라고 볼 수는 없다(대판 2009.12.24. 2007도2484). 20. 경찰승진

㉣ 【 X 】 담보권자가 변제기 경과 후에 담보권을 실행하기 위하여 담보목적물을 처분하는 행위는 담보계약에 따라 담보권자에게 주어진 권능이어서 자기의 사무처리에 속하는 것이지 타인인 채무자의 사무처리에 속하는 것이라고 할 수 없으므로, 담보권자가 담보권을 실행하기 위하여 담보목적물을 처분함에 있어 시가에 따른 적절한 처분을 하여야 할 의무는 담보계약상의 민사채무일 뿐 그와 같은 형법상의 의무가 있는 것은 아니므로 그에 위반한 경우 배임죄가 성립된다고 할 수 없다(대판 1997.12.23. 97도2430). 20. 경찰승진

정답 ④

10 배임죄에 관한 다음 설명 중 가장 옳지 않은 것은?

① 담보권자가 변제기 경과 후에 담보권을 실행하기 위하여 담보목적물을 처분함에 있어서 부당하게 염가로 처분하더라도 배임죄로 처벌할 수 없다.

② 업무상배임죄의 실행으로 인하여 이익을 얻게 되는 거래상대방인 수익자는 해당 거래행위가 배임행위에 해당한다는 점을 인식하였더라도 그러한 사정만으로는 배임죄의 공범으로 처벌할 수 없다.

③ 회사직원이 영업비밀 등을 적법하게 반출하여 그 반출행위가 업무상배임죄에 해당하지 않는 경우라도, 퇴사 시에 그 영업비밀 등을 회사에 반환하거나 폐기할 의무가 있음에도 경쟁업체에 유출하거나 스스로의 이익을 위하여 이용할 목적으로 이를 반환하거나 폐기하지 아니하였다면 퇴사 시에 업무상배임죄의 기수가 된다.

④ 주식회사의 대표이사가 대표권을 남용하는 등 그 임무에 위배하여 회사 명의로 약속어음을 발행하였더라도 상대방이 대표권남용 사실을 알았거나 알 수 있었던 경우라면 그러한 약속어음 발행 행위는 회사에 대하여 효력이 없으므로 그 약속어음이 유통되었는지 여부를 불문하고 배임죄의 기수범으로는 처벌할 수 없다.

해설

① 【O】 담보권자가 담보목적물을 부당하게 염가로 처분한 경우 담보권자가 변제기 경과 후에 담보권을 실행하기 위하여 담보목적물을 처분하는 행위는 담보계약에 따라 담보권자에게 주어진 권능이어서 자기의 사무처리에 속하는 것이지 타인인 채무자의 사무처리에 속하는 것이라고 할 수 없다(대판 1997.12.23. 97도2430). 자기의 사무인바 염가로 처분해도 배임죄에 해당할 수 없다는 의미 18. 법원직 9급

② 【O】 거래상대방의 대항적 행위의 존재를 필요로 하는 유형의 배임죄에 있어서 거래상대방으로서는 기본적으로 배임행위의 실행행위자와는 별개의 이해관계를 가지고 반대편에서 독자적으로 거래에 임한다는 점을 감안할 때, 비록 그 행위가 배임행위에 해당한다는 점을 알고 거래에 임하였다고 하더라도 그러한 사정만으로는 범죄를 구성할 정도의 위법성이 없다고 할 것이고, 거래상대방이 배임행위를 교사하거나 그 배임행위의 전 과정에 관여하는 등으로 배임행위에 적극 가담함으로써 그 실행행위자와의 계약이 반사회적 법률행위에 해당하여 무효로 되는 경우에는 배임죄의 교사범 또는 공동정범이 성립할 수 있다(대판 2012.11.15. 2012도9417). 18. 법원직 9급

③ 【O】 업무상배임죄의 주체는 타인의 사무를 처리하는 지위에 있어야 한다. 따라서 회사직원이 재직 중에 영업비밀 또는 영업상 주요한 자산을 경쟁업체에 유출하거나 스스로의 이익을 위하여 이용할 목적으로 무단으로 반출하였다면 타인의 사무를 처리하는 자로서 업무상의 임무에 위배하여 유출 또는 반출한 것이어서 유출 또는 반출 시에 업무상배임죄의 기수가 된다. 또한 회사직원이 영업비밀 등을 적법하게 반출하여 반출행위가 업무상배임죄에 해당하지 않는 경우라도, 퇴사 시에 영업비밀 등을 회사에 반환하거나 폐기할 의무가 있음에도 경쟁업체에 유출하거나 스스로의 이익을 위하여 이용할 목적으로 이를 반환하거나 폐기하지 아니하였다면, 이러한 행위 역시 퇴사 시에 업무상배임죄의 기수가 된다(대판 2017.6.29. 2017도3808). 18. 법원직 9급

④ 【X】 주식회사의 대표이사가 대표권을 남용하는 등 그 임무에 위배하여 회사 명의로 의무를 부담하는 행위를 하더라도 일단 회사의 행위로서 유효하고, 다만 상대방이 대표이사의 진의를 알았거나 알 수 있었을 때에는 회사에 대하여 무효가 된다. 따라서 상대방이 대표권남용 사실을 알았거나 알 수 있었던 경우 그 의무부담행위는 원칙적으로 회사에 대하여 효력이 없고, 경제적 관점에서 보아도 이러한 사실만으로는 회사에 현실적 손해가 발생하였다거나 실해 발생의 위험이 초래되었다고 평가하기 어려우므로, 달리 그 의무부담행위로 인하여 실제로 채무의 이행이 이루어졌다거나 회사가 민법상 불법행위책임을 부담하게 되었다는 등의 사정이 없는 이상 배임죄의 기수에 이른 것은 아니다. 그러나 이 경우에도 대표이사로서는 배임의 범의로 임무위배행위를 함으로써 실행에 착수한 것이므로 배임죄의 미수범이 된다. 그리고 상대방이 대표권남용 사실을 알지 못하였다는 등의 사정이 있어 그 의무부담행위가 회사에 대하여 유효한 경우에는 회사의 채무가 발생하고 회사는 그 채무를 이행할 의무를 부담하므로, 이러한 채무의 발생은 그 자체로 현실적인 손해 또는 재산상 실해 발생의 위험이라고 할 것이어서 그 채무가 현실적으로 이행되기 전이라도 배임죄의 기수에 이르렀다고 보아야 한다. 주식회사의 대표이사가 대표권을 남용하는 등 그 임무에 위배하여 약속어음 발행을 한 행위가 배임죄에 해당하는지도 원칙적으로 위에서 살펴본 의무부담행위와 마찬가지로 보아야 한다. 다만 약속어음 발행의 경우 어음법상 발행인은 종전의 소지인에 대한 인적 관계로 인한 항변으로써 소지인에게 대항하지 못하므로(어음법 제17조, 제77조), 어음발행이 무효라 하더라도 그 어음이 실제로 제3자에게 유통되었다면 회사로서는 어음채무를 부담할 위험이 구체적·현실적으로 발생하였다고 보아야 하고, 따라서 그 어음채무가 실제로 이행되기 전이라도 배임죄의 기수범이 된다. 그러나 약속어음 발행이 무효일 뿐만 아니라 그 어음이 유통되지도 않았다면 회사는 어음발행의 상대방에게 어음채무를 부담하지 않기 때문에 특별한 사정이 없는 한 회사에 현실적으로 손해가 발생하였다거나 실해 발생의 위험이 발생하였다고도 볼 수 없으므로, 이때에는 배임죄의 기수범이 아니라 배임미수죄로 처벌하여야 한다(대판 2017.7.20. 2014도1104 전합). 18. 법원직 9급

정답 ④

11 배임의 죄에 대한 설명 중 옳고 그름의 표시(○, ×)가 바르게 된 것은?

> ㉠ 자기소유의 동산에 대해 매수인과 매매계약을 체결한 매도인이 중도금까지 지급받은 상태에서 그 목적물을 제3자에 대한 자기의 채무변제에 갈음하여 그 제3자에게 양도해 버린 경우에는 기존 매수인에 대한 배임죄가 성립한다.
> ㉡ 금융기관의 임직원이 보통예금계좌에 입금된 예금주의 예금을 무단으로 인출한 경우에 그 임직원은 예금주와의 사이에서 그의 재산관리에 관한 사무를 처리하는 자의 지위에 있다고 할 것이므로, 그러한 예금인출행위는 예금주에 대한 관계에서 업무상배임죄를 구성한다.
> ㉢ 피고인이 자신의 모(母) 명의를 빌려 자동차를 매수하면서 피해자 甲 주식회사에서 필요한 자금을 대출받고 자동차에 저당권을 설정하였는데, 저당권자인 甲 회사의 동의 없이 이를 성명불상의 제3자에게 양도담보로 제공하였다면 피고인의 행위는 적어도 미필적으로나마 甲 회사의 자동차에 대한 추급권 행사가 불가능하게 될 수 있음을 알면서도 그 담보가치를 실질적으로 상실시키는 것으로서 배임죄가 성립되는 특별한 사정이 있는 경우에 해당한다.
> ㉣ 배임죄에 있어서 타인의 사무를 처리하는 자라 함은 양자간의 신임관계에 기초를 둔 타인의 재산보호 내지 관리의무가 있음을 그 본질적 내용으로 하는 것이므로, 배임죄의 성립에 있어 행위자가 대외관계에서 타인의 재산을 처분할 적법한 대리권이 있음을 요하지 아니한다.

① ㉠ × ㉡ ○ ㉢ ○ ㉣ ×
② ㉠ × ㉡ × ㉢ ○ ㉣ ○
③ ㉠ ○ ㉡ ○ ㉢ × ㉣ ×
④ ㉠ × ㉡ × ㉢ × ㉣ ○

[해설]

㉠ 【 X 】 매매의 목적물이 동산일 경우, 매도인은 매수인에게 계약에 정한 바에 따라 그 목적물인 동산을 인도함으로써 계약의 이행을 완료하게 되고 그때 매수인은 매매목적물에 대한 권리를 취득하게 되는 것이므로, 매도인에게 자기의 사무인 동산인도채무 외에 별도로 매수인의 재산의 보호 내지 관리행위에 협력할 의무가 있다고 할 수 없다. 동산매매계약에서의 매도인은 매수인에 대하여 그의 사무를 처리하는 지위에 있지 아니하므로, 매도인이 목적물을 매수인에게 인도하지 아니하고 이를 타에 처분하였다 하더라도 형법상 배임죄가 성립하는 것은 아니다(대판 2011.1.20. 2008도10479 전합). ⇨ 동산의 이중매매는 무죄 18. 경찰

㉡ 【 X 】 [1] 금융기관의 임직원은 예금주로부터 예금계좌를 통한 적법한 예금반환 청구가 있으면 이에 응할 의무가 있을 뿐 예금주와의 사이에서 그의 재산관리에 관한 사무를 처리하는 자의 지위에 있다고 할 수 없다.
[2] 금융기관의 임직원이 임의로 예금주의 예금계좌에서 5,000만 원을 인출한 경우, 업무상배임죄가 성립하지 않는다(대판 2008.4.24. 2008도1408). 18. 경찰

㉢ 【 O 】 피고인이 자신의 모(母) 명의를 빌려 자동차를 매수하면서 피해자 甲 주식회사에서 필요한 자금을 대출받고 자동차에 저당권을 설정하였는데, 저당권자인 甲 회사의 동의 없이 이를 성명불상의 제3자에게 양도담보로 제공하였다고 하여 배임으로 기소된 사안에서, 제반 사정에 비추어 피고인의 행위는 甲 회사의 담보가치를 실질적으로 상실시키는 것으로서 배임죄가 성립되는 특별한 사정이 있는 경우에 해당한다고 볼 여지가 있는데도, 이와 달리 보아 무죄를 인정한 원심판결에 법리오해 등 위법이 있다(대판 2012.9.13. 2010도11665). 18. 경찰

㉣ 【 O 】 배임죄에 있어서 타인의 사무를 처리하는 자라 함은 양자간의 신임관계에 기초를 둔 타인의 재산보호 내지 관리의무가 있음을 그 본질적 내용으로 하는 것이므로, 배임죄의 성립에 있어 행위자가 대외관계에서 타인의 재산을 처분할 적법한 대리권이 있음을 요하지 아니한다(대판 1999.9.17. 97도3219). 18. 경찰

정답 ②

12 다음 중 배임죄가 성립하는 것은 모두 몇 개인가?

가. 타인에 대한 채무의 담보로 제3채무자에 대한 채권에 대하여 권리질권을 설정하고, 질권설정자가 제3채무자에게 질권설정의 사실을 통지하거나 제3채무자가 이를 승낙한 상태에서, 질권설정자가 질권자의 동의 없이 제3채무자에게서 질권의 목적인 채권의 변제를 받은 경우
나. 상표권양도약정을 체결한 자가 그 상표권이전등록의무의 이행을 거부하고 그 상표를 계속 사용하는 경우
다. 보험계약모집인이 회사로부터 자기가 모집한 보험계약을 해약토록 하라는 지시를 받고 이를 이행하지 않는 사이 보험사고가 발생하여 보험금을 지급토록 한 경우
라. 기업의 영업비밀을 사외로 유출하지 않을 것을 서약한 회사의 직원이 경제적인 대가를 얻기 위하여 경쟁업체에 영업비밀을 유출하는 경우

① 없음 ② 1개 ③ 2개 ④ 3개 ⑤ 4개

[해설]

가. 【성립×】 타인에 대한 채무의 담보로 제3채무자에 대한 채권에 대하여 권리질권을 설정한 경우 질권설정자는 질권자의 동의 없이 질권의 목적된 권리를 소멸하게 하거나 질권자의 이익을 해하는 변경을 할 수 없다(민법 제352조). 또한 질권설정자가 제3채무자에게 질권설정의 사실을 통지하거나 제3채무자가 이를 승낙한 때에는 제3채무자가 질권자의 동의 없이 질권의 목적인 채무를 변제하더라도 이로써 질권자에게 대항할 수 없고, 질권자는 여전히 제3채무자에 대하여 직접 채무의 변제를 청구하거나 변제할 금액의 공탁을 청구할 수 있다(민법 제353조 제2항, 제3항). 그러므로 이러한 경우 질권설정자가 질권의 목적인 채권의 변제를 받았다고 하여 질권자에 대한 관계에서 타인의 사무를 처리하는 자로서 임무에 위배하는 행위를 하여 질권자에게 손해를 가하거나 손해 발생의 위험을 초래하였다고 할 수 없고, 배임죄가 성립하지도 않는다(대판 2016.4.29. 2015도5665). 17. 법원행시

나. 【성립×】 상표권양도약정을 체결한 피고인은 양수인에 대하여 그 상표권에 관하여 양수인 명의로 이전등록하도록 협력할 의무가 있고 그 점에서 양수인의 사무를 처리하는 자의 지위를 가진다 할 것이지만, 피고인이 그 상표권이전등록의무의 이행을 거부하고 양수인과 동종생산업체를 설립하여 그 제품에 위 상표를 부착하여 사용하였다 하더라도 이는 상표권이전등록을 이행하여 자기의 양도행위를 완성하여야 하는 자기의 채무의 불이행에 불과한 것이고 그것이 양수인의 사무를 처리하는 자의 임무위배행위에 해당하여 배임죄를 구성하는 것이라고 할 수는 없다(대판 1984.5.29. 83도2930). 17. 법원행시

다. 【성립×】 보험계약 모집인이 보험회사로부터 자기가 모집하여 체결시킨 보험계약이 위험성이 크니 해약토록 하라는 지시를 받고 이를 이행하지 아니하는 사이 보험사고가 발생하여 보험회사가 그 계약에 따른 보험금을 지급하게 되었다 하더라도 위 보험모집인에게 보험계약자들을 설득하여 보험계약을 해약시켜야 할 법적 의무가 있다 할 수 없어 동인이 이를 이행하지 아니한 것이 업무상 임무에 위배된다고 할 수 없다(대판 1986.8.19. 85도2144). 17. 법원행시

라. 【성립○】 회사의 영업비밀을 사외로 유출하지 않을 것을 서약한 그 직원이 경제적인 대가를 얻기 위하여 경쟁업체에 영업비밀을 유출하는 행위는 회사와의 신임관계를 저버리는 행위로서 업무상 배임죄를 구성한다(대판 2006.10.27. 2004도6876). 17. 법원행시

정답 ②

13 배임죄에 관한 다음 설명 중 가장 옳지 않은 것은?

① A가 주택조합 정산위원회 위원장의 직에서 해임됨으로써 법적인 권한이 소멸된 후라고 할지라도 후임 위원장 B에게 그 업무를 인계하기 전에는 그 사무를 신의칙에 따라 처리할 사실상의 신임관계가 존속한다고 보아야 할 것이므로 A는 배임죄에서 '타인의 사무'를 처리하는 자에 해당한다.
② 토지거래허가구역 내의 토지를 매도하였으나 토지거래허가를 받은 바 없다면 매도인에게 매수인에 대한 소유권이전등기에 협력할 의무가 생겼다고 볼 수 없으므로, 매도인은 배임죄에서 '타인의 사무'를 처리하는 자에 해당하지 않는다.
③ 배임죄에 있어서의 '타인의 사무'라고 하기 위하여는 그 타인의 재산보호가 신임관계의 전형적·본질적 내용이 되어야 하고, 그것이 단순한 부수적 사무에 불과할 경우에는 '타인의 사무'라고 할 수 없다.
④ 낙찰계의 계주가 계원들로부터 월불입금을 징수하여 지정된 곗날에 지정된 계원에게 계금을 지급할 의무는 배임죄에 있어서의 '타인의 사무'에 해당한다.
⑤ 매도인이 매수인으로부터 중도금을 수령한 이후에 매매목적물인 '동산'을 제3자에게 양도하였다면 이러한 매도인의 행위는 배임죄로 처벌된다.

[해설]

① 【O】 배임죄의 사무처리의 근거, 즉 신임관계의 발생근거는 법령의 규정, 법률행위, 관습 또는 사무관리에 의하여도 발생할 수 있으므로, 법적인 권한이 소멸된 후에 사무를 처리하거나 그 사무처리자가 그 직에서 해임된 후 사무인계 전에 사무를 처리한 경우도 배임죄에 있어서의 사무를 처리하는 경우에 해당한다. 주택조합 정산위원회 위원장이 해임되고 후임 위원장이 선출되었는데도 업무 인계를 거부하고 있던 중 정산위원회를 상대로 제기된 소송의 소장부본 및 변론기일소환장을 송달받고도 그 제소사실을 정산위원회에 알려주지도 않고 스스로 응소하지도 않아 의제자백에 의한 패소확정판결을 받게 한 경우, 업무상배임죄가 성립한다(대판 1999.6.22. 99도1095). 17. 법원행시

② 【O】 국토이용관리법 제21조의2 소정의 규제지역 내 토지의 매매에 대하여 같은 법 소정의 토지거래허가를 받은 바 없다면 그 매매계약은 채권적 효력도 없는 것이어서 매도인에게 그 매수인에 대한 소유권이전등기에 협력할 의무가 생겼다고 볼 수 없고 따라서 그 매도인은 배임죄의 주체인 타인의 사무를 처리하는 자에 해당하지 아니하며, 매도인이 토지거래허가를 받도록 협력할 의무가 있다 하더라도 이는 아직 타인의 사무로 볼 수 없다(대판 1995.1.20. 94도697). 17. 법원행시

③ 【O】 타인의 사무는 타인의 재산을 보호·관리해야 할 의무가 주된 의무로서 신임관계의 전형적·본질적 내용을 이루고 있어야 하고, 단순한 부수적 의무인 것만으로는 부족하다. 따라서 재산관리사무를 대행하거나 그 재산 보전행위에 협력하는 지위에 있어야 한다. 단순히 타인에 대하여 채무를 부담함에 불과한 경우에는 본인의 사무로 인정될지언정 타인의 사무처리에 해당한다 할 수는 없다(대판 1984.12.26. 84도2127). 17. 법원행시

④ 【O】 계주는 계원들과의 약정에 따라 지정된 곗날에 계원으로부터 월불입금을 징수하여 지정된 계원에게 이를 지급할 임무가 있고, 계주의 이러한 임무는 계주 자신의 사무임과 동시에 타인인 계원들의 사무를 처리하는 것도 되는 것이므로, 계주가 계원들로부터 월불입금을 모두 징수하였음에도 불구하고 그 임무에 위배하여 정당한 사유 없이 이를 지정된 계원에게 지급하지 아니하였다면 다른 특별한 사정이 없는 한 그 지정된 계원에 대한 관계에 있어서 배임죄를 구성한다(대판 1994.3.8. 93도2221). 17. 법원행시

⑤ 【X】 매매의 목적물이 동산일 경우, 매도인은 매수인에게 계약에 정한 바에 따라 그 목적물인 동산을 인도함으로써 계약의 이행을 완료하게 되고 그때 매수인은 매매목적물에 대한 권리를 취득하게 되는 것이므로, 매도인에게 자기의 사무인 동산인도채무 외에 별도로 매수인의 재산의 보호 내지 관리행위에 협력할 의무가 있다고 할 수 없다. 동산매매계약에서의 매도인은 매수인에 대하여 그의 사무를 처리하는 지위에 있지 아니하므로, 매도인이 목적물을 매수인에게 인도하지 아니하고 이를 타에 처분하였다 하더라도 형법상 배임죄가 성립하는 것은 아니다. 피고인이 이 사건 인쇄기를 甲에게 135,000,000원에 양도하기로 하여 그로부터 1, 2차 계약금 및 중도금 명목으로 합계 43,610,082원 상당의 원단을 제공받아 이를 수령하였음에도 불구하고 그 인쇄기를 자신의 채권자인 乙에게 기존 채무 84,000,000원의 변제에 갈음하여 양도함으로써 동액 상당의 재산상 이익을 취득하고 甲에게 동액 상당의 손해를 입혔다는 이 사건 공소사실에 대하여, 피고인이 이 사건 동산매매계약에 따라 甲에게 이 사건 인쇄기를 인도하여 줄 의무는 민사상의 채무에 불과할 뿐 타인의 사무라고 할 수 없으므로 위 인쇄기의 양도와 관련하여 피고인이 타인의 사무를 처리하는 자의 지위에 있다고 볼 수 없다는 이유로, 피고인에 대하여 무죄를 선고한 제1심 판결을 그대로 유지하였다(대판 2011.1.20. 2008도10479 전합). ⇨ 동산의 이중매매는 무죄 17. 법원행시

정답 ⑤

14 배임죄에 관한 설명 중 옳은 것을 모두 고른 것은?

㉠ 타인 소유의 특허권을 명의신탁받아 관리하는 업무를 수행해 오다가 제3자로부터 특허권을 이전해 달라는 제의를 받고 대금을 지급받고는 그 타인의 승낙도 받지 않은 채 제3자 앞으로 특허권을 이전등록한 경우에는 업무상배임죄가 성립한다.
㉡ 회사 직원이 영업비밀을 적법하게 반출하여 그 반출행위가 업무상배임죄에 해당하지 않는 경우라도, 퇴사 시에 회사에 반환해야 할 의무가 있는 영업비밀을 회사에 반환하지 아니하였다면 업무상배임죄가 성립한다.
㉢ 거래상대방의 대향적 행위의 존재를 필요로 하는 유형의 배임죄에서 배임죄의 실행으로 이익을 얻게 되는 수익자는 배임죄의 공범이 되는 것이 원칙이다.
㉣ 배임행위가 본인 이외의 제3자에 대한 사기죄를 구성한다 하더라도 그로 인하여 본인에게 손해가 생긴 때에는 사기죄와 함께 배임죄가 성립하고, 두 죄는 상상적 경합의 관계에 있다.
㉤ 동산매매계약에서 매도인은 매수인에 대하여 그의 사무를 처리하는 지위에 있지 아니하므로, 매도인이 목적물을 매수인에게 인도하지 아니하고 이를 타에 처분하였다 하더라도 배임죄가 성립하지 않는다.

① ㉠, ㉡, ㉢   ② ㉠, ㉡, ㉤   ③ ㉠, ㉢, ㉣   ④ ㉡, ㉣, ㉤   ⑤ ㉢, ㉣, ㉤

⑩ 【 O 】 매매의 목적물이 동산일 경우, 매도인은 매수인에게 계약에 정한 바에 따라 그 목적물인 동산을 인도함으로써 계약의 이행을 완료하게 되고 그때 매수인은 매매목적물에 대한 권리를 취득하게 되는 것이므로, 매도인에게 자기의 사무인 동산인도채무 외에 별도로 매수인의 재산의 보호 내지 관리행위에 협력할 의무가 있다고 할 수 없다. 동산매매계약에서의 매도인은 매수인에 대하여 그의 사무를 처리하는 지위에 있지 아니하므로, 매도인이 목적물을 매수인에게 인도하지 아니하고 이를 타에 처분하였다 하더라도 형법상 배임죄가 성립하는 것은 아니다. 피고인이 이 사건 인쇄기를 甲에게 135,000,000원에 양도하기로 하여 그로부터 1, 2차 계약금 및 중도금 명목으로 합계 43,610,082원 상당의 원단을 제공받아 이를 수령하였음에도 불구하고 그 인쇄기를 자신의 채권자인 乙에게 기존 채무 84,000,000원의 변제에 갈음하여 양도함으로써 동액 상당의 재산상 이익을 취득하고 甲에게 동액 상당의 손해를 입혔다는 이 사건 공소사실에 대하여, 피고인이 이 사건 동산매매계약에 따라 甲에게 이 사건 인쇄기를 인도하여 줄 의무는 민사상의 채무에 불과할 뿐 타인의 사무라고 할 수 없으므로 위 인쇄기의 양도와 관련하여 피고인이 타인의 사무를 처리하는 자의 지위에 있다고 볼 수 없다는 이유로, 피고인에 대하여 무죄를 선고한 제1심판결을 그대로 유지하였다(대판 2011.1.20. 2008도10479 전합). ⇨ 동산의 이중매매는 무죄 18. 변호사

정답 ②

15 배임죄에 관한 설명 중 가장 적절하지 않은 것은?

① 배임죄에서 '재산상 손해를 가한 때'에는 '재산상 손해발생의 위험을 초래한 경우'도 포함되는 것이므로, 법인의 대표이사 甲이 회사의 이익이 아닌 자기 또는 제3자의 이익을 도모할 목적으로 권한을 남용하여 회사 명의의 금전소비대차 공정증서를 작성하여 법인 명의의 채무를 부담한 경우에는 상대방이 대표이사의 진의를 알았거나 알 수 있었다고 할지라도 배임죄가 성립한다.

② 업무상 배임죄에 있어서 타인의 사무를 처리하는 자란 고유의 권한으로서 그 처리를 하는 자에 한하지 않고 그 자의 보조기관으로서 직접 또는 간접으로 그 처리에 관한 사무를 담당하는 자도 포함한다.

③ 중도금 또는 잔금을 받은 단계에서 부동산을 이중으로 매도한 경우 매도인이 선매수인에게 소유권이전의무를 이행하였다고 하여 후매수인에 대한 관계에서 그가 임무를 위법하게 위배한 것이라고 할 수 없다.

④ 새마을금고 임·직원이 동일인 대출한도 제한규정을 위반하여 초과대출행위를 하였더라도 대출채권 회수에 문제가 없는 것으로 판단되는 경우라면 업무상배임죄가 성립하지 않는다.

해설

① 【 X 】 배임죄에서 '재산상 손해를 가한 때'에는 현실적인 손해를 가한 경우뿐만 아니라 재산상 실해발생의 위험을 초래한 경우도 포함되나, 그러한 손해발생의 위험조차 초래되지 아니한 경우에는 배임죄가 성립하지 아니한다. 이에 따라 법인의 대표자가 법인 명의로 한 채무부담행위가 법률상 효력이 없는 경우에는 특별한 사정이 없는 한 그로 인하여 법인에 어떠한 손해가 발생하거나 발생할 위험이 있다고 할 수 없으므로 그 대표자의 행위는 배임죄를 구성하지 아니하며, 주식회사의 대표이사 등이 회사의 이익을 위해서가 아니라 자기 또는 제3자의 이익을 도모할 목적으로 대표권을 행사한 경우에 상대방이 대표이사 등의 진의를 알았거나 알 수 있었을 때에는 그 행위는 회사에 대하여 무효가 되므로 위와 같이 보아야 한다(대판 2012.5.24. 2012도2142). 17. 경찰승진

② 【 O 】 대판 2004.6.24. 2004도520 17. 경찰승진
③ 【 O 】 대판 1992.12.24. 92도1223 17. 경찰승진
④ 【 O 】 대판 2008.6.19. 2006도4876(全) 17. 경찰승진

정답 ①

16 배임죄에 대한 다음 설명 중 옳지 않은 것은 모두 몇 개인가?

> ㉠ 업무상 배임죄에 있어 본인에게 재산상의 손해를 가한다 함은 현실적인 손해를 가한 경우뿐만 아니라 재산상 실해 발생의 위험을 초래한 경우도 포함되며, 재산상 손해의 유무에 대한 판단은 법률적 관점에서 파악하여야 한다.
> ㉡ 피해자 회사의 사업부 영업팀장인 피고인이 체인점들에 대한 전매입고 금액을 삭제하여 전산상회사의 체인점들에 대한 외상대금채권이 줄어든 것으로 처리하는 전산조작행위를 한 경우 업무상 배임죄가 성립한다.
> ㉢ 대표이사 甲이 대표권을 남용하여 회사 명의의 약속어음을 발행하였다면, 비록 상대방이 그 사실을 알고 있었거나 중대한 과실로 알지 못하여 회사가 상대방에 대하여는 채무를 부담하지 아니한다 하더라도 그 약속어음이 제3자에게 유통되지 아니한다는 특별한 사정이 없는 한 배임죄가 성립한다.
> ㉣ 피고인이 '인쇄기'를 甲에게 양도하기로 하고 계약금 및 중도금을 수령하였음에도 이를 자신의 채권자 乙에게 기존 채무 변제에 갈음하여 양도함으로써 재산상 이익을 취득하고 甲에게 동액상당의 손해를 입혔다면 배임죄가 성립한다.

① 1개   ② 2개   ③ 3개   ④ 4개

[해설]

㉠ 【 X 】 배임죄에 있어서 '재산상의 손해를 가한 때'라 함은 현실적인 손해를 가한 경우뿐만 아니라, 재산상 실해 발생의 위험을 초래한 경우도 포함되고, 재산상 손해의 유무에 대한 판단은 본인의 전 재산 상태와의 관계에서 법률적 판단에 의하지 아니하고 경제적 관점에서 파악하여야 하며, 따라서 법률적 판단에 의하여 당해 배임행위가 무효라 하더라도 경제적 관점에서 파악하여 배임행위로 인하여 본인에게 현실적인 손해를 가하였거나 재산상 실해 발생의 위험을 초래한 경우에는 재산상의 손해를 가한 때에 해당되어 배임죄를 구성한다(대판 2014.2.13. 2011도16763). 16. 경찰

㉡ 【 X 】 회사의 영업팀장인 피고인 甲이 ㉠체인점이 상품을 ㉡체인점으로 보낸 사실이 없음에도 마치 상품을 보낸 것처럼 허위로 (회사에서 상품대금을 지급하는) 전매출고, (회사에서 상품대금을 지급받는) 전매입고를 전산입력하고, 피고인 乙은 전산상 ㉢체인점에 대한 전매 입고만을 삭제한 경우, 피고인들의 전산조작행위로 인하여 회사의 체인점들에 대한 외상대금채권 행사가 사실상 불가능해지거나 또는 현저히 곤란해진 것이 아니라면 해당 체인점의 점주들이 그에 상응하는 재산상 이익을 취득하였다고 보기 어렵다(대판 2006.7.27. 2006도3145). 체인점의 점주들이 재산상 이익을 취득하였다고 보기 어려워 배임죄는 성립하지 아니한다. 16. 경찰

㉢ 【 O 】 회사의 대표이사가 대표권을 남용하여 회사 명의의 약속어음을 발행하였다면, 비록 상대방이 그 남용의 사실을 알았거나 중대한 과실로 알지 못하여 회사가 상대방에 대하여는 채무를 부담하지 아니한다 하더라도 약속어음이 제3자에게 유통될 경우 회사가 소지인에 대하여 어음금채무를 부담할 위험은 이미 발생하였다 할 것이므로, 그 약속어음이 제3자에게 유통되지 아니한다는 특별한 사정이 없는 한 경제적 관점에서는 회사에 대하여 배임죄에서의 재산상 실해 발생의 위험이 초래되었다고 봄이 상당하다(대판 2013.2.14. 2011도10302). 16. 경찰

㉣ 【 X 】 [1] 매매의 목적물이 동산일 경우, 매도인은 매수인에게 계약에 정한 바에 따라 그 목적물인 동산을 인도함으로써 계약의 이행을 완료하게 되고 그때 매수인은 매매목적물에 대한 권리를 취득하게 되는 것이므로, 매도인에게 자기의 사무인 동산인도채무 외에 별도로 매수인의 재산의 보호 내지 관리 행위에 협력할 의무가 있다고 할 수 없다. 동산매매계약에서의 매도인은 매수인에 대하여 그의 사무를 처리하는 지위에 있지 아니하므로, 매도인이 목적물을 매수인에게 인도하지 아니하고 이를 타에 처분하였다 하더라도 형법상 배임죄가 성립하는 것은 아니다.
[2] 피고인이 인쇄기를 甲에게 양도하기로 하여 그로부터 계약금 및 중도금 명목으로 원단을 제공받아 이를 수령하였음에도 불구하고, 인쇄기를 자신의 채권자인 乙에게 기존 채무의 변제에 갈음하여 양도하였더라도 배임죄는 성립하지 아니한다(대판 2011.1.20. 2008도10479(全)). 16. 경찰

정답 ③

17 형법상 배임죄가 성립하지 않는 경우는?

① 채무자 甲이 채권자에 대하여 소비대차 등으로 인한 채무를 부담하고 이를 담보하기 위하여 장래에 부동산의 소유권을 이전하기로 하는 내용의 대물변제예약을 하였는데 甲이 당해 부동산을 제3자에게 처분한 경우
② 부동산의 매도인으로서 매수인에 대하여 그 앞으로의 소유권 이전등기절차에 협력할 의무 있는 甲이 같은 부동산을 매수인 이외의 제3자에게 이중으로 매도하고 제3자 앞으로 소유권이전청구권 보전을 위한 가등기를 마쳐 준 경우
③ 甲이 부동산에 A명의의 근저당권을 설정하여 줄 의사가 없음에도 A를 속이고 근저당권 설정을 약정하여 금원을 편취한 이후 그 부동산에 관하여 제3자 명의로 근저당권설정등기를 마친 경우
④ 甲이 A에게 전세권설정계약을 맺고 전세금의 중도금을 지급받은 후 당해 부동산에 임의로 제3자에게 근저당권설정등기를 경료해 주어 담보능력상실의 위험이 발생한 경우

[해설]

① 【X】 대물변제예약의 궁극적 목적은 차용금반환채무의 이행 확보에 있고, 채무자가 대물변제예약에 따라 부동산에 관한 소유권이전등기절차를 이행할 의무는 그 궁극적 목적을 달성하기 위해 채무자에게 요구되는 부수적 내용이어서 이를 가지고 배임죄에서 말하는 신임관계에 기초하여 채권자의 재산을 보호 또는 관리하여야 하는 '타인의 사무'에 해당한다고 볼 수는 없다. 그러므로 채권담보를 위한 대물변제예약 사안에서 채무자가 대물로 변제하기로 한 부동산을 제3자에게 처분하였다고 하더라도 배임죄가 성립하는 것은 아니다(대판 2014.8.21. 2014도3363(全)). 16. 국가직 9급
② 【O】 甲에게 임야를 매도하고 일부 잔금까지 지급받았음에도, 다시 임야를 乙에게 매도하여 계약금을 지급받고는 乙 앞으로 소유권이전청구권 보전을 위한 가등기를 마쳐 준 경우 배임죄가 성립한다(대판 2008.7.10. 2008도3766). 16. 국가직 9급
③ 【O】 부동산에 피해자 명의의 근저당권을 설정하여 줄 의사가 없음에도 피해자를 속이고 근저당권설정을 약정하여 금원을 편취한 경우라 할지라도, 이러한 약정은 사기 등을 이유로 취소되지 않는 한 여전히 유효하여 피해자 명의의 근저당권설정등기를 하여 줄 임무가 발생하는 것이고, 그럼에도 불구하고 그 부동산에 관하여 제3자 명의로 근저당권설정등기를 마친 경우, 이러한 배임행위는 사기죄와는 전혀 다른 새로운 보호법익을 침해하는 행위로서 사기 범행의 불가벌적 사후행위가 되는 것이 아니다(대판 2008.3.27. 2007도9328). 16. 국가직 9급
④ 【O】 피고인들이 피해자들에게 주택에 대한 전세권설정계약을 맺고 전세금의 중도금까지 지급받고도 이를 임의로 타에 근저당권설정등기를 경료해 준 경우, 전세금반환채무에 대한 담보능력 상실의 위험이 발생한 것이므로 배임죄를 구성한다(대판 1993.9.28. 93도2206). 16. 국가직 9급

정답 ①

18 배임죄에 있어서 타인의 사무를 처리하는 자와 관련한 다음의 설명 중 가장 옳지 않은 것은?

① 양도담보권자가 변제기 경과 후에 담보권을 실행하기 위하여 담보목적물을 처분함에 있어서 부당하게 염가로 처분한 경우 배임죄가 성립하지 않는다.
② 이른바 보통예금의 경우, 금융기관의 임직원은 예금주와의 사이에서 그의 재산관리에 관한 사무를 처리하는 자의 지위에 있다고 할 수 없다.
③ A가 B에게서 돈을 차용하면서 A 소유의 골프회원권을 담보로 제공한 후 제3자에게 임의로 매도하여 배임으로 기소된 사안에서, A는 담보물인 골프회원권을 담보 목적에 맞게 보관·관리할 의무를 부담함으로써 B의 사무를 처리하는 자의 지위에 있다.
④ 음식점의 임차권양도계약을 체결한 양도인의 이중양도행위는 배임죄를 구성하지 않는다.
⑤ 국토이용관리법상의 규제구역 내 토지의 매도인은 토지거래허가절차에 협력할 의무가 있으므로, 토지거래허가를 받기 전에 이를 제3자에게 이중으로 양도한 후 토지거래허가를 받고 그 제3자에게 소유권이전등기까지 마쳐 주었다면 최초 매수인에 대하여 배임죄의 죄책을 진다.

해설

① 【 O 】 담보권자가 담보권을 실행하기 위하여 담보목적물을 처분함에 있어 시가에 따른 적절한 처분을 하여야 할 의무는 담보계약상의 민사채무일 뿐 그와 같은 형법상의 의무가 있는 것은 아니므로 그에 위반한 경우 배임죄가 성립된다고 할 수 없다(대판 1997.12.23. 97도2430). 13. 법원행시
② 【 O 】 대판 2008.4.24. 2008도1408 13. 법원행시
③ 【 O 】 대판 2012.2.23. 2011도16385 13. 법원행시
④ 【 O 】 점포임차권양도계약을 체결한 후 계약금과 중도금까지 지급받았다 하더라도 잔금을 수령함과 동시에 양수인에게 점포를 명도하여 줄 양도인의 의무는 위 양도계약에 따르는 민사상의 채무에 지나지 아니하여 이를 타인의 사무로 볼 수 없으므로 비록 양도인이 위 임차권을 이중으로 양도하였다 하더라도 배임죄를 구성하지 않는다(대판 1986.9.23. 86도811). 13. 법원행시
⑤ 【 X 】 국토이용관리법 제21조의2 소정의 규제구역 내에 있는 토지를 매도하였으나 같은 법 소정의 거래허가를 받은 바가 없다면, 매도인에게 매수인에 대한 소유권이전등기에 협력할 의무가 생겼다고 볼 수 없고, 따라서 매도인이 배임죄의 주체인 타인의 사무를 처리하는 자에 해당한다고 할 수 없다(대판 1996.8.23. 96도1514). 13. 법원행시

정답 ⑤

19 배임죄에 관한 설명 중 가장 적절한 것은?

① 경영자가 적대적 M&A로부터 경영권을 유지하기 위하여 종업원의 자사주 매입에 회사자금을 지원한 경우에는 업무상 배임죄가 성립하지 않는다.
② 주식회사의 임원 甲이 실질적 1인 주주의 양해하에 공적 업무수행을 위하여서만 사용이 가능한 법인카드를 개인 용도로 사용한 경우 甲에게는 업무상 배임죄가 성립한다.
③ 미성년자와 친생자관계가 없으나 호적상 친모로 등재되어 있는 자가 미성년자의 상속재산 처분에 관여한 경우, 배임죄에 있어서 타인의 사무를 처리하는 자의 지위에 있다고 할 수 없다.
④ 낙찰계의 계주가 계원들에게서 계불입금을 징수하지 않은 상태에서 부담하는 계금지급의무는 배임죄에서 말하는 '타인의 사무'에 해당한다.

해설

① 【 X 】 종업원지주제도는 회사의 종업원에 대한 편의제공을 당연한 전제로 하여 성립하는 것인 만큼, 종업원지주제도 하에서 회사의 경영자가 종업원의 자사주 매입을 돕기 위하여 회사자금을 지원하는 것 자체를 들어 회사에 대한 임무위배행위라고 할 수는 없을 것이나, 경영자의 자금지원의 주된 목적이 종업원의 재산형성을 통한 복리증진보다는 안정주주를 확보함으로써 경영자의 회사에 대한 경영권을 계속 유지하고자 하는 데 있다면, 그 자금지원은 경영자의 이익을 위하여 회사재산을 사용하는 것이 되어 회사의 이익에 반하므로 회사에 대한 관계에서 임무위배행위가 된다(대판 1999.6.25. 99도1141).
② 【 O 】 대판 2014.2.21. 2011도8870
③ 【 X 】 미성년자와 친생자관계가 없으나 호적상 친모로 등재되어 있는 자가 미성년자의 상속재산 처분에 관여한 경우, 배임죄에 있어서 타인의 사무를 처리하는 자의 지위에 있다(대판 2002.6.14. 2001도3534).
④ 【 X 】 계주가 계원들로부터 계불입금을 징수하게 되면 그 계불입금은 실질적으로 낙찰계원에 대한 계금지급을 위하여 계주에게 위탁된 금원의 성격을 지니고 따라서 계주는 이를 낙찰·지급받을 계원과의 사이에서 단순한 채권관계를 넘어 신의칙상 그 계금지급을 위하여 위 계불입금을 보호 내지 관리하여야 하는 신임관계에 들어서게 되므로, 이에 기초한 계주의 계금지급의무는 배임죄에서 말하는 타인의 사무에 해당한다. 그러나 계주가 계원들로부터 계불입금을 징수하지 아니하였다면 그러한 상태에서 부담하는 계금지급의무는 위와 같은 신임관계에 이르지 아니한 단순한 채권관계상의 의무에 불과하여 타인의 사무에 속하지 아니하고, 이는 계주가 계원들과의 약정을 위반하여 계불입금을 징수하지 아니한 경우라 하여 달리 볼 수 없다(대판 2009.8.20. 2009도3143).

정답 ②

20 다음 기술 중 판례에 의할 때 甲에게 (업무상)배임죄가 성립하지 않는 것은 모두 몇 개인가?

> ㉠ 지상건물을 철거해 주기로 약정한 대지매도인 甲이 잔금 수령 후 철거약정기한 전에 그 건물에 관하여 타인 앞으로 소유권이전청구권 보전을 위한 가등기를 마쳐준 사안에서, 甲이 철거약정기한까지 위 가등기를 말소하고 건물철거의무를 이행할 수 있을 것으로 믿었고 객관적으로도 그 이행이 가능하였다는 등의 특별한 사정이 있는 경우
> ㉡ 영업사원인 甲이 회사가 정한 할인율보다 높은 할인율을 정하여 낮은 가격으로 제품을 판매하였다 하여도 시장 거래가격으로 판매하여 제3자인 거래처가 재산상 이익을 취득한 것으로 볼 수 없는 경우
> ㉢ 재단법인의 이사장 직무대리 甲이 후원회 기부금을 정상 회계처리하지 않고 자신과 친분관계가 있는 사람에게 확실한 담보도 제공받지 아니한 채 대여한 경우
> ㉣ 그룹회사의 회장 甲이 그룹 조정본부 임원들과 함께 해외 금융자본과 특정계열사의 분쟁을 해결하기 위해 그 계열사의 유상증자에 다른 계열사들을 동원하여 참여시킴으로써 동원된 다른 계열사들에게 손해를 입힌 경우
> ㉤ 매도인 甲이 매수인 乙에게 임야를 매도하고 일부 잔금까지 지급받았음에도 다시 위 임야를 제3자에게 매도한 후 계약금을 지급받고는 그 앞으로 소유권이전청구권 보전을 위한 가등기를 마쳐준 경우

① 1개   ② 2개   ③ 3개   ④ 4개

[해설]

㉠ 【 X 】 대지 및 지상건물의 소유자가 대지를 매도하면서 잔대금 수령 후 일정 기간 내에 매수인을 위하여 그 지상건물을 스스로 철거하고 멸실등기절차를 해주기로 약정하였음에도 매수인으로부터 잔대금을 모두 수령한 뒤에 그 지상건물에 대하여 제3자 앞으로 소유권이전청구권 보전을 위한 가등기를 마쳐주었다면, 그와 같은 매도인의 행위는 대지에 대한 매수인의 소유권행사에 지장을 초래케 하였다는 점에서 매수인 앞으로의 소유권이전등기임무에 위반되는 배임행위라고 할 것이지만, 매도인이 지상건물을 철거하기로 약속한 기한까지 위 가등기를 말소하고 건물철거의무를 이행할 수 있을 것으로 믿었고 객관적으로도 그 이행이 가능하였다는 등의 특별한 사정이 있는 경우에는 배임죄의 고의가 인정되지 않는다고 봄이 상당하다(대판 2006.12.21. 2006도2684).

㉡ 【 X 】 [1] 업무상배임죄는 본인에게 재산상의 손해를 가하는 외에 배임행위로 인하여 행위자 스스로 재산상의 이익을 취득하거나 제3자로 하여금 재산상의 이익을 취득하게 할 것을 요건으로 하므로, 본인에게 손해를 가하였다고 할지라도 행위자 또는 제3자가 재산상 이익을 취득한 사실이 없다면 배임죄가 성립할 수 없다.
[2] 피고인이 피해 회사의 승낙 없이 임의로 지정 할인율보다 더 높은 할인율을 적용하여 회사가 지정한 가격보다 낮은 가격으로 제품을 판매하는 이른바 '덤핑판매'로 제3자인 거래처에 재산상의 이익이 발생하였는지 여부는 경제적 관점에서 실질적으로 판단하여야 할 것인바, 피고인이 피해 회사가 정한 할인율 제한을 위반하였다 하더라도 시장에서 거래되는 가격에 따라 제품을 판매하였다면 지정 할인율에 의한 제품가격과 실제 판매시 적용된 할인율에 의한 제품가격의 차액 상당을 거래처가 얻은 재산상의 이익이라고 볼 수는 없다고 한 사례(대판 2009.12.24. 2007도2484).

㉢ 【 O 】 재단법인의 이사장 직무대리인이 후원회 기부금을 정상 회계처리하지 않고 자신과 친분관계에 있는 신도에게 확실한 담보도 제공받지 아니한 채 대여한 경우, 그 신도가 이자금을 제때에 불입하고 나중에 원금을 변제하였다 하더라도 배임죄가 성립한다(대판 2000.12.8. 99도3338).

㉣ 【 O 】 재벌그룹 회장과 그룹 구조조정추진본부 임원들이 해외금융자본과 특정 계열사의 분쟁을 해결하는 방편으로 다른 계열사로 하여금 해외금융자본과 옵션계약을 체결하는 방식으로 다른 계열사들을 특정 계열사의 유상증자에 동원하여 참여시킴으로써 다른 계열사들에 손해를 입힌 사안에서, 다른 계열사들이 옵션계약을 체결하게 된 사정, 재정상태 등 제반 사정에 비추어 업무상배임죄가 성립한다고 한 사례(대판 2008.5.29. 2005도4640).

㉤ 【 O 】 배임죄에 있어서 재산상 손해를 가한 때라 함은 현실적인 손해를 가한 경우뿐 아니라 재산상 손해발생의 위험을 초래한 경우도 포함하는바, 부동산의 매도인으로서 매수인에 대하여 그 앞으로의 소유권이전등기절차에 협력할 의무 있는 자가 그 임무에 위배하여 같은 부동산을 매수인 이외의 제3자에게 이중으로 매도하고 제3자 앞으로 소유권이전청구권 보전을 위한 가등기를 마쳐주었다면, 이는 매수인에게 손해발생의 위험을 초래하는 행위로서 배임죄를 구성한다(대판 2008.7.10. 2008도3766).

[정답] ②

21 판례에 의할 때 甲에게 (업무상)배임죄가 성립하지 않는 경우는 모두 몇 개인가?

> ㉠ 주식회사 대표이사 甲이 개인의 차용금 채무에 관하여 개인 명의로 작성하여 교부한 차용증에 추가로 회사의 법인인감을 날인한 경우
> ㉡ 수입업자가 신용장개설은행에 양도담보로 제공한 수입물품을 신용장대금 변제 전에 보세창고업자로부터 인도받아 임의 처분한 경우
> ㉢ 양품점의 임차권만의 양도계약을 체결한 양도인이 점포 이중양도행위를 한 경우
> ㉣ 청산회사의 대표청산인이 청산회사 소유의 부동산에 관하여 자신의 개인채권자에게 소유권이전등기를 경료해 준 경우
> ㉤ 경락인이 부동산 소유자에게 경락을 포기하겠다고 한 약속을 어기고 경락대금을 납부하여 소유권을 취득한 경우

① 2개　　　② 3개　　　③ 4개　　　④ 5개

[해설]

㉠ 【X】 대표이사가 개인의 차용금 채무에 관하여 개인 명의로 작성하여 교부한 차용증에 추가로 회사의 법인 인감을 날인한 경우, 회사에 재산상 손해가 발생하였다거나 재산상 실해 발생의 위험이 초래되었다고 볼 수 없다(대판 2004.4.9. 2004도771).

㉡ 【X】 채무자가 금전채무를 담보하기 위하여 그 소유의 동산을 채권자에게 양도담보로 제공함으로써 채권자인 양도담보권자에 대하여 담보물의 담보가치를 유지·보전할 의무 내지 담보물을 타에 처분하거나 멸실, 훼손하는 등으로 담보권 실행에 지장을 초래하는 행위를 하지 않을 의무를 부담하게 되었더라도, 이를 들어 채무자가 통상의 계약에서의 이익대립관계를 넘어서 채권자와의 신임관계에 기초하여 채권자의 사무를 맡아 처리하는 것으로 볼 수 없다. 따라서 채무자를 배임죄의 주체인 '타인의 사무를 처리하는 자'에 해당한다고 할 수 없고, 그가 담보물을 제3자에게 처분하는 등으로 담보가치를 감소 또는 상실시켜 채권자의 담보권 실행이나 이를 통한 채권실현에 위험을 초래하더라도 배임죄가 성립한다고 할 수 없다(대판 2020.2.20. 2019도9756 전합).

㉢ 【X】 양품점의 임차권만의 양도계약을 체결한 경우 양수인에게 그 점포를 명도하여 줄 양도인의 의무는 양도계약에 따른 민사상의 채무에 불과할 뿐 타인의 사무라고 할 수 없으므로 위 점포의 이중양도행위는 배임죄를 구성하지 않는다(대판 1990.9.25. 90도1216).

㉣ 【X】 청산회사의 대표청산인이 처리하는 채무의 변제, 재산의 환가처분 등 회사의 청산의무는 청산인 자신의 사무 또는 청산회사의 업무에 속하는 것이므로, 청산인은 회사의 채권자들에 대한 관계에 있어 직접 그들의 사무를 처리하는 자가 아니다(대판 1990.5.25. 90도6).

㉤ 【X】 이 피고인이 형법 제355조 제2항에서 말하는 이른바 "타인의 사무를 처리하는 자"에 해당한다라고는 말할 수 없다 할 것이다. 따라서 위와 같은 행위를 한 피고인의 행위가 배임죄에 해당한다고 볼 수는 없다(대판 1969.2.25. 69도46).

정답 ④

22 배임죄에 관한 설명 중 틀린 것은?

① 업무상 배임죄는 본인에게 재산상의 손해를 가하는 외에 배임행위로 인하여 행위자 스스로 재산상의 이익을 취득하거나 제3자로 하여금 재산상의 이익을 취득하게 할 것을 요건으로 하므로 본인에게 손해를 가하였다고 할지라도 행위자 또는 제3자가 재산상 이익을 취득한 사실이 없다면 배임죄가 성립할 수 없다.
② 부동산을 이중으로 매도하여 2차 매수인 앞으로 소유권이전등기를 마친 이상 배임죄를 구성하고 1차 매수인이 한 가처분의 효력으로 위 등기가 궁극적으로 말소되었다 하더라도 배임죄의 성립에 영향이 없다.
③ 부동산양도인이 계약금 및 중도금에 갈음하여 양수인 소유부동산에 관한 소유권이전등기 소요 서류를 모두 교부받았다면 양도인이 비록 그 부동산에 관하여 자기 앞으로 소유권이전등기를 마치지 않은 상태였다 하더라도 그 양도부동산을 제3자에게 이중양도한 경우 배임죄가 성립한다.
④ 주식회사의 대표이사가 임무에 위반하는 행위를 함으로써 주주 또는 회사채권자에게 손해가 될 행위를 한 경우에도 그 행위의 실행에 관하여 회사의 이사회 또는 주주총회의 결의가 있었을 경우 배임죄는 성립하지 아니한다.

해설
① 【 O 】 대판 2009.12.24. 2007도2484
② 【 O 】 대판 1973.1.16. 72도2494
③ 【 O 】 대판 1986.10.28. 86도936
④ 【 X 】 회사의 대표이사는 이사회 또는 주주총회의 결의가 있더라도 그 결의내용이 회사 채권자를 해하는 불법한 목적이 있는 경우에는 이에 맹종할 것이 아니라 회사를 위하여 성실한 직무수행을 할 의무가 있으므로 대표이사가 임무에 배임하는 행위를 함으로써 주주 또는 회사 채권자에게 손해가 될 행위를 하였다면 그 회사의 이사회 또는 주주총회의 결의가 있었다고 하여 그 배임행위가 정당화될 수는 없다(대판 2005.10.28. 2005도4915).

정답 ④

23 배임죄에 관한 설명 중 가장 적절하지 않은 것은?

① 횡령죄와 배임죄의 관계에서 횡령죄가 성립할 경우 별도로 배임죄는 성립하지 않는다.
② 기업의 영업비밀을 사외로 유출하지 않을 것을 서약한 회사직원이 이익을 얻기 위하여 경쟁업체에 영업비밀을 유출하는 행위는 업무상배임죄가 성립한다.
③ 타인의 사무를 처리하는 자가 아니라면 배임행위를 교사하거나 또는 배임행위의 모든 과정에 관여하는 등으로 타인의 배임행위에 적극 가담한 경우라도 배임죄의 공동정범은 불가능하고, 교사범이나 방조범의 성립이 가능할 뿐이다.
④ 적대적 M&A로부터 경영권을 유지하기 위하여 종업원의 자사주 매입에 회사자금을 지원한 경우 업무상배임죄가 성립한다.

해설
① 【 O 】 횡령죄는 배임죄에 대해서 특별관계에 있기 때문이다.
② 【 O 】 대판 1999.3.12. 98도4704
③ 【 X 】 거래상대방이 배임행위를 교사하거나 그 배임행위의 전 과정에 관여하는 등으로 배임행위에 적극 가담함으로써 그 실행행위자와의 계약이 반사회적 법률행위에 해당하여 무효로 되는 경우 배임죄의 교사범 또는 공동정범이 될 수 있다(대판 2005.10.28. 2005도4915).
④ 【 O 】 종업원지주제도는 회사의 종업원에 대한 편의제공을 당연한 전제로 하여 성립하는 것인 만큼, 종업원지주제도 하에서 회사의 경영자가 종업원의 자사주 매입을 돕기 위하여 회사자금을 지원하는 것 자체를 들어 회사에 대한 임무위배행위라고 할 수는 없을 것이나, 경영자의 자금지원의 주된 목적이 종업원의 재산형성을 통한 복리증진보다는 안정주주를 확보함으로써 경영자의 회사에 대한 경영권을 계속 유지하고자 하는 데 있다면, 그 자금지원은 경영자의 이익을 위하여 회사재산을 사용하는 것이 되어 회사의 이익에 반하므로 회사에 대한 관계에서 임무위배행위가 된다(대판 1999.6.25. 99도1141).

정답 ③

24 다음 중 판례가 배임행위로 인정한 경우를 모두 고른 것은?

㉠ 상호지급보증 관계에 있는 회사 간에 보증회사가 채무변제능력이 없는 피보증회사에 대하여 합리적인 채권회수책 없이 새로 금원을 대여하거나 예금담보를 제공한 경우
㉡ 대기업의 회장 등이 경영상의 판단이라는 이유로 甲계열회사의 자금으로 재무구조가 상당히 불량한 상태에 있는 乙계열회사가 발행하는 신주를 액면가격으로 인수한 경우
㉢ 대기업 또는 대기업의 회장 등 개인이 정치적으로 난처한 상황에서 벗어나기 위하여 자회사 및 협력회사 등으로 하여금 특정 회사의 주식을 매입수량, 가격 및 매입시기를 미리 정하여 매입하게 한 경우
㉣ 재벌그룹 소속 甲회사가 골프장 건설 사업을 진행 중인 비상장회사 乙의 주식전부를 보유하고 乙회사를 위하여 수백억원의 채무보증을 한 상태에서 甲회사의 대표이사와 이사들이 乙회사의 주식 전부를 주당 1원으로 계산하여 그룹 회장인 위 대표이사와 그룹 계열사에 매도한 경우

① ㉠ ② ㉠, ㉡ ③ ㉠, ㉡, ㉢ ④ ㉠, ㉡, ㉢, ㉣

[해설]
㉠ 【O】 대판 2004.7.9. 2004도810 15. 경찰간부
㉡ 【O】 대판 2004.6.24. 2004도520 15. 경찰간부
㉢ 【O】 대판 2007.3.15. 2004도5742 15. 경찰간부
㉣ 【O】 대판 2008.5.15. 2005도7911 15. 경찰간부

정답 ④

25 다음 중 배임죄와 관련된 판례의 태도로서 옳지 않은 것은?

① 수입업자가 신용장개설은행에게 양도담보로 제공한 수입 물품이 통관을 위하여 보세창고업자에게 입고되자 위 물품을 처분하는 등 부당하게 그 담보가치를 감소시키는 행위는 형사상 배임죄를 구성하지 않는다.
② 토지거래허가구역 안에 있는 토지의 매매에 관하여 허가를 받지 않은 경우 매도인이 매수인에 대한 소유권이전등기의 협력의무를 거부한 경우 매도인은 타인사무 처리자로서 배임죄가 성립한다.
③ 신용협동조합의 이사장이 대출한도액을 초과하여 비조합원 또는 무자격자에게 대출하였다면, 조합 내 여신위원회의 사전결의를 거쳤다 하더라도 업무상배임죄가 성립한다.
④ 동일인 대출한도 초과대출 행위로 인하여 상호저축은행에 손해를 가함으로써 상호저축은행법 위반죄와 업무상배임죄가 모두 성립한 경우, 위 두 죄는 상상적 경합관계에 있다.

[해설]
① 【O】 채무자가 금전채무를 담보하기 위하여 그 소유의 동산을 채권자에게 양도담보로 제공함으로써 채권자인 양도담보권자에 대하여 담보물의 담보가치를 유지·보전할 의무 내지 담보물을 타에 처분하거나 멸실, 훼손하는 등으로 담보권 실행에 지장을 초래하는 행위를 하지 않을 의무를 부담하게 되었더라도, 이를 들어 채무자가 통상의 계약에서의 이익대립관계를 넘어서 채권자와의 신임관계에 기초하여 채권자의 사무를 맡아 처리하는 것으로 볼 수 없다. 따라서 채무자를 배임죄의 주체인 '타인의 사무를 처리하는 자'에 해당한다고 할 수 없고, 그가 담보물을 제3자에게 처분하는 등으로 담보가치를 감소 또는 상실시켜 채권자의 담보권 실행이나 이를 통한 채권실현에 위험을 초래하더라도 배임죄가 성립한다고 할 수 없다(대판 2020.2.20. 2019도9756 전합)

② 【X】 국토이용관리법 제21조의2 소정의 규제구역 내에 있는 토지에 관하여 소유권 등 권리를 이전 또는 설정하는 내용의 거래계약은 같은 법 제21조의3 제1항 소정의 관할관청의 허가를 받아야 그 효력이 발생하고 허가를 받기 전에는 물권적 효력은 물론 채권적 효력도 발생하지 않는다. 따라서 규제구역 내의 토지를 매도하였으나 같은 법 소정의 거래허가를 받은 바 없다면 매도인에게 매수인에 대한 소유권이전등기에 협력할 의무가 생겼다고 볼 수 없고, 따라서 매도인이 배임죄의 주체인 타인의 사무를 처리하는 자에 해당한다고 할 수 없다(대판 1992.10.13. 92도1070).
③ 【O】 대판 2001.11.30. 99도4587
④ 【O】 대판 2012.6.28. 2012도2087

정답 ②

26 다음 중 배임죄 또는 업무상 배임죄가 성립하지 않는 것은?

① 회사의 이사 甲이 채무변제능력이 없는 계열회사에 회사자금을 대여하면서 적절한 담보를 제공받는 등 상당하고도 합리적인 채권회수조치를 취하지 아니하여 회사에 손해를 가하였으나, 위 회사자금 대여행위에 대해 사실상 대주주의 양해를 얻고 이사회의 결의가 있었던 경우
② 직무발명에 대한 권리를 사용자 등에게 승계한다는 취지를 정한 약정 또는 근무규정의 적용을 받는 종업원 甲이 직무발명의 완성 사실을 사용자 乙에게 통지하지 아니한 채 그에 대한 특허를 받을 수 있는 권리를 제3자에게 이중으로 양도하여 제3자가 특허권 등록까지 마치도록 하는 등으로 발명의 내용이 공개되도록 한 경우
③ 공무원인 甲이 대통령의 퇴임 후 사용할 사저부지와 그 경호부지를 일괄 매수하는 사무를 처리하면서 매매계약 체결 후 그 매수대금을 대통령의 아들 乙과 국가에 배분함에 있어 감정평가업자로부터 감정평가결과를 통보받았음에도 지인 등으로부터의 불확실한 정보를 가지고 감정평가결과와 전혀 다르게 상대적으로 사저부지 가격을 낮게 평가하고 경호부지 가격을 높게 평가하여 매수대금을 배분하여 乙에게 재산상의 이익을 취득하게 하고 국가에 손해를 가한 경우
④ 甲이 아울렛 의류매장의 운영과 관련하여 乙로부터 투자를 받으면서 투자금반환채무의 변제를 위하여 의류매장에 관한 임차인 명의와 판매대금의 입금계좌 명의를 乙 앞으로 변경해 주었음에도 丙에게 의류매장에 관한 임차인의 지위 등 권리 일체를 양도한 경우

해설

① 【O】 회사의 이사 등이 타인에게 회사자금을 대여할 때에 그 타인이 이미 채무변제능력을 상실하여 그에게 자금을 대여할 경우 회사에 손해가 발생하리라는 정을 충분히 알면서 이에 나아갔거나, 충분한 담보를 제공받는 등 상당하고도 합리적인 채권회수조치를 취하지 아니한 채 만연히 대여해 주었다면, 그와 같은 자금대여는 타인에게 이익을 얻게 하고 회사에 손해를 가하는 행위로서 회사에 대하여 배임행위가 되고, 그 임무위배행위에 대하여 사실상 대주주의 양해를 얻었다거나 이사회의 결의가 있었다고 하여 배임죄의 성립에 어떠한 영향이 있는 것이 아니다(대판 2014.7.10. 2013도10516).
② 【O】 종업원 등이 임무를 위반하여 직무발명을 완성하고도 그 사실을 사용자 등에게 알리지 않은 채 그 발명에 대한 특허를 받을 수 있는 권리를 제3자에게 이중으로 양도하여 제3자가 특허권 등록까지 마치도록 하는 등으로 그 발명의 내용이 공개되도록 하였다면, 이는 사용자 등에게 손해를 가하는 행위로서 배임죄를 구성한다(대판 2012.11.15. 2012도6676).
③ 【O】 지인 등으로부터의 불확실한 정보를 가지고 감정평가결과와 전혀 다르게 상대적으로 사저부지 가격을 낮게 평가하고 경호부지 가격을 높게 평가하여 매수대금을 배분한 것은 국가사무를 처리하는 자로서의 임무위배행위에 해당한다(대판 2013.9.27. 2013도6835).
④ 【X】 채무자가 투자금반환채무의 변제를 위하여 담보로 제공한 임차권 등의 권리를 그대로 유지할 계약상 의무가 있다고 하더라도, 이는 기본적으로 투자금반환채무의 변제의 방법에 관한 것이고, 성실한 이행에 의하여 채권자가 계약상 권리의 만족이라는 이익을 얻는다고 하여도 이를 가지고 통상의 계약에서의 이익대립관계를 넘어서 배임죄에서 말하는 신임관계에 기초하여 채권자의 재산을 보호 또는 관리하여야 하는 '타인의 사무'에 해당한다고 볼 수 없다(대판 2015.3.26. 2015도1301).

정답 ④

27 배임죄에 관한 다음 설명 중 틀린 것은?

① 이미 신용불량자로 등록되어 있어 추가대출이 불가능한데도 마치 그 연체대출금이 모두 변제된 것처럼 전산조작을 하여 부정대출을 해주었더라도, 이로 인하여 결과적으로 회수한 채권액이 더 많아졌더라도 배임죄가 성립한다.
② 지점장이 기한 연장 당시에는 채무자로부터 대출금을 모두 회수할 수 있었는데 기한을 연장해 주면 채무자의 자금사정이 대출금을 회수할 수 없을 정도로 악화되리라는 사정을 알고도 그 기한을 연장해준 경우, 배임죄가 성립한다.
③ 음식점 임대차계약에 의한 임차인의 지위를 양도한 자가 양도사실을 임대인에게 통지하지 아니하여 임차인의 지위를 상실하게 한 경우라도 배임죄가 성립하지 않는다.
④ 배임죄에 있어서 재산상 손해의 유무에 대한 판단은 본인의 전 재산 상태와의 관계에서 법률적 판단에 의하지 아니하고 경제적 관점에서 파악하여야 한다.

[해설]

① 【 X 】 이미 신용불량자로 등록되어 있어 추가대출이 불가능한데도 마치 그 연체대출금이 모두 변제된 것처럼 전산조작을 하여 부정대출을 해주었더라도, 이로 인하여 결과적으로 회수한 채권액이 더 많아졌다면 계산상 대출금융기관에게 손해가 아닌 이익이 되었다고 볼 여지가 있다(대판 2008.2.14. 2007도7716).
② 【 O 】 대판 2002.6.28. 2000도3716
③ 【 O 】 음식점 임대차계약에 의한 임차인의 지위를 양도한 자는 양도사실을 임대인에게 통지하고 양수인이 갖는 임차인의 지위를 상실하지 않게 할 의무가 있다고 하여도, 이러한 임무는 임차권 양도인으로서 부담하는 채무로서 양도인 자신의 의무일 뿐이지 자기의 사무임과 동시에 양수인의 권리취득을 위한 사무의 일부를 이룬다고 볼 수 없으므로 양도인을 배임죄의 주체인 타인의 사무를 처리하는 자로 볼 수 없다(대판 1991.12.10. 91도2184).
④ 【 O 】 대판 2007.3.15. 2004도5742

정답 ①

28 배임죄 내지 업무상 배임죄에 대한 설명으로 틀린 것은?

① 자동차에 대하여 저당권이 설정되는 경우 자동차의 교환가치는 그 저당권에 포섭되고, 저당권설정자가 자동차를 매도하여 그 소유자가 달라지더라도 저당권에는 영향이 없으므로, 특별한 사정이 없는 한 저당권설정자가 단순히 그 저당권의 목적인 자동차를 다른 사람에게 매도한 것만으로는 배임죄가 성립하지 아니한다.
② 주식회사의 증자업무를 담당한 자와 주식인수인이 사전 공모하여 주금납입취급은행 이외의 제3자로부터 납입금에 해당하는 금액을 차입하여 주금을 납입하고 납입취급은행으로부터 납입금보관증명서를 교부받아 회사의 증자등기절차를 마친 직후 이를 인출하여 위 차용금채무의 변제에 사용하는 경우 업무상배임죄가 성립한다.
③ 금융기관이 금원을 대출함에 있어 대출금 중 선이자를 공제한 나머지만 교부하거나 약속어음을 할인함에 있어 만기까지의 선이자를 공제한 경우, 배임행위로 인하여 금융기관이 입는 손해는 선이자를 공제한 금액이 아니라 선이자로 공제한 금원을 포함한 대출금 전액이거나 약속어음 액면금 상당액으로 보아야 한다.
④ 1인 회사의 주주가 자신의 개인채무를 담보하기 위하여 회사 소유의 부동산에 대하여 근저당권설정등기를 마쳐 주어 배임죄가 성립한 이후에 그 부동산에 대하여 선순위 근저당권의 담보가치를 넘는 새로운 담보권을 설정해 주는 행위는 선순위 근저당권의 담보가치를 공제한 나머지 담보가치 상당의 재산상 이익을 침해하는 행위로서 별도의 배임죄가 성립한다.

해설
① 【 O 】 대판 2008.8.21. 2008도3651
② 【 X 】 대판 2005.4.29. 2005도856
③ 【 O 】 대판 2003.10.10. 2003도3516
④ 【 O 】 대판 2005.10.28. 2005도4915

정답 ②

29 업무상 배임죄 등에 관한 다음 설명 중 틀린 것은?

① 甲이 乙로부터 임야를 매수하면서 계약금을 지급하는 즉시 甲 앞으로 소유권을 이전받되 위 임야를 담보로 대출을 받아 잔금을 지급하기로 약정하고, 甲이 계약금을 지급한 후 임야에 대한 소유권을 이전받고 이를 담보로 제공하여 자금을 융통하였음에도 乙에게 잔금을 지급하지 않았다고 하더라도 배임죄가 성립하지 않는다.

② 재단법인 甲종교방송의 이사장 직무대리인이 후원회 기부금을 정상 회계처리하지 않고 자신과 친분관계에 있는 신도로서 별다른 자력도 없는 채무자에게 확실한 담보도 제공받지 아니한 채 대여하였으나 그 신도가 이자금을 제때에 불입하고 나중에 원금을 변제한 경우 업무상 배임죄로 처벌할 수 있다.

③ 업무상 배임죄가 성립되기 위하여는 주관적으로 배임행위의 결과 본인에게 재산상의 손해가 발생 또는 발생될 염려가 있다는 인식, 자기 또는 제3자가 재산상의 이득을 얻는다는 인식을 넘어 본인에게 재산상의 손해를 가한다는 의사나 자기 또는 제3자에게 재산상의 이득을 얻게 하려는 목적을 요구한다.

④ 甲계열회사의 대표이사이자 甲계열회사가 속해있는 그룹의 회장이 그룹의 명예 손상 등을 방지한다는 이유로 乙계열회사의 재무구조를 잘 알고 있으면서 甲계열회사의 자금으로 만성적인 적자로 인한 자본잠식 등으로 재무구조가 상당히 불량한 상태에 있는 乙계열회사가 발행하는 신주를 액면가격으로 인수한 경우 업무상 배임죄로 처벌할 수 있다.

해설 23. 법원행시(유사)

① 【 O 】 미리 부동산을 이전받은 매수인이 이를 담보로 제공하여 매매대금 지급을 위한 자금을 마련하고 이를 매도인에게 제공함으로써 잔금을 지급하기로 당사자 사이에 약정하였다고 하더라도, 이는 기본적으로 매수인이 매매대금의 재원을 마련하는 방편에 관한 것이고, 그 성실한 이행에 의하여 매도인이 대금을 모두 받게 되는 이익을 얻는다는 것만으로 매수인이 신임관계에 기하여 매도인의 사무를 처리하는 것이 된다고 할 수 없다(대판 2011.4.28. 2011도3247).

② 【 O 】 대판 2000.12.8. 99도3338

③ 【 X 】 업무상 배임죄가 성립되기 위하여는 주관적으로 배임행위의 결과 본인에게 재산상의 손해가 발생 또는 발생될 염려가 있다는 인식과 자기 또는 제3자가 재산상의 이득을 얻는다는 인식이 있으면 족한 것이고, 본인에게 재산상의 손해를 가한다는 의사나 자기 또는 제3자에게 재산상의 이득을 얻게 하려는 목적은 요하지 아니한다(대판 1995.11.21. 94도1598).

④ 【 O 】 대판 2004.6.24. 2004도520

정답 ③

30 다음 설명 중 옳지 않은 것은 모두 몇 개인가?

㉠ 금전채무를 담보하기 위하여 채무자 甲이 그 소유의 동산을 채권자 乙에게 점유개정에 의하여 양도한 후 양도담보된 동산을 처분하는 등 부당히 그 담보가치를 감소시키는 행위를 한 때에는 배임죄의 죄책을 진다.

㉡ 매도인 甲이 부동산을 매도하고 매수인 乙로부터 계약금과 중도금을 수령한 후 제3자에게 담보조로 가등기를 경료해주었다가 이를 말소한 경우 배임죄의 죄책을 진다.

㉢ 배임수재죄의 주체로서 '타인의 사무를 처리하는 자'란 타인과의 대내관계에서 신의성실의 원칙에 비추어 사무를 처리할 신임관계가 존재한다고 인정되는 자를 의미하고, 반드시 제3자에 대한 대외관계에서 사무에 관한 권한이 존재할 것을 요하지 않는다.

㉣ 채권 담보 목적으로 부동산에 관한 대물변제예약을 체결한 채무자 甲이 대물로 변제하기로 한 부동산을 제3자에게 처분한 경우 甲에 대해 배임죄가 성립한다.

㉤ 공무원 甲이 대통령의 퇴임 후 사용할 사저부지와 그 경호부지를 일괄 매수하는 사무를 처리하면서 매매계약 체결 후 그 매수대금을 대통령의 아들 乙과 국가에 배분함에 있어 이미 복수의 감정평가업자에게 감정평가를 의뢰하여 그 결과를 통보받았음에도 굳이 이를 무시하면서 인근 부동산업자들이나 인터넷, 지인 등으로부터의 불확실한 정보를 가지고 감정평가결과와 전혀 다르게 상대적으로 사저부지 가격을 낮게 평가하고 경호부지 가격을 높게 평가하여 매수대금을 배분하여 乙에게 재산상 이익을 취하게 하고 국가에 손해를 가한 경우 甲에 대해 업무상배임죄가 성립한다.

① 1개　　② 2개　　③ 3개　　④ 4개

해설

㉠ 【 X 】 채무자가 금전채무를 담보하기 위하여 그 소유의 동산을 채권자에게 양도담보로 제공함으로써 채권자인 양도담보권자에 대하여 담보물의 담보가치를 유지·보전할 의무 내지 담보물을 타에 처분하거나 멸실, 훼손하는 등으로 담보권 실행에 지장을 초래하는 행위를 하지 않을 의무를 부담하게 되었더라도, 이를 들어 채무자가 통상의 계약에서의 이익대립관계를 넘어서 채권자와의 신임관계에 기초하여 채권자의 사무를 맡아 처리하는 것으로 볼 수 없다. 따라서 채무자를 배임죄의 주체인 '타인의 사무를 처리하는 자'에 해당한다고 할 수 없고, 그가 담보물을 제3자에게 처분하는 등으로 담보가치를 감소 또는 상실시켜 채권자의 담보권 실행이나 이를 통한 채권실현에 위험을 초래하더라도 배임죄가 성립한다고 할 수 없다(대판 2020.2.20. 2019도9756 전합) 18. 경찰간부

> **비교판례**
> 피고인이 그 소유의 에어콘 등을 피해자에게 양도담보로 제공하고 점유개정의 방법으로 점유하고 있다가 다시 이를 제3자에게 양도담보로 제공하고 역시 점유개정의 방법으로 점유를 계속한 경우, 뒤의 양도담보권자인 제3자는 처음의 담보권자인 피해자에 대하여 배타적으로 자기의 담보권을 주장할 수 없으므로 위와 같이 이중으로 양도담보제공이 된 것만으로는 처음의 양도담보권자에게 담보권의 상실이나 담보가치의 감소 등 손해가 발생한 것으로 볼 수 없으니 배임죄를 구성하지 않는다(대판 1990.2.13. 89도1931).

㉡ 【 O 】 대판 2008.7.10. 2008도3766 18. 경찰간부

㉢ 【 O 】 대판 2011.8.25. 2009도5618 18. 경찰간부

㉣ 【 X 】 채무자가 채권자에 대하여 소비대차 등으로 인한 채무를 부담하고 이를 담보하기 위하여 장래에 부동산의 소유권을 이전하기로 하는 내용의 **대물변제예약에서**, 약정의 내용에 좇은 이행을 하여야 할 채무는 특별한 사정이 없는 한 '**자기의 사무**'에 해당하는 것이 원칙이다. 그러므로 채권 담보를 위한 대물변제예약 사안에서 채무자가 대물로 변제하기로 한 부동산을 제3자에게 처분하였다고 하더라도 형법상 배임죄가 성립하는 것은 아니다(대판 2014.8.21. 2014도3363 전합). 18. 경찰간부

㉤ 【 O 】 대판 2013.9.27. 2013도6835 18. 경찰간부

정답 ②

31 업무상배임죄의 주체에 관한 다음 설명 중 가장 옳지 않은 것은?

① 업무상배임죄로 이익을 얻은 수익자 또는 그와 밀접한 관련이 있는 제3자라도 배임행위의 전 과정에 관여하는 등으로 배임행위에 적극 가담하는 경우는 배임의 실행행위자와 공동정범이 성립할 수 있다.
② 업무상배임죄와 배임증재죄는 별개의 범죄로서 배임증재죄를 범한 자라 할지라도 그와 별도로 타인의 사무를 처리하는 지위에 있는 사람과 공범으로서는 업무상배임죄를 범할 수도 있다.
③ 공무원은 업무상배임죄의 주체가 될 수 없다.
④ 업무상배임죄에 있어서 '타인의 사무를 처리하는 자'란 고유의 권한으로서 그 처리를 하는 자에 한하지 아니하고, 그 자의 보조기관으로서 직접 또는 간접으로 그 처리에 관한 사무를 담당하는 자도 포함된다.

해설

① 【O】 대판 1999.7.23. 99도1911 19. 법원직 9급
② 【O】 대판 1999.4.27. 99도883 19. 법원직 9급
③ 【X】 공무원이 그 임무에 위배되는 행위로써 제3자로 하여금 재산상의 이익을 취득하게 하여 국가에 손해를 가한 경우에 업무상배임죄가 성립한다(대판 2013.9.27. 2013도6835). 19. 법원직 9급
④ 【O】 대판 2007.6.1. 2005도9288 19. 법원직 9급

정답 ③

32 횡령과 배임에 관한 다음의 설명 중 가장 적절하지 않은 것은?

① 형법 제357조 제1항의 배임수재죄와 같은 조 제2항의 배임증재죄는 통상 필요적 공범의 관계에 있기는 하나 이것은 반드시 수재자와 증재자가 같이 처벌받아야 하는 것을 의미하는 것은 아니고, 증재자에게는 정당한 업무에 속하는 청탁이라도 수재자에게는 부정한 청탁이 될 수도 있다.
② 업무상횡령죄에서 '업무'는 법령, 계약에 의한 것뿐만 아니라 관례를 좇거나 사실상의 것이거나를 묻지 않고 같은 행위를 반복할 지위에 따른 사무를 가리키며, 횡령죄에서 재물 보관에 관한 위탁관계는 사실상의 관계에 있으면 충분한다.
③ 동업자 사이에 손익분배 정산이 되지 아니하였다면 동업자 한 사람이 임의로 동업자들의 합유에 속하는 동업재산을 처분할 권한이 없는 것이므로, 동업자 한 사람이 동업재산을 보관 중 임의로 횡령하였다면 지분비율에 따라 횡령한 금액에 대하여 횡령죄의 죄책을 부담한다.
④ 미리 부동산을 이전받은 매수인이 이를 담보로 제공하여 매매대금 지급을 위한 자금을 마련하고 이를 매도인에게 제공함으로써 잔금을 지급하기로 당사자 사이에 약정하였다고 하더라도, 이는 기본적으로 매수인이 매매대금의 재원을 마련하는 방편에 관한 것이고, 그 성실한 이행에 의하여 매도인이 대금을 모두 받게 되는 이익을 얻는다는 것만으로 매수인이 신임관계에 기하여 매도인의 사무를 처리하는 것이 된다고 할 수 없다.
⑤ 대학병원 의사가 의약품인 조영제와 의료재료를 지속적으로 납품할 수 있도록 해달라는 청탁 또는 의약품 등을 사용해 준 대가로 제약회사 등으로부터 명절 선물이나 골프접대 등 향응을 제공받은 경우 배임수재죄가 성립한다.

해설

① 【O】 대판 2011.10.27. 2010도7624
② 【O】 대판 2011.10.13. 2009도13751
③ 【X】 [1] 동업재산은 동업자의 합유에 속하므로, 동업관계가 존속하는 한 동업자는 동업재산에 대한 지분을 임의로 처분할 권한이 없고, 동업자 한 사람이 지분을 임의로 처분하거나 또는 동업재산의 처분으로 얻은 대금을 보관 중 임의로 소비하였다면 횡령죄의 죄책을 면할 수 없다.
[2] 동업자 사이에 손익분배 정산이 되지 아니하였다면 동업자 한 사람이 임의로 동업자들의 합유에 속하는 동업재산을 처분할 권한이 없는 것이므로, 동업자 한 사람이 동업재산을 보관 중 임의로 횡령하였다면 지분비율에 관계없이 횡령한 금액 전부에 대하여 횡령죄의 죄책을 부담한다(대판 2011.6.10. 2010도17684).
④ 【O】 대판 2011.4.28. 2011도3247
⑤ 【O】 대판 2011.8.18. 2010도10290

정답 ③

33 다음 사례들 중 甲과 丙의 죄책에 관한 설명으로 옳지 않은 것을 모두 고른 것은?

㉠ 배임죄에서 '재산상 손해를 가한 때'에는 '재산상 손해발생의 위험을 초래한 경우'도 포함되는 것이므로, 법인의 대표이사 甲이 회사의 이익이 아닌 자기 또는 제3자의 이익을 도모할 목적으로 권한을 남용하여 회사 명의의 금전소비대차 공정증서를 작성하여 법인 명의의 채무를 부담한 경우에는 상대방이 대표이사의 진의를 알았거나 알 수 있었다고 할지라도 배임죄가 성립한다.

㉡ 甲이 乙로부터 임야를 매수하면서 계약금을 지급하는 즉시 甲 앞으로 소유권을 이전받되 위 임야를 담보로 대출을 받아 잔금을 지급하기로 약정하고, 甲이 계약금을 지급한 후 임야에 대한 소유권을 이전받고 이를 담보로 제공하여 자금을 융통하였음에도 乙에게 잔금을 지급하지 않았다고 하더라도 배임죄가 성립하지 않는다.

㉢ 부동산 소유자인 甲이 乙과 부동산 매매계약을 체결하고 계약금과 중도금을 모두 수령하였는데, 이러한 사실을 모두 알고 있는 丙이 甲에게 부동산의 가격을 더 높게 지불할 테니 자신에게 위 부동산을 매각해 달라는 요청을 하자 위 부동산을 丙에게 이중으로 매도하고 소유권이전등기를 경료해 준 경우, 甲에게는 배임죄가 성립하고, 丙에게는 장물취득죄가 성립한다.

㉣ 아파트 입주자대표회의 회장인 甲이 공공요금의 납부를 위한 지출결의서에 날인을 거부함으로써 아파트 입주자들에게 그에 대한 통상의 연체료를 부담시켰다면, 위 행위로 인하여 아파트 입주민에게 연체료 금액만큼 손해를 가하고 연체료를 받은 공공기관은 그 금액만큼 이익을 취득한 것이므로 배임죄가 성립한다.

㉤ A 주식회사를 인수하는 甲이 일단 금융기관으로부터 인수자금을 대출받아 회사를 인수한 다음, A 주식회사에 아무런 반대급부를 제공하지 않고 그 회사의 자산을 위 인수자금 대출금의 담보로 제공하도록 하였다면, 甲에게는 배임죄가 성립한다.

① ㉠, ㉢ ② ㉡, ㉣ ③ ㉠, ㉢, ㉣ ④ ㉡, ㉢, ㉤ ⑤ ㉢, ㉣, ㉤

ⓔ 【 X 】 [1] 업무상 배임죄는 본인에게 재산상의 손해를 가하는 외에 배임행위로 인하여 행위자 스스로 재산상의 이익을 취득하거나 제3자로 하여금 재산상의 이익을 취득하게 할 것을 요건으로 하므로, 본인에게 손해를 가하였다고 하더라도 행위자 또는 제3자가 재산상 이익을 취득한 사실이 없다면 배임죄가 성립할 수 없다.
[2] 사안의 경우, 열 사용요금 납부 연체로 인하여 발생한 연체료는 금전채무 불이행으로 인한 손해배상에 해당하므로, 공급업체가 연체료를 지급받았다는 사실만으로 공급업체가 그에 해당하는 재산상의 이익을 취득하게 된 것으로 단정하기 어렵고, 나아가 공급업체가 열 사용요금 연체로 인하여 실제로는 아무런 손해를 입지 않았거나 연체료 액수보다 적은 손해를 입었다는 등의 특별한 사정이 인정되는 경우에 한하여 비로소 연체료 내지 연체료 금액에서 실제 손해액을 공제한 차액에 해당하는 재산상의 이익을 취득한 것으로 볼 수 있을 뿐이라는 이유로, 공급업체가 연체료 상당의 재산상 이익을 취득한 것으로 보아 업무상 배임죄의 성립을 인정한 원심판결을 파기하였다(대판 2009.6.25. 2008도3792). 14. 변호사

ⓜ 【 O 】 대판 2012.6.14. 2012도1283 14. 변호사

정답 ③

34 다음 설명 중 옳지 않은 것은?

① 채무자가 채권자에게 동산인 한우 100마리를 양도담보로 제공하고 점유개정의 방법으로 점유하고 있는 상태에서 다시 이를 제3자에게 점유개정의 방법으로 양도하는 경우 배임죄가 성립하지 않는다.
② 채권담보의 목적으로 부동산에 관한 대물변제예약을 체결한 채무자가 대물로 변제하기로 한 부동산을 제3자에게 임의로 처분한 경우 배임죄가 성립하지 않는다.
③ 신탁자가 수탁자에게 부동산의 매수위임과 함께 명의신탁약정을 맺고 수탁자가 당사자가 되어 그 정을 알지 못하는 매도인과 부동산 매매계약을 체결하고 등기이전을 받은 뒤 수탁자가 이를 임의로 처분한 경우 신탁자에 대한 횡령죄가 성립하지 않으나, 배임죄는 성립한다.
④ 영업정지가 임박한 단계에 있는 A 저축은행 및 B 상호저축은행의 특정 예금채권자들에게만 그 사실을 알려주어 그들로 하여금 예금을 인출하도록 하여 위 각 저축은행의 자산이 감소되게 한 경우 업무상배임죄가 성립한다.

해설 21. 경찰승진(유사)

① 【 O 】 대판 2007.2.22. 2006도6686
② 【 O 】 [1] 채무자가 채권자에 대하여 소비대차 등으로 인한 채무를 부담하고 이를 담보하기 위하여 장래에 부동산의 소유권을 이전하기로 하는 내용의 대물변제예약에서, 약정의 내용에 좇은 이행을 하여야 할 채무는 특별한 사정이 없는 한 '자기의 사무'에 해당하는 것이 원칙이다.
[2] 그러므로 채권 담보를 위한 대물변제예약 사안에서 채무자가 대물로 변제하기로 한 부동산을 제3자에게 처분하였다고 하더라도 형법상 배임죄가 성립하는 것은 아니다(대판 2014.8.21. 2014도3363(全)).
③ 【 X 】 계약명의신탁에서 매도인이 선의인 경우, 수탁자의 임의처분행위에 대해서 판례는 횡령죄를 부정하고(대판 2000.3.24. 98도4347), 나아가 배임죄의 성립도 부정한다(대판 2001.9.25. 2001도2722).
④ 【 O 】 대판 2013.1.24. 2012도10629

정답 ③

35 다음 설명 중 옳지 않은 것은?

① 부동산 매도인이 매수인으로부터 중도금을 지급받은 후 그 부동산을 제3자에게 이중으로 양도하였다면 배임죄가 성립한다.
② 채권담보를 위한 대물변제예약의 채무자가 대물로 변제하기로 한 부동산을 제3자에게 처분하였더라도 배임죄가 성립하는 것은 아니다.
③ 동산매매계약에서 매도인이 목적물을 매수인에게 인도하지 아니하고 이를 제3자에게 처분하였더라도 배임죄가 성립하는 것은 아니다.
④ 채무자가 채권자 A와 B에게 순차적으로 그 소유의 동산에 대하여 점유개정의 방식으로 이중의 양도담보 설정계약을 체결한 후 그 목적물을 임의로 제3자에게 처분하였다면 A는 물론 B에 대한 관계에서도 배임죄가 성립한다.

해설

① 【O】 부동산 매매계약에서 계약금만 지급된 단계에서는 어느 당사자나 계약금을 포기하거나 그 배액을 상환함으로써 자유롭게 계약의 구속력에서 벗어날 수 있다. 그러나 <u>중도금이 지급되는</u> 등 계약이 본격적으로 이행되는 단계에 이른 때에는 계약이 취소되거나 해제되지 않는 한 매도인은 매수인에게 부동산의 소유권을 이전해 줄 의무에서 벗어날 수 없다. 따라서 이러한 단계에 이른 때에 매도인은 매수인에 대하여 매수인의 재산보전에 협력하여 재산적 이익을 보호·관리할 신임관계에 있게 된다. 그때부터 매도인은 배임죄에서 말하는 **'타인의 사무를 처리하는 자'**에 해당한다고 보아야 한다. 그러한 지위에 있는 매도인이 매수인에게 계약 내용에 따라 부동산의 소유권을 이전해 주기 전에 그 부동산을 제3자에게 처분하고 제3자 앞으로 그 처분에 따른 등기를 마쳐 준 행위는 매수인의 부동산 취득 또는 보전에 지장을 초래하는 행위이다. 이는 매수인과의 신임관계를 저버리는 행위로서 배임죄가 성립한다(대판 2018.5.17. 2017도4027 전합). 19. 국가직 9급

② 【O】 <u>채무자가 채권자에 대하여 소비대차 등으로 인한 채무를 부담하고 이를 담보하기 위하여 장래에 부동산의 소유권을 이전하기로 하는 내용의 대물변제예약에서, 약정의 내용에 좇은 이행을 하여야 할 채무는 특별한 사정이 없는 한 '자기의 사무'에 해당하는 것이 원칙이다.</u> … 한편 채권자는 당해 부동산을 특정물 자체보다는 담보물로서 가치를 평가하고 이로써 기존의 금전채권을 변제받는 데 주된 관심이 있으므로, 채무자의 채무불이행으로 인하여 대물변제예약에 따른 소유권등기를 이전받는 것이 불가능하게 되는 상황이 초래되어도 채권자는 채무자로부터 금전적 손해배상을 받음으로써 대물변제예약을 통해 달성하고자 한 목적을 사실상 이룰 수 있다. 이러한 점에서 대물변제예약의 궁극적 목적은 차용금반환채무의 이행 확보에 있고, 채무자가 대물변제예약에 따라 부동산에 관한 소유권이전등기절차를 이행할 의무는 궁극적 목적을 달성하기 위해 채무자에게 요구되는 부수적 내용이어서 이를 가지고 배임죄에서 말하는 신임관계에 기초하여 채권자의 재산을 보호 또는 관리하여야 하는 '타인의 사무'에 해당한다고 볼 수는 없다(대판 2014.8.21. 2014도3363 전합). 19. 국가직 9급

③ 【O】 <u>매매의 목적물이 동산일 경우, 매도인은 매수인에게 계약에 정한 바에 따라 그 목적물인 동산을 인도함으로써 계약의 이행을 완료하게 되고 그때 매수인은 매매목적물에 대한 권리를 취득하게 되는 것이므로</u>, 매도인에게 자기의 사무인 동산인도채무 외에 별도로 매수인의 재산의 보호 내지 관리 행위에 협력할 의무가 있다고 할 수 없다. 동산매매계약에서의 매도인은 매수인에 대하여 그의 사무를 처리하는 지위에 있지 아니하므로, 매도인이 목적물을 매수인에게 인도하지 아니하고 이를 타에 처분하였다 하더라도 형법상 배임죄가 성립하는 것은 아니다(대판 2011.1.20. 2008도10479 전합). 19. 국가직 9급

④ 【X】 금전채무를 담보하기 위하여 채무자가 그 소유의 동산을 채권자에게 양도하되 점유개정에 의하여 채무자가 이를 계속 점유하기로 한 경우 특별한 사정이 없는 한 동산의 소유권은 신탁적으로 이전됨에 불과하여 채권자와 채무자 사이의 대내적 관계에서 채무자는 의연히 소유권을 보유하나 대외적인 관계에 있어서 채무자는 동산의 소유권을 이미 채권자에게 양도한 무권리자가 되는 것이어서 다시 다른 채권자와 사이에 양도담보 설정계약을 체결하고 점유개정의 방법으로 인도를 하더라도 선의취득이 인정되지 않는 한 나중에 설정계약을 체결한 채권자는 양도담보권을 취득할 수 없는데, 현실의 인도가 아닌 점유개정으로는 선의취득이 인정되지 아니하므로, 결국 뒤의 채권자는 양도담보권을 취득할 수 없고, <u>따라서 이와 같이 채무자가 그 소유의 동산에 대하여 점유개정의 방식으로 채권자들에게 이중의 양도담보 설정계약을 체결한 후 양도담보 설정자가 목적물을 임의로 제3자에게 처분하였다면 양도담보권자라 할 수 없는 뒤의 채권자에 대한 관계에서는, 설정자인 채무자가 타인의 사무를 처리하는 자에 해당한다고 할 수 없어 배임죄가 성립하지 않는다</u>(대판 2004.6.25. 2004도1751). 19. 국가직 9급

정답 ④

36 횡령과 배임의 죄에 관한 다음 설명 중 옳지 않은 것은 몇 개인가?

㉠ 채무자가 그 소유의 동산에 대하여 점유개정의 방식으로 채권자들에게 이중의 양도담보설정계약을 체결한 후 양도담보 설정자가 목적물을 임의로 제3자에게 처분하였다면 양도담보권자라 할 수 없는 뒤의 채권자에 대한 관계에서는 설정자인 채무자가 타인의 사무를 처리하는 자에 해당한다고 할 수 없어 배임죄가 성립하지 않는다.
㉡ A종중으로부터 종중 소유의 토지를 명의신탁받아 보관 중이던 甲이 자신의 개인 채무 변제에 사용할 돈을 차용하기 위해 위 토지에 근저당권을 설정하였는데, 그 후 甲·乙이 공모하여 위 토지를 丙에게 매도한 행위는 선행 근저당권설정행위 이후에 이루어진 것이어서 불가벌적 사후행위에 해당한다.
㉢ 회사의 대표이사가 대표권을 남용하여 회사 명의의 약속어음을 발행한 사실을 상대방이 알았거나 알 수 있었을 때에 해당하여 약속어음 발행이 무효가 되고 그 어음이 실제로 유통되지도 않았다면, 특별한 사정이 없는 한 배임죄의 기수범이 아니라 배임미수죄로 처벌되어야 한다.
㉣ 조합재산은 조합원의 합유에 속하므로 조합원 중 한 사람이 조합재산 처분으로 얻은 대금을 임의로 소비하였다면 횡령죄의 죄책을 면할 수 없고, 이러한 법리는 내적 조합과 익명조합의 경우에도 마찬가지이다.

① 0개 ② 1개 ③ 2개 ④ 3개

해 설

㉠ 【 O 】 채권자와 채무자 사이의 대내적 관계에서 채무자는 의연히 소유권을 보유하나 대외적인 관계에 있어서 채무자는 동산의 소유권을 이미 채권자에게 양도한 무권리자가 되는 것이어서 다시 다른 채권자와 사이에 양도담보 설정계약을 체결하고 점유개정의 방법으로 인도를 하더라도 선의취득이 인정되지 않는 한 나중에 설정계약을 체결한 채권자는 양도담보권을 취득할 수 없는데, 현실의 인도가 아닌 점유개정으로는 선의취득이 인정되지 아니하므로, 결국 뒤의 채권자는 양도담보권을 취득할 수 없고, 따라서 이와 같이 채무자가 그 소유의 동산에 대하여 甲에 대하여 양도담보를 설정하고 다시 이를 乙에게 이중으로 양도담보설정을 해주고 점유개정의 방법으로 점유하던 중 또 다시 丙에게 양도담보를 설정하고 현실의 인도를 해준 경우 양도담보권자라 할 수 없는 뒤의 채권자 乙에 대한 관계에서는, 설정자인 채무자가 타인의 사무를 처리하는 자에 해당한다고 할 수 없어 배임죄가 성립하지 않는다(대판 2004.6.25. 2004도1751). ⇨ 甲에 대해서는 타인의 사무를 처리하는 자에 해당하여 배임죄를 구성하나, 乙에 대해서는 타인의 사무를 처리하는 자가 아니므로 배임죄를 구성하지 아니함 17. 경찰간부
㉡ 【 X 】 피해자 A 종중으로부터 토지를 명의신탁받아 보관 중이던 피고인 甲이 개인 채무 변제에 사용할 돈을 차용하기 위해 위 토지에 근저당권을 설정하였는데, 그 후 피고인 甲, 乙이 공모하여 위 토지를 정에게 매도한 경우 ⇨ 피고인들의 토지 매도행위가 불가벌적 사후행위로 볼 수 없고, 별도로 횡령죄를 구성(대판 2013.2.21. 2010도10500 전합). 17. 경찰간부
㉢ 【 O 】 주식회사의 대표이사가 대표권을 남용하는 등 그 임무에 위배하여 회사 명의로 의무를 부담하는 행위를 하더라도 일단 회사의 행위로서 유효하고, 다만 상대방이 대표이사의 진의를 알았거나 알 수 있었을 때에는 회사에 대하여 무효가 된다. 따라서 상대방이 대표권남용 사실을 알았거나 알 수 있었던 경우 그 의무부담행위는 원칙적으로 회사에 대하여 효력이 없고, 경제적 관점에서 보아도 이러한 사실만으로는 회사에 현실적인 손해가 발생하였다거나 실해 발생의 위험이 초래되었다고 평가하기 어려우므로, 달리 그 의무부담행위로 인하여 실제로 채무의 이행이 이루어졌다거나 회사가 민법상 불법행위책임을 부담하게 되었다는 등의 사정이 없는 이상 배임죄의 기수에 이른 것은 아니다. 그러나 이 경우에도 대표이사로서는 배임의 범의로 임무위배행위를 함으로써 실행에 착수한 것이므로 배임죄의 미수범이 된다(대판 2017.7.20. 2014도1104 전합). 17. 경찰간부
㉣ 【 X 】 조합재산은 조합원의 합유에 속하므로 조합원 중 한 사람이 조합재산 처분으로 얻은 대금을 임의로 소비하였다면 횡령죄의 죄책을 면할 수 없고, 이러한 법리는 내부적으로는 조합관계에 있지만 대외적으로는 조합관계가 드러나지 않는 이른바 내적 조합의 경우에도 마찬가지이다. 조합 또는 내적 조합과 달리 익명조합의 경우에는 익명조합원이 영업을 위하여 출자한 금전 기타의 재산은 상대편인 영업자의 재산이 되므로 영업자는 타인의 재물을 보관하는 자의 지위에 있지 않고, 따라서 영업자가 영업이익금 등을 임의로 소비하였더라도 횡령죄가 성립할 수는 없다(대판 2011.11.24. 2010도5014).

정답 ③

37 횡령죄와 배임죄에 대한 설명으로 가장 적절하지 않은 것은?

① 포주인 甲이 자신의 종업원인 A에게 윤락을 권유하여 고용한 후, A가 받은 화대를 甲이 일단 보관하다가 절반씩 분배하기로 약정하였음에도 불구하고 甲이 보관 중인 화대를 임의로 소비한 경우, 그 화대는 불법원인으로 인한 것이지만 甲의 행위는 횡령죄에 해당한다.
② 피해자는 자금만 투자하고 피고인은 공사 시공 및 일체의 거래행위를 담당하는 내용의 동업계약을 체결하였다가 위 계약이 종료되었는데, 그 정산과정에서 피고인이 임의로 제3자에 대하여 채권양도행위를 한 경우 배임죄가 성립하지 않는다.
③ 상법상 주식은 자본구성의 단위 또는 주주의 지위를 의미하므로 재물이 아니며, 횡령죄의 객체가 될 수 없다.
④ 회사직원이 영업비밀 등을 적법하게 반출하였으나 퇴사 시에 회사에 반환하거나 폐기할 의무가 있음에도 경쟁업체에 유출하거나 스스로의 이익을 위하여 이용할 목적으로 이를 반환하거나 폐기하지 아니하였다면, 반출 시에 업무상배임죄의 기수가 된다.

해설

① 【○】 민법 제746조에 의하면, 불법의 원인으로 인한 급여가 있고, 그 불법원인이 급여자에게 있는 경우에는 수익자에게 불법원인이 있는지 여부, 수익자의 불법원인의 정도, 그 불법성이 급여자의 그것보다 큰지 여부를 막론하고 급여자는 불법원인급여의 반환을 구할 수 없는 것이 원칙이나, 수익자의 불법성이 급여자의 그것보다 현저히 큰 데 반하여 급여자의 불법성은 미약한 경우에도 급여자의 반환청구가 허용되지 않는다면 공평에 반하고 신의성실의 원칙에도 어긋나므로, 이러한 경우에는 민법 제746조 본문의 적용이 배제되어 급여자의 반환청구는 허용된다. 따라서 포주가 윤락녀와 사이에 윤락녀가 받은 화대를 포주가 보관하였다가 절반씩 분배하기로 약정하고도 보관중인 화대를 임의로 소비한 경우, 포주와 윤락녀의 사회적 지위, 약정에 이르게 된 경위와 약정의 구체적 내용, 급여의 성격 등을 종합해 볼 때 포주의 불법성이 윤락녀의 불법성보다 현저히 크므로 화대의 소유권이 여전히 윤락녀에게 속하여 횡령죄를 구성한다(대판 1999.9.17. 98도2036). 18. 경찰승진

② 【○】 동업자 甲은 자금만 투자하고 동업자 乙은 노무와 설비를 투자하여 공사를 수급하여 시공하고 그 대금 등을 추심하는 등 일체의 거래행위를 담당하면서 그 이익을 나누어 갖기로 하는 내용의 동업계약이 체결되었다가 그 계약이 종료된 경우 위 공사 시공 등 일체의 행위를 담당하였던 乙이 자금만을 투자한 甲에게 투자금원을 반환하고 또 이익 또는 손해를 부담시키는 내용의 정산의무나 그 정산과정에서 행하는 채권의 추심과 채무의 변제 등의 행위는 모두 乙 자신의 사무이지 자금을 투자한 甲을 위하여 하는 타인의 사무라고 볼 수는 없다. 따라서 乙의 제3자에 대한 채권양도행위를 배임죄에 있어서 타인의 사무를 처리하는 자로서의 임무위배행위라고 할 수 없다(대판 1992.4.14. 91도2390). 18. 경찰승진

③ 【○】 상법상 주식은 자본구성의 단위 또는 주주의 지위(주주권)를 의미하고, 주주권을 표창하는 유가증권인 주권과는 구분이 되는바, 주권은 유가증권으로서 재물에 해당되므로 횡령죄의 객체가 될 수 있으나, 자본의 구성단위 또는 주주권을 의미하는 주식은 재물이 아니므로 횡령죄의 객체가 될 수 없다(대판 2005.2.18. 2002도2822). 18. 경찰승진

④ 【×】 업무상배임죄의 주체는 타인의 사무를 처리하는 지위에 있어야 한다. 따라서 회사직원이 재직 중에 영업비밀 또는 영업상 주요한 자산을 경쟁업체에 유출하거나 스스로의 이익을 위하여 이용할 목적으로 무단으로 반출하였다면 타인의 사무를 처리하는 자로서 업무상의 임무에 위배하여 유출 또는 반출한 것이어서 유출 또는 반출 시에 업무상배임죄의 기수가 된다. 또한 회사직원이 영업비밀 등을 적법하게 반출하여 반출행위가 업무상배임죄에 해당하지 않는 경우라도, 퇴사 시에 영업비밀 등을 회사에 반환하거나 폐기할 의무가 있음에도 경쟁업체에 유출하거나 스스로의 이익을 위하여 이용할 목적으로 이를 반환하거나 폐기하지 아니하였다면, 이러한 행위 역시 퇴사 시에 업무상배임죄의 기수가 된다. 그러나 회사직원이 퇴사한 후에는 특별한 사정이 없는 한 퇴사한 회사직원은 더 이상 업무상배임죄에서 타인의 사무를 처리하는 자의 지위에 있다고 볼 수 없고, 위와 같이 반환하거나 폐기하지 아니한 영업비밀 등을 경쟁업체에 유출하거나 스스로의 이익을 위하여 이용하더라도 이는 이미 성립한 업무상배임 행위의 실행행위에 지나지 아니하므로, 그 유출 내지 이용행위가 부정경쟁방지 및 영업비밀보호에 관한 법률 위반(영업비밀누설등)죄에 해당하는지는 별론으로 하더라도, 따로 업무상배임죄를 구성할 여지는 없다. 그리고 위와 같이 퇴사한 회사직원에 대하여 타인의 사무를 처리하는 자의 지위를 인정할 수 없는 이상 제3자가 위와 같은 유출 내지 이용행위에 공모·가담하였더라도 타인의 사무를 처리하는 자의 지위에 있다는 등의 사정이 없는 한 업무상배임죄의 공범 역시 성립할 수 없다(대판 2017.6.29. 2017도3808). 18. 경찰승진

정답 ④

38 배임죄 등에 관한 다음 설명 중 가장 옳지 않은 것은?

① 부동산에 처분금지가처분결정을 받아 가처분집행까지 마친 경우 가처분권자로서는 일응 가처분 유지로 인한 재산상 이익이 인정되지만, 그 후 가처분의 피보전채권이 존재하지 않는 것으로 밝혀졌다면 처음부터 가처분 유지로 인한 재산상 이익이 없었던 것으로 보아야 한다.
② 형법 제357조 제1항의 배임수재죄와 같은 조 제2항의 배임증재죄는 통상 필요적 공범관계에 있기는 하나, 이것은 반드시 수재자와 증재자가 같이 처벌받아야 하는 것을 의미하는 것은 아니고, 증재자에게는 정당한 업무에 속하는 청탁이라도 수재자에게는 부정한 청탁이 될 수도 있다.
③ 배임의 고의와 관련하여, 경영자가 경영상의 판단에 이르게 된 경위와 동기, 판단 대상인 사업의 내용 등 여러 사정을 고려하더라도 법령의 규정, 계약 내용 또는 신의성실의 원칙상 구체적인 상황과 자신의 역할, 지위에서 당연히 하지 말아야 할 행위를 함으로써 재산상의 이득을 취하고 본인에게 손해를 가한 경우 배임의 고의를 인정할 수 있다.
④ 배임수재죄의 주체로서 '타인의 사무를 처리하는 자'란 타인과 대내관계에서 신의성실의 원칙에 비추어 사무를 처리할 신임관계가 있는 자이면 족하고 대외관계에서 사무에 관한 권한이 존재하는 자일 것을 요하지 않는다.

[해설]

① 【 X 】 부동산에 처분금지가처분결정을 받아 가처분집행까지 마친 경우, 피보전채권의 실제 존재 여부를 불문하고 가처분이 되어 있는 부동산은 매매나 담보제공 등에 있어 그렇지 않은 부동산보다 불리할 수밖에 없는 점, 가처분집행이 되어 있는 부동산의 가처분집행이 해제되면 가처분 부담이 없는 부동산을 소유하게 되는 이익을 얻게 되는 점 등을 고려하면 가처분권리자로서는 가처분 유지로 인한 재산상 이익이 인정되고, 그 후 가처분의 피보전채권이 존재하지 않는 것으로 밝혀졌더라도 가처분의 유지로 인한 재산상 이익이 있었던 것으로 보아야 한다(대판 2011.10.27. 2010도7624). 12. 법원직 9급
② 【 O 】 대판 2011.10.27. 2010도7624 12. 법원직 9급
③ 【 O 】 대판 2011.10.27. 2009도14464 12. 법원직 9급
④ 【 O 】 대판 2011.8.25. 2009도5618 12. 법원직 9급

정답 ①

39 배임수재죄, 배임증재죄에 관한 다음 설명 중 가장 옳지 않은 것은?

① 거래상대방의 대향적 행위의 존재를 필요로 하는 유형의 배임죄에서 거래상대방이 양수대금 등 거래에 따른 계약상 의무를 이행하고 배임행위의 실행행위자가 이를 이행받은 것을 두고 부정한 청탁에 대한 대가로 수수하였다고 쉽게 단정하여서는 아니 된다.
② 배임수재죄와 배임증재죄는 필요적 공범의 관계에 있으므로, 증재자가 자신에게 정당한 업무에 속하는 청탁을 하여 배임증재죄에 해당하지 아니하면, 수재자도 배임수재죄에 해당하지 아니한다.
③ 수재자가 증재자로부터 받은 재물을 그대로 가지고 있다가 증재자에게 반환하였다면 증재자로부터 이를 몰수하거나 그 가액을 추징하여야 한다.
④ 임무위배행위나 본인에게 손해를 가하는 행위는 배임수재죄의 구성요건이 아니다.
⑤ 배임수재죄의 주체인 타인의 사무를 처리하는 자라 함은 타인과의 대내관계에 있어서 신의성실의 원칙에 비추어 그 사무를 처리할 신임관계가 존재한다고 인정되는 자를 의미하고, 반드시 제3자에 대한 대외관계에서 그 사무에 관한 권한이 존재할 것을 요하지 않는다.

해설

① 【O】 배임수재죄 및 배임증재죄에서 공여 또는 취득하는 재물 또는 재산상 이익은 부정한 청탁에 대한 대가 또는 사례여야 한다. 따라서 거래상대방의 대향적 행위의 존재를 필요로 하는 유형의 배임죄에서 거래상대방이 양수대금 등 거래에 따른 계약상 의무를 이행하고 배임행위의 실행행위자가 이를 이행받은 것을 두고 부정한 청탁에 대한 대가로 수수하였다고 쉽게 단정하여서는 아니 된다(대판 2016.10.13. 2014도17211). 17. 법원행시

② 【X】 형법 제357조 제1항의 배임수재죄와 같은 조 제2항의 배임증재죄는 통상 필요적 공범의 관계에 있기는 하나 이것은 반드시 수재자와 증재자가 같이 처벌받아야 하는 것을 의미하는 것은 아니고 증재자에게는 정당한 업무에 속하는 청탁이라도 수재자에게는 부정한 청탁이 될 수도 있는 것이다(대판 1991.1.15. 90도2257). 17. 법원행시

③ 【O】 뇌물을 받은 자가 그 뇌물을 증뢰자에게 반환한 때에는 이를 수뢰자로부터 추징할 수 없다 할 것이므로 피고인이 수수한 위 금원을 그대로 보관하고 있다가 이를 공여자에게 반환하였다면 증뢰자로부터 몰수 또는 추징을 할 것이지 피고인으로부터 추징할 수 없다 할 것이다(대판 1984.2.28. 83도2783; 2017.4.7. 2016도18104). 17. 법원행시

④ 【O】 임무에 관하여 부정한 청탁을 받고 재물 또는 재산상 이익을 취득하면 배임수재죄는 성립되고, 어떠한 임무위배행위를 하거나 본인에게 손해를 가하는 것을 요건으로 하지 아니하나, 재물 또는 이익을 공여하는 사람과 취득하는 사람 사이에 부정한 청탁이 개재되지 않는 한 성립하지 않는다. 여기서 '부정한 청탁'이란 반드시 업무상 배임의 내용이 되는 정도에 이를 필요는 없고, 사회상규 또는 신의성실의 원칙에 반하는 것을 내용으로 하면 족하며, 이를 판단할 때에는 청탁의 내용 및 이에 관련한 대가의 액수, 형식, 보호법익인 거래의 청렴성 등을 종합적으로 고찰하여야 하며, 청탁이 반드시 명시적일 필요는 없다. 그리고 부정한 청탁을 받고 나서 사후에 재물 또는 재산상의 이익을 취득하였다고 하더라도 재물 또는 재산상의 이익이 청탁의 대가인 이상 배임수재죄가 성립되며, 또한 부정한 청탁의 결과로 상대방이 얻은 재물 또는 재산상 이익의 일부를 상대방으로부터 청탁의 대가로 취득한 경우에도 마찬가지이다(대판 2013.11.14. 2011도11174). 17. 법원행시

⑤ 【O】 배임수재죄 주체로서 '타인의 사무를 처리하는 자'란 타인과 대내관계에서 신의성실의 원칙에 비추어 사무를 처리할 신임관계가 존재한다고 인정되는 자를 의미하고, 반드시 제3자에 대한 대외관계에서 사무에 관한 권한이 존재할 것을 요하지 않으며, 또 사무가 포괄적 위탁사무일 것을 요하는 것도 아니고, 사무처리의 근거, 즉 신임관계의 발생근거는 법령의 규정, 법률행위, 관습 또는 사무관리에 의하여도 발생할 수 있다(대판 2011.8.25. 2009도5618). 17. 법원행시

정답 ②

40 배임수증재죄에 관한 다음 설명 중 옳지 않은 것은 모두 몇 개인가?

㉠ 임무에 관하여 부정한 청탁을 받고 재물 또는 재산상 이익을 취득하면 배임수재죄는 성립되고, 어떠한 임무 위배 행위를 하거나 본인에게 손해를 가하는 것을 요건으로 하나, 재물 또는 이익을 공여하는 사람과 취득하는 사람 사이에 부정한 청탁이 개재되지 않는 한 성립하지 않는다.

㉡ 형법 제357조 제1항에 정한 배임수재죄는 원칙적으로 타인의 사무를 처리하는 자라야 그 범죄의 주체가 될 수 있고, 그러한 신분을 가지지 아니한 자는 신분 있는 자의 범행에 가공한 경우에 한하여 그 주체가 될 수 있다.

㉢ 타인의 사무를 처리하는 자가 그 신임관계에 기한 사무의 범위에 속한 것으로서 장래에 담당할 것이 합리적으로 기대되는 임무에 관하여 부정한 청탁을 받고 재물 또는 재산상 이익을 취득한 후 그 청탁에 관한 임무를 현실적으로 담당하게 되었다면 이로써 타인의 사무를 처리하는 자의 청렴성은 훼손되는 것이어서 배임수재죄의 성립을 인정할 수 있다.

㉣ 배임수재죄에 있어서 '임무에 관하여'라 함은 타인의 사무를 처리하는 자가 위탁받은 사무를 말하는 것이나, 이는 그 위탁관계로 인한 본래의 사무뿐만 아니라 그와 밀접한 관계가 있는 범위 내의 사무도 포함되고, 나아가 고유의 권한으로써 그 처리를 하는 자에 한하지 않으나, 그 자의 보조기관으로서 직접 또는 간접으로 그 처리에 관한 사무를 담당하는 자는 포함되지 않는다.

㉤ 공동의 사기범행으로 인하여 얻은 돈을 공범자끼리 수수한 행위가 공동정범들 사이의 그 범행에 의하여 취득한 돈이나 재산상 이익의 내부적인 분배행위에 해당한다 하더라도 그 돈의 수수행위는 따로 배임수증재죄를 구성한다.

① 1개   ② 2개   ③ 3개   ④ 4개   ⑤ 5개

해설

㉠ 【 X 】 임무에 관하여 부정한 청탁을 받고 재물 또는 재산상 이익을 취득하면 배임수재죄는 성립되고, 어떠한 임무위배 행위를 하거나 본인에게 손해를 가하는 것을 요건으로 하지 아니다(대판 2013.11.14. 2011도11174). ⇨ 2016.5.29. 형법개정으로 타인의 사무를 처리하는 자가 그 임무에 관하여 부정한 청탁을 받고 재물 또는 재산상의 이익을 취득한 경우 외에 '제3자로 하여금 이를 취득하게 한 때'가 명문으로 추가되었다. 16. 법원행시

㉡ 【 O 】 대판 2010.7.22. 2009도12878 16. 법원행시

㉢ 【 O 】 대판 2013.10.11. 2012도13719 16. 법원행시

㉣ 【 X 】 배임수재죄에 있어서 '임무에 관하여'라 함은 타인의 사무를 처리하는 자가 위탁받은 사무를 말하는 것이나, 이는 그 위탁관계로 인한 본래의 사무뿐만 아니라 그와 밀접한 관계가 있는 범위 내의 사무도 포함되고, 나아가 고유의 권한으로써 그 처리를 하는 자에 한하지 않고 그 자의 보조기관으로서 직접 또는 간접으로 그 처리에 관한 사무를 담당하는 자도 포함된다(대판 2013.11.14. 2011도11174). 16. 법원행시

㉤ 【 X 】 공동의 사기범행으로 인하여 얻은 돈을 공범자끼리 수수한 행위가 공동정범들 사이의 그 범행에 의하여 취득한 돈이나 재산상 이익의 내부적인 분배행위에 지나지 않는 것이라면 그 돈의 수수행위가 따로 배임수증재죄를 구성한다고 볼 수는 없다(대판 2016.5.24. 2015도18795). 16. 법원행시

정답 ③

41 배임수재죄 및 배임증재죄에 관한 다음 설명 중 틀린 것은?

① 배임수증죄에 있어서 '부정한 청탁'이라 함은 청탁이 사회상규와 신의성실의 원칙에 반하는 것을 말하고 이를 판단함에 있어서는 청탁의 내용과 이와 관련되어 교부받거나 공여한 재물의 액수, 형식, 보호법익인 사무처리자의 청렴성 등을 종합적으로 고찰하여야 하며 그 청탁이 반드시 명시적임을 요하는 것은 아니다.
② 배임수재죄에서 말하는 '재산상 이익의 취득'이라 함은 현실적인 취득만을 의미하므로 단순한 요구 또는 약속만을 한 경우에는 배임수재죄의 기수로 처벌하지 못한다.
③ 배임수재죄는 타인의 사무를 처리하는 자가 그 임무에 관하여 부정한 청탁을 받고 재물 또는 재산상의 이익을 취득함으로써 성립되고 청탁에 따른 일정한 행위가 현실적으로 행하여질 것을 요하지 않는다.
④ 규정이 허용하는 범위 내에서 최대한의 선처를 바란다는 청탁을 받고 그 사례로 금품을 수수한 경우 배임수재죄의 '부정한 청탁'에 해당된다.

해설

① 【 O 】 대판 2010.9.9. 2009도10681
② 【 O 】 대판 1999.1.29. 98도4182
③ 【 O 】 대판 2010.9.9. 2009도10681 ⇨ 2016.5.29. 형법개정으로 타인의 사무를 처리하는 자가 그 임무에 관하여 부정한 청탁을 받고 재물 또는 재산상의 이익을 취득한 경우 외에 '제3자로 하여금 이를 취득하게 한 때'가 명문으로 추가되었다.
④ 【 X 】 형법 제357조 제1항 소정의 배임수재죄는 재물 또는 이익을 공여하는 사람과 취득하는 사람 사이에 부정한 청탁이 개재되지 않는 한 성립하지 않는다고 할 것인데, 여기서 부정한 청탁이라 함은 사회상규 또는 신의성실의 원칙에 반하는 것을 내용으로 하는 청탁을 의미하므로, 청탁한 내용이 단순히 규정이 허용하는 범위 내에서 최대한의 선처를 바란다는 내용에 불과하거나 위탁받은 사무의 적법하고 정상적인 처리범위에 속하는 것이라면 이는 사회상규에 어긋난 부정한 청탁이라고 볼 수 없고 이러한 청탁의 사례로 금품을 수수한 것은 배임수재에 해당하지 않는다(대판 2011.4.14. 2010도8743).

정답 ④

42 배임수재죄에 관한 다음 설명 중 옳은 것은?

① 학교법인의 운영권을 양도하고 양수인으로부터 양수인 측을 학교법인의 임원으로 선임해 주는 대가로 양도대금을 받기로 하는 내용의 '청탁'은 다른 특별한 사정이 없는 한, 배임수재죄 구성요건인 '부정한 청탁'에 해당한다.
② 배임죄의 주체와 배임수재죄의 주체는 타인의 재산상의 사무를 처리하는 자라는 점에서 동일하다.
③ 본인에게 재산상의 손해를 발생시켰는가의 여부는 배임수재죄의 성립에는 영향이 없다.
④ 배임수재죄에 있어서 부정한 청탁이라 함은 청탁이 사회상규와 신의성실의 원칙에 반하는 것을 말하고, 그 청탁은 반드시 명시적이어야 한다.
⑤ 배임수재죄에서 타인의 사무를 처리하는 자는 타인과의 대내관계에 있어서 신의성실의 원칙에 비추어 그 사무를 처리할 신임관계가 존재한다고 인정되는 자를 의미하고, 또한 제3자에 대한 대외관계에서도 그 사무에 관한 권한이 존재할 것을 요한다.

해설

① 【 X 】 학교법인의 이사장 또는 사립학교경영자가 학교법인 운영권을 양도하고 양수인으로부터 양수인 측을 학교법인의 임원으로 선임해 주는 대가로 양도대금을 받기로 하는 내용의 '청탁'을 받았다 하더라도 특별한 사정이 없는 한, 그 청탁이 사회상규 또는 신의성실의 원칙에 반하는 것을 내용으로 하는 것이라고 할 수 없으므로 이를 배임수재죄의 구성요건인 '부정한 청탁'에 해당한다고 할 수 없다(대판 2014.1.23. 2013도11735).

② 【 X 】 배임수재죄의 주체로서 '타인의 사무를 처리하는 자'라 함은 타인과의 대내관계에 있어서 신의성실의 원칙에 비추어 그 사무를 처리할 신임관계가 존재한다고 인정되는 자를 의미한다(대판 2003.2.26. 2002도6834). 따라서 배임수재죄의 주체는 반드시 '재산상의 사무처리 자'에 한정되지 아니한다. 반면에 배임죄에 있어서 사무는 재산상 사무임을 요한다(대판 2003.9.26. 2003도763).
③ 【 O 】 대판 1983.12.27. 83도2472
④ 【 X 】 '부정한 청탁'에 있어 그 청탁은 반드시 명시적으로 이루어져야 하는 것은 아니고 묵시적으로 이루어지더라도 무방하다(대판 2006.5.11. 2003도4320).
⑤ 【 X 】 배임수재죄의 주체로서 '타인의 사무를 처리하는 자'는 반드시 제3자에 대한 대외관계에서 그 사무에 관한 권한이 존재할 것을 요하지 않는다(대판 2003.2.26. 2002도6834).

정답 ③

43 배임죄와 배임수재죄에 관한 설명 중 옳은 것은?

① 금융기관 임직원이 대출상대방과 공모하여 임무에 위배하여 담보가치를 초과하는 금원을 대출하여 주고 대출금 중 일부를 되돌려 받기로 한 다음 그에 따라 약정된 금품을 수수하는 경우, 부실대출로 인한 업무상배임죄 외에 별도로 특정경제 범죄가중 처벌 등에 관한 법률 위반(수재등)죄가 성립한다.
② 배임수재죄에서 말하는 '재산상의 이익의 취득'이라 함은 현실적인 취득만이 아니고 단순히 요구 또는 약속만을 한 경우도 이에 포함된다.
③ 배임죄에 있어서 재산상 손해는 법률적 판단에 의할 것이고, 배임행위가 법률상 무효라면 현실적인 손해가 없으므로 배임죄를 구성하지 않는다.
④ 채무자가 A로부터 투자를 받으면서 투자금 반환채무의 변제를 위하여 아울렛 의류매장에 관한 임차인 명의와 판매대금의 입금계좌 명의를 A 앞으로 변경해주었음에도 제3자에게 위 임차인의 지위 등 권리일체를 양도하였다면 배임죄가 성립한다.
⑤ 법인의 운영자가 법인과 아무런 관계없이 개인적인 용도로 착복할 목적으로 법인의 자금을 빼내어 별도로 비자금을 조성하였다면 그 조성행위 자체로써 불법영득의사가 실현된 것으로 볼 수 있다.

해설

① 【 X 】 금융기관의 임직원이 대출상대방과 공모하여 임무에 위배하여 대출상대방에게 담보로 제공되는 부동산의 담보가치보다 훨씬 초과하는 금원을 대출하여 주고 대출금 중 일부를 되돌려받기로 한 다음 그에 따라 약정된 금품을 수수하는 것은 부실대출로 인한 업무상배임죄의 공동정범들 사이의 내부적인 이익분배에 불과한 것이고, 별도로 그러한 금품 수수행위에 관하여 특경법 위반(수재등)죄가 성립하는 것은 아니라고 할 것이다(대판 2013.10.24. 2013도7201). 16. 사시
② 【 X 】 형법 제357조 제1항의 배임수재죄로 처벌하기 위하여는 타인의 사무를 처리하는 자가 부정한 청탁을 받아들이고 이에 대한 대가로서 재물 또는 재산상의 이익을 받은 데에 대한 범의가 있어야 할 것이고, 또 배임수재죄에서 말하는 '재산상의 이익의 취득'이라 함은 현실적인 취득만을 의미하므로 단순한 요구 또는 약속만을 한 경우에는 이에 포함되지 아니한다(대판 1999.1.29. 98도4182). 16. 사시
③ 【 X 】 배임죄에서 재산상 손해를 가한 때란 현실적인 손해를 가한 경우뿐만 아니라 재산상 실해발생의 위험을 초래한 경우도 포함되고, 재산상 손해 유무에 대한 판단은 본인의 전(全) 재산 상태와의 관계에서 법률적 판단에 의하지 아니하고 경제적 관점에서 파악하여야 하며, 법률적 판단에 의하여 당해 배임행위가 어떠한 효력이 인정되지 않는다고 하더라도 경제적 관점에서 파악하여 배임행위로 인하여 본인에게 현실적인 손해를 가하였거나 재산상 실해발생의 위험을 초래한 경우에는 재산상의 손해를 가한 때에 해당하지만, 그러한 손해발생의 위험이 초래되지 아니한 경우에는 배임죄가 성립하지 않는다(대판 2011.12.13. 2011도10525). 16. 사시
④ 【 X 】 채무자가 투자금반환채무의 변제를 위하여 담보로 제공한 임차권 등의 권리를 그대로 유지할 계약상 의무가 있다고 하더라도, 이는 기본적으로 투자금반환채무의 변제의 방법에 관한 것이고, 성실한 이행에 의하여 채권자가 계약상 권리의 만족이라는 이익을 얻는다고 하여도 이를 가지고 통상의 계약에서의 이익대립관계를 넘어서 배임죄에서 말하는 신임관계에 기초하여 채권자의 재산을 보호 또는 관리하여야 하는 '타인의 사무'에 해당한다고 볼 수 없다(대판 2015.3.26. 2015도1301). 16. 사시
⑤ 【 O 】 대판 2010.12.9. 2010도11015; 2015.9.10. 2014도12619 16. 사시

정답 ⑤

44 배임수재죄에 관한 설명 중 옳지 않은 것은 몇 개인가?

㉠ 조합 이사장이 조합이 주관하는 도자기 축제의 대행기획사를 선정하는 과정에서 최종 기획사로 선정된 회사로부터 조합운영비 지급을 약속받고 위 축제가 끝난 후 조합운영비 명목으로 현금 3,000만원을 교부받아 조합운영비로 사용한 경우 배임수재죄가 성립한다.
㉡ 정상적으로 KOC 위원의 위촉절차를 밟지 않고 KOC 위원이 되고자 KOC 위원장에게 KOC 위원으로 선임해 달라는 등의 부탁은 배임수재의 부정한 청탁에 해당한다.
㉢ 대학병원 의사가 의약품인 조영제와 의료재료를 지속적으로 납품할 수 있도록 해달라는 청탁 또는 의약품 등을 사용해 준 대가로 제약회사 등으로부터 명절 선물이나 골프접대 등 향응을 제공받은 경우 배임수재죄가 성립한다.
㉣ 회원제 골프장의 예약업무 담당자가 부킹대행업자의 청탁에 따라 회원에게 제공해야 하는 주말부킹권을 부킹대행업자에게 판매하고 그 대금 명목의 금품을 받은 경우 배임수재죄에 해당한다.
㉤ 규정이 허용되는 범위 내에서 최대한의 선처를 바란다는 청탁을 받고 그 사례로 금품을 수수한 경우 배임수재죄의 '부정한 청탁'에 해당한다.

① 1개 ② 2개 ③ 3개 ④ 4개

해설

㉠ 【 X 】 형법 제357조 제1항의 배임수재죄는 타인의 사무를 처리하는 자가 그 임무에 관하여 부정한 청탁을 받고 재물 또는 재산상의 이익을 취득한 경우에 성립하고, 같은 조 제2항의 배임증재죄는 제1항의 재물 또는 이익을 공여한 경우에 성립하는 것으로서, 법문상 '타인'의 사무를 처리하는 자가 그 임무에 관하여 부정한 청탁을 받았다고 하더라도 자신이 아니라 그 '타인'에게 재물 또는 재산상의 이익을 취득하게 한 경우에는 위 죄가 성립하지 않는다. 따라서 조합 이사장이 조합이 주관하는 도자기 축제의 대행기획사를 선정하는 과정에서 최종 기획사로 선정된 회사로부터 조합운영비 지급을 약속받고 위 축제가 끝난 후 조합운영비 명목으로 현금을 교부받아 조합운영비로 사용한 경우, 이사장이 개인적인 이익을 위해서가 아니라 조합의 이사장으로서 위 금원을 받아 조합의 운영경비로 사용한 것이라면 배임수재죄는 성립하지 않는다(대판 2008.4.24. 2006도1202).
㉡ 【 O 】 대판 2005.1.14. 2004도6646
㉢ 【 O 】 대판 2011.8.18. 2010도10290
㉣ 【 O 】 대판 2008.12.11. 2008도6987
㉤ 【 X 】 부정한 청탁이라 함은 사회상규 또는 신의성실의 원칙에 반하는 것을 내용으로 하는 청탁을 의미하므로 청탁한 내용이 단순히 규정이 허용하는 범위 내에서 최대한의 선처를 바란다는 내용에 불과하다면 사회상규에 어긋난 부정한 청탁이라고 볼 수 없고 따라서 이러한 청탁의 사례로 금품을 수수한 것은 배임증재 또는 배임수재에 해당하지 않는다(대판 1982.9.28. 82도1656).

정답 ②

45 배임수재죄에 관한 설명 중 가장 틀린 것은?

① 원칙적으로 타인의 사무를 처리하는 자라야 배임수증죄의 주체가 될 수 있고, 그러한 신분이 없는 자는 신분 있는 자의 범행에 가공한 경우에만 그 주체가 될 수 있다.
② 타인의 사무를 처리하는 자가 부정한 청탁을 받고 사직한 후에 재물을 수수한 경우에도 배임수재죄가 성립할 수 있다.
③ 배임수재죄에 있어 부정한 청탁은 업무상 배임에 이르는 정도여야 한다.
④ 배임수재죄는 타인의 사무를 처리하는 자가 그 임무에 관하여 부정한 청탁을 받고 재물 또는 재산상의 이익을 취득함으로써 성립되고 청탁에 따른 일정한 행위가 현실적으로 행하여질 것을 요하지 않는다.

해설
① 【 O 】 대판 1999.1.15. 98도663
② 【 O 】 대판 1997.10.24. 97도2042
③ 【 X 】 배임수재죄에 있어 부정한 청탁은 사회상규 또는 신의성실의 원칙에 반하는 것을 내용으로 하는 청탁이면 족하다.
④ 【 O 】 대판 1982.7.13. 82도925 ⇨ 2016.5.29. 형법개정으로 타인의 사무를 처리하는 자가 그 임무에 관하여 부정한 청탁을 받고 재물 또는 재산상의 이익을 취득한 경우 외에 '제3자로 하여금 이를 취득하게 한 때'가 명문으로 추가되었다.

정답 ③

제8절 장물의 죄

● 지문의 내용에 대해 학설의 대립 등 다툼이 있는 경우 판례에 의함

01 다음 중 장물죄에 관한 설명으로 가장 옳지 않은 것은?

① 전화 가입권의 실체는 가입권자가 전화관서로부터 전화역무를 제공받을 하나의 채권적 권리이며, 이는 하나의 재산상 이익은 될지언정 위에 말한 장물의 범주에 속하지 아니한다.
② 장물을 팔아서 얻은 돈인 줄을 피고인이 알고 취득하였더라도 장물취득죄가 성립하는 것은 아니다.
③ 명의신탁부동산의 신탁행위에 있어서는 수탁자가 외부관계에 대하여 소유자로 간주되므로 이를 취득한 제3자는 수탁자가 신탁자의 승낙 없이 매각되는 정을 알고 있는 여부에 불구하고 장물취득죄가 성립하지 아니한다.
④ 피고인이 도난차량인 미등록 수입자동차를 취득하여 신규등록을 마친 후 위 자동차가 장물일지도 모른다고 생각하면서 이를 양도한 경우, 피고인에게 장물양도죄가 인정되지 않는다.

해설
① 【 O 】 대판 1971.2.23. 70도2589 21. 해양간부
② 【 O 】 장물을 팔아서 얻은 돈인 줄 피고인이 알고 취득하였더라면 이는 대체장물로서 장물취득죄는 성립하지 아니한다(대판 1972.2.22. 71도2296). 21. 해양간부
③ 【 O 】 대판 1979.11.27. 79도2410 21. 해양간부
④ 【 X 】 [1] 장물죄에 있어서 장물의 인식은 확정적 인식임을 요하지 않으며 장물일지도 모른다는 의심을 가지는 정도의 미필적 인식으로서도 충분하다.
[2] 구 자동차관리법 제6조가 "자동차 소유권의 득실변경은 등록을 하여야 그 효력이 생긴다."고 규정하고 있기는 하나, 위 규정은 도로에서의 운행에 제공될 자동차의 소유권을 공증하고 안전성을 확보하고자 하는 데 그 취지가 있는 것이므로, 장물인 수입자동차를 신규등록하였다고 하여 그 최초 등록명의인이 해당 수입자동차를 원시취득하게 된다거나 그 장물양도행위가 범죄가 되지 않는다고 볼 수는 없다.
[3] 피고인이 도난차량인 미등록 수입자동차를 취득하여 신규등록을 마친 후 위 자동차가 장물일지도 모른다고 생각하면서 이를 양도한 사안에서, 피고인의 선의취득 주장을 배척하고 장물양도죄를 인정한 원심의 조치를 수긍한 사례(대판 2011.5.13. 2009도3552). 21. 해양간부

정답 ④

02 장물에 관한 죄에 대한 설명으로 가장 적절하지 않은 것은?

① 「형법」상 장물죄의 행위 태양은 취득, 양도, 운반, 보관 또는 알선이며, 모두 동일한 법정형으로 규정되어 있다.
② 장물인 정을 알면서 장물을 취득·보관하려는 당사자 사이를 서로 연결하여 이를 중개하거나 편의를 제공하였다면 그 알선에 의하여 당사자 사이에 실제 취득 등의 계약이 성립하지 아니한 경우라도 장물알선죄가 성립한다.
③ 甲이 미등록 상태였던 수입자동차를 취득하여 신규등록을 마친 후 그 수입자동차가 장물일지도 모른다고 생각하면서도 이를 다시 제3자에게 양도한 경우, 구 「자동차관리법」이 '자동차 소유권의 득실변경은 등록을 하여야 그 효력이 생긴다.'라고 규정하고 있어 수입자동차를 신규등록하였을 때 그 최초등록명의인인 甲이 해당 수입자동차를 원시취득한 것이어서 장물성이 상실되므로 장물양도죄가 성립하지 않는다.
④ 본범의 행위에 관한 법적평가는 대한민국 「형법」이 적용되지 아니하는 경우에도 대한민국 「형법」을 기준으로 하여야 하고, 본범의 행위가 대한민국 「형법」에 비추어 절도죄 등의 구성요건에 해당하는 위법한 행위라고 인정되는 이상 이에 의하여 영득된 재물은 장물에 해당한다.

해설

① 【 O 】 제362조 제1항, 제2항 19. 경찰승진
② 【 O 】 형법 제362조 제2항에 정한 장물알선죄에서 '알선'이란 장물을 취득·양도·운반·보관하려는 당사자 사이에 서서 이를 중개하거나 편의를 도모하는 것을 의미한다. 따라서 장물인 정을 알면서, 장물을 취득·양도·운반·보관하려는 당사자 사이에 서서 서로를 연결하여 장물의 취득·양도·운반·보관행위를 중개하거나 편의를 도모하였다면, 그 알선에 의하여 당사자 사이에 실제로 장물의 취득·양도·운반·보관에 관한 계약이 성립하지 아니하였거나 장물의 점유가 현실적으로 이전되지 아니한 경우라도 장물알선죄가 성립한다.

> **사실관계**
> 장물인 귀금속의 매도를 부탁받은 피고인이 그 귀금속이 장물임을 알면서도 매매를 중개하고 매수인에게 이를 전달하려다가 매수인을 만나기도 전에 체포되었다 하더라도, 위 귀금속의 매매를 중개함으로써 장물알선죄가 성립한다고 한 사례(대판 2009.4.23. 2009도1203). 19. 경찰승진

③ 【 X 】 장물죄에 있어서 장물의 인식은 확정적 인식임을 요하지 않으며 장물일지도 모른다는 의심을 가지는 정도의 **미필적 인식으로서도 충분하다**.

> **사실관계**
> 피고인은 2004.경 미등록 상태였던 수입자동차를 취득한 후, 2005. 3. 29.경 최초 등록이 마쳐진 이 사건 **수입자동차가 장물일지도 모른다고 생각하면서도** 이를 다시 공소외인에게 양도한 사실을 알 수 있는바, 이를 위 법리에 비추어 살펴보면, 원심이 피고인의 선의취득 주장을 배척하고 수입자동차에 대한 장물양도죄의 공소사실을 유죄로 인정한 조치는 정당하여 수긍할 수 있다. 그리고 구 자동차관리법 제6조가 "자동차 소유권의 득실변경은 등록을 하여야 그 효력이 생긴다."고 규정하고 있기는 하나, 위 규정은 도로에서의 운행에 제공될 자동차의 소유권을 공증하고 안전성을 확보하고자 하는 데 그 취지가 있는 것이므로, 장물인 수입자동차를 신규등록하였다고 하여 그 최초 등록명의인이 해당 수입자동차를 원시취득하게 된다거나 그 장물양도행위가 범죄가 되지 않는다고 볼 수는 없다(대판 2011.5.13. 2009도3552). 19. 경찰승진

④ 【 O 】 '장물'이라 함은 재산죄인 범죄행위에 의하여 영득된 물건을 말하는 것으로서 절도·강도·사기·공갈·횡령 등 영득죄에 의하여 취득된 물건이어야 한다. 여기에서의 범죄행위는 절도죄 등 본범의 구성요건에 해당하는 위법한 행위일 것을 요한다. 그리고 본범의 행위에 관한 법적 평가는 그 행위에 대하여 우리 형법이 적용되지 아니하는 경우에도 우리 형법을 기준으로 하여야 하고 또한 이로써 충분하므로, 본범의 행위가 우리 형법에 비추어 절도죄 등의 구성요건에 해당하는 위법한 행위라고 인정되는 이상 이에 의하여 영득된 재물은 장물에 해당한다.

> **사실관계**
>
> 대한민국 국민 또는 외국인이 미국 캘리포니아주에서 미국 리스회사와 미국 캘리포니아주의 법에 따라 차량 이용에 관한 리스계약을 체결하면서 준거법에 관하여는 별도로 약정하지 아니하였는데, 이후 자동차수입업자인 피고인이 리스기간 중 위 리스이용자들이 임의로 처분한 리스계약의 목적물인 차량들을 수입한 사안에서, 국제사법에 따라 위 리스계약에 적용될 준거법인 미국 캘리포니아주의 법에 의하면, 위 차량들의 소유권은 리스회사에 속하고, 리스이용자는 일정 기간 차량의 점유·사용의 권한을 이전받을 뿐이어서(미국 캘리포니아주 상법 제10103조 제a항 제10호도 참조), 리스이용자들은 리스회사에 대한 관계에서 위 차량들에 관한 보관자로서의 지위에 있으므로, 위 차량들을 임의로 처분한 행위는 형법상 횡령죄의 구성요건에 해당하는 위법한 행위로 평가되고 이에 의하여 영득된 위 차량들은 장물에 해당한다는 이유로, 피고인에게 장물취득죄를 인정한 원심판단의 결론을 정당하다고 한 사례(대판 2011.4.28. 2010도15350). 19. 경찰승진

정답 ③

03 장물의 죄에 대한 다음 설명 중 가장 적절하지 않은 것은?

① 장물인 현금 또는 수표를 금융기관에 예금의 형태로 보관하였다가 이를 반환받기 위하여 동일한 액수의 현금 또는 수표를 인출한 경우 그 인출된 현금 또는 수표는 장물로서의 성질이 상실된다.
② 단순히 보수를 받고 본범을 위하여 장물을 일시 사용하거나 그와 같이 사용할 목적으로 장물을 건네받은 것만으로는 장물을 취득한 것으로 볼 수 없다.
③ 장물취득죄는 취득 당시 장물인 정을 알면서 재물을 취득하여야 성립하는 것이므로 피고인이 재물을 인도 받은 후에 비로소 장물이 아닌가 하는 의구심을 가졌다고 하여 그 재물수수행위가 장물취득죄를 구성한다고 할 수 없다.
④ 장물인 정을 모르고 보관하던 중 장물인 정을 알게 되었으면서도 계속 보관함으로써 피해자의 정당한 반환청구권 행사를 어렵게 하고 위법한 재산상태를 유지시키는 때에는 장물보관죄가 성립한다.

해설

① 【 X 】 장물인 현금을 금융기관에 예금의 형태로 보관하였다가 이를 반환받기 위하여 동일한 액수의 현금을 인출한 경우, 예금계약의 성질상 인출된 현금은 당초의 현금과 물리적인 동일성은 상실되었지만 액수에 의하여 표시되는 금전적 가치에는 아무런 변동이 없으므로 **장물로서의 성질은 그대로 유지**된다(대판 2004.4.16. 2004도353). 19. 경찰
② 【 O 】 장물취득죄에서 '취득'이라고 함은 점유를 이전받음으로써 그 장물에 대하여 사실상의 처분권을 획득하는 것을 의미하는 것이므로, 단순히 보수를 받고 본범을 위하여 장물을 일시 사용하거나 그와 같이 사용할 목적으로 장물을 건네받은 것만으로는 장물을 취득한 것으로 볼 수 없다(대판 2003.5.13. 2003도1366). 19. 경찰
③ 【 O 】 대판 2006.10.13. 2004도6084 19. 경찰
④ 【 O 】 장물인 정을 모르고 보관하던 중 장물인 정을 알게 되었고, 위 장물을 반환하는 것이 불가능하지 않음에도 불구하고 계속 보관함으로써 피해자의 정당한 반환청구권 행사를 어렵게 하여 위법한 재산상태를 유지시킨 경우에는 장물보관죄에 해당한다(대판 1987.10.13. 87도1633). 19. 경찰승진

정답 ①

04 장물죄에 관한 다음 설명 중 옳지 않은 것은 모두 몇 개인가?

㉠ 장물죄에 있어서 본범의 행위에 관한 법적 평가는 그 행위에 대하여 우리 형법이 적용되지 아니하는 경우에도 우리 형법을 기준으로 하여야 한다.
㉡ 보수를 받고 본범을 위하여 장물을 일시 사용하거나 그와 같이 사용할 목적으로 장물을 건네받은 경우도 장물을 취득한 것에 해당한다.
㉢ 장물인 정을 모르고 장물을 보관하였다가 그 후에 장물인 정을 알게 된 경우 그 정을 알고서도 이를 계속 보관하는 행위는 장물죄를 구성하는 것이나, 이 경우에도 점유할 권한이 있는 때에는 이를 계속 보관하더라도 장물보관죄가 성립하지 않는다.
㉣ 절도범인으로부터 장물보관 의뢰를 받은 피고인이 그 정을 알면서 이를 인도받아 보관하고 있다가 임의로 처분한 경우, 장물보관죄 외에 횡령죄가 성립한다.

① 1개　② 2개　③ 3개　④ 4개

해설

㉠ 【 O 】 대판 2011.4.28. 2010도15350 18. 경찰간부
㉡ 【 X 】 甲이 乙로부터 "보수를 줄터이니 물건을 구입하여 달라"는 부탁을 받고 신용카드 2장을 교부받았는데 그 당시 甲은 그 신용카드가 乙이 습득한 것이라는 정을 알고 있었던 경우, 장물취득죄에서 '취득'이라고 함은 점유를 이전받음으로써 그 장물에 대하여 사실상의 처분권을 획득하는 것을 의미하는 것이므로, 단순히 보수를 받고 본범을 위하여 장물을 일시 사용하거나 그와 같이 사용할 목적으로 장물을 건네받은 것만으로는 장물을 취득한 것으로 볼 수 없다(대판 2003.5.13. 2003도1366). 18. 경찰간부
㉢ 【 O 】 대판 2006.10.13. 2004도6084 18. 경찰간부
㉣ 【 X 】 절도범인으로부터 장물보관 의뢰를 받은 자가 그 정을 알면서 이를 인도받아 보관하고 있다가 임의 처분하였다 하여도 장물보관죄가 성립하는 때에는 이미 그 소유자의 소유물 추구권을 침해하였으므로 그 후의 횡령행위는 불가벌적 사후행위에 불과하여 별도로 횡령죄가 성립하지 않는다(대판 2004.4.9. 2003도8219). 18. 경찰간부

정답 ②

05 장물죄에 관한 다음 설명 중 가장 옳지 않은 것은?

① A가 권한 없이 인터넷뱅킹으로 타인의 예금계좌에서 자신의 예금계좌로 돈을 이체하는 방법으로 컴퓨터등 사용사기죄의 범행을 저지른 다음 자신의 현금카드를 사용하여 현금자동지급기에서 현금을 인출하여 그 정을 아는 B에게 교부한 경우, B에게 장물취득죄가 성립하지 아니한다.

② 장물인 정을 모르고 보관하였다가 그 후에 장물인 정을 알고서도 계속하여 보관하는 행위는 장물취득죄가 아닌 장물보관죄를 구성하고, 이 경우에도 점유할 권한이 있는 때에는 이를 계속하여 보관하더라도 장물보관죄가 성립한다고 할 수 없다.

③ 사기 범행에 이용되리라는 사정을 알고서도 자신(C)의 명의로 은행 예금계좌를 개설하여 A에게 양도함으로써 A가 B를 속여 B로 하여금 현금을 위 계좌로 송금하게 한 사기 범행을 방조한 C가 위 계좌로 송금된 돈 중 일부를 인출한 행위는 장물취득죄에 해당한다.

④ 절도범인으로부터 장물보관 의뢰를 받은 자가 그 정을 알면서 이를 인도받아 보관하고 있다가 임의 처분하였다 하여도 장물보관죄만 성립하고, 횡령죄는 성립하지 않는다.

⑤ 장물인 자기앞수표를 금융기관에 예치하였다가 현금으로 인출하여도 장물성을 상실하지는 않는다.

[해설]

① 【O】A가 권한없이 인터넷뱅킹으로 타인의 패스워드와 아이디를 입력하여 타인의 예금계좌에서 자신의 예금계좌로 돈을 이체한 후 이를 자신의 현금카드로 현금자동지급기에서 인출한 후 B에게 교부한 경우, A가 컴퓨터 사용사기죄에 의하여 취득한 예금채권은 재물이 아니라 재산상 이익이므로 그가 자신의 예금계좌에서 돈을 인출하였더라도 B에게는 장물취득죄가 성립하지 않는다(대판 2004.4.16. 2004도353). ⇨ A은 컴퓨터 사용사기죄, B는 무죄 17. 법원행시

② 【O】장물인 정을 모르고 장물을 보관하였다가 그 후에 장물인 정을 알게 된 경우 그 정을 알고서도 이를 계속하여 보관하는 행위는 장물죄를 구성하는 것이나 이 경우에도 점유할 권한이 있는 때에는 이를 계속하여 보관하더라도 장물보관죄가 성립하지 않는다(대판 1986.1.21. 85도2472). 17. 법원행시

③ 【X】사기범행에 이용되리라는 사정을 알고서도 자신의 명의로 새마을금고 예금계좌를 개설하여 A에게 이를 양도함으로써 A가 B를 속여 B로 하여금 1000만원을 위 계좌로 송금하게 한 사기범행을 방조한 피고인이 위 계좌로 송금된 돈 중 140만원을 인출한 경우, 이는 예금명의자로서 은행에 예금반환을 청구한 결과일 뿐 본범으로부터 위 돈에 대한 점유를 이전받아 사실상 처분권을 획득한 것은 아니므로 장물취득죄로 벌할 수는 없다(대판 2010.12.9. 2010도6256). 17. 법원행시

④ 【O】범인으로부터 장물보관 의뢰를 받은 자가 그 정을 알면서 이를 인도받아 보관하고 있다가 임의 처분하였다 하여도 장물보관죄가 성립하는 때에는 이미 그 소유자의 소유물 추구권을 침해하였으므로 그 후의 횡령행위는 불가벌적 사후행위에 불과하여 별도로 횡령죄가 성립하지 않는다(대판 2004.4.9. 2003도8219). ⇨ 업무상과실장물보관죄만 성립하고, 횡령죄는 불성립 17. 법원행시

⑤ 【O】장물인 현금을 금융기관에 예금의 형태로 보관하였다가 이를 반환받기 위하여 동일한 액수의 현금을 인출한 경우에 예금계약의 성질상 인출된 현금은 당초의 현금과 물리적인 동일성은 상실되었지만 액수에 의하여 표시되는 금전적 가치에는 아무런 변동이 없으므로 장물로서의 성질은 그대로 유지된다고 봄이 상당하고, 자기앞수표도 그 액면금을 즉시 지급받을 수 있는 등 현금에 대신하는 기능을 가지고 거래상 현금과 동일하게 취급되고 있는 점에서 금전의 경우와 동일하게 보아야 한다(대판 2004.3.12. 2004도134). 17. 법원행시

정답 ③

06 다음 설명 중 옳지 않은 것은 모두 몇 개인가?

㉠ 전당포주가 물품을 전당잡고자 할 때는 전당물주의 주소, 성명, 직업, 연령과 그 물품의 출처, 특징 및 전당잡히려는 동기, 그 신분에 상응한 소지인지의 여부 등을 알아보아야 할 업무상의 주의의무가 있다 할 것이고 이를 게을리하여 장물인 정을 모르고 전당잡은 경우에는 비록 주민등록증을 확인하였다 하여도 그 사실만으로는 업무상 과실장물취득의 죄책을 면할 수 없다.

㉡ '장물'이라 함은 재산죄인 범죄행위에 의하여 영득된 물건을 말하는 것으로서 절도・강도・사기・공갈・횡령 등 영득죄에 의하여 취득된 물건이어야 한다. 여기에서의 범죄행위는 절도죄 등 본범의 구성요건에 해당하는 위법한 행위일 것을 요한다. 그리고 본범의 행위에 관한 법적 평가는 그 행위에 대하여 우리 형법이 적용되지 아니하는 경우에도 우리 형법을 기준으로 하여야 하고 또한 이로써 충분하므로, 본범의 행위가 우리 형법에 비추어 절도죄 등의 구성요건에 해당하는 위법한 행위라고 인정되는 이상 이에 의하여 영득된 재물은 장물에 해당한다.

㉢ 사기 범행에 이용되리라는 사정을 알고서도 피고인 자신의 명의로 새마을금고 예금계좌를 개설하여 甲에게 이를 양도함으로써 甲이 乙을 속여 乙로 하여금 1,000만 원을 위 계좌로 송금하게 한 이른바 보이스피싱 사기 범행을 방조한 피고인이 위 계좌로 송금된 돈 중 140만 원을 인출하였다면, 이는 예금명의자로서 은행에 예금반환을 청구한 결과일 뿐 본범으로부터 위 돈에 대한 점유를 이전받아 사실상 처분권을 획득한 것은 아니므로, 피고인의 위와 같은 인출행위를 장물취득죄로 벌할 수는 없다.

㉣ 장물인 귀금속의 매도를 부탁받은 피고인이 그 귀금속이 장물임을 알면서도 매매를 중개하고 매수인에게 이를 전달하려다가 매수인을 만나기도 전에 체포되었다 하더라도, 위 귀금속의 매매를 중개함으로써 장물알선죄가 성립한다.

㉤ 형법 제48조 제1항 제1호의 "범죄행위에 제공한 물건"은 가령 살인행위에 사용한 칼 등 범죄의 실행행위 자체에 사용한 물건에만 한정되는 것이 아니며, 실행행위의 착수 전의 행위 또는 실행행위의 종료 후의 행위에 사용한 물건이더라도 그것이 범죄행위의 수행에 실질적으로 기여하였다고 인정되는 한 위 법조 소정의 제공한 물건에 포함된다. 따라서 대형할인매장에서 수회 상품을 절취하여 자신의 승용차에 싣고 간 경우, 위 승용차는 형법 제48조 제1항 제1호에 정한 범죄행위에 제공한 물건으로 보아 몰수할 수 있다.

① 없음   ② 1개   ③ 2개   ④ 3개   ⑤ 4개

[해설]

㉠ 【○】 전당포주가 물품을 전당잡고자 할 때는 전당물주의 주소, 성명, 직업, 연령과 그 물품의 출처, 특징 및 전당잡히려는 동기, 그 신분에 상응한 소지인지의 여부 등을 알아 보아야 할 업무상의 주의의무가 있다 할 것이고 이를 게을리하여 장물인 정을 모르고 전당잡은 경우에는 비록 주민등록증을 확인하였다 하여도 그 사실만으로는 업무상 과실장물취득의 죄책을 면할 수 없다(대판 1985.2.26. 84도2732). 17. 법원행시

㉡ 【○】 '장물'이라 함은 재산죄인 범죄행위에 의하여 영득된 물건을 말하는 것으로서 절도・강도・사기・공갈・횡령 등 영득죄에 의하여 취득된 물건이어야 한다. 여기에서의 범죄행위는 절도죄 등 본범의 구성요건에 해당하는 위법한 행위일 것을 요한다. 그리고 본범의 행위에 관한 법적 평가는 그 행위에 대하여 우리 형법이 적용되지 아니하는 경우에도 우리 형법을 기준으로 하여야 하고 또한 이로써 충분하므로, 본범의 행위가 우리 형법에 비추어 절도죄 등의 구성요건에 해당하는 위법한 행위라고 인정되는 이상 이에 의하여 영득된 재물은 장물에 해당한다(대판 2011.4.28. 2010도15350). 17. 법원행시

ⓒ 【 O 】 사기범행에 이용되리라는 사정을 알고서도 자신의 명의로 새마을금고 예금계좌를 개설하여 甲에게 이를 양도함으로써 甲이 乙을 속여 乙로 하여금 1000만원을 위 계좌로 송금하게 한 사기범행을 방조한 피고인이 위 계좌로 송금된 돈 중 140만원을 인출한 경우, 이는 예금명의자로서 은행에 예금반환을 청구한 결과일 뿐 본범으로부터 위 돈에 대한 점유를 이전받아 사실상 처분권을 획득한 것은 아니므로 장물취득죄로 벌할 수는 없다(대판 2010.12.9. 2010도6256). 17. 법원행시

ⓓ 【 O 】 장물인 귀금속의 매도를 부탁받은 피고인이 그 귀금속이 장물임을 알면서도 매매를 중개하고 매수인에게 이를 전달하려다가 매수인을 만나기도 전에 체포되었다 하더라도, 위 귀금속의 매매를 중개함으로써 장물알선죄가 성립한다(대판 2009.4.23. 2009도1203). 17. 법원행시

ⓔ 【 O 】 [1] 형법 제48조 제1항 제1호의 "범죄행위에 제공한 물건"은, 가령 살인행위에 사용한 칼 등 범죄의 실행행위 자체에 사용한 물건에만 한정되는 것이 아니며, 실행행위의 착수 전의 행위 또는 실행행위의 종료 후의 행위에 사용한 물건이더라도 그것이 범죄행위의 수행에 실질적으로 기여하였다고 인정되는 한 위 법조 소정의 제공한 물건에 포함된다.
[2] 대형할인매장에서 수회 상품을 절취하여 자신의 승용차에 싣고 간 경우, 대형할인매장을 방문하여 수회 절도범행을 저지른 피고인이 절취품인 전기밥솥·해머드릴·소파커버·진공포장기·안마기·전화기·DVD플레이어 등을 운반하는데 이용한 승용차는, 형법 제48조 제1항 제1호 소정의 범죄행위에 제공한 물건이라고 볼 수 있다(대판 2006.9.14. 2006도4075). 17. 법원행시

정답 ①

07 장물죄에 관한 다음 설명 중 가장 옳지 않은 것은?

① 절도범인으로부터 장물보관 의뢰를 받은 자가 그 정을 알면서 이를 인도받아 보관하고 있다가 임의 처분하였다 하여도 장물보관죄 외에 별도로 횡령죄가 성립하지 않는다.

② 甲이 권한 없이 인터넷뱅킹을 이용하여 타인 명의의 예금계좌로부터 자신의 예금계좌로 금원을 이체한 후 자신의 현금카드를 사용하여 현금자동지급기에서 현금을 인출한 경우, 그 인출된 현금은 장물이 될 수 없으므로 乙이 이를 취득하더라도 장물취득죄가 성립할 수 없다.

③ 甲이 회사를 위하여 업무상 보관하고 있던 자금을 乙에게 주식매각 대금조로 교부한 경우 위 자금은 횡령행위에 제공된 물건 자체이므로 장물이라고 볼 수 없어 乙에 대하여는 장물취득죄가 성립할 수 없다.

④ 장물임을 알면서 장물을 매매하는 계약을 중개하였다면 실제 매매계약이 성립하지 않거나 점유가 현실적으로 이전되지 아니한 경우라도 장물알선죄가 성립한다.

해설

① 【 O 】 절도범인으로부터 장물보관 의뢰를 받은 자가 그 정을 알면서 이를 인도받아 보관하고 있다가 임의 처분하였다 하여도 장물보관죄가 성립하는 때에는 이미 그 소유자의 소유물 추구권을 침해하였으므로 그 후의 횡령행위는 불가벌적 사후행위에 불과하여 별도로 횡령죄가 성립하지 않는다(대판 2004.4.9. 2003도8219). 18. 법원직 9급

② 【 O 】 甲이 권한 없이 인터넷뱅킹으로 타인의 예금계좌에서 자신의 예금계좌로 돈을 이체한 후 그 중 일부를 인출하여 그 정을 아는 乙에게 교부한 경우, 甲이 컴퓨터등사용사기죄에 의하여 취득한 예금채권은 재물이 아니라 재산상 이익이므로, 그가 자신의 예금계좌에서 돈을 인출하였더라도 장물을 금융기관에 예치하였다가 인출한 것으로 볼 수 없다는 이유로 乙의 장물취득죄의 성립을 부정한 사례(대판 2004.4.16. 2004도353). 18. 법원직 9급

③ 【 X 】 회사 자금으로 주식매각 대금조로 금원을 지급한 경우, 그 금원은 단순히 횡령행위에 제공된 물건이 아니라 횡령행위에 의하여 영득된 장물에 해당한다고 할 것이고, 나아가 금원을 교부한 행위 자체가 횡령행위라고 하더라도 이러한 경우 업무상횡령죄가 기수에 달하는 것과 동시에 그 금원은 장물이 된다(대판 2004.12.9. 2004도5904). 이를 취득한 乙은 장물취득죄가 성립한다. 18. 법원직 9급

④ 【 O 】 장물인 귀금속의 매도를 부탁받은 피고인이 그 귀금속이 장물임을 알면서도 매매를 중개하고 매수인에게 이를 전달하려다가 매수인을 만나기도 전에 체포되었다 하더라도, 위 귀금속의 매매를 중개함으로써 장물알선죄가 성립한다(대판 2009.4.23. 2009도1203). 18. 법원직 9급

정답 ③

08 장물죄에 관한 설명 중 가장 적절한 것은?

① 장물인 귀금속의 매도를 부탁받은 피고인이 그 귀금속이 장물임을 알면서도 매매를 중개하고 매수인에게 이를 전달하려다가 매수인을 만나기 전에 체포되었다면 장물알선죄가 성립하지 아니한다.
② 장물범이 본범과 직계혈족일 경우, 장물범에 대하여 그 형을 감경 또는 면제할 수 있다.
③ 甲이 권한 없이 인터넷 뱅킹으로 타인의 예금계좌에서 자신의 예금계좌로 돈을 이체한 후 그 중 일부를 인출하여 그 정을 아는 乙에게 교부한 경우, 乙은 장물취득죄가 성립한다.
④ 장물죄는 타인(본범)이 불법하게 영득한 재물의 처분에 관여하는 범죄이므로 자기의 범죄에 의하여 영득한 물건에 대하여는 성립되지 아니하고 이는 불가벌적 사후행위에 해당한다고 할 것이지만, 여기에서 자기의 범죄라 함은 정범자(공동정범과 합동범을 포함한다)에 한정된다.

해설

① 【 X 】 [1] 형법 제362조 제2항에 정한 장물알선죄에서 '알선'이란 장물을 취득·양도·운반·보관하려는 당사자 사이에 서서 이를 중개하거나 편의를 도모하는 것을 의미한다. 따라서 장물인 정을 알면서, 장물을 취득·양도·운반·보관하려는 당사자 사이에 서서 서로를 연결하여 장물의 취득·양도·운반·보관행위를 중개하거나 편의를 도모하였다면, 그 알선에 의하여 당사자 사이에 실제로 장물의 취득·양도·운반·보관에 관한 계약이 성립하지 아니하였거나 장물의 점유가 현실적으로 이전되지 아니한 경우라도 장물알선죄가 성립한다.
[2] 장물인 귀금속의 매도를 부탁받은 피고인이 그 귀금속이 장물임을 알면서도 매매를 중개하고 매수인에게 이를 전달하려다가 매수인을 만나기도 전에 체포되었다 하더라도, 위 귀금속의 매매를 중개함으로써 장물알선죄가 성립한다고 한 사례(대판 2009.4.23. 2009도1203). 17. 경찰승진
② 【 X 】 전3조의 죄를 범한 자(장물범)와 본범간에 제328조제1항의 신분관계가 있는 때에는 그 형을 감경 또는 면제한다(형법 제365조 제2항). ⇨ 필요적 감면이다. 17. 경찰승진
③ 【 X 】 甲이 권한 없이 인터넷뱅킹으로 타인의 예금계좌에서 자신의 예금계좌로 돈을 이체한 후 그 중 일부를 인출하여 그 정을 아는 乙에게 교부한 경우, 甲이 컴퓨터등사용사기죄에 의하여 취득한 예금채권은 재물이 아니라 재산상 이익이므로, 그가 자신의 예금계좌에서 돈을 인출하였더라도 장물을 금융기관에 예치하였다가 인출한 것으로 볼 수 없다는 이유로 乙의 장물취득죄의 성립을 부정한 사례(대판 2004.4.16. 2004도353). 17. 경찰승진
④ 【 O 】 대판 1986.9.9. 86도1273 17. 경찰승진

정답 ④

09 다음은 장물죄에 관한 설명이다. 옳지 않은 것은?

① 권한 없이 타인의 인터넷뱅킹에 접속하여 타인의 예금계좌로부터 자신의 예금계좌로 금액을 이체하도록 한 다음 그 금액을 자신의 현금카드를 사용하여 현금자동지급기에서 인출한 경우 그 인출된 금액은 장물에 해당하지 않는다.
② 절도범으로부터 장물보관 의뢰를 받고 장물을 인도받아 보관하던 중 임의로 처분하여 장물보관죄가 성립하는 때에는 별도로 횡령죄가 성립하지 않는다.
③ 본범 이외의 자가 본범이 절취한 차량이라는 정을 알면서 본범의 강도행위를 위하여 그 차량을 운전해 준 경우에 강도예비죄만 성립하고 장물운반죄는 성립하지 않는다.
④ 어머니가 아들이 절취하여 갖고 온 장물을 취득하여 보관한 경우 어머니에 대해서는 그 형을 감경 또는 면제한다.

해설

① 【 O 】 대판 2004.4.16. 2004도353 17. 경찰간부
② 【 O 】 대판 2004.4.9. 2003도8219 17. 경찰간부
③ 【 X 】 본범자와 공동하여 장물을 운반한 경우에 본범자는 장물죄에 해당하지 않으나 그 외의 자의 행위는 장물운반죄를 구성하므로, 피고인이 본범이 절취한 차량이라는 정을 알면서도 본범 등으로부터 그들이 위 차량을 이용하여 강도를 하려 함에 있어 차량을 운전해 달라는 부탁을 받고 위 차량을 운전해 준 경우, 피고인은 강도예비와 아울러 장물운반의 고의를 가지고 위와 같은 행위를 하였다고 봄이 상당하다(대판 1999.3.26. 98도3030). 17. 경찰간부
④ 【 O 】 형법 제365조 제2항 17. 경찰간부

정답 ③

10 장물죄에 관한 다음 설명 중 가장 옳지 않은 것은?

① 장물취득죄에서 '취득'이라고 함은 점유를 이전받음으로써 그 장물에 대하여 사실상의 처분권을 획득하는 것을 의미하는 것이므로 단순히 보수를 받고 본범을 위하여 장물을 일시 사용하거나 그와 같이 사용할 목적으로 장물을 건네받은 것만으로는 장물을 취득한 것으로 볼 수 없다.
② 장물취득죄에 있어서 장물의 인식은 확정적 인식임을 요하지 않으며 장물일지도 모른다는 의심을 가지는 정도의 미필적 인식으로서도 충분하다.
③ 장물죄에 있어서 본범의 행위에 관한 법적 평가는 그 행위에 대하여 우리 형법이 적용되지 아니하는 경우에도 우리 형법을 기준으로 하여야 하고 또한 이로써 충분하므로, 본범의 행위가 우리 형법에 비추어 절도죄 등의 구성요건에 해당하는 위법한 행위라고 인정되는 이상 이에 의하여 영득된 재물은 장물에 해당한다.
④ 장물인 귀금속의 매도를 부탁받은 피고인이 그 귀금속이 장물임을 알면서도 매매를 중개하고 매수인에게 이를 전달하려다가 매수인을 만나기도 전에 체포되었다 하더라도 위 귀금속의 매매를 중개함으로써 장물알선죄가 성립한다.
⑤ 장물취득죄는 취득 당시 장물인 정을 알면서 재물을 취득하여야 성립하는 것이므로 피고인이 재물을 인도받은 후에 비로소 장물이 아닌가 하는 의구심을 가졌다고 하여 장물취득죄를 구성한다고 할 수 없으나, 장물인 정을 모르고 보관하였다가 그 후에 장물인 정을 알게 된 경우, 그 정을 알고서도 계속 보관하는 행위는 장물보관죄를 구성한다. 이 경우 보관자가 점유할 권한이 있는지 여부는 장물보관죄의 성부에 영향을 미치지 못한다.

해설

① 【 O 】 대판 2003.5.13. 2003도1366 16. 법원행시
② 【 O 】 대판 2011.5.13. 2009도3552 16. 법원행시
③ 【 O 】 대판 2011.4.28. 2010도15350 16. 법원행시
④ 【 O 】 대판 2009.4.23. 2009도1203 16. 법원행시
⑤ 【 X 】 장물인 정을 모르고 장물을 보관하였다가 그 후에 장물인 정을 알게 된 경우 그 정을 알고서도 이를 계속하여 보관하는 행위는 장물죄를 구성하는 것이나, 이 경우에도 점유할 권한이 있는 때에는 이를 계속하여 보관하더라도 장물보관죄가 성립한다고 할 수 없다(대판 2006.10.13. 2004도6084). 16. 법원행시

정답 ⑤

11 장물죄에 관한 다음 설명 중 가장 옳은 것은?

① 뇌물로 받은 시계는 장물에 해당한다.
② 가입권자가 전화관서로부터 전화역무를 제공받을 권리인 전화가입권이 강취된 것이라는 정을 알면서 이를 매수한 경우 장물취득죄가 성립한다.
③ 장물죄는 재산범인 본범이 영득한 재물에 사후적으로 관여하는 사후종범적 성격을 가지고 있으므로 절도죄보다 법정형을 가볍게 규정하고 있다.
④ 장물죄 성립여부와 관련하여 본범의 범죄행위가 우리 형법에 비추어 절도죄 등의 구성요건에 해당하는 이상 본범의 범죄행위에 대하여 우리 형법이 적용되지 아니하는 경우라도, 이에 의하여 영득된 재물은 장물에 해당한다.

해설 21. 해경간부(유사)

① 【 X 】 장물은 재산범죄로 인하여 영득한 재물을 의미하므로 본범은 재산범죄이어야 한다.
② 【 X 】 형법 제41장의 장물에 관한 죄에 있어서의 "장물"은 이른바 "재물"을 말하는 것이고 그 "재물"은 물리적 관리 가능성이 있는 물건을 말하는 것이고, 설령 재산죄에 의하여 취득된 것이라 하더라도 재산상의 이익은 장물죄의 객체가 될 수 없다. 전화가입권의 실체는 가입권자가 전화관서로 부터 전화역무를 제공받을 하나의 채권적 권리이며, 이는 하나의 재산상의 이익은 될지언정 "장물"의 범주에 속하지 아니하므로 전화가입권매수행위는 업무상과실장물취득죄로 처단할 수 없다(대판 1971.2.23. 70도2589).
③ 【 X 】 절도죄의 법정형은 '6년 이하의 징역 또는 1천만원 이하의 벌금'이지만, 장물죄의 법정형은 '7년 이하의 징역 또는 1천 500만원 이하의 벌금'으로, 장물죄를 절도죄보다 더 무겁게 처벌하고 있다.
④ 【 O 】 대판 2011.4.28. 2010도15350

정답 ④

12 다음 설명 중 가장 옳지 않은 것은?

① 甲이 신용카드를 절취한 본범으로부터 보수를 줄 테니 대신 물건을 구입하여 달라는 부탁을 받고 신용카드가 절취된 것이라는 정을 알면서 그 부탁을 들어줄 생각으로 이를 건네받았다면 甲에게 장물보관죄가 성립한다.
② 甲이 乙의 시계를 절취하였는데 이를 乙의 아들인 丙이 그 정을 알면서 매수하였다면 丙의 형은 면제된다.
③ 전당포 영업자 甲은 乙에게 금전을 대여하고 그 담보로 乙이 교부하는 보석들을 전당잡았는데 실은 그 보석들은 乙이 丙으로부터 편취한 장물이었다. 그 후 甲이 丙으로부터 전당포에 자신들의 보석이 없느냐는 문의를 받자 위 보석들이 장물일지도 모른다고 의심하면서 乙로부터 소유권 포기각서를 받고 계속 보관하였다면 甲에게 장물보관죄가 성립한다.
④ 절취한 반지를 처분하고 받은 대금은 장물이 아니다.

해설

① 【O】 대판 2003.5.13. 2003도1366 17. 경찰간부 ✅ 〈비교〉 장물취득 안됨(2003도1366)
② 【O】 일단 甲에게는 절도죄가 성립하므로, 甲이 절취한 시계는 절도죄에 의하여 영득된 장물에 해당한다. 한편 丙은 이러한 정을 알면서 甲으로부터 장물인 시계를 매수하였으므로 장물취득죄가 성립한다. 다만 장물범인 丙이 피해자는 乙의 아들이므로 장물범과 본범의 피해자간에 직계혈족에 해당하는 신분관계가 인정된다. 따라서 丙은 형이 면제된다. 16. 법원행시
③ 【X】 장물취득죄는 취득 당시 장물인 정을 알면서 재물을 취득하여야 성립하는 것이므로 피고인이 재물을 인도받은 후에 비로소 장물이 아닌가 하는 의구심을 가졌다고 하여 그 재물수수행위가 장물취득죄를 구성한다고 할 수 없고, 장물인 정을 모르고 장물을 보관하였다가 그 후에 장물인 정을 알게 된 경우 그 정을 알고서도 이를 계속하여 보관하는 행위는 장물죄를 구성하는 것이나 이 경우에도 점유할 권한이 있는 때에는 이를 계속하여 보관하더라도 장물보관죄가 성립한다고 할 수 없다(대판 2006.10.13. 2004도6084). 16. 법원행시
④ 【O】 장물이란 재산죄로 인하여 얻어진 재물(관리할 수 있는 동력도 포함된다)을 말하는 것으로서 영득된 재물 자체를 두고 말한다. 따라서 장물을 팔아서 얻은 돈에는 이미 장물성을 찾아볼 수 없다 하겠다(대판 1972.6.13. 72도971). 16. 법원행시

정답 ③

13 장물죄에 관한 다음 설명 중 가장 적절하지 않은 것은?

① 甲이 절도범 乙로부터 장물이라는 정을 알면서도 자기앞수표를 교부받아 이를 음식대금으로 지급하고 거스름돈을 환불받은 경우, 甲에게는 장물취득죄가 성립한다.
② 장물인 정을 알면서 장물을 취득·양도·운반·보관하려는 당사자 사이에 서서 서로를 연결하여 장물의 취득·양도·운반·보관행위를 중개하거나 편의를 도모하였더라도, 그 알선에 의하여 당사자 사이에 실제로 장물의 취득·양도·운반·보관에 관한 계약이 성립하지 아니하였거나 장물의 점유가 현실적으로 이전되지 아니한 경우에는 장물알선죄가 성립하지 않는다.
③ 장물은 재산범죄에 의하여 영득하게 된 재물자체를 의미하므로 이중매매로 인하여 배임죄가 성립된 대상 부동산을 매수한 경우에는 장물취득죄가 성립하지 않는다.
④ 甲이 乙(20세)에게 시계점에서 시계를 훔쳐올 것을 교사하고 乙이 훔쳐온 시계를 매수한 경우, 甲에게는 절도교사죄와 장물취득죄의 경합범이 성립한다.

해설

① 【O】 금융기관 발행의 자기앞수표는 그 액면금을 즉시 지급받을 수 있는 점에서 현금에 대신하는 기능을 가지고 있어서 장물인 자기앞수표를 취득한 후 이를 현금 대신 교부한 행위는 장물취득에 대한 가벌적 평가에 당연히 포함되는 불가벌적 사후행위로서 별도의 범죄를 구성하지 아니한다(대판 1993.11.23. 93도213). 12. 경찰
② 【X】 형법 제362조 제2항에 정한 장물알선죄에서 '알선'이란 장물을 취득·양도·운반·보관하려는 당사자 사이에 서서 이를 중개하거나 편의를 도모하는 것을 의미한다. 따라서 장물인 정을 알면서, 장물을 취득·양도·운반·보관하려는 당사자 사이에 서서 서로를 연결하여 장물의 취득·양도·운반·보관행위를 중개하거나 편의를 도모하였다면, 그 알선에 의하여 당사자 사이에 실제로 장물의 취득·양도·운반·보관에 관한 계약이 성립하지 아니하였거나 장물의 점유가 현실적으로 이전되지 아니한 경우라도 장물알선죄가 성립한다(대판 2009.4.23. 2009도1203). 12. 경찰
③ 【O】 대판 1975.12.9. 74도2804 12. 경찰
④ 【O】 본범의 정범은 장물죄의 주체가 될 수 없으나, 본범에 대한 교사범 내지 방조범은 장물죄의 주체가 될 수 있다. 12. 경찰

정답 ②

14 장물죄에 관한 설명 중 가장 적절하지 않은 것은?

① 장물취득죄에 있어서 장물의 인식은 확정적 인식임을 요하지 않으며 장물일지도 모른다는 의심을 가지는 정도의 미필적 인식으로도 충분하다.
② 장물인 현금을 금융기관에 예금의 형태로 보관하였다가 이를 반환하기 위하여 동일한 액수의 현금을 인출한 경우, 예금계약의 성질상 인출된 현금은 당초의 현금과 물리적 동일성은 상실되었지만 액수에 의하여 표시되는 금전적 가치에는 아무런 변동이 없으므로 장물로서의 성질은 그대로 유지된다.
③ 장물이라 함은 재산죄인 범죄행위에 의하여 영득된 물건을 말하는 것으로서 절도·강도·사기·공갈·횡령 등 영득죄에 의하여 취득된 물건이어야 한다.
④ 자전거를 인도받은 후 비로소 장물이 아닌가 하는 의구심을 가졌더라도 장물취득죄가 성립한다.

[해설]
① 【 O 】 대판 2004.12.9. 2004도5904 15. 경찰승진
② 【 O 】 대판 2004.3.12. 2004도134 15. 경찰승진
③ 【 O 】 대판 2004.12.9. 2004도5904 15. 경찰승진
④ 【 X 】 장물취득죄는 취득당시 장물인 줄을 알면서 이를 취득하여야 성립하는 것이므로 피고인이 자전거의 인도를 받은 후에 비로소 장물이 아닌가 하는 의구심을 가졌다고 해서 그 자전거의 수수행위가 장물취득죄를 구성한다고는 할 수 없다(대판 1971.4.20. 71도468). 15. 경찰승진

[정답] ④

15 다음 장물죄에 대한 설명 중 옳지 않은 것은?

① 장물인 정을 모르고 매매계약을 체결하였다가 그 후 매매목적물을 인도받을 때에 장물인 정을 알게 되었다면 장물취득죄는 성립하지 않는다.
② 이중매도로 인한 배임죄에 제공된 부동산을 취득한 때에는 장물취득죄가 성립하지 않는다.
③ 횡령 교사를 한 후 그 횡령한 물건을 취득한 때에는 횡령교사죄와 장물취득죄의 경합범이 성립된다.
④ 장물취득죄에서 '취득'이라고 함은 점유를 이전받음으로써 그 장물에 대하여 사실상의 처분권을 획득하는 것을 의미하는 것이므로, 단순히 보수를 받고 본범을 위하여 장물을 일시 사용하거나 그와 같이 사용할 목적으로 장물을 건네받은 것만으로는 장물을 취득한 것으로 볼 수 없다.

[해설]
① 【 X 】 장물에 대한 인식 즉 고의는 취득시(장물을 인도받을 때)에 존재하면 족하므로, 매수인이 매매계약 체결시에는 장물의 정을 몰랐다 하더라도 그 후 그 정을 알고 인도를 받았다면 장물취득죄가 성립한다(대판 1960.2.17. 4292형상496).
② 【 O 】 대판 1975.12.9. 74도2804
　◉ 장물죄의 객체는 영득죄로 취득한 재물이어야 한다. 배임죄에 제공된 재물은 영득죄로 취득한 재물이 아니므로 장물취득죄의 객체가 될 수 없다.
③ 【 O 】 대판 1969.6.24. 69도692
④ 【 O 】 대판 2003.5.13. 2003도1366

[정답] ①

16 다음 설명 중 가장 적절하지 않은 것은?

① 장물인 정을 모르고 장물을 보관하였다가 그 후에 장물인 정을 알게 된 경우 그 정을 알고서도 이를 계속하여 보관하는 행위는 장물죄를 구성하는 것이나 이 경우에도 점유할 권한이 있는 때에는 이를 계속하여 보관하더라도 장물보관죄가 성립하지 않는다.

② 甲은 乙로부터 보수를 받는 조건으로 乙이 습득하였다고 주장하는 신용카드들로 물품을 구입하여 주기로 하고 위 신용카드들을 교부받았다. 그런데 위 신용카드는 乙이 절취한 것이었다. 이 경우 甲을 장물취득죄로 처벌할 수 없다.

③ 甲이 회사 자금으로 乙에게 주식매각 대금조로 금원을 지급한 경우 그 금원은 단순히 횡령행위에 제공된 물건이 아니라 횡령행위에 의하여 영득된 장물에 해당한다.

④ 예금계좌로 합계 2억원을 이체하는 내용의 정보를 입력하여 자신의 예금액을 증액시킴으로써 컴퓨터등사용사기죄의 범행을 저지른 다음 자신의 현금카드를 사용하여 현금자동지급기에서 현금 6천만원을 인출한 경우, 위 현금인출행위는 위 컴퓨터등사용사기죄의 불가벌적사후행위가 되고, 불가벌적 사후행위로 인하여 취득한 물건으로서 장물이 될 수 있다.

[해설]

① 【 O 】 대판 1986.1.21. 85도2472

② 【 O 】 장물취득죄에서 '취득'이라고 함은 점유를 이전받음으로써 그 장물에 대하여 사실상의 처분권을 획득하는 것을 의미하는 것이므로, 단순히 보수를 받고 본범을 위하여 장물을 일시 사용하거나 그와 같이 사용할 목적으로 장물을 건네받은 것만으로는 장물을 취득한 것으로 볼 수 없다. 따라서 피고인이 공소외인으로부터 보수를 받는 조건으로 공소외인이 습득하였다고 주장하는 신용카드들로 물품을 구입하여 주기로 하고 위 신용카드들을 교부받은 행위가 장물취득에 해당하지 아니한다고 판단한 것은 정당하다(대판 2003.5.13. 2003도1366). ◎ 〈비교〉 장물보관죄는 성립가능(2003도1366)

③ 【 O 】 대판 2004.12.9. 2004도5904

④ 【 X 】 컴퓨터등사용사기죄의 범행으로 예금채권을 취득한 다음 자기의 현금카드를 사용하여 현금자동지급기에서 현금을 인출한 경우, 현금카드 사용권한 있는 자의 정당한 사용에 의한 것으로서 현금자동지급기 관리자의 의사에 반하거나 기망행위 및 그에 따른 처분행위도 없었으므로, 별도로 절도죄나 사기죄의 구성요건에 해당하지 않는다 할 것이고, 그 결과 그 인출된 현금은 재산범죄에 의하여 취득한 재물이 아니므로 장물이 될 수 없다(대판 2004.4.16. 2004도353).
◎ 만약 현금 인출행위가 불가벌적 사후행위로 평가된다면 재산범죄에 의하여 취득한 재물에 해당하므로 장물죄의 성립이 가능하지만(불가벌적 사후행위는 구성요건에는 해당하는 행위이므로 장물죄 성립이 가능), 구성요건에 해당하지 않는 행위이므로 장물죄 성립이 불가능하다.

정답 ④

17 장물에 관한 다음 설명 중 가장 적절하지 않은 것은?

① 장물인 정을 모르고 장물을 보관하였다가 그 후에 장물임을 알게 된 경우 그 정을 알고서도 이를 계속하여 보관하더라도 점유할 권한이 있는 때에는 장물보관죄가 성립하지 않는다.

② 장물인 정을 알면서, 장물을 취득·양도·운반·보관하려는 당사자 사이에서 양측을 연결하여 장물의 취득·양도 등의 행위를 중개하거나 편의를 도모하였다면, 그 알선에 의하여 당사자 사이에 실제로 장물의 취득·양도·운반·보관에 관한 계약이 성립하지 아니하였거나 장물의 점유가 현실적으로 이전되지 아니한 경우라도 장물알선죄가 성립한다.

③ 甲이 미등록 상태였던 수입자동차를 취득하여 신규등록을 마친 후 그 수입자동차가 장물일지도 모른다고 생각하면서도 이를 다시 제3자에게 양도한 경우, 자동차관리법이 "자동차 소유권의 득실변경은 등록을 하여야 그 효력이 생긴다."라고 규정하고 있어 수입자동차를 신규등록하였을 때 그 최초 등록명의인 甲이 위 해당 수입자동차를 원시취득한 것이어서 장물성이 상실되므로 그 장물양도행위는 범죄가 되지 않는다.

④ 甲은 乙로부터 장물인 골동품을 매각하여 달라는 의뢰를 받으면서 골동품이 장물인지 여부를 확인하여야 할 업무상 주의의무가 있음에도 이를 게을리하고 골동품을 넘겨받아 보관하던 중, 丙으로부터 금원을 차용하면서 보관 중이던 골동품을 담보로 제공한 경우, 甲의 행위는 업무상과실장물보관죄를 구성하고, 그 후의 횡령행위는 불가벌적 사후행위에 불과하여 별도로 횡령죄가 성립하지 않는다.

[해설]

① 【 O 】 대판 2006.10.13. 2004도6084
② 【 O 】 대판 2009.4.23. 2009도1203
③ 【 X 】 [1] 장물죄에 있어서 장물의 인식은 확정적 인식임을 요하지 않으며 장물일지도 모른다는 의심을 가지는 정도의 미필적 인식으로서도 충분하다.
[2] 구 자동차관리법 제6조가 "자동차 소유권의 득실변경은 등록을 하여야 그 효력이 생긴다."고 규정하고 있기는 하나, 위 규정은 도로에서의 운행에 제공될 자동차의 소유권을 공증하고 안전성을 확보하고자 하는 데 그 취지가 있는 것이므로, 장물인 수입자동차를 신규등록하였다고 하여 그 최초 등록명의인이 해당 수입자동차를 원시취득하게 된다거나 그 장물양도행위가 범죄가 되지 않는다고 볼 수는 없다.
[3] 피고인이 도난차량인 미등록 수입자동차를 취득하여 신규등록을 마친 후 위 자동차가 장물일지도 모른다고 생각하면서 이를 양도한 사안에서, 피고인의 선의취득 주장을 배척하고 장물양도죄를 인정한 원심의 조치를 수긍한 사례(대판 2011.5.13. 2009도3552).
④ 【 O 】 대판 2004.4.9. 2003도8219

정답 ③

18 장물죄에 대한 설명으로 옳은 것은 모두 몇 개인가?

㉠ 미국인이 미국인으로부터 리스하여 미국에서 보관 중인 자동차를 임의로 우리나라에 처분한 경우, 그 범죄행위에 대하여 우리 형법이 적용되지 않으므로, 그 정을 알면서 이를 수입한 대한민국의 자동차수입업자에게 장물취득죄를 인정할 수 없다.

㉡ 甲이 乙을 기망하여 乙이 甲의 계좌로 현금 1천만 원을 송금한 경우 甲이 사기죄로 취득한 것은 예금채권으로서 재물이 아니라 재산상 이익이어서 당해 현금 1천만 원은 장물에 해당하지 않는다.

㉢ 명의신탁부동산의 신탁행위에 있어서는 수탁자가 외부관계에 대하여 소유자로 간주되므로 이를 취득한 제3자는 수탁자가 신탁자의 승낙 없이 매각하는 정을 알고 있는 여부에 불구하고 장물취득죄가 성립하지 아니한다.

㉣ 장물임을 알면서 이를 인도받아 보관하고 있다가 임의 처분한 경우에는 그 후의 횡령행위는 불가벌적 사후행위에 불과하여 별도로 횡령죄가 성립하지 않지만, 업무상 과실로 장물을 보관하고 있다가 임의 처분한 경우에는 업무상과실장물보관죄 이외에 별도로 횡령죄가 성립한다.

① 1개 ② 2개 ③ 3개 ④ 4개

해설

㉠ 【X】 [1] 본범의 행위에 관한 법적 평가는 그 행위에 대하여 우리 형법이 적용되지 아니하는 경우에도 우리 형법을 기준으로 하여야 하고 또한 이로써 충분하므로, 본범의 행위가 우리 형법에 비추어 절도죄 등의 구성요건에 해당하는 위법한 행위라고 인정되는 이상 이에 의하여 영득된 재물은 장물에 해당한다.
[2] 리스계약에 적용될 준거법인 미국 캘리포니아주의 법에 의하면, 차량들의 소유권은 리스회사에 속하고 리스이용자는 일정 기간 차량의 점유·사용의 권한을 이전받을 뿐이어서, 리스이용자들은 리스회사에 대한 관계에서 차량들에 관한 보관자로서의 지위에 있으므로, 차량들을 임의로 처분한 행위는 형법상 횡령죄의 구성요건에 해당하는 위법한 행위로 평가되고 이에 의하여 영득된 차량들은 장물에 해당한다(대판 2011.4.28. 2010도15350).

㉡ 【X】 사기죄의 객체는 타인이 점유하는 '타인의' 재물 또는 재산상의 이익이므로, 피해자와의 관계에서 살펴보아 그것이 피해자 소유의 재물인지 아니면 피해자가 보유하는 재산상의 이익인지에 따라 '재물'이 객체인지 아니면 '재산상의 이익'이 객체인지 구별하여야 하는 것으로서, 이 사건과 같이 피해자가 본범의 기망행위에 속아 현금을 피고인 명의의 은행 예금계좌로 송금하였다면, 이는 재물에 해당하는 현금을 교부하는 방법이 예금계좌로 송금하는 형식으로 이루어진 것에 불과하여, 피해자의 은행에 대한 예금채권은 당초 발생하지 않는다(대판 2010.12.9. 2010도6256).
❷ 사기 범행의 피해자로부터 현금을 예금계좌로 송금받은 경우, 그 사기죄의 객체가 '재물'인지 또는 '재산상 이익'인지 여부에 대하여 그 객체가 '재물'이라는 판례이다.

㉢ 【O】 대판 1979.11.27. 79도2410

㉣ 【X】 절도범인으로부터 장물보관 의뢰를 받은 자가 그 정을 알면서 이를 인도받아 보관하고 있다가 임의 처분하였다 하여도 장물보관죄가 성립하는 때에는 이미 그 소유자의 소유물 추구권을 침해하였으므로 그 후의 횡령행위는 불가벌적 사후행위에 불과하여 별도로 횡령죄가 성립하지 않는다(대판 2004.4.9. 2003도8219).

정답 ①

제9절 손괴의 죄

◉ 지문의 내용에 대해 학설의 대립 등 다툼이 있는 경우 판례에 의함

01 손괴의 죄에 관한 설명으로 가장 적절한 것은?

① 재물손괴죄는 다른 사람의 재물을 손괴 또는 은닉하거나 그 밖의 방법으로 그 효용을 해한 경우에 성립하는 범죄로, 행위자에게 불법영득의사가 있어야 한다.
② 어느 문서에 대한 종래의 사용상태가 문서 소유자의 의사에 반하여 또는 문서 소유자의 의사와 무관하게 이루어진 경우에 단순히 종래의 사용상태를 제거하거나 변경시키는 것에 불과하고, 손괴, 은닉하는 등으로 새로이 문서 소유자의 문서 사용에 지장을 초래하지 않는 경우에는 문서손괴죄가 성립하지 않는다.
③ A가 홍보를 위해 광고판(배너와 거치대)을 1층 로비에 설치해 두었는데, 甲이 乙에게 지시하여 乙이 A의 광고판을 그 장소에서 제거하여 컨테이너로 된 창고로 옮겨 놓아 A가 사용할 수 없도록 한 경우, 해당 광고판을 물질적인 형태의 변경이나 멸실, 감손을 초래하지 않은 채 그대로 옮겼다면 광고판의 효용 자체를 해한 것은 아니어서 재물손괴죄가 성립하지 않는다.
④ 甲이 A가 B로부터 매수한 토지의 경계 부분에 매수 전 자신이 식재하였던 수목 5그루를 전기톱을 이용하여 절단한 경우, 수목을 식재할 당시 토지 소유권자 B로부터 그에 관한 명시적 또는 묵시적 승낙·동의·허락 등을 받았더라도 수목의 소유권은 A에게 귀속되므로 특수재물손괴죄가 성립한다.

해설

① 【 X 】 재물손괴죄(형법 제366조)는 다른 사람의 재물을 손괴 또는 은닉하거나 그 밖의 방법으로 그 효용을 해한 경우에 성립하는 범죄로, 행위자에게 다른 사람의 재물을 자기 소유물처럼 그 경제적 용법에 따라 이용·처분할 의사(불법영득의사)가 없다는 점에서 절도, 강도, 사기, 공갈, 횡령 등 영득죄와 구별된다. 다른 사람의 소유물을 본래의 용법에 따라 무단으로 사용·수익하는 행위는 소유자를 배제한 채 물건의 이용가치를 영득하는 것이고, 그 때문에 소유자가 물건의 효용을 누리지 못하게 되었더라도 효용 자체가 침해된 것이 아니므로 재물손괴죄에 해당하지 않는다(대판 2022.11.30. 2022도1410). 25. 경찰
② 【 O 】 문서손괴죄는 문서의 소유자가 문서를 소유하면서 사용하는 것을 보호하려는 것이므로, 어느 문서에 대한 종래의 사용상태가 문서 소유자의 의사에 반하여 또는 문서 소유자의 의사와 무관하게 이루어진 경우에 단순히 종래의 사용상태를 제거하거나 변경시키는 것에 불과하고 손괴, 은닉하는 등으로 새로이 문서 소유자의 문서 사용에 지장을 초래하지 않는 경우에는 문서의 효용, 즉 문서 소유자의 문서에 대한 사용가치를 일시적으로도 해하였다고 할 수 없어서 문서손괴죄가 성립하지 아니한다(대판 2015.11.27. 2014도13083). 25. 경찰
③ 【 X 】 A가 홍보를 위해 광고판(홍보용 배너와 거치대)을 1층 로비에 설치해 두었는데, 피고인이 乙에게 지시하여 乙이 위 광고판을 그 장소에서 제거하여 컨테이너로 된 창고로 옮겨 놓아 甲이 사용할 수 없도록 한 경우, 비록 물질적인 형태의 변경이나 멸실, 감손을 초래하지 않은 채 그대로 옮겼더라도 위 광고판은 본래적 역할을 할 수 없는 상태로 되었으므로 피고인의 행위는 재물손괴죄에서의 재물의 효용을 해하는 행위에 해당한다(대판 2018.7.24. 2017도18807). 25. 경찰
④ 【 X 】 [1] 민법 제256조(부동산의 소유자는 그 부동산에 부합한 물건의 소유권을 취득한다. 그러나 타인의 권원에 의하여 부속된 것은 그러하지 아니하다.)에서 부동산에의 부합의 예외사유로 규정한 '권원'은 지상권, 전세권, 임차권 등과 같이 타인의 부동산에 자기의 동산을 부속시켜서 그 부동산을 이용할 수 있는 권리를 뜻한다. 따라서 타인 소유의 토지에 수목을 식재할 당시 토지의 소유권자로부터 그에 관한 명시적 또는 묵시적 승낙·동의·허락 등을 받았다면, 이는 민법 제256조에서 부동산에의 부합의 예외사유로 정한 '권원'에 해당한다고 볼 수 있으므로, 해당 수목은 토지에 부합하지 않고 식재한 자에게 그 소유권이 귀속된다.
[2] 피고인은 피해자 A가 B로부터 매수한 토지의 경계 부분에 매수 전 자신이 식재하였던 옹아나무 등 수목 5그루 시가 합계 약 2,050만 원 상당을 전기톱을 이용하여 절단한 경우, 피고인이 수목을 식재할 당시 토지의 전 소유자 乙로부터 명시적 또는 묵시적으로 승낙·동의를 받았거나 적어도 토지 중 수목이 식재된 부분에 관하여는 무상으로 사용할 것을 허락받았다면, 이는 민법 제256조에서 부동산에의 부합의 예외사유로 정한 '권원'에 해당한다고 볼 수 있어 수목은 토지에 부합하는 것이 아니라 이를 식재한 피고인에게 소유권이 귀속되어 특수재물손괴죄에 해당한다고 볼 수 없다(대판 2023.11.16. 2023도11885). 25. 경찰

정답 ②

02 손괴죄에 대한 다음 설명 중 옳지 않은 것으로 짝지은 것은?

㉠ 문서에 대한 종래의 사용상태가 문서 소유자의 의사에 반하여 또는 문서 소유자의 의사와 무관하게 이루어진 경우에 단순히 종래의 사용상태를 제거하거나 변경시키는 것에 불과하고 문서 소유자의 문서 사용에 지장을 초래하지 않은 경우에는 문서손괴죄가 성립하지 아니한다.
㉡ 甲은 A건물 1층 출입구 자동문의 설치공사를 맡았던 자로서, 설치자가 아니면 해제할 수 없는 자동문의 자동작동중지 예약기능을 이용하여 특정시점부터 자동문이 수동으로만 여닫히게 하였으나, 자동문이 자동잠금장치로서 일시적으로 역할을 할 수 없게 된 것에 그쳤다면 재물손괴죄가 성립하지 않는다.
㉢ 재건축사업으로 철거예정이고 그 입주자들이 모두 이사하여 아무도 거주하지 않은 채 비어 있는 아파트라 하더라도, 그 객관적 성상이 본래 사용목적인 주거용으로 쓰일 수 없는 상태라거나 재물로서의 이용가치나 효용이 없는 물건이 되었다고 할 수 없다면 이 아파트는 재물손괴죄의 객체가 된다.
㉣ 이미 타인(타기관)에 접수되어 있는 문서에 대하여 이를 무효화시켜 그 용도에 사용하지 못하게 하였더라도 그 문서가 자기 명의의 문서인 경우에는 문서손괴죄가 성립하지 않는다.

① ㉠, ㉡ ② ㉠, ㉢ ③ ㉡, ㉣ ④ ㉢, ㉣

해설

㉠ 【 O 】 어느 문서에 대한 종래의 사용상태가 문서 소유자의 의사에 반하여 또는 문서 소유자의 의사와 무관하게 이루어진 경우에 단순히 종래의 사용상태를 제거하거나 변경시키는 것에 불과하고 손괴, 은닉하는 등으로 새로이 문서 소유자의 문서 사용에 지장을 초래하지 않는 경우에는 문서의 효용, 즉 문서 소유자의 문서에 대한 사용가치를 일시적으로도 해하였다고 할 수 없어서 문서손괴죄가 성립하지 아니한다(대판 2015.11.27. 2014도13083). 17. 경찰간부

㉡ 【 X 】 재물손괴죄는 타인의 재물, 문서 또는 전자기록 등 특수매체기록을 손괴 또는 은닉 기타 방법으로 그 효용을 해한 경우에 성립한다(형법 제366조). 여기에서 손괴 또는 은닉 기타 방법으로 그 효용을 해하는 경우에는 물질적인 파괴행위로 물건 등을 본래의 목적에 사용할 수 없는 상태로 만드는 경우뿐만 아니라 일시적으로 물건 등의 구체적 역할을 할 수 없는 상태로 만들어 효용을 떨어뜨리는 경우도 포함된다. 따라서 자동문을 자동으로 작동하지 않고 수동으로만 개폐가 가능하게 하여 자동잠금장치로서 역할을 할 수 없도록 한 경우에도 재물손괴죄가 성립한다고 보아야 한다(대판 2016.11.25. 2016도9219). 17. 경찰간부

㉢ 【 O 】 재건축사업으로 철거가 예정되어 있었고 그 입주자들이 모두 이사하여 아무도 거주하지 않은 채 비어 있는 아파트라 하더라도, 그 아파트 자체의 객관적 성상이 본래 사용목적인 주거용으로 사용될 수 없는 상태가 아니었고, 더욱이 그 소유자들이 재건축조합으로의 신탁등기 및 인도를 거부하는 방법으로 계속 그 소유권을 행사하고 있는 상황이었다면 위와 같은 사정만으로는 위 아파트가 재물로서의 이용가치나 효용이 없는 물건으로 되었다고 할 수 없으므로, 위 아파트는 재물손괴죄의 객체가 된다고 할 것이다(대판 2010.2.25. 2009도8473). 17. 경찰간부

㉣ 【 X 】 비록 자기명의의 문서라 할지라도 이미 타인(타기관)에 접수되어 있는 문서에 대하여 함부로 이를 무효화시켜 그 용도에 사용하지 못하게 하였다면 일응 형법상의 문서손괴죄를 구성한다 할 것이므로 그러한 내용의 범죄될 사실을 허위로 기재하여 수사기관에 고소한 이상 무고죄의 죄책을 면할 수 없다 할 것이다(대판 1987.4.14. 87도177). 17. 경찰간부

정답 ③

03 손괴의 죄에 대한 설명으로 가장 적절하지 않은 것은?

① 해고노동자 등이 복직을 요구하는 집회를 개최하던 중 래커 스프레이를 이용하여 회사 건물 외벽과 1층 벽면 등에 낙서한 행위는 건물의 효용을 해한 것으로 볼 수 있으나, 이와 별도로 계란 30여 개를 건물에 투척한 행위는 건물의 효용을 해하는 정도의 것에 해당하지 않는다.

② 재건축사업으로 철거 예정이고 그 입주자들이 모두 이사하여 아무도 거주하지 않은 채 비어 있는 아파트라 하더라도, 그 객관적 성상이 본래 사용 목적인 주거용으로 쓰일 수 없는 상태라거나 재물로서의 이용가치나 효용이 없는 물건이라고도 할 수 없다면 재물손괴죄의 객체가 된다.

③ 수확되지 아니한 쪽파의 매수인이 명인방법을 갖추지 않은 경우, 그 쪽파의 소유권은 여전히 매도인에게 있고 매도인과 제3자 사이에 일정 기간 후 임의처분의 약정이 있었다면 그 기간 후에 그 제3자가 쪽파를 손괴하였더라도 재물손괴죄가 성립하지 않는다.

④ 자동문을 자동으로 작동하지 않고 수동으로만 개폐가 가능하게 하여 자동잠금장치로서 역할을 할 수 없도록 한 것만으로는 재물손괴죄가 성립하지 않는다.

[해설]

① 【O】 대판 2007.6.28. 2007도2590 21. 경찰승진

② 【O】 대판 2010.2.25. 2009도8473 21. 경찰승진

③ 【O】 [1] 물권변동에 있어서 형식주의를 채택하고 있는 현행 민법하에서는 소유권을 이전한다는 의사 외에 부동산에 있어서는 등기를, 동산에 있어서는 인도를 필요로 함과 마찬가지로 이 사건 쪽파와 같은 수확되지 아니한 농작물에 있어서는 명인방법을 실시함으로써 그 소유권을 취득한다.
[2] 쪽파의 매수인이 명인방법을 갖추지 않은 경우 쪽파에 대한 소유권을 취득하였다고 볼 수 없어 그 소유권은 여전히 매도인에게 있고 매도인과 제3자 사이에 일정기간 후 임의처분의 약정이 있었다면 그 기간 후에 제3자가 쪽파를 손괴하였더라도 재물손괴죄가 성립하지 않는다(대판 1996.2.23. 95도2754). 21. 경찰승진

④ 【X】 재물손괴죄는 타인의 재물, 문서 또는 전자기록 등 특수매체기록을 손괴 또는 은닉 기타 방법으로 그 효용을 해한 경우에 성립한다(형법 제366조). 여기에서 손괴 또는 은닉 기타 방법으로 그 효용을 해하는 경우에는 물질적인 파괴행위로 물건 등을 본래의 목적에 사용할 수 없는 상태로 만드는 경우뿐만 아니라 일시적으로 물건 등의 구체적 역할을 할 수 없는 상태로 만들어 효용을 떨어뜨리는 경우도 포함된다. 따라서 자동문을 자동으로 작동하지 않고 수동으로만 개폐가 가능하게 하여 자동잠금장치로서 역할을 할 수 없도록 한 경우에도 재물손괴죄가 성립한다고 보아야 한다(대판 2016.11.25. 2016도9219). 21. 경찰승진

정답 ④

04 재물손괴죄에 관한 다음 설명 중 가장 옳지 않은 것은?

① 부지의 점유 권원이 없는 건물의 소유자였던 피고인이 토지 소유자와의 철거 등 청구 소송에서 패소하고 강제집행을 당한 후 무단으로 그 부지에 건물을 신축하더라도 토지의 효용을 해한 것으로 볼 수 없으므로 재물손괴죄가 성립하지 않는다.

② 포도주 원액이 부패하여 포도주 원료로서의 효용가치는 상실되었으나, 그 산도에 비추어 식초의 제조 등 다른 용도에 사용할 수 있는 경우에는 재물손괴죄의 객체가 될 수 있다.

③ 손괴죄의 객체인 문서란 거기에 표시된 내용이 적어도 법률상 또는 사회생활상 중요한 사항에 관한 것이어야 하므로, 이미 작성되어 있던 장부의 기재를 새로운 장부로 이기하는 과정에서 누계 등을 잘못 기재하다가 그 부분을 찢어버리고 계속하여 종전장부의 기재내용을 모두 이기하였다면 그 당시 새로운 경리장부는 아직 작성 중에 있어서 손괴죄의 객체가 되는 문서로서의 경리장부가 아니다.

④ 피고인들이 유색 페인트와 래커 스프레이를 이용하여 피해자 소유의 도로 바닥에 직접 문구를 기재하거나 도로위에 놓인 현수막 천에 문구를 기재하여 페인트가 바닥으로 배어나와 도로에 배게 하는 방법으로 도로 바닥에 여러 문구를 써놓은 행위는 도로의 효용을 해하는 것으로서 재물손괴죄가 성립한다.

[해설]
① 【 O 】 피고인이 타인 소유 토지에 권원 없이 건물을 신축함으로써 그 토지의 효용을 해하였다는 이 사건 공소사실에 대하여, 피고인의 행위는 이미 대지화된 토지에 건물을 새로 지어 부지로서 사용·수익함으로써 그 소유자로 하여금 효용을 누리지 못하게 한 것일 뿐 토지의 효용을 해하지 않았으므로, 재물손괴죄가 성립하지 않는다(대판 2022.11.30. 2022도1410). 24. 법원직 9급
② 【 O 】 대판 1979.7.24. 78도2138 24. 법원직 9급
③ 【 O 】 대판 1989.10.24. 88도1296 24. 법원직 9급
④ 【 X 】 피고인들이 유색 페인트와 래커 스프레이를 이용하여 甲 회사 소유의 도로 바닥에 직접 문구를 기재하거나 도로 위에 놓인 현수막 천에 문구를 기재하여 페인트가 바닥으로 배어 나와 도로에 배게 하는 방법으로 다중의 위력으로써 도로의 효용을 해하였다고 하여 특수재물손괴로 기소된 사안에서, 피고인들이 위와 같은 방법으로 도로 바닥에 여러 문구를 써놓은 행위가 위 도로의 효용을 해하는 정도에 이른 것이라고 보기 어렵다(대판 2020.3.27. 2017도20455). 24. 법원직 9급

정답 ④

05 다음 사례 중 재물손괴죄가 성립하지 않는 것은?

① 타인 소유의 광고용 간판을 백색페인트로 도색하여 광고 문안을 지워버린 행위
② 자동문을 수동으로만 개폐가 가능하게 하여 자동잠금장치로서 역할을 할 수 없도록 한 행위
③ 甲이 A의 차량 앞에는 철근콘크리트 구조물을, 뒤에는 굴삭기 크러셔를 바짝 붙여 놓아 A의 차량을 17~18시간 동안 운행할 수 없게 한 행위
④ A주식회사 직원인 甲과 乙이 유색 페인트와 래커스프레이를 이용하여 A회사 소유의 도로 바닥에 직접 문구를 기재하거나 도로 위에 놓인 현수막 천에 문구를 기재하여 페인트가 바닥으로 배어나와 도로에 배게 한 행위

[해설]
① 【 O 】 대판 1991.10.22. 91도2090 22. 경찰
② 【 O 】 대판 2016.11.25. 2016도9219 22. 경찰
③ 【 O 】 피고인(甲)이 평소 자신이 굴삭기를 주차하던 장소에 A의 차량이 주차되어 있는 것을 발견하고 A의 차량 앞에 철근콘크리트 구조물을, 뒤에 굴삭기 크러셔를 바짝 붙여 놓아 A가 17~18시간 동안 차량을 운행할 수 없게 된 사안에서, 차량 앞뒤에 쉽게 제거하기 어려운 구조물 등을 붙여 놓은 행위는 차량에 대한 유형력 행사로 보기에 충분하고, 차량 자체에 물리적 훼손이나 기능적 효용의 멸실 내지 감소가 발생하지 않았더라도 A가 위 구조물로 인해 차량을 운행할 수 없게 됨으로써 일시적으로 본래의 사용목적에 이용할 수 없게 된 이상 차량 본래의 효용을 해한 경우라고 한 사례(대판 2021.5.7. 2019도13764). 22. 경찰
④ 【 X 】 피고인들이 유색 페인트와 래커 스프레이를 이용하여 甲 회사 소유의 도로 바닥에 직접 문구를 기재하거나 도로 위에 놓인 현수막 천에 문구를 기재하여 페인트가 바닥으로 배어 나와 도로에 배게 하는 방법으로 다중의 위력으로써 도로의 효용을 해하였다고 하여 특수재물손괴로 기소된 사안에서, 피고인들이 위와 같은 방법으로 도로 바닥에 여러 문구를 써놓은 행위가 위 도로의 효용을 해하는 정도에 이른 것이라고 보기 어렵다(대판 2020.3.27. 2017도20455). 22. 경찰

정답 ④

06 재물손괴죄에 관한 다음 설명 중 가장 옳지 않은 것은?

① 형법 제366조는 "타인의 재물, 문서 또는 전자기록 등특수매체기록을 손괴 또는 은닉 기타 방법으로 그 효용을 해한 자는 3년 이하의 징역 또는 700만 원 이하의 벌금에 처한다."라고 규정하고 있다. 여기에서 '기타 방법'이란 형법 제366조의 규정 내용 및 형벌 법규의 엄격해석 원칙 등에 비추어 손괴 또는 은닉에 준하는 정도의 유형력을 행사하여 재물 등의 효용을 해하는 행위를 의미하고, '재물의 효용을 해한다'고 함은 사실상으로나 감정상으로 그 재물을 본래의 사용목적에 제공할 수 없게 하는 상태로 만드는 것을 말하며, 일시적으로 그 재물을 이용할 수 없거나 구체적 역할을 할 수 없는 상태로 만드는 것도 포함한다.

② 피고인이 피해자가 홍보를 위해 설치한 광고판을 그 장소에서 제거하여 컨테이너로 된 창고로 옮겨 놓았다면 비록 물질적인 형태의 변경이나 멸실, 감손을 초래하지 않은 채 그대로 옮겼더라도 그 광고판은 본래적 역할을 할 수 없는 상태로 되었다고 보아야 하므로 재물손괴죄가 성립한다.

③ 피고인이 피해 차량의 앞뒤에 쉽게 제거하기 어려운 철근 콘크리트 구조물 등을 바짝 붙여 놓아 차량을 운행할 수 없게 하였더라도 피해 차량 자체에 물리적 훼손이나 기능적 효용의 멸실 내지 감소가 발생하지 않았으므로 재물 본래의 효용을 해한 것이라고 볼 수 없다.

④ 자동문설치공사를 한 피고인이 대금을 지급받지 못하자자 동문의 자동작동중지 예약기능을 이용하여 자동문이 자동으로 여닫히지 않도록 설정하여 수동으로만 개폐가 가능하도록 한 경우 재물손괴죄가 성립한다.

해설

① 【O】 형법 제366조는 "타인의 재물, 문서 또는 전자기록 등 특수매체기록을 손괴 또는 은닉 기타 방법으로 그 효용을 해한 자는 3년 이하의 징역 또는 700만 원 이하의 벌금에 처한다."라고 규정하고 있다. 여기에서 '기타 방법'이란 형법 제366조의 규정 내용 및 형벌법규의 엄격해석 원칙 등에 비추어 손괴 또는 은닉에 준하는 정도의 유형력을 행사하여 재물 등의 효용을 해하는 행위를 의미한다고 봄이 타당하고, '재물의 효용을 해한다.'고 함은 사실상으로나 감정상으로 그 재물을 본래의 사용목적에 제공할 수 없게 하는 상태로 만드는 것을 말하며, 일시적으로 그 재물을 이용할 수 없거나 구체적 역할을 할 수 없는 상태로 만드는 것도 포함한다(대판 2021.5.7. 2019도13764). 22. 법원직 9급

② 【O】 甲이 홍보를 위해 광고판(홍보용 배너와 거치대)을 1층 로비에 설치해 두었는데, 피고인이 乙에게 지시하여 乙이 위 광고판을 그 장소에서 제거하여 컨테이너로 된 창고로 옮겨 놓아 甲이 사용할 수 없도록 한 사안에서, 비록 물질적인 형태의 변경이나 멸실, 감손을 초래하지 않은 채 그대로 옮겼더라도 위 광고판은 본래적 역할을 할 수 없는 상태로 되었으므로 피고인의 행위는 재물손괴죄에서의 재물의 효용을 해하는 행위에 해당한다(대판 2018.7.24. 2017도18807). 22. 법원직 9급

③ 【X】 피고인이 평소 자신이 굴삭기를 주차하던 장소에 甲의 차량이 주차되어 있는 것을 발견하고 甲의 차량 앞에 철근콘크리트 구조물을, 뒤에 굴삭기 크러셔를 바짝 붙여 놓아 甲이 17~18시간 동안 차량을 운행할 수 없게 된 사안에서, 차량 앞뒤에 쉽게 제거하기 어려운 구조물 등을 붙여 놓은 행위는 차량에 대한 유형력 행사로 보기에 충분하고, 차량 자체에 물리적 훼손이나 기능적 효용의 멸실 내지 감소가 발생하지 않았더라도 甲이 위 구조물로 인해 차량을 운행할 수 없게 됨으로써 일시적으로 본래의 사용목적에 이용할 수 없게 된 이상 차량 본래의 효용을 해한 경우라고 한 사례(대판 2021.5.7. 2019도13764). 22. 법원직 9급

④ 【O】 대판 2016.11.25. 2016도9219 22. 법원직 9급

정답 ③

07 손괴죄에 관한 다음 설명 중 가장 옳지 않은 것은?

① 이미 작성되어 있던 장부의 기재를 새로운 장부로 이기하는 과정에서 누계 등을 잘못 기재하여 그 부분을 찢어버리고 계속하여 종전 장부의 기재내용을 모두 이기한 경우 특별한 사정이 없는 한 찢어버린 용지는 재물손괴죄의 객체가 되지 아니한다.
② 재물손괴죄의 객체인 "전자기록 등 특수매체기록"은 기록으로서의 성질상 어느 정도의 영속성이 있어야 하므로 전송 중이거나 처리 중인 자료는 여기에 해당하지 않는다.
③ 타인 소유의 재물이라면 비록 자신의 점유하에 있다고 하더라도 이를 손괴할 경우 재물손괴죄에 해당한다.
④ 자동문을 자동으로 작동하지 않고 수동으로만 개폐가 가능하게 하여 자동잠금장치로서 역할을 할 수 없도록 한 경우는 일시적으로 자동문의 역할을 할 수 없게 한 것에 불과하여 재물손괴죄가 성립하지 아니한다.
⑤ 허위의 내용이 기재된 확인서를 소유자의 의사에 반하여 작성명의인이 손괴한 경우 문서손괴죄가 성립한다.

해설

① 【O】 이미 작성되어 있던 장부의 기재를 새로운 장부로 이기하는 과정에서 누계 등을 잘못 기재하다가 그 부분을 찢어버리고 계속하여 종전장부의 기재내용을 모두 이기하였다면 그 당시 새로운 경리장부는 아직 작성중에 있어서 손괴죄의 객체가 되는 문서로서의 경리장부가 아니라 할 것이고, 또 그 찢어버린 부분이 진실된 증빙내용을 기재한 것이었다는 등의 특별한 사정이 없는 한 그 이기과정에서 잘못 기재되어 찢어버린 부분 그 자체가 손괴죄의 객체가 되는 재산적 이용가치 내지 효용이 있는 재물이라고도 볼 수 없다(대판 1989.10.24. 88도1296). 17. 법원행시
② 【O】 전자기록 등 특수매체기록은 사람의 지각으로 인식할 수 없는 방식에 의하여 만들어진 기록을 말하는바 기록으로서의 성질상 영속성을 요한다 따라서 전송 중이거나 처리 중인 자료는 이에 해당하지 아니한다. 17. 경찰간부
③ 【O】 타인소유이면 자기점유·타인점유를 불문하고 본죄의 객체가 되고, 공유물은 공유자 상호간에 타인의 소유로 취급한다. 17. 경찰간부
④ 【X】 재물손괴죄는 타인의 재물, 문서 또는 전자기록 등 특수매체기록을 손괴 또는 은닉 기타 방법으로 그 효용을 해한 경우에 성립한다(형법 제366조). 여기에서 손괴 또는 은닉 기타 방법으로 그 효용을 해하는 경우에는 물질적인 파괴행위로 물건 등을 본래의 목적에 사용할 수 없는 상태로 만드는 경우뿐만 아니라 일시적으로 물건 등의 구체적 역할을 할 수 없는 상태로 만들어 효용을 떨어뜨리는 경우도 포함된다. 따라서 자동문을 자동으로 작동하지 않고 수동으로만 개폐가 가능하게 하여 자동잠금장치로서 역할을 할 수 없도록 한 경우에도 재물손괴죄가 성립한다(대판 2016.11.25. 2016도9219). 17. 경찰간부
⑤ 【O】 허위내용의 확인서를 그 소유자의 의사에 반해 작성 명의인이 손괴한 경우, 확인서가 소유자의 의사에 반하여 손괴된 것이라면 그 확인서가 피고인 명의로 작성된 것이고 또 그것이 진실에 반하는 허위내용을 기재한 것이라 하더라도 피고인은 문서손괴의 죄책을 면할 수 없다(대판 1982.12.28. 82도1807). 17. 경찰간부

정답 ④

08 손괴죄에 대한 설명 중 옳지 않은 것은?

① 본래의 용도에 사용할 수 없으나 다른 용도에 사용할 수 있다면 이는 재물손괴죄의 객체가 된다.
② 재물손괴의 범의를 인정함에 있어서는 반드시 계획적인 손괴의 의도가 있거나 물건의 손괴를 적극적으로 희망하여야 하는 것은 아니고, 소유자의 의사에 반하여 재물의 효용을 상실케 하는 데 대한 인식이 있으면 된다.
③ 자기 명의의 문서라 할지라도 이미 타인에 접수되어 있는 문서에 대하여 함부로 이를 무효화시켜 그 용도에 사용하지 못하게 했다면 문서손괴죄가 성립한다.
④ 재건축 사업으로 철거할 예정이고, 그 입주자들이 모두 이사하여 아무도 거주하지 않는 채 비어 있는 아파트는 본래 사용목적인 주거용으로 쓰일 수 없는 상태라거나 재물로서의 이용가치가 없는 물건이라고 할 수 있어 재물손괴죄의 객체에 해당하지 않는다.

해설
① 【 O 】 대판 1979.7.24. 78도2138
② 【 O 】 대판 1993.12.7. 93도2701
③ 【 O 】 대판 1987.4.14. 87도177
④ 【 X 】 재건축사업으로 철거가 예정되어 있었고 그 입주자들이 모두 이사하여 아무도 거주하지 않은 채 비어 있는 아파트라 하더라도 그 아파트 자체의 객관적 성상이 본래 사용목적인 주거용으로 사용될 수 없는 상태가 아니었고 더욱이 그 소유자들이 재건축조합으로의 신탁등기 및 인도를 거부하는 방법으로 계속 그 소유권을 행사하고 있는 상황이었다면 위와 같은 사정만으로는 위 아파트가 재물로서의 이용가치나 효용이 없는 물건으로 되었다고 할 수 없으므로, 위 아파트는 재물손괴죄의 객체가 된다고 할 것이다(대판 2010.2.25. 2009도8473)

정답 ④

09 재물손괴죄 등에 대한 설명으로 옳은 것은 모두 몇 개인가?

㉠ 재물손괴죄에서 재물의 효용을 해한다고 함은 그 물건의 본래의 사용목적에 공할 수 없게 하는 상태로 만드는 것은 물론 일시 그것을 이용할 수 없는 상태로 만드는 것도 이에 해당한다.

㉡ 경락받은 공장건물에 시설되어 있는 자재가 경락에서 제외되어 있고 그것이 종전 건물소유자의 소유에 속할 경우 자재의 소유자가 이를 철거해 가지 않는다고 하여 그에게 철거를 최고하는 등의 조치를 취하지 않고 일방적으로 철거하여 손괴한다면 재물손괴의 범의가 있다고 보아야 한다.

㉢ 경리직원이 회사의 물품판매와 수금 등에 불가결한 회사 소유의 매출계산서를 자기의 집으로 반출하여 은닉하면서 자기의 봉급인상 요구에 회사가 응하지 않는다는 이유로 회사의 매출계산서 반환요구를 거부함으로써 이를 사용할 수 없는 상태로 만들었다면 문서은닉죄에 해당한다.

㉣ 기존의 장부에 기재된 세입·세출명세를 새로운 장부로 이기하는 과정에서 경리직원이 누계 등을 잘못 기재하자 잘못 기재된 부분을 찢어버린 후 계속하여 종전 장부의 기재내용을 모두 이기한 경우 손괴죄가 성립한다.

㉤ 해고노동자 등이 복직을 요구하는 집회를 개최하던 중 래커 스프레이를 이용하여 회사 건물 외벽과 1층 벽면에 낙서를 한 경우 손괴죄가 성립한다.

① 1개 ② 2개 ③ 3개 ④ 4개

해설
㉠ 【 O 】 대판 1982.7.13. 82도1057
㉡ 【 O 】 대판 1990.5.22. 90도700
㉢ 【 O 】 대판 1971.11.23. 71도1576
㉣ 【 X 】 이미 작성되어 있던 장부의 기재를 새로운 장부로 이기하는 과정에서 누계 등을 잘못 기재하다가 그 부분을 찢어버리고 계속하여 종전장부의 기재내용을 모두 이기하였다면 그 당시 새로운 경리장부는 아직 작성 중에 있어서 손괴죄의 객체가 되는 문서로서의 경리장부가 아니라 할 것이고, 또 그 찢어버린 부분이 진실된 증빙내용을 기재한 것이었다는 등의 특별한 사정이 없는 한 그 이기과정에서 잘못 기재되어 찢어버린 부분 그 자체가 손괴죄의 객체가 되는 재산적 이용가치 내지 효용이 있는 재물이라고도 볼 수 없다(대판 1989.10.24. 88도1296).
㉤ 【 O 】 대판 2007.6.28. 2007도2590 ◉ 반면 계란 30개를 건물에 투척하여 건물벽을 더럽힌 것에 대해서는 손괴죄를 부정하였음을 주의해야 한다.

정답 ④

10 다음 중 형법상 손괴죄가 성립하지 않는 경우는 모두 몇 개인가?

> ㉠ 타인 소유의 광고용 간판을 백색페인트로 도색하여 광고문안을 지워버린 경우
> ㉡ 약속어음의 수취인이 차용금의 지급담보를 위하여 은행에 보관시킨 약속어음을 은행지점장이 발행인의 부탁을 받고 그 지급기일란의 일자를 지운 경우
> ㉢ 음주운전으로 경찰에서 조사받은 피의자가 자기 명의로 작성하여 제출한 자술서를 잠시 돌려받아 이를 찢어버린 경우
> ㉣ 쪽파의 매수인이 명인방법을 갖추기 전에 매도인의 승낙을 받은 자가 쪽파를 파헤쳐 훼손한 경우

① 1개 ② 2개 ③ 3개 ④ 4개

해설

㉠ 【 O 】 대판 1991.10.22. 91도2090
㉡ 【 O 】 대판 1982.7.27. 82도223
㉢ 【 O 】 비록 자기명의의 문서라 할지라도 이미 타인(타기관)에 접수되어 있는 문서에 대하여 함부로 이를 무효화시켜 그 용도에 사용하지 못하게 하였다면 일응 형법상의 문서손괴죄를 구성한다 할 것이다(대판 1987.4.14. 87도177).
㉣ 【 X 】 [1] 물권변동에 있어서 형식주의를 채택하고 있는 현행 민법하에서는 소유권을 이전한다는 의사 외에 부동산에 있어서는 등기를, 동산에 있어서는 인도를 필요로 함과 마찬가지로 이 사건 쪽파와 같은 수확되지 아니한 농작물에 있어서는 명인방법을 실시함으로써 그 소유권을 취득한다.
[2] 쪽파의 매수인이 명인방법을 갖추지 않은 경우 쪽파에 대한 소유권을 취득하였다고 볼 수 없어 그 소유권은 여전히 매도인에게 있고 매도인과 제3자 사이에 일정기간 후 임의처분의 약정이 있었다면 그 기간 후에 제3자가 쪽파를 손괴하였더라도 재물손괴죄가 성립하지 않는다(대판 1996.2.23. 95도2754).

정답 ①

11 재물손괴죄에 대한 설명으로 가장 틀린 것은?

① 객체는 타인의 재물, 문서 또는 특수매체기록이며, 행위의 태양은 손괴, 또는 은닉 기타 방법으로 효용을 해라는 것이다.
② 불법영득의사를 주관적 구성요건요소로 하지 않는다.
③ 재물손괴죄의 미수범은 처벌한다.
④ 친족 간의 범행인 경우에는 형을 면제하거나 고소가 있어야 공소를 제기할 수 있다.

해설

① 【 O 】 형법 제366조
② 【 O 】 손괴죄는 훼기죄로서 불법영득의사를 필요로 하지 않는다.
③ 【 O 】 형법 제371조 ✔ 과실로 손괴한 경우는 처벌규정이 없다.
④ 【 X 】 강도죄와 손괴죄는 친족상도례 규정이 적용되지 않는다.

정답 ④

12 경계침범죄에 관한 설명 중 가장 틀린 것은?

① 종래 통용되던 사실상의 경계가 법률상의 정당한 경계가 아니더라도 경계로서의 객관성을 상실하지 않는 한 형법상의 경계에 해당한다.
② 건물을 신축하면서 건물의 처마를 피해자소유의 가옥 지붕 위로 나오게 한 것은 경계침범죄에 해당하지 않는다.
③ 형법 제370조에서 말하는 경계표는 그것이 어느 정도 객관적으로 통용되는 사실상의 경계를 표시할 것을 요하기 때문에 일시적인 것은 여기에 해당하지 않는다.
④ 경계는 이해관계인들이 묵시적 합의에 의하여 정하여질 수도 있다.

[해설]
① 【 O 】 대판 1992.12.8. 92도1682
② 【 O 】 피고인이 건물을 신축하면서 그 건물의 1층과 2층 사이에 있는 처마를 피해자소유의 가옥지붕위로 나오게 한 사실만으로는 양토지의 경계가 인식불능 되었다고 볼 수 없으므로 경계침범죄의 구성요건에 해당하지 아니한다(대판 1984.2.28. 83도1533).
③ 【 X 】 형법 제370조에서 말하는 경계표는 그것이 어느 정도 객관적으로 통용되는 사실상의 경계를 표시하는 것이라면 영속적인 것이 아니고 일시적인 것이라도 이 죄의 객체에 해당한다(대판 1999.4.9. 99도480).
④ 【 O 】 대판 2008.5.29. 2008도2476

정답 ③

13 형법 제370조의 경계침범죄에 관한 다음 설명 중 가장 적절하지 않은 것은?

① 실제상의 경계선에 부합되지 않는 경계표라 할지라도 그것이 종전부터 일반적으로 승인되어 온 것이라면 그와 같은 경계표도 형법 제370조 소정의 경계표에 해당된다.
② 경계침범죄는 어떠한 행위에 의하여 토지의 경계가 인식불능하게 됨으로써 비로소 성립되는 것이어서, 경계표의 손괴 등의 행위가 있었다 하더라도 토지경계 인식불능의 결과가 발생하지 않는 한 경계침범죄가 성립될 수 없다.
③ 경계표는 반드시 담장 등과 같이 인위적으로 설치된 구조물만을 의미하는 것으로 볼 것은 아니고, 수목이나 유수등과 같이 종래부터 자연적으로 존재하던 것이라도 경계표지로 승인된 것이면 여기의 경계표에 해당한다.
④ 기존 경계가 진실한 권리상태와 맞지 않는다는 이유로 당사자의 어느 한쪽이 기존 경계를 무시하고 일방적으로 경계측량을 하여 이를 실체권리관계에 맞는 경계라고 주장하면서 그 위에 경계표를 설치한 경우 이와 같은 경계표도 경계침범죄에서 말하는 경계표에 해당한다.

[해설]
① 【 O 】 대판 2007.12.28. 2007도9181
② 【 O 】 대판 2010.9.9. 2008도8973
③ 【 O 】 대판 2007.12.28. 2007도9181
④ 【 X 】 기존 경계가 진실한 권리상태와 맞지 않는다는 이유로 당사자의 어느 한쪽이 기존 경계를 무시하고 일방적으로 경계측량을 하여 이를 실체권리관계에 맞는 경계라고 주장하면서 그 위에 경계표를 설치하더라도 경계침범죄에서 말하는 경계표에 해당되지 않는다(대판 1986.12.9. 86도1492).

정답 ④

제10절　권리행사방해의 죄

> 지문의 내용에 대해 학설의 대립 등 다툼이 있는 경우 판례에 의함

01 권리행사를 방해하는 죄에 대한 설명 중 가장 적절하지 않은 것은?

① 무효인 경매절차에서 경매목적물을 경락받아 이를 점유하고 있는 낙찰자의 점유는 적법한 점유로서 그 점유자는 권리행사방해죄에 있어서 타인의 물건을 점유하고 있는 자라고 보아야 한다.
② 주식회사의 대표이사가 그의 지위에 기하여 그 직무집행 행위로서 타인이 점유하는 회사의 물건을 취거한 경우에 그 행위는 회사의 대표기관으로서의 행위라고 평가되므로, 그 회사의 물건은 권리행사방해죄에 있어서의 '자기의 물건'이라고 보아야 한다.
③ 개설자격이 없는 자가 의료기관을 개설하여 의료법을 위반한 병원의 요양급여비용채권은 해당 의료기관의 채권자가 이를 대상으로 하여 강제집행 또는 보전처분의 방법으로 채권의 만족을 얻을 수 있으므로, 강제집행면탈죄의 객체가 된다.
④ 명의신탁자와 명의수탁자가 계약명의신탁 약정을 맺고 명의수탁자가 당사자가 되어 소유자와 부동산에 관한 매매계약을 체결한 후 그 매매계약에 따라 당해 부동산의 소유권이전등기를 명의수탁자 명의로 마친 경우, 명의신탁자는 그 매매계약에 의해서 당해 부동산의 소유권을 취득하지 못하게 되어, 결국 그 부동산은 명의신탁자에 대한 강제집행이나 보전처분의 대상이 될 수 없다.

해설

① 【 O 】 형법 제323조의 권리행사방해죄에 있어서의 타인의 점유라 함은 권원으로 인한 점유 즉 정당한 원인에 기하여 그 물건을 점유하는 권리있는 점유를 의미하는 것으로서 본권을 갖지 아니한 절도범인의 점유는 여기에 해당하지 아니하나, 반드시 본권에 의한 점유만에 한하지 아니하고 동시이행항변권 등에 기한 점유와 같은 적법한 점유도 여기에 해당한다고 할 것이고, 한편, 쌍무계약이 무효로 되어 각 당사자가 서로 취득한 것을 반환하여야 할 경우, 어느 일방의 당사자에게만 먼저 그 반환의무의 이행이 강제된다면 공평과 신의칙에 위배되는 결과가 되므로 각 당사자의 반환의무는 동시이행 관계에 있다고 보아 민법 제536조를 준용함이 옳다고 해석되고, 이러한 법리는 경매절차가 무효로 된 경우에도 마찬가지라고 할 것이므로, 무효인 경매절차에서 경매목적물을 경락받아 이를 점유하고 있는 낙찰자의 점유는 적법한 점유로서 그 점유자는 권리행사방해죄에 있어서의 타인의 물건을 점유하고 있는 자라고 할 것이다(대판 2003.11.28. 2003도4257). 21. 경찰
② 【 O 】 주식회사의 대표이사가 대표이사의 지위에 기하여 그 직무집행행위로서 타인이 점유하는 위 회사의 물건을 취거한 경우에는, **위 행위는 위 회사의 대표기관으로서의 행위**라고 평가되므로, 위 회사의 물건도 권리행사방해죄에 있어서의 **"자기의 물건"**이라고 보아야 한다(대판 1992.1.21. 91도1170). 21. 경찰
③ 【 X 】 형법 제327조는 "강제집행을 면할 목적으로 재산을 은닉, 손괴, 허위양도 또는 허위의 채무를 부담하여 채권자를 해한 자"를 처벌한다고 규정하고 있다. 강제집행면탈죄는 강제집행이 임박한 채권자의 권리를 보호하기 위한 것이므로, 강제집행면탈죄의 객체는 채무자의 재산 중에서 채권자가 민사집행법상 강제집행 또는 보전처분의 대상으로 삼을 수 있는 것이어야 한다.
한편 의료법 제33조 제2항, 제87조 제1항 제2호는 의료기관 개설자의 자격을 의사 등으로 한정한 다음 의료기관의 개설자격이 없는 자가 의료기관을 개설하는 것을 엄격히 금지하고 있고, 이를 위반한 경우 형사처벌하도록 정함으로써 의료의 적정을 기하여 국민의 건강을 보호·증진하는 데 기여하도록 하고 있다. 또한 국민건강보험법 제42조 제1항은 요양급여는 '의료법에 따라 개설된 의료기관'에서 행하도록 정하고 있다. 따라서 의료법에 의하여 적법하게 개설되지 아니한 의료기관에서 요양급여가 행하여졌다면 해당 의료기관은 국민건강보험법상 요양급여비용을 청구할 수 있는 요양기관에 해당되지 아니하여 해당 요양급여비용 전부를 청구할 수 없고, 해당 의료기관의 채권자로서도 위 요양급여비용 채권을 대상으로 하여 강제집행 또는 보전처분의 방법으로 채권의 만족을 얻을 수 없는 것이므로, 결국 위와 같은 채권은 강제집행면탈죄의 객체가 되지 아니한다(대판 2017.4.26. 2016도19982). 21. 경찰
④ 【 O 】 명의신탁자와 명의수탁자가 이른바 계약명의신탁 약정을 맺고 명의수탁자가 당사자가 되어 명의신탁 약정이 있다는 사실을 알지 못하는 소유자와 부동산에 관한 매매계약을 체결한 후 그 매매계약에 따라 당해 부동산의 소유권이전등기를 명의수탁자 명의로 마친 경우에는, 명의신탁자와 명의수탁자 사이의 명의신탁 약정의 무효에도 불구하고 부동산 실권리자명의 등기에 관한 법률 제4조 제2항 단서에 의하여 그 명의수탁자는 당해 부동산의 완전한 소유권을 취득한다. 이와 달리 소유자가 계약명의신탁 약정이 있다는 사실을 안 경우에는 수탁자 명의의 소유권이전등기는 무효이고 당해 부동산의 소유권은 매도인이 그대로 보유하게 된다. 어느 경우든지 명의신탁자는 그 매매계약에 의해서는 당해 부동산의 소유권을 취득하지 못하게 되어, 결국 그 부동산은 명의신탁자에 대한 강제집행이나 보전처분의 대상이 될 수 없다(대판 2011.12.8. 2010도4129). 21. 경찰

정답 ③

02 권리행사를 방해하는 죄에 관한 설명으로 옳지 않은 것을 모두 고른 것은?

㉠ 권리행사방해죄는 타인의 점유 또는 권리의 목적이 된 자기의 물건을 취거, 은닉 또는 손괴하여 타인의 권리행사를 방해함으로써 성립하므로, 물건의 소유자가 아닌 제3자가 소유자의 권리행사방해 범행에 가담한 경우에 그의 공범이 될 수 없다.
㉡ 권리행사방해죄에 있어서의 타인의 점유와 관련하여 본권을 갖지 아니하는 절도범인의 점유도 여기에 해당한다.
㉢ 물건에 대한 점유를 수반하지 아니하는 채권의 목적이 된 자기물건은 권리행사방해죄의 구성요건 중 타인의 권리에 포함되지 아니한다.
㉣ 채무자와 제3채무자 사이에 채무자의 장래 청구권이 충분하게 표시되었거나 결정된 법률관계가 존재한다면 동산·부동산 뿐만 아니라 장래의 권리라도 강제집행면탈죄의 객체에 해당한다.
㉤ 강제집행면탈죄는 강제집행을 당할 구체적인 위험이 있는 상태에서 재산을 은닉, 손괴, 허위양도 또는 허위의 채무를 부담하면 바로 성립하는 것이고, 반드시 채권자를 해하는 결과가 야기되거나 이로 인하여 행위자가 어떤 이득을 취하여야 범죄가 성립하는 것은 아니다.

① ㉠, ㉡, ㉢   ② ㉠, ㉡, ㉤   ③ ㉠, ㉢, ㉣   ④ ㉡, ㉣, ㉤

해설

㉠ 【 X 】 형법 제323조의 권리행사방해죄는 타인의 점유 또는 권리의 목적이 된 자기의 물건을 취거, 은닉 또는 손괴하여 타인의 권리행사를 방해함으로써 성립하므로 그 취거, 은닉 또는 손괴한 물건이 자기의 물건이 아니라면 권리행사방해죄가 성립할 수 없다. 물건의 소유자가 아닌 사람은 형법 제33조 본문에 따라 소유자의 권리행사방해 범행에 가담한 경우에 한하여 그의 공범이 될 수 있을 뿐이다. 그러나 권리행사방해죄의 공범으로 기소된 물건의 소유자에게 고의가 없는 등으로 범죄가 성립하지 않는다면 공동정범이 성립할 여지가 없다(대판 2017.5.30. 2017도4578). 24. 경찰승진
㉡ 【 X 】 권리행사방해죄에 있어서의 타인의 점유라 함은 권원으로 인한 점유 즉 정당한 원인에 기하여 그 물건을 점유하는 권리있는 자의 점유를 의미하는 것으로서 본권을 갖지 아니하는 절도범인의 점유는 여기에 해당하지 않는다 할 것인바, 乙이 甲소유의 가마솥을 절취하여 자신의 집 마당에 보관하고 있는 것을 甲이 乙의 허락 없이 운반하여 가져간 경우, 그 솥이 甲의 소유이고 乙이 이를 절취하여 점유보관하고 있던 것인 이상 甲의 소위는 권리행사방해죄를 구성하지는 않는다(대판 1994.11.11. 94도343). 24. 경찰승진
㉢ 【 X 】 권리행사방해죄의 구성요건 중 타인의 '권리'란 반드시 제한물권만을 의미하는 것이 아니라 물건에 대하여 점유를 수반하지 아니하는 채권도 이에 포함된다(대판 1991.4.26. 90도1958). 24. 경찰승진
㉣ 【 O 】 대판 2011.7.28. 2011도6115 24. 경찰승진
㉤ 【 O 】 대판 2012.6.28. 2012도3999 24. 경찰승진

정답 ①

03 권리행사를 방해하는 죄에 대한 설명 중 가장 적절한 것은?

① '보전처분 단계에서의 가압류채권자의 지위'는 강제집행면탈죄의 객체가 될 수 없다.
② 강제집행면탈죄가 적용되는 강제집행에는 '담보권 실행 등을 위한 경매'를 면탈할 목적으로 재산을 은닉하는 경우도 포함된다.
③ 채권자들이 피고인을 상대로 법적 절차를 취하기 위한 준비를 하고 있지 않았지만, 피고인이 어음의 부도가 있기 전에 강제 집행을 면탈하기 위해 자기의 형에게 허위채무를 부담하고 가등기하여 주었다면 강제집행면탈죄가 성립한다.
④ 무효인 경매절차에서 경매목적물을 경락받아 이를 점유하고 있는 낙찰자의 점유는 동시이행 항변권이 있더라도 적법한 점유가 아니므로 그 점유자는 권리행사방해죄에 있어서 타인의 물건을 점유하고 있는 자라고 할 수 없다.

해설

① 【O】 강제집행면탈죄의 객체는 채무자의 재산 중에서 채권자가 민사집행법상 강제집행 또는 보전처분의 대상으로 삼을 수 있는 것만을 의미하므로, '보전처분 단계에서의 가압류채권자의 지위' 자체는 원칙적으로 민사집행법상 강제집행 또는 보전처분의 대상이 될 수 없어 강제집행면탈죄의 객체에 해당한다고 볼 수 없고, 이는 가압류채무자가 가압류해방금을 공탁한 경우에도 마찬가지이다(대판 2008.9.11. 2006도8721). 20. 경찰승진
② 【X】 형법 제327조의 강제집행면탈죄가 적용되는 강제집행은 민사집행법 제2편의 적용 대상인 '강제집행' 또는 가압류·가처분 등의 집행을 가리키는 것이고, 민사집행법 제3편의 적용 대상인 '담보권 실행 등을 위한 경매'를 면탈할 목적으로 재산을 은닉하는 등의 행위는 위 죄의 규율 대상에 포함되지 않는다(대판 2015.3.26. 2014도14909). 20. 경찰승진
③ 【X】 이혼을 요구하는 처로부터 재산분할청구권에 근거한 가압류 등 강제집행을 받을 우려가 있는 상태에서 남편이 이를 면탈할 목적으로 허위의 채무를 부담하고 소유권이전청구권보전가등기를 경료한 경우, 강제집행면탈죄가 성립한다(대판 2008.6.26. 2008도3184). 20. 경찰승진
④ 【X】 형법 제323조의 권리행사방해죄에 있어서의 타인의 점유라 함은 권원으로 인한 점유 즉 정당한 원인에 기하여 그 물건을 점유하는 권리있는 점유를 의미하는 것으로서 본권을 갖지 아니한 절도범인의 점유는 여기에 해당하지 아니하나, 반드시 본권에 의한 점유만에 한하지 아니하고 동시이행항변권 등에 기한 점유와 같은 적법한 점유도 여기에 해당한다고 할 것이고, 한편, 쌍무계약이 무효로 되어 각 당사자가 서로 취득한 것을 반환하여야 할 경우, 어느 일방의 당사자에게만 먼저 그 반환의무의 이행이 강제된다면 공평과 신의칙에 위배되는 결과가 되므로 각 당사자의 반환의무는 동시이행 관계에 있다고 보아 민법 제536조를 준용함이 옳다고 해석되고, 이러한 법리는 경매절차가 무효로 된 경우에도 마찬가지라고 할 것이므로, 무효인 경매절차에서 경매목적물을 경락받아 이를 점유하고 있는 낙찰자의 점유는 적법한 점유로서 그 점유자는 권리행사방해죄에 있어서의 타인의 물건을 점유하고 있는 자라고 할 것이다(대판 2003.11.28. 2003도4257). 20. 경찰승진

정답 ①

04 형법 제323조의 권리행사방해죄에 관한 다음 설명 중 가장 옳지 않은 것은?

① 취거, 은닉 또는 손괴한 물건이 자기 소유의 물건이 아니라면 권리행사방해죄가 성립할 여지가 없다.
② 무효인 부동산경매절차에서 목적 부동산을 매수하여 점유하고 있는 사람은 권리행사방해죄에서 타인의 물건을 점유하고 있는 자이다.
③ 본권을 갖지 아니하는 절도범인의 점유는 권리행사방해죄에 있어서 타인의 점유에 해당하지 아니한다.
④ 물건에 대하여 점유를 수반하지 아니하는 채권은 권리행사방해죄의 구성요건 중 타인의 권리에 포함되지 아니한다.
⑤ 권리행사방해죄에서 은닉이란 타인의 점유 또는 권리의 목적이 된 자기 물건 등의 소재를 발견하기 불가능하게 하거나 또는 현저히 곤란한 상태에 두는 것을 말하고, 그로 인하여 권리행사가 방해될 우려가 있는 상태에 이르면 권리행사방해죄가 성립하며 현실로 권리행사가 방해되었을 것까지 필요로 하는 것은 아니다.

[해설]

① 【O】 형법 제323조의 권리행사방해죄는 타인의 점유 또는 권리의 목적이 된 자기의 물건을 취거, 은닉 또는 손괴하여 타인의 권리행사를 방해함으로써 성립하므로 그 취거, 은닉 또는 손괴한 물건이 자기의 물건이 아니라면 권리행사방해죄가 성립할 수 없다(대판 2017.5.30. 17도4578). 17. 법원행시

② 【O】 무효인 경매절차에서 경매목적물을 경락받아 이를 점유하고 있는 낙찰자의 점유는 적법한 점유로서 그 점유자는 권리행사방해죄에 있어서의 타인의 물건을 점유하고 있는 자라고 할 것이다(대판 2003.11.28. 2003도4257). 17. 법원행시

③ 【O】 권리행사방해죄에 있어서의 타인의 점유라 함은 권원으로 인한 점유 즉 정당한 원인에 기하여 그 물건을 점유하는 권리 있는 자의 점유를 의미하는 것으로서 본권을 갖지 아니하는 절도범인의 점유는 여기에 해당하지 않는다 할 것인바, 乙이 甲소유의 가마솥을 절취하여 자신의 집 마당에 보관하고 있는 것을 甲이 乙의 허락 없이 운반하여 가져간 경우, 그 솥이 甲의 소유이고 乙이 이를 절취하여 점유보관하고 있던 것인 이상 甲의 소위는 권리행사방해죄를 구성하지는 않는다(대판 1994.11.11. 94도343). 17. 법원행시

④ 【X】 권리행사방해죄의 구성요건 중 타인의 '권리'란 반드시 제한물권만을 의미하는 것이 아니라 물건에 대하여 점유를 수반하지 아니하는 채권도 이에 포함된다(대판 1991.4.26. 90도1958). ⇨ 따라서 甲이 계약상 원목벌채공사의 의무를 모두 이행하였으나 피고인이 위 원목을 제3자인에게 매도한 경우, 甲이 위 원목에 대하여 인도청구권(채권)을 갖고 있었다면 甲의 권리의 목적이 된 물건이라고 볼 여지가 있어 피고인은 권리행사방해죄가 성립함(절도죄가 아님) 17. 법원행시

⑤ 【O】 형법 제323조의 권리행사방해죄는 타인의 점유 또는 권리의 목적이 된 자기의 물건 또는 전자기록 등 특수매체기록을 취거, 은닉 또는 손괴하여 타인의 권리행사를 방해함으로써 성립한다. 여기서 '은닉'이란 타인의 점유 또는 권리의 목적이 된 자기 물건 등의 소재를 발견하기 불가능하게 하거나 또는 현저히 곤란한 상태에 두는 것을 말하고, 그로 인하여 권리행사가 방해될 우려가 있는 상태에 이르면 권리행사방해죄가 성립하고 현실로 권리행사가 방해되었을 것까지 필요로 하는 것은 아니다(대판 2017.5.17. 2017도2230). 17. 법원행시

[정답] ④

05 권리행사방해죄에 관한 다음 설명 중 가장 옳지 않은 것은?

① 형법 제323조의 권리행사방해죄는 물건 또는 전자기록등특수매체기록을 취거, 은닉 또는 손괴하여 타인의 권리행사를 방해함으로써 성립한다. 여기서 '은닉'이란 타인의 점유 또는 권리의 목적이 된 자기 물건 등의 소재를 발견하기 불가능하게 하거나 또는 현저히 곤란한 상태에 두는 것을 말하고, 그로 인하여 권리행사가 방해될 우려가 있는 상태에 이르면 권리행사방해죄가 성립하고 현실로 권리행사가 방해되었을 것까지 필요로 하는 것은 아니다.

② 형법 제323조의 권리행사방해죄는 타인의 점유 또는 권리의 목적이 된 '자기의 물건'을 취거, 은닉 또는 손괴하여 타인의 권리행사를 방해함으로써 성립하는 것이므로, 그 취거, 은닉 또는 손괴한 물건이 '자기의 물건'이 아니라면 권리행사방해죄가 성립할 수 없다.

③ 채권자가 동산 양도담보 목적물에 관한 반환 청구권을 양도하는 방법으로 제3자에게 처분하여 그 목적물의 소유권을 취득하게 한 다음 그 제3자로 하여금 그 목적물을 취거하게 한 경우, 사안에 따라 권리행사방해죄를 구성할 여지가 있음은 별론으로 하고, 절도죄를 구성할 여지는 없다.

④ 권리행사방해죄에 있어서의 타인의 점유라 함은 권원으로 인한 점유 즉 정당한 원인에 기하여 그 물건을 점유하는 권리있는 점유를 의미하는 것으로서 본권을 갖지 아니한 절도범인의 점유는 여기에 해당하지 아니하나, 반드시 본권에 의한 점유일 것을 요하지는 않으므로, 동시이행항변권 등에 기한 점유와 같은 적법한 점유도 여기에 해당한다.

⑤ 점유의 개시 당시에는 적법한 사유에 기하였으나, 그후에 그 점유물을 소유자에게 인도해야 할 사정이 발생하였음에도 불구하고 점유자가 임의로 이를 인도하지 아니하고 계속 이를 무단 점유하고 있다면, 그 점유자는 더 이상 권리행사방해죄에서의 '타인의 물건을 점유하고 있는 자'라 할 수 없다.

해 설

① 【 O 】 대판 2017.5.17. 2017도2230 23. 법원행시
② 【 O 】 대판 1971.1.26. 70도2591 23. 법원행시
③ 【 O 】 대판 2008.11.27. 2006도4263 23. 법원행시
④ 【 O 】 형법 제323조의 권리행사방해죄에 있어서의 타인의 점유라 함은 권원으로 인한 점유 즉 정당한 원인에 기하여 그 물건을 점유하는 권리있는 점유를 의미하는 것으로서 본권을 갖지 아니한 절도범인의 점유는 여기에 해당하지 아니하나, 반드시 본권에 의한 점유만에 한하지 아니하고 동시이행항변권 등에 기한 점유와 같은 적법한 점유도 여기에 해당한다(대판 2003.11.28. 2003도4257). 23. 법원행시
⑤ 【 X 】 일단 적법한 원유에 기하여 물건을 점유한 이상 그 후에 그 점유물을 소유자에게 명도하여야 할 사정이 발생하였다 할지라도 점유자가 임의로 명도를 하지 아니하고 계속 점유하고 있다면 그 점유자는 권리행사방해죄에 있어서의 타인의 물건을 점유하고 있는 자이다(대판 1977.9.13. 77도1672). 23. 법원행시

정답 ⑤

06 권리행사방해죄에 관한 설명 중 가장 적절하지 않은 것은?

① 甲이 자동차등록원부상 A명의로 등록되어 있는 차량을 B에게 담보로 제공하였음에도 불구하고, B의 승낙 없이 미리 소지하고 있던 위 차량의 보조키를 이용하여 이를 운전하여 간 경우 권리행사방해죄가 성립하지 않는다.
② 무효인 경매절차에서 경매목적물을 경락받아 이를 점유하고 있는 낙찰자의 점유는 동시이행항변권이 있더라도 적법한 점유가 아니므로 그 점유자는 권리행사방해죄에 있어서의 타인의 물건을 점유하고 있는 자라고 할 수 없다.
③ 렌트카회사의 공동대표이사 중 1인이 회사 보유 차량을 자신의 개인적인 채무담보 명목으로 피해자에게 넘겨 주었는데 다른 공동대표이사인 피고인이 위 차량을 몰래 회수하도록 한 경우, 위 피해자의 점유는 권리행사방해죄의 보호대상인 점유에 해당한다.
④ 권리행사방해죄에는 친족상도례에 관한 규정이 적용된다.

해설

① 【O】 피고인이 피해자에게 담보로 제공한 차량이 그 자동차등록원부에 타인 명의로 등록되어 있는 이상 그 차량은 피고인의 소유는 아니라는 이유로, 피고인이 피해자의 승낙 없이 미리 소지하고 있던 위 차량의 보조키를 이용하여 이를 운전하여 간 행위가 권리행사방해죄를 구성하지 않는다고 한 사례(대판 2005.11.10. 2005도6604). 17. 경찰승진

② 【X】 형법 제323조의 권리행사방해죄에 있어서의 타인의 점유라 함은 권원으로 인한 점유 즉 정당한 원인에 기하여 그 물건을 점유하는 권리있는 점유를 의미하는 것으로서 본권을 갖지 아니한 절도범인의 점유는 여기에 해당하지 아니하나, 반드시 본권에 의한 점유만에 한하지 아니하고 동시이행항변권 등에 기한 점유와 같은 적법한 점유도 여기에 해당한다고 할 것이고, 한편, 쌍무계약이 무효로 되어 각 당사자가 서로 취득한 것을 반환하여야 할 경우, 어느 일방의 당사자에게만 먼저 그 반환의무의 이행이 강제된다면 공평과 신의칙에 위배되는 결과가 되므로 각 당사자의 반환의무는 동시이행 관계에 있다고 보아 민법 제536조를 준용함이 옳다고 해석되고, 이러한 법리는 경매절차가 무효로 된 경우에도 마찬가지라고 할 것이므로, 무효인 경매절차에서 경매목적물을 경락받아 이를 점유하고 있는 낙찰자의 점유는 적법한 점유로서 그 점유자는 권리행사방해죄에 있어서의 타인의 물건을 점유하고 있는 자라고 할 것이다(대판 2003.11.28. 2003도4257). 17. 경찰승진

③ 【O】 렌트카회사의 공동대표이사 중 1인이 회사 보유 차량을 자신의 개인적인 채무담보 명목으로 피해자에게 넘겨 주었는데 다른 공동대표이사인 피고인이 위 차량을 몰래 회수하도록 한 경우, 위 피해자의 점유는 권리행사방해죄의 보호대상인 점유에 해당한다고 한 사례(대판 2006.3.23. 2005도4455). 17. 경찰승진

④ 【O】 제1항 이외의 친족간에 제323조(권리행사방해)의 죄를 범한 때에는 고소가 있어야 공소를 제기할 수 있다(형법 제328조 제2항). 17. 경찰승진

정답 ②

07 권리행사방해죄에 관한 다음 설명 중 틀린 것은 모두 몇 개인가?

㉠ 권리행사방해죄의 구성요건 중 타인의 권리란 반드시 제한물권만을 의미하는 것이 아니라 물건에 대하여 점유를 수반하지 아니하는 채권도 포함된다.

㉡ 甲이 乙로부터 건물을 매수하면서 자신의 처 丙에게 등기명의를 신탁한 다음 丁에게 위 건물에 있는 점포를 임대하고, 丁과 실내장식공사 대금 문제로 다툰 후 점포에 자물쇠를 채워 丁을 출입하지 못하게 하였다면 위 건물의 실제 소유자는 甲이므로 권리행사방해죄가 성립한다.

㉢ 채권자들에 의한 복수의 강제집행이 예상되는 경우 재산을 은닉 또는 허위양도함으로써 채권자들을 해하였다면 채권자별로 각각 강제집행면탈죄가 성립하고 상호 실체적 경합범의 관계에 있다.

㉣ 乙이 甲의 명의를 빌려 식품접객업 영업허가를 받기로 서로 합의하고, 甲의 신청에 의하여 甲명의로 발급된 영업허가증과 사업등록증을 乙이 인도받았는데, 甲이 乙의 손가방에서 위 영업허가증과 사업등록증을 몰래 꺼내어 갔다면, 甲의 행위는 권리행사방해죄를 구성한다.

㉤ 피고인이 자신의 명의로 등록된 자동차를 사실혼 관계에 있는 甲에게 증여하여 甲만이 이를 운행·관리하여 오다가 서로 별거하면서 재산분할 내지 위자료 명목으로 甲이 소유하기로 하였는데, 피고인이 이를 임의로 운전해 가져갔다면 권리행사방해죄가 성립한다.

① 1개   ② 2개   ③ 3개   ④ 4개

해설

㉠ 【O】 대판 1991.4.26. 90도1958

㉡ 【X】 부동산 실권리자명의 등기에 관한 법률 제8조는 배우자 명의로 부동산에 관한 물권을 등기한 경우에 조세포탈, 강제집행의 면탈 또는 법령상 제한의 회피를 목적으로 하지 아니한 때에는 제4조 내지 제7조 및 제12조 제1항, 제2항의 규정을 적용하지 아니한다고 규정하고 있는바, 만일 명의신탁자가 그러한 목적으로 명의신탁을 함으로써 명의신탁이 무효로 되는 경우에는 말할 것도 없고, 그러한 목적이 없어서 유효한 명의신탁이 되는 경우에도 제3자인 부동산의 임차인에 대한 관계에서는 명의신탁자는 소유자가 될 수 없으므로, 어느 모로 보나 신탁한 부동산이 권리행사방해죄에서 말하는 '자기의 물건'이라 할 수 없다. 따라서 피고인이 이른바 중간생략등기형 명의신탁 또는 계약명의신탁의 방식으로 자신의 처에게 등기명의를 신탁하여 놓은 점포에 자물쇠를 채워 점포의 임차인을 출입하지 못하게 한 경우, 그 점포는 권리행사방해죄의 객체인 자기의 물건에 해당하지 않는다(대판 2005.9.9. 2005도626).

㉢ 【X】 채권자들에 의한 복수의 강제집행이 예상되는 경우 재산을 은닉 또는 허위양도함으로써 채권자들을 해하였다면 채권자별로 각각 강제집행면탈죄가 성립하고, 상호 상상적 경합범의 관계에 있다(대판 2011.12.8. 2010도4129).

㉣ 【X】 식품접객업 영업허가가 행정관청의 허가이고 그 영업 자체가 국민의 보건과 관계가 있으며, 나아가 부가가치세법에 의한 사업자등록이 납세의무와 관련되어 있다 하더라도, 당사자 사이에서 그 허가명의 및 등록명의를 대여하는 것이 허용되지 않는다고 볼 것은 아니다. 따라서 명의대여 약정에 따른 신청에 의하여 발급된 영업허가증과 사업자등록증은 피해자가 인도받음으로써 피해자의 소유가 되었다고 할 것이므로, 이를 명의대여자가 가지고 간 행위는 절도죄에 해당한다(대판 2004.3.12. 2002도5090).

㉤ 【X】 자동차에 대한 소유권의 득실변경은 등록을 함으로써 그 효력이 생기고 등록이 없는 한 대외적 관계에서는 물론 당사자의 대내적 관계에서도 소유권을 취득할 수 없는 것이 원칙이지만, 당사자 사이에 소유권을 등록명의자 아닌 자가 보유하기로 약정하였다는 등의 특별한 사정이 있는 경우에는 그 내부관계에 있어서는 등록명의자 아닌 자가 소유권을 보유하게 된다고 할 것이다. 피고인이 자신의 명의로 등록된 자동차를 사실혼 관계에 있던 甲에게 증여하여 甲만이 이를 운행·관리하여 오다가 서로 별거하면서 재산분할 내지 위자료 명목으로 甲이 소유하기로 하였는데, 피고인이 이를 임의로 운전해 간 경우 자동차 등록명의와 관계없이 피고인과 甲 사이에서는 甲을 소유자로 보아야 하므로 절도죄가 성립한다(대판 2013.2.28. 2012도15303).

정답 ④

08 다음 중 권리행사방해죄에 관한 설명 중 가장 적절하지 않은 것은?

① 타인의 권리행사가 현실적으로 방해되지 않았을지라도 방해될 우려가 있다면 본죄가 성립한다.
② 채권자에 의하여 압류된 채무자 소유의 유체동산을 채무자의 모(母)소유인 것으로 사칭하면서 모(母)의 명의로 제3자이의의 소를 제기하고 집행정지결정을 받아 그 집행을 저지하였다면 이는 재산을 은닉한 경우에 해당하여 강제집행면탈죄가 성립한다.
③ 형법 제323조의 취거, 은닉 또는 손괴의 물건이 자기의 물건이 아니면 권리행사방해죄가 안된다.
④ 타인권리목적의 자기 소유 토지(저당권이 설정되어 있음)를 제3자에게 매도하고 소유권이전등기를 한 경우 권리행사방해죄가 된다.

해설

① 【O】 권리행사방해죄는 추상적 위험범이기 때문이다.
② 【O】 대판 1992.12.8. 92도1653
③ 【O】 대판 1971.1.26. 70도2591
④ 【X】 타인이 자기 소유의 토지에 저당권을 가지고 있다고 하여 이를 매각하는 자유가 없어지는 것은 아니므로 이를 처분했다 하여 권리행사방해가 성립하는 것은 아니다.

정답 ④

09 권리행사를 방해하는 죄에 대한 다음 설명 중 가장 옳지 않은 것은?

① 주식회사의 대표이사가 대표이사의 지위에 기하여 그 직무집행행위로서 타인이 점유하는 위 회사의 물건을 취거하였다고 하더라도 권리행사방해죄가 성립하지 아니한다.
② 본권을 갖지 아니하는 절도범인의 점유는 권리행사방해죄에 있어서 타인의 점유에 해당하지 않는다.
③ 국세징수법에 의한 체납처분은 강제집행면탈죄의 강제집행에 포함되지 않는다.
④ 형법 제327조의 강제집행면탈죄는 채권자가 본안 또는 보전소송을 제기하거나 제기할 태세를 보이고 있는 상태에서 주관적으로 강제집행을 면탈하려는 목적으로 재산을 은닉, 손괴, 허위양도하거나 허위의 채무를 부담하여 채권자를 해할 위험이 있으면 성립하는 것이고, 반드시 채권자를 해하는 결과가 야기되거나 행위자가 어떤 이득을 취하여야 범죄가 성립하는 것은 아니다.

해설

① 【X】 주식회사의 대표이사가 대표이사의 지위에 기하여 그 직무집행행위로서 타인이 점유하는 위 회사의 물건을 취거한 경우에는, 위 행위는 위 **회사의 대표기관으로서의 행위**라고 평가되므로, 위 회사의 물건도 권리행사방해죄에 있어서 "**자기의 물건**"이라고 보아야 한다(대판 1992.1.21. 91도1170). 18. 경찰간부
② 【O】 권리행사방해죄에서의 보호대상인 타인의 점유는 반드시 점유할 권원에 기한 점유만을 의미하는 것은 아니고, 일단 적법한 권원에 기하여 점유를 개시하였으나 사후에 점유 권원을 상실한 경우의 점유, 점유 권원의 존부가 외관상 명백하지 아니하여 법정절차를 통하여 권원의 존부가 밝혀질 때까지의 점유, 권원에 기하여 점유를 개시한 것은 아니나 동시이행항변권 등으로 대항할 수 있는 점유 등과 같이 법정절차를 통한 분쟁 해결시까지 **잠정적으로 보호할 가치 있는** 점유는 모두 포함된다고 볼 것이고, 다만 절도범인의 점유와 같이 **점유할 권리 없는 자의 점유임이 외관상 명백한** 경우는 포함되지 아니한다(대판 2006.3.23. 2005도4455). 18. 경찰간부
③ 【O】 대판 2012.4.26. 2010도5693 18. 경찰간부
④ 【O】 대판 2009.5.28. 2009도875 18. 경찰간부

정답 ①

10 권리행사방해죄에 대한 설명으로서 가장 적절하지 않은 것은?

① 피고인이 택시를 회사에 지입하여 운행하였다고 하더라도, 피고인이 회사와 사이에 위 택시의 소유권을 피고인이 보유하기로 약정하였다는 등의 특별한 사정이 없는 한, 위 택시는 그 등록명의자인 회사의 소유이고 피고인의 소유는 아니라고 할 것이므로 회사의 요구로 위 택시를 회사 차고지에 입고하였다가 회사의 승낙을 받지 않고 이를 가져간 피고인의 행위는 권리행사방해죄에 해당하지 않는다.
② 권리행사방해죄에 있어서의 점유는 정당한 원인에 기하여 그 물건을 점유할 권리가 있는 자의 점유를 의미하는 것으로서 본권을 갖지 아니하는 절도범인의 점유는 여기에 해당하지 않는다.
③ 피고인이 타인의 권리의 목적이 된 자기의 물건을 그 점유자의 점유로부터 자기에게로 옮겼다 하더라도 그것이 점유자의 의사에 기한 것이었다면 설령 그 점유자의 의사가 피고인의 기망에 의한 하자 있는 의사였다고 하더라도 권리행사방해죄는 성립하지 않는다.
④ 피고인이 주식회사의 대표이사로 재직하면서 그 대표이사의 지위에 기한 직무집행행위로서 타인이 점유하고 있는 위 회사 소유의 자동차를 취거하여 간 경우 그 자동차는 위 회사 소유의 물건이지 피고인 개인 소유의 물건이 아니므로 권리행사방해죄는 성립하지 않는다.
⑤ 주식회사의 과점주주라고 하더라도 그 회사 명의로 등록되어 있는 회사 소유의 선박은 과점주주의 소유라고 할 수 없으므로 과점주주가 타인이 점유 중인 위 선박을 취거하여 갔다면 권리행사방해죄가 성립하지 않는다.

해설
① 【 O 】 대판 2003.5.30. 2000도5767
② 【 O 】 대판 1994.11.11. 94도343
③ 【 O 】 대판 1988.2.23. 87도1952
④ 【 X 】 주식회사의 대표이사가 대표이사의 지위에 기하여 그 직무집행행위로서 타인이 점유하는 위 회사의 물건을 취거한 경우에는, 위 행위는 위 회사의 대표기관으로서의 행위라고 평가되므로, 위 회사의 물건도 권리행사방해죄에 있어서의 "자기의 물건"이라고 보아야 할 것이다(대판 1992.1.21. 91도1170).
⑤ 【 O 】 대판 1984.6.26. 83도2413

정답 ④

11 권리행사를 방해하는 죄에 대한 설명으로 가장 적절한 것은?

① 권리행사방해죄에서 '은닉'이란 타인의 점유 또는 권리의 목적이 된 자기 물건 등의 소재를 발견하기 불가능하게 하거나 또는 현저히 곤란한 상태에 두는 것을 말하고, 그로 인하여 권리행사가 방해될 우려가 있는 상태만으로는 부족하고, 현실로 권리행사가 방해되었을 것을 요한다.

② 권리행사방해죄에 있어서의 '취거'란 타인의 점유 또는 권리의 목적이 된 자기의 물건을 그 점유자의 의사에 반하여 그 점유자의 점유로부터 자기 또는 제3자의 점유로 옮기는 것을 말하므로, 점유자의 하자있는 의사에 기하여 점유가 이전된 경우에도 여기에서 말하는 취거로 볼 수 있다.

③ 타인의 재물을 보관하는 자가 보관하고 있는 재물을 영득할 의사로 은닉하였다면 횡령죄를 구성하고 채권자들의 강제집행을 면탈하는 결과를 가져온다면 별도로 강제집행면탈죄를 구성하며 양 죄는 상상적 경합 관계에 있다.

④ 권리행사방해죄에서의 보호대상인 '타인의 점유'에는 일단 적법한 권원에 기하여 점유를 개시하였으나 사후에 점유권원을 상실한 경우의 점유, 점유권원의 존부가 외관상 명백하지 아니하여 법정절차를 통하여 권원의 존부가 밝혀질 때까지의 점유, 권원에 기하여 점유를 개시한 것은 아니나 동시이행항변권 등으로 대항할 수 있는 점유 등이 포함된다.

해설

① 【X】 형법 제323조의 권리행사방해죄는 타인의 점유 또는 권리의 목적이 된 자기의 물건 또는 전자기록 등 특수매체기록을 취거, 은닉 또는 손괴하여 타인의 권리행사를 방해함으로써 성립한다. 여기서 '은닉'이란 타인의 점유 또는 권리의 목적이 된 자기 물건 등의 소재를 발견하기 불가능하게 하거나 또는 현저히 곤란한 상태에 두는 것을 말하고, 그로 인하여 권리행사가 방해될 우려가 있는 상태에 이르면 권리행사방해죄가 성립하고 현실로 권리행사가 방해되었을 것까지 필요로 하는 것은 아니다(대판 2016.11.10. 2016도13734). 19. 경찰승진

② 【X】 형법 제323조 소정의 권리행사방해죄에 있어서의 취거라 함은 타인의 점유 또는 권리의 목적이 된 자기의 물건을 그 점유자의 의사에 반하여 그 점유자의 점유로부터 자기 또는 제3자의 점유로 옮기는 것을 말하므로 점유자의 의사나 그의 하자있는 의사에 기하여 점유가 이전된 경우에는 여기에서 말하는 취거로 볼 수는 없다(대판 1988.2.23. 87도195). 19. 경찰승진

③ 【X】 횡령죄의 구성요건으로서의 횡령행위란 불법영득의 의사, 즉 타인의 재물을 보관하는 자가 자기 또는 제3자의 이익을 꾀할 목적으로 위탁의 취지에 반하여 권한 없이 그 재물을 자기의 소유인 것처럼 사실상 또는 법률상 처분하려는 의사를 실현하는 행위를 말하고, 강제집행면탈죄에 있어서 은닉이라 함은 강제집행을 면탈할 목적으로 강제집행을 실시하는 자로 하여금 채무자의 재산을 발견하는 것을 불능 또는 곤란하게 만드는 것을 말하는 것으로서 진의에 의하여 재산을 양도하였다면 설령 그것이 강제집행을 면탈할 목적으로 이루어진 것으로서 채권자의 불이익을 초래하는 결과가 되었다고 하더라도 강제집행면탈죄의 허위양도 또는 은닉에는 해당하지 아니한다 할 것이며, 이와 같은 양죄의 구성요건 및 강제집행면탈죄에 있어 은닉의 개념에 비추어 보면 타인의 재물을 보관하는 자가 보관하고 있는 재물을 영득할 의사로 은닉하였다면 이는 횡령죄를 구성하는 것이고 채권자들의 강제집행을 면탈하는 결과를 가져온다 하여 이와 별도로 강제집행면탈죄를 구성하는 것은 아니다(대판 2000.9.8. 2000도1447). 19. 경찰승진

④ 【O】 [1] 권리행사방해죄에서의 보호대상인 타인의 점유는 반드시 점유할 권원에 기한 점유만을 의미하는 것은 아니고, 일단 적법한 권원에 기하여 점유를 개시하였으나 사후에 점유 권원을 상실한 경우의 점유, 점유 권원의 존부가 외관상 명백하지 아니하여 법정절차를 통하여 권원의 존부가 밝혀질 때까지의 점유, 권원에 기하여 점유를 개시한 것은 아니나 동시이행항변권 등으로 대항할 수 있는 점유 등과 같이 법정절차를 통한 분쟁 해결시까지 잠정적으로 보호할 가치 있는 점유는 모두 포함된다고 볼 것이고, 다만 절도범인의 점유와 같이 점유할 권리 없는 자의 점유임이 외관상 명백한 경우는 포함되지 아니한다.

[2] 렌트카회사의 공동대표이사 중 1인이 회사 보유 차량을 자신의 개인적인 채무담보 명목으로 피해자에게 넘겨 주었는데 다른 공동대표이사인 피고인이 위 차량을 몰래 회수하도록 한 경우, 위 피해자의 점유는 권리행사방해죄의 보호대상인 점유에 해당한다고 한 사례(대판 2006.3.23. 2005도4455). 19. 경찰승진

정답 ④

12 권리행사를 방해하는 죄에 관한 다음 설명 중 옳지 않은 것은 몇 개인가?

㉠ 형법 제327조의 강제집행면탈죄가 적용되는 강제집행은 「민사집행법」 제2편의 적용 대상인 '강제집행' 또는 가압류·가처분 등의 집행을 가리키는 것이고, 「민사집행법」 제3편의 적용 대상인 '담보권 실행 등을 위한 경매'를 면탈할 목적으로 재산을 은닉하는 등의 행위는 위 죄의 규율 대상에 포함되지 않는다.

㉡ 채권자들에 의한 복수의 강제집행이 예상되는 경우 재산을 은닉 또는 허위양도함으로써 채권자들을 해하였다면 채권자별로 각각 강제집행면탈죄가 성립하고 상호 상상적 경합범의 관계에 있다.

㉢ 甲·乙이 공모하여 렌트카 회사인 A주식회사를 설립한 다음 B주식회사 등의 명의로 저당권등록이 되어 있는 다수의 차량들을 사들여 A회사 소유의 영업용 차량으로 등록한 후 자동차대여사업자등록 취소처분을 받아 차량등록을 직권 말소시켜 저당권 등이 소멸되게 하였더라도 甲·乙이 차량들을 은닉하였다고 단정할 수 없으므로 甲·乙에게는 권리행사방해죄가 성립하지 않는다.

㉣ 사업장의 유체동산에 대한 강제집행을 면탈할 목적으로 사업자 등록의 사업자 명의를 변경함이 없이 사업장에서 사용하는 금전등록기의 사업자 이름만을 변경한 경우에는 강제집행면탈죄에 있어서 재산의 '은닉'에 해당한다.

① 0개　　② 1개　　③ 2개　　④ 3개

[해설]

㉠ 【O】 형법 제327조의 강제집행면탈죄가 적용되는 강제집행은 민사집행법 제2편의 적용 대상인 '강제집행' 또는 가압류·가처분 등의 집행을 가리키는 것이고 민사집행법 제3편의 적용 대상인 '담보권 실행 등을 위한 경매'를 면탈할 목적으로 재산을 은닉하는 등의 행위는 위 죄의 규율 대상에 포함되지 않는다(대판 2015.3.26. 2014도14909). 17. 경찰간부

㉡ 【O】 채권자들에 의한 복수의 강제집행이 예상되는 경우 재산을 은닉 또는 허위양도함으로써 채권자들을 해하였다면 채권자별로 각각 강제집행면탈죄가 성립하고, 상호 상상적 경합범의 관계에 있다(대판 2011.12.8. 2010도4129). 17. 경찰간부

㉢ 【X】 피고인들이 공모하여 렌트카 회사인 A 주식회사를 설립한 다음 B 주식회사 등의 명의로 저당권등록이 되어 있는 다수의 차량들을 사들여 A 회사 소유의 영업용 차량으로 등록한 후 자동차대여사업자등록 취소처분을 받아 차량등록을 직권말소시켜 저당권 등이 소멸되게 함으로써 B 회사 등의 저당권의 목적인 차량들을 은닉하는 방법으로 권리행사를 방해하였다는 내용으로 기소된 사안에서, 피고인들은 … 렌트카 사업자등록만 하였을 뿐 실제로는 영업을 하지 아니함에도 차량 구입자들 또는 지입차주들로 하여금 차량을 관리·처분하도록 함으로써 차량들의 소재를 파악할 수 없게 하였고, 나아가 자동차대여사업자등록이 취소되어 차량들에 대한 저당권등록마저 직권말소되도록 하였으므로, 이러한 행위는 그 자체로 저당권자인 B 회사 등으로 하여금 자동차등록원부에 기초하여 저당권의 목적이 된 자동차의 소재를 파악하는 것을 현저하게 곤란하게 하거나 불가능하게 하는 행위에 해당한다(대판 2017.5.17. 2017도2230). 17. 경찰간부

㉣ 【O】 사업장의 유체동산에 대한 강제집행을 면탈할 목적으로 사업자 등록의 사업자명의를 변경함이 없이 사업장에서 사용하는 금전등록기의 사업자 이름만을 변경케 한 경우에는 강제집행면탈죄에 있어서 재산의 '은닉'에 해당한다(대판 2003.10.9. 2003도3387). 17. 경찰간부

정답 ②

13 권리행사를 방해하는 죄에 관한 설명 중 옳지 않은 것은 모두 몇 개인가?

㉠ 피고인들이 공모하여 렌트카 회사인 甲 주식회사를 설립한 다음 乙 주식회사 등의 명의로 저당권등록이 되어 있는 다수의 차량들을 사들여 甲 회사 소유의 영업용 차량으로 등록한 후 자동차대여사업자등록 취소처분을 받아 차량등록을 직권말소시켜 저당권 등이 소멸되게 하였다는 사정만으로는 위 각 차량을 은닉하였다고 단정할 수 없으므로 위 각 차량에 대한 권리행사방해가 성립하지 않는다.

㉡ 배우자 명의로 부동산에 관한 물권을 등기한 경우 만일 명의신탁자가 조세포탈, 강제집행의 면탈 또는 법령상 제한의 회피를 목적으로 명의신탁을 함으로써 명의신탁이 무효로 되는 경우에는 말할 것도 없고, 그러한 목적이 없어서 유효한 명의신탁이 되는 경우에도 제3자인 부동산의 임차인에 대한 관계에서는 명의신탁자는 소유자가 될 수 없으므로, 어느 모로 보나 신탁한 부동산이 권리행사방해죄에서 말하는 '자기의 물건'이라고 할 수 없다.

㉢ 국세징수법에 의한 체납처분을 면탈할 목적으로 재산을 은닉하는 등의 행위는 형법 제327조에서 정한 강제집행면탈죄의 규율 대상에 포함되지 않는다.

㉣ 민사집행법 제3편의 적용 대상인 '담보권 실행 등을 위한 경매'를 면탈할 목적으로 재산을 은닉하는 등의 행위는 형법 제327조에서 정한 강제집행면탈죄의 규율 대상에 포함되지 않는다.

㉤ 압류금지채권의 목적물을 수령하는 데 사용하던 기존 예금계좌가 채권자에 의해 압류된 채무자가 압류되지 않은 다른 예금계좌를 통하여 그 목적물을 수령하더라도 강제집행이 임박한 채권자의 권리를 침해할 위험이 있는 행위라고 볼 수 없으므로 강제집행면탈죄가 성립하지 않는다.

① 0개   ② 1개   ③ 2개   ④ 3개

[해설]

㉠【X】 피고인들이 공모하여 렌트카 회사인 甲 주식회사를 설립한 다음 乙 주식회사 등의 명의로 저당권등록이 되어 있는 다수의 차량들을 사들여 甲 회사 소유의 영업용 차량으로 등록한 후 자동차대여사업자등록 취소처분을 받아 차량등록을 직권말소시켜 저당권 등이 소멸되게 함으로써 乙 회사 등의 저당권의 목적인 차량들을 은닉하는 방법으로 권리행사를 방해하였다는 내용으로 기소된 사안에서, 피고인들은 처음부터 자동차대여사업자에 대한 등록취소 및 자동차등록 직권말소절차의 허점을 이용하여 권리행사를 방해할 목적으로 범행을 모의한 다음 렌트카 사업자등록만 하였을 뿐 실제로는 영업을 하지 아니함에도 차량 구입자들 또는 지입차주들로 하여금 차량을 관리 · 처분하도록 함으로써 차량들의 소재를 파악할 수 없게 하였고, 나아가 자동차대여사업자등록이 취소되어 차량들에 대한 저당권등록마저 직권말소되도록 하였으므로, 이러한 행위는 그 자체로 저당권자인 乙 회사 등으로 하여금 자동차등록원부에 기초하여 저당권의 목적이 된 자동차의 소재를 파악하는 것을 현저하게 곤란하게 하거나 불가능하게 하는 행위에 해당함에도, 이와 달리 피고인들이 차량들을 은닉하였다고 단정할 수 없다는 이유로 무죄로 판단한 원심판결에 권리행사방해죄에 관한 법리오해의 잘못이 있다(대판 2017.5.17. 2017도2230).

㉡【O】 채부동산 실권리자명의 등기에 관한 법률 제8조는 배우자 명의로 부동산에 관한 물권을 등기한 경우에 조세포탈, 강제집행의 면탈 또는 법령상 제한의 회피를 목적으로 하지 아니한 때에는 제4조 내지 제7조 및 제12조 제1항, 제2항의 규정을 적용하지 아니한다고 규정하고 있는바, 만일 명의신탁자가 그러한 목적으로 명의신탁을 함으로써 명의신탁이 무효로 되는 경우에는 말할 것도 없고, 그러한 목적이 없어서 유효한 명의신탁이 되는 경우에도 제3자인 부동산의 임차인에 대한 관계에서는 명의신탁자는 소유자가 될 수 없으므로, 어느 모로 보나 신탁한 부동산이 권리행사방해죄에서 말하는 '자기의 물건'이라 할 수 없다. 따라서 피고인이 이른바 중간생략등기형 명의신탁 또는 계약명의신탁의 방식으로 자신의 처에게 등기명의를 신탁하여 놓은 점포에 자물쇠를 채워 점포의 임차인을 출입하지 못하게 한 경우, 그 점포는 권리행사방해죄의 객체인 자기의 물건에 해당하지 않는다(대판 2005.9.9. 2005도626).

㉢【O】 형법 제327조의 강제집행면탈죄가 적용되는 강제집행은 민사집행법의 적용대상인 강제집행 또는 가압류 · 가처분 등의 집행을 가리키는 것이므로, 국세징수법에 의한 체납처분을 면탈할 목적으로 재산을 은닉하는 등의 행위는 위 죄의 규율대상에 포함되지 않는다(대판 2012.4.26. 2010도5693).

㉣【O】 대판 2015.3.26. 2014도14909

㉤【O】 대판 2017.8.18. 2017도6229

정답 ②

14 다음 설명 중 가장 옳은 것은?

① 휴업급여를 받을 권리는 압류금지채권이나 이를 계좌로 수령하면 더는 압류금지의 효력이 미치지 않아 강제집행의 객체가 되므로, 휴업급여를 기존의 압류된 예금계좌에서 압류되지 않은 다른 계좌로 바꾸어 수령하면 강제집행면탈죄가 성립한다.
② 근저당권의 목적물인 기계에 대하여 경매개시결정이 내려진 후 이를 원래 있던 곳에서 가지고 나가 숨겨두면, 강제집행을 면할 목적으로 재산을 은닉한 것이므로 강제집행면탈죄가 성립한다.
③ '보전처분 단계에서의 가압류채권자의 지위'는 강제집행면탈죄의 객체가 될 수 없다.
④ 특허권이나 실용신안권은 민사집행법에 의한 강제집행이 불가능하므로 강제집행면탈죄의 객체가 될 수 없다.

해설

① 【 X 】 압류금지채권의 목적물이 채무자의 예금계좌에 입금되기 전까지는 여전히 강제집행 또는 보전처분의 대상이 될 수 없는 것이므로, 압류금지채권의 목적물을 수령하는 데 사용하던 기존 예금계좌가 채권자에 의해 압류된 채무자가 압류되지 않은 다른 예금계좌를 통하여 그 목적물을 수령하더라도 채권자의 권리를 침해할 위험이 있는 행위라고 볼 수 없어 강제집행면탈죄가 성립하지 않는다.
산업재해보상보험법상 휴업급여를 받을 권리는 압류가 금지되는 채권으로서 강제집행면탈죄의 객체에 해당하지 않으므로, 피고인이 장차 지급될 휴업급여 수령계좌를 기존의 압류된 예금계좌에서 압류가 되지 않은 다른 예금계좌로 변경하여 휴업급여를 수령한 행위는 죄가 되지 않는다(대판 2017.8.18. 2017도6229). 18. 법원직 9급
② 【 X 】 형법 제327조의 강제집행면탈죄가 적용되는 강제집행은 민사집행법 제2편의 적용 대상인 '강제집행' 또는 가압류·가처분 등의 집행을 가리키는 것이고, 민사집행법 제3편의 적용 대상인 '담보권 실행 등을 위한 경매'를 면탈할 목적으로 재산을 은닉하는 등의 행위는 위 죄의 규율 대상에 포함되지 않는다(대판 2015.3.26. 14도14909). ✔ 경매는 강제집행과 구별된다는 의미 18. 법원직 9급
③ 【 O 】 강제집행면탈죄의 객체는 채무자의 재산 중에서 채권자가 민사집행법상 강제집행 또는 보전처분의 대상으로 삼을 수 있는 것만을 의미하므로, '보전처분 단계에서의 가압류채권자의 지위' 자체는 원칙적으로 민사집행법상 강제집행 또는 보전처분의 대상이 될 수 없어 강제집행면탈죄의 객체에 해당한다고 볼 수 없고, 이는 가압류채무자가 가압류해방금을 공탁한 경우에도 마찬가지이다. 채무자가 가압류채권자의 지위에 있으면서 가압류집행해제를 신청함으로써 그 지위를 상실하는 행위는 형법 제327조에서 정한 '은닉, 손괴, 허위양도 또는 허위채무부담' 등 강제집행면탈행위의 어느 유형에도 포함되지 않는 것이므로, 이러한 행위를 처벌대상으로 삼을 수 없다(대판 2008.9.11. 2006도8721). 18. 법원직 9급
④ 【 X 】 강제집행면탈죄에 있어서 재산은 동산·부동산뿐만 아니라 재산적 가치가 있어 민사소송법에 의한 강제집행 또는 보전처분이 가능한 특허 내지 실용신안 등을 받을 수 있는 권리도 포함된다(대판 2001.11.27. 2001도4759). 18. 법원직 9급

정답 ③

15 다음 중 강제집행면탈죄에 대한 설명으로 가장 옳은 것은?

① 강제집행면탈죄는 반드시 채권자를 해하는 결과가 야기되거나 이로 인하여 행위자가 어떤 이득을 취하여야 성립하므로 허위양도한 부동산의 시가액 보다 그 부동산에 의하여 담보된 채무액이 더 많다면 허위양도로 인하여 채권자를 해할 위험이 없다.
② '보전처분 단계에서의 가압류채권자의 지위' 자체는 원칙적으로 「민사집행법」상 강제집행 또는 보전처분의 대상이 될 수 없어 강제집행면탈죄의 객체에 해당한다고 볼 수 없으나 가압류 채무자가 가압류해방금을 공탁한 경우에는 그렇지 아니하다.
③ 피고인이 자신의 채권담보의 목적으로 채무자 소유의 선박들에 관하여 가등기를 경료하여 두었다가 채무자와 공모하여 위 선박들을 가압류한 다른 채권자들의 강제집행을 불가능하게 할 목적으로 정확한 청산절차도 거치지 않은 채 의제자백판결을 통하여 선순위 가등기권자인 피고인 앞으로 본등기를 경료함과 동시에 가등기 이후에 경료된 가압류등기 등을 모두 직권말소하게 한 경우, '재산상 은닉'에 해당한다.
④ 이혼을 요구하는 처로부터 재산분할권에 근거한 가압류 등 강제집행을 받을 우려가 있는 상태에서 남편이 이를 면탈할 목적으로 허위의 채무를 부담하고 소유권이전청구권보전가등기를 경료한 경우, 강제집행면탈죄가 성립하지 않는다.

해설

① 【X】 강제집행면탈죄는 이른바 위태범으로서 강제집행을 당할 구체적인 위험이 있는 상태에서 재산을 은닉, 손괴, 허위양도 또는 허위의 채무를 부담하면 바로 성립하는 것이고, 반드시 채권자를 해하는 결과가 야기되거나 이로 인하여 행위자가 어떤 이득을 취하여야 범죄가 성립하는 것은 아니며, 허위양도한 부동산의 시가액보다 그 부동산에 의하여 담보된 채무액이 더 많다고 하여 그 허위양도로 인하여 채권자를 해할 위험이 없다고 할 수 없다(대판 1999.2.12. 98도2474). 22. 해경간부

② 【X】 강제집행면탈죄의 객체는 채무자의 재산 중에서 채권자가 민사집행법상 강제집행 또는 보전처분의 대상으로 삼을 수 있는 것만을 의미하므로, '보전처분 단계에서의 가압류채권자의 지위' 자체는 원칙적으로 민사집행법상 강제집행 또는 보전처분의 대상이 될 수 없어 강제집행면탈죄의 객체에 해당한다고 볼 수 없고, 이는 가압류채무자가 가압류해방금을 공탁한 경우에도 마찬가지이다(대판 2008.9.11. 2006도8721). 22. 해경간부

③ 【O】 강제집행면탈의 한 행위유형인 '재산의 은닉'이라 함은 재산의 소유관계를 불명하게 하는 행위를 포함하는 것으로서, 피고인이 자신의 채권담보의 목적으로 채무자 소유의 선박들에 관하여 가등기를 경료하여 두었다가 채무자와 공모하여 위 선박들을 가압류한 다른 채권자들의 강제집행을 불가능하게 할 목적으로 정확한 청산절차도 거치지 않은 채 의제자백판결을 통하여 선순위 가등기권자인 피고인 앞으로 본등기를 경료함과 동시에 가등기 이후에 경료된 가압류등기 등을 모두 직권말소하게 하였음은 소유관계를 불명하게 하는 방법에 의한 '재산의 은닉'에 해당한다(대판 2000.7.28. 98도4558). 22. 해경간부

④ 【X】 이혼을 요구하는 처로부터 재산분할청구권에 근거한 가압류 등 강제집행을 받을 우려가 있는 상태에서 남편이 이를 면탈할 목적으로 허위의 채무를 부담하고 소유권이전청구권보전가등기를 경료한 경우, 강제집행면탈죄가 성립한다(대판 2008.6.26. 2008도3184). 22. 해경간부

정답 ③

16 강제집행면탈죄에 관한 설명 중 가장 적절하지 않은 것은?

① 강제집행면탈죄에 있어서 재산에는 재산적 가치가 있어 민사소송법에 의한 강제집행 또는 보전처분이 가능한 특허 내지 실용신안 등을 받을 수 있는 권리도 포함된다.
② 채무자가 채권자의 가압류집행을 면탈할 목적으로 제3채무자에 대한 채권을 타인에게 허위양도한 경우, 가압류결정 정본이 제3채무자에게 송달되기 전에 채권을 허위로 양도하였다면 강제집행면탈죄가 성립한다.
③ 허위의 채무를 부담하는 내용의 채무변제계약 공정증서를 작성한 후 이에 기하여 채권압류 및 추심명령을 받은 다음 3개월 후에 실제로 위 강제집행에 따른 추심금을 수령한 경우, 강제집행면탈죄는 위 추심금을 수령한 때에 범죄행위가 종료한다고 보아야 하고 그때부터 공소시효가 진행한다.
④ 사업장의 유체동산에 대한 강제집행을 면탈할 목적으로 사업자 등록의 사업자 명의를 변경함이 없이 사업장에서 사용하는 금전등록기의 사업자 이름만을 변경한 경우도 강제집행면탈죄에 있어서 재산의 '은닉'에 해당한다.

해설

① 【 O 】 대판 2001.11.27. 2001도4759 17. 경찰승진
② 【 O 】 대판 2012.6.28. 2012도3999 17. 경찰승진
③ 【 X 】 [1] 형법 제327조의 강제집행면탈죄는 위태범으로서, 현실적으로 민사소송법에 의한 강제집행 또는 가압류·가처분의 집행을 받을 우려가 있는 객관적인 상태에서, 즉 채권자가 본안 또는 보전소송을 제기하거나 제기할 태세를 보이고 있는 상태에서 주관적으로 강제집행을 면탈하려는 목적으로 재산을 은닉, 손괴, 허위양도하거나 허위의 채무를 부담하여 채권자를 해할 위험이 있으면 성립하는 것이고, 반드시 채권자를 해하는 결과가 야기되거나 행위자가 어떤 이득을 취하여야 범죄가 성립하는 것은 아니다.
[2] 허위의 채무를 부담하는 내용의 채무변제계약 공정증서를 작성한 후 이에 기하여 채권압류 및 추심명령을 받은 때에, 강제집행면탈죄가 성립함과 동시에 그 범죄행위가 종료되어 공소시효가 진행한다고 한 사례(대판 2009.5.28. 2009도875). 17. 경찰승진
④ 【 O 】 대판 2003.10.9. 2003도3387 17. 경찰승진

정답 ③

17 강제집행면탈죄에 관한 다음 설명 중 옳지 않은 것은 모두 몇 개인가?

> ⊙ 甲이 이른바 중간생략등기형 명의신탁 또는 계약명의신탁의 방식으로 자신의 처에게 등기명의를 신탁하여 놓은 점포에 자물쇠를 채워 점포의 임차인을 출입하지 못하게 한 경우 권리행사방해죄가 성립한다.
> ⓒ A주식회사의 실질적인 대표이사인 甲이 지입차주인 B, C가 지입료 납부를 거부하거나 지체하였다는 이유로 그들이 점유하는 A주식회사 명의의 트럭을 무단으로 가져온 경우 권리행사방해죄가 성립한다. (다만, A주식회사와 B, C 사이에 트럭의 소유관계에 관한 특약은 없음)
> ⓒ 강제집행면탈죄는 국가의 강제집행권이 발동될 단계에 있는 채권자의 권리를 보호하기 위한 범죄로서, 여기서의 강제집행에는 광의의 강제집행인 의사의 진술에 갈음하는 판결의 강제집행도 포함되고, 강제집행면탈죄의 성립요건으로서의 채권자의 권리와 행위의 객체인 재산은 국가의 강제집행권이 발동될 수 있으면 충분하다.
> ⓔ 타인의 재물을 보관하는 자가 보관하고 있는 재물을 영득할 의사로 이를 은닉하였다면 이는 횡령죄를 구성하는 것이고 채권자들의 강제집행을 면탈하는 결과를 가져온다 하여 이와 별도로 강제집행면탈죄를 구성하는 것은 아니다.
> ⓜ 채무자가 제3자 명의로 되어 있던 사업자등록을 또 다른 제3자 명의로 변경하였다는 사정만으로는 강제집행면탈죄에서의 재산의 은닉에 해당한다고 보기 어렵다.

① 1개   ② 2개   ③ 3개   ④ 4개

해설

⊙ 【 X 】 [1] 부동산 실권리자명의 등기에 관한 법률 제8조는 배우자 명의로 부동산에 관한 물권을 등기한 경우에 조세포탈, 강제집행의 면탈 또는 법령상 제한의 회피를 목적으로 하지 아니한 때에는 제4조 내지 제7조 및 제12조 제1항, 제2항의 규정을 적용하지 아니한다고 규정하고 있는바, 만일 명의신탁자가 그러한 목적으로 명의신탁을 함으로써 명의신탁이 무효로 되는 경우에는 말할 것도 없고, 그러한 목적이 없어서 유효한 명의신탁이 되는 경우에도 제3자인 부동산의 임차인에 대한 관계에서는 명의신탁자는 소유자가 될 수 없으므로, 어느 모로 보나 신탁한 부동산이 권리행사방해죄에서 말하는 '자기의 물건'이라 할 수 없다.
[2] 피고인이 이른바 중간생략등기형 명의신탁 또는 계약명의신탁의 방식으로 자신의 처에게 등기명의를 신탁하여 놓은 점포에 자물쇠를 채워 점포의 임차인을 출입하지 못하게 한 경우, 그 점포가 권리행사방해죄의 객체인 자기의 물건에 해당하지 않는다고 한 사례(대판 2005.9.9. 2005도626).
ⓒ 【 O 】 대판 2003.6.27. 2002도6088
ⓒ 【 O 】 대판 2015.9.15. 2015도9883
ⓔ 【 O 】 대판 2000.9.8. 2000도1447
ⓜ 【 O 】 대판 2014.6.12. 2012도2732

정답 ①

18 강제집행면탈죄에 관한 다음 설명 중 가장 옳은 것은?

① 국가의 적정한 강제집행권의 행사를 보호법익으로 한다.
② 강제집행면탈죄가 적용되는 강제집행에는 민사집행의 적용대상인 강제집행 또는 가압류·가처분 등의 집행에 한하지 않고 담보권 실행 등을 위한 경매도 포함된다.
③ 강제집행면탈죄에서 말하는 강제집행에는 금전채권의 강제집행뿐만 아니라 소유권이전등기의 강제집행도 포함된다.
④ 강제집행면탈죄가 성립하기 위해서는 주관적 구성요건으로 채권자를 해한다는 고의가 있으면 족하고, 강제집행을 면할 목적이 있어야 하는 것은 아니다.

해설
① 【X】 형법 제327조의 강제집행면탈죄는 **채권자의 권리보호를** 주된 보호법익으로 하므로 강제집행의 기본이 되는 채권자의 권리, 즉 채권의 존재는 강제집행면탈죄의 성립요건이다. 따라서 채권의 존재가 인정되지 않을 때에는 강제집행면탈죄는 성립하지 않는다. 그러므로 강제집행면탈죄를 유죄로 인정하기 위해서는 먼저 채권이 존재하는지에 관하여 심리·판단하여야 하고, 민사절차에서 이미 채권이 존재하지 않는 것으로 판명된 경우에는 다른 특별한 사정이 없는 한 이와 모순·저촉되는 판단을 할 수가 없다고 보아야 한다. 한편 상계의 의사표시가 있는 경우에는 각 채무는 상계할 수 있는 때에 소급하여 대등액에 관하여 소멸한 것으로 보게 된다. 따라서 상계로 인하여 소멸한 것으로 보게 되는 채권에 관하여는 상계의 효력이 발생하는 시점 이후에는 채권의 존재가 인정되지 않으므로 강제집행면탈죄가 성립하지 않는다(대판 2012.8.30. 2011도2252). 19. 법원직 9급
② 【X】 형법 제327조의 강제집행면탈죄가 적용되는 강제집행은 민사집행법 제2편의 적용 대상인 '강제집행' 또는 가압류·가처분 등의 집행을 가리키는 것이고, 민사집행법 제3편의 적용 대상인 '담보권 실행 등을 위한 경매'를 면탈할 목적으로 재산을 은닉하는 등의 행위는 위 죄의 규율 대상에 포함되지 않는다(대판 2015.3.26. 2014도14909). 19. 법원직 9급
③ 【O】 대판 1983.10.25. 82도808 19. 법원직 9급
④ 【X】 형법 제327조의 강제집행면탈죄는 **객관적으로** 민사소송법에 의한 강제집행 또는 가압류, 가처분의 집행을 받을 우려가 있는 상태에서 주관적으로 강제집행을 면탈하려는 목적으로 재산을 은닉, 손괴, 허위양도하거나 허위의 채무를 부담하여 채권자를 해할 위험이 있는 경우에 성립한다(대판 2008.5.29. 2008도2476). ⇨ 강제집행면탈죄는 목적범이다(제327조) 19. 법원직 9급

정답 ③

19 강제집행면탈죄에 관한 설명 중 옳지 않은 것은?

① 강제집행면탈죄는 채권자의 권리보호를 주된 보호법익으로 하는 위험범이므로 채권자의 채권이 존재하지 않더라도 강제집행면탈죄가 성립할 수 있다.
② 채무자와 제3채무자 사이에 채무자의 장래청구권이 충분하게 표시되었거나 결정된 법률관계가 존재한다면 동산·부동산뿐만 아니라 장래의 권리도 강제집행면탈죄의 객체에 해당한다.
③ 객관적 구성요건으로 강제집행을 받을 객관적 상태가 요구되며, 이는 민사소송에 의한 강제집행 또는 가압류·가처분 등의 집행을 당할 구체적 염려가 있는 상태를 말한다.
④ 약 18억 원 정도의 채무초과 상태에 있는 자가 자신이 발행한 약속어음이 부도가 난 경우, 강제집행을 당할 구체적인 위험을 인정할 수 있다.

해설
① 【X】 형법 제327조의 강제집행면탈죄는 채권자의 정당한 권리행사 보호 외에 강제집행의 기능보호도 법익으로 하는 것이나, 현행 형법상 강제집행면탈죄가 개인적 법익에 관한 재산범의 일종으로 규정되어 있는 점과 채권자를 해하는 것을 구성요건으로 규정하고 있는 점 등에 비추어 보면 주된 법익은 채권자의 권리보호에 있다고 해석하는 것이 타당하므로, 강제집행의 기본이 되는 채권자의 권리, 즉 채권의 존재는 강제집행면탈죄의 성립요건으로서 채권의 존재가 인정되지 않을 때에는 강제집행면탈죄는 성립하지 않는다(대판 2011.9.8. 2011도5165).
② 【O】 대판 2011.7.28. 2011도6115
③ 【O】 대판 1996.1.26. 95도2526
④ 【O】 대판 1999.2.9. 96도3141

정답 ①

20 강제집행면탈죄에 관한 다음 설명 중 가장 적절하지 않은 것은?

① 강제집행면탈죄는 현실적으로 민사소송법에 의한 강제집행 또는 가압류·가처분의 집행을 받을 우려가 있는 객관적인 상태에서 주관적으로 강제집행을 면탈하려는 목적으로 재산을 은닉, 손괴, 허위양도하거나 허위의 채무를 부담하여 채권자를 해할 위험이 있으면 성립하고, 반드시 채권자를 해하는 결과가 야기되거나 행위자가 어떤 이득을 취하여야 성립하는 것은 아니다.

② 채무자가 채권자의 가압류집행을 면탈할 목적으로 제3채무자에 대한 채권을 타인에게 허위양도한 경우, 가압류결정 정본이 제3채무자에게 송달되기 전에 채권을 허위로 양도하였다면 강제집행면탈죄가 성립한다.

③ 계약명의신탁 방식으로 명의수탁자가 당사자가 되어 소유자와 부동산에 관한 매매계약을 체결하고 그 명의로 소유권이전등기를 마친 경우, 그 부동산은 명의신탁자에 대한 강제집행이나 보전처분의 대상이 될 수 있다.

④ 채권자의 채권이 토지 소유자로서 그 지상 건물의 소유자에 대하여 가지는 건물철거 및 토지인도청구권인 경우, 채무자인 건물 소유자가 제3자에게 허위의 금전채무를 부담하면서 이를 피담보채무로 하여 건물에 관하여 근저당권설정등기를 경료하였다는 것만으로는 강제집행면탈죄가 성립하지 않는다.

[해설]

① 【 O 】 대판 2009.5.28. 2009도875 13. 경찰승진

② 【 O 】 대판 2012.6.28. 2012도3999 13. 경찰승진

③ 【 X 】 명의신탁자와 명의수탁자가 이른바 계약명의신탁 약정을 맺고 명의수탁자가 당사자가 되어 명의신탁 약정이 있다는 사실을 알지 못하는 소유자와 부동산에 관한 매매계약을 체결한 후 그 매매계약에 따라 당해 부동산의 소유권이전등기를 명의수탁자 명의로 마친 경우에는, 명의신탁자와 명의수탁자 사이의 명의신탁 약정의 무효에도 불구하고 부동산 실권리자명의 등기에 관한 법률 제4조 제2항 단서에 의하여 그 명의수탁자는 당해 부동산의 완전한 소유권을 취득한다. 이와 달리 소유자가 계약명의신탁 약정이 있다는 사실을 안 경우에는 수탁자 명의의 소유권이전등기는 무효이고 당해 부동산의 소유권은 매도인이 그대로 보유하게 된다. 어느 경우든지 명의신탁자는 그 매매계약에 의해서는 당해 부동산의 소유권을 취득하지 못하게 되어, 결국 그 부동산은 명의신탁자에 대한 강제집행이나 보전처분의 대상이 될 수 없다(대판 2009.5.14. 2007도2168). 13. 경찰승진

④ 【 O 】 대판 2008.6.12. 2008도2279 13. 경찰승진

정답 ③

21. 강제집행면탈죄에 관한 설명 중 가장 옳지 않은 것은?

① 강제집행면탈죄의 객체는 채무자의 재산 중에서 채권자가 민사집행법상 강제집행 또는 보전처분의 대상으로 삼을 수 있는 것만을 의미하므로, '보전처분 단계에서의 가압류채권자의 지위' 자체는 원칙적으로 민사집행법상 강제집행 또는 보전처분의 대상이 될 수 없어 강제집행면탈죄의 객체에 해당한다고 볼 수 없고, 이는 가압류채무자가 가압류해방금을 공탁한 경우에도 마찬가지이다.
② 채권자들에 의한 복수의 강제집행이 예상되는 경우 재산을 은닉 또는 허위양도함으로써 채권자들을 해하였다면 채권자별로 각각 강제집행면탈죄가 성립하고 상호 상상적 경합범의 관계에 있다.
③ 가압류 후에 목적물의 소유권을 취득한 제3취득자가 다른 사람에 대한 허위의 채무에 기하여 근저당권설정등기 등을 경료하였다면 강제집행면탈죄를 구성한다.
④ 피고인이 타인에게 채무를 부담하고 있는 양 가장하는 방편으로 피고인 소유의 부동산들에 관하여 소유권이전청구권보전을 위한 가등기를 경료하여 주었다 하더라도 그와 같은 가등기는 원래 순위보전의 효력 밖에 없는 것이므로 그와 같이 각 가등기를 경료한 사실만으로 피고인이 강제집행을 면탈할 목적으로 허위채무를 부담하여 채권자를 해한 것이라 할 수 없다.

해설
① 【 O 】 대판 2008.9.11. 2006도8721
② 【 O 】 대판 2011.12.8. 2010도4129
③ 【 X 】 가압류에는 처분금지적 효력이 있으므로 가압류 후에 목적물의 소유권을 취득한 제3취득자 또는 그 제3취득자에 대한 채권자는 그 소유권 또는 채권으로써 가압류권자에게 대항할 수 없다. 따라서 가압류 후에 목적물의 소유권을 취득한 제3취득자가 다른 사람에 대한 허위의 채무에 기하여 근저당권설정등기 등을 경료하더라도 이로써 가압류채권자의 법률상 지위에 어떤 영향을 미치지 않으므로, 강제집행면탈죄에 해당하지 아니한다(대판 2008.5.29. 2008도2476).
④ 【 O 】 대판 1987.8.18. 87도1260

정답 ③

22. 강제집행면탈죄에 관한 설명 중 가장 옳지 않은 것은?

① 강제집행면탈죄는 반드시 채권자를 해하는 결과가 야기되거나 이로 인하여 행위자가 어떤 이익을 취하여야 성립하는 침해범이 아니므로, 허위양도한 부동산의 시가액 보다 그 부동산에 의하여 담보된 채무액이 더 많다고 하여 성립이 부정되지 않는다.
② 채권자에 대한 채무변제로 자기소유의 건물을 대물변제하기로 하였으나 이를 이행하지 아니하여 채권자가 강제집행을 하려하자, 이를 면하기 위하여 또 다른 채권자와 위 건물에 대하여 대물변제계약을 체결한 경우 강제집행면탈죄가 성립하지 않는다.
③ 가압류채권자의 지위에 있는 채무자가 가압류집행해제를 신청함으로써 그 지위를 상실하는 행위는 강제집행면탈죄에 해당한다.
④ 강제집행면탈죄의 객체는 채무자의 재산 중에서 채권자가 민사집행법상 강제집행 또는 보전처분의 대상으로 삼을 수 있는 것이어야 한다.

[해설]
① 【 O 】 대판 1999.2.12. 98도2474
② 【 O 】 피고인이 건물에 대하여 이미 피해자 A와 사이에 대물변제계약을 체결하였음에도 불구하고 그 집행을 면탈할 목적으로 이중으로 甲과 사이에 대물변제계약을 체결하였다고 하여도 후자의 대물변제계약이 진의에 의한 것이라고 인정되는 이상 이를 허위양도라고 볼 수 없음은 분명하므로 강제집행면탈죄는 성립하지 아니한다(대판 1983.9.27. 83도1869).
③ 【 X 】 ④ 【 O 】 [1] 강제집행면탈죄의 객체는 채무자의 재산 중에서 채권자가 민사집행법상 강제집행 또는 보전처분의 대상으로 삼을 수 있는 것만을 의미하므로, '보전처분 단계에서의 가압류채권자의 지위' 자체는 원칙적으로 민사집행법상 강제집행 또는 보전처분의 대상이 될 수 없어 강제집행면탈죄의 객체에 해당한다고 볼 수 없고, 이는 가압류채무자가 가압류해방금을 공탁한 경우에도 마찬가지이다.
[2] 채무자가 가압류채권자의 지위에 있으면서 가압류집행해제를 신청함으로써 그 지위를 상실하는 행위는 형법 제327조에서 정한 '은닉, 손괴, 허위양도 또는 허위채무부담' 등 강제집행면탈행위의 어느 유형에도 포함되지 않는 것이므로, 이러한 행위를 처벌대상으로 삼을 수 없다(대판 2008.9.11. 2006도8721).

[정답] ③

23 강제집행면탈죄에 관한 다음 설명 중 옳지 않은 것은?

① 타인의 재물을 보관하는 자가 보관하고 있는 재물을 영득할 의사로 은닉하였다면 이는 횡령죄를 구성하는 것이고 채권자들의 강제집행을 면탈하는 결과를 가져온다 하여 이와 별도로 강제집행면탈죄를 구성하는 것은 아니다.
② 채무자가 채무를 지급기일 내에 변제하지 못하자 후일 강제집행을 받을지도 모른다고 생각하여 이를 면탈할 목적으로 자신의 유일한 부동산을 제3자에게 허위로 양도한 행위는 강제집행면탈행위에 해당하지 않는다.
③ 장래 발생할 특정의 조건부채권을 담보하기 위하여 부동산에 근저당권을 설정한 경우 강제집행면탈죄가 성립한다.
④ 진의에 의하여 재산을 양도하였다면 설령 그것이 강제집행을 면탈할 목적으로 이루어진 것으로서 채권자의 불이익을 초래하는 결과가 되었다고 하더라도 강제집행면탈죄를 구성하지는 아니한다.

[해설]
① 【 O 】 대판 2000.9.8. 2000도1447
② 【 O 】 강제집행면탈죄가 성립하기 위해서는 '강제집행을 당할 위험이 있는 객관적 상태'가 존재해야만 하므로 이러한 상태가 존재하지 않는 경우에는 강제집행을 면할 목적으로 허위양도 등을 하더라도 본죄가 성립하지 않는다. 사안의 경우 강제집행을 당할 위험이 있는 객관적 상태를 인정할 만한 자료가 없으므로 강제집행면탈죄는 성립하지 않는다.
③ 【 X 】 피고인이 장래에 발생할 특정의 조건부채권을 담보하기 위한 방편으로 부동산에 대하여 근저당권을 설정한 것이라면, 특별한 사정이 없는 한 이는 장래 발생할 진실한 채무를 담보하기 위한 것으로서, 피고인의 위 행위를 가리켜 강제집행면탈죄 소정의 '허위의 채무를 부담'하는 경우에 해당한다고 할 수 없다(대판 1996.10.25. 96도1531).
④ 【 O 】 대판 2007.11.30. 2006도7329

[정답] ③

24 강제집행면탈죄에 관한 다음 설명 중 옳지 않은 것을 모두 고른 것은?

㉠ 이혼을 요구하는 처로부터 재산분할청구권에 근거한 가압류 등 강제집행을 받을 우려가 있는 상태에서 남편이 강제집행을 면탈할 목적으로 허위의 채무를 부담하고 소유권이전청구권보전가등기를 경료한 경우 강제집행면탈죄가 성립한다.

㉡ 강제집행면탈죄가 성립하려면 강제집행을 받을 위험이 있는 객관적 상태가 존재해야 하는데, 여기서 강제집행에는 금전채권에 관한 강제집행뿐만 아니라 존재하지 않는 채권에 기초한 강제집행과 벌금의 집행을 위한 강제집행도 포함된다.

㉢ 진의에 의하여 재산을 양도하였다면 설령 그것이 강제집행을 면탈할 목적으로 이루어진 것으로서 채권자의 불이익을 초래하는 결과가 되었다고 하더라도 강제집행면탈죄의 허위양도 또는 은닉에는 해당하지 않는다.

㉣ 허위채무 등을 공제한 후 채무자의 적극재산이 남는다고 예측되는 경우에는 그 허위채무 부담행위로 채권자를 해할 위험이 있더라도 강제집행면탈죄가 성립하지 않는다.

㉤ 명의신탁자가 명의수탁자와 계약명의신탁 약정을 맺고, 명의수탁자가 당사자가 되어 그 사실을 모르는 매도인과 부동산 매매계약을 체결한 다음 명의수탁자 명의로 소유권이전등기를 마친 경우, 그 부동산은 명의신탁자의 강제집행면탈죄의 객체가 될 수 있다.

① ㉠, ㉡, ㉤ ② ㉠, ㉢, ㉣ ③ ㉠, ㉣, ㉤
④ ㉡, ㉢, ㉣ ⑤ ㉡, ㉣, ㉤ ⑥ ㉢, ㉣, ㉤

해설

㉠ 【 O 】 대판 2008.6.26. 2008도3184

㉡ 【 X 】 본죄의 강제집행에는 민사소송법상의 강제집행만을 의미하는 것이지 형사소송법상의 강제처분(벌금·과료·몰수), 행정재판에 의한 강제집행(국세징수법상의 체납처분)은 해당하지 아니한다. 채권이 존재하지 아니할 때에는 본죄가 성립할 여지가 없다.

> **관련판례**
> 형법 제327조의 강제집행면탈죄는 채권자의 권리보호를 그 주된 보호법익으로 하고 있는 것이므로 강제집행의 기본이 되는 채권자의 권리 즉 채권의 존재는 강제집행면탈죄의 성립요건이라 할 것이며 따라서 그 채권의 존재가 인정되지 않을 때에는 강제집행면탈죄는 성립하지 않는다(대판 1988.4.12. 88도48).

㉢ 【 O 】 대판 1986.8.19. 86도1191

㉣ 【 X 】 강제집행면탈죄는 이른바 위태범으로서 강제집행을 당할 구체적인 위험이 있는 상태에서 재산을 은닉, 손괴, 허위양도 또는 허위의 채무를 부담하면 바로 성립하는 것이고, 반드시 채권자를 해하는 결과가 야기되거나 행위자가 어떤 이득을 취하여야 범죄가 성립하는 것은 아니다(대판 2001.11.27. 2001도4759).

㉤ 【 X 】 명의신탁자와 명의수탁자가 이른바 계약명의신탁 약정을 맺고 명의수탁자가 당사자가 되어 명의신탁 약정이 있다는 사실을 알지 못하는 소유자와 부동산에 관한 매매계약을 체결한 후 그 매매계약에 따라 당해 부동산의 소유권이전등기를 명의수탁자 명의로 마친 경우에는, 명의신탁자와 명의수탁자 사이의 명의신탁 약정의 무효에도 불구하고 부동산 실권리자명의 등기에 관한 법률 제4조 제2항 단서에 의하여 그 명의수탁자는 당해 부동산의 완전한 소유권을 취득한다. 이와 달리 소유자가 계약명의신탁 약정이 있다는 사실을 안 경우에는 수탁자 명의의 소유권이전등기는 무효이고 당해 부동산의 소유권은 매도인이 그대로 보유하게 된다. 어느 경우든지 명의신탁자는 그 매매계약에 의해서는 당해 부동산의 소유권을 취득하지 못하게 되어, 결국 그 부동산은 명의신탁자에 대한 강제집행이나 보전처분의 대상이 될 수 없다(대판 2009.5.14. 2007도2168).

정답 ⑤

25 다음 사례에 있어, 甲과 丁의 죄책에 대한 설명 중 가장 적절하지 않은 것은? (주거침입죄 및 특별법은 논외로 한다)

> 대기업 회장인 甲은 자신의 채권자인 乙과 丙에게 다액의 채무를 부담하고 있는 상황에서 계열회사들 소유 자금 중 일부를 임의로 빼돌려 자기 소유 자금과 구분 없이 거주지 안방에 보관하였는데, 甲의 운전기사인 丁이 甲의 집에 침입하여 그 돈을 절취하였다.

① 甲의 경우 강제집행면탈죄와 횡령죄의 성부가 문제되는데, 강제집행면탈죄는 위태범으로 볼 수 있다.
② 횡령한 재물도 장물죄의 객체는 되지만, 횡령한 재물을 절취하는 경우 장물죄의 본질에 관하여 유지설에 의할 때 장물죄는 성립할 수 없으며 단순히 절도죄가 성립할 뿐이다.
③ 수개의 회사 소유 자금을 구분 없이 함께 보관하던 사람이 그 자금 중 일부를 횡령한 경우의 피해자는 수개의 회사 전부라 볼 수 있다.
④ 甲에게는 강제집행면탈죄와 횡령죄가 성립하며, 丁에게는 장물죄의 죄책을 물을 수 없다.

[해설]
① 【O】 형법 제327조 강제집행면탈죄는 강제집행을 실시하려는 자에 대하여 재산의 발견을 불능 또는 곤란케 하는 은닉 등의 행위를 통하여 채권자를 해할 위험 상태에 이름으로써 성립하는 위태범이다(대판 2007.6.1. 2006도1813).
② 【O】 장물을 절취한 경우에 절도죄 이외에 별도로 장물죄가 성립할 것인가 문제되는데, 유지설은 장물죄가 성립하기 위해서는 합의가 있어야 한다고 보므로 이 경우 상대방과의 합의가 없으므로 장물죄가 성립하지 않는다고 본다.
③ 【O】 수개의 회사 소유 자금을 지분 비율을 알 수 없는 상태로 구분없이 함께 보관하던 사람이 그 자금 중 일부를 횡령한 경우, 수개의 회사는 횡령된 자금에 대하여 지분 비율을 알 수 없는 공동 소유자의 지위에 있다고 할 것이니 수개의 회사는 모두 횡령죄의 피해자에 해당한다(대판 2007.6.1. 2006도1813).
④ 【X】 회사 대표가 계열회사들 소유 자금 중 일부를 임의로 빼돌려 자기 소유 자금과 구분없이 거주지 안방에 보관한 행위는 계열회사들에 대한 횡령행위의 일부를 구성하는 것일 뿐이고 나아가 이를 일률적으로 회사 대표 개인의 채권자들에 대한 강제집행면탈 행위로서의 은닉행위로 평가할 수는 없다고 한 사례(대판 2007.6.1. 2006도1813)

[정답] ④

26 권리행사를 방해하는 죄에 관한 설명 중 가장 적절하지 않은 것은?

① 토지소유자가 그 지상 건물 소유자에 대하여 건물철거 및 토지인도청구권을 갖는 경우, 허위채무로 위 건물에 근저당권설정등기를 경료한 건물소유자의 행위는 강제집행면탈죄를 구성하지 않는다.
② 중권리행사방해죄는 점유강취죄·준점유강취죄를 범하여 사람의 생명에 대한 위험이 발생하면 그 형을 가중하는 결과적 가중범이며, 사람의 생명에 대한 위험이란 생명에 대한 구체적 위험을 의미한다.
③ 이른바 중간생략등기형 명의신탁의 방식으로 자신의 처에게 등기명의를 신탁하여 놓은 점포에 남편이 자물쇠를 채워 점포의 임차인을 출입하지 못하게 한 경우 권리행사방해죄에 해당한다.
④ 타인의 점유 또는 권리의 목적이 된 자기의 물건 또는 전자기록 등 특수매체기록을 취거·은닉 또는 손괴하여 타인의 권리행사를 방해한 경우 권리행사방해죄가 성립하고, 폭행 또는 협박으로 타인의 점유에 속하는 자기의 물건을 강취한 경우 점유강취죄가 성립한다.

해설

① 【 O 】 채권자의 채권이 금전채권이 아니라 토지 소유자로서 그 지상 건물의 소유자에 대하여 가지는 건물철거 및 토지인도청구권인 경우라면, 채무자인 건물 소유자가 제3자에게 허위의 금전채무를 부담하면서 이를 피담보채무로 하여 건물에 관하여 근저당권설정등기를 경료하였다는 것만으로는 직접적으로 토지 소유자의 건물철거 및 토지인도청구권에 기한 강제집행을 불능케 하는 사유에 해당한다고 할 수 없으므로 건물소유자에게 강제집행면탈죄가 성립한다고 할 수 없고, 이는 건물 소유자가 토지 임차인으로서 임대인인 토지 소유자에 대하여 민법 제643조의 건물매수청구권을 행사함으로써 건물 소유자와 토지 소유자 사이에 건물에 관한 매매관계가 성립하여 토지 소유자가 건물 소유자에 대하여 건물에 관한 소유권이전등기 및 명도청구권을 가지게 된 후에 건물 소유자가 제3자에게 허위의 금전채무를 부담하면서 이를 피담보채무로 하여 건물에 관하여 근저당권설정등기를 경료한 경우에도 마찬가지이다(대판 2008.6.12. 2008도2279). 12. 경찰승진
③ 【 X 】 피고인이 이른바 중간생략등기형 명의신탁 또는 계약명의신탁의 방식으로 자신의 처에게 등기명의를 신탁해 놓은 점포에 자물쇠를 채워 점포의 임차인을 출입하지 못하게 한 경우 그 점포는 권리행사방해죄의 객체인 '자기의 물건'에 해당하지 않는다(대판 2005.9.9. 2005도626). 12. 경찰승진

정답 ③

최정훈 형법각론
단원별 기출문제집

PART 02

사회적 법익에 대한 죄

Chapter 01 공공의 안전과 평온에 대한 죄
Chapter 02 공공의 신용에 대한 죄
Chapter 03 사회의 도덕에 대한 죄

Chapter 01 공공의 안전과 평온에 대한 죄

출제방향

본 장에서는 각 범죄별로 조문을 분석하고 판례를 숙지하여야 한다.

제1절 공안을 해하는 죄

◎ 지문의 내용에 대해 학설의 대립 등 다툼이 있는 경우 판례에 의함

01 공공의 안전과 평온에 대한 죄에 관한 설명 중 가장 옳지 않은 것은?

① 폭력행위 등 처벌에 관한 법률 제4조 소정의 단체 등의 조직죄는 같은 법에 규정된 범죄를 목적으로 한 단체 또는 집단을 구성하거나 가입함으로써 즉시 성립하고 그와 동시에 완성되는 즉시범이 아니라 계속범이므로 범죄단체에 가입한 자는 탈퇴한 때에 범죄가 종료한다.

② 선박매몰죄의 고의가 성립하기 위하여는 행위시에 사람이 현존하는 것이라는 점에 대한 인식과 함께 이를 매몰한다는 결과발생에 대한 인식이 필요하며, 현존하는 사람을 사상에 이르게 한다는 등 공공의 위험에 대한 인식까지는 필요하지 않다.

③ 피고인들이 그들이 위임받은 채권을 용이하게 추심하는 방편으로 합동수사반원임을 사칭하고 협박한 사실이 있다고 하여도 위 채권의 추심행위는 개인적인 업무이지 합동수사반의 수사업무의 범위에는 속하지 아니하므로 이를 공무원자격사칭죄로 처벌할 수 없다.

④ 불특정 다수인의 통행로로 이용되어 오던 도로의 토지 일부의 소유자라 하더라도 그 도로의 중간에 바위를 놓아두거나 이를 파헤침으로써 차량의 통행을 못하게 한 행위는 일반교통방해죄 및 업무방해죄에 해당한다.

[해설]
① 【X】 구 폭력행위 등 처벌에 관한 법률 제4조 소정의 단체 등의 조직죄는 같은 법에 규정된 범죄를 목적으로 한 단체 또는 집단을 구성함으로써 즉시 성립하고 그와 동시에 완성되는 즉시범이지 계속범이 아니다(대판 1992.2.25. 91도3192). 11. 경찰승진
② 【O】 대판 2000.6.23. 99도4688 11. 경찰승진
③ 【O】 대판 1981.9.8. 81도1955 11. 경찰승진
④ 【O】 대판 2002.4.26. 2001도6903 11. 경찰승진

정답 ①

02 다음 설명 중 옳지 않은 것은 모두 몇 개인가?

> ㉠ 사람의 생명, 신체 또는 재산을 해할 정도의 성능이 없거나, 사람의 신체 또는 재산을 경미하게 손상시킬 수 있는 정도에 그쳐 사회의 안전과 평온에 직접적이고 구체적인 위험을 초래하여 공공의 안전을 문란하게 하기에 현저히 부족한 파괴력과 위험성 정도만 가진 물건은 폭발물사용죄에서의 '폭발물'에 해당하지 않는다.
> ㉡ 甲이 乙, 丙, 丁과 함께 어음을 발행한 뒤 부도시키는 방법으로 타인의 재물을 편취하기로 모의한 뒤, 이를 위해 A실업이라는 상호로 사무실을 개설하여 전자제품 도매상을 경영하는 것처럼 위장하고는, 乙의 이름으로 은행에 당좌계정을 개설하여 그 은행으로부터 다량의 어음용지를 교부받아 이를 확보하는 한편, 甲은 A실업의 실질적인 대표자로서 지급의 입출, 어음용지와 도장 등의 보관책임을 맡고, 乙과 丙은 대외적인 업무를, 丁은 감사로서의 임무를 수행하기로 한 경우 甲에게는 범죄단체조직죄가 성립한다.
> ㉢ 乙로부터 丙에 대한 채권을 추심해 달라는 부탁을 받은 甲이, 丙의 집으로 찾아가 자신을 합동수사반에서 나온 사람으로 소개하고 丙을 집 밖으로 데리고 나와 근처 호텔 커피숍으로 임의동행하고는, 乙이 丙에 대해 가지고 있는 채권을 자신이 대신 추심하겠다고 말하였다면 甲에게는 공무원자격사칭죄가 성립한다.
> ㉣ 소요죄에서는 자수의 특례가 인정된다.

① 1개   ② 2개   ③ 3개   ④ 4개

[해설]

㉠ 【 O 】 대판 2012.4.26. 2011도17254 *17. 경찰간부*

㉡ 【 X 】 위 인정사실만으로는 피고인 2, 공소외 1등의 결합의 정도가 어음사기, 범행의 실행을 위한 예비나 공모의 범위를 넘어 어음사기를 목적으로 한 범죄단체로서의 단체내부의 질서를 유지하는 통솔체제를 갖춘 계속적인 결합체에 이른 것으로는 볼 수 없고 그밖에 그와 같은 범죄단체를 조직하였다고 인정할 증거없다(대판 1985.10.8. 85도1515). *17. 경찰간부*

㉢ 【 X 】 공무원자격사칭죄가 성립하려면 어떤 직권을 행사할 수 있는 권한을 가진 공무원임을 사칭하고 그 직권을 행사한 사실이 있어야 하는바, 피고인들이 그들이 위임받은 채권을 용이하게 추심하는 방편으로 합동수사반원임을 사칭하고 협박한 사실이 있다고 하여도 위 채권의 추심행위는 개인적인 업무이지 합동수사반의 수사업무의 범위에는 속하지 아니하므로 이를 공무원자격사칭죄로 처벌할 수 없다(대판 1981.9.8. 81도1955). *17. 경찰간부*

㉣ 【 X 】 소요죄에서는 자수의 특례를 인정하는 규정이 없다. *17. 경찰간부*

정답 ③

03 범죄단체 등 조직죄에 관한 설명으로 가장 적절하지 않은 것은?

① 범죄단체 등 조직죄는 사형, 무기 또는 장기 4년 이상의 징역에 해당하는 범죄를 범할 목적이 있어야 한다.
② 형법 제114조 소정의 범죄를 목적으로 하는 단체라함은 특정 다수인이 일정한 범죄를 수행한다는 공동목적 아래 이루어진 계속적인 결합체로서 그 단체를 주도하는 최소한의 통솔체제를 갖추고 있음을 요한다.
③ 피고인들이 총책을 중심으로 간부급 조직원들과 상담원들, 현금인출책 등으로 구성된 보이스피싱 사기 조직을 구성하고 이에 가담하여 조직원으로 활동한 경우는 형법 상의 범죄단체에 해당한다.
④ 범죄단체 가입행위 또는 범죄단체 구성원으로서 활동하는 행위와 사기행위는 포괄일죄의 관계에 있다.

해설

① 【O】 형법 제114조에서는 "사형, 무기 또는 장기 4년 이상의 징역에 해당하는 범죄를 목적으로 하는 단체 또는 집단을 조직하거나 이에 가입 또는 그 구성원으로 활동한 사람은 그 목적한 죄에 정한 형으로 처벌한다. 다만, 형을 감경할 수 있다". 20. 경찰
② 【O】 대판 1985.10.8. 85도1515 20. 경찰
③ 【O】 대판 2017.10.26. 2017도8600 20. 경찰
④ 【X】 피고인이 보이스피싱 사기 범죄단체에 가입한 후 사기범죄의 피해자들로부터 돈을 편취하는 등 그 구성원으로서 활동하였다는 내용의 공소사실이 유죄로 인정된 사안에서, 범죄단체 가입행위 또는 범죄단체 구성원으로서 활동하는 행위와 사기행위는 각각 별개의 범죄구성요건을 충족하는 독립된 행위이고 서로 보호법익도 달라 법조경합 관계로 목적된 범죄인 사기죄만 성립하는 것은 아니라고 본 원심판단을 수긍한 사례(대판 2017.10.26. 2017도8600). 20. 경찰

정답 ④

---

04 다음 설명 중 가장 옳지 않은 것은?

① 형법 제114조에서 정한 '범죄를 목적으로 하는 집단'이란 특정 다수인이 사형, 무기 또는 장기 4년 이상의 징역에 해당하는 범죄를 수행한다는 공동목적 아래 구성원들이 정해진 역할분담에 따라 행동함으로써 범죄를 반복적으로 실행할 수 있는 조직체계를 갖춘 계속적인 결합체를 의미하므로, 위 '범죄를 목적으로 하는 집단'의 경우 '범죄단체'에서 요구되는 '최소한의 통솔체계'를 갖출 필요가 있다.
② 다중이 집합하여 손괴의 행위를 한 자는 형법 제115조의 소요죄로 처벌된다.
③ 폭행, 협박의 행위를 할 목적으로 다중이 집합하여 그를 단속할 권한이 있는 공무원으로부터 2회의 해산명령만을 받은 경우에는 해산하지 아니하더라도 형법 제116조의 다중불해산죄로 처벌되지 않는다.
④ 공무원의 자격을 사칭하여 그 직권을 행사한 자는 형법 제118조의 공무원자격사칭죄로 처벌되지만, 형법상 그 미수범 처벌규정을 두고 있지는 않다.

해설

① 【X】 [1] 형법 제114조에서 정한 '범죄를 목적으로 하는 단체'란 특정 다수인이 일정한 범죄를 수행한다는 공동목적 아래 구성한 계속적인 결합체로서 그 단체를 주도하거나 내부의 질서를 유지하는 최소한의 통솔체계를 갖춘 것을 의미한다.
[2] 형법 제114조에서 정한 '범죄를 목적으로 하는 집단'이란 특정 다수인이 사형, 무기 또는 장기 4년 이상의 범죄를 수행한다는 공동목적 아래 구성원들이 정해진 역할분담에 따라 행동함으로써 범죄를 반복적으로 실행할 수 있는 조직체계를 갖춘 계속적인 결합체를 의미한다. '범죄단체'에서 요구되는 '최소한의 통솔체계'를 갖출 필요는 없지만, 범죄의 계획과 실행을 용이하게 할 정도의 조직적 구조를 갖추어야 한다(대판 2020.8.20. 2019도16263). 21. 법원직 9급
② 【O】 다중이 집합하여 폭행, 협박 또는 손괴의 행위를 한 자는 1년 이상 10년 이하의 징역이나 금고 또는 1천500만원 이하의 벌금에 처한다(제115조). 21. 법원직 9급
③ 【O】 폭행, 협박 또는 손괴의 행위를 할 목적으로 다중이 집합하여 그를 단속할 권한이 있는 공무원으로부터 3회 이상의 해산명령을 받고 해산하지 아니한 자는 2년 이하의 징역이나 금고 또는 300만원 이하의 벌금에 처한다(제116조). 21. 법원직 9급
④ 【O】 제118조 21. 법원직 9급

정답 ①

제2절 폭발물에 관한 죄

> 지문의 내용에 대해 학설의 대립 등 다툼이 있는 경우 판례에 의함

01 형법상 폭발물에 관한 죄에 관한 설명으로 옳은 것은 모두 몇 개인가?

> ㉠ 평시에 폭발물을 사용하여 사람을 다치게 한 자도 사형에 처해질 수 있다.
> ㉡ 대법원은 화염병은 형법 제119조 소정의 폭발물에 해당하지 않는다고 판시한 바 있다.
> ㉢ 형법상의 폭발물사용죄는 예비와 음모한 자뿐만 아니라 선동한 자도 처벌한다.
> ㉣ 피해자의 동의가 있더라도 폭발물사용죄의 성립에는 아무런 영향이 없다.
> ㉤ 피고인이 자신이 제작한 폭발물을 배낭에 담아 고속버스터미널 등의 물품보관함 안에 넣어 두고 폭발하게 하였는데, 피고인이 제작한 물건의 구조, 그것이 설치된 장소 및 폭발 당시의 상황 등에 비추어, 위 물건이 사람의 신체 또는 재산을 경미하게 손상시킬 수 있는 정도에 그쳤다고 하더라도 그 잠재적 위험성에 비추어 형법 제119조 제1항에 규정된 '폭발물'에 해당한다고 보아야 한다.

① 1개　② 2개　③ 3개　④ 4개　⑤ 5개

해설

㉠【O】**제119조(폭발물사용)** ① 폭발물을 사용하여 사람의 생명, 신체 또는 재산을 해하거나 기타 공안을 문란한 자는 사형, 무기 또는 7년 이상의 징역에 처한다. 따라서 평시에도 사형으로 처벌할 수 있다. 13. 법원행시

㉡【O】대판 1968.3.5. 66도1056 13. 법원행시

㉢【O】**제120조(예비, 음모, 선동)** ① 전조 제1항, 제2항의 죄를 범할 목적으로 예비 또는 음모한 자는 2년 이상의 유기징역에 처한다. 단 그 목적한 죄의 실행에 이르기 전에 자수한 때에는 그 형을 감경 또는 면제한다.
② 전조 제1항, 제2항의 죄를 범할 것을 선동한 자도 전항의 형과 같다. 13. 법원행시

㉣【O】개인적 법익에 대한 죄라면 당사자의 동의가 범죄 성립에 영향을 미칠 수 있지만, 폭발물사용죄는 사회적법익에 대한 죄로서 당사자의 동의가 있어도 범죄 성립에 영향이 없다. 13. 법원행시

㉤【X】사안의 경우, 피고인이 제작한 물건의 구조, 그것이 설치된 장소 및 폭발 당시의 상황 등에 비추어, 위 물건은 폭발작용 자체에 의하여 공공의 안전을 문란하게 하거나 사람의 생명, 신체 또는 재산을 해할 정도의 성능이 없거나, 사람의 신체 또는 재산을 경미하게 손상시킬 수 있는 정도에 그쳐 사회의 안전과 평온에 직접적이고 구체적인 위험을 초래하여 공공의 안전을 문란하게 하기에는 현저히 부족한 정도의 파괴력과 위험성만을 가진 물건이므로 형법 제172조 제1항에 규정된 '폭발성 있는 물건'에는 해당될 여지가 있으나 이를 형법 제119조 제1항에 규정된 '폭발물'에 해당한다고 볼 수는 없는데, 위 제작물이 폭발물에 해당한다고 보아 폭발물사용죄가 성립한다고 한 원심판결에 법리오해의 위법이 있다고 한 사례(대판 2012.4.26. 2011도17254). 13. 법원행시

정답 ④

제3절 방화와 실화·일수의 죄

> 지문의 내용에 대해 학설의 대립 등 다툼이 있는 경우 판례에 의함

01 방화의 죄에 관한 설명 중 가장 적절한 것은?

① 공용건조물방화죄를 범할 목적으로 예비·음모한 후 목적한 죄의 실행에 이른 후에 수사기관에 자수한 경우 형을 감경하거나 면제할 수 있다.
② 주거로 사용하지 않고 사람이 현존하지도 않는 타인 소유의 자동차를 불태웠으나 공공의 위험이 발생하지 않았다면 방화죄를 구성하지 않는다.
③ 甲이 A의 재물을 강취한 후 A를 살해할 의사로 현주건조물에 방화하여 A가 사망한 경우, 甲의 행위는 강도살인죄와 현주건조물방화치사죄에 모두 해당하고 그 두 죄는 실체적 경합범 관계에 있다.
④ 甲이 A를 살해할 의사로 A가 혼자 있는 건조물에 방화하였으나 A가 사망하지 않은 경우 현존건조물방화치사미수죄를 구성한다.

해설
① 【O】 공용건조물방화죄의 실행에 이르기 전에 자수하면 필요적 감면사유이나, 실행에 이른 후 자수하면 임의적 감면사유이다. 23. 경찰
② 【X】 주거로 사용하지 않고 사람이 현존하지도 않는 타인 소유의 자동차를 불태웠다면 공공의 위험이 발생하지 않더라도 일반자동차방화죄가 성립한다. 23. 경찰
③ 【X】 상상적 경합범 관계에 있다(대판 1998.12.8. 98도3416). 23. 경찰
④ 【X】 현주건조물방화죄와 살인미수죄의 상상적 경합범 관계 있다. 현주건조물방화치사미수죄는 처벌규정이 없다. 23. 경찰

정답 ①

02 방화의 죄에 관한 설명으로 옳지 않은 것을 모두 고른 것은?

㉠ 「형법」 제164조 전단의 현주건조물 등 방화죄는 공중의 생명, 신체, 재산 등에 대한 위험을 예방하기 위하여 공공의 안전을 제1차적인 보호법익으로 하고, 제2차적으로는 개인의 재산권을 보호법익으로 한다.
㉡ 현주건조물 등 방화죄, 현주건조물 등 방화치사상죄, 공용건조물 등 방화죄의 미수범은 처벌한다.
㉢ 「형법」 제165조의 공용건조물 등 방화죄는 불을 놓아 공용(公用)으로 사용하거나 공익을 위해 사용하는 건조물 등을 불태워 공공의 위험이 발생한 정도에 이르러야 성립하는 범죄이다.
㉣ 「형법」 제164조 내지 제176조에서 정하는 방화의 죄에서는 자기의 소유 물건이라도 그것이 압류되거나 보험의 목적물이 된 때에는 타인의 물건으로 간주한다.

① ㉠, ㉡ ② ㉡, ㉢ ③ ㉡, ㉣ ④ ㉢, ㉣

해설
㉠ 【O】 대판 1983.1.18. 82도2341 25. 경찰
㉡ 【X】 현주건조물 등 방화죄와 공용건조물 등 방화죄는 미수범 처벌규정이 있지만 현주건조물 등 방화치사상죄는 미수범 처벌규정이 없다(형법 제174조). **주의** 현주건조물일수치사상죄는 미수범 처벌규정이 있다(동법 제182조). 25. 경찰
㉢ 【X】 공공의 위험 발생을 요하지 않는 추상적 위험범이다. 25. 경찰
㉣ 【O】 자기의 소유에 속하는 물건이라도 압류 기타 강제처분을 받거나 타인의 권리 또는 보험의 목적물이 된 때에는 본장의 규정의 적용에 있어서 타인의 물건으로 간주한다(형법 제176조). 25. 경찰

정답 ②

03 방화와 실화의 죄에 대한 설명으로 가장 적절한 것은?

① 전기 석유난로를 켜 놓은 채 귀가하여 전기 석유난로 과열로 화재가 발생하였다면 화재 원인을 살펴볼 필요 없이 피고인에게 중실화죄를 인정할 수 있다.
② 사람이 현존하는 자동차에 방화한 경우 일반건조물등방화죄가 성립한다.
③ 지붕과 문짝, 창문이 없고 담장과 일부 벽체가 붕괴된 철거 대상 건물로서 사실상 기거 취침에 사용할 수 없는 상태의 타인의 폐가에 대해 방화한 경우 타인소유일반건조물방화죄가 성립한다.
④ 유조차운전사가 석유구판점의 위험물취급주임의 지시를 받아 유조차의 석유를 구판점 탱크로 급유하다가 탱크주입구에서 급유호스가 빠지는 바람에 화기에 인화되어 화재가 발생한 경우 유조차운전사의 업무상과실이 인정되지 않는다.

해설

① 【 X 】 화인의 감정이 없어 제3자에 의한 방화나 실화 또는 누전 등 기타에 의한 발화가능성도 전혀 배제할 수 없음에도 이를 외면한 채, 위 전기석유난로 자체에 고장이 있었는지 여부나 가연물이 그 온풍구에 직접 접촉된 적이 있었는지 여부에 대하여 심리해 보지도 아니한 채 위와 같은 증거들만에 의하여 위 전기석유난로의 과열이 이 사건 화재발생의 원인이 되었다고 막연히 단정하여 피고인을 중실화죄로 의율처단한 제1심판결을 그대로 유지한 원심판결에는 심리를 다하지 아니하고 채증법칙에 위배하여 사실을 잘못 인정하거나 중실화죄에 있어서의 중대한 과실에 관한 법리를 오해한 위법이 있다 할 것이고, 이와 같은 위법은 판결에 영향을 미친 것임이 명백하므로, 이 점을 지적하는 논지는 이유 있고, 원심판결은 파기를 면할 수 없다(대판 1994.3.11. 93도3001). 20. 경찰
② 【 X 】 현주건조물방화죄가 성립한다. 23. 경찰
③ 【 X 】 이 사건 폐가는 지붕과 문짝, 창문이 없고 담장과 일부 벽체가 붕괴된 철거 대상 건물로서 사실상 기거·취침에 사용할 수 없는 상태의 것이므로 형법 제166조의 건조물이 아닌 형법 제167조의 물건에 해당하고, 피고인이 이 사건 폐가의 내부와 외부에 쓰레기를 모아놓고 태워 그 불길이 이 사건 폐가 주변 수목 4~5그루를 태우고 폐가의 벽을 일부 그을리게 하는 정도만으로는 방화죄의 기수에 이르렀다고 보기 어려우며, 일반물건방화죄에 관하여는 미수범의 처벌 규정이 없으므로 피고인은 무죄이다(대판 2013.12.12. 2013도3950). 지문의 경우 벽을 일부 그을리게 하는 정도라는 표현이 없다. 만약 공공의 위험이 발생되었다면 일반물건방화죄가 성립한다. 23. 경찰
④ 【 O 】 소방법 제18조, 같은 법 시행규칙 제54조, 소방시설의 설치, 유지 및 위험물제조소 등 시설의 기준에 관한 규칙 제279조 제6호 에 비추어 보면 유조차의 석유를 구판점의 지하 석유탱크에 공급하는 작업은 위험물취급주임의 참여하에 하여야 하고, 작업자는 그의 보완에 관한 지시와 감독하에 일을 하여야 하는 것이며, 그 보안에 관한 책임은 위험물취급주임에게 있는 것이라고 보아야 할 것인바, 유조차의 운전사에게 위험물취급주임의 지시 없이도 석유가 제대로 급유되는지, 어떠한 사유로 인하여 급유장애가 발생하는지 여부를 확인하기 위하여 급유가 끝날 때까지 그와 함께 또는 그와 교대로 급유호스가 주입구에서 빠지려고 할 때는 즉시 대응조치를 할 수 있는 자세를 갖추어야 할 업무상의 주의의무가 있다고 할 수는 없으므로, 유조차운전사가 석유구판점의 위험물취급주임의 지시를 받아 유조차의 석유를 구판점 탱크로 급유하다가 급유호스가 탱크주입구에서 빠지는 바람에 분출된 석유가 화기에 인화되어 화재가 발생한 경우 운전수가 위험물취급주임이 탱크주입구 부분을 이탈하였음을 보고서도 유조차 운전석에 앉아 다른 일을 보고 있었다고 하여 운전사에게 화재발생에 대하여 과실이 있다고 책임을 물을 수는 없다(대판 1990.11.13. 90도2011). 23. 경찰

정답 ④

04 방화와 실화의 죄에 대한 설명으로 가장 적절하지 않은 것은?

① 방화 등 예비·음모죄에 있어 실행에 이르기 전에 자수한 경우 형을 감경 또는 면제한다.
② 공무집행을 방해하는 집단행위의 과정에서 일부 집단원이 고의로 현주건조물에 방화행위를 하여 공무원에게 사상의 결과를 초래한 경우 그 방화행위 자체에 공모가담하지 않은 다른 집단원은 현주건조물방화치사상죄로 의율할 수 없다.
③ 방화죄의 객체인 건조물은 반드시 사람의 주거용이어야 하는 것은 아니라도 사람이 사실상 기거·취침에 사용할 수 있는 정도는 되어야 한다.
④ 노상에서 전봇대 주변에 놓인 재활용품과 쓰레기 등을 발견하고 자신의 라이터를 이용하여 불을 붙인 후, 가연물을 집어넣어 그 화염을 키움으로써 전선을 비롯한 주변의 가연물에 손상을 입히거나 바람에 의하여 다른 곳으로 불이 옮아 붙을 수 있는 공공의 위험을 발생하게 하였다면 「형법」 제167조 제1항의 타인소유 일반물건 방화죄가 성립한다.

[해설]
① 【O】 제175조. 19. 경찰승진
② 【O】 공무집행을 방해하는 집단행위의 과정에서 일부 집단원이 고의로 방화행위를 하여 사상의 결과를 초래한 경우에 다른 집단원이 그 방화행위로 인한 사상의 결과를 예견할 수 있는 상황이었다면 특수공무집행방해치사상의 죄책을 면할 수 없으나 그 방화행위자체에 공모가담한 바 없는 이상 방화치사상죄로 의율할 수는 없다고 할 것이다(대판 1990.6.26. 90도765). 19. 경찰승진
③ 【O】 형법상 방화죄의 객체인 건조물은 토지에 정착되고 벽 또는 기둥과 지붕 또는 천장으로 구성되어 사람이 내부에 기거하거나 출입할 수 있는 공작물을 말하고, 반드시 사람의 주거용이어야 하는 것은 아니라도 사람이 사실상 기거·취침에 사용할 수 있는 정도는 되어야 한다(대판 2013.12.12. 2013도3950). 19. 경찰승진
④ 【X】 노상에서 전봇대 주변에 놓인 재활용품과 쓰레기 등에 불을 놓아 소훼한 경우, 그 재활용품과 쓰레기 등은 '무주물'로서 형법 제167조 제2항에 정한 '자기 소유의 물건'에 준하는 것으로 보아야 하므로, 여기에 불을 붙인 후 불상의 가연물을 집어넣어 그 화염을 키움으로써 전선을 비롯한 주변의 가연물에 손상을 입히거나 바람에 의하여 다른 곳으로 불이 옮아붙을 수 있는 공공의 위험을 발생하게 하였다면, 일반물건방화죄가 성립한다(대판 2009.10.15. 2009도7421). 19. 경찰승진

정답 ④

05 방화의 죄에 대한 설명으로 옳지 않은 것은?

① 노상에서 전봇대 주변에 놓인 재활용품과 쓰레기 등을 발견하고 자신의 라이터를 이용하여 불을 붙인 후, 가연물을 집어넣어 그 화염을 키움으로써 전선을 비롯한 주변의 가연물에 손상을 입히거나 바람에 의하여 다른 곳으로 불이 옮아 붙을 수 있는 공공의 위험을 발생하게 하였다면 「형법」 제167조 제1항의 타인소유 일반물건방화죄가 성립한다.
② 공무집행을 방해하는 집단행위의 과정에서 일부 집단원이 고의로 현주건조물에 방화행위를 하여 공무원에게 사상의 결과를 초래한 경우, 그 방화행위 자체에 공모가담하지 않은 다른 집단원은 현주건조물방화치사상죄로 의율할 수 없다.
③ 방화범이 불을 놓은 집에서 빠져나오려는 피해자를 막아 소사케 하였다면 현주건조물방화죄와 살인죄의 실체적 경합범이 성립한다.
④ 모텔 방에 투숙한 자가 과실로 담뱃불이 휴지와 침대시트에 옮겨 붙게 함으로써 화재를 발생하게 한 후, 화재 발생 사실을 안 상태에서 모텔을 빠져나오면서 모텔 주인이나 다른 투숙객들에게 이를 알리지 아니하여 사상에 이르게 하였더라도 그 사정만으로는 부작위에 의한 현주건조물방화치사상죄가 성립하지 아니한다.

해설

① 【 X 】 노상에서 전봇대 주변에 놓인 재활용품과 쓰레기 등에 불을 놓아 소훼한 경우, 그 재활용품과 쓰레기 등은 '무주물'로서 형법 제167조 제2항에 정한 '자기소유의 물건'에 준하는 것으로 보아야 하므로, 여기에 불을 붙인 후 불상의 가연물을 집어넣어 그 화염을 키움으로써 전선을 비롯한 주변의 가연물에 손상을 입히거나 바람에 의하여 다른 곳으로 불이 옮아붙을 수 있는 공공의 위험을 발생하게 하였다면, 일반물건방화죄가 성립한다(대판 2009.10.15. 2009도7421). 17. 국가직 7급

② 【 O 】 공무집행을 방해하는 집단행위의 과정에서 일부 집단원이 고의로 방화행위를 하여 사상의 결과를 초래한 경우에 다른 집단원이 그 방화행위로 인한 사상의 결과를 예견할 수 있는 상황이었다면 특수공무집행방해치사상의 죄책을 면할 수 없으나 그 방화행위자체에 공모가담한 바 없는 이상 방화치사상죄에 의율할 수는 없다고 할 것이다(대판 1990.6.26. 90도765). 17. 국가직 7급

③ 【 O 】 건조물 안에 현존하는 사람을 살해할 고의로 방화한 경우 현주건조물 방화치사죄만 성립하고, 살인죄는 성립 않는다(대판 1996.4.26. 96도485). 그러나 방화한 후 빠져나오는 사람을 막아 소사시킨 경우 현주건조물방화죄와 살인죄의 실체적 경합범이 성립한다(대판 1983.1.18. 82도2341). 17. 국가직 7급

④ 【 O 】 모텔 방에 투숙하여 담배를 피운 후 재떨이에 담배를 끄게 되었으나 담뱃불이 완전히 꺼졌는지 여부를 확인하지 않은 채 불이 붙기 쉬운 휴지를 재떨이에 버리고 잠을 잔 과실로 담뱃불이 휴지와 침대시트에 옮겨 붙게 함으로써 화재가 발생한 경우, 위 화재가 중대한 과실 있는 선행행위로 발생한 이상 화재를 소화할 법률상 의무는 있다 할 것이나, 화재 발생 사실을 안 상태에서 모텔을 빠져나오면서도 모텔 주인이나 다른 투숙객들에게 이를 알리지 아니하였다는 사정만으로는 화재를 용이하게 소화할 수 있었다고 보기 어렵다는 이유로, 부작위에 의한 현주건조물방화치사상죄의 공소사실에 대해 무죄를 선고한 원심의 판단을 수긍한 사례(대판 2010.1.14. 2009도12109, 2009감도38). 결국, 중과실치사·중과실치상·중실화가 인정될 뿐이다. 17. 국가직 7급

정답 ①

06 다음 설명 중 가장 옳지 않은 것은?

① 피해자의 사체 위에 옷가지 등을 올려놓고 불을 붙인 천조각을 던져서 그 불길이 방안을 태우면서 천정에까지 옮겨 붙었다면, 도중에 진화되었다 하더라도 일단 천정에 옮겨 붙은 때에 이미 현주건조물방화죄의 기수에 이른 것이다.

② 피고인들이 피해자들의 재물을 강취한 후 그들을 살해할 목적으로 현주건조물에 방화하여 사망에 이르게 한 경우, 피고인들의 행위는 강도살인죄와 현주건조물방화치사죄에 모두 해당하고 그 두 죄는 상상적 경합범관계에 있다.

③ 타인소유 현주건조물에 방화하자 불이 옆에 있는 자기소유의 일반건조물에 옮겨붙은 경우 연소죄가 성립한다.

④ 형법 제119조(폭발물사용죄)를 적용하려면 사람의 생명, 신체 또는 재산을 해하거나 기타 공안을 문란케 한다는 고의가 있어야 한다.

해설

① 【 O 】 대판 2007.3.16. 2006도9164 18. 경찰간부

② 【 O 】 대판 1998.12.8. 98도3416 18. 경찰간부

③ 【 X 】 형법 제168조의 연소죄는 결과적 가중범으로서, **기본범죄는** 자기소유의 물건(일반건조물, 일반물건)에 대한 방화죄이어야 하고, 중한 결과로는 현주건조물, 공용건조물, 타인소유일반건조물, 타인소유일반물건방화의 결과가 발생해야 하는 범죄이다. 18. 경찰간부

④ 【 O 】 대판 1969.7.8. 69도832 18. 경찰간부

정답 ③

07 다음 설명 중 가장 옳지 않은 것은?

① 불을 놓아 노상에서 전봇대 주변에 놓은 재활용품과 쓰레기 등 '무주물'을 소훼하여 공공의 위험을 발생하게 한 경우에는 '무주물'을 '타인 소유의 물건'에 준하는 것으로 보아 형법 제167조 제1항을 적용하여 처벌하여야 한다.
② 사람을 살해할 목적으로 현주건조물에 방화하여 사망에 이르게 한 경우에는 현주건조물방화치사죄로 의율하여야 하지만, 존속살인죄와 현주건조물방화치사죄는 상상적 경합범 관계에 있으므로 존속살인죄로 의율하는 것이 타당하다.
③ 방화 등 예비·음모죄에 있어 실행에 이르기 전에 자수한 경우 형을 감경 또는 면제한다.
④ 과실로 인하여 현주건조물이나 공용건조물을 소훼한 경우에는 공공의 위험의 발생을 요구하지 않는 추상적 위험범으로 본다.

해설

① 【X】 [1] 불을 놓아 무주물을 소훼하여 공공의 위험을 발생하게 한 경우에는 '무주물'을 '자기 소유의 물건'에 준하는 것으로 보아 형법 제167조 제2항을 적용하여 처벌하여야 한다.
[2] 노상에서 전봇대 주변에 놓은 재활용품과 쓰레기 등에 불을 놓아 소훼한 경우, 그 재활용품과 쓰레기 등은 '무주물'로서 형법 제167조 제2항에 정한 '자기 소유의 물건'에 준하는 것으로 보아야 하므로, 여기에 불을 붙인 후 불상의 가연물을 집어넣어 그 화염을 키움으로써 전선을 비롯한 주변의 가연물에 손상을 입히거나 바람에 의하여 다른 곳으로 불이 옮아붙을 수 있는 공공의 위험을 발생하게 하였다면, 일반물건방화죄가 성립한다(대판 2009.10.15. 2009도7421). 17. 경찰간부
② 【O】 직계존속이 아닌 사람을 살해할 목적으로 현주건조물에 방화하여 사망케 한 경우, 현주건조물방화치사죄로 의율하여야 하고 이와 더불어 살인죄와의 상상적 경합범으로 의율할 것은 아니다(대판 1996.4.26. 96도485). 직계존속을 살해할 목적으로 현주건조물에 방화하여 사망케 한 경우, 구 형법하에서 대법원은 존속살해죄와 현주건조물방화치사죄의 상상적 경합관계를 인정하였으나(대판 1996.4.26. 96도485), 현행 형법이 양 죄의 법정형은 동일하게 규정하고 있어 현주건조물방화치사죄만 성립하는 것으로 변경될 가능성이 높다 할 것이다. 17. 경찰간부
③ 【O】 형법 제175조 17. 경찰간부
④ 【O】 형법 제170조 제1항-조문에 '공공의 위험'을 요구하지 않는다. 17. 경찰간부

정답 ①

08 방화와 실화의 죄에 관한 설명 중 가장 적절하지 않은 것은?

① 장롱 안에 있는 옷가지에 불을 놓아 건물을 소훼하려 하였으나 불길이 치솟는 것을 보고 겁이 나서 물을 부어 불을 끈 경우에는 중지미수로 볼 수 없다.
② 성냥불로 담배를 붙인 다음 그 성냥불이 꺼진 것을 확인하지 아니한 채 휴지가 들어있는 플라스틱 휴지통에 던졌다면 중실화죄에 있어 중대한 과실에 해당한다.
③ 불을 놓아 무주물의 일반물건을 소훼하여 공공의 위험을 발생하게 한 경우에는 형법 제167조 제2항의 자기소유일반물건방화죄가 성립한다.
④ 방화의 의사로 뿌린 휘발유가 인화성이 강한 상태로 주택주변과 피해자의 몸에 적지 않게 살포되어 있는 사정을 알면서 라이터를 켜 불꽃을 일으킴으로써 피해자의 몸에 불이 붙었더라도 방화 목적물인 주택 자체에는 옮겨 붙지 아니하였다면 현주건조물방화죄의 실행의 착수가 인정되지 않는다.

[해설]
① 【 O 】 대판 1997.6.13. 97도957 17. 경찰승진
② 【 O 】 대판 1993.7.27. 93도135 17. 경찰승진
③ 【 O 】 대판 2009.10.15. 2009도7421 17. 경찰승진
④ 【 X 】 피고인이 방화의 의사로 뿌린 휘발유가 인화성이 강한 상태로 주택주변과 피해자의 몸에 적지 않게 살포되어 있는 사정을 알면서도 라이터를 켜 불꽃을 일으킴으로써 피해자의 몸에 불이 붙은 경우, 비록 외부적 사정에 의하여 불이 방화 목적물인 주택 자체에 옮겨 붙지는 아니하였다 하더라도 현주건조물방화죄의 실행의 착수가 있었다고 봄이 상당하다고 한 사례(대판 2002.3.26. 2001도6641). 17. 경찰승진

정답 ④

09 다음 중 판례에 따를 때 현주건조물방화죄의 기수가 인정되는 경우는 모두 몇 개인가?

㉠ 甲이 동거녀와의 불화를 이유로 헤어지기로 작정하고는 홧김에 죽은 동생의 유품으로 보관 중이던 서적 등을 뒷마당에 내어 놓고 불태우는 과정에서 동거녀의 가옥에까지 불이 옮겨 붙은 경우
㉡ 甲이 아버지와 말다툼을 하고는 홧김에 라이터로 휴지에 불을 붙여 장롱 안에 있는 옷가지에 불을 놓아 건물을 소훼하려 하였지만, 불길이 치솟는 것을 보고 겁이 나서 물을 부어 불을 끈 경우
㉢ 甲이 지붕과 문짝, 창문이 없고 담장과 일부 벽체가 붕괴된 철거 대상 건물로서 사실상 기거·취침에 사용할 수 없는 상태인 폐가의 내부와 외부에 쓰레기를 모아 놓고 태워, 폐가 주변 수목 4~5그루를 태우고 폐가의 벽을 일부 그을리게 한 경우
㉣ 부모에게 용돈을 요구하였다가 거절당한 甲이 홧김에 부모와 함께 살고 있는 자기 집 헛간 지붕 위에 올라가 라이터로 불을 놓고, 이어서 몸채, 사랑채 지붕 위에 차례로 올라가 불을 놓아, 헛간 지붕 60cm², 몸채 지붕 1m², 사랑채 지붕 1m² 가량을 태운 경우

① 없음 ② 1개 ③ 2개 ④ 3개

[해설]
㉠ 【 X 】 피고인이 동거하던 공소외인과 가정불화가 악화되어 헤어지기로 작정하고 홧김에 죽은 동생의 유품으로 보관하던 서적 등을 뒷마당에 내어 놓고 불태워 버리려 했던 점이 인정될 뿐 피고인이 위 공소외인 소유의 가옥을 불태워 버리겠다고 결의하여 불을 놓았다고 볼 수 없다면 피고인의 위 소위를 가리켜 방화의 범의가 있었다고 할 수 없다(대판 1984.7.24. 84도1245). 17. 경찰간부
㉡ 【 X 】 피고인이 장롱 안에 있는 옷가지에 불을 놓아 건물을 소훼하려 하였으나 불길이 치솟는 것을 보고 겁이 나서 물을 부어 불을 끈 것이라면, 위와 같은 경우 치솟는 불길에 놀라거나 자신의 신체안전에 대한 위해 또는 범행 발각시의 처벌 등에 두려움을 느끼는 것은 일반 사회통념상 범죄를 완수함에 장애가 되는 사정에 해당한다고 보아야 할 것이므로, 이를 자의에 의한 중지미수라고는 볼 수 없다(대판 1997.6.13. 97도957). 장애미수에 해당한다. 17. 경찰간부
㉢ 【 X 】 이 사건 폐가는 지붕과 문짝, 창문이 없고 담장과 일부 벽체가 붕괴된 철거 대상 건물로서 사실상 기거·취침에 사용할 수 없는 상태의 것이므로 형법 제166조의 건조물이 아닌 형법 제167조의 물건에 해당하고, 피고인이 이 사건 폐가의 내부와 외부에 쓰레기를 모아놓고 태워 그 불길이 이 사건 폐가 주변 수목 4~5그루를 태우고 폐가의 벽을 일부 그을리게 하는 정도만으로는 방화죄의 기수에 이르렀다고 보기 어려우며, 일반물건방화죄에 관하여는 미수범의 처벌 규정이 없으므로 피고인은 무죄이다(대판 2013.12.12. 2013도3950) 17. 경찰간부
㉣ 【 O 】 대판 1970.3.24. 70도330 17. 경찰간부

정답 ②

10 다음 설명 중 옳지 않은 것은 모두 몇 개인가?

> ㉠ 형법상 방화죄의 객체인 건조물은 토지에 정착되고 벽 또는 기둥과 지붕 또는 천장으로 구성되어 사람이 내부에 기거하거나 출입할 수 있는 공작물을 말하고, 반드시 사람의 주거용이어야 하는 것은 아니라도 사람이 사실상 기거·취침에 사용할 수 있는 정도는 되어야 한다.
> ㉡ 피해자의 사체 위에 옷가지 등을 올려놓고 불을 붙인 천조각을 던져서 그 불길이 방안을 태우면서 천정에까지 옮겨 붙었다면, 도중에 진화되었다 하더라도 일단 천정에 옮겨 붙은 때에 이미 현주건조물방화죄 기수에 이른 것이다.
> ㉢ 피고인이 방화의 의사로 뿌린 휘발유가 인화성이 강한 상태로 주택주변과 피해자의 몸에 적지 않게 살포되어 있는 사정을 알면서도 라이터를 켜 불꽃을 일으킴으로써 피해자의 몸에 불이 붙은 경우, 비록 외부적 사정에 의하여 불이 방화 목적물인 주택 자체에 옮겨 붙지는 아니하였다 하더라도 현주건조물방화죄의 실행의 착수가 있었다고 봄이 상당하다.
> ㉣ 피고인들이 피해자들의 재물을 강취한 후 그들을 살해할 목적으로 현주건조물에 방화하여 사망에 이르게 한 경우, 피고인들의 행위는 강도살인죄와 현주건조물방화치사죄에 모두 해당하고 그 두 죄는 상상적 경합범 관계에 있다.
> ㉤ 방화 후 불길이 치솟는 것을 보고 겁이 나서 스스로 불을 끈 경우는 중지미수에 해당하는 것으로 볼 수 있다.

① 1개　　② 2개　　③ 3개　　④ 4개　　⑤ 없음

[해설]
㉠ 【 O 】 대판 2013.12.12. 2013도3950 16. 법원행시
㉡ 【 O 】 대판 2007.3.16. 2006도9164 16. 법원행시
㉢ 【 O 】 대판 2002.3.26. 2001도6641 16. 법원행시
㉣ 【 O 】 대판 1998.12.8. 98도3416 16. 법원행시
㉤ 【 X 】 피고인이 장롱 안에 있는 옷가지에 불을 놓아 건물을 소훼하려 하였으나 불길이 치솟는 것을 보고 겁이 나서 물을 부어 불을 끈 것이라면, 위와 같은 경우 치솟는 불길에 놀라거나 자신의 신체안전에 대한 위해 또는 범행 발각시의 처벌 등에 두려움을 느끼는 것은 일반 사회통념상 범죄를 완수함에 장애가 되는 사정에 해당한다고 보아야 할 것이므로, 이를 자의에 의한 중지미수라고는 볼 수 없다(대판 1997.6.13. 97도957). 16. 법원행시

정답 ①

11 현주건조물방화치사상죄에 관한 설명 중 옳은 것과 틀린 것을 올바르게 표기한 것은?

> ㉠ 현주건조물 내에 있는 피해자를 구타하여 실신케 한 후 건조물에 방화하여 소사케 한 경우 현주건조물방화죄와 살인죄의 상상적 경합으로 처벌된다.
> ㉡ 존속을 살해할 의도로 현주건조물에 방화하여 존속을 사망하게 한 때에는 존속살해죄와 현주건조물방화치사죄는 상상적 경합관계에 있다.
> ㉢ 불을 놓은 집에서 빠져 나오려는 피해자들을 막아 소사케 한 경우 방화행위와 살인행위는 법률상 별개의 고의에 의하여 별개의 법익을 해하는 별개의 행위라고 할 것이므로 현주건조물방화죄와 살인죄의 실체적 경합으로 처벌된다.
> ㉣ 공범 중의 일부가 사람을 상해 또는 살해할 의도로 현주건조물에 방화하여 사람을 상해 또는 사망하게 한 경우 상해 또는 사망의 결과에 대한 예견가능성이 인정되더라도 다른 공범은 현주건조물방화치사상죄의 죄책을 지지 아니한다.

① ㉠(×) ㉡(○) ㉢(○) ㉣(○)
② ㉠(○) ㉡(×) ㉢(○) ㉣(○)
③ ㉠(×) ㉡(○) ㉢(○) ㉣(×)
④ ㉠(○) ㉡(○) ㉢(×) ㉣(×)

해설

㉠【×】, ㉡【○】 사람을 살해할 목적으로 현주건조물에 방화하여 사망에 이르게 한 경우에는 현주건조물방화치사죄로 의율하여야 하고 이와 더불어 살인죄와의 상상적 경합범으로 의율할 것은 아니며, 다만 존속살인죄와 현주건조물방화치사죄는 상상적 경합범 관계에 있으므로, 법정형이 중한 존속살인죄로 의율함이 타당하다(대판 1996.4.26. 96도485). 15. 경찰간부
㉢【○】 대판 1983.1.18. 82도2341 15. 경찰간부
㉣【×】 사람이 현존하는 건조물을 방화하는 집단행위의 과정에서 일부 집단원이 고의행위로 살상을 가한 경우에도 다른 집단원에게 그 사상의 결과가 예견 가능한 것이었다면 다른 집단원도 그 결과에 대하여 현존건조물방화치사상의 책임을 면할 수 없는 것이다(대판 1996.4.12. 96도215). 15. 경찰간부

정답 ③

12 다음 중 방화죄에 관한 설명으로서 가장 옳지 않은 것은?

① 방화죄 중 구체적 위험범과 추상적 위험범을 구별하는 실익은 구체적 위험범에 있어서는 '구체적 위험의 인식과 발생'이 없으면 당해범죄가 기수가 될 수 없다는 점이다.
② '공공의 위험'은 물리적 자연적 위험이 아니라 일반인들이 느끼는 심리적 위험을 말한다.
③ 피고인이 불을 아직 방화목적물 내지 그 도화물체에 점화하지 아니한 경우에는 방화죄의 실행의 착수를 인정할 수 없다.
④ 방화죄는 공공 위험범이면서도 재산죄의 속성을 가지므로 목적물의 경제적 효용이 상실된 때에 기수가 된다는 것이 판례의 입장이다.
⑤ 방화죄는 공공의 안전을 보호법익으로 하므로 행위객체의 수가 아니라 보호법익을 기준으로 죄수가 결정된다.

[해설]
① 【O】 구체적 위험범의 경우에는 공공위험발생이 구성요건요소이므로, 행위자가 고의의 내용으로 공공의 위험에 대한 인식이 있을 것을 요하고 그 구체적 위험의 발생이 있어야 구성요건이 충족되어 범죄의 기수가 성립한다. 반면에 추상적 위험범의 경우에는 공공위험발생이 구성요건요소가 아니므로, 행위자가 이를 인식할 것을 요하지 않으며 범죄의 기수가 되기 위해서 그 구체적 위험의 발생을 요지도 않는다.
② 【O】 옳은 설명이다.
③ 【O】 목적물에 직접 점화하거나 매개물에 발화한 때 방화죄의 실행의 착수를 인정할 수 있다.
④ 【X】 방화죄는 화력이 매개물을 떠나 스스로 연소할 수 있는 상태에 이르렀을 때에 기수가 되고 반드시 목적물의 중요부분이 소실하여 그 본래의 효용을 상실한 때라야만 기수가 되는 것이 아니라고 할 것이다(대판 1970.3.24. 70도330). 판례는 방화죄의 기수시기에 대해서 '독립연소설'의 입장이다.
⑤ 【O】 방화죄의 죄수는 행위객체의 수가 아닌 '공공의 안전'이라는 보호법익을 기준으로 판단한다. 따라서 1개의 방화행위로 수개의 현주건조물을 소훼한 경우 1개의 현주건조물방화죄가 성립한다.

[정답] ④

13 방화와 실화의 죄에 대한 설명으로 가장 옳지 않은 것은?

① 방화죄의 주된 보호법익은 공공의 안전으로서 방화죄의 기본적 성격은 공공위험죄이지만, 부차적으로는 개인의 재산도 보호법익에 포함된다.
② 현주건조물방화죄·공용건조물방화죄는 추상적 위험범이고, 타인소유 일반건조물방화죄·일반물건방화죄는 구체적 위험범이다.
③ 매개물에 발화된 때에는 아직 목적물인 건조물에 불이 옮겨 붙지 아니하였더라도 방화죄의 미수범이 성립한다.
④ 타인소유 일반건조물 등 방화죄의 예비·음모는 처벌한다.
⑤ 타인소유의 일반물건에 방화하여 소훼하였으나 공공의 위험이 발생하지 않은 경우 손괴죄가 성립한다.

[해설]
① 【O】 대판 1983.1.18. 82도2341
② 【X】 타인소유 일반건조물방화죄는 추상적 위험범이다.
③ 【O】 대판 2002.3.26. 2001도6641
④ 【O】 형법 제175조
⑤ 【O】 일반물건방화죄는 구체적 위험범이므로 타인소유인 경우 공공의 위험이 발생하지 않았다면 손괴죄가 성립한다.

[정답] ②

14 다음 설명 중 가장 적절하지 않은 것은?

① 형법 제114조 제1항 소정의 '범죄를 목적으로 하는 단체'라 함은 특정다수인이 일정한 범죄를 수행한다는 공동목적 아래 이루어진 계속적인 결합체로서 단순한 다중의 집합과는 달라 단체를 주도하는 최소한의 통솔체제를 갖추고 있어야 함을 요한다.
② 불을 놓아 무주물을 소훼하여 공공의 위험을 발생하게 한 경우에는 '무주물'을 자기 소유의 물건에 준하는 것으로 보아 형법 제167조 제2항을 적용하여 처벌하여야 한다.
③ 고향에 있는 자기 소유의 빈집을 철거하기 위하여 방화를 하였는데, 갑자기 불어온 강풍에 의해 이웃집에 불이 옮겨 붙어 그 이웃집까지 전소된 경우, 자기소유 일반건조물방화죄가 성립한다.
④ 피고인의 가옥 앞 도로가 폐기물 운반 차량의 통행로로 이용되어 가옥 일부에 균열 등이 발생하자 피고인이 위 도로에 트랙터를 세워두거나 철책 펜스를 설치함으로써 위 차량의 통행을 불가능하게 한 경우는 일반교통방해죄에 해당하나, 위 차량들의 앞을 가로막고 앉아서 통행을 일시적으로 방해한 경우는 일반교통방해죄에 해당하지 않는다.

해설

① 【O】 대판 1985.10.8. 85도1515 12. 경찰승진
② 【O】 대판 2009.10.15. 2009도7421 12. 경찰승진
③ 【X】 고의로 자기소유 일반건조물에 방화하여 과실로 중한 결과인 현주건조물방화죄를 범한 경우로서 결과적 가중범인 '연소죄'가 성립한다. 12. 경찰승진
④ 【O】 대판 2009.1.30. 2008도10560 12. 경찰승진

정답 ③

15 다음은 방화죄와 일수죄에 대한 비교 설명이다. 틀린 것은?

① 방화죄나 일수죄 모두 현주건조물이 객체로 규정되어 있다.
② 방화죄나 일수죄 모두 공용건조물이 객체로 규정되어 있다.
③ 방화죄의 경우 자기소유물에 대한 결과적 가중범 규정이 있으나, 일수죄는 없다.
④ 방화죄나 일수죄 모두 자수에 대한 필요적 감면규정이 있다.
⑤ 방화죄나 일수죄 모두 자기소유일반건조물에 대해서는 미수범처벌규정이 없다.

해설

① 【O】 형법 제164조·제177조
② 【O】 형법 제165조·제178조
③ 【O】 방화죄의 경우 자기소유물에 대한 결과적 가중범으로서 연소죄(제168조)가 있으나, 일수죄는 이러한 자기소유물에 대한 결과적 가중범이 없다.
④ 【X】 방화죄의 경우에 예비·음모단계에서 자수하면 필요적 감면규정이 있으나(제175조), 일수죄에는 이러한 규정은 없다.
⑤ 【O】 형법 제174조·제182조

정답 ④

16 방화와 일수죄에 대한 설명 중 옳지 않은 것을 모두 고른 것은?

㉠ 현주건조물일수죄는 추상적 위험범이나, 자기소유의 일반 건조물일수죄는 구체적 위험범이다.
㉡ 과실일수죄에는 업무상 과실에 대한 가중처벌규정이 있다.
㉢ 방화죄나 일수죄 모두 자수에 대한 필요적 감면규정이 있다.
㉣ 방화죄나 일수죄 모두 공용건조물, 현주건조물이 객체로 규정되어 있다.
㉤ 방화죄나 일수죄 모두 자기소유 일반건조물에 대해서는 미수범 처벌규정이 없다.
㉥ 현주건조물일수죄의 객체는 타인의 소유여야 한다

① ㉠, ㉡, ㉢ ② ㉡, ㉢, ㉥ ③ ㉢, ㉤, ㉥ ④ ㉡, ㉣, ㉥

해설

㉠ 【 O 】 옳은 설명이다. '자기소유' 일반건조물방화 내지 일수죄는 구체적 위험범이다.
㉡ 【 X 】 일수죄는 단순과실범 처벌규정만 있고, 업무상과실 내지 중과실에 대한 처벌규정이 없다.
㉢ 【 X 】 자수에 대한 필요적 감면규정은 방화죄에만 있고, 일수죄에는 존재하지 않는다.
㉣ 【 O 】 현주건조물 내지 공용건조물에 대한 방화죄와 일수죄의 처벌규정이 존재한다.
㉤ 【 O 】 옳은 설명이다.
㉥ 【 X 】 현주건조물방화 내지 일수죄의 객체는 자기소유이든 타인소유이든 불문한다.

정답 ②

17 다음 설명 중 가장 적절한 것은?

① 불을 놓아 전봇대 주변에 놓인 무주물(쓰레기)을 소훼하여 공공의 위험을 발생하게 한 경우, 그 무주물은 자신의 물건이 아니므로 형법 제167조 제1항(타인소유 일반물건방화죄)을 적용하여 처벌하여야 한다.
② 형법에는 업무상 과실 또는 중대한 과실로 인하여 과실일수죄를 범한 자를 가중하여 처벌하는 규정이 있다.
③ 형법 제119조(폭발물사용죄)를 적용하려면 사람의 생명, 신체 또는 재산을 해하거나 기타 공안을 문란케 한다는 고의가 있어야 한다.
④ 타인들의 집(농촌주택)에서 배출되는 생활하수의 배수관(소형PVC)을 토사로 막아 하수가 내려가지 못하게 한 경우 수리방해죄에 해당한다.

해설

① 【 X 】 형법 제167조 제2항은 방화의 객체인 물건이 자기의 소유에 속한 때에는 같은 조 제1항보다 감경하여 처벌하는 것으로 규정하고 있는바, 방화죄는 공공의 안전을 제1차적인 보호법익으로 하지만 제2차적으로는 개인의 재산권을 보호하는 것이라고 볼 수 있는 점, 현재 소유자가 없는 물건인 무주물에 방화하는 경우에 타인의 재산권을 침해하지 않는 점은 자기의 소유에 속한 물건을 방화하는 경우와 마찬가지인 점, 무주의 동산을 소유의 의사로 점유하는 경우에 소유권을 취득하는 것에 비추어(민법 제252조) 무주물에 방화하는 행위는 그 무주물을 소유의 의사로 점유하는 것이라고 볼 여지가 있는 점 등을 종합하여 보면, 불을 놓아 무주물을 소훼하여 공공의 위험을 발생하게 한 경우에는 '무주물'을 '자기 소유의 물건'에 준하는 것으로 보아 형법 제167조 제2항을 적용하여 처벌하여야 한다(대판 2009.10.15. 2009도7421).
② 【 X 】 일수죄는 단순과실범 처벌규정만 존재하고, 업무상 과실 또는 중대한 과실로 인하여 과실일수죄를 범한 자를 가중하여 처벌하는 규정이 존재하지 않는다.
③ 【 O 】 대판 1969.7.8. 69도832
④ 【 X 】 원천내지 자원으로서의 물의 이용이 아니라, 하수나 폐수 등 이용이 끝난 물을 배수로를 통하여 내려보내는 것은 형법 제184조 소정의 수리에 해당한다고 할 수 없고, 그러한 배수 또는 하수처리를 방해하는 행위는, 특히 그 배수가 수리용의 인수와 밀접하게 연결되어 있어서 그 배수의 방해가 직접 인수에까지 지장을 초래한다는 등의 특수한 경우가 아닌 한, 수리방해죄의 대상이 될 수 없다(대판 2001.6.26. 2001도404).

정답 ③

18 甲의 죄책에 대한 설명으로 옳은 것은?

> 甲은 방화의 고의로 A가 주거로 사용하는 집에 불을 놓았고 이로 인해 A가 사망하였다.

① A가 사망하였더라도 甲의 방화가 미수에 그쳤다면, 甲은 현주건조물방화치사죄 미수범의 죄책을 진다.
② 甲이 A에 대한 살인의 고의로 방화한 것이라면 甲에게는 현주건조물방화치사죄 외에 고의범인 살인죄가 별도로 성립하고 양죄는 상상적 경합관계에 있다.
③ 만약 甲이 A를 살해할 고의로 방화를 하였으나 A가 사망하지 않았다면, 甲에게는 현주건조물방화치사죄의 미수범이 성립한다.
④ 만약 A가 甲의 부친(父親)이고 그 사망에 대해 甲에게 고의가 인정된다면, 甲에게는 현주건조물방화치사죄와 존속살해죄가 성립하고 양죄는 상상적 경합관계에 있다.

[해설]
① 【 X 】 방화가 미수에 그쳤더라도 현주건조물방화치사죄가 성립한다. 23. 국가직 7급
② 【 X 】, ④ 【 O 】 형법 제164조 후단이 규정하는 현주건조물방화치사상죄는 그 전단이 규정하는 죄에 대한 일종의 가중처벌 규정으로서 과실이 있는 경우뿐만 아니라, 고의가 있는 경우에도 포함된다고 볼 것이므로 사람을 살해할 목적으로 현주건조물에 방화하여 사망에 이르게 한 경우에는 현주건조물방화치사죄로 의율하여야 하고 이와 더불어 살인죄와의 상상적 경합범으로 의율할 것은 아니며, 다만 존속살인죄와 현주건조물방화치사죄는 상상적 경합범 관계에 있으므로, 법정형이 중한 존속살인죄로 의율함이 타당하다(대판 1996.4.26. 96도485). 23. 국가직 7급
③ 【 X 】 현주건조물방화죄와 살인미수죄의 상상적 경합범이 성립한다. 형법상 현주건조물방화치사의 미수죄는 처벌규정이 없다.
23. 국가직 7급

정답 ④

제4절 교통방해의 죄

> 지문의 내용에 대해 학설의 대립 등 다툼이 있는 경우 판례에 의함

01 교통방해의 죄에 대한 설명으로 가장 적절하지 않은 것은?

① 주민들에 의하여 공로로 통하는 유일한 통행로로 오랫동안 이용되어 온 폭 2m의 골목길을 자신의 소유라는 이유로 폭 50 내지 75cm 가량만 남겨두고 담장을 설치하여 주민들의 통행을 현저히 곤란하게 하였다면 일반교통방해죄를 구성한다.

② 서울 중구 소공동의 왕복 4차로의 도로 중 편도 3개 차로 쪽에 차량 2, 3대와 간이테이블 수십개를 이용하여 길가쪽 2개 차로를 차지하는 포장마차를 설치하고 영업행위를 한 경우 교통량이 상대적으로 적은 야간에 이루어졌다면 일반교통방해죄를 구성하지 않는다.

③ 교통방해를 유발한 집회에 참가한 경우 참가 당시 이미 다른 참가자들에 의해 교통흐름이 차단된 상태였더라도 교통방해를 유발한 다른 참가자들과 암묵적·순차적으로 공모하여 교통방해의 위법상태를 지속시켰다고 평가할 수 있다면 일반교통방해죄가 성립한다.

④ 공항 여객터미널 버스정류장 앞 도로 중 공항리무진 버스 외의 다른 차의 주차가 금지된 구역에서 밴 차량을 40분간 불법주차하고 호객행위를 한 것은 다른 차량들의 통행을 현저히 곤란하게 한 것으로 볼 수 없어 일반교통방해죄를 구성하지 않는다.

해설

① 【O】 형법 제185조 소정의 육로라 함은 사실상 일반공중의 왕래에 공용되는 육상의 통로를 널리 일컫는 것으로서 그 부지의 소유관계나 통행권리관계 또는 통행인의 많고 적음 등은 가리지 않는 것이다.

> **사실관계**
> 주민들에 의하여 공로로 통하는 유일한 통행로로 오랫동안 이용되어 온 폭 2m의 골목길을 자신의 소유라는 이유로 폭 50 내지 75cm 가량만 남겨두고 담장을 설치하여 주민들의 통행을 현저히 곤란하게 하였다면 일반교통방해죄를 구성한다(대판 1994.11.4. 94도2112). 19. 경찰승진

② 【X】 형법 제185조의 일반교통방해죄는 일반 공중의 교통안전을 그 보호법익으로 하는 범죄로서 육로 등을 손괴 또는 불통케 하거나 기타의 방법으로 교통을 방해하여 통행을 불가능하게 하거나 현저하게 곤란하게 하는 일체의 행위를 처벌하는 것을 그 목적으로 하고 있고, 또한 일반교통방해죄는 이른바 추상적 위험범으로서 교통이 불가능하거나 또는 현저히 곤란한 상태가 발생하면 바로 기수가 되고 교통방해의 결과가 현실적으로 발생하여야 하는 것은 아니다.

> **사실관계**
> 서울 중구 소공동의 왕복 4차로의 도로 중 편도 3개 차로 쪽에 차량 2, 3대와 간이테이블 수십개를 이용하여 **길가쪽 2개 차로를 차지하는 포장마차를 설치하고** 영업행위를 한 것은, 비록 행위가 교통량이 상대적으로 적은 야간에 이루어졌다 하더라도 형법 제185조의 일반교통방해죄를 구성한다(대판 2007.12.14. 2006도4662). 19. 경찰승진

③ 【O】 ● 도로에서의 집회나 시위가 교통방해를 수반할 경우, 일반교통방해죄가 성립하는지 (원칙적 적극)
[1] 집회와 시위의 자유는 헌법상 보장된 국민의 기본권이므로 형법상의 일반교통방해죄를 집회와 시위의 참석자에게 적용할 경우에는 집회와 시위의 자유를 부당하게 제한하는 결과가 발생할 우려가 있다. 그러나 <u>일반교통방해죄에서 교통을 방해하는 방법을 포괄적으로 정하고 있는 데다가 도로에서 집회와 시위를 하는 경우 일반 공중의 교통안전을 직접적으로 침해할 위험이 있는 점을 고려하면, 집회나 시위로 교통방해 행위를 수반할 경우에 특별한 사정이 없는 한 일반교통방해죄가 성립할 수 있다.</u>
[2] 참가자 모두에게 일반교통방해죄가 성립하는지 (원칙적 소극) 집회 및 시위에 관한 법률(이하 '집시법')에 따라 **적법한 신고를 마친 집회 또는 시위라고 하더라도** 당초에 신고한 범위를 **현저히 벗어나거나** 집시법 제12조에 따른 조건을 중대하게 위반하여 도로교통을 방해함으로써 통행을 불가능하게 하거나 현저하게 곤란하게 하는 경우에는 형법 제185조의 일반교통방해죄가 성립한다.

그러나 이때에도 참가자 모두에게 당연히 일반교통방해죄가 성립하는 것은 아니고, 실제로 참가자가 위와 같이 신고 범위를 현저하게 벗어나거나 조건을 중대하게 위반하는 데 가담하여 교통방해를 유발하는 직접적인 행위를 하였거나, 참가자의 참가 경위나 관여 정도 등에 비추어 그 참가자에게 공모공동정범의 죄책을 물을 수 있는 경우라야 일반교통방해죄가 성립한다(대판 2018.1.24. 2017도11408). 19. 경찰승진

> **동지판례**
> 집회 및 시위에 관한 법률에 따른 **신고 없이** 이루어진 집회에 참석한 참가자들이 차로 위를 행진하는 등으로 도로 교통을 방해함으로써 통행을 불가능하게 하거나 현저하게 곤란하게 하는 경우에 일반교통방해죄가 성립한다. 그러나 이 경우에도 참가자 모두에게 당연히 일반교통방해죄가 성립하는 것은 아니고, 실제로 참가자가 집회·시위에 가담하여 교통방해를 유발하는 직접적인 행위를 하였거나, 참가자의 참가 경위나 관여 정도 등에 비추어 참가자에게 공모공동정범의 죄책을 물을 수 있는 경우라야 일반교통방해죄가 성립한다(대판 2018.5.11. 2017도9146).

일반교통방해죄의 기수 시기와 종료 시기

> 일반교통방해죄는 이른바 **추상적 위험범**으로서 교통이 불가능하거나 또는 현저히 곤란한 상태가 발생하면 바로 기수가 되고 교통방해의 결과가 현실적으로 발생하여야 하는 것은 아니다. 또한 일반교통방해죄에서 교통방해 행위는 **계속범의 성질을** 가지는 것이어서 교통방해의 상태가 계속되는 한 위법상태는 계속 존재한다. 따라서 교통방해를 유발한 집회에 참가한 경우 참가 당시 이미 다른 참가자들에 의해 교통의 흐름이 차단된 상태였더라도 교통방해를 유발한 다른 참가자들과 **암묵적·순차적으로 공모하여** 교통방해의 위법상태를 지속시켰다고 평가할 수 있다면 일반교통방해죄가 성립한다(대판 2018.5.11. 2017도9146).

④ 【O】 공항 여객터미널 버스정류장 앞 도로 중 공항리무진 버스 외의 다른 차의 주차가 금지된 구역에서 밴 차량을 40분간 불법주차하고 호객행위를 한 것이, 다른 차량들의 통행을 불가능하거나 현저히 곤란하게 한 것으로 볼 수 없어 형법 제185조의 일반교통방해죄를 구성하지 않는다고 한 사례(대판 2009.7.9. 2009도4266). 19. 경찰승진

정답 ②

02 다음의 행위 중 甲에게 일반교통방해죄가 성립하는 것은 모두 몇 개인가?

> ㉠ 甲은 집회 및 시위에 관한 법률에 따른 신고 범위를 현저히 벗어나 교통방해를 유발한 집회에 참가하였는데, 참가할 당시 이미 다른 참가자들에 의해 교통의 흐름이 차단된 상태였고 교통방해를 유발한 다른 참가자들과 암묵적·순차적 공모는 없었다.
> ㉡ 甲은 자신의 카니발 밴 차량을 여객터미널 도로 중에서 공항리무진 버스들이 승객들을 승·하차시키는 장소에 40분 가량 주차하였는데, 이 곳은 일반 차량들의 주차가 금지된 구역이었으나 당시 주차한 장소의 옆 차로를 통하여 다른 차량들이 충분히 통행 가능하였고 공항리무진 버스도 후진을 하여 차로를 바꾸어야 하는 불편이 있기는 하나 통행자체는 가능하였다.
> ㉢ 甲은 주민들에 의하여 공로로 통하는 유일한 통행로로 오랫동안 이용되어 온 폭 2m의 골목길을 자신의 소유라는 이유로 폭 50cm 내지 75cm 가량만 남겨두고 담장을 설치하여 주민들의 통행을 현저히 곤란하게 하였다.

① 없음　　② 1개　　③ 2개　　④ 3개

해설

㉠ 【 X 】 일반교통방해죄에서 교통방해 행위는 **계속범**의 성질을 가지는 것이어서 교통방해의 상태가 계속되는 한 위법상태는 계속 존재한다. 따라서 교통방해를 유발한 집회에 참가한 경우 참가 당시 이미 다른 참가자들에 의해 교통의 흐름이 차단된 상태였더라도 교통방해를 유발한 다른 참가자들과 **암묵적·순차적으로 공모하여** 교통방해의 위법상태를 지속시켰다고 평가할 수 있다면 일반교통방해죄가 성립한다(대판 2018.5.11. 2017도9146). ☞ 일반교통방해죄는 계속범이므로, 이미 교통방해상태에 이르러 기수가 된 이후라고 하더라도 종료되기 전까지는 얼마든지 공범의 성립이 가능하다는 취지이다. 다만, 이후에 가담하는 자들에게 암묵적, 순차적 공모가 있어야 한다. 18. 경찰간부

㉡ 【 X 】 공항 여객터미널 버스정류장 앞 도로 중 공항리무진 버스 외의 다른 차의 주차가 금지된 구역에서 밴 차량을 40분간 불법주차하고 호객행위를 한 경우, 다른 차량들의 통행을 불가능하거나 현저히 곤란하게 한 것으로 볼 수 없어 형법 제185조의 일반교통방해죄를 구성하지 않는다(대판 2009.7.9. 2009도4266). 18. 경찰간부

㉢ 【 O 】 형법 제185조 소정의 육로라 함은 사실상 일반공중의 왕래에 공용되는 육상의 통로를 널리 일컫는 것으로서 그 부지의 **소유관계나 통행권리관계** 또는 **통행인의 많고 적음** 등은 가리지 않는 것이다.

> **사실관계**
> 주민들에 의하여 공로로 통하는 유일한 통행로로 오랫동안 이용되어 온 폭 2m의 골목길을 자신의 소유라는 이유로 폭 50 내지 75cm 가량만 남겨두고 담장을 설치하여 주민들의 통행을 현저히 곤란하게 하였다면 일반교통방해죄를 구성한다(대판 1994.11.4. 94도2112). 18. 경찰간부

정답 ②

03 교통방해의 죄에 관한 다음 설명 중 가장 옳지 않은 것은?

① 적법한 신고를 마치고 도로에서 집회나 시위를 하는 경우, 그 집회 또는 시위가 신고된 범위 내에서 행해졌거나 신고된 내용과 다소 다르게 행해졌어도 신고된 범위를 현저히 일탈하지 않은 경우에는 특별한 사정이 없는 한 일반교통방해죄가 성립한다고 볼 수 없다.

② 공항여객터미널 버스정류장 앞 도로 중 공항리무진 버스 외의 다른 차의 주차가 금지된 구역에서 밴 차량을 40분간 불법 주차하고 호객 영업을 하는 방법으로 그 곳을 통행하는 버스의 교통을 곤란하게 하였다면 일반교통방해죄가 성립한다.

③ 甲이 고속도로 2차로를 따라 자동차를 운전하다가 1차로를 진행하던 乙의 차량 앞에 급하게 끼어든 후 곧바로 정차하여, 乙의 차량 및 이를 뒤따르던 차량 두 대는 급정차하였으나, 그 뒤를 따라오던 丙의 차량이 앞의 차량들을 연쇄적으로 추돌케 하여 丙을 사망에 이르게 하고 나머지 차량 운전자 등에게 상해를 입혔다면 甲에게는 일반교통방해치사상죄가 성립한다.

④ 서울 중구 소공동의 왕복 4차로의 도로 중 편도 3개 차로 쪽에 차량 2, 3대와 간이테이블 수십개를 이용하여 길가 쪽 2개 차로를 차지하는 포장마차를 설치하고 영업행위를 한 것은, 비록 행위가 교통량이 상대적으로 적은 야간에 이루어졌다 하더라도 일반교통방해죄를 구성한다.

해설

① 【 O 】 집회 또는 시위가 신고된 범위 내에서 행해졌거나 신고된 내용과 다소 다르게 행해졌어도 신고된 범위를 현저히 일탈하지 않는 경우에는 그로 인하여 도로의 교통이 방해를 받았다고 하더라도 특별한 사정이 없는 한 형법 제185조 소정의 일반교통방해죄가 성립한다고 볼 수 없으나, 그 집회 또는 시위가 당초 신고된 범위를 현저히 일탈하거나 구 집시법 제12조의 규정에 의한 조건을 중대하게 위반하여 도로 교통을 방해함으로써 통행을 불가능하게 하거나 현저하게 곤란하게 하는 경우에는 형법 제185조 소정의 일반교통방해죄가 성립한다고 할 것이다(대판 2008.11.13. 2006도755). 17. 경찰간부

② 【 X 】 공항 여객터미널 버스정류장 앞 도로 중 공항리무진 버스 외의 다른 차의 주차가 금지된 구역에서 밴 차량을 40분간 불법주차하고 호객행위를 한 것이, 다른 차량들의 통행을 불가능하거나 현저히 곤란하게 한 것으로 볼 수 없어 형법 제185조의 일반교통방해죄를 구성하지 않는다(대판 2009.7.9. 2009도4266). 17. 경찰간부

③ 【 O 】 피고인이 고속도로 2차로를 따라 자동차를 운전하다가 1차로를 진행하던 甲의 차량 앞에 급하게 끼어든 후 곧바로 정차하여, 甲의 차량 및 이를 뒤따르던 차량 두 대는 급정차하였으나, 그 뒤를 따라오던 乙의 차량이 앞의 차량들을 연쇄적으로 추돌케 하여 乙을 사망에 이르게 하고 나머지 차량 운전자 등 피해자들에게 상해를 입힌 사안에서, 피고인에게 일반교통방해치사상죄를 인정한 원심판단을 정당하다고 판시한 사례(대판 2014.7.24. 2014도6206). 17. 경찰간부

④ 【 O 】 조선호텔 방면 편도 3개 차로 중 길가 쪽 2개 차로를 차지하는 포장마차를 설치하고 영업을 하였다면, 비록 그와 같은 행위가 주로 주간에 비하여 차량통행이 적은 야간에 이루어진 것이라고 하더라도(경우에 따라서는 주간에도 범행이 이루어졌다) 그로 인하여 이 사건 도로의 교통을 방해하여 차량통행이 현저히 곤란한 상태가 발생하였다고 하지 않을 수 없고, 이 사건 도로를 통행하는 차량이 나머지 1개 차로와 반대편 차로를 이용할 수 있었다고 하여 피고인들의 행위가 일반교통방해죄에 해당하지 않는다고 볼 수도 없다(대판 2007.12.14. 2006도4662). 17. 경찰간부

정답 ②

04 교통방해의 죄에 대한 설명으로 옳지 않은 것은?

① 일반교통방해죄는 교통이 불가능하거나 현저히 곤란한 상태가 발생하면 바로 기수가 되고 교통방해의 결과가 현실적으로 발생해야 하는 것은 아니다.

② 목장 소유자가 그 운영을 위해 목장용지 내에 임도를 개설하고 차량 출입을 통제하면서 인근 주민들의 일부 통행을 부수적으로 묵인한 경우, 그 임도는 일반교통방해죄의 객체인 '육로'에 해당한다.

③ 공항 여객터미널 버스정류장 앞 도로 중 공항리무진버스 외의 다른 차의 주차가 금지된 구역에서 밴 차량을 40분간 불법주차하고 호객행위를 한 것만으로는 일반교통방해죄에 해당하지 아니한다.

④ 업무상 과실로 교량을 손괴하여 자동차의 교통을 방해하고 그 결과 승객이 탑승한 자동차를 교량에서 추락시킨 경우에는 업무상 과실일반교통방해죄와 업무상 과실자동차추락죄가 성립하고, 양 죄는 상상적 경합관계에 있다.

해설

① 【 O 】 일반교통방해죄는 이른바 추상적 위험범으로서 교통이 불가능하거나 또는 현저히 곤란한 상태가 발생하면 바로 기수가 되고 교통방해의 결과가 현실적으로 발생하여야 하는 것은 아니다(대법원 2005.10.28. 2004도7545). 20. 국가직 9급

② 【 X 】 형법 제185조의 일반교통방해죄는 일반공중의 교통의 안전을 보호법익으로 하는 범죄로서 여기에서 육로라 함은 일반공중의 왕래에 공용된 장소, 즉 특정인에 한하지 않고 불특정다수인 또는 차마가 자유롭게 통행할 수 있는 공공성을 지닌 장소를 말한다. 따라서 목장 소유자가 목장운영을 위해 목장용지 내에 임도를 개설하고 차량 출입을 통제하여 그 소유자인 피고인이 개인적으로 사용하면서 인근 주민들의 일부 통행을 부수적으로 묵인한 경우, 위 임도는 공공성을 지닌 장소가 아니어서 일반교통방해죄의 '육로'에 해당하지 않는다(대판 2007.10.11. 2005도7573). 20. 국가직 9급

③ 【 O 】 공항 여객터미널 버스정류장 앞 도로 중 공항리무진 버스 외의 다른 차의 주차가 금지된 구역에서 밴 차량을 40분간 불법주차하고 호객행위를 한 것이, 다른 차량들의 통행을 불가능하거나 현저히 곤란하게 한 것으로 볼 수 없어 형법 제185조의 일반교통방해죄를 구성하지 않는다(대판 2009.7.9. 2009도4266). 20. 국가직 9급

④ 【 O 】 대판 1997.11.28. 97도1740 20. 국가직 9급

정답 ②

05 다음 설명 중 옳지 않은 것을 모두 고른 것은?

㉠ 목장 소유자가 목장운영을 위해 목장용지 내에 임도를 개설하고 차량 출입을 통제하면서 인근 주민들의 일부 통행을 부수적으로 묵인한 경우, 위 임도는 공공성을 지닌 장소로 일반교통방해죄의 '육로'에 해당한다.
㉡ 농촌주택에서 배출되는 생활하수의 배수관(소형 PVC관)을 토사로 막아 하수가 내려가지 못하게 한 경우, 수리방해죄에 해당하지 아니한다.
㉢ 피해자의 사체 위에 옷가지 등을 올려놓고 불을 붙인 천조각을 던져서 그 불길이 방안을 태우면서 천정에까지 옮겨 붙었다면 도중에 진화되었다고 하더라도 일단 천조각을 던진 때에 이미 현주건조물방화죄의 기수에 이른 것이다.
㉣ 도선사가 강제도선 구역 내에서 조기 하선함에 따라 적기에 충돌회피동작을 취하지 못하여 선박충돌사고가 일어난 경우 도선사에게 업무상과실선박파괴죄가 성립한다.
㉤ 피고인들이 위임받은 채권을 용이하게 추심하는 방편으로 합동수사반원임을 사칭하고 협박한 경우, 위 채권의 추심행위는 공무원자격사칭죄로 처벌할 수 있다.

① ㉠, ㉡, ㉢ ② ㉠, ㉢, ㉤ ③ ㉡, ㉣, ㉤ ④ ㉢, ㉣, ㉤

해설

㉠ 【 X 】 형법 제185조의 일반교통방해죄는 일반공중의 교통의 안전을 보호법익으로 하는 범죄로서 여기에서 육로라 함은 일반공중의 왕래에 공용된 장소, 즉 특정인에 한하지 않고 불특정다수인 또는 차마가 자유롭게 통행할 수 있는 공공성을 지닌 장소를 말한다. 따라서 목장 소유자가 목장운영을 위해 목장용지 내에 임도를 개설하고 차량 출입을 통제하여 그 소유자인 피고인이 개인적으로 사용하면서 인근 주민들의 일부 통행을 부수적으로 묵인한 경우, 위 임도는 공공성을 지닌 장소가 아니어서 일반교통방해죄의 '육로'에 해당하지 않는다(대판 2007.10.11. 2005도7573). 18. 경찰승진

㉡ 【 O 】 원천 내지 자원으로서의 물의 이용이 아니라, 하수나 폐수 등 이용이 끝난 물을 배수로를 통하여 내려보내는 것은 형법 제184조 소정의 수리에 해당한다고 할 수 없고, 그러한 배수 또는 하수처리를 방해하는 행위는, 특히 그 배수가 수리용의 인수(引水)와 밀접하게 연결되어 있어서 그 배수의 방해가 직접 인수에까지 지장을 초래한다는 등의 특수한 경우가 아닌 한, 수리방해죄의 대상이 될 수 없다. 따라서 농촌주택에서 배출되는 생활하수의 배수관(소형 PVC관)을 토사로 막아 하수가 내려가지 못하게 한 경우, 수리방해죄에 해당하지 아니한다(대판 2001.6.26. 2001도404). 18. 경찰승진

㉢ 【 X 】 현주건조물방화죄는 화력이 매개물을 떠나 목적물인 건조물 스스로 연소할 수 있는 상태에 이름으로써 기수가 된다. 따라서 피고인이 피해자의 사체 위에 옷가지 등을 올려놓고 불을 붙인 천조각을 던져 그 불길이 방안을 태우면서 천정에까지 옮겨 붙었다면, 설령 그 불이 완전연소에 이르지 못하고 도중에 진화되었다고 하더라도, 일단 천정에 옮겨 붙은 이상 그 때에 이미 현주건조물방화죄는 기수에 이르렀다고 할 것이다(대판 2007.3.16. 2006도9164). 18. 경찰승진

㉣ 【 O 】 대판 2007.9.21. 2006도6949 18. 경찰승진

㉤ 【 X 】 공무원자격사칭죄가 성립하려면 어떤 직권을 행사할 수 있는 권한을 가진 공무원임을 사칭하고 그 직권을 행사한 사실이 있어야 하는바, 피고인들이 그들이 위임받은 채권을 용이하게 추심하는 방편으로 합동수사반원임을 사칭하고 협박한 사실이 있다고 하여도 위 채권의 추심행위는 개인적인 업무이지 합동수사반의 수사업무의 범위에는 속하지 아니하므로 이를 공무원자격사칭죄로 처벌할 수 없다(대판 1981.9.8. 81도1955). 18. 경찰승진

정답 ②

06 교통방해죄에 관한 다음 설명 중 가장 옳지 않은 것은?

① 신고 범위를 현저히 벗어나거나 집회 및 시위에 관한 법률 제12조에 따른 조건을 중대하게 위반함으로써 교통방해를 유발한 집회에 참가한 경우 참가 당시 이미 다른 참가자들에 의해 교통의 흐름이 차단된 상태였다고 하더라도 교통방해를 유발한 다른 참가자들과 암묵적·순차적으로 공모하여 교통방해의 위법상태를 지속시켰다고 평가할 수 있다면 일반교통방해죄가 성립한다.
② 형법 제187조에서 정한 '파괴'란 교통기관으로서의 기능·용법의 전부나 일부를 불가능하게 할 정도의 파손에 이르지 아니하는 단순한 손괴도 포함된다.
③ 일반교통방해죄는 이른바 추상적 위험범으로서 교통이 불가능하거나 또는 현저히 곤란한 상태가 발생하면 바로 기수가 되고 교통방해의 결과가 현실적으로 발생하여야 하는 것은 아니다.
④ 공로에 출입할 수 있는 다른 도로가 있는 상태에서 토지 소유자로부터 일시적인 사용승낙을 받아 통행하거나 토지 소유자가 개인적으로 사용하면서 부수적으로 타인의 통행을 묵인한 장소에 불과한 도로는 형법 제185조에서 말하는 육로에 해당하지 않는다.
⑤ 교통방해 행위가 피해자의 사상이라는 결과를 발생하게 한 유일하거나 직접적인 원인이 된 경우만이 아니라, 그 행위와 결과 사이에 피해자나 제3자의 과실 등 다른 사실이 개재된 때에도 그와 같은 사실이 통상 예견될 수 있는 것이라면 상당인과관계를 인정할 수 있다.

해설

① 【 O 】 대판 2018.2.28. 2017도16846 22. 법원행시
② 【 X 】 형법이 제187조를 교통방해의 죄 중 하나로서 그 법정형을 높게 정하는 한편 미수, 예비·음모까지도 처벌 대상으로 삼고 있는 사정에 덧붙여 '파괴' 외에 다른 구성요건 행위인 전복, 매몰, 추락 행위가 일반적으로 상당한 정도의 손괴를 수반할 것이 당연히 예상되는 사정 등을 고려해 볼 때, 형법 제187조에서 정한 '파괴'란 다른 구성요건 행위인 전복, 매몰, 추락 등과 같은 수준으로 인정할 수 있을 만큼 교통기관으로서의 기능·용법의 전부나 일부를 불가능하게 할 정도의 파손을 의미하고, 그 정도에 이르지 아니하는 단순한 손괴는 포함되지 않는다(대판 2009.4.23. 2008도11921). 22. 법원행시
③ 【 O 】 일반교통방해죄는 이른바 추상적 위험범으로서 교통이 불가능하거나 또는 현저히 곤란한 상태가 발생하면 바로 기수가 되고 교통방해의 결과가 현실적으로 발생하여야 하는 것은 아니다(대법원 2005.10.28. 2004도7545). 22. 법원행시
④ 【 O 】 대판 2017.4.7. 2016도12563 22. 법원행시
⑤ 【 O 】 대판 2014.7.24. 2014도6206 22. 법원행시

정답 ②

07 도로교통방해죄와 관련하여 다음 중 틀린 것은?

① 일반교통방해죄는 일반 공중의 교통안전을 보호법익으로 하는 범죄로서 육로 등을 손괴 또는 불통하게 하는 경우뿐만 아니라 그 밖의 방법으로 교통을 방해하여 통행을 불가능하게 하거나 현저하게 곤란하게 하는 일체의 행위를 처벌하는 것을 목적으로 한다.
② 일반교통방해죄는 이른바 추상적 위험범으로서 교통이 불가능하거나 또는 현저히 곤란한 상태가 발생하면 바로 기수가 되고, 교통방해의 결과가 현실적으로 발생하여야 하는 것은 아니다.
③ 집시법에 따라 적법한 신고를 마친 집회 또는 시위라고 하더라도 당초에 신고한 범위를 현저히 벗어나거나 집시법 제12조에 따른 조건을 중대하게 위반하여 도로 교통을 방해함으로써 통행을 불가능하게 하거나 현저하게 곤란하게 하는 경우에는 형법 제185조의 일반교통방해죄가 성립한다.
④ 일반교통방해죄가 성립하는 경우 참가자 모두에게 일반교통방해죄가 성립하며, 참가자 모두는 공동정범의 죄책을 지게 된다.

해설

① 【 O 】 형법 제185조는 일반교통방해죄에 관하여 "육로, 수로 또는 교량을 손괴 또는 불통하게 하거나 기타 방법으로 교통을 방해한 자는 10년 이하의 징역 또는 1천 500만원 이하의 벌금에 처한다."라고 정하고 있다. 일반교통방해죄는 일반 공중의 교통안전을 보호법익으로 하는 범죄로서 육로 등을 손괴 또는 불통하게 하는 경우뿐만 아니라 그 밖의 방법으로 교통을 방해하여 통행을 불가능하게 하거나 현저하게 곤란하게 하는 일체의 행위를 처벌하는 것을 목적으로 한다(대법원 2003.10.10. 2003도4485).

② 【 O 】 일반교통방해죄는 이른바 추상적 위험범으로서 교통이 불가능하거나 또는 현저히 곤란한 상태가 발생하면 바로 기수가 되고 교통방해의 결과가 현실적으로 발생하여야 하는 것은 아니다(대법원 2005.10.28. 2004도7545).

③ 【 O 】, ④ 【 X 】 집회 및 시위에 관한 법률(이하 '집시법'이라 한다)에 따라 적법한 신고를 마친 집회 또는 시위라고 하더라도 당초에 신고한 범위를 현저히 벗어나거나 집시법 제12조에 따른 조건을 중대하게 위반하여 도로 교통을 방해함으로써 통행을 불가능하게 하거나 현저하게 곤란하게 하는 경우에는 형법 제185조의 일반교통방해죄가 성립한다(대법원 2008.11.13. 선고 2006도755 판결 등 참조). 그러나 이때에도 참가자 모두에게 당연히 일반교통방해죄가 성립하는 것은 아니고, 실제로 참가자가 위와 같이 신고 범위를 현저하게 벗어나거나 조건을 중대하게 위반하는 데 가담하여 교통방해를 유발하는 직접적인 행위를 하였거나, 참가자의 참가 경위나 관여 정도 등에 비추어 그 참가자에게 공모공동정범의 죄책을 물을 수 있는 경우라야 일반교통방해죄가 성립한다고 할 것이다(대법원 2016.11.10. 선고 2016도4921 판결 등 참조). 한편 또한 일반교통방해죄에서 교통방해 행위는 계속범의 성질을 가지는 것이어서 교통방해의 상태가 계속되는 한 가벌적인 위법상태는 계속 존재한다. 따라서 신고 범위를 현저히 벗어나거나 집시법 제12조에 따른 조건을 중대하게 위반함으로써 교통방해를 유발한 집회에 참가한 경우 참가 당시 이미 다른 참가자들에 의해 교통의 흐름이 차단된 상태였다고 하더라도 교통방해를 유발한 다른 참가자들과 암묵적·순차적으로 공모하여 교통방해의 위법상태를 지속시켰다고 평가할 수 있다면 일반교통방해죄가 성립한다.

정답 ④

08 다음 설명 중 가장 옳지 않은 것은?

① 피고인이 고속도로 2차로를 따라 자동차를 운전하다가 1차로를 진행하던 甲의 차량 앞에 급하게 끼어든 후 곧바로 정차하여, 甲의 차량 및 이를 뒤따르던 차량 두 대는 연이어 급제동하여 정차하였으나, 그 뒤를 따라오던 乙의 차량이 앞의 차량들을 연쇄적으로 추돌케 하여 乙을 사망에 이르게 하였다면 일반교통방해치사죄가 성립할 수 있다.

② 도로가 농가의 영농을 위한 경운기나 리어카 등의 통행을 위한 농로로 개설되었다 하더라도 그 도로가 사실상 일반 공중의 왕래에 공용되는 도로로 된 이상 다른 차량도 통행할 수 있는 것이므로 이러한 차량의 통행을 방해한다면 이는 일반교통방해죄에 해당한다.

③ 공항 여객터미널 버스정류장 앞 도로 중 공항리무진 버스 외의 다른 차의 주차가 금지된 구역에서 밴 차량을 40분간 불법주차하고 호객행위를 한 것만으로는 일반교통방해죄가 성립하지 않는다.

④ 건설 당시의 부실제작 및 부실시공행위 등에 의하여 나중에 트러스가 붕괴된 것을 일반교통방해에서의 손괴라고 볼 수는 없으므로 이로 인해 교량이 붕괴되어 교통이 방해되었다 하더라도 교량 건설회사의 트러스 제작 책임자나 교량공사 현장감독에게 업무상과실일반교통방해죄가 성립한다고 볼 수 없다.

⑤ 서울 중구 소공동의 왕복 4차로의 도로 중 편도 3개 차로 쪽에 차량 2, 3대와 간이테이블 수십개를 이용하여 길가 쪽 2개 차로를 차지하는 포장마차를 설치하고 영업행위를 한 것은, 비록 행위가 교통량이 상대적으로 적은 야간에 이루어졌다 하더라도 일반교통방해죄를 구성한다.

해설
① 【 O 】 대판 2014.7.24. 2014도6206 16. 법원행시
② 【 O 】 대판 1995.9.15. 95도1475 16. 법원행시
③ 【 O 】 대판 2009.7.9. 2009도4266 16. 법원행시
④ 【 X 】 형법 제189조 제2항, 제185조에서 업무상과실일반교통방해의 한 행위태양으로 규정한 '손괴'라고 함은 물리적으로 파괴하여 그 효용을 상실하게 하는 것을 말하므로 성수대교의 건설 당시의 부실제작 및 부실시공행위 등에 의하여 트러스가 붕괴되는 것도 위 '손괴'의 개념에 포함된다(대판 1997.11.28. 97도1740). 성수대교 붕괴사고에서 교량 건설회사의 트러스 제작 책임자, 교량공사 현장감독, 발주 관청의 공사감독 공무원 등에게 업무상과실치사상, 업무상과실일반교통방해, 업무상과실자동차추락죄 등의 죄책이 인정되었다. 16. 법원행시
⑤ 【 O 】 대판 2007.12.14. 2006도4662 16. 법원행시

정답 ④

09 다음은 일반교통방해죄에 대한 설명이다. 가장 적절하지 않은 것은?

① 주민들에 의하여 공로로 통하는 유일한 통행로로 오랫동안 이용되어 온 폭 2m의 골목길을 자신의 소유라는 이유로 폭 50cm 내지 75cm 가량만 남겨두고 담장을 설치하여 주민들의 통행을 현저히 곤란하게 하였다면 일반교통방해죄를 구성한다.
② 전국민주노동조합총연맹 준비위원회가 주관한 도로행진시위가 사전에 구 집회 및 시위에 관한 법률(2007.5.11. 법률 제8424호로 전문 개정되기 전의 것)에 따라 옥외집회신고를 마쳤어도, 신고의 범위와 위 법률 제12조에 따른 제한을 현저히 일탈하여 주요도로 전차선을 점거하여 행진 등을 함으로써 교통소통에 현저한 장해를 일으켰다면, 일반교통방해죄를 구성한다.
③ 피고인이 고속도로 2차로를 따라 자동차를 운전하다가 1차로를 진행하던 甲의 차량 앞에 급하게 끼어든 후 곧바로 정차하여, 甲의 차량 및 이를 뒤따르던 차량 두 대는 연이어 급제동하여 정차하였으나, 그 뒤를 따라 오던 乙의 차량이 앞의 차량들을 연쇄적으로 추돌케 하여 乙을 사망에 이르게 하고 나머지 차량 운전자 등 피해자들에게 상해를 입힌 경우 상당인과관계가 인정되므로 일반교통방해치사상죄가 성립한다.
④ 피고인 등 약 600명의 노동조합원들이 차도만 설치되어 있을 뿐 보도는 따로 마련되어 있지 아니한 도로 우측의 편도 2차선의 대부분을 차지하면서 대오를 이루어 행진하는 방법으로 시위를 하고 이로 인하여 나머지 편도 2차선으로 상·하행차량이 통행하느라 차량의 소통이 방해된 경우 피고인 등의 시위행위에 대하여 일반교통방해죄를 적용할 수 있다.
⑤ 자기 소유의 토지를 포함한 구도로 옆으로 신도로가 개설되었다고 하더라도 그 토지가 신도로에 의해 대체될 수 없는 상태여서 여전히 일반인과 차량이 통행하고 있는 경우 그 통행을 방해하면 일반교통방해죄에 해당한다.

해설
① 【 O 】 대판 1994.11.4. 94도2112
② 【 O 】 대판 2008.11.13. 2006도755
③ 【 O 】 편도 2차로의 고속도로 1차로 한가운데에 정차한 피고인은 고속도로를 주행하는 다른 차량 운전자들이 제한속도 준수나 안전거리 확보 등의 주의의무를 완전하게 다하지 않을 수도 있다는 점을 알았거나 충분히 알 수 있었으므로, 피고인의 정차 행위와 사상의 결과 발생 사이에 상당인과관계가 있고, 사상의 결과 발생에 대한 예견가능성도 인정되므로 교통방해치사상죄가 성립한다(대판 2014.7.24. 2014도6206).
④ 【 X 】 사안의 경우 피고인 등의 시위로 인해 나머지 편도 2차선으로 상·하행차량이 통행하느라 차량의 소통이 방해되었다 하더라도 일반교통방해죄를 적용할 수 없다(대판 1992.8.18. 91도2771).
⑤ 【 O 】 대판 1999.7.27. 99도1651

정답 ④

10 경계침범죄와 일반교통방해죄에 관한 다음 설명 중 가장 옳지 않은 것은?

① 불특정 다수인의 통행로로 이용되어 오던 도로의 토지 일부의 소유자라고 하더라도 그 도로의 중간에 바위를 놓아두거나 이를 파헤침으로써 통행을 못하게 한 행위는 일반교통방해죄에 해당한다.
② 소수인이 통행에 사용하던 도로라도 교통방해죄의 성립에는 영향이 없으므로, 주민들에 의하여 공로로 통하는 유일한 통행로로 오랫동안 이용되어 온 폭 2m의 골목길을 자신의 소유라는 이유로 폭 50 내지 75cm 가량만 남겨두고 담장을 설치하여 주민들의 통행을 현저히 곤란하게 하였다면 일반교통방해죄를 구성한다.
③ 형법 제370조 경계침범죄에서 말하는 경계는 법률상의 정당한 경계임을 요한다.
④ 경계침범죄의 경계는 당사자의 명시적 혹은 묵시적 합의에 의하여 정하여 진 것이면 족하다.
⑤ 오랫동안 이웃 간에 경계로 되어 있던 담장이 실제로 경계가 아니라고 하면서 이웃이 임의로 말뚝을 박아놓은 것을 뽑아버린 경우 경계침범죄가 성립하지 않는다.

해설

① 【 O 】 대판 2002.4.26. 2001도6903 13. 경찰간부
② 【 O 】 대판 1994.11.4. 94도2112 13. 경찰간부
③ 【 X 】, ④⑤ 【 O 】 [1] 형법 제370조의 경계침범죄에서 말하는 '경계'는 반드시 법률상의 정당한 경계를 가리키는 것은 아니고, 비록 법률상의 정당한 경계에 부합되지 않는 경계라 하더라도 그것이 종래부터 일반적으로 승인되어 왔거나 이해관계인들의 명시적 또는 묵시적 합의에 의하여 정해진 것으로서 객관적으로 경계로 통용되어 왔다면 이는 본조에서 말하는 경계라 할 것이다(대판 2007.12.28. 2007도9181).

[2] 형법 제370조의 경계침범죄는 토지의 경계에 관한 권리관계의 안정을 확보하여 사권을 보호하고 사회질서를 유지하려는데 그 규정목적이 있으므로 비록 실제상의 경계선에 부합되지 않는 경계표라 할지라도 그것이 종전부터 일반적으로 승인되어 왔다거나 이해관계인들의 명시적 또는 묵시적 합의에 의하여 정하여진 것이라면 그와 같은 경계표는 위 법조 소정의 계표에 해당된다 할 것이고 반대로 기존경계가 진실한 권리상태와 맞지 않는다는 이유로 당사자의 어느 한쪽이 기존경계를 무시하고 일방적으로 경계측량을 하여 이를 실체권리관계에 맞는 경계라고 주장하면서 그 위에 계표를 설치하더라도 이와 같은 경계표는 위 법조에서 말하는 계표에 해당되지 않는다(대판 1986.12.9. 86도1492). 13. 경찰간부

정답 ③

Chapter 02 공공의 신용에 대한 죄

출제방향

문서와 유가증권에 관한 죄에서는 문서·유가증권의 개념과 위조죄·변조죄·자격모용죄·허위작성죄·공정증서원본부실기재죄의 개념과 이에 관한 판례를 분석하고 숙지하여야 한다. 또한 통화에 관한 죄에서는 조문을 분석하고 판례를 숙지하여야 한다.

제1절 문서에 관한 죄

> 지문의 내용에 대해 학설의 대립 등 다툼이 있는 경우 판례에 의함

01 문서의 개념에 대한 죄에 관한 다음 서술 중 옳은 것을 모두 고르면?

> ㉠ 무형위조를 작성이라 하고, 유형위조를 위조라고 한다.
> ㉡ 형법은 형식주의를 원칙으로 하고 실질주의를 예외적으로 채택하고 있다.
> ㉢ 형식주의에 입각하면 무형위조는 '위조'가 안 된다.
> ㉣ 실질주의에 입각하면 내용이 진실인 유형위조는 '위조'가 안 된다.
> ㉤ 문서부정행사죄의 문서란 진정하게 작성된 문서에 한하지 않는다.
> ㉥ 작성권한 있는 공무원이 기존 문서의 내용을 허위로 고치는 행위는 변조에 해당한다.

① ㉠, ㉡, ㉢, ㉣
② ㉠, ㉡, ㉢, ㉥
③ ㉠, ㉡, ㉤, ㉥
④ ㉢, ㉣, ㉤, ㉥

[해설]
옳은 설명은 ㉠㉡㉢㉣이다.
㉤ 【 X 】 문서부정행사죄에서의 문서는 진정하게 작성된 문서에 한한다. 04. 입법고시
㉥ 【 X 】 지문은 변개에 해당하며, 작성권한이 없는 자가 허위로 고치는 행위가 변조에 해당한다. 04. 입법고시

정답 ①

02 문서에 관한 죄에 대한 설명 중 옳고 그름의 표시(○, ×)가 바르게 된 것은?

㉠ 컴퓨터 모니터 화면에 나타나는 이미지는 이미지파일을 보기 위한 프로그램을 실행할 경우에 그때마다 계속적으로 화면에 고정된 것으로 볼 수 있으므로, 형법상 문서에 관한 죄에 있어서의 문서에 해당한다.
㉡ 형법상 문서에 관한 죄에 있어서 전자복사기를 사용하여 복사한 문서의 사본도 문서로 본다.
㉢ 문서위조죄의 요건을 구비한 이상 그 문서의 명의인이 실재하지 않는 허무인이거나 또는 문서의 작성일자 전에 이미 사망하였다고 하더라도 문서위조죄가 성립한다.
㉣ 컴퓨터 스캔작업을 통하여 만들어낸 공인중개사 자격증의 이미지파일은 전자기록으로서 전자기록장치에 전자적 형태로서 고정되어 계속성이 있다고 볼 수는 있으나, 그러한 형태는 그 자체로서 시각적 방법에 의하여 이해할 수 있는 것이 아니어서 이를 형법상 문서에 관한 죄에 있어서의 '문서'로 보기 어렵다.
㉤ 휴대전화 신규가입신청서를 위조한 후, 이를 스캔한 이미지파일을 제3자에게 이메일로 전송하여 컴퓨터 화면상으로 보게 한 행위는 위조사문서행사죄가 성립하지 않는다.

① ㉠(○) ㉡(○) ㉢(×) ㉣(×) ㉤(○)
② ㉠(×) ㉡(○) ㉢(○) ㉣(○) ㉤(×)
③ ㉠(×) ㉡(×) ㉢(○) ㉣(×) ㉤(○)
④ ㉠(○) ㉡(×) ㉢(×) ㉣(○) ㉤(×)

해설

㉠ 【×】 모니터 화면에 나타나는 이미지는 이미지파일을 보기 위한 프로그램을 실행할 경우에 그때마다 전자적 반응을 일으켜 화면에 나타나는 것에 지나지 않아서 계속적으로 화면에 고정된 것으로는 볼 수 없으므로, 형법상 문서에 관한 죄에 있어서의 '문서'에는 해당되지 않는다고 할 것이다(대판 2008.4.10. 2008도1013). 17. 경찰
㉡ 【○】 대판 1989.9.12. 87도506 17. 경찰
㉢ 【○】 대판 2005.2.24. 2002도18 17. 경찰
㉣ 【○】 피고인이 컴퓨터 스캔작업을 통하여 만들어낸 공인중개사 자격증의 이미지파일은 전자기록으로서 전자기록장치에 전자적 형태로서 고정되어 계속성이 있다고 볼 수는 있으나, 그러한 형태는 그 자체로서 시각적 방법에 의하여 이해할 수 있는 것이 아니어서 이를 형법상 문서에 관한 죄에 있어서의 '문서'로 보기 어렵다(대판 2008.4.10. 2008도1013). 17. 경찰
㉤ 【×】 휴대전화 신규가입신청서를 위조한 후 이를 스캔한 이미지파일을 제3자에게 이메일로 전송한 것이 위조사문서의 '행사'에 해당한다(대판 2008.10.23. 2008도5200). 17. 경찰

정답 ②

03 문서의 개념에 관한 죄에 대한 다음 설명 중 옳지 않은 것은?

① 문서는 사람의 의사 또는 관념이 물체에 화체되어 어느 정도 계속성이 있고 해독 가능한 것이어야 한다.
② 컴퓨터의 기억장치 중 하나의 램(RAM)은 임시기억장치 또는 임시저장매체에 불과하므로 램에 올려진 전자기록은 사전자기록위작·변작죄의 객체인 전자기록 등 특수매체기록에 해당하지 않는다.
③ 문장의 일부가 생략된 이른바 생략문서라도 그 내용이 법률상·사회생활상 주요사항을 증명·표시하는 한 문서죄의 객체인 문서이다.
④ 문서는 그 작성자를 의미하는 명의인이 표시되어야 하며, 명의인이 명시되지 아니한 경우라도 문서의 형식과 내용에 의하여 누가 작성하였는가를 알 수 있는 정도이면 족하다.

[해설]
① 【O】 문서는 사람의 의사 또는 관념이 물체에 화체되어 어느 정도 계속성이 있고 해독 가능한 것이어야 한다. 04. 사시
② 【X】 램에 올려진 전자기록 역시 사전자기록위작·변작죄에서 말하는 전자기록 등 특수매체기록에 해당한다(대판 2003.10.9. 2000도4993). 04. 사시
③ 【O】 이른바 생략문서도 그것이 사람 등의 동일성을 나타내는 데에 그치지 않고 그 이외의 사항도 증명·표시하는 한 인장이나 기호가 아니라 문서로서 취급하여야 한다(대판 1995.9.5. 95도1269). 예컨대 교통사고 실황조사서의 도주 또는 자수 여부를 표시한 문서에 해당한다. 04. 사시
④ 【O】 대판 1997.12.26. 95도2221 04. 사시

정답 ②

04 문서의 개념에 관한 설명 중 옳지 않은 것은 모두 몇 개인가?

㉠ 이미 허위로 작성된 공문서는 형법 제225조 소정의 공문서변조죄의 객체가 된다.
㉡ 이사회를 개최함에 있어 이사들이 그 참석 및 의결권의 행사에 관한 권한을 피고인에게 위임하였다면 그 이사들이 실제로 이사회에 참석하지도 않았는데 마치 참석하여 의결권을 행사한 것처럼 피고인이 이사회 회의록에 기재한 경우 사문서위조죄가 성립한다.
㉢ 해산등기를 마쳐 그 법인격이 소멸한 법인 명의의 사문서를 위조한 행위는 사문서위조죄에 해당한다.
㉣ 사문서위조죄는 그 명의자가 진정으로 작성한 문서로 볼 수 있을 정도의 형식과 외관을 갖추어 일반인이 명의자의 진정한 사문서로 오신하기에 충분한 정도이면 성립하는 것이고, 반드시 그 작성명의자의 서명이나 날인이 있어야 하는 것은 아니다.

① 1개 ② 2개 ③ 3개 ④ 4개

[해설]
옳지 않은 설명은 ㉠㉡ 2개이다.
㉠ 【X】 공문서변조라 함은 권한 없이 이미 진정하게 성립된 공무원 또는 공무소 명의의 문서 내용에 대하여 그 동일성을 해하지 아니할 정도로 변경을 가하는 것을 말한다 할 것이므로, 이미 허위로 작성된 공문서는 형법 제225조 소정의 공문서변조죄의 객체가 되지 아니한다(대판 1986.11.11. 86도1984).
㉡ 【X】 이사회를 개최함에 있어 공소외 이사들이 그 참석 및 의결권의 행사에 관한 권한을 피고인에게 위임하였다면 그 이사들이 실제로 이사회에 참석하지도 않았는데 마치 참석하여 의결권을 행사한 것처럼 피고인이 이사회 회의록에 기재하였다 하더라도 이는 이른바 사문서의 무형위조에 해당할 따름이어서 처벌대상이 되지 아니한다(대판 1985.10.22. 85도1732).
㉢ 【O】 대판 2005.3.25. 2003도4943
㉣ 【O】 대판 2007.5.10. 2007도1674

정답 ②

05 문서죄에 관한 설명으로 가장 적절한 것은?

① 인터넷을 통하여 열람·출력한 등기사항전부증명서 하단의 열람일시 부분을 단순히 수정 테이프로 지우고 복사해 두었다가 이를 타인에게 교부한 행위는 등기사항전부증명서가 나타내는 권리·사실관계와 다른 새로운 증명력을 가진 문서를 만든 것으로 볼 수 없으므로 공문서변조 및 변조공문서행사죄를 구성하지 않는다.

② 유효기간이 경과한 홍콩 교통국장 명의의 국제운전면허증에 첨부된 사진을 바꾸어 붙여 이를 행사하는 경우 그 상대방이 유효기간을 쉽게 알 수 없도록 되어 있거나 진정하게 작성된 것으로서 명의자로부터 국제운전면허를 받은 것으로 오신하기에 충분한 정도의 형식과 외관을 갖추고 있다면 사문서위조죄에 해당한다.

③ 사문서의 작성명의인이 이미 사망한 자인 경우에는 그 문서의 작성일자가 명의인의 생존 중의 일자로 된 경우가 아니면 사문서위조죄나 그 행사죄를 구성하지 않는 것이며, 이는 자격모용사문서작성죄나 그 행사죄에 있어서도 마찬가지이다.

④ 「형법」 제238조의 공기호는 해당 부호를 공무원 또는 공무소가 사용하는 것만으로 족하므로 온라인 구매사이트에서 검찰 업무 표장의 이미지가 들어간 주차표지판 등을 주문하여 자신의 승용차에 부착하고 다닌 경우에는 해당 부호를 공무원 또는 공무소가 사용하는 것이 분명한 이상 그 부호를 통하여 증명을 하는 사항이 구체적으로 특정되어 있지 않더라도 공기호위조 및 위조공기호행사죄에 해당한다.

해설

① 【X】 피고인이 인터넷을 통하여 열람·출력한 등기사항전부증명서 하단의 열람 일시 부분을 수정 테이프로 지우고 복사해 두었다가 이를 타인에게 교부하여 공문서변조 및 변조공문서행사로 기소된 사안에서, 피고인이 등기사항전부증명서의 열람 일시를 삭제하여 복사한 행위는 등기사항전부증명서가 나타내는 권리·사실관계와 다른 새로운 증명력을 가진 문서를 만든 것에 해당하고 그로 인하여 공공적 신용을 해할 위험성도 발생하였다고 한 사례(대판 2021.2.25. 2018도19043). 24. 경찰

② 【O】 대판 1998.4.10. 98도164 24. 경찰

③ 【X】 명의인이 실재하지 않는 허무인이거나 또는 문서의 작성일자 전에 이미 사망하였다고(사자) 하더라도 그러한 문서 역시 공공의 신용을 해할 위험성이 있으므로 문서위조죄가 성립한다고 봄이 상당하며, 이는 공문서뿐만 아니라 사문서의 경우에도 마찬가지라고 보아야 한다(대판 2005.2.24. 2002도18 전합). 24. 경찰

④ 【X】 이 사건 각 표지판에 사용된 검찰 업무표장은 검찰수사, 공판, 형의 집행부터 대외 홍보 등 검찰청의 업무 전반 또는 검찰청 업무와의 관련성을 나타내기 위한 것으로 보일 뿐, 이것이 부착된 차량이 '검찰 공무수행 차량'이라는 것을 증명하는 기능이 있다는 등 이를 통하여 증명을 하는 사항이 구체적으로 특정되어 있다거나 그 사항이 이러한 검찰 업무표장에 의하여 증명된다고 볼 근거가 없다. 일반인들이 이 사건 각 표지판이 부착된 차량을 '검찰 공무수행 차량'으로 오인할 수 있다고 해도 위 각 검찰 업무표장이 위와 같은 증명적 기능을 갖추지 못한 이상 이를 공기호라고 할 수는 없다(대판 2024.1.4. 2023도11313). 24. 경찰

정답 ②

06 문서에 관한 죄에 대한 설명으로 가장 적절한 것은?

① 「형법」 제233조 소정의 허위진단서작성죄의 대상은 공무원이 아닌 의사가 사문서로서 진단서를 작성한 경우에 한정되고, 공무원인 의사가 공무소의 명의로 허위진단서를 작성한 경우에는 허위공문서작성죄만 성립하고, 허위진단서작성죄는 별도로 성립하지 않는다.

② 교통사고 가해자가 사고발생 후 즉시 피해자 구호조치를 하지 않고, 사고현장으로부터 약 600미터 정도 도주한 후 다시 사고현장으로 돌아와 경찰관에게 자신이 사고야기자임을 밝힌바, 이를 들은 경찰관이 교통사고 후의 행동이 기재된 가해자 및 피해자의 관련자 진술서만을 첨부하고 교통사고 실황조사서의 사고원인 기재란 중 사고도주 표시란에는 아무런 표시를 하지 않은 경우에는 허위공문서작성에 해당한다.

③ 경찰관이 피의자 4명을 현행범으로 체포하면서 체포사유 등을 고지하지 않았음에도, 동 내용을 고지 후 체포했다는 내용의 허위의 현행범인체포서 4장과 체포사유 등을 고지하였다는 내용의 허위의 확인서 4장을 각 작성한 경우에 직무유기죄가 성립하는 이상, 별도로 허위공문서작성죄는 성립하지 않는다.

④ 「형법」은 공문서의 경우 유형위조만을 처벌하면서 예외적으로 무형위조를 처벌하고 있는 반면, 사문서의 경우에는 유형위조뿐만 아니라 별도의 처벌규정을 두어 무형위조를 함께 처벌하고 있다.

해설

① 【 O 】 형법이 제225조 내지 제230조에서 공문서에 관한 범죄를 규정하고, 이어 제231조 내지 제236조에서 사문서에 관한 범죄를 규정하고 있는 점 등에 비추어 볼 때 형법 제233조 소정의 허위진단서작성죄의 대상은 공무원이 아닌 의사가 사문서로서 진단서를 작성한 경우에 한정되고, 공무원인 의사가 공무소의 명의로 허위진단서를 작성한 경우에는 허위공문서작성죄만 성립하고 허위진단서작성죄는 별도로 성립하지 않는다(대판 2004.4.9. 2003도7762). 25. 경찰

② 【 X 】 교통사고 가해자가 사고발생 후 즉시 피해자를 구호조치하지 않고 사고현장으로부터 약 600m 정도 도주한 후 다시 사고현장으로 되돌아와 경찰관에게 자신이 사고야기자라고 말하자, 이를 들은 경찰관이 교통사고 후의 행동이 기재된 가해자 및 피해자의 관련자 진술서만을 첨부하고 교통사고 실황조사서의 사고원인기재란 중 사고도주 표시란에는 아무런 표시를 하지 않은 경우에는 실황조사서의 위와 같은 기재누락으로 인해 위 문서가 바로 허위내용이 되었다고 보기도 힘들 뿐더러, 여러 사정들을 종합해 보면 피고인이 이 사건 실황조사서의 기재 내용을 허위기재한다는 범의가 있었다고 볼 수 없다(대판 1997.3.11. 96도2329). 25. 경찰

③ 【 X 】 공무원이 어떠한 위법사실을 발견하고도 직무상 의무에 따른 적절한 조치를 취하지 아니하고 위법사실을 적극적으로 은폐할 목적으로 허위공문서를 작성·행사한 경우에는 직무위배의 위법상태는 허위공문서 작성 당시부터 그 속에 포함되는 것으로 작위범인 허위공문서작성 및 그 행사죄만이 성립하고 부작위범인 직무유기죄는 따로 성립하지 않는다고 할 것이다(대판 2010.6.24. 2008도11226). 25. 경찰

④ 【 X 】 「형법」은 무형위조 중 사문서의 경우 원칙적으로 벌하지 않지만, 예외적으로 무형위조를 처벌(허위진단서작성죄)한다. 반면, 공문서의 경우에는 유형위조뿐만 아니라 별도의 처벌규정을 두어 무형위조를 함께 처벌하고 있다. 25. 경찰

정답 ①

07 다음 중 가장 옳지 않은 것은?

① 세금계산서상의 공급받는 자는 그 문서 내용의 일부에 불과할 뿐이므로 임의적 기재사항인 '공급받는 자'란에 임의로 다른 사람을 기재하였더라도 그 사람에 대한 관계에서 사문서위조죄가 성립하지 않는다.
② 부동산 매수인(乙)이 매도인(甲)과 부동산계약서 2통을 작성하고 그 중 1통을 가지고 있는 기회를 이용하여 행사할 목적으로 그 부동산계약서의 좌단 난외에 '전기부동산에 대한 제3자에 대여한 전세계약은 乙이 승계하고 전세금반환의무를 부하기로 함'이라고 권한 없이 가필하고 그 밑에 자신의 인장을 날인하였다면 사문서위조죄가 성립한다.
③ 소속 공무소 식당의 주·부식 구입 업무를 담당하는 공무원이 그 공무소와의 계약에 의하여 주·부식의 구입·검수 업무 등을 담당하는 비공무원인 영양사의 명의를 위조하여 검수결과 보고서를 작성하였더라도 공문서위조죄가 성립하지 않는다.
④ 컴퓨터 모니터 화면상의 이미지로 생성된 국립대학교 교무처장 명의의 졸업증명서 파일은 「형법」상 문서에 관한 죄에서의 '문서'에 해당하지 않는다.

해설

① 【○】 세금계산서의 작성권자는 어디까지나 재화나 용역을 공급하는 공급자라고 보아야 할 것이고 세금계산서상의 공급받는 자는 그 문서 내용의 일부에 불과할 뿐 세금계산서의 작성명의인은 아니라 할 것이니, '공급받는 자'란에 임의로 다른 사람을 기재하였다 하여 그 사람에 대한 관계에서 사문서위조죄가 성립된다고 할 수 없다(대판 2007.3.15. 2007도169). 24. 해경

② 【×】 문서에 2인 이상의 작성명의인이 있는 때에 그 명의자의 한사람이 타명의자와 합의없이 행사할 목적으로 그 문서의 내용을 변경하였을 때는 사문서변조죄가 성립된다.
위 부동산 매매계약서와 같이 문서에 2인 이상의 작성명의인이 있는 때에는 각 명의자마다 1개의 문서가 성립되는 것으로 볼 것이고 피고인이 그 명의자의 한사람이라 하더라도 타 명의자와 합의없이 행사할 목적으로 그 문서의 내용을 변경하였을 때에는 사문서변조죄가 성립된다 할 것인바 본건에 있어서 위 부동산매매계약서는 타인의 문서에 해당된다 할 것이고 한편 피고인이 계약서상에 위와 같은 기재를 권한없이 기입하였다면 비록 그 가필한 하단에 피고인만의 날인이 있고 없고를 불문하고 사문서변조죄가 성립되고 위문서를 타에 행사하였다면 동 행사죄가 성립된다(대판 1977.7.12. 77도1736). 24. 해경

③ 【○】 식당의 주·부식 구입 업무를 담당하는 공무원이 계약 등에 의하여 공무소의 주·부식 구입·검수 업무 등을 담당하는 조리장·영양사 등의 명의를 위조하여 검수결과보고서를 작성한 경우, 공문서위조죄의 성립을 부인한 사례(대판 2008.1.17. 2007도6987). 24. 해경

④ 【○】 모니터 화면에 나타나는 이미지는 이미지파일을 보기 위한 프로그램을 실행할 경우에 그때마다 전자적 반응을 일으켜 화면에 나타나는 것에 지나지 않아서 계속적으로 화면에 고정된 것으로는 볼 수 없으므로, 형법상 문서에 관한 죄에 있어서의 '문서'에는 해당되지 않는다고 할 것이다(대판 2008.4.10. 2008도1013). 24. 해경

정답 ②

08 문서에 관한 죄에 대한 설명으로 가장 적절하지 않은 것은?

① 「형법」 제228조 제1항 공전자기록 등 불실기재죄의 구성요건인 '불실의 사실기재'는 당사자의 허위신고에 의하여 이루어져야 하므로, 법원의 촉탁에 의하여 등기를 마친 경우에는 그 전제 절차에 허위적 요소가 있더라도 위 죄가 성립하지 않는다.
② 작성자가 '행사할 목적'으로 타인의 자격을 모용하여 문서를 작성하였다 하더라도, 문서행사의 상대방이 자격모용 사실을 알았다거나, 작성자가 그 문서에 모용한 자격과 무관한 직인을 날인하였다는 등의 사정이 있었다면 자격모용에 의한 사문서작성죄의 범의와 행사의 목적은 인정되지 않는다.
③ 명의인을 기망하여 문서를 작성케 하는 경우에는, 서명·날인이 정당히 성립된 경우라도 기망자는 명의인을 이용하여 서명 날인자의 의사에 반하는 문서를 작성케 하는 것이므로 사문서위조죄가 성립한다.
④ 사용권한자와 용도가 특정되어 있는 공문서를 사용권한 없는 자가 사용한 경우에도 그 공문서 본래의 용도에 따른 사용이 아닌 경우에는 공문서부정행사죄가 성립하지 않는다.

해설

① 【O】 공정증서원본불실기재죄에 있어서의 불실의 기재는 당사자의 허위신고에 의하여 이루어져야 하므로 법원의 촉탁에 의하여 이루어진 경우에는 가령 그 전제절차에 허위적 요소가 있다 하더라도 그것은 법원의 촉탁에 의하여 이루어진 것이지 당사자의 허위신고에 의하여 이루어진 것이 아니므로 공정증서원본불실기재죄를 구성하지 않는다(대판 1983.12.27. 83도2442). 23. 경찰
② 【X】 자격모용사문서작성죄에서의 '행사할 목적'이라 함은 그 문서가 정당한 권한에 기하여 작성된 것처럼 다른 사람으로 하여금 오신하도록 하게 할 목적을 말한다고 할 것이므로 사문서를 작성하는 자가 주식회사의 대표로서의 자격을 모용하여 문서를 작성한다는 것을 인식, 용인하면서 그 문서를 진정한 문서로서 어떤 효용에 쓸 목적으로 사문서를 작성하였다면, 자격모용에 의한 사문서작성죄의 행사의 목적과 고의를 인정할 수 있다. 작성자가 '행사할 목적'으로 자격을 모용하여 문서를 작성한 이상 문서행사의 상대방이 자격모용 사실을 알았다거나, 작성자가 그 문서에 모용한 자격과 무관한 직인을 날인하였다는 등의 사정이 있다고 하여 달리 볼 것은 아니다(대판 2022.6.22. 2021도17712). 23. 경찰
③ 【O】 명의인을 기망하여 문서를 작성케 하는 경우는 서명·날인이 정당히 성립된 경우에도 기망자는 명의인을 이용하여 서명 날인자의 의사에 반하는 문서를 작성케 하는 것이므로 사문서위조죄가 성립한다(대판 2000.6.13. 2000도778). 23. 경찰
④ 【O】 사용권한자와 용도가 특정되어 있는 공문서를 사용권한 없는 자가 사용한 경우에도 그 공문서 본래의 용도에 따른 사용이 아닌 경우에는 형법 제230조의 공문서부정행사죄가 성립되지 아니한다(대판 2003.2.26. 2002도4935). 23. 경찰

정답 ②

09 문서에 관한 죄에 대한 설명으로 가장 적절하지 않은 것은?

① 허위공문서작성죄의 객체가 되는 문서는 문서상 작성명의인이 명시된 경우뿐 아니라 작성명의인이 명시되어 있지 않더라도 문서의 형식, 내용 등 문서 자체에 의하여 누가 작성하였는지를 추지할 수 있을 정도의 것이면 된다.
② 실제의 본명 대신 가명이나 위명을 사용하여 사문서를 작성한 경우, 그 문서의 작성명의인과 실제 작성자의 인격이 상이할 때에는 위조죄가 성립할 수 있다.
③ 가정법원의 서기관이 이혼의사확인서등본을 작성한 후 그 뒤에 이혼신고서를 첨부하고 직인을 간인하여 교부한 경우, 당사자가 이를 떼어내고 다른 내용의 이혼신고서를 붙여 관련 행정관서에 제출하였다면 공문서변조 및 변조공문서행사죄가 성립한다.
④ 사립학교 법인 이사가 이사회 회의록에 서명 대신 서명거부사유를 기재하고 그에 대한 서명을 한 경우, 이사회 회의록의 작성권한자인 이사장이라 하더라도 임의로 이를 삭제하면 특별한 사정이 없는 한 사문서변조에 해당한다.

해설

① 【 O 】 대판 2019.3.14. 2018도18646 21. 경찰
② 【 O 】 대판 2010.11.11. 2010도1835 21. 경찰
③ 【 X 】 당사자가 이혼의사확인서등본과 간인으로 연결된 이혼신고서(사문서)를 떼어내고 원래 이혼신고서의 내용과는 다른 이혼신고서를 작성하여 이혼의사확인서등본과 함께 호적관서에 제출하였다고 하더라도, 공문서인 이혼의사확인서등본을 변조하였다거나 변조된 이혼의사확인서등본을 행사하였다고 할 수 없다(대판 2009.1.30. 2006도7777). ⇨ 공문서변조와 동행사죄는 불성립 21. 경찰
④ 【 O 】 대판 2018.9.13. 2016도20954 21. 경찰

정답 ③

10 문서에 관한 죄에 대한 설명 중 가장 적절한 것은?

① A주식회사의 대표이사 甲이 실질적 운영자인 1인 주주 B의 구체적인 위임이나 승낙 없이 이미 퇴임한 전(前) 대표이사 C를 대표이사로 표시하여 A회사 명의의 문서를 작성한 경우 사문서위조죄가 성립한다.
② 공무원이 아닌 자가 공무원에게 허위사실을 기재한 증명원을 제출하여 그것을 알지 못하는 공무원으로부터 증명서를 받아낸 경우 허위공문서작성죄의 간접정범이 성립한다.
③ 부동산의 소유자로 하여금 근저당권자를 자금주라고 믿도록 속여서 근저당권설정등기를 경료케 한 경우라도 정당한 권한 있는 자에 의하여 작성된 문서를 제출하여 그 등기가 이루어진 것이라면 공정증서원본불실기재죄가 성립하지 않는다.
④ 부동산 거래 당사자가 '거래가액'을 시장 등에게 거짓으로 신고하여 받은 신고필증을 기초로 사실과 다른 내용의 거래가액이 부동산 등기부에 등재되도록 한 경우 공전자기록등불실기재죄 및 불실기재공전자기록등행사죄가 성립한다.

해설

① 【 X 】 [1] 주식회사 대표이사의 대표권은 정관이나 주주총회 또는 이사회 결의 등에 의하여 적법하게 제한할 수 있지만, 회사의 운영을 실질적으로 장악·통제하고 있는 1인 주주가 적법한 대표이사의 권한 행사를 사실상 제한하고 있다는 것만으로는 대표이사의 대표권을 적법하게 제한하였다고 할 수 없으므로, 대표이사가 권한을 행사하는 과정에서 단순히 그 1인 주주의 위임 또는 승낙을 받지 않았다고 하여 그 대표권 행사가 권한을 넘어서는 행위가 되는 것은 아니다.
[2] 주식회사의 대표이사가 실질적 운영자인 1인 주주의 구체적인 위임이나 승낙을 받지 않고 이미 퇴임한 전 대표이사를 대표이사로 표시하여 회사 명의의 문서를 작성한 사안에서, 문서위조죄의 성립을 부정한 사례(대판 2008.11.27. 2006도9194). 20. 경찰승진
② 【 X 】 공무원이 아닌 자는 형법 제228조의 경우를 제외하고는 허위공문서작성죄의 간접정범으로 처벌할 수 없으나, 공무원이 아닌 자가 공무원과 공동하여 허위공문서작성죄를 범한 때에는 공무원이 아닌 자도 형법 제33조, 제30조에 의하여 허위공문서작성죄의 공동정범이 된다(대판 2006.5.11. 2006도1663). 20. 경찰승진
③ 【 O 】 대판 1982.7.13. 82도39 20. 경찰승진
④ 【 X 】 부동산의 거래당사자가 거래가액을 시장 등에게 거짓으로 신고하여 신고필증을 받은 뒤 이를 기초로 사실과 다른 내용의 거래가액이 부동산등기부에 등재되도록 하였다면, 공인중개사의 업무 및 부동산 거래신고에 관한 법률에 따른 과태료의 제재를 받게 됨은 별론으로 하고, 형법상의 공정증서원본불실기재죄 및 불실기재공정증서원본행사죄는 성립하지 아니한다(대판 2013.6.27. 2013도3246). 20. 경찰승진

정답 ③

11 문서에 관한 죄에 대한 설명으로 가장 적절한 것은?

① 직접적인 법률관계에 단지 간접적으로 연관된 의사표시 내지 권리·의무의 변동에 사실상으로 영향을 줄 수 있는 의사표시를 내용으로 하는 문서는 사문서위조죄의 객체가 되지 않는다.
② 사문서위조죄는 명의자가 진정으로 작성한 문서가 아님을 전제로 하므로 '문서가 원본인지 여부'가 중요한 거래에서 문서의 사본을 진정한 원본인 것처럼 행사할 목적으로 다른 조작을 가함이 없이 문서의 원본을 그대로 컬러복사기로 복사하여 사본을 행사한 경우, 사문서위조죄 및 동행사죄는 성립하지 아니한다.
③ 실제로는 채권·채무관계가 존재하지 아니함에도 공증인에게 허위신고를 하여 가장된 금전채권에 대하여 집행력이 있는 공정증서원본을 작성하고 이를 비치하게 한 것이라면 공정증서원본부실기재죄 및 부실기재공정증서원본행사죄가 성립한다.
④ 공무원이 고의로 법령을 잘못 적용하여 공문서를 작성하였다면 그 법령적용의 전제가 된 사실관계에 대한 내용에 거짓이 없다고 하더라도 허위공문서작성죄가 성립한다.

해설

① 【 X 】 거래상 중요한 사실을 증명하는 문서는, 법률관계의 발생·존속·변경·소멸의 전후과정을 증명하는 것이 주된 취지인 문서뿐만 아니라 직접적인 법률관계에 단지 간접적으로만 연관된 의사표시 내지 권리·의무의 변동에 사실상으로만 영향을 줄 수 있는 의사표시를 내용으로 하는 문서도 포함될 수 있다(대판 2009.4.23. 2008도8527). 19. 경찰승진

② 【 X 】 문서위조 및 동행사죄의 보호법익은 문서에 대한 공공의 신용이므로 '문서가 원본인지 여부'가 중요한 거래에서 문서의 사본을 진정한 원본인 것처럼 행사할 목적으로 다른 조작을 가함이 없이 문서의 원본을 그대로 컬러복사기로 복사한 후 복사한 문서의 사본을 원본인 것처럼 행사한 행위는 사문서위조죄 및 동행사죄에 해당한다(대판 2016.7.14. 2016도2081). 19. 경찰승진

③ 【 O 】 형법 제228조 제1항이 규정하는 공정증서원본부실기재죄는 특별한 신빙성이 인정되는 공문서에 대한 공공의 신용을 보장함을 보호법익으로 하는 범죄로서 공무원에 대하여 진실에 반하는 허위신고를 하여 공정증서원본 또는 이와 동일한 전자기록 등 특수매체기록에 실체관계에 부합하지 아니하는 부실의 사실을 기재 또는 등록하게 함으로써 성립하는 것이므로, 실제로는 채권·채무관계가 존재하지 아니함에도 공증인에게 허위신고를 하여 가장된 금전채권에 대하여 집행력이 있는 공정증서원본을 작성하고 이를 비치하게 한 것이라면 공정증서원본부실기재죄 및 부실기재공정증서원본행사죄의 죄책을 면할 수 없다고 할 것이다(대판 2008.12.24. 2008도7836). 19. 경찰승진

④ 【 X 】 허위공문서작성죄란 공문서에 진실에 반하는 기재를 하는 때에 성립하는 범죄이므로, **고의로 법령을 잘못 적용하여** 공문서를 작성하였다고 하더라도 그 법령적용의 전제가 된 사실관계에 대한 내용에 거짓이 없다면 허위공문서작성죄가 성립될 수 없다.

> **사실관계**
> 건축 담당 공무원이 건축허가신청서를 접수·처리함에 있어 **건축법상의 요건을 갖추지 못하고 설계된 사실을 알면서도** 기안서인 건축허가통보서를 작성하여 건축허가서의 작성명의인인 군수의 결재를 받아 건축허가서를 작성한 경우, 건축허가서는 그 작성명의인인 군수가 건축허가신청에 대하여 이를 관계 법령에 따라 허가한다는 내용에 불과하고 위 건축허가신청서와 그 첨부서류에 기재된 내용(건축물의 건축계획)이 건축법의 규정에 적합하다는 사실을 확인하거나 증명하는 것은 아니라 할 것이므로 군수가 위 건축허가통보서에 결재하여 위 건축허가신청을 허가하였다면 위 건축허가서에 표현된 허가의 의사표시 내용 자체에 어떠한 허위가 있다고 볼 수는 없다 할 것이어서, 이러한 건축허가에 그 요건을 구비하지 못한 잘못이 있고 이에 담당 공무원의 위법행위가 개입되었다 하더라도 그 위법행위에 대한 책임을 추궁하는 것은 별론으로 하고 위 건축허가서를 작성한 행위를 허위공문서작성죄로 처벌할 수는 없다(대판 2000.6.27. 2000도1858). 19. 경찰승진

정답 ③

12 문서에 관한 죄에 대한 설명 중 옳고 그름의 표시(○, ×)가 바르게 된 것은?

㉠ 타인 명의의 문서를 위조하여 행사하였다고 하더라도 그 명의인이 실재하지 않는 허무인이거나 또는 문서의 작성일자 전에 이미 사망한 경우에는 사문서위조죄 및 동행사죄가 성립하지 않는다.
㉡ 법원이 이혼의사확인서등본 뒤에 이혼신고서를 첨부하고 간인하여 교부하였는데 당사자가 이혼의사확인서등본과 간인으로 연결된 이혼신고서를 떼어내고 원래 이혼신고서의 내용과는 다른 이혼신고서를 작성하여 이혼의사확인서등본과 함께 호적관서에 제출한 경우, 공문서변조 및 변조공문서행사죄가 성립하지 않는다.
㉢ 다른 공무원 등이 작성권자의 결재를 받지 않고 직인 등을 보관하는 담당자를 기망하여 작성권자의 직인을 날인하도록 하여 공문서를 완성한 때에는 공문서위조죄가 성립한다.
㉣ 주식회사의 지배인이 자신을 그 회사의 대표이사로 표시하여 연대보증채무를 부담하는 취지의 회사 명의의 차용증을 작성·교부한 경우, 그 문서에 일부 허위 내용이 포함되거나 위 연대보증행위가 회사의 이익에 반하는 것이더라도 사문서위조 및 위조사문서행사에 해당하지 않는다.

① ㉠ ○ ㉡ ○ ㉢ ○ ㉣ ○
② ㉠ ○ ㉡ × ㉢ ○ ㉣ ×
③ ㉠ × ㉡ ○ ㉢ × ㉣ ○
④ ㉠ × ㉡ ○ ㉢ ○ ㉣ ○

[해설]

㉠ 【×】 명의인이 실재하지 않는 허무인이거나 또는 문서의 작성일자 전에 이미 사망하였다고(사자) 하더라도 그러한 문서 역시 공공의 신용을 해할 위험성이 있으므로 문서위조죄가 성립한다고 봄이 상당하며, 이는 공문서뿐만 아니라 사문서의 경우에도 마찬가지라고 보아야 한다(대판 2005.2.24. 2002도18 전합). 나아가 이러한 법리는 법률적, 사회적으로 자연인과 같이 활동하는 법인 또는 단체에도 그대로 적용된다고 할 것이다. 따라서 이미 해산등기를 마쳐 그 법인격이 소멸된 법인 명의의 사문서를 위조한 경우에도 사문서위조죄에 해당된다(대판 2005.3.25. 2003도4943). 18. 경찰

㉡ 【○】 당사자가 이혼의사확인서등본과 간인으로 연결된 이혼신고서(사문서)를 떼어내고 원래 이혼신고서의 내용과는 다른 이혼신고서를 작성하여 이혼의사확인서등본과 함께 호적관서에 제출하였다고 하더라도, 공문서인 이혼의사확인서등본을 변조하였다거나 변조된 이혼의사확인서등본을 행사하였다고 할 수 없다(대판 2009.1.30. 2006도7777). ⇨ 공문서변조와 동행사죄는 불성립 18. 경찰

㉢ 【○】 허위공문서작성죄의 주체는 문서를 작성할 권한이 있는 명의인인 공무원에 한하고 그 공무원의 문서작성을 보조하는 직무에 종사하는 공무원은 허위공문서작성죄의 주체가 될 수 없다. 따라서 보조 직무에 종사하는 공무원이 허위공문서를 기안하여 허위임을 모르는 작성권자의 결재를 받아 공문서를 완성한 때에는 허위공문서작성죄의 간접정범이 될 것이지만, 이러한 결재를 거치지 않고 임의로 작성권자의 직인 등을 부정 사용함으로써 공문서를 완성한 때에는 공문서위조죄가 성립한다. 이는 공문서의 작성권한 없는 사람이 허위공문서를 기안하여 작성권자의 결재를 받지 않고 공문서를 완성한 경우에도 마찬가지이다. 나아가 작성권자의 직인 등을 보관하는 담당자는 일반적으로 작성권자의 결재가 있는 때에 한하여 보관 중인 직인 등을 날인할 수 있을 뿐이다. 이러한 경우 다른 공무원 등이 작성권자의 결재를 받지 않고 직인 등을 보관하는 담당자를 기망하여 작성권자의 직인을 날인하도록 하여 공문서를 완성한 때에도 공문서위조죄가 성립한다(대판 2017.5.17. 96도13912). 18. 경찰

㉣ 【○】 원래 주식회사의 지배인은 회사의 영업에 관하여 재판상 또는 재판 외의 모든 행위를 할 권한이 있으므로, 지배인이 직접 주식회사 명의 문서를 작성하는 행위는 위조나 자격모용사문서작성에 해당하지 않는 것이 원칙이고, 이는 그 문서의 내용이 진실에 반하는 허위이거나 권한을 남용하여 자기 또는 제3자의 이익을 도모할 목적으로 작성된 경우에도 마찬가지이다. 따라서 주식회사의 지배인이 자신을 그 회사의 대표이사로 표시하여 연대보증채무를 부담하는 취지의 회사 명의 차용증을 작성·교부한 경우, 그 문서에 일부 허위 내용이 포함되거나 위 연대보증행위가 회사의 이익에 반하는 것이더라도 사문서위조 및 위조사문서행사에 해당하지 않는다(대판 2010.5.13. 2010도1040). 18. 경찰

정답 ④

13 다음 중 문서에 관한 죄에 대한 설명으로 가장 옳은 것은?

① A주식회사의 대표이사 甲이 실질적 운영자인 1인 주주 B의 구체적인 위임이나 승낙없이 이미 퇴임한 전(前) 대표이사 C를 대표이사로 표시하여 A회사 명의의 문서를 작성한 경우 사문서위조죄가 성립한다.
② 공무원이 아닌 자가 공무원에게 허위사실을 기재한 증명원을 제출하여 그것을 알지 못하는 공무원으로부터 증명서를 받아 낸 경우 허위공문서작성죄의 간접정범은 성립하지 않는다.
③ 직접적인 법률관계에 단지 간접적으로 연관된 의사표시 내지 권리 · 의무의 변동에 사실상으로 영향을 줄 수 있는 의사표시를 내용으로 하는 문서는 사문서위조죄의 객체가 되지 않는다.
④ 공무원이 고의로 법령을 잘못 적용하여 공문서를 작성하였다면 그 법령적용의 전제가 된 사실관계에 대한 내용에 거짓이 없다고 하더라도 허위공문서작성죄가 성립한다.

해설

① **【X】** [1] 주식회사 대표이사의 대표권은 정관이나 주주총회 또는 이사회 결의 등에 의하여 적법하게 제한할 수 있지만, 회사의 운영을 실질적으로 장악 · 통제하고 있는 1인 주주가 적법한 대표이사의 권한 행사를 사실상 제한하고 있다는 것만으로는 대표이사의 대표권을 적법하게 제한하였다고 할 수 없으므로, 대표이사가 권한을 행사하는 과정에서 단순히 그 1인 주주의 위임 또는 승낙을 받지 않았다고 하여 그 대표권 행사가 권한을 넘어서는 행위가 되는 것은 아니다.
[2] 주식회사의 대표이사가 실질적 운영자인 1인 주주의 구체적인 위임이나 승낙을 받지 않고 이미 퇴임한 전 대표이사를 대표이사로 표시하여 회사 명의의 문서를 작성한 사안에서, 문서위조죄의 성립을 부정한 사례(대판 2008.11.27. 2006도9194). 24. 해경승진
② **【O】** 공무원이 아닌 자는 형법 제228조의 경우를 제외하고는 허위공문서작성죄의 간접정범으로 처벌할 수 없으나, 공무원이 아닌 자가 공무원과 공동하여 허위공문서작성죄를 범한 때에는 공무원이 아닌 자도 형법 제33조, 제30조에 의하여 허위공문서작성죄의 공동정범이 된다(대판 2006.5.11. 2006도1663). 24. 해경승진
③ **【X】** 거래상 중요한 사실을 증명하는 문서는, 법률관계의 발생 · 존속 · 변경 · 소멸의 전후 과정을 증명하는 것이 주된 취지인 문서뿐만 아니라 직접적인 법률관계에 단지 간접적으로만 연관된 의사표시 내지 권리 · 의무의 변동에 사실상으로만 영향을 줄 수 있는 의사표시를 내용으로 하는 문서도 포함될 수 있다(대판 2012.5.9. 2010도2690). 24. 해경승진
④ **【X】** 허위공문서작성죄란 공문서에 진실에 반하는 기재를 하는 때에 성립하는 범죄이므로, 고의로 법령을 잘못 적용하여 공문서를 작성하였다고 하더라도 그 법령적용의 전제가 된 사실관계에 대한 내용에 거짓이 없다면 허위공문서작성죄가 성립될 수 없다(대판 2003.2.11. 2002도4293). 24. 해경승진

정답 ②

14 사문서위조죄에 대한 설명으로 가장 적절한 것은?

① 피고인이 이사들의 참석 및 의결권 행사에 관한 권한을 위임받았다 하더라도 그 이사들이 이사회에 불참했음에도 마치 참석하여 의결권을 행사한 것처럼 이사회 회의록을 작성하였다면 사문서위조죄가 성립한다.
② 피고인이 대량의 사건을 수임하기 위하여 소속변호사회에서 발급받은 진정한 경유증표 원본을 컬러복사하여 법원에 제출하였더라도, 복사기 등을 사용하여 기계적인 방법에 의하여 원본을 복사한 문서인 복사문서는 문서죄의 객체에 해당하지 않으므로 사문서위조죄가 성립하지 않는다.
③ 피고인이 명의인인 회사대표이사로부터 문서작성권한의 위임을 받았다면, 그 위임받은 권한을 초월하여 사문서를 작성하였다 하더라도 사문서위조죄는 성립하지 않는다.
④ 피고인이 문서명의인인 문중원들을 기망하여 정기문중총회 회의록을 작성하였다면, 비록 문중원들의 서명, 날인이 정당하게 성립된 경우라 하더라도 사문서위조죄가 성립한다.

[해설]

① 【 X 】 이사회를 개최함에 있어 공소외 이사들이 그 참석 및 의결권의 행사에 관한 **권한을 피고인에게 위임하였다면** 그 이사들이 실제로 이사회에 참석하지도 않았는데 마치 참석하여 의결권을 행사한 것처럼 피고인이 이사회 회의록에 기재하였다 하더라도 이는 이른바 사문서의 **무형위조**에 해당할 따름이어서 처벌대상이 되지 아니한다(대판 1985.10.22. 85도1732). 18. 경찰채용 3차

② 【 X 】 문서위조 및 동행사죄의 보호법익은 문서에 대한 공공의 신용이므로 '**문서가 원본인지 여부**'가 중요한 거래에서 문서의 사본을 진정한 원본인 것처럼 행사할 목적으로 다른 조작을 가함이 없이 문서의 원본을 그대로 컬러복사기로 복사한 후 복사한 문서의 사본을 원본인 것처럼 행사한 행위는 사문서위조죄 및 동행사죄에 해당한다. 또한 사문서위조죄는 명의자가 진정으로 작성한 문서로 볼 수 있을 정도의 형식과 외관을 갖추어 일반인이 명의자의 진정한 사문서로 오신하기에 충분한 정도이면 성립한다.

> [사실관계]
> 변호사인 피고인이 **대량의 저작권법 위반 형사고소 사건을 수임하여** 피고소인 30명을 각 형사고소하기 위하여 20건 또는 10건의 고소장을 개별적으로 수사관서에 제출하면서 각 하나의 고소위임장에만 소속 변호사회에서 발급받은 진정한 경유증표 원본을 첨부한 후 이를 일체로 하여 컬러복사기로 20장 또는 10장의 고소위임장을 각 복사한 다음 고소위임장과 일체로 복사한 경유증표를 고소장에 첨부하여 접수한 사안에서, 변호사회가 발급한 경유증표는 증표가 첨부된 변호사선임서 등이 변호사회를 경유하였고 소정의 경유회비를 납부하였음을 확인하는 문서이므로 법원, 수사기관 또는 공공기관에 이를 제출할 때에는 원본을 제출하여야 하고 사본으로 원본에 갈음할 수 없으며, 각 고소위임장에 함께 복사되어 있는 변호사회 명의의 경유증표는 원본이 첨부된 고소위임장을 그대로 컬러 복사한 것으로서 일반적으로 문서가 갖추어야 할 형식을 모두 구비하고 있고, 이를 주의 깊게 관찰하지 아니하면 그것이 원본이 아닌 복사본임을 알아차리기 어려울 정도이므로 일반인이 명의자의 진정한 사문서로 오신하기에 충분한 정도의 형식과 외관을 갖추었다는 이유로, 피고인의 행위가 사문서위조죄 및 동행사죄에 해당한다고 한 사례(대판 2016.7.14. 2016도2081). 18. 경찰채용 3차

③ 【 X 】 사문서위조죄는 작성권한 없는 자가 타인의 명의를 모용하여 문서를 작성함으로써 성립하는 것인바, 타인으로부터 그 명의 문서 작성을 위임받은 경우에도 **위임된 권한을 초월하여** 내용을 기재함으로써 명의자의 의사에 반하는 사문서를 작성하는 것은 **작성권한을 일탈한** 것으로서 사문서위조죄에 해당한다.

> [사실관계]
> 신축상가건물의 명목상 건축주의 포괄적 승낙하에 분양에 관한 모든 업무를 처리하던 실제 건축주가 실제 분양되지도 않은 상가에 대하여 명목상의 건축주 명의로 분양계약서 및 입금표를 작성하고 그 분양계약서 및 입금표를 이용하여 대출을 받는 식으로 금원을 편취한 사안에서, 상가건물이 실제 분양되지도 않았고 분양대금이 납부된 바도 없는데도 그러한 사실이 있는 것으로 되어 있는 허위 내용의 문서를 작성하는 것과 같은 범죄행위는 포괄적으로 위임받은 분양업무에 속하는 것이라고 볼 수 없다는 이유로, 이와 달리 위와 같은 내용의 문서 작성 및 행사도 포괄적으로 위임받은 권한 내에 포함된다고 보아 사문서위조 및 동행사의 점에 대하여 무죄를 선고한 원심판결을 파기한 사례(대판 1997.3.28. 96도3191). 18. 경찰채용 3차

④ 【 O 】 명의인을 기망하여 문서를 작성케 하는 경우는 서명, 날인이 정당히 성립된 경우에도 기망자는 **명의인을 이용하여 서명 날인자의 의사에 반하는 문서를** 작성케 하는 것이므로 사문서위조죄가 성립한다.

> [사실관계]
> 피고인이 이 사건 정기문중총회 회의록을 임의로 작성하고는 종중원들을 찾아다니면서 서명, 날인을 받았는데, 이때 종중원들에게 이 사건 임야의 등기, 매도권을 피고인에게 일임하고 매도금액 3분의 1을 문중에 반납하고 나머지를 피고인에게 소송대행비용으로 준다는 위 회의록의 내용 등에 관하여 제대로 알려 주지 아니한 채, 단지 이 사건 임야에 관하여 문중 명의로 소유권이전등기를 하는 데 필요하다는 정도로만 얘기하면서 서명, 날인을 받은 경우, 피고인이 명의인을 이용하여 서명 날인자의 의사에 반하는 문서를 작성케 하는 것이므로 사문서위조죄가 성립한다(대판 2000.6.13. 2000도778). 18. 경찰채용 3차

[정답] ④

15 문서에 관한 죄에 관한 설명으로 가장 옳지 않은 것은?

① 복사문서가 문서위조죄에 있어서의 문서가 될 수 있는지에 대하여 판례가 문서성을 인정하던 것을 형법 제237조의2의 입법을 통하여 복사문서의 문서성을 명문화하였다.

② 자신의 이름과 나이를 속이는 용도로 사용할 목적으로 주민 등록증의 이름·주민등록번호란에 글자를 오려 붙인 후 이를 컴퓨터 스캔 장치를 이용하여 이미지 파일로 만들어 컴퓨터 모니터 화면에 이미지가 나타나도록 하는 한편 타인에게 그 이미지가 저장되어 있는 파일을 이메일로 전송한 행위는 공문서위조 및 위조공문서행사죄를 구성하지 않는다.

③ 甲이 운영하는 A회사 사무실에서 행사할 목적으로 권한 없이 임대인 乙과 甲이 작성한 사무실전세계약서 원본을 스캐너로 복사하여 컴퓨터 화면에 띄운 후 포토샵을 이용하여 보증금액 "일천만 원, 10,000,000원"을 지워 보증금액을 공란으로 만든 후 그 자리에서 사무실전세계약서를 프린터로 출력하고, 검정색 볼펜으로 보증금액 공란에 "삼천만 원, 30,000,000원"으로 기재하여 丙에게 출력한 사무실전세계약서를 팩스로 송부한 것에 불과하다면 변조사문서행사죄가 성립하지 아니한다.

④ 중국산 가짜 담배를 밀수입하여 판매하면서 그 담뱃갑을 위조한 경우 담뱃갑은 문서 등 위조의 대상인 도화에 해당한다.

[해설]

① 【 O 】 제237조의2 17. 경찰간부

② 【 O 】 사귀고 있는 남자에게 자신의 이름과 나이를 속이는 용도로 사용할 목적으로 주민등록증의 이름(길자를 미애로)·주민등록번호란(64년을 71년으로)에 글자를 오려붙인 후 이를 컴퓨터 스캔 장치를 이용하여 이미지 파일로 만들어 컴퓨터 모니터로 출력하는 한편 타인에게 이메일로 전송한 경우, 컴퓨터 모니터 화면에 나타나는 이미지는 계속적으로 화면에 고정된 것으로는 볼 수 없으므로, 형법상 문서에 관한 죄의 문서에 해당하지 않으므로 공문서위조 및 위조공문서행사죄를 구성하지 않는다(대판 2007.11.29. 2007도7480). 17. 경찰간부

③ 【 X 】 "피고인이 사무실전세계약서 원본을 스캐너로 복사하여 컴퓨터 화면에 띄운 후 그 보증금액란을 공란으로 만든 다음 이를 프린터로 출력하여 검정색 볼펜으로 보증금액을 '삼천만 원(30,000,000원)'으로 변조하고, 이와 같이 변조된 사무실전세계약서를 팩스로 송부하여 행사하였다."는 것이므로, 이 부분 공소사실에서 적시된 범죄사실은 '컴퓨터 모니터 화면상의 이미지'를 변조하고 이를 행사한 행위가 아니라 '프린터로 출력된 문서'인 사무실전세계약서를 변조하고 이를 행사한 행위임을 알 수 있다(대판 2011.11.10. 2011도10468). ⇨ 프린터로 출력한 문서인 전세계약서를 변조하고 이를 팩스로 송부한 것이므로 사문서변조 및 동행사죄가 성립한다. 17. 경찰간부

④ 【 O 】 담뱃갑의 표면에 그 담배의 제조회사와 담배의 종류를 구별·확인할 수 있는 특유의 도안이 표시되어 있는 경우에는 일반적으로 그 담뱃갑의 도안을 기초로 특정 제조회사가 제조한 특정한 종류의 담배인지 여부를 판단하게 된다는 점에 비추어서도 그 담뱃갑은 적어도 그 담뱃갑 안에 들어 있는 담배가 특정 제조회사가 제조한 특정한 종류의 담배라는 사실을 증명하는 기능을 하고 있으므로, 그러한 담뱃갑은 문서 등 위조의 대상인 도화에 해당한다(대판 2010.7.29. 2010도2705). 17. 경찰간부

정답 ③

16 형법상 문서에 관한 죄에 관한 설명 중 옳은 것은?

① 공무원인 의사가 공무소의 명의로 허위진단서를 작성한 경우에는 허위공문서작성죄와 허위진단서작성죄가 성립하고 두 죄는 상상적 경합 관계에 있다.
② 허위진단서 작성에 해당하는 허위의 기재는 사실에 관한 것에 한하므로, 판단에 관한 것은 허위진단서 작성의 대상이 될 수 없다.
③ 매수인으로부터 토지매매계약체결에 관하여 포괄적 권한을 위임받은 자가 실제 매수가격보다 높은 가격을 매매대금으로 기재하여 매수인 명의의 매매계약서를 작성하였다 하더라도 그것은 작성권한 있는 자가 허위내용의 문서를 작성한 것에 불과하여 사문서위조죄가 성립할 수 없다.
④ 일정 한도액에 관하여 연대보증인이 될 것을 허락한 甲으로부터 그에 필요한 문서를 작성하는 데 쓰일 인감도장과 인감증명서를 교부받아 甲을 직접 차주로 하는 동액 상당의 차용금 증서를 작성한 경우에는 본래의 정당한 권한 범위를 벗어난 것이므로 사문서위조죄가 성립한다.
⑤ 사문서의 경우에는 그 명의인이 실재하지 않는 허무인이거나 문서의 작성일자 전에 이미 사망하였다 하더라도 문서위조죄가 성립하나, 공문서의 경우에는 문서위조죄가 성립하기 위하여 명의인이 실재함을 필요로 한다.

해설

① 【 X 】 국립병원의 내과과장이자 보건복지부 소속 의무서기관인 의사 甲이 乙의 부탁을 받고 허위의 진단서를 작성한 후 사례명목으로 금품을 수수한 경우, 형법이 제225조 내지 제230조에서 공문서에 관한 범죄를 규정하고, 이어 제231조 내지 제236조에서 사문서에 관한 범죄를 규정하고 있는 점 등에 비추어 볼 때 형법 제233조 소정의 허위진단서작성죄의 대상은 공무원이 아닌 의사가 사문서로서 진단서를 작성한 경우에 한정되고, 공무원인 의사가 공무소의 명의로 허위진단서를 작성한 경우에는 허위공문서작성죄만이 성립하고 허위진단서작성죄는 별도로 성립하지 않는다(대판 2004.4.9. 2003도7762). ⇨ 甲은 허위공문서작성죄와 부정처사후수뢰죄의 실체적 경합범 18. 변호사

② 【 X 】 허위진단서 작성에 해당하는 허위의 기재는 사실에 관한 것이건 **판단에 관한 것이건** 불문하므로, 현재의 진단명과 증상에 관한 기재뿐만 아니라 현재까지의 진찰 결과로서 발생 가능한 합병증과 향후 치료에 대한 소견을 기재한 경우에도 그로써 환자의 건강상태를 나타내고 있는 이상 허위진단서 작성의 대상이 될 수 있다(대판 2017.11.9. 2014도15129). 18. 변호사

③ 【 O 】 매수인으로부터 매도인과의 토지매매계약체결에 관하여 포괄적 권한을 위임받은 자는 위임자 명의로 토지매매계약서를 작성할 권한이 있다 할 것이므로, 매수인으로부터 그 권한을 위임받은 피고인이 실제 매수가격 보다 높은 가격을 매매대금으로 기재하여 매수인 명의의 매매계약서를 작성하였다 하여도 그것은 작성권한 있는 자가 허위내용의 문서를 작성한 것일 뿐 사문서위조죄가 성립될 수는 없다(대판 1984.7.10. 84도1146). 18. 변호사

④ 【 X 】 피해자들이 일정한도액에 관한 연대보증인이 될 것을 허락하고 이에 필요한 문서를 작성하는데 쓰일 인감도장과 인감증명서(대출보증용)를 채무자에게 건네준 취지는 채권자에 대해 동액상당의 채무를 부담하겠다는 내용의 문서를 작성하도록 허락한 것으로 보아야 할 것이므로 비록 차용금증서에 동 피해자들을 연대보증인으로 하지 않고 직접 차주로 하였을 지라도 그 문서는 정당한 권한에 기하여 그 권한의 범위 안에서 적법하게 작성된 것으로 보아야 한다(대판 1984.10.10. 84도1566). ⇨ 권한 범위 내에서의 작성이므로 사문서위조죄가 성립하지 않는다. 18. 변호사

⑤ 【 X 】 명의인이 실재하지 않는 허무인이거나 또는 문서의 작성일자 전에 이미 사망하였다고(사자) 하더라도 그러한 문서 역시 공공의 신용을 해할 위험성이 있으므로 문서위조죄가 성립한다고 봄이 상당하며, 이는 공문서뿐만 아니라 사문서의 경우에도 마찬가지라고 보아야 한다(대판 2005.2.24. 2002도18 전합). 나아가 이러한 법리는 법률적, 사회적으로 자연인과 같이 활동하는 법인 또는 단체에도 그대로 적용된다고 할 것이다. 따라서 이미 해산등기를 마쳐 그 법인격이 소멸한 법인 명의의 사문서를 위조한 경우에도 사문서위조죄에 해당된다(대판 2005.3.25. 2003도4943). 18. 변호사

정답 ③

17 문서위조의 죄에 관한 다음 설명 중 가장 옳지 않은 것은?

① 명의자의 명시적인 승낙이나 동의가 없다는 것을 알고 있었더라도 명의자가 문서 작성 사실을 알았다면 승낙하였을 것이라고 기대하거나 예측한 경우에는 문서위조죄가 성립하지 않는다.
② 연대보증인이 될 것을 허락한 자의 인감도장과 인감증명서를 교부받아 그를 차주로 하는 차용금증서를 작성한 경우에는 위조죄가 성립하지 않는다.
③ 다른 조작을 가함이 없이 문서의 원본을 그대로 컬러복사기로 복사한 후 복사한 문서의 사본을 원본인 것처럼 행사한 행위도 사문서위조죄 및 동행사죄에 해당할 수 있다.
④ 공무원 아닌 자가 관공서에 허위 내용의 증명원을 제출하여 그 내용이 허위인 정을 모르는 담당 공무원으로부터 그 증명원 내용과 같은 증명서를 발급받은 경우에는 공문서위조죄의 간접정범이 성립하지 않는다.

해설

① 【 X 】 사문서의 위·변조죄는 작성권한 없는 자가 타인 명의를 모용하여 문서를 작성하는 것을 말하므로 사문서를 작성·수정할 때 명의자의 명시적이거나 묵시적인 승낙이 있었다면 사문서의 위·변조죄에 해당하지 않고, 한편 행위 당시 명의자의 현실적인 승낙은 없었지만 행위 당시의 모든 객관적 사정을 종합하여 명의자가 행위 당시 그 사실을 알았다면 당연히 승낙했을 것이라고 추정되는 경우 역시 사문서의 위·변조죄가 성립하지 않는다고 할 것이나, 명의자의 명시적인 승낙이나 동의가 없다는 것을 알고 있으면서도 명의자가 문서작성 사실을 알았다면 승낙하였을 것이라고 기대하거나 예측한 것만으로는 그 승낙이 추정된다고 단정할 수 없다(대판 2011.9.29. 2010도14587). 18. 법원직

② 【 O 】 피해자들이 일정한도액에 관한 연대보증인이 될 것을 허락하고 이에 필요한 문서를 작성하는데 쓰일 인감도장과 인감증명서(대출보증용)를 채무자에게 건네준 취지는 채권자에 대해 동액상당의 채무를 부담하겠다는 내용의 문서를 작성하도록 허락한 것으로 보아야 할 것이므로 비록 차용금증서에 동 피해자들을 연대보증인으로 하지 않고 직접 차주로 하였을 지라도 그 문서는 정당한 권한에 기하여 그 권한의 범위 안에서 적법하게 작성된 것으로 보아야 한다(대판 1984.10.10. 84도1566). 18. 법원직

③ 【 O 】 문서위조 및 동행사죄의 보호법익은 문서에 대한 공공의 신용이므로 '문서가 원본인지 여부'가 중요한 거래에서 문서의 사본을 진정한 원본인 것처럼 행사할 목적으로 다른 조작을 가함이 없이 문서의 원본을 그대로 컬러복사기로 복사한 후 복사한 문서의 사본을 원본인 것처럼 행사한 행위는 사문서위조죄 및 동행사죄에 해당한다. 또한 사문서위조죄는 명의자가 진정으로 작성한 문서로 볼 수 있을 정도의 형식과 외관을 갖추어 일반인이 명의자의 진정한 사문서로 오신하기에 충분한 정도이면 성립한다(대판 2016.7.14. 2016도2081). 18. 법원직

④ 【 O 】 어느 문서의 작성권한을 갖는 공무원이 그 문서의 기재 사항을 인식하고 그 문서를 작성할 의사로써 이에 서명·날인하였다면, 설령 그 서명·날인이 타인의 기망으로 착오에 빠진 결과 그 문서의 기재사항이 진실에 반함을 알지 못한 데 기인한다고 하여도, 그 문서의 성립은 진정하며 여기에 하등 작성명의를 모용한 사실이 있다고 할 수는 없으므로, 공무원 아닌 자가 관공서에 허위 내용의 증명원을 제출하여 그 내용이 허위인 정을 모르는 담당공무원으로부터 그 증명원 내용과 같은 증명서를 발급받은 경우 공문서위조죄의 간접정범으로 의율할 수는 없다(대판 2001.3.9. 2000도938). 18. 법원직

정답 ①

18 다음 설명 중 옳은 것을 모두 고른 것은?

> ㉠ 주식회사의 지배인이 자신을 그 회사의 대표이사로 표시하여 연대보증채무를 부담하는 취지의 회사 명의의 차용증을 작성한 경우에 그 문서에 일부 허위의 내용이 포함되어 있더라도 사문서위조죄를 구성하지 않는다.
> ㉡ 사문서에 2인 이상의 작성명의인이 있는 때에는 그 명의자 가운데 1인이 나머지 명의자와 합의 없이 행사할 목적으로 그 문서의 내용을 변경하더라도 사문서변조죄를 구성하지 않는다.
> ㉢ 휴대전화 신규 가입신청서를 위조한 후 이를 스캔한 이미지 파일을 제3자에게 이메일로 전송하여 컴퓨터 화면상으로 보게 한 행위는 위조사문서행사죄에 해당한다.
> ㉣ 사문서의 작성명의자의 인장이 압날되지 아니하고 주민등록번호가 기재되지 않았더라도, 일반인으로 하여금 그 작성명의자가 진정하게 작성한 사문서로 믿기에 충분할 정도의 형식과 외관을 갖추었으면 사문서위조죄 및 동행사죄의 객체가 되는 사문서에 해당한다.
> ㉤ '문서의 원본인지 여부'가 중요한 거래에서 문서의 사본을 진정한 원본인 것처럼 행사할 목적으로 문서의 원본을 다른 조작을 가함이 없이 그대로 컬러복사기로 복사한 후 복사한 문서의 사본을 원본인 것처럼 행사하였다면 사문서위조, 위조사문서행사죄에 해당하지 않는다.

① ㉡, ㉢   ② ㉠, ㉢, ㉣   ③ ㉢, ㉣   ④ ㉡, ㉣, ㉤

[해설]

㉠ 【 O 】 [1] 원래 주식회사의 지배인은 회사의 영업에 관하여 재판상 또는 재판 외의 모든 행위를 할 권한이 있으므로, 지배인이 직접 주식회사 명의 문서를 작성하는 행위는 위조나 자격모용사문서작성에 해당하지 않는 것이 원칙이고, 이는 그 문서의 내용이 진실에 반하는 허위이거나 권한을 남용하여 자기 또는 제3자의 이익을 도모할 목적으로 작성된 경우에도 마찬가지이다.
[2] 주식회사의 지배인이 자신을 그 회사의 대표이사로 표시하여 연대보증채무를 부담하는 취지의 회사 명의의 차용증을 작성·교부한 경우, 그 문서에 일부 허위 내용이 포함되거나 위 연대보증행위가 회사의 이익에 반하는 것이더라도 사문서위조 및 위조사문서행사에 해당하지 않는다(대판 2010.5.13. 2010도1040). 18. 경찰승진

㉡ 【 X 】 문서에 2인 이상의 작성명의인이 있는 때에 그 명의자의 한사람이 타명의자와 합의없이 행사할 목적으로 그 문서의 내용을 변경하였을 때는 사문서변조죄가 성립된다(대판 1977.7.12. 77도1736). 18. 경찰승진

㉢ 【 O 】 [1] 위조문서행사죄에 있어서 행사라 함은 위조된 문서를 진정한 문서인 것처럼 그 문서의 효용방법에 따라 이를 사용하는 것을 말하고, 위조된 문서를 제시 또는 교부하거나 비치하여 열람할 수 있게 두거나 우편물로 발송하여 도달하게 하는 등 위조된 문서를 진정한 문서인 것처럼 사용하는 한 그 행사의 방법에 제한이 없다. 또한, 위조된 문서 그 자체를 직접 상대방에게 제시하거나 이를 기계적인 방법으로 복사하여 그 복사본을 제시하는 경우는 물론, 이를 모사전송의 방법으로 제시하거나 컴퓨터에 연결된 스캐너(scanner)로 읽어 들여 이미지화한 다음 이를 전송하여 컴퓨터 화면상에서 보게 하는 경우도 행사에 해당하여 위조문서행사죄가 성립한다.
[2] 휴대전화 신규 가입신청서를 위조한 후 이를 스캔한 이미지 파일을 제3자에게 이메일로 전송한 경우, 이미지 파일 자체는 문서에 관한 죄의 '문서'에 해당하지 않으나, 이를 전송하여 컴퓨터 화면상으로 보게 한 행위는 이미 위조한 가입신청서를 행사한 것에 해당하므로 위조사문서행사죄가 성립한다(대판 2008.10.23. 2008도5200). 18. 경찰승진

㉣ 【 O 】 대판 1989.8.8. 88도2209 18. 경찰승진

㉤ 【 X 】 문서위조 및 동행사죄의 보호법익은 문서에 대한 공공의 신용이므로 '문서가 원본인지 여부'가 중요한 거래에서 문서의 사본을 진정한 원본인 것처럼 행사할 목적으로 다른 조작을 가함이 없이 문서의 원본을 그대로 컬러복사기로 복사한 후 복사한 문서의 사본을 원본인 것처럼 행사한 행위는 사문서위조죄 및 동행사죄에 해당한다(대판 2016.7.14. 2016도2081). 18. 경찰승진

정답 ②

19 문서위조(변조)죄에 관한 설명 중 가장 적절한 것은?

① 문서위조죄가 성립하기 위해서는 공문서와 달리 사문서는 작성명의인이 실재해야 한다.
② 문서의 작성에는 작성자가 자필로 작성할 필요는 없고 명의인의 착각을 이용하여 명의인으로 하여금 진의에 반하는 문서를 작성·서명하도록 하는 것과 같이 간접정범에 의한 위조도 가능하다.
③ 공립학교 교사가 작성하는 교원의 인적사항과 전출희망사항 등을 기재하는 부분과 학교장이 작성하는 학교장의견란 등으로 구성되어 있는 교원실태조사카드의 교사 명의 부분을 명의자의 의사에 반하여 작성한 행위는 공문서위조죄를 구성한다.
④ 문서위조죄의 죄수는 침해된 보호법익의 수를 기준으로 결정해야 한다.

해설

① 【 X 】 문서위조죄는 문서의 진정에 대한 공공의 신용을 그 보호법익으로 하는 것이므로 행사할 목적으로 작성된 문서가 일반인으로 하여금 당해 명의인의 권한 내에서 작성된 문서라고 믿게 할 수 있는 정도의 형식과 외관을 갖추고 있으면 문서위조죄가 성립하는 것이고, 위와 같은 요건을 구비한 이상 그 명의인이 실재하지 않는 허무인이거나 또는 문서의 작성일자 전에 이미 사망하였다고 하더라도 그러한 문서 역시 공공의 신용을 해할 위험성이 있으므로 문서위조죄가 성립한다고 봄이 상당하며, 이는 공문서뿐만 아니라 사문서의 경우에도 마찬가지라고 보아야 한다(대판 2005.2.24. 2002도18(全)). 17. 경찰승진
② 【 O 】 대판 2000.6.13. 2000도778 17. 경찰승진
③ 【 X 】 공립학교 교사가 작성하는 교원의 인적사항과 전출희망사항 등을 기재하는 부분과 학교장이 작성하는 학교장의견란 등으로 구성되어 있는 교원실태조사카드는 학교장의 작성명의 부분은 공문서라고 할 수 있으나, 작성자가 교사 명의로 된 부분은 개인적으로 전출을 희망하는 의사표시를 한 것에 지나지 아니하여 이것을 가리켜 공무원이 직무상 작성한 공문서라고 할 수는 없을 것이므로 위 카드의 교사 명의 부분을 명의자의 의사에 반하여 작성하였다고 하여도 공문서를 위조한 것이라고 할 수 없다(대판 1991.9.24. 91도1733). 17. 경찰승진
④ 【 X 】 문서에 2인 이상의 작성명의인이 있을 때에는 각 명의자 마다 1개의 문서가 성립되므로 2인 이상의 연명으로 된 문서를 위조한 때에는 작성명의인의 수대로 수개의 문서위조죄가 성립하고 또 그 연명문서를 위조하는 행위는 자연적 관찰이나 사회통념상 하나의 행위라 할 것이어서 위 수개의 문서위조죄는 형법 제40조가 규정하는 상상적 경합범에 해당한다(대판 1987.7.21. 87도564). 17. 경찰승진

정답 ②

20 사문서위·변조죄에 관한 설명 중 옳은 것은?

① 사문서를 변조할 당시 그 명의인의 명시적·묵시적 승낙이 없었더라도 변조된 문서가 그 명의인에게 유리하여 결과적으로 그 의사에 합치되는 때에는 사문서변조죄를 구성하지 않는다.
② 사문서에 2인 이상의 작성명의인이 있는 때에는 그 명의자 가운데 1인이 나머지 명의자와 합의 없이 행사할 목적으로 그 문서의 내용을 변경하더라도 사문서변조죄를 구성하지 않는다.
③ 주식회사의 지배인이 자신을 그 회사의 대표이사로 표시하여 연대보증채무를 부담하는 취지의 회사 명의의 차용증을 작성한 경우에 그 문서에 허위의 내용이 포함되어 있더라도 사문서위조죄를 구성하지 않는다.
④ 사문서의 작성명의자의 인장이 압날되지 않고 주민등록번호가 기재되지 않았다면 일반인이 그 작성명의자에 의해 작성된 사문서라고 믿을만한 정도의 형식과 외관을 갖추었더라도 사문서위조죄의 객체가 되지 않는다.
⑤ 직접적인 법률관계에 단지 간접적으로 연관된 의사표시 내지 권리·의무의 변동에 사실상으로 영향을 줄 수 있는 의사표시를 내용으로 하는 문서는 사문서위조죄의 객체가 되지 않는다.

[해설]

① 【 X 】 사문서변조에 있어서 그 변조 당시 명의인의 명시적, 묵시적 승낙없이 한 것이면 변조된 문서가 명의인에게 유리하여 결과적으로 그 의사에 합치한다 하더라도 사문서변조죄의 구성요건을 충족한다(대판 1985.1.22. 84도2422). 17. 변호사

② 【 X 】 문서에 2인 이상의 작성명의인이 있는 때에 그 명의자의 한사람이 타명의자와 합의없이 행사할 목적으로 그 문서의 내용을 변경하였을 때는 사문서변조죄가 성립된다(대판 1977.7.12. 77도1736). 17. 변호사

③ 【 O 】 원래 주식회사의 지배인은 회사의 영업에 관하여 재판상 또는 재판 외의 모든 행위를 할 권한이 있으므로, 지배인이 직접 주식회사 명의 문서를 작성하는 행위는 위조나 자격모용사문서작성에 해당하지 않는 것이 원칙이고, 이는 그 문서의 내용이 진실에 반하는 허위이거나 권한을 남용하여 자기 또는 제3자의 이익을 도모할 목적으로 작성된 경우에도 마찬가지이다(대판 2010.5.13. 2010도1040). 17. 변호사

④ 【 X 】 사문서의 작성명의자의 인장이 압날되지 아니하고 주민등록번호가 기재되지 않았더라도, 일반인으로 하여금 그 작성명의자가 진정하게 작성한 사문서로 믿기에 충분할 정도의 형식과 외관을 갖추었으면 사문서위조죄 및 동행사죄의 객체가 되는 사문서라고 보아야 한다(대판 1989.8.8. 88도2209). 17. 변호사

⑤ 【 X 】 거래상 중요한 사실을 증명하는 문서는, 법률관계의 발생·존속·변경·소멸의 전후과정을 증명하는 것이 주된 취지인 문서뿐만 아니라 직접적인 법률관계에 단지 간접적으로만 연관된 의사표시 내지 권리·의무의 변동에 사실상으로만 영향을 줄 수 있는 의사표시를 내용으로 하는 문서도 포함될 수 있다(대판 2009.4.23. 2008도8527). 17. 변호사

[정답] ③

21 다음 설명 중 가장 적절한 것은?

① 장기간의 분쟁을 종결짓는 상황에서 '합의서'라는 제목 아래 합의의 구체적인 내용을 특정하여 기재한 다음 그에 대한 상인들의 찬반의사를 표시함으로써 분쟁이 재발될 경우 입증자료로 사용하기 위하여 작성된 최초 합의서는 형법상 문서에 관한 죄에 있어서의 문서에 해당한다.

② 공무원이 여러 차례의 출장반복의 번거로움을 회피하고 민원사무를 신속히 처리한다는 방침에 따라 사전에 출장조사한 다음 출장조사 내용이 변동없다는 확신하에 출장복명서를 작성하고 다만 그 출장일자를 작성일자로 기재한 경우 허위공문서작성죄가 성립한다.

③ 공립학교 교사가 작성하는 교원의 인적사항과 전출희망사항 등을 기재하는 부분과 학교장이 작성하는 학교장의견란 등으로 구성되어 있는 교원실태조사카드의 교사 명의 부분을 명의자의 의사에 반하여 작성한 행위는 공문서위조죄를 구성한다.

④ 권한 없는 자가 임의로 인감증명서의 사용용도란에 나오는 기재사항을 고쳐 쓴 경우에는 공문서변조죄가 성립한다.

[해설]

① 【 O 】 대판 2006.1.26. 2004도788 16. 경찰

② 【 X 】 공무원이 여러 차례의 출장반복의 번거로움을 회피하고 민원사무를 신속히 처리한다는 방침에 따라 사전에 출장조사한 다음 출장조사 내용이 변동없다는 확신하에 출장복명서를 작성하고 다만 그 출장일자를 작성일자로 기재한 것이라면 허위공문서작성의 범의가 있었다고 볼 수 없다(대판 2001.1.5. 99도4101). 16. 경찰

③ 【 X 】 공립학교 교사가 작성하는 교원의 인적사항과 전출희망사항 등을 기재하는 부분과 학교장이 작성하는 학교장의견란 등으로 구성되어 있는 교원실태조사카드는 학교장의 작성 명의 부분은 공문서라고 할 수 있으나, 작성자가 교사 명의로 된 부분은 개인적으로 전출을 희망하는 의사표시를 한 것에 지나지 아니하여 이것을 가리켜 공문서라고 할 수는 없을 것이므로 위 카드의 교사 명의 부분을 명의자의 의사에 반하여 작성하였다고 하여도 공문서를 위조한 것이라고 할 수 없다(대판 1991.9.24. 91도1733). 16. 경찰

④ 【 X 】 인감증명서의 사용용도란의 기재는 증명청인 동장이 작성한 증명문구에 의하여 증명되는 부분과는 아무런 관계가 없다고 할 것이므로, 피고인이 임의로 인감증명서의 사용용도란의 기재를 고쳐 썼다고 하더라도 공무원 또는 공무소의 문서내용에 대하여 변경을 가하여 새로운 증명력을 작출한 경우라고 볼 수 없으므로 공문서변조죄나 이를 전제로 하는 변조공문서행사죄가 성립되지는 않는다(대판 2004.8.20. 2004도2767). 16. 경찰

[정답] ①

22 다음 설명 중 옳지 않은 것은 모두 몇 개인가?

㉠ 형법 제225조의 공문서변조나 위조죄의 객체인 공문서는 공무원 또는 공무소가 그 직무에 관하여 작성하는 문서이고, 그 행위주체가 공무원과 공무소가 아닌 경우에는 형법 또는 기타 특별법에 의하여 공무원 등으로 의제되는 경우를 제외하고는 계약 등에 의하여 공무와 관련되는 업무를 일부 대행하는 경우가 있다 하더라도 공무원 또는 공무소가 될 수는 없다.
㉡ 휴대전화 신규 가입신청서를 위조한 후 이를 스캔한 이미지 파일을 제3자에게 이메일로 전송하여 컴퓨터 화면상으로 보게 한 행위는, 이미지 파일 자체는 문서에 관한 죄의 '문서'에 해당하지 않으므로 위조사문서행사죄가 성립하지 않는다.
㉢ 부동산의 거래당사자가 거래가액을 시장 등에게 거짓으로 신고하여 신고필증을 받은 뒤 이를 기초로 사실과 다른 내용의 거래가액이 부동산등기부에 등재되도록 한 경우 공전자기록등불실기재죄가 성립하지 않는다.
㉣ 권한 없는 자가 임의로 인감증명서의 사용용도란의 기재를 고쳐 썼다고 하더라도 공문서변조죄나 이를 전제로 하는 변조공문서행사죄가 성립되지는 않는다.
㉤ 甲구청장이 乙구청장으로 전보된 후 甲구청장의 권한에 속하는 건축허가에 관한 기안용지의 결재란에 서명을 한 것은 허위공문서작성죄를 구성한다.

① 1개 ② 2개 ③ 3개 ④ 4개

해설

㉠ 【 O 】 대판 2008.1.17. 2007도6987 16. 경찰
㉡ 【 X 】 스캐너로 읽어 들여 이미지화한 것은 문서에 관한 죄에 있어서의 '문서'에 해당하지 않는다고 하더라도, 자신이 이미 위조한 휴대전화 신규 가입신청서를 행사한 것에 해당하여 위조문서행사죄가 성립한다(대판 2008.10.23. 2008도5200, 휴대폰가입신청서 스캔·전송 사건). 이는 이미 사문서를 위조한 상태에서 스캐너와 메일을 이용하여 이를 상대방에게 전송하여 보게 한 것이므로 (제시·비치·송부 등 행사의 방법에는 아무런 제한이 없으므로) 위조사문서행사죄가 성립한다. 16. 경찰
㉢ 【 O 】 대판 2013.1.24. 2012도12363 16. 경찰
㉣ 【 O 】 대판 2004.8.20. 2004도2767 16. 경찰
㉤ 【 X 】 甲구청장인 피고인이 乙구청장으로 전보된 후 甲구청장의 권한에 속하는 건축허가에 관한 기안용지의 결재란에 서명을 한 것은 자격모용공문서작성죄를 구성한다(대판 1993.4.27. 92도2688). 16. 경찰

정답 ②

23 문서에 관한 죄에 대한 설명으로 옳은 것은?

① 甲이 지방세 수납업무를 일부 대행하는 A은행의 세금수납영수증의 금액을 고치고 이를 관계서류에 첨부한 경우 공문서변조 및 동행사죄가 성립한다.
② 甲이 외국에서 발행되고 유효기간이 경과한 국제운전면허증에 붙어있던 A의 사진을 떼어내고 그 자리에 자신의 사진을 붙인 후 이를 소지하고 우리나라 도로에서 운전을 한 경우 공문서위조 및 동행사죄가 성립한다.
③ 甲이 경력증명서 양식에 실재하지 않는 A한의원의 이름을 적고 임의로 만든 A한의원의 직인을 날인하여 작성한 경우 마치 명의인의 권한 내에서 작성된 문서라고 믿게 할 만한 형식과 외관의 경력증명서를 작성하였다면 사문서위조죄가 성립한다.
④ A주식회사의 대표이사 甲은 실질적 운영자인 1인 주주 B의 구체적인 위임이나 승낙 없이 이미 퇴임한 전 대표이사 C를 대표이사로 표시하여 A회사 명의의 문서를 작성한 경우 사문서위조죄가 성립한다.

[해설]
① 【 X 】 지방세의 수납업무를 일부 관장하는 시중은행의 직원이나 은행이 공무원 또는 공무소가 되는 것은 아니고 세금수납영수증도 공문서에 해당하지 아니한다(대판 1996.3.26. 95도3073). 16. 국가직
② 【 X 】 甲이 국제운전면허증에 붙어있던 A의 사진을 떼어내고 그 자리에 자신의 사진을 붙인 후 이를 소지하고 운전을 한 경우, 공문서위조 및 동행사죄가 아니라 사문서위조 및 동행사죄가 성립한다(대판 1998.4.10. 98도164). 16. 국가직
③ 【 O 】 피고인이 중국 현지에서 교부받은 임상경력증명서의 양식에 응시생의 이름과 생년월일 및 학습기간 등을 기재한 다음 의원 상급자(원장) 및 한의원 이름을 생각나는 대로 임의로 기재하고 당해 한의원 명의의 직인을 임의로 새겨 날인한 경우, 각 임상경력증명서의 명의인인 한의원이 실재하지 않는다고 하더라도 임상경력증명서들은 일반인으로 하여금 당해 명의인의 권한 내에서 작성된 문서라고 믿게 할 수 있는 정도의 형식과 외관을 갖추고 있다면 사문서위조 및 동행사죄가 성립한다(대판 2005.2.24. 2002도18(全)). 16. 국가직
④ 【 X 】 [1] 주식회사의 적법한 대표이사는 회사의 영업에 관하여 재판상 또는 재판외의 모든 행위를 할 권한이 있으므로 대표이사가 직접 주식회사 명의 문서를 작성하는 행위는 자격모용사문서작성 또는 위조에 해당하지 않는 것이 원칙이다. 이는 그 문서의 내용이 진실에 반하는 허위이거나 대표권을 남용하여 자기 또는 제3자의 이익을 도모할 목적으로 작성된 경우에도 마찬가지이다. 그리고 대표이사가 권한을 행사하는 과정에서 단순히 1인 주주의 위임 또는 승낙을 받지 않았다고 하여 그 대표권 행사가 권한을 넘어서는 행위가 되는 것은 아니다.
[2] A회사의 적법한 대표이사로 선임된 피고인 甲이 'A회사 대표이사 C'로 표시하여 회사 명의 문서를 작성한 행위는, 비록 C가 이미 퇴임한 전 대표이사이거나 문서 내용 중 일부가 진실에 반하는 허위라고 하더라도 그리고 회사의 운영을 실질적으로 장악·통제하고 있던 1인 주주인 B의 구체적인 위임 또는 승낙을 받지 않았다고 하더라도 위조행위에 해당하지 않는다(대판 2008.11.27. 2006도9194). 16. 국가직

[정답] ③

24 문서에 관한 죄에 관한 설명으로 옳은 것은 모두 몇 개인가?

㉠ 제3자로부터 신분확인을 위하여 신분증명서의 제시를 요구받고 타인의 운전면허증을 제시한 행위는 그 사용목적에 따른 행사로서 공문서부정행사죄에 해당한다.
㉡ 인감증명서 발급업무를 담당하는 공무원이 발급을 신청한 본인이 직접 출두한 바 없는데도 본인이 직접 신청하여 발급받은 것처럼 인감증명서에 기재하였다면 이는 공문서위조죄를 구성한다.
㉢ A구청장이 B구청장으로 전보된 후 A구청장의 권한에 속하는 건축허가에 관한 기안용지의 결재란에 서명을 한 것은 허위공문서작성죄를 구성한다.
㉣ 타인의 부동산을 자기의 소유라고 허위의 사실을 신고하여 소유권이전등기를 경료한 후 그 부동산이 자기의 소유인 것처럼 가장하여 그 부동산에 관하여 자기 명의로 채권자와의 사이에 근저당권설정등기를 경료한 경우, 공정증서원본부실기재 및 동행사죄가 성립한다.
㉤ 甲이 중국 국적의 조선족 여성 乙과 참다운 부부관계를 설정할 의사없이 단지 乙의 국내 취업을 위한 입국을 가능하게 할 목적으로 형식상 혼인신고를 하여 그 사실이 가족관계등록부에 기재된 경우, 이는 공정증서원본의부실기재에 해당한다.

① 2개 ② 3개 ③ 4개 ④ 5개

[해설]

㉠【O】대판 2001.4.19. 2000도1985 25. 경찰간부
㉡【X】인감증명서 발급업무를 담당하는 공무원이 발급을 신청한 본인이 직접 출두한 바 없음에도 불구하고 본인이 직접 신청하여 발급받은 것처럼 인감증명서에 기재하였다면, 이는 공문서위조죄가 아닌 허위공문서작성죄를 구성한다(대판 1997.7.11. 97도1082). 25. 경찰간부
㉢【X】A구청장이 B구청장으로 전보된 후 A구청장의 권한에 속하는 건축허가에 관한 기안용지의 결재란에 서명을 한 것은 자격모용에 의한 공문서작성죄를 구성한다(대판 1993.4.27. 92도2688). 25. 경찰간부
㉣【O】대판 1997.7.25. 97도605 25. 경찰간부
㉤【O】대판 1996.11.22. 96도2049 25. 경찰간부

정답 ②

25 문서에 관한 죄에 대한 설명 중 가장 적절하지 않은 것은?

① 행사할 목적으로 작성된 문서가 일반인으로 하여금 당해 명의인의 권한 내에서 작성된 문서라고 믿게 할 수 있는 정도의 형식과 외관을 갖추고 있다면 그 명의인이 실재하지 않는 허무인이거나 또는 문서의 작성일자 전에 이미 사망하였더라도 문서위조죄가 성립한다.

② '변호사회 명의의 경유증표'와 같이 '문서가 원본인지 여부'가 중요한 거래에서 문서의 사본을 진정한 원본인 것처럼 행사할 목적으로 다른 조작을 가함이 없이 문서의 원본을 그대로 컬러복사기로 복사한 후 복사한 문서의 사본을 원본인 것처럼 행사한 행위는 사문서위조죄 및 동행사죄에 해당한다.

③ 장애인사용자동차표지를 사용할 권한이 없는 사람이 실효된 '장애인전용주차구역 주차표지'가 있는 장애인사용자동차표지'를 자신의 자동차에 단순히 비치하였으나 장애인전용주차구역이 아닌 장소에 주차한 경우 장애인사용자동차표지를 본래의 용도에 따라 사용했다고 볼 수 없으므로 공문서부정행사죄가 성립하지 않는다.

④ 공무원이 아닌 자가 관공서에 허위사실을 기재한 증명원을 제출하여 그 내용이 허위인 정을 모르는 담당 공무원으로부터 증명서를 발급받은 경우 공문서위조죄의 간접정범이 성립한다.

해설

① 【O】 작성된 문서가 일반인으로 하여금 당해 명의인의 권한 내에서 작성된 문서라고 믿게 할 수 있는 정도의 형식과 외관을 갖추고 있으면 문서위조죄가 성립하는 것이고, 위와 같은 요건을 구비한 이상 그 명의인이 실재하지 않는 허무인이거나 또는 문서의 작성일자 전에 이미 사망하였다고 하더라도 그러한 문서 역시 공공의 신용을 해할 위험성이 있으므로 문서위조죄가 성립한다고 봄이 상당하며, 이는 공문서뿐만 아니라 사문서의 경우에도 마찬가지이다(대판 2005.2.24. 2002도18). 23. 경찰승진

② 【O】 [1] '문서가 원본인지 여부'가 중요한 거래에서 문서 사본을 진정한 원본인 것처럼 행사할 목적으로 다른 조작을 가함이 없이 문서 원본을 그대로 컬러복사기로 복사한 후 복사한 문서 사본을 원본인 것처럼 행사한 행위가 사문서위조죄 및 동행사죄에 해당한다.
[2] 변호사인 피고인이 대량의 저작권법 위반 형사고소 사건을 수임하여 피고소인 30명을 각 형사고소하기 위하여 20건 또는 10건의 고소장을 개별적으로 수사관서에 제출하면서 각 하나의 고소위임장에만 소속 변호사회에서 발급받은 진정한 경유증표 원본을 첨부한 후 이를 일체로 하여 컬러복사기로 20장 또는 10장의 고소위임장을 각 복사한 다음 고소위임장과 일체로 복사한 경유증표를 고소장에 첨부하여 접수한 사안에서, 피고인의 행위가 사문서위조죄 및 동행사죄에 해당한다(대판 2016.7.14. 2016도2081). 23. 경찰승진

③ 【O】 장애인복지법과 장애인등편의법의 규정과 관련 법리에 따르면, 장애인사용자동차표지는 장애인이 이용하는 자동차에 대한 조세감면 등 필요한 지원의 편의를 위하여 장애인이 사용하는 자동차를 대상으로 발급되는 것이고, 장애인전용주차구역 주차표지가 있는 장애인사용자동차표지는 보행상 장애가 있는 사람이 이용하는 자동차에 대한 지원의 편의를 위하여 발급되는 것이다. 따라서 장애인사용자동차표지를 사용할 권한이 없는 사람이 장애인전용주차구역에 주차하는 등 장애인사용자동차에 대한 지원을 받을 것으로 합리적으로 기대되는 상황이 아니라면 단순히 이를 자동차에 비치하였더라도 장애인사용자동차표지를 본래의 용도에 따라 사용했다고 볼 수 없어 공문서부정행사죄가 성립하지 않는다(대판 2022.9.29. 2021도14514). 23. 경찰승진

④ 【X】 어느 문서의 작성권한을 갖는 공무원이 그 문서의 기재 사항을 인식하고 그 문서를 작성할 의사로써 이에 서명날인하였다면, 설령 그 서명날인이 타인의 기망으로 착오에 빠진 결과 그 문서의 기재사항이 진실에 반함을 알지 못한 데 기인한다고 하여도, 그 문서의 성립은 진정하며 여기에 하등 작성명의를 모용한 사실이 있다고 할 수는 없으므로, 공무원 아닌 자가 관공서에 허위내용의 증명원을 제출하여 그 내용이 허위인 정을 모르는 담당공무원으로부터 그 증명원 내용과 같은 증명서를 발급받은 경우 공문서위조죄의 간접정범으로 의율할 수는 없다(대판 2001.3.9. 2000도938). 23. 경찰승진

정답 ④

26 다음 중 ( ) 속에 甲의 죄책이 가장 적절한 것은?

① 甲과 乙은 공모하여 행사할 목적으로 금융감독원장 명의의 '금융감독원 대출정보내역'이라는 사실증명에 관한 문서 1장을 위조하고, 공범 乙에게 기망당하여 위조 사실을 모르는 A에게 위 문서를 교부함으로써 위조된 문서를 행사하였다. (사문서위조죄, 위조사문서행사죄)
② B주식회사의 지배인 甲이 그 권한을 남용하여 자신을 B회사의 대표이사로 표시하여 연대 보증채무를 부담한다는 취지로 회사명의의 차용증을 작성하여 채권자에게 교부하였다. (사문서위조죄, 위조사문서행사죄)
③ C은행의 지배인으로 등기되어 있는 甲이, 회사의 내부규정 등에 의하여 각 지배인이 회사를 대리할 수 있는 행위의 종류, 내용, 상대방 등을 한정하여 그 권한을 제한한 경우에 그 제한된 권한범위를 벗어나서, 신용이나 담보가 부족한 차주 회사가 저축은행 등 대출기관에서 대출을 받는 데 사용하도록 지급보증의 성질이 있는 C은행 명의의 대출채권양수 도약정서와 사용인감계를 작성하였다. (사문서위조죄)
④ 甲이 D의 주민등록증을 이용하여 주민등록증상 이름과 사진을 하얀 종이로 가린 후 복사기로 복사를 하고, 다시 컴퓨터를 이용하여 E의 인적사항과 주소, 발급일자를 기재한 후 덮어쓰기를 하여 이를 다시 복사하는 방식으로 별개의 주민등록증사본을 창출시켰다. (공문서변조죄)

해설

① 【 X 】 금융위원회법 제29조, 제69조 제1항에서 정한 금융감독원 집행간부인 금융감독원장 명의의 문서를 위조, 행사한 행위는 사문서위조죄, 위조사문서행사죄에 해당하는 것이 아니라 공문서위조죄, 위조공문서행사죄에 해당한다(대판 2021.3.11. 2020도14666). 22. 경찰간부

② 【 X 】 B회사의 아산지점 지배인인 피고인 甲이 자신을 B회사의 대표이사로 표시하여 "B회사는 A회사의 1억원 차용금 채무에 대하여 연대보증한다"는 취지의 위 차용증을 작성·교부한 경우, 甲은 B회사의 적법한 지배인이므로 B회사 명의 문서를 작성하는 행위가 사문서위조에 해당할 수는 없는 것이고, 가사 甲이 자신을 B회사의 대표이사로 표시하는 등 일부 허위 내용이 포함되거나 연대보증행위가 B회사의 이익에 반하는 것이라 하더라도 같은 결론에 이른다(대판 2010.5.13. 2010도1040). 22. 경찰간부

③ 【 O 】 은행의 지배인으로 등기되어 있는 피고인이, 신용이나 담보가 부족한 차주 회사가 저축은행 등 대출기관에서 대출을 받는 데 사용하도록 지급보증의 성질이 있는 은행 명의의 대출채권양수도약정서와 사용인감계를 작성하였다고 하여 사문서위조로 기소된 사안에서, 제반 사정에 비추어 은행의 내부규정은 지급보증 등 여신에 관하여 금액 규모 등에 따라 전결권자를 구분하고 나아가 여신 결재가 이루어진 것을 전제로 인감관리자의 결재를 받아 사용인감계를 작성하도록 하는 등으로 지급보증 등의 의사결정 권한을 상위 결재권자에게 부여하고 있으므로, 위와 같은 문서작성 행위는 제한된 지배인의 대리권한을 넘는 경우에 해당하여 사문서위조죄가 성립한다(대판 2012.9.27. 2012도7467). 22. 경찰간부

④ 【 X 】 피고인이 타인의 주민등록증을 이용하여 주민등록증상 이름과 사진을 하얀 종이로 가린 후 복사기로 복사를 하고, 다시 컴퓨터를 이용하여 위조하고자 하는 당사자의 인적사항과 주소, 발급일자를 기재한 후 덮어쓰기를 하여 이를 다시 복사하는 방식으로 전혀 별개의 주민등록증사본을 창출시킨 경우, 그 사본 또한 공문서위조 및 행사죄의 객체가 되는 공문서에 해당한다(대판 2004.10.28. 2004도5183). 22. 경찰간부

정답 ③

27 문서의 죄에 관한 설명 중 옳지 않은 것은 모두 몇 개인가?

㉠ 컴퓨터의 기억장치 중 하나인 램(RAM, Random Access Memory)은 기억장치 또는 저장매체이기는 하나 임시적인 기억 또는 저장에 활용되는 매체에 불과하여 램에 올려진 전자기록은 형법 제232조의2의 사전자기록위작·변작죄에서 말하는 전자기록에 해당하지 않는다.

㉡ 공문서를 작성하는 과정에서 법령 등을 잘못 적용하거나 적용하여야 할 법령 등을 적용하지 아니한 잘못이 있는 경우에는 허위공문서작성죄가 성립하며, 그 적용의 전제가 된 사실관계에 관하여 거짓된 기재가 없더라도 그 성립을 부정할 수 없다.

㉢ 형법 제228조 제2항의 공정증서원본 부실기재죄에서 말하는 '등록증'은 공무원이 작성한 모든 등록증을 말하는 것이 아니라, 일정한 자격이나 요건을 갖춘 자에게 그 자격이나 요건에 상응한 활동을 할 수 있는 권능 등을 인정하기 위하여 공무원이 작성한 증서를 말하는 것으로서 사업자등록증은 단순한 사업 사실의 등록을 증명하는 증서에 불과하여 동법 제228조 제2항의 등록증에 해당하지 않는다.

㉣ 타인의 주민등록증을 습득한 자가 해당 주민등록증을 본인 가족의 것이라고 제시하면서 그 주민등록증상의 명의 또는 가명으로 이동전화 가입신청을 한 경우, 형법 제230조 공문서부정행사죄가 성립한다.

㉤ 형법 제228조 제1항이 규정하는 공정증서원본 부실기재죄나 공전자기록 등 부실기재죄는 공무원에 대하여 진실에 반하는 허위신고를 하여 공정증서원본 또는 이와 동일한 전자기록등특수매체기록에 그 증명하는 사항에 관하여 실체관계에 부합하지 아니하는 '부실의 사실'을 기재 또는 기록하게 함으로써 성립하고, 여기서 '부실의 사실'이라 함은 권리의무관계에 중요한 의미를 갖는 사항이 객관적인 진실에 반하는 것을 말한다.

① 1개 ② 2개 ③ 3개 ④ 4개

해설

㉠ 【 X 】 형법 제232조의2의 사전자기록위작·변작죄에서 말하는 권리의무 또는 사실증명에 관한 타인의 전자기록 등 특수매체기록이라 함은 일정한 저장매체에 전자방식이나 자기방식에 의하여 저장된 기록을 의미한다고 할 것인데, 비록 컴퓨터의 기억장치 중 하나인 램(RAM, Random Access Memory)이 임시기억장치 또는 임시저장매체이기는 하지만, 형법이 전자기록위·변조죄를 문서위·변조죄와 따로 처벌하고자 한 입법취지, 저장매체에 따라 생기는 그 매체와 저장된 전자기록 사이의 결합강도와 각 매체별 전자기록의 지속성의 상대적 차이, 전자기록의 계속성과 증명적 기능과의 관계, 본죄의 보호법익과 그 침해행위의 태양 및 가벌성 등에 비추어 볼 때, 위 램에 올려진 전자기록 역시 사전자기록위작·변작죄에서 말하는 전자기록 등 특수매체기록에 해당한다(대판 2003.10.9. 2000도4993). 22. 경찰

㉡ 【 X 】 허위공문서작성죄는 공문서에 진실에 반하는 기재를 하는 때에 성립하는 범죄이므로, 공문서를 작성하는 과정에서 법령 등을 잘못 적용하거나 적용하여야 할 법령 등을 적용하지 아니한 잘못이 있더라도 그 적용의 전제가 된 사실관계에 관하여 거짓된 기재가 없다면 허위공문서작성죄가 성립할 수 없고, 이는 그와 같은 잘못이 공무원의 고의에 기한 것이라도 달리 볼 수 없다. 공문서 작성 과정에서 법령 등을 잘못 적용하였다고 하여 반드시 진실에 반하는 기재를 하여 공문서를 작성하게 되는 것은 아니므로, 공문서 작성 과정에서 법령 등의 적용에 잘못이 있다는 것과 기재된 공문서 내용이 허위인지 여부는 구별되어야 한다(대판 2021.9.16. 2019도18394). 22. 경찰

㉢ 【 O 】 사업자등록증은 단순한 사업사실의 등록을 증명하는 증서에 불과하고 그에 의하여 사업을 할 수 있는 자격이나 요건을 갖추었음을 인정하는 것은 아니라고 할 것이어서 형법 제228조 제1항에 정한 '등록증'에 해당하지 않는다(대판 2005.7.15. 2003도6934). 22. 경찰

㉣ 【 X 】 피고인이 기왕에 습득한 타인의 주민등록증을 피고인 가족의 것이라고 제시하면서 그 주민등록증상의 명의 또는 가명으로 이동전화 가입신청을 한 경우, 타인의 주민등록증을 본래의 사용용도인 신분확인용으로 사용한 것이라고 볼 수 없어 공문서부정행사죄가 성립하지 않는다(대판 2003.2.26. 2002도4935). 22. 경찰

㉤ 【 O 】 대판 2020.11.5. 2019도12042 22. 경찰

정답 ③

28 문서에 관한 죄에 관한 다음 설명 중 가장 적절한 것은?

① 인증받은 사서증서(私署證書)의 기재내용을 일부 변조한 행위는 공문서변조죄에 해당한다.
② 대금수령에 관하여 포괄적 위임을 받은 자가 대금을 지급받는 방법으로 본인 명의의 차용증서를 작성해 준 경우에는 사문서위조죄가 성립한다.
③ 행사할 목적으로 권한없이 타인 명의의 휴대전화 신규 가입신청서를 작성한 후 이를 스캔한 이미지 파일을 제3자에게 이메일로 전송하여 컴퓨터 화면상으로 보게 한 경우, 사문서위조죄 및 위조사문서행사죄가 성립한다.
④ 타인명의의 문서를 위조한 뒤 사후승낙을 받았다면 위조죄가 성립하지 않는다.

[해설]
① 【X】 공증인이 공증인법 제57조 제1항의 규정에 의하여 사서증서에 대하여 하는 인증은 당해 사서증서에 나타난 서명 또는 날인이 작성명의인에 의하여 정당하게 성립하였음을 인증하는 것일 뿐 그 사서증서의 기재 내용을 인증하는 것은 아닌바, 사서증서 인증서 중 인증기재 부분은 공문서에 해당한다고 하겠으나, 위와 같은 내용의 인증이 있었다고 하여 사서증서의 기재 내용이 공문서인 인증기재 부분의 내용을 구성하는 것은 아니라고 할 것이므로, 사서증서의 기재 내용을 일부 변조한 행위는 공문서변조죄가 아니라 사문서변조죄에 해당한다(대판 2005.3.24. 2003도2144).
② 【X】 급식용 가공돼지고기를 납품하는 단지원들에 의하여 돼지고기의 가공, 납품 및 대금수령에 관한 사무를 총괄적으로 위임받고 이를 위하여 그들의 인장을 맡아 사용하는 단지장이 그 대금의 수령을 위해 납품자인 단지원의 이름으로 축산협동조합에 예금청구서와 차용증서를 작성 제출하고 선급금명목으로 납품대금을 받아 이를 단지원에게 지급한 사실이 인정된다면 위 예금청구서와 차용증서는 단지원들로부터 돼지고기의 가공, 납품에 따른 포괄적 위임에 따라 작성된 것이라고 보여져 이에 대하여 사문서위조동행사의 범의를 인정할 수 없다(대판 1984.3.27. 84도115).
③ 【O】 대판 2008.10.23. 2008도5200
④ 【X】 대판 1999.5.14. 99도202

정답 ③

29 다음 문서에 관한 죄에 대한 설명 중 판례의 입장과 다른 것은?

① 타인명의의 운전면허증을 신분확인을 위하여 경찰관에게 제시한 경우 공문서부정행사죄가 성립한다.
② 매수인으로부터 권한을 위임받은 자가 실제 매수가격보다 높은 가격을 매매대금으로 기재하여 매수인 명의의 계약서를 작성한 경우 사문서변조죄가 된다.
③ 위조한 사문서를 문서위조의 공범에게 교부한 행위는 위조사문서의 행사에 해당하지 않는다.
④ 위조한 문서를 팩시밀리를 통해 타인에게 제시한 경우 위조문서행사죄가 성립한다.
⑤ 위임인 명의의 백지문서에 위임의 취지에 반하여 백지를 보충하는 것은 위조에 해당한다.

[해설]
② 【X】 매수인으로부터 그 권한을 위임받은 피고인이 실제 매수가격보다 높은 가격을 매매대금을 기재하여 매수인 명의의 매매계약서를 작성하였다 하여도 그것은 작성권한 있는 자가 허위내용의 문서를 작성한 것일 뿐 사문서변조죄가 성립될 수는 없다(대판 1984.7.10. 84도1146).
⑤ 【O】 대판 1984.6.12. 83도2408

정답 ②

30 문서에 관한 죄에 대한 설명 중 옳은 것은?

① 자격모용에 의한 사문서작성죄는 문서위조죄와 다르게 문서의 진정에 대한 공공의 신용을 보호법익으로 하는 것이 아니다.
② 행사할 목적으로 타인의 자격을 모용하여 작성된 문서가 일반인으로 하여금 명의인의 권한 내에서 작성된 문서라고 믿게 할 수 있는 정도의 형식과 외관을 갖추고 있으면 성립한다.
③ 대표자 또는 대리인의 자격으로 임대차 등 계약을 하는 경우 그 자격을 표시하는 방법에는 특별한 규정이 없으나, 문서죄의 법익이 문서의 진정에 대한 공공의 신용을 보호법익으로 하는바 피고인 자신을 위한 행위가 아니고 작성명의인을 위하여 법률행위를 한다는 것을 인식할 수 있을 정도의 명확한 표시가 있어야 한다.
④ 피고인이 임대인을 대표하거나 대리할 권한 없이 임차인과 임대차계약을 체결하면서 임대차계약서의 임대인 란에 피모용자의 상호를 기재하고 대표 또는 대리관계의 표시 없이 그 옆의 괄호 안에 피고인의 이름을 기재한 후 피고인의 도장을 날인한 사안에서 일반인이 피모용자의 대표자 또는 대리인의 자격을 가진 피고인에 의해 작성된 문서라고 믿게 할 수 있는 정도의 형식과 외관을 갖추고 있다고 보기 어려워 자격모용사문서작성죄는 성립하지 않는다.

해설

① 【 X 】, ② 【 O 】 자격모용에 의한 사문서작성죄는 문서위조죄와 마찬가지로 문서의 진정에 대한 공공의 신용을 보호법익으로 하는 것으로, 행사할 목적으로 타인의 자격을 모용하여 작성된 문서가 일반인으로 하여금 명의인의 권한 내에서 작성된 문서라고 믿게 할 수 있는 정도의 형식과 외관을 갖추고 있으면 성립한다(대판 2008.2.14. 2007도9606; 2017.12.22. 2017도14560).

③ 【 X 】 대표자 또는 대리인의 자격으로 임대차 등 계약을 하는 경우 그 자격을 표시하는 방법에는 특별한 규정이 없다. 피고인 자신을 위한 행위가 아니고 작성명의인을 위하여 법률행위를 한다는 것을 인식할 수 있을 정도의 표시가 있으면 대표 또는 대리관계의 표시로서 충분하다. 일반인이 명의인의 권한 내에서 작성된 문서로 믿게 하기에 충분한 정도인지는 문서의 형식과 외관은 물론 문서의 작성 경위, 종류, 내용과 거래에서 문서가 가지는 기능 등 여러 사정을 종합하여 판단해야 한다(대판 2017.12.22. 2017도14560).

④ 【 X 】 피고인이 임대인을 대표하거나 대리할 권한 없이 임차인과 임대차계약을 체결하면서 임대차계약서의 임대인 란에 피모용자의 상호를 기재하고 대표 또는 대리관계의 표시 없이 그 옆의 괄호 안에 피고인의 이름을 기재한 후 피고인의 도장을 날인한 사안에서, 임대차계약서의 형식과 외관, 위 계약서의 작성 경위, 종류, 내용, 거래에서 위 계약서가 가지는 기능 등 여러 가지 사정을 종합하면, 이 사건 임대차계약서는 일반인이 피모용자의 대표자 또는 대리인의 자격을 가진 피고인에 의해 작성된 문서라고 믿게 할 수 있는 정도의 형식과 외관을 갖추고 있다고 보아 자격모용사문서작성죄의 공소사실을 무죄로 판단한 원심을 파기한 사례(대판 2017.12.22. 2017도14560)

정답 ②

31 다음 사례 중 공문서위조죄가 성립하는 것은?

① 식당의 주·부식 구입업무를 담당하는 공무원이 계약 등에 의하여 공무소의 주·부식 구입·검수 업무 등을 담당하는 조리장·영양사 등의 명의를 위조하여 검수결과 보고서를 작성한 경우
② 행사의 목적으로 타인의 주민등록증의 사진을 떼고 자신의 사진을 붙여 복사한 경우
③ 공문서의 작성권한자가 직접 이에 서명하지 않고 타인에게 지시하여 자기서명을 흉내내어 결재란에 대신 서명하게 한 경우
④ 건설업자가 공무원에게 내용이 허위인 수주실적증명원을 제출하여 이 사실을 모르는 공무원으로부터 증명원 내용과 같은 공사실적증명서를 발급받은 경우

해설

① 【 X 】 [1] 형법 제225조의 공문서변조나 위조죄의 객체인 공문서는 공무원 또는 공무소가 그 직무에 관하여 작성하는 문서이고, 그 행위주체가 공무원과 공무소가 아닌 경우에는 형법 또는 기타 특별법에 의하여 공무원 등으로 의제되는 경우를 제외하고는 계약 등에 의하여 공무와 관련되는 업무를 일부 대행하는 경우가 있다 하더라도 공무원 또는 공무소가 될 수는 없다.
[2] 식당의 주·부식 구입 업무를 담당하는 공무원이 계약 등에 의하여 공무소의 주·부식 구입·검수 업무 등을 담당하는 조리장·영양사 등의 명의를 위조하여 검수결과보고서를 작성한 경우, 공문서위조죄의 성립을 부인한 사례(대판 2008.1.17. 2007도6987). 15. 경찰간부

② 【 O 】 옳은 설명이다. 15. 경찰간부

> **관련판례**
> [1] 형법 제237조의2에 따라 전자복사기, 모사전송기 기타 이와 유사한 기기를 사용하여 복사한 문서의 사본도 문서원본과 동일한 의미를 가지는 문서로서 이를 다시 복사한 문서의 재사본도 문서위조죄 및 동 행사죄의 객체인 문서에 해당한다 할 것이고, 진정한 문서의 사본을 전자복사기를 이용하여 복사하면서 일부 조작을 가하여 그 사본 내용과 전혀 다르게 만드는 행위는 공공의 신용을 해할 우려가 있는 별개의 문서사본을 창출하는 행위로서 문서위조행위에 해당한다.
> [2] 타인의 주민등록증사본의 사진란에 피고인의 사진을 붙여 복사하여 행사한 행위가 공문서위조죄 및 동행사죄에 해당한다고 한 사례(대판 2000.9.5. 2000도2855). 15. 경찰간부

③ 【 X 】 공문서의 위조라 함은 행사할 목적으로 공무원 또는 공무소의 문서를 정당한 작성권한 없는 자가 작성권한 있는 자의 명의로 작성하는 것을 말하므로, 공문서인 기안문서의 작성권한자가 직접 이에 서명하지 않고 피고인에게 지시하여 자기의 서명을 흉내내어 기안문서의 결재란에 대신 서명케 한 경우라면 피고인의 기안문서 작성행위는 작성권자의 지시 또는 승낙에 의한 것으로서 공문서위조죄의 구성요건해당성이 조각된다(대판 1983.5.24. 82도1426). 15. 경찰간부

④ 【 X 】 어느 문서의 작성권한을 갖는 공무원이 그 문서의 기재 사항을 인식하고 그 문서를 작성할 의사로써 이에 서명·날인하였다면, 설령 그 서명·날인이 타인의 기망으로 착오에 빠진 결과 그 문서의 기재사항이 진실에 반함을 알지 못한 데 기인한다고 하여도, 그 문서의 성립은 진정하며 여기에 하등 작성명의를 모용한 사실이 있다고 할 수는 없으므로, 공무원 아닌 자가 관공서에 허위내용의 증명원을 제출하여 그 내용이 허위인 정을 모르는 담당공무원으로부터 그 증명원 내용과 같은 증명서를 발급받은 경우 공문서위조죄의 간접정범으로 의율할 수는 없다(대판 2001.3.9. 2000도938). 15. 경찰간부

정답 ②

32 다음 중 형법상 문서에 관한 죄의 객체에 관한 설명으로 옳은 것을 모두 고른 것은?

㉠ 국립대학교 교무처장 명의의 졸업증명서 파일은 형법상의 공문서에 해당한다.
㉡ 제조회사와 담배 종류를 구별·확인할 수 있는 특유의 도안이 표시되어 있는 담뱃갑은 문서 등 위조죄의 대상인 도화에 해당한다.
㉢ 토지대장은 형법상 공정증서원본부실기재죄의 객체인 공정증서원본에 해당한다.
㉣ 사용자에 관한 각종 정보가 전자기록되어 있는 자기띠가 카드번호와 카드발행자 등이 문자로 인쇄된 플라스틱 카드에 부착되어 있는 후불식 전화카드의 경우 전화카드 전체가 사문서부정행사죄의 사문서에 해당한다.
㉤ 수사기관이 피의자의 신원을 특정하고 지문대조조회를 하기 위하여 직무상 작성하는 십지지문 지문대조표는, 위 문서 중 자서란에 피의자로 하여금 스스로 성명 등의 인적사항을 기재하도록 하고 있으므로 사문서에 해당한다.

① ㉠, ㉢   ② ㉡, ㉤   ③ ㉡, ㉣   ④ ㉢, ㉤   ⑤ ㉣, ㉤

[해설]

㉠ 【 X 】 형법상 문서에 관한 죄에 있어서 문서라 함은, 문자 또는 이에 대신할 수 있는 가독적 부호로 계속적으로 물체상에 기재된 의사 또는 관념의 표시인 원본 또는 이와 사회적 기능, 신용성 등을 동일시할 수 있는 기계적 방법에 의한 복사본으로서 그 내용이 법률상, 사회생활상 주요 사항에 관한 증거로 될 수 있는 것을 말하고, 컴퓨터 모니터 화면에 나타나는 이미지는 이미지 파일을 보기 위한 프로그램을 실행할 경우에 그때마다 전자적 반응을 일으켜 화면에 나타나는 것에 지나지 않아서 계속적으로 화면에 고정된 것으로는 볼 수 없으므로, 형법상 문서에 관한 죄에 있어서의 문서에는 해당되지 않는다. … 이 사건 국립대학교 교무처장 명의의 졸업증명서 파일은 그 파일을 보기 위하여 일정한 프로그램을 실행하여 모니터 등에 이미지 영상을 나타나게 하여야 하므로, 파일 그 자체는 형법상 문서에 관한 죄에 있어서의 문서에 해당되지 않는다(대판 2010.7.15. 2010도6068). 12. 법원행시

㉡ 【 O 】 담뱃갑의 표면에 그 담배의 제조회사와 담배의 종류를 구별·확인할 수 있는 특유의 도안이 표시되어 있는 경우에는 일반적으로 그 담뱃갑의 도안을 기초로 특정 제조회사가 제조한 특정한 종류의 담배인지 여부를 판단하게 된다는 점에 비추어서도 그 담뱃갑은 적어도 그 담뱃갑 안에 들어 있는 담배가 특정 제조회사가 제조한 특정한 종류의 담배라는 사실을 증명하는 기능을 하고 있으므로, 그러한 담뱃갑은 문서 등 위조의 대상인 도화에 해당한다(대판 2010.7.29. 2010도2705). 12. 법원행시

㉢ 【 X 】 형법 제228조에서 말하는 공정증서란 권리의무에 관한 공정증서만을 가리키는 것이고 사실증명에 관한 것은 이에 포함되지 아니하므로 권리의무에 변동을 주는 효력이 없는 토지대장은 위에서 말하는 공정증서에 해당하지 아니한다(대판 1988.5.24. 87도2696). 12. 법원행시

㉣ 【 O 】 대판 2002.6.25. 2002도461 12. 법원행시

㉤ 【 X 】 십지지문 지문대조표는 수사기관이 피의자의 신원을 특정하고 지문대조조회를 하기 위하여 직무상 작성하는 서류로서 비록 자서란에 피의자로 하여금 스스로 성명 등의 인적사항을 기재하도록 하고 있다 하더라도 이를 사문서로 볼 수는 없다(대판 2000.8.22. 2000도2393). 12. 법원행시

정답 ③

33 다음 설명 중 가장 옳지 않은 것은?

① 주식회사의 지배인이 권한을 남용하여 허위로 회사 명의의 문서를 작성한 경우 사문서위조 또는 자격모용사문서작성에 해당한다.
② 외부 전문기관이 작성·보고하고 지방자치단체의 장 또는 계약담당자가 결재·승인한 검사조서는 공문서에 해당한다.
③ 유가증권위조죄의 공범 사이에서의 위조유가증권 교부행위는 위조유가증권행사죄에 해당하지 아니한다.
④ 명의인이 실재하지 않는 허무인이거나 문서의 작성일자 전이 이미 사망하였다 하더라도 문서위조죄가 성립한다.

〔해설〕

① 【 X 】 [1] 원래 주식회사의 지배인은 회사의 영업에 관하여 재판상 또는 재판 외의 모든 행위를 할 권한이 있으므로, 지배인이 직접 주식회사 명의 문서를 작성하는 행위는 위조나 자격모용사문서작성에 해당하지 않는 것이 원칙이고, 이는 그 문서의 내용이 진실에 반하는 허위이거나 권한을 남용하여 자기 또는 제3자의 이익을 도모할 목적으로 작성된 경우에도 마찬가지이다.
[2] 주식회사의 지배인이 자신을 그 회사의 대표이사로 표시하여 연대보증채무를 부담하는 취지의 회사 명의의 차용증을 작성·교부한 경우, 그 문서에 일부 허위 내용이 포함되거나 위 연대보증행위가 회사의 이익에 반하는 것이더라도 사문서위조 및 위조사문서행사에 해당하지 않는다고 한 사례(대판 2010.5.13. 2010도1040). 11. 법원직
② 【 O 】 지방자치단체를 당사자로 하는 계약의 이행완료에 관한 검사는 지방자치단체의 장 또는 계약담당자의 직무권한에 속하는 사항으로서 이를 전문기관에 위임하여 수행하게 한다고 하여 그 직무 소관이 달라지는 것은 아니고 다만 이때에는 전문기관으로부터 검사결과를 문서로 통보받아 확인하는 방법으로 그 직무를 집행하게 되는 것이므로, 지방자치단체의 장 또는 계약담당자가 그 검사를 위임받아 수행한 전문기관으로부터 검사결과를 검사조서로 작성·보고받고 이를 확인하여 승인하는 의미로 검사조서에 결재하였다면 그와 같이 결재된 검사조서는 공무원이 그 직무권한 내에서 작성된 문서로서 허위공문서작성죄의 객체인 공문서에 해당한다(대판 2010.4.29. 2010도875). 11. 법원직
③ 【 O 】 대판 2010.12.9. 2010도12553 11. 법원직
④ 【 O 】 대판 2005.2.24. 2002도18(全) 11. 법원직

정답 ①

34 문서위조죄의 죄수와 관련된 설명으로 옳은 것은?

① 타인이 소유한 자기명의의 사문서를 권한 없이 변경한 때에는 문서손괴죄가 성립할 뿐이다.
② 문서를 위조한 범인이 당해 문서를 행사한 경우에는 문서위조죄와 위조문서행사죄의 상상적 경합에 해당한다.
③ 문서위조죄의 죄수는 침해된 보호법익의 수를 기준으로 결정해야 한다.
④ 결재된 원안문서에 새로운 사항을 첨가하여 기재한 행위는 위조에 해당한다.

〔해설〕

① 【 O 】 자기명의의 문서에 대해서는 문서위조죄가 성립할 수 없으므로 타인이 소유하고 있는 자기명의의 문서의 내용을 임의로 변경하는 경우에는 문서손괴죄만 성립한다. 12. 경찰간부
② 【 X 】 문서를 위조한 후 이를 행사한 경우 문서위조죄와 위조문서행사죄의 실체적 경합이 된다는 것이 다수설과 판례의 태도이다. 12. 경찰간부
③ 【 X 】 문서에 2인 이상의 작성명의인이 있을 때에는 각 명의자마다 1개의 문서가 성립되므로 2인 이상의 연명으로 된 문서를 위조한 때에는 작성명의인의 수대로 수 개의 문서위조죄가 성립하고 또 그 연명문서를 위조하는 행위는 자연적 관찰이나 사회통념상 하나의 행위라 할 것이어서 위 수 개의 문서위조죄는 형법 제40조가 규정하는 상상적 경합범에 해당한다(대판 1987.7.21. 87도564). 12. 경찰간부
④ 【 X 】 결재된 원안문서에 이미 기재되어 있음에도 이를 자세히 인정치 않고 단순히 결재 때 빠진 것으로 생각하고 가필 변경할 권한이 없는 공무원이 원안에 없는 새로운 항을 만들어 중복되게 기재하여 넣었다면 그 공문서를 변조한다는 인식이 있었다고 하지 않을 수 없다(대판 1970.12.29. 70도116). 12. 경찰간부

정답 ①

35 문서에 관한 죄에 대한 다음 설명 중 가장 옳지 않은 것은?

① 타인으로부터 약속어음 작성에 사용하라고 인장을 교부받았음에도 그 인장을 사용하여 그 타인 명의의 지급명령 이의신청취하서를 작성한 경우에는 사문서위조죄가 성립한다.

② 정부에서 발주하는 공사를 낙찰받기 위하여 허위사실을 기재한 공사실적증명원을 구청의 담당직원에게 제출하여 그 내용이 허위인 정을 모르는 담당직원으로부터 기재된 사실을 증명한다는 취지로 구청장의 직인을 날인받은 경우 공문서위조죄의 간접정범이 된다.

③ 문서를 작성할 권한이 있는 공무원의 직무를 보좌하는 자가 그 지위를 이용하여 행사할 목적으로 초안한 문서에 허위내용을 기입하고, 그 정을 모르는 상사에게 제출·결재하게 한 경우에는 허위공문서작성죄가 성립한다.

④ 건축 담당 공무원이 건축허가신청서를 접수·처리함에 있어 건축법상의 요건을 갖추지 못하고 설계된 사실을 알면서도 기안서인 건축허가통보서를 작성하여 건축허가서의 작성명의인인 군수의 결재를 받아 건축허가서를 작성한 경우, 위 건축허가서를 작성한 행위를 허위공문서작성죄로 처벌할 수는 없다.

해설

① 【O】 대판 2006.9.28. 2006도1545 13. 법원직

② 【X】 어느 문서의 작성권한을 갖는 공무원이 그 문서의 기재 사항을 인식하고 그 문서를 작성할 의사로써 이에 서명·날인하였다면, 설령 그 서명·날인이 타인의 기망으로 착오에 빠진 결과 그 문서의 기재사항이 진실에 반함을 알지 못한 데 기인한다고 하여도, 그 문서의 성립은 진정하며 여기에 하등 작성명의를 모용한 사실이 있다고 할 수는 없으므로, 공무원 아닌 자가 관공서에 허위내용의 증명원을 제출하여 그 내용이 허위인 정을 모르는 담당공무원으로부터 그 증명원 내용과 같은 증명서를 발급받은 경우 공문서위조죄의 간접정범으로 의율할 수는 없다(대판 2001.3.9. 2000도938). 13. 법원직

③ 【O】 대판 2011.5.13. 2011도1415
❷ 공문서의 작성권한 있는 공무원의 직무를 보좌하는 자와 공모한 자 역시 그 간접정범의 공범으로서의 죄책을 면할 수 없는 것이고, 여기서 말하는 공범은 반드시 공무원의 신분이 있는 자로 한정되는 것은 아님(대판 1992.1.17. 91도2837)을 주의해야 한다. 13. 법원직

④ 【O】 대판 2000.6.27. 2000도1858 13. 법원직

정답 ②

36 다음 설명 중 옳은 것은 모두 몇 개인가?

㉠ 자기명의의 차용증서를 채권자로부터 잠시 반환받아 금액을 고친 경우에는 사문서변조죄가 성립한다.
㉡ 호적공무원이 신고사실의 허위임을 알면서 신고대로 허위사실을 기재한 경우에는 허위공문서작성죄가 성립한다.
㉢ 위조문서행사죄에서 행사라 함은 위조된 문서를 진정한 문서인 것처럼 그 문서의 효용방법에 따라 사용하는 것을 말하는데, 소송사기에서 위조된 문서를 법원에 제출하는 것은 이에 포함되지 않는다.
㉣ 위조된 문서의 작성명의인은 위조문서행사죄의 상대방이 될 수 없다.
㉤ 위조사문서의 행사는 상대방으로 하여금 위조된 문서를 인식할 수 있는 상태에 둠으로써 기수가 되고, 상대방이 실제로 그 내용을 인식하여야 하는 것은 아니므로 위조된 문서를 우송한 경우에는 그 문서가 상대방에게 도달한 때에 기수가 된다.

① 1개 ② 2개 ③ 3개 ④ 4개

[해설]

㉠ 【 X 】 문서의 변조는 문서의 내용과 그 내용을 부분적으로 변경하는 것임에 대하여 문서의 손괴는 그 효용의 전부 또는 일부를 없애는 것이다. 사문서의 작성권자가 그 내용을 고치는 것은 문서변조죄를 구성하지 아니하므로 문서의 작성권자가 타인소유의 문서내용을 정정하거나 작성권자의 동의를 받아 같은 문서에 새로운 사실을 기입할 때에는 문서손괴죄만 성립한다.

㉡ 【 O 】 대판 1977.12.27. 77도2155

㉢ 【 X 】 위조문서행사죄에 있어서의 행사는 위조된 문서를 진정한 문서인 것처럼 타인에게 제시함으로써 성립하는 것이므로 위조된 매매계약서를 피고인으로부터 교부받은 변호사가 복사본을 작성하여 원본과 동일한 문서임을 인증한 다음 소장에 첨부하여 법원에 제출함으로써 위조문서행사죄는 성립된다(대판 1988.1.19. 87도1217).

㉣ 【 X 】, ㉤ 【 O 】 [1] 위조문서행사죄에 있어서의 행사는 위조된 문서를 진정한 것으로 사용함으로써 문서에 대한 공공의 신용을 해칠 우려가 있는 행위를 말하므로, 행사의 상대방에는 아무런 제한이 없고 위조된 문서의 작성명의인이라고 하여 행사의 상대방이 될 수 없는 것은 아니다.
[2] 위조사문서의 행사는 상대방으로 하여금 위조된 문서를 인식할 수 있는 상태에 둠으로써 기수가 되고 상대방이 실제로 그 내용을 인식하여야 하는 것은 아니므로, 위조된 문서를 우송한 경우에는 그 문서가 상대방에게 도달한 때에 기수가 되고 상대방이 실제로 그 문서를 보아야 하는 것은 아니다(대판 2005.1.28. 2004도4663).

정답 ②

37 甲에게 괄호 안의 범죄가 성립하지 않는 경우는?

① 丙이 사망한 후 丙의 상속인 甲은 丙이 생전에 乙에게 명의신탁한 W은행이 발행한 채권의 반환을 乙에게 요구하였다. 그러나 乙은 그 채권은 자신이 丙으로부터 증여받은 것이지 명의신탁 받은 것이 아니라고 주장하였다. 이에 甲은 乙의 동의를 받지 아니하고 乙 명의로 채권이전등록청구서를 작성하여 W은행에 제출하였다. (사문서위조죄 및 동행사죄)

② 甲은 乙과의 동업계약에 따라 甲 명의로 변경하기 위하여 乙의 인장이 날인된 백지의 건축주명의변경신청서를 받아 보관하고 있던 중 그 위임의 취지에 반하여 丙 앞으로 건축주 명의를 변경하는 건축주명의변경신청서를 작성하여 구청에 제출하였다. (사문서위조죄 및 동행사죄)

③ 甲은 행사할 목적으로 乙의 주민등록증에 붙어 있는 사진을 떼어내고 그 자리에 자신의 사진을 붙였다. (공문서위조죄)

④ 丙은 乙에 대한 채무를 변제하지 않을 경우 나이트클럽의 명의를 乙 앞으로 변경하기로 약정하고 백지의 양도양수서 용지에 그의 도장을 날인하여 乙에게 교부하였는데, 乙의 부탁으로 동 서류를 보관하던 甲은 행사할 목적으로 丙의 의사에 반하여 위 서류에 丙이 위 나이트클럽을 甲에게 양도한다는 내용을 기재하였다. (사문서변조죄)

해설

① 【 O 】 대판 2007.3.29. 2006도9425
② 【 O 】 대판 1984.6.12. 83도2408
③ 【 O 】 대판 1991.9.10. 91도1610
④ 【 X 】 [1] 작성명의자의 날인이 정당하게 성립된 사문서라고 하더라도 내용을 기재할 정당한 권한이 없는 자가 내용을 기재하거나 또는 권한을 위임받은 자가 권한을 초과하여 내용을 기재함으로써 날인자의 의사에 반하는 사문서를 작성한 경우에는 사문서위조죄가 성립한다.
[2] 사안의 경우, 피고인은 위 양도양수서 중 백지로 되어 있는 부분에 위와 같은 내용을 기재할 수 있는 권한을 위임받은 바 없으면서 작성명의인인 丙의 의사에 반하여 동인명의의 사문서를 작성하였다고 할 것이므로 사문서위조죄에 해당한다(대판 1992.12.22. 92도2047).

정답 ④

38 문서에 관한 죄에 대한 다음 설명 중 틀린 것은?

① 종량제 쓰레기봉투에 인쇄할 시장 명의의 문안이 새겨진 필름을 제조하는 행위에 그친 경우에는 아직 위 시장 명의의 공문서인 종량제 쓰레기봉투를 위조하는 범행의 실행의 착수에 이르지 아니한 것으로서 공문서위조죄가 성립하지 아니한다.

② 등기명의인이 부동산의 진실한 소유자가 아니어서 그 명의의 등기가 원인무효임을 알면서 그로부터 가장매수하고 이를 원인으로 소유권이전등기를 경료한 경우 공정증서원본부실기재죄는 성립하지 않는다.

③ 사문서위조죄는 작성권한 없는 자가 타인의 명의를 모용하여 문서를 작성함으로써 성립하는 것인바, 타인으로부터 그 명의의 문서 작성을 위임받은 경우에도 위임된 권한을 초월하여 내용을 기재함으로써 명의자의 의사에 반하는 사문서를 작성하는 것은 작성권한을 일탈한 것으로서 사문서위조죄에 해당한다.

④ 위조된 문서의 작성명의인도 위조문서행사죄의 상대방이 될 수 있다.

⑤ 피고인이 자신의 父에게서 父 소유의 부동산 매매에 관한 권한 일체를 위임받아 이를 매도하였는데, 그 후 父가 갑자기 사망하자 소유권 이전에 사용할 목적으로 父가 피고인에게 인감증명서 발급을 위임한다는 취지의 인감증명 위임장을 작성한 경우 父의 추정적 승낙이 인정되므로 사문서위조죄가 성립하지 않는다.

[해설]
① 【O】 대판 2007.2.23. 2005도7430
② 【O】 피고인이 부동산에 관하여 가장매매를 원인으로 소유권이전등기를 경료하였더라도, 그 당사자 사이에는 소유권이전등기를 경료시킬 의사는 있었다고 할 것이므로 공정증서원본부실기재죄 및 동행사죄는 성립하지 않고, 또한 등기의무자와 등기권리자(피고인)간의 소유권이전등기신청의 합의에 따라 소유권이전등기가 된 이상, 등기의무자 명의의 소유권이전등기가 원인이 무효인 등기로서 피고인이 그 점을 알고 있었다고 하더라도, 특별한 사정이 없는 한 바로 피고인이 등기부에 부실의 사실을 기재하게 하였다고 볼 것은 아니다(대판 1991.9.24. 91도1164).
③ 【O】 대판 1997.3.28. 96도3191
④ 【O】 대판 2005.1.28. 2004도4663
⑤ 【X】 사망한 사람 명의의 사문서에 대하여도 문서에 대한 공공의 신용을 보호할 필요가 있다는 점을 고려하면, 문서명의인이 이미 사망하였는데도 문서명의인이 생존하고 있다는 점이 문서의 중요한 내용을 이루거나 그 점을 전제로 문서가 작성되었다면 이미 문서에 관한 공공의 신용을 해할 위험이 발생하였다 할 것이므로, 그러한 내용의 문서에 관하여 사망한 명의자의 승낙이 추정된다는 이유로 사문서위조죄의 성립을 부정할 수는 없다(대판 2011.9.29. 2011도6223).

정답 ⑤

39 문서에 관한 죄에 대한 설명 중 가장 적절하지 않은 것은?

① 주식회사의 지배인은 회사의 영업에 관하여 재판상 또는 재판 외의 모든 행위를 할 권한이 있으므로 지배인이 직접 주식회사 명의의 문서를 작성하는 행위는 위조나 자격모용사문서작성에 해당하지 않는 것이 원칙이고 이는 그 문서의 내용이 진실에 반하는 허위이거나 권한을 남용하여 자기 또는 제3자의 이익을 도모할 목적으로 작성된 경우에도 마찬가지이다.

② 사문서의 작성명의자의 인장이 압날되지 아니하고 주민등록번호의 기재가 없더라도 일반인으로 하여금 작성명의자가 진정하게 작성한 사문서로 믿기에 충분할 정도의 형식과 외관을 갖추었으면 사문서위조죄의 객체가 된다고 보아야 한다.

③ 이혼신고서를 가정법원에 제출한 甲은 가정법원의 서기관이 교부한 이혼의사확인서등본과 간인으로 연결된 이혼신고서를 떼어내고 원래 이혼신고서의 내용과는 다른 이혼신고서를 작성하여 이혼의사확인서등본과 함께 호적관서에 제출한 경우 공문서인 이혼의사확인서등본을 변조하였다거나 변조된 이혼의사확인서등본을 행사하였다고 할 수 있다.

④ 십지지문 지문대조표는 수사기관이 피의자의 신원을 특정하고 지문대조조회를 하기 위하여 직무상 작성하는 서류로서 비록 자서란에 피의자로 하여금 스스로 성명 등의 인적 사항을 기재하도록 하고 있다 하더라도 이를 사문서로 볼 수는 없다.

[해설]
① 【O】 대판 2012.9.27. 2012도7467
② 【O】 대판 1989.8.8. 88도2209
③ 【X】 구 호적법 제79조 제1항 및 구 호적법 시행규칙 등을 종합하여 볼 때, 가정법원의 서기관 등이 이혼의사확인서등본을 작성한 뒤 이를 이혼의사확인신청 당사자 쌍방에게 교부하면서 이혼신고서를 확인서등본 뒤에 첨부하여 그 직인을 간인하였다고 하더라도, 그러한 사정만으로 이혼신고서가 공문서인 이혼의사확인서등본의 일부가 되었다고 볼 수 없다. 따라서 당사자가 이혼의사확인서등본과 간인으로 연결된 이혼신고서를 떼어내고 원래 이혼신고서의 내용과는 다른 이혼신고서를 작성하여 이혼의사확인서등본과 함께 호적관서에 제출하였다고 하더라도, 공문서인 이혼의사확인서등본을 변조하였다거나 변조된 이혼의사확인서등본을 행사하였다고 할 수 없다(대판 2009.1.30. 2006도7777).
④ 【O】 대판 2000.8.22. 2000도2393

정답 ③

40 다음 문서에 관한 죄에 대한 설명 중 가장 적절하지 않은 것은?

① 공문서부정행사죄는 사용권한 있는 자라도 정당한 용법에 반하여 부정하게 행사하였다면 성립한다고 보아야 한다.
② 공정증서원본등 부실기재죄에 있어서 권리·의무와 관계없는 사항에 관한 부실기재가 있다거나 절차상의 흠이 있는 부실기재라고 하더라도 실체적 권리관계에 부합한다면 본죄의 부실기재에 해당하지 않는다.
③ 대리인이 대리권을 남용하여 단순히 자기 또는 제3자의 이익을 도모할 목적으로 사문서를 작성한 경우 자격모용에 의한 사문서작성죄가 성립하지 않는다.
④ 운전면허증의 본래 용도는 '신분확인용'이 아니므로 타인의 운전면허증을 신분확인용으로 제시하였다면 공문서부정행사죄가 성립하지 않는다.

해설
① 【O】 대판 1998.8.21. 98도1701
② 【O】 대판 2000.3.24. 98도105
③ 【O】 대판 2007.10.11. 2007도5838
④ 【X】 운전면허증은 운전면허증에 표시된 사람이 운전면허시험에 합격한 사람이라는 '자격증명'과 이를 지니고 있으면서 내보이는 사람이 바로 그 사람이라는 '동일인증명'의 기능을 동시에 가지고 있다. 따라서 제3자로부터 신분확인을 위하여 신분증명서의 제시를 요구받고 다른 사람의 운전면허증을 제시한 행위는 그 사용목적에 따른 행사로서 공문서부정행사죄에 해당한다(대판 2001.4.19. 2000도1985(全)).

정답 ④

41 다음 설명 중 가장 적절하지 않은 것은?

① 간접정범을 통한 위조문서행사범행에 있어 도구로 이용된 자라고 하더라고 문서가 위조된 것임을 알지 못하는 자에게 행사한 경우에는 위조문서행사죄가 성립한다.
② 타인의 인장을 조각할 당시에 그 명의자로부터 명시적이거나 묵시적인 승낙 내지 위임을 받았다면 인장위조죄가 성립하지 않는다.
③ 위조된 외국의 화폐, 지폐 또는 은행권이 강제통용력을 가지지 않고, 국내에서 사실상 거래 대가의 지급수단이 되고 있지 않는 경우에는 그 화폐 등을 행사하더라도 위조통화행사죄는 성립하지 않지만 위조사문서행사죄 또는 위조사도화행사죄는 성립할 수 있다.
④ 의사인 피고인이 환자의 인적사항, 병명, 입원기간 및 그러한 입원사실을 확인하는 내용이 기재된 '입퇴원 확인서'를 허위로 작성하였다면 허위진단서작성죄가 성립한다.

해설
① 【O】 대판 2012.2.23. 2011도14441
② 【O】 형법 제239조 제1항의 사인위조죄는 그 명의인의 의사에 반하여 위법하게 행사할 목적으로 권한 없이 타인의 인장을 위조한 경우에 성립하므로, 타인의 인장을 조각할 당시에 그 명의자로부터 명시적이거나 묵시적인 승낙 내지 위임을 받았다면 인장위조죄가 성립하지 않는다고 할 것이다(대판 2014.9.26. 2014도9213).
③ 【O】 대판 2013.12.12. 2012도2249
④ 【X】 의사인 피고인이 환자의 인적사항, 병명, 입원기간 및 그러한 입원사실을 확인하는 내용이 기재된 '입퇴원 확인서'를 허위로 작성하였다고 하여 허위진단서작성으로 기소된 사안에서, 위 '입퇴원 확인서'는 문언의 제목, 내용 등에 비추어 의사의 전문적 지식에 의한 진찰이 없더라도 확인 가능한 환자들의 입원 여부 및 입원기간의 증명이 주된 목적인 서류로서 환자의 건강상태를 증명하기 위한 서류라고 볼 수 없어 허위진단서작성죄에서 규율하는 진단서로 보기 어려운데도, 이와 달리 보아 유죄를 인정한 원심판결에 허위진단서작성죄의 진단서에 관한 법리를 오해한 위법이 있다고 한 사례(대판 2013.12.12. 2012도3173).

정답 ④

42 다음 사례와 괄호 안의 죄책이 올바르게 연결된 것으로만 묶인 것은?

㉠ 컴퓨터 스캔 및 이미지 편집 프로그램을 이용하여 공인중개사 자격증의 이미지 파일을 만들어 낸 후 이를 이메일에 첨부하여 전송함으로써 다른 사람으로 하여금 모니터 화면을 통해 그 이미지 파일을 열어보도록 한 경우(공문서위조 및 위조공문서행사)

㉡ 경찰서에서 조사를 받던 사람이 제3자로 행세하면서 피의자신문조서에 제3자의 서명을 기재하였으나 조사 경찰관의 서명·날인 등이 완료되기 전에 그 서명위조 사실이 발각된 경우(사서명위조 및 위조사서명행사)

㉢ 일반인으로 하여금 명의인인 주식회사의 권한 내에서 작성된 문서라고 믿게 할 수 있는 정도의 형식과 외관을 갖춘 문서를 작성·제시하였으나, 문서의 작성·제시가 이미 해산 등기를 마쳐 그 주식회사의 법인격이 소멸한 이후에 이루어진 경우(무죄)

㉣ 시청 공무원이, 시청 청사신축공사 현장에 출장을 나간 적이 없는 동료 공무원이 마치 현장출장을 간 것처럼 시청 행정지식관리시스템에 허위의 정보를 입력하여 출장복명서를 생성한 후 그 사실을 모르는 결재권자에게 이를 전송한 경우(공전자기록등위작 및 위작공전자기록등행사)

㉤ 주식회사에서 사용하는 컴퓨터 임시 기억장치 중 하나인 램(RAM)에 올려진 전자기록에 허구의 내용을 권한없이 수정 입력하였으나 원본파일의 변경까지는 초래하지 아니한 경우(사전자기록등변작)

① ㉠, ㉡, ㉣, ㉤
② ㉠, ㉣, ㉤
③ ㉡, ㉢
④ ㉡, ㉣, ㉤
⑤ ㉢, ㉤

[해설]

㉠【X】컴퓨터 모니터 화면에 나타나는 이미지는 이미지 파일을 보기 위한 프로그램을 실행할 경우에 그때마다 전자적 반응을 일으켜 화면에 나타나는 것에 지나지 않아서 계속적으로 화면에 고정된 것으로는 볼 수 없으므로, 형법상 문서에 관한 죄에 있어서의 '문서'에는 해당되지 않는다고 할 것이다. 따라서 피고인이 컴퓨터 스캔 작업을 통하여 만들어낸 공인중개사 자격증의 이미지 파일은 전자기록으로서 전자기록 장치에 전자적 형태로서 고정되어 계속성이 있다고 볼 수는 있으나, 그러한 형태는 그 자체로서 시각적 방법에 의해 이해할 수 있는 것이 아니어서 이를 형법상 문서에 관한 죄에 있어서의 '문서'로 보기 어렵다(대판 2008.4.10. 2008도1013).

비교판례
휴대전화 신규 가입신청서를 위조한 후 이를 스캔한 이미지 파일을 제3자에게 이메일로 전송한 사안에서, 이미지 파일 자체는 문서에 관한 죄의 '문서'에 해당하지 않으나, 이를 전송하여 컴퓨터 화면상으로 보게 한 행위는 이미 위조한 가입신청서를 행사한 것에 해당하므로 위조사문서행사죄가 성립한다(2008.10.23. 2008도5200).

✅ ㉠의 경우는 사전에 문서를 위조하는 과정 없이 처음부터 컴퓨터 상에서 이미지 파일을 만든 다음 이메일로 전송한 것이므로 문서를 위조한 것으로 볼 수 없어 문서위조죄와 위조문서행사죄가 성립하지 않지만, 비교 판례의 경우는 가입신청서를 위조(문서위조죄 성립)한 다음 이를 이미지 파일로 만들어 이메일로 전송하여 이미지 파일을 열어보도록 하였으므로(위조문서행사죄 성립) 문서위조죄와 위조문서행사죄를 긍정하였다. 두 경우를 구별하여야 한다.

㉡【O】사서명위조죄가 성립하기 위해서는 그 서명이 일반인으로 하여금 특정인의 진정한 서명으로 오신하게 할 정도에 이르러야 할 것이고, 일반인이 특정인의 진정한 서명으로 오신하기에 충분한 정도인지 여부는 그 서명의 형식과 외관, 작성경위 등을 고려하여야 할 뿐만 아니라 그 서명이 기재된 문서에 있어서의 서명 기재의 필요성, 그 문서의 작성경위, 종류, 내용 및 일반거래에 있어서 그 문서가 가지는 기능 등도 함께 고려하여 판단하여야 할 것이지만, 한편 어떤 문서에 권한 없는 자가 타인의 서명을 기재하는 경우에는 그 문서가 완성되기 전이라도 일반인으로서는 그 문서에 기재된 타인의 서명을 그 명의인의 진정한 서명으로 오신할 수도 있으므로, 일단 서명이 완성된 이상 문서가 완성되지 아니한 경우에도 서명의 위조죄는 성립할 수 있는 것이다(대판 2005.12.23. 2005도4478).

㉢【X】해산등기를 마쳐 그 법인격이 소멸한 법인 명의의 사문서를 위조한 경우도 사문서위조죄를 구성한다(대판 2005.3.25. 2003도4943).

㉣【O】대판 2007.7.27. 2007도3798

㉤【O】대판 2003.10.9. 2000도4993

정답 ④

43 문서에 관한 죄에 대한 설명으로 가장 적절한 것은?

① 국립대학교 교무처장 명의의 '졸업증명서 파일'을 위조한 경우, 위 파일은 형법상의 문서에 해당한다.
② 공문서인 기안문서의 작성권한자가 직접 이에 서명하지 않고 피고인에게 지시하여 자기의 서명을 흉내내어 기안문서의 결재란에 대신 서명케 한 경우라면 작성권자의 지시 또는 승낙에 의한 것으로서 공문서위조죄의 위법성이 조각된다.
③ 원본파일의 변경까지 초래하지는 아니하였더라도 램에 올려진 전자기록에 허구의 내용을 권한 없이 수정입력한 경우, 사전자기록변작죄의 기수에 이르렀다.
④ 신주발행이 판결로써 무효로 확정되기 이전에 그 신주발행사실을 담당 공무원에게 신고하여 공정증서인 법인등기부에 기재하게 한 경우에는 그 행위가 공무원에 대하여 허위신고를 한 것이고, 그 기재 또한 불실기재에 해당한다.

[해설]

① 【X】 형법상 문서에 관한 죄에 있어서 문서라 함은, 문자 또는 이에 대신할 수 있는 가독적 부호로 계속적으로 물체상에 기재된 의사 또는 관념의 표시인 원본 또는 이와 사회적 기능, 신용성 등을 동일시할 수 있는 기계적 방법에 의한 복사본으로서 그 내용이 법률상, 사회생활상 주요 사항에 관한 증거로 될 수 있는 것을 말하고, 컴퓨터 모니터 화면에 나타나는 이미지는 이미지 파일을 보기 위한 프로그램을 실행할 경우에 그때마다 전자적 반응을 일으켜 화면에 나타나는 것에 지나지 않아서 계속적으로 화면에 고정된 것으로는 볼 수 없으므로, 형법상 문서에 관한 죄에 있어서의 문서에는 해당되지 않는다. 따라서 이 사건 졸업증명서 파일은 그 파일을 보기 위하여 일정한 프로그램을 실행하여 모니터 등에 이미지 영상을 나타나게 하여야 하므로, 파일 그 자체는 형법상 문서에 관한 죄에 있어서의 문서에 해당되지 않는다(대판 2010.7.15. 2010도6068).

② 【X】 공문서의 위조라 함은 행사할 목적으로 공무원 또는 공무소의 문서를 정당한 작성권 없는 자가 작성권한 있는 자의 명의로 작성하는 것을 말하므로, 공문서인 기안문서의 작성권한자가 직접 이에 서명하지 않고 피고인에게 지시하여 자기의 서명을 흉내내어 기안문서의 결재란에 대신 서명케 한 경우라면 피고인의 기안문서 작성행위는 작성권자의 지시 또는 승낙에 의한 것으로서 공문서위조죄의 구성요건해당성이 조각된다(대판 1983.5.24. 82도1426).

③ 【O】 [1] 형법 제232조의2의 사전자기록위작·변작죄에서 말하는 권리의무 또는 사실증명에 관한 타인의 전자기록 등 특수매체기록이라 함은 일정한 저장매체에 전자방식이나 자기방식에 의하여 저장된 기록을 의미한다고 할 것인데, 비록 컴퓨터의 기억장치 중 하나인 램(RAM, Random Access Memory)이 임시기억장치 또는 임시저장매체이기는 하지만, 형법이 전자기록위·변작죄를 문서위·변조죄와 따로 처벌하고자 한 입법취지, 저장매체에 따라 생기는 그 매체와 저장된 전자기록 사이의 결합강도와 각 매체별 전자기록의 지속성의 상대적 차이, 전자기록의 계속성과 증명적 기능과의 관계, 본죄의 보호법익과 그 침해행위의 태양 및 가벌성 등에 비추어 볼 때, 위 램에 올려진 전자기록 역시 사전자기록위작·변작죄에서 말하는 전자기록 등 특수매체기록에 해당한다. [2] 램에 올려진 전자기록은 원본파일과 불가분적인 것으로 원본파일의 개념적 연장선상에 있는 것이므로, 비록 원본파일의 변경까지 초래하지는 아니하였더라도 이러한 전자기록에 허구의 내용을 권한 없이 수정입력한 것은 그 자체로 그러한 사전자기록을 변작한 행위의 구성요건에 해당된다고 보아야 할 것이며 그러한 수정입력의 시점에서 사전자기록변작죄의 기수에 이르렀다(대판 2003.10.9. 2000도4993).

④ 【X】 [1] 형법 제228조 제1항의 공정증서원본불실기재죄는 특별한 신빙성이 인정되는 공문서에 대한 공공의 신용을 보장함을 보호법익으로 하는 범죄로서 공무원에 대하여 진실에 반하는 허위신고를 하여 공정증서원본 또는 이와 동일한 전자기록 등 특수매체기록에 실체관계에 부합하지 아니하는 불실의 사실을 기재 또는 등록하게 함으로써 성립하는 것이므로, 공정증서원본 등에 기재된 사항이 존재하지 아니하거나 외관상 존재한다고 하더라도 무효에 해당하는 하자가 있다면 그 기재는 불실기재에 해당한다. [2] 주식회사의 신주발행의 경우 신주발행에 법률상 무효사유가 존재한다고 하더라도 그 무효는 신주발행무효의 소에 의해서만 주장할 수 있고, 신주발행무효의 판결이 확정되더라도 그 판결은 장래에 대하여만 효력이 있으므로(상법 제429조, 제431조 제1항), 그 신주발행이 판결로써 무효로 확정되기 이전에 그 신주발행사실을 담당 공무원에게 신고하여 공정증서인 법인등기부에 기재하게 하였다고 하여 그 행위가 공무원에 대하여 허위신고를 한 것이라거나 그 기재가 불실기재에 해당하는 것이라고 할 수는 없다(대판 2007.5.31. 2006도8488).

[정답] ③

44 다음 중 사전자기록 위작·변작죄 또는 공전자기록 위작·변작죄가 성립하는 것은 모두 몇 개인가?

⊙ 인터넷 포털사이트에 개설한 카페의 설치·운영 주체로부터 글쓰기 권한을 부여받은 사람이 위 카페에 접속하여 자신의 아이디로 허위내용의 글을 작성·게시한 경우
ⓒ 새마을금고의 직원이 전 이사장에 대한 채권확보를 금고의 예금 관련 컴퓨터 프로그램에 전 이사장 명의의 예금계좌 비밀번호를 동의 없이 입력하여 위 예금계좌에 입금된 상조금을 위 금고의 가수금계정으로 이체한 경우
ⓒ 자동차등록 담당공무원이 여객자동차운수사업법상 차량충당연한 규정에 위배되어 영업용으로 변경 및 이전등록을 할 수 없는 차량인 것을 알면서 자동차등록정보 처리시스템의 자동차등록원부 용도란에 영업용이라고 입력하고 최초등록일 등은 사실대로 기재한 경우
ⓔ 경찰관이 고소사건을 처리하지 아니하였음에도 경찰범죄정보시스템에 그 사건을 검찰에 송치한 것으로 입력한 경우
ⓜ 공군 복지근무지원단 예하 부대의 매점 및 창고관리 부사관으로 근무하던 자가 이미 자신이 횡령한 바 있는 면세주류를 마치 정상적으로 판매한 것처럼 위 지원단 업무관리 전산시스템에 입력한 경우

① 1개 ② 2개 ③ 3개 ④ 4개

해설

⊙ 【 X 】 인터넷 포털사이트에 개설한 카페의 설치·운영 주체로부터 글쓰기 권한을 부여받은 사람이 위 카페에 접속하여 자신의 아이디로 허위내용의 글을 작성·게시한 사안에서, 위 카페의 설치·운영 주체의 사무처리를 그르치게 할 목적을 인정하기 어렵다고 한 사례(대판 2008.4.24. 2008도294).

ⓒ 【 X 】 새마을금고의 예금 및 입·출금 업무를 총괄하는 직원이 전 이사장 명의 예금계좌로 상조금이 입금되자 전 이사장에 대한 금고의 채권확보를 위해 내부 결재를 받아 금고의 예금 관련 컴퓨터 프로그램에 접속하여 전 이사장 명의의 예금계좌의 비밀번호를 동의 없이 입력한 후 위 금원을 위 금고의 가수금계정으로 이체한 사안에서, 위 금고의 내부규정이나 여신거래기본약관의 규정에 비추어 이는 위 금고의 업무에 부합하는 행위로서 피해자의 비밀번호를 임의로 사용한 잘못이 있다고 하더라도 사전자기록위작·변작죄의 '사무처리를 그르치게 할 목적'을 인정할 수 없다고 한 사례(대판 2008.6.12. 2008도938).

ⓒ 【 X 】 자동차등록 담당공무원인 피고인이 여객자동차 운수사업법상 차량충당연한 규정에 위배되어 영업용으로 변경 및 이전등록을 할 수 없는 차량인 것을 알면서 자동차등록정보 처리시스템의 자동차등록원부 용도란에 '영업용'이라고 입력하였으나, 변경 및 이전등록에 관한 구체적 등록내용인 최초등록일 등은 사실대로 입력한 사안에서, 위 행위가 공전자기록등위작죄의 '위작'에 해당한다고 할 수 없는데, 이와 달리 본 원심판단에 법리오해의 위법이 있다고 한 사례(대판 2011.5.13. 2011도1415).

ⓔ 【 O 】 경찰관이 고소사건을 처리하지 아니하였음에도 경찰범죄정보시스템에 그 사건을 검찰에 송치한 것으로 허위사실을 입력한 행위가 공전자기록위작죄에서 말하는 위작에 해당한다고 한 사례(대판 2005.6.9. 2004도6132).

ⓜ 【 O 】 대판 2010.7.8. 2010도3545

정답 ②

45 허위공문서작성죄에 대한 설명으로 옳지 않은 것은?

① 객체가 되는 문서는 문서상 작성명의인이 명시되어 있지 않더라도 문서의 형식, 내용 등 문서 자체에 의하여 누가 작성하였는지를 추지할 수 있을 정도의 것이면 된다.
② '직무에 관한 문서'라 함은 공무원이 직무권한 내에서 작성하는 문서를 말하며, 법률뿐 아니라 명령, 내규 또는 관례에 의한 직무집행의 권한으로 작성하는 경우도 포함된다.
③ 공증담당 변호사가 법무사의 직원으로부터 인증촉탁서류를 제출받은 후, 법무사가 공증사무실에 출석하여 사서증서의 날인이 당사자 본인의 것임을 확인한 바 없지만, 업계의 관행에 따라 그러한 확인을 한 것처럼 인증서에 기재한 경우에는 허위공문서작성죄가 성립하지 아니한다.
④ 공무원이 고의로 법령을 잘못 적용하여 공문서를 작성한 경우에도 그 법령적용의 전제가 된 사실관계에 대한 내용에 거짓이 없다면 허위공문서작성죄가 성립하지 않는다.

[해설]
① 【O】 대판 2019.3.14. 2018도18646 21. 국가직 9급
② 【O】 대판 2015.10.29. 2015도9010 21. 국가직 9급
③ 【X】 공증담당 변호사가 법무사의 직원으로부터 인증촉탁서류를 제출받았을 뿐, 법무사가 공증사무실에 출석하여 사서증서의 날인이 당사자 본인의 것임을 확인한 바 없음에도 마치 그러한 확인을 한 것처럼 인증서에 기재한 경우, 허위공문서작성죄가 성립한다(대판 2007.1.25. 2006도3844). 21. 국가직 9급
④ 【O】 대판 2003.2.11. 2002도4293 21. 국가직 9급

정답 ③

46 허위공문서작성죄에 관한 다음 설명 중 가장 옳지 않은 것은?

① 피의자신문조서 말미에 작성자의 서명, 날인이 없으나, 첫머리에 작성 사법경찰리와 참여 사법경찰리의 직위와 성명을 적어 넣은 것이 있다면 그 문서자체에 의하여 작성자를 추지할 수 있으므로, 그러한 피의자신문조서는 허위공문서작성죄의 객체가 되는 공문서로 볼 수 있다.
② 공무원이 아닌 피고인이 건축물조사 및 가옥대장 정리업무를 담당하는 공무원을 교사하여 무허가 건물을 허가받은 건축물인 것처럼 가옥대장 등에 등재케 하여 허위공문서 등을 작성케 한 사실이 인정된다면, 허위공문서작성죄의 교사범으로 처벌할 수 있다.
③ 등기공무원이 소유권이전등기와 근저당권설정등기의 신청이 동시에 이루어지고 그와 함께 등본의 교부신청이 있었음에도 고의로 일부를 누락하여 소유권이전등기만 기입하고 근저당권설정등기는 기입하지 않은 채 등기부등본을 발급한 경우 본죄가 성립한다.
④ 공무원인 甲이 문서작성자에게 전화로 문의하여 원본과 상이 없다는 사실을 확인하였고, 실제 그 사본이 원본과 다른 점이 없다면, 실제 원본과 대조함이 없이 공무원 甲이 그 직무에 관하여 사문서 사본에 "원본대조필 토목 기사 甲"이라 기재하고 甲의 도장을 날인한 행위만으로는 허위공문서작성죄가 성립한다고 단정할 수 없다.

해설

① 【 O 】 대판 1995.11.10. 95도2088 22. 법원직 9급
② 【 O 】 대판 1983.12.13. 83도1458 22. 법원직 9급
③ 【 O 】 대판 1996.10.15. 96도1669 22. 법원직 9급
④ 【 X 】 공무원인 피고인이 그 직무에 관하여 이 건 문제로 된 사문서 사본에 "원본대조필 토목기사 피고인"이라 기재하고 도장을 날인하였다면 그 기재 자체가 공문서로 되고, 이 경우 피고인이 실제로 원본과 대조함이 없이 "원본대조필"이라고 기재한 이상 그것만으로 곧 허위공문서작성죄가 성립하는 것이고, 피고인이 위 문서작성자에게 전화로 원본과 상이없다는 사실을 확인하였다거나 객관적으로 그 사본이 원본과 다른 점이 없다고 하더라도 위 죄가 성립한다(대판 1981.9.22. 80도3180). 22. 법원직 9급

정답 ④

47 甲에게 허위공문서작성죄가 성립하지 않는 경우는?

① 준공검사관 공무원 甲이 정산설계서에 의하여 준공검사를 하지 않고도 준공검사를 하였다고 준공검사조서에 기재하였지만, 준공검사조서의 내용이 객관적으로 정산설계서 초안이나 그 후에 작성된 정산설계서 원본의 내용과 일치한 경우
② 건축담당 공무원 甲이 건축허가신청서를 접수·처리함에 있어 건축법상의 요건을 갖추지 못하고 설계된 사실을 알면서도 기안서인 건축허가통보서를 작성하여 건축허가서의 작성명의인인 군수의 결재를 받아 건축허가서를 작성한 경우
③ 공무원 甲이 폐기물처리사업계획이 관계 법령의 규정에 적합하지 않음을 알았음에도 불구하고 적합하다는 내용의 통보서를 작성한 경우
④ 공무원 甲이 A의 부탁을 받아 A가 세대주임에도 불구하고 A의 동거가족 B를 세대주인 것처럼 된 주민등록표를 작성한 경우

해설

① 【 O 】 준공검사조서를 작성함에 있어서 정산설계서를 확인하고 준공검사를 한 것이 아님에도 마치 한 것처럼 준공검사용지에 "정산설계서에 의하여 준공검사"를 하였다는 내용을 기입하였다면 허위공문서작성의 범의가 있었음이 명백하여 그것만으로 곧 허위공문서작성죄가 성립하고 위 준공검사조서의 내용이 객관적으로 정산설계서 초안이나 그후에 작성된 정산설계서 원본의 내용과 일치한다거나 공사현장의 준공상태에 부합한다 하더라도 그 성립에 아무런 영향을 미치지 못한다(대판 1983.12.27. 82도3063). 18. 국가직
② 【 X 】 건축 담당 공무원이 건축허가신청서를 접수·처리함에 있어 건축법의 요건을 갖추지 못하고 설계된 사실을 알면서도 기안서인 건축허가통보서를 작성하여 건축허가서의 작성명의인인 군수의 결재를 받아 건축허가서를 작성한 경우, 위 건축허가서에 표현된 허가의 의사표시 내용 자체에 어떠한 허위가 있다고 볼 수는 없다 할 것이어서, 이러한 건축허가에 그 요건을 구비하지 못한 잘못이 있고 이에 담당 공무원의 위법행위가 개입되었다 하더라도 그 위법행위에 대한 책임을 추궁하는 것은 별론으로 하고 위 건축허가서를 작성한 행위를 허위공문서작성죄로 처벌할 수는 없다(대판 2000.6.27. 2000도1858). 18. 국가직
③ 【 O 】 폐기물처리사업계획 적합 통보서는 단순히 폐기물처리사업을 관계 법령에 따라 허가한다는 내용이 아니라, 폐기물처리업을 하려는 자가 폐기물관리법 제26조 제1항에 따라 제출한 폐기물처리사업계획이 폐기물관리법 및 관계 법령의 규정에 적합하다는 사실을 확인하거나 증명하는 것이라 할 것이므로, 그 폐기물처리사업계획이 관계 법령의 규정에 적합하지 아니함을 알면서 적합하다는 내용으로 통보서를 작성한 것이라면 그 통보서는 허위의 공문서라고 보지 아니할 수 없다 할 것이다(대판 2003.2.11. 2002도4293). 18. 국가직
④ 【 O 】 세대별 주민등록표와 그 등본을 허위로 작성하여 달라는 부탁을 받고 1989.4.15.까지 A가 세대주이고 B는 A의 처로서 동거가족에 불과하였음에도 불구하고 마치 1988.3.26.부터 B가 세대주인 것처럼 된 세대별 주민등록표 1매를 작성하여 그 무렵 이를 같은 동사무소의 주민등록표보관함에 비치한 행위를 허위공문서작성 및 동행사죄로 의율하여 처단한 원심의 조치는 정당하다(대판 1990.10.16. 90도1199). 18. 국가직

정답 ②

48 다음 중 허위공문서작성죄가 성립하지 않은 것은?

① 건물이 건축법상의 요건을 갖추지 못하고 설계된 사실을 알면서도 건축허가서를 작성한 경우
② 가옥대장에 무허가건물을 허가받은 건물로 기재한 경우
③ 원본과 대조하지 않고 원본대조필을 날인한 경우
④ 인감증명서를 발행하면서 대리인의 신청에 의한 것을 본인의 신청에 의한 것으로 기재한 경우

> 해설

① 【X】 건축 담당 공무원이 건축허가신청서를 접수·처리함에 있어 건축법상의 요건을 갖추지 못하고 설계된 사실을 알면서도 기안서인 건축허가통보서를 작성하여 건축허가서의 작성명의인인 군수의 결재를 받아 건축허가서를 작성한 경우, 위 건축허가서에 표현된 허가의 의사표시 내용 자체에 어떠한 허위가 있다고 볼 수는 없다 할 것이어서, 이러한 건축허가에 그 요건을 구비하지 못한 잘못이 있고 이에 담당 공무원의 위법행위가 개입되었다 하더라도 그 위법행위에 대한 책임을 추궁하는 것은 별론으로 하고 위 건축허가서를 작성한 행위를 허위공문서작성죄로 처벌할 수는 없다(대판 2000.6.27. 2000도1858).
② 【O】 피고인이 건축물조사 및 가옥대장 정리업무를 담당하는 지방행정서기를 교사하여 무허가 건물을 허가받은 건축물인 것처럼 가옥대장 등에 등재케하여 허위공문서 등을 작성케 한 사실이 인정된다면, 허위공문서작성죄의 교사범으로 처단한 것은 정당하다(대판 1983.12.13. 83도1458). 18. 법원직
③ 【O】 공무원인 피고인이 그 직무에 관하여 이 건 문제로 된 사문서 사본에 "원본대조필 토목기사 피고인"이라 기재하고 도장을 날인하였다면 그 기재 자체가 공문서로 되고, 이 경우 피고인이 실제로 원본과 대조함이 없이 "원본대조필"이라고 기재한 이상 그것만으로 곧 허위공문서작성죄가 성립하는 것이고, 피고인이 위 문서작성자에게 전화로 원본과 상이없다는 사실을 확인하였다거나 객관적으로 그 사본이 원본과 다른 점이 없다고 하더라도 위 죄가 성립한다(대판 1981.9.22. 80도3180). 18. 법원직
④ 【O】 공문서허위작성죄에 있어서 허위라 함은 표시된 내용과 진실이 부합하지 아니하여 그 문서에 대한 공공의 신용을 위태롭게 하는 경우를 말하고 인감증명서는 각종의 법률행위에 있어서 본인인 여부 및 본인의 진정한 의사인 여부를 확인케 하는데 일반적으로 사용되는 만큼 그 인감증명서가 본인 또는 대리인 중 누구의 신청에 의하여 발행된 문서이냐 하는 점 역시 그 증명력을 담보함에 필요한 사항이라 할 것이므로 인감증명서를 발행함에 있어 인감증명서의 인적사항과 인감 및 그 용도를 일치하게 기재하였어도 대리인에 의한 것을 본인의 신청에 의한 것으로 기재하였다면 그 사항에 관하여는 허위기재한 것으로 보아야 할 것이다(대판 1985.6.25. 85도758). 18. 법원직

정답 ①

49 허위공문서작성죄에 관한 설명 중 옳지 않은 것은?

① 호적공무원이 신고사항이 허위인 것을 알면서도 이를 수리하여 호적부에 기재한 경우 허위공문서작성죄가 성립한다.
② 인감증명서를 발행하는 공무원이 인감증명서를 발행함에 있어 인감증명서의 인적사항과 인감 및 그 용도를 일치하게 기재하였어도 대리인에 의한 것을 본인의 신청에 의한 것으로 기재하였다면 허위공문서작성죄가 성립한다.
③ 당사자로부터 뇌물을 받고 고의로 적용하여서는 안 될 조항을 적용하여 과세표준을 결정하고 그 과세표준에 기하여 세액을 산출하였다면, 비록 그 세액계산서에 허위내용의 기재가 없다고 하더라도 허위공문서작성죄에 해당한다.
④ 소유권이전등기와 근저당권설정등기의 신청이 동시에 이루어지고 그와 함께 등본의 교부신청이 있었는데, 등기공무원이 소유권이전등기만 기입하고 근저당권설정등기는 기입하지 아니한 채 등기부등본을 발급하였다면, 비록 그 등기부등본의 기재가 등기부의 기재와 일치한다 하더라도, 그러한 등기부등본 발급행위는 허위공문서작성죄에 해당한다.
⑤ 공증담당 변호사가 법무사의 직원으로부터 인증촉탁서류를 제출받았을 뿐, 법무사가 공증사무실에 출석하여 사서증서의 날인이 당사자 본인의 것임을 확인한 바 없음에도 마치 그러한 확인을 한 것처럼 인증서에 기재한 경우, 허위공문서작성죄가 성립한다.

해설

① 【 O 】 대판 1977.12.27. 77도2155
② 【 O 】 대판 1985.6.25. 85도758
③ 【 X 】 허위공문서작성죄란 공문서에 진실에 반하는 기재를 하는 때에 성립하는 범죄이므로, 고의로 법령을 잘못 적용하여 공문서를 작성하였다고 하더라도 그 법령적용의 전제가 된 사실관계에 대한 내용에 거짓이 없다면 허위공문서작성죄가 성립될 수 없는바 당사자로부터 뇌물을 받고 고의로 적용하여서는 안될 조항을 적용하여 과세표준을 결정하고 그 과세표준에 기하여 세액을 산출하였다고 하더라도, 그 세액계산서에 허위내용의 기재가 없다면 허위공문서작성죄에는 해당하지 않는다(대판 1996.5.14. 96도554).
④ 【 O 】 대판 1996.10.15. 96도1669
⑤ 【 O 】 대판 2007.1.25. 2006도3844

정답 ③

50 공정증서원본불실기재죄에 관한 다음 설명 중 가장 옳지 않은 것은?

① 부동산의 거래당사자가 거래가액을 시장 등에게 거짓으로 신고하여 신고필증을 받은 뒤 이를 기초로 사실과 다른 내용의 거래가액이 부동산등기부에 등재되도록 한 경우, 공전자기록등불실기재죄가 성립하지 않는다.
② 발행인과 수취인이 통모하여 진정한 어음채무 부담이나 어음채권 취득에 관한 의사 없이 단지 발행인의 채권자에게서 채권 추심이나 강제집행을 받는 것을 회피하기 위하여 약속어음을 발행한 후, 공증인에게는 마치 진정한 어음발행행위가 있는 것처럼 허위로 신고하여 어음공정증서원본을 작성하게 한 경우, 공정증서원본불실기재죄가 성립한다.
③ 토지거래 허가구역 안의 토지에 관하여 실제로는 매매계약을 체결하고서도 처음부터 토지거래허가를 잠탈하려는 목적으로 등기원인을 '증여'로 하여 소유권이전등기를 경료한 경우, 공전자기록등불실기재죄가 성립한다.
④ 유상증자 등기의 신청시 발행주식 총수 및 자본의 총액이 증가한 사실이 허위임을 알면서 증자등기를 신청하여 상업등기부원본에 그 기재를 하게 한 경우, 공전자기록등불실기재죄가 성립한다.
⑤ 부동산에 관한 종중 명의의 등기에 있어서 허위의 종중 대표자 기재는 공전자기록등불실기재죄의 대상이 되는 '불실의 기재'에 해당하지 않는다.

해설

① 【O】 부동산등기법이 개정되면서 매매를 원인으로 하는 소유권이전등기를 신청하는 경우에는 등기신청서에 거래신고필증에 기재된 거래가액을 기재하고, 신청서에 기재된 거래가액을 부동산등기부 甲구의 권리자 및 기타사항란에 기재하도록 하였는바 이러한 개정 취지는 부동산거래의 투명성을 확보하기 위한 데에 있을 뿐이므로, 부동산등기부에 기재되는 거래가액은 당해 부동산의 권리의무관계에 중요한 의미를 갖는 사항에 해당한다고 볼 수 없다. 부동산의 거래당사자가 거래가액을 시장 등에게 거짓으로 신고하여 신고필증을 받은 뒤 이를 기초로 사실과 다른 내용의 거래가액이 부동산등기부에 등재되도록 하였다면, '공인중개사의 업무 및 부동산 거래신고에 관한 법률'에 따른 과태료의 제재를 받게 됨은 별론으로 하고, 형법상의 공전자기록등불실기재죄 및 불실기재공전자기록등행사죄가 성립하지는 아니한다(대판 2013.1.24. 2012도12363). 17. 법원행시
② 【O】 발행인과 수취인이 통모하여 진정한 어음채무의 부담이나 어음채권의 취득에 관한 의사 없이 단지 발행인의 채권자로부터 채권의 추심이나 강제집행을 받는 것을 회피하기 위하여 형식적으로만 약속어음의 발행을 가장한 경우 이러한 어음발행행위는 통정허위표시로서 무효이므로 이와 같이 발행인과 수취인 사이에 통정허위표시로서 무효인 어음발행행위를 공증인에게는 마치 진정한 어음발행행위가 있는 것처럼 허위로 신고함으로써 공증인으로 하여금 그 어음발행행위에 대하여 집행력 있는 어음공정증서원본을 작성케 하고 이를 비치하게 하였다면, 이러한 행위는 공정증서원본불실기재 및 불실기재공정증서원본행사죄에 해당한다고 봄이 상당하다(대판 2012.4.26. 2009도5786). 17. 법원행시
③ 【O】 토지거래 허가구역 안에 있는 이 사건 토지에 관하여 실제로는 매매계약을 체결하고서도 처음부터 토지거래허가를 잠탈하려는 목적으로 등기원인을 실제와 달리 '증여'로 하여 소유권이전등기를 경료한 토지거래계약은 확정적 무효이고, 이에 터 잡은 소유권이전등기는 실체관계에 부합하지 아니하며 매도인과 매수인 사이에 토지에 관하여 실제의 원인과 달리 '증여'를 원인으로 한 소유권이전등기를 경료시킬 의사의 합치가 있더라도, 위 등기를 한 것은 허위신고를 하여 공정증서원본에 불실의 사실을 기재하게 한 때에 해당한다고 할 것이다(대판 2007.11.30. 2005도9922). 17. 법원행시
④ 【O】 공정증서원본불실기재죄는 공무원에 대하여 허위신고를 하여 공정증서원본에 진실에 반하는 사실을 기재하게 함으로써 성립하는 것이므로, 유상증자 등기의 신청시 발행주식 총수 및 자본의 총액이 증가한 사실이 허위임을 알면서 증자등기를 신청하여 상업등기부원본에 그 기재를 하게 한 경우, 등기신청서류로 제출된 주금납입금보관증명서가 위조된 것임을 몰랐다고 하더라도 공정증서원본불실기재죄가 성립한다(대판 2006.10.26. 2006도5147). 17. 법원행시
⑤ 【X】 부동산에 관한 종중 명의의 등기에 있어서 종중 대표자의 기재는 당해 부동산의 처분권한과 관련된 중요한 부분의 기재로서 이에 대한 공공의 신용을 보호할 필요가 있으므로 이를 허위로 등재한 경우에는 공정증서원본불실기재죄의 대상이 되는 불실의 기재에 해당한다(대판 2006.1.13. 2005도4790). 17. 법원행시

정답 ⑤

51 다음 설명 중 가장 옳지 않은 것은?

① 소유권보존등기나 소유권이전등기에 절차상 하자가 있거나 등기원인이 실제와 다르다 하더라도 등기 경료 당시를 기준으로 실체적 권리관계에 부합하는 유효한 등기인 경우 공정증서원본불실기재 및 동행사죄가 성립되지 않는다.
② 어떤 부동산에 관하여 피상속인에게 실체상의 권리가 없었음에도 피상속인 명의의 소유권이전등기가 경료되어 있었고, 이에 따라 재산상속인이 상속을 원인으로 한 소유권이전등기를 경료한 경우, 재산상속인에게 공정증서원본불실기재 및 동행사죄가 성립한다.
③ 주주총회의 소집절차 등에 관한 하자가 주주총회결의의 취소사유에 불과하고 그 취소 전에 주주총회결의에 따른 감사변경등기를 한 것은 공정증서원본불실기재죄를 구성하지 않는다.
④ 자동차운전면허대장은 공정증서원본불실기재죄에서의 공정증서원본이라고 볼 수 없다.
⑤ 민사조정법상의 조정절차에서 작성되는 조정조서는 공정증서원본불실기재죄에서의 공정증서원본이라고 볼 수 없다.

해설

① 【O】 소유권보존등기나 소유권이전등기에 절차상 하자가 있거나 등기원인이 실제와 다르다 하더라도 그 등기가 실체적 권리관계에 부합하게 하기 위한 것이거나 실체적 권리관계에 부합하는 유효한 등기인 경우에는 공정증서원본불실기재 및 동행사죄가 성립되지 않는다고 할 것이나, 이는 등기 경료 당시를 기준으로 그 등기가 실체권리관계에 부합하여 유효한 경우에 한정되는 것이고, 등기 경료 당시에는 실체권리관계에 부합하지 아니한 등기인 경우에는 사후에 이해관계인들의 동의 또는 추인 등의 사정으로 실체권리관계에 부합하게 된다 하더라도 공정증서원본불실기재 및 동행사죄의 성립에는 아무런 영향이 없다(대판 2001.11.9. 2001도3959). 17. 법원행시

② 【X】 재산상속인은 피상속인의 사망으로 인하여 상속개시된 때로부터 피상속인의 재산에 관한 포괄적 권리의무를 승계하게 되므로 어떤 부동산에 관하여 피상속인에게 실체상의 권리가 없었다 하더라도 재산상속인이 상속을 원인으로 한 소유권이전등기를 경료한 경우에는 그 등기는 당시의 등기부상의 권리관계를 나타내는 것에 불과하므로 그와 같은 등기절차를 밟았다 하여 공정증서원본불실기재나 동행사죄가 성립할 수 없다(대판 1987.4.14. 85도2661). 17. 법원행시

③ 【O】 주주총회의 소집절차 등에 관한 하자가 주주총회결의의 취소사유에 불과하여 그 취소 전에 주주총회의 결의에 따른 감사변경등기를 한 것이 공정증서원본불실기재죄를 구성하지 않는다(대판 2009.2.12. 2008도10248). 17. 법원행시

④ 【O】 자동차운전면허대장은 운전면허 행정사무집행의 편의를 위하여 범칙자, 교통사고유발자의 인적사항·면허번호 등을 기재하거나 운전면허증의 교부 및 재교부 등에 관한 사항을 기재하는 것에 불과하며, 그에 대한 기재를 통해 당해 운전면허 취득자에게 어떠한 권리의무를 부여하거나 변동 또는 상실시키는 효력을 발생하게 하는 것으로 볼 수는 없고, 따라서 자동차운전면허대장은 사실증명에 관한 것에 불과하므로 형법 제228조 제1항에서 말하는 공정증서원본이라고 볼 수 없다(대판 2010.6.10. 2010도1125). 17. 법원행시

⑤ 【O】 공정증서원본 불실기재죄의 객체인 공정증서원본은 그 성질상 허위신고에 의해 불실한 사실이 그대로 기재될 수 있는 공문서이어야 한다고 할 것인바, 민사조정법상 조정신청에 의한 조정제도는 원칙적으로 조정신청인의 신청 취지에 구애됨이 없이 조정담당판사 등이 제반 사정을 고려하여 당사자들에게 상호 양보하여 합의하도록 권유·주선함으로써 화해에 이르게 하는 제도인 점에 비추어, 그 조정절차에서 작성되는 조정조서는 그 성질상 허위신고에 의해 불실한 사실이 그대로 기재될 수 있는 공문서로 볼 수 없어 공정증서원본에 해당하는 것으로 볼 수 없다(대판 2010.6.10. 2010도3232). 17. 법원행시

정답 ②

52 공정증서원본부실기재죄에 관한 설명 중 적절한 것을 모두 고른 것은?

> ㉠ 부동산 매수인이 매도인과 사이에 부동산의 소유권이전에 관한 물권적 합의가 없는 상태에서, 소유권이전등기신청에 관한 대리권이 없이 단지 소유권이전등기에 필요한 서류를 보관하고 있을 뿐인 법무사를 기망하여 매수인 명의의 소유권이전등기를 신청하게 하여 그 등기가 완료된 경우, 이는 단지 소유권이전등기신청절차에 하자가 있는 것에 불과하여 공정증서원본부실기재죄가 성립하지 않는다.
> ㉡ 토지거래 허가구역 안의 토지에 관하여 실제로는 매매계약을 체결하고서도 처음부터 토지거래허가를 잠탈하려는 목적으로 등기원인을 '증여'로 하여 소유권이전등기를 경료한 경우 공정증서원본부실기재죄가 성립한다.
> ㉢ 종중 소유의 토지를 자신의 개인 소유로 신고하여 토지대장에 올린 경우 공정증서원본부실기재죄가 성립한다.
> ㉣ 발행인과 수취인이 통모하여 진정한 어음채무 부담이나 어음채권 취득 의사 없이 단지 발행인의 채권자에게서 채권추심이나 강제집행을 받는 것을 회피하기 위하여 형식적으로만 약속어음의 발행을 가장한 후 공증인에게 마치 진정한 어음발행행위가 있는 것처럼 허위로 신고하여 어음공정증서원본을 작성·비치하게 한 경우에 공정증서원본부실기재 및 동행사죄가 성립한다.

① ㉠, ㉡ ② ㉠, ㉣ ③ ㉡, ㉢ ④ ㉡, ㉣

해설

㉠ 【 X 】 부동산 매수인이 매도인과 사이에 부동산의 소유권이전에 관한 물권적 합의가 없는 상태에서, 소유권이전등기신청에 관한 대리권이 없이 단지 소유권이전등기에 필요한 서류를 보관하고 있을 뿐인 법무사를 기망하여 매수인 명의의 소유권이전등기를 신청하게 한 경우, 이는 단지 소유권이전등기신청절차에 하자가 있는 것에 불과한 것이 아니라 허위의 사실을 신고한 것이라고 보아야 하고, 위 소유권이전등기는 원인무효의 등기로서 불실기재에 해당한다는 이유로, 공정증서원본불실기재죄가 성립한다고 한 사례(대판 2006.3.10. 2005도9402). 17. 경찰승진

㉡ 【 O 】 대판 2007.11.30. 2005도9922 17. 경찰승진

㉢ 【 X 】 형법 제228조에서 말하는 공정증서란 권리의무에 관한 공정증서만을 가리키는 것이고 사실증명에 관한 것은 이에 포함되지 아니하므로 권리의무에 변동을 주는 효력이 없는 토지대장은 위에서 말하는 공정증서에 해당하지 아니한다(대판 1988.5.24. 87도2696). 17. 경찰승진

㉣ 【 O 】 대판 2012.4.26. 2009도5786 17. 경찰승진

정답 ④

53 공정증서원본부실기재죄가 성립하는 경우는 모두 몇 개인가?

㉠ 부동산에 대해 점유로 인한 소유권취득시효를 완성한 甲이 이미 사망한 그 부동산의 등기명의자를 상대로 매매를 원인으로 하는 소유권이전등기절차이행청구의 소를 제기하여, 의제자백에 의한 승소판결을 받고 이와 같은 확정판결에 기해 甲 자신의 명의로 그 부동산에 대한 소유권이전등기를 경료한 경우
㉡ 처음부터 진실한 주금납입으로 회사의 자금을 확보할 의사 없이, 형식상 또는 일시적으로 주금을 납입하고 이 돈을 은행에 예치하여 납입의 외형을 갖추고 주금납입증명서를 교부받아 설립등기나 증자등기의 절차를 마친 다음 바로 그 납입한 돈을 인출하고는, 그 인출한 돈을 특별히 회사를 위해 사용하지도 않은 경우
㉢ 甲이 중국인 乙과 참다운 부부관계를 설정할 의사가 아니라 단지 乙의 국내 취업을 위한 입국을 가능하게 할 목적으로 형식상 혼인하기로 하고 甲의 본적지 면사무소에 혼인신고를 한 경우
㉣ 甲이 허위의 공정증서에 기해 乙의 부동산에 대한 강제경매신청을 하였고, 이에 의해 동 부동산에 대해 법원의 강제경매개시결정을 원인으로 하는 경매신청등기가 경료된 경우

① 1개 ② 2개 ③ 3개 ④ 4개

해설

㉠ 【 X 】 피고인이 그가 점유하고 있는 토지에 대하여 매매를 원인으로 하는 소유권이전등기소송을 제기하여서 의제자백에 의한 승소판결을 받아 경료된 피고인 명의의 소유권이전등기가 비록 절차상의 하자가 있다 하더라도 점유에 의한 소유권취득시효가 완성함으로써 결국 위 소유권이전등기가 실체적 권리관계에 부합하는 유효한 등기라고 한다면 위의 소송에 있어서 피고인에게 위 토지를 편취하려는 범의가 있었다고 볼 수 없고 또한 위와 같이 경료된 등기 역시 불실의 등기라고도 할 수 없다(대판 1987.3.10. 86도864). 17. 경찰간부
㉡ 【 O 】 대판 2004.6.17. 2003도7645(全) 17. 경찰간부
㉢ 【 O 】 대판 1996.11.22. 96도2049 17. 경찰간부
㉣ 【 X 】 형법 228조 1항 소정의 공정증서원본불실기재죄에 있어서 불실의 사실기재는 당사자의 허위신고에 의하여 이루어져야 할 것이니 불실의 등기가 법원의 촉탁에 의한 경우에는 그 전제절차에 허위적 요소가 있다고 하더라도 이는 법원의 촉탁에 의하여 이루어진 것이지 당사자의 허위신고에 의하여 이루어진 것이 아니므로 위 공증서원본불실기재죄를 구성하지 아니한다(대판 1976.5.25. 74도568). 17. 경찰간부

정답 ②

54 다음 설명 중 가장 옳지 않은 것은?

① 부동산을 관리·보전하는 방법으로 이를 타에 신탁하는 의사로서 그 소유권이전등기를 한 경우에는 그 원인을 매매로 가장하였다 하더라도 공정증서원본부실기재죄는 성립하지 않는다.
② 공정증서원본의 기재사항에 취소사유에 해당하는 하자가 있는 경우, 그 취소 전에 그 사실의 내용이 공정증서원본에 기재된 이상 그 기재가 공정증서원본 부실기재죄를 구성하지 않는다.
③ 민사조정법상의 조정절차에서 작성되는 조정조서는 형법 제228조 제1항에서 말하는 공정증서원본에 해당한다.
④ 공정증서원본 등에 기재된 사항이 존재하지 아니하거나 외관상 존재한다고 하더라도 무효에 해당하는 하자가 있다면 그 기재는 공정증서원본부실기재죄를 구성한다.

해설

① 【 O 】 대판 2011.7.14. 2010도1025
②④ 【 O 】 공정증서원본에 기재된 사항이 외관상 존재하는 사실이라 하더라도, 이에 무효나 부존재에 해당되는 흠이 있다면 그 기재는 부실기재에 해당된다. 그러나 그것이 객관적으로 존재하는 사실이고 이에 취소사유에 해당되는 하자가 있을 뿐인 경우에는 그 취소 전에 그 사실의 내용이 공정증서원본에 기재된 이상, 그 기재가 공정증서원본부실기재죄를 구성하지 않는다(대판 2009.2.12. 2008도10248).
③ 【 X 】 형법 제228조 제1항이 규정하는 공정증서원본부실기재죄는 공무원에 대하여 진실에 반하는 허위신고를 하여 공정증서원본에 그 증명하는 사항에 관하여 실체관계에 부합하지 아니하는 부실의 사실을 기재하게 함으로써 성립하는 범죄로서, 위 죄의 객체인 공정증서원본은 그 성질상 허위신고에 의해 부실한 사실이 그대로 기재될 수 있는 공문서이어야 한다고 할 것인바, 민사조정법상 조정신청에 의한 조정제도는 원칙적으로 조정신청인의 신청 취지에 구애됨이 없이 조정담당판사 등이 제반 사정을 고려하여 당사자들에게 상호 양보하여 합의하도록 권유·주선함으로써 화해에 이르게 하는 제도인 점에 비추어, 그 조정절차에서 작성되는 조정조서는 그 성질상 허위신고에 의해 부실한 사실이 그대로 기재될 수 있는 공문서로 볼 수 없어 공정증서원본에 해당하는 것으로 볼 수 없다(대판 2010.6.10. 2010도3232).

정답 ③

55 다음 설명 중 옳은 것은 모두 몇 개인가?

㉠ 사망한 乙의 단독상속인인 甲이 사망자 명의로 된 아파트에 대한 채권자의 강제집행을 면하기 위하여 乙이 증여한 사실이 없음에도 불구하고 증여를 원인으로 丙명의의 소유권이전등기를 한 경우 공정증서원본부실기재죄 및 동행사죄가 성립한다.
㉡ 실제로는 채권·채무관계가 존재하지 아니함에도 허위의 주장입증으로 확정판결을 받아 법원의 촉탁에 의한 부실의 등기가 이루어진 경우 공정증서원본부실기재죄 및 동행사죄가 성립한다.
㉢ 강제집행을 면탈할 목적으로 허위채권을 만들어 합동법률사무소 명의의 공정증서를 작성한 경우, 공정증서원본부실기재죄가 성립한다.
㉣ 상업등기부는 공정증서원본에 해당한다.

① 1개 ② 2개 ③ 3개 ④ 4개

해설

㉠ 【 X 】 부동산을 관리보존하는 방법으로 이를 타에 신탁하는 의사로서 그 소유권이전등기를 한 경우에는 그 원인을 **매매로 가장하였다 하더라도** 이는 공정증서원본불실기재죄에 해당하지 아니하고, 피고인이 부동산에 관하여 가장매매를 원인으로 소유권이전등기를 경료하였더라도, 그 당사자 사이에는 소유권이전등기를 경료시킬 의사는 있었다고 할 것이므로 공정증서원본불실기재죄 및 동행사죄는 성립하지 않고, 또한 등기의무자와 등기권리자(피고인) 간의 소유권이전등기신청의 합의에 따라 소유권이전등기가 된 이상, 등기의무자 명의의 소유권이전등기가 원인이 무효인 등기로서 피고인이 그 점을 알고 있었다고 하더라도, 특별한 사정이 없는 한 바로 피고인이 등기부에 불실의 사실을 기재하게 하였다고 볼 것은 아니다(대판 2011.7.14. 2010도1025). 18. 경찰간부
㉡ 【 X 】 공정증서원본불실기재죄에 있어서의 불실의 기재는 당사자의 허위신고에 의하여 이루어져야 하므로 법원의 촉탁에 의하여 이루어진 경우에는 가령 그 전제절차에 허위적 요소가 있다 하더라도 **그것은 법원의 촉탁에 의하여 이루어진 것이지 당사자의 허위신고에 의하여 이루어진 것이 아니므로 공정증서원본불실기재죄를 구성하지 않는다**(대판 1983.12.27. 83도2442). 18. 경찰간부
㉢ 【 O 】 대판 1977.8.23. 74도2715 전합 18. 경찰간부
㉣ 【 O 】 대판 2006.10.26. 2006도5147 18. 경찰간부

정답 ②

56 다음 중 공정증서원본등부실기재죄가 성립할 수 있는 경우는 모두 몇 개인가?

> 가. 주민등록증을 위조하여 자신의 신분을 허위로 대고 그 정을 모르는 공무원으로부터 사업자등록증을 발부받은 경우
> 나. 해외이주의 목적으로 위장결혼을 하고 혼인신고를 하여 그 사실이 호적부에 기재된 경우
> 다. 당사자의 합의에 의하여 진정한 채무자가 아닌 제3자를 채무자로 기재한 근저당설정등기를 한 경우
> 라. 주식회사의 임시주주총회가 법령 및 정관상 요구되는 이사회의 결의나 소집절차 없이 이루어졌다고 하더라도, 주주 전원이 참석하여 총회를 개최하는 데 동의하고 아무런 이의 없이 만장일치로 결의가 되었고 그 결의에 따라 등기가 이루어진 경우
> 마. 신주발행이 무효로 확정되기 이전에 그 신주발행의 사실을 담당 공무원에게 신고하여 법인등기부에 기재하게 한 경우

① 1개   ② 2개   ③ 3개   ④ 4개

[해설]

가. 【 X 】 사업자등록증은 단순한 사업사실의 등록을 증명하는 증서에 불과하고 그에 의하여 사업을 할 수 있는 자격이나 요건을 갖추었음을 인정하는 것은 아니라고 할 것이어서 형법 제228조 제1항에 정한 '등록증'에 해당하지 않는다고 한 원심의 판단을 수긍한 사례(대판 2005.7.15. 2003도6934).

나. 【 O 】 대판 1985.9.10. 85도1481

다. 【 X 】 근저당설정등기는 등기권리자인 채권자와 등기의무자인 근저당권설정자와의 합의를 기초로 이루어지는 것이므로 설사 등기의 편의상 진정한 채무자가 아닌 제3자를 채무자로 등기부상 등재케 하였다 하더라도 그것이 계약당사자간의 합의에 의하여 이루어진 것이라면 당사자 사이에 이와 같은 등기를 경료하게 할 의사가 있었던 것이므로 이 경우 공정증서원본불실기재죄는 성립되지 않는다(대판 1985.10.8. 84도2461).

라. 【 X 】 대주주가 적법한 소집절차나 임시주주총회의 개최 없이 나머지 주주들의 의결권을 위임받아 자신이 임시의장이 되어 임시주주총회 의사록을 작성하여 법인등기를 마친 사안에서, 비록 피고인이 적법한 주주총회 소집절차를 거치지 않았을 뿐 아니라 실제로 주주총회를 개최하지도 않았지만 주주 전원의 의사에 따라 그 내용의 유효한 결의가 있었던 것으로 볼 것이고, 따라서 그 결의에 따른 공소사실 기재 각 등기는 실체관계에 부합하는 것으로 이를 불실의 사항을 기재한 등기라고 할 수 없다는 이유로 공정증서원본불실기재죄가 성립하지 않는다고 판시하였다(대판 2008.6.26. 2008도1044).

마. 【 X 】 주식회사의 신주발행의 경우 신주발행에 법률상 무효사유가 존재한다고 하더라도 그 무효는 신주발행무효의 소에 의해서만 주장할 수 있고, 신주발행무효의 판결이 확정되더라도 그 판결은 장래에 대하여만 효력이 있으므로(상법 제429조, 제431조 제1항), 그 신주발행이 판결로써 무효로 확정되기 이전에 그 신주발행사실을 담당 공무원에게 신고하여 공정증서인 법인등기부에 기재하게 하였다고 하여 그 행위가 공무원에 대하여 허위신고를 한 것이라거나 그 기재가 불실기재에 해당하는 것이라고 할 수는 없다(대판 2007.5.31. 2006도8488).

[정답] ①

57 다음 중 형법 제228조 소정의 공정증서원본등부실기재죄가 성립할 수 있는 경우는 모두 몇 개인가?

㉠ 종중 소유의 토지를 자신의 개인 소유로 신고하여 토지대장에 올린 경우
㉡ 허위의 유언내용의 초안을 작성하여 그 정을 모르는 변호사에게 제출하여 그가 속한 공증사무 취급이 인가된 합동법률사무소 명의로 공증을 받은 경우
㉢ 법원의 촉탁에 의하여 부실등기가 이루어진 경우
㉣ 원래 자신의 소유인 부동산에 대하여 허위의 보증서를 작성, 등기소에 제출하여 자기 명의로 소유권이전등기를 받은 경우
㉤ 법원에 허위 내용의 조정신청서를 제출하여 판사로 하여금 조정조서에 부실의 사실을 기재하게 한 경우

① 1개   ② 2개   ③ 3개   ④ 4개

해설

㉠【X】형법 제228조에서 말하는 공정증서란 권리의무에 관한 공정증서만을 가리키는 것이고 사실증명에 관한 것은 이에 포함되지 아니하므로 권리의무에 변동을 주는 효력이 없는 토지대장은 위에서 말하는 공정증서에 해당하지 아니한다(대판 1988.5.24. 87도2696).

㉡【O】간이절차에 의한 민사분쟁사건처리특례법에 의하여 합동법률사무소 명의로 작성된 공증에 관한 문서는 형법상의 공문서에 해당되고 동 합동법률사무소의 구성원인 변호사에게 허위신고를 하여서 동 합동법률사무소 명의의 공정증서에 부실의 사실을 기재하게 한 행위는 형법 제228조 제1항에 해당된다(대판 1977.8.23. 74도2715(全)).

㉢【X】공정증서원본부실기재죄에 있어서의 부실의 기재는 당사자의 허위신고에 의하여 이루어져야 하므로 법원의 촉탁에 의하여 이루어진 경우에는 가령 그 전제절차에 허위적 요소가 있다 하더라도 그것은 법원의 촉탁에 의하여 이루어진 것이지 당사자의 허위신고에 의하여 이루어진 것이 아니므로 공정증서원본부실기재죄를 구성하지 않는다(대판 1983.12.27. 83도2442).

㉣【X】허위의 보증서를 발급받아 부동산소유권이전등기부에 관한 특별조치법에 의거 소유권이전등기를 거쳤더라도 그것이 권리의 실체관계에 부합하는 등기라면 공정증서에 부실의 사실을 기재하였다고는 할 수 없다(대판 1984.12.11. 84도2285).

㉤【X】[1] 형법 제228조 제1항이 규정하는 공정증서원본 부실기재죄는 공무원에 대하여 진실에 반하는 허위신고를 하여 공정증서원본에 그 증명하는 사항에 관하여 실체관계에 부합하지 아니하는 부실의 사실을 기재하게 함으로써 성립하는 범죄로서, 위 죄의 객체인 공정증서원본은 그 성질상 허위신고에 의해 부실한 사실이 그대로 기재될 수 있는 공문서이어야 한다고 할 것인바, 민사조정법상 조정신청에 의한 조정제도는 원칙적으로 조정신청인의 신청 취지에 구애됨이 없이 조정담당판사 등이 제반 사정을 고려하여 당사자들에게 상호 양보하여 합의하도록 권유·주선함으로써 화해에 이르게 하는 제도인 점에 비추어, 그 조정절차에서 작성되는 조정조서는 그 성질상 허위신고에 의해 부실한 사실이 그대로 기재될 수 있는 공문서로 볼 수 없어 공정증서원본에 해당하는 것으로 볼 수 없다.
[2] 법원에 허위 내용의 조정신청서를 제출하여 판사로 하여금 조정조서에 부실의 사실을 기재하게 하였다는 취지의 공정증서원본부실기재의 공소사실에 대하여, 위 조정조서가 공정증서원본에 해당한다고 판단하여 유죄로 인정한 원심판단에 법리오해의 위법이 있다고 한 사례(대판 2010.6.10. 2010도3232).

정답 ①

58 공정증서원본부실기재죄 등에 관한 설명 중 옳은 것은 모두 몇 개인가?

㉠ 실제로는 채권·채무관계가 존재하지 아니함에도 공증인에게 허위신고를 하여 가장된 금전채권에 대하여 집행력이 있는 공정증서원본을 작성하고 이를 비치하게 한 것이라면 공정증서원본부실기재죄 및 부실기재공정증서원본행사죄가 성립한다.

㉡ 소유권보존등기가 되어 있지 않은 종중 소유의 부동산을 종중 명의로 소유권보존등기를 함에 있어서, 종중 대표자를 허위로 등재한 경우, 종중 대표자의 기재는 중요한 부분의 기재가 아니므로 공정증서원본부실기재죄가 성립하지 않는다.

㉢ 재건축조합 임시총회의 소집절차나 결의방법이 법령이나 정관에 위반되어 임원개임결의가 사법상 무효라고 하더라도, 실제로 재건축조합의 조합총회에서 그와 같은 내용의 임원개임결의가 이루어졌고 그 결의에 따라 임원변경등기를 마쳤다면 특별한 사정이 없는 한 공정증서원본부실기재죄가 성립하지 않는다.

㉣ 유상증자 등기의 신청 시 발행주식 총수 및 자본의 총액이 증가한 사실이 허위임을 알면서 증자등기를 신청하여 상업등기부 원본에 그 기재를 하게 한 경우, 등기신청서류로 제출된 주금납입금보관증명서가 위조된 것임을 몰랐다고 하더라도 공정증서원본부실기재죄가 성립한다.

㉤ 부동산 매수인이 매도인과 사이에 부동산의 소유권이전에 관한 물권적 합의가 없는 상태에서, 소유권이전등기신청에 관한 대리권이 없이 단지 소유권이전등기에 필요한 서류를 보관하고 있을 뿐인 법무사를 기망하여 매수인 명의의 소유권이전등기를 신청하게 하여 그 등기가 완료된 경우, 이는 단지 소유권이전등기신청절차에 하자가 있는 것에 불과하여 공정증서원본부실기재죄가 성립하지 않는다.

① 1개 ② 2개 ③ 3개 ④ 4개

해설

㉠ 【 O 】 대판 2007.7.12. 2007도3005
㉡ 【 X 】 비록 종중 소유의 부동산은 종중 총회의 결의를 얻어야 유효하게 처분할 수 있다 하더라도 거래 상대방으로서는 부동산등기부상에 표시된 종중 대표자를 신뢰하고 거래하는 것이 일반적이라는 점 등에 비추어 보면, 종중 대표자의 기재는 당해 부동산의 처분권한과 관련된 중요한 부분의 기재로서 이에 대한 공공의 신용을 보호할 필요가 있으므로 이를 허위로 등재한 경우에는 공정증서원본부실기재죄의 대상이 되는 부실의 기재에 해당한다(대판 2006.1.13. 2005도4790).
㉢ 【 O 】 대판 2004.10.15. 2004도3584
㉣ 【 O 】 대판 2006.10.26. 2006도5147
㉤ 【 X 】 부동산 매수인이 매도인과 사이에 부동산의 소유권이전에 관한 물권적 합의가 없는 상태에서, 소유권이전등기신청에 관한 대리권이 없이 단지 소유권이전등기에 필요한 서류를 보관하고 있을 뿐인 법무사를 기망하여 매수인 명의의 소유권이전등기를 신청하게 한 경우, 이는 단지 소유권이전등기신청절차에 하자가 있는 것에 불과한 것이 아니라 허위의 사실을 신고한 것이라고 보아야 하고, 위 소유권이전등기는 원인무효의 등기로서 부실기재에 해당한다는 이유로, 공정증서원본부실기재죄가 성립한다고 한 사례(대판 2006.3.10. 2005도9402).

정답 ③

59 공정증서원본부실기재에 관한 다음 설명 중 가장 옳은 것은?

① 부동산에 관하여 경료된 소유권이전등기나 보존등기가 절차상 하자가 있거나 등기원인이 실재와 다르다면 그 등기가 실체적 권리관계에 부합하는 유효한 등기라 하더라도 공정증서원본부실기재죄가 성립한다.
② 가장매매로 인한 소유권이전등기를 경료한 경우에는 공정증서원본부실기재 및 동행사죄가 성립한다.
③ 발행인과 수취인이 통모하여 진정한 어음채무 부담이나 어음채권 취득 의사 없이 단지 발행인의 채권자에게서 채권 추심이나 강제집행을 받는 것을 회피하기 위하여 형식적으로만 약속어음의 발행을 가장한 후 공증인에게 마치 진정한 어음발행행위가 있는 것처럼 허위로 신고하여 어음공정증서원본을 작성·비치하게 한 경우에 공정증서원본부실기재 및 동행사죄가 성립한다.
④ 타인의 부동산을 자기의 소유라고 허위의 사실을 신고하여 소유권이전등기를 경료한 이후라면 그 부동산이 자기의 소유인 것처럼 가장하여 그 부동산에 관하여 자기 명의로 채권자와의 사이에 근저당권설정등기를 경료한 경우 별도로 공정증서원본부실기재 및 동행사죄가 성립하지 않는다.
⑤ 협의상 이혼의 의사표시가 기망에 의하여 이루어져 호적에 그 협의상 이혼사실이 기재되었다면 공정증서원본부실기재죄가 성립한다.

[해설]

① 【X】 부동산에 관하여 경료된 소유권이전등기나 보존등기가 절차상 하자가 있거나 등기원인이 실재와 다르다 하더라도 그 등기가 실체적 권리관계에 부합하는 유효한 등기인 경우에는 공정증서원본부실기재죄가 성립하지 아니한다(대판 1998.4.14. 98도16).
② 【X】 피고인이 부동산에 관하여 가장매매를 원인으로 소유권이전등기를 경료하였더라도, 그 당사자 사이에는 소유권이전등기를 경료시킬 의사는 있었다고 할 것이므로 공정증서원본부실기재죄 및 동행사죄는 성립하지 않는다(대판 2011.7.14. 2010도1025).
  ◎ 부동산을 관리·보전하는 방법으로 이를 타에 신탁하는 의사로서 그 소유권이전등기를 한 경우에는 그 원인을 매매로 가장하였다 하더라도 공정증서원본부실기재죄는 성립하지 않는다.
③ 【O】 대판 2012.4.26. 2009도5786
④ 【X】 근저당권은 근저당물의 소유자가 아니면 설정할 수 없으므로 타인의 부동산을 자기 또는 제3자의 소유라고 허위의 사실을 신고하여 소유권이전등기를 경료한 후 나아가 그 부동산이 자기 또는 당해 제3자의 소유인 것처럼 가장하여 그 부동산에 관하여 자기 또는 당해 제3자 명의로 채권자와의 사이에 근저당권설정등기를 경료한 경우에는 공정증서원본부실기재 및 동행사죄가 성립한다(대판 1997.7.25. 97도605).
⑤ 【X】 협의상 이혼의 의사표시가 기망에 의하여 이루어진 것일지라도 그것이 취소되기까지는 유효하게 존재하는 것이므로, 협의상 이혼의사의 합치에 따라 이혼신고를 하여 호적에 그 협의상 이혼사실이 기재되었다면, 이는 공정증서원본부실기재죄에 정한 부실의 사실에 해당하지 않는다(대판 1997.1.24. 95도448).

정답 ③

60 다음 중 공정증서원본부실기재죄가 성립하는 경우는 모두 몇 개인가?

> ㉠ 해외이주의 목적으로 위장결혼을 하고 혼인신고를 한 경우
> ㉡ 적법하게 취득된 토지인 것으로 잘못 알고 실체관계에 부합하게 하기 위하여 소유권보존등기를 경료한 경우
> ㉢ 등기원인을 명의신탁 대신에 매매라고 기재한 경우
> ㉣ 부동산에 관하여 가장매매를 원인으로 소유권이전등기를 경료한 경우
> ㉤ 1인 주주회사에 있어서 1인 주주가 이사를 상법 소정의 형식적 절차를 거치지 않고 해임하였다는 내용을 법인등기부에 기재케 한 경우

① 1개 ② 2개 ③ 3개 ④ 4개

[해설]

㉠ 【 O 】 피고인들이 중국 국적의 조선족 여자들과 참다운 부부관계를 설정할 의사 없이 단지 그들의 국내 취업을 위한 입국을 가능하게 할 목적으로 형식상 혼인하기로 한 것이라면, 피고인들과 조선족 여자들 사이에는 혼인의 계출에 관하여는 의사의 합치가 있었으나 참다운 부부관계의 설정을 바라는 효과의사는 없었다고 인정되므로 피고인들의 혼인은 우리나라의 법에 의하여 혼인으로서의 실질적 성립요건을 갖추지 못하여 그 효력이 없고, 따라서 피고인들이 중국에서 중국의 방식에 따라 혼인식을 거행하였다고 하더라도 우리나라의 법에 비추어 그 효력이 없는 혼인의 신고를 한 이상 피고인들의 행위는 공정증서원본부실기재 및 동행사죄의 죄책을 면할 수 없다고 한 사례(대판 1996.11.22. 96도2049).

㉡ 【 X 】 [1] 공정증서원본부실기재죄는 허위신고에 의하여 부실의 사실을 기재한다는 점에 대한 인식이 있을 것을 요하는 고의범이므로 객관적으로 부실의 기재가 있다 하여도 그에 대한 인식이 없는 경우에는 본죄가 성립하지 않는다.
[2] 피고인이 자신의 부친이 적법하게 취득한 토지인 것으로 알고 실체관계에 부합하게 하기 위하여 소유권보존등기를 경료한 경우 등기 당시 부실기재의 점에 대한 고의 내지 인식이 없었다고 보아 공정증서원본부실기재 및 동행사죄가 성립하지 않는다고 한 사례(대판 1996.4.26. 95도2468).

㉢ 【 X 】 공정증서원본부실기재죄에서의 '부실사실의 기재'란 등기관계·회사관계·호적관계 등에서 중요한 점에 객관적 사실에 반하는 사실을 기재하는 것이므로, 등기원인을 명의신탁이 아닌 매매라고 기재된 경우(대판 1967.7.11. 65도592)에는 이에 해당하지 않는다.

㉣ 【 X 】 피고인이 부동산에 관하여 가장매매를 원인으로 소유권이전등기를 경료하였더라도, 그 당사자 사이에는 소유권이전등기를 경료시킬 의사는 있었다고 할 것이므로 공정증서원본부실기재죄 및 동행사죄는 성립하지 않고, 또한 등기의무자와 등기권리자(피고인)간의 소유권이전등기신청의 합의에 따라 소유권이전등기가 된 이상, 등기의무자 명의의 소유권이전등기가 원인이 무효인 등기로서 피고인이 그 점을 알고 있었다고 하더라도, 특별한 사정이 없는 한 바로 피고인이 등기부에 부실의 사실을 기재하게 하였다고 볼 것은 아니다(대판 1991.9.24. 91도1164).

㉤ 【 X 】 1인주주회사에 있어서는 그 1인주주의 의사가 바로 주주총회 및 이사회의 결의로서 1인주주는 타인을 이사 등으로 선임하였다 하더라도 언제든지 해임할 수 있으므로, 1인주주인 피고인이 특정인과의 합의가 없이 주주총회의 소집 등 상법 소정의 형식적인 절차도 거치지 않고 특정인을 이사의 지위에서 해임하였다는 내용을 법인등기부에 기재하게 하였다고 하더라도 공정증서원본에 부실의 사항을 기재케 한 것이라고 할 수는 없다(대판 1996.6.11. 95도2817).

[정답] ①

61. 공정증서원본부실기재죄에 관한 다음 설명 중 가장 타당하다고 할 수 없는 것은?

① 기재 내용이 실체법률관계와 일치한다면 사망자를 상대로 승소판결을 받아 소유권이전등기를 한 절차상 하자가 있더라도 공정증서원본등부실기재죄는 성립하지 않는다.
② 주금의 납입이 오로지 증자에 즈음하여 등기를 하기 위한 편법에 지나지 아니한 이른바 가장납입의 방법으로 증자등기를 한 경우 공정증서원본등부실기재죄가 성립한다.
③ 타인의 부동산을 자기 또는 제3자의 소유라고 허위의 사실을 신고하여 소유권이전등기를 경료한 이후라면 그 부동산이 자기 또는 당해 제3자의 소유인 것처럼 가장하여 그 부동산에 관하여 자기 또는 당해 제3자 명의로 채권자와의 사이에 근저당권설정등기를 경료한 경우 별도로 공정증서원본부실기재죄가 성립하지 아니한다.
④ 피고인과 매도인 사이에 매매계약이 성립한 후 계약금과 대부분의 중도금이 지급되었고 매도인이 법무사에게 소유권이전등기에 필요한 서류 일체를 맡기고 나중에 잔금지급이 되면 그 등기신청을 하도록 위임하였는데, 피고인이 법무사를 기망하여 법무사가 잔금이 모두 지급된 것으로 잘못 알고 등기신청을 하여 그 소유권이전등기를 경료한 경우 공정증서원본부실기재죄가 성립하지 아니한다.

[해설]
① 【O】 피고인이 사망한 부동산등기 명의인을 상대로 매매를 원인으로 하는 소유권이전등기절차 이행청구의 소를 제기하여 의제자백에 의한 승소판결을 받고 이에 기하여 피고인 명의로 소유권이전등기를 경료하였다고 하여도 동 등기가 실체적 권리관계에 부합하는 유효한 등기라면 그 등기원인이 다르다 하여도 형사상 부실의 등기라고 할 수 없다(대판 1982.1.12. 81도1702).
② 【O】 대판 1987.11.10. 87도2072
③ 【X】 근저당권은 근저당물의 소유자가 아니면 설정할 수 없으므로 타인의 부동산을 자기 또는 제3자의 소유라고 허위의 사실을 신고하여 소유권이전등기를 경료한 후 나아가 그 부동산이 자기 또는 당해 제3자의 소유인 것처럼 가장하여 그 부동산에 관하여 자기 또는 당해 제3자 명의로 채권자와의 사이에 근저당권설정등기를 경료한 경우에는 공정증서원본부실기재 및 동행사죄가 성립한다(대판 1997.7.25. 97도605).
④ 【O】 대판 1996.6.11. 96도233

정답 ③

62. 일반인인 甲은 예비군훈련을 받은 사실이 없음에도 불구하고 소속 예비군동대 방위병인 乙에게 예비군훈련을 받았다는 확인서를 발급해 달라고 부탁하였다. 乙은 작성권자인 예비군 동대장 丙에게 甲의 훈련사실을 허위보고한 뒤 丙명의의 예비군훈련확인서를 발급하여 甲에게 교부하였다. 甲의 죄책은?

① 공문서위조죄의 교사범
② 공문서위조죄의 정범
③ 허위공문서작성죄의 간접정범의 공범
④ 공무원의 신분이 없으므로 무죄

[해설]
공문서의 작성권한이 있는 공무원의 직무를 보좌하는 자가 그 직위를 이용하여 행사할 목적으로 허위의 내용이 기재된 문서 초안을 그 정을 모르는 상사에게 제출하여 결재하도록 하는 등의 방법으로 작성권한이 있는 공무원으로 하여금 허위의 공문서를 작성하게 한 경우에는 간접정범이 성립되고 이와 공모한 자 역시 그 간접정범의 공범으로서의 죄책을 면할 수 없는 것이고, 여기서 말하는 공범은 반드시 공무원의 신분이 있는 자로 한정되는 것은 아니라고 할 것이다(대판 1992.1.17. 91도2837).

정답 ③

63. 문서에 관한 죄에 관한 다음 설명 중 옳지 않은 것으로 짝지어진 것은?

㉠ 외국에서 발행되어 유효기간이 경과한 타인의 국제운전면허증에 붙어있던 타인의 사진을 떼어내고 그 자리에 자신의 사진을 붙였다면 사문서위조죄가 성립한다.
㉡ 허위로 작성된 공문서를 그 동일성을 해하지 아니하는 정도로 변경을 가하였다면 공문서변조죄가 성립한다.
㉢ 공무원이 허위공문서를 기안하여 그 정을 모르는 작성권자의 결재를 받아 공문서를 완성한 때에는 허위공문서작성죄의 간접정범이 성립한다.
㉣ 고소사건의 담당 경찰관은 경찰 범죄정보시스템에 접근하여 당해 사건의 처리정보를 입력할 수 있는 정당한 권한을 가진 자이므로 고소사건을 처리하지 아니하였더라도 그 사건을 검찰에 송치한 것으로 입력한 행위만으로는 공전자기록위작죄가 성립하지 아니한다.

① ㉠, ㉡   ② ㉠, ㉣   ③ ㉡, ㉢   ④ ㉡, ㉣

해설

㉠ 【O】 문서위조죄는 문서의 진정에 대한 공공의 신용을 그 보호법익으로 하는 것이므로, 피고인이 위조하였다는 국제운전면허증이 그 유효기간을 경과하여 본래의 용법에 따라 사용할 수는 없게 되었다고 하더라도, 이를 행사하는 경우 그 상대방이 유효기간을 쉽게 알 수 없도록 되어 있거나 위 문서 자체가 진정하게 작성된 것으로서 피고인이 명의자로부터 국제운전면허를 받은 것으로 오신하기에 충분한 정도의 형식과 외관을 갖추고 있다면 피고인의 행위는 문서위조죄에 해당한다고 보아야 할 것이다(대판 1998.4.10. 98도164). 17. 경찰간부

㉡ 【X】 공문서변조라 함은 권한없이 이미 진정하게 성립된 공무원 또는 공무소명의 문서내용에 대하여 그 동일성을 해하지 아니할 정도로 변경을 가하는 것을 말한다 할 것인바, 폐품반납증은 이미 허위로 작성된 공문서이므로 형법 제225조 소정의 공문서변조죄의 객체가 되지 아니한다 할 것이고 따라서 피고인(A)의 공문서변조 및 동행사죄와 이를 교사한 피고인(B)의 공문서교사죄는 각 해당 범죄를 구성하지 아니한다(대판 1986.11.11. 86도1984). 17. 경찰간부

㉢ 【O】 허위공문서작성죄의 주체는 그 문서를 작성할 권한이 있는 명의인인 공무원에 한하고, 그 공무원의 문서작성을 보조하는 직무에 종사하는 공무원은 위 죄의 주체가 되지 못하므로 보조 공무원이 허위공문서를 기안하여 그 정을 모르는 작성권자의 결재를 받아 공문서를 완성한 때에는 허위공문서작성죄의 간접정범이 되고, 이러한 결재를 거치지 않고 임의로 허위내용의 공문서를 완성한 때에는 공문서위조죄가 성립한다(대판 1981.7.28. 81도898). 17. 경찰간부

㉣ 【X】 경찰관이 고소사건을 처리하지 아니하였음에도 경찰범죄정보시스템에 그 사건을 검찰에 송치한 것으로 허위사실을 입력한 행위가 공전자기록위작죄에서 말하는 위작에 해당한다(대판 2005.6.9. 2004도6132). 17. 경찰간부

정답 ④

64 문서에 관한 죄에 대한 다음 설명 중 옳지 않은 것은?

① 피고인이 기왕에 습득한 타인의 주민등록증을 피고인 가족의 것이라고 제시하면서 그 주민등록증 상의 명의 또는 가명으로 이동전화 가입신청을 한 경우 타인의 주민등록증을 본래의 사용 용도인 신분확인용으로 사용한 것이라고 볼 수 없으므로 공문서부정행사죄가 성립하지 않는다.
② 피고인이 함부로 타인의 명의를 사용하여 문서를 작성할 때 그 작성명의인의 인장이 찍히지 아니하였더라도 그 사람의 상호와 성명이 기재되어 그 명의자의 문서로 믿을만한 형식과 외관을 갖춘 경우에는 사문서위조죄가 성립한다.
③ 피고인이 위장결혼의 당사자 및 중국 측 브로커와 공모하여 허위로 결혼사진을 찍고, 혼인신고에 필요한 서류를 준비하여 위장결혼의 당사자에게 건네주었다면 공전자기록등부실기재죄의 실행에 착수한 것으로 볼 수 있다.
④ 종중의 신임 대표자 등이 선임되고 전임 대표자에 대한 직무집행정지가처분결정이 있은 후 위 가처분결정이 취소된 경우, 위 선임 결의가 무효라면 종전 임원이 위 가처분결정 이전에 작성한 이사회 의사록은 '자격을 모용하여 작성한 문서'가 아니고, 이를 위 가처분결정 이후에 행사하였다고 하더라도 자격모용작성사문서행사죄가 성립하지 않는다.

해설
① 【 O 】 대판 2003.2.26. 2002도4935
② 【 O 】 대판 2007.5.10. 2007도1674
③ 【 X 】 위 행위만으로는 공전자기록등부실기재죄의 실행에 착수한 것으로 보기 어렵다(대판 2009.9.24. 2009도4998)
④ 【 O 】 대판 2007.7.26. 2005도4072

정답 ③

65 문서의 부정행사죄에 대한 판례의 태도로서 옳지 않은 것은?

① 타인의 주민등록표등본을 그와 아무런 관련이 없는 사람이 마치 자신의 것인 것처럼 행사하였다 하더라도 공문서부정행사죄가 성립되지 아니한다.
② 화해조서 경정결정신청 기각결정문을 화해조서정본인 것처럼 등기서류로 제출·행사하였다고 하더라도 공문서부정행사죄는 성립하지 아니한다.
③ 피고인이 기왕에 습득한 타인의 주민등록증을 피고인 가족의 것이라고 제시하면서 그 주민등록증상의 명의 또는 가명으로 이동전화 가입신청을 한 경우라도 공문서부정행사죄는 성립하지 않는다.
④ 신원증명서의 본래의 취지에 따라 사용하였을지라도 피증명인의 의사에 의하지 아니하고 이를 사용하였다면 공문서부정행사죄가 성립한다.
⑤ 타인인 양 허위신고하여 자신의 사진과 지문이 찍힌 타인명의 주민등록증을 발급받아 소지하다가 이를 검문경찰관에게 제시한 경우

해설

① 【 O 】 대판 1999.5.14. 99도206
② 【 O 】 대판 1984.2.28. 82도2851
③ 【 O 】 타인의 주민등록증을 본래의 사용용도인 신분확인용으로 사용한 것이라고 볼 수 없어 공문서부정행사죄가 성립하지 않는다 (대판 2003.2.26. 2002도4935).
④ 【 X 】 형법 제230조 소정의 공문서부정행사죄는 사용권한자와 용도가 특정되어 작성된 공문서 또는 공도화를 사용권한 없는 자가 사용권한이 있는 것처럼 가장하여 부정한 목적으로 행사하거나 또는 권한 있는 자라도 정당한 용법에 반하여 부정하게 행사하는 경우에 성립되는 것인바, 신원증명서는 금치산 또는 한정치산의 선고를 받고 취소되지 않은 사실의 해당 여부를 증명하는 문서로서 사용권한자가 특정되어 있다고 할 수 없고 또 용도도 다양하며 반드시 피증명인만이 사용할 수 있는 것이 아니므로 문서상의 피증명인의 의사에 의하지 아니하고 사용하였다 하더라도 그것이 문서 본래의 취지에 따른 용도에 합치되는 이상 공문서부정행사죄는 성립되지 아니한다(대판 1993.5.11. 93도127).
⑤ 【 O 】 대판 1982.9.28. 82도1297

정답 ④

66 다음 설명 중 가장 적절하지 않은 것은?

① 신용장에 날인된 시중은행의 접수일부인은 사실증명에 관한 사문서에 해당되므로 위탁된 권한을 넘어서 신용장에 허위의 접수일부인을 날인한 것은 사문서위조죄에 해당한다.
② 토지거래 허가구역 안의 토지에 관하여 실제로는 매매계약을 체결하고서도 처음부터 토지거래허가를 잠탈하려는 목적으로 등기원인을 '증여'로 하여 소유권이전등기를 경료한 경우 공정증서원본불실기재죄에 해당한다.
③ 어떤 선박이 사고를 낸 것처럼 허위로 사고신고를 하면서 그 선박의 선박국적증서와 선박검사증서를 함께 제출하였다면, 그 본래의 용도를 벗어나 행사된 것으로 이와 같은 행위는 공문서부정행사죄에 해당한다.
④ 甲 교회 목사인 피고인이 자신을 지지하는 일부 교인들과 甲 교회를 탈퇴함으로써 대표자의 지위를 상실하였으나, 그 후 甲 교회 명의로 甲 교회 소유 부동산을 자신에게 매도하는 내용의 매매계약서를 작성하고 이를 행사한 행위는 사문서위조죄 및 위조사문서행사죄에 해당한다.

해설

① 【 O 】 대판 1979.10.30. 77도1879 13. 경찰
② 【 O 】 대판 2007.11.30. 2005도9922 13. 경찰
③ 【 X 】 어떤 선박이 사고를 낸 것처럼 허위로 사고신고를 하면서 그 선박의 선박국적증서와 선박검사증서를 함께 제출하였다고 하더라도, 선박국적증서와 선박검사증서는 위 선박의 국적과 항행할 수 있는 자격을 증명하기 위한 용도로 사용된 것일 뿐 그 본래의 용도를 벗어나 행사된 것으로 보기는 어려우므로, 이와 같은 행위는 공문서부정행사죄에 해당하지 않는다(대판 2009.2.26. 2008도10851). 13. 경찰
④ 【 O 】 대판 2011.1.13. 2010도9725 13. 경찰

정답 ③

67 다음 설명 중 가장 옳지 않은 것은?

① 인감증명서 발급업무를 담당하는 공무원이 발급을 신청한 본인이 직접 출두한 바 없음에도 불구하고 본인이 직접 신청하여 발급받은 것처럼 인감증명서에 기재하였다면, 이는 공문서위조죄가 아닌 허위공문서작성죄를 구성한다.

② 공문서를 작성하는 과정에서 법령 등을 잘못 적용하거나 적용하여야 할 법령 등을 적용하지 아니한 잘못이 있더라도 그 적용의 전제가 된 사실관계에 관하여 거짓된 기재가 없다면 허위공문서작성죄가 성립할 수 없고, 이는 그와 같은 잘못이 공무원의 고의에 기한 것이라도 달리 볼 수 없다.

③ 문서명의인이 이미 사망하였는데도 문서명의인이 생존하고 있다는 점이 문서의 중요한 내용을 이루거나 그 점을 전제로 문서가 작성되었다고 하더라도, 그러한 내용의 문서에 관하여 사망한 명의자의 승낙이 추정된다면 사문서위조죄가 성립하지 않는다.

④ 주식회사의 지배인이 직접 주식회사 명의 문서를 작성하는 행위는 위조나 자격모용사문서작성에 해당하지 않는 것이 원칙이고, 이는 그 문서의 내용이 진실에 반하는 허위이거나 권한을 남용하여 자기 또는 제3자의 이익을 도모할 목적으로 작성된 경우에도 마찬가지이다.

⑤ 이사회를 개최함에 있어 공소외 이사들이 그 참석 및 의결권의 행사에 관한 권한을 甲에게 위임하였다면, 그 이사들이 실제로 이사회에 참석하지도 않았는데 마치 참석하여 의결권을 행사한 것처럼 甲이 이사회 회의록에 기재하였다 하더라도 甲에게 사문서위조 및 동행사죄가 성립하지 않는다.

[해설]

① 【O】 인감증명서 발급업무를 담당하는 공무원이 발급을 신청한 본인이 직접 출두한 바 없음에도 불구하고 본인이 직접 신청하여 발급받은 것처럼 인감증명서에 기재하였다면, 이는 공문서위조죄가 아닌 허위공문서작성죄를 구성한다 할 것이다(대판 1997.7.11. 97도1082). 23. 법원행시

② 【O】 허위공문서작성죄는 공문서에 진실에 반하는 기재를 하는 때에 성립하는 범죄이므로, 공문서를 작성하는 과정에서 법령 등을 잘못 적용하거나 적용하여야 할 법령 등을 적용하지 아니한 잘못이 있더라도 그 적용의 전제가 된 사실관계에 관하여 거짓된 기재가 없다면 허위공문서작성죄가 성립할 수 없고, 이는 그와 같은 잘못이 공무원의 고의에 기한 것이라도 달리 볼 수 없다. 공문서 작성 과정에서 법령 등을 잘못 적용하였다고 하여 반드시 진실에 반하는 기재를 하여 공문서를 작성하게 되는 것은 아니므로, 공문서 작성 과정에서 법령 등의 적용에 잘못이 있다는 것과 기재된 공문서 내용이 허위인지 여부는 구별되어야 한다(대판 2021.9.16. 2019도18394). 23. 법원행시

③ 【X】 문서위조죄는 문서의 진정에 대한 공공의 신용을 보호법익으로 하는 것이므로 행사할 목적으로 작성된 사문서가 일반인으로 하여금 당해 명의인의 권한 내에서 작성된 문서라고 믿게 할 수 있는 정도의 형식과 외관을 갖추고 있으면 사문서위조죄가 성립하고, 위와 같은 요건을 구비한 이상 명의인이 문서의 작성일자 전에 이미 사망하였더라도 그러한 문서 역시 공공의 신용을 해할 위험성이 있으므로 사문서위조죄가 성립한다. 위와 같이 사망한 사람 명의의 사문서에 대하여도 문서에 대한 공공의 신용을 보호할 필요가 있다는 점을 고려하면, 문서명의인이 이미 사망하였는데도 문서명의인이 생존하고 있다는 점이 문서의 중요한 내용을 이루거나 그 점을 전제로 문서가 작성되었다면 이미 문서에 관한 공공의 신용을 해할 위험이 발생하였다 할 것이므로, 그러한 내용의 문서에 관하여 사망한 명의자의 승낙이 추정된다는 이유로 사문서위조죄의 성립을 부정할 수는 없다(대판 2011.9.29. 2011도6223). 23. 법원행시

④ 【O】 [1] 원래 주식회사의 지배인은 회사의 영업에 관하여 재판상 또는 재판 외의 모든 행위를 할 권한이 있으므로, 지배인이 직접 주식회사 명의 문서를 작성하는 행위는 위조나 자격모용사문서작성에 해당하지 않는 것이 원칙이고, 이는 그 문서의 내용이 진실에 반하는 허위이거나 권한을 남용하여 자기 또는 제3자의 이익을 도모할 목적으로 작성된 경우에도 마찬가지이다.
[2] 주식회사의 지배인이 자신을 그 회사의 대표이사로 표시하여 연대보증채무를 부담하는 취지의 회사 명의의 차용증을 작성·교부한 경우, 그 문서에 일부 허위 내용이 포함되거나 위 연대보증행위가 회사의 이익에 반하는 것이더라도 사문서위조 및 위조사문서행사에 해당하지 않는다(대판 2010.5.13. 2010도1040). 23. 법원행시

⑤ 【O】 이사회를 개최함에 있어 공소외 이사들이 그 참석 및 의결권의 행사에 관한 권한을 피고인에게 위임하였다면 그 이사들이 실제로 이사회에 참석하지도 않았는데 마치 참석하여 의결권을 행사한 것처럼 피고인이 이사회 회의록에 기재하였다 하더라도 이는 이른바 사문서의 무형위조에 해당할 따름이어서 처벌대상이 되지 아니한다(대판 1985.10.22. 85도1732). 23. 법원행시

정답 ③

68 문서에 관한 죄에 대한 설명으로 가장 적절한 것은?

① 형법은 사문서의 경우 무형위조만을 처벌하면서 예외적으로 유형위조를 처벌하는 태도를 취하고 있다.
② 공무원인 의사가 공무소의 명의로 허위의 진단서를 작성한 경우 허위공문서작성죄와 허위진단서작성죄가 성립하고 두 죄는 상상적 경합관계에 있다.
③ 공문서와 달리 사문서에 있어서는 권한 있는 사람의 허위작성을 예외적으로만 처벌하는 형법의 태도를 고려할 때, 형법 제232조의2에서 정하는 사전자기록등위작죄에서의 '위작'에 시스템의 설치 운영 주체로부터 각자의 직무 범위에서 개개의 단위정보의 입력 권한을 부여받은 사람이 그 권한을 남용하여 허위의 정보를 입력함으로써 시스템 설치 운영 주체의 의사에 반하는 전자기록을 생성하는 경우는 포함되지 않는다고 보아야 한다.
④ A회사의 대표이사 甲이 B회사의 대표이사 乙로부터 포괄적 위임을 받아 두 회사의 대표이사 업무를 처리하면서 두 회사 명의로 허위 내용의 영수증과 세금계산서를 작성한 사안에서, B회사 명의 부분은 乙의 개별적·구체적 위임 또는 승낙 없는 행위로서 사문서위조 및 위조사문서행사죄가 성립하지만, A회사 명의 부분은 이미 퇴직한 종전의 대표이사를 승낙 없이 대표이사로 표시하였더라도 이에 해당하지 않는다.

해설

① 【 X 】 유형위조는 공문서·사문서를 불문하고 모두 처벌하고 있으나, 무형위조의 사문서 작성은 원칙적으로 불가벌이지만 예외적으로 허위진단서작성죄는 처벌한다. 22. 경찰
② 【 X 】 허위진단서작성죄의 대상은 공무원이 아닌 의사가 사문서로서 진단서를 작성한 경우에 한정되고, 공무원인 의사가 공무소의 명의로 허위진단서를 작성한 경우에는 허위공문서작성죄만이 성립하고 허위진단서작성죄는 별도로 성립하지 않는다(대판 2004.4.9. 2003도7762). 22. 경찰
③ 【 X 】 시스템을 설치·운영하는 주체와의 관계에서 전자기록의 생성에 관여할 권한이 없는 사람이 전자기록을 작출하거나 전자기록의 생성에 필요한 단위정보의 입력을 하는 경우는 물론 시스템의 설치·운영 주체로부터 각자의 직무 범위에서 개개의 단위정보의 입력 권한을 부여받은 사람이 그 권한을 남용하여 허위의 정보를 입력함으로써 시스템 설치·운영 주체의 의사에 반하는 전자기록을 생성하는 경우도 공전자기록등위작죄에서 말하는 전자기록의 '위작'에 포함되고, 위 법리는 사전자기록등위작죄에서 행위의 태양으로 규정한 '위작'에 대해서도 마찬가지로 적용된다(대판 2020.8.27. 2019도11294). 22. 경찰
④ 【 O 】 A회사의 대표이사 甲이 B회사의 대표이사 乙로부터 포괄적 위임을 받아 두 회사의 대표이사 업무를 처리하면서 두 회사 명의로 허위 내용의 영수증과 세금계산서를 작성한 사안에서, B회사 명의 부분은 乙의 개별적·구체적 위임 또는 승낙 없는 행위로서 사문서위조 및 위조사문서행사죄가 성립하지만, A회사 명의 부분은 이미 퇴직한 종전의 대표이사를 승낙 없이 대표이사로 표시하였더라도 이에 해당하지 않는다고 한 사례(대판 2008.11.27. 2006도2016). 22. 경찰

정답 ④

69 다음 중 〈사례〉에서 문서에 관한 죄에 대한 설명으로 가장 옳은 것은?

> 甲은 야산에서 한 달 전 사망한 A의 지갑을 주웠는데, 그 지갑 속에는 B은행이 발행한 10만원권 자기앞수표 10장과 A의 운전면허증이 들어 있었다. 甲은 위 자기앞수표 10장을 유흥비로 사용하였다. 甲은 A의 운전면허증을 재발급받아 자신이 사용하기로 마음먹고, 운전면허시험장에 가서 운전면허증 재발급신청서에 자신의 사진을 붙이되 A의 이름과 인적사항을 기재하여 운전면허증 재발급 신청을 하였고, 이에 속은 담당공무원으로부터 甲의 사진이 부착된 A의 이름으로 된 운전면허증을 발급받았다. 그 후 甲은 운전 중 검문 경찰관으로부터 신분증제시 요구를 받고 A의 이름으로 된 운전면허증을 제시하였다.

① 甲이 검문경찰관에게 제시한 A 명의의 운전면허증은 진정하게 성립된 문서가 아니기 때문에 공문서 부정행사죄는 성립하지 않는다.
② 甲이 그 정을 모르는 담당공무원을 이용하여 운전면허증을 재발급받았으므로 공문서위조죄의 간접정범이 성립한다.
③ 甲이 권한 없이 A명의의 운전면허증 재발급신청서를 작성하였으므로 사문서위조죄가 성립한다.
④ 甲이 공무원에 대하여 허위신고를 하여 자동차 운전면허대장에 부실의 사실을 기재하게 하였다면, 공정증서원본부실기재죄(「형법」 제228조 제1항)가 성립한다.

해설 22. 해경

① 【 X 】 공문서부정행사죄는 그 사용권한자와 용도가 특정되어 작성된 공문서 또는 공도화를 사용권한 없는 자가 그 사용권한 있는 것처럼 가장하여 부정한 목적으로 행사한 때 또는 형식상 그 사용권한이 있는 자라도 그 정당한 용법에 반하여 부정하게 행사한 때에 성립한다고 해석할 것인바, 피고인이 공소외 A인 양 허위신고하여 피고인의 사진과 지문이 찍힌 공소외 A명의의 주민등록증을 발급받은 이상 주민등록증의 발행목적상 피고인에게 위 주민등록증에 부착된 사진의 인물이 공소외 A의 신원 상황을 가진 사람이라는 허위사실을 증명하는 용도로 이를 사용할 수 있는 권한이 없다는 사실을 인식하고 있었다고도 할 것이므로 이를 검문경찰관에게 제시하여 이러한 허위사실을 증명하는 용도로 사용한 것은 공문서 부정행사죄를 구성한다(대판 1982.9.28. 82도1297).
② 【 X 】 어느 문서의 작성권한을 갖는 공무원이 그 문서의 기재 사항을 인식하고 그 문서를 작성할 의사로써 이에 서명·날인하였다면, 설령 그 서명날인이 타인의 기망으로 착오에 빠진 결과 그 문서의 기재사항이 진실에 반함을 알지 못한 데 기인한다고 하여도, 그 문서의 성립은 진정하며 여기에 하등 작성명의를 모용한 사실이 있다고 할 수는 없으므로, 공무원 아닌 자가 관공서에 허위 내용의 증명원을 제출하여 그 내용이 허위인 정을 모르는 담당공무원으로부터 그 증명원 내용과 같은 증명서를 발급받은 경우 공문서위조죄의 간접정범으로 의율할 수는 없다(대판 2001.3.9. 2000도938).
③ 【 O 】 명의인이 실재하지 않는 허무인이거나 또는 문서의 작성일자 전에 이미 사망하였다고 하더라도 그러한 문서 역시 공공의 신용을 해할 위험성이 있으므로 문서위조죄가 성립한다고 봄이 상당하며, 이는 공문서뿐만 아니라 사문서의 경우에도 마찬가지라고 보아야 한다(대판 2005.2.24. 2002도18).
④ 【 X 】 자동차운전면허대장은 사실증명에 관한 것에 불과하므로 형법 제228조 제1항에서 말하는 공정증서원본이라고 볼 수 없다(대판 2010.6.10. 2010도1125).

정답 ③

제2절 유가증권 · 인지 · 우표에 관한 죄

◆ 지문의 내용에 대해 학설의 대립 등 다툼이 있는 경우 판례에 의함

01 유가증권에 관한 죄에 대한 설명이다. 아래 ㉠부터 ㉣까지의 설명 중 옳고 그름의 표시(○, ×)가 바르게 된 것은?

> ㉠ 유가증권이란 증권상에 표시된 재산상의 권리의 행사와 처분에 그 증권의 점유를 필요로 하는 것을 총칭하는 것으로서 재산권이 증권에 화체된다는 것, 그 권리의 행사와 처분에 증권의 점유를 필요로 한다는 것과 반드시 유통성을 가질 것을 필요로 한다.
> ㉡ 甲이 백지 약속어음의 액면란을 부당 보충하여 위조한 후 乙이 甲과 공모하여 금액란을 임의로 변경한 경우 乙의 행위는 유가증권위조나 변조에 해당하지 않는다.
> ㉢ A회사의 대표이사로 재직한 바 있는 甲이 A회사의 대표이사가 이미 乙로 변경된 이후임에도 불구하고, 이전부터 사용하여오던 자기 명의로 된 A회사 대표이사 명판을 이용하여 여전히 자신을 A회사 대표이사로 표시하여 약속어음을 발행하고 행사한 경우 유가증권위조죄 및 동행사죄가 성립한다.
> ㉣ 위조유가증권의 교부자와 피교부자가 서로 유가증권위조를 공모한 경우 그들 사이의 위조유가증권교부행위는 유가증권의 유통질서를 해할 우려가 있어 위조유가증권행사죄가 성립한다.

① ㉠ (○) ㉡ (×) ㉢ (○) ㉣ (×)
② ㉠ (×) ㉡ (○) ㉢ (×) ㉣ (○)
③ ㉠ (×) ㉡ (○) ㉢ (×) ㉣ (×)
④ ㉠ (×) ㉡ (×) ㉢ (×) ㉣ (○)

해설

㉠ 【 × 】 형법 제214조의 유가증권이란 증권상에 표시된 재산상의 권리의 행사와 처분에 그 증권의 점유를 필요로 하는 것을 총칭하는 것으로서 재산권이 증권에 화체된다는 것과 그 권리의 행사와 처분에 증권의 점유를 필요로 한다는 두 가지 요소를 갖추면 족하지 반드시 유통성을 가질 필요는 없다(대판 2001.8.24. 2001도2832). 19. 경찰승진

㉡ 【 ○ 】 유가증권변조죄에 있어서 변조라 함은 진정으로 성립된 유가증권의 내용에 권한 없는 자가 그 유가증권의 동일성을 해하지 않는 한도에서 변경을 가하는 것을 말하므로, 이미 타인에 의하여 위조된 약속어음의 기재사항을 권한 없이 변경하였다고 하더라도 유가증권변조죄는 성립하지 아니한다. 그리고 위조된 약속어음의 액면금액을 권한 없이 변경하는 것이 당초의 위조와는 별개의 새로운 유가증권위조로 된다고 할 수도 없다. 그러므로 권한 없이 보충됨으로써 위조되었다고 평가되는 약속어음에 있어서 그 위조행위자와 공모하여 그 금액란을 임의로 변경한 피고인의 행위를 같은 취지에서 무죄로 본 원심의 판단은 정당하다(대판 2008.12.24. 2008도9494). 19. 경찰승진

㉢ 【 × 】 주식회사 대표이사로 재직하던 피고인이 대표이사가 타인으로 변경되었음에도 불구하고 이전부터 사용하여 오던 피고인 명의로 된 위 회사 대표이사의 명판을 이용하여 여전히 피고인을 위 회사의 대표이사로 표시하여 약속어음을 발행, 행사하였다면, 설사 약속어음을 작성, 행사함에 있어 후임 대표이사의 승낙을 얻었다거나 위 회사의 실질적인 대표이사로서의 권한을 행사하는 피고인이 은행과의 당좌계약을 변경하는데에 시일이 걸려 잠정적으로 전임 대표이사인 그의 명판을 사용한 것이라 하더라도 이는 합법적인 대표이사로서의 권한 행사라 할 수 없어 **자격모용유가증권작성 및 동행사죄에 해당한다**(대판 1991.2.26. 90도577). 19. 경찰승진

㉣ 【 × 】 위조유가증권행사죄의 처벌목적은 유가증권의 유통질서를 보호하는 데 있는 만큼 단순히 문서의 신용성을 보호하고자 하는 위조공 · 사문서행사죄의 경우와는 달리 교부자가 진정 또는 진실한 유가증권인 것처럼 위조유가증권을 행사하였을 때뿐만 아니라 i) **위조유가증권임을 알고 있는 자에게** 교부하였더라도 피교부자가 이를 유통시킬 것임을 인식하고 교부하였다면, 그 교부행위 그 자체가 유가증권의 유통질서를 해할 우려가 있어 처벌의 이유와 필요성이 충분히 있으므로 위조유가증권행사죄가 성립한다고 보아야 할 것이지만, ii) **위조유가증권의 교부자와 피교부자가** 서로 유가증권위조를 공모하였거나 위조유가증권을 타에 행사하여 그 이익을 나누어 가질 것을 공모한 공범의 관계에 있다면, 그들 사이의 위조유가증권 교부행위는 그들 이외의 자에게 행사함으로써 범죄를 실현하기 위한 전단계의 행위에 불과한 것으로서 위조유가증권은 아직 범인들의 수중에 있다고 볼 것이지 행사되었다고 볼 수는 없다(대판 2010.12.9. 2010도12553). 19. 경찰승진

정답 ③

02 유가증권에 관한 죄에 대한 설명 중 가장 적절하지 않은 것은?

① 자기앞수표의 발행인이 수표의뢰인으로부터 수표자금을 입금받지 아니한 채 자기앞수표를 발행한 경우에는 허위유가증권작성죄가 성립한다.
② 「형법」 제214조의 유가증권이 되기 위해서는 재산권이 증권에 화체된다는 것과 그 권리의 행사와 처분에 증권의 점유를 필요로 한다는 두 가지 요소를 갖추면 족하지 반드시 유통성을 가질 필요는 없다.
③ 이미 타인에 의하여 위조된 약속어음의 기재사항을 권한 없이 변경하였다고 하더라도 유가증권변조죄는 성립하지 않는다.
④ 타인이 위조한 액면과 지급기일이 백지로 된 약속어음을 구입하여 행사의 목적으로 백지인 액면란에 금액을 기입하여 그 위조어음을 완성하는 행위는 백지어음 형태의 위조행위와 별개의 유가증권위조죄를 구성한다.

해설

① 【X】 형법 제216조 전단의 허위유가증권작성죄는 작성권한 있는 자가 자기 명의로 기본적 증권행위를 함에 있어서 유가증권의 효력에 영향을 미칠 기재사항에 관하여 진실에 반하는 내용을 기재하는 경우에 성립하는바, 자기앞수표의 발행인이 수표의뢰인으로부터 수표자금을 입금받지 아니한 채 자기앞수표를 발행하더라도 그 수표의 효력에는 아무런 영향이 없으므로 허위유가증권작성죄가 성립하지 아니한다(대판 2005.10.27. 2005도4528). 18. 경찰
② 【O】 형법 제214조의 유가증권이란 증권상에 표시된 재산상의 권리의 행사와 처분에 그 증권의 점유를 필요로 하는 것을 총칭하는 것으로서 재산권이 증권에 화체된다는 것과 그 권리의 행사와 처분에 증권의 점유를 필요로 한다는 두 가지 요소를 갖추면 족하지 반드시 유통성을 가질 필요는 없고, 비록 문방구 약속어음 용지를 이용하여 작성되었다고 하더라도 그 전체적인 형식·내용에 비추어 일반인이 진정한 것으로 오신할 정도의 약속어음 요건을 갖추고 있으면 당연히 형법상 유가증권에 해당한다(대판 2001.8.24. 2001도2832). 18. 경찰
③ 【O】 유가증권변조죄에 있어서 변조라 함은 진정으로 성립된 유가증권의 내용에 권한 없는 자가 그 유가증권의 동일성을 해하지 않는 한도에서 변경을 가하는 것을 말하므로, 이미 타인에 의하여 위조된 약속어음의 기재사항을 권한 없이 변경하였다고 하더라도 유가증권변조죄는 성립하지 아니한다. 그리고 위조된 약속어음의 액면금액을 권한 없이 변경하는 것이 당초의 위조와는 별개의 새로운 유가증권위조로 된다고 할 수도 없다(대판 2006.1.26. 2005도4764). 18. 경찰
④ 【O】 타인이 위조한 액면과 지급기일이 백지로 된 약속어음을 구입하여 행사의 목적으로 백지인 액면란에 금액을 기입하여 그 위조어음을 완성하는 행위는 백지어음 형태의 위조행위와 별개의 유가증권위조죄를 구성한다(대판 1982.6.22. 82도677). 18. 경찰

정답 ①

03 다음 설명 중 가장 옳지 않은 것은?

① 유가증권위조죄에 있어 모용되는 명의인은 반드시 실재할 필요가 없으므로 허무인 명의로 유가증권을 작성한 경우에도 유가증권위조죄가 성립할 수 있다.
② 백지어음에 대하여 취득자가 발행자와의 합의에 의하여 정하여진 보충권의 한도를 넘어 보충권을 남용하여 행사한 경우에는 유가증권위조죄가 성립한다.
③ 명의인을 기망하여 문서를 작성케 하는 경우는 서명·날인이 정당히 성립된 경우에도 기망자는 명의인을 이용하여 서명·날인자의 의사에 반하는 문서를 작성케 하는 것이므로 사문서위조죄가 성립한다.
④ 은행을 통하여 지급이 이루어지는 약속어음의 발행인이 그 발행을 위하여 은행에 신고된 것이 아닌 발행인의 다른 인장을 날인하였더라도 허위유가증권작성죄는 성립하지 아니한다.
⑤ 위조유가증권행사죄는 위조사문서행사죄와 달리 위조유가증권임을 알고 있는 자에게 교부하였더라도 위조유가증권행사죄가 성립하므로, 위조유가증권의 교부자와 피교부자가 유가증권위조를 공모한 공범관계에 있다고 하여도 위조유가증권행사죄는 성립한다.

[해설]

① 【O】 약속어음과 같이 유통성을 가진 유가증권의 위조는 일반거래의 신용을 해하게 될 위험성이 매우 크다는 점에서 적어도 행사할 목적으로 외형상 일반인으로 하여금 진정하게 작성된 유가증권이라고 오신케 할 수 있을 정도로 작성된 것이라면 그 발행명의인이 가령 실재하지 않은 사자 또는 허무인이라 하더라도 그 위조죄가 성립된다고 해석함이 상당하다(대판 2011.7.14. 2010도1025). 17. 법원행시

② 【O】 백지어음에 대하여 취득자가 발행자와의 합의에 의하여 정하여진 보충권의 한도를 넘어 보충을 한 경우에는 발행인의 서명날인 있는 기존의 약속 어음용지를 이용하여 새로운 약속어음을 발행하는 것에 해당하므로 위와 같은 보충권의 남용행위는 유가증권위조죄를 구성하는 것이다(대판 1989.12.12. 89도1264). 17. 법원행시

③ 【O】 명의인을 기망하여 문서를 작성케 하는 경우는 서명, 날인이 정당히 성립된 경우에도 기망자는 명의인을 이용하여 서명날인자의 의사에 반하는 문서를 작성케 하는 것이므로 사문서위조죄가 성립한다(대판 2000.6.13. 2000도778). 17. 법원행시

④ 【O】 은행을 통하여 지급이 이루어지는 약속어음의 발행인이 그 발행을 위하여 은행에 신고된 것이 아닌 발행인의 다른 인장을 날인하였다 하더라도 그것이 발행인의 인장인 이상 그 어음의 효력에는 아무런 영향이 없으므로 허위유가증권작성죄가 성립하지 아니한다(대판 2000.5.30. 2000도883). 17. 법원행시

⑤ 【X】 위조유가증권의 교부자와 피교부자가 서로 유가증권위조를 공모하였거나 위조유가증권을 타에 행사하여 그 이익을 나누어 가질 것을 공모한 공범의 관계에 있다면, 그들 사이의 위조유가증권교부행위는 그들 이외의 자에게 행사함으로써 범죄를 실현하기 위한 전단계의 행위에 불과한 것(위조유가증권은 아직 범인들의 수중에 있음)으로서 행사되었다고 볼 수는 없다(대판 2010.12.9. 2010도12553). 17. 법원행시

[정답] ⑤

04 스키장에서 아르바이트생으로 근무하는 甲은 매표소의 직원들이 자리를 비운 틈을 타 매표소 안으로 들어가 발매기를 임의 조작하여 회원용 리프트탑승권 수십 매를 부정발급한 후, 그 사실을 모두 알고 있는 친구 乙에게 액면금액의 절반을 받고 매도하였다. 甲과 乙의 죄책에 대한 설명으로 옳지 않은 것은?

① 甲이 리프트탑승권을 발급한 행위는 유가증권위조죄에 해당한다.
② 甲이 위조된 사실을 알고 있는 乙에게 리프트탑승권이 유통될 것임을 인식하면서 매도한 것이라면 위조유가증권행사죄에 해당한다.
③ 甲이 리프트탑승권을 취득한 행위는 절도죄에 해당한다.
④ 甲으로부터 리프트탑승권을 매수한 乙에게는 위조유가증권행사죄의 공동정범이 성립한다.

[해설] 17. 국가직 7급

① 【O】 회원용 리프트탑승권은 유가증권이고, 발매할 권한 없이 그곳에 설치된 발매기를 임의 조작함으로써 리프트탑승권을 부정발급하여 취득한 행위는 권한 없이 발매기를 조작함으로써 리프트탑승권을 위조하는 행위에 해당한다(대판 1998.11.24. 98도2967).

②③ 【O】, ④ 【X】 발매기에서 나오는 위조된 탑승권은 뜯어가기 전까지는 쌍방울개발의 소유 및 점유하에 있다고 보아야 할 것이므로, 발매할 권한 없이 발매기를 임의 조작함으로써 유가증권인 리프트탑승권을 위조하는 행위와 발매기로부터 위조되어 나오는 리프트탑승권을 절취하는 행위가 결합된 것이다. 나아가 그와 같이 위조된 리프트탑승권을 판매하는 행위는 일면으로는 위조된 리프트탑승권을 행사하는 행위임과 동시에 절취한 장물인 위조 리프트탑승권의 처분행위에 해당한다 할 것이다. 따라서 甲이 위 위조된 리프트탑승권을 위와 같은 방법으로 취득하였다는 정을 피고인(乙)이 알면서 이를 甲으로부터 매수하였다면 그러한 乙의 행위는 위조된 유가증권인 리프트탑승권에 대한 장물취득죄를 구성한다(대판 1998.11.24. 98도2967).

[참고]

위조유가증권임을 알고 있는 자에게 교부하였더라도 피교부자가 이를 유통시킬 것임을 인식하고 교부하였다면 그 교부행위 그 자체가 유가증권의 유통질서를 해할 우려가 있어 처벌의 이유와 필요성이 충분히 있다고 할 것이므로 위조유가증권행사죄가 성립한다고 보아야 할 것이다(대판 1983.6.14. 81도2492).

[정답] ④

05 유가증권위조죄의 객체가 되는 유가증권에 해당하지 않는 것은 모두 몇 개인가?

> ㉠ 공중전화카드 ㉡ 할부구매전표
> ㉢ 한국외환은행소비조합신용카드 ㉣ 허무인명의 유가증권
> ㉤ 발행일자가 기재되지 않은 수표 ㉥ 대표이사의 날인이 없는 주권
> ㉦ 복사한 약속어음
> ㉧ 발행인의 날인 대신 발행인 아닌 타인의 무인만이 있는 약속어음

① 2개   ② 3개   ③ 4개   ④ 5개

해설

설문의 유가증권에 해당하지 않는 것은 ㉦㉧ 2개이다.

- ㉦ 【 X 】 위조유가증권행사죄에 있어서의 유가증권이라 함은 위조된 유가증권의 원본을 말하는 것이지 전자복사기 등을 사용하여 기계적으로 복사한 사본은 이에 해당하지 않는다(대판 1998.2.13. 97도2922).
- ㉧ 【 X 】 피고인이 위조한 것이라는 가계수표가 발행인의 날인이 없는 것이라면 이는 일반인이 진정한 것으로 오신할 정도의 형식과 외관을 갖춘 수표라 할 수 없어 부정수표단속법 제5조 소정의 수표위조의 책임을 물을 수 없다. 약속어음도 마찬가지이다(대판 1985.9.10. 85도1501).

정답 ①

06 다음 중 유가증권이라고 볼 수 있는 것은 모두 몇 개인가?

> ㉠ 신용카드업자가 발행한 신용카드 ㉡ 전자복사기를 사용해 복사한 유가증권 사본
> ㉢ 문방구 약속어음 용지로 작성된 주권 ㉣ 스키장의 리프트 탑승권
> ㉤ 정기예탁금 증서 ㉥ 복권

① 2개   ② 3개   ③ 4개   ④ 5개

해설

- ㉠ 【 X 】 신용카드업자가 발행한 신용카드는 이를 소지함으로써 신용구매가 가능하고 금융의 편의를 받을 수 있다는 점에서 경제적 가치가 있다 하더라도, 그 자체에 경제적 가치가 화체되어 있거나 특정의 재산권을 표창하는 유가증권이라고 볼 수 없고, 단지 신용카드회원이 그 제시를 통하여 신용카드회원이라는 사실을 증명하거나 현금자동지급기 등에 주입하는 등의 방법으로 신용카드업자로부터 서비스를 받을 수 있는 증표로서의 가치를 갖는 것이다(대판 1999.7.9. 99도857).
- ㉡ 【 X 】 위조유가증권행사죄에 있어서의 유가증권이라 함은 위조된 유가증권의 원본을 말하는 것이지 전자복사기 등을 사용하여 기계적으로 복사한 사본은 이에 해당하지 않는다(대판 1998.2.13. 97도2922).
- ㉢ 【 O 】 형법 제214조의 유가증권이란 증권상에 표시된 재산상의 권리의 행사와 처분에 그 증권의 점유를 필요로 하는 것을 총칭하는 것으로서 재산권이 증권에 화체된다는 것과 그 권리의 행사와 처분에 증권의 점유를 필요로 한다는 두 가지 요소를 갖추면 족하지 반드시 유통성을 가질 필요는 없고, 또한 위 유가증권은 일반인이 진정한 것으로 오신할 정도의 형식과 외관을 갖추고 있으면 되므로 증권이 비록 문방구 약속어음 용지를 이용하여 작성되었다고 하더라도 그 전체적인 형식·내용에 비추어 일반인이 진정한 것으로 오신할 정도의 약속어음 요건을 갖추고 있으면 당연히 형법상 유가증권에 해당한다(대판 2001.8.24. 2001도2832).
- ㉣ 【 O 】 형법상 유가증권이라 함은 증권상에 표시된 재산상의 권리의 행사와 처분에 그 증권의 점유를 필요로 하는 것을 총칭하는 것이므로, 이 사건 회원용 리프트탑승권은 그와 같은 의미에서 유가증권의 일종이고, 제1심 공동피고인이 위와 같이 발매할 권한 없이 발매기를 임의 조작함으로써 리프트탑승권을 부정 발급한 행위가 유가증권인 리프트탑승권을 위조하는 행위에 해당함은 원심이 인정한 바와 같다(대판 1998.11.24. 98도2967).

⑩ 【 X 】 정기예탁금증서는 예탁금반환채권의 유통이나 행사를 목적으로 작성된 것이 아니고 채무자가 그 증서 소지인에게 변제하여 책임을 면할 목적으로 발행된 이른바 면책증서에 불과하여 위 증서의 점유가 예탁금반환채권을 행사함에 있어 그 조건이 된다고 볼 수 없는 것이라면 위 증권상에 표시된 권리가 그 증권에 화체되었다고 볼 수 없을 것이므로 위 증서는 형법 제216조, 제217조에서 규정된 유가증권에 해당하지 아니한다(대판 1984.11.27. 84도2147).
ⓑ 【 O 】 유가증권은 유통성보다 재산권의 화체에 더 중점이 있으므로 유통성은 그 요건이 아니다. 따라서 승차권, 경마투표권, 복권 등의 번호를 바꿨다면 유가증권 위조죄에 해당한다.

정답 ②

07 유가증권에 관한 죄에 대한 다음 설명 중 가장 적절하지 않은 것은?

① 위조유가증권임을 알고 있는 자에게 교부하였더라도 피교부자가 이를 유통시킬 것임을 인식하고 교부하였다면 그 교부행위 자체가 유가증권의 유통질서를 해할 우려가 있어 위조유가증권행사죄가 성립한다.
② 타인이 위조한 액면과 지급기일이 백지로 된 약속어음을 구입하여 행사의 목적으로 백지인 액면란에 금액을 기입하여 그 위조어음을 완성하는 행위는 백지어음 형태의 위조행위와는 별개의 유가증권위조죄를 구성한다.
③ 수표의 외관이 일반인으로 하여금 진정한 수표라고 신용하게 할 정도의 것이라면 동 수표가 수표요건을 결하여 실체법상 무효의 것이라 해도 위조죄는 성립한다.
④ 배서인이 약속어음 배서인의 주소를 허위로 기재한 경우, 배서인의 인적 동일성을 해하여 배서인이 누구인지를 알 수 없는 경우가 아니라고 하더라도 형법 제216조 소정의 허위유가증권작성죄가 성립한다.

해설
① 【 O 】 대판 2010.12.9. 2010도12553 13. 경찰승진
② 【 O 】 대판 1982.6.22. 82도677 13. 경찰승진
③ 【 O 】 대판 1973.6.12. 72도1796 13. 경찰승진
④ 【 X 】 배서인의 주소기재는 배서의 요건이 아니므로 약속어음 배서인의 주소를 허위로 기재하였다고 하더라도 그것이 배서인의 인적 동일성을 해하여 배서인이 누구인지를 알 수 없는 경우가 아닌 한 약속어음상의 권리관계에 아무런 영향을 미치지 않는다 할 것이고, 따라서 약속어음상의 권리에 아무런 영향을 미치지 않는 사항은 그것을 허위로 기재하더라도 형법 제216조 소정의 허위유가증권작성죄에 해당되지 않는다(대판 1986.6.24. 84도547). 13. 경찰승진

정답 ④

08 다음 유가증권에 관한 죄에 대한 설명 중 틀린 것은?

① 폐공중전화카드의 자기기록 부분에 전자정보를 기록하여 사용가능한 공중전화카드를 만든 행위는 유가증권위조죄에 해당한다.
② 위조된 약속어음임을 알고 있는 자에게 교부한 경우에는 약속어음을 진정 또는 진실한 약속어음인 것처럼 사용한 것이라고 할 수 없어 위조유가증권행사죄가 성립할 여지가 없다.
③ 주식회사 대표이사로 재직하던 피고인이 대표이사가 타인으로 변경되었음에도 이전부터 사용하여 오던 피고인 명의로 된 위 회사 대표이사의 명판을 이용하여 피고인을 위 회사의 대표이사로 표시하여 약속어음을 발행한 경우 후임 대표이사의 승낙을 얻었다고 하더라도 자격모용유가증권작성죄가 성립한다.
④ 배서인의 주소기재는 배서의 요건이 아니므로 약속어음 배서인의 주소를 허위로 기재하였다고 하더라도 그것이 배서인의 인적 동일성을 해하여 배서인이 누구인지를 알 수 없는 경우가 아닌 한 약속어음상의 권리관계에 아무런 영향을 미치지 않으므로, 그것을 허위로 기재하더라도 허위유가증권작성죄에 해당되지 않는다.

해설
① 【 O 】 대판 1998.2.27. 97도2483
② 【 X 】 위조유가증권행사죄의 처벌목적은 유가증권의 유통질서를 보호하는 데 있는 만큼 단순히 문서의 신용성을 보호하고자 하는 위조공·사문서행사죄의 경우와는 달리 교부자가 진정 또는 진실한 유가증권인 것처럼 위조유가증권을 행사하였을 때뿐만 아니라 위조유가증권임을 알고 있는 자에게 교부하였더라도 피교부자가 이를 유통시킬 것임을 인식하고 교부하였다면, 그 교부행위 그 자체가 유가증권의 유통질서를 해할 우려가 있어 처벌의 이유와 필요성이 충분히 있으므로 위조유가증권행사죄가 성립한다고 보아야 할 것이지만, 위조유가증권의 교부자와 피교부자가 서로 유가증권위조를 공모하였거나 위조유가증권을 타에 행사하여 그 이익을 나누어 가질 것을 공모한 공범의 관계에 있다면, 그들 사이의 위조유가증권 교부행위는 그들 이외의 자에게 행사함으로써 범죄를 실현하기 위한 전단계의 행위에 불과한 것으로서 위조유가증권은 아직 범인들의 수중에 있다고 볼 것이지 행사되었다고 볼 수는 없다(대판 2010.12.9. 2010도12553).
③ 【 O 】 대판 1991.2.26. 90도577
④ 【 O 】 대판 1986.6.24. 84도547

정답 ②

09 다음 중 타당하지 않은 것은?

① 유가증권에 관한 죄는 외국인의 국외범도 처벌의 대상으로 한다.
② 유가증권의 명의인의 실재 여부는 유가증권위조죄의 성립 여부에 장애를 주지 않는다.
③ 유가증권의 허위작성행위 자체에는 직접 관여한 바 없다 하더라도 타인에게 그 작성을 부탁하여 의사연락이 되고 그 타인으로 하여금 범행을 하게 하였다면 공모공동정범에 의한 허위작성죄가 성립한다.
④ 한국외환은행 소비조합 발행의 신용카드는 유가증권에 해당하지 않는다.

해설
① 【 O 】 형법 제5조 제5호
② 【 O 】 유가증권위조죄에 있어서 위조의 정도는 외형상 일반인으로 하여금 진정한 유가증권으로 오인될 만한 족하고 사법상의 유효성이나 명의인의 실재를 요구하지 않는다.
③ 【 O 】 대판 1985.8.19. 83도2575
④ 【 X 】 대판 1984.11.27. 84도1862

정답 ④

10 유가증권에 관한 죄에 대한 설명 중 틀린 것은?

① 기재사항이 누락되어 사법상 무효인 유가증권을 행사할 목적으로 위조하여 일반인으로 하여금 유효한 주권으로 오신시킬 정도의 외관을 갖춘 경우 유가증권위조죄가 성립한다.
② 행사할 목적으로 외형상 일반인으로 하여금 진정하게 작성된 유가증권이라고 오신케 할 수 있을 정도로 작성된 것이라면 그 발행명의인이 가령 실재하지 않는 사자 또는 허무인이라 하더라도 유가증권위조죄가 성립한다.
③ 위조된 유가증권을 그 정을 알고 있는 자에게 교부하였더라도 피교부자가 이를 유통시킬 것임을 인식하고 교부하였다면 위조유가증권행사죄가 성립한다.
④ 약속어음의 발행인으로부터 어음금액이 백지인 약속어음의 할인을 위임받은 자가 위임 범위 내에서 어음금액을 기재한 후 어음할인을 받으려고 하다가 그 목적을 이루지 못하자 유통되지 아니한 당해 약속어음을 원상태대로 발행인에게 반환하기 위하여 어음금액의 기재를 삭제하는 경우에도 유가증권변조죄가 성립한다.

해설
① 【 O 】 대판 1974.12.24. 74도294
② 【 O 】 대판 대판 2011.7.14. 2010도1025
③ 【 O 】 대판 1983.6.14. 81도2492
④ 【 X 】 약속어음의 발행인으로부터 어음금액이 백지인 약속어음의 할인을 위임받은 자가 위임 범위 내에서 어음금액을 기재한 후 어음할인을 받으려고 하다가 그 목적을 이루지 못하자 유통되지 아니한 당해 약속어음을 원상태대로 발행인에게 반환하기 위하여 어음금액의 기재를 삭제하는 것은 그 권한 범위 내에 속한다고 할 것이므로, 이를 유가증권변조라고 볼 수 없다(대판 2006.1.13. 2005도6267).

정답 ④

11 다음 중 허위유가증권작성죄가 성립하지 않는 경우는?

① 약속어음 작성권자의 승낙 내지 위임을 받아 약속어음을 작성함에 있어서 발행인 명의 아래 진실에 반하는 내용인 피고인의 인장을 날인하여 약속어음을 발행 교부한 경우
② 선하증권 기재의 화물을 인수하거나 확인하지도 아니하고 또한 선적할 선편조차 예약하거나 확보하지도 않은 상태에서 수출면장만을 확인한 채 실제로 선적한 사실이 없는 화물을 선적하였다는 내용의 선하증권을 발행한 경우
③ 유가증권의 허위작성행위 자체에는 직접 관여한 바 없이 타인에게 그 작성을 부탁하여 그 타인으로 하여금 범행을 하게 한 경우
④ 자기앞수표의 발행인이 수표의뢰인으로부터 수표자금을 입금 받지 아니한 채 자기앞수표를 발행한 경우

해설
① 【 O 】 형법 제19장 소정의 유가증권은 실체법상 유효한 유가증권만을 지칭하는 것이 아니고 절대적 요건 결여 등의 사유로 실체법상은 무효인 유가증권이라 할지라도 일반인으로 하여금 일견 유효한 유가증권이라고 오신케 할 수 있을 정도의 외관을 구비한 유가증권도 포함하는 것이고 약속어음 작성권자의 승낙 내지 위임을 받아 약속어음을 작성함에 있어서 발행인 명의 아래 진실에 반하는 내용인 피고인의 인장을 날인하여 일견 유효한 듯한 약속어음을 발행한 경우 허위유가증권작성죄 및 동행사죄가 성립한다(대판 1975.6.10. 74도2594).
② 【 O 】 화물이 선적되기도 전에 이른바 선선하증권을 발행하는 것이 해운업계의 관례라고 하더라도 이를 가리켜 정상적인 행위라거나 그 목적과 수단의 관계에서 보아 사회적 상당성이 있다고 할 수는 없으므로 피고인들이 위 행위가 죄가 되지 아니한다고 그릇 인식하였다고 하더라도 거기에 정당한 이유가 있는 경우라고 할 수 없으므로 허위유가증권작성죄의 죄책을 면할 수 없다(대판 1995.9.29. 95도803).
③ 【 O 】 유가증권의 허위작성행위 자체에는 직접관여한 바 없다 하더라도 타인에게 그 작성을 부탁하여 의사연락이 되고 그 타인으로 하여금 범행을 하게 하였다면 공모공동정범에 의한 허위작성죄가 성립한다(대판 1985.8.20. 83도2575).
④ 【 X 】 형법 제216조 전단의 허위유가증권작성죄는 작성권한 있는 자가 자기 명의로 기본적 증권행위를 함에 있어서 유가증권의 효력에 영향을 미칠 기재사항에 관하여 진실에 반하는 내용을 기재하는 경우에 성립하는바, 수표의뢰인으로부터 수표자금을 입금 받지 아니한 채 자기앞수표를 발행하더라도 그 수표의 효력에는 아무런 영향이 없으므로 허위유가증권작성죄가 성립하지 아니한다(대판 2005.10.27. 2005도4528).

정답 ④

12 다음 설명 중 가장 옳지 않은 것은?

① 위조유가증권의 교부자와 피교부자가 서로 유가증권위조를 공모하였거나 위조유가증권을 타인에게 행사하여 그 이익을 나누어 가질 것을 공모한 공범의 관계에 있다면, 그들 사이의 위조유가증권교부행위에 대하여는 위조유가증권행사죄가 성립하지 않는다.
② 수표에 기재되어야 할 수표행위자의 명칭은 비록 그 칭호가 본명이 아니라 하더라도 통상 그 명칭을 자기를 표시하는 것으로 거래상 사용하여 그것이 그 행위자를 지칭하는 것으로 인식되어 온 경우에는 그것을 수표상으로도 자기를 표시하는 칭호로 사용할 수 있으므로 본명이 아닌 통상의 명칭으로 수표에 배서한 경우 유가증권위조 및 위조유가증권행사죄가 성립하지 않는다.
③ 취업하기 위하여 변조된 국립대학 성적증명서를 제출하다가 현장에서 들켜서 취업에 실패한 경우 변조공문서행사죄의 기수범이 성립한다.
④ 발행인란에는 자기 이름으로 하고 배서란에만 타인의 이름과 도장을 사용하여 유가증권을 만든 경우 유가증권변조죄가 성립하지 않는다.
⑤ 주식회사의 설립업무 또는 증자업무를 담당한 자와 주식인수인이 사전 공모하여 주금납입취급은행 이외의 제3자로부터 납입금에 해당하는 금액을 차입하여 주금을 납입하고 납입취급은행으로부터 납입금보관증명서를 교부받아 회사의 설립등기절차 또는 증자등기절차를 마친 직후 이를 인출하여 회사를 위하여 위 차용금채무의 변제에 사용하는 경우, 상법상 납입가장죄, 형법상 공정증서원본부실기재죄, 부실기재공정증서원본행사죄, 업무상횡령죄가 성립한다.

[해설]

① 【 O 】 대판 2010.12.9. 2010도12553
② 【 O 】 대판 1996.5.10. 96도527
③ 【 O 】 위조·변조된 공·사문서의 행사란 문서의 내용을 상대방이 인식할 수 있는 상태에 두는 것이고, 위작·변작된 공·사특수매체기록등의 행사란 위작·변작된 기록을 정보처리 할 수 있는 상태에 두는 것이다. 결국, 설문의 경우는 변조공문서행사죄의 기수범이 성립한다.
④ 【 O 】 유가증권변조죄가 성립하지 않고 유가증권 기재 위조·변조죄가 성립한다. 동죄는 행사할 목적으로 유가증권의 권리·의무에 관한 기재를 위조 또는 변조함으로써 성립하는 범죄이다(제214조 제2항). 기본적 증권행위가 진정하게 성립된 후에 부수적 증권행위에 대한 위조·변조를 처벌하는 구성요건이다. 사례의 경우처럼 자기가 발행한 유가증권(수표나 어음 등)에 대하여 배서를 위조한 경우 등이 이에 해당한다.
⑤ 【 X 】 주식회사의 설립업무 또는 증자업무를 담당한 자와 주식인수인이 사전 공모하여 주금납입취급은행 이외의 제3자로부터 납입금에 해당하는 금액을 차입하여 주금을 납입하고 납입취급은행으로부터 납입금보관증명서를 교부받아 회사의 설립등기절차 또는 증자등기절차를 마친 직후 이를 인출하여 위 차용금채무의 변제에 사용하는 경우, 위와 같은 행위는 실질적으로 회사의 자본을 증가시키는 것이 아니고 등기를 위하여 납입을 가장하는 편법에 불과하여 주금의 납입 및 인출의 전과정에서 회사의 자본금에는 실제 아무런 변동이 없다고 보아야 할 것이므로, 그들에게 회사의 돈을 임의로 유용한다는 불법영득의 의사가 있다고 보기 어렵다 할 것이고, 이러한 관점에서 상법상 납입가장죄의 성립을 인정하는 이상 회사 자본이 실질적으로 증가됨을 전제로 한 업무상횡령죄가 성립한다고 할 수는 없다(대판 2004.6.17. 2003도7645 전합).

정답 ⑤

13 다음 중 甲의 행위와 그 행위에 대해 인정되는 죄명의 짝으로 옳지 않은 것을 모두 고르면?

㉠ 면사무소 호적계장인 甲이 호적정정사유가 없음을 알면서도 행사할 목적으로 乙의 호적부편제 중 乙의 딸의 호적기재 출생란, 주민등록번호란에 허위내용의 호적정정 기재를 한 후, 자신이 소지하고 있던 면장 丙의 실인을 찍고는 그 호적부가 정당하게 작성된 것처럼 비치한 경우 - 허위공문서작성죄 및 동행사죄

㉡ 甲이 권리의무에 관한 사문서인 乙 명의의 신탁증서 1통을 작성한 후 마치 다른 내용의 문서인 것처럼 乙에게 제시하여 날인을 받고, 이를 법원에 증거로 제출한 경우 - 사문서위조죄 및 동행사죄

㉢ 甲이 미리 서명날인만 받아 놓은 乙명의의 백지어음에 자기 마음대로 발행일, 금액, 수취인을 기재한 후, 乙을 상대로 약속어음금반환청구의 소를 제기하고, 그 청구를 대여금청구로 변경하면서 위 백지어음의 복사본을 증거로 제출한 경우 - 유가증권위조죄 및 동행사죄

㉣ A구청장 甲은 자신이 B구청장으로 전보되었다는 내용의 인사발령을 전화로 통보받은 후, A구청장의 권한에 속하는 건축허가에 관한 결재용지의 결재란에 서명한 경우 - 자격모용에 의한 공문서작성죄

㉤ A회사의 대표이사로 재직한 바 있는 甲이 A회사의 대표이사가 이미 乙로 변경된 이후임에도 불구하고, 이전부터 사용하여 오던 자기 명의로 된 A회사 대표이사의 명판을 이용하여 여전히 자신을 A회사의 대표이사로 표시하여 약속어음을 발행하고 행사한 경우 - 유가증권위조죄 및 동행사죄

① ㉠, ㉡, ㉢   ② ㉠, ㉢, ㉤   ③ ㉡, ㉣, ㉤   ④ ㉢, ㉣, ㉤

[해설]

㉠ 【 X 】 형법 제227조가 규정한 허위공문서작성죄는 그 문서를 작성할 권한이 있는 공무원이 허위내용의 공문서를 작성한 경우에 성립하는 것이고 그 공무원을 보조하는 직무에 종사하는 공무원이 작성권한을 가진 공무원의 결재도 받지 아니하고 임의로 허위내용의 공문서를 작성권한자 명의로 작성한 때에는 공문서위조죄가 성립한다고 할 것인바, 면사무소 호적계장이 면장의 결재 없이 호적의 출생년란, 주민등록번호란에 허위내용의 호적정정 기재를 한 경우에는 공문서위조 및 동행사죄를 구성하는 것은 별론으로 하고 형법 제227조가 규정한 허위공문서작성죄에 해당할 수는 없다(대판 1990.10.12. 90도1790). 17. 경찰간부

㉡ 【 O 】 대판 1983.6.28. 83도1036 17. 경찰간부

㉢ 【 X 】 위조유가증권행사죄에 있어서의 유가증권이라 함은 위조된 유가증권의 원본을 말하는 것이지 전자복사기 등을 사용하여 기계적으로 복사한 사본은 이에 해당하지 않는다(대판 1998.2.13. 97도2922). 甲에게는 유가증권위조죄만 성립하고, 위조유가증권행사죄는 성립하지 않는다. 17. 경찰간부

㉣ 【 O 】 대판 1993.4.27. 92도2688 17. 경찰간부

㉤ 【 X 】 자격모용유가증권작성 및 동행사죄에 해당한다(대판 1991.2.26. 90도577). 17. 경찰간부

정답 ②

14 다음 설명 중 옳고 그름의 표시(○, ×)가 바르게 된 것은?

> ㉠ 위조한 통화를 진정한 통화로서 유통에 놓겠다는 목적 없이 자신의 신용력을 증명하기 위하여 타인에게 보일 목적으로 통화를 위조한 경우에는 통화위조죄의 '행사할 목적'이 있다고 할 수 없다.
> ㉡ 서로 유가증권위조를 공모한 공범의 관계에 있는 자들 사이에서 위조유가증권을 교부하는 행위도 위조유가증권행사죄에 해당한다.
> ㉢ 허위로 작성된 공문서를 그 내용이 진실한 문서인 것처럼 관공서에 비치하는 행위는 허위공문서의 '행사'로 인정된다.
> ㉣ 문서가 위조되었다는 정을 아는 공범자에게 위조공문서를 교부하거나 제시하는 경우에는 위조공문서행사죄가 성립한다.

① ㉠ (○) ㉡ (×) ㉢ (○) ㉣ (×)
② ㉠ (○) ㉡ (×) ㉢ (×) ㉣ (○)
③ ㉠ (×) ㉡ (○) ㉢ (○) ㉣ (×)
④ ㉠ (×) ㉡ (×) ㉢ (○) ㉣ (○)

해설

㉠ 【 ○ 】 형법 제207조에서 정한 '행사할 목적'이란 유가증권위조의 경우와 달리 위조·변조한 통화를 **진정한 통화로서 유통에 놓겠다는** 목적을 말하므로, 자신의 신용력을 증명하기 위하여 타인에게 보일 목적으로 통화를 위조한 경우에는 행사할 목적이 있다고 할 수 없다(대판 2012.3.29. 2011도7704). 18. 경찰

㉡ 【 × 】 위조유가증권행사죄의 처벌목적은 유가증권의 유통질서를 보호하는 데 있는 만큼 단순히 문서의 신용성을 보호하고자 하는 위조공·사문서행사죄의 경우와는 달리 교부자가 진정 또는 진실한 유가증권인 것처럼 위조유가증권을 행사하였을 때뿐만 아니라 위조유가증권임을 알고 있는 자에게 교부하였더라도 피교부자가 이를 유통시킬 것임을 인식하고 교부하였다면, 그 교부행위 그 자체가 유가증권의 유통질서를 해할 우려가 있어 처벌의 이유와 필요성이 충분히 있으므로 위조유가증권행사죄가 성립한다고 보아야 할 것이지만, 위조유가증권의 교부자와 피교부자가 서로 유가증권위조를 공모하였거나 위조유가증권을 타에 행사하여 그 이익을 나누어 가질 것을 공모한 **공범의 관계에 있다면**, 그들 사이의 위조유가증권 교부행위는 그들 이외의 자에게 행사함으로써 범죄를 실현하기 위한 전단계의 행위에 불과한 것으로서 위조유가증권은 **아직 범인들의 수중에 있다고 볼 것**이지 행사되었다고 볼 수는 없다(대판 2010.12.9. 2010도12553). 18. 경찰

㉢ 【 ○ 】 행사란, 부진정 문서를 진정한 문서 또는 내용이 진실한 문서인 것처럼 사용하는 것을 말하며, 그 방법에는 제한이 없다. 따라서 진실한 문서인 것처럼 관공서에 비치하는 행위도 행사에 해당한다. 18. 경찰

㉣ 【 × 】 위조, 변조, 허위작성된 문서의 행사죄는 문서를 진정한 것 또는 그 내용이 진실한 것으로 각 사용하는 것을 말하는 것이므로, 그 문서가 위조, 변조, 허위작성되었다는 정을 아는 공범자 등에게 제시, 교부하는 경우 등에 있어서는 행사죄가 성립할 여지가 없다(대판 1986.2.25. 85도2798). 18. 경찰

정답 ①

15 유가증권, 우표와 인지에 관한 죄에 관한 다음 설명 중 옳지 않은 것은 모두 몇 개인가?

㉠ 구 부정수표단속법(2010. 3. 24. 법률 제10185호로 개정되기 전의 것, 이하 '구 부정수표 단속법'이라 한다) 제5조에서 처벌하는 행위는 수표의 발행에 관한 위조·변조를 말하고, 수표의 배서를 위조·변조한 경우에는 수표의 권리의무에 관한 기재를 위조·변조한 것으로서 형법 제214조 제2항에 해당하는지 여부는 별론으로 하고 구 부정수표 단속법 제5조에는 해당하지 않는다.

㉡ 유가증권변조죄에서 '변조'는 진정하게 성립된 유가증권의 내용에 권한 없는 자가 유가증권의 동일성을 해하지 않는 한도에서 변경을 가하는 것을 의미하므로, 유가증권의 내용 중 권한 없는 자에 의하여 이미 변조된 부분을 다시 권한없이 변경하였다고 하더라도 유가증권변조죄는 성립하지 않는다.

㉢ 자기앞수표의 발행인이 수표의뢰인으로부터 수표자금을 입금받지 아니한 채 자기앞수표를 발행하더라도 그 수표의 효력에는 아무런 영향이 없으므로 허위유가증권작성죄가 성립하지 아니한다.

㉣ 주식회사 대표이사로 재직하던 피고인이 대표이사가 타인으로 변경되었음에도 불구하고 이전부터 사용하여 오던 피고인 명의로 된 위 회사 대표이사의 명판을 이용하여 여전히 피고인을 위 회사의 대표이사로 표시하여 약속어음을 발행·행사한 경우 만일 약속어음을 작성·행사함에 있어 후임 대표이사의 승낙을 얻었다거나 위 회사의 실질적인 대표이사로서의 권한을 행사하는 피고인이 은행과의 당좌계약을 변경하는 데에 시일이 걸려 잠정적으로 전임 대표이사인 그의 명판을 사용한 것이라는 사정이 인정된다면 자격모용유가증권작성 및 동행사죄는 성립하지 않는다.

㉤ 위조우표취득죄 및 위조우표행사죄에 관한 형법 제219조 및 제218조 제2항 소정의 "행사"라 함은 위조된 대한민국 또는 외국의 우표를 진정한 우표로서 사용하는 것으로 반드시 우편요금의 납부용으로 사용하는 것에 한정되지 않고 우표수집의 대상으로서 매매하는 경우도 이에 해당된다.

① 없음　② 1개　③ 2개　④ 3개　⑤ 4개

16 다음 중 甲에게 괄호 안의 범죄가 성립되지 않는 경우는 모두 몇 개인가?

㉠ 甲이 인터넷을 통해 등기사항전부증명서를 열람·출력한 후 행사할 목적으로 그 증명서 하단의 열람 일시 부분을 수정 테이프로 지우고 복사해 둔 경우 (공문서변조죄)

㉡ 甲과 乙은 乙이 甲으로부터 1,000만원을 차용하는 것처럼 가장하여 乙의 연인 A로 하여금 이를 변제하도록 협박하기로 공모한 후, A를 보증인으로 하는 차용증을 작성하는 자리에서 甲이 위조된 100만원권 자기앞수표 10장이 들어있는 봉투를 乙에게 교부하면서 그 자기앞수표 자체를 봉투에서 꺼내거나 그 자기앞수표의 위조 사실을 모르는 A에게 보여주지 않은 경우 (위조유가증권행사죄)

㉢ 甲이 1995년에 미국에서 진정하게 발행된 미화 1달러권 지폐와 2달러권 지폐를 화폐수집가들이 수집하는 희귀화폐인 것처럼 만들어 행사할 목적으로 발행연도 '1995'를 빨간색으로 '1928'로 고치고, 발행번호와 미국 재무부를 상징하는 문양 및 재무부장관의 사인 부분을 지운 후 빨간색으로 다시 가공한 경우 (외국통용외국통화변조죄)

㉣ 甲은 A종중의 적법한 대표자가 아님에도 A종중 소유의 토지가 소유권보존등기가 되어 있지 않은 점을 이용하여, 자신이 A종중의 대표자인 것처럼 종중규약과 회의록을 허위로 작성한 후 이를 근거로 그 토지에 대하여 A종중을 소유자로, 甲을 A종중의 대표자로 소유권 보존등기를 경료하여, 부동산등기부상 자신을 A종중의 대표자로 등재되도록 한 경우 (공정증서원본불실기재죄)

㉤ 사법경찰관 甲은 검사로부터 '교통사고 피해자들로부터 사고 경위에 대해 구체적진술을 청취하여 운전자의 도주 여부에 대해 재수사할것'을 요청받고는, 행사할 목적으로 재수사 결과서를 작성하면서 피해자들로부터 실제 진술을 청취하지 않고도 그 재수사 결과서의 '재수사 결과'란에 자신의 독자적인 의견이나 추측에 불과한 것을 마치 피해자들로부터 직접 들은 진술인 것처럼 기재한 경우 (허위공문서작성죄)

① 없음   ② 1개   ③ 2개   ④ 3개   ⑤ 4개

해설

㉠ 【 O 】 피고인이 인터넷을 통하여 열람·출력한 등기사항전부증명서 하단의 열람 일시 부분을 수정 테이프로 지우고 복사해 두었다가 이를 타인에게 교부하여 공문서변조 및 변조공문서행사로 기소된 사안에서, 피고인이 등기사항전부증명서의 열람 일시를 삭제하여 복사한 행위는 등기사항전부증명서가 나타내는 권리·사실관계와 다른 새로운 증명력을 가진 문서를 만든 것에 해당하고 그로 인하여 공공적 신용을 해할 위험성도 발생하였다고 한 사례(대판 2021.2.25. 2018도19043). 24. 경찰

㉡ 【 X 】 甲과 乙은 乙이 甲으로부터 1,500만 원을 차용하는 것처럼 가장하기로 공모한 다음, 甲이 위조된 100만 원권 자기앞수표 14장 외에 10만 원권 수표 10장이 들어 있는 봉투를 B를 통해 공범 乙과 그 위조사실을 모르는 A가 함께 있는 자리에서 乙에게 교부하자, 乙은 그 자리에서 자신의 연인 A를 보증인으로 하는 차용증을 작성하여 B에게 주었는데, 이때 乙은 봉투에서 10만 원권 수표 10장을 꺼내어 A에게 보여 주었으나 위조된 100만 원권 자기앞수표는 봉투에서 꺼내거나 A에게 보여 주지도 않은 사안에서, B나 乙이 위조된 자기앞수표를 A에게 제시하는 등으로 이를 인식하게 하였다고 할 수 없어 이들이 위 봉투를 A의 면전에서 주고받은 행위를 위조된 자기앞수표를 행사한 경우에 해당한다고 볼 수 없고, 따라서 B나 乙에게 위 수표를 교부한 것이 이를 행사한 경우에 해당한다고 볼 수도 없음에도, 甲에 대한 위 위조유가증권행사의 공소사실을 유죄로 인정한 원심판결에 법리오해의 위법이 있다고 한 사례(대판 2010.12.9. 2010도12553). 24. 경찰

㉢ 【 X 】 피고인 2가 2002. 7. 중순경 취득한 미화 1달러권 지폐 500매와 미화 2달러권 지폐 400매, 그리고 위 화폐 중 피고인 1, 피고인 2가 공모하여 2002. 8. 27. 행사한 미화 1달러권 지폐 400매와 미화 2달러권 지폐 400매는 모두 '1995'에 미국에서 진정하게 발행된 통화인데, 성명불상자가 이것을 화폐수집가들이 골드라고 부르며 수집하는 희귀화폐인 것처럼 만들기 위하여 발행연도 '1995'을 '1928'으로 빨간색으로 고치고, 발행번호와 미국 재무부를 상징하는 문양 및 재무부장관의 사인 부분을 지운 후 빨간색으로 다시 가공한 사실을 알 수 있는바, 위와 같은 정도의 가공행위만으로는 기존 통화의 명목가치나 실질가치가 변경되었다거나 객관적으로 보아 일반인으로 하여금 기존 통화와 다른 진정한 화폐로 오신하게 할 정도의 새로운 물건을 만들어 낸 것으로 보기는 어렵다고 할 것이다(대판 2004.3.26. 2003도5640). 24. 경찰

㉣ 【 O 】 종중 소유의 부동산은 종중 총회의 결의를 얻어야 유효하게 처분할 수 있다 하더라도 거래 상대방으로서는 부동산등기부상에 표시된 종중 대표자를 신뢰하고 거래하는 것이 일반적이라는 점 등에 비추어 보면, 종중 대표자의 기재는 당해 부동산의 처분권한과 관련된 중요한 부분의 기재로서 이에 대한 공공의 신용을 보호할 필요가 있으므로 이를 허위로 등재한 경우에는 공정증서원본불실기재죄의 대상이 되는 불실의 기재에 해당한다(대판 2006.1.13. 2005도4790). 24. 경찰

㉤ 【 O 】 사법경찰관인 피고인이 검사로부터 '교통사고 피해자들로부터 사고 경위에 대해 구체적인 진술을 청취하여 운전자 甲의 도주 여부에 대해 재수사할 것'을 요청받고, 재수사 결과서의 '재수사 결과'란에 피해자들로부터 진술을 청취하지 않았음에도 진술을 듣고 그 진술내용을 적은 것처럼 기재했다면 허위공문서작성 및 고의가 인정되어 허위공문서작성죄가 성립한다(대판 2023.3.30. 2022도6886). 24. 경찰

정답 ③

제3절 통화에 관한 죄

◐ 지문의 내용에 대해 학설의 대립 등 다툼이 있는 경우 판례에 의함

01 통화에 관한 죄에 대한 설명으로 가장 적절한 것은?

① 통화의 위조는 통화발행권이 없는 자가 외견상 진정한 통화와 유사한 것을 제조하는 행위로 누구든지 쉽게 그 진부를 식별하기 불가능할 정도의 것임을 요한다.
② 통화의 변조는 권한 없이 진정한 통화에 가공하여 그 진실한 가치를 변경시키는 행위를 말하며 항상 진정한 통화를 그 재료로 삼는다.
③ 외국에서 통용하지 아니하는 지폐, 즉 강제통용력을 가지지 아니하는 지폐라도 일반인의 관점에서 통용할 것이라고 오인할 가능성이 있으므로 '외국에서 통용하는 외국의 지폐'에 해당한다.
④ 자신의 신용력을 증명하기 위하여 타인에게 보일 목적으로 통화를 위조한 경우에는 행사할 목적이 있다고 할 수 있다.

해설

① 【 X 】 위조통화행사죄의 객체인 위조통화는 객관적으로 보아 일반인으로 하여금 진정통화로 오신케 할 정도에 이른 것이면 족하고 그 위조의 정도가 반드시 진물에 흡사하여야 한다거나 누구든지 쉽게 그 진부를 식별하기가 불가능한 정도의 것일 필요는 없으나, 이 사건 위조지폐인 한국은행 10,000원권과 같이 전자복사기로 복사하여 그 크기와 모양 및 앞뒤로 복사되어 있는 점은 진정한 통화와 유사하나 그 복사된 정도가 조잡하여 정밀하지 못하고 진정한 통화의 색채를 갖추지 못하고 흑백으로만 되어 있어 객관적으로 이를 진정한 것으로 오인할 염려가 전혀 없는 정도의 것인 경우에는 위조통화행사죄의 객체가 될 수 없다(대판 1985.4.23. 85도570). 18. 경찰승진
② 【 O 】 통호의 변조란 진정한 통화를 가공하여 그 금액이나 가치를 변경하는 것을 말한다. 따라서 변조는 진정한 통화의 존재를 전제로 한다. ⇨ 진정한 통화에 대한 가공행위로 인하여 기존 통화의 명목가치나 실질가치가 변경되었다거나 객관적으로 보아 일반인으로 하여금 기존 통화와 다른 진정한 화폐로 오신하게 할 정도의 새로운 물건을 만들어 낸 것으로 볼 수 없다면 통화가 변조되었다고 볼 수 없다(대판 2004.3.26. 2003도5640). 18. 경찰승진
③ 【 X 】 [1] 형법 제207조 제3항은 "행사할 목적으로 외국에서 통용하는 외국의 화폐, 지폐 또는 은행권을 위조 또는 변조한 자는 10년 이하의 징역에 처한다."고 규정하고 있는바, 여기에서 외국에서 통용한다고 함은 그 외국에서 강제통용력을 가지는 것을 의미하는 것이므로 외국에서 통용하지 아니하는 즉, 강제통용력을 가지지 아니하는 지폐는 그것이 비록 일반인의 관점에서 통용할 것이라고 오인할 가능성이 있다고 하더라도 위 형법 제207조 제3항에서 정한 외국에서 통용하는 외국의 지폐에 해당한다고 할 수 없고, 만일 그와 달리 위 형법 제207조 제3항의 외국에서 통용하는 지폐에 일반인의 관점에서 통용할 것이라고 오인할 가능성이 있는 지폐까지 포함시키면 이는 위 처벌조항을 문언상의 가능한 의미의 범위를 넘어서까지 유추해석 내지 확장해석하여 적용하는 것이 되어 죄형법정주의의 원칙에 어긋나는 것으로 허용되지 않는다.
[2] 미국에서 발행된 적이 없이 단지 여러 종류의 관광용 기념상품으로 제조, 판매되고 있는 미합중국 100만 달러 지폐와 과거에 발행되어 은행 사이에서 유통되다가 현재는 발행되지 않고 있으나 화폐수집가나 재벌들이 이를 보유하여 오고 있는 미합중국 10만 달러 지폐가 막연히 일반인의 관점에서 미합중국에서 강제통용력을 가졌다고 오인할 수 있다는 이유로 형법 제207조 제3항의 외국에서 통용하는 지폐에 포함된다고 판단한 원심판결을 파기한 사례(대판 2004.5.14. 2003도3487). 18. 경찰승진
④ 【 X 】 형법 제207조에서 정한 '행사할 목적'이란 유가증권위조의 경우와 달리 위조·변조한 통화를 진정한 통화로서 유통에 놓겠다는 목적을 말하므로, 자신의 신용력을 증명하기 위하여 타인에게 보일 목적으로 통화를 위조한 경우에는 행사할 목적이 있다고 할 수 없다(대판 2012.3.29. 2011도7704). 18. 경찰승진

정답 ②

02 통화에 관한 죄에 대한 설명 중 옳은 것은?

① 甲이 한국은행발행 500원짜리 주화 앞면의 학 문양 일부만을 선반으로 깎아 냄으로써 그 크기와 모양, 앞면의 다른 문양 및 500원이라는 액면이 표시된 뒷면의 문양은 그대로 남아 있었지만, 주화의 무게가 약간 줄어들었을 뿐 아니라 일본국의 자동판매기 등이 甲이 가공한 주화를 일본국의 500엔짜리 주화로 오인하기에 이르렀다면 甲에게는 통화변조죄가 성립한다.
② 위조통화행사죄는 위조통화임을 모르는 자에게 교부한 경우에만 성립하므로, 위조통화임을 알고 있는 자에게 교부한 경우에는 피교부자가 이를 유통시키리라는 점을 예상 내지 인식하면서 교부하였더라도 위조통화행사죄에는 해당하지 않는다.
③ 통화위조죄가 성립하기 위해서는, 위화를 진화와의 식별이 불가능할 정도로 정교하게 제작해야만 한다.
④ 자신의 신용력을 증명하기 위해 타인에게 보여줄 목적으로 통화를 위조한 경우에는 통화위조죄가 성립하지 않는다.

[해설]
① 【 X 】 피고인들이 한국은행발행 500원짜리 주화의 표면 일부를 깎아내어 손상을 가하였지만 그 크기와 모양 및 대부분의 문양이 그대로 남아 있어, 이로써 기존의 500원짜리 주화의 명목가치나 실질가치가 변경되었다거나, 객관적으로 보아 일반인으로 하여금 일본국의 500¥짜리 주화로 오신케 할 정도의 새로운 화폐를 만들어 낸 것이라고 볼 수 없고, 일본국의 자동판매기 등이 위와 같이 가공된 주화를 일본국의 500¥짜리 주화로 오인한다는 사정만을 들어 그 명목가치가 일본국의 500¥으로 변경되었다거나 일반인으로 하여금 일본국의 500¥짜리 주화로 오신케 할 정도에 이르렀다고 볼 수도 없다(대판 2002.1.11. 2000도3950). 17. 경찰간부
② 【 X 】 위조통화임을 알고 있는 자에게 그 위조통화를 교부한 경우에 피교부자가 이를 유통시키리라는 것을 예상 내지 인식하면서 교부하였다면, 그 교부행위 자체가 통화에 대한 공공의 신용 또는 거래의 안전을 해할 위험이 있으므로 위조통화행사죄가 성립한다(대판 2003.1.10. 2002도3340). 17. 경찰간부
③ 【 X 】 위조통화행사죄의 객체인 위조통화는 객관적으로 보아 일반인으로 하여금 진정통화로 오신케 할 정도에 이른 것이면 족하고 그 위조의 정도가 반드시 진물에 흡사하여야 한다거나 누구든지 쉽게 그 진부를 식별하기가 불가능한 정도의 것일 필요는 없다(대판 1985.4.23. 85도570). 17. 경찰간부
④ 【 O 】 대판 2012.3.29. 2011도7704 17. 경찰간부

정답 ④

03 다음은 통화 · 유가증권 · 문서에 관한 죄에서 '행사'와 관련한 설명이다. 이 중 옳지 않은 것은 모두 몇 개인가?

㉠ 甲이 자신의 신용력을 증명하기 위하여 타인에게 보일 목적으로 통화를 위조한 경우에는 행사할 목적이 있다고 할 수 없어 통화위조죄가 성립하지 않는다.
㉡ 유가증권을 위조한 甲이 그 위조의 정을 알고 있는 乙에게 위조유가증권을 교부하였더라도 乙이 이를 유통시킬 것임을 甲이 인식하고 교부하였다면 甲에게는 위조유가증권행사죄가 성립한다.
㉢ 甲이 유가증권을 위조하여 乙에게 교부하면 乙이 위조유가증권을 A에게 행사하여 그 이익을 나누어 가지기로 甲과 乙 사이에 공모가 이루어진 경우, 甲이 공범 乙에게 위조유가증권을 교부하는 행위는 그 자체로서 위조유가증권행사죄를 구성한다.
㉣ 허위로 선박 사고신고를 하면서 그 선박의 국적증서와 선박검사증서를 함께 제출한 경우 공문서부정행사죄를 구성한다.

① 1개   ② 2개   ③ 3개   ④ 4개

해설

㉠ 【 O 】 대판 2012.3.29. 2011도7704. 18. 경찰간부
㉡ 【 O 】 대판 2010.12.9. 2010도12553 18. 경찰간부
㉢ 【 X 】 위조유가증권의 교부자와 피교부자가 서로 유가증권위조를 공모하였거나 위조유가증권을 타에 행사하여 그 이익을 나누어 가질 것을 공모한 **공범의 관계에 있다면**, 그들 사이의 위조유가증권교부행위는 그들 이외의 자에게 행사함으로써 범죄를 실현하기 위한 전단계의 행위에 불과한 것(위조유가증권은 아직 범인들의 수중에 있음)으로서 행사되었다고 볼 수는 없다(대판 2010.12.9. 2010도12553). 18. 경찰간부
㉣ 【 X 】 어떤 선박이 사고를 낸 것처럼 허위로 사고신고를 하면서 그 선박의 선박국적증서와 선박검사증서를 함께 제출하였다고 하더라도, 선박국적증서와 선박검사증서는 위 **선박의 국적과 항행할 수 있는 자격**을 증명하기 위한 용도로 사용된 것일 뿐 그 본래의 용도를 벗어나 행사된 것으로 보기는 어려우므로, 이와 같은 행위는 공문서부정행사죄에 해당하지 않는다(대판 2009.2.26. 2008도10851). 18. 경찰간부

정답 ②

04 다음 설명 중 옳은 것은 모두 몇 개인가?

㉠ 위조통화임을 알고 있는 자에게 그 위조통화를 교부한 경우에 피교부자가 이를 유통시키리라는 것을 예상 내지 인식하면서 교부하였다면, 그 교부행위 자체가 통화에 대한 공공의 신용 또는 거래의 안전을 해할 위험이 있으므로 위조통화행사죄가 성립한다.
㉡ 통화에 관한 죄는 외국인의 국내범은 처벌하지만 외국인의 국외범은 처벌하지 아니한다.
㉢ 형법 제207조 제3항의 외국에서 통용하는 지폐에 일반인의 관점에서 통용할 것이라고 오인할 가능성이 있는 지폐까지 포함시킨다면 이는 유추해석 내지 확장해석하여 적용하는 것이 되어 죄형법정주의의 원칙에 어긋나는 것으로 허용되지 않는다.
㉣ 일본국의 자동판매기 등에 투입하여 일본국의 500¥(엔)짜리 주화처럼 사용하기 위해 한국은행발행 500원짜리 주화의 표면 일부를 깎아내어 손상을 가한 경우 통화변조에 해당한다.

① 1개   ② 2개   ③ 3개   ④ 4개

해설

㉠ 【 O 】 대판 2003.1.10. 2002도3340 16. 경찰
㉡ 【 X 】 통화에 관한 죄는 외국인의 국내범은 물론 외국인의 국외범도 처벌한다(형법 제5조 제4호). 16. 경찰
㉢ 【 O 】 대판 2004.5.14. 2003도3487 16. 경찰
㉣ 【 X 】 피고인들이 한국은행발행 500원짜리 주화의 표면 일부를 깎아내어 손상을 가하였지만 그 크기와 모양 및 대부분의 문양이 그대로 남아 있어, 이로써 기존의 500원짜리 주화의 명목가치나 실질가치가 변경되었다거나 객관적으로 보아 일반인으로 하여금 일본국의 500¥짜리 주화로 오신케 할 정도의 새로운 화폐를 만들어 낸 것이라고 볼 수 없다(대판 2002.1.11. 2000도3950). 16. 경찰

정답 ②

05 통화에 관한 죄에 대한 설명 중 가장 적절한 것은?

① 위조통화를 행사하여 재물을 불법영득한 경우 위조통화행사는 언제나 기망적인 요소를 포함하고 있을 뿐 아니라 그 법정형이 가중되어 있으므로 사기죄는 위조통화행사죄에 흡수된다.
② 위조·변조통화행사죄란 위조 또는 변조된 통화의 점유 또는 처분권을 타인에게 이전하여 통화로서 유통하게 하는 것을 말하므로, 위조통화임을 알고 있는 제3자에게 그 위조통화를 교부한 경우에는 피교부자가 이를 유통시키리라는 것을 예상 내지 인식하였더라도 위조·변조통화행사죄가 성립하지 않는다.
③ 통화위조를 예비·음모한 자가 실행 전에 자수한 때에는 그 형을 감면할 수 있다.
④ 진정한 통화에 대한 가공행위로 인하여 기존 통화의 명목가치나 실질가치가 변경되었다거나 객관적으로 보아 일반인으로 하여금 기존 통화와 다른 진정한 화폐로 오신하게 할 정도의 새로운 물건을 만들어 낸 것으로 볼 수 없다면 통화변조죄가 성립하지 않는다.

해설

① 【 X 】 통화위조죄에 관한 규정은 공공의 거래상의 신용 및 안전을 보호함을 목적으로 하고 있고 사기죄는 개인의 재산법익에 대한 죄이어서 양 죄는 그 보호법익을 달리하고 있으므로, 위조통화를 행사하여 재물을 불법영득한 때에는 위조통화행사죄와 사기죄가 성립하고 이들은 실체적 경합관계에 있다(대판 1979.7.10. 79도840). ◎ 불가벌적 사후행위가 되지 않으며 상상적 경합관계가 아니다.
② 【 X 】 위조통화임을 알고 있는 자에게 그 위조통화를 교부한 경우에 피교부자가 이를 유통시키리라는 것을 예상 내지 인식하면서 교부하였다면, 그 교부행위 자체가 통화에 대한 공공의 신용 또는 거래의 안전을 해할 위험이 있으므로 위조통화행사죄가 성립한다(대판 2003.1.10. 2002도3340).
③ 【 X 】 통화위조·변조죄를 범할 목적으로 예비 또는 음모한 자가 그 목적한 죄의 실행에 이르기 전에 자수한 때에는 그 형을 감경 또는 면제한다(형법 제213조).
④ 【 O 】 대판 2004.3.26. 2003도5640

정답 ④

06 다음 설명 중 가장 적절하지 않은 것은?

① 일본국의 500엔짜리처럼 사용하기 위해 한국은행 500원짜리 주화의 표면 일부를 깎아내어 무게를 약간 줄였다면 통화변조죄가 성립하지 않는다.
② 진정한 통화에 대한 가공행위로 인하여 기존 통화의 명목가치나 실질가치가 변경되었다거나 객관적으로 보아 일반인으로 하여금 기존 통화와 다른 진정한 화폐로 오신하게 할 정도의 새로운 물건을 만들어 낸 것으로 볼 수 없다면 통화변조죄가 성립하지 않는다.
③ 진정한 통화라고 하여 위조통화를 다른 사람에게 증여하는 경우에도 위조통화행사죄가 성립한다.
④ 진정한 통화인 미화 1달러 및 2달러 지폐의 발행연도, 발행 번호, 미국 재무부를 상징하는 문양, 재무부장관의 사인, 일부 색상을 고친 경우, 통화가 변조되었다고 볼 수 있다.

해설

① 【 O 】 대판 2002.1.11. 2000도3950
② 【 O 】 대판 2004.3.26. 2003도5640
③ 【 O 】 대판 1979.7.10. 79도840
④ 【 X 】 변조된 것으로 볼 수 없다(대판 2004.3.26. 2003도564).

정답 ④

제4절 인장에 관한 죄

● 지문의 내용에 대해 학설의 대립 등 다툼이 있는 경우 판례에 의함

01 다음 설명 중 가장 옳지 않은 것은?

① 타인의 인장을 조각할 당시에 그 명의자로부터 명시적이거나 묵시적인 승낙 내지 위임을 받았다면 인장위조죄가 성립하지 않는다.
② 재건축조합 임시총회의 소집절차나 결의방법이 법령이나 정관에 위반되어 임원개임결의가 사법상 무효라고 하더라도, 실제로 재건축조합의 조합총회에서 그와 같은 내용의 임원개임결의가 이루어졌고 그 결의에 따라 임원변경등기를 마쳤다면 공정증서원본부실기재죄가 성립하지 아니한다.
③ 유가증권의 허위작성행위 자체에는 직접 관여한 바 없다 하더라도 타인에게 그 작성을 부탁하여 의사연락이 되고 그 타인으로 하여금 범행을 하게 하였다면 공모공동정범에 의한 허위작성죄가 성립한다.
④ 공무원 아닌 자가 관공서에 허위 내용의 증명원을 제출하여 그 내용이 허위인 정을 모르는 담당공무원으로부터 그 증명원 내용과 같은 증명서를 발급받은 경우 공문서위조죄의 간접정범으로 의율할 수 있다.

[해설]

① 【 O 】 형법 제239조 제1항의 사인위조죄는 그 명의인의 의사에 반하여 위법하게 행사할 목적으로 권한 없이 타인의 인장을 위조한 경우에 성립하므로, 타인의 인장을 조각할 당시에 그 명의자로부터 명시적이거나 묵시적인 승낙 내지 위임을 받았다면 인장위조죄가 성립하지 않는다고 할 것이다(대판 2014.9.26. 2014도9213). 17. 경찰간부

② 【 O 】 사단법인의 총회의 결의에 따라 이사 등의 변경등기를 하는 경우에 있어서 그와 같은 행위가 공정증서원본불실기재의 원인이 되는 행위에 해당하는지 여부는 특별한 사정이 없는 한 총회결의의 사법상 효력의 여부와 관계없이 그와 별도로 현실적으로 사원총회에서 그와 같은 내용의 이사 등 변경에 관한 결의가 있었다고 평가할 수 있는지 여부에 따라서 결정하여야 함이 상당하다. 재건축조합 임시총회의 소집절차나 결의방법이 법령이나 정관에 위반되어 임원개임결의가 사법상 무효라고 하더라도, 실제로 재건축조합의 조합총회에서 그와 같은 내용의 임원개임결의가 이루어졌고 그 결의에 따라 임원변경등기를 마쳤다면 공정증서원본불실기재죄가 성립하지 아니한다고 한 사례(대판 2004.10.15. 2004도3584). 17. 경찰간부

③ 【 O 】 피고인(甲)이 문제의 허위작성행위 자체에는 직접 관여한바 없다 하더라도 그 작성을 부탁하여 의사연락이 되고 피고인(乙)으로 하여금 범행을 하게 한 것으로서 피고인(甲)의 행위는 공모공동정범에 의한 허위작성죄가 성립한다고 볼 것이, 또한 피고인甲과 乙이 허위의 선하증권을 발행하여 A주식회사에 교부하여 줌으로써 동회사로 하여금 이를 행사하여 그 선하증권상의 물품대금을 지급받게 한 소위는 허위유가증권행사죄와 사기죄의 공동정범을 인정하기에 충분하다(대판 1985.8.20. 83도2575). 17. 경찰간부

④ 【 X 】 어느 문서의 작성권한을 갖는 공무원이 그 문서의 기재 사항을 인식하고 그 문서를 작성할 의사로써 이에 서명날인하였다면, 설령 그 서명날인이 타인의 기망으로 착오에 빠진 결과 그 문서의 기재사항이 진실에 반함을 알지 못한 데 기인한다고 하여도, 그 문서의 성립은 진정하며 여기에 하등 작성명의를 모용한 사실이 있다고 할 수는 없으므로, 공무원 아닌 자가 관공서에 허위 내용의 증명원을 제출하여 그 내용이 허위인 정을 모르는 담당공무원으로부터 그 증명원 내용과 같은 증명서를 발급받은 경우 공문서위조죄의 간접정범으로 의율할 수는 없다(대판 2001.3.9. 2000도938). 17. 경찰간부

정답 ④

02 甲은 乙의 자동차를 훔쳐 자신의 낡은 자동차 번호판을 떼어 훔친 차에 부착하고 타고 다니다가 경찰로부터 음주단속 검문을 당하여 운전면허증제시를 요구받자 빌려 소지하고 있던 丙의 운전면허증을 자기 것처럼 제시하였다. 그러나 이를 알아차린 경찰관에 의해 체포되었다. 甲의 형법상 책임으로 가장 타당한 것은?

① 절도죄, 공기호부정사용죄, 위계에 의한 공무집행방해죄의 미수
② 절도죄, 부정사용공기호행사죄, 공문서부정행사죄
③ 절도죄, 공기호부정사용죄, 부정사용공기호행사죄, 공문서부정행사죄
④ 자동차등불법사용죄, 공기호부정사용죄, 공문서부정행사죄
⑤ 절도죄, 위계에 의한 공무집행방해죄의 미수, 공문서부정행사죄

[해설]
먼저 乙의 자동차를 절취한 행위는 절도죄가 성립하고, 자동차번호판(공무소에서 발급하는 자동차의 동일성을 나타내는 표지인 공기호에 해당한다)을 떼어 훔친 차에 부착한 행위는 공기호부정사용죄와 교체한 번호판을 단 자동차를 운행한 행위는 부정사용공기호행사죄가 성립하며(대판 1997.7.8. 96도3319), 또한 타인의 운전면허증을 자기 것처럼 제시한 행위는 공문서부정행사죄에 해당한다(대판 1998.8.21. 98도1701).

[정답] ③

Chapter 03 사회의 도덕에 대한 죄

출제 방향

본 장에서는 공연음란죄, 도박죄, 신앙에 관한 죄에 관련된 판례를 숙지하여야 한다.

제1절 성풍속에 관한 죄

> 지문의 내용에 대해 학설의 대립 등 다툼이 있는 경우 판례에 의함

01 성풍속에 관한 죄에 대한 다음 설명 중 옳은 것은 모두 몇 개인가?

> ㉠ 음란한 영상화면을 수록한 컴퓨터 프로그램파일을 컴퓨터 통신망을 통하여 전송하는 방법으로 판매한 경우 형법 제243조의 음화등 판매죄에 해당한다.
> ㉡ 말다툼을 한 후 항의의 표시로 바지와 팬티를 무릎까지 내린 후 엉덩이를 노출시킨 행위는 음란한 행위에 해당하여 공연음란죄가 성립한다.
> ㉢ 형법 제245조 소정의 '음란한 행위'라 함은 일반 보통인의 성욕을 자극하여 성적 흥분을 유발하고 정상적인 성적 수치심을 해하여 성적 도의관념에 반하는 것을 가리킨다고 할 것이므로, 주관적으로 성욕의 흥분 또는 만족 등의 성적인 목적이 있어야 성립한다.

① 없음　　② 1개　　③ 2개　　④ 3개

해설

㉠ 【 X 】 음란한 영상화면을 수록한 **컴퓨터 프로그램파일**을 컴퓨터 통신망을 통하여 전송하는 방법으로 판매한 행위에 대하여 전기통신기본법 제48조의2의 규정을 적용할 수 있음은 별론으로 하고, 형법 제243조의 음화판매죄 규정을 적용할 수 없다(대판 1999.2.24. 98도3140). 18. 경찰간부

㉡ 【 X 】 신체의 노출행위가 일반 보통인의 성욕을 자극하여 성적 흥분을 유발하고 **정상적인 성적 수치심**을 해하는 것이 아니라 단순히 다른 사람에게 **부끄러운 느낌이나 불쾌감을 주는 정도**에 불과하다고 인정되는 경우 그와 같은 행위는 경범죄처벌법 제1조 제41호에 해당할지언정, 형법 제245조의 음란행위에 해당한다고 할 수 없다.

> **사실관계**
> 말다툼을 한 후 항의의 표시로 엉덩이를 노출시킨 행위가 음란한 행위에 해당하지 않는다(대판 2004.3.12. 2003도6514). 18. 경찰간부

㉢ 【 X 】 형법 제245조 소정의 '음란한 행위'라 함은 일반 보통인의 성욕을 자극하여 성적 흥분을 유발하고 정상적인 성적 수치심을 해하여 성적 도의관념에 반하는 것을 가리킨다고 할 것이고, 위 죄는 주관적으로 성욕의 흥분 또는 만족 등의 성적인 목적이 있어야 성립하는 것은 아니지만 그 행위의 음란성에 대한 의미의 인식이 있으면 족하다.

> **사실관계**
> 고속도로에서 승용차를 손괴하거나 타인에게 상해를 가하는 등의 행패를 부리던 자가 이를 제지하려는 경찰관에 대항하여 공중 앞에서 알몸이 되어 성기를 노출한 경우, 음란한 행위에 해당한다(대판 2000.12.22. 2000도4372). 18. 경찰간부

정답 ①

02 다음 설명 중 잘못된 것은 모두 몇 개인가?

㉠ 음행매개죄와 미성년자 약취, 유인죄는 목적범이다.
㉡ 음행매개죄와 약취, 유인 및 인신매매의 죄의 장의 각 죄는 친고죄이다.
㉢ 음행매개죄의 객체는 미성년 또는 음행의 상습없는 부녀이다.
㉣ 추행, 간음, 결혼 또는 영리 목적 약취, 유인죄와 추행, 간음, 결혼 또는 영리 목적 매매죄의 객체는 부녀이다.
㉤ 약취, 유인 및 인신매매의 죄의 장의 각 죄는 대한민국 영역 밖에서 죄를 범한 외국인에게도 적용한다.

① 1개 ② 2개 ③ 3개 ④ 4개

해설

㉠ 【 X 】 음행매개죄는 영리의 목적을 요한다는 점에서 목적범이지만 미성년자 약취·유인죄는 일정한 목적을 요하지 않으므로 목적범이 아니다. ✔ 추행·간음·결혼 또는 영리 목적 약취·유인죄 등은 목적범이다.
㉡ 【 X 】 음행매개죄와 제31장(약취·유인 및 인신매매의 죄)의 각 죄는 친고죄도, 반의사불벌죄도 아니다.
㉢㉣ 【 X 】 개정된 형법에 의하면 음행매개죄의 객체는 사람이며, 제31장(약취·유인 및 인신매매의 죄)의 각 죄의 객체도 미성년자 약취·유인죄 외에는 미성년자나 부녀에 한정하지 않고 사람이 된다.
㉤ 【 O 】 제296조의2 세계주의가 적용되는 범죄이다.

정답 ④

03 성풍속 및 도박에 관한 죄에 대한 설명으로 가장 적절하지 않은 것은?

① 고속도로에서 앞서가던 차량이 진로를 비켜주지 않는다는 이유로 그 차를 추월하여 정차하게 한 다음, 주위에 사람이 많은 가운데 옷을 모두 벗고 성기를 노출시킨 상태로 바닥에 드러눕거나 돌아다녔다면 공연음란죄가 성립한다.
② 인터넷사이트에 집단 성행위 목적의 비공개카페를 개설, 운영한 자가 남녀 회원을 모집한 후 특별모임을 빙자하여 집단으로 성행위를 하고 그 촬영물이나 사진 등을 카페에 게시한 경우, 음란물을 공연히 전시한 것에 해당하지 않는다.
③ 피고인들은 서로 친숙하게 지내온 사이로서 이 사건 당일 우연히 다방에서 만나게 되어 약 3,000원 상당의 음식내기 화투놀이를 약 30분 동안 한 사실은 도박죄를 구성하지 않는다.
④ 인터넷 고스톱게임 사이트를 유료화하는 과정에서 사이트를 홍보하기 위하여 고스톱대회를 개최하면서 참가자들로부터 참가비를 받고 입상자들에게 상금을 지급한 행위는 도박장소 등 개설죄를 구성한다.

해설

① 【 O 】 형법 제245조 소정의 '음란한 행위'라 함은 일반 보통인의 성욕을 자극하여 성적 흥분을 유발하고 정상적인 성적 수치심을 해하여 성적 도의관념에 반하는 것을 가리킨다고 할 것이고, 위 죄는 주관적으로 성욕의 흥분 또는 만족 등의 성적인 목적이 있어야 성립하는 것은 아니지만 그 행위의 음란성에 대한 의미의 인식이 있으면 족하다고 할 것인바, 피고인이 불특정 또는 다수인이 알 수 있는 상태에서 옷을 모두 벗고 알몸이 되어 성기를 노출하였다면, 그 행위는 일반적으로 보통인의 정상적인 성적 수치심을 해하여 성적 도의관념에 반하는 음란한 행위라고 할 것이고, 또 피고인이 승용차를 손괴하거나 타인에게 상해를 가하는 등의 행패를 부리던 중 경찰관이 이를 제지하려고 하자 이에 대항하여 위와 같은 행위를 한 데에는 피고인이 알몸이 되어 성기를 드러내어 보이는 것이 타인의 정상적인 성적 수치심을 해하는 음란한 행위라는 인식도 있었다고 보아야 할 것이다(대판 2000.12.22. 2000도4372). 18. 경찰승진

② 【 X 】 [1] 구 정보통신망 이용촉진 및 정보보호 등에 관한 법률 제65조 제1항 제2호는 정보통신망을 통하여 음란한 부호·문언·음향·화상 또는 영상을 배포·판매·임대하거나 공연히 전시한 자를 처벌하도록 규정하고 있다. 이 법률 규정은 초고속 정보통신망의 광범위한 구축과 그 이용촉진 등에 따른 음란물의 폐해를 막기 위하여 마련된 것이고, 여기서 '공연히 전시'한다고 함은 불특정 또는 다수인이 실제로 음란한 부호·문언·음향 또는 영상을 인식할 수 있는 상태에 두는 것을 의미한다.
[2] 인터넷사이트에 집단 성행위 목적의 카페를 개설, 운영한 자가 남녀 회원을 모집한 후 특별모임을 빙자하여 집단으로 성행위를 하고 그 촬영물이나 사진 등을 카페에 게시한 경우, 카페가 회원제로 운영되는 등 제한적이고 회원들 상호간에 음란물을 게시, 공유해 온 사정이 있다고 하더라도, 위 카페의 회원수에 비추어 위 게시행위가 음란물을 공연히 전시한 것에 해당한다(대판 2009.5.14. 2008도10941). 18. 경찰승진
③ 【 O 】 대판 1984.4.10. 84도194 18. 경찰승진
④ 【 O 】 [1] 형법 제247조의 도박개장죄는 영리의 목적으로 스스로 주재자가 되어 그 지배하에 도박장소를 개설함으로써 성립하는 것으로서 도박죄와는 별개의 독립된 범죄이고, '도박'이라 함은 참여한 당사자가 재물을 걸고 우연한 승부에 의하여 재물의 득실을 다투는 것을 의미하며, '영리의 목적'이란 도박개장의 대가로 불법한 재산상의 이익을 얻으려는 의사를 의미하는 것으로, 반드시 도박개장의 직접적 대가가 아니라 도박개장을 통하여 간접적으로 얻게 될 이익을 위한 경우에도 영리의 목적이 인정되고, 또한 현실적으로 그 이익을 얻었을 것을 요하지는 않는다.
[2] 인터넷 고스톱게임 사이트를 유료화하는 과정에서 사이트를 홍보하기 위하여 고스톱대회를 개최하면서 참가자들로부터 참가비를 받고 입상자들에게 상금을 지급한 행위에 대하여 도박개장죄를 구성한다(대판 2002.4.12. 2001도5802). 18. 경찰승진

정답 ②

04 다음 설명 중 가장 옳지 않은 것은?

① 요구르트 제품의 홍보를 위하여 전라의 여성 누드모델들이 일반 관람객과 다수의 기자 등이 있는 자리에서, 알몸에 밀가루를 바르고 무대에 나와 분무기로 요구르트를 몸에 뿌려 밀가루를 벗겨내는 방법으로 알몸을 완전히 드러낸 채 음부 및 유방 등이 노출된 상태에서 무대를 돌며 관람객들을 향하여 요구르트를 던진 행위가 공연음란죄에 해당한다.
② 말다툼을 한 후 항의의 표시로 엉덩이를 노출시킨 행위는 공연음란죄에서의 음란한 행위에 해당한다고 보기 어렵다.
③ 고속도로에서 승용차를 손괴하거나 타인에게 상해를 가하는 등의 행패를 부리던 자가 이를 제지하려는 경찰관에 대항하여 공중 앞에서 알몸이 되어 성기를 노출할 경우 공연음란죄에서의 음란한 행위에 해당한다고 보기 어렵다.
④ 연극공연행위의 음란성의 유무는 그 공연행위 자체로서 객관적으로 판단해야 할 것이고, 그 행위자의 주관적인 의사에 따라 좌우되는 것은 아니다.
⑤ 공연윤리위원회의 심의를 마친 영화의 장면으로서 제작한 포스터 등의 광고물이라고 하더라도 건전한 성풍속이나 성도덕 관념에 반하는 것이라면 음화에 해당할 수 있다.

해설
① 【 O 】 대판 2006.1.13. 2005도1264 16. 법원행시
② 【 O 】 대판 2004.3.12. 2003도6514 16. 법원행시
③ 【 X 】 피고인 甲이 고속도로에서 승용차를 운전하여 가던 중 A 운전의 승용차가 진로를 비켜주지 않는다는 이유로 그 차를 추월하여 정차하게 한 다음, 승용차를 손괴하고 안에 타고 있던 B를 때려 상해를 가하는 등의 행패를 부리다가 신고를 받고 출동한 경찰관이 이를 제지하려고 하자, 시위조로 주위에 운전자 등 사람이 많이 있는 가운데 옷을 모두 벗어 알몸의 상태로 바닥에 드러눕거나 돌아다닌 경우, 그 행위는 음란한 행위이고 또한 피고인에게 타인의 정상적인 성적 수치심을 해하는 음란한 행위라는 인식도 있었다고 보아야 한다(대판 2000.12.22. 2000도4372). 16. 법원행시
④ 【 O 】 대판 1996.6.11. 96도980 16. 법원행시
⑤ 【 O 】 대판 1990.10.16. 90도1485 16. 법원행시

정답 ③

05 다음 설명 중 가장 옳지 않은 것은?

① 음화반포등죄(형법 제243조)에 규정된 '음란한 문서 또는 도화'라 함은 성욕을 자극하여 흥분시키고 일반인의 정상적인 성적 정서와 선량한 사회풍속을 해칠 가능성이 있는 도서를 말하며, 그 음란성의 존부는 작성자의 주관적인 의도가 아니라 객관적으로 도서 자체에 의하여 판단하여야 한다.

② 문학작품이라고 하여 무한정의 표현의 자유를 누려 어떠한 성적 표현도 가능하다고 할 수는 없고, 그것이 건전한 성적 풍속이나 성도덕을 침해하는 경우에는 형법규정에 의하여 이를 처벌할 수 있다.

③ 고속도로에서 승용차를 손괴하거나 타인에게 상해를 가하는 등의 행패를 부리던 자가 신고를 받고 출동한 경찰관이 이를 제지하려고 하자, 시위조로 주위에 운전자 등 사람이 많이 있는 가운데 옷을 모두 벗어 알몸의 상태로 바닥에 드러눕거나 돌아다녔다 하더라도 이렇게 공중 앞에서 단순히 알몸을 노출시킨 행위만으로는 공연음란죄(형법 제245조)에 해당한다고 보기 어렵다.

④ 음화반포등죄(형법 제243조) 소정의 음란성을 판단함에 있어 법관이 자신의 정서가 아닌 일반 보통인의 정서를 규준으로 하여 이를 판단하면 족한 것이지, 법관이 일일이 일반 보통인을 상대로 과연 당해 문서나 도화 등이 그들의 성욕을 자극하여 성적 흥분을 유발하거나 정상적인 성적 수치심을 해하여 성적 도의관념에 반하는 것인지의 여부를 묻는 절차를 거쳐야만 되는 것은 아니다.

해설

① 【 O 】 대판 1996.6.11. 96도980 14. 경찰간부
② 【 O 】 대판 2000.10.27. 98도679 14. 경찰간부
③ 【 X 】 고속도로에서 승용차를 손괴하거나 타인에게 상해를 가하는 등의 행패를 부리던 자가 이를 제지하려는 경찰관에 대항하여 공중 앞에서 알몸이 되어 성기를 노출할 경우, 음란한 행위에 해당하고 그 인식도 있었다고 한 사례(대판 2000.12.22. 2000도4372). 14. 경찰간부
④ 【 O 】 대판 1995.2.10. 94도2266 14. 경찰간부

정답 ③

06 다음은 형법상 성풍속에 관한 죄에 대한 설명이다. 옳은 것은 모두 몇 개인가?

㉠ 음란한 영상화면을 수록한 컴퓨터 프로그램 파일을 컴퓨터통신망을 통하여 전송하는 방법으로 판매한 경우 형법상 음화반포판매죄가 성립한다.
㉡ 음란한 부호 등이 전시된 웹페이지에 대한 링크행위로 인해 불특정 다수인이 별다른 제한 없이 음란한 부호 등에 바로 접할 수 있는 상태가 실제로 조성되었다고 한다면 이러한 링크행위는 음란한 부호 등을 공연히 전시한 경우에 해당한다.
㉢ 과학성·예술성과 음란성은 서로 양립할 수 있다.
㉣ 피고인이 甲과 주차문제로 말다툼을 할 때 甲이 피고인에게 "술을 먹었으면 입으로 먹었지 똥구멍으로 먹었냐"라고 말한 것에 격분하여 甲이 운영하는 상점으로 찾아가 상점카운터를 지키고 있던 甲의 딸인 乙(여, 23세)을 보고 "주인 어디 갔느냐"고 소리를 지르다가 등을 돌려 엉덩이가 드러날 만큼 바지와 팬티를 내린 다음 엉덩이를 들이밀며 "똥구멍으로 어떻게 술을 먹느냐, 똥구멍에 술을 부어 보아라"라고 말한 경우 공연음란죄가 성립한다.

① 1개 ② 2개 ③ 3개 ④ 4개

해설

㉠ **【 X 】** 형법 제243조는 음란한 문서, 도화, 필름 기타 물건을 반포, 판매 또는 임대하거나 공연히 전시 또는 상영한 자에 대한 처벌 규정으로서 컴퓨터 프로그램파일은 위 규정에서 규정하고 있는 문서, 도화, 필름 기타 물건에 해당한다고 할 수 없으므로, 음란한 영상화면을 수록한 컴퓨터 프로그램파일을 컴퓨터 통신망을 통하여 전송하는 방법으로 판매한 행위에 대하여 전기통신기본법 제48조의2의 규정을 적용할 수 있음은 별론으로 하고, 형법 제243조의 규정을 적용할 수 없다(대판 1999.2.24. 98도3140).

㉡ **【 O 】** 대판 2003.7.8. 2001도1335

㉢ **【 O 】** 대판 1970.10.30. 70도1879

㉣ **【 X 】** [1] 경범죄처벌법 제1조 제41호가 '여러 사람의 눈에 뜨이는 곳에서 함부로 알몸을 지나치게 내놓거나 속까지 들여다 보이는 옷을 입거나 또는 가려야 할 곳을 내어 놓아 다른 사람에게 부끄러운 느낌이나 불쾌감을 준 사람'을 처벌하도록 규정하고 있는 점 등에 비추어 볼 때, 신체의 노출행위가 있었다고 하더라도 그 일시와 장소, 노출 부위, 노출 방법·정도, 노출 동기·경위 등 구체적 사정에 비추어, 그것이 일반 보통인의 성욕을 자극하여 성적 흥분을 유발하고 정상적인 성적 수치심을 해하는 것이 아니라 단순히 다른 사람에게 부끄러운 느낌이나 불쾌감을 주는 정도에 불과하다고 인정되는 경우 그와 같은 행위는 경범죄처벌법 제1조 제41호에 해당할지언정, 형법 제245조의 음란행위에 해당한다고 할 수 없다.
[2] 말다툼을 한 후 항의의 표시로 엉덩이를 노출시킨 행위가 음란한 행위에 해당한다고 판단한 원심판결을 파기한 사례(대판 2004.3.12. 2003도6514).

정답 ②

07 성풍속에 관한 죄에 대한 다음 설명 중 가장 적절하지 않은 것은?

① 형법 제245조 소정의 '음란한 행위'라 함은 일반 보통인의 성욕을 자극하여 성적 흥분을 유발하고 정상적인 성적 수치심을 해하여 성적 도의관념에 반하는 것을 가리킨다고 할 것이고, 이 죄는 주관적으로 성욕의 흥분 또는 만족 등의 성적인 목적이 있어야 하는 것은 아니고, 그 행위의 음란성에 대한 의미의 인식이 있으면 성립한다.

② 불특정다수인이 인터넷링크를 이용하여 별다른 제한없이 음란한 부호 등에 바로 접할 수 있는 상태가 실제로 조성되었다면 음화반포등죄의 구성요건을 충족한다고 볼 수 있다.

③ 유흥주점 여종업원들이 웃옷을 벗고 브래지어만 착용하거나 치마를 허벅지가 다 드러나도록 걷어 올리고 가슴이 보일 정도로 어깨끈을 밑으로 내린 채 손님을 접대한 경우 (구) 풍속영업의 규제에 관한 법률 제3조 제1호에 정한 '음란행위'에 해당한다.

④ 인터넷사이트에 집단 성행위 목적의 카페를 개설, 운영한 자가 남녀 회원을 모집한 후 특별모임을 빙자하여 집단으로 성행위를 하고 그 촬영물이나 사진 등을 카페에 게시한 경우, 위 게시행위는 음란물을 공연히 전시한 것에 해당한다.

해설

① 【 O 】 대판 2000.12.22. 2000도4372 13. 경찰승진
② 【 O 】 대판 2003.7.8. 2001도1335 13. 경찰승진
③ 【 X 】 유흥주점 여종업원들이 웃옷을 벗고 브래지어만 착용하거나 치마를 허벅지가 다 드러나도록 걷어 올리고 가슴이 보일 정도로 어깨끈을 밑으로 내린 채 손님을 접대한 사안에서, 위 종업원들의 행위와 노출 정도가 형사법상 규제의 대상으로 삼을 만큼 사회적으로 유해한 영향을 끼칠 위험성이 있다고 평가할 수 있을 정도로 노골적인 방법에 의하여 성적 부위를 노출하거나 성적 행위를 표현한 것이라고 단정하기에 부족하다는 이유로, 구 풍속영업의 규제에 관한 법률 제3조 제1호에 정한 '음란행위'에 해당한다고 판단한 원심판결을 파기한 사례(대판 2009.2.26. 2006도3119). 13. 경찰승진
④ 【 O 】 대판 2009.5.14. 2008도10914 13. 경찰승진

정답 ③

제2절 도박과 복표에 관한 죄

> 지문의 내용에 대해 학설의 대립 등 다툼이 있는 경우 판례에 의함

◉ 「도박개장죄」는 2013년 4월 형법 개정으로 「도박장소 개설죄」로 변경되었습니다. 이하의 문제들을 해결함에 있어서 이 사실을 감안하시기 바랍니다.

01 형법 제23장 도박과 복표에 관한 죄에 관한 다음 설명 중 옳지 않은 것은 모두 몇 개인가?

㉠ 국가 정책적 견지에서 도박죄의 보호법익보다 좀 더 높은 국가이익을 위하여 예외적으로 내국인의 출입을 허용하는 폐광지역 개발 지원에 관한 특별법 등에 따라 카지노에 출입하는 것은 법령에 의한 행위로 위법성이 조각되는 것처럼, 도박죄를 처벌하지 않는 외국 카지노에서의 도박이라는 사정만으로 그 위법성이 조각된다고 할 수 있다.

㉡ 사기죄는 편취의 의사로 기망행위를 개시한 때에 실행에 착수한 것으로 보아야 하므로, 사기도박에서도 사기적인 방법으로 도금을 편취하려고 하는 자가 상대방에게 도박에 참가할 것을 권유하는 등 기망행위를 개시한 때에 실행의 착수가 있는 것으로 보아야 하나, 그 후에 사기도박을 숨기기 위하여 정상적인 도박을 하였다면 이미 사기죄의 실행행위는 종료한 것으로 보아야 한다.

㉢ 형법 제247조의 도박장소 등 개설죄는 영리의 목적으로 스스로 주재자가 되어 그 지배하에 도박장소를 개설함으로써 성립하는 것으로서 도박죄와는 별개의 독립된 범죄이고, '영리의 목적'이란 도박개장의 대가로 불법한 재산상의 이익을 얻으려는 의사를 의미하는 것으로, 반드시 도박개장의 직접적 대가이어야 하고 도박개장을 통하여 간접적으로 얻게 될 이익을 위한 경우에는 영리의 목적을 인정할 수 없다.

㉣ 피고인 등이 피해자들을 유인하여 사기도박을 하여도 금을 편취한 행위는 사회관념상 1개의 행위로 평가함이 상당하므로, 피해자들에 대한 각 사기죄는 상상적 경합의 관계에 있다고 보아야 할 것이다.

㉤ 상습도박죄에 있어서의 상습성이라 함은 반복하여 도박행위를 하는 습벽으로서 행위자의 속성을 말하는데, 이러한 습벽의 유무를 판단함에 있어서는 도박의 전과나 도박 횟수 등이 중요한 판단자료가 되기 때문에 도박 전과가 없는 경우에는 도박의 습벽이 인정된다는 이유로 상습성을 인정할 수 없다.

① 없음 ② 1개 ③ 2개 ④ 3개 ⑤ 4개

해설

㉠ 【 X 】 형법 제3조는 "본법은 대한민국 영역 외에서 죄를 범한 내국인에게 적용한다."라고 하여 형법의 적용 범위에 관한 속인주의를 규정하고 있고, 또한 국가 정책적 견지에서 도박죄의 보호법익보다 좀 더 높은 국가이익을 위하여 예외적으로 내국인의 출입을 허용하는 폐광지역 개발 지원에 관한 특별법 등에 따라 카지노에 출입하는 것은 법령에 의한 행위로 위법성이 조각된다고 할 것이나, 도박죄를 처벌하지 않는 외국 카지노에서의 도박이라는 사정만으로 그 위법성이 조각된다고 할 수 없다(대판 2017.4.13. 2017도953). 23. 법원행시

㉡ 【 X 】 사기죄는 편취의 의사로 기망행위를 개시한 때에 실행에 착수한 것으로 보아야 하므로, 사기도박에서도 사기적인 방법으로 도금을 편취하려고 하는 자가 상대방에게 도박에 참가할 것을 권유하는 등 기망행위를 개시한 때에 실행의 착수가 있는 것으로 보아야 한다(대판 2011.1.13. 2010도9330). 23. 법원행시

㉢ 【 X 】 형법 제247조의 도박개장죄는 영리의 목적으로 스스로 주재자가 되어 그 지배하에 도박장소를 개설함으로써 성립하는 것으로서 도박죄와는 별개의 독립된 범죄이고, '도박'이라 함은 참여한 당사자가 재물을 걸고 우연한 승부에 의하여 재물의 득실을 다투는 것을 의미하며, '영리의 목적'이란 도박개장의 대가로 불법한 재산상의 이익을 얻으려는 의사를 의미하는 것으로, 반드시 도박개장의 직접적 대가가 아니라 도박개장을 통하여 간접적으로 얻게 될 이익을 위한 경우에도 영리의 목적이 인정되고, 또한 현실적으로 그 이익을 얻었을 것을 요하지는 않는다(대판 2002.4.12. 2001도5802). 23. 법원행시

㉣ 【 O 】 1개의 기망행위에 의하여 여러 피해자로부터 각각 재물을 편취한 경우에는 피해자별로 수 개의 사기죄가 성립하고, 그 사이에는 상상적 경합의 관계에 있는 것으로 보아야 한다(대판 2011.1.13. 2010도9330). 23. 법원행시

ⓜ 【 X 】 상습도박죄에 있어서의 상습성이라 함은 반복하여 도박행위를 하는 습벽으로서 행위자의 속성을 말하는데, 이러한 습벽의 유무를 판단함에 있어서는 도박의 전과나 도박횟수 등이 중요한 판단자료가 되나 도박전과가 없다 하더라도 도박의 성질과 방법, 도금의 규모, 도박에 가담하게 된 태양 등의 제반 사정을 참작하여 도박의 습벽이 인정되는 경우에는 상습성을 인정하여도 무방하다(대판 1995.7.11. 95도955). 23. 법원행시

정답 ⑤

02 다음 설명 중 옳지 않은 것은 몇 개인가?

ⓐ 도박죄의 객체에는 재물뿐만 아니라 재산상의 이익도 포함된다.
ⓑ 편면적 도박, 즉 사기도박의 경우에 사기행위자에게는 사기죄가, 그 상대방에게는 도박죄가 성립한다.
ⓒ 인터넷 고스톱게임 사이트를 유료화하는 과정에서 사이트를 홍보하기 위하여 고스톱대회를 개최하면서 참가자들로부터 참가비를 받고 입상자들에게 상금을 지급한 행위만으로는 도박개장죄가 성립하지 않는다.
ⓓ 예배방해죄는 예배 중이거나 예배와 시간적으로 밀접불가분의 관계에 있는 준비단계에서 이를 방해하는 경우에만 성립한다.
ⓔ 범죄로 인하여 사망한 것이 명백한 자의 사체는 변사체검시방해죄의 객체가 된다.

① 1개　　　　② 2개　　　　③ 3개　　　　④ 4개

해설

ⓐ 【 O 】 형법 246조의 도박죄의 객체는 재물과 재산상의 이익이 포함된다. 개정형법(2013.4.5)은 구 형법상 구성요건에 규정된 "재물로써"를 삭제하여 도박죄의 객체에 재물 뿐만 아니라 재산상의 이익도 포함됨을 명확히 하였다. 외상도박이나 빚 도박도 가능하다. 17. 경찰간부
ⓑ 【 X 】 도박이란 2인 이상의 자가 상호간에 재물을 도(賭)하여 우연한 승패에 의하여 그 재물의 득실을 결정하는 것이므로, 이른바 사기도박과 같이 도박당사자의 일방이 사기의 수단으로써 승패의 수를 지배하는 경우에는 도박에서의 우연성이 결여되어 사기죄만 성립하고 도박죄는 성립하지 아니한다(대판 2011.1.13. 2010도9330). 17. 경찰간부
ⓒ 【 X 】 인터넷 고스톱게임 사이트를 유료화하는 과정에서 사이트를 홍보하기 위하여 고스톱대회를 개최하면서 참가자들로부터 참가비를 받고 입상자들에게 상금을 지급한 행위에 대하여 도박개장죄가 성립한다(대판 2002.4.12. 01도5802).
ⓓ 【 O 】 예배방해죄는 공중의 종교생활의 평온과 종교감정을 그 보호법익으로 하는 것이므로, 예배 중이거나 예배와 시간적으로 밀접불가분의 관계에 있는 준비단계에서 이를 방해하는 경우에만 성립한다. 교회의 교인이었던 사람이 교인들의 총유인 교회 현판, 나무십자가 등을 떼어 내고 예배당 건물에 들어가 출입문 자물쇠를 교체하여 7개월 동안 교인들의 출입을 막은 사안에서, 장기간 예배당 건물의 출입을 통제한 위 행위는 교인들의 예배 내지 그와 밀접불가분의 관계에 있는 준비단계를 계속하여 방해한 것으로 볼 수 없어 예배방해죄가 성립하지 않는다고 한 사례(대판 2008.2.1. 2007도5296). 17. 경찰간부
ⓔ 【 X 】 형법 제163조의 변사자라 함은 부자연한 사망으로서 그 사인이 분명하지 않은 자를 의미하고 그 사인이 명백한 경우는 변사자라 할 수 없으므로 범죄로 인하여 사망한 것이 명백한 자의 사체는 같은 법조 소정의 변사체검시방해죄의 객체가 될 수 없는 것이다(대판 2003.6.27. 2003도1331). 17. 경찰간부

정답 ③

03 도박죄에 관한 설명 중 가장 틀린 것은?

① 피고인 자신이 운영하는 여관 카운터에서 같은 동네에 거주하는 친구들과 함께 저녁을 시켜 먹은 후 그 저녁 값을 마련하기 위하여 속칭 '훌라'라는 도박을 하다가 적발된 경우, 일시 오락에 불과하여 도박죄로 처벌할 수 없을 뿐더러 풍속영업의 규제에 관한 법률 제3조 제3호(풍속영업소에서 도박 기타 사행행위를 하게 하여서는 아니 된다.) 위반죄로도 처벌할 수 없다.
② 도박자금으로 대여한 금전의 용도에 대하여 허위로 신고한 것이 무고죄의 허위신고에 해당한다.
③ 내국인의 출입을 허용하는 폐광지역 카지노에 출입하는 것은 법령에 의한 행위로 위법성이 조각되지만, 도박죄를 처벌하지 않는 외국 카지노에서의 도박은 위법성이 조각되지 아니한다.
④ 당사자의 일방이 사기의 수단으로 승패의 수를 지배하는 사기도박을 한 경우 상대방을 기망한 자에 대해서는 사기죄만 성립하고 도박죄는 성립하지 않지만 기망을 당한 자의 경우에는 편면적 대향범과 마찬가지로 도박죄가 성립한다.
⑤ 도박죄는 도박행위에 착수하면 기수에 이르게 된다.

[해설]
① 【 O 】 대판 2004.4.9. 2003도6351
② 【 O 】 대판 2004.1.16. 2003도7178
③ 【 O 】 대판 2004.4.23. 2002도2518
④ 【 X 】 사기도박의 경우에는 사기도박자에게만 사기죄가 성립하고 우연성을 가지고 가담한 상대방에게는 도박죄가 성립하지 않는다(대판 1985.4.23. 85도583).
⑤ 【 O 】 도박죄는 도박행위에 착수함으로써 기수가 되고(추상적 위험범), 승패가 결정되거나 현실적으로 재물의 득실이 행해질 필요는 없다.

정답 ④

04 도박에 관한 죄에 대한 설명으로 가장 적절한 것은?

① 피씨방 업주들인 가맹점을 모집하여 인터넷 도박게임이 가능하도록 시설 등을 설치하고 도박게임 프로그램을 가동하던 중 문제가 발생하여 더 이상의 영업으로 나아가지 못한 경우, 실제로 이용자들이 도박게임 사이트에 접속하여 도박을 한 사실이 없다면 도박개장죄는 미수에 그친 것이다.
② 도박행위가 공갈죄의 수단이 된 경우라도 도박행위가 공갈죄에 흡수되어 별도의 범죄를 구성하지 않는다고 할 수 없다.
③ 당사자의 일방이 사기의 수단으로 승패의 수를 지배하는 사기도박을 한 경우 상대방을 기망한 자에 대해서는 사기죄만 성립하고 도박죄는 성립하지 않지만 기망을 당한 자의 경우에는 편면적 대향범과 마찬가지로 도박죄가 성립한다.
④ 상습도박자가 상습성 없는 자의 도박을 방조한 경우에는 제33조 단서에 따라 중하게 처벌될 수 없고 도박죄의 방조범으로 처벌하게 된다.

해설

① 【 X 】 가맹점을 모집하여 인터넷 도박게임이 가능하도록 시설 등을 설치하고 도박게임 프로그램을 가동하던 중 문제가 발생하여 더 이상의 영업으로 나아가지 못한 것으로 볼 여지가 있다면 이로써 도박개장죄는 이미 '기수'에 이르렀다고 볼 수 있고, 나아가 피고인이 모집한 피씨방의 업주들이 그곳을 찾은 이용자들에게 피고인이 개설한 도박게임 사이트에 접속하여 도박을 하게 한 사실이 없다고 하여 도박개장죄의 성립이 부정된다고 할 수 없다(대판 2009.12.10. 2008도5282).

② 【 O 】 대판 2014.3.13. 2014도212

③ 【 X 】 도박이란 2인 이상의 자가 상호간에 재물을 도(賭)하여 우연한 승패에 의하여 그 재물의 득실을 결정하는 것이므로, 이른바 사기도박과 같이 도박당사자의 일방이 사기의 수단으로써 승패의 수를 지배하는 경우에는 도박에서의 우연성이 결여되어 사기죄만 성립하고 도박죄는 성립하지 아니한다(대판 2011.1.13. 2010도9330). 그리고 기망을 당한 자는 사기의 피해자일 뿐이므로 도박죄가 성립하지 않는다.

④ 【 X 】 상습도박의 죄나 상습도박방조의 죄에 있어서의 상습성은 행위의 속성이 아니라 행위자의 속성으로서 도박을 반복해서 거듭하는 습벽을 말하는 것인 바, 도박의 습벽이 있는 자가 타인의 도박을 방조하면 상습도박방조의 죄에 해당하는 것이며, 도박의 습벽이 있는 자가 도박을 하고 또 도박방조를 하였을 경우 상습도박방조의 죄는 무거운 상습도박의 죄에 포괄시켜 1죄로서 처단하여야 한다(대판 1984.4.24. 84도195).

정답 ②

05 다음 설명 중 가장 옳지 않은 것은?

① 도박은 '재물을 걸고 우연에 의하여 재물의 득실을 결정하는 것'을 의미하는 바, 여기서 '우연'이란 주관적으로 '당사자에 있어서 확실히 예견 또는 자유로이 지배할 수 없는 사실에 관하여 승패를 결정하는 것'을 말하고, 객관적으로 불확실할 것을 요구하지 않는다.

② 도박개장죄는 영리의 목적으로 도박을 개장하면 기수에 이르고, 현실로 도박이 행하여졌음은 묻지 않는다.

③ 동종의 수개의 도박행위에 상습성이 인정된다면 그 중 형이 중한 상습도박죄에 나머지 행위를 포괄시켜 1죄로 처단하여야 한다.

④ 피해자들을 유인하여 사기도박으로 도금을 편취한 경우, 피해자들에 대한 각 사기죄는 실체적 경합의 관계에 있는 것으로 보아야 한다.

⑤ 유료낚시터를 운영하는 사람이 입장료 명목으로 요금을 받은 후, 낚인 물고기에 부착된 번호가 시간별로 우연적으로 변동되는 프로그램상의 시상번호와 일치하는 경우 경품을 지급한 행위는 도박개장죄에 해당한다.

해설

① 【 O 】 대판 2008.10.23. 2006도736

② 【 O 】 대판 2009.12.10. 2008도5282

③ 【 O 】 대판 1982.9.28. 82도1669

④ 【 X 】 피고인 등이 피해자들을 유인하여 사기도박으로 도금을 편취한 행위는 사회관념상 1개의 행위로 평가하는 것이 타당하므로, 피해자들에 대한 각 사기죄는 상상적 경합의 관계에 있다고 보아야 함에도, 위 각 죄가 실체적 경합의 관계에 있는 것으로 보고 경합범 가중을 한 원심판결에 사기죄의 죄수에 관한 법리오해의 위법이 있다고 한 사례(대판 2011.1.13. 2010도9330).

⑤ 【 O 】 대판 2009.2.26. 2008도10582

정답 ④

06 다음 설명 중 가장 옳지 않은 것은?

① 사기도박에 필요한 준비를 갖추고 그 실행에 착수한 후에 사기도박을 숨기기 위하여 얼마간 정상적인 도박을 하였더라도 이는 사기죄의 실행행위에 포함되는 것이므로 사기죄만 성립하고 도박죄는 따로 성립하지 아니한다.
② 도박의 습벽이 있는 자가 도박을 하고 또 도박방조를 하였을 경우, 상습도박의 죄가 성립하는 이외에 별도로 상습도박방조의 죄가 성립하므로 이를 포괄하여 1죄로서 처단하여서는 아니 된다.
③ 성인피시방 운영자가 손님들로 하여금 컴퓨터에 접속하여 인터넷 도박게임을 하고 게임머니의 충전과 환전을 하도록 하면서 게임머니의 일정 금액을 수수료 명목으로 받은 행위는 도박개장죄에 해당한다.
④ 사기도박에 있어서는 사기적인 방법으로 도금을 편취하려고 하는 자가 상대방에게 도박에 참가할 것을 권유하는 등 기망행위를 개시한 때에 실행의 착수가 있다.

해설
① 【 O 】 대판 2011.1.13. 2010도9330
② 【 X 】 상습도박의 죄나 상습도박방조의 죄에 있어서의 상습성은 행위의 속성이 아니라 행위자의 속성으로서 도박을 반복해서 거듭하는 습벽을 말하는 것인 바, 도박의 습벽이 있는 자가 타인의 도박을 방조하면 상습도박방조의 죄에 해당하는 것이며, 도박의 습벽이 있는 자가 도박을 하고 또 도박방조를 하였을 경우 상습도박방조의 죄는 무거운 상습도박의 죄에 포괄시켜 1죄로서 처단하여야 한다(대판 1984.4.24. 84도195).
③ 【 O 】 대판 2008.10.23. 2008도3970
④ 【 O 】 대판 2011.1.13. 2010도9330

정답 ②

07 도박개장죄에 대한 설명 중 가장 적절하지 않은 것은?

① 도박을 개장한다 함은 스스로 주재자가 되어 그 지배하에 도박장소를 개설하는 것을 말한다.
② 본죄는 계속범이기 때문에 기수 이후에도 범죄행위가 계속되고 도박장소를 폐쇄하였을 때에 종료한다.
③ 피씨방 업주들이 가맹점을 모집하여 인터넷 도박게임이 가능하도록 시설 등을 설치하고 도박게임 프로그램을 가동하던 중 문제가 발생하여 더 이상의 영업으로 나아가지 못한 경우에도 도박개장죄는 기수가 된다.
④ 인터넷 게임사이트의 온라인 게임에서 통용되는 사이버 머니를 구입하고자 하는 사람을 유인하여 돈을 받고 위 게임사이트에 접속하여 일부러 패하는 방법으로 사이버머니를 판매한 사람에 대하여, 정범인 위 게임사이트 개설자의 도박개장행위를 인정할 수 없다고 하더라도 종범인 도박개장방조죄는 성립한다.

해설
① 【 O 】 대판 2002.4.12. 2001도5802
② 【 O 】 옳은 설명이다.
③ 【 O 】 대판 2009.12.10. 2008도5282
④ 【 X 】 인터넷 게임사이트의 온라인게임에서 통용되는 사이버머니를 구입하고자 하는 사람을 유인하여 돈을 받고 위 게임사이트에 접속하여 일부러 패하는 방법으로 사이버머니를 판매한 사람에 대하여, 정범인 위 게임사이트 개설자의 도박개장행위를 인정할 수 없는 이상 종범인 도박개장방조죄도 성립하지 않는다고 한 사례(대판 2007.11.29. 2007도8050).

정답 ④

08 도박죄에 관한 다음의 설명 중 가장 옳지 않은 것은?

① 사기도박에 있어서는 사기적인 방법으로 도금을 편취하려고 하는 자가 상대방에게 도박에 참가할 것을 권유하는 등 기망행위를 개시한 때에 실행의 착수가 있다.
② 사기도박의 의도로 피해자들에게 도박에 참가하도록 권유한 후에 사기도박을 숨기기 위하여 처음 얼마간 정상적인 도박을 한 경우에는 사기죄와 함께 도박죄가 별도로 성립한다.
③ 고스톱 등의 인터넷 도박게임 사이트를 개설하여 운영하는 경우, 현실적으로 게임이용자들로부터 돈을 받고 게임머니를 제공하고 게임이용자들이 위 도박게임 사이트에 접속하여 도박을 하여, 위 게임으로 획득한 게임머니를 현금으로 환전해 주는 방법 등으로 게임이용자들과 게임회사 사이에 있어서 재물이 오고갈 수 있는 상태에 있으면, 게임이용자가 위 도박게임 사이트에 접속하여 실제 게임을 하였는지 여부와 관계없이 도박개장죄는 '기수'에 이른다.
④ 당사자의 능력이 승패의 결과에 영향을 미친다고 하더라도 다소라도 우연성의 사정에 의하여 영향을 받게 되는 때에는 도박죄가 성립할 수 있는 바, 피고인들이 각자 핸디캡을 정하고 홀마다 또는 9홀마다 별도의 돈을 걸고 총 26 내지 32회에 걸쳐 내기 골프를 한 행위도 도박죄에 해당한다.

[해설]

① 【 O 】, ② 【 X 】 [1] 사기죄는 편취의 의사로 기망행위를 개시한 때에 실행에 착수한 것으로 보아야 하므로, 사기도박에서도 사기적인 방법으로 도금을 편취하려고 하는 자가 상대방에게 도박에 참가할 것을 권유하는 등 기망행위를 개시한 때에 실행의 착수가 있는 것으로 보아야 한다.
[2] 피고인 등이 사기도박에 필요한 준비를 갖추고 그러한 의도로 피해자들에게 도박에 참가하도록 권유한 때 또는 늦어도 그 정을 알지 못하는 피해자들이 도박에 참가한 때에는 이미 사기죄의 실행에 착수하였다고 할 것이므로, 피고인 등이 그 후에 사기도박을 숨기기 위하여 얼마간 정상적인 도박을 하였더라도 이는 사기죄의 실행행위에 포함되는 것이어서 피고인에 대하여는 피해자들에 대한 사기죄만이 성립하고 도박죄는 따로 성립하지 아니함에도, 이와 달리 피해자들에 대한 사기죄 외에 도박죄가 별도로 성립하는 것으로 판단하고 이를 유죄로 인정한 원심판결에 사기도박에 있어서의 실행의 착수시기 등에 관한 법리오해의 위법이 있다고 한 사례.
[3] 피고인 등이 피해자들을 유인하여 사기도박으로 도금을 편취한 행위는 사회관념상 1개의 행위로 평가하는 것이 타당하므로, 피해자들에 대한 각 사기죄는 상상적 경합의 관계에 있다고 보아야 함에도, 위 각 죄가 실체적 경합의 관계에 있는 것으로 보고 경합범 가중을 한 원심판결에 사기죄의 죄수에 관한 법리오해의 위법이 있다고 한 사례(대판 2011.1.13. 2010도9330).
③ 【 O 】 대판 2009.12.10. 2008도5282
④ 【 O 】 대판 2008.10.23. 2006도736

정답 ②

제3절 신앙에 관한 죄

⊙ 지문의 내용에 대해 학설의 대립 등 다툼이 있는 경우 판례에 의함

01 甲은 A교회를 떠난 후 乙이 그 예배당건물을 점유·관리하고 있음에도, 乙의 의사에 반하여 A교회 교인들의 총유인 교회 현판, 나무십자가 등을 떼어 내고 위 예배당건물에 들어가서 예배의자를 밀쳐 내고 甲의 장롱을 들여 놓은 후 교인들의 출입을 막았다. 甲의 죄책은?

① 건조물침입죄와 예배방해죄의 실체적 경합
② 손괴죄와 건조물침입죄의 상상적 경합
③ 손괴죄와 건조물침입죄의 실체적 경합
④ 건조물침입죄와 예배방해죄의 상상적 경합

해설 16. 경찰간부

③ [1] 피고인이 해당 물건들의 효용을 해하였다고 볼 수 있고, 또 피고인이 단순히 교회의 교인으로서 이 사건 예배당건물에 출입한 것이 아니라 침입하였다고 보아야 할 것이다.
[2] 형법 제158조에 규정된 예배방해죄는 예배 중이거나 예배와 시간적으로 밀접불가분의 관계에 있는 준비단계에서 이를 방해하는 경우에만 성립한다. 따라서 장기간 예배당건물의 출입을 통제한 위 행위는 교인들의 예배 내지 그와 밀접불가분의 관계에 있는 준비단계를 계속하여 방해한 것으로 볼 수 없어 예배방해죄가 성립하지 않는다(대판 2008.2.1. 2007도5296).

정답 ③

02 다음 사례 중 예배, 장례식, 제사, 설교방해죄가 성립하지 않는 것은 몇 개인가?

㉠ 甲과 乙은 평소에 사이가 좋지 않았는데 甲이 乙의 집에 가서 서로 시비하던 중에 그 날이 마침 乙의 아버지 기일이어서 제사에 사용할 음식을 마련하여 임시로 작은 상에 올려놓은 것을 甲이 발로 찬 경우
㉡ 甲은 정식절차를 밟은 위임목사가 아닌 乙이 당회의 결의에 반하여 乙의 교의를 신봉하는 신도 약 350여 명 앞에서 설교와 예배인도를 한다는 이유로 이를 방해한 경우
㉢ A 교회의 교인이었던 甲이 교회를 떠난 후 乙이 그 예배당 건물을 점유·관리하고 있음에도, 乙의 의사에 반하여 A 교회 교인들의 총유인 교회 현판, 나무십자가 등을 떼어 내고 위 예배당 건물에 들어가서 예배의자를 밀쳐 내고 甲의 장롱을 들여 놓은 후 교인들의 출입을 막은 경우
㉣ 乙은 ○○교회 담임목사로 있다가 소속 교단으로부터 목사면직의 판결을 받자 일부신도들과 함께 교단을 탈퇴하고 교회를 떠난 후 2년 4개월 후 동 교회에서 부활절 예배를 준비 중에 아무런 통보나 예고도 없이 그를 따르는 신도들과 함께 예배당에 들어와서는 찬송가를 부르는 등의 행위를 하기 시작하자, 동 교회의 종전 신도인 甲등이 곧 예배가 시작되므로 예배당을 비워달라는 요구를 받았음에도 불구하고 계속 거부하자 甲등이 마이크를 빼앗고 乙을 강단에서 끌어내리는 등의 행위를 한 경우

① 1개　　② 2개　　③ 3개　　④ 4개

해설 22. 법원행시

㉠ 【 X 】 형법 제158조에 규정된 제전방해죄는 제전의 평온을 그 보호법익으로 하는 것이므로 제전이 집행중이거나 제전의 집행과 시간적으로 밀접 불가분의 관계에 있는 준비단계에서 이를 방해하는 경우에만 성립한다 할 것이다(대판 1982.2.23. 81도2691).

㉡ 【 O 】 다른 특별한 사정이 없는 한 그 설교와 예배인도도 형법상 보호를 받을 가치가 있고 이러한 설교와 예배인도의 평온한 수행에 지장을 주는 행위를 하면 본조의 설교 또는 예배방해죄가 성립한다(대판 1971.9.28. 71도1465).

㉢ 【 X 】 형법 제158조에 규정된 예배방해죄는 공중의 종교생활의 평온과 종교감정을 그 보호법익으로 하는 것이므로, 예배 중이거나 예배와 시간적으로 밀접불가분의 관계에 있는 준비단계에서 이를 방해하는 경우에만 성립한다. 따라서 교회의 교인이었던 사람이 교인들의 총유인 교회 현판, 나무십자가 등을 떼어 내고 예배당 건물에 들어가 출입문 자물쇠를 교체하여 7개월 동안 교인들의 출입을 막아 장기간 예배당 건물의 출입을 통제한 행위는 교인들의 예배 내지 그와 밀접불가분의 관계에 있는 준비단계를 계속하여 방해한 것으로 볼 수 없어 예배방해죄가 성립하지 않는다(대판 2008.2.1. 2007도5296).

✅ 다만 사안의 경우 재물손괴죄와 건조물침입죄의 실체적 경합범이 성립하는 것을 주의해야 한다.

㉣ 【 X 】 사안의 경우, 위 목사와 신도들의 행위는 종전 교회의 교인들의 예배를 방해하는 것으로서 형법 제158조 예배방해죄에서 보호하는 '예배'에 해당한다고 보기는 어렵다(대판 2008.2.28. 2006도4773).

정답 ③

03 다음 설명 중 옳고 그름의 표시(○, ×)가 바르게 된 것은?

㉠ 범행을 은폐할 목적으로 피해자의 시신을 화장하였더라도 일반 화장절차에 따라 장제의 의례를 갖추었다면 사체유기죄가 성립하지 아니한다.

㉡ 법률, 계약 또는 조리상 사체에 대한 장제 또는 감호의 의무가 없는 자도 장소적 이전을 함이 없이 소극적으로 단순히 사체를 방치함으로써 사체유기죄를 범할 수 있다.

㉢ 살인 등의 목적으로 사람을 살해한 자가 살해의 목적을 수행할 때 사후 사체의 발견을 심히 곤란하게 하려는 의도로 인적이 드문 장소로 피해자를 유인하여 그곳에서 살해하고 사체를 그대로 두고 도주한 경우에는 살인죄 외에 별도로 사체은닉죄가 성립한다.

㉣ 질병으로 의사의 치료를 받아 오다가 약효가 없어 사망하여 그 사인이 명백한 자라도 그 사체에 대한 검시를 방해하는 것은 변사체검시방해죄를 구성한다.

① ㉠ (O) ㉡ (O) ㉢ (×) ㉣ (×)
② ㉠ (O) ㉡ (×) ㉢ (×) ㉣ (×)
③ ㉠ (×) ㉡ (×) ㉢ (O) ㉣ (O)
④ ㉠ (O) ㉡ (×) ㉢ (×) ㉣ (O)

해설

㉠ 【 O 】 일반 화장절차에 따라 피해자의 시신을 화장하여 장제의 의례를 갖추었다면 비록 그것이 피고인이의 범행을 은폐할 목적이었다고 하더라도 사자에 대한 종교적 감정을 침해하여 사체를 유기한 것이라고 판단할 수 없다(대판 1998.3.10. 98도51). 18. 경찰

㉡ 【 X 】 사체유기죄는 법률, 계약 또는 조리상 사체를 장제 또는 감호할 의무가 있는 자가 이를 방치하거나, 그 의무없는 자가 그 장소적 이전을 하면서 종교적, 사회적 풍습에 따른 의례에 의하지 아니하고 이를 방기함을 요한다(대판 1986.6.24. 86도891). 18. 경찰

㉢ 【 X 】 형법 제161조의 사체은닉이라 함은 사체의 발견을 불가능 또는 심히 곤란하게 하는 것을 구성요건으로 하고 있으나 살인, 강도살인등의 목적으로 사람을 살해한 자가 그 살해의 목적을 수행함에 있어 사후 사체의 발견이 불가능 또는 심히 곤란하게 하려는 의사로 인적이 드문 장소로 피해자를 유인하거나 실신한 피해자를 끌고가서 그곳에서 살해하고 사체를 그대로 둔채 도주한 경우에는 비록 결과적으로 사체의 발견이 현저하게 곤란을 받게 되는 사정이 있다 하더라도 별도로 사체은닉죄가 성립되지 아니한다(대판 1986.6.24. 86도891). 18. 경찰

㉣ 【 X 】 형법 제163조의 변사자라 함은 부자연한 사망으로서 그 사인이 분명하지 않은 자를 의미하고 그 사인이 명백한 경우는 변사자라 할 수 없으므로, 범죄로 인하여 사망한 것이 명백한 자의 사체는 같은 법조 소정의 변사체검시방해죄의 객체가 될 수 없다(대판 2003.6.27. 2003도1331). 18. 경찰

정답 ②

최정훈 형법각론
단원별 기출문제집

PART 03

국가적 법익에 대한 죄

Chapter 01 국가의 존립과 권위에 대한 죄

Chapter 02 국가의 기능에 대한 죄

Chapter 01 국가의 존립과 권위에 대한 죄

출제 방향

본 장에서는 내란죄와 간첩죄에 관한 판례를 숙지하여야 한다.

● 지문의 내용에 대해 학설의 대립 등 다툼이 있는 경우 판례에 의함

01 내란의 죄에 관한 다음 설명 중 가장 옳지 않은 것은?

① 내란의 실행과정에서 폭동행위에 수반하여 개별적으로 발생한 살인행위는 내란행위의 한 구성요소를 이루는 것이므로 내란행위에 흡수되어 내란목적살인의 별죄를 구성하지 아니하나, 특정인 또는 일정한 범위내의 한정된 집단에 대한 살해가 내란의 와중에 폭동에 수반하여 일어난 것이 아니라 그것 자체가 의도적으로 실행된 경우에는 이러한 살인행위는 내란에 흡수될 수 없고 내란목적살인의 별죄를 구성한다.
② 내란죄는 국토를 참절하거나 국헌을 문란할 목적으로 폭동한 행위로서, 다수인이 결합하여 위와 같은 목적으로 한 지방의 평온을 해할 정도의 폭행·협박행위를 하면 기수가 되고, 그 목적의 달성 여부는 이와 무관한 것으로 해석되므로, 다수인이 한 지방의 평온을 해할 정도의 폭동을 하였을 때 이미 내란의 구성요건은 완전히 충족된다고 할 것이어서 상태범으로 봄이 상당하다.
③ 범죄는 어느 행위로 인하여 처벌되지 아니하는 자를 이용하여서도 이를 실행할 수 있으므로 내란죄의 경우에도 국헌문란의 목적을 가진 자가 그러한 목적이 없는 자를 이용하여 이를 실행할 수 있다.
④ 내란선동죄는 내란이 실행되는 것을 목표로 선동함으로써 성립하는 독립한 범죄이고, 선동으로 말미암아 피선동자들에게 범죄의 결의가 발생할 것을 요건으로 하며, 선동에 따라 피선동자가 내란으로 나아갈 실질적인 위험성이 인정되는 경우에 한하여 범죄가 성립한다.
⑤ 내란음모가 성립하였다고 하기 위해서는 개별 범죄행위에 관한 세부적인 합의가 있을 필요는 없으나, 공격의 대상과 목표가 설정되어 있고 그 밖의 실행계획에 있어서 주요 사항의 윤곽을 공통적으로 인식할 정도의 합의가 있어야 한다.

해설

①②③ 【 O 】 대판 1997.4.17. 96도3376(全) 16. 법원행시
④ 【 X 】 내란선동죄는 내란이 실행되는 것을 목표로 선동함으로써 성립하는 독립한 범죄이고, 선동으로 말미암아 피선동자들에게 반드시 범죄의 결의가 발생할 것을 요건으로 하지 않는다. 즉 내란선동은 주로 내란행위의 외부적 준비행위에도 이르지 않은 단계에서 이루어지지만, 다수인의 심리상태에 영향을 주는 방법으로 내란의 실행욕구를 유발 또는 증대시킴으로써 집단적인 내란의 결의와 실행으로 이어지게 할 수 있는 파급력이 큰 행위이다. 따라서 내란을 목표로 선동하는 행위는 그 자체로 내란예비·음모에 준하는 불법성이 있다고 보아 내란예비·음모와 동일한 법정형으로 처벌되는 것이다(대판 2015.1.22. 2014도10978(全)). 16. 법원행시
⑤ 【 O 】 대판 2015.1.22. 2014도10978(全) 16. 법원행시

정답 ④

02 다음 설명 중 가장 옳지 않은 것은?

① 내란선동죄는 내란이 실행되는 것을 목표로 선동함으로써 성립하는 독립한 범죄이고, 선동으로 말미암아 피선동자들에게 반드시 범죄의 결의가 발생할 것을 요건으로 하지 않는다.
② 간첩방조죄는 정범인 간첩죄와 대등한 독립적 범죄로서 간첩죄와 동일한 법정형으로 처단한다.
③ 외국언론에 이미 보도된 바 있는 우리나라의 외교정책이나 활동에 관련된 사항들에 관하여 정부가 이른바 보도지침의 형식으로 국내언론기관의 보도 여부 등을 통제하고 있다는 사실을 알리는 것은 외교상의 기밀을 누설한 경우에 해당한다.
④ 국기모독죄는 '대한민국을 모욕할 목적'을 필요로 하는 목적범이다.

〔해설〕
① 【O】 내란선동죄는 내란이 실행되는 것을 목표로 선동함으로써 성립하는 독립한 범죄이고, 선동으로 말미암아 피선동자들에게 반드시 범죄의 결의가 발생할 것을 요건으로 하지 않는다. 즉 내란선동은 주로 내란행위의 외부적 준비행위에도 이르지 않은 단계에서 이루어지지만, 다수인의 심리상태에 영향을 주는 방법으로 내란의 실행욕구를 유발 또는 증대시킴으로써 집단적인 내란의 결의와 실행으로 이어지게 할 수 있는 파급력이 큰 행위이다. 따라서 내란을 목표로 선동하는 행위는 그 자체로 내란예비·음모에 준하는 불법성이 있다고 보아 내란예비·음모와 동일한 법정형으로 처벌되는 것이다(대판 2015.1.22. 2014도10978). 17. 경찰간부
② 【O】 형법 제98조 제1항의 간첩방조죄는 정범인 간첩죄와 대등한 독립죄로서 간첩죄와 동일한 법정형으로 처단하게 되어 있어 형법 총칙 제32조 소정의 감경대상이 되는 종범과는 그 실질이 달라 종범감경을 할 수 없는 것이므로, 그 가중규정인 국가보안법 제4조 제1항 제2호의 반국가단체의 간첩방조죄에 대하여도 그 정범인 반국가단체의 간첩죄와 동일한 법정형으로 처단하여야 하고 종범감경을 할 수 없다(대판 1986.9.23. 86도1429). 17. 경찰간부
③ 【X】 외국에 이미 널리 알려져 있는 사항은 특단의 사정이 없는 한 이를 비밀로 하거나 확인되지 아니함이 외교정책상의 이익이 된다고 할 수 없는 것이어서 외교상의 기밀에 해당하지 아니한다(대판 1995.12.5. 94도2379). 17. 경찰간부
④ 【O】 형법 제105조 - '대한민국을 모욕할 목적으로' 17. 경찰간부

〔정답〕 ③

03 내란죄에 관한 내용으로 가장 옳지 않은 것은?

① 내란죄는 국토를 참절하거나 국헌을 문란할 목적으로 폭동한 행위로서, 그 목적이 달성되었을 때 내란죄의 기수가 성립한다.
② 국헌문란의 목적을 가지고 있었는지 여부는 외부적으로 드러난 행위와 그 행위에 이르게 된 경위 및 그 행위의 결과 등을 종합하여 판단하여야 한다.
③ 내란죄의 구성요건인 폭동의 내용으로서의 폭행 또는 협박은 일체의 유형력의 행사나 외포심을 생기게 하는 해악의 고지를 의미하는 최광의의 폭행·협박을 말하는 것으로서, 이를 준비하거나 보조하는 행위를 전체적으로 파악한 개념이다.
④ 범죄는 '어느 행위로 인하여 처벌되지 아니하는 자'를 이용하여서도 이를 실행할 수 있으므로, 내란죄의 경우에도 '국헌문란의 목적'을 가진 자가 그러한 목적이 없는 자를 이용하여 이를 실행할 수 있다.

〔해설〕
① 【X】 내란죄는 국토를 참절하거나 국헌을 문란할 목적으로 폭동한 행위로서 한 지방의 평온을 해할 정도의 폭행·협박행위를 하면 기수가 되고, 그 목적의 달성 여부는 이와 무관한 것으로서 다수인이 한 지방의 평온을 해할 정도의 폭동을 하였을 때 이미 내란의 구성요건은 충족되므로 상태범으로 봄이 상당하다(대판 1997.4.17. 96도3376 전합). 13. 경찰간부
  ◎ 행위태양이 '폭동'임을 주의해야 한다.
②③④ 【O】 대판 1997.4.17. 96도3376(全) 13. 경찰간부

〔정답〕 ①

04 내란죄에 관한 다음 설명 중 옳지 않은 것은 모두 몇 개인가?

> ㉠ 폭동이란 다수인이 결합하여 폭행·협박하는 것으로서 적어도 다수인이 한 지방의 평온을 해할 정도의 것이어야 한다.
> ㉡ 내란의 실행과정에서 폭동행위에 수반하여 사람을 살해한 경우에는 내란죄와 내란목적살인죄의 상상적 경합이 된다.
> ㉢ 다수인이 한 지방의 평온을 해할 정도의 폭동이 일정 시간 지속되어야 하므로 계속범이다.
> ㉣ 내란폭동에 참가한 다수인들 중 어느 일방이 폭동을 적극적으로 교사한 경우에는 내란죄 이외에 내란교사의 책임도 진다.
> ㉤ 내란행위에 가담한 참가자의 지위 및 기여정도에 따라 구별하여 처벌한다.

① 1개 ② 2개 ③ 3개 ④ 4개

[해설]

㉠ 【O】 대판 1997.4.17. 96도3376(全) 12. 경찰간부

㉡ 【X】 내란의 실행과정에서 폭동행위에 수반하여 개별적으로 발생한 살인행위는 내란행위의 한 구성요소를 이루는 것이므로 내란행위에 흡수되어 내란목적살인의 별죄를 구성하지 아니하나, 특정인 또는 일정한 범위 내의 한정된 집단에 대한 살해가 내란의 와중에 폭동에 수반하여 일어난 것이 아니라 그것 자체가 의도적으로 실행된 경우에는 이러한 살인행위는 내란에 흡수될 수 없고 내란목적살인의 별죄를 구성한다(대판 1997.4.17. 96도3376(全)). 12. 경찰간부

㉢ 【X】 내란죄는 국토를 참절하거나 국헌을 문란할 목적으로 폭동한 행위로서, 다수인이 결합하여 위와 같은 목적으로 한 지방의 평온을 해할 정도의 폭행·협박행위를 하면 기수가 되고, 그 목적의 달성 여부는 이와 무관한 것으로 해석되므로, 다수인이 한 지방의 평온을 해할 정도의 폭동을 하였을 때 이미 내란의 구성요건은 완전히 충족된다고 할 것이어서 상태범으로 봄이 상당하다(대판 1997.4.17. 96도3376(全)). 12. 경찰간부

㉣ 【X】 내란죄는 필요적 공범이므로 내부참가자들 사이에서는 총칙상의 공범규정이 적용되지 않으므로 내란폭동에 참가한 자들 중 어느 일방이 폭동을 교사한 경우에도 내란죄 이외에 내란죄의 교사범은 성립하지 않는다. 만약 내부참가자가 아닌 자가 외부에서 폭동을 교사한 경우라면 내란죄의 교사범이 성립할 것이다. 12. 경찰간부

㉤ 【O】 **형법 제87조(내란)** 국토를 참절하거나 국헌을 문란할 목적으로 폭동한 자는 다음의 구별에 의하여 처단한다.
 1. 수괴는 사형, 무기징역 또는 무기금고에 처한다.
 2. 모의에 참여하거나 지휘하거나 기타 중요한 임무에 종사한 자는 사형, 무기 또는 5년 이상의 징역이나 금고에 처한다. 살상, 파괴 또는 약탈의 행위를 실행한 자도 같다.
 3. 부화수행하거나 단순히 폭동에만 관여한 자는 5년 이하의 징역 또는 금고에 처한다. 12. 경찰간부

정답 ③

05 간첩죄에 대한 설명으로 가장 옳지 않은 것은?

① 간첩이라 함은 적국을 위하여 국가기밀을 탐지, 수집하는 행위를 말하는 것이다.
② 탐지·수집한 국가기밀을 적국에 누설하는 것은 불가벌적 사후행위이다.
③ 간첩방조는 간첩죄에 대하여 형을 감경한다.
④ 간첩에 숙식을 제공한 행위, 무전기를 비닐에 싸서 매몰할 때 망을 보아 준 행위는 모두 간첩방조죄에 해당하지 않는다.
⑤ 간첩을 숨겨준 행위는 간첩방조죄에 해당하지 않지만 간첩의 상륙을 도와준 행위는 간첩방조죄에 해당한다.

[해설]
① 【 O 】 옳은 설명이다.
② 【 O 】 탐지·수집한 국가기밀을 적국에 누설하는 것은 불가벌적 사후행위 또는 간첩죄의 포괄일죄로서 별죄를 구성하지 않는다 (대판 1982.4.27. 82도285).
③ 【 X 】 간첩방조죄는 간첩죄와 대등한 독립범죄로서 총칙상의 공범규정이 적용되지 않는다. 따라서 종범에 대한 감경규정을 적용할 수 없다.
④⑤ 【 O 】 간첩방조란 간첩의 활동을 방조할 의사로서 그의 기밀을 탐지·수집하는 행위를 용이하게 하는 행위를 말한다. 따라서 숙식을 제공한 행위, 무전기를 매몰하는데 망을 보아준 행위, 간첩을 숨겨준 행위와 같이 기밀의 탐지·수집행위와 관계없는 행위를 용이하게 하더라도 간첩방조죄는 성립하지 않는다. 그러나 간첩의 상륙을 도와준 행위는 간첩방조죄가 성립한다(대판 1961.1.27. 4293형상807).

[정답] ③

06 다음 중 옳은 것은 모두 몇 개인가?

㉠ 간첩죄에 있어서의 국가(군사)기밀이란 순전한 의미에서의 국가(군사)기밀에만 국한할 것이 아니고 정치, 경제, 사회, 문화 등 각 방면에 걸쳐 북한괴뢰집단의 지, 부지에 불구하고 국방정책상 위 집단에 알리지 아니하거나 확인되지 아니함을 우리나라의 이익으로 하는 모든 기밀사항을 포함한다.
㉡ 일간신문에 보도되는 사항이라 하더라도 북한괴뢰집단에 대하여 비밀로 하는 것이 대한민국의 이익을 위하여 필요하다고 생각되는, 군사에 관계되는 정보라면 그것을 수집, 탐지하는 것도 간첩행위가 된다.
㉢ 간첩행위에 의하여 탐지, 모집한 기밀을 적국에 제보하여 누설하였다고 하더라도 이는 따로 별개의 죄가 성립되는 것이 아니다.

① 없음   ② 1개   ③ 2개   ④ 3개

[해설]
㉠ 【 O 】 대판 1983.4.26. 83도416
㉡ 【 O 】 대판 1983.4.26. 83도416
㉢ 【 O 】 대판 2011.1.20. 2008재도11(全)

[정답] ④

07 간첩죄에 대한 다음 설명 중 옳은 것은?

① 국가기밀은 군사비밀뿐만 아니라 사회·경제·정치 등에 대한 기밀도 포함되므로 수배자명단도 해당된다는 것이 판례이다.
② 대법원은 국가기밀과 관련해 국내에서 공지에 속하거나 국민에게 널리 알려진 사실도 국가기밀이 될 수 있다는 입장이다.
③ 편면적으로 지득하였던 군사상의 기밀사항을 제보한 행위도 간첩죄에 해당한다.
④ 지령에 의하여 해외교포 사회의 민심동향을 파악·수집하는 것은 간첩죄에 해당하지 않는다.

해설

① 【 O 】 대판 1978.1.10. 77도3571 12. 경찰간부
② 【 X 】 공지의 사실은 적국에 대해서 기밀로 해야 할 실질적 이익이 없기 때문에 국가기밀이 될 수 없다(대판 1997.7.16. 97도985 (全)). 12. 경찰간부
③ 【 X 】 북괴의 지령사주 기타의 의사의 연락없이 단편적으로 지득하였던 군사상의 기밀사항을 북괴에 납북된 상태하에서 제보한 행위는 위 법조 소정의 간첩죄에 해당하지 아니하고 다만 반공법 제4조 제1항 소정의 반국가단체를 이롭게 하는 행위에 해당한다(대판 1975.9.23. 75도1773). 12. 경찰간부
④ 【 X 】 간첩죄에 있어서의 국가기밀이란 순전한 의미에서의 국가기밀에만 국한할 것이 아니고 정치, 경제, 사회, 문화 등 각 방면에 걸쳐서 대한민국의 국방정책상 북한에 알리지 아니하거나 확인되지 아니함이 이익이 되는 모든 기밀사항을 포함하고, 지령에 의하여 민심동향을 파악·수집하는 것도 이에 해당되며, 그 탐지·수집의 대상이 우리 국민의 해외교포사회에 대한 정보서이 그 기밀사항이 국외에 존재한다고 하여도 위의 국가기밀에 포함된다(대판 1988.11.8. 88도1630). 12. 경찰간부

정답 ①

08 간첩죄 등에 대한 설명 중 가장 옳은 것은?

① 간첩방조죄는 간첩죄에 비하여 형을 감경한다.
② 간첩행위를 할 목적으로 외국 또는 북한에서 국내에 침투·상륙한 때에 간첩죄의 실행의 착수가 있다.
③ 편면적으로 지득하였던 군사상의 기밀사항을 제보한 행위도 간첩죄에 해당한다.
④ 국가기밀과 관련해 국내에서 공지에 속하거나 국민에게 널리 알려진 사실도 국가기밀이 될 수 있다.

해설

① 【 X 】 간첩방조는 형법각칙상 독립된 범죄로 규정되어 있으므로, 총론의 공범규정이 적용되지 않는다. 따라서 총론상의 방조범 감경을 할 수 없다(대판 1986.9.23. 86도1429 참고). 18. 경찰간부
② 【 O 】 대판 1984.9.11. 84도1381 18. 경찰간부
③ 【 X 】 적측과 연락 없이 군사에 관한 정보를 수집하였다면(편면적 간첩), 간첩죄는 인정되지 않고, 간첩예비에 해당할 뿐이다(대판 1975.9.23. 75도1773). 18. 경찰간부
④ 【 X 】 국가보안법 제4조 제1항 제2호 (나)목에 정한 기밀을 해석함에 있어서 그 기밀은 정치, 경제, 사회, 문화 등 각 방면에 관하여 반국가단체에 대하여 비밀로 하거나 확인되지 아니함이 대한민국의 이익이 되는 모든 사실, 물건 또는 지식으로서, 그것들이 국내에서의 적법한 절차 등을 거쳐 이미 일반인에게 널리 알려진 **공지의 사실**, 물건 또는 지식에 속하지 아니한 것이어야 하고, 또 그 내용이 누설되는 경우 국가의 안전에 위험을 초래할 우려가 있어 기밀로 보호할 실질가치를 갖춘 것이어야 한다(대판 1997.7.16. 97도985 전합). 18. 경찰간부

정답 ②

09 다음은 간첩죄에 대한 설명이다. 가장 적절하지 않은 것은?

① 형법 제98조 제1항의 간첩이라 함은 적국을 위하여 적국의 지령 사주 기타 의사의 연락 하에 군사상 기밀사항 또는 도서 물건을 탐지·수집하는 것을 의미하는 것이므로 북괴의 지령 사주 기타의 의사의 연락 없이 편면적으로 지득하였던 군사상의 기밀사항을 북괴에 납북된 상태 하에서 제보한 행위는 위 법조 소정의 간첩죄에 해당하지 아니한다.
② 간첩으로서 군사기밀을 탐지·수집하면 그로써 간첩행위는 기수가 되고 그 수집한 자료가 지령자에게 도달됨으로써 범죄의 기수가 되는 것은 아니다.
③ 직무에 관하여 군사상 기밀을 지득한 자가 이를 적국에 누설한 경우에는 형법 제98조 제2항(군사상의 기밀누설죄)에, 직무와 관계없이 지득한 군사상 기밀을 적국에 누설한 경우에는 형법 제99조(일반이적죄)에 각 해당한다.
④ 간첩죄를 범한 자가 그 탐지·수집한 기밀을 누설한 경우는 간첩죄와 군사기밀누설죄 등 두 가지 죄를 범한 것으로 인정할 수 있다.

[해설]
① 【 O 】 대판 1975.9.23. 75도1773 13. 경찰
② 【 O 】 대판 1963.12.12. 63도312 13. 경찰
③ 【 O 】 대판 1982.11.23. 82도2201 13. 경찰
④ 【 X 】 형법 제98조 제1항의 간첩죄를 범한 자가 그 탐지 수집한 기밀을 누설한 경우나 구 국가보안법 제3조 제1호의 국가기밀을 탐지 수집한 자가 그 기밀을 누설한 경우에는 양죄를 포괄하여 1죄를 범한 것으로 보아야 하고, 간첩죄와 군사기밀누설죄 또는 국가기밀탐지수집죄와 국가기밀누설등 두 가지 죄를 범한 것으로 인정할 수 없다(대판 1982.4.27. 82도285). 13. 경찰

정답 ④

10 국기·국장모독죄에 관한 설명 중 가장 옳은 것은?

① 보호객체가 되는 국기·국장은 공용에 공하는 것으로 한정된다.
② 구성요건의 행위태양은 손상, 제거, 또는 오욕, 비방한 경우를 모두 포함한다.
③ 국장이라 함은 국가를 상징하는 국기 이외의 나라문장을 의미하므로 대사관, 공관 등의 휘장은 포함되지 않는다.
④ 본죄는 목적범이므로 모욕할 목적이 없을 때에는 본죄가 성립하지 않는다.

[해설]
① 【 X 】 제109조의 외국국기모독죄와는 달리 국기 국장모독죄는 공용 사용을 불문한다. 05. 법원직
② 【 X 】 비방의 경우에는 별도의 국기 국장비방죄가 성립한다. 05. 법원직
③ 【 X 】 대사관 공관 등의 휘장도 포함된다. 05. 법원직
④ 【 O 】 형법 제105조 05. 법원직

정답 ④

11 국기와 국교에 관한 죄 중에서 반의사불벌죄가 아닌 것만 모은 것은?

┌───┐
│ ㉠ 국기·국장 모독죄   ㉡ 국기·국장 비방죄   │
│ ㉢ 외국원수폭행죄   ㉣ 외국원수모욕죄   │
│ ㉤ 외국사절폭행죄   ㉥ 외국사절모욕죄   │
│ ㉦ 외국국기·국장모독죄   │
└───┘

① ㉠, ㉡   ② ㉡, ㉦   ③ ㉢, ㉤   ④ ㉣, ㉥

[해설]
- 반의사불벌죄가 아닌 것 ㉠㉡ : 국기에 관한 죄인 국기·국장의 모독죄와 국기·국장의 비방죄
- 반의사불벌죄인 것 ㉢㉣㉤㉥㉦ : 국교에 관한 죄인 외국원수의 폭행죄, 외국원수의 모욕죄, 외국사절의 폭행죄, 외국사절의 모욕죄와 외국국기·국장의 모독죄

정답 ①

12 외국사절모욕죄에 대한 설명으로 가장 옳은 것은?

① 일반모욕죄와 같이 공연성을 요한다.
② 일반모욕죄와 같은 법정형이다.
③ 모욕의 개념이 일반모욕죄와는 다르다.
④ 외국사절명예훼손죄의 법정형과 동일하다.

[해설]
④ 【○】

i) 공연성이 필요한지 여부 : 외국사절에 대한 모욕죄와 외국사절에 대한 명예훼손죄는 불필요하지만, 모욕죄와 명예훼손죄는 필요하다.
ii) 법정형 : 외국사절에 대한 모욕죄와 외국사절에 대한 명예훼손죄는 모두 3년 이하의 징역이나 금고이지만, 모욕죄는 1년 이하의 징역이나 금고 또는 200만 원 이하의 벌금이며 명예훼손죄는 ① 공연히 사실을 적시하여 사람의 명예를 훼손한 경우는 2년 이하의 징역이나 금고 또는 500만원 이하의 벌금이고 ② 공연히 허위의 사실을 적시하여 사람의 명예를 훼손한 경우는 자는 5년 이하의 징역, 10년 이하의 자격정지 또는 1천만원 이하의 벌금이다.

정답 ④

Chapter 02 국가의 기능에 대한 죄

출제방향

공무원의 직무에 관한 죄에서는 직무유기죄·공무상비밀누설죄·뇌물죄에 관한 조문을 분석하고 판례를 숙지하여야 한다. 또한 공무방해에 관한 죄에서는 공무집행방해죄·공무상표시무효죄의 성립요건과 그와 관련된 판례를 숙지하고, 도주와 범인은닉의 죄에서는 도주죄와 범인은닉죄의 차이점, 이와 관련된 판례를 숙지하여야 한다. 마지막으로 위증과 증거인멸죄, 무고죄에서는 위증죄와 무고죄의 차이점을 정리하고 이와 관련된 판례를 학습하여야 한다.

제1절 공무원의 직무에 관한 죄

✅ 지문의 내용에 대해 학설의 대립 등 다툼이 있는 경우 판례에 의함

01 직무유기죄에 관한 설명으로 가장 적절하지 않은 것은?

① 직무유기죄에서 '직무를 유기한 때'란 공무원이 법령, 내규 등에 의한 추상적 성실의무를 태만히 하는 일체의 경우에 성립하는 것이 아니라 직장의 무단 이탈, 직무의 의식적인 포기 등과 같이 국가의 기능을 저해하고 국민에게 피해를 야기시킬 가능성이 있는 경우를 가리킨다.

② 공무원이 병가 중인 경우에는 구체적인 작위의무 내지 국가기능의 저해에 대한 구체적인 위험성이 있다고 할 수 없어 직무유기죄의 주체로 될 수 없다.

③ 경찰관이 압수물을 범죄 혐의의 입증에 사용하도록 하는 등의 조치를 취하지 않고 피압수자에게 돌려준 경우, 증거인멸죄와 직무유기죄가 모두 성립하고 양 죄는 상상적 경합관계에 있다.

④ 농지사무를 담당하고 있는 군직원이 농지불법전용 사실을 알고도 아무런 조치를 취하지 않다가 해당 농지의 농지전용허가를 내주기 위해 불법농지 전용사실은 일체 기재하지 않은 허위의 출장복명서 및 심사의견서를 작성하여 결재권자에게 제출한 경우, 허위공문서작성죄, 동행사죄와 직무유기죄가 별도 성립하고 각 죄는 실체적 경합관계에 있다.

【해설】

① 【 O 】 대판 2014.4.10. 2013도229 24. 경찰승진

② 【 O 】 직무유기죄는 구체적으로 그 직무를 수행하여야 할 작위의무가 있는데도 불구하고 이러한 직무를 버린다는 인식하에 그 작위의무를 수행하지 아니함으로써 성립하는 것이고, 또 그 직무를 유기한 때라 함은 공무원이 법령, 내규 등에 의한 추상적인 충근의무를 태만히 하는 일체의 경우를 이르는 것이 아니고, 직장의 무단이탈, 직무의 의식적인 포기 등과 같이 그것이 국가의 기능을 저해하며 국민에게 피해를 야기시킬 가능성이 있는 경우를 말하는 것이므로, 병가 중인 자의 경우 구체적인 작위의무 내지 국가기능의 저해에 대한 구체적인 위험성이 있다고 할 수 없어 직무유기죄의 주체로 될 수는 없다(대판 1997.4.22. 95도748). 24. 경찰승진

③ 【 X 】 경찰서 방범과장이 부하직원으로부터 음반·비디오물 및 게임물에 관한 법률 위반 혐의로 오락실을 단속하여 증거물로 오락기의 변조 기판을 압수하여 사무실에 보관 중임을 보고받아 알고 있었음에도 그 직무상의 의무에 따라 위 압수물을 수사계에 인계하고 검찰에 송치하여 범죄 혐의의 입증에 사용하도록 하는 등의 적절한 조치를 취하지 않고, 오히려 부하직원에게 위와 같이 압수한 변조 기판을 돌려주라고 지시하여 오락실 업주에게 이를 돌려준 경우, 작위범인 증거인멸죄만이 성립하고 부작위범인 직무유기죄는 따로 성립하지 아니한다(대판 2006.10.19. 2005도3909). 24. 경찰승진

④ 【 O 】 농지사무 담당공무원인 피고인이 농지불법전용 사실을 알게 되었음에도 아무런 조치를 취하지 아니한 후 위 복명서 및 심사의견서를 허위작성한 것은 농지일시전용허가를 신청하자 이를 허가하여 주기 위하여 한 것이지, 직접적으로 농지불법전용사실을 은폐하기 위하여 한 것은 아니므로 허위공문서작성, 동행사죄와 직무유기죄는 실체적 경합범의 관계에 있다(대판 1993.12.24. 92도3334). 24. 경찰승진

정답 ③

02 직무유기죄에 관한 다음 설명 중 가장 옳지 않은 것은?

① 직무유기죄는 공무원이 법령·내규 등에 의한 추상적 충근의무를 태만히 하는 일체의 경우에 성립하는 것이 아니라, 직무의 의식적인 포기 등과 같이 국가의 기능을 저해하고 국민에게 피해를 야기시킬 구체적 위험성이 있고 불법과 책임비난의 정도가 높은 법익침해의 경우에 한하여 성립한다.
② 병가 중인 자의 경우 구체적인 작위의무 내지 국가기능의 저해에 대한 구체적인 위험성이 있다고 할 수 없어 직무유기죄의 주체로 될 수는 없으나, 다른 직무유기죄의 정범과 공범 관계가 성립하는 데에는 지장이 없다.
③ 형법 제122조 후단 소정의 직무유기죄는 소위 부진정 부작위범으로서 그 작위의무를 수행하지 아니하여 구성요건에 해당하는 사실이 있었고 그 후에도 계속하여 그 작위의무를 수행하지 아니하는 위법한 부작위 상태가 계속하는 한 가벌적 위법상태는 계속 존재하고 있다.
④ 무단이탈로 인한 직무유기죄 성립 여부는 결근 사유와 기간, 담당하는 직무의 내용과 적시 수행 필요성, 결근으로 직무수행이 불가능한지, 결근 기간에 국가기능의 저해에 대한 구체적인 위험이 발생하였는지 등을 종합적으로 고려하여 신중하게 판단해야 한다.
⑤ 통고처분이나 고발을 할 권한이 없는 세무공무원이 그 권한 자에게 범칙사건조사 결과에 따른 통고처분이나 고발조치를 건의하는 등의 조치를 취하지 않았다면, 이는 자신의 직무를 저버린 행위로서 국가의 기능을 저해하며 국민에게 피해를 야기시킬 가능성이 있어 직무유기죄에 해당한다.

해설

① 【O】 형법 제122조에서 정하는 직무유기죄에서 '직무를 유기한 때'란 공무원이 법령, 내규 등에 의한 추상적 성실의무를 태만히 하는 일체의 경우에 성립하는 것이 아니라 직장의 무단이탈, 직무의 의식적인 포기 등과 같이 국가의 기능을 저해하고 국민에게 피해를 야기시킬 가능성이 있는 경우를 가리킨다. 그리하여 일단 직무집행의 의사로 자신의 직무를 수행한 경우에는 직무집행의 내용이 위법한 것으로 평가된다는 점만으로 직무유기죄의 성립을 인정할 것은 아니고, 공무원이 태만·분망 또는 착각 등으로 인하여 직무를 성실히 수행하지 아니한 경우나 형식적으로 또는 소홀히 직무를 수행한 탓으로 적절한 직무수행에 이르지 못한 것에 불과한 경우에도 직무유기죄는 성립하지 아니한다(대판 2014.4.10. 2013도229). 23. 법원행시
② 【O】 병가 중인 자의 경우 구체적인 작위의무 내지 국가기능의 저해에 대한 구체적인 위험성이 있다고 할 수 없어 본죄의 주체로 될 수는 없다. 다만 신분이 없는 자라 하더라도 신분이 있는 자의 행위에 가공하는 경우 본죄의 공동정범이 성립하는 것이고, 이 사건 기록상 병가 중인 피고인들과 나머지 피고인들 사이에 직무유기의 공범관계가 인정되는 터이므로 병가 중인 피고인들도 어차피 직무유기죄의 공동정범으로 처벌받아야 할 것이다(대판 1997.4.22. 95도748). 23. 법원행시
③ 【O】 직무유기죄는 그 직무를 수행하여야 하는 작위의무의 존재와 그에 대한 위반을 전제로 하고 있는바, 그 작위의무를 수행하지 아니함으로써 구성요건에 해당하는 사실이 있었고 그 후에도 계속하여 그 작위의무를 수행하지 아니하는 위법한 부작위상태가 계속되는 한 가벌적 위법상태는 계속 존재하고 있다고 할 것이며 형법 제122조 후단은 이를 전체적으로 보아 1죄로 처벌하는 취지로 해석되므로 이를 즉시범이라고 할 수 없다(대판 1997.8.29. 97도675). 23. 법원행시
④ 【O】 무단이탈로 인한 직무유기죄 성립 여부는 결근 사유와 기간, 담당하는 직무의 내용과 적시 수행 필요성, 결근으로 직무수행이 불가능한지, 결근 기간에 국가기능의 저해에 대한 구체적인 위험이 발생하였는지 등을 종합적으로 고려하여 신중하게 판단해야 한다. 특히 근무기간을 정하여 임용된 공무원의 경우에는 근무기간 안에 특정 직무를 마쳐야 하는 특별한 사정이 있는지 등을 고려할 필요가 있다(대판 2022.6.22. 2021도8361). 23. 법원행시
⑤ 【X】 통고처분이나 고발을 할 권한이 없는 세무공무원이 그 권한자에게 범칙사건 조사 결과에 따른 통고처분이나 고발조치를 건의하는 등의 조치를 취하지 않았다고 하더라도, 구체적 사정에 비추어 그것이 직무를 성실히 수행하지 못한 것이라고 할 수 있을지언정 그 직무를 의식적으로 방임 내지 포기하였다고 볼 수 없다(대판 1997.4.11. 96도2753). 23. 법원행시

정답 ⑤

03 공무원의 직무에 관한 죄에 대한 설명으로 가장 적절하지 않은 것은?

① 직무유기죄에서 공무원이 직무를 유기한 때라 함은 주관적으로 직무집행의사를 포기하고 객관적으로 정당한 이유없이 직무집행을 하지 아니하는 부작위상태가 있어 국가기능을 저해하는 경우를 말한다.

② 상급 경찰관이 직권을 남용하여 부하 경찰관들의 수사를 중단시키거나 사건을 다른 경찰관서로 이첩하게 한 경우, '의무 없는 일을 하게 함으로 인한 직권남용권리행사방해죄'만 성립하고 '권리행사를 방해함으로 인한 직권남용권리행사방해죄'는 따로 성립하지 아니한다.

③ 검찰 고위간부 甲이 사건에 대한 수사가 진행중인 상태에서 해당 사안에 관한 수사책임자 乙의 잠정적인 판단 등 수사팀의 내부 상황을 확인하고 그 내용을 수사 대상자에게 전달한 행위는 공무상 비밀누설죄를 구성한다.

④ 교육기관 등의 장이 징계의결을 집행하지 못할 법률상·사실상의 장애가 없는데도 징계의결서를 통보받은 날로부터 법정 시한이 지나도록 집행을 유보하는 모든 경우에 직무유기죄가 성립하는 것은 아니고, 그 유보가 의식적인 직무의 방임이나 포기에 해당한다고 볼 수 있는 경우에만 직무유기죄가 성립한다.

해설

① 【O】 공무원이 직무를 유기한 때라 함은 공무원이 법령 내규 또는 지시 통첩에 의한 추상적인 충근의무를 게을리한 일체의 경우를 지칭하는 것이 아니라 주관적으로 직무집행의사를 포기하고 객관적으로 정당한 이유없이 직무집행을 하지 아니하는 부작위상태가 있어 국가기능을 저해하는 경우를 말한다 할 것인바, 사법 경찰관리가 직무집행의사로 위법사실을 조사하여 훈방하는 등 어떤 형태로든지 그 직무집행행위를 하였다면 형사피의사건으로 입건수사하지 않았다 하여 곧 직무유기죄가 성립한다고 볼 수는 없다(대판 1982.6.8. 82도117). 19. 경찰승진

② 【X】 형법 제123조는 "공무원이 그 직권을 남용하여 사람으로 하여금 의무없는 일을 하게 하거나 사람의 권리행사를 방해한 때에는 5년 이하의 징역, 10년 이하의 자격정지 또는 1천만 원 이하의 벌금에 처한다"라고 규정하고 있는바, 여기서 말하는 '권리'는 법률에 명기된 권리에 한하지 않고 법령상 보호되어야 할 이익이면 족한 것으로서, 공법상의 권리인지 사법상의 권리인지를 묻지 않는다고 봄이 상당하다.

> **사실관계**
> 상급 경찰관이 직권을 남용하여 **부하 경찰관들의 수사를 중단**시키거나 사건을 다른 경찰관서로 이첩하게 한 경우, 일단 '부하 경찰관들의 수사권 행사를 방해한 것'에 해당함과 아울러 '부하 경찰관들로 하여금 수사를 중단하거나 사건을 다른 경찰관서로 이첩할 의무가 없음에도 불구하고 수사를 중단하게 하거나 사건을 이첩하게 한 것'에도 해당된다고 볼 여지가 있다. 그러나 이는 어디까지나 하나의 사실을 각기 다른 측면에서 해석한 것에 불과한 것으로서, '권리행사를 방해함으로 인한 직권남용권리행사방해죄'와 '의무 없는 일을 하게 함으로 인한 직권남용권리행사방해죄'가 별개로 성립하는 것이라고 할 수는 없다. 따라서 위 두 가지 행위 태양에 모두 해당하는 것으로 기소된 경우, '권리행사를 방해함으로 인한 직권남용권리행사방해죄'만 성립하고 '의무 없는 일을 하게 함으로 인한 직권남용권리행사방해죄'는 따로 성립하지 아니하는 것으로 봄이 상당하다(대판 2010.1.28. 2008도7312). 19. 경찰승진

③ 【O】 대판 2007.6.14. 2004도5561 19. 경찰승진

④ 【O】 [1] 구 교육공무원법 제51조 제1항 전문, 교육공무원 징계령 제16조 본문, 제17조 제1항, 국가공무원법 제82조 제2항 전문 규정과 같이, 교육공무원 징계령 제17조 제1항이 징계처분권자가 징계위원회로부터 징계의결서를 받은 경우에는 받은 날로부터 15일 이내에 집행하여야 한다고 규정하고 있는 점, 교육공무원의 징계에 관한 사항을 징계위원회의 의결사항으로 규정한 것은 임용권자의 자의적인 징계운영을 견제하여 교육공무원의 권익을 보호함과 아울러 징계의 공정성을 담보할 수 있도록 절차의 합리성과 공정한 징계운영을 도모하기 위한 데에 입법 취지가 있는 점, 징계의결서를 통보받은 징계처분권자는 국가공무원법 제82조 제2항에 의하여 해당 징계의결이 가볍다고 인정하는 경우에 한하여서만 심사 또는 재심사를 청구할 수 있는 점 등 교육공무원의 징계에 관한 관련 규정을 종합하여 보면, 교육기관·교육행정기관·지방자치단체 또는 교육연구기관의 장이 징계위원회로부터 징계의결서를 통보받은 경우에는 해당 징계의결을 집행할 수 없는 법률상·사실상의 장애가 있는 등 특별한 사정이 없는 이상 법정 시한 내에 이를 집행할 의무가 있다.

[2] 형법 제122조에서 정하는 직무유기죄에서 '직무를 유기한 때'란 공무원이 법령, 내규 등에 의한 추상적 성실의무를 태만히 하는 일체의 경우에 성립하는 것이 아니라 직장의 무단이탈, 직무의 의식적인 포기 등과 같이 국가의 기능을 저해하고 국민에게 피해를 야기시킬 가능성이 있는 경우를 가리킨다. 그리하여 일단 직무집행의 의사로 자신의 직무를 수행한 경우에는 직무집행의 내용이 위법한 것으로 평가된다는 점만으로 직무유기죄의 성립을 인정할 것은 아니고, 공무원이 태만·분망 또는 착각 등으로 인하여 직무를 성실히 수행하지 아니한 경우나 형식적으로 또는 소홀히 직무를 수행한 탓으로 적절한 직무수행에 이르지 못한 것에 불과한 경우에도 직무유기죄는 성립하지 아니한다. 따라서 교육기관·교육행정기관·지방자치단체 또는 교육연구기관의 장이 징계의결을 집행하지 못할 법률상·사실상의 장애가 없는데도 징계의결서를 통보받은 날로부터 법정 시한이 지나도록 집행을 유보하는 모든 경우에 직무유기죄가 성립하는 것은 아니고, 그러한 유보가 직무에 관한 의식적인 방임이나 포기에 해당한다고 볼 수 있는 경우에 한하여 직무유기죄가 성립한다고 보아야 한다(대판 2014.4.10. 2013도229). 19. 경찰승진

정답 ②

04 다음 설명 중 가장 틀린 것은?

① 직무유기죄는 구체적으로 그 직무를 수행하여야 할 작위의무가 있는데도 불구하고 이러한 직무를 버린다는 인식하에 그 작위의무를 수행하지 아니하면 성립하는 것이다.
② 직무유기죄는 그 직무를 수행하여야 하는 작위의무의 존재와 그에 대한 위반을 전제로 하고 있으므로, 그 작위의무를 수행하지 아니함으로써 곧바로 성립하는 즉시범이다.
③ 하나의 행위가 부작위범인 직무유기죄와 작위범인 허위공문서작성·행사죄의 구성요건을 동시에 충족하는 경우, 공소제기권자는 재량에 의하여 작위범인 허위공문서작성·행사죄로 공소를 제기하지 않고 부작위범인 직무유기죄로만 공소를 제기할 수 있다.
④ 직무유기교사죄는 피교사자인 공무원별로 1개의 죄가 성립된다.

해설

① 【O】 대판 1983.3.22. 82도3065
  ✅ 직무유기는 직무에 관한 의식적인 포기를 요한다는 점에서 직무태만과는 구별하여야 한다.
② 【X】 직무유기죄는 그 직무를 수행하여야 하는 작위의무의 존재와 그에 대한 위반을 전제로 하고 있는바, 그 작위의무를 수행하지 아니함으로써 구성요건에 해당하는 사실이 있었고 그 후에도 계속하여 그 작위의무를 수행하지 아니하는 위법한 부작위상태가 계속되는 한 가벌적 위법상태는 계속 존재하고 있다고 할 것이며 형법 제122조 후단은 이를 전체적으로 보아 1죄로 처벌하는 취지로 해석되므로 이를 즉시범이라고 할 수 없다(대판 1997.8.29. 97도675).
③ 【O】 대판 2008.2.14. 2005도4202
④ 【O】 직무유기교사죄는 피교사자인 공무원별로 1개의 죄가 성립되는 것이므로 피교사자인 공무원별로 사실을 특정할 수 있도록 공소사실을 기재하여야 한다(대판 1997.8.22. 95도984).

정답 ②

05 다음 설명 중 옳지 않은 것은 몇 개인가?

㉠ 직무유기죄에서 '직무를 유기한 때'란 공무원이 법령, 내규 등에 의한 추상적 성실의무를 태만히 하는 일체의 경우에 성립하는 것이 아니라 직장의 무단이탈, 직무의 의식적인 포기 등과 같이 국가의 기능을 저해하고 국민에게 피해를 야기시킬 가능성이 있는 경우를 가리킨다.
㉡ 직권남용권리행사방해죄에서 공무원이 직무와는 상관없이 단순히 개인적인 친분에 근거하여 문화예술 활동에 대한 지원을 권유하거나 협조를 의뢰한 경우에는 직권남용에 해당하지 않는다.
㉢ 직무유기교사죄는 피교사자인 공무원이 수인이라고 하더라도 1개의 직무유기교사죄만 성립한다.
㉣ 직권남용권리행사방해죄에서 말하는 '권리'는 법률에 명기된 권리에 한하지 않고 법령상 보호되어야 할 이익이면 족하고, 그것이 공법상의 권리인지 사법상의 권리인지를 묻지 않는다.
㉤ 뇌물을 받는 주체가 아닌 자가 수고비로 받은 부분이나 뇌물을 받기 위하여 형식적으로 체결된 용역계약에 따른 비용으로 사용된 부분은 뇌물의 가액과 추징액에서 공제할 항목에 해당한다.

① 2개 ② 3개 ③ 4개 ④ 5개

[해설]

㉠ 【 O 】 직무유기죄에서 '직무를 유기한 때'란 공무원이 법령, 내규 등에 의한 추상적 성실의무를 태만히 하는 일체의 경우에 성립하는 것이 아니라 직장의 무단이탈, 직무의 의식적인 포기 등과 같이 국가의 기능을 저해하고 국민에게 피해를 야기시킬 가능성이 있는 경우를 가리킨다. 그리하여 일단 직무집행의 의사로 자신의 직무를 수행한 경우에는 직무집행의 내용이 위법한 것으로 평가된다는 점만으로 직무유기죄의 성립을 인정할 것은 아니고, 공무원이 태만·분망 또는 착각 등으로 인하여 직무를 성실히 수행하지 아니한 경우나 형식적으로 또는 소홀히 직무를 수행한 탓으로 적절한 직무수행에 이르지 못한 것에 불과한 경우에도 직무유기죄는 성립하지 아니한다(대판 2014.4.10. 2013도229). 17. 경찰간부

㉡ 【 O 】 직권남용권리행사방해죄는 공무원이 직권을 남용하여 사람으로 하여금 의무 없는 일을 하게 하거나 사람의 권리행사를 방해한 때에 성립하는 범죄이다. 여기에서 '직권남용'이란 공무원이 그 일반적 직무권한에 속하는 사항에 관하여 직권의 행사에 가탁하여 실질적, 구체적으로 위법·부당한 행위를 하는 경우를 의미하고, 공무원이 직무와는 상관없이 단순히 개인적인 친분에 근거하여 문화예술 활동에 대한 지원을 권유하거나 협조를 의뢰한 것에 불과한 경우까지 직권남용에 해당한다고 할 수는 없다. 그리고 직권남용죄에서 말하는 '의무'란 법률상 의무를 가리키고, 단순한 심리적 의무감 또는 도덕적 의무는 이에 해당하지 아니한다(대판 2009.1.30. 2008도6950). 17. 경찰간부

㉢ 【 X 】 직무유기교사죄는 피교사자인 공무원별로 1개의 죄가 성립되는 것이므로 피교사자인 공무원별로 사실을 특정할 수 있도록 공소사실을 기재하여야 한다(대판 1997.8.22. 95도984). 17. 경찰간부

㉣ 【 O 】 형법 제123조의 직권남용권리행사방해죄에서 말하는 '권리'는 법률에 명기된 권리에 한하지 않고 법령상 보호되어야 할 이익이면 족한 것으로서, 공법상의 권리인지 사법상의 권리인지를 묻지 않는다고 봄이 상당하다(대판 2010.1.28. 2008도7312). 17. 경찰간부

㉤ 【 X 】 공무원이 뇌물을 받는 데에 필요한 경비를 지출한 경우 그 경비는 뇌물수수의 부수적 비용에 불과하여 뇌물의 가액과 추징액에서 공제할 항목에 해당하지 않는다. 뇌물을 받는 주체가 아닌 자가 수고비로 받은 부분이나 뇌물을 받기 위하여 형식적으로 체결된 용역계약에 따른 비용으로 사용된 부분은 뇌물수수의 부수적 비용에 지나지 않는다(대판 2017.3.22. 2016도21536). 17. 경찰간부

정답 ①

06 직무유기죄에 관한 다음 설명 중 가장 옳지 않은 것은?

① 경찰관이 압수물을 범죄 혐의의 입증에 사용하도록 하는 등의 조치를 취하지 않고 피압수자에게 돌려준 경우 증거인멸죄와 직무유기죄가 모두 성립하고, 양 죄는 상상적 경합관계에 있다.
② 경찰관이 불법체류자의 신병을 출입국관리사무소에 인계하지 않고 훈방하면서 이들의 인적사항조차 기재해 두지 아니하였다면 직무유기죄가 성립한다.
③ 일단 직무집행의 의사로 자신의 직무를 수행하였다면 그 직무집행의 내용이 위법하다 하더라도 직무유기죄는 성립하지 않는다.
④ 농지사무를 담당한 군 직원이 농지불법전용 사실을 알고도 아무런 조치를 취하지 않다가 해당 농지의 농지전용허가를 내주기 위해 불법농지전용 사실은 일체 기재하지 않은 허위의 출장복명서 및 심사의견서를 작성한 경우 허위공문서작성죄, 동행사죄와 직무유기죄가 별도 성립하고, 각 죄는 실체적 경합관계에 있다.

해설

① 【 X 】 경찰서 방범과장이던 피고인이 부하직원으로부터 오락실을 음반·비디오물 및 게임물에 관한 법률 위반 혐의로 단속하여 범죄행위에 제공된 증거물로 오락기의 변조 기판을 압수하여 위 방범과 사무실에 보관 중임을 보고받아 알고 있었음에도 그 직무상의 의무에 따라 위 압수물을 같은 경찰서 수사계에 인계하고 검찰에 송치하여 범죄 혐의의 입증에 사용하도록 하는 등의 적절한 조치를 취하지 않고, 오히려 부하직원에게 위와 같이 압수한 변조 기판을 돌려주라고 지시하여 오락실 업주에게 이를 돌려주었다면, 직무위배의 위법상태가 증거인멸행위 속에 포함되어 있는 것으로 보아야 할 것이므로, 이와 같은 경우에는 작위범인 증거인멸죄만이 성립하고 부작위범인 직무유기(거부)죄는 따로 성립하지 아니한다(대판 2006.10.19. 2005도3909 전합). 18. 법원직

② 【 O 】 사법경찰관이 불법체류자의 신병을 출입국관리사무소에 인계하지 않은 채 근무일지에 허위의 사실을 기재하고, 이들이 불법체류자라는 사실은 기재하지도 않은 채 자신이 혼자 소내 근무 중임을 이용하여 이들을 훈방하였으며, 훈방을 함에 있어서도 통상의 절차와 달리 이들의 인적사항조차 기재해 두지 아니한 경우(대판 2008.2.14. 2005도4202). 18. 법원직

③ 【 O 】 직무유기죄에서 '직무를 유기한 때'란 공무원이 법령, 내규 등에 의한 추상적 성실의무를 태만히 하는 일체의 경우에 성립하는 것이 아니라 직장의 무단이탈, 직무의 의식적인 포기 등과 같이 국가의 기능을 저해하고 국민에게 피해를 야기시킬 가능성이 있는 경우를 가리킨다. 그리하여 일단 직무집행의 의사로 자신의 직무를 수행한 경우에는 직무집행의 내용이 위법한 것으로 평가된다는 점만으로 직무유기죄의 성립을 인정할 것은 아니고, 공무원이 태만·분망 또는 착각 등으로 인하여 직무를 성실히 수행하지 아니한 경우나 형식적으로 또는 소홀히 직무를 수행한 탓으로 적절한 직무수행에 이르지 못한 것에 불과한 경우에도 직무유기죄는 성립하지 아니한다(대판 2014.4.10. 2013도229). 18. 법원직

④ 【 O 】 공무원이 어떠한 위법사실을 발견하고도 직무상 의무에 따른 적절한 조치를 취하지 아니하고 위법사실을 은폐하기 위한 것이 아니라 새로운 위법상태를 창출하기 위한 것인 경우(농지일시전용허가를 신청하자 이를 허가하여 주기 위하여 한 것인 경우) 직접적으로 농지불법전용 사실을 은폐하기 위하여 한 것은 아니므로 위 허위공문서작성, 동행사죄와 직무유기죄는 실체적 경합범의 관계에 있다(대판 1993.12.24. 92도3334). 18. 법원직

정답 ①

07 다음 중 甲에게 직무유기죄가 성립하는 것은?

① 경찰관인 피고인이 벌금미납자에 대한 노역장유치 집행을 위하여 검사의 지휘를 받아 형집행장을 집행하는 경우에 벌금미납자로 지명수배되어 있던 甲을 세 차례에 걸쳐 만나고도 그를 검거하여 검찰청에 신병을 인계하는 등 필요한 조치를 취하지 않은 경우
② 예비군 중대장 甲은 그 소속 예비군대원의 훈련불참사실을 알았지만, 예비군대원의 훈련불참사실을 고의로 은폐할 목적으로 당해 예비군대원이 훈련에 참석한 양 허위내용의 학급편성명부를 작성, 행사한 경우
③ 세금계산서 관련 업무를 담당하는 세무공무원 甲은 乙이 실제 거래없이 교부받은 허위세금계산서를 사용하여 세금을 포탈한 사실을 확인하였음에도, 乙에 대한 세금추징조치만 취하였을 뿐 권한있는 자에게 乙에 대한 통고처분이나 고발조치 건의 등의 절차는 취하지 않은 경우
④ 수사업무에 종사하는 순경 甲은 18명의 도박범행사실을 적발하고 그들의 인적사항을 확인하였음에도 이를 상사인 파출소장에게 즉시 보고하여 그 도금(賭金) 등을 압수하고 도박죄로 형사입건하는 등 범죄수사에 필요한 조치를 다하지 아니하고, 이를 묵인하여 달라는 부탁을 받고 그 도박사실을 발견하지 못한 것처럼 근무일지를 허위로 작성하고 소속 파출소장에게 이를 허위로 보고한 경우

해설 24. 법원직 9급(유사)

① 【 O 】 벌금미납자에 대한 노역장유치 집행을 위하여 검사의 지휘를 받아 형집행장을 집행하는 경우 벌금미납자 검거는 사법경찰관리의 직무범위에 속한다고 보아야 하므로, 직무유기죄가 성립한다(대판 2011.9.8. 2009도13371).
② 【 X 】 직무위배의 위법상태는 허위공문서작성 당시부터 그 속에 포함되어 있는 것이고 그 후 소속 대대장에게 보고하지 아니하였다 하더라도 당초에 있었던 직무위배의 위법 상태가 그대로 계속된 것에 불과하다고 보아야 하고 별도의 직무유기죄가 성립하여 양 죄가 실체적 경합범이 된다고 할 수 없다(대판 1982.12.28. 82도2210).
③ 【 X 】 피고인 甲이 그의 업무와 관련하여 乙의 부가가치세포탈행위를 밝혀내고 그 포탈세액 및 그 가산세를 추징하는 등 일련의 조치를 취한 이상 피고인이 乙에 대한 통고처분이나 고발조치를 건의하는 등의 조치를 취하지 않았다고 하더라도 그것이 직무를 성실히 수행하지 못한 것이라고 할 수 있을지언정 피고인이 그 직무를 의식적으로 방임 내지 포기하였다고 볼 수는 없을 것이다(대판 19974.11. 96도2753).
④ 【 X 】 허위공문서작성 및 동행사죄만 성립하고 별도의 직무유기죄는 성립하지 아니한다(대판 1999.12.24. 99도2240).

정답 ①

08 직무유기죄에 관한 다음 설명 중 가장 옳지 않은 것은?

① 경찰관이 직무와 관련하여 증거물로 압수한 오락기의 변조 기판을 범죄 혐의의 입증에 사용하기 위한 적절한 조치를 취하지 않고 피압수자에게 돌려준 경우, 증거인멸죄 및 직무유기죄가 모두 성립하고 위 각 죄는 상상적 경합관계에 있다.
② 통고처분이나 고발을 할 권한이 없는 세무공무원이 그 권한자에게 범칙사건 조사 결과에 따른 통고처분이나 고발조치를 건의하는 등의 조치를 취하지 않았다고 하더라도, 직무유기죄의 성립을 인정할 것은 아니다.
③ 공무원이 어떠한 형태로든 직무집행의 의사로 자신의 직무를 수행한 경우에는 그 직무집행의 내용이 위법한 것으로 평가된다는 점만으로 직무유기죄의 성립을 인정할 것은 아니다.
④ 공무원이 병가 중인 경우에는 구체적인 작위의무 내지 국가기능의 저해에 대한 구체적인 위험성이 있다고 할 수 없어 직무유기죄의 주체로 될 수 없다.

> [해설]
① 【 X 】 작위범인 증거인멸죄만이 성립하고 부작위범인 직무유기(거부)죄는 따로 성립하지 아니한다(대판 2006.10.19, 2005도3909(全)). 12. 법원직
② 【 O 】 대판 1997.4.11, 96도2753 12. 법원직
③ 【 O 】 대판 2007.7.12, 2006도1390 12. 법원직
④ 【 O 】 대판 1997.4.22, 95도748 12. 법원직

정답 ①

09 다음 설명 중 가장 옳지 않은 것은?

① 경찰관이 장기간에 걸쳐 여러 번 오토바이를 오토바이상회 운영자에게 보관시키고도 경찰관 스스로 소유자를 찾아 반환하도록 처리하거나 상회 운영자에게 반환 여부를 확인한 일이 없고, 상회 운영자로부터 오토바이를 보내준 대가 또는 그 처분대가로 돈까지 지급받았다면, 직무유기죄에 해당한다.

② 지방자치단체의 장이 징계의결을 집행하지 못할 법률상·사실상의 장애가 없는데도 징계의결서를 통보받은 날로부터 법정 시한이 지나도록 집행을 유보하는 경우 다른 특별한 사정이 없는 한 원칙적으로 직무유기죄가 성립한다.

③ 공무원이 자신의 직무권한에 속하는 사항에 관하여 실무 담당자로 하여금 그 직무집행을 보조하는 사실행위를 하도록 하더라도 원칙적으로 직권남용권리행사방해죄에서 말하는 '의무 없는 일을 하게 한 때'에 해당한다고 할 수 없으나, 직무집행의 기준과 절차가 법령에 구체적으로 명시되어 있고 실무 담당자에게도 직무집행의 기준을 적용하고 절차에 관여할 고유한 권한과 역할이 부여되어 있다면 실무 담당자로 하여금 그러한 기준과 절차에 위반하여 직무집행을 보조하게 한 경우에는 '의무 없는 일을 하게 한 때'에 해당한다.

④ 상급 경찰관이 직권을 남용하여 부하 경찰관들의 수사를 중단시키거나 사건을 다른 경찰관서로 이첩하게 한 행위에 대하여, '권리행사를 방해함으로 인한 직권남용권리행사방해죄'와 '의무 없는 일을 하게 함으로 인한 직권남용권리행사방해죄' 두 가지 행위 태양에 모두 해당하는 것으로 기소되었다면, '권리행사를 방해함으로 인한 직권남용권리행사방해죄'만 성립하고 '의무 없는 일을 하게 함으로 인한 직권남용권리행사방해죄'는 따로 성립하지 아니한다.

> [해설] 22. 변호사(유사)
① 【 O 】 대판 2002.5.17, 2001도6170
② 【 X 】 교육기관·교육행정기관·지방자치단체 또는 교육연구기관의 장이 징계의결을 집행하지 못할 법률상·사실상의 장애가 없는데도 징계의결서를 통보받은 날로부터 법정 시한이 지나도록 집행을 유보하는 모든 경우에 직무유기죄가 성립하는 것은 아니고, 그러한 유보가 직무에 관한 의식적인 방임이나 포기에 해당한다고 볼 수 있는 경우에 한하여 직무유기죄가 성립한다고 보아야 한다(대판 2014.4.10, 2013도229).
③ 【 O 】 대판 2001.2.10, 2010도13766
④ 【 O 】 대판 2010.1.28, 2008도7312

정답 ②

10 공무원의 직무에 관한 죄에 대한 설명으로 가장 적절한 것은?

① 교도소 계장이 재소자들을 호송함에 있어 호송교도관들에게 업무를 대강 지시하고 구체적인 감독을 하지 아니하여 피호송자들이 집단도주한 경우 직무유기죄가 성립한다.
② 정보통신부장관이 개인휴대통신 사업자선정과 관련하여 서류심사는 완결된 상태에서 직권을 남용하여 청문심사의 배점방식을 변경하였다면 직권남용죄가 성립한다.
③ 공무원이었던 자가 재직 중에 청탁을 받고 직무상 부정한 행위를 한 후 뇌물의 수수 등을 할 당시 이미 공무원의 지위를 떠난 경우에도, 「형법」 제129조 제1항의 수뢰죄로 처벌할 수 있다.
④ 공무원이 수수・요구 또는 약속한 금품에 그 직무행위에 대한 대가로서의 성질과 직무 외의 행위에 대한 사례로서의 성질이 불가분적으로 결합되어 있는 경우에는, 그 수수・요구 또는 약속한 금품 전부가 불가분적으로 직무행위에 대한 대가로서의 성질을 가진다.

해설

① 【 X 】 형법 제122조에서 공무원이 정당한 이유 없이 직무를 유기한 때라 함은 정당한 사유 없이 의식적으로 직무를 포기하거나 직무 또는 직장을 이탈하는 것을 말하고 공무원이 직무를 수행함에 있어서 태만 또는 착각 등으로 이를 성실하게 수행하지 아니한 경우까지 포함하는 것은 아니라 할 것인바, 교도소 보안과 출정계장과 감독교사가 호송지휘관 및 감독교사로서 호송교도관 5명을 지휘하여 재소자 25명을 전국의 각 교도소로 이감하는 호송업무를 수행함에 있어서, 시간이 촉박하여 호송교도관들이 피호송자 개개인에 대하여 규정에 따른 검신 등의 절차를 철저히 이행하지 아니한 채 호송하는 데도 위 호송교도관들에게 호송업무 등을 대강 지시한 후에는 그들이 이를 제대로 수행할 것으로 믿고 구체적인 확인, 감독을 하지 아니한 잘못으로 말미암아 피호송자들이 집단도주하는 결과가 발생한 경우, 위 출정계장과 감독교사가 재소자의 호송계호업무를 수행함에 있어서 성실하게 그 직무를 수행하지 아니하여 충근의무에 위반한 잘못은 인정되나 고의로 호송계호업무를 포기하거나 직무 또는 직장을 이탈한 것이라고는 볼 수 없으므로 형법상 직무유기죄를 구성하지 아니한다(대판 1991.6.11. 91도96). 18. 경찰승진
② 【 X 】 [1] 형법 제123조가 규정하는 직권남용권리행사방해죄에서 권리행사를 방해한다 함은 법령상 행사할 수 있는 권리의 정당한 행사를 방해하는 것을 말한다고 할 것이므로 이에 해당하려면 구체화된 권리의 현실적인 행사가 방해된 경우라야 할 것이고, 또한 공무원의 직권남용행위가 있었다 할지라도 현실적으로 권리행사의 방해라는 결과가 발생하지 아니하였다면 본죄의 기수를 인정할 수 없다.
[2] 정보통신부장관이 개인휴대통신 사업자선정과 관련하여 서류심사는 완결된 상태에서 청문심사의 배점방식을 변경함으로써 직권을 남용하였다 하더라도, 이로 인하여 최종 사업권자로 선정되지 못한 경쟁업체가 가진 구체적인 권리의 현실적 행사가 방해되는 결과가 발생하지는 아니하였으므로 직권남용권리행사방해죄가 성립하지 않는다(대판 2006.2.9. 2003도4599). 18. 경찰승진
③ 【 X 】 뇌물죄에서 직무란 공무원이 그 지위에 수반하여 공무로서 처리하는 일체의 직무를 말하며, 과거에 담당하였거나 또는 장래 담당할 직무 및 사무분장에 따라 현실적으로 담당하지 않는 직무라고 하더라도 법령상 일반적인 직무권한에 속하는 직무 등 공무원이 그 직위에 따라 공무로 담당할 일체의 직무를 말한다. 다만 형법은 공무원이었던 자가 재직 중에 청탁을 받고 직무상 부정한 행위를 한 후 뇌물을 수수, 요구 또는 약속을 한 때에는 제131조 제3항에서 사후수뢰죄로 처벌하도록 규정하고 있으므로, 뇌물의 수수 등을 할 당시 이미 공무원의 지위를 떠난 경우에는 제129조 제1항의 수뢰죄로는 처벌할 수 없고 사후수뢰죄의 요건에 해당할 경우에 한하여 그 죄로 처벌할 수 있을 뿐이다(대판 2013.11.28. 2013도10011). 18. 경찰승진
④ 【 O 】 대판 2012.1.12. 2011도12642 18. 경찰승진

정답 ④

11. 공무원의 직무에 관한 죄의 설명 중 가장 적절하지 않은 것은?

① 지방자치단체의 장이 미리 승진후보자명부상 후보자들 중에서 승진대상자를 실질적으로 결정한 다음, 그 내용을 인사위원회 간사, 서기 등을 통해 인사위원회 위원들에게 '승진대상자 추천'이라는 명목으로 제시하여 인사위원회로 하여금 자신이 특정한 후보자들을 승진대상자로 의결하도록 유도하는 행위는 직권남용권리행사방해죄의 구성요건인 '직권의 남용' 및 '의무 없는 일을 하게 한 경우'로 볼 수 있다.

② 공무원이 직무상 알게 된 비밀을 그 직무와의 관련성 혹은 필요성에 기하여 해당 직무의 집행과 관련 있는 다른 공무원에게 직무집행의 일환으로 전달한 경우, 국가기능에 위험이 발생하리라고 볼 만한 특별한 사정이 인정되지 않는 한, 그 행위는 비밀의 누설에 해당하지 아니한다.

③ 직무집행의 의사로 자신의 직무를 수행한 경우에는 그 직무집행의 내용이 위법한 것으로 평가된다는 점만으로 직무유기죄의 성립을 인정할 것은 아니고, 공무원이 태만·분망 또는 착각 등으로 인하여 직무를 성실히 수행하지 아니한 경우나 형식적으로 또는 소홀히 직무를 수행한 탓으로 적절한 직무수행에 이르지 못한 것에 불과한 경우에도 직무유기죄는 성립하지 아니한다.

④ 경찰관들이 현행범으로 체포한 도박혐의자들에게 현행범인체포서 대신에 임의동행 동의서를 작성하게 하고, 그나마 제대로 조사도 하지 않은 채 석방하였으며, 압수한 일부 도박 자금에 관하여 압수조서 및 목록도 작성하지 않은 채 반환하고, 일부 도박혐의자의 명의도용 사실과 도박 관련 범죄로 수회 처벌받은 전력을 확인하고서도 아무런 추가조사도 없이 석방한 경우, 그 경찰관들에게는 직무유기죄가 성립한다.

해설

① 【 X 】 지방자치단체의 장이 승진후보자명부 방식에 의한 5급 공무원 승진임용 절차에서 인사위원회의 사전심의·의결 결과를 참고하여 승진후보자명부상 후보자들에 대하여 승진임용 여부를 심사하고서 최종적으로 승진대상자를 결정하는 것이 아니라, 미리 승진후보자명부상 후보자들 중에서 승진대상자를 실질적으로 결정한 다음 그 내용을 인사위원회 간사, 서기 등을 통해 인사위원회 위원들에게 '승진대상자 추천'이라는 명목으로 제시하여 인사위원회로 하여금 자신이 특정한 후보자들을 승진대상자로 의결하도록 유도하는 행위는 인사위원회 사전심의 제도의 취지에 부합하지 않다는 점에서 바람직하지 않다고 볼 수 있지만, 그것만으로는 직권남용권리행사방해죄의 구성요건인 '직권의 남용' 및 '의무 없는 일을 하게 한 경우'로 볼 수 없다(대판 2020.12.10. 2019도17879). 22. 경찰

② 【 O 】 대판 2021.11.25. 2012도2486 22. 경찰

③ 【 O 】 대법원 2014.4.10. 2013도229 22. 경찰

④ 【 O 】 피고인들을 비롯한 경찰관들이 현행범으로 체포한 도박혐의자 17명에 대해 현행범인체포서 대신에 임의동행동의서를 작성하게 하고, 그나마 제대로 조사도 하지 않은 채 석방하였으며, 현행범인 석방사실을 검사에게 보고도 하지 않았고, 석방일시·사유를 기재한 서면을 작성하여 기록에 편철하지도 않았으며, 압수한 일부 도박자금에 관하여 압수조서 및 목록도 작성하지 않은 채 검사의 지휘도 받지 않고 반환하였고, 일부 도박혐의자의 명의도용 사실과 도박 관련 범죄로 수회 처벌받은 전력을 확인하고서도 아무런 추가조사 없이 석방한 사안에서, 이는 단순히 업무를 소홀히 수행한 것이 아니라 정당한 사유 없이 의도적으로 수사업무를 방임 내지 포기한 것이라고 봄이 상당하다는 이유로, 피고인들에 대하여 직무유기죄의 성립을 부정한 원심판단에 법리오해 또는 사실오인의 잘못이 있다고 한 사례(대판 2010.6.24. 2008도11226). 22. 경찰

정답 ①

12 공무원의 직무에 관한 죄에 대한 설명으로 가장 적절하지 않은 것은?

① 공무원이 태만이나 착각 등으로 인하여 직무를 성실히 수행하지 않은 경우 또는 직무를 소홀하게 수행하였기 때문에 성실한 직무수행을 못한 데 지나지 않는 경우에는 직무유기죄가 성립하지 않는다.
② 경찰공무원이 지명수배 중인 범인을 발견하고도 직무상 의무에 따른 적절한 조치를 취하지 아니하고 오히려 범인을 도피하게 하는 행위를 하였다면, 범인도피죄만 성립하고 직무유기죄는 따로 성립하지 않는다.
③ 공무상비밀누설죄는 공무원 또는 공무원이었던 자가 법령에 의한 직무상 비밀을 누설하는 것을 구성요건으로 하고 있는바, 여기서 '법령에 의한 직무상 비밀'이란 법령에 의하여 비밀로 규정되었거나 비밀로 분류 명시된 사항에 한정된다.
④ 통고처분이나 고발을 할 권한이 없는 세무공무원이 그 권한자에게 범칙사건 조사 결과에 따른 통고처분이나 고발조치를 건의하는 등의 조치를 취하지 않았다고 하더라도, 구체적 사정에 비추어 그것이 직무를 성실히 수행하지 못한 것이라고 할 수 있을지언정 그 직무를 의식적으로 방임 내지 포기하였다고 볼 수 없다.

[해설]
① 【O】 대판 1994.2.8. 93도3568 23. 경찰
② 【O】 대판 2017.3.15. 2015도1456 23. 경찰
③ 【X】 형법 제127조는 공무원 또는 공무원이었던 자가 법령에 의한 직무상 비밀을 누설하는 것을 구성요건으로 하고, 비밀 그 자체를 보호하는 것이 아니라 공무원의 비밀엄수의무의 침해에 의하여 위험하게 되는 이익, 즉 비밀 누설에 의하여 위협받는 국가의 기능을 보호하기 위한 것이다. 여기에서 '법령에 의한 직무상 비밀'이란 반드시 법령에서 비밀로 규정되었거나 비밀로 분류 명시된 사항에 한정되지 않고, 정치·군사·외교·경제·사회적 필요에 따라 비밀로 된 사항은 물론 정부나 공무소 또는 국민이 객관적, 일반적인 입장에서 외부에 알려지지 않는 것에 상당한 이익이 있는 사항도 포함하나, 실질적으로 그것을 비밀로서 보호할 가치가 있다고 인정할 수 있는 것이어야 한다(대판 2018.2.13. 2014도11441). 23. 경찰
④ 【O】 대판 1997.4.11. 96도2753 23. 경찰

정답 ③

13 형법 제123조의 직권남용권리행사방해죄에 관한 설명으로 틀린 것은?

① 여기서 말하는 '권리'는 법률에 명기된 권리에 한하지 않고 법령상 보호되어야 할 이익이면 족한 것으로서, 공법상의 권리인지 사법상의 권리인지를 묻지 않는다.
② '의무 없는 일을 하게 한 때'란 사람으로 하여금 법령상 의무 없는 일을 하게 하는 때를 의미한다.
③ 직권남용죄의 '직권남용'이란 형식적, 외형적으로는 직무집행으로 보이나 그 실질은 정당한 권한 이외의 행위를 하는 경우를 의미한다.
④ 직권의 남용은 공무원이 그의 일반적 권한에 속하지 않는 행위를 하는 경우인 지위를 이용한 불법행위도 포함한다.

[해설]
① 【O】 대판 2010.1.28. 2008도7312
② 【O】 대판 2011.2.10. 2010도13766
③ 【O】 대판 1991.12.27. 90도2800
④ 【X】 직권남용죄의 "직권남용"이란 공무원이 그의 일반적 권한에 속하는 사항에 관하여 그것을 불법하게 행사하는 것, 즉 형식적, 외형적으로는 직무집행으로 보이나 그 실질은 정당한 권한 이외의 행위를 하는 경우를 의미하고, 따라서 직권남용은 공무원이 그의 일반적 권한에 속하지 않는 행위를 하는 경우인 지위를 이용한 불법행위와는 구별된다(대판 1991.12.27. 90도2800).

정답 ④

14 다음 중 직무유기죄가 성립하는 경우는?

① 피고인이 검사로부터 범인을 검거하라는 지시를 받고서도 그 직무상의 의무에 따른 적절한 조치를 취하지 아니하고 오히려 범인에게 전화로 도피하라고 권유하여 그를 도피하게 한 경우
② 행정공무원이 신축건물에 대한 착공 및 준공검사를 마치고 관계서류를 작성함에 있어 그 허가조건 위배사실을 숨기기 위하여 허위의 복명서를 작성·행사한 경우
③ 세무서 주세계장이 양조장 주인의 비밀스런 주정사용과 탈세사실을 은폐하기 위해 허위의 공문서를 작성한 경우
④ 경찰관이 불법체류자임을 알면서도 이들의 신병을 출입국관리사무소에 인계하지 않고 본서인 수원중부경찰서 외사계에조차도 보고하지 않고 훈방하면서 이들의 인적 사항조차 기재해 두지 않은 경우

해설

① 【X】 피고인이 검사로부터 범인을 검거하라는 지시를 받고서도 그 직무상의 의무에 따른 적절한 조치를 취하지 아니하고 오히려 범인에게 전화로 도피하라고 권유하여 그를 도피케 하였다는 범죄사실만으로는 직무위배의 위법상태가 범인도피행위 속에 포함되어 있는 것으로 보아야 할 것이므로, 이와 같은 경우에는 작위범인 범인도피죄만이 성립하고 부작위범인 직무유기죄는 따로 성립하지 아니한다(대판 1996.5.10. 96도51).
② 【X】 작위범인 허위공문서작성 동행사죄만이 성립하고 부작위범인 직무유기죄는 성립하지 아니한다(대판 1972.5.9. 72도722).
③ 【X】 작위범인 허위공문서작성 및 동행사죄만이 성립하고 부작위범인 직무유기죄는 성립하지 않는다고 해석해야 한다.
④ 【O】 직무유기죄가 성립한다(대판 2008.2.14. 2005도4202).

정답 ④

15 다음은 직권남용죄와 관련된 판례의 태도이다. 틀린 것은 모두 몇 개인가?

㉠ 직권남용권리행사방해죄는 공무원이 직권을 남용하여 사람으로 하여금 의무 없는 일을 하게 하거나 사람의 권리행사를 방해한 때에 성립하는 범죄이다. '권리'는 법률에 명기된 권리에 한하지 않고 법령상 보호되어야 할 이익이면 족한 것으로서, 공법상의 권리인지 사법상의 권리인지를 묻지 않는다.
㉡ 여기에서 '권리행사를 방해한다' 함은 법령상 행사할 수 있는 권리의 정당한 행사를 방해하는 것을 말한다고 할 것이며, 현실적으로 권리행사의 방해라는 결과가 발생하지 아니하였더라도 본죄의 기수를 인정할 수 있다.
㉢ 공무원이 직무와는 상관없이 단순히 개인적인 친분에 근거하여 문화예술 활동에 대한 지원을 권유하거나 협조를 의뢰한 것에 불과한 경우까지 직권남용에 해당한다고 할 수는 없다.
㉣ 직권남용죄에서 말하는 '의무'란 법률상 의무를 가리키고, 단순한 심리적 의무감은 포함되지 않지만 도덕적 의무는 이에 해당된다.
㉤ 직권남용은 공무원이 그의 일반적 권한에 속하지 않는 행위를 하는 경우인 지위를 이용한 불법행위와 구별되지 않는다.

① 1개 ② 2개 ③ 3개 ④ 4개

해설
㉠ 【 O 】 대판 2010.1.28. 2008도7312
㉡ 【 X 】 형법 제123조가 규정하는 직권남용권리행사방해죄에서 권리행사를 방해한다 함은 법령상 행사할 수 있는 권리의 정당한 행사를 방해하는 것을 말한다고 할 것이므로 이에 해당하려면 구체화된 권리의 현실적인 행사가 방해된 경우라야 할 것이고, 또한 공무원의 직권남용행위가 있었다 할지라도 현실적으로 권리행사의 방해라는 결과가 발생하지 아니하였다면 본죄의 기수를 인정할 수 없다(대판 2006.2.9. 2003도4599).
㉢ 【 O 】 대판 2009.1.30. 2008도6950
㉣ 【 X 】 직권남용죄에서 말하는 '의무'란 법률상 의무를 가리키고, 단순한 심리적 의무감 또는 도덕적 의무는 이에 해당하지 아니한다(대판 2009.1.30. 2008도6950).
㉤ 【 X 】 직권남용은 공무원이 그의 일반적 권한에 속하지 않는 행위를 하는 경우인 지위를 이용한 불법행위와는 구별된다(대판 1991.12.27. 90도2800).

정답 ③

16 다음 중 직권남용죄가 성립하는 경우는 모두 몇 개인가?

㉠ 대통령비서실 정책실장이 공무원으로 하여금 특별교부세 교부대상이 아닌 특정 사찰의 증·개축사업을 지원하는 특별교부세 교부신청 및 교부결정을 하도록 하게 한 경우
㉡ 대통령비서실 정책실장이 기업관계자들에게 기업 메세나(Mecenat) 활동의 일환인 미술관 전시회 후원을 요청하여 기업관계자들이 특정 미술관에 후원금을 지급한 경우
㉢ 대검찰청 공안부장인 피고인이 고등학교 후배인 한국조폐공사 사장에게 위 공사의 쟁의행위 및 구조조정에 관하여 전화통화를 한 경우
㉣ 검찰의 고위 간부가 내사 담당 검사로 하여금 내사를 중도에서 그만두고 종결처리토록 한 경우

① 1개   ② 2개   ③ 3개   ④ 4개

해설
㉠ 【 O 】 대통령비서실 정책실장이 공무원으로 하여금 특별교부세 교부대상이 아닌 특정 사찰의 증·개축사업을 지원하는 특별교부세 교부신청 및 교부결정을 하도록 하게 한 행위가 직권남용권리행사죄를 구성한다고 한 사례(대판 2009.1.30. 2008도6950). 12. 경찰간부
㉡ 【 X 】 [1] 직권남용권리행사방해죄에서 '직권남용'이란 공무원이 그 일반적 직무권한에 속하는 사항에 관하여 직권의 행사에 가탁하여 실질적, 구체적으로 위법·부당한 행위를 하는 경우를 의미하고, 공무원이 직무와는 상관없이 단순히 개인적인 친분에 근거하여 문화예술 활동에 대한 지원을 권유하거나 협조를 의뢰한 것에 불과한 경우까지 직권남용에 해당한다고 할 수는 없다. 그리고 직권남용죄에서 말하는 '의무'란 법률상 의무를 가리키고, 단순한 심리적 의무감 또는 도덕적 의무는 이에 해당하지 아니한다.
[2] 대통령비서실 정책실장이 기업관계자들에게 기업 메세나(Mecenat) 활동의 일환인 미술관 전시회 후원을 요청하여 기업관계자들이 특정 미술관에 후원금을 지급한 사안에서, 직권남용권리행사방해죄 및 제3자뇌물공여죄가 성립하지 않는다고 한 사례(대판 2009.1.30. 2008도6950). 12. 경찰간부
㉢ 【 X 】 [1] 형법 제123조의 직권남용죄에 있어서 직권남용이란 공무원이 그 일반적 직무권한에 속하는 사항에 관하여 직권의 행사에 가탁하여 실질적, 구체적으로 위법·부당한 행위를 하는 경우를 의미하고, 위 죄에 해당하려면 현실적으로 다른 사람이 의무 없는 일을 하였거나 다른 사람의 구체적인 권리행사가 방해되는 결과가 발생하여야 하며, 또한 그 결과의 발생은 직권남용 행위로 인한 것이어야 한다.
[2] 형법 제314조의 위계 또는 위력에 의한 업무방해죄가 성립하려면 업무방해의 결과가 실제로 발생할 것을 요하지 아니하지만 업무방해의 결과를 초래할 위험은 발생하여야 하고, 그 위험의 발생은 위계 또는 위력으로 인한 것이어야 한다.
[3] 대검찰청 공안부장인 피고인이 고등학교 후배인 한국조폐공사 사장에게 위 공사의 쟁의행위 및 구조조정에 관하여 전화통화를 한 것이 직권남용죄와 업무방해죄에 해당하지 않고, 노동조합및노동관계조정법 제40조 제2항에서 정한 '간여'에는 해당한다고 한 원심의 판단을 수긍한 사례(대판 2005.4.15. 2002도3453). 12. 경찰간부
㉣ 【 O 】 대판 2007.6.14. 2004도5561 12. 경찰간부

정답 ②

17 피의사실공표죄에 관한 다음 설명 중 틀린 것은 모두 몇 개인가?

> ㉠ 검찰, 경찰은 물론 법관도 주체가 될 수 있다.
> ㉡ 지득한 피의사실을 공판청구 후에 공표하는 경우 형을 필요적으로 감경한다.
> ㉢ 피의자의 승낙이 있더라도 위법성이 조각되지 아니한다.
> ㉣ 수사활동상 상관·동료에게 보고하는 경우에도 위법성이 조각되지 아니한다.
> ㉤ 검사가 피의사실을 공표하였는데 공표한 내용이 진실한 사실이었고 오로지 공공의 이익을 위하여 공표행위를 한 경우에는 위법성이 조각된다.
> ㉥ 자신의 직무와 관계없이 알게 된 피의사실을 제3자에게 알리는 행위는 피의사실공표죄에 해당되지 않는다.

① 2개 ② 3개 ③ 4개 ④ 5개

해설 19. 해경간부

㉠ 【 X 】 범죄수사에 관한 직무를 감독하는 지위에 있는 법관(예 영장발부법관)의 경우 본죄의 주체가 되지만 그러한 지위에 없는 일반법관은 본죄의 주체가 될 수 없다.
㉡ 【 X 】 지득한 피의사실을 공판청구 전에 공표하는 경우에만 성립하고 공판청구 후에 공표하는 경우에는 본죄가 성립하지 않는다.
㉢ 【 O 】 피의사실공표죄는 국가적 법익이므로 피의자의 승낙은 위법성을 조각시키지 않는다.
㉣ 【 X 】 공표란 불특정·다수인에게 그 내용을 알리는 것이므로 수사활동상 상관·동료에게 보고하는 경우에는 위법성이 조각된다.
㉤ 【 X 】 피의사실공표죄에는 제310조의 위법성조각사유가 적용되지 않는다.
㉥ 【 O 】 형법 제126조

정답 ③

---

18 공무원의 직무에 관한 죄에 대한 설명 중 옳은 것은?

① 경찰관들이 현행범인으로 체포한 일부 도박혐의자들을 제대로 조사하지 않고 석방하고, 그 석방사실을 검사에게 보고하거나 석방일시·사유를 기재한 서면을 기록에 편철하지 않고, 압수한 일부 도박자금에 대한 압수조서 및 목록을 작성하지 않은 채 검사 지휘 없이 반환하고, 일부 혐의자의 명의도용 사실과 도박범죄 전력을 확인하였으나 추가조사 없이 석방한 경우, 직무유기죄는 성립하지 않는다.
② 변호사 사무실 직원이 법원공무원에게 부탁하여, 수사 중인 사건의 체포영장 발부자 53명의 명단을 누설 받은 경우, 변호사 사무실 직원의 행위는 공무상비밀누설교사죄에 해당한다.
③ 공무원이 어느 회사의 폐수배출시설 폐쇄명령 불이행 사실을 은폐하는데 행사할 목적으로 자신의 출장복명서의 폐쇄명령 이행사항 확인란을 허위로 작성한 경우, 직무유기죄와 허위공문서작성죄의 상상적 경합이 된다.
④ 시·도 교육청 소속 교육공무원에 대한 인사권을 가진 교육감이 인사담당 장학관 등에게 지시하여 승진후보자명부상 승진 또는 자격연수 대상이 될 수 없는 특정 교원들을 적격 후보자인 것처럼 추천하거나 임의로 평정점을 조정하는 방법으로 승진임용하거나 그 대상자가 되도록 한 경우, 형법 제123조의 직권남용권리행사방해죄가 성립하지 않는다.
⑤ 공무원의 직권남용행위가 있었다 할지라도 현실적으로 권리행사의 방해라는 결과가 발생하지 아니하였다면 형법 제123조의 직권남용권리행사방해죄의 기수를 인정할 수 없다.

해설

① 【 X 】 피고인들을 비롯한 경찰관들이 현행범으로 체포한 도박혐의자 17명에 대해 현행범인체포서 대신에 임의동행동의서를 작성하게 하고, 그나마 제대로 조사도 하지 않은 채 석방하였으며, 현행범인 석방사실을 검사에게 보고도 하지 않았고, 석방일시·사유를 기재한 서면을 작성하여 기록에 편철하지도 않았으며, 압수한 일부 도박자금에 관하여 압수조서 및 목록도 작성하지 않은 채 검사의 지휘도 받지 않고 반환하였고, 일부 도박혐의자의 명의도용 사실과 도박 관련 범죄로 수회 처벌받은 전력을 확인하고서도 아무런 추가조사 없이 석방한 사안에서, 이는 단순히 업무를 소홀히 수행한 것이 아니라 정당한 사유 없이 의도적으로 수사업무를 방임 내지 포기한 것이라고 봄이 상당하다(대판 2010.6.24. 2008도11226). 12. 사시

② 【 X 】 2인 이상 서로 대항된 행위의 존재를 필요로 하는 대향범에 대하여는 공범에 관한 형법총칙 규정이 적용될 수 없는데, 형법 제127조는 공무원 또는 공무원이었던 자가 법령에 의한 직무상 비밀을 누설하는 행위만을 처벌하고 있을 뿐 직무상 비밀을 누설받은 상대방을 처벌하는 규정이 없는 점에 비추어, 직무상 비밀을 누설받은 자에 대하여는 공범에 관한 형법총칙 규정이 적용될 수 없다고 보는 것이 옳은 설명이다(대판 2011.4.28. 2009도3642). 12. 사시

③ 【 X 】 공무원이 어떠한 위법사실을 발견하고도 직무상 의무에 따른 적절한 조치를 취하지 아니하고 위법사실을 적극적으로 은폐할 목적으로 허위공문서를 작성, 행사한 경우에는 직무위배의 위법상태는 허위공문서작성 당시부터 그 속에 포함되는 것으로 작위범인 허위공문서작성, 동행사죄만이 성립하고 부작위범인 직무유기죄는 따로 성립하지 아니한다(대판 1999.12. 24. 99도2240). 12. 사시

④ 【 X 】 사안의 경우, 서울특별시교육청 소속 교육공무원에 대한 인사권은 교육감인 피고인의 일반적인 직무권한에 속하는 사항이지만, 피고인이 승진대상자를 특정한 후 그들을 승진시킬 목적으로 법령에 위반하여 위와 같은 행위를 한 것이라면 그 실질은 정당한 권한 행사를 넘어 직무의 행사에 가탁한 부당한 행위라고 할 것이므로 직권남용에 해당하고, 인사 실무를 담당하는 장학관이나 장학사로 하여금 법령에 위배되는 일을 하게 하여 그들이 이와 같은 역할을 수행한 것은 그들에게 법령상 의무 없는 일을 하게 한 것이다(대판 2011.2.10. 2010도13766). 12. 사시

⑤ 【 O 】 대판 2008.12.24. 2007도9287 12. 사시

정답 ⑤

19 다음 중 틀린 것은 모두 몇 개인가?

㉠ 형법 제124조의 불법체포·감금죄를 진정신분범으로 보는 견해에 의하면 본죄에 신분 없는 자가 가담한 경우 형법 제276조의 체포·감금죄로 처벌된다.

㉡ 집행관이 채무자를 집행관실에 감금하고 몸을 수색하여 소지 중인 수표를 빼앗은 경우 집행관이 채무자를 감금하는 것은 집행관의 일반적 직무권한의 범위에 속한다고 할 수 없으므로 불법감금죄가 성립하지 아니한다.

㉢ 피해자가 경찰서 안에서 직장동료인 피의자들과 같이 식사도 하고 사무실 안팎을 내왕하였다 하여도 피해자를 경찰서 밖으로 나가지 못하도록 한 경우는 불법감금에 해당한다.

㉣ 형법상 불법체포·감금죄와 폭행·가혹행위죄는 모두 미수범 처벌규정이 있다.

㉤ 경찰관이 즉결심판 피의자의 정당한 귀가요청을 거절한 채 다음날 즉결심판법정이 열릴 때까지 피의자를 경찰서 보호실에 강제유치 시키려고 함으로써 피의자를 경찰서 내 즉결피의자 대기실에 10~20분 동안 있게 한 행위는 형법 제124조 제1항의 불법감금죄에 해당한다.

① 1개   ② 2개   ③ 3개   ④ 4개

해설
㉠ 【 X 】 형법 제124조의 불법체포·감금죄를 진정신분범으로 보는 견해에 의하면, 본죄의 신분 없는 자가 가담한 경우 그 신분 없는 자에게는 형법 제33조 본문이 적용되므로, 신분의 연대적 작용에 의하여 신분 없는 자도 형법 제124조의 신분을 취득하게 된다. 따라서 신분 없는 자는 형법 제276조의 단순체포·감금죄가 아니라 형법 제124조의 불법체포·감금죄가 성립하게 된다.
㉡ 【 X 】 집달관이 강제집행을 함에 있어서 채무자를 집달관실에 감금하고 거부불능케 한 후 몸을 수색하여 소지 중인 수표를 빼앗은 행위는 집달관의 강력사용권의 범위를 일탈한 것이다(대판 1969.6.24. 68도1218).
㉢ 【 O 】 대결 1991.8.27. 91모5
㉣ 【 X 】 불법체포·감금죄는 미수규정이 있으나, 폭행·가혹행위죄는 미수처벌규정이 없다.
㉤ 【 O 】 대판 1997.6.13. 97도877

정답 ③

20 다음 설명 중 옳지 않은 것은?

① 외국 언론에 이미 보도된 바 있는 우리나라의 외교정책이나 활동에 관련된 사항들에 관하여 정부가 이른바 보도지침의 형식으로 국내 언론기관이 보도 여부 등을 통제하고 있다는 사실을 알리는 것은 외교상의 기밀을 누설한 경우에 해당하지 않는다.
② 검찰 등 수사기관이 특정 사건에 대하여 수사를 진행하고 있는 상태에서, 수사기관이 현재 어떤 자료를 확보하였고 해당 사안이나 피의자의 죄책, 신병처리에 대하여 수사책임자가 어떤 의견을 가지고 있는지 등의 정보도 공무상 비밀누설죄의 비밀에 해당한다.
③ 공무원 甲이 지인의 부탁을 받고 차적 조회 시스템을 이용하여 유사휘발유 제조 현장 부근에서 경찰의 잠복 근무에 이용되고 있던 경찰청 소속 차량의 소유관계에 관한 정보를 알아내 乙에게 알려주었다. 甲의 행위는 공무상비밀누설죄에 해당한다.
④ 국가정보원 내부의 감찰과 관련하여 감찰조사 개시시점, 감찰대상자의 소속 및 인적 사항을 일부 누설한 사실만으로 국가정보원의 정상적인 정보수집활동 등의 기능에 지장을 초래할 것도 아니고, 달리 국가 또는 국가정보원의 기능에 위협이 있을 것이라고 볼 수도 없어 위 누설 사실들은 비밀로서의 가치가 없다.

해설
① 【 O 】 외국에 이미 널리 알려져 있는 사항은 특단의 사정이 없는 한 이를 비밀로 하거나 확인되지 아니함이 외교정책상의 이익이 된다고 할 수 없는 것이어서 외교상의 기밀에 해당하지 아니한다(대판 1995.12.5. 94도2379).
② 【 O 】 대판 2007.6.14. 2004도5561
③ 【 X 】 사안의 경우, 구 자동차관리법과 구 자동차등록규칙에서 자동차 소유자의 성명까지 기재된 신청서를 제출하여야 자동차등록원부의 열람이나 등본 또는 초본을 발급받을 수 있게 규정하여 자동차 소유자에 관한 정보가 공개되지 아니한 측면을 고려하더라도, 재산의 소유 주체에 관한 정보에 불과한 자동차 소유자에 관한 정보를 정부나 공무소 또는 국민이 객관적, 일반적 입장에서 외부에 알려지지 않는 것에 상당한 이익이 있는 사항으로서 실질적으로 비밀로 보호할 가치가 있다거나, 그 누설에 의하여 국가의 기능이 위협받는다고 볼 수 없고, 경찰청 소속 차량으로 잠복수사에 이용되는 경우 소속이 외부에 드러나지 말아야 할 사실상의 필요성이 있다는 사정만으로 달리 볼 것이 아니어서, 甲이 乙에게 제공한 차량 소유관계에 관한 정보가 형법 제127조에서 정한 '법령에 의한 직무상 비밀'에 해당하지 않으므로 공무상비밀누설죄가 성립하지 않는다(대판 2012.3.15. 2010도14734).
④ 【 O 】 대판 2003.11.28. 2003도5547

정답 ③

21. 공무상 비밀누설죄에 대한 다음 설명 중 옳은 것은 모두 몇 개인가?

> ㉠ 공무상비밀누설죄는 기밀 그 자체를 보호하는 것이 아니라 공무원의 비밀엄수의무의 침해에 의하여 위험하게 되는 이익, 즉 비밀의 누설에 의하여 위협받는 국가의 기능을 보호하기 위한 것이다.
> ㉡ 공무상 비밀누설죄 소정의 "직무상 비밀"은 법령에 의하여 비밀로 규정되었거나 비밀로 분류 명시된 사항에 한한다.
> ㉢ 공무상비밀누설죄의 직무상 비밀이란 실질적으로 그것을 비밀로서 보호할 가치가 있다고 인정할 수 있는 것이야 한다.
> ㉣ 甲이 법원공무원 乙을 교사하여 체포영장 발부자 명단을 받은 경우에 乙은 공무상 비밀누설죄, 甲은 공무상 비밀누설죄의 교사범의 죄책을 진다.
> ㉤ 검찰고위간부 甲이 사건에 대한 수사가 진행 중인 상태에서 해당 사안에 관한 수사책임자 乙의 잠정적인 판단 등 수사팀의 내부 상황을 확인하고 그 내용을 수사 대상자에게 전달한 행위는 본죄를 구성한다.

① 1개   ② 2개   ③ 3개   ④ 4개

해설

㉠【O】대판 2003.12.26. 2002도7339
㉡【X】, ㉢【O】형법 제127조는 공무원 또는 공무원이었던 자가 법령에 의한 직무상 비밀을 누설하는 것을 구성요건으로 하고 있는바, 여기서 법령에 의한 직무상 비밀이란 반드시 법령에 의하여 비밀로 규정되었거나 비밀로 분류 명시된 사항에 한하지 아니하고, 정치, 군사, 외교, 경제, 사회적 필요에 따라 비밀로 된 사항은 물론 정부나 공무소 또는 국민이 객관적, 일반적인 입장에서 외부에 알려지지 않는 것에 상당한 이익이 있는 사항도 포함하나, 실질적으로 그것을 비밀로서 보호할 가치가 있다고 인정할 수 있는 것이어야 하고, 한편, 공무상비밀누설죄는 기밀 그 자체를 보호하는 것이 아니라 공무원의 비밀엄수의무의 침해에 의하여 위험하게 되는 이익, 즉 비밀의 누설에 의하여 위협받는 국가의 기능을 보호하기 위한 것이다(대판 2007.6.14. 2004도5561).
㉣【X】변호사 사무실 직원인 피고인 甲이 법원공무원인 피고인 乙에게 부탁하여, 수사 중인 사건의 체포영장 발부자 53명의 명단을 누설받은 사안에서, 피고인 乙이 직무상 비밀을 누설한 행위와 피고인 甲이 이를 누설받은 행위는 대향범 관계에 있으므로 공범에 관한 형법총칙 규정이 적용될 수 없는데도, 피고인 甲의 행위가 공무상비밀누설교사죄에 해당한다고 본 원심판단에 법리오해의 위법이 있다고 한 사례(대판 2011.4.28. 2009도3642).
㉤【O】대판 2007.6.14. 2004도5561

정답 ③

22. 공무원의 직무에 관한 죄에 대한 다음 설명 중 가장 적절한 것은?

① 교도소 보안과 출정계장과 감독교사가 호송교도관들을 지휘하여 재소자의 호송계호업무를 수행함에 있어서 성실하게 그 직무를 수행하지 아니한 잘못으로 집단도주사고가 발생한 경우에는 직무유기죄가 성립한다.
② 직권남용죄는 공무원이 그 일반적 권한에 속하는 사항에 실질적, 구체적으로 위법, 부당한 행위를 한 경우에 성립하고 범죄의 성질상 그 일반적 직무권한은 반드시 법률상 강제력을 수반하는 것임을 요한다.
③ 경찰관 甲이 간통고소사건을 수사하면서 간통을 부인하는 피의자 乙의 이익을 위하여 고소인 丙이 제출한 간통장면을 촬영한 CD를 乙에게 보여 준 경우 공무상비밀누설죄에 해당하지 않는다.
④ 구 해양수산부 소속 공무원이 甲 해운회사의 대표이사 등에게서 중국의 선박운항허가 담당부서가 관장하는 중국 국적선사의 선박에 대한 운항허가를 받을 수 있도록 노력해 달라는 부탁을 받고 돈을 받은 것은 직무 관련성이 없어 뇌물수수죄가 성립하지 않는다.

해설

① 【X】 사안의 경우 출정계장과 감독교사가 재소자의 호송계호업무를 수행함에 있어서 성실하게 그 직무를 수행하지 아니하여 충근의무에 위반한 잘못은 인정되나 고의로 호송계호업무를 포기하거나 직무 또는 직장을 이탈한 것이라고는 볼 수 없으므로 형법상 직무유기죄를 구성하지 아니한다(대판 1991.6.11. 91도96).

② 【X】 직권남용죄는 공무원이 그 일반적 직무권한에 속하는 사항에 관하여 직권의 행사에 가탁하여 실질적, 구체적으로 위법·부당한 행위를 한 경우에 성립하고, 그 일반적 직무권한은 반드시 법률상의 강제력을 수반하는 것임을 요하지 아니하며, 그것이 남용될 경우 직권행사의 상대방으로 하여금 법률상 의무 없는 일을 하게 하거나 정당한 권리행사를 방해하기에 충분한 것이면 된다(대판 2004.5.27. 2002도6251).

③ 【X】 대판 2005.9.15. 2005도4843

④ 【O】 구 해양수산부 해운정책과 소속 공무원인 피고인이 甲 해운회사의 대표이사 등에게서 중국의 선박운항허가 담당부서가 관장하는 중국 국적선사의 선박에 대한 운항허가를 받을 수 있도록 노력해 달라는 부탁을 받고 돈을 받은 사안에서, 관련 규정에 의하면 해운정책과 업무에는 대한민국 국적선사의 선박에 관한 것만 포함되어 있을 뿐 외국 국적선사의 선박에 대한 행정처분에 관한 것은 포함되어 있지 않고, 또한 외국 국적선사의 선박에 대한 구체적인 행정처분은, 해운정책과 소속 공무원에게 이를 좌우할 수 있는 어떠한 영향력이 있다고 할 수도 없어 해운정책과 소속 공무원의 직무와 밀접한 관계에 있는 행위라거나 또는 그가 관여하는 행위에 해당한다고 볼 수 없다는 이유로, 직무관련성이 없어 뇌물수수죄가 성립하지 않는다고 본 원심판단을 수긍한 사례(대판 2011.5.26. 2009도2453).

정답 ④

23 뇌물죄에 관한 설명으로 가장 적절하지 않은 것은?

① 공무원이 아닌 사람('비공무원')과 공무원이 공모하여 금품을 수수한 경우에 각 수수자가 수수한 금품별로 직무 관련성 유무가 다르더라도, 각 금품마다 직무와의 관련성을 따질 것이 아니라 그 수수한 금품 전부가 불가분적으로 직무행위에 대한 대가로서의 성질을 가지므로「형법」제129조 제1항에서 정한 뇌물수수죄의 공동정범이 성립한다.

② 비공무원이 공무원과 공동가공의 의사와 이를 기초로 한 기능적 행위지배를 통하여 공무원의 직무에 관하여 뇌물을 수수하는 범죄를 실행하였다면 공무원이 직접 뇌물을 받은 것과 동일하게 평가할 수 있으므로 공무원과 비공무원에게「형법」제129조 제1항에서 정한 뇌물수수죄의 공동정범이 성립한다.

③ 공무원인 수뢰자가 먼저 뇌물을 요구하여 증뢰자가 제공하는 돈을 받았다면, 그 액수가 수뢰자의 예상보다 너무 많아서 후에 이를 반환하였다고 하더라도「형법」제129조 제1항에서 정한 뇌물수수죄의 성립에는 영향이 없다.

④ 금품이나 이익 전부에 관하여「형법」제129조 제1항에서 정한 뇌물수수죄의 공동정범이 성립한 이후에 뇌물이 실제로 공동정범인 공무원 또는 비공무원 중 누구에게 귀속되었는지는 이미 성립한 뇌물수수죄에 영향을 미치지 않는다.

해설

① 【X】 뇌물죄에서의 수뢰액은 그 많고 적음에 따라 범죄구성요건이 되므로 엄격한 증명의 대상이 된다. 이때 공무원이 수수한 금품에 직무행위에 대한 대가로서의 성질과 직무 외의 행위에 대한 대가로서의 성질이 불가분적으로 결합되어 있는 경우에는 그 수수한 금품 전부가 불가분적으로 직무행위에 대한 대가로서의 성질을 가진다. 다만 그 금품의 수수가 수회에 걸쳐 이루어졌고 각 수수 행위별로 직무 관련성 유무를 달리 볼 여지가 있는 경우에는 그 행위마다 직무와의 관련성 여부를 가릴 필요가 있다. 그리고 공무원이 아닌 사람과 공무원이 공모하여 금품을 수수한 경우에도 각 수수자가 수수한 금품별로 직무 관련성 유무를 달리 볼 수 있다면, 각 금품마다 직무와의 관련성을 따져 뇌물성을 인정하는 것이 책임주의 원칙에 부합한다(대판 2024.3.12. 2023도17394). 24. 경찰

② 【O】 신분관계가 없는 사람이 신분관계로 인하여 성립될 범죄에 가공한 경우에는 신분관계가 있는 사람과 공범이 성립한다(형법 제33조 본문 참조). 이 경우 신분관계가 없는 사람에게 공동가공의 의사와 이에 기초한 기능적 행위지배를 통한 범죄의 실행이라는 주관적·객관적 요건이 충족되면 공동정범으로 처벌한다. 공동가공의 의사는 공동의 의사로 특정한 범죄행위를 하기 위하여 일체

가 되어 서로 다른 사람의 행위를 이용하여 자기의 의사를 실행에 옮기는 것을 내용으로 한다. 따라서 비공무원이 공무원과 공동가공의 의사와 이를 기초로 한 기능적 행위지배를 통하여 공무원의 직무에 관하여 뇌물을 수수하는 범죄를 실행하였다면 공무원이 직접 뇌물을 받은 것과 동일하게 평가할 수 있으므로 공무원과 비공무원에게 형법 제129조 제1항에서 정한 뇌물수수죄의 공동정범이 성립한다(대판 2019.8.29. 2018도13792). 24. 경찰

③ 【 O 】 피고인이 먼저 뇌물을 요구하여 증뢰자가 제공하는 돈을 받았다면 피고인에게는 받은 돈 전부에 대한 영득의 의사가 인정된다고 하지 않을 수 없고, 이처럼 영득의 의사로 뇌물을 수령한 이상 그 액수가 피고인이 예상한 것보다 너무 많은 액수여서 후에 이를 반환하였다고 하더라도 뇌물죄의 성립에는 영향이 없다(대판 2007.3.29. 2006도9182). 24. 경찰

④ 【 O 】 금품이나 이익 전부에 관하여 뇌물수수죄의 공동정범이 성립한 이후에 뇌물이 실제로 공동정범인 공무원 또는 비공무원 중 누구에게 귀속되었는지는 이미 성립한 뇌물수수죄에 영향을 미치지 않는다. 공무원과 비공무원이 사전에 뇌물을 비공무원에게 귀속시키기로 모의하였거나 뇌물의 성질상 비공무원이 사용하거나 소비할 것이라고 하더라도 이러한 사정은 뇌물수수죄의 공동정범이 성립한 이후 뇌물의 처리에 관한 것에 불과하므로 뇌물수수죄가 성립하는 데 영향이 없다(대판 2019.8.29. 2018도13792). 24. 경찰

정답 ①

24 뇌물죄에 관한 설명으로 옳고 그름의 표시(○, ×)가 바르게 된 것은?

> ㉠ 뇌물죄에서 말하는 '직무'에는 법령에 정하여진 직무뿐만 아니라 그와 관련 있는 직무, 과거에 담당하였거나 장래에 담당할 직무 외에 사무분장에 따라 현실적으로 담당하지 않는 직무라도 법령상 일반적인 직무 권한에 속하는 직무 등 공무원이 그 직위에 따라 공무로 담당할 일체의 직무를 포함한다.
> ㉡ 뇌물죄에서 수뢰자가 증뢰자에게 돈을 받은 사실은 시인하면서도 뇌물로 받은 것이 아니라 빌린 것이라고 주장하는 경우, 수뢰자가 그 돈을 실제로 빌린 것인지는 수뢰자가 증뢰자에게서 돈을 수수한 동기, 전달 경위 및 방법, 수뢰자와 증뢰자의 관계 등 증거에 의하여 나타나는 객관적 사정을 모두 종합하여 판단하여야 한다.
> ㉢ 공무원이 얻은 어떤 이익이 직무와 대가관계가 있는 부당한 이익으로서 뇌물에 해당하는지 여부는 그 공무원의 직무내용·직무와 이익제공자와의 관계 등 모든 사정을 참작하여 결정하면 족하고, 공무원이 그 이익을 수수하는 것으로 인하여 사회일반으로부터 직무집행의 공정성을 의심받게 되는 등의 부수적인 사정까지 포함하는 것은 아니다.
> ㉣ 공무원인 甲이 乙로부터 '선물할 사람이 있으면 새우젓을 보내주겠다'라는 말을 듣고 이를 승낙한 뒤 새우젓을 보내고자 하는 사람들의 명단을 乙에게 보내주고 乙로 하여금 명단의 사람들에게 甲의 이름을 적어 마치 甲이 선물하는 것처럼 새우젓을 택배로 발송하게 하고 그 대금을 지급하지 않은 경우, 甲에게는 제3자뇌물제공죄가 성립한다.

① ㉠ (○) ㉡ (○) ㉢ (×) ㉣ (×)   ② ㉠ (○) ㉡ (○) ㉢ (×) ㉣ (○)
③ ㉠ (×) ㉡ (×) ㉢ (○) ㉣ (×)   ④ ㉠ (○) ㉡ (×) ㉢ (○) ㉣ (○)

해설

㉠ 【 O 】 대판 2003.6.13. 2003도1060 25. 경찰
㉡ 【 O 】 뇌물죄에서 수뢰자가 증뢰자에게서 돈을 받은 사실은 시인하면서도 뇌물로 받은 것이 아니라 빌린 것이라고 주장하는 경우, 수뢰자가 그 돈을 실제로 빌린 것인지는 수뢰자가 증뢰자에게서 돈을 수수한 동기, 전달 경위 및 방법, 수뢰자와 증뢰자의 관계, 양자의 직책이나 직업 및 경력, 수뢰자의 차용 필요성 및 증뢰자 외의 자에게서 차용 가능성, 차용금 액수 및 용처, 증뢰자의 경제적 상황 및 증뢰와 관련된 경제적 예상이익 규모, 담보제공 여부, 변제기 및 이자 약정 여부, 수뢰자의 원리금 변제 여부, 채무불이행 시 증뢰자의 독촉 및 강제집행 가능성 등 증거에 의하여 나타나는 객관적인 사정을 모두 종합하여 판단하여야 한다(대판 2011.11.10. 2011도7261). 25. 경찰

ⓒ 【 X 】 공무원이 얻는 어떤 이익이 직무와 대가관계가 있는 부당한 이익으로서 '뇌물'에 해당하는지 여부는 당해 공무원의 직무 내용, 직무와 이익제공자의 관계, 쌍방 간에 특수한 사적인 친분관계가 존재하는지 여부, 이익의 다과, 이익을 수수한 경위와 시기 등의 제반 사정을 참작하여 결정하여야 하고, 뇌물죄가 직무집행의 공정과 이에 대한 사회의 신뢰 및 직무행위의 불가매수성을 보호법익으로 하고 있는 점에 비추어 볼 때, 공무원이 이익을 수수하는 것으로 인하여 사회일반으로부터 직무집행의 공정성을 의심 받게 되는지 여부도 뇌물죄의 성립 여부를 판단할 때에 기준이 된다(대판 2011.3.24. 2010도17797). 25. 경찰

ⓓ 【 X 】 공무원인 피고인 甲은 피고인 乙로부터 "선물을 할 사람이 있으면 새우젓을 보내 주겠다."라는 말을 듣고 이를 승낙한 뒤 새우젓을 보내고자 하는 사람들의 명단을 피고인 乙에게 보내 주고 피고인 乙로 하여금 위 사람들에게 피고인 甲의 이름을 적어 마치 피고인 甲이 선물을 하는 것처럼 새우젓을 택배로 발송하게 하고 그 대금을 지급하지 않는 방법으로 직무에 관하여 뇌물을 교부받고, 피고인 乙은 피고인 甲에게 뇌물을 공여하였다는 내용으로 기소된 사안에서, 피고인 乙의 새우젓 출연에 의한 피고인 甲의 영득의사가 실현되어 형법 제129조 제1항의 뇌물공여죄 및 뇌물수수죄가 성립하고, 공여자와 수뢰자 사이에 직접 금품이 수수 되지 않았다는 사정만으로 이와 달리 볼 수 없다(대판 2020.9.24. 2017도12389). 25. 경찰

정답 ①

25 뇌물죄에 관한 다음 설명 중 가장 옳지 않은 것은?

① 뇌물죄에서 뇌물의 내용인 이익은 금전, 물품 기타의 재산적 이익뿐만 아니라 사람의 수요 욕망을 충족시키기에 족한 일체의 유형·무형의 이익을 포함하므로, 장기간 처분하지 못하던 재산을 처분함으로써 생기는 무형의 이익 역시 뇌물의 내용인 이익에 해당된다.
② 공무원이 아닌 사람과 공무원이 공모하여 금품을 수수한 경우에도 각 수수자가 수수한 금품별로 직무 관련성 유무를 달리 볼 수 있다면, 각 금품마다 직무와의 관련성을 따져 뇌물성을 인정하는 것이 책임주의 원칙에 부합한다.
③ 수뢰자가 뇌물을 그대로 보관하다가 증뢰자에게 반환한 경우, 몰수·추징은 수뢰자로부터 하여야 한다.
④ 뇌물죄는 직무집행의 공정과 이에 대한 사회의 신뢰에 기초하여 직무행위의 불가매수성을 보호법익으로 하고 있고, 직무에 관한 청탁이나 부정한 행위를 필요로 하지 않으므로 뇌물성을 인정하는 데 특별히 의무위반 행위나 청탁의 유무 등을 고려할 필요가 없고, 금품 수수 시기와 직무집행 행위의 전후를 가릴 필요도 없다.

해설

① 【 O 】 뇌물죄에서 뇌물의 내용인 이익은 금전, 물품 기타의 재산적 이익뿐만 아니라 사람의 수요 욕망을 충족시키기에 족한 일체의 유형·무형의 이익을 포함하므로, 장기간 처분하지 못하던 재산을 처분함으로써 생기는 무형의 이익 역시 뇌물의 내용인 이익에 해당된다(대판 2023.6.15. 2023도1985). 24. 법원직
② 【 O 】 금품의 수수가 수회에 걸쳐 이루어졌고 각 수수 행위별로 직무 관련성 유무를 달리 볼 여지가 있는 경우에는 그 행위마다 직무와의 관련성 여부를 가릴 필요가 있다. 그리고 공무원이 아닌 사람과 공무원이 공모하여 금품을 수수한 경우에도 각 수수자가 수수한 금품별로 직무 관련성 유무를 달리 볼 수 있다면, 각 금품마다 직무와의 관련성을 따져 뇌물성을 인정하는 것이 책임주의 원칙에 부합한다(대판 2024.3.12. 2023도17394). 24. 법원직
③ 【 X 】 수뢰자가 뇌물을 그대로 보관하였다가 증뢰자에게 반환한 때에는 증뢰자로부터 몰수·추징할 것이므로 수뢰자로부터 추징함은 위법하다(대판 1984.2.28. 83도2783). 24. 법원직
④ 【 O 】 뇌물죄는 직무집행의 공정과 이에 대한 사회의 신뢰에 기초하여 직무행위의 불가매수성을 보호법익으로 하고 있고, 직무에 관한 청탁이나 부정한 행위를 필요로 하지 않으므로 뇌물성을 인정하는 데 특별히 의무위반 행위나 청탁의 유무 등을 고려할 필요가 없고, 금품수수 시기와 직무집행 행위의 전후를 가릴 필요도 없다. 뇌물죄에서 말하는 '직무'에는 법령에 정하여진 직무뿐만 아니라 그와 관련 있는 직무, 관례상이나 사실상 소관하는 직무행위, 결정권자를 보좌하거나 영향을 줄 수 있는 직무행위, 과거에 담당하였거나 장래에 담당할 직무 외에 사무분장에 따라 현실적으로 담당하고 있지 않아도 법령상 일반적인 직무권한에 속하는 직무 등 공무원이 그 직위에 따라 담당할 일체의 직무를 포함한다(대판 2017.12.22. 2017도12346). 24. 법원직

정답 ③

26 뇌물죄에 관한 다음 설명 중 옳은 것은 모두 몇 개인가?

㉠ 뇌물은 공무원의 직무에 관하여 공여되거나 수수된 것으로 족하고, 개개의 직무행위와 대가적 관계에 있을 필요가 없으며, 그 직무행위가 특정된 것일 필요도 없다.
㉡ 국가공무원이 지방자치단체의 업무에 관하여 별도의 위촉절차 등을 거쳐 그 고유의 직무와 관련이 없는 다른 직무를 수행하게 된 경우에는, 그 위촉이 종료된 후 종전에 위촉받아 수행한 직무에 관하여 금품을 수수하더라도 이는 사후수뢰죄에 해당할 수 있음은 별론으로 하고 일반 수뢰죄로 처벌할 수 없다.
㉢ 수의계약을 체결하는 공무원이 해당 공사업자와 적정한 금액 이상으로 계약금액을 부풀려서 계약하고 부풀린 금액을 자신이 되돌려 받기로 사전에 약정한 다음 그에 따라 수수한 돈은 성격상 뇌물이 아니고 횡령금에 해당한다.
㉣ 공무원 甲이 시의 도시과 구획정리계 측량기술원으로 근무하면서 다년간 환지측량업무에 종사하게 된 결과 얻은 지식과 경험을 기초로 체비지에 관한 공개경쟁 입찰에서 입찰예정가격이 대략 어느 정도 될 것이라고 추측한 내용을 乙에게 알려준 경우 甲이 그 대가로 乙로부터 이익을 받기로 약속하였다고 하더라도 그 이익을 뇌물죄에서 말하는 직무에 관련된 대가라고 보기 어렵다.
㉤ 경찰공무원이 슬롯머신 영업에 5천만 원을 투자하여 매월 3백만 원을 배당받기로 약속한 후 35회에 걸쳐 1억 5백만 원을 교부받은 경우 1억 5백만 원은 그 자체가 뇌물이 되는데, 다만 실제의 뇌물의 액수는 5천만원을 투자함으로써 얻을 수 있는 통상적인 이익을 초과한 금액이라고 보아야 한다.

① 1개   ② 2개   ③ 3개   ④ 4개   ⑤ 5개

해설

㉠【O】뇌물죄는 공무원의 직무집행의 공정과 이에 대한 사회의 신뢰 및 직무행위의 불가매수성을 그 보호법익으로 하고 있고, 직무에 관한 청탁이나 부정한 행위를 필요로 하는 것은 아니기 때문에 수수된 금품의 뇌물성을 인정하는 데 특별한 청탁이 있어야만 하는 것은 아니며, 또한 금품이 직무에 관하여 수수된 것으로 족하고 개개의 직무행위와 대가적 관계에 있을 필요는 없고, 공무원이 그 직무의 대상이 되는 사람으로부터 금품 기타 이익을 받은 때에는 사회상규에 비추어 볼 때에 의례상 대가에 불과한 것이라고 여겨지거나, 개인적인 친분관계가 있어서 교분상의 필요에 의한 것이라고 명백하게 인정할 수 있는 경우 등 특별한 사정이 없는 한 직무와의 관련성이 없는 것으로 볼 수 없으며, 공무원이 직무와 관련하여 금품을 수수하였다면 비록 사교적 의례의 형식을 빌어 금품을 주고 받았다 하더라도 그 수수한 금품은 뇌물이 된다(대판 2001.10.12. 2001도3579). 23. 법원행시
㉡【O】국가공무원이 지방자치단체의 업무에 관하여 전문가로서 위원 위촉을 받아 한시적으로 직무를 수행하는 경우와 같이 공무원이 그 고유의 직무와 관련이 없는 일에 관하여 별도의 위촉절차 등을 거쳐 다른 직무를 수행하게 된 경우에는 그 위촉이 종료되면 그 위원 등으로서 새로 보유하였던 공무원 지위는 소멸한다고 보아야 하므로, 그 이후에 종전에 위촉받아 수행한 직무에 관하여 금품을 수수하더라도 이는 사후수뢰죄에 해당할 수 있음은 별론으로 하고 일반 수뢰죄로 처벌할 수는 없다(대판 2013.11. 28. 2013도10011). 23. 법원행시
㉢【O】대판 2007.10.12. 2005도7112 23. 법원행시
㉣【O】대판 1983.3.22. 82도1922 23. 법원행시
㉤【O】경찰공무원이 슬롯머신 영업에 5천만 원을 투자하여 매월 3백만 원을 배당받기로 약속한 후 35회에 걸쳐 1억 5백만 원을 교부받은 경우, 5천만 원을 투자함으로써 바로 이익을 얻었다고는 볼 수 없고 매월 3백만 원을 지급받기로 하는 약속, 즉 뇌물의 수수를 약속한 것에 불과하고 현실적으로 매월 3백만 원씩을 지급받은 것이 뇌물을 수수한 것이라고 보아야 하므로 1억 5백만원은 그 자체가 뇌물이 되는데, 다만 실제의 뇌물의 액수는 5천만 원을 투자함으로써 얻을 수 있는 통상적인 이익을 초과한 금액이라고 보아야 하며, 여기서 통상적인 이익이라 함은 다른 특별한 사정이 없는 한 그 경찰공무원의 직무와 관계없이 투자하였더라면 얻을 수 있었을 이익을 말하는데, 구체적으로는 위 투자의 형태가 실질에 있어서는 금원을 대여하고 그에 대하여 이자를 받은 것과 다를 바 없으므로 슬롯머신 업소 경영자와 같은 사람에게 5천만 원을 직무와 관계없이 대여하였더라면 받았을 이자 상당이 통상적인 이익이 되며 그 이율은 양 당사자의 자금사정과 신용도 및 해당 업계의 금리체계에 따라 심리판단해야 하며, 그 경찰공무원이 다른 방법으로 그 돈을 투자하였더라면 어느 정도의 이익을 얻을 수 있었을 것인지는 원칙적으로 고려할 필요가 없다(대판 1995.6.30. 94도993). 23. 법원행시

정답 ⑤

27 뇌물죄에 대한 설명으로 가장 적절하지 않은 것은?

① 공무원과 공동정범 관계에 있는 비공무원이 뇌물을 받은 경우, 비공무원은 제3자뇌물수수죄에서 말하는 제3자가 될 수 없다.
② 공무원들이 공모하여 특별사업비를 횡령하고 이를 공범자끼리 수수한 행위가 공동정범들 사이의 범행에 의하여 취득한 돈을 내부적으로 분배한 것에 지나지 않는다면 별도로 그 돈의 수수행위에 관하여 뇌물죄가 성립하는 것은 아니다.
③ 공무원 甲이 A에게 2,000만 원을 뇌물로 요구하였으나 A가 이를 즉각 거부한 경우에는 요구한 금품이 특정되었으므로 甲으로부터 2,000만원을 몰수하여야 한다.
④ 공무원이 뇌물을 수수함에 있어 공여자를 기망한 경우에도 뇌물수수죄 및 뇌물공여죄의 성립에는 영향이 없다.

> [해설]

① 【O】 형법은 제130조에서 제129조 제1항 뇌물수수죄와는 별도로 공무원이 그 직무에 관하여 뇌물공여자로 하여금 제3자에게 뇌물을 공여하게 한 경우에는 부정한 청탁을 받고 그와 같은 행위를 한 때에 뇌물수수죄와 법정형이 동일한 제3자뇌물수수죄로 처벌하고 있다. 제3자뇌물수수죄에서 뇌물을 받는 제3자가 뇌물임을 인식할 것을 요건으로 하지 않는다. 그러나 공무원이 뇌물공여자로 하여금 공무원과 뇌물수수죄의 공동정범 관계에 있는 비공무원에게 뇌물을 공여하게 한 경우에는 공동정범의 성질상 공무원 자신에게 뇌물을 공여하게 한 것으로 볼 수 있다. 공무원과 공동정범 관계에 있는 비공무원은 제3자뇌물수수죄에서 말하는 제3자가 될 수 없고, 공무원과 공동정범 관계에 있는 비공무원이 뇌물을 받은 경우에는 공무원과 함께 뇌물수수죄의 공동정범이 성립하고 제3자뇌물수수죄는 성립하지 않는다(대판 2019.8.29. 2018도13792). 22. 경찰승진
② 【O】 횡령 범행으로 취득한 돈을 공범자끼리 수수한 행위가 공동정범들 사이의 범행에 의하여 취득한 돈을 공모에 따라 내부적으로 분배한 것에 지나지 않는다면 별도로 그 돈의 수수행위에 관하여 뇌물죄가 성립하는 것은 아니다(대판 2019.11.28. 2019도11766). 22. 경찰승진
③ 【X】 형법 제134조는 뇌물에 공할 금품을 필요적으로 몰수하고 이를 몰수하기 불가능한 때에는 그 가액을 추징하도록 규정하고 있는바, 몰수는 특정된 물건에 대한 것이고 추징은 본래 몰수할 수 있었음을 전제로 하는 것임에 비추어 뇌물에 공할 금품이 특정되지 않았던 것은 몰수할 수 없고 그 가액을 추징할 수도 없다.
피고인이 위와 같이 공소외 1, 공소외 2에게 돈을 빌려달라고 요구하였으나 공소외 1, 공소외 2가 이를 즉각 거부하여 공소외 1, 공소외 2가 피고인에게 뇌물로 제공한 금품이 특정되지 않아 이를 몰수할 수 없으므로 그 가액을 추징할 수도 없는 것임에도 이를 간과하고 그 가액을 피고인으로부터 추징한 원심판결은 앞서 본 바와 같은 형법 제134조가 규정한 추징에 관한 법리를 오해하여 판결에 영향을 미친 잘못이 있다. 이 점을 지적하는 피고인의 상고이유 주장은 이유 있다(대판 2015.10.29. 2015도12838). 22. 경찰승진
④ 【O】 뇌물을 수수함에 있어서 공여자를 기망한 점이 있다 하여도 뇌물수수죄, 뇌물공여죄의 성립에는 영향이 없고, 이 경우 뇌물을 수수한 공무원에 대하여는 한 개의 행위가 뇌물죄와 사기죄의 각 구성요건에 해당하므로 형법 제40조에 의하여 상상적 경합으로 처단하여야 할 것이다(대판 2015.10.29. 2015도12838). 22. 경찰승진

정답 ③

28 뇌물죄에 대한 설명으로 옳지 않은 것은?

① 수뢰죄에 있어서 직무라는 것은 공무원의 법령상 관장하는 직무행위뿐만 아니라 그 직무에 관련하여 사실상 처리하고 있는 행위 및 결정권자를 보좌하거나 영향을 줄 수 있는 직무행위도 포함된다.
② 공무원이 수수한 금품에 직무행위와 대가관계가 있는 부분과 그렇지 않은 부분이 불가분적으로 결합되어 있는 경우에는 수수한 금품 전액이 직무행위에 대한 대가로 수수한 뇌물이다.
③ 수뢰자가 뇌물로 받은 돈을 은행에 예금한 후 같은 액수의 돈을 증뢰자에게 반환한 경우, 그 뇌물을 반환한 것이므로 증뢰자로부터 이를 몰수·추징하여야 한다.
④ 알선수뢰죄에 있어서 알선행위는 다른 공무원의 직무에 속하는 사항에 관한 것이면 되는 것이지, 그것이 반드시 부정행위라거나 그 직무에 관하여 결재 권한이나 최종 결정 권한을 갖고 있어야 하는 것이 아니다.

해설
① 【 O 】 대판 2011.6.10. 2011도4260 23. 국가직 7급
② 【 O 】 대판 2012.1.12. 2011도12642 23. 국가직 7급
③ 【 X 】 뇌물로 받은 돈을 은행에 예금한 경우 그 예금행위는 뇌물의 처분행위에 해당하므로 그 후 수뢰자가 같은 액수의 돈을 증뢰자에게 반환하였다 하더라도 이를 뇌물 그 자체의 반환으로 볼 수 없으니 이러한 경우에는 수뢰자로부터 그 가액을 추징하여야 한다(대판 1996.10.25. 96도2022). 23. 국가직 7급
④ 【 O 】 대판 2006.4.27. 2006도735 23. 국가직 7급

정답 ③

29 뇌물죄에 관한 설명으로 옳지 않은 것을 모두 고른 것은?

㉠ 법령에 의한 임용권을 가지는 자에 의하여 임용되어 상당히 오랜 기간동안 공무에 종사하여 온 사람이 나중에 그가 임용결격자이었음이 밝혀져 당초의 임용행위가 무효라고 하더라도 「형법」 제129조에서 규정한 공무원으로 봄이 타당하고, 그가 그 직무에 관하여 뇌물을 수수한 때에는 수뢰죄로 처벌할 수 있다.
㉡ 타인을 기망하여 뇌물을 수수한 경우 뇌물을 수수한 공무원에게는 뇌물죄와 사기죄가 성립하고 양 죄는 실체적 경합관계에 있다.
㉢ 공무원이 직무집행을 빙자하여 타인의 재물을 갈취한 경우 뇌물공여죄가 성립하지 않는다.
㉣ 알선수뢰죄에서 '공무원이 그 지위를 이용하여'라 함은 친구, 친족관계 등 사적인 관계를 이용하는 경우뿐만 아니라 다른 공무원이 취급하는 사무처리에 법률상이거나 사실상으로 영향을 줄 수 있는 관계에 있는 공무원이 그 지위를 이용하는 경우도 포함한다.

① ㉠, ㉡　　② ㉡, ㉢　　③ ㉡, ㉣　　④ ㉢, ㉣

해설
㉠ 【 O 】 형법이 뇌물죄에 관하여 규정하고 있는 것은 공무원의 직무집행의 공정과 그에 대한 사회의 신뢰 및 직무행위의 불가매수성을 보호하기 위한 것이다. 법령에 기한 임명권자에 의하여 임용되어 공무에 종사하여 온 사람이 나중에 그가 임용결격자이었음이 밝혀져 당초의 임용행위가 무효라고 하더라도, 그가 임용행위라는 외관을 갖추어 실제로 공무를 수행한 이상 공무 수행의 공정과 그에 대한 사회의 신뢰 및 직무행위의 불가매수성은 여전히 보호되어야 한다. 따라서 이러한 사람은 형법 제129조에서 규정한 공무원으로 봄이 타당하고, 그가 그 직무에 관하여 뇌물을 수수한 때에는 수뢰죄로 처벌할 수 있다(대판 2014.3.27. 2013도11357). 23. 경찰
㉡ 【 X 】 뇌물을 수수함에 있어서 공여자를 기망한 점이 있다 하여도 뇌물수수죄, 뇌물공여죄의 성립에는 영향이 없고, 이 경우 뇌물을 수수한 공무원에 대하여는 한 개의 행위가 뇌물죄와 사기죄의 각 구성요건에 해당하므로 형법 제40조에 의하여 상상적 경합으로 처단하여야 할 것이다(대판 2015.10.29. 2015도12838). 23. 경찰
㉢ 【 O 】 공무원이 직무집행의 의사 없이 또는 직무처리와 대가적 관계없이 타인을 공갈하여 재물을 교부하게 한 경우에는 공갈죄만이 성립하고, 이러한 경우 재물의 교부자가 공무원의 해악의 고지로 인하여 외포의 결과 금품을 제공한 것이라면 그는 공갈죄의 피해자가 될 것이고 뇌물공여죄는 성립될 수 없다(대판 1994.12.22. 94도2528). 23. 경찰
㉣ 【 X 】 알선수뢰죄는 공무원이 그 지위를 이용하여 다른 공무원의 직무에 속한 사항의 알선에 관하여 뇌물을 수수, 요구 또는 약속하는 것을 그 성립 요건으로 하고 있고, 여기서 '공무원이 그 지위를 이용하여'라 함은 친구, 친족관계 등 사적인 관계를 이용하는 경우에는 이에 해당한다고 할 수 없으나, 다른 공무원이 취급하는 사무의 처리에 법률상이거나 사실상 영향을 줄 수 있는 관계에 있는 공무원이 그 지위를 이용하는 경우에는 이에 해당하고, 그 사이에 상하관계, 협동관계, 감독권한 등의 특수한 관계가 있음을 요하지 않는다(대판 1999.6.25. 99도1900). 23. 경찰

정답 ③

30 뇌물죄에 관한 설명 중 옳지 않은 것은?

① 제3자뇌물수수죄에서 제3자란 행위자와 공동정범 및 교사자와 방조자 이외의 사람을 말한다.
② 공무원이 아닌 사람이 공무원과 공동가공의 의사와 이를 기초로 한 기능적 행위지배를 통하여 공무원의 직무에 관하여 뇌물을 수수하는 범죄를 실행하였다면 공무원이 직접 뇌물을 받은 것과 동일하게 평가할 수 있으므로 공무원과 비공무원에게 「형법」 제129조 제1항에서 정한 뇌물수수죄의 공동정범이 성립한다.
③ 단지 상대방으로 하여금 뇌물을 수수하는 자에게 잘 보이면 어떤 도움을 받을 수 있다거나 손해를 입을 염려가 없다는 정도의 막연한 기대감을 갖게 하는 정도에 불과하고, 뇌물을 수수하는 자 역시 상대방이 그러한 기대감을 가질 것이라고 짐작하면서 수수하였다는 사정만으로는 알선뇌물수수죄가 성립하지 않는다.
④ 공무원 또는 중재인이 부정한 청탁을 받고 제3자에게 뇌물을 제공하게 하고 제3자가 그러한 공무원 또는 중재인의 범죄행위를 알면서 방조한 경우에는 그에 대한 별도의 처벌규정이 없더라도 방조범에 관한 형법총칙의 규정이 적용되어 제3자뇌물수수방조죄가 인정될 수 있다.
⑤ 공무원이 뇌물을 받는 데에 필요한 경비를 지출한 경우 그 경비는 뇌물수수의 부수적 비용에 불과하여 뇌물의 가액과 추징액에서 공제할 항목에 해당하지 않는다.

해설

① 【X】, ④ 【O】 제3자뇌물수수죄에서 제3자란 행위자와 공동정범 이외의 사람을 말하고, 교사자나 방조자도 포함될 수 있다. 그러므로 공무원 또는 중재인이 부정한 청탁을 받고 제3자에게 뇌물을 제공하게 하고 그 제3자가 그러한 공무원 또는 중재인의 범죄행위를 알면서 방조한 경우에는 그에 대한 별도의 처벌규정이 없더라도 방조범에 관한 형법총칙의 규정이 적용되어 제3자뇌물수수방조죄가 인정될 수 있다(대판 2017.3.15. 2016도19659). 22. 변호사

② 【O】 신분관계가 없는 사람이 신분관계로 인하여 성립될 범죄에 가공한 경우에는 신분관계가 있는 사람과 공범이 성립한다(형법 제33조 본문 참조). 이 경우 신분관계가 없는 사람에게 공동가공의 의사와 이에 기초한 기능적 행위지배를 통한 범죄의 실행이라는 주관적·객관적 요건이 충족되면 공동정범으로 처벌한다. 공동가공의 의사는 공동의 의사로 특정한 범죄행위를 하기 위하여 일체가 되어 서로 다른 사람의 행위를 이용하여 자기의 의사를 실행에 옮기는 것을 내용으로 한다. 따라서 비공무원이 공무원과 공동가공의 의사와 이를 기초로 한 기능적 행위지배를 통하여 공무원의 직무에 관하여 뇌물을 수수하는 범죄를 실행하였다면 공무원이 직접 뇌물을 받은 것과 동일하게 평가할 수 있으므로 공무원과 비공무원에게 형법 제129조 제1항에서 정한 뇌물수수죄의 공동정범이 성립한다(대판 2019.8.29. 2018도13792). 22. 변호사

③ 【O】 형법 제132조에서 말하는 '다른 공무원의 직무에 속한 사항의 알선에 관하여 뇌물을 수수한다'라고 함은, 다른 공무원의 직무에 속한 사항을 알선한다는 명목으로 뇌물을 수수하는 행위로서 반드시 알선의 상대방인 다른 공무원이나 그 직무의 내용을 구체적으로 특정할 필요까지는 없다. 알선행위는 장래의 것이라도 무방하므로, 뇌물을 수수할 당시 상대방에게 알선에 의하여 해결을 도모하여야 할 현안이 반드시 존재하여야 할 필요는 없지만, 알선뇌물수수죄가 성립하려면 알선할 사항이 다른 공무원의 직무에 속하는 사항으로서 뇌물수수의 명목이 그 사항의 알선에 관련된 것임이 어느 정도는 구체적으로 나타나야 한다. 단지 상대방으로 하여금 뇌물을 수수하는 자에게 잘 보이면 어떤 도움을 받을 수 있다거나 손해를 입을 염려가 없다는 정도의 막연한 기대감을 갖게 하는 정도에 불과하고, 뇌물을 수수하는 자 역시 상대방이 그러한 기대감을 가질 것이라고 짐작하면서 수수하였다는 사정만으로는 알선뇌물수수죄가 성립하지 않는다(대판 2017.12.22. 2017도12346). 22. 변호사

⑤ 【O】 공무원이 뇌물을 받음에 있어서 그 취득을 위하여 상대방에게 뇌물의 가액에 상당하는 금원의 일부를 비용의 명목으로 출연하거나 그 밖에 경제적 이익을 제공하였다 하더라도, 이는 뇌물을 받는 데 지출한 부수적 비용에 불과하다고 보아야 할 것이지, 이로 인하여 공무원이 받은 뇌물이 그 뇌물의 가액에서 위와 같은 지출액을 공제한 나머지 가액에 상당한 이익에 한정되는 것이라고 볼 수는 없으므로, 그 공무원으로부터 뇌물죄로 얻은 이익을 몰수·추징함에 있어서는 그 받은 뇌물 자체를 몰수하여야 하고, 그 뇌물의 가액에서 위와 같은 지출을 공제한 나머지 가액에 상당한 이익만을 몰수·추징할 것은 아니다(대판 1999.10.8. 99도1638). 22. 변호사

정답 ①

31 뇌물에 관한 죄에 대한 설명 중 가장 적절하지 않은 것은?

① 배임수재자가 배임증재자에게서 무상으로 빌린 물건을 인도받아 사용하던 중 공무원이 되었고, 배임증재자가 뇌물공여 의사를 밝히면서 배임수재자가 물건을 계속 사용하도록 한 경우 처음에 정한 사용기간을 연장해 주는 등 새로운 이익을 제공한 것으로 평가할 만한 사정이 없다면 뇌물공여죄가 성립하지 않는다.
② 제3자뇌물공여죄에서 막연히 선처하여 줄 것이라는 기대에 의하거나 직무집행과는 무관한 다른 동기에 의하여 제3자에게 금품을 공여한 경우에는 묵시적인 의사표시에 의한 부정한 청탁이 있다고 보기 어렵다.
③ 뇌물약속죄에서 뇌물의 약속은 양 당사자의 뇌물수수의 합의를 말하고, 여기에서 '합의'란 그 방법에 아무런 제한이 없고 명시적일 필요도 없으므로, 양 당사자의 의사표시가 확정적으로 합치할 필요까지는 없다.
④ 공무원인 甲이 乙로부터 1,000만 원을 뇌물로 받아 그 중 500만 원을 소비하고 나머지 500만 원을 은행에 예금하여 두었다가 이를 인출하여 乙에게 반환한 경우, 甲으로부터 1,000만 원을 추징하여야 한다.

해설

① 【 O 】 처음에 배임증재로 무상 대여할 당시에 정한 사용기간을 추가로 연장해 주는 등 새로운 이익을 제공한 것으로 평가할 만한 사정이 없다면, 이는 종전에 이미 제공한 이익을 나중에 와서 뇌물로 하겠다는 것에 불과할 뿐 새롭게 뇌물로 제공되는 이익이 없어 뇌물공여죄가 성립하지 않는다(대판 2015.10.15. 2015도6232). 20. 경찰승진
② 【 O 】 대판 2009.1.30. 2008도6950 20. 경찰승진
③ 【 X 】 형법 제129조의 구성요건인 뇌물의 '약속'은 양 당사자의 뇌물수수의 합의를 말하고, 여기에서 '합의'란 그 방법에 아무런 제한이 없고 명시적일 필요도 없지만, 장래 공무원의 직무와 관련하여 뇌물을 주고 받겠다는 양 당사자의 의사표시가 확정적으로 합치하여야 한다(대판 2012.11.15. 2012도9417). 20. 경찰승진
④ 【 O 】 대판 1999.1.29. 98도3584 20. 경찰승진

정답 ③

32 뇌물죄에 대한 설명으로 가장 적절한 것은?

① 제3자뇌물공여죄에 있어서 묵시적인 의사표시에 의한 부정한 청탁이 있다고 하기 위하여는, 당사자 사이에 청탁의 대상이 되는 직무집행의 내용과 제3자에게 제공되는 금품이 그 직무집행에 대한 대가라는 점에 대하여 공통의 인식이나 양해가 존재하여야 한다.
② 공무원이 직무와 관련하여 뇌물수수를 약속하고 퇴직 후 이를 수수하는 경우에 뇌물약속과 뇌물수수가 시간적으로 근접하여 연속되어 있다면 뇌물수수죄가 성립한다.
③ 수의계약을 체결하는 공무원이 해당 공사업자와 적정한 금액 이상으로 계약금액을 부풀려서 계약하고 부풀린 금액을 자신이 되돌려 받기로 사전에 약정한 다음 그에 따라 돈을 수수하였다면 수뢰죄가 성립한다.
④ 알선수뢰죄에서 '공무원이 그 지위를 이용하여'라 함은 친구, 친족관계 등 사적인 관계를 이용하는 경우뿐만 아니라 다른 공무원이 취급하는 사무의 처리에 법률상이거나 사실상으로 영향을 줄 수 있는 관계에 있는 공무원이 그 지위를 이용하는 경우를 말한다.

해설

① 【 O 】 형법 제130조의 제3자뇌물공여죄에서 '부정한 청탁'을 요건으로 하는 취지는 처벌의 범위가 불명확해지지 않도록 하기 위한 것으로서, 이러한 '부정한 청탁'은 명시적인 의사표시에 의한 것은 물론 묵시적인 의사표시에 의한 것도 가능하다. 묵시적인 의사표시에 의한 부정한 청탁이 있다고 하기 위하여는, 당사자 사이에 청탁의 대상이 되는 직무집행의 내용과 제3자에게 제공되는 금품이 그 직무집행에 대한 대가라는 점에 대하여 공통의 인식이나 양해가 존재하여야 하고, 그러한 인식이나 양해 없이 막연히 선처하여 줄 것이라는 기대에 의하거나 직무집행과는 무관한 다른 동기에 의하여 제3자에게 금품을 공여한 경우에는 묵시적인 의사표시에 의한 부정한 청탁이 있다고 보기 어렵다. 공무원이 먼저 제3자에게 금품을 공여할 것을 요구한 경우에도 마찬가지이다.

> **사실관계**
> 대통령비서실 정책실장이 기업관계자들에게 기업 메세나(Mecenat) 활동의 일환인 미술관 전시회 후원을 요청하여 기업관계자들이 특정 미술관에 후원금을 지급한 경우, 제3자뇌물공여죄는 성립하지 않는다(대판 2009.1.30. 2008도6950). 19. 경찰승진

② 【 X 】 뇌물수수죄는 공무원 또는 중재인이 그 직무에 관하여 뇌물을 수수한 때에 성립하는 것이어서 그 주체는 현재 공무원 또는 중재인의 직에 있는 자에 한정되므로, 공무원이 직무와 관련하여 뇌물수수를 약속하고 퇴직 후 이를 수수하는 경우에는, 뇌물약속과 뇌물수수가 시간적으로 근접하여 연속되어 있다고 하더라도, 뇌물약속죄 및 사후수뢰죄가 성립할 수 있음은 별론으로 하고, 뇌물수수죄는 성립하지 않는다(대판 2008.2.1. 2007도5190). 19. 경찰승진

③ 【 X 】 수의계약을 체결하는 공무원이 해당 공사업자와 적정한 금액 이상으로 계약금액을 부풀려서 계약하고 부풀린 금액을 자신이 되돌려 받기로 사전에 약정한 다음 그에 따라 수수한 돈은 성격상 뇌물이 아니고 횡령금에 해당한다(대판 2007.10.12. 2005도7112). 19. 경찰승진

④ 【 X 】 알선수뢰죄는 공무원이 그 지위를 이용하여 다른 공무원의 직무에 속한 사항의 알선에 관하여 뇌물을 수수, 요구 또는 약속하는 것을 그 성립요건으로 하고 있고, 여기서 '공무원이 그 지위를 이용하여'라 함은 친구, 친족관계 등 사적인 관계를 이용하는 경우에는 이에 해당한다고 할 수 없으나, 다른 공무원이 취급하는 사무의 처리에 법률상이거나 사실상으로 영향을 줄 수 있는 관계에 있는 공무원이 그 지위를 이용하는 경우에는 이에 해당하고, 그 사이에 상하관계, 협동관계, 감독권한 등의 특수한 관계가 있음을 요하지 않는다(대판 2006.4.27. 2006도735). 19. 경찰승진

정답 ①

33 뇌물죄에 대한 설명으로 옳지 않은 것은?

① 임명권자에 의하여 임용되어 공무에 종사하여 온 甲이 나중에 임용결격자이었음이 밝혀져 당초의 임용행위가 무효라고 하더라도 그가 공무원으로 계속 근무하면서 직무에 관하여 뇌물을 수수한 경우 수뢰죄로 처벌할 수 있다.

② 알선수뢰죄에서 '공무원이 그 지위를 이용하여'라 함은 친구 등 사적 관계를 이용하는 경우뿐만 아니라 다른 공무원이 취급하는 사무처리에 법률상이거나 사실상으로 영향을 줄 수 있는 관계에 있는 공무원이 그 지위를 이용하는 경우도 포함한다.

③ 공무원 甲이 A주식회사로부터 뇌물을 받은 후 A회사에 유리하게 관계 법령을 해석하여 감액처분을 하였는데, 과세 대상에 관한 규정이 명확하지 않고 그에 관한 확립된 선례도 없어 甲의 처분이 위법하지 않은 경우 甲에게 수뢰후부정처사죄가 성립하지 않는다.

④ A가 오로지 공무원 甲을 함정에 빠뜨릴 의사로 직무와 관련되었다는 형식을 빌려 甲에게 금품을 공여한 경우 甲이 그 금품을 직무와 관련하여 수수한다는 의사를 가지고 받아들이면 수뢰죄가 성립한다.

해설

① 【 O 】 법령에 기한 임명권자에 의하여 임용되어 공무에 종사하여 온 사람이 나중에 그가 임용결격자이었음이 밝혀져 당초의 임용행위가 무효라고 하더라도, 그가 임용행위라는 외관을 갖추어 실제로 공무를 수행한 이상 공무 수행의 공정과 그에 대한 사회의 신뢰 및 직무행위의 불가매수성은 여전히 보호되어야 한다. 따라서 이러한 사람은 형법 제129조에서 규정한 공무원으로 봄이 상당하고, 그가 그 직무에 관하여 뇌물을 수수한 때에는 수뢰죄로 처벌할 수 있다(대판 2014.3.27. 13도11357). 18. 국가직

② 【 X 】 알선수뢰죄는 공무원이 그 지위를 이용하여 다른 공무원의 직무에 속한 사항의 알선에 관하여 뇌물을 수수, 요구 또는 약속하는 것을 그 성립요건으로 하고 있고, 여기서 '공무원이 그 지위를 이용하여'라 함은 친구, 친족관계 등 사적인 관계를 이용하는 경우에는 이에 해당한다고 할 수 없으나, 다른 공무원이 취급하는 사무의 처리에 법률상이거나 사실상으로 영향을 줄 수 있는 관계에 있는 공무원이 그 지위를 이용하는 경우에는 이에 해당하고, 그 사이에 상하관계, 협동관계, 감독권한 등의 특수한 관계가 있음을 요하지 않는다(대판 2006.4.27. 2006도735). 18. 국가직

③ 【 O 】 과세 대상에 관한 규정이 명확하지 않고 그에 관한 확립된 선례도 없었던 경우, 공무원이 주식회사로부터 뇌물을 받은 후 관계 법령에 대한 충분한 연구, 검토 없이 위 회사에 유리한 쪽으로 법령을 해석하여 감액처분하였더라도 위 감액처분이 위법하지 않으면 그 공무원이 수뢰 후 '부정한 행위'를 한 것으로서 수뢰후부정처사죄를 범하였다고 볼 수는 없다(대판 1995.12.12. 95도2320). 18. 국가직

④ 【 O 】 오로지 공무원을 함정에 빠뜨릴 의사로 직무와 관련되었다는 형식을 빌려 그 공무원에게 금품을 공여한 경우에도 뇌물공여자들에게 피고인을 함정에 빠뜨릴 의사만 있었고 뇌물공여의 의사가 전혀 없었다고 보기 어려울 뿐 아니라 공무원이 그 금품을 직무와 관련하여 수수한다는 의사를 가지고 받아들이면 뇌물수수죄가 성립한다고 할 것이고 뇌물공여자들의 함정교사라는 사정은 피고인의 책임을 면하게 하는 사유가 될 수 없다(대판 2008.3.13. 2007도10804). 18. 국가직

정답 ②

34 알선수뢰죄에 대한 설명으로 옳지 않은 것은?

① 알선수뢰죄가 성립하기 위해서는 적어도 다른 공무원이 취급하는 사무의 처리에 법률상 또는 사실상으로 영향을 줄 수 있는 관계에 있는 공무원이 그 지위를 이용하는 경우이어야 한다.
② 알선수뢰죄가 성립하기 위해서는 뇌물을 수수할 당시 반드시 상대방에게 알선에 의하여 해결을 도모하여야 할 현안이 존재하여야 할 필요는 없다.
③ 상대방으로 하여금 뇌물을 수수하는 자에게 잘 보이면 손해를 입을 염려가 없다는 정도의 막연한 기대감을 갖게 하고, 뇌물을 수수하는 자도 상대방이 그러한 기대감을 가질 것이라고 짐작하면서 뇌물을 수수하였다면 알선수뢰죄가 성립한다.
④ 자동차를 뇌물로 제공한 경우 자동차등록원부에 뇌물수수자가 그 소유자로 등록되지 않았다고 하더라도 자동차의 사실상 소유자로서 실질적인 사용 및 처분권한이 있다면 자동차 자체를 뇌물로 취득한 것으로 보아야 한다.

해 설

① 【 O 】 알선수뢰죄는 공무원이 그 지위를 이용하여 다른 공무원의 직무에 속한 사항의 알선에 관하여 뇌물을 수수, 요구 또는 약속하는 것을 그 성립요건으로 하고 있고, 여기서 '공무원이 그 지위를 이용하여'라 함은 친구, 친족관계 등 **사적인 관계를 이용하는** 경우에는 이에 해당한다고 할 수 없으나, 다른 공무원이 취급하는 사무의 처리에 법률상이거나 사실상으로 영향을 줄 수 있는 관계에 있는 공무원이 그 지위를 이용하는 경우에는 이에 해당하고, 그 사이에 상하관계, 협동관계, 감독권 등의 특수한 관계가 있음을 요하지 않는다고 할 것이고, '다른 공무원의 직무에 속한 사항의 알선행위'는 그 공무원의 직무에 속하는 사항에 관한 것이면 되는 것이지 그것이 반드시 부정행위라거나 그 직무에 관하여 결재권한이나 최종 결정권한을 갖고 있어야 하는 것이 아니다(대판 2006.4.27. 2006도735). 19. 국가직
② 【 O 】, ③ 【 X 】 형법 제132조에서 말하는 '다른 공무원의 직무에 속한 사항의 알선에 관하여 뇌물을 수수한다'라고 함은, 다른 공무원의 직무에 속한 사항을 알선한다는 명목으로 뇌물을 수수하는 행위로서 반드시 알선의 상대방이 다른 공무원이나 그 직무의 내용을 구체적으로 특정할 필요까지는 없다. 알선행위는 **장래의 것이라도** 무방하므로, 뇌물을 수수할 당시 상대방에게 알선에 의하여 해결을 도모하여야 할 현안이 반드시 존재하여야 할 필요는 없지만, 알선뇌물수수죄가 성립하려면 알선할 사항이 다른 공무원의 직무에 속하는 사항으로서 뇌물수수의 명목이 그 사항의 알선에 관련된 것임이 어느 정도는 구체적으로 나타나야 한다. 단지 상대방으로 하여금 뇌물을 수수하는 자에게 잘 보이면 어떤 도움을 받을 수 있다거나 손해를 입을 염려가 없다는 정도의 막연한 기대감을 갖게 하는 정도에 불과하고, 뇌물을 수수하는 자 역시 상대방이 그러한 기대감을 가질 것이라고 짐작하면서 수수하였다는 사정만으로는 알선뇌물수수죄가 성립하지 않는다(대판 2017.12.22. 2017도12346). 19. 국가직
④ 【 O 】 대판 2006.5.26. 2006도1716 19. 국가직

정답 ③

35 뇌물의 죄에 대한 설명 중 가장 적절하지 않은 것은?

① 뇌물죄에서 뇌물의 내용인 이익이라 함은 금전, 물품 기타의 재산적 이익뿐만 아니라 사람의 수요·욕망을 충족시키기에 족한 일체의 유형·무형의 이익을 포함하며, 제공된 것이 성적 욕구의 충족이라고 하여 달리 볼 것이 아니다.
② 구 해양수산부 해운정책과 소속 공무원인 피고인이 甲 해운회사의 대표이사 등에게서 중국의 선박운항허가 담당부서가 관장하는 중국 국적선사의 선박에 대한 운항허가를 받을 수 있도록 노력해 달라는 부탁을 받고 돈을 받은 경우, 뇌물수수죄가 성립한다.
③ 음주운전을 적발하여 단속에 관련된 제반 서류를 작성한 후 운전면허 취소업무를 담당하는 직원에게 이를 인계하는 업무를 담당하는 경찰관이 피단속자로부터 운전면허가 취소되지 않도록 하여 달라는 청탁을 받고 금원을 교부받은 경우, 뇌물수수죄가 성립한다.
④ 임용될 당시 공무원법상 임용결격자에 해당하여 임용행위는 무효였지만 그 후 공무원으로 계속 근무하면서 직무에 관하여 뇌물을 수수한 경우, 수뢰죄가 성립한다.

해설

① 【O】 뇌물죄에서 뇌물의 내용인 이익이라 함은 금전, 물품 기타의 재산적 이익뿐만 아니라 사람의 수요·욕망을 충족시키기에 족한 일체의 유형·무형의 이익을 포함하며, 제공된 것이 성적 욕구의 충족이라고 하여 달리 볼 것이 아니다(대판 2014.1.29. 2013도13937). 18. 경찰

② 【X】 구 해양수산부 해운정책과 소속 공무원인 피고인이 甲 해운회사의 대표이사 등에게서 중국의 선박운항허가 담당부서가 관장하는 중국 국적선사의 선박에 대한 운항허가를 받을 수 있도록 노력해 달라는 부탁을 받고 돈을 받은 사안에서, 관련 규정에 의하면 해운정책과 업무에는 대한민국 국적선사의 선박에 관한 것만 포함되어 있을 뿐 외국 국적선사의 선박에 대한 행정처분에 관한 것은 포함되어 있지 않고, 또한 외국 국적선사의 선박에 대한 구체적인 행정처분은, 해운정책과 소속 공무원에게 이를 좌우할 수 있는 어떠한 영향력이 있다고 할 수도 없어 해운정책과 소속 공무원의 직무와 밀접한 관계에 있는 행위라거나 또는 그가 관여하는 행위에 해당한다고 볼 수 없다는 이유로, 직무관련성이 없어 뇌물수수죄가 성립하지 않는다고 본 원심판단을 수긍한 사례(대판 2011.5.26. 2009도2453). 18. 경찰

③ 【O】 음주운전을 적발하여 단속에 관련된 제반 서류를 작성한 후 운전면허 취소업무를 담당하는 직원에게 이를 인계하는 업무를 담당하는 경찰관이 피단속자로부터 운전면허가 취소되지 않도록 하여 달라는 청탁을 받고 금원을 교부받은 경우, 뇌물수수죄가 성립한다고 한 사례(대판 1999.11.9. 99도2530). 18. 경찰

④ 【O】 법령에 기한 임명권자에 의하여 임용되어 공무에 종사하여 온 사람이 나중에 그가 임용결격자이었음이 밝혀져 당초의 임용행위가 무효인 경우(대판 2014.3.27. 2013도11357). 18. 경찰 ⇨ 그가 임용행위라는 외관을 갖추어 실제로 공무를 수행한 이상 형법 제129조에서 규정한 공무원으로 봄이 타당하고, 그가 그 직무에 관하여 뇌물을 수수한 때에는 수뢰죄로 처벌할 수 있음.

정답 ②

36 다음 설명 중 가장 옳지 않은 것은?

① 자동차를 뇌물로 받은 경우 자동차등록원부에 그 소유자로 등록되지 않았다고 하더라도 자동차의 사실상 소유자로서 자동차에 대한 실질적인 사용 및 처분권한이 있다면 자동차 자체를 뇌물로 취득하였다고 보아야 한다.
② 알선뇌물수수죄에서 '그 지위를 이용하여'라 함은 친구, 친족관계 등 사적인 관계를 이용하는 경우에는 이에 해당한다고 할 수 없으나, 다른 공무원이 취급하는 사무의 처리에 법률상이거나 사실상으로 영향을 줄 수 있는 관계에 있는 공무원이 그 지위를 이용하는 경우에는 이에 해당하고, 그 사이에 상하관계, 협동관계, 감독권한 등의 특수한 관계가 있음을 요하지 않는다.
③ 알선뇌물요구죄가 성립하기 위하여는 뇌물을 요구할 당시 반드시 상대방에게 알선에 의하여 해결을 도모하여야 할 현안이 존재하여야 할 필요는 없다.
④ 알선뇌물요구죄는 반드시 알선상대방인 다른 공무원이나 그 직무의 내용이 구체적으로 특정될 필요가 없으므로, 상대방으로 하여금 뇌물을 요구하는 자에게 잘 보이면 그로부터 어떤 도움을 받을 수 있다거나 손해를 입을 염려가 없다는 정도의 막연한 기대감을 갖게 하며 뇌물을 요구하였다면 알선뇌물요구죄가 성립한다.
⑤ 공무원이 그 지위를 이용하여 다른 공무원의 정당한 직무에 속한 사항의 알선에 관하여 뇌물을 약속한 경우에도 알선뇌물약속죄가 성립한다.

해설

① 【O】 자동차를 뇌물로 제공한 경우 자동차등록원부에 뇌물수수자가 그 소유자로 등록되지 않았다고 하더라도 자동차의 사실상 소유자로서 자동차에 대한 실질적인 사용 및 처분권한이 있다면 자동차 자체를 뇌물로 취득한 것으로 보아야 한다(대판 2006.4.27. 2006도735). 17. 법원행시
② 【O】 알선수뢰죄는 공무원이 그 지위를 이용하여 다른 공무원의 직무에 속한 사항의 알선에 관하여 뇌물을 수수, 요구 또는 약속하는 것을 그 성립요건으로 하고 있고, 여기서 '공무원이 그 지위를 이용하여'라 함은 친구, 친족관계 등 사적인 관계를 이용하는 경우에는 이에 해당한다고 할 수 없으나, 다른 공무원이 취급하는 사무의 처리에 법률상이거나 사실상 영향을 줄 수 있는 관계에 있는 공무원이 그 지위를 이용하는 경우에는 이에 해당하고, 그 사이에 상하관계, 협동관계, 감독권한 등의 특수한 관계가 있음을 요하지 않는다(대판 2006.4.27. 2006도735). 17. 법원행시
③ 【O】 알선행위는 장래의 것이라도 무방하므로 알선뇌물수수죄가 성립하기 위하여는 뇌물을 수수할 당시 반드시 상대방에게 알선에 의하여 해결을 도모하여야 할 현안이 존재하여야 할 필요가 없다(대판 2013.4.11. 2012도16277). 17. 법원행시
④ 【X】 형법 제132조에서 말하는 다른 공무원의 직무에 속한 사항의 알선에 관하여 뇌물을 요구한다 함은 다른 공무원의 직무에 속한 사항을 알선한다는 명목으로 뇌물을 요구하는 행위로서, 반드시 알선의 상대방인 다른 공무원이나 그 직무의 내용이 구체적으로 특정될 필요까지는 없다 할 것이지만, 알선뇌물요구죄가 성립하기 위하여는 알선할 사항이 다른 공무원의 직무에 속하는 사항으로서, 뇌물요구의 명목이 그 사항의 알선에 관련된 것임이 어느 정도 구체적으로 나타나야 하고, 단지 상대방으로 하여금 뇌물을 요구하는 자에게 잘 보이면 그로부터 어떤 도움을 받을 수 있다거나 손해를 입을 염려가 없다는 정도의 막연한 기대감을 갖게 하는 정도에 불과하고, 뇌물을 요구하는 자 역시 상대방이 그러한 기대감을 가질 것이라고 짐작하면서 뇌물을 요구하였다는 정도의 사정만으로는 알선뇌물요구죄가 성립한다고 볼 수 없다(대판 2009.7.23. 2009도3924). 17. 법원행시
⑤ 【O】 형법 제132조의 알선수뢰죄는 당해직무를 처리하는 다른 공무원과 직접, 간접의 연관관계를 가지고 법률상이거나 사실상이거나를 막론하고 어떤 영향력을 미칠 수 있는 지위에 있는 공무원이 그 지위를 이용하여 다른 공무원의 직무에 속한 사항의 알선에 관하여 뇌물을 수수, 요구, 약속한 때에 성립한다(대판 1988.1.19. 86도1138). 17. 법원행시

정답 ④

37 뇌물죄에 대한 설명으로 옳지 않은 것은?

① 뇌물을 수수한 공무원이 뇌물을 받는 데에 필요한 경비를 지출한 경우 그 경비는 뇌물수수의 부수적 비용이므로 뇌물의 가액과 추징액에서 공제할 항목에 해당된다.

② 뇌물수수의 공범자들 사이에 직무와 관련하여 금품이나 이익을 수수하기로 하는 명시적 또는 암묵적 공모관계가 성립하고 그 공모 내용에 따라 공범자 중 1인이 금품이나 이익을 수수하였다면, 사전에 특정 금액 이하로만 받기로 약정하였다든가 수수한 금액이 공모 과정에서 도저히 예상할 수 없는 고액이라는 등과 같은 특별한 사정이 없는 한, 공모자 전원에게 그 수수한 금품이나 이익 전부에 관하여 뇌물수수죄의 공모공동정범이 성립한다.

③ 뇌물약속죄는 직무와 관련하여 장래에 뇌물을 주고받겠다는 양 당사자의 의사표시가 확정적으로 합치하면 성립하고, 뇌물의 목적물이 이익인 경우에는 그 가액이 확정되어 있지 않더라도 문제되지 아니한다.

④ 제3자뇌물제공죄에 있어서 묵시적 의사표시에 의한 부정한 청탁이 있다고 하려면 청탁의 대상이 되는 직무집행의 내용과 제3자에게 제공되는 이익이 그 직무집행에 대한 대가라는 점에 대하여 공무원과 이익 제공자 사이에 공통의 인식이나 양해가 있어야 한다.

해설

① 【 X 】 공무원이 뇌물을 받는 데에 필요한 경비를 지출한 경우 그 경비는 뇌물수수의 부수적 비용에 불과하여 뇌물의 가액과 추징액에서 공제할 항목에 해당하지 않는다. 뇌물을 받는 주체가 아닌 자가 수고비로 받은 부분이나 뇌물을 받기 위하여 형식적으로 체결된 용역계약에 따른 비용으로 사용된 부분은 뇌물수수의 부수적 비용에 지나지 않는다. 뇌물을 받는다는 것은 영득의 의사로 금품을 받는 것을 말하므로, 뇌물인지 모르고 받았다가 뇌물임을 알고 즉시 반환하거나 또는 증뢰자가 일방적으로 뇌물을 두고 가므로 나중에 기회를 보아 반환할 의사로 어쩔 수 없이 일시 보관하다가 반환하는 등 영득의 의사가 없었다고 인정되는 경우라면 뇌물을 받았다고 할 수 없다. 그러나 피고인이 먼저 뇌물을 요구하여 증뢰자로부터 돈을 받았다면 피고인에게는 받은 돈 전부에 대한 영득의 의사가 인정된다(대판 2017.3.22. 2016도21536). 17. 국가직 7급

② 【 O 】 뇌물수수의 공범자들 사이에 직무와 관련하여 금품이나 이익을 수수하기로 하는 명시적 또는 암묵적 공모관계가 성립하고 그 공모 내용에 따라 공범자 중 1인이 금품이나 이익을 수수하였다면, 사전에 특정 금액 이하로만 받기로 약정하였다든가 수수한 금액이 공모 과정에서 도저히 예상할 수 없는 고액이라는 등과 같은 특별한 사정이 없는 한, 그 수수한 금품이나 이익 전부에 관하여 뇌물수수죄의 공모공동정범이 성립하며, 수수할 금품이나 이익의 규모나 정도 등에 대하여 사전에 서로 의사의 연락이 있거나 수수한 금품 등의 구체적 금액을 공범자가 알아야 공모공동정범이 성립하는 것은 아니라고 할 것이다(대판 2014.12.24. 2014도10199). 17. 국가직 7급

③ 【 O 】 형법 제129조의 구성요건인 뇌물의 '약속'은 양 당사자 사이의 뇌물수수의 합의를 말하고, 여기에서 '합의'란 그 방법에 아무런 제한이 없고 명시적일 필요도 없지만, 장래 공무원의 직무와 관련하여 뇌물을 주고 받겠다는 양 당사자의 의사표시가 확정적으로 합치하여야 한다(대판 2007.7.13. 2004도3995). 17. 국가직 7급
뇌물약속죄에 있어서 뇌물의 목적인 이익은 약속 당시에 현존할 필요는 없고 약속 당시에 예기할 수 있는 것이라도 무방하며, 뇌물의 목적물이 이익인 경우에는 그 가액이 확정되어 있지 않아도 뇌물약속죄가 성립하는 데는 영향이 없다(대판 2001.9.18. 2000도5438). 17. 국가직 7급

④ 【 O 】 제3자뇌물제공죄에서 부정한 청탁은 명시적 의사표시에 의해서뿐만 아니라 묵시적 의사표시에 의해서도 가능하지만, 묵시적 의사표시에 의한 부정한 청탁이 있다고 하려면 청탁의 대상이 되는 직무집행의 내용과 제3자에게 제공되는 이익이 그 직무집행에 대한 대가라는 점에 대하여 공무원과 이익 제공자 사이에 공통의 인식이나 양해가 있어야 한다. 따라서 그러한 인식이나 양해 없이 막연히 선처하여 줄 것이라는 기대나 직무집행과는 무관한 다른 동기에 의하여 제3자에게 금품을 공여한 경우에는 묵시적 의사표시에 의한 부정한 청탁이 있다고 볼 수 없다(대판 2014.9.4. 2011도14482). 17. 국가직 7급

정답 ①

38 수뢰죄와 관련하여 다음 중 틀린 것은?

① 뇌물죄는 직무집행의 공정과 이에 대한 사회의 신뢰에 기초하여 직무행위의 불가매수성을 보호법익으로 하고 있고, 직무에 관한 청탁이나 부정한 행위를 필요로 하지 않으므로 뇌물성을 인정하는 데 특별히 의무위반 행위나 청탁의 유무 등을 고려할 필요가 없다.

② 뇌물죄에서 말하는 '직무'에는 법령에 정하여진 직무뿐만 아니라 그와 관련 있는 직무, 관례상이나 사실상 소관하는 직무행위, 결정권자를 보좌하거나 영향을 줄 수 있는 직무행위, 과거에 담당하였거나 장래에 담당할 직무 외에 사무분장에 따라 현실적으로 담당하고 있지 않아도 법령상 일반적인 직무권한에 속하는 직무 등 공무원이 그 직위에 따라 담당할 일체의 직무를 포함한다.

③ 공무원이 장래에 담당할 직무에 대한 대가로 이익을 수수한 경우에도 뇌물수수죄가 성립할 수 있지만, 그 이익을 수수할 당시 장래에 담당할 직무에 속하는 사항이 그 수수한 이익과 관련된 것임을 확인할 수 없을 정도로 막연하고 추상적이거나, 장차 그 수수한 이익과 관련지을 만한 직무권한을 행사할지 여부 자체를 알 수 없다면, 그 이익이 장래에 담당할 직무에 관하여 수수되었다거나 그 대가로 수수되었다고 단정하기 어렵다.

④ 검사인 피고인이 대학 재학 시절부터 친하게 지낸 기업인으로부터 장래 발생할 수 있는 형사사건에서 피고인이 담당하거나 다른 검사가 형사사건을 맡게 되면 청탁을 알선하는 대가로 금품 등을 수수하였다면 수수한 이익과 금품의 대가관련성을 인정하기에 충분하므로 뇌물수수죄 및 알선뇌물수수죄가 성립한다.

[해설]

① **[O]** 뇌물죄는 직무집행의 공정과 이에 대한 사회의 신뢰에 기초하여 직무행위의 불가매수성을 보호법익으로 하고 있고, 직무에 관한 청탁이나 부정한 행위를 필요로 하지 않으므로 뇌물성을 인정하는 데 특별히 의무위반 행위나 청탁의 유무 등을 고려할 필요가 없고, 금품수수 시기와 직무집행 행위의 전후를 가릴 필요도 없다(대판 2003.6.13. 2003도1060).

② **[O]** 뇌물죄에서 말하는 '직무'에는 법령에 정하여진 직무뿐만 아니라 그와 관련 있는 직무, 관례상이나 사실상 소관하는 직무행위, 결정권자를 보좌하거나 영향을 줄 수 있는 직무행위, 과거에 담당하였거나 장래에 담당할 직무 외에 사무분장에 따라 현실적으로 담당하고 있지 않아도 법령상 일반적인 직무권한에 속하는 직무 등 공무원이 그 직위에 따라 담당할 일체의 직무를 포함한다(대판 2003.6.13. 2003도1060).

③ **[O]** 형법 제129조 제1항의 뇌물수수죄가 성립하려면 공무원이 그 직무에 관하여 뇌물을 수수하여야 한다. 따라서 공무원이 이익을 수수한 행위가 공무원의 직무와 관련이 없다면 뇌물수수죄는 성립하지 않는다. 공무원이 장래에 담당할 직무에 대한 대가로 이익을 수수한 경우에도 뇌물수수죄가 성립할 수 있지만, 그 이익을 수수할 당시 장래에 담당할 직무에 속하는 사항이 그 수수한 이익과 관련된 것임을 확인할 수 없을 정도로 막연하고 추상적이거나, 장차 그 수수한 이익과 관련지을 만한 직무권한을 행사할지 여부 자체를 알 수 없다면, 그 이익이 장래에 담당할 직무에 관하여 수수되었다거나 그 대가로 수수되었다고 단정하기 어렵다.

④ **[X]** 검사였던 피고인 A가 대학생 시절부터 친하게 지내온 기업인인 피고인 B로부터 장래 발생할 수 있는 형사사건에서 피고인 A가 사건을 맡으면 직접, 다른 검사가 맡게 되면 피고인 A가 청탁을 알선을 해 주는 대가로 금품 등을 수수하였다고 공소가 제기된 사안에서, 피고인 A가 피고인 B로부터 이익을 수수할 당시 장래에 담당할 직무에 속하는 사항이 그 수수한 이익과 관련성을 인정하기 어려울 정도로 막연하고 추상적이고 장차 그 수수한 이익과 관련성이 있는 직무권한을 행사할지를 알 수 없고, 피고인 A가 장래 알선할 사항이 다른 검사의 직무에 속하는 사항으로서 금품수수의 명목이 그 사항의 알선에 관련된 것이라고 구체적으로 나타나지 않고, 단지 피고인 B가 피고인 A로부터 어떤 도움을 받을 수 있다거나 손해를 입을 염려가 없다는 정도의 막연한 기대감을 갖게 하는 정도에 불과하고, 피고인 A도 그러한 기대감을 가질 것이라고 짐작하면서 수수하였다는 정도의 사정만이 인정된다는 이유로 피고인 A에게 뇌물수수 및 알선뇌물수수로 인한 특정범죄가중처벌등에관한법률위반(뇌물)죄, 피고인 B에게 뇌물공여죄의 성립을 인정한 원심판결을 파기한 사례(대판 2017.12.22. 2017도12346).

정답 ④

39 뇌물죄에 대한 다음 설명 중 옳지 않은 것은 모두 몇 개 인가?

> ㉠ 뇌물죄에서 뇌물의 내용인 이익이라 함은 금전, 물품 기타의 재산적 이익뿐만 아니라 사람의 수요·욕망을 충족시키기에 족한 일체의 유형·무형의 이익을 포함하지만, 제공된 것이 성적 욕구의 충족은 포함되지 않는다고 보아야 한다.
> ㉡ 뇌물죄에서 직무란 공무원이 그 지위에 수반하여 공무로서 처리하는 일체의 직무를 말하며, 과거에 담당하였거나 또는 장래 담당할 직무 및 사무분장에 따라 현실적으로 담당하지 않는 직무라고 하더라도 법령상 일반적인 직무권한에 속하는 직무 등 공무원이 그 지위에 따라 공무로 담당할 일체의 직무를 말하므로, 뇌물의 수수 등을 할 당시 이미 공무원의 지위를 떠난 경우라도 형법 제129조 제1항의 수뢰죄로 처벌할 수 있다.
> ㉢ 형법 제133조 제2항의 제3자 증뢰물전달죄는 제3자가 증뢰자로부터 교부받은 금품을 수뢰할 사람에게 전달하였는지 여부에 관계없이 제3자가 그 정을 알면서 금품을 교부받음으로써 성립하고, 나아가 제3자가 그 교부받은 금품을 수뢰할 사람에게 전달하면 증뢰물전달죄와 별도로 뇌물공여죄가 성립한다.
> ㉣ 공무원이 그 직무에 관하여 금전을 무이자로 차용하여 금융이익 상당의 뇌물을 수수한 경우에 공소시효는 차용금 변제기로부터 기산한다.

① 1개 ② 2개 ③ 3개 ④ 4개

[해설]

㉠【X】뇌물죄에서 뇌물의 내용인 이익이라 함은 금전, 물품 기타의 재산적 이익뿐만 아니라 사람의 수요·욕망을 충족시키기에 족한 일체의 유형·무형의 이익을 포함하며, 제공된 것이 성적 욕구의 충족이라고 하여 달리 볼 것이 아니다(대판 2014.1.29. 2013도13937). 18. 경찰간부

㉡【X】뇌물죄에서 직무란 공무원이 그 지위에 수반하여 공무로서 처리하는 일체의 직무를 말하며, 과거에 담당하였거나 또는 장래 담당할 직무 및 사무분장에 따라 현실적으로 담당하지 않는 직무라고 하더라도 법령상 일반적인 직무권한에 속하는 직무 등 공무원이 그 지위에 따라 공무로 담당할 일체의 직무를 말한다. 다만 형법은 공무원이었던 자가 재직 중에 청탁을 받고 직무상 부정한 행위를 한 후 뇌물을 수수, 요구 또는 약속을 한 때에는 제131조 제3항에서 사후수뢰죄로 처벌하도록 규정하고 있으므로, 뇌물의 수수 등을 할 당시 이미 공무원의 지위를 떠난 경우에는 제129조 제1항의 수뢰죄로는 처벌할 수 없고 사후수뢰죄의 요건에 해당할 경우에 한하여 그 죄로 처벌할 수 있을 뿐이다(대판 2013.11.28. 2013도10011). 18. 경찰간부

㉢【X】제3자가 그 교부받은 금품을 수뢰할 사람에게 전달하였다고 하여 증뢰물전달죄(형법 제133조 제2항) 외에 별도로 뇌물공여죄(형법 제133조 제1항)가 성립하는 것은 아니다(대판 1997.9.5. 97도1572). 18. 경찰간부

㉣【X】공소시효는 범죄행위를 종료한 때로부터 진행하는데(형사소송법 제252조 제1항), 공무원이 직무에 관하여 금전을 무이자로 차용한 경우에는 차용 당시에 금융이익 상당의 뇌물을 수수한 것으로 보아야 하므로, 공소시효는 금전을 **무이자로 차용한 때로부터** 기산한다(대판 2012.2.23. 2011도7282). 18. 경찰간부

[정답] ④

40 A국립고등학교 졸업생 甲은 이 학교 직원으로 있는 乙에게 현금 1,000만 원을 주면서, 교장 丙에게 뇌물로 전해 주고 허위의 성적증명서를 만들어 달라고 부탁하였다. 그러나 乙은 교장 도장을 도용하여 甲의 성적증명서를 위조한 후, 甲에게 전해 주고 그 돈은 자기가 소비하였다. 甲과 乙의 죄책에 대한 설명으로 옳은 것은?

① 甲은 乙로 하여금 丙에게 뇌물을 전달하도록 하였으므로 「형법」 제133조 제1항의 뇌물공여죄가 성립한다.
② 乙에게 알선수뢰죄는 성립하지 않으나, 乙은 丙에게 주는 뇌물이라는 정을 알고 甲으로부터 현금을 교부받았으므로 「형법」 제133조 제2항의 증뇌물전달죄가 성립한다.
③ 乙이 권한 없이 성적증명서를 작성한 것이므로 甲과 乙에게는 공문서위조죄 및 동행사죄의 공동정범이 성립한다.
④ 乙은 丙에게 전해 주기로 하고 甲으로부터 받은 현금을 임의로 소비하였으므로 횡령죄가 성립한다.

[해설]

① 【X】 형법 제133조 제2항은 증뢰자가 뇌물에 공할 목적으로 금품을 제3자에게 교부하거나 또는 그 정을 알면서 교부받는 증뢰물전달행위를 독립한 구성요건으로 하여 이를 같은 조 제1항의 뇌물공여죄와 같은 형으로 처벌하는 규정으로서, 여기에서의 제3자란 행위자와 공동정범 이외의 자를 말한다고 할 것이다(대판 2006.6.15. 2004도756). 甲이 乙로 하여금 丙에게 뇌물에 공할 목적으로 교부한 것이므로 형법 제133조 제2항의 증뢰물전달죄가 성립한다.

② 【O】 알선수뢰죄는 공무원이 그 지위를 이용하여 다른 공무원의 직무에 속한 사항의 알선에 관하여 뇌물을 수수, 요구 또는 약속하는 것을 그 성립요건으로 하고 있고, 여기서 '공무원이 그 지위를 이용하여'라 함은 친구, 친족관계 등 사적인 관계를 이용하는 경우에는 이에 해당한다고 할 수 없으나, 다른 공무원이 취급하는 사무의 처리에 법률상이거나 사실상으로 영향을 줄 수 있는 관계에 있는 공무원이 그 지위를 이용하는 경우에는 이에 해당하고, 그 사이에 상하관계, 협동관계, 감독권 등의 특수한 관계가 있음을 요하지 않는다(대판 2006.4.27. 2006도735). 乙은 교장의 직무처리에 법률상, 사실상 영향을 줄 수 있는 관계에 있는 공무원으로 보기는 어려우므로 알선수뢰죄가 성립할 수는 없다. 단 乙은 뇌물이란 정을 알면서 교부받았으므로 형법 제133조 제2항의 증뢰물전달죄가 성립한다.

③ 【X】 먼저 정범(乙)의 죄책을 볼 때 (허위공문서작성죄의 주체는 그 문서를 작성할 권한이 있는 명의인인 공무원에 한하고, 그 공무원의 문서작성을 보조하는 직무에 종사하는 공무원은 위 죄의 주체가 되지 못하므로 보조 공무원이 허위공문서를 기안하여 그 정을 모르는 작성권자의 결재를 받아 공문서를 완성한 때에는 허위공문서작성죄의 간접정범이 되고, 이러한 결재를 거치지 않고 임의로 허위내용의 공문서를 완성한 때에는 공문서위조죄가 성립한다(대판 1981.7.28. 81도898). 따라서 乙은 보조공무원일지라도 교장의 결재를 거치지 않고 허위내용의 문서를 작성한바 공문서위조죄 및 동행사죄가 성립한다. 甲은 乙에게 허위공문서 작성을 교사하였으므로 교사의 착오에 해당한다. 따라서 甲은 공문서위조 및 동행사죄의 죄책을 지지 않는다.

④ 【X】 乙이 甲으로부터 제3자에 대한 뇌물공여 또는 배임증재의 목적으로 전달하여 달라고 교부받은 금전은 불법원인급여물에 해당하여 그 소유권은 乙에게 귀속되는 것으로서 乙이 위 금전을 제3자에게 전달하지 않고 임의로 소비하였다고 하더라도 횡령죄가 성립하지 않는다(대판 1999.6.11. 99도275).

[정답] ②

41 다음 설명 중 가장 옳지 않은 것은?

① 지방자치단체를 당사자로 하는 계약의 이행완료에 관한 검사는 지방자치단체의 장 또는 계약담당자의 직무권한에 속하는 사항으로서 이를 전문기관에 위임하여 수행하게 한다고 하여 그 직무 소관이 달라지는 것은 아니고 다만 이때에는 전문기관으로부터 검사결과를 문서로 통보받아 확인하는 방법으로 그 직무를 집행하게 되는 것이므로, 지방자치단체의 장 또는 계약담당자가 그 검사를 위임받아 수행한 전문기관으로부터 검사결과를 검사조서로 작성·보고받고 이를 확인하여 승인하는 의미로 검사조서에 결재하였다면 그와 같이 결재된 검사조서는 공무원이 그 직무권한 내에서 작성한 문서로서 허위공문서작성죄의 객체인 공문서에 해당한다.

② 형법(2016. 5. 29. 법률 제14178호로 개정되기 전의 것)은 제357조 제1항에서 배임수재죄를, 제2항에서 배임증재죄를 규정하고, 이어 제3항에서 "범인이 취득한 제1항의 재물은 몰수한다. 그 재물을 몰수하기 불능하거나 재산상의 이익을 취득한 때에는 그 가액을 추징한다."라고 규정하고 있다. 위 제3항에서 몰수의 대상으로 규정한 '범인이 취득한 제1항의 재물'은 배임수재죄의 범인이 취득한 목적물이자 배임증재죄의 범인이 공여한 목적물을 가리키는 것이지 배임수재죄의 목적물만을 한정하여 가리키는 것이 아니다.

③ 공무원이 뇌물을 받는 데에 필요한 경비를 지출한 경우 그 경비는 뇌물수수의 부수적 비용에 불과하여 뇌물의 가액과 추징액에서 공제할 항목에 해당하지 않는다. 뇌물을 받는 주체가 아닌 자가 수고비로 받은 부분이나 뇌물을 받기 위하여 형식적으로 체결된 용역계약에 따른 비용으로 사용된 부분은 뇌물수수의 부수적 비용에 지나지 않는다. 뇌물을 받는다는 것은 영득의 의사로 금품을 받는 것을 말하므로, 뇌물인지 모르고 받았다가 뇌물임을 알고 즉시 반환하거나 또는 증뢰자가 일방적으로 뇌물을 두고 가므로 나중에 기회를 보아 반환할 의사로 어쩔 수 없이 일시 보관하다가 반환하는 등 영득의 의사가 없었다고 인정되는 경우라면 뇌물을 받았다고 할 수 없다. 그러나 피고인이 먼저 뇌물을 요구하여 증뢰자로부터 돈을 받았다면 피고인에게는 받은 돈 전부에 대한 영득의 의사가 인정된다.

④ 제3자뇌물수수죄에서 제3자란 행위자와 공동정범, 교사자, 방조자 이외의 사람을 말한다. 그러므로 공무원 또는 중재인이 부정한 청탁을 받고 제3자에게 뇌물을 제공하게 하고 제3자가 그러한 공무원 또는 중재인의 범죄행위를 알면서 방조한 경우라 하더라도 별도의 처벌규정이 없는 한 제3자뇌물수수방조죄로 처벌할 수는 없다.

⑤ 공무원이 직무관련자에게 제3자와 계약을 체결하도록 요구하여 계약체결을 하게 한 행위가 제3자뇌물수수죄의 구성요건과 직권남용 권리행사 방해죄의 구성요건에 모두 해당하는경우에는, 제3자뇌물수수죄와 직권남용 권리행사 방해죄가 각각 성립하되, 이는 사회 관념상 하나의 행위가 수 개의 죄에 해당하는 경우이므로 두 죄는 형법 제40조의 상상적 경합관계에 있다.

해설

① 【 O 】 지방자치단체를 당사자로 하는 계약의 이행완료에 관한 검사는 지방자치단체의 장 또는 계약담당자의 직무권한에 속하는 사항으로서 이를 전문기관에 위임하여 수행하게 한다고 하여 그 직무 소관이 달라지는 것은 아니고 다만 이때에는 전문기관으로부터 검사결과를 문서로 통보받아 확인하는 방법으로 그 직무를 집행하게 되는 것이므로, 지방자치단체의 장 또는 계약담당자가 그 검사를 위임받아 수행한 전문기관으로부터 검사결과를 검사조서로 작성·보고받고 이를 확인하여 승인하는 의미로 검사조서에 결재하였다면 그와 같이 결재된 검사조서는 공무원이 그 직무권한 내에서 작성한 문서로서 허위공문서작성죄의 객체인 공문서에 해당한다(대판 2010.4.29. 2010도875). 17. 법원행시

② 【 O 】 형법(2016. 5. 29. 법률 제14178호로 개정되기 전의 것)은 제357조 제1항에서 배임수재죄를, 제2항에서 배임증재죄를 규정하고, 이어 제3항에서 "범인이 취득한 제1항의 재물은 몰수한다. 그 재물을 몰수하기 불능하거나 재산상의 이익을 취득한 때에는 그 가액을 추징한다."라고 규정하고 있다. 배임수재죄와 배임증재죄는 이른바 대향범으로서 위 제3항에서 필요적 몰수 또는 추징을 규정한 것은 범행에 제공된 재물과 재산상 이익을 박탈하여 부정한 이익을 보유하지 못하게 하기 위한 것이므로, 제3항에서 몰수의 대상으로 규정한 '범인이 취득한 제1항의 재물'은 배임수재죄의 범인이 취득한 목적물이자 배임증재죄의 범인이 공여한 목적물을 가리키는 것이지 배임수재죄의 목적물만을 한정하여 가리키는 것이 아니다. 그러므로 수재자가 증재자로부터 받은 재물을 그대로 가지고 있다가 증재자에게 반환하였다면 증재자로부터 이를 몰수하거나 그 가액을 추징하여야 한다(대판 2017.4.7. 2016도18104). 17. 법원행시

③ 【 O 】 공무원이 뇌물을 받는 데에 필요한 경비를 지출한 경우 그 경비는 뇌물수수의 부수적 비용에 불과하여 뇌물의 가액과 추징액에서 공제할 항목에 해당하지 않는다. 뇌물을 받는 주체가 아닌 자가 수고비로 받은 부분이나 뇌물을 받기 위하여 형식적으로 체결된 용역계약에 따른 비용으로 사용된 부분은 뇌물수수의 부수적 비용에 지나지 않는다. 뇌물을 받는다는 것은 영득의 의사로 금품을 받는 것을 말하므로, 뇌물인지 모르고 받았다가 뇌물임을 알고 즉시 반환하거나 또는 증뢰자가 일방적으로 뇌물을 두고 가므로 나중에 기회를 보아 반환할 의사로 어쩔 수 없이 일시 보관하다가 반환하는 등 영득의 의사가 없었다고 인정되는 경우라면 뇌물을 받았다고 할 수 없다. 그러나 피고인이 먼저 뇌물을 요구하여 증뢰자로부터 돈을 받았다면 피고인에게는 받은 돈 전부에 대한 영득의 의사가 인정된다(대판 2017.3.22. 2016도21536). 17. 법원행시

④ 【 X 】 제3자뇌물수수죄에서 제3자란 행위자와 공동정범 이외의 사람을 말하고, 교사자나 방조자도 포함될 수 있다. 그러므로 공무원 또는 중재인이 부정한 청탁을 받고 제3자에게 뇌물을 제공하게 하고 제3자가 그러한 공무원 또는 중재인의 범죄행위를 알면서 방조한 경우에는 그에 대한 별도의 처벌규정이 없더라도 방조범에 관한 형법총칙의 규정이 적용되어 제3자뇌물수수방조죄가 인정될 수 있다(대판 2017.3.15. 2016도19659). 17. 법원행시

⑤ 【 O 】 공무원이 직무관련자에게 제3자와 계약을 체결하도록 요구하여 계약 체결을 하게 한 행위가 제3자뇌물수수죄의 구성요건과 직권남용권리행사방해죄의 구성요건에 모두 해당하는 경우에는, 제3자뇌물수수죄와 직권남용권리행사방해죄가 각각 성립하되, 이는 사회 관념상 하나의 행위가 수 개의 죄에 해당하는 경우이므로 두 죄는 형법 제40조의 상상적 경합관계에 있다(대판 2017.3.15. 2016도19659). 17. 법원행시

정답 ④

42 뇌물죄에 관한 설명 중 옳은 것(○)과 옳지 않은 것(×)을 올바르게 조합한 것은?

㉠ 수수된 금품의 뇌물성을 인정하기 위하여는 그 금품이 개개의 직무행위와 대가적 관계에 있음이 증명되어야 한다.

㉡ 임용될 당시 「지방공무원법」상 임용결격자임에도 공무원으로 임용되어 계속 근무하던 중 직무에 관하여 뇌물을 수수한 경우, 임용행위의 무효에도 불구하고 뇌물수수죄의 성립을 인정할 수 있다.

㉢ 뇌물공여죄가 성립하기 위하여는 반드시 상대방 측에서 뇌물수수죄가 성립하여야 하는 것은 아니다.

㉣ 뇌물을 수수한 자가 공동수수자가 아닌 교사범 또는 종범에게 뇌물 중 일부를 사례금 등의 명목으로 교부한 경우, 실제 수익은 뇌물에서 사례금을 공제한 금액이므로, 전체 뇌물 액수에서 사례금 상당액을 공제한 금액을 뇌물수수자에게서 몰수·추징하여야 한다.

㉤ 공무원이 직접 뇌물을 받지 않고 증뢰자로 하여금 자신이 채무를 부담하고 있었던 제3자에게 뇌물을 공여하게 함으로써 자신의 지출을 면하였다면 「형법」 제130조의 제3자뇌물제공죄가 성립한다.

① ㉠ (○) ㉡ (×) ㉢ (×) ㉣ (×) ㉤ (○)
② ㉠ (○) ㉡ (×) ㉢ (×) ㉣ (○) ㉤ (○)
③ ㉠ (×) ㉡ (×) ㉢ (○) ㉣ (○) ㉤ (×)
④ ㉠ (×) ㉡ (○) ㉢ (○) ㉣ (×) ㉤ (○)
⑤ ㉠ (×) ㉡ (○) ㉢ (○) ㉣ (×) ㉤ (×)

해설

㉠ 【X】 뇌물죄는 공무원의 직무집행의 공정과 이에 대한 사회의 신뢰 및 직무행위의 불가매수성을 그 보호법익으로 하고 있고 직무에 관한 청탁이나 부정한 행위를 필요로 하는 것은 아니기 때문에 수수된 금품의 뇌물성을 인정하는 데 특별한 청탁이 있어야만 하는 것은 아니며, 또한 금품이 직무에 관하여 수수된 것으로 족하고 개개의 직무행위와 대가적 관계가 있을 필요는 없다(대판 2014.10.15. 2014도8113). 18. 변호사 개개 직무행위와 대가적 관계가 있을 필요가 없는바 대가적 관계가 있음이 증명되지 않더라도 뇌물성 인정에 문제가 없다는 판시.

㉡ 【O】 법령에 기한 임명권자에 의하여 임용되어 공무에 종사하여 온 사람이 나중에 그가 임용결격자이었음이 밝혀져 당초의 임용행위가 무효라고 하더라도, 그가 임용행위라는 외관을 갖추어 실제로 공무를 수행한 이상 공무 수행의 공정과 그에 대한 사회의 신뢰 및 직무행위의 불가매수성은 여전히 보호되어야 한다. 따라서 이러한 사람은 형법 제129조에서 규정한 공무원으로 봄이 상당하고, 그가 그 직무에 관하여 뇌물을 수수한 때에는 수뢰죄로 처벌할 수 있다(대판 2014.3.27. 2013도11357). 18. 변호사

㉢ 【O】 필요적 공범이라는 것은 법률상 범죄의 실행이 다수인의 협력을 필요로 하는 것을 가리키는 것으로서 이러한 범죄의 성립에는 행위의 공동을 필요로 하는 것에 불과하고 반드시 협력자 전부가 책임이 있음을 필요로 하는 것은 아니다. 다시 말하면 뇌물공여죄가 성립되기 위하여서는 뇌물을 공여하는 행위와 상대방측에서 금전적으로 가치가 있는 그 물품 등을 받아들이는 행위(부작위 포함)가 필요할 뿐이지 반드시 상대방측에서 뇌물수수죄가 성립되어야만 한다는 것을 뜻하는 것은 아니다(대판 1987.12.22. 87도1699). 18. 변호사

㉣ 【X】 뇌물을 수수한 자가 공동수수자가 아닌 교사범 또는 종범에게 뇌물 중 일부를 사례금 등의 명목으로 교부하였다면 이는 뇌물을 수수하는 데 따르는 부수적 비용의 지출 또는 뇌물의 소비행위에 지나지 아니하므로, 뇌물수수자에게서 수뢰액 전부를 추징하여야 한다(대판 2011.11.24. 2011도9585). 18. 변호사

㉤ 【X】 공무원이 직접 뇌물을 받지 아니하고 증뢰자로 하여금 다른 사람에게 뇌물을 공여하도록 한 경우, 그 다른 사람이 공무원의 사자 또는 대리인으로서 뇌물을 받은 경우나 그 밖에 예컨대, 평소 공무원이 그 다른 사람의 생활비 등을 부담하고 있었다거나 혹은 그 다른 사람에 대하여 채무를 부담하고 있었다는 등의 사정이 있어서 그 다른 사람이 뇌물을 받음으로써 공무원은 그만큼 지출을 면하게 되는 경우 등 사회통념상 그 다른 사람이 뇌물을 받은 것을 공무원이 직접 받은 것과 같이 평가할 수 있는 관계가 있는 경우에는 형법 제130조의 제3자 뇌물제공죄가 아니라, 형법 제129조 제1항의 뇌물수수죄가 성립한다 할 것이다(대판 2004.3.26. 2003도8077). 18. 변호사

정답 ⑤

43 다음 설명 중 가장 옳지 않은 것은?

① 공무원이 직접 뇌물을 받지 않고 증뢰자로 하여금 다른 사람에게 뇌물을 공여하도록 한 경우에는 그 다른 사람이 공무원의 사자 또는 대리인으로서 뇌물을 받은 경우 등과 같이 사회통념상 그 다른 사람이 뇌물을 받은 것을 공무원이 직접 받은 것과 같이 평가할 수 있는 관계가 있는 경우에는 형법 제129조 제1항의 뇌물수수죄가 성립한다.

② 뇌물의 내용인 이익은 금전, 물품 기타의 재산적 이익에 한하고 뇌물약속죄에 있어서 뇌물의 목적물인 이익은 약속 당시에 현존하여야 하므로 공무원이 오랫동안 처분을 하지 못하고 있던 부동산을 개발이 예상되는 다른 토지와 교환계약을 체결한 것만으로는 뇌물약속죄가 성립한다고 할 수 없다.

③ 타인을 기망하여 그로부터 뇌물을 수수한 경우라도 뇌물수수죄, 뇌물공여죄가 성립할 수 있고, 이 경우 뇌물을 수수한 공무원에 대하여는 뇌물죄와 사기죄의 상상적 경합범이 성립한다.

④ 뇌물을 공여한 사람과 뇌물을 수수한 사람 사이에서는 상대방의 범행에 대하여 총칙상 공범관계가 성립되지 않는다.

해설

① 【O】 공무원이 직접 뇌물을 받지 아니하고 증뢰자로 하여금 다른 사람에게 뇌물을 공여하도록 한 경우라도 다른 사람이 공무원의 사자 또는 대리인으로서 뇌물을 받은 경우 등과 같이 사회통념상 다른 사람이 뇌물을 받은 것을 공무원이 직접 받은 것과 같이 평가할 수 있는 관계가 있는 경우에는 형법 제129조 제1항 뇌물수수죄가 성립하고, 이러한 법리는 공무원으로 의제되는 정비사업전문관리업자의 임·직원이 직무에 관하여 자신이 아닌 정비사업전문관리업자 또는 그 밖의 제3자에게 뇌물을 공여하게 하는 경우에도 마찬가지이다(대판 2011.11.24. 2011도9585). 18. 법원직

② 【X】 뇌물의 내용인 이익이라 함은 금전, 물품 기타의 재산적 이익 뿐만 아니라 사람의 수요 욕망을 충족시키기에 족한 일체의 유형·무형의 이익을 포함하고 뇌물약속죄에 있어서 뇌물의 목적물인 이익은 약속 당시에 현존할 필요는 없고 약속 당시에 예기할 수 있는 것이라도 무방하며, 뇌물의 목적물이 이익인 경우에는 그 가액이 확정되어 있지 않아도 뇌물약속죄가 성립하는 데는 영향이 없다.
피고인이 그 소유의 안성 토지와 상대방의 강화 토지와 교환하는 계약을 체결한 경우 피고인으로서는 장기간 처분하지 못하던 토지를 처분하는 한편 매수를 희망하던 전원주택지로 향후 개발이 되면 가격이 많이 상승할 강화 토지를 매수하게 되는 무형의 이익을 얻었다면 뇌물약속죄가 성립한다(대판 2001.9.18. 2000도5438). 18. 법원직

③ 【O】 뇌물을 수수함에 있어서 공여자를 기망한 점이 있다 하여도 뇌물수수죄, 뇌물공여죄의 성립에는 영향이 없고 이 경우 뇌물을 수수한 공무원에 대하여는 한 개의 행위가 뇌물죄와 사기죄의 각 구성요건에 해당하므로 형법 제40조에 의하여 상상적 경합으로 처단하여야 할 것이다(대판 2015.10.29. 2015도12838). 18. 법원직

④ 【O】 뇌물공여죄와 뇌물수수죄 사이와 같은 이른바 대향범 관계에 있는 자는 강학상으로는 필요적 공범이라고 불리고 있으나, 서로 대향된 행위의 존재를 필요로 할 뿐 각자 자신의 구성요건을 실현하고 별도의 형벌규정에 따라 처벌되는 것이어서, 2인 이상이 가공하여 공동의 구성요건을 실현하는 공범관계에 있는 자와는 본질적으로 다르며, 대향범 관계에 있는 자 사이에서는 각자 상대방의 범행에 대하여 형법 총칙의 공범규정이 적용되지 아니한다(대판 2015.2.12. 2012도4842). 18. 법원직

정답 ②

44 뇌물죄에 관한 설명 중 가장 적절하지 않은 것은?

① 공무원이 직접 뇌물을 받지 아니하고 증뢰자로 하여금 공무원 자신의 채권자에게 뇌물을 공여하도록 하여 공무원이 그 만큼 지출을 면하게 된 경우에는 뇌물수수죄가 아니라 제3자뇌물제공죄가 성립한다.
② 수의계약을 체결하는 공무원이 해당 공사업자와 적정한 금액 이상으로 계약금액을 부풀려서 계약하고 부풀린 금액을 자신이 되돌려 받기로 사전에 약정한 다음 그에 따라 수수한 돈은 성격상 뇌물이 아니고 횡령금에 해당한다.
③ 자동차를 뇌물로 공여한 경우 자동차등록원부에 뇌물수수자가 그 소유자로 등록되지 않았다고 하더라도 자동차의 사실상 소유자로서 자동차에 대한 실질적인 사용 및 처분권한이 있다면 자동차 자체를 뇌물로 취득한 것으로 보아야 한다.
④ 공무원이 수수한 뇌물가액이 3천만 원 이상이면 특정범죄 가중처벌 등에 관한 법률이 적용된다.

해설

① 【 X 】 공무원이 직접 뇌물을 받지 아니하고 증뢰자로 하여금 다른 사람에게 뇌물을 공여하도록 한 경우, 그 다른 사람이 공무원의 사자 또는 대리인으로서 뇌물을 받은 경우나 그 밖에 예컨대, 평소 공무원이 그 다른 사람의 생활비 등을 부담하고 있었다거나 혹은 그 다른 사람에 대하여 채무를 부담하고 있었다는 등의 사정이 있어서 그 다른 사람이 뇌물을 받음으로써 공무원은 그만큼 지출을 면하게 되는 경우 등 사회통념상 그 다른 사람이 뇌물을 받은 것을 공무원이 직접 받은 것과 같이 평가할 수 있는 관계가 있는 경우에는 형법 제130조의 제3자 뇌물제공죄가 아니라, 형법 제129조 제1항의 뇌물수수죄가 성립한다(대판 2004.3.26. 2003도8077). 17. 경찰승진
② 【 O 】 대판 2007.10.12. 2005도7112 17. 경찰승진
③ 【 O 】 대판 2006.4.27. 2006도735 17. 경찰승진
④ 【 O 】 특정범죄 가중처벌 등에 관한 법률 제2조 제1항 17. 경찰승진

정답 ①

45 다음 설명 중 옳지 않은 것은?

① 경찰관이 순찰 중 방치된 오토바이를 발견하고 오토바이 상회 운영자에게 연락하여 오토바이를 수거해 가도록 하고 그 대가로 금 20만원을 받은 경우 작위범인 수뢰죄만 성립하고 부작위범인 직무유기죄는 성립하지 않는다.
② 뇌물을 받은 일자가 상당한 기간에 걸쳐 있고 돈을 받은 일자 사이에 상당한 기간이 끼어 있더라도 단일하고 계속된 범의 아래 일정기간 반복하여 행하고 그 피해법익도 동일한 것이라면 수뢰죄의 포괄일죄가 된다.
③ 공무원이 뇌물로 투기적 사업에 참여할 기회를 제공받은 경우 뇌물수수죄의 기수 시기는 투기적 사업에 참여하는 행위가 종료된 때로 보아야 한다.
④ 불우이웃돕기 성금이나 연극제에 전달할 의사로 금원을 받은 것에 불과하고 자신이 영득할 의사로 수수하였다고 보기는 어려운 경우 뇌물수수죄는 성립하지 아니한다.

해설

① 【 X 】 경찰관이 여러 번 오토바이를 오토바이 상회 운영자에게 보관시키고도 경찰관 스스로 소유자를 찾아 반환하도록 처리하거나 상회 운영자에게 반환 여부를 확인한 일이 전혀 없고, 상회 운영자로부터 오토바이를 보내준 대가 또는 그 처분대가로 돈까지 지급받았다면, 경찰관의 이와 같은 행위는 상회 운영자에게 그 습득물에 대한 임의적인 처분까지 용인한 것으로서 습득물 처리지침에 따른 직무를 의식적으로 방임 내지 포기하고 정당한 사유 없이 직무를 수행하지 아니한 경우에 해당한다(대판 2002.5.17. 2001도6170). 16. 국가직 7급
② 【 O 】 대판 2009.10.29. 2009도8069 16. 국가직 7급
③ 【 O 】 대판 2011.7.28. 2009도9122 16. 국가직 7급
④ 【 O 】 대판 2010.4.15. 2009도11146 16. 국가직 7급

정답 ①

46 다음 설명 중 옳지 않은 것은 모두 몇 개인가?

㉠ 법령에 기한 임명권자에 의하여 임용되어 공무에 종사하여 온 사람이 나중에 그가 임용결격자이었음이 밝혀져 당초의 임용행위가 무효라고 하더라도 수뢰죄에서 규정한 공무원으로 봄이 상당하고, 그가 그 직무에 관하여 뇌물을 수수한 때에는 수뢰죄로 처벌할 수 있다.

㉡ 국가공무원이 지방자치단체의 업무에 관하여 전문가로서 위원위촉을 받아 한시적으로 직무를 수행하는 경우와 같이 공무원이 그 고유의 직무와 관련이 없는 일에 관하여 별도의 위촉절차 등을 거쳐 다른 직무를 수행하게 된 경우에는 그 위촉이 종료되면 그 위원 등으로서 새로 보유하였던 공무원 지위는 소멸한다고 보아야 하므로, 그 이후에 종전에 위촉받아 수행한 직무에 관하여 금품을 수수하더라도 일반 수뢰죄로 처벌할 수 없다.

㉢ 뇌물죄에서 금품의 무상대여를 통하여 위법한 재산상 이익을 취득한 경우 변제기나 지연손해금에 관한 약정이 가장되어 무효라고 볼 만한 사정이 없는 한 금품수수일로부터 약정된 변제기까지 금품을 무이자로 차용하여 얻은 금융이익의 수액을 산정한 뒤 이를 추징하여야 한다. 다만 그와 같이 약정된 변제기가 없는 경우, 판결 선고일 전에 실제로 차용금을 변제하였다거나 대여자의 변제요구에 의하여 변제기가 도래하였다는 등의 특별한 사정이 없는 한, 금품을 무이자로 차용하여 얻은 금융이익의 수액을 특정할 수 없어 추징할 수 없다.

㉣ 여러 사람이 공동으로 뇌물을 수수한 경우에 그 가액을 추징하려면 실제로 분배받은 금품만을 개별적으로 추징하여야 하고 수수금품을 개별적으로 알 수 없을 때에는 평등하게 추징하여야 하며 공동정범과 달리 교사범 또는 종범도 뇌물의 공동수수자에 해당할 수 없다.

㉤ 뇌물을 수수한 자가 공동수수자가 아닌 교사범 또는 종범에게 뇌물 중 일부를 사례금 등의 명목으로 교부하였다면 이는 뇌물을 수수하는 데에 따르는 부수적 비용의 지출 또는 뇌물의 소비행위에 지나지 아니하므로 뇌물수수자에게서 수뢰액 전부를 추징하여야 한다.

㉥ 배임수재자가 배임증재자에게서 그가 무상으로 빌려준 물건을 인도받아 사용하고 있던 중에 공무원이 된 경우, 그 사실을 알게 된 배임증재자가 배임수재자에게 앞으로 물건은 공무원의 직무에 관하여 빌려주는 것이라고 하면서 뇌물공여의 뜻을 밝히고 물건을 계속하여 배임수재자가 사용할 수 있는 상태로 두더라도, 처음에 배임증재로 무상대여할 당시에 정한 사용기간을 추가로 연장해주는 등 새로운 이익을 제공한 것으로 평가할 만한 사정이 없다면 뇌물공여죄가 성립하지 않는다.

① 1개　　② 2개　　③ 3개　　④ 4개　　⑤ 5개

[해설]

㉠ 【 O 】 대판 2014.3.27. 2013도11357 16. 법원행시

㉡ 【 O 】 대판 2013.11.28. 2013도10011 16. 법원행시

㉢ 【 X 】 금품의 무상대여를 통하여 위법한 재산상 이익을 취득한 경우 범인이 받은 부정한 이익은 그로 인한 금융이익 상당액이라 할 것이므로 추징의 대상이 되는 것은 무상으로 대여받은 금품 그 자체가 아니라 금융이익 상당액이다.
한편, 여기에서 추징의 대상이 되는 금융이익 상당액은 객관적으로 산정되어야 할 것인데, 범인이 금융기관으로부터 대출받는 등 통상적인 방법으로 자금을 차용하였을 경우 부담하게 될 대출이율을 기준으로 하거나 그 대출이율을 알 수 없는 경우에는 금품을 제공받은 피고인의 지위에 따라 민법 또는 상법에서 규정하고 있는 법정이율을 기준으로 하여, 변제나 지연손해금에 관한 약정이 가장되어 무효라고 볼 만한 사정이 없는 한 금품수수일로부터 약정된 변제기까지 금품을 무이자로 차용하여 얻은 금융이익의 수액을 산정한 뒤 이를 추징하여야 한다. 나아가 그와 같이 약정된 변제기가 없는 경우에는, 판결 선고일 전에 실제로 차용금을 변제하였다거나 대여자의 변제 요구에 의하여 변제기가 도래하였다는 등의 특별한 사정이 없는 한, 금품수수일로부터 판결 선고시까지 금품을 무이자로 차용하여 얻은 금융이익의 수액을 산정한 뒤 이를 추징하여야 한다(대판 2014.5.16. 2014도1547). 16. 법원행시

② 【 X 】 여러 사람이 공동으로 뇌물을 수수한 경우에 그 가액을 추징하려면 실제로 분배받은 금품만을 개별적으로 추징하여야 하고 수수금품을 개별적으로 알 수 없을 때에는 평등하게 추징하여야 하며 공동정범뿐 아니라 교사범 또는 종범도 뇌물의 공동수수자에 해당할 수 있다(대판 2011.11.24. 2011도9585). 16. 법원행시
⑤ 【 O 】 대판 2011.11.24. 2011도9585 16. 법원행시
⑥ 【 O 】 대판 2015.10.15. 2015도6232 16. 법원행시

정답 ②

47 법조문상 '부정한 청탁'을 요건으로 하는 죄는 모두 몇 개인가?

> ⊙ 형법 제129조 제2항의 사전수뢰죄 ⓒ 형법 제130조의 제3자 뇌물제공죄
> ⓒ 형법 제131조 제3항의 사후수뢰죄 ② 형법 제132조의 알선수뢰죄
> ⓜ 형법 제357조 제1항의 배임수재죄

① 1개   ② 2개   ③ 3개   ④ 4개

해설

⊙ 【 X 】 사전수뢰죄 : 공무원 또는 중재인이 될 자가 그 담당할 직무에 관하여 '청탁'을 받고 뇌물을 수수, 요구 또는 약속한 후 공무원 또는 중재인이 된 때 성립
ⓒ 【 O 】 제3자 뇌물제공(공여)죄 : 공무원 또는 중재인이 그 직무에 관하여 '부정한 청탁'을 받고 제3자에게 뇌물을 공여하게 하거나 공여를 요구 또는 약속한 때 성립
ⓒ 【 X 】 사후수뢰죄 : 공무원 또는 중재인이었던 자가 그 재직 중에 '청탁'을 받고 직무상 부정한 행위를 한 후 뇌물을 수수, 요구 또는 약속한 때 성립
② 【 X 】 알선수뢰죄 : 공무원이 그 지위를 이용하여 다른 공무원의 직무에 속한 사항의 알선에 관하여 뇌물을 수수, 요구 또는 약속한 때 성립
ⓜ 【 O 】 배임수재죄 : 타인의 사무를 처리하는 자가 그 임무에 관하여 '부정한 청탁'을 받고 재물 또는 재산상의 이익을 취득하거나 제3자로 하여금 이를 취득하게 한 때에 성립

정답 ②

48 뇌물죄에 관한 다음 설명 중 가장 적절한 것은?

① 뇌물로 공여된 당좌수표가 수수된 후 부도가 되었다면 뇌물수수죄가 성립하지 않는다.
② 뇌물죄의 가중처벌을 규정한 「특정범죄가중처벌 등에 관한 법률」 제2조 제1항의 적용여부를 가리는 수뢰액을 정함에 있어서는 그 공범자 전원의 수뢰액을 합한 금액을 기준으로 하여야 한다.
③ 형법 제129조 제2항에 정한 '공무원 또는 중재인이 될 자'란 공무원채용시험에 합격하여 발령을 대기하고 있는 자 또는 선거에 의하여 당선이 확정된 자 등 공무원 또는 중재인이 될 것이 예정되어 있는 자를 의미하는 것이므로, 공직취임의 가능성이 확실하지는 않더라도 어느 정도의 개연성을 갖춘 자까지 포함한다고 할 것은 아니다.
④ 경찰청 정보과 근무 경찰관의 직무와 중소기업협동조합중앙회장의 외국인산업연수생에 대한 국내 관리업체 선정업무는 직무관련성이 있다.

해설

① 【 X 】 뇌물로 공여된 당좌수표가 수수된 후 부도가 되었다 하더라도 뇌물수수죄가 성립한다(대판 1983.2.22. 82도2964).
② 【 O 】 대판 1999.8.20. 99도1557
③ 【 X 】 형법 제129조 제2항에 정한 '공무원 또는 중재인이 될 자'란 공무원채용시험에 합격하여 발령을 대기하고 있는 자 또는 선거에 의해 당선이 확정된 자 등 공무원 또는 중재인이 될 것이 예정되어 있는 자뿐만 아니라 공직취임의 가능성이 확실하지는 않더라도 어느 정도의 개연성을 갖춘 자를 포함한다고 할 것이다(대판 2010.5.13. 2009도7040).
④ 【 X 】 경찰청 정보과 근무 경찰관의 직무와 중소기업협동조합중앙회장의 외국인산업연수생에 대한 국내 관리업체 선정업무는 직무관련성이 없다(대판 1999.6.11. 99도275).

정답 ②

49 뇌물의 요건인 직무관련성이 인정되지 않는 경우는?

① 문교부 편수국 공무원인 피고인들이 교과서의 내용검토 및 개편 수정작업을 의뢰 받고 그에 소요되는 비용은 받은 경우
② 경찰관이 재건축조합 직무대행자에 대한 진정사건을 수사하면서 진정인 측의 재건축 설계업체로 선정되기를 희망하던 건축사 사무소 대표로부터 금원을 수수한 경우
③ 음주운전을 적발하여 단속에 관련된 제반 서류를 작성한 후 운전면허 취소업무를 담당하는 직원에게 이를 인계하는 업무를 담당하는 경찰관이 피단속자로부터 운전면허가 취소되지 않도록 하여 달라는 청탁을 받고 금원을 교부받은 경우
④ 국회의원이 특정 협회로부터 요청받은 자료를 제공하고 그 대가로서 후원금 명목으로 금원을 교부받은 경우

해설

① 【 X 】 교과서의 내용검토 및 개편수정은 발행자나 저작자의 책임에 속하는 것이고 이를 문교부 편수국 공무원인 피고인들의 직무에 속한다고 할 수 없으므로 피고인들이 교과서의 내용검토 및 개편수정작업을 의뢰받고 그에 소요되는 비용을 받았다 하더라도 이를 직무에 관한 뇌물로써 부정하게 수수한 것이라고 볼 수 없다(대판 1979.5.22. 78도296). 12. 경찰간부
② 【 O 】 대판 2007.4.27. 2005도4204 12. 경찰간부
③ 【 O 】 대판 1999.11.9. 99도2530 12. 경찰간부
④ 【 O 】 대판 2009.5.14. 2008도8852 12. 경찰간부

정답 ①

50 뇌물죄에 대한 다음 설명 중 옳지 않은 것은?

① 공무원이 증뢰자로부터 뇌물인지 모르고 수수하였다가 뇌물임을 알고 즉시 반환한 경우 단순수뢰죄가 성립하지 아니한다.
② 공무원이 증뢰자로부터 뇌물을 받고 부정한 행위를 한 경우에는 수뢰후부정처사죄가 성립한다.
③ 공무원으로 의제되는 정비사업전문관리업체의 대표이사인 피고인이 여러 회사들에게서 재개발정비사업 시공사로 선정되도록 도와달라는 취지의 부탁을 받고 자신이 실질적으로 장악하고 있는 컨설팅회사 명의 계좌로 돈을 교부받은 경우 제3자 뇌물공여죄가 성립한다.
④ 공무원이었던 자가 그 재직 중에 청탁을 받고 직무상 부정한 행위를 한 후 퇴직하고 뇌물을 수수한 경우에는 사후수뢰죄가 성립한다.

[해설]
① 【 O 】 대판 2007.3.29. 2006도9182 15. 경찰간부
② 【 O 】 수뢰후부정처사죄는 공무원(또는 중재인)이 단순수뢰죄, 사전수뢰죄, 제3자뇌물공여죄를 범하여 부정한 행위를 한 때 성립하는 범죄이다(형법 제131조 제1항). 15. 경찰간부
③ 【 X 】 도시 및 주거환경정비법상 정비사업전문관리업체인 甲 주식회사 대표이사인 피고인이 여러 건설회사들에게서 재개발정비사업 시공사로 선정되도록 도와달라는 취지의 부탁을 받고 자신이 실질적으로 장악하고 있는 컨설팅회사 명의 계좌로 돈을 교부받았다는 내용으로 기소된 사안에서, 피고인이 건설회사와 컨설팅회사 간의 용역계약을 가장하여 건설회사들에게서 뇌물을 수수하는 과정에서 건설회사들이 형식적인 용역계약 상대방인 컨설팅회사 계좌로 뇌물을 입금한 것은 사회통념상 피고인에게 직접 뇌물을 공여한 것과 동일하게 평가할 수 있다고 보아 형법 제129조 제1항 뇌물수수죄를 인정한 원심판단을 수긍한 사례(대판 2011.11.24. 2011도9585). 15. 경찰간부
④ 【 O 】 대판 2010.10.14. 2010도387 15. 경찰간부

[유사판례]
뇌물의 수수 등을 할 당시 이미 공무원의 지위를 떠난 경우에는 형법 제129조 제1항의 수뢰죄로는 처벌할 수 없고 사후수뢰죄의 요건에 해당할 경우에 한하여 그 죄로 처벌할 수 있을 뿐이다(대판 2013.11.28. 2013도10011).

[정답] ③

51 뇌물죄에 관한 설명 중 옳지 않은 것은?

① 뇌물공여죄의 성립에 반드시 상대방 측의 뇌물수수죄가 성립하여야만 하는 것은 아니다.
② 공무원이 직접 뇌물을 받지 아니하고 증뢰자로 하여금 다른 사람에게 뇌물을 공여하도록 한 경우라도 다른 사람이 공무원의 사자 또는 대리인으로서 뇌물을 받은 경우 등과 같이 사회통념상 다른 사람이 뇌물을 받은 것을 공무원이 직접 받은 것과 같이 평가할 수 있는 관계가 있는 경우에는 형법 제129조 제1항의 뇌물수수죄가 성립한다.
③ 뇌물을 수수한 자가 공동수수자가 아닌 교사범 또는 종범에게 뇌물 중 일부를 사례금 등의 명목으로 교부한 경우, 사례금 상당액을 공제한 금액을 뇌물수수자에게서 추징하여야 한다.
④ 정치자금 기부행위가 정치인의 구체적 직무범위와 관련하여 기부자에게 유리한 행위를 기대하거나 그에 대한 사례로서 이루어졌다면 그 기부금에 대해서는 뇌물성이 인정된다.

[해설]
① 【 O 】 대판 2013.11.28. 2013도9003
② 【 O 】 대판 2002.4.9. 2001도7056
③ 【 X 】 여러 사람이 공동으로 뇌물을 수수한 경우 그 가액을 추징하려면 실제로 분배받은 금품만을 개별적으로 추징하여야 하고 수수금품을 개별적으로 알 수 없을 때에는 평등하게 추징하여야 하며 공동정범뿐 아니라 교사범 또는 종범도 뇌물의 공동수수자에 해당할 수 있으나, 공동정범이 아닌 교사범 또는 종범의 경우에는 정범과의 관계, 범행 가담 경위 및 정도, 뇌물 분배에 관한 사전약정의 존재 여부, 뇌물공여자의 의사, 종범 또는 교사범이 취득한 금품이 전체 뇌물수수액에서 차지하는 비중 등을 고려하여 공동수수자에 해당하는지를 판단하여야 한다. 그리고 뇌물을 수수한 자가 공동수수자가 아닌 교사범 또는 종범에게 뇌물 중 일부를 사례금 등의 명목으로 교부하였다면 이는 뇌물을 수수하는 데 따르는 부수적 비용의 지출 또는 뇌물의 소비행위에 지나지 아니하므로, 뇌물수수자에게서 수뢰액 전부를 추징하여야 한다(대판 2011.11.24. 2011도9585).
④ 【 O 】 대판 2008.6.12. 2006도8568

[정답] ③

52 뇌물수수죄에 대한 설명으로 가장 적절하지 않은 것은?

① 형사피고사건의 공판참여주사는 공판에 참여하여 양형에 관한 사항의 심리내용을 공판조서에 기재하므로 형사사건의 양형은 참여주사의 직무와 밀접한 관계가 있는 사무이며, 따라서 참여주사가 형량을 감경케하여 달라는 청탁과 함께 금품을 수수하였다면 뇌물수수죄의 주체가 된다.
② 공무원이 직접 뇌물을 받지 않고 증뢰자로 하여금 다른 사람에게 뇌물을 공여하도록 한 경우에는 사회통념상 다른 사람이 뇌물을 받은 것을 공무원이 직접 받은 것과 같이 평가할 수 있는 경우에 한하여 뇌물수수죄가 성립한다.
③ 뇌물을 수수한 자가 공동수수자 아닌 교사범에게 뇌물 중 일부를 사례금으로 교부하였다면, 이는 부수적 비용의 지출 또는 뇌물의 소비행위에 지나지 않으므로 뇌물수수자에게서 수뢰액 전부를 추징하여야 한다.
④ 공무원이 직무집행의 의사 없이 타인을 공갈하여 재물을 교부하게 한 경우에는 공갈죄만이 성립하고 뇌물수수죄는 성립하지 않는다.

해설

① 【 X 】 <u>뇌물죄에 있어서 '직무'라 함은 공무원이 법령상 관장하는 직무 그 자체 뿐만 아니라 그 직무와 밀접한 관계가 있는 준식행위 또는 관례상이나 사실상 소관하는 직무행위 및 결정권자를 보좌하거나 영향을 줄 수 있는 직무행위도 포함된다.</u> 18. 경찰

> **사실관계**
> <u>법원의 **참여주사**가 공판에 참여하여 양형에 관한 사항의 심리내용을 공판조서에 기재한다고 하더라도 이를 가지고 **형사사건의 양형**이 참여주사의 직무와 밀접한 관계가 있는 사무라고는 할 수 없으므로 참여주사가 형량을 감경케하여 달라는 청탁과 함께 금품을 수수하였다고 하더라도 뇌물수수죄의 주체가 될 수 없다</u>(대판 1980.10.14. 80도1373).

② 【 O 】 형법 제130조의 제3자뇌물제공죄를 형법 제129조 제1항의 단순수뢰죄와 비교하여 보면 공무원이 직접 뇌물을 받지 아니하고, 증뢰자로 하여금 제3자에게 뇌물을 공여하도록 하고 그 제3자로 하여금 뇌물을 받도록 한 경우에는 부정한 청탁을 받고 그와 같은 행위를 한 경우에 한하여 단순수뢰죄와 같은 형으로 처벌하고, 공무원이 직접 뇌물을 받지 아니하고, 증뢰자로 하여금 제3자에게 뇌물을 공여하도록 하고 그 제3자로 하여금 뇌물을 받도록 하였다 하더라도 부정한 청탁을 받은 일이 없다면 이를 처벌하지 아니한다는 취지로 해석하여야 할 것이나, 다만 공무원이 직접 뇌물을 받지 아니하고, 증뢰자로 하여금 다른 사람에게 뇌물을 공여하도록 하고 그 <u>**다른 사람으로 하여금 뇌물을 받도록 한 경우라 할지라도**</u> 그 다른 사람이 공무원의 사자 또는 대리인으로서 뇌물을 받은 경우나 그 밖에 예컨대 평소 공무원이 그 다른 사람의 생활비 등을 부담하고 있었다거나 혹은 그 다른 사람에 대하여 채무를 부담하고 있었다는 등의 사정이 있어서 그 다른 사람이 뇌물을 받음으로써 공무원은 그만큼 지출을 면하게 되는 경우 등 사회통념상 그 다른 사람이 뇌물을 받은 것을 공무원이 직접 받은 것과 같이 평가할 수 있는 관계가 있는 경우에는 형법 제129조 제1항의 단순수뢰죄가 성립한다(대판 1998.9.22. 98도1234). 18. 경찰

③ 【 O 】 여러 사람이 공동으로 뇌물을 수수한 경우 그 가액을 추징하려면 실제로 분배받은 금품만을 개별적으로 추징하여야 하고 수수금품을 개별적으로 알 수 없을 때에는 평등하게 추징하여야 하며 공동정범뿐 아니라 교사범 또는 종범도 뇌물의 공동수수자에 해당할 수 있으나, 공동정범이 아닌 교사범 또는 종범의 경우에는 정범과의 관계, 범행 가담 경위 및 정도, 뇌물 분배에 관한 사전약정의 존재 여부, 뇌물공여자의 의사, 종범 또는 교사범이 취득한 금품이 전체 뇌물수수액에서 차지하는 비중 등을 고려하여 공동수수자에 해당하는지를 판단하여야 한다. 그리고 <u>뇌물을 수수한 자가 공동수수자가 아닌 교사범 또는 종범에게 **뇌물 중 일부를 사례금 등의 명목으로 교부하였다면** 이는 뇌물을 수수하는 데 따르는 부수적 비용의 지출 또는 뇌물의 소비행위에 지나지 아니하므로, 뇌물수수자에게서 수뢰액 전부를 추징하여야 한다</u>(대판 2011.11.24. 2011도9585). 18. 경찰

④ 【 O 】 공무원이 직무집행의 의사 없이 또는 어느 직무처리에 대한 대가적 관계없이 타인을 공갈하여 재물을 교부시켰다면 비록 피해자가 뇌물을 공여할 의사가 있었다고 하더라도 뇌물수수죄를 구성하지 아니하고, 공갈죄를 구성한다(대판 1966.4.6. 66도12). 18. 경찰

정답 ①

53 뇌물죄에 대한 설명으로 가장 적절한 것은?

① 공무원이 직무와 관련하여 금품을 수수하였더라도 특별한 청탁이 없이 사교적 의례의 형식을 갖추어 금품을 주고 받았다면 「형법」 제129조 제1항의 뇌물수수죄가 성립하지 않는다.
② 공무원이 직접 금품을 받지 않고 증뢰자로 하여금 다른 사람에게 금품을 공여하도록 한 경우라도 그가 직무에 관하여 부정한 청탁을 받은 사정이 없다면 이를 「형법」 제130조의 제3자뇌물제공죄로 처벌하지 못한다.
③ 공무원이 그 지위를 이용하여 다른 공무원의 직무에 관한 사항의 알선에 관하여 금품을 수수한 경우에는 그가 특별한 청탁을 받고 그 같은 행위를 한 사정이 없는 이상 이를 「형법」 제132조의 알선수뢰죄로 처벌하지 못한다.
④ 공무원에게 뇌물로 공여하기 위한 목적이라는 사정을 알면서 증뢰자로부터 금품을 교부받은 자는 그가 실제로 그 금품을 공무원에게 전달하지 않고 있는 이상 「형법」상 아무런 처벌을 받지 않는다.

해설

① 【 X 】 공무원이 그 직무의 대상이 되는 사람으로부터 금품 기타 이익을 받은 때에는 그것이 그 사람이 종전에 공무원으로부터 접대 또는 수수받은 것을 갚는 것으로서 사회상규에 비추어 볼 때에 의례상의 대가에 불과한 것이라고 여겨지거나, 개인적인 친분관계가 있어서 교분상의 필요에 의한 것이라고 명백하게 인정할 수 있는 경우 등 특별한 사정이 없는 한 직무와의 관련성이 없는 것으로 볼 수 없고, 공무원의 **직무와 관련하여** 금품을 수수하였다면 비록 **사교적 의례의 형식을 빌어 금품을 주고 받았다 하더라도** 그 수수한 금품은 뇌물이 된다(대판 2000.1.21. 99도4940). 18. 경찰

② 【 O 】 형법 제129조 제1항 소정의 뇌물수수죄는 공무원이 그 직무에 관하여 뇌물을 수수한 때에 적용되는 것으로서, 이와 별도로 형법 제130조에서 공무원이 그 직무에 관하여 **부정한 청탁을** 받고 **제3자에게** 뇌물을 공여하게 한 때에는 제3자뇌물수수죄로 처벌하도록 규정하고 있는 점에 비추어 보면, 공무원이 직접 뇌물을 받지 아니하고 증뢰자로 하여금 다른 사람에게 뇌물을 공여하도록 한 경우에는 그 다른 사람이 공무원의 사자 또는 대리인으로서 뇌물을 받은 경우나 그 밖에 예컨대, 평소 공무원이 그 다른 사람의 생활비 등을 부담하고 있었다거나 혹은 그 다른 사람에 대하여 채무를 부담하고 있었다는 등의 사정이 있어서 그 다른 사람이 뇌물을 받음으로써 공무원은 그만큼 지출을 면하게 되는 경우 등 사회통념상 그 다른 사람이 뇌물을 받은 것을 공무원이 직접 받은 것과 같이 평가할 수 있는 관계가 있는 경우에 한하여 형법 제129조 제1항의 뇌물수수죄가 성립한다(대판 2002.4.9. 2001도7056). 18. 경찰

③ 【 X 】 제132조 알선수뢰죄는 공무원이 그 지위를 이용하여 다른 공무원의 직무에 속한 사항의 알선에 관하여 뇌물을 수수, 요구 또는 약속하면 성립하며, 청탁을 구성요건으로 하지 않는다. 18. 경찰

④ 【 X 】 형법 제133조 제2항은 증뢰자가 뇌물에 공할 목적으로 금품을 제3자에게 교부하거나 또는 그 정을 알면서 교부받는 증뢰물전달행위를 독립한 구성요건으로 하여 이를 같은 조 제1항의 뇌물공여죄와 같은 형으로 처벌하는 규정으로서, 제3자의 증뢰물전달죄는 제3자가 증뢰자로부터 교부받은 금품을 수뢰할 사람에게 **전달하였는지의 여부에 관계없이** 제3자가 그 정을 알면서 금품을 교부받음으로써 성립하는 것이고, 본죄의 주체는 비공무원을 예정한 것이나 공무원일지라도 직무와 관계되지 않는 범위 내에서는 본죄의 주체에 해당될 수 있다 할 것이므로, 피고인이 자신의 공무원으로서의 직무와 무관하게 군의관 등의 직무에 관하여 뇌물에 공할 목적의 금품이라는 정을 알고 이를 전달해준다는 명목으로 취득한 경우라면 제3자뇌물취득죄가 성립된다(대판 2002.6.14. 2002도1283). 18. 경찰

정답 ②

54 뇌물죄에 관한 설명 중 가장 옳지 않은 것은?

① 형법 제132조에서 "다른 공무원의 직무에 속한 사항의 알선에 관하여 뇌물을 수수한다"고 함은 다른 공무원의 직무에 속한 사항을 알선한다는 명목으로 뇌물을 수수하는 행위이므로, 알선의 상대방인 다른 공무원이나 그 직무의 내용이 구체적으로 특정되어야 한다.
② 알선수뢰죄에서 '알선'행위는 장래의 것이라도 무방하고 알선뇌물수수죄가 성립하기 위하여는 뇌물을 수수할 당시 반드시 상대방에게 알선에 의하여 해결을 도모하여야 할 현안이 존재하여야 할 필요는 없다.
③ 공무원이 수수한 이익에 직무행위에 대한 대가로서의 성질과 직무 외의 행위에 대한 사례로서의 성질이 불가분적으로 결합되어 있는 경우에는 그 전부가 직무행위에 대한 대가로서의 성질을 가진다.
④ 형법 제129조의 구성요건인 뇌물의 '약속'은 양 당사자의 뇌물수수의 합의를 말하고, 여기에서 '합의'란 장래 공무원의 직무와 관련하여 뇌물을 주고받겠다는 양 당사자의 의사표시가 확정적으로 합치하여야 한다.

【해설】
① 【X】 형법 제132조에서 말하는 '다른 공무원의 직무에 속한 사항의 알선에 관하여 뇌물을 요구한다'고 함은, 다른 공무원의 직무에 속한 사항을 알선한다는 명목으로 뇌물을 요구하는 행위로서 반드시 알선의 상대방인 다른 공무원이나 그 직무의 내용이 구체적으로 특정될 필요까지는 없다(대판 2009.7.23. 2009도3924). 14. 경찰간부
② 【O】 대판 2009.7.23. 2009도3924 14. 경찰간부
③ 【O】 대판 2012.1.12. 2011도12642 14. 경찰간부
④ 【O】 대판 2012.11.15. 2012도9417 14. 경찰간부

정답 ①

55 뇌물죄에 관한 설명 중 틀린 것은?

① 정치자금 명목으로 금원을 받았지만 그것이 정치인인 당해 공무원의 직무행위에 대한 대가로서의 실체를 갖는다면 뇌물성이 인정된다.
② 국회의원이 의정활동과 전체적·포괄적으로 대가관계 있는 금원을 교부받은 경우에도 직무에 관하여 뇌물을 수수한 경우에 해당한다.
③ 사례조로 교부받은 자기앞수표를 은행에 예치하였다가 2주일 후에 반환하였다고 하더라도 뇌물수수의 고의는 인정된다.
④ 수뢰자가 뇌물을 그대로 보관하였다가 증뢰자에게 반환하였다면 증뢰자로부터 몰수 또는 추징하여야 한다.
⑤ 공무원의 직무에 속한 사항의 알선에 관하여 금품을 받고 그 금품 중의 일부를 받은 취지에 따라 청탁과 관련하여 관계 공무원에게 뇌물로 공여하거나 다른 알선행위자에게 청탁의 명목으로 교부하였더라도 전액을 추징하여야 한다.

【해설】
① 【O】 대판 1997.4.17. 96도3377(全)
② 【O】 대판 1997.12.26. 97도2609
③ 【O】 대판 1984.4.10. 83도1499
④ 【O】 대판 1984.2.28. 83도2783
　◎ 수수한 뇌물을 소비한 후 동액의 금액을 증뢰자에게 반환하는 경우에는 수뢰자에게 추징하여야 하는 것과 구별해야 한다.
⑤ 【X】 공무원의 직무에 속한 사항의 알선에 관하여 금품을 받고 그 금품 중의 일부를 받은 취지에 따라 청탁과 관련하여 관계 공무원에게 뇌물로 공여하거나 다른 알선행위자에게 청탁의 명목으로 교부한 경우에는 그 부분의 이익은 실질적으로 범인에게 귀속된 것이 아니어서 이를 제외한 나머지 금품만을 몰수하거나 그 가액을 추징하여야 한다(대판 2002.6.14. 2002도1283).

정답 ⑤

56 뇌물죄에 관한 다음 설명 중 옳은 것은 모두 몇 개인가?

> ㉠ 임명권자에 의하여 임용되어 공무에 종사하여 온 사람이 나중에 임용결격자이었음이 밝혀져 당초의 임용 행위가 무효인 경우라면 그가 직무에 관하여 뇌물을 수수하였더라도 수뢰죄로 처벌하기 어렵다.
> ㉡ 공무원이 투기적 사업에 참여할 기회를 뇌물로 제공받아 실제 참여하였으나 경제사정의 변동 등으로 인하여 당초의 예상과는 달리 그 사업 참여로 아무런 이익을 얻지 못한 경우에는 뇌물수수죄가 성립하지 않는다.
> ㉢ 공무원이 그 직무에 관하여 금전을 무이자로 차용하여 금융이익 상당의 뇌물을 수수한 경우에 공소시효는 차용금 변제기로부터 기산한다.
> ㉣ 형법 제133조 제2항의 제3자 증뢰물전달죄는 제3자가 증뢰자로부터 교부받은 금품을 수뢰할 사람에게 전달하였는지 여부에 관계없이 제3자가 그 정을 알면서 금품을 교부받음으로써 성립하고, 나아가 제3자가 그 교부받은 금품을 수뢰할 사람에게 전달하면 증뢰물전달죄와 별도로 뇌물공여죄가 성립한다.

① 없음 ② 1개 ③ 2개 ④ 3개 ⑤ 4개

해설

㉠ 【 X 】 형법이 뇌물죄에 관하여 규정하고 있는 것은 공무원의 직무집행의 공정과 그에 대한 사회의 신뢰 및 직무행위의 불가매수성을 보호하기 위한 것이다. 법령에 기한 임명권자에 의하여 임용되어 공무에 종사하여 온 사람이 나중에 그가 임용결격자이었음이 밝혀져 당초의 임용행위가 무효라고 하더라도, 그가 임용행위라는 외관을 갖추어 실제로 공무를 수행한 이상 공무 수행의 공정과 그에 대한 사회의 신뢰 및 직무행위의 불가매수성은 여전히 보호되어야 한다. 따라서 이러한 사람은 형법 제129조에서 규정한 공무원으로 봄이 타당하고, 그가 그 직무에 관하여 뇌물을 수수한 때에는 수뢰죄로 처벌할 수 있다(대판 2014.3.27. 2013도11357). 14. 법원행시

㉡ 【 X 】 공무원이 뇌물로 투기적 사업에 참여할 기회를 제공받은 경우, 뇌물수수죄의 기수 시기는 투기적 사업에 참여하는 행위가 종료된 때로 보아야 하며, 그 행위가 종료된 후 경제사정의 변동 등으로 인하여 당초의 예상과는 달리 그 사업 참여로 아무런 이득을 얻지 못한 경우라도 뇌물수수죄의 성립에는 영향이 없다(대판 2002.11.26. 2002도3539). 14. 법원행시

㉢ 【 X 】 공소시효는 범죄행위를 종료한 때부터 진행하는데, 공무원이 직무에 관하여 금전을 무이자로 차용한 경우에는 차용 당시에 금융이익 상당의 뇌물을 수수한 것으로 보아야 하므로, 공소시효는 금전을 무이자로 차용한 때로부터 기산한다(대판 2012.2.23. 2011도7282). 14. 법원행시

㉣ 【 X 】 형법 제133조 제2항은 증뢰자가 뇌물에 공할 목적으로 금품을 제3자에게 교부하거나 또는 그 정을 알면서 교부받는 증뢰물전달행위를 독립한 구성요건으로 하여 이를 같은 조 제1항의 뇌물공여죄와 같은 형으로 처벌하는 규정으로서, 제3자의 증뢰물전달죄는 제3자가 증뢰자로부터 교부받은 금품을 수뢰할 사람에게 전달하였는지 여부에 관계 없이 제3자가 그 정을 알면서 금품을 교부받음으로써 성립하는 것이며, 나아가 제3자가 그 교부받은 금품을 수뢰할 사람에게 전달하였다고 하여 증뢰물전달죄 외에 별도로 뇌물공여죄가 성립하는 것은 아니다(대판 1997.9.5. 97도1572). 14. 법원행시

정답 ①

57 다음 설명 중 가장 옳지 않은 것은?

① 공무원이 그 직무의 대상이 되는 사람으로부터 금품 기타 이익을 받은 때에는 사회상규에 비추어 볼 때에 의례상의 대가에 불과한 것이라고 여겨지거나, 개인적인 친분관계가 있어서 교분상의 필요에 의한 것이라고 명백하게 인정할 수 있는 경우 등 특별한 사정이 없는 한 직무와의 관련성이 없는 것으로 볼 수 없으며 공무원이 직무와 관련하여 금품을 수수하였다면 비록 사교적 의례의 형식을 빌어 금품을 주고받았다 하더라도 그 수한 금품은 뇌물이 된다.

② 국가공무원이 지방자치단체의 업무에 관하여 전문가로서 위원 위촉을 받아 한시적으로 그 직무를 수행하는 경우와 같이 공무원이 그 고유의 직무와 관련이 없는 일에 관하여 별도의 위촉절차 등을 거쳐 다른 직무를 수행하게 된 경우에는 그 위촉이 종료되면 그 위원 등으로서 새로 보유하였던 공무원 지위는 소멸한다고 보아야 할 것이므로, 그 이후에 종전에 위촉받아 수행한 직무에 관하여 금품을 수수하더라도 이는 사후수뢰죄에 해당할 수 있음은 별론으로 하고 일반 수뢰죄로 처벌할 수는 없다.

③ 형법 제130조의 제3자뇌물제공죄에 있어서 '부정한 청탁'은 명시적 의사표시에 의해서뿐 아니라 묵시적 의사표시에 의해서도 가능하므로, 당사자 사이에 청탁의 대상이 되는 직무집행의 내용과 제3자에게 제공되는 금품이 그 직무집행에 대한 대가라는 점에 대하여 공통의 인식이나 양해가 존재하지 않더라도 막연히 선처하여 줄 것이라는 기대에 의하여 제3자에게 금품을 공여한 경우에는 묵시적 의사표시에 의한 부정한 청탁이 있다고 보아야 한다.

④ 여러 사람이 공동으로 뇌물을 수수한 경우 그 가액을 추징하려면 실제로 분배받은 금품만을 개별적으로 추징하여야 하고 수수금품을 개별적으로 알 수 없을 때에는 평등하게 추징하여야 하며 공동정범뿐 아니라 교사범 또는 종범도 뇌물의 공동수수자에 해당할 수 있다.

해설

① 【 O 】 대판 2001.10.12. 2001도3579 14. 법원직
② 【 O 】 대판 2013.11.28. 2013도10011 14. 법원직
③ 【 X 】 형법 제130조의 제3자뇌물공여죄에서 '부정한 청탁'을 요건으로 하는 취지는 처벌의 범위가 불명확해지지 않도록 하기 위한 것으로서, 이러한 '부정한 청탁'은 명시적인 의사표시에 의한 것은 물론 묵시적인 의사표시에 의한 것도 가능하다. 묵시적인 의사표시에 의한 부정한 청탁이 있다고 하기 위하여는, 당사자 사이에 청탁의 대상이 되는 직무집행의 내용과 제3자에게 제공되는 금품이 그 직무집행에 대한 대가라는 점에 대하여 공통의 인식이나 양해가 존재하여야 하고, 그러한 인식이나 양해 없이 막연히 선처하여 줄 것이라는 기대에 의하거나 직무집행과는 무관한 다른 동기에 의하여 제3자에게 금품을 공여한 경우에는 묵시적인 의사표시에 의한 부정한 청탁이 있다고 보기 어렵다(대판 2009.1.30. 2008도6950). 14. 법원직
④ 【 O 】 대판 2011.11.24. 2011도9585 14. 법원직

정답 ③

58 뇌물죄에 관한 다음 설명 중 가장 적절하지 않은 것은?

① 공무원인 甲이 먼저 뇌물 200만원을 요구하였는데 증뢰자로부터 당초 요구액보다 훨씬 많은 2,000만원을 영득의 의사로 제공받았다면, 그 액수가 예상한 것보다 너무 많은 액수여서 2주 뒤에 이를 반환하였다고 하더라도 2,000만원 전부에 대하여 뇌물수수죄가 성립한다.

② 甲이 뇌물로 제공할 목적으로 乙에게 금품을 교부하였다면 乙이 수뢰할 사람에게 금품을 전달하지 않았다고 하더라도 甲에게는 제3자 뇌물교부죄가 성립한다.

③ 수뢰자가 자기앞수표를 뇌물로 받아 이를 소비한 후 자기앞수표 상당액을 증뢰자에게 반환한 경우 수뢰자로부터 그 가액을 추징하여야 한다.

④ 甲이 A로부터 공무원의 직무에 속한 사항의 알선에 관하여 1,000만원을 받고 그 중 일부인 500만원을 받은 취지에 따라 청탁과 관련하여 관계 공무원 B에게 뇌물로 공여한 경우에는 甲으로부터 애초에 받은 금원 전부인 1,000만원을 몰수하거나 추징하여야 한다.

⑤ 병역면제를 위해 1억원의 뇌물을 받은 헌병수사관 甲이 독자적 판단에 따라 군의관 乙에게 5천만원을 공여한 경우 甲에게 추징해야 할 금액은 1억원이다.

[해설]

① 【O】 뇌물을 수수한다는 것은 영득의 의사로 금품을 수수하는 것을 말하므로, 뇌물인지 모르고 이를 수수하였다가 뇌물임을 알고 즉시 반환하거나, 증뢰자가 일방적으로 뇌물을 두고 가므로 후일 기회를 보아 반환할 의사로 어쩔 수 없이 일시 보관하다가 반환하는 등 그 영득의 의사가 없었다고 인정되는 경우라면 뇌물을 수수하였다고 할 수 없겠지만, 피고인이 먼저 뇌물을 요구하여 증뢰자가 제공하는 돈을 받았다면 피고인에게는 받은 돈 전부에 대한 영득의 의사가 인정된다고 하지 않을 수 없고, 이처럼 영득의 의사로 뇌물을 수령한 이상 그 액수가 피고인이 예상한 것보다 너무 많은 액수여서 후에 이를 반환하였다고 하더라도 뇌물죄의 성립에는 영향이 없다(대판 2007.3.29. 2006도9182).

② 【O】 형법 제133조 제2항은 증뢰자가 뇌물에 공할 목적으로 금품을 제3자에게 교부하거나 또는 그 정을 알면서 교부받는 증뢰물전달행위를 독립한 구성요건으로 하여 이를 같은 조 제1항의 뇌물공여죄와 같은 형으로 처벌하는 규정으로서, 제3자의 증뢰물전달죄는 제3자가 증뢰자로부터 교부받은 금품을 수뢰할 사람에게 전달하였는지 여부에 관계 없이 제3자가 그 정을 알면서 금품을 교부받음으로써 성립하는 것이며, 나아가 제3자가 그 교부받은 금품을 수뢰할 사람에게 전달하였다고 하여 증뢰물전달죄 외에 별도로 뇌물공여죄가 성립하는 것은 아니다(대판 1997.9.5. 97도1572).

> **관련판례**
> 형법 제133조 제2항의 제3자뇌물취득죄는 제3자가 증뢰자로부터 교부받는 금품을 수뢰할 사람에게 전달하였는지의 여부에 관계없이 제3자가 그 정을 알면서 금품을 교부받음으로써 성립한다(대판 2002.6.14. 2002도1283).

③ 【O】 수뢰자가 자기앞수표를 뇌물로 받아 이를 소비한 후 자기앞수표 상당액을 증뢰자에게 반환하였다 하더라도 뇌물 그 자체를 반환한 것은 아니므로 이를 몰수할 수 없고 수뢰자로부터 그 가액을 추징하여야 할 것이다(대판 1999.1.29. 98도3584).

④ 【X】, ⑤ 【O】 [1] 공무원의 직무에 속한 사항의 알선에 관하여 금품을 받고 그 금품 중의 일부를 실제로 금품을 받은 취지에 따라 청탁과 관련하여 관계 공무원에게 뇌물로 공여하거나 다른 알선행위자에게 청탁의 명목으로 교부한 경우에는 그 부분의 이익은 실질적으로 범인에게 귀속된 것이 아니므로 그 부분을 제외한 나머지 금품만을 몰수하거나 그 가액을 추징하여야 하지만, [2] 공무원의 직무에 속한 사항의 알선에 관하여 금품을 받은 자가 그 금품 중의 일부를 다른 알선행위자에게 청탁의 명목으로 교부하였다 하더라도 당초 금품을 받을 당시부터 그 금품을 그와 같이 사용하기로 예정되어 있었기 때문에 금품을 받은 취지에 따라 그와 같이 사용한 것이 아니라, 범인이 독자적인 판단에 따라 경비로 사용한 것이라면 이는 범인이 받은 돈을 소비하는 방법에 지나지 아니하므로 그 금액 역시 범인으로부터 추징하여야 할 것이다(대판 1999.5.11.99도963).

◎ ④번 지문은 [1]의 경우에 해당하여 ⑤번 지문은 [2]의 경우에 해당한다. 매우 중요한 판례로서 양자를 정확히 구별해야 한다.

[정답] ④

59 수뢰죄 등에 있어서의 몰수·추징에 대한 설명 중 틀린 것은?

① 공무원이 뇌물을 받음에 있어서 그 취득을 위하여 상대방에게 뇌물의 가액에 상당하는 금원의 일부를 비용 명목으로 출연한 경우, 그 공무원으로부터 뇌물죄로 얻은 이익을 몰수·추징함에 있어서는 뇌물의 가액에서 위와 같은 지출을 공제한 나머지 가액에 상당한 이익만을 몰수·추징하여야 한다.
② 범인 또는 정을 아는 제3자가 받은 뇌물 또는 뇌물에 공할 금품은 필요적으로 몰수하여야 하고 이를 몰수하기 불능한 때에는 그 가액을 추징하여야 한다.
③ 증뢰자와 함께 향응을 하고 증뢰자가 이에 소요되는 금원을 지출한 경우 피고인의 접대에 요한 비용과 증뢰자가 소비한 비용을 가려내어 전자의 수액을 가지고 피고인의 수뢰액으로 하여 그 가액을 추징하여야 한다.
④ 여러 사람이 공모하여 뇌물을 수수하였으나 몰수불능으로 가액을 추징할 경우, 그 수수금품을 개별적으로 알 수 없을 때에는 평등하게 추징하여야 한다.

[해설]
① 【X】 공무원이 뇌물을 받음에 있어서 독자적 판단에 따라 경비로 사용한 때에는 이는 범인이 받은 금품을 소비하는 방법의 하나에 지나지 아니하여 그 가액 역시 범인으로부터 추징하여야 한다는 것이 판례의 태도이다(대판 1999.5.11. 99도963).
③ 【O】 대판 1977.3.8. 76도1982
④ 【O】 대판 1975.4.22. 73도1963

[정답] ①

60 다음 설명 중 가장 옳지 않은 것은?

① 공무원의 직무에 속한 사항의 알선에 관하여 금품을 받고 그 금품 중의 일부를 받은 취지에 따라 청탁과 관련하여 관계 공무원에게 뇌물로 공여하거나 다른 알선행위자에게 청탁의 명목으로 교부한 경우에는 그 부분의 이익은 실질적으로 범인에게 귀속된 것이 아니어서 이를 제외한 나머지 금품만을 몰수하거나 그 가액을 추징하여야 한다.
② 뇌물로 받은 돈을 은행에 예금한 경우 그 예금행위는 뇌물의 처분행위에 해당하므로 그 후 수뢰자가 같은 액수의 돈을 증뢰자에게 반환하였다 하더라도 이를 뇌물 그 자체의 반환으로 볼 수 없으니 이러한 경우에는 수뢰자로부터 그 가액을 추징하여야 한다.
③ 공무원이 뇌물을 받음에 있어서 그 취득을 위하여 상대방에게 뇌물의 가액에 상당하는 금원의 일부를 비용의 명목으로 출연하거나 그 밖에 경제적 이익을 제공한 경우, 몰수·추징의 대상은 그 뇌물의 가액에서 위와 같은 지출을 공제한 나머지 가액에 상당한 이익이다.
④ 피고인(수뢰자)이 향응을 제공받는 자리에 피고인 스스로 제3자를 초대하여 함께 접대를 받은 경우, 그 제3자가 피고인과는 별도의 지위에서 접대를 받는 공무원이라는 등의 특별한 사정이 없는 한 그 제3자의 접대에 요한 비용도 피고인의 접대에 요한 비용에 포함시켜 피고인의 수뢰액으로 보아야 한다.

[해설]
① 【O】 대판 1999.5.11. 99도963 13. 법원행시
② 【O】 대판 1999.1.29. 98도3584 13. 법원행시
③ 【X】 공무원이 뇌물을 받음에 있어서 그 취득을 위하여 상대방에게 뇌물의 가액에 상당하는 금원의 일부를 비용의 명목으로 출연하거나 그 밖에 경제적 이익을 제공하였다 하더라도, 이는 뇌물을 받는 데 지출한 부수적 비용에 불과하다고 보아야 할 것이지, 이로 인하여 공무원이 받은 뇌물이 그 뇌물의 가액에서 위와 같은 지출액을 공제한 나머지 가액에 상당한 이익에 한정되는 것이라고 볼 수는 없으므로, 그 공무원으로부터 뇌물죄로 얻은 이익을 몰수·추징함에 있어서는 그 받은 뇌물 자체를 몰수하여야 하고, 그 뇌물의 가액에서 위와 같은 지출을 공제한 나머지 가액에 상당한 이익만을 몰수·추징할 것은 아니다(대판 1999.10.8. 99도1638). 13. 법원행시
④ 【O】 대판 2001.10.12. 99도5294 13. 법원행시

[정답] ③

제2절 공무방해에 관한 죄

> 지문의 내용에 대해 학설의 대립 등 다툼이 있는 경우 판례에 의함

01 공무집행방해죄에 관한 설명으로 가장 적절하지 않은 것은?

① 공무집행방해죄는 공무원의 적법한 공무집행을 전제로 하는데 추상적인 권한에 속하는 공무원의 어떠한 공무집행이 적법한지 여부는 행위 당시의 구체적 상황에 기하여 객관적 합리적으로 판단하여야 하고 사후적으로 순수한 객관적 기준에서 판단할 것은 아니다.

② 행정청에 대한 일방적 통고로 효과가 완성되는 '신고'의 경우에는 신고인이 신고서에 허위사실을 기재하거나 허위의 소명자료를 제출하였더라도, 그것만으로는 담당 공무원의 구체적이고 현실적인 직무집행이 방해받았다고 볼 수 없어 특별한 사정이 없는 한 허위 신고가 위계에 의한 공무집행방해죄를 구성한다고 볼 수 없다.

③ 피고인들이 불법적인 농성을 계속하다가 관할 구청이 행정대집행으로 농성 장소에 있던 물건을 치웠음에도 피고인들이 이에 대한 항의의 일환으로 집회를 개최하려고 하자, 또 다시 같은 장소를 점거하고 물건을 다시 비치하는 것을 막기 위해 출동하여 농성 장소를 미리 둘러싼 경찰관들이 농성 장소 진입을 소극적으로 제지하는 과정에서 피고인들이 경찰관들을 밀치는 등 유형력을 행사한 행위는 공무집행방해죄를 구성한다.

④ 시청 청사 내 주민생활복지과 사무실에서 소란을 피우던 甲을 소속 공무원 A가 제지하며 밖으로 데리고 나가려 하자 甲이 A를 폭행한 경우, 민원 상담을 시도한 순간부터 민원 상담 시도를 종료한 순간까지만 소속 공무원의 직무 범위인 민원 업무에 해당하는 것이므로 甲을 사무실에서 퇴거시키는 등의 후속 조치는 직무 범위에 포함되지 않는다고 할 것이므로 공무집행방해죄를 구성하지 않는다.

해설

① 【○】 공무집행방해죄는 공무원의 적법한 공무집행이 전제로 되는데, 추상적인 권한에 속하는 공무원의 어떠한 공무집행이 적법한지 여부는 행위 당시의 구체적 상황에 기하여 객관적·합리적으로 판단하여야 하고 사후적으로 순수한 객관적 기준에서 판단할 것은 아니다(대판 2013.8.23. 2011도4763). 24. 경찰

② 【○】 행정청에 대한 일방적 통고로 효과가 완성되는 '신고'의 경우에는 신고인이 신고서에 허위사실을 기재하거나 허위의 소명자료를 제출하였더라도, 그것만으로는 담당 공무원의 구체적이고 현실적인 직무집행이 방해받았다고 볼 수 없어 특별한 사정이 없는 한 허위 신고가 위계에 의한 공무집행방해죄를 구성한다고 볼 수 없다. 그러나 행정관청이 출원에 의한 인허가처분 여부를 심사하거나 신청을 받아 일정한 자격요건 등을 갖춘 때에 한하여 그에 대한 수용 여부를 결정하는 등의 업무를 하는 경우에는 위 '신고'의 경우와 달리, 출원자나 신청인이 제출한 허위의 소명자료 등에 대하여 담당 공무원이 나름대로 충분히 심사를 하였으나 이를 발견하지 못하여 인허가처분을 하게 되거나 신청을 수리하게 되었다면, 출원자나 신청인의 위계행위가 원인이 되어 행정관청이 그릇된 행위나 처분에 이르게 된 것이어서 위계에 의한 공무집행방해죄가 성립한다(대판 2016.1.28. 2015도17297). 24. 경찰

③ 【○】 경찰 병력이 행정대집행 직후 C 대책위가 또다시 같은 장소를 점거하고 물건을 다시 비치하는 것을 막기 위해이 사건 장소를 미리 둘러싼 뒤 C 대책위가 같은 장소에서 기자회견 명목의 집회를 개최하려는 것을 불허하면서 소극적으로 제지한 것은 구 「경찰관 직무집행법」 제6조 제1항의 범죄행위 예방을 위한 경찰 행정상 즉시강제로서 적법한 공무집행에 해당하고, 피고인 B 등 C 대책위 관계자들이 이와 같이 직무집행 중인 경찰 병력을 밀치는 등 유형력을 행사한 행위는 공무집행방해죄에 해당한다고 봄이 타당하다(대판 2021.10.14. 2018도2993). 24. 경찰

④ 【×】 시청 청사 내 주민생활복지과 사무실에 술에 취한 상태로 찾아가 소란을 피우던 피고인을 소속 공무원 甲과 乙이 제지하며 밖으로 데리고 나가려 하자, 피고인이 甲과 乙의 멱살을 잡고 수회 흔든 다음 휴대전화를 휘둘러 甲의 뺨을 때림으로써 시청 공무원들의 주민생활복지에 대한 통합조사 및 민원 업무에 관한 정당한 직무집행을 방해하였다는 공소사실로 기소된 사안에서, 피고인의 행위는 시청 소속 공무원들의 적법한 직무집행을 방해한 행위에 해당하므로 공무집행방해죄를 구성한다(대판 2022.3.17. 2021도13883). 24. 경찰

정답 ④

02 공무방해의 죄에 관한 설명으로 가장 적절한 것은?

① 甲이 민사소송을 제기함에 있어 피고 乙의 주소를 허위로 기재하여 법원공무원으로 하여금 변론기일소환장 등을 허위주소로 송달케 한 경우, 甲의 행위는 법원공무원의 구체적이고 현실적인 직무집행을 방해한 것으로 볼 수 있으므로 위계에 의한 공무집행방해죄가 인정된다.

② 공무집행방해죄에서 '직무를 집행하는'이란 공무원이 직무수행에 직접 필요한 행위를 현실적으로 행하고 있는 때만을 가리키는 것으로서, 불법주차차량에 불법주차스티커를 붙였다가 이를 다시 떼어낸 직후에 있는 주차단속공무원을 폭행한 경우, 공무집행방해죄가 인정되지 않는다.

③ 甲이 「국민기초생활 보장법」상 '자활근로자'로 선정되어 주민자치센터 사회복지담당 공무원의 복지도우미로 근무하던 乙을 협박하여 그 직무집행을 방해한 경우, 甲에게 공무집행방해죄가 인정된다.

④ 변호사 甲이 접견을 핑계로 수용자 乙을 위하여 휴대전화와 증권거래용 단말기를 구치소 내로 몰래 반입하고, 수용자 乙에게 이를 이용하게 한 경우, 변호사 甲에게 위계에 의한 공무집행방해죄가 인정된다.

[해설]

① 【 X 】 민사소송을 제기함에 있어 피고의 주소를 허위로 기재하여 법원공무원으로 하여금 변론기일소환장 등을 허위주소로 송달케 하였다는 사실만으로는 이로 인하여 법원공무원의 구체적이고 현실적인 어떤 직무집행이 방해되었다고 할 수는 없으므로, 이로써 바로 위계에 의한 공무집행방해죄가 성립한다고 볼 수는 없다(대판 1996.10.11. 96도312). 25. 경찰

② 【 X 】 [1] 공무집행방해죄에 있어서 '직무를 집행하는'이라 함은 공무원이 직무수행에 직접 필요한 행위를 현실적으로 행하고 있는 때만을 가리키는 것이 아니라 공무원이 직무수행을 위하여 근무 중인 상태에 있는 때를 포괄한다 할 것이다.
[2] 불법주차 차량에 불법주차 스티커를 붙였다가 이를 다시 떼어 낸 직후에 있는 주차단속 공무원을 폭행한 경우, 폭행 당시 주차단속 공무원은 일련의 직무수행을 위하여 근무 중인 상태에 있었다고 보아야 하므로 공무집행방해죄가 성립한다(대판 1999.9.21. 99도383). 25. 경찰

③ 【 X 】 [1] 형법상 공무원이라 함은 국가 또는 지방자치단체 및 이에 준하는 공법인의 사무에 종사하는 자로서 그 노무의 내용이 단순한 기계적·육체적인 것에 한정되어 있지 않은 자를 말한다.
[2] 복지도우미가 공무원으로서 공무를 담당하고 있었다고 볼 수는 없어 공무집행방해죄는 성립하지 않는다(대판 2011.1.27. 2010도14484). 25. 경찰

④ 【 O 】 [1] 행형법 제45조, 제46조 제1항, 구 수용자 규율 및 징벌에 관한 규칙(2004. 6. 29. 법무부령 제555호로 개정되기 전의 것) 제3조, 제7조 제1항, 교도관직무규칙 제47조, 제54조의 각 규정들을 종합해 보면, 수용자에게는 허가 없는 물품을 사용·수수하거나 허가 없이 전화 등의 방법으로 다른 사람과 연락하는 등의 규율위반행위를 하여서는 아니 될 금지의무가 부과되어 있고, 교도관은 수용자의 규율위반행위를 감시·단속·적발하여 상관에게 보고하고 징벌에 회부되도록 하여야 할 일반적인 직무상 권한과 의무가 있다고 할 것이므로, 수용자가 교도관의 감시·단속을 피하여 규율위반행위를 하는 것만으로는 단순히 금지규정에 위반되는 행위를 한 것에 지나지 아니할 뿐 위계에 의한 공무집행방해죄가 성립한다고 할 수 없고, 또 수용자가 아닌 자가 교도관의 검사 또는 감시를 피하여 금지물품을 반입하거나 허가 없이 전화 등의 방법으로 다른 사람과 연락하도록 하였더라도 교도관에게 교도소 등의 출입자와 반출·입 물품을 단속·검사할 권한과 의무가 있는 이상, 수용자 아닌 자의 그러한 행위는 특별한 사정이 없는 한 위계에 의한 공무집행방해죄에 해당하는 것으로는 볼 수 없다 할 것이나, 구체적이고 현실적으로 감시·단속업무를 수행하는 교도관에 대하여 그가 충실히 직무를 수행한다고 하더라도 통상적인 업무처리과정하에서는 사실상 적발이 어려운 위계를 적극적으로 사용하여 그 업무집행을 하지 못하게 하였다면 이에 대하여 위계에 의한 공무집행방해죄가 성립한다.
[2] 변호사가 접견을 핑계로 수용자를 위하여 휴대전화와 증권거래용 단말기를 구치소 내로 몰래 반입하여 이용하게 한 행위가 위계에 의한 공무집행방해죄에 해당한다고 한 원심의 판단을 수긍한 사례.(대판 2005.8.25. 2005도1731). 25. 경찰

정답 ④

03 다음 설명 중 가장 옳지 않은 것은?

① 형법 제136조가 정하는 공무집행방해죄는 공무원의 직무집행이 적법한 경우에 한하여 성립하는 것으로, 이러한 적법성이 결여된 직무행위를 하는 공무원에게 대항하여 폭행이나 협박을 가하였다고 하더라도 공무집행방해죄가 성립하지 않는다.

② 동일한 공무를 집행하는 여럿의 공무원에 대하여 폭행·협박 행위를 한 경우에는 공무를 집행하는 공무원의 수에 따라 여럿의 공무집행방해죄가 성립하고, 위와 같은 폭행·협박 행위가 동일한 장소에서 동일한 기회에 이루어진 것으로서 사회관념상 1개의 행위로 평가되는 경우에는 여럿의 공무집행방해죄는 상상적 경합의 관계에 있다.

③ 공무집행방해죄는 직무를 집행하는 공무원에 대하여 폭행 또는 협박한 경우에 성립하는 범죄로서 위 폭행은 사람에 대한 유형력의 행사로 족하고 반드시 그 신체에 대한 것임을 요하지 아니하며, 또한 추상적 위험범으로서 구체적으로 직무집행의 방해라는 결과발생을 요하지 않는다.

④ 죄형법정주의 원칙상 공무집행방해죄에 있어서 '직무를 집행하는'이라 함은 공무원이 직무수행을 현실적으로 행하고 있는 때만을 가리키고, 직무수행을 위하여 근무 중인 상태에 있는 때를 포괄하는 것은 아니다. 따라서 불법주차 단속을 요구하는 민원인이 구청에서 야간 당직 근무 중인 청원경찰을 폭행하였다고 하더라도, 불법주차 단속업무는 야간 당직 근무자들의 업무가 아니므로 공무집행방해죄의 '직무집행'에 해당하지 않아 공무집행방해죄가 성립하지 않는다.

[해설]

① 【O】 형법 제136조가 정하는 공무집행방해죄는 공무원의 직무집행이 적법한 경우에 한하여 성립하는 것으로, 이러한 적법성이 결여된 직무행위를 하는 공무원에게 대항하여 폭행이나 협박을 가하였더라도 이를 공무집행방해죄로 다스릴 수는 없다. 이때 '적법한 공무집행'이란 그 행위가 공무원의 추상적 권한에 속할 뿐 아니라 구체적 직무집행에 관한 법률상 요건과 방식을 갖춘 경우를 가리킨다(대판 2005.10.28. 2004도4731). 24. 법원직

② 【O】 동일한 공무를 집행하는 여럿의 공무원에 대하여 폭행·협박 행위를 한 경우에는 공무를 집행하는 공무원의 수에 따라 여럿의 공무집행방해죄가 성립하고, 위와 같은 폭행·협박 행위가 동일한 장소에서 동일한 기회에 이루어진 것으로서 사회관념상 1개의 행위로 평가되는 경우에는 여럿의 공무집행방해죄는 상상적 경합의 관계에 있다.
범죄 피해 신고를 받고 출동한 두 명의 경찰관에게 욕설을 하면서 차례로 폭행을 하여 신고 처리 및 수사 업무에 관한 정당한 직무집행을 방해한 사안에서, 동일한 장소에서 동일한 기회에 이루어진 폭행 행위는 사회관념상 1개의 행위로 평가하는 것이 상당하다는 이유로, 위 공무집행방해죄는 형법 제40조에 정한 상상적 경합의 관계에 있다고 한 사례(대판 2009.6.25. 2009도3505). 24. 법원직

③ 【O】 대판 2018.3.29. 2017도21537 24. 법원직

④ 【X】 야간 당직 근무 중인 청원경찰이 불법주차 단속요구에 응하여 현장을 확인만 하고 주간 근무자에게 전달하여 단속하겠다고 했다는 이유로 민원인이 청원경찰을 폭행한 사안에서, 야간 당직 근무자는 불법주차 단속권한은 없지만 민원 접수를 받아 다음날 관련 부서에 전달하여 처리하고 있으므로 불법주차 단속업무는 야간 당직 근무자들의 민원업무이자 경비업무로서 공무집행방해죄의 '직무집행'에 해당하여 공무집행방해죄가 성립한다(대판 2009.1.15. 2008도9919). 24. 법원직

정답 ④

04 다음 중 〈사례〉에 관한 설명으로 가장 옳지 않은 것은?

> 甲이 주점에서 술에 취하여 옆 자리 손님을 폭행하였는데, 이를 신고받은 경찰관 A와 B가 출동하였다. 甲은 경찰관 A와 B에게 욕설을 하며 경찰관 A의 얼굴을 주먹으로 때리고, 곧이어 이를 제지하는 B의 다리를 걸어차 폭행하였다.

① 위 사안에서 甲의 폭행으로 경찰관 A가 상해를 입었다면, 공무집행방해죄와 상해죄가 성립한다.
② 공무집행방해죄에 있어서 '직무를 집행하는'이라 함은 직무수행에 직접 필요한 행위를 현실적으로 행하고 있을 때만 가리키는 것이 아니라 직무수행을 위하여 근무 중인 상태에 있는 때를 포괄한다.
③ 공무집행방해죄는 국가적 법익에 관한 죄이나 위 사안과 같이 甲이 같은 목적으로 출동한 경찰관 A, B를 폭행한 경우에 두 개의 공무집행방해죄가 성립한다.
④ 위 사안과 같은 경우 동일한 장소에서 동일한 기회에 폭행이 이루어진 것으로 두 명의 공무원에 대한 폭행은 실체적 경합관계이다.

해설

① 【 O 】 피해자가 불법주차 스티커를 피고인 차량에 붙인 행위나 과태료 부과고지서를 떼어 낸 행위만을 따로 분리하여 그러한 시점에 직무수행이 종료되고 피해자가 피고인에 대하여 별개의 조치를 취하거나 다른 차량에 대한 단속에 착수할 때에 직무수행이 재개된다고 보는 것은 부적절하고 피해자의 위와 같은 여러 종류의 행위를 포괄하여 일련의 직무수행으로 파악함이 상당하다 할 것이며, 따라서 원심 확정의 사실관계 아래에서 피고인의 피해자에 대한 폭행 당시 피해자는 일련의 직무수행을 위하여 근무 중인 상태에 있었다고 봄이 상당하다 할 것이다.
그렇다면, 이 사건 공소사실 중 공무집행방해 부분에 관하여 피고인의 이 사건 폭행 당시 피해자의 직무가 종료되었다는 이유로 그 죄의 성립을 부정한 원심판결은 공무집행방해죄에 있어서 직무의 집행에 관한 법리를 오해한 위법이 있다고 할 것이고, 그와 같은 위법은 판결 결과에 영향을 미쳤다고 할 것임이 분명하므로, 이 점을 지적하는 상고이유의 주장은 이유 있고, 원심에서 <u>유죄로 선고한 상해 부분과 상상적 경합관계에 있는</u> 위 공무집행방해 부분이 유죄로 되는 경우 양형의 조건을 달리하여 선고형을 정함에 있어 차이가 있을 수 있으므로, 원심판결을 모두 파기하고 다시 심리·판단하게 하기 위하여 사건을 원심법원에 환송하기로 하여 관여 대법관의 일치된 의견으로 주문과 같이 판결한다(대판 1999.9.21. 99도383). 24. 해경승진
② 【 O 】 형법 제136조 제1항 소정의 공무집행방해죄에 있어서 '직무를 집행하는'이라 함은 공무원이 직무수행에 직접 필요한 행위를 현실적으로 행하고 있을 때만을 가리키는 것이 아니라 공무원이 직무수행을 위하여 근무 중인 상태에 있는 때를 포괄한다 할 것이고, 직무의 성질에 따라서는 그 직무수행의 과정을 개별적으로 분리하여 부분적으로 각각의 개시와 종료를 논하는 것이 부적절하고 여러 종류의 행위를 포괄하여 일련의 직무수행으로 파악함이 상당한 경우가 있다(대판 1999.9.21. 99도383). 24. 해경승진
③ 【 O 】, ④ 【 X 】 동일한 공무를 집행하는 여럿의 공무원에 대하여 폭행·협박 행위를 한 경우에는 공무를 집행하는 공무원의 수에 따라 여럿의 공무집행방해죄가 성립하고, 위와 같은 폭행·협박 행위가 동일한 장소에서 동일한 기회에 이루어진 것으로서 사회관념상 1개의 행위로 평가되는 경우에는 여럿의 공무집행방해죄는 상상적 경합의 관계에 있다.
범죄 피해 신고를 받고 출동한 두 명의 경찰관에게 욕설을 하면서 차례로 폭행을 하여 신고 처리 및 수사 업무에 관한 정당한 직무집행을 방해한 사안에서, 동일한 장소에서 동일한 기회에 이루어진 폭행 행위는 사회관념상 1개의 행위로 평가하는 것이 상당하다는 이유로, 위 공무집행방해죄는 형법 제40조에 정한 상상적 경합의 관계에 있다고 한 사례(대판 2009.6.25. 2009도3505). 24. 해경승진

정답 ④

05 공무방해에 관한 죄에 대한 설명으로 가장 적절한 것은?

① 불법체류를 이유로 강제출국 당한 중국 동포인 피고인이 중국에서 이름과 생년월일을 변경한 호구부를 발급받아 중국 주재 대한민국 총영사관에 제출하여 입국사증을 받은 다음, 다시 입국하여 외국인등록증을 발급받고 귀화허가신청서까지 제출한 경우 출원인의 적극적인 위계에 의해 사증 및 외국인등록증이 발급되었던 것이므로 위계에 의한 공무집행방해죄가 성립하고 귀화허가가 이루어지지 아니하였더라도 위 죄의 성립에 아무런 영향이 없다.
② 과속단속카메라에 촬영되더라도 불빛을 반사시켜 차량 번호판이 식별되지 않도록 하는 기능이 있는 제품을 차량 번호판에 뿌린 상태로 차량을 운행한 경우 이는 공무원의 감시·단속업무를 적극적으로 방해한 것으로 위계에 의한 공무집행방해죄가 성립한다.
③ 마약범죄 피의자가 타인의 소변을 마치 자신의 소변인 것처럼 수사기관에 건네주어 필로폰 음성반응이 나오게 한 경우 위계에 의한 공무집행방해죄는 성립하지 않는다.
④ 피의자나 참고인이 아닌 자가 자발적이고 계획적으로 피의자를 가장하여 수사기관에 대하여 허위사실을 진술한 경우 위계에 의한 공무집행방해죄가 성립한다.

해설

① 【O】 불법체류를 이유로 강제출국 당한 중국 동포인 피고인이 중국에서 이름과 생년월일을 변경한 호구부(戶口簿)를 발급받아 중국 주재 대한민국 총영사관에 제출하여 변경된 명의로 입국사증을 받은 다음, 다시 입국하여 그 명의로 외국인등록증을 발급받고 귀화허가신청서까지 제출한 사안에서, 피고인이 자신과 동일성을 확인할 수 없도록 변경된 호구부를 중국의 담당관청에서 발급받아 위 대한민국 총영사관에 제출하였으므로, 영사관 담당직원 등이 호구부의 기재를 통하여 피고인의 인적사항 외에 강제출국 전력을 확인하지 못하였더라도, 사증 및 외국인등록증의 발급요건 존부에 대하여 충분한 심사를 한 것으로 보아야 하고, 이러한 경우 행정청의 불충분한 심사가 아니라 출원인의 적극적인 위계에 의해 사증 및 외국인등록증이 발급되었던 것이므로 위계에 의한 공무집행방해죄가 성립하고, 또한 피고인의 위계행위에 의하여 귀화허가에 관한 공무집행방해 상태가 초래된 것이 분명하므로, 귀화허가가 이루어지지 아니하였더라도 위 죄의 성립에 아무런 영향이 없다는 이유로, 피고인에게 각 '위계에 의한 공무집행방해죄'를 인정한 원심판단을 수긍한 사례(대판 2011.4.28. 2010도14696). 23. 경찰
② 【X】 과속단속카메라에 촬영되더라도 불빛을 반사시켜 차량 번호판이 식별되지 않도록 하는 기능이 있는 제품('파워매직세이퍼')을 차량 번호판에 뿌린 상태로 차량을 운행한 행위만으로는, 교통단속 경찰공무원이 충실히 직무를 수행하더라도 통상적인 업무처리과정 하에서 사실상 적발이 어려운 위계를 사용하여 그 업무집행을 하지 못하게 한 것으로 보기 어렵다(대판 2010.4.15. 2007도8024). 23. 경찰
③ 【X】 타인의 소변을 마치 자신의 소변인 것처럼 수사기관에 건네주어 필로폰 음성반응이 나오게 한 경우, 수사기관의 착오를 이용하여 적극적으로 피의사실에 관한 증거를 조작한 것이므로 위계에 의한 공무집행방해죄가 성립한다(대판 2007.10.11. 2007도6101). 23. 경찰
④ 【X】 형사 피의자와 수사기관이 대립적 위치에서 서로 공격방어를 할 수 있는 취지의 형사소송법의 규정과 법률에 의한 선서를 한 증인이 허위로 진술을 한 경우에 한하여 위증죄가 성립된다는 형법의 규정 취지에 비추어 수사기관이 범죄사건을 수사함에 있어서는 피의자나 피의자로 자처하는 자 또는 참고인의 진술여하에 불구하고 피의자를 확정하고 그 피의사실을 인정할 만한 객관적인 제반증거를 수집 조사하여야 할 권리와 의무가 있는 것이라고 할 것이므로 피의자나 참고인이 아닌 자가 자발적이고 계획적으로 피의자를 가장하여 수사기관에 대하여 허위사실을 진술하였다 하여 바로 이를 위계에 의한 공무집행방해죄가 성립된다고 할 수 없다(대판 1977.2.8. 76도3685). 23. 경찰

정답 ①

06 공무방해에 관한 죄에 대한 설명 중 가장 적절하지 않은 것은?

① 공무원의 직무집행이 적법한지 여부는 행위 당시의 구체적인 상황을 토대로 객관적·합리적으로 판단해야 한다.
② 공무원의 직무수행에 대한 비판이나 시정 등을 요구하는 집회·시위 과정에서 상대방에게 고통을 줄 의도로 의사전달 수단으로서 합리적인 범위를 넘어서는 정도의 음향을 이용하였다면 공무집행방해죄의 폭행에 해당할 수 있다.
③ 음주운전을 하다가 교통사고를 야기한 후 그 형사처벌을 면하기 위해 타인의 혈액을 자신의 혈액인 것처럼 교통사고 조사경찰관에게 제출하여 감정하도록 한 경우 위계에 의한 공무집행방해죄가 성립한다.
④ 미결수용자 甲이 변호사 6명을 고용하여 총 51회에 걸쳐 변호인 접견을 가장해 변호사들로 하여금 甲의 개인적 업무와 심부름을 하도록 하고, 소송서류 외의 문서를 수수한 경우 변호인 접견업무 담당 교도관의 직무집행을 대상으로 한 위계에 의한 공무집행방해죄가 성립한다.

해설

① 【 O 】 공무집행방해죄는 공무원의 직무집행이 적법한 경우에 성립하는 것이고, 여기서 적법한 공무집행이란 그 행위가 공무원의 추상적 권한에 속할 뿐 아니라 구체적으로도 그 권한 내에 있어야 하며, 직무행위로서의 요건과 방식을 갖추어야 하고, 공무원의 어떠한 공무집행이 적법한지 여부는 행위 당시의 구체적 상황에 기하여 객관적·합리적으로 판단하여야 한다(대판 2014.5.29. 2013도2285). 23. 경찰승진

② 【 O 】 민주사회에서 공무원의 직무수행에 대한 시민들의 건전한 비판과 감시는 가능한 한 널리 허용되어야 한다는 점에서 볼 때, 공무원의 직무 수행에 대한 비판이나 시정 등을 요구하는 집회·시위 과정에서 일시적으로 상당한 소음이 발생하였다는 사정만으로는 이를 공무집행방해죄에서의 음향으로 인한 폭행이 있었다고 할 수는 없다. 그러나 의사전달수단으로서 합리적 범위를 넘어서 상대방에게 고통을 줄 의도로 음향을 이용하였다면 이를 폭행으로 인정할 수 있을 것인바, 구체적인 상황에서 공무집행방해죄에서의 음향으로 인한 폭행에 해당하는지 여부는 음량의 크기나 음의 높이, 음향의 지속시간, 종류, 음향발생 행위자의 의도, 음향발생원과 직무를 집행 중인 공무원과의 거리, 음향발생 당시의 주변 상황을 종합적으로 고려하여 판단하여야 한다(대판 2009.10.29. 2007도3584). 23. 경찰승진

③ 【 O 】 음주운전을 하다가 교통사고를 야기한 후 그 형사처벌을 면하기 위하여 타인의 혈액을 자신의 혈액인 것처럼 교통사고 조사 경찰관에게 제출하여 감정하도록 한 행위는, 단순히 피의자가 수사기관에 대하여 허위사실을 진술하거나 자신에게 불리한 증거를 은닉하는 데 그친 것이 아니라 수사기관의 착오를 이용하여 적극적으로 피의사실에 관한 증거를 조작한 것으로서 위계에 의한 공무집행방해죄가 성립한다(대판 2003.7.25. 2003도1609). 23. 경찰승진

④ 【 X 】 미결수용자의 변호인이 교도관에게 변호인 접견을 신청하는 경우 미결수용자의 형사사건에 관하여 변호인이 구체적으로 어떠한 변호 활동을 하는지, 실제 변호를 할 의사가 있는지 여부 등은 교도관의 심사대상이 되지 않는다. 따라서 이 사건 접견변호사들이 미결수용자의 개인적인 업무나 심부름을 위해 접견신청행위를 하였다는 이유만으로 교도관들에 대한 위계에 해당한다거나 그로 인해 교도관의 직무집행이 구체적이고 현실적으로 방해되었다고 볼 수 없다(대판 2022.6.22. 2021도244). 23. 경찰승진

정답 ④

07 공무집행방해죄에 대한 설명으로 옳은 것은?

① 공무집행방해죄의 폭행은 사람에 대한 유형력의 행사이고 이는 반드시 신체에 대한 것임을 요하며, 본죄에서 '직무를 집행하는'이란 공무원이 직무수행에 직접 필요한 행위를 현실적으로 행하고 있는 때만을 가리킨다.
② 음주운전 신고를 받고 출동한 경찰관 P가 시동이 걸린 차량 운전석에 앉아있던 만취한 甲을 발견하고 음주측정을 위하여 하차를 요구하자 甲이 운전하지 않았다고 다투었고, 이에 P가 차량 블랙박스 확인을 위해 경찰서로 임의동행할 것을 요구하자, 甲이 차량에서 내리자마자 도주하여 P가 이미 착수한 음주측정 직무를 계속하기 위하여 甲을 10미터 정도 추격하여 도주를 제지한 것은 정당한 직무집행에 해당한다.
③ 위계에 의한 공무집행방해죄에서 '공무원의 직무집행'이란 법령의 위임에 따른 공무원의 적법한 직무집행으로서 공권력을 내용으로 하는 권력적 작용에 한정하므로 사경제주체로서의 활동을 비롯한 비권력적 작용은 포함하지 아니한다.
④ 위력으로써 공무원이 직무상 수행하는 공무를 방해하는 행위에 대해서는 형법 제314조의 업무방해죄로 처단할 수 있다.

[해설]

① 【X】 공무집행방해죄에서 '직무를 집행하는'이란 공무원이 직무수행에 직접 필요한 행위를 현실적으로 행하고 있는 때만을 가리키는 것이 아니라 공무원이 직무수행을 위하여 근무 중인 상태에 있는 때를 포괄하고, 직무의 성질에 따라서는 직무수행의 과정을 개별적으로 분리하여 부분적으로 각각의 개시와 종료를 논하는 것이 부적절하고 여러 종류의 행위를 포괄하여 일련의 직무수행으로 파악함이 상당한 경우가 있다(대판 2009.1.15. 2008도9919). 23. 경찰간부

② 【O】 음주운전 신고를 받고 출동한 경찰관이 만취한 상태로 시동이 걸린 차량 운전석에 앉아있는 피고인을 발견하고 음주측정을 위해 하차를 요구함으로써 도로교통법 제44조 제2항이 정한 음주측정에 관한 직무에 착수하였다고 할 것이고, 피고인이 차량을 운전하지 않았다고 다투자 경찰관이 지구대로 가서 차량 블랙박스를 확인하자고 한 것은 음주측정에 관한 직무 중 '운전' 여부 확인을 위한 임의동행 요구에 해당하고, 피고인이 차량에서 내리자마자 도주한 것을 임의동행 요구에 대한 거부로 보더라도, 경찰관이 음주측정에 관한 직무를 계속하기 위하여 피고인을 추격하여 도주를 제지한 것은 앞서 본 바와 같이 도로교통법상 음주측정에 관한 일련의 직무집행 과정에서 이루어진 행위로써 정당한 직무집행에 해당한다(대판 2020.8.20. 2020도7193). 23. 경찰간부

③ 【X】 위계에 의한 공무집행방해죄는 행위목적을 이루기 위하여 상대방에게 오인, 착각, 부지를 일으키게 하여 이를 이용함으로써 법령에 의하여 위임된 공무원의 적법한 직무에 관하여 그릇된 행위나 처분을 하게 하는 경우에 성립하고, 여기에서 공무원의 직무집행이란 법령의 위임에 따른 공무원의 적법한 직무집행인 이상 공권력의 행사를 내용으로 하는 권력적 작용뿐만 아니라 사경제주체로서의 활동을 비롯한 비권력적 작용도 포함되는 것으로 봄이 상당하다(대판 2003.12.26. 2001도6349). 23. 경찰간부

④ 【X】 공무집행방해죄는 폭행, 협박에 이른 경우를 구성요건으로 삼고 있을 뿐 이에 이르지 아니하는 위력 등에 의한 경우는 그 구성요건의 대상으로 삼고 있지 않다. 또한, 형법은 공무집행방해죄 외에도 여러 가지 유형의 공무방해행위를 처벌하는 규정을 개별적·구체적으로 마련하여 두고 있으므로, 이러한 처벌조항 이외에 공무의 집행을 업무방해죄에 의하여 보호받도록 하여야 할 현실적 필요가 적다는 측면도 있다. 그러므로 형법이 업무방해죄와는 별도로 공무집행방해죄를 규정하고 있는 것은 사적 업무와 공무를 구별하여 공무에 관해서는 공무원에 대한 폭행, 협박 또는 위계의 방법으로 그 집행을 방해하는 경우에 한하여 처벌하겠다는 취지라고 보아야 한다. 따라서 공무원이 직무상 수행하는 공무를 방해하는 행위에 대해서는 업무방해죄로 의율할 수는 없다고 해석함이 상당하다(대판 2009.11.19. 2009도4166). 23. 경찰간부

정답 ②

08 다음 중 공무집행방해죄에 대한 설명으로 가장 옳지 않은 것은?

① 경찰관이 도로를 순찰하던 중 벌금 미납으로 수배된 피고인과 조우(遭遇)하여 형집행장을 소지하지 아니한 채 급속을 요하여 그에게 형집행 사유와 더불어 형집행장이 발부되어 있는 사실을 고지하고 벌금 미납으로 인한 노역장 유치의 집행을 위해 구인하려 하였는데, 피고인이 이에 저항하여 그 경찰관을 폭행한 경우 공무집행방해죄가 성립한다.

② 「형법」상 공무집행방해죄는 직무를 집행하는 공무원에 대하여 폭행 또는 협박한 경우에 성립하는 범죄로서 여기서의 폭행은 사람에 대한 유형력의 행사로 족하고 반드시 신체에 대한 것임을 요하지 아니하며 또한 추상적 위험범으로서 구체적으로 직무집행의 방해라는 결과발생을 요하지도 아니한다.

③ 피고인이 같은 장소에서 함께 출동한 경찰관들 중 먼저 경찰관 A를 폭행하고 곧이어 이를 제지하는 경찰관 B를 폭행한 경우 위와 같이 동일한 장소에서 동일한 기회에 이루어진 폭행 행위는 사회 관념상 1개의 행위로 평가하는 것이 상당하므로 A와 B에 대한 공무집행방해죄는 포괄일죄의 관계에 있다.

④ 피고인이 지구대 내에서 약 1시간 이상 경찰관에게 큰소리로 욕을 하고 의자에 드러눕거나 다른 사람들에게 시비를 걸고, 경찰관들이 피고인을 내보낸 뒤 문을 잠그자 다시 들어 오기 위해 출입문을 계속해서 두드리는 등 소란을 피운 경우 공무원에 대한 간접적인 유형력의 행사로 볼 수 있어 공무집행방해죄가 성립할 수 있다.

해설

① 【O】 대판 2013.9.12. 2012도2349 23. 해경승진

② 【O】 대판 2018.3.29. 2017도21537 23. 해경승진

③ 【X】 동일한 공무를 집행하는 여럿의 공무원에 대하여 폭행·협박 행위가 이루어진 경우에는 공무를 집행하는 공무원의 수에 따라 여럿의 공무집행방해죄가 성립하고, 위와 같은 폭행·협박 행위가 동일한 장소에서 동일한 기회에 이루어진 것으로서 사회관념상 1개의 행위로 평가되는 경우에는 여럿의 공무집행방해죄는 상상적 경합의 관계에 있다고 할 것이다(대판 2009.6.25. 2009도3505). 23. 해경승진

④ 【O】 피고인이 지구대 내에서 약 1시간 40분 동안 큰 소리로 경찰관을 모욕하는 말을 하고, 그곳 의자에 드러눕거나 다른 사람들에게 시비를 걸고 그 과정에서 경찰관들이 피고인을 내보낸 뒤 문을 잠그자 다시 들어오기 위해 출입문을 계속해서 두드리거나 잡아당기는 등 소란을 피운 사안에서, 피고인이 밤늦은 시각에 술에 취해 위와 같이 한참 동안 소란을 피운 행위는 그 정도에 따라 공무원에 대한 간접적인 유형력의 행사로서 형법 제136조에서 규정한 '폭행'에 해당할 여지가 있는데도, 이와 달리 보아 공무집행방해의 점을 무죄로 판단한 원심판결에 법리오해 등 잘못이 있다고 한 사례(대판 2013.12.26. 2013도11050). 23. 해경승진

정답 ③

09 공무집행방해죄에 관한 다음 설명 중 가장 옳지 않은 것은?

① 甲이 차량을 일단 정차한 다음 경찰관의 운전면허증 제시 요구에 불응하고 다시 출발하는 과정에서, 경찰관이 잡고 있던 운전석 쪽의 열린 유리창 윗부분을 놓지 않은 채 10 내지 15m 가량을 걸어서 따라가다가 차량 속도가 빨라지자 더 이상 따라가지 못하고 손을 놓아버린 경우, 이러한 사실만으로는 甲의 행위가 공무집행방해죄에 있어서의 폭행에 해당한다고 할 수 없다.
② 경찰관 A, B가 甲에 대하여 접수된 피해신고를 받고 함께 출동하여 신고처리 및 수사업무를 집행 하던 중, 甲이 같은 장소에서 A, B에게 욕설을 하면서 먼저 경찰관 A를 폭행하고 곧이어 이를 제지하는 경찰관 B를 폭행한 경우 경찰관 A와 경찰관 B에 대한 공무집행방해죄는 형법 제40조에 정한 상상적 경합의 관계에 있다.
③ 공무집행방해죄는 공무원의 적법한 공무집행이 전제로 되는데, 현행범 체포의 적법성은 체포 당시의 구체적 상황을 기초로 객관적으로 판단하여야 하고, 사후에 범인으로 인정되었는지에 의할 것은 아니다.
④ 방송국 프로듀서와 촬영감독이 수용 중인 피의자를 접견하면서 촬영하기 위하여, 피의자의 지인인 것처럼 접견을 허가 받은 후 반입이 금지되어 있는 명함지갑 모양의 녹음·녹화 장비를 교정시설 내로 반입한 행위는 위계에 의한 공무집행방해죄를 구성한다.
⑤ 가처분신청시 당사자가 허위의 주장을 하거나 허위의 증거를 제출하였다 하더라도 그것만으로 바로 위계에 의한 공무집행방해죄가 성립한다고 볼 수 없다.

해설

① 【○】 피고인이 차량을 일단 정차한 다음 경찰관의 운전면허증 제시요구에 불응하고 다시 출발하는 과정에서 경찰관이 잡고 있던 운전석 열린 유리창 윗부분을 놓지 않은 채 어느 정도 진행하다가 차량속도가 빨라지자 더 이상 따라가지 못하고 손을 놓아버렸다면 이러한 사실만으로는 피고인의 행위가 공무집행방해죄에 있어서의 폭행에 해당한다고 할 수 없다(대판 1996.4.26. 96도281). 23. 법원행시

② 【○】 피해 신고를 받고 출동한 두 명의 경찰관에게 욕설을 하면서 순차로 폭행을 하여 신고 처리 및 수사 업무에 관한 정당한 직무집행을 방해한 사안에서, 위 공무집행방해죄가 상상적 경합의 관계에 있다고 한 사례(대판 2009.6.25. 2009도3505). 23. 법원행시

③ 【○】 공무집행방해죄는 공무원의 적법한 공무집행이 전제로 되는데, 추상적인 권한에 속하는 공무원의 어떠한 공무집행이 적법한지 여부는 행위 당시의 구체적 상황에 기하여 객관적·합리적으로 판단하여야 하고 사후적으로 순수한 객관적 기준에서 판단할 것은 아니다. 마찬가지로 현행범 체포의 적법성은 체포 당시의 구체적 상황을 기초로 객관적으로 판단하여야 하고, 사후에 범인으로 인정되었는지에 의할 것은 아니다(대판 2013.8.23. 2011도4763). 23. 법원행시

④ 【X】 법령에서 일정한 행위를 금지하면서 이를 위반하는 행위에 대한 벌칙을 정하고 공무원으로 하여금 금지규정의 위반 여부를 감시·단속하도록 한 경우 공무원에게는 금지규정 위반행위의 유무를 감시하여 확인하고 단속할 권한과 의무가 있으므로 구체적이고 현실적으로 감시·단속 업무를 수행하는 공무원에 대하여 위계를 사용하여 업무집행을 못하게 하였다면 위계에 의한 공무집행방해죄가 성립하지만, 단순히 공무원의 감시·단속을 피하여 금지규정을 위반한 것에 지나지 않는다면 그에 대하여 벌칙을 적용하는 것은 별론으로 하고 그 행위가 위계에 의한 공무집행방해죄에 해당한다고 할 수 없다. 피고인이 금지규정을 위반하여 감시·단속을 피하는 것을 공무원이 적발하지 못하였다면 이는 공무원이 감시·단속이라는 직무를 소홀히 한 결과일 뿐 위계로 공무집행을 방해한 것이라고 볼 수 없다.
녹음·녹화 등을 할 수 있는 전자장비가 교정시설의 안전 또는 질서를 해칠 우려가 있는 금지물품에 해당하여 반입을 금지할 필요가 있다면 교도관은 교정시설 등의 출입자와 반출·반입 물품을 검사·단속해야 할 일반적인 직무상 권한과 의무가 있다. 수용자가 아닌 사람이 위와 같은 금지물품을 교정시설 내로 반입하였다면 교도관의 검사·단속을 피하여 단순히 금지규정을 위반하는 행위를 한 것일 뿐 이로써 위계에 의한 공무집행방해죄가 성립한다고 할 수는 없다(대판 2022.3.31. 2018도15213). 23. 법원행시

⑤ 【○】 법원은 당사자의 허위 주장 및 증거 제출에도 불구하고 진실을 밝혀야 하는 것이 그 직무이므로, 가처분신청 시 당사자가 허위의 주장을 하거나 허위의 증거를 제출하였다 하더라도 그것만으로 법원의 구체적이고 현실적인 어떤 직무집행이 방해되었다고 볼 수 없으므로 이로써 바로 위계에 의한 공무집행방해죄가 성립한다고 볼 수 없다(대판 2012.4.26. 2011도17125). 23. 법원행시

정답 ④

10 공무방해의 죄에 대한 설명 중 가장 적절한 것은?

① 허위의 매매계약서 및 영수증을 소명자료로 첨부하여 가처분 신청을 한 후 법원으로부터 유체동산에 대한 가처분 결정을 받은 경우 위계에 의한 공무집행방해죄가 성립하지 않는다.
② 과속단속카메라에 촬영되더라도 불빛을 반사시켜 차량 번호판이 식별되지 않도록 하는 기능의 제품을 차량 번호판에 뿌린 상태로 차량을 운행하는 경우 교통단속 경찰공무원이 충실히 직무를 수행하더라도 사실상 적발하기가 어려워 위계에 의한 공무집행 방해죄가 성립한다.
③ 위계에 의한 공무집행방해죄에 있어서 범죄행위가 구체적인 공무집행을 저지하거나 현실적으로 곤란하게 하는 데까지는 이르지 아니하고 미수에 그친 경우 위계에 의한 공무집행방해죄의 미수죄가 성립한다.
④ 출동한 두 명의 경찰관에게 욕설을 하면서 차례로 폭행을 하여 신고처리 업무에 관한 정당한 직무집행을 방해한 경우, 동일한 장소에서 동일한 기회에 이루어진 폭행행위는 사회관념상 1개의 행위로 평가하는 것이 상당하므로 두 명의 경찰관에 대한 공무집행방해죄는 포괄일죄의 관계에 있다.

[해설]
① 【 O 】 법원은 당사자의 허위 주장 및 증거 제출에도 불구하고 진실을 밝혀야 하는 것이 그 직무이므로, 가처분신청 시 당사자가 허위의 주장을 하거나 허위의 증거를 제출하였다 하더라도 그것만으로 법원의 구체적이고 현실적인 어떤 직무집행이 방해되었다고 볼 수 없으므로 이로써 바로 위계에 의한 공무집행방해죄가 성립한다고 볼 수 없다(대판 2012.4.26. 2011도17125). 20. 경찰승진
② 【 X 】 과속단속카메라에 촬영되더라도 불빛을 반사시켜 차량 번호판이 식별되지 않도록 하는 기능이 있는 제품('파워매직세이퍼')을 차량 번호판에 뿌린 상태로 차량을 운행한 행위만으로는, 교통단속 경찰공무원이 충실히 직무를 수행하더라도 통상적인 업무처리과정 하에서 사실상 적발이 어려운 위계를 사용하여 그 업무집행을 하지 못하게 한 것으로 보기 어렵다(대판 2010.4.15. 2007도8024). 20. 경찰승진
③ 【 X 】 위계에 의한 공무집행방해죄에 있어서 위계라 함은 행위자의 행위목적을 이루기 위하여 상대방에게 오인, 착각, 부지를 일으키게 하여 그 오인, 착각, 부지를 이용하는 것을 말하는 것으로 상대방이 이에 따라 그릇된 행위나 처분을 하여야만 이 죄가 성립하는 것이고, 만약 범죄행위가 구체적인 공무집행을 저지하거나 현실적으로 곤란하게 하는 데까지는 이르지 아니하고 미수에 그친 경우에는 위계에 의한 공무집행방해죄로 처벌할 수 없다(대판 2003.2.11. 2002도4293). 20. 경찰승진
④ 【 X 】 피해 신고를 받고 출동한 두 명의 경찰관에게 욕설을 하면서 순차로 폭행을 하여 신고 처리 및 수사 업무에 관한 정당한 직무집행을 방해한 사안에서, 위 공무집행방해죄가 상상적 경합의 관계에 있다(대판 2009.6.25. 2009도3505). 20. 경찰승진

[정답] ①

11 공무방해에 관한 죄에 대한 설명 중 가장 적절하지 않은 것은?

① 동일한 공무를 집행하는 여럿의 공무원에 대하여 폭행·협박 행위를 한 경우에는 공무를 집행하는 공무원의 수에 따라 여럿의 공무집행방해죄가 성립하고, 위와 같은 폭행·협박 행위가 동일한 장소에서 동일한 기회에 이루어진 것으로서 사회관념상 1개의 행위로 평가되는 경우에는 여럿의 공무집행방해죄는 상상적 경합의 관계에 있다.
② 불법주차 차량에 불법주차 스티커를 붙였다가 이를 다시 떼어 낸 직후에 있는 주차단속 공무원을 폭행한 경우, 공무집행방해죄가 성립한다.
③ 음주운전을 하다가 교통사고를 야기한 후 그 형사처벌을 면하기 위하여 타인의 혈액을 자신의 혈액인 것처럼 교통사고 조사 경찰관에게 제출하여 감정하도록 한 경우, 위계에 의한 공무집행방해죄가 성립하지 않는다.
④ 변호사가 접견을 핑계로 수용자를 위하여 휴대전화와 증권거래용 단말기를 구치소 내로 몰래 반입하여 이용하게 한 행위는 위계에 의한 공무집행방해죄에 해당한다.

해설

① 【O】 범죄 피해 신고를 받고 출동한 두 명의 경찰관에게 욕설을 하면서 차례로 폭행을 하여 신고 처리 및 수사 업무에 관한 정당한 직무집행을 방해한 경우, 동일한 장소에서 동일한 기회에 이루어진 폭행 행위는 사회관념상 1개의 행위로 평가하는 것이 상당하다는 이유로, 위 공무집행방해죄는 형법 제40조에 정한 상상적 경합의 관계에 있다(대판 2009.6.25. 2009도3505). 18. 경찰
② 【O】 불법주차 차량에 불법주차 스티커를 붙였다가 이를 다시 떼어 낸 직후에 있는 주차단속 공무원을 폭행한 경우, 폭행 당시 주차단속 공무원은 일련의 직무수행을 위하여 근무 중인 상태에 있었다고 보아야 하므로 공무집행방해죄가 성립한다(대판 1999.9.21. 99도383). 18. 경찰
③ 【X】 피의자나 참고인이 피의자의 무고함을 입증하는 등의 목적으로 적극적으로 허위의 증거를 조작하여 제출하였고 그 증거조작의 결과 수사기관이 그 진위에 관하여 나름대로 충실한 수사를 하더라도 제출된 증거가 허위임을 발견하지 못하여 잘못된 결론을 내리게 될 정도에 이르렀다면, 이는 위계에 의하여 수사기관의 수사행위를 적극적으로 방해한 것으로서 위계에 의한 공무집행방해죄가 성립된다 할 것이다(대판 2003.7.25. 2003도1609). 18. 경찰
④ 【O】 변호사가 접견을 핑계로 수용자를 위하여 휴대전화와 증권거래용 단말기를 구치소 내로 몰래 반입하여 이용하게 한 행위는 위계에 의한 공무집행방해죄에 해당한다(대판 2005.8.25. 2005도1731). 18. 경찰

정답 ③

12 공무방해에 관한 죄에 대한 설명 중 가장 적절하지 않은 것은?

① 공무집행방해죄에서 공무원의 공무집행이 적법한지 여부는 행위 당시의 구체적 상황에 기하여 객관적 합리적으로 판단하여야 하고 사후적으로 순수한 객관적 기준에서 판단할 것은 아니다.
② 공무집행방해죄에서 협박이란 상대방에게 공포심을 일으킬 목적으로 해악을 고지하는 행위를 의미하는 것으로서 그 협박이 경미하여 상대방이 전혀 개의치 않을 정도인 경우에는 협박에 해당하지 않는다.
③ 부동산강제집행효용침해죄의 객체인 강제집행으로 명도 또는 인도된 부동산에는 강제집행으로 퇴거집행된 부동산은 포함되지 않는다.
④ 공무집행방해죄는 추상적 위험범으로서 구체적으로 직무집행의 방해라는 결과발생을 요하지 않는다.

해설

① 【 O 】 대판 2013.8.23. 2011도4763 19. 경찰
② 【 O 】 공무집행방해죄에 있어서 협박이라 함은 행위당시의 여러 사정을 종합하여 객관적으로 상대방으로 하여금 공포심을 느끼게 하기에 족하면 되고, 상대방이 현실로 공포심을 품게 될 것까지 요구되는 것은 아니며, 다만 그 협박이 경미하여 상대방이 전혀 개의치 않을 정도인 경우에는 협박에 해당하지 않는다고 할 것이다(대판 1976.5.11. 76도988). 19. 경찰
③ 【 X 】 명도란 부동산을 비워서 넘겨 주는 것이고, 인도란 점유만 이전하는 것이다. 입법지지상 여기에는 퇴거집행된 부동산도 포함한다고 본다. 형법 제140조의2 부동산강제집행효용침해죄의 입법취지와 체제 및 내용과 구조를 살펴보면, 부동산강제집행효용침해죄의 객체인 강제집행으로 명도 또는 인도된 부동산에는 강제집행으로 **퇴거집행된 부동산을 포함**한다고 해석된다(대판 2003.5.13. 2001도3212). 19. 경찰
④ 【 O 】 형법 제136조에서 정한 공무집행방해죄는 직무를 집행하는 공무원에 대하여 폭행 또는 협박한 경우에 성립하는 범죄로서 여기서의 폭행은 사람에 대한 유형력의 행사로 족하고 반드시 그 신체에 대한 것임을 요하지 아니하며, 또한 **추상적 위험범**으로서 구체적으로 직무집행의 방해라는 결과발생을 요하지도 아니한다(대판 2018.3.29. 2017도21537). 19. 경찰

정답 ③

13 다음 중 옳은 것은 모두 몇 개인가?

> ㉠ 공무집행방해죄에 있어서의 범의는 상대방이 직무를 집행하는 공무원이라는 사실, 그리고 이에 대하여 폭행 또는 협박을 가한다는 사실에 대한 인식과 그 직무집행을 방해할 의사가 있어야 인정할 수 있다.
> ㉡ 위계에 의한 공무집행방해죄에 있어서 고의 이외에 직무집행을 방해할 의사는 요구되지 않는다.
> ㉢ 공무집행방해죄에 있어서 적법한 공무집행이라고 함은 그 행위가 해당공무원의 추상적 직무권한에 속하면 되고 구체적 직무집행에 관한 법률상 요건과 방식을 갖출 필요는 없다.
> ㉣ 폭행·협박·위계가 아닌 방법으로 공무원이 직무상 수행하는 공무를 방해한 경우에는 공무집행방해죄는 물론 업무방해죄로도 처벌할 수 없다.

① 1개 ② 2개 ③ 3개 ④ 4개

㉠【 X 】 공무집행방해죄에 있어서의 범의는 상대방이 직무를 집행하는 공무원이라는 사실, 그리고 이에 대하여 **폭행 또는 협박을 한다는** 사실을 인식하는 것을 그 내용으로 하고, 그 인식은 불확정적인 것이라도 소위 미필적 고의가 있다고 보아야 하며, 그 직무집행을 방해할 의사를 필요로 하지 아니한다(대판 1995.1.24. 94도1949). 18. 경찰간부

㉡【 X 】 자가용차를 운전하다가 교통사고를 낸 사람이 경찰관서에 신고함에 있어 가해차량이 자가용일 경우 피해자와 합의하는데 불리하다고 생각하여 영업용택시를 운전하다가 사고를 내었다고 허위신고를 하였다 하더라도 이 사실만으로 공무원의 직무집행을 방해할 의사가 있었다고 단정하기 어려우므로 위계로 인한 공무집행방해죄가 성립하지 않는다(대판 1974.12.10. 74도2841). 18. 경찰간부
⇨ 위계로 공무를 방해한다는 인식과 의사 이외에 **공무원의 직무집행을 방해할 의사를** 요한다.

㉢【 X 】 일반적으로 형법 제136조가 규정하는 공무집행방해죄는 공무원의 직무집행이 적법한 경우에 한하여 성립하는 것이고 여기서 적법한 공무집행이라고 함은 그 행위가 공무원의 추상적 권한에 속할 뿐 아니라 **구체적 직무집행에 관한 법률상 요건과 방식을 갖춘 경우를** 가리키는 것이므로, 이러한 적법성이 결여된 직무행위를 하는 공무원에 대항하여 폭행을 가하였다고 하더라도 이를 공무집행방해죄로 다스릴 수는 없고, 비록 사법경찰관 등이 피의자에 대한 구속영장을 소지하였다 하더라도 피의자를 체포하기 위하여는 체포 당시에 피의자에 대한 범죄사실의 요지, 구속의 이유와 변호인을 선임할 수 있음을 말하고 변명할 기회를 준 후가 아니면 체포할 수 없고, 이와 같은 절차를 밟지 아니한 채 실력으로 연행하려 하였다면 적법한 공무집행으로 볼 수 없다(대판 1996.12.23. 96도2673). 18. 경찰간부

㉣【 O 】 대판 2009.11.19. 2009도4166 전합 18. 경찰간부

정답 ①

14 공무방해에 관한 죄에 대한 설명으로 적절하지 않은 것을 모두 고른 것은?

> ㉠ 공무집행방해죄의 '직무를 집행하는'이라 함은 공무원이 직무수행에 직접 필요한 행위를 현실적으로 행하고 있는 때만을 가리키는 것이 아니라 공무원이 직무수행을 위하여 근무 중인 상태에 있는 때를 포괄한다.
> ㉡ 참고인이 수사기관에 대하여 허위진술을 한 사실만으로는 위계에 의한 공무집행방해죄가 성립하지 않는다.
> ㉢ 공무집행방해죄는 공무원의 직무집행이 적법한 경우에 한하여 성립하고, 여기서 적법한 공무집행이라고 함은 그 행위가 공무원의 추상적 권한에 속하면 충분하며, 구체적으로 그 권한 내에 있어야 할 필요는 없다.
> ㉣ 유체동산의 가압류집행에 있어 가압류공시서의 기재에 다소의 흠이 있다면, 그 기재 내용을 전체적으로 보아 가압류공시서에 그 가압류목적물이 특정되었다고 인정할 수 있더라도 그 가압류는 당연무효이고, 해당 가압류공시서는 공무상표시무효죄의 객체가 될 수 없다.

① ㉠, ㉡   ② ㉡, ㉢   ③ ㉡, ㉣   ④ ㉢, ㉣

[해설]

㉠ 【 O 】 <u>형법 제136조 제1항에 규정된 공무집행방해죄에서 '직무를 집행하는'이라 함은 공무원이 직무수행에 직접 필요한 행위를 현실적으로 행하고 있는 때만을 가리키는 것이 아니라 공무원이 직무수행을 위하여 근무 중인 상태에 있는 때를 포괄하고</u>, 직무의 성질에 따라서는 그 직무수행의 과정을 개별적으로 분리하여 부분적으로 각각의 개시와 종료를 논하는 것이 부적절하고 여러 종류의 행위를 포괄하여 일련의 직무수행으로 파악함이 상당한 경우가 있으며, 나아가 현실적으로 구체적인 업무를 처리하고 있지는 않다 하더라도 자기 자리에 앉아 있는 것만으로도 업무의 집행으로 볼 수 있을 때에는 역시 직무집행 중에 있는 것으로 보아야 하고, 직무 자체의 성질이 부단히 대기하고 있을 것을 필요로 하는 것일 때에는 대기 자체를 곧 직무행위로 보아야 할 경우도 있다(대판 2002.4.12. 2000도3485). 18. 경찰

㉡ 【 O 】 대판 1971.3.9. 71도186 18. 경찰

㉢ 【 X 】 형법 제136조의 공무집행방해죄는 공무원의 직무집행이 적법한 경우에 한하여 성립하고, <u>그 공무집행이 적법하려면 그 행위가 당해 공무원의 **추상적 직무권한에** 속할 뿐 아니라 **구체적으로도** 그 권한 내에 있어야 하며, 또한 직무행위의 중요한 방식을 갖추어야 한다</u>(대판 2008.10.9. 2008도3640). 18. 경찰

㉣ 【 X 】 공무원이 그 직권을 남용하여 위법하게 실시한 봉인 또는 압류 기타 강제처분의 표시임이 명백하여 법률상 당연무효 또는 부존재라고 볼 수 있는 경우에는 그 봉인 등의 표시는 공무상표시무효죄의 객체가 되지 아니하여 이를 손상 또는 은닉하거나 기타 방법으로 그 효용을 해한다 하더라도 공무상표시무효죄가 성립하지 아니한다 할 것이지만 **공무원이 실시한 봉인 등의 표시에 절차상 또는 실체상의 하자가 있다고 하더라도** 객관적·일반적으로 그것이 공무원이 그 직무에 관하여 실시한 봉인 등으로 인정할 수 있는 상태에 있다면 적법한 절차에 의하여 취소되지 아니하는 한 공무상표시무효죄의 객체로 된다.

> [사실관계]
> 유체동산의 가압류집행에 있어 그 가압류공시서의 기재에 다소의 흠이 있으나 그 기재 내용을 전체적으로 보면 그 가압류목적물이 특정되었다고 인정할 수 있어 그 가압류가 유효하다고 본 사례(대판 2001.1.16. 2000도1757). 18. 경찰

정답 ④

15 다음 중 공무집행방해죄가 성립하지 않는 것을 모두 고른 것은?

> ㉠ 피고인이 차량을 일단 정차한 다음 경찰관의 운전면허증 제시요구에 불응하고 다시 출발하는 과정에서 경찰관이 잡고 있던 운전석 쪽의 열린 유리창 윗부분을 놓지 않은 채 어느 정도 진행하다가 차량속도가 빨라지자 더 이상 따라가지 못하고 손을 놓아버린 경우
> ㉡ 현행범인으로서의 요건을 갖추고 있었다고 인정되지 않는 상황에서 경찰관들이 동행을 거부하는 자를 체포하거나 강제로 연행하려고 하자 피고인이 강제연행을 거부하는 자를 도와 경찰관들에 대하여 폭행을 하는 등의 방법으로 그 연행을 방해한 경우
> ㉢ 경찰관이 벌금형에 따르는 노역장 유치의 집행을 위하여 형집행장을 소지하지 아니한 채 피고인을 구인할 목적으로 그의 주거지를 방문하여 임의동행의 형식으로 데리고 가다가, 피고인이 동행을 거부하며 다른 곳으로 가려는 것을 제지하면서 체포·구인하려고 하자 피고인이 이를 거부하면서 경찰관을 폭행한 경우
> ㉣ 검문 중이던 경찰관들이 자전거를 이용한 날치기 사건 범인과 흡사한 인상착의의 피고인이 자전거를 타고 다가오는 것을 발견하고 정지를 요구하였으나 멈추지 않아 앞을 가로막고 검문에 협조해 달라고 하였음에도 불응하고 그대로 전진하자, 따라가서 재차 앞을 막고 검문에 응하라고 요구하였는데, 이에 피고인이 경찰관들의 멱살을 잡아 밀치는 등 항의하면서 폭행한 경우
> ㉤ 폭력행위 등 전과 12범인 피고인이 자신이 운영하는 술집에서 떠들며 놀다가 주민의 신고를 받고 출동한 경찰로부터 조용히 하라는 주의를 받은 것에 앙심을 품고 새벽 4시에 파출소에 뒤쫓아가 "우리 집에 무슨 감정이 있느냐, 이 순사새끼들 죽고 싶으냐" 등의 폭언을 한 경우

① ㉠, ㉣ ② ㉠, ㉡, ㉢ ③ ㉠, ㉡, ㉣ ④ ㉡, ㉢ ⑤ ㉡, ㉢, ㉤

해설

㉠ 【성립×】 피고인이 차량을 일단 정차한 다음 경찰관의 운전면허증 제시요구에 불응하고 다시 출발하는 과정에서 경찰관이 잡고 있던 운전석 열린 유리창 윗부분을 놓지 않은 채 어느 정도 진행하다가 차량속도가 빨라지자 더 이상 따라가지 못하고 손을 놓아버렸다면 이러한 사실만으로는 피고인의 행위가 공무집행방해죄에 있어서의 폭행에 해당한다고 할 수 없다(대판 1996.4.26. 96도281). 17. 법원행시

㉡ 【성립×】 현행범인으로서의 요건을 갖추고 있었다고 인정되지 않는 상황에서 경찰관들이 동행을 거부하는 자를 체포하거나 강제로 연행하려고 하였다면, 이는 적법한 공무집행이라고 볼 수 없으므로 강제연행을 거부하는 자를 도와 경찰관들에 대하여 폭행을 하는 등의 방법으로 그 연행을 방해하였다고 하더라도, 공무집행방해죄는 성립되지 않는다(대판 1991.9.24. 91도1314). 17. 법원행시

㉢ 【성립×】 경찰관이 벌금형에 따르는 노역장 유치의 집행을 위하여 형집행장을 소지하지 아니한 채 피고인을 구인할 목적으로 그의 주거지를 방문하여 임의동행의 형식으로 데리고 가다가, 피고인이 동행을 거부하며 다른 곳으로 가려는 것을 제지하면서 체포·구인하려고 하자 피고인이 이를 거부하면서 경찰관을 폭행한 사안에서, 위와 같이 피고인을 체포·구인하려고 한 것은 노역장 유치의 집행에 관한 법규정에 반하는 것으로서 적법한 공무집행행위라고 할 수 없으며, 또한 그 경우에 형집행장의 제시 없이 구인할 수 있는 '급속을 요하는 경우'(형사소송법 제85조 제3항)에 해당한다고 할 수 없고, 이는 피고인이 벌금미납자로 지명수배 되었다고 하더라도 달리 볼 것이 아니라는 이유로, 위 공무집행방해의 공소사실에 대하여 무죄를 선고한다(대판 2010.10.14. 2010도8591). 17. 법원행시

㉣ 【성립○】 인근에서 자전거를 이용한 날치기 사건이 발생한 직후 검문을 실시 중이던 경찰관들이 위 날치기 사건의 범인과 흡사한 인상착의의 피고인을 발견하고 앞을 가로막으며 진행을 제지한 행위는 사회통념상 용인될 수 있는 상당한 방법으로 법 제3조 제1항에 규정된 자에 대하여 의심되는 사항에 관한 질문을 하기 위하여 정지시킨 것이어서 그러한 불심검문이 적법하다고 본 사례(대판 2012.9.13. 2010도6203). 17. 법원행시 결국, 피고인이 경찰관들의 멱살을 잡아 밀치거나 욕설을 하는 등 항의하며 공무집행방해 등으로 기소된 사안에서 유죄를 인정하였다.

⑩ 【성립○】 폭력행위 등 전과 12범인 피고인이 그 경영의 술집에서 떠들며 놀다가 주민의 신고를 받고 출동한 경찰로부터 조용히 하라는 주의를 받은 것 뿐인데 그후 새벽 4시의 이른 시각에 파출소에까지 뒤쫓아가서 "우리 집에 무슨 감정이 있느냐, 이 순사새끼들 죽고 싶으냐" 등의 폭언을 하였다면, 이는 단순한 불만의 표시나 감정적인 욕설에 그친다고 볼수 없고, 경찰이 계속하여 단속하는 경우에 생명, 신체에 어떤 위해가 가해지리라는 것을 통보함으로써 공포심을 품게 하려는데 그 목적이 있었다고 할 것이고, 또 이는 객관적으로 보아 상대방으로 하여금 공포심을 느끼게 하기에 족하다고 할 것이다(대판 1989.12.26. 89도1204). 17. 법원행시
⇨ 공무집행방해죄의 폭행·협박에 해당하므로 공무집행방해죄가 성립한다는 판결

정답 ②

16 공무방해의 죄에 대한 설명으로 옳지 않은 것은?

① 민원인이 경찰청 민원실에서 욕설을 하고 소란을 피우는 등 위력으로 공무원의 직무집행을 방해한 경우, 공무집행방해죄는 물론 업무방해죄도 성립하지 아니한다.

② 법원에 가처분신청 시 당사자가 허위주장을 하거나 허위증거를 제출한 경우, 위계에 의한 공무집행방해죄가 성립하지 아니한다.

③ 등기신청인이 제출한 허위의 소명자료 등에 대하여 등기관이 나름대로 충분히 심사를 하였음에도 이를 발견하지 못하여 등기가 마쳐진 경우, 등기관에게 등기신청이 실체법상의 권리관계와 일치하는지를 심사할 실질적인 권한이 없다면 위계에 의한 공무집행방해죄가 성립하지 아니한다.

④ 운전자가 과속단속카메라에 촬영되더라도 불빛을 반사시켜 차량 번호판이 식별되지 않도록 하는 기능이 있는 제품을 차량 번호판에 뿌린 상태로 차량을 운행한 경우, 위계에 의한 공무집행방해죄가 성립하지 아니한다.

해설

① 【○】 [1] 형법이 업무방해죄와는 별도로 공무집행방해죄를 규정하고 있는 것은 사적 업무와 공무를 구별하여 공무에 관해서는 공무원에 대한 폭행, 협박 또는 위계의 방법으로 그 집행을 방해하는 경우에 한하여 처벌하겠다는 취지라고 보아야 한다. 따라서 공무원이 직무상 수행하는 공무를 방해하는 행위에 대해서는 업무방해죄로 의율할 수는 없다고 해석함이 상당하다.
[2] 지방경찰청 민원실에서 민원인들이 진정사건의 처리와 관련하여 지방경찰청장과의 면담 등을 요구하면서 이를 제지하는 경찰들에게 큰소리로 욕설을 하고 행패를 부린 경우, 경찰관들의 수사 관련 업무를 방해한 것이라는 이유로 업무방해죄의 성립을 인정한 원심판결에, 업무방해죄의 성립범위에 관한 법리를 오해한 위법이 있다고 한 사례(대판 2009.11.19. 2009도4166 전합). 17. 국가직 7급

② 【○】 법원은 당사자의 허위 주장 및 증거 제출에도 불구하고 진실을 밝혀야 하는 것이 그 직무이므로, 가처분신청 시 당사자가 허위의 주장을 하거나 허위의 증거를 제출하였다 하더라도 그것만으로 법원의 구체적이고 현실적인 어떤 직무집행이 방해되었다고 볼 수 없으므로 이로써 바로 위계에 의한 공무집행방해죄가 성립한다고 볼 수 없다(대판 2012.4.26. 2011도17125). 17. 국가직 7급

③ 【X】 등기신청은 위와 같은 단순한 '신고'가 아니라 그 신청에 따른 등기관의 심사 및 처분을 예정하고 있는 것이므로, 등기신청인이 제출한 허위의 소명자료 등에 대하여 등기관이 나름대로 충분히 심사를 하였음에도 이를 발견하지 못하여 그 등기가 마쳐지게 되었다면 위계에 의한 공무집행방해죄가 성립할 수 있다. 등기관이 등기신청에 대하여 부동산등기법상 그 등기신청에 필요한 서면이 제출되었는지 여부 및 제출된 서면이 형식적으로 진정한 것인지 여부를 심사할 권한은 갖고 있으나 그 등기신청이 실체법상의 권리관계와 일치하는지 여부를 심사할 실질적 심사권한은 없다고 하여 달리 보아야 하는 것은 아니다(대판 2016.1.28. 2015도17297). 17. 국가직 7급

④ 【○】 과속단속카메라에 촬영되더라도 불빛을 반사시켜 차량 번호판이 식별되지 않도록 하는 기능이 있는 제품('파워매직세이퍼')을 차량 번호판에 뿌린 상태로 차량을 운행한 경우, 교통단속 경찰공무원이 충실히 직무를 수행하더라도 통상적인 업무처리과정 하에서 사실상 적발이 어려운 위계를 사용하여 그 업무집행을 하지 못하게 한 것으로 보기 어렵다(대판 2010.4.15. 2007도8024). 17. 국가직 7급

정답 ③

17. 다음 중 위계에 의한 공무집행방해죄가 성립하는 것은 모두 몇 개인가?

㉠ 법원에 가처분신청을 하면서 허위의 증거를 제출한 경우
㉡ 음주운전을 하다가 교통사고를 야기한 후 그 형사처벌을 면하기 위하여 타인의 혈액을 자신의 혈액인 것처럼 교통사고 조사 경찰관에게 제출하여 감정하도록 한 경우
㉢ 교도관과 재소자가 상호 공모하여 재소자가 교도관으로부터 담배를 교부받아 이를 흡연한 경우
㉣ 변호사가 접견을 핑계로 수용자를 위하여 휴대전화와 증권거래용 단말기를 구치소 내로 몰래 반입하여 이용하게 한 경우
㉤ A가 마치 B인 것처럼 시험감독자를 속이고 운전면허시험에 대리로 응시한 경우

① 1개 ② 2개 ③ 3개 ④ 4개 ⑤ 5개

[해설]

㉠ 【성립×】 법원은 당사자의 허위 주장 및 증거 제출에도 불구하고 진실을 밝혀야 하는 것이 그 직무이므로, 가처분신청 시 당사자가 허위의 주장을 하거나 허위의 증거를 제출하였다 하더라도 그것만으로 법원의 구체적이고 현실적인 어떤 직무집행이 방해되었다고 볼 수 없으므로 이로써 바로 위계에 의한 공무집행방해죄가 성립한다고 볼 수 없다(대판 2012.4.26. 2011도17125). 17. 법원행시

㉡ 【성립○】 음주운전을 하다가 교통사고를 야기한 후 그 형사처벌을 면하기 위하여 타인의 혈액을 자신의 혈액인 것처럼 교통사고 조사 경찰관에게 제출하여 감정하도록 한 행위는, 단순히 피의자가 수사기관에 대하여 허위사실을 진술하거나 자신에게 불리한 증거를 은닉하는 데 그친 것이 아니라 수사기관의 착오를 이용하여 적극적으로 피의사실에 관한 증거를 조작한 것으로서 위계에 의한 공무집행방해죄가 성립한다(대판 2003.7.25. 2003도1609). 17. 법원행시

㉢ 【성립×】 법령에서 교도소 수용자에게는 흡연하거나 담배를 소지·수수·교환하거나 허가 없이 전화 등의 방법으로 다른 사람과 연락하는 등의 규율위반행위를 하여서는 아니될 금지의무가 부과되어 있고, 교도관은 수용자의 규율위반행위를 감시, 단속, 적발하여 상관에게 보고하고 징벌에 회부되도록 하여야 할 일반적인 직무상 권한과 의무가 있다고 할 것인바, 구체적이고 현실적으로 감시, 단속업무를 수행하는 교도관에 대하여 위계를 사용하여 그 업무집행을 못하게 한다면 이에 대하여 위계에 의한 공무집행방해죄가 성립한다고 할 것이지만, 수용자가 교도관의 감시, 단속을 피하여 규율위반행위를 하는 것만으로는 단순히 금지규정에 위반되는 행위를 한 것에 지나지 아니할 뿐 이로써 위계에 의한 공무집행방해죄가 성립한다고는 할 수 없고, 수용자가 아닌 자가 교도관의 검사 또는 감시를 피하여 금지물품을 교도소 내로 반입되도록 하였다고 하더라도 교도관에게 교도소 등의 출입자와 반출·입 물품을 단속, 검사하거나 수용자의 거실 또는 신체 등을 검사하여 금지물품 등을 회수하여야 할 권한과 의무가 있는 이상, 그러한 수용자 아닌 자의 행위를 위계에 의한 공무집행방해죄에 해당하는 것으로는 볼 수 없으며, 교도관이 수용자의 규율위반행위를 알면서도 이를 방치하거나 도와주었더라도, 이를 다른 교도관 등에 대한 관계에서 위계에 의한 공무집행방해죄가 성립하는 것으로 볼 수는 없다(대판 2003.11.13. 2001도7045). 17. 법원행시

㉣ 【성립○】 변호사가 접견을 핑계로 수용자를 위하여 휴대전화와 증권거래용 단말기를 구치소 내로 몰래 반입하여 이용하게 한 행위는 위계에 의한 공무집행방해죄에 해당한다(대판 2005.8.25. 2005도1731). 17. 법원행시

㉤ 【성립○】 피고인이 마치 그의 형인양 시험감독자를 속이고 원동기장치 자전거운전면허시험에 대리로 응시하였다면 피고인의 행위는 위계에 의한 공무집행방해죄가 성립한다(대판 1986.9.9. 86도1245). 17. 법원행시

정답 ③

18 공무방해에 관한 죄에 대한 다음 설명 중 가장 옳지 않은 것은?

① '위계'라 함은 행위자의 행위목적을 이루기 위하여 상대방에게 오인, 착각, 부지를 일으키게 하여 그 오인, 착각, 부지를 이용하는 것으로서 그러한 행위가 구체적인 직무집행을 저지하거나 현실적으로 곤란하게 하는 데까지는 이르지 않았다고 하더라도 위계에 의한 공무집행방해죄의 미수죄로 처벌할 수 있다.
② 경찰관이 적법절차를 준수하지 않은 채 실력으로 현행범인을 연행하려 하였다면 공무집행방해죄에서 말하는 적법한 공무집행이라고 할 수 없다.
③ 달아나는 피의자를 쫓아가 붙들거나 폭력으로 대항하는 피의자를 실력으로 제압하는 경우에 적법한 현행범인 체포라고 하려면, 피의자를 붙들거나 제압하는 과정에서 피의사실의 요지 등을 고지하거나 그것이 여의치 않은 경우에는 일단 붙들거나 제압한 후에 지체 없이 고지하여야 한다.
④ 등기신청인이 제출한 허위의 소명자료 등에 대하여 등기관이 나름대로 충분히 심사를 하였음에도 이를 발견하지 못하여 등기가 마쳐지게 되었다면 위계에 의한 공무집행방해죄가 성립할 수 있다.

해설

① 【X】 위계에 의한 공무집행방해죄에 있어서 '위계'라 함은 행위자의 행위목적을 이루기 위하여 상대방에게 오인, 착각, 부지를 일으키게 하여 그 오인, 착각, 부지를 이용하는 것으로서, 상대방이 이에 따라 그릇된 행위나 처분을 하여야만 위 죄가 성립한다. 만약, 그러한 행위가 구체적인 직무집행을 저지하거나 현실적으로 곤란하게 하는 데까지는 이르지 않은 경우에는 위계에 의한 공무집행방해죄로 처벌할 수 없다(대판 2009.4.23. 2007도1554). 17. 경찰간부
② 【O】 형법 제136조가 규정하는 공무집행방해죄는 공무원의 직무집행이 적법한 경우에 한하여 성립한다. 이때 적법한 공무집행은 그 행위가 공무원의 추상적 권한에 속할 뿐 아니라 구체적 직무집행에 관한 법률상 요건과 방식을 갖춘 경우를 가리키므로, 경찰관이 적법절차를 준수하지 않은 채 실력으로 현행범인을 연행하려 하였다면 적법한 공무집행이라고 할 수 없다(대판 2017.3.15. 2013도2168). 17. 경찰간부
③ 【O】 검사 또는 사법경찰관리가 현행범인을 체포하는 경우에는 반드시 피의사실의 요지, 체포의 이유와 변호인을 선임할 수 있음을 말하고 변명할 기회를 주어야 한다(형사소송법 제213조의2, 제200조의5). 이와 같은 고지는 체포를 위한 실력행사에 들어가기 전에 미리 하는 것이 원칙이다. 그러나 달아나는 피의자를 쫓아가 붙들거나 폭력으로 대항하는 피의자를 실력으로 제압하는 경우에는 붙들거나 제압하는 과정에서 고지하거나, 그것이 여의치 않은 경우에는 일단 붙들거나 제압한 후에 지체없이 고지하여야 한다(대판 2017.3.15. 2013도2168). 17. 경찰간부
④ 【O】 등기신청인이 제출한 허위의 소명자료 등에 대하여 등기관이 나름대로 충분히 심사를 하였음에도 이를 발견하지 못하여 등기가 마쳐지게 되었다면 위계에 의한 공무집행방해죄가 성립할 수 있다. 등기관이 등기신청에 대하여 부동산등기법상 등기신청에 필요한 서면이 제출되었는지 및 제출된 서면이 형식적으로 진정한 것인지를 심사할 권한은 갖고 있으나 등기신청이 실체법상의 권리관계와 일치하는지를 심사할 실질적인 심사권한은 없다고 하여 달리 보아야 하는 것은 아니다(대판 2016.1.28. 2015도17297). 17. 경찰간부

정답 ①

19 공무집행에 관한 다음 설명 중 가장 옳지 않은 것은?

① 폭행·협박·위계가 아닌 방법으로 공무원이 직무상 수행하는 공무를 방해한 경우에는 공무집행방해죄는 물론 업무방해죄로도 처벌할 수 없다.
② 음주운전을 하다가 교통사고를 야기한 후 그 형사처벌을 면하기 위하여 타인의 혈액을 자신의 혈액인 것처럼 교통사고 조사 경찰관에게 제출하여 감정하도록 한 행위에 대하여 위계에 의한 공무집행방해죄가 성립한다.
③ 민사소송을 제기하면서 피고의 주소를 허위로 기재하여 법원공무원으로 하여금 변론기일소환장 등을 허위주소로 송달하게 하더라도 위계에 의한 공무집행방해죄가 성립하지 않는다.
④ 과속단속카메라에 촬영되더라도 불빛을 반사시켜 차량 번호판이 식별되지 않도록 하는 기능이 있는 제품('파워매직 세이퍼')을 차량 번호판에 뿌린 상태로 차량을 운행하여 교통단속 경찰공무원의 업무를 방해한 행위는 위계에 의한 공무집행방해죄를 구성한다.

해설

① 【O】 공무집행방해죄는 폭행, 협박에 이른 경우를 구성요건으로 삼고 있을 뿐 이에 이르지 아니하는 위력 등에 의한 경우는 그 구성요건의 대상으로 삼고 있지 않다. 또한, 형법은 공무집행방해죄 외에도 여러 가지 유형의 공무방해행위를 처벌하는 규정을 개별적·구체적으로 마련하여 두고 있으므로, 이러한 처벌조항 이외에 공무의 집행을 업무방해죄에 의하여 보호받도록 하여야 할 현실적 필요가 적다는 측면도 있다. 그러므로 형법이 업무방해죄와는 별도로 공무집행방해죄를 규정하고 있는 것은 사적 업무와 공무를 구별하여 공무에 관해서는 공무원에 대한 폭행, 협박 또는 위계의 방법으로 그 집행을 방해하는 경우에 한하여 처벌하겠다는 취지라고 보아야 한다. 따라서 공무원이 직무상 수행하는 공무를 방해하는 행위에 대해서는 업무방해죄로 의율할 수는 없다고 해석함이 상당하다(대판 2009.11.19. 2009도4166). 18. 법원직
② 【O】 음주운전을 하다가 교통사고를 야기한 후 그 형사처벌을 면하기 위하여 타인의 혈액을 자신의 혈액인 것처럼 교통사고 조사 경찰관에게 제출하여 감정하도록 한 행위는, 단순히 피의자가 수사기관에 대하여 허위사실을 진술하거나 자신에게 불리한 증거를 은닉하는 데 그친 것이 아니라 수사기관의 착오를 이용하여 적극적으로 피의사실에 관한 증거를 조작한 것으로서 위계에 의한 공무집행방해죄가 성립한다(대판 2003.7.25. 2003도1609). 18. 법원직
③ 【O】 민사소송을 제기함에 있어 피고의 주소를 허위로 기재하여 법원공무원으로 하여금 변론기일소환장 등을 허위주소로 송달케 하였다는 사실만으로는 이로 인하여 법원공무원의 구체적이고 현실적인 어떤 직무집행이 방해되었다고 할 수는 없으므로, 이로써 바로 위계에 의한 공무집행방해죄가 성립한다고 볼 수는 없다(대판 1996.10.11. 96도312). 18. 법원직
④ 【X】 단순히 공무원의 감시·단속을 피하여 금지규정에 위반하는 행위를 한 것에 불과하다면 이는 공무원의 불충분한 감시·단속에 기인한 것이지, 행위자 등의 위계에 의하여 공무원의 감시·단속에 관한 직무가 방해되었다고 할 수 없을 것이어서 위계에 의한 공무집행방해죄가 성립된다고 할 수 없다.
과속단속카메라에 촬영되더라도 불빛을 반사시켜 차량 번호판이 식별되지 않도록 하는 기능이 있는 제품('파워매직세이퍼')을 차량 번호판에 뿌린 상태로 차량을 운행한 경우, 교통단속 경찰공무원이 충실히 직무를 수행하더라도 통상적인 업무처리과정 하에서 사실상 적발이 어려운 위계를 사용하여 그 업무집행을 하지 못하게 한 것으로 보기 어렵다(대판 2010.4.15. 2007도8024). 18. 법원직

정답 ④

20 공무집행방해죄에 대한 설명으로 가장 적절하지 않은 것은?

① 甲이 과속단속카메라에 촬영되더라도 불빛을 반사시켜 차량 번호판이 식별되지 않도록 하는 기능이 있는 제품을 자신의 차량 번호판에 뿌린 상태로 차량을 운행한 행위는 교통단속 경찰공무원이 충실히 직무를 수행하더라도 사실상 적발이 어려운 위계를 사용한 공무집행방해에 해당한다.

② 재개발지역 내 주민들이 철거에 반대하여 건물 옥상에 망루를 설치하고 농성하던 중 피고인 등이 던진 화염병에 의해 발생한 화재로 일부 농성자 및 진압작전 중이던 일부 경찰관이 사망하거나 상해를 입은 경우, 경찰의 위 농성 진압작전을 위법한 직무수행으로 볼 수 없으므로 피고인들에게 특수공무집행방해치사상죄 등이 성립한다.

③ 경찰관 甲이 음주운전을 종료한 후 40분 이상이 경과한 시점에서 길가에 앉아 있던 운전자를 술냄새가 난다는 점만을 근거로 음주운전의 현행범으로 체포한 것은 적법한 공무집행으로 볼 수 없다.

④ 경찰관의 체포행위가 적법한 공무집행을 벗어나 불법하게 체포한 것으로 볼 수밖에 없다면, 피의자가 그 체포를 면하려고 반항하는 과정에서 경찰관에게 상해를 가한 경우, 공무집행방해죄 및 상해죄가 성립하지 아니한다.

해설

① 【X】[1] 법령에서 어떤 행위의 금지를 명하면서 이를 위반하는 행위에 대한 벌칙을 두는 한편, 공무원으로 하여금 그 금지규정의 위반 여부를 감시·단속하게 하고 있는 경우 그 공무원에게는 금지규정 위반행위의 유무를 감시하여 확인하고 단속할 권한과 의무가 있다 할 것인데, 만약 어떠한 행위가 공무원이 관계 법령이 정한 바에 따라 금지규정 위반행위의 유무를 충분히 감시하여 확인하고 단속하더라도 이를 발견하지 못할 정도에 이른 것이라면 이는 위계에 의하여 공무원의 감시·단속업무를 적극적으로 방해한 것으로서 위계에 의한 공무집행방해죄가 성립된다고 할 것이지만, 그와 같은 행위가 이에 이르지 않고 단순히 공무원의 감시·단속을 피하여 금지규정에 위반하는 행위를 한 것에 불과하다면 이는 공무원의 불충분한 감시·단속에 기인한 것이지, 행위자 등의 위계에 의하여 공무원의 감시·단속에 관한 직무가 방해되었다고 할 수 없을 것이어서 위계에 의한 공무집행방해죄가 성립된다고 할 수 없다.
[2] 과속으로 인하여 과속단속카메라에 촬영되더라도 불빛을 반사시켜 차량 번호판이 식별되지 않도록 하는 기능이 있는 '파워매직 세이퍼'를 차량 번호판에 뿌린 상태로 차량을 운행한 행위만으로는 경찰청의 교통단속업무를 구체적이고 현실적으로 수행하는 경찰공무원에 대하여 그가 충실히 직무를 수행한다고 하더라도 통상적인 업무처리과정 하에서는 사실상 적발이 어려운 위계를 사용하여 그 업무집행을 하지 못하게 한 것이라고 보기 어렵다(대판 2010.4.15. 2007도8024). 18. 경찰승진

② 【O】[1] 형법 제136조의 공무집행방해죄는 공무원의 직무집행이 적법한 경우에 한하여 성립하고, 여기서 적법한 직무집행이라고 함은 그 행위가 공무원의 추상적 권한에 속할 뿐 아니라 구체적 직무집행에 관한 법률상 요건과 방식을 갖춘 경우를 가리킨다. 한편 범죄의 예방·진압 및 수사는 경찰관의 직무에 해당하고(경찰관직무집행법 제2조), 그 직무행위의 구체적 내용이나 방법 등은 경찰관의 전문적 판단에 기한 합리적인 재량에 위임되어 있다고 할 것이다. 따라서 경찰관이 구체적 상황에 비추어 그 인적·물적 능력의 범위 내에서 적절한 조치라는 판단에 따라 범죄의 진압 및 수사에 관한 직무를 수행한 경우에는, 그러한 직무수행이 객관적 정당성을 상실하여 현저하게 불합리한 것으로 인정되지 않는 한 이를 위법하다고 할 수 없다. 특히 불법적인 농성을 진압하는 경찰관들의 직무집행이 법령에 위반한 것이라고 하기 위해서는 그 농성 진압이 불필요하거나 또는 불법 농성의 태양 및 농성 장소의 상황 등에서 예측되는 피해 발생의 구체적 위험성의 내용 등에 비추어 볼 때 농성 진압의 계속 수행 내지 그 방법 등이 현저히 합리성을 결하여 이를 위법하다고 평가할 수 있는 경우이어야 한다.
[2] 재개발지역 내 주민들이 철거에 반대하여 건물 옥상에 망루를 설치하고 농성하던 중 피고인 등이 던진 화염병에 의해 발생한 화재로 일부 농성자 및 진압작전 중이던 일부 경찰관이 사망하거나 상해를 입은 경우, 경찰의 위 농성 진압작전을 위법한 직무집행으로 볼 수 없으므로 피고인들에게는 특수공무집행방해치사상죄 등이 성립한다(대판 2010.11.11. 2010도7621). 18. 경찰승진

③ 【O】[1] 형사소송법 제211조가 현행범인으로 규정한 "범죄의 실행의 즉후인 자"라고 함은, 범죄의 실행행위를 종료한 직후의 범인이라는 것이 체포하는 자의 입장에서 볼 때 명백한 경우를 일컫는 것으로서, 위 법조가 제1항에서 본래의 의미의 현행범인에 관하여 규정하면서 "범죄의 실행의 즉후인 자"를 "범죄의 실행 중인 자"와 마찬가지로 현행범인으로 보고 있고, 제2항에서는 현행범인으로 간주되는 준현행범인에 관하여 별도로 규정하고 있는 점 등으로 미루어 볼 때, "범죄의 실행행위를 종료한 직후"라고 함은, 범죄행위를 실행하여 끝마친 순간 또는 이에 아주 접착된 시간적 단계를 의미하는 것으로 해석되므로, 시간적으로나 장소적으로 보아 체포를 당하는 자가 방금 범죄를 실행한 범인이라는 점에 관한 죄증이 명백히 존재하는 것으로 인정되는 경우에만 현행범인으로 볼 수 있는 것이다.

[2] 신고를 받고 출동한 경찰관이 피고인이 음주운전을 종료한 후 40분 이상이 경과한 시점에서 길가에 앉아 있던 피고인에게서 술냄새가 난다는 점만을 근거로 피고인을 음주운전의 현행범으로 체포한 것은 피고인이 '방금 음주운전을 실행한 범인이라는 점에 관한 죄증이 명백하다고 할 수 없는 상태'에서 이루어진 것으로서 적법한 공무집행이라고 볼 수 없다(대판 2007.4.13. 2007도1249). 18. 경찰승진

④ 【 O 】 형법 제136조가 규정하는 공무집행방해죄는 공무원의 직무집행이 적법한 경우에 한하여 성립한다. 이때 적법한 공무집행은 그 행위가 공무원의 추상적 권한에 속할 뿐 아니라 구체적 직무집행에 관한 법률상 요건과 방식을 갖춘 경우를 가리킨다. 경찰관이 적법절차를 준수하지 않은 채 실력으로 피의자를 체포하려고 하였다면 적법한 공무집행이라고 할 수 없다. 그리고 경찰관의 체포행위가 적법한 공무집행을 벗어나 불법하게 체포한 것으로 볼 수밖에 없다면, 피의자가 그 체포를 면하려고 반항하는 과정에서 경찰관에게 상해를 가한 것은 불법체포로 인한 신체에 대한 현재의 부당한 침해에서 벗어나기 위한 행위로서 정당방위에 해당하여 위법성이 조각된다(대판 2017.9.21. 2017도10866). 18. 경찰승진

정답 ①

21 공무집행방해죄에 관한 설명 중 가장 적절하지 않은 것은?

① 공무집행방해죄는 공무원의 적법한 공무집행이 전제로 된다 할 것이고, 그 공무집행이 적법하기 위하여는 그 행위가 당해 공무원의 추상적 직무 권한에 속할 뿐 아니라 구체적으로도 그 권한 내에 있어야 한다.
② 위계에 의한 공무집행방해죄에서의 공무원의 직무집행이란 법령의 위임에 따른 공무원의 적법한 직무집행인 이상 사경제주체로서의 활동을 비롯한 비권력적 작용도 포함된다.
③ 피고인이 노조원들과 함께 경찰관이 파업투쟁 중인 공장에 진입할 경우에 대비하여 그들의 부재중에 미리 윤활유나 철판조각을 바닥에 뿌려 놓아 위 경찰관들이 이에 미끄러져 넘어지거나 철판조각에 찔려 다쳤다면, 특수공무집행방해치상죄가 성립한다.
④ 위계에 의한 공무집행방해죄가 성립되려면 자기의 위계행위로 인하여 공무집행을 방해하려는 의사가 있어야 한다.

해설

① 【 O 】 대판 1996.12.23. 96도2673 17. 경찰승진
② 【 O 】 대판 2003.12.26. 2001도6349 17. 경찰승진
③ 【 X 】 피고인이 노조원들과 함께 경찰관인 피해자들이 파업투쟁 중인 공장에 진입할 경우에 대비하여 그들의 부재 중에 미리 윤활유나 철판조각을 바닥에 뿌려 놓은 것에 불과하고, 위 피해자들이 이에 미끄러져 넘어지거나 철판조각에 찔려 다쳤다는 것에 지나지 않은 사안에서, 피고인 등이 위 윤활유나 철판조각을 위 피해자들의 면전에서 그들의 공무집행을 방해할 의도로 뿌린 것이라는 등의 특별한 사정이 있는 경우는 별론으로 하고 이를 가리켜 위 피해자들에 대한 유형력의 행사, 즉 폭행에 해당하는 것으로 볼 수 없는데도, 피고인의 위 행위를 특수공무집행방해치상죄로 의율한 원심의 조치에 법리오해 또는 사실오인의 위법이 있다고 한 사례(대판 2010.12.23. 2010도7412). 17. 경찰승진
④ 【 O 】 대판 1970.1.27. 69도2260 17. 경찰승진

정답 ③

22 甲에게 위계에 의한 공무집행방해죄가 성립하지 않는 경우는?

① 음주운전을 하다가 교통사고를 일으킨 甲은 형사처벌을 면하기 위하여 동승자인 아내 A의 혈액을 자신의 혈액인 것처럼 교통사고 조사 경찰관에게 제출하여 감정하도록 하였다.
② 甲은 자신의 발명품에 대한 특허출원을 위해 행정관청에 허위의 출원사유 및 소명자료를 제출하여 특허등록결정을 받았다.
③ 甲은 개인택시 운송사업면허를 받은지 5년이 경과되지 아니하여 원칙적으로 개인택시 운송사업을 양도할 수 없는 사람인 A로부터 개인택시 운송사업의 양도·양수를 받을 목적으로, 질병이 있는 노숙자 B로 하여금 A로 위장하게 하여 의사로부터 진료를 받게 한 후 발급받은 A명의의 허위진단서를 행정관청에 개인택시 운송사업의 양도·양수 인가신청을 하면서 이를 소명자료로 제출하여 진단서의 기재 내용을 신뢰한 행정관청으로부터 인가처분을 받았다.
④ 甲은 운전면허시험에 거듭 불합격하는 자신의 친구 A를 위하여 시험감독자를 속이고 자동차운전면허시험에 대리로 응시하였다.

해설

① 【 O 】 대판 2003.7.25. 2003도1609 17. 경찰간부
② 【 X 】 행정관청이 출원에 의한 인허가처분을 할 때에는 그 출원사유가 사실과 부합하지 아니하는 경우가 있음을 전제로 하여 인허가할 것인지 여부를 심사·결정하는 것이므로, 행정관청이 그러한 사실을 충분히 확인하지 아니한 채 출원자가 제출한 허위의 출원사유나 허위의 소명자료를 가볍게 믿고 인가 또는 허가를 하였다면 이는 행정관청의 불충분한 심사에 기인한 것이어서 출원자의 위계가 결과 발생의 주된 원인이라 할 수 없으므로, 위계에 의한 공무집행방해죄를 구성하지 않는다(대판 2010.10.28. 2008도9590). 17. 경찰간부
③ 【 O 】 대판 2002.9.4. 2002도2064 17. 경찰간부
④ 【 O 】 대판 1986.9.9. 86도1245 17. 경찰간부

정답 ②

23 공무집행방해죄에 관한 다음 설명 중 가장 적절하지 않은 것은?

① 위법한 집회·시위가 장차 특정지역에서 개최될 것이 예상된다고 하더라도, 이와 시간적·장소적으로 근접하지 않은 다른 지역에서 그 집회·시위에 참가하기 위하여 출발 또는 이동하는 행위를 함부로 제지하는 것은 공무집행방해죄의 보호대상이 되는 공무원의 적법한 직무집행이 아니다.
② 위계에 의한 공무집행방해죄(형법 제137조)에 있어서 구체적인 공무집행을 저지하거나 현실적으로 곤란하게 하는 데까지는 이르지 아니하고 미수에 그친 경우, 위계에 의한 공무집행방해죄로 처벌할 수는 없다.
③ 불심검문을 하게 된 경위, 불심검문 당시의 현장상황과 검문을 하는 경찰관들의 복장, 피고인이 공무원증 제시나 신분 확인을 요구하였는지 여부 등을 종합적으로 고려하여, 검문하는 사람이 경찰관이고 검문하는 이유가 범죄행위에 관한 것임을 피고인이 충분히 알고 있었다고 보이는 경우에는 신분증을 제시하지 않았다고 하여 그 불심검문이 위법한 공무집행이라고 할 수 없다.
④ 공무집행방해죄(형법 제136조 제1항)에 있어서의 범의는 상대방이 직무를 집행하는 공무원이라는 사실, 그리고 이에 대하여 폭행 또는 협박을 한다는 사실을 인식하는 것을 그 내용으로 하고, 그 인식은 불확정적인 것이라도 소위 미필적 고의가 있다고 보아야 하며, 그 직무집행을 방해할 의사를 반드시 필요로 한다.

[해설]
① 【 O 】 대판 2008.11.13. 2007도9794 16. 경찰
② 【 O 】 대판 2015.2.26. 2013도13217 16. 경찰
③ 【 O 】 대판 2014.12.11. 2014도7976 16. 경찰
④ 【 X 】 공무집행방해죄에 있어서의 범의는 상대방이 직무를 집행하는 공무원이라는 사실, 그리고 이에 대하여 폭행 또는 협박을 한다는 사실을 인식하는 것을 그 내용으로 하고, 그 인식은 불확정적인 것이라도 소위 미필적 고의가 있다고 보아야 하며, 그 직무집행을 방해할 의사를 필요로 하지 아니하다(대판 2012.5.24. 2010도11381). 16. 경찰

[정답] ④

24 공무집행방해죄에 관한 다음 설명 중 가장 적절하지 않은 것은?

① 경찰관이 벌금형에 따르는 노역장 유치의 집행을 위하여 형집행장을 소지하지 아니한 채 피고인을 체포·구인하려고 하자 피고인이 이를 거부하면서 경찰관을 폭행한 경우, 공무집행방해죄는 성립하지 아니한다.
② 피고인이 노조원들과 함께 경찰관인 피해자들이 파업투쟁 중인 공장에 진입할 경우에 대비하여 그들의 부재 중에 미리 윤활유나 철판조각을 바닥에 뿌려 놓아 위 피해자들이 이에 미끄러져 넘어지거나 철판조각에 찔려 다쳤다면, 특수공무집행방해치상죄가 성립한다.
③ 법외 단체인 전국공무원노동조합의 지부가 당초 공무원직장협의회의 운영에 이용되던 군(郡) 청사시설인 사무실을 임의로 사용하자, 지방자치단체장이 자진폐쇄 요청 후 행정대집행법에 따라 행정대집행을 하였는데, 피고인들과 위 지부 소속 공무원들이 위 집행을 행하던 공무원들에게 대항하여 폭행 등 행위를 한 경우, 특수공무집행방해죄가 성립한다.
④ 지역사회에 상당한 영향력을 행사할 수 있는 수산업협동조합 조합장인 피고인이 수사 중인 해양경찰서 소속 경찰공무원에게 전화를 걸어 해양경찰청 고위간부들과의 친분관계를 이용하여 인사상 불이익을 가하겠다는 폭언을 한 경우, 공무집행방해죄가 성립한다.
⑤ 집회 및 시위에 참가한 노동조합원 중 일부가 시위진압 경찰관들과의 몸싸움 과정에서 다중의 위력으로 경찰관들의 공무집행을 방해하여 상해에 이르게 한 경우 위 노동조합지역본부장의 직책을 가지고 그 집회 및 시위에 적극적으로 참가한 자에게는 특수공무집행방해치상죄의 공동정범으로서의 죄책이 인정된다.

[해설]
① 【 O 】 대판 2010.10.14. 2010도8591
② 【 X 】 사안의 경우, 피고인 등이 위 윤활유나 철판조각을 위 피해자들의 면전에서 그들의 공무집행을 방해할 의도로 뿌린 것이라는 등의 특별한 사정이 있는 경우는 별론으로 하고 이를 가리켜 위 피해자들에 대한 유형력의 행사, 즉 폭행에 해당하는 것으로 볼 수 없다(대판 2010.12.23. 2010도7412).
③ 【 O 】 대판 2011.4.28. 2007도7514
④ 【 O 】 사안의 경우, 피고인의 폭언은 단순히 경찰공무원의 수사에 대한 불만의 표시나 감정적인 욕설에 그친다고 볼 수는 없고, 수사를 계속하는 경우에는 담당 경찰관에게 어떤 인사상 불이익이 가해지리라는 것을 통보함으로써 공포심을 품게 하려는 데 그 목적이 있었다 할 것이고, 또 이는 객관적으로 보아 상대방으로 하여금 공포심을 느끼게 하기에 충분하므로 공무집행방해죄가 성립한다(대판 2011.2.10. 2010도15986).
⑤ 【 O 】 대판 2002.4.12. 2000도3485

[정답] ②

25 甲에게 공무집행방해죄의 죄책이 인정되는 경우는?

① 시장상인 甲은 부당한 단속에 항의하기 위해 시청건물 마당에서 확성기를 매우 크게 틀어놓고 1인 시위를 함으로써 공무원들이 직무를 행할 수 없을 정도의 고통을 가하였다.

② 甲은 출입국 관리법 위반으로 미란다 고지를 받지 못한 채 경찰관 A와 B에게 현행범으로 체포되어 甲의 차로 이동하던 중 뒷좌석 유리창을 내리고 도주하려고 하였고, 이에 경찰관 A가 수갑을 채우면서 제지하려고 하자 주먹으로 A의 얼굴을 때려 찰과상을 입혔다.

③ 검사 A가 참고인 조사를 받는 줄 알고 검찰청에 자진출석한 변호사사무실 사무장을 합리적 근거 없이 긴급체포하자 그의 변호사 甲이 이를 제지하는 과정에서 A에게 상해를 가하였다.

④ 농촌지도자인 甲은 서울에서 열리는 불법집회인 농민대회에 참석하기 위해 고속버스를 타려고 하자 경찰관이 이를 제지하므로 이에 항의하는 과정에서 경찰관을 밀치는 등의 행위를 하였다.

해설

① 【 O 】 공무원의 직무 수행에 대한 비판이나 시정 등을 요구하는 집회·시위 과정에서 일시적으로 상당한 소음이 발생하였다는 사정만으로는 이를 공무집행방해죄에서의 음향으로 인한 폭행이 있었다고 할 수는 없다. 그러나 의사전달수단으로써 합리적 범위를 넘어서 공무원에게 고통을 줄 의도로 장시간 음향으로 상대방의 청각기관을 직접적으로 자극하여 육체적·정신적 고통을 줄 경우 공무집행방해죄의 폭행으로 인정할 수 있다(대판 2009.10.29. 2007도3584).

② 【 X 】 피고인 甲이 부산지방경찰청 소속 경찰관 A, B에게 범죄사실의 요지와 구속의 이유 등에 대해서 고지 받지 못한 채 출입국 관리법 위반죄 등의 현행범인으로 체포되어 피고인의 승용차에 승차하여 이동하던 중 피고인이 뒷좌석 유리창을 내리고 도주하려는 것을 위 A가 수갑을 채우면서 제지하려고 하자 주먹으로 위 A의 얼굴을 1회 때리는 등 폭행하여 그에게 약 2주간의 치료를 요하는 안면부 다발성좌상 및 찰과상 등을 가한 경우, 위 A의 체포행위는 적법한 공무집행이라고 볼 수 없으므로 공무집행방해죄의 구성요건을 충족하지 아니하고, 피고인이 위 乙의 위와 같은 체포를 면하려고 반항하는 과정에서 그에게 상해를 가한 것은 불법 체포로 인한 신체에 대한 현재의 부당한 침해에서 벗어나기 위한 행위로서 정당방위에 해당하여 위법성이 조각된다고 할 것이다(대판 2006.11.23. 2006도2732).

③ 【 X 】 검사가 참고인 조사를 받는 줄 알고 검찰청에 자진출석한 변호사사무실 사무장을 합리적 근거 없이 긴급체포하자 그 변호사가 이를 제지하는 과정에서 위 검사에게 상해를 가한 것이 정당방위에 해당한다고 본 사례(대판 2006.9.8. 2006도148).

④ 【 X 】 경찰관직무집행법 제6조 제1항과 구 집회 및 시위에 관한 법률 등 관련 법률조항들의 내용과 취지를 종합하면, 비록 장차 특정 지역에서 구 집회 및 시위에 관한 법률에 의하여 금지되어 그 주최 또는 참가행위가 형사처벌의 대상이 되는 위법한 집회·시위가 개최될 것이 예상된다고 하더라도, 이와 시간적·장소적으로 근접하지 않은 다른 지역에서 그 집회·시위에 참가하기 위하여 출발 또는 이동하는 행위를 함부로 제지하는 것은 경찰관직무집행법 제6조 제1항에 의한 행정상 즉시강제인 경찰관의 제지의 범위를 명백히 넘어서는 것이어서 허용될 수 없으므로, 이러한 제지 행위는 공무집행방해죄의 보호대상이 되는 공무원의 적법한 직무집행에 포함될 수 없다(대판 2009.6.11. 2009도2114).

정답 ①

26 甲이 주점에서 술에 취하여 옆 자리 손님을 폭행하였는데, 이를 신고받은 경찰관 A와 B가 출동하였다. 甲은 경찰관 A와 B에게 욕설을 하며 경찰관 A의 얼굴을 주먹으로 때리고, 곧이어 이를 제지하는 B의 다리를 걸어 차 폭행하였다. 위 사안과 관련한 다음 설명 중 가장 옳은 것은?

① 위 사안에서 甲의 폭행으로 경찰관 A가 상해를 입었다면, 공무집행방해치상죄가 성립한다.
② 공무집행방해죄에 있어서 '직무를 집행하는'이라 함은 공무원이 직무수행에 직접 필요한 행위를 현실적으로 행하고 있는 때만을 가리키므로, 출동만 한 상태의 경찰관 A, B에 대하여는 공무집행방해죄가 성립하지 않는다.
③ 공무집행방해죄는 국가적 법익에 관한 죄이나, 위 사안과 같이 甲이 같은 목적으로 출동한 경찰관 A, B를 폭행한 경우에, 두 개의 공무집행방해죄가 성립한다.
④ 위 사안과 같은 경우, 동일한 장소에서 동일한 기회에 폭행이 이루어졌으나, 두 명의 공무원에 대한 폭행은 실체적 경합관계이다.

[해설]
① 【X】 특수공무집행방해치사상죄(형법 제144조 제2항)는 있어도, 공무집행방해치상죄에 관한 구성요건은 없다.
② 【X】 형법 제136조 제1항의 공무집행방해죄에 있어서 '직무를 집행하는'이라 함은 공무원이 직무수행에 직접 필요한 행위를 현실적으로 행하고 있는 때만을 가리키는 것이 아니라 공무원이 직무수행을 위하여 근무 중인 상태에 있는 때를 포괄한다. 직무의 성질에 따라서는 그 직무수행의 과정을 개별적으로 분리하여 부분적으로 각각의 개시와 종료를 논하는 것이 부적절하거나, 여러 종류의 행위를 포괄하여 일련의 직무수행으로 파악함이 상당한 경우도 있다(대판 2009.1.15. 2008도9919).
③ 【O】 ④ 【X】 동일한 공무를 집행하는 여럿의 공무원에 대하여 폭행·협박 행위를 한 경우에는 공무를 집행하는 공무원의 수에 따라 여럿의 공무집행방해죄가 성립하고, 위와 같은 폭행·협박 행위가 동일한 장소에서 동일한 기회에 이루어진 것으로서 사회관념상 1개의 행위로 평가되는 경우에는 여럿의 공무집행방해죄는 상상적 경합의 관계에 있다.

[사실관계]
범죄 피해 신고를 받고 출동한 두 명의 경찰관에게 욕설을 하면서 차례로 폭행을 하여 신고 처리 및 수사 업무에 관한 정당한 직무집행을 방해한 경우, 동일한 장소에서 동일한 기회에 이루어진 폭행 행위는 사회관념상 1개의 행위로 평가하는 것이 상당하므로, 위 공무집행방해죄는 형법 제40조에 정한 상상적 경합의 관계에 있다(대판 2009.6.25. 2009도3505).

[정답] ③

27 다음 중 위계에 의한 공무집행방해죄가 성립하는 것을 모두 고른 것은?

㉠ 수사기관에 대하여 피의자가 허위자백을 한 경우
㉡ 피의자나 참고인이 아닌 자가 피의자를 가장하여 수사기관에 대하여 허위사실을 진술한 경우
㉢ 음주운전을 하다가 교통사고를 야기한 후 형사처벌을 면하기 위하여 타인의 혈액을 자신의 혈액인 것처럼 교통사고 조사 경찰관에게 제출하여 감정하도록 한 경우
㉣ 신청인이 허위의 자료를 첨부하여 비자발급 신청을 하였고, 이에 대하여 업무담당자가 충분히 심사하였으나 신청사유 및 소명자료가 허위인 것을 발견하지 못하여 이를 수리한 경우

① ㉠   ② ㉢   ③ ㉡, ㉢   ④ ㉡, ㉣   ⑤ ㉢, ㉣

해설

㉠ 【 X 】 수사기관에 대하여 피의자가 허위자백을 하거나 참고인이 허위의 진술을 한 것만으로는 위계에 의한 공무집행방해죄가 성립된다고 할 수 없다(대판 1971.3.9. 71도186).

㉡ 【 X 】 형사 피의자와 수사기관이 대립적 위치에서 서로 공격방어를 할 수 있는 취지의 형사소송법의 규정과 법률에 의한 선서를 한 증인이 허위로 진술을 한 경우에 한하여 위증죄가 성립된다는 형법의 규정 취지에 비추어 수사기관이 범죄사건을 수사함에 있어서는 피의자나 피의자로 자처하는 자 또는 참고인의 진술여하에 불구하고 피의자를 확정하고 그 피의사실을 인정할 만한 객관적인 제반증거를 수집 조사하여야 할 권리와 의무가 있는 것이라고 할 것이므로 피의자나 참고인이 아닌 자가 자발적이고 계획적으로 피의자를 가장하여 수사기관에 대하여 허위사실을 진술하였다 하여 바로 이를 위계에 의한 공무집행방해죄가 성립된다고 할 수 없다(대판 1977.2.8. 76도3685).

㉢ 【 O 】 음주운전을 하다가 교통사고를 야기한 후 그 형사처벌을 면하기 위하여 타인의 혈액을 자신의 혈액인 것처럼 교통사고 조사 경찰관에게 제출하여 감정하도록 한 행위는, 단순히 피의자가 수사기관에 대하여 허위사실을 진술하거나 자신에게 불리한 증거를 은닉하는 데 그친 것이 아니라 수사기관의 착오를 이용하여 적극적으로 피의사실에 관한 증거를 조작한 것으로서 위계에 의한 공무집행방해죄가 성립한다고 한 사례(대판 2003.7.25. 2003도1609).

㉣ 【 O 】 [1] 외국 주재 한국영사관의 비자발급업무와 같이, 상대방으로부터 신청을 받아 일정한 자격요건 등을 갖춘 경우에 한하여 그에 대한 수용 여부를 결정하는 업무에 있어서는 신청서에 기재된 사유가 사실과 부합하지 않을 수 있음을 전제로 하여 그 자격요건 등을 심사·판단하는 것이므로, 그 업무담당자가 사실을 충분히 확인하지 아니한 채 신청인이 제출한 허위의 신청사유나 소명자료를 가볍게 믿고 이를 수용하였다면, 이는 업무담당자의 불충분한 심사에 기인한 것으로서 위계에 의한 공무집행방해죄를 구성하지 않는다. 그러나 신청인이 업무담당자에게 허위의 주장을 하면서 이에 부합하는 허위의 소명자료를 첨부하여 제출한 경우, 그 수리 여부를 결정하는 업무담당자가 관계 규정이 정한 바에 따라 그 요건의 존부에 관하여 나름대로 충분히 심사를 하였으나 신청사유 및 소명자료가 허위임을 발견하지 못하여 그 신청을 수리하게 될 정도에 이르렀다면, 이는 업무담당자의 불충분한 심사가 아니라 신청인의 위계행위에 의한 것으로서 위계에 의한 공무집행방해죄가 성립한다.
[2] 범죄행위로 인하여 강제출국당한 전력이 있는 사람이 외국 주재 한국영사관 담당직원에게 허위의 호구부 및 외국인등록신청서 등을 제출하여 사증 및 외국인등록증을 발급받은 사안에서, 위계에 의한 공무집행방해죄가 성립한다고 한 사례(대판 2009.2.26. 2008도11862).

정답 ⑤

28 다음 중 甲에게 위계에 의한 공무집행방해죄가 성립하는 것은 모두 몇 개인가?

㉠ 甲은 자신이 마치 乙인 것처럼 시험감독자를 속이고 자동차운전면허시험에 대리로 응시하였다.
㉡ 甲은 乙에 대한 사기사건의 참고인으로 경찰서에 출석하여 사법경찰관으로부터 조사를 받으면서, 乙이 처벌받지 않도록 하기 위하여 사실은 乙이 丙으로부터 금원을 편취한 사실을 잘 알고 있음에도 乙이 丙으로부터 돈을 교부받은 사실이 없다고 허위의 사실을 진술하여 수사를 방해하고 乙의 범죄사실을 은닉하였다.
㉢ 민사소송의 피고 甲은 자신의 주소를 허위로 기재하여 법원공무원으로 하여금 변론기일 소환장 등을 허위의 주소로 송달하게 하였다.
㉣ 甲은 시청에 개인택시운송사업면허를 신청하면서 허위로 발급받은 운전면허경력증명서를 소명자료로 제출하여 시장으로부터 개인택시운송사업면허를 받았다.

① 1개 ② 2개 ③ 3개 ④ 4개

해설

㉠ 【O】 피고인이 마치 그의 형인양 시험감독자를 속이고 원동기장치 자전거운전면허시험에 대리로 응시하였다면 피고인의 소위는 위계에 의한 공무집행방해죄가 성립한다(대판 1986.9.9. 86도1245).
㉡ 【X】 수사기관에 대하여 피의자가 허위자백을 하거나 참고인이 허위의 진술을 한 것만으로는 위계에 의한 공무집행방해죄가 성립된다고 할 수 없다(대판 1971.3.9. 71도186). 수사기관이 범죄사건을 수사함에 있어서는 피의자나 피의자로 자처하는 자 또는 참고인의 진술여하에 불구하고 피의자를 확정하고 그 피의사실을 인정할 만한 객관적인 제반증거를 수집 조사하여야 할 권리와 의무가 있는 것이라고 할 것이기 때문이다(대판 1977.2.8. 76도3685).
㉢ 【X】 민사소송을 제기함에 있어 피고의 주소를 허위로 기재하여 법원공무원으로 하여금 변론기일소환장 등을 허위주소로 송달케 하였다는 사실만으로는 이로 인하여 법원공무원의 구체적이고 현실적인 어떤 직무집행이 방해되었다고 할 수는 없으므로, 이로써 바로 위계에 의한 공무집행방해죄가 성립한다고 볼 수는 없다(대판 1996.10.11. 96도312).
㉣ 【X】 개인택시 운송사업면허 신청은 출원에 의한 행정관청의 일반적인 인·허가처분과 마찬가지로 행정관청이 면허요건에 해당하는 여부를 심리하여 면허 여부를 결정하는 것이고 그 신청서에 첨부된 소명자료가 진실한 것인지를 가리지 않고 면허를 결정하는 것이 아니므로 그 면허신청서에 허위의 소명자료를 첨부한 소위는 위계에 의한 공무집행방해에 해당하지 않는다(대판 1988.9.27. 87도2174).

정답 ①

29 다음 설명 중 옳은 것은 모두 몇 개인가?

㉠ 등기신청인이 제출한 허위의 소명자료 등에 대하여 등기관이 나름대로 충분히 심사를 하였음에도 이를 발견하지 못하여 그 등기가 마쳐지게 되었다 하더라도 위계에 의한 공무집행방해죄는 성립하지 않는다.

㉡ 행정관청이 사실을 충분히 확인하지 아니한 채 출원자가 제출한 허위의 출원사유나 허위의 소명자료를 가볍게 믿고 인가 또는 허가를 하였다면 이는 행정관청의 불충분한 심사에 기인한 것이어서 위계에 의한 공무집행방해죄를 구성하지 않는다.

㉢ 가처분신청시 당사자가 법원에 허위의 주장을 하거나 허위의 증거를 제출하였다 하더라도 이로써 바로 위계에 의한 공무집행방해죄가 성립한다고 볼 수 없다.

㉣ 화물자동차 운송주선사업자인 피고인이 관할 행정청에 주기적으로 허가기준에 관한 사항을 신고하는 과정에서 허위 서류를 제출하는 부정한 방법으로 허가를 받아왔다면 위계에 의한 공무집행방해죄가 성립한다.

㉤ 신청인이 허위의 자료를 첨부하여 비자발급신청을 하였고 이에 대하여 외국 주재 한국 영사관 업무담당자가 충분히 심사하였으나 신청사유 및 소명자료가 허위인 것을 발견하지 못하여 이를 수리한 경우 신청인에게 위계에 의한 공무집행방해죄가 성립한다.

① 1개   ② 2개   ③ 3개   ④ 4개   ⑤ 5개

[해 설]

㉠【 X 】 등기신청은 단순한 '신고'가 아니라 그 신청에 따른 등기관의 심사 및 처분을 예정하고 있는 것이므로, 등기신청인이 제출한 허위의 소명자료 등에 대하여 등기관이 나름대로 충분히 심사를 하였음에도 이를 발견하지 못하여 그 등기가 마쳐지게 되었다면 위계에 의한 공무집행방해죄가 성립할 수 있다. 등기관이 등기신청에 대하여 부동산등기법상 그 등기신청에 필요한 서면이 제출되었는지 여부 및 제출된 서면이 형식적으로 진정한 것인지 여부를 심사할 권한은 갖고 있으나 그 등기신청이 실체법상의 권리관계와 일치하는지 여부를 심사할 실질적인 심사권한은 없다고 하여 달리 보아야 하는 것은 아니다(대판 2016.1.28. 2015도17297). 16. 법원행시

㉡【 O 】 대판 2009.3.12. 2008도1321 16. 법원행시

㉢【 O 】 대판 2012.4.26. 2011도17125 16. 법원행시

㉣【 X 】 이미 허가를 받아 적법하게 화물자동차 운송주선사업을 영위하는 피고인이 신고를 하는 과정에서 신고서에 허위사실을 기재하고 그에 관한 허위의 서류를 첨부하여 제출하였다고 하더라도 그로써 곧 구체적이고 현실적인 직무집행이 방해받았다고 볼 수 없을 뿐 아니라, 행정청이 신고내용의 진실성이나 첨부자료의 진위 여부를 조사하지 아니하여 허위신고에 대한 적정한 행정권의 행사에 나아가지 못하였다고 하더라도 그러한 결과가 허위신고로 인한 것이라고 보기도 어렵다(대판 2011.9.8. 2010도7034). 16. 법원행시

㉤【 O 】 대판 2011.4.28. 2010도14696 16. 법원행시

정답 ③

30 다음 설명 중 가장 적절하지 않은 것은?

① 검사 甲이 참고인 조사를 받는 줄 알고 검찰청에 자진출석한 변호사 사무실 사무장을 합리적 근거 없이 긴급체포 하려고 하자 그의 변호사 乙이 이를 제지하는 과정에서 甲에게 상해를 가하였다. 이 경우 乙에게 공무집행방해죄는 성립하지 않는다.

② 자신의 비리를 조사하는 감사원 직원이 출근하기 위해 집을 나와 버스정류장에 서 있는 것을 발견하고 폭행한 경우 공무집행방해죄는 성립하지 않는다.

③ 국립대학교의 전임교원 공채심사위원인 학과장이 지원자의 부탁을 받고 이미 논문접수가 마감된 학회지에 지원자의 논문이 게재되도록 돕고, 그 후 연구실적심사의 기준을 강화하자고 제안한 경우, 위계에 의한 공무집행방해죄가 성립한다.

④ 피고인이 노조원들과 함께 경찰관인 피해자들이 파업투쟁 중인 공장에 진입할 경우에 대비하여 그들의 부재 중에 미리 윤활유나 철판조각을 바닥에 뿌려 놓은 것에 불과하고, 위 피해자들이 이에 미끄러져 넘어지거나 철판조각에 찔려 다쳤다는 것에 지나지 않는다면 폭행에 해당하는 것으로 볼 수 없다.

[해설]

① 【 O 】 대판 2006.9.8. 2006도148
② 【 O 】 대판 1979.7.24. 79도1201
③ 【 X 】 국립대학교의 전임교원 공채심사위원인 학과장 甲이 지원자 乙의 부탁을 받고 이미 논문접수가 마감된 학회지에 乙의 논문이 게재되도록 도운 행위는 다소 부적절한 행위라고 볼 수 있지만, 그 후 甲이 연구실적심사의 기준을 강화하자고 제안한 것은 해당 학과의 전임교원 임용 목적에 부합하는 것으로서 공정한 경우에 해당하므로, 설사 甲의 행위가 결과적으로는 乙에게 유리한 결과가 되었다 하더라도 형법 제137조에서 말하는 '위계'에 해당하지 않는다고 한 사례(대판 2009.4.23. 2007도1554).
④ 【 O 】 피고인이 노조원들과 함께 경찰관인 피해자들이 파업투쟁 중인 공장에 진입할 경우에 대비하여 그들의 부재 중에 미리 윤활유나 철판조각을 바닥에 뿌려 놓은 것에 불과하고, 위 피해자들이 이에 미끄러져 넘어지거나 철판조각에 찔려 다쳤다는 것에 지나지 않은 사안에서, 피고인 등이 위 윤활유나 철판조각을 위 피해자들의 면전에서 그들의 공무집행을 방해할 의도로 뿌린 것이라는 등의 특별한 사정이 있는 경우는 별론으로 하고 이를 가리켜 위 피해자들에 대한 유형력의 행사, 즉 폭행에 해당하는 것으로 볼 수 없는데도, 피고인의 위 행위를 특수공무집행방해치상죄로 의율한 원심의 조치에 법리오해 또는 사실오인의 위법이 있다고 한 사례(대판 2010.12.23. 2010도7412).

정답 ③

31. 공무집행방해죄에 관한 설명 중 옳은 것은 모두 몇 개인가?

㉠ 공무집행방해죄는 공무원의 적법한 공무집행이 전제로 된다 할 것이고, 그 공무집행이 적법하기 위해서는 그 행위가 당해 공무원의 추상적 직무 권한에 속할 뿐 아니라 구체적으로도 그 권한 내에 있어야 하며 또한 직무행위로서의 중요한 방식을 갖추어야 한다고 할 것이며, 추상적인 권한에 속하는 공무원의 어떠한 공무집행이 적법한지 여부는 사후적으로 순수한 객관적 기준에서 판단해야 한다.

㉡ 직무를 집행하는 공무원에 대하여 위험한 물건을 휴대하여 고의로 상해를 가한 경우에는 특수공무집행방해치상죄만이 성립하고, 이와 별도로 「폭력행위 등 처벌에 관한 법률」 위반(집단·흉기 등 상해)죄는 성립하지 않는다.

㉢ 개인택시 운송사업 양도·양수를 위하여 허위의 출원사유를 주장하면서 의사로부터 허위 진단서를 발급받아 이를 소명자료로 제출하여 행정관청으로부터 양도·양수 인가처분을 받은 경우, 위계에 의한 공무집행방해죄가 성립한다.

㉣ 국립대학교의 전임교원 공채심사위원인 학과장이 지원자의 부탁을 받고 이미 논문접수가 마감된 학회지에 지원자의 논문이 게재되도록 돕고, 그 후 연구실적심사의 기준을 강화하자고 제안한 경우, 위계에 의한 공무집행방해죄가 성립한다.

㉤ 피고인이 노조원들과 함께 경찰관인 피해자들이 파업투쟁 중인 공장에 진입할 경우에 대비하여 그들의 부재 중에 미리 윤활유나 철판조각을 바닥에 뿌려 놓은 것에 불과하고, 위 피해자들이 이에 미끄러져 넘어지거나 철판조각에 찔려 다쳤다는 것에 지나지 않는다면 특수공무집행방해치상죄에서의 폭행에 해당하는 것으로 볼 수 없다.

① 1개 ② 2개 ③ 3개 ④ 4개

해설

㉠ 【 X 】 공무집행방해죄는 공무원의 적법한 공무집행이 전제로 된다 할 것이고, 그 공무집행이 적법하기 위하여는 그 행위가 당해 공무원의 추상적 직무 권한에 속할 뿐 아니라 구체적으로도 그 권한 내에 있어야 하며 또한 직무행위로서의 중요한 방식을 갖추어야 한다고 할 것이며, 추상적인 권한에 속하는 공무원의 어떠한 공무집행이 적법한지 여부는 행위 당시의 구체적 상황에 기하여 객관적 합리적으로 판단하여야 하고 사후적으로 순수한 객관적 기준에서 판단할 것은 아니다(대판 2009.2.12. 2008도11140).

㉡ 【 O 】 [1] 기본범죄를 통하여 고의로 중한 결과를 발생하게 한 경우에 가중 처벌하는 부진정결과적가중범에서, 고의로 중한 결과를 발생하게 한 행위가 별도의 구성요건에 해당하고 그 고의범에 대하여 결과적가중범에 정한 형보다 더 무겁게 처벌하는 규정이 있는 경우에는 그 고의범과 결과적가중범이 상상적 경합관계에 있지만, 위와 같이 고의범에 대하여 더 무겁게 처벌하는 규정이 없는 경우에는 결과적가중범이 고의범에 대하여 특별관계에 있으므로 결과적가중범만 성립하고 이와 법조경합의 관계에 있는 고의범에 대하여는 별도로 죄를 구성하지 않는다. ✔ 특수공무집행방해치상죄는 부진정결과적가중범이다.
[2] 직무를 집행하는 공무원에 대하여 위험한 물건을 휴대하여 고의로 상해를 가한 경우에는 특수공무집행방해치상죄만 성립할 뿐, 이와는 별도로 폭력행위 등 처벌에 관한 법률 위반(집단·흉기 등 상해)죄를 구성하지 않는다(대판 2008.11.27. 2008도7311).

㉢ 【 O 】 대판 2002.9.4. 2002도2064

㉣ 【 X 】 국립대학교의 전임교원 공채심사위원인 학과장 甲이 지원자 乙의 부탁을 받고 이미 논문접수가 마감된 학회지에 乙의 논문이 게재되도록 도운 행위는 다소 부적절한 행위라고 볼 수 있지만, 그 후 甲이 연구실적심사의 기준을 강화하자고 제안한 것은 해당 학과의 전임교원 임용 목적에 부합하는 것으로서 공정한 경우에 해당하므로, 설사 甲의 행위가 결과적으로는 乙에게 유리한 결과가 되었다 하더라도 형법 제137조에서 말하는 '위계'에 해당하지 않는다(대판 2009.4.23. 2007도1554).

㉤ 【 O 】 대판 2010.12.23. 2010도7412

정답 ③

32 다음 설명 중 가장 적절하지 않은 것은?

① 공무집행방해죄는 공무원의 적법한 공무집행이 전제가 되나, 업무방해죄에 있어서 그 보호대상이 되는 "업무"라 함은 직업 또는 계속적으로 종사하는 사무나 사업을 말하는 것으로서 타인의 위법한 행위에 의한 침해로부터 보호할 가치가 있는 것이면 되고, 그 업무의 기초가 된 계약 또는 행정행위 등이 반드시 적법하여야 하는 것은 아니다.

② 공무집행방해죄에서 협박이란 상대방에게 공포심을 일으킬 목적으로 해악을 고지하는 행위를 의미하는 것으로서 고지하는 해악의 내용이 그 경위, 행위 당시의 주위 상황, 행위자의 성향, 행위자와 상대방과의 친숙함의 정도, 지위 등의 상호관계 등 행위 당시의 여러 사정을 종합하여 객관적으로 상대방으로 하여금 공포심을 느끼게 하는 것이어야 하고, 그 협박이 경미하여 상대방이 전혀 개의치 않을 정도인 경우에는 협박에 해당하지 않는다.

③ 건물점유자로서 명도집행을 저지할 수 있는 정당한 권능이 있는 자라도 그 점유사실을 입증하기 위한 수단으로 실효된 임대차계약서 사본을 제시하면서 그 실효된 사실을 고지하지 아니하고 자신이 정당한 임차인인 것처럼 주장하였다면 위계에 의한 공무집행방해에 해당한다.

④ 입찰방해죄의 행위에는 가격을 결정하는 데 있어서 뿐 아니라, 적법하고 공정한 경쟁방법을 해하는 행위도 포함되므로, 그 행위가 설사 동종업자 사이의 무모한 출혈경쟁을 방지하기 위한 수단에 불과하여 입찰가격에 있어 입찰실시자의 이익을 해하거나 입찰자에게 부당한 이익을 얻게 하는 것이 아니었다 하더라도 실질적으로는 단독입찰을 하면서 경쟁입찰인 것같이 가장하였다면 그 입찰가격으로써 낙찰하게 한 점에서 경쟁입찰의 방법을 해한 것이 되어 입찰의 공정을 해한 것으로 되었다 할 것이다.

해설

① 【O】 공무집행방해죄의 경우와(대판 2002.4.12. 2000도3485), 업무방해죄의 경우(대판 2007.8.23. 2006도3687)를 정확히 구별해야 한다.
② 【O】 대판 2006.1.13. 2005도4799
③ 【X】 건물점유자로서 명도집행을 저지할 수 있는 정당한 기능이 있는 자가 그 점유사실을 입증하기 위한 수단으로 임대차계약서 사본을 제시하면서 그 실효된 사실을 고지하지 아니하고 자신이 정당한 임차인인 것처럼 주장하였다고 하더라도 이로써 형법 제137조 소정의 위계에 해당한다고는 볼 수 없다(대판 1984.1.31. 83도2290).
④ 【O】 대판 2004.9.26. 2002도3924

정답 ③

33 공무집행방해죄 등에 관한 다음 설명 중 가장 적절하지 않은 것은?

① 甲 정당 당직자인 피고인들 등이 국회 외교통상 상임위원회 회의장 출입문 앞에 배치되어 출입을 막고 있던 국회 경위들을 밀어내기 위해 경위들의 옷을 잡아당기거나 밀치는 등의 행위를 한 경우, 피고인들의 행위는 적법성이 결여된 직무행위를 하는 공무원에게 대항하여 한 것에 지나지 아니하여 공무집행방해죄가 성립하지 않는다.

② 피고인이 甲 시청 옆 도로의 보도에서 철야농성을 위해 천막을 설치하던 중 이를 제지하는 甲 시청 소속공무원들을 폭행한 경우, 도로관리권에 근거한 공무집행을 하는 공무원에 대하여 폭행을 가한 피고인의 행위는 공무집행방해죄를 구성한다.

③ 불법주차 단속권한이 없는 야간 당직 근무 중인 구청 소속 청원경찰에게 불법주차 단속을 요구하였으나 그 청원경찰이 현장을 확인만 하고 주간 근무자에게 전달하여 단속하겠다고 했다는 이유로 민원인이 청원경찰을 폭행한 경우, 그 민원인에게는 공무집행방해죄가 성립하지 않는다.

④ 자용차를 운전하다가 교통사고를 낸 사람이 경찰관서에 신고함에 있어 가해차량이 자가용일 경우 피해자와 합의하는데 불리하다고 생각하여 영업용 택시를 운전하다가 사고를 내었다고 허위신고를 한 경우 위계에 의한 공무집행방해죄가 성립하지 않는다.

[해설]
① 【O】 대판 2013.6.13. 2010도13609 14. 경찰
② 【O】 대판 2014.2.13. 2011도10625 14. 경찰
③ 【X】 야간 당직 근무 중인 청원경찰이 불법주차 단속요구에 응하여 현장을 확인만 하고 주간 근무자에게 전달하여 단속하겠다고 했다는 이유로 민원인이 청원경찰을 폭행한 사안에서, 야간 당직 근무자는 불법주차 단속권한은 없지만 민원 접수를 받아 다음날 관련 부서에 전달하여 처리하고 있으므로 불법주차 단속업무는 야간 당직 근무자들의 민원업무이자 경비업무로서 공무집행방해죄의 '직무집행'에 해당하여 공무집행방해죄가 성립한다고 한 사례(대판 2009.1.15. 2008도9919). 14. 경찰
④ 【O】 대판 1974.12.10. 74도2841 14. 경찰

[정답] ③

34 다음 설명 중 가장 옳지 않은 것은?

① 피의자 등이 수사기관에 대하여 허위사실을 진술하거나 피의사실 인정에 필요한 증거를 감추고 허위의 증거를 제출하였다고 하더라도, 수사기관이 충분한 수사를 하지 아니한 채 이와 같은 허위의 진술과 증거만으로 증거의 수집·조사를 마쳤다면, 위계에 의한 공무집행방해죄가 성립된다고 할 수 없다.

② 경찰관이 벌금형에 따르는 노역장 유치의 집행을 위하여 형집행장을 소지하지 아니한 채 피고인을 구인할 목적으로 그의 주거지를 방문하여 임의동행의 형식으로 데리고 가다가, 피고인이 동행을 거부하며 다른 곳으로 가려는 것을 제지하면서 체포·구인하려고 하자 피고인이 이를 거부하면서 경찰관을 폭행하였다면, 공무집행방해죄가 성립하지 아니한다.

③ 국립대학교의 전임교원 공채심사위원인 학과장 甲이 지원자 乙의 부탁을 받고 이미 논문접수가 마감된 학회지에 乙의 논문이 게재되도록 돕고, 그 후 甲이 연구실적심사의 기준을 강화하자고 제안하여 乙에게 유리한 결과가 되었다면, 이는 형법 제137조(위계에 의한 공무집행방해)에서 말하는 위계에 해당한다.

④ 초등학교를 졸업하였음에도 초등학교 중퇴 이하의 학력자라는 허위 내용의 인우보증서를 첨부하여 운전면허 구술시험에 응시하였더라도 위계에 의한 공무집행방해죄가 성립하지 않는다.

해설
① 【 O 】 대판 2003.7.25. 2003도1609
② 【 O 】 대판 2010.10.14. 2010도8591
③ 【 X 】 국립대학교의 전임교원 공채심사위원인 학과장 甲이 지원자 乙의 부탁을 받고 이미 논문접수가 마감된 학회지에 乙의 논문이 게재되도록 도운 행위는 다소 부적절한 행위라고 볼 수 있지만, 그 후 甲이 연구실적심사의 기준을 강화하자고 제안한 것은 해당 학과의 전임교원 임용 목적에 부합하는 것으로서 공정한 경우에 해당하므로, 설사 甲의 행위가 결과적으로는 乙에게 유리한 결과가 되었다 하더라도 형법 제137조에서 말하는 '위계'에 해당하지 않는다고 한 사례(대판 2009.4.23. 2007도1554).
④ 【 O 】 대판 2007.3.29. 2006도8189

정답 ③

35 공무집행방해죄에 대한 다음 설명 중 옳지 않은 것은 모두 몇 개인가?

㉠ 직무집행의 범위는 권력적 작용임을 요하지 아니하고 대외적 사무뿐만 아니라 대내적 사무도 포함한다.
㉡ 공무집행방해죄에서 '직무를 집행하는'이라 함은 공무원이 직무수행에 직접 필요한 행위를 현실적으로 행하고 있는 때만을 가리키는 것이므로, 공무원이 직무수행을 위하여 근무 중인 상태까지 이에 포함된다고 할 수는 없다.
㉢ 폭행, 협박은 적극적 행위에 의할 것을 요하며 소극적인 거동이나 불복종만으로는 본죄가 성립하지 않는다.
㉣ 공무를 집행하는 공무원의 수가 수인이라 할지라도 공무의 수가 1개이면 1개의 공무집행방해죄가 성립한다.
㉤ 국민기초생활보장법상 '자활근로자'로 선정되어 주민자치센터 사회복지담당 공무원의 복지도우미로 근무하던 사람을 협박하여 그 직무집행을 방해한 경우 공무집행방해죄가 성립하지 아니한다.

① 1개 ② 2개 ③ 3개 ④ 4개

해설
㉠ 【 O 】 옳은 설명이다.
㉡ 【 X 】 공무집행방해죄에서 '직무를 집행하는'이라 함은 공무원이 직무수행에 직접 필요한 행위를 현실적으로 행하고 있는 때만을 가리키는 것이 아니라 공무원이 직무수행을 위하여 근무 중인 상태에 있는 때를 포괄하고, 직무의 성질에 따라서는 그 직무수행의 과정을 개별적으로 분리하여 부분적으로 각각의 개시와 종료를 논하는 것이 부적절하고 여러 종류의 행위를 포괄하여 일련의 직무수행으로 파악함이 상당한 경우가 있으며, 나아가 현실적으로 구체적인 업무를 처리하고 있지는 않다 하더라도 자기 자리에 앉아 있는 것만으로도 업무의 집행으로 볼 수 있을 때에는 역시 직무집행 중에 있는 것으로 보아야 하고, 직무 자체의 성질이 부단히 대기하고 있을 것을 필요로 하는 것일 때에는 대기 자체를 곧 직무행위로 보아야 할 경우도 있다(대판 2002.4.12. 2000도3485).
㉢ 【 O 】 폭행·협박은 적극적인 행동에 의할 것을 요하므로, 공무원에게 체포당하지 않으려고 손을 뿌리치고 도주하는 것과 같은 소극적인 거동이나 단순불복종은 제외된다.
㉣ 【 X 】 동일한 공무를 집행하는 여럿의 공무원에 대하여 폭행·협박 행위를 한 경우에는 공무를 집행하는 공무원의 수에 따라 여럿의 공무집행방해죄가 성립하고, 위와 같은 폭행·협박 행위가 동일한 장소에서 동일한 기회에 이루어진 것으로서 사회관념상 1개의 행위로 평가되는 경우에는 여럿의 공무집행방해죄는 상상적 경합의 관계에 있다(대판 2009.6.25. 2009도3505).
▶ 수죄이지만 실체적 경합의 관계에 해당하는 것은 아님을 주의해야 한다.
㉤ 【 O 】 [1] 형법상 공무원이라 함은 국가 또는 지방자치단체 및 이에 준하는 공법인의 사무에 종사하는 자로서 그 노무의 내용이 단순한 기계적 육체적인 것에 한정되어 있지 않은 자를 말한다.
[2] 피고인이 국민기초생활 보장법상 '자활근로자'로 선정되어 주민자치센터 사회복지담당 공무원의 복지도우미로 근무하던 甲을 협박하여 그 직무집행을 방해하였다는 내용으로 기소된 사안에서, 甲이 공무원으로서 공무를 담당하고 있었다고 볼 수 없다고 판단한 원심판결을 수긍한 사례(대판 2011.1.27. 2010도14484).

정답 ②

36 다음은 공무집행방해죄에 대한 설명이다. 가장 적절하지 않은 것은?

① 회사의 노사분규 동향을 파악하거나 파악하기 위해 현장에서 대기중이던 근로감독관을 폭행한 경우는 공무집행방해죄가 성립한다.
② 출입국관리공무원이 관리자의 사전 동의 없이 사업장에 진입하여 불법체류자 단속업무를 개시한 경우, 공무집행행위의 적법성이 부인되어 공무집행방해죄가 성립하지 않는다.
③ 검문 중이던 경찰관들이 자전거를 이용한 날치기 사건 범인과 흡사한 인상착의의 피고인이 자전거를 타고 다가오는 것을 발견, 정지를 요구하였으나 멈추지 않아, 앞을 가로막고 소속과 성명을 고지한 후 검문에 협조해 달라는 취지로 말하였음에도 불응하고 그대로 전진하자 따라가서 재차 앞을 막고 검문에 응하라고 요구한 경우, 앞을 가로막고 제지한 행위는 불심검문의 한계를 벗어나 위법하므로 적법성을 전제로 하는 공무집행방해죄는 성립하지 않는다.
④ 불법주차 차량에 불법주차 스티커를 붙였다가 이를 다시 떼어낸 직후에 있는 주차단속 공무원을 폭행한 경우, 공무집행방해죄가 성립한다.

해설

① 【 O 】 대판 2002.4.12. 2000도3485 14. 경찰
② 【 O 】 대판 2009.3.12. 2008도7156 14. 경찰 ✓ 사안에서 특수공무집행방해죄는 부정하였으나 흉기휴대상해죄는 긍정함
③ 【 X 】 검문 중이던 경찰관들이, 자전거를 이용한 날치기 사건 범인과 흡사한 인상착의의 피고인이 자전거를 타고 다가오는 것을 발견하고 정지를 요구하였으나 멈추지 않아, 앞을 가로막고 소속과 성명을 고지한 후 검문에 협조해 달라는 취지로 말하였음에도 불응하고 그대로 전진하자, 따라가서 재차 앞을 막고 검문에 응하라고 요구하였는데, 이에 피고인이 경찰관들의 멱살을 잡아 밀치거나 욕설을 하는 등 항의하여 공무집행방해 등으로 기소된 사안에서, 범행의 경중, 범행과의 관련성, 상황의 긴박성, 혐의의 정도, 질문의 필요성 등에 비추어 경찰관들은 목적 달성에 필요한 최소한의 범위 내에서 사회통념상 용인될 수 있는 상당한 방법을 통하여 경찰관직무집행법 제3조 제1항에 규정된 자에 대해 의심되는 사항을 질문하기 위하여 정지시킨 것으로 보아야 하는데도, 이와 달리 경찰관들의 불심검문이 위법하다고 보아 피고인에게 무죄를 선고한 원심판결에 불심검문의 내용과 한계에 관한 법리오해의 위법이 있다고 한 사례(대판 2012.9.13. 2010도6203). 14. 경찰
④ 【 O 】 대판 1999.9.21. 99도383 14. 경찰

정답 ③

37 다음 〈보기〉는 위계에 의한 공무집행방해죄에 관한 설명이다. 옳은 것(○)과 옳지 않은 것(×)으로 올바르게 짝지어진 것은?

〈보기〉

㉠ 화물자동차 운송주선사업자가 관할 행정청에 주기적으로 허가기준에 관한 사항을 신고하는 과정에서 가장납입에 의하여 발급받은 허위의 예금잔액증명서를 제출하는 부정한 방법으로 허가를 받는 행위는 위계에 의한 공무집행방해죄를 구성하지 않는다.

㉡ 민사소송을 제기함에 있어 피고의 주소를 허위로 기재하여 법원공무원으로 하여금 변론기일 소환장 등을 허위주소로 송달케 한 행위는 위계에 의한 공무집행방해죄가 성립한다.

㉢ 당사자가 법원에 가처분신청을 하면서 허위의 주장을 하거나 허위의 증거를 제출한 경우 위계에 의한 공무집행방해죄가 성립한다.

㉣ 「병역법」상의 지정업체에서 산업기능요원으로 근무할 의사가 없음에도 해당 지정업체의 장과 공모하여 허위내용의 편입신청서를 제출하여 관할관청으로부터 산업기능요원 편입을 승인받고, 관할관청의 실태조사를 회피하기 위하여 허위서류를 작성·제출하는 등의 방법으로 파견 근무를 신청하여 관할관청으로부터 파견근무를 승인받은 경우 위계에 의한 공무집행방해죄가 성립한다.

① ㉠ (○) ㉡ (○) ㉢ (×) ㉣ (×)
② ㉠ (○) ㉡ (×) ㉢ (×) ㉣ (○)
③ ㉠ (×) ㉡ (○) ㉢ (×) ㉣ (○)
④ ㉠ (×) ㉡ (×) ㉢ (○) ㉣ (×)

해설

㉠ 【○】 화물자동차 운송주선사업자인 피고인이 관할 행정청에 주기적으로 허가기준에 관한 사항을 신고하는 과정에서 가장납입에 의하여 발급받은 허위의 예금잔액증명서를 제출하는 부정한 방법으로 허가를 받아 위계로써 공무원의 직무집행을 방해하였다는 내용으로 기소된 사안에서, 제반 사정에 비추어 위 신고는 행정청의 단순한 접수나 형식적 심사를 거친 수리 외에 신고에 대응한 어떠한 적극적·실질적 행정작용에 나아갈 것이 예정되어 있다고 볼 수 없을 뿐 아니라, 행정청이 신고내용의 진실성이나 첨부자료의 취지를 제대로 따져보지 않아 추가 조사를 통한 적정한 관리감독권의 행사에 나아가지 않았더라도 이를 신고인의 위계에 의한 방해의 결과로 볼 수 없어 위계에 의한 공무집행방해죄가 성립한다고 볼 수 없는데, 이와 달리 보아 피고인에게 유죄를 인정한 원심판결에 법리오해의 위법이 있다(대판 2011.8.25. 2010도7033). 22. 해경간부

㉡ 【×】 민사소송을 제기함에 있어 피고의 주소를 허위로 기재하여 법원공무원으로 하여금 변론기일소환장 등을 허위주소로 송달케 하였다는 사실만으로는 이로 인하여 법원공무원의 구체적이고 현실적인 어떤 직무집행이 방해되었다고 할 수는 없으므로, 이로써 바로 위계에 의한 공무집행방해죄가 성립한다고 볼 수는 없다(대판 1996.10.11. 96도312). 22. 해경간부

㉢ 【×】 법원은 당사자의 허위 주장 및 증거 제출에도 불구하고 진실을 밝혀야 하는 것이 그 직무이므로, 가처분신청 시 당사자가 허위의 주장을 하거나 허위의 증거를 제출하였다 하더라도 그것만으로 법원의 구체적이고 현실적인 어떤 직무집행이 방해되었다고 볼 수 없으므로 이로써 바로 위계에 의한 공무집행방해죄가 성립한다고 볼 수 없다(대판 2012.4.26. 2011도17125). 22. 해경간부

㉣ 【○】 구 병역법(2004. 3. 11. 법률 제7186호로 개정되기 전의 것)상의 지정업체에서 산업기능요원으로 근무할 의사가 없음에도 해당 지정업체의 장과 공모하여 허위내용의 편입신청서를 제출하여 관할관청으로부터 산업기능요원 편입을 승인받고, 나아가 관할관청의 실태조사를 회피하기 위하여 허위서류를 작성·제출하는 등의 방법으로 파견근무를 신청하여 관할관청으로부터 파견근무를 승인받았다면, 이러한 파견근무의 승인 등은 관할관청의 불충분한 심사가 원인이 된 것이 아니라 출원인의 위계행위가 원인이 된 것이어서 위계에 의한 공무집행방해죄가 성립한다(대판 2009.3.12. 2008도1321). 22. 해경간부

정답 ②

38 다음 중 위계에 의한 공무집행방해죄가 성립하는 것은?

① 민사소송을 제기함에 있어 피고의 주소를 허위로 기재하여 법원공무원으로 하여금 변론기일소환장 등을 허위주소로 송달케 한 경우
② 병역법상 지정업체에서 전문연구요원으로 근무할 의사가 없음에도 허위내용의 편입신청서를 제출하여 관할관청으로부터 전문연구요원 편입을 승인받고 관할지방병무청장에게 허위의 공동연구 협약서를 작성·제출하여 파견근무를 신청하여 승인받은 경우
③ 건물점유자로서 명도집행을 저지할 수 있는 정당한 권능이 있는 자가 그 점유사실을 입증하기 위한 수단으로 임대차계약서 사본을 제시하면서 그 실효된 사실을 고지하지 아니하고 자신이 정당한 임차인인 것처럼 주장한 경우
④ 수용자가 교도관의 감시·단속을 피하여 규율위반행위를 하는 경우

[해 설]
① 【 X 】 민사소송을 제기함에 있어 피고의 주소를 허위로 기재하여 법원공무원으로 하여금 변론기일소환장 등을 허위주소로 송달케 하였다는 사실만으로는 이로 인하여 법원공무원의 구체적이고 현실적인 어떤 직무집행이 방해되었다고 할 수는 없으므로, 이로써 바로 위계에 의한 공무집행방해죄가 성립한다고 볼 수는 없다(대판 1996.10.11. 96도312). 11. 경찰
② 【 O 】 구 병역법상 지정업체에서 전문연구요원으로 근무할 의사가 없음에도 허위내용의 편입신청서를 제출하여 관할관청으로부터 전문연구요원 편입을 승인받고, 관할지방병무청장에게 허위의 공동연구 협약서를 작성·제출하여 파견근무를 신청하여 승인받았다면, 이러한 편입 및 파견근무의 승인은 관할관청의 불충분한 심사가 원인이 아니라 출원인의 위계행위가 원인이 된 것이어서 위계에 의한 공무집행방해죄가 성립한다(대판 2008.6.26. 2008도1011). 11. 경찰
③ 【 X 】 건물점유자로서 명도집행을 저지할 수 있는 정당한 권능이 있는 자가 그 점유사실을 입증하기 위한 수단으로 임대차계약서 사본을 제시하면서 그 실효된 사실을 고지하지 아니하고 자신이 정당한 임차인인 것처럼 주장하였다고 하더라도 이로써 형법 제137조 소정의 위계에 해당한다고는 볼 수 없다(대판 1984.1.31. 83도2290). 11. 경찰
④ 【 X 】 수용자가 교도관의 감시, 단속을 피하여 규율위반행위를 하는 것만으로는 단순히 금지규정에 위반되는 행위를 한 것에 지나지 아니할 뿐 이로써 위계에 의한 공무집행방해죄가 성립한다고는 할 수 없다(대판 2003.11.13. 2001도7045). 11. 경찰

정답 ②

39 다음 중 위계에 의한 공무집행방해죄를 구성하는 행위는 모두 몇 개인가?

㉠ 甲은 수사기관에서 자기에 대한 수 개의 절도죄에 관하여 피의자신문을 받으면서 진범을 은폐하기 위하여 실제로는 자기가 저지르지 않은 혐의사실을 자백하는 진술을 하였다.
㉡ 乙은 건축공사를 하면서 허위의 준공신고서, 준공검사 현장조사서 등을 첨부하여 준공검사를 신청하였고, 이를 진실한 것으로 알고 받아들인 관계공무원으로부터 준공필증을 교부받았다.
㉢ 교도소에서 복역중인 丙은 금지물건인 담배를 교도관의 눈을 피하여 교도소 내로 반입하여 소지하였다.
㉣ 丁은 차를 리스한 자가 리스기간이 만료하고도 차량을 납부하지 않자 차량 도난신고를 하면 전국수배가 되어 차량을 신속히 회수할 수 있다는 점을 알고 경찰서 지구대에 허위차량도난신고를 하였다.
㉤ 戊는 고등학교 입학원서를 제출하면서 추천서란의 기재사항을 사실과 다르게 조작하고 허위로 기재하여 그 추천서 성적이 고등학교 입학 전형의 자료가 되게 하였다.

① 1개 ② 2개 ③ 3개 ④ 4개

[해설]
- ㉠ 【 X 】 수사기관이 범죄사건을 수사함에 있어서는 피의자나 피의자로 자처하는 자 또는 참고인의 진술여하에 불구하고 피의자를 확정하고 그 피의사실을 인정할 만한 객관적인 제반증거를 수집 조사하여야 할 권리와 의무가 있는 것이라고 할 것이므로 피의자나 참고인이 아닌 자가 자발적이고 계획적으로 피의자를 가장하여 수사기관에 대하여 허위사실을 진술하였다 하여 바로 이를 위계에 의한 공무집행방해죄가 성립된다고 할 수 없다(대판 1977.2.8. 76도3685).
- ㉡ 【 X 】 위와 같이 불법으로 건축 중임을 모르고 건축허가 및 준공검사필증을 교부하였다고 하여도 이는 결국 허가관청이 출원사유를 사실인 것으로 경신하고 출원사유에 대한 소명자료를 불충분하게 심사한 결과에 기인하는 것이고 피고인의 위계로 인한 것이라고는 할 수 없으므로 피고인에 대한 위계에 의한 공무집행방해는 성립하지 아니한다(대판 1982.12.14. 82도2207).
- ㉢ 【 X 】 수용자가 교도관의 감시, 단속을 피하여 규율위반행위를 하는 것만으로는 단순히 금지규정에 위반되는 행위를 한 것에 지나지 아니할 뿐 이로써 위계에 의한 공무집행방해죄가 성립한다고는 할 수 없다(대판 2003.11.13. 2001도7045).
- ㉣ 【 X 】 위계에 의한 공무집행방해죄는 '자기의 위계행위로 인하여 공무집행을 방해하려는 의사가 있는 경우'에 한하여 성립한다. 따라서 차량 도난신고를 하면 전국수배가 되어 차량을 신속히 회수할 수 있다는 점을 알고 경찰서 지구대에 허위의 차량도난신고를 한 것만으로 공무원의 직무집행을 방해할 의사가 있었다고 단정하기 어려우므로 위계에 의한 공무집행방해죄가 성립한다고 볼 수 없다. ✔ 위계에 의한 공무집행방해죄는 공무집행방해죄와 달리 공무집행을 방해할 의사를 요하기 때문이다.
- ㉤ 【 O 】 대판 1983.9.27. 83도1864

[정답] ①

40 다음 중 위계에 의한 공무집행방해죄가 성립하지 않는 것은?

① 감척어선 입찰자격이 없는 자가 제3자와 공모하여 제3자의 대리인 자격으로 제3자 명의로 입찰에 참가하고 낙찰받은 후 자신의 자금으로 낙찰대금을 지급하여 감척어선에 대한 실질적 소유권을 취득한 경우
② 지방자치단체의 공사입찰에 있어서 허위서류를 제출하여 입찰참가자격을 얻고 낙찰자로 결정되어 계약을 체결한 경우
③ 민사소송을 제기함에 있어 피고의 주소를 허위로 기재하여 변론기일소환장 등 소송서류를 허위주소로 송달하게 한 경우
④ 음주운전을 하다가 교통사고를 야기한 후 형사처벌을 면하기 위하여 타인의 혈액을 자신의 혈액인 것처럼 교통사고 조사 경찰관에게 제출하여 감정하도록 한 경우

[해설]
① 【 O 】 대판 2003.12.26. 2001도6349
② 【 O 】 변조된 서류에 근거하여 해외건설협회장이 발급한 실적증명서에 대하여 입찰담당 공무원이 달리 심사할 방법이 없을 뿐만 아니라 위 실적증명서의 기재 내용은 일반적으로 신뢰할 만한 것이어서, 입찰담당 공무원이 금호산업 주식회사에 대하여 입찰참가자격을 인정하고 그에 따라 금호산업 주식회사가 낙찰자로 결정되어 공사계약을 체결할 수 있게 된 것은 위 피고인들의 위계에 의한 결과라고 할 것이다(대판 2003.10.9. 2000도4993).
③ 【 X 】 민사소송을 제기함에 있어 피고의 주소를 허위로 기재하여 법원공무원으로 하여금 변론기일소환장 등을 허위주소로 송달케 하였다는 사실만으로는 이로 인하여 법원공무원의 구체적이고 현실적인 어떤 직무집행이 방해되었다고 할 수는 없으므로, 이로써 바로 위계에 의한 공무집행방해죄가 성립한다고 볼 수는 없다(대판 1996.10.11. 96도312).
④ 【 O 】 이와 같은 행위는 단순히 피의자가 수사기관에 대하여 허위사실을 진술하거나 자신에게 불리한 증거를 은닉하는 데 그친 것이 아니라 수사기관의 착오를 이용하여 적극적으로 피의사실에 관한 증거를 조작한 것으로서 위계에 의한 공무집행방해죄가 성립한다고 한 사례(대판 2003.7.25. 2003도1609).

[정답] ③

41 다음 사례 중 위계에 의한 공무집행방해죄가 성립하는 것은 몇 개인가?

> ㉠ 자가용차를 운전하다가 교통사고를 낸 자가 경찰관서에 영업용 택시를 운전하다가 사고를 내었다고 허위신고를 한 경우
> ㉡ 건물점유자로서 명도집행을 저지할 수 있는 정당한 권능이 있는 자가 실효된 임대차 계약서 사본을 제시하면서 자신이 정당한 임차인임을 주장한 경우
> ㉢ 지방자치단체의 공사입찰에 있어서 허위서류를 제출하여 입찰참가자격을 얻고 낙찰자로 결정되어 계약을 체결한 경우
> ㉣ 구 병역법상 지정업체에서 전문연구원으로 근무할 의사가 없음에도 허위내용의 편입신청서를 제출하여 관할관청으로부터 전문연구요원 편입을 승인받고 관할 지방병무청장에게 허위의 공동연구 협약서를 작성·제출하여 파견의무를 신청하여 승인을 받은 경우
> ㉤ 가처분을 신청하면서 허위의 주장을 하거나 허위의 증거를 제출한 경우

① 1개 ② 2개 ③ 3개 ④ 4개

해설

㉠ 【 X 】 이 사실만으로 공무원의 직무집행을 방해할 의사가 있었다고 단정하기 어려우므로 위계로 인한 공무집행방해죄가 성립하지 않는다(대판 1974.12.10. 74도2841).
㉡ 【 X 】 대판 1984.1.31. 83도2290
㉢ 【 O 】 대판 2003.10.9. 2000도4993
㉣ 【 O 】 이러한 편입 및 파견근무의 승인은 관할관청의 불충분한 심사가 원인이 아니라 출원인의 위계행위가 원인이 된 것이어서 위계에 의한 공무집행방해죄가 성립한다(대판 2008.6.26. 2008도1011).
㉤ 【 X 】 법원은 당사자의 허위 주장 및 증거 제출에도 불구하고 진실을 밝혀야 하는 것이 그 직무이므로, 가처분신청시 당사자가 허위의 주장을 하거나 허위의 증거를 제출하였다 하더라도 그것만으로 법원의 구체적이고 현실적인 어떤 직무집행이 방해되었다고 볼 수 없으므로 이로써 바로 위계에 의한 공무집행방해죄가 성립한다고 볼 수 없다(대판 2012.4.26. 2011도17125).
▶ 허위 주장을 하거나 허위 증거를 제출하여 가압류결정을 받은 경우에도 동죄는 성립하지 않는다. 그리고 사기죄와 관련하여 본안소송을 제기하지 아니한 채 가압류를 신청한 것만으로는 사기죄의 실행에 착수한 것으로 볼 수 없다는 것도 주의해야 한다.

정답 ②

42 다음 중 위계에 의한 공무집행방해죄가 성립하는 경우는 모두 몇 개인가?

> ㉠ 지방자치단체의 공사입찰에 있어서 허위서류를 제출하여 입찰참가자격을 얻고 입찰에 참가하여 낙찰자로 결정되어 계약을 체결한 경우
> ㉡ 건물점유자로서 명도집행을 저지할 수 있는 정당한 권능이 있는 자가 그 점유사실을 입증하기 위한 수단으로 임대차계약서 사본을 제시하면서 그 실효된 사실을 고지하지 아니하고 자신이 정당한 임차인인 것처럼 주장한 경우
> ㉢ 허위작성된 간호학원 수료증명서를 시험관리당국에 제출하여 응시자격을 인정받아 간호조무사 자격시험에 응시한 경우
> ㉣ 피의자나 참고인이 아닌 자가 자발적이고 계획적으로 피의자를 가장하여 수사기관에서 허위진술을 한 경우

① 1개 ② 2개 ③ 3개 ④ 4개

해설

㉠ 【 O 】 대판 2003.12.26. 2001도6349
㉡ 【 X 】 건물점유자로서 명도집행을 저지할 수 있는 정당한 권한이 있는 자가 그 점유사실을 입증하기 위한 수단으로 임대차계약서 사본을 제시하면서 그 실효된 사실을 고지하지 아니하고 자신이 정당한 임차인인 것처럼 주장하였다고 하더라도 이로써 형법 제137조 소정의 위계에 해당한다고는 볼 수 없다(대판 1984.1.31. 83도2290).
㉢ 【 O 】 대판 1982.7.27. 82도1301
㉣ 【 X 】 피의자나 참고인이 아닌 자가 자발적이고 계획적으로 피의자를 가장하여 수사기관에서 허위진술을 한 경우라도 곧바로 위계에 의한 공무집행방해죄가 성립하지 않는다(대판 1977.2.8. 76도3685).

정답 ②

43 공무방해에 관한 죄에 대한 설명으로 옳지 않은 것은?

① 노조원들이 파업투쟁 중인 공장에 경찰관들이 진입할 것에 대비하여 경찰관들의 부재중에 미리 윤활유나 철판 조각을 바닥에 뿌려 놓은 경우, 그 후 공장에 진입하던 경찰관들이 이로 인해 미끄러져 넘어지거나 철판 조각에 찔려 다쳤다고 하더라도 특수공무집행방해치상죄가 성립하지 않는다.
② 절도범인이 체포를 면탈할 목적으로 경찰관에게 폭행을 가한 때에는 준강도죄와 공무집행방해죄를 구성하고 양 죄는 상상적 경합 관계에 있으나, 강도범인이 체포를 면탈할 목적으로 경찰관에게 폭행을 가한 때에는 강도죄와 공무집행방해죄는 실체적 경합 관계에 있다.
③ 집행관이 법원으로부터 피신청인에 대하여 부작위를 명하는 가처분이 발령되었음을 고시하는 데 그치고 나아가 봉인 또는 물건을 자기의 점유로 옮기는 등의 구체적인 집행행위를 하지 아니한 경우, 단순히 피신청인이 가처분의 부작위명령을 위반하였다는 것만으로는 공무상표시무효죄가 성립하지 않는다.
④ 집행관이 유체동산을 가압류하면서 이를 채무자에게 보관하도록 한 경우, 채무자가 가압류된 유체동산을 제삼자에게 양도하고 그 점유를 이전한 경우라도 채무자와 양수인이 가압류된 유체동산을 원래 있던 장소에 그대로 두었다면 특별한 사정이 없는 한 공무상표시무효죄가 성립하지 않는다.

해설

① 【 O 】 피고인이 노조원들과 함께 경찰관인 피해자들이 파업투쟁 중인 공장에 진입할 경우에 대비하여 미리 윤활유나 철판조각을 바닥에 뿌려 놓은 것에 불과하고, 위 피해자들이 이에 미끄러져 넘어지거나 철판조각에 찔려 다쳤다는 것에 지나지 않은 사안에서, 피고인의 위 행위를 특수공무집행방해치상죄로 의율한 원심의 조치에 법리오해 또는 사실오인의 위법이 있다(대판 2010.12.23. 2010도7412). 22. 국가직 7급
② 【 O 】 절도범인이 체포를 면탈할 목적으로 경찰관에게 폭행 협박을 가한 때에는 준강도죄와 공무집행방해죄를 구성하고 양죄는 상상적 경합관계에 있으나, 강도범인이 체포를 면탈할 목적으로 경찰관에게 폭행을 가한 때에는 강도죄와 공무집행방해죄는 실체적 경합관계에 있고 상상적 경합관계에 있는 것이 아니다(대판 1992.7.28. 92도917). 22. 국가직 7급
③ 【 O 】 집행관이 법원으로부터 피신청인에 대하여 부작위를 명하는 가처분이 발령되었음을 고시하는 데 그치고 나아가 봉인 또는 물건을 자기의 점유로 옮기는 등의 구체적인 집행행위를 하지 아니하였다면, 단순히 피신청인이 가처분의 부작위명령을 위반하였다는 것만으로는 공무상 표시의 효용을 해하는 행위에 해당하지 아니한다(대판 2016.5.12. 2015도20322). 22. 국가직 7급
④ 【 X 】 집행관이 유체동산을 가압류하면서 이를 채무자에게 보관하도록 한 경우 그 가압류의 효력은 압류된 물건의 처분행위를 금지하는 효력이 있으므로, 채무자가 가압류된 유체동산을 제3자에게 양도하고 그 점유를 이전한 경우, 이는 가압류집행이 금지하는 처분행위로서, 특별한 사정이 없는 한 가압류표시 자체의 효력을 사실상으로 감쇄 또는 멸각시키는 행위에 해당한다. 이는 채무자와 양수인이 가압류된 유체동산을 원래 있던 장소에 그대로 두었더라도 마찬가지이다(대판 2018.7.11. 2015도5403). 22. 국가직 7급

정답 ④

44 공무상 비밀표시무효죄에 관련된 다음 설명 중 옳지 않은 것은?

① 공무상 비밀표시무효죄가 성립하기 위해서는 행위 당시에 강제처분의 표시가 유효하며 현존할 것을 요한다.
② 집행관이 영업방해금지 가처분결정의 취지를 고시한 공시서를 게시하였을 뿐 구체적인 집행행위를 하지 아니하였다면 피신청인이 가처분의 부작위명령을 위반하였다는 것만으로는 공무상 표시의 효용을 해하는 행위에 해당하지 않는다.
③ 가처분의 채무자가 아닌 제3자가 가처분상의 부작위명령을 위반한 것은 가처분 집행 표시의 효용을 해한 행위에 해당하지 아니한다.
④ 채무자가 불가피한 사정으로 채권자의 승낙을 얻어 압류물을 이동시켰으나 집행관의 승인을 얻지 못한 경우 공무상 비밀표시무효죄가 성립한다.

해설

① 【 O 】 강제처분의 표시는 유효할 것을 요하며(대판 2000.4.21. 99도5563), 현존할 것을 요한다(대판 1997.3.11. 96도2801). 15. 경찰간부
  ◎ 무효나 부존재인 하자가 있으면 공무상비밀표시무효죄의 객체가 되지 않지만 절차상, 실체상 하자가 있더라도 무효나 부존재에 이르지 않고 유효하다면 적법한 절차에 의하여 취소되지 아니하는 한 공무상표시무효죄의 객체로 된다는 것을 주의해야 한다.
② 【 O 】 대판 2010.9.30. 2010도3364 15. 경찰간부
③ 【 O 】 대판 2007.11.16. 2007도5539 15. 경찰간부
④ 【 X 】 집행관이 그 점유를 옮기고 압류표시를 한 다음 채무자에게 보관을 명한 유체동산에 관하여 채무자가 이를 다른 장소로 이동시켜야 할 특별한 사정이 있고, 그 이동에 앞서 채권자에게 이동사실 및 이동장소를 고지하여 승낙을 얻은 때에는 비록 집행관의 승인을 얻지 못한 채 압류물을 이동시켰다 하더라도 형법 제140조 제1항 소정의 '기타의 방법으로 그 효용을 해한' 경우에 해당한다고 할 수 없다고 할 것이다(대판 2004.7.9. 2004도3029). 15. 경찰간부

정답 ④

45 공무상표시무효죄에 관한 다음 설명 중 가장 옳지 않은 것은?

① 甲은 자신의 실용신안권을 침해한 乙에 대하여 침해제품의 생산을 금지하고 보관중인 침해제품의 점유를 풀고, 집행관은 이를 보관하며 그 명령의 취지를 공시하도록 하는 내용의 가처분결정을 받았고, 이에 따라 집행관이 위 부작위명령을 고시하였을 뿐 乙이 보관중인 침해제품을 자신의 점유로 옮기는 등 구체적인 집행행위를 하지 아니한 경우, 乙이 위 부작위명령을 위반한 것만으로 공무상 표시의 효용을 해하는 행위에 해당하지 아니한다.
② 공무원이 그 직무에 관하여 실시한 봉인 등의 표시가 유효함에도 법률상 효력이 없다고 믿은 경우 그와 같이 믿은 데에 정당한 이유가 없는 이상 그와 같이 믿었다는 사정만으로는 공무상표시무효죄의 죄책을 면할 수 없다.
③ 출입금지가처분은 그 성질상 가처분채권자의 의사에 반하여 건조물 등에 출입하는 것을 금지하는 것이므로 비록 가처분결정에 그러한 취지가 명시되어 있지 않다고 하더라도 가처분채권자의 승낙을 얻어 그 건조물 등에 출입하는 경우에는 출입금지가처분 표시의 효용을 해한 것이라고 할 수 없다.
④ 공무원이 그 직권을 남용하여 위법하게 실시한 봉인 또는 압류 기타 강제처분의 표시임이 명백하여 법률상 당연무효 또는 부존재라고 볼 수 있는 경우에는 그 봉인 등의 표시는 공무상표시무효죄의 객체가 되지 아니하여 이를 손상 또는 은닉하거나 기타 방법으로 그 효용을 해한다 하더라도 공무상표시무효죄가 성립하지 아니한다 할 것이지만, 공무원이 실시한 봉인 등의 표시에 절차상 또는 실체상의 하자가 있다고 하더라도 객관적·일반적으로 그것이 공무원이 그 직무에 관하여 실시한 봉인 등으로 인정할 수 있는 상태에 있다면 적법한 절차에 의하여 취소되지 아니하는 한 공무상표시무효죄의 객체로 된다.
⑤ 온천수사용금지가처분결정이 있기 전부터 온천이용허가권자인 가처분채무자로부터 이를 양수하고 임대차계약의 형식을 빌어 온천수를 이용하여 온 사람이 위 금지명령을 위반하여 계속 온천수를 사용한 경우, 그 사람의 위반행위는 공무상표시무효죄를 구성한다.

해설

① 【O】 집행관이 법원으로부터 피신청인에 대하여 부작위를 명하는 가처분이 발령되었음을 고시하는 데 그치고 나아가 봉인 또는 물건을 자기의 점유로 옮기는 등의 구체적 집행행위를 하지 아니하였다면, 단순히 피신청인이 위 가처분의 부작위명령을 위반하였다는 것만으로는 공무상 표시의 효용을 해하는 행위에 해당하지 않는다(대판 2008.12.24. 2006도1819). 17. 법원행시
② 【O】 공무원이 그 직무에 관하여 실시한 봉인 등의 표시를 손상 또는 은닉 기타의 방법으로 그 효용을 해함에 있어서 그 봉인 등의 표시가 법률상 효력이 없다고 믿은 것은 법규의 해석을 잘못하여 행위의 위법성을 인식하지 못한 것이라고 할 것이므로 그와 같이 믿은 데에 정당한 이유가 없는 이상, 그와 같이 믿었다는 사정만으로는 공무상표시무효죄의 죄책을 면할 수 없다고 할 것이다(대판 2000.4.21. 99도5563). 17. 법원행시
③ 【O】 출입금지가처분은 그 성질상 가처분 채권자의 의사에 반하여 건조물 등에 출입하는 것을 금지하는 것이므로 비록 가처분결정이나 그 결정의 집행으로서 집행관이 실시한 고시에 그러한 취지가 명시되어 있지 않다고 하더라도 가처분 채권자의 승낙을 얻어 그 건조물 등에 출입하는 경우에는 출입금지가처분 표시의 효용을 해한 것이라고 할 수 없다(대판 2006.10.13. 2006도4740). 17. 법원행시
④ 【O】 공무원이 그 직권을 남용하여 위법하게 실시한 봉인 또는 압류 기타 강제처분의 표시임이 명백하여 법률상 당연무효 또는 부존재라고 볼 수 있는 경우에는 그 봉인 등의 표시는 공무상표시무효죄의 객체가 되지 아니하여 이를 손상 또는 은닉하거나 기타 방법으로 그 효용을 해한다 하더라도 공무상표시무효죄가 성립하지 아니한다 할 것이지만, 공무원이 실시한 봉인 등의 표시에 절차상 또는 실체상의 하자가 있다고 하더라도 객관적·일반적으로 그것이 공무원이 그 직무에 관하여 실시한 봉인 등으로 인정할 수 있는 상태에 있다면 적법한 절차에 의하여 취소되지 아니하는 한 공무상표시무효죄의 객체로 된다고 할 것이다(대판 2007.3.15. 2007도312). 17. 법원행시
⑤ 【X】 온천수 사용금지 가처분결정이 있기 전부터 온천이용허가권자인 가처분 채무자로부터 이를 양수하고 임대차계약의 형식을 빌어 온천수를 이용하여 온 제3자가 위 금지명령을 위반하여 계속 온천수를 사용한 경우, 위 제3자가 위 가처분 사건 당사자 사이의 권리관계 내용을 잘 알고 있었다거나 그가 실질적으로는 가처분 채무자와 같은 당사자 위치에 있었다는 등의 사정이 있다 하여도 위 위반행위가 공무상표시무효죄를 구성하지 않는다(대판 2007.11.16. 2007도5539). 17. 법원행시

정답 ⑤

46 다음 설명 중 올바르지 않은 것은?

① 채무자가 불가피한 사정으로 채권자의 승낙을 얻어 압류물을 이동시켰으나 집행관의 승인을 얻지 못한 경우 공무상표시무효죄가 성립하지 않는다.
② 변호사의 자문을 받아 문제가 없다는 말을 듣고 압류물을 집달관의 승인 없이 관할구역 밖으로 옮긴 경우 공무상표시무효죄가 성립하지 않는다.
③ 공무원이 그 직권을 남용하여 위법하게 실시한 봉인 또는 압류 기타 강제처분의 표시임이 명백하여 법률상 당연무효 또는 부존재라고 볼 수 있는 경우에는 이를 손상 또는 은닉하더라도 공무상표시무효죄가 성립하지 아니한다.
④ 공무원이 실시한 봉인 등의 표시에 절차상 또는 실체상의 하자가 있다고 하더라도 객관적·일반적으로 그것이 공무원이 그 직무에 관하여 실시한 봉인 등으로 인정할 수 있는 상태에 있다면 적법한 절차에 의하여 취소되지 아니하는 한 공무상표시무효죄의 객체로 된다.
⑤ 압류된 골프장시설을 보관하는 회사의 대표이사가 위 압류시설의 사용 및 봉인의 훼손을 방지할 수 있는 적절한 조치 없이 골프장을 개장하게 하여 봉인이 훼손되게 한 경우 공무상표시무효죄가 성립한다.

해설

① 【 O 】 대판 2004.7.9. 2004도3029
② 【 X 】 압류물을 집달관의 승인 없이 임의로 그 관할구역 밖으로 옮긴 경우에는 압류집행의 효용을 해하게 된다고 할 것이므로 공무상비밀표시무효죄가 성립한다. 변호사 등에게 문의하여 자문을 받았다는 사정만으로는 자신의 행위가 죄가 되지 않는다고 믿는 데에 정당한 이유가 있다고 할 수 없다(대판 1992.5.26. 91도894).
③④ 【 O 】 대판 2007.3.15. 2007도312
⑤ 【 O 】 이 사건 압류시설의 보관자 지위에 있는 공소외 회사로서는 위 압류시설을 선량한 관리자로서 보관할 주의의무가 있다 할 것이고, 그 대표이사로서 위 압류시설이 위치한 골프장의 개장 및 운영 전반에 걸친 포괄적 권한과 의무를 지닌 피고인으로서는 위와 같은 회사의 대외적 의무사항이 준수될 수 있도록 적절한 조치를 취할 위임계약 혹은 조리상의 작위의무가 존재한다고 보아야 할 것이므로 대표이사가 위 압류시설의 사용 및 봉인의 훼손을 방지할 수 있는 적절한 조치 없이 골프장을 개장하게 하여 봉인이 훼손되게 한 경우, 부작위에 의한 공무상표시무효죄가 성립한다(대판 2005.7.22. 2005도3034).

정답 ②

47 공무방해에 관한 죄에 대한 설명으로 틀린 것은?

① 공무집행방해죄에 있어서의 '폭행'이라 함은 공무원에 대한 직접적인 유형력의 행사 뿐 아니라 간접적인 유형력의 행사도 포함하는 것이다.
② 위계에 의한 공무집행방해죄에서의 공무원의 직무집행이란 법령의 위임에 따른 공무원의 적법한 직무집행인 이상 공권력의 행사를 내용으로 하는 권력적 작용뿐만 아니라 사경제주체로서의 활동을 비롯한 비권력적 작용도 포함된다.
③ 부동산강제집행효용침해죄의 객체인 강제집행으로 명도 또는 인도된 부동산에는 강제집행으로 퇴거집행된 부동산은 포함되지 않는다.
④ 위계를 행사하여 공무집행을 방해한 경우 위계에 의한 공무집행방해죄 이외에 별도로 업무방해죄가 성립하는 것은 아니다.

해설
① 【 O 】 대판 1998.5.12. 98도662
② 【 O 】 대판 2003.12.26. 2001도6349
③ 【 X 】 형법 제140조의2 부동산강제집행효용침해죄의 입법취지와 체제 및 내용과 구조를 살펴보면, 부동산강제집행효용침해죄의 객체인 강제집행으로 명도 또는 인도된 부동산에는 강제집행으로 퇴거집행된 부동산을 포함한다(대판 2003.5.13. 2001도3212).
④ 【 O 】 업무방해죄의 업무에 공무는 포함되지 않으므로 공무를 방해하는 행위에 대해서는 업무방해죄가 성립하지 않는다(대판 2009.11.19. 2009도4166(全)).

정답 ③

48 국가적 법익을 침해한 범죄에 관한 설명 중 옳지 않은 것은?

① 출입국관리공무원이 관리자의 사전동의 없이 일반인의 자유로운 출입이 허용되지 아니한 사업장에 진입하여 불법체류자 단속을 개시하자 피고인이 이를 방해하였을 경우 공무집행행위의 적법성이 부인되어 공무집행방해죄가 성립하지 않는다.
② 위법한 집회에 참가하기 위하여 예정시간보다 약 5시간 30분 전에 그 예정 장소로부터 약 150km 떨어진 곳에서 출발하려는 사람들을 경찰이 물리력으로 제지하는 행위는 공무집행방해죄와 관련하여 적법한 공무수행으로 인정할 수 없다.
③ 게임산업진흥에관한법률위반, 도박개장 등의 혐의로 수사기관에서 조사받는 피의자가 사실은 게임장·오락실·PC방 등의 실제 업주가 아니라 그 종업원임에도 불구하고 자신이 실제 업주라고 허위로 진술하였다고 하더라도, 그 자체만으로는 범인도피죄를 구성하는 것은 아니다.
④ 공장을 운영하는 甲은 자기 소유의 기계들에 관하여 乙과 매매계약을 체결하고 그 대금을 지급받았다. 乙에게 위 기계들을 인도하기 전에 甲의 채권자 A로부터 집행 위임을 받은 집행관은 甲이 참여한 가운데 위 기계들에 대하여 적법한 가압류 집행을 실시하고 그 뜻을 기재한 표시를 하였다. 가압류 집행 이후 甲이 乙과의 매매계약을 이행할 목적으로 乙에게 위 기계들을 인도하였을 경우 공무상표시무효죄는 성립하지 않는다.

해설
① 【 O 】 대판 2009.3.12. 2008도7156
② 【 O 】 대판 2008.11.13. 2007도9794
③ 【 O 】 [1] 수사기관은 범죄사건을 수사함에 있어서 피의자나 참고인의 진술 여하에 불구하고, 피의자를 확정하고 그 피의사실을 인정할 만한 객관적인 제반 증거를 수집·조사하여야 할 권리와 의무가 있으므로, 참고인이 수사기관에서 범인에 관하여 조사를 받으면서 그가 알고 있는 사실을 묵비하거나 허위로 진술하였다고 하더라도, 그것이 적극적으로 수사기관을 기만하여 착오에 빠지게 함으로써 범인의 발견 또는 체포를 곤란 내지 불가능하게 할 정도가 아닌 한 범인도피죄를 구성하지 않는 것이고, 이러한 법리는 피의자가 수사기관에서 공범에 관하여 묵비하거나 허위로 진술한 경우에도 그대로 적용된다.
[2] 따라서 게임산업진흥에 관한 법률 위반 혐의로 수사기관에서 조사받는 피의자가 사실은 게임장·오락실·피씨방 등의 실제 업주가 아님에도 불구하고 자신이 실제 업주라고 허위로 진술하였다고 하더라도 그 자체만으로 범인도피죄를 구성하는 것은 아니다. 다만, 그 피의자가 실제 업주로부터 금전적 이익 등을 제공받기로 하고 단속이 되면 실제 업주를 숨기고 자신이 대신하여 처벌받기로 하는 역할(이른바 바지사장)을 맡기로 하는 등 수사기관을 착오에 빠뜨리기로 하고, 단순히 실제 업주라고 진술하는 것에서 나아가 게임장 등의 운영 경위, 자금 출처, 게임기 등의 구입 경위, 점포의 임대차계약 체결 경위 등에 관해서까지 적극적으로 허위로 진술하거나 허위 자료를 제시하여 그 결과 수사기관이 실제 업주를 발견 또는 체포하는 것이 곤란 내지 불가능하게 될 정도에까지 이른 것으로 평가되는 경우 등에는 범인도피죄를 구성할 수 있다(대판 2010.2.11. 2009도12164).
④ 【 X 】 피고인(甲)은 집행관이 이 사건 기계에 대하여 유체동산 가압류집행을 실시하고 그 뜻을 기재한 표시를 하였음을 전해 들어 알고 있으면서, 이 사건 기계들을 가져가도록 함으로써 가압류표시의 효용을 해하였음을 넉넉히 인정할 수 있고, 한편 가압류집행 이전에 피고인이 이 사건 기계를 양도하기로 하는 합의가 있었음은 알 수 있으나 그와 같은 사정만으로 乙이 이 사건 기계의 소유자가 되었다고 할 수 없을 뿐만 아니라 집행관이 피고인의 소유에 속한 것이라고 판단하여 가압류집행을 실시한 이상 이를 당연무효라고 할 수 없으며, 그 밖에 피고인이 가압류가 무효라고 믿었다거나 그와 같이 믿은 데에 정당한 이유가 있었다고 할 수 있는 자료가 전혀 없으므로, 공무상표시무효죄의 죄책을 면할 수 없다(대판 2000.4.21. 99도5563).

정답 ④

49 다음 설명 중 옳은 것은?

① 공무원이 실시한 봉인 등의 표시에 절차상 또는 실체상의 하자가 있는 경우, 객관적·일반적으로 공무원이 그 직무에 관하여 실시한 봉인 등으로 인정할 수 있는 상태에 있더라도 공무상표시무효죄의 객체에 해당하지 않는다.
② 진술자의 서명무인과 간인까지 받아 작성한 진술조서를 아직 상사에게 정식보고하지 않고 수사기록에 편철되지 아니한 채 보관하다가 휴지통에 자의로 폐기한 경우, 공용서류무효죄가 성립하지 않는다.
③ 불법체포(강제연행)로부터 6시간 경과한 후에 긴급체포된 자는 도주죄의 주체가 될 수 없다.
④ 도주죄의 범인이 도주행위를 하여 기수에 이른 이후에 범인의 도피를 도와주는 행위는 범인도피죄 외에도 도주원조죄가 성립한다.

해설

① 【 X 】 공무원이 실시한 봉인 등의 표시에 절차상 또는 실체상의 하자가 있다고 하더라도 객관적·일반적으로 그것이 공무원이 그 직무에 관하여 실시한 봉인 등으로 인정할 수 있는 상태에 있다면 적법한 절차에 의하여 취소되지 아니하는 한 공무상표시무효죄의 객체로 된다(대판 2001.1.16. 2000도1757). 17. 경찰간부
② 【 X 】 공용서류무효죄의 객체는 그것이 공무소에서 사용되는 서류인 이상, 정식절차를 밟아 접수되었는지 또는 완성되어 효력이 발생되었는지의 여부를 묻지 않는다 할 것이므로 피고인이 작성한 이 사건 진술조서가 상사에게 정식으로 보고되어 수사기록에 편철된 문서가 아니라거나 완성된 서류가 아니라 하여 형법 제141조 제1항 소정의 공무소에서 사용하는 서류에 해당하지 않는 것이라고 할 수 없으니, 피고인이 진술자의 서명무인과 간인까지 받아 작성한 진술조서를 수사기록에 편철하지 않은 채 보관하고 있다가 휴지통에 버려 폐기한 소위는 공용서류무효죄에 해당한다(대판 1982.10.12. 82도368). 17. 경찰간부
③ 【 O 】 대판 2006.7.6. 2005도6810 17. 경찰간부
④ 【 X 】 도주죄는 즉시범으로서 범인이 간수자의 실력적 지배를 이탈한 상태에 이르렀을 때에 기수가 되어 도주행위가 종료하는 것이고, 도주원조죄는 도주죄에 있어서의 범인의 도주행위를 야기시키거나 이를 용이하게 하는 등 그와 공범관계에 있는 행위를 독립한 구성요건으로 하는 범죄이므로, 도주죄의 범인이 도주행위를 하여 기수에 이른 이후에 범인의 도피를 도와 주는 행위는 범인도피죄에 해당할 수 있을 뿐 도주원조죄에는 해당하지 아니한다(대판 1991.10.11. 91도1656). 17. 경찰간부

정답 ③

50 다음 설명 중 옳은 것을 모두 고른 것은?

㉠ 경찰관이 도로를 순찰하던 중 벌금 미납으로 수배된 피고인과 조우(遭遇)하여 형집행장을 소지하지 아니한 채 급속을 요하여 그에게 형집행 사유와 더불어 형집행장이 발부되어 있는 사실을 고지하고 벌금 미납으로 인한 노역장 유치의 집행을 위해 구인하려 하였는데, 피고인이 이에 저항하여 그 경찰관을 폭행한 경우 공무집행방해죄가 성립한다.
㉡ 「형법」상 공무집행방해죄는 직무를 집행하는 공무원에 대하여 폭행 또는 협박한 경우에 성립하는 범죄로서 여기서의 폭행은 반드시 신체에 대한 것임을 요하지 아니하며, 또한 구체적 위험범으로서 구체적으로 직무집행의 방해라는 결과발생을 필요로 한다.
㉢ 피고인이 지구대 내에서 약 1시간 이상 경찰관에게 큰소리로 욕을 하고 의자에 드러눕거나 다른 사람들에게 시비를 걸고, 경찰관들이 피고인을 내보낸 뒤 문을 잠그자 다시 들어오기 위해 출입문을 계속해서 두드리는 등 소란을 피운 경우, 공무원에 대한 간접적인 유형력의 행사로 볼 수 있어 공무집행방해죄가 성립할 수 있다.
㉣ 피고인이 같은 장소에서 함께 출동한 경찰관들 중 먼저 경찰관 A를 폭행하고 곧이어 이를 제지하는 경찰관 B를 폭행한 경우, 위와 같이 동일한 장소에서 동일한 기회에 이루어진 폭행행위는 사회관념상 1개의 행위로 평가하는 것이 상당하므로 A와 B에 대한 공무집행방해죄는 포괄일죄의 관계에 있다.

① ㉠, ㉡   ② ㉠, ㉢   ③ ㉡, ㉢   ④ ㉢, ㉣

[해설]

㉠ **【 O 】** 벌금형에 따르는 노역장 유치는 실질적으로 자유형과 동일하므로, 그 집행에 대하여는 자유형의 집행에 관한 규정이 준용된다(형사소송법 제492조). 구금되지 아니한 당사자에 대하여 형의 집행기관인 검사는 그 형의 집행을 위하여 이를 소환할 수 있으나, 당사자가 소환에 응하지 아니한 때에는 형집행장을 발부하여 이를 구인할 수 있는데(형사소송법 제473조), 이 경우의 형집행장의 집행에 관하여는 형사소송법 제1편 제9장에서 정하는 피고인의 구속에 관한 규정이 준용된다(형사소송법 제475조). 그리하여 사법경찰관리가 벌금형을 받은 이를 그에 따르는 노역장 유치의 집행을 위하여 구인하려면 검사로부터 발부받은 형집행장을 상대방에게 제시하여야 하지만(형사소송법 제85조 제1항), 형집행장을 소지하지 아니한 경우에 급속을 요하는 때에는 상대방에 대하여 **형집행 사유와 형집행장이 발부되었음을 고하고** 집행할 수 있고(형사소송법 제85조 제3항), 여기서 형집행장의 제시 없이 구인할 수 있는 '급속을 요하는 때'란 애초 사법경찰관리가 적법하게 발부된 형집행장을 소지할 여유가 없이 형집행의 상대방을 조우한 경우 등을 가리킨다. 이때 사법경찰관리가 벌금 미납으로 인한 노역장 유치의 집행의 상대방에게 형집행 사유와 더불어 벌금 미납으로 인한 지명수배 사실을 고지하였더라도 특별한 사정이 없는 한 그러한 고지를 형집행장이 발부되어 있는 사실도 고지한 것이라거나 형집행장이 발부되어 있는 사실까지도 포함하여 고지한 것이라고 볼 수 없으므로, 이와 같은 사법경찰관리의 직무집행은 적법한 직무집행에 해당한다고 할 수 없다.

> **사실관계**
> 경찰관 甲이 도로를 순찰하던 중 벌금 미납으로 지명수배된 피고인과 조우하게 되어 벌금 미납 사실을 고지하고 벌금납부를 유도하였으나 피고인이 이를 거부하자 벌금 미납으로 인한 노역장 유치의 집행을 위하여 구인하려 하였는데, 피고인이 이에 저항하여 甲의 가슴을 양손으로 수차례 밀침으로써 벌금수배자 검거를 위한 경찰관의 공무집행을 방해하였다는 내용으로 기소된 사안에서, 피고인에 대하여 확정된 벌금형의 집행을 위하여 형집행장이 이미 발부되어 있었으나, 甲이 피고인을 구인하는 과정에서 **형집행장이 발부되어 있는 사실은 고지하지 않았던** 사정에 비추어 甲의 위와 같은 직무집행은 위법하다고 보아 공무집행방해죄가 성립하지 않는다고 한 사례(대판 2017.9.26. 2017도9458). 18. 경찰

㉡ **【 X 】** 형법 제136조에서 정한 공무집행방해죄는 직무를 집행하는 공무원에 대하여 폭행 또는 협박한 경우에 성립하는 범죄로서 여기서의 폭행은 사람에 대한 유형력의 행사로 족하고 반드시 그 신체에 대한 것임을 요하지 아니하며, 또한 **추상적 위험범**으로서 구체적으로 직무집행의 **방해라는 결과발생을** 요하지도 아니한다(대판 2018.3.29. 2017도21537). 18. 경찰

㉢ **【 O 】** 피고인이 지구대 내에서 약 1시간 40분 동안 큰 소리로 경찰관을 모욕하는 말을 하고, 그곳 의자에 드러눕거나 다른 사람들에게 시비를 걸고 그 과정에서 경찰관들이 피고인을 내보낸 뒤 문을 잠그자 다시 들어오기 위해 출입문을 계속해서 두드리거나 잡아당기는 등 소란을 피운 사안에서, 피고인이 밤늦은 시각에 술에 취해 위와 같이 한참 동안 소란을 피운 행위는 그 정도에 따라 공무원에 대한 간접적인 유형력의 행사로서 형법 제136조에서 규정한 '폭행'에 해당할 여지가 있는데, 이와 달리 보아 공무집행방해의 점을 무죄로 판단한 원심판결에 법리오해 등 잘못이 있다고 한 사례(대판 2013.12.26. 2013도11050). 18. 경찰

㉣ **【 X 】** 동일한 공무를 집행하는 여럿의 공무원에 대하여 폭행·협박 행위를 한 경우에는 공무를 집행하는 공무원의 수에 따라 여럿의 공무집행방해죄가 성립하고, 위와 같은 폭행·협박 행위가 동일한 장소에서 동일한 기회에 이루어진 것으로서 사회관념상 1개의 행위로 평가되는 경우에는 여럿의 공무집행방해죄는 **상상적 경합**의 관계에 있다(대판 2009.6.25. 2009도3505). 18. 경찰

> **사실관계**
> 범죄 피해 신고를 받고 출동한 두 명의 경찰관에게 욕설을 하면서 차례로 폭행을 하여 신고 처리 및 수사 업무에 관한 정당한 직무집행을 방해한 사안에서, 동일한 장소에서 동일한 기회에 이루어진 폭행 행위는 사회관념상 1개의 행위로 평가하는 것이 상당하다는 이유로, 위 공무집행방해죄는 형법 제40조에 정한 상상적 경합의 관계에 있다고 한 사례.

정답 ②

제3절 도주와 범인은닉의 죄

◉ 지문의 내용에 대해 학설의 대립 등 다툼이 있는 경우 판례에 의함

01 도주와 범인은닉의 죄에 대한 설명 중 가장 적절하지 않은 것은?

① 도주죄는 즉시범으로서 범인이 간수자의 실력적 지배를 이탈한 상태에 이르렀을 때에 기수가 되어 도주행위가 종료하는 것이고, 도주죄의 범인이 도주행위를 하여 기수에 이른 이후에 범인의 도피를 도와주는 행위는 범인도피죄에 해당할 수 있을 뿐 도주원조죄에 해당하지 아니한다.
② 가석방 보석 중에 있는 자와 형집행정지 구속집행정지 중에 있는 자도 도주죄의 주체가 될 수 있다.
③ 범인이 기소중지자임을 알고도 범인의 부탁으로 다른 사람의 명의로 대신 임대차계약을 체결해 준 경우 범인도피죄가 성립한다.
④ 공범 중 1인이 그 범행에 관한 수사절차에서 참고인 또는 피의자로 조사받으면서 자기의 범행을 구성하는 사실관계에 관하여 허위로 진술하고 허위 자료를 제출하는 것은 자신의 범행에 대한 방어권 행사의 범위를 벗어난 것으로 볼 수 없어, 이러한 행위가 다른 공범을 도피하게 하는 결과가 된다고 하더라도 범인도피죄로 처벌할 수 없다.

해설

① 【 O 】 대판 1991.10.11. 91도1656 20. 경찰승진
② 【 X 】 도주죄의 주체는 법률에 의하여 체포 또는 구금된 자이다. 법률에 의하여 체포 또는 구금된 자란 널리 법률에 근거하여 적법하게 신체의 자유를 구속받고 있는 자를 말하므로 가석방, 보석 중인자는 이에 포함되지 않는다. 20. 경찰승진
③ 【 O 】 대판 2004.3.26. 2003도8226 20. 경찰승진
④ 【 O 】 범인도피죄는 타인을 도피하게 하는 경우에 성립할 수 있는데, 여기에서 타인에는 공범도 포함되나 범인 스스로 도피하는 행위는 처벌되지 않는다. 또한 공범 중 1인이 그 범행에 관한 수사절차에서 참고인 또는 피의자로 조사받으면서 자기의 범행을 구성하는 사실관계에 관하여 허위로 진술하고 허위 자료를 제출하는 것은 자신의 범행에 대한 방어권 행사의 범위를 벗어난 것으로 볼 수 없다. 이러한 행위가 다른 공범을 도피하게 하는 결과가 된다고 하더라도 범인도피죄로 처벌할 수 없다. 이때 공범이 이러한 행위를 교사하였더라도 범죄가 될 수 없는 행위를 교사한 것에 불과하여 범인도피교사죄가 성립하지 않는다(대판 2018.8.1. 2015도20396). 20. 경찰승진

정답 ②

02 도주와 범인은닉의 죄에 대한 설명으로 가장 적절하지 않은 것은?

① 법률에 의하여 체포 또는 구금된 자가 수용설비 또는 기구를 손괴하거나 위험한 물건을 휴대하거나 2인 이상이 합동하여 도주한 때에는 특수도주죄로 가중처벌된다.
② 「형법」 제151조 제2항은 친족 또는 동거의 가족이 본인을 위하여 범인도피죄를 범한 때에는 처벌하지 아니한다고 규정하고 있는데, 여기서 말하는 친족에는 사실혼 관계에 있는 자는 포함되지 않는다.
③ 참고인이 수사기관에서 범인에 관하여 조사를 받으면서 그가 알고 있는 사실을 묵비하거나 허위로 진술하였다고 하더라도, 그것이 적극적으로 수사기관을 기만하여 착오에 빠지게 함으로써 범인의 발견 또는 체포를 곤란 내지 불가능하게 할 정도가 아닌 한 범인도피죄를 구성하지 않고, 이러한 법리는 피의자가 수사기관에서 공범에 관하여 묵비하거나 허위로 진술한 경우에도 그대로 적용된다.
④ 공범자의 범인도피 행위 도중에 그 범행을 인식하면서 그와 공동의 범의를 가지고 기왕의 범인도피상태를 이용하여 스스로 범인도피행위를 계속한 경우에는 범인도피죄의 공동정범이 성립하고, 이는 공범자의 범행을 방조한 종범의 경우도 마찬가지이다.

해설

① 【 X 】 '위험한 물건의 휴대'는 특수도주의 행위태양이 아니다. 19. 경찰승진

> **형법 제146조(특수도주)** 수용설비 또는 기구를 손괴하거나 사람에게 **폭행 또는 협박**을 가하거나 2인 이상이 합동하여 전조 제1항 (도주죄)의 죄를 범한 자는 7년 이하의 징역에 처한다. 19. 경찰승진

② 【 O 】 형법 제151조 제2항 및 제155조 제4항은 친족, 호주 또는 동거의 가족이 본인을 위하여 범인도피죄, 증거인멸죄 등을 범한 때에는 처벌하지 아니한다고 규정하고 있는바, 사실혼관계에 있는 자는 민법 소정의 친족이라 할 수 없어 위 조항에서 말하는 친족에 해당하지 않는다(대판 2003.12.12. 2003도4533). 19. 경찰승진

③ 【 O 】 대판 2010.2.11. 2009도12164 19. 경찰승진

④ 【 O 】 대판 1995.9.5. 95도577 19. 경찰승진

정답 ①

03 범인도피죄에 관한 다음 설명 중 가장 옳지 않은 것은?

① 범인 스스로 도피하는 행위는 처벌되지 않으므로 범인이 도피를 위하여 타인에게 도움을 요청하였고 실제 그 타인이 범인도피에 도움을 주었다 하더라도 타인에게 도움을 요청한 행위가 통상적 도피행위의 범주에 속하는 한 범인도피교사죄는 성립하지 않는다.

② 공범자의 범인도피 행위의 도중에 그 범행을 인식하면서 그와 공동의 범의를 가지고 기왕의 범인도피상태를 이용하여 스스로 범인도피행위를 계속한 경우에는 범인도피죄의 공동정범이 성립한다.

③ 피의자가 사실은 게임장·오락실·피씨방 등의 실제 업주가 아니라 그 종업원임에도 불구하고 자신이 실제 업주라고 허위로 진술하였다고 하더라도 그 자체만으로 범인도피죄를 구성하는 것은 아니다.

④ 신원보증인이 수사기관에 대하여 피의자의 신분, 직업, 주거 등을 보증하고 향후 수사기관이나 법원의 출석요구에 사실상 협조하겠다는 의사를 표시한 신원보증서에 피의자의 인적 사항을 허위로 기재하여 제출한 행위는 범인도피죄를 구성한다.

해설

① 【 O 】 범인 스스로 도피하는 행위는 처벌되지 아니하므로, 범인이 도피를 위하여 타인에게 도움을 요청하는 행위 역시 도피행위의 범주에 속하는 한 처벌되지 아니하며, 범인의 요청에 응하여 범인을 도운 타인의 행위가 범인도피죄에 해당한다고 하더라도 마찬가지이다. 다만 범인이 타인으로 하여금 허위의 자백을 하게 하는 등으로 범인도피죄를 범하게 하는 경우와 같이 그것이 방어권의 남용으로 볼 수 있을 때에는 범인도피교사죄에 해당할 수 있다(대판 2014.4.10. 2013도12079). 18. 법원직

② 【 O 】 범인도피죄는 범인을 도피하게 함으로써 기수에 이르지만 범인도피행위가 계속되는 동안에는 범죄행위도 계속되고 행위가 끝날 때 비로소 범죄행위가 종료되고, 공범자의 범인도피행위의 도중에 그 범행을 인식하면서 그와 공동의 범의를 가지고 기왕의 범인도피상태를 이용하여 스스로 범인도피행위를 계속한 자에 대하여는 범인도피죄의 공동정범이 성립한다(대판 1995.9.5. 95도577). 18. 법원직

③ 【 O 】 게임산업진흥에 관한 법률 위반 혐의로 수사기관에서 조사받는 피의자가 사실은 게임장·오락실·피씨방 등의 실제 업주가 아님에도 불구하고 자신이 실제 업주라고 허위로 진술하였다고 하더라도 그 자체만으로 범인도피죄를 구성하는 것은 아니다. 다만, 그 피의자가 실제 업주로부터 금전적 이익 등을 제공받기로 하고 단속이 되면 실제 업주를 숨기고 자신이 대신하여 처벌받기로 하는 역할(이른바 바지사장)을 맡기로 하는 등 수사기관을 착오에 빠뜨리기로 하고, 단순히 실제 업주라고 진술하는 것에서 나아가 게임장 등의 운영 경위, 자금 출처, 게임기 등의 구입 경위, 점포의 임대차계약 체결 경위 등에 관해서까지 적극적으로 허위로 진술하거나 허위 자료를 제시하여 그 결과 수사기관이 실제 업주를 발견 또는 체포하는 것이 곤란 내지 불가능하게 될 정도에까지 이른 것으로 평가되는 경우 등에는 범인도피죄를 구성할 수 있다(대판 2010.2.11. 2009도12164). 18. 법원직

④ 【 X 】 수사절차에서 작성되는 신원보증서는 수사기관이나 재판정에의 출석 또는 형 집행 등 형사사법절차상의 편의를 도모하는 것에 불과하여 보증인에게 법적으로 진실한 서류를 작성·제출할 의무가 부과된 것은 아니므로, 신원보증서를 작성하여 수사기관에 제출하는 보증인이 피의자의 인적 사항을 허위로 기재한 경우(그로써 적극적으로 수사기관을 기망한 결과 피의자를 석방하게 하였다는 등 특별한 사정이 없는 한) 그 행위만으로 범인도피죄가 성립하지는 않는다(대판 2003.2.14. 2002도5374). 18. 법원직 ⇨ 보증인에게 법적으로 진실한 서류를 작성·제출할 의무가 부과된 것은 아니기 때문

정답 ④

04 다음 설명 중 옳은 것은 모두 몇 개인가?

㉠ 친족 또는 동거의 가족이 본인을 위하여 범인은닉·도피죄(형법 제151조 제1항)를 범한 때에는 처벌하지 아니한다.
㉡ 범인도피죄는 범인을 도피하게 함으로써 기수에 이르지만, 범인도피행위가 계속되는 동안에는 범죄행위도 계속되고 행위가 끝날 때 비로소 범죄행위가 종료된다. 따라서 공범자의 범인도피행위 도중에 그 범행을 인식하면서 그와 공동의 범의를 가지고 기왕의 범인도피상태를 이용하여 스스로 범인도피행위를 계속한 경우에는 범인도피죄의 공동정범이 성립한다.
㉢ 범인이 기소중지자임을 알고도 범인의 부탁으로 다른 사람의 명의로 대신 임대차계약을 체결해준 경우, 비록 임대차계약서가 공시되는 것은 아니라 하더라도 수사기관이 탐문수사나 신고를 받아 범인을 발견하고 체포하는 것을 곤란하게 하여 범인도피죄에 해당한다.

① 0개　　② 1개　　③ 2개　　④ 3개

[해설]

㉠ 【 O 】 형법 제151조　16. 경찰
㉡ 【 O 】 진범 甲을 대신하여 乙이 경찰서에 자신이 범인이라고 허위자수를 하였을 때 乙의 경우 범인도피죄가 성립한다. 이 상태에서 丙이 그 사실을 알면서 乙과 공모한 후 경찰서에 출석하여 "분명히 乙이 진범이 맞다"고 계속 진술한다면 丙은 乙과 함께 범인도피죄의 공동정범이 된다는 취지의 판례이다(대판 1995.9.5. 95도577).　16. 경찰
㉢ 【 O 】 대판 2004.3.26. 2003도8226　16. 경찰

정답 ④

05 도주와 범인은닉의 죄에 관한 다음 설명 중 가장 적절하지 않은 것은?

① 벌금 이상의 형에 해당하는 죄를 범한 자라는 것을 인식하면서도 도피하게 한 경우에는 그 자가 당시에는 아직 수사대상이 되어 있지 않았다고 하더라도 범인도피죄가 성립한다.
② 수사기관에서 조사받는 피의자가 사실은 게임장의 실제 업주가 아님에도 불구하고 자신이 실제 업주라고 허위로 진술하는 행위만으로도 범인도피죄를 구성한다.
③ 사실혼관계에 있는 처(妻)가 범인인 남편을 위하여 범인은닉죄를 범한 경우에는 처벌된다.
④ 참고인이 범인이 아닌 사람을 범인이 아닐지도 모른다고 생각하면서도 그가 범인이라고 지목하는 허위진술을 하여 구속기소되게 하였더라도 범인도피죄가 성립하지 아니한다.
⑤ 범인은닉죄라 함은 죄를 범한 자임을 인식하면서 장소를 제공하여 체포를 면하게 하는 것만으로도 성립하므로, 장소를 제공한 후 동인에게 일정 기간 동안 경찰에 출두하지 말라고 권유하는 언동을 하여야만 범인은닉죄가 성립하는 것이 아니다.

해설

① 【O】 범인은닉·도피죄에서 '죄를 범한 자'라 함은 진범인임을 요하지 않고 그 외에 범죄의 혐의를 받아 수사대상이 되어 있는 자를 포함하며(대판 2003.12.26. 2003도4533), 나아가 구속수사의 대상이 된 소송외인이 그 후 무혐의로 석방되었다 하더라도 본죄의 성립에 영향이 없다(대판 1982.1.26. 81도1931).

② 【X】 게임산업진흥에 관한 법률 위반, 도박개장 등의 혐의로 수사기관에서 조사받는 피의자가 사실은 게임장·오락실·피씨방 등의 실제 업주가 아니라 그 종업원임에도 불구하고 자신이 실제 업주라고 허위로 진술하였다고 하더라도, 그 자체만으로 범인도피죄를 구성하는 것은 아니다. 다만, 그 피의자가 실제 업주로부터 금전적 이익 등을 제공받기로 하고 단속이 되면 실제 업주를 숨기고 자신이 대신하여 처벌받기로 하는 역할(이른바 '바지사장')을 맡기로 하는 등 수사기관을 착오에 빠뜨리기로 하고, 단순히 실제 업주라고 진술하는 것에서 나아가 게임장 등의 운영 경위, 자금 출처, 게임기 등의 구입 경위, 점포의 임대차계약 체결 경위 등에 관해서까지 적극적으로 허위로 진술하거나 허위 자료를 제시하여 그 결과 수사기관이 실제 업주를 발견 또는 체포하는 것이 곤란 내지 불가능하게 될 정도에까지 이른 것으로 평가되는 경우 등에는 범인도피죄를 구성할 수 있다(대판 2013.1.10. 2012도13999).

③ 【O】 형법 제151조 제2항 및 제155조 제4항은 친족 또는 동거의 가족이 본인을 위하여 범인도피죄, 증거인멸죄 등을 범한 때에는 처벌하지 아니한다고 규정하고 있는바, 사실혼관계에 있는 자는 민법 소정의 친족이라 할 수 없어 위 조항에서 말하는 친족에 해당하지 않는다(대판 2003.12.26. 2003도4533).

④ 【O】 참고인의 허위 진술에 의하여 범인으로 지목된 사람이 구속기소됨으로써 실제의 범인이 용이하게 도피하는 결과를 초래한다고 하더라도 그것만으로는 그 참고인에게 적극적으로 실제의 범인을 도피시켜 국가의 형사사법의 작용을 곤란하게 할 의사가 있었다고 볼 수 없어 그 참고인을 범인도피죄로 처벌할 수는 없다(대판 1997.9.9. 97도1596).

⑤ 【O】 대판 2002.10.11. 2002도3332

정답 ②

06 범인도피죄에 관한 다음 설명 중 가장 틀린 것은?

① 범인도피죄에서 '도피하게 하는 행위'는 은닉 이외의 방법으로 범인에 대한 수사, 재판 및 형의 집행 등 형사사법작용을 곤란 또는 불가능하게 하는 일체의 행위로서 그 수단과 방법에는 아무런 제한이 없다.

② 범인도피죄는 위험범으로서, 현실적으로 형사사법 작용을 방해하는 결과를 초래할 필요는 없으나 적어도 함께 규정되어 있는 은닉행위에 비견될 정도로 수사기관의 발견·체포를 곤란하게 하는 행위, 즉 직접 범인을 도피시키는 행위 또는 도피를 직접적으로 용이하게 하는 행위에 이르러야 성립하므로, 그 자체로는 도피시키는 것을 직접적인 목적으로 하였다고 보기 어려운 어떤 행위를 한 결과 간접적으로 범인이 안심하고 도피할 수 있게 한 경우는 여기에 포함되지 않는다.

③ 피고인이 음주운전을 하였음에도 동생인 甲으로 하여금 경찰에 가서 동생이 운전한 것처럼 허위 진술을 하게 한 경우, 甲은 범인도피죄로 처벌할 수 없지만, 피고인은 방어권 남용에 해당하여 범인도피교사죄가 성립한다.

④ 참고인이 수사기관에서 범인에 관하여 조사를 받으면서 그가 알고 있는 사실을 묵비하거나 허위로 진술하였다고 하더라도, 그것이 적극적으로 수사기관을 기만하여 착오에 빠지게 함으로써 범인의 발견 또는 체포를 곤란 내지 불가능하게 할 정도가 아닌 한 범인도피죄를 구성하지 않는다. 다만 피의자가 수사기관에서 공범에 관하여 묵비하거나 허위로 진술한 경우에는 그러하지 아니하다.

⑤ 범인도피죄가 성립하기 위한 벌금 이상의 형에 해당하는 자에 대한 인식은 실제로 벌금 이상의 형에 해당하는 범죄를 범한 자라는 것을 인식함으로써 족하고 그 법정형이 벌금 이상이라는 것까지 알 필요는 없고, 범죄의 구체적인 내용이나 범인의 인적 사항 및 공범이 있는 경우 공범의 구체적 인원수 등까지 알 필요는 없다.

해설

①② 【 O 】 대판 2008.12.24. 2007도11137 12. 법원행시
③ 【 O 】 범인이 자신을 위하여 타인으로 하여금 허위의 자백을 하게 하여 범인도피죄를 범하게 하는 행위는 방어권의 남용으로 범인도피교사죄에 해당하는 바, 이 경우 그 타인이 형법 제151조 제2항에 의하여 처벌을 받지 아니하는 친족, 호주 또는 동거 가족에 해당한다 하여 달리 볼 것은 아니다(대판 2006.12.7. 2005도3707). 12. 법원행시
④ 【 X 】 참고인이 수사기관에서 범인에 관하여 조사를 받으면서 그가 알고 있는 사실을 묵비하거나 허위로 진술하였다고 하더라도, 그것이 적극적으로 수사기관을 기만하여 착오에 빠지게 함으로써 범인의 발견 또는 체포를 곤란 내지 불가능하게 할 정도가 아닌 한 범인도피죄를 구성하지 않는다. 이러한 법리는 피의자가 수사기관에서 공범에 관하여 묵비하거나 허위로 진술한 경우에도 그대로 적용된다(대판 2008.12. 24. 2007도11137). 12. 법원행시
⑤ 【 O 】 대판 1995.12.26. 93도904 12. 법원행시

정답 ④

07 도주와 범인은닉의 죄에 관한 설명 중 옳은 것은?

① 범죄의 혐의를 받고 수사의 대상이 되어 있는 乙을 甲이 은닉했는데 후에 乙이 무혐의로 석방되었다면 甲에 대하여는 범인은닉죄가 성립하지 않는다.
② 검사로부터 필로폰 투약사범으로 지명수배된 자를 검거하라는 지시를 받은 경찰관이 오히려 범인으로부터 1,300만 원을 받고 휴대전화를 제공해 도피를 권유하여 범인을 도피케 한 경우, 직무유기죄도 별도로 성립한다.
③ 음주운전 혐의로 체포되었다가 사안이 경미하다는 이유로 석방될 예정에 있었던 乙에 대한 신원보증인으로서 경찰서에 출석한 甲이, 당시 乙이 경찰에서 A의 성명을 모용한다는 사실을 알고 있었음에도 이를 묵비하고 신원보증서에 甲 자신의 인적사항을 B로 기재하여 제출한 경우, 당시 乙이 다른 범죄로 기소중지된 상태였다는 사실을 알지 못했다 하더라도 甲에 대해서는 범인도피죄가 성립한다.
④ 벌금 이상의 형에 해당하는 죄를 범하고 도피 중이던 甲이 친구에게 그런 사실을 설명하고 수사기관의 추적을 피하기 위해 위 친구에게 요청하여 속칭 '대포폰'을 개설하여 받고, 위 친구를 전화로 불러 그가 운전하는 차를 타고 시내를 이동하여 다닌 경우, 범인도피교사죄가 성립하지 않는다.
⑤ 범인도피죄는 범인을 도피하게 함으로써 기수에 이르므로 공범자의 범인도피행위의 도중에 그 범행을 인식하면서 그와 공동의 범의를 가지고 기왕의 범인도피상태를 이용하여 스스로 범인도피행위를 계속한 자에 대하여는 범인도피죄의 방조범이 성립한다.

해설

① 【 X 】 범인은 진범일 필요가 없으므로 구속수사의 대상이 된 소송외인이 그 후 무혐의로 석방되었다 하더라도 범인은닉죄의 성립에 영향이 없다(대판 1982.1.26. 81도1931).
② 【 X 】 피고인이 검사로부터 범인을 검거하라는 지시를 받고서도 그 직무상의 의무에 따른 적절한 조치를 취하지 아니하고 오히려 범인에게 전화로 도피하라고 권유하여 그를 도피케 하였다는 범죄사실만으로는 직무위배의 위법상태가 범인도피행위 속에 포함되어 있는 것으로 보아야 할 것이므로, 이와 같은 경우에는 작위범인 범인도피죄만이 성립하고 부작위범인 직무유기죄는 따로 성립하지 아니한다(대판 1996.5.10. 96도51).
③ 【 X 】 수사절차에서 작성되는 신원보증서는 체포된 피의자 석방의 필수적인 요건이거나 어떠한 법적 효력이 있는 것은 아니고, 다만 피의사건이 비교적 경미한 경우 피의자와 일정한 관계에 있는 신원보증인이 수사기관에 대하여 피의자의 신분, 직업, 주거 등을 보증하고 향후 수사기관이나 법원의 출석요구에 사실상 협조하겠다는 의사를 표시하는 것으로서 피의자나 신원보증인에게 심리적인 부담을 줌으로써 수사기관이나 재판정에의 출석 또는 형 집행 등 형사사법절차상의 편의를 도모하는 것에 불과하여 보증인에게 법적으로 진실한 서류를 작성·제출할 의무가 부과된 것은 아니므로, 신원보증서를 작성하여 수사기관에 제출하는 보증인이 피의자의 인적 사항을 허위로 기재하였다고 하더라도, 그로써 적극적으로 수사기관을 기망한 결과 피의자를 석방하게 하였다는 등 특별한 사정이 없는 한, 그 행위만으로 범인도피죄가 성립되지 않는다(대판 2003.2.14. 2002도5374).

④ 【 O 】 공소외인은 피고인이 평소 가깝게 지내던 후배인 점, 피고인은 자신의 휴대폰을 사용할 경우 소재가 드러날 것을 염려하여 공소외인에게 요청하여 대포폰을 개설하여 받고, 공소외인에게 전화를 걸어 자신이 있는 곳으로 오도록 한 다음 공소외인이 운전하는 자동차를 타고 청주시 일대를 이동하여 다닌 것으로서, 피고인의 이러한 행위는 형사사법에 중대한 장애를 초래한다고 보기 어려운 통상적 도피의 한 유형으로 볼 여지가 충분하다. 그런데도 원심은 공소외인의 범인도피행위가 인정된다는 이유만으로 피고인에 대하여 범인도피교사의 점을 유죄로 판단하였으니, 이러한 원심판결에는 범인도피교사죄의 성립요건에 관한 법리를 오해하여 필요한 심리를 다하지 아니함으로써 판결에 영향을 미친 잘못이 있다(대판 2014.4.10. 2013도12079).

⑤ 【 X 】 범인도피죄는 범인을 도피하게 함으로써 기수에 이르지만 범인도피행위가 계속되는 동안에는 범죄행위도 계속되고 행위가 끝날 때 비로소 범죄행위가 종료되고, 공범자의 범인도피행위의 도중에 그 범행을 인식하면서 그와 공동의 범의를 가지고 기왕의 범인도피상태를 이용하여 스스로 범인도피행위를 계속한 자에 대하여는 범인도피죄의 공동정범이 성립한다(대판 1995.9.5, 95도577).

정답 ④

08 도주와 범인은닉의 죄에 관한 다음 설명 중 가장 옳은 것은?

① 형법 제151조 제2항은 친족 또는 동거의 가족이 본인을 위하여 전항의 죄를 범한 때에는 처벌하지 아니한다고 규정하고 있는데 여기서 말하는 친족에는 사실혼관계에 있는 자도 포함된다.

② 범인도피죄에 있어서 '죄를 범한 자'라 함은 범죄의 혐의를 받아 수사 대상이 되어 있는 자도 포함되므로 그가 나중에 혐의 없음 처분을 받거나 무죄판결을 선고받은 경우에도 성립에 영향이 없으나 아직 수사기관에 포착되지 않아 수사대상이 되어 있지 않은 자는 포함되지 아니한다.

③ 참고인이 수사기관에서 범인에 관하여 조사를 받으면서 그가 알고 있는 사실을 묵비하거나 허위로 진술하였다고 하더라도, 그것이 적극적으로 수사기관을 기만하여 착오에 빠지게 함으로써 범인의 발견 또는 체포를 곤란 내지 불가능하게 할 정도의 것이 아니라면 범인도피죄를 구성하지 않는다.

④ 도주죄의 범인이 도주행위를 하여 기수에 이른 이후에 범인의 도피를 도와주는 행위는 도주원조죄에 해당할 수 있을 뿐 범인도피죄에는 해당하지 않는다.

해설

① 【 X 】 형법 제151조 제2항 및 제155조 제4항은 친족, 호주 또는 동거의 가족이 본인을 위하여 범인도피죄, 증거인멸죄 등을 범한 때에는 처벌하지 아니한다고 규정하고 있는바, 사실혼관계에 있는 자는 민법 소정의 친족이라 할 수 없어 위 조항에서 말하는 친족에 해당하지 않는다(대판 2003.12.12. 2003도4533). 13. 경찰승진

② 【 X 】 형법 제151조 제1항의 이른바, 죄를 범한 자라 함은 범죄의 혐의를 받아 수사대상이 되어 있는 자를 포함하며, 나아가 벌금 이상의 형에 해당하는 죄를 범한 자라는 것을 인식하면서도 도피하게 한 경우에는 그 자가 당시에는 아직 수사대상이 되어 있지 않았다고 하더라도 범인도피죄가 성립한다고 할 것이다(대판 2003.12.12. 2003도4533). 13. 경찰승진

◉ 범인은닉·도피죄에서 '죄를 범한 자'는 진범임을 요하지 않는다.

③ 【 O 】 대판 2003.2.14. 2002도5374 13. 경찰승진

④ 【 X 】 도주죄는 즉시범으로서 범인이 간수자의 실력적 지배를 이탈한 상태에 이르렀을 때에 기수가 되어 도주행위가 종료하는 것이고, 도주원조죄는 도주죄에 있어서의 범인의 도주행위를 야기시키거나 이를 용이하게 하는 등 그와 공범관계에 있는 행위를 독립한 구성요건으로 하는 범죄이므로, 도주죄의 범인이 도주행위를 하여 기수에 이르른 이후에 범인의 도피를 도와주는 행위는 범인도피죄에 해당할 수 있을 뿐 도주원조죄에는 해당하지 아니한다(대판 1991.10.11. 91도1656). 13. 경찰승진

정답 ③

09 도주와 범인은닉의 죄에 관한 다음 설명 중 옳은 것은?

① 도주죄에서 체포, 구금의 적법성은 형식적 적법성을 의미하며 실질적 적법성까지 요하는 것은 아니므로 미결구금 된 자가 나중에 무죄판결이 확정되어도 도주죄의 성립에 영향이 없고, 사법경찰관이 피고인을 수사관서까지 동행한 것이 사실상의 강제연행 즉 불법 체포에 해당하고, 불법 체포로부터 6시간 상당이 경과한 후에 이루어진 긴급체포 또한 위법하다 할지라도 도주죄의 주체가 된다.

② 검사로부터 범인을 검거하라는 지시를 받은 경찰관이 그 직무상의 의무에 따른 적절한 조치를 취하지 아니하고 오히려 범인에게 전화로 도피하라고 권유하여 그를 도피케 한 경우 범인도피죄와 직무유기죄가 성립한다.

③ 범인이 기소중지자임을 알고도 범인의 부탁으로 다른 사람의 명의로 대신 임대차계약을 체결해 준 경우 임대차계약서는 공시되는 것이 아니므로 범인을 발견하고 체포하는 것을 곤란하게 하는 것이 아니어서 범인도피죄가 성립하지 않는다.

④ 범인도피죄는 범인을 도피하게 함으로써 기수에 이르지만 범인도피행위가 계속되는 동안에는 범죄 행위도 계속되어 행위가 끝날 때 비로소 범죄행위가 종료되고, 공범자의 범인도피행위의 도중에 그 범행을 인식하면서 그와 공동의 범의를 가지고 기왕의 범인도피상태를 이용하여 스스로 범인도피행위를 계속한 자에 대하여는 범인도피죄의 공동정범이 성립한다.

⑤ 甲이 수감되어 있던 병원에서 간수자를 폭행하고 병원 밖으로 도주해 나오자, 甲이 보다 먼 지역으로 달아날 수 있도록 甲의 친형인 피고인이 승용차를 甲에게 인도하여 준 경우 도주원조죄가 성립한다.

[해설]

① **【 X 】** 사법경찰관이 피고인을 수사관서까지 동행한 것이 사실상의 강제연행, 즉 불법 체포에 해당하고, 불법 체포로부터 6시간 상당이 경과한 후에 이루어진 긴급체포 또한 위법하므로 피고인이 불법 체포된 자로서 형법 제145조 제1항에 정한 '법률에 의하여 체포 또는 구금된 자'가 아니어서 도주죄의 주체가 될 수 없다고 한 사례(대판 2006.7.6. 2005도6810).

② **【 X 】** 피고인이 검사로부터 범인을 검거하라는 지시를 받고서도 그 직무상의 의무에 따른 적절한 조치를 취하지 아니하고 오히려 범인에게 전화로 도피하라고 권유하여 그를 도피케 하였다는 범죄사실만으로는 직무위배의 위법상태가 범인도피행위 속에 포함되어 있는 것으로 보아야 할 것이므로, 이와 같은 경우에는 작위범인 범인도피죄만이 성립하고 부작위범인 직무유기죄는 따로 성립하지 아니한다(대판 1996.5.10. 96도51).

③ **【 X 】** 범인이 기소중지자임을 알고도 범인의 부탁으로 다른 사람의 명의로 대신 임대차계약을 체결해 준 경우, 비록 임대차계약서가 공시되는 것은 아니라 하더라도 수사기관이 탐문수사나 신고를 받아 범인을 발견하고 체포하는 것을 곤란하게 하여 범인도피죄에 해당한다고 한 사례(대판 2004.3.26. 2003도8226).

④ **【 O 】** 대판 2012.8.30. 2012도6027

⑤ **【 X 】** 도주죄는 즉시범으로서 범인이 간수자의 실력적 지배를 이탈한 상태에 이르렀을 때에 기수가 되어 도주행위가 종료하는 것이고, 도주원조죄는 도주죄에 있어서의 범인의 도주행위를 야기 시키거나 이를 용이하게 하는 등 그와 공범관계에 있는 행위를 독립된 구성요건으로 하는 범죄이므로, 도주죄의 범인이 도주행위를 하여 기수에 이르른 이후에 범인의 도피를 도와주는 행위는 범인도피죄에 해당할 수 있을 뿐 도주원조죄에는 해당하지 아니한다(대판 1991.10.11. 91도1656).

정답 ④

10 다음 설명 중 가장 적절한 것은?

① 공동정범 중의 1인이 다른 공동정범을 은닉한 경우, 범인은닉죄는 성립하지 않는다.
② 소송사기는 허위의 주장과 입증으로 법원을 기망한다는 인식을 요하므로 허위의 주장만 있을 뿐 허위의 증거를 이용한 것이 아니라면 법원을 기망하였다고 말할 수 없다.
③ 범인이 아닌 자가 수사기관에서 범인임을 자처하고 허위사실을 진술하여 진범의 체포와 발견에 지장을 초래하게 한 경우 범인은닉죄가 성립한다.
④ 범인도피죄는 범인은닉 이외의 방법으로 범인에 대한 수사·재판 및 형의 집행 등 형사사법의 작용을 곤란 또는 불가능하게 하는 행위를 말하는 것으로서 현실적으로 형사사법의 작용을 방해하는 결과가 초래되지 않았다면 동 죄를 인정할 수 없다.

해설

① 【 X 】 형법 제151조 제1항 소정의 범인도피죄에 있어서 공동정범중의 1인이 타 공동정범인을 도피시킴에 대하여 동조 제2항과 같은 불처벌의 특례를 규정한바 없으므로 공동정범중의 1인인 乙이 타 공동정범인인 소외 丙외 1인을 도피시킴은 범인도피죄의 죄책을 면치 못하고 따라서 피고인이 위 乙의 도피행위를 용이케 함은 동방조죄를 구성한다고 해석함이 타당하다(대판 1958.1.14. 4290형상393). 12. 경찰
② 【 X 】 소송사기는 법원을 기망하여 제3자의 재물을 편취할 것을 기도하는 것을 내용으로 하는 것으로서, 사기죄로 인정하기 위하여는 제소 당시 그 주장과 같은 권리가 존재하지 않는다는 것만으로는 부족하고, 그 주장의 권리가 존재하지 않는 사실을 잘 알고 있으면서도 허위의 주장과 입증으로 법원을 기망한다는 인식을 요한다. 그러나 허위의 내용으로 소송을 제기하여 법원을 기망한다는 고의가 있는 경우에 법원을 기망하는 것은 반드시 허위의 증거를 이용하지 않더라도 당사자의 주장이 법원을 기망하기에 충분한 것이라면 기망수단이 된다(대판 2011.9.8. 2011도7262). 12. 경찰
③ 【 O 】 대판 2000.11.24. 2000도4078 12. 경찰
④ 【 X 】 형법 제151조의 범인도피죄에서 '도피하게 하는 행위'는 은닉 이외의 방법으로 범인에 대한 수사, 재판 및 형의 집행 등 형사사법의 작용을 곤란 또는 불가능하게 하는 일체의 행위를 말하는 것으로서 그 수단과 방법에는 어떠한 제한이 없다. 또한, 위 죄는 위험범으로서 현실적으로 형사사법의 작용을 방해하는 결과를 초래할 것이 요구되지 아니한다(대판 2008.12.24. 2007도11137). 12. 경찰

정답 ③

11 다음 설명 중 가장 적절하지 않은 것은?

① 참고인이 타인의 형사사건 등에 관하여 제3자와 대화를 하면서 허위로 진술하고 위와 같은 허위 진술이 담긴 대화 내용을 녹음한 녹음파일 또는 이를 녹취한 녹취록을 만들어 수사기관 등에 제출하는 것은 증거위조죄를 구성한다.
② 피의자가 사실은 게임장·오락실·피씨방 등의 실제 업주가 아니라 그 종업원임에도 불구하고 자신이 실제 업주라고 허위로 진술하였다고 하더라도, 그 자체만으로 범인도피죄를 구성하는 것은 아니다.
③ 피고인 자신이 직접 형사처분이나 징계처분을 받게 될 것을 두려워한 나머지 자기의 이익을 위하여 증인이 될 사람을 도피하게 하였다면, 그 행위가 동시에 다른 공범자의 형사사건이나 징계사건에 관한 증인을 도피하게 한 결과가 된다고 하더라도 이를 증인도피죄로 처벌할 수 없다.
④ 타인의 형사사건과 관련하여 수사기관이나 법원에 제출하거나 현출되게 할 의도로 법률행위 당시에는 존재하지 아니하였던 처분문서를 사후에 그 작성일을 소급하여 작성하는 행위는 그 작성자에게 해당 문서의 작성권한이 있고 그 내용이 진실하다면, 국가의 형사사법기능에 대한 위험이 있다고 보기 어려우므로 증거위조죄에 해당한다고 볼 수 없다.

해설

① 【 O 】 참고인이 타인의 형사사건 등에 관하여 제3자와 대화를 하면서 허위로 진술하고 위와 같은 허위 진술이 담긴 대화 내용을 녹음한 녹음파일 또는 이를 녹취한 녹취록은 참고인의 허위진술 자체 또는 참고인 작성의 허위 사실확인서 등과는 달리 그 진술내용만이 증거자료로 되는 것이 아니고 녹음 당시의 현장음향 및 제3자의 진술 등이 포함되어 있어 그 일체가 증거자료가 된다고 할 것이므로, 이는 증거위조죄에서 말하는 '증거'에 해당한다. 또한 위와 같이 참고인의 허위 진술이 담긴 대화 내용을 녹음한 녹음파일 또는 이를 녹취한 녹취록을 만들어 내는 행위는 무엇보다도 그 녹음의 자연스러움을 뒷받침하는 현장성이 강하여 단순한 허위 진술 또는 허위의 사실확인서 등에 비하여 수사기관 등을 그 증거가치를 판단함에 있어 오도할 위험성을 현저히 증대시킨다고 할 것이므로, 이러한 행위는 허위의 증거를 새로이 작출하는 행위로서 증거위조죄에서 말하는 '위조'에도 해당한다고 봄이 상당하다. 따라서 참고인이 타인의 형사사건 등에 관하여 제3자와 대화를 하면서 허위로 진술하고 위와 같은 허위 진술이 담긴 대화 내용을 녹음한 녹음파일 또는 이를 녹취한 녹취록을 만들어 수사기관 등에 제출하는 것은, 참고인이 타인의 형사사건 등에 관하여 수사기관에 허위의 진술을 하거나 이와 다를 바 없는 것으로서 허위의 사실확인서나 진술서를 작성하여 수사기관 등에 제출하는 것과는 달리, 증거위조죄를 구성한다(대판 2013.12.26. 2013도8085). 12. 법원행시
② 【 O 】 대판 2010.1.28. 2009도10709 12. 법원행시
③ 【 O 】 대판 2003.3.14. 2002도6134 12. 법원행시
④ 【 X 】 타인의 형사사건과 관련하여 수사기관이나 법원에 제출하거나 현출되게 할 의도로 법률행위 당시에는 존재하지 아니하였던 처분문서, 즉 그 외형 및 내용상 법률행위가 그 문서 자체에 의하여 이루어진 것과 같은 외관을 가지는 문서를 사후에 그 작성일을 소급하여 작성하는 것은, 가사 그 작성자에게 해당 문서의 작성권한이 있고, 또 그와 같은 법률행위가 당시에 존재하였다거나 그 법률행위의 내용이 위 문서에 기재된 것과 큰 차이가 없다 하여도 증거위조죄의 구성요건을 충족시키는 것이라고 보아야 하고, 비록 그 내용이 진실하다 하여도 국가의 형사사법기능에 대한 위험이 있다는 점은 부인할 수 없다(대판 2007.6.28. 2002도3600). 12. 법원행시

정답 ④

12 범인도피(은닉)죄에 대한 다음 설명 중 가장 적절하지 않은 것은?

① 피고인이 절도사건과 관련하여 사법경찰리로부터 조사받는 과정에서 공범인 상피고인들 甲, 乙의 이름을 단순히 묵비한 경우 범인도피죄가 성립하지 않는다.
② 신원보증서를 작성하여 수사기관에 제출하는 보증인이 피의자의 인적 사항을 허위로 기재하였다고 하더라도, 그로써 적극적으로 수사기관을 기망한 결과 피의자를 석방하게 하였다는 등 특별한 사정이 없는 한, 그 행위만으로 범인도피죄가 성립되지 않는다.
③ 부정수표단속법 제2조 제2항 위반의 범죄는 예금부족으로 인하여 제시일에 지급되지 아니할 것이라는 결과 발생을 예견하고 수표를 발행한 때에 바로 성립하는 것이고 수표소지인의 제시일에 수표금의 지급이 거절된 때에 비로소 성립하는 것은 아니므로, 피고인이 수표발행인을 은닉한 것이 그 수표가 부도나기 전날이라고 하더라도 그 수표가 부도날 것이라는 사정과 수표발행인이 부정수표단속법 위반으로 수사관서의 수배를 받게 되리라는 사정을 알았다면 범인은닉에 관한 범의가 없다고 할 수는 없다.
④ 참고인이 수사기관에서 진술을 함에 있어 단순히 범인으로 체포된 사람과 동인이 목격한 범인이 동일함에도 불구하고 동일한 사람이 아니라고 허위진술을 하였고 그 허위진술로 말미암아 증거가 불충분하게 되어 범인을 석방하게 되는 결과가 되었다면 범인도피죄를 구성한다.

해설

① 【O】 피고인이 절도사건과 관련하여 사법경찰리로부터 조사받는 과정에서 공범인 상피고인들(甲, 乙)의 이름을 단순히 묵비하였다 하여 절도범인을 도피하게 하였다고는 볼 수 없다(대판 1984.4.10. 83도3288).
② 【O】 대판 2003.2.14. 2002도5374
③ 【O】 대판 1990.3.27. 89도1480
④ 【X】 참고인이 범인 아닌 다른 자를 진범이라고 내세우는 경우 등과 같이 적극적으로 허위의 사실을 진술하여 수사관을 기만, 착오에 빠지게 함으로써 범인의 발견 체포에 지장을 초래케 하는 경우와 달리 참고인이 수사기관에서 진술을 함에 있어 단순히 범인으로 체포된 사람과 동인이 목격한 범인이 동일함에도 불구하고 동일한 사람이 아니라고 허위진술을 한 정도의 것만으로는 참고인의 그 허위진술로 말미암아 증거가 불충분하게 되어 범인을 석방하게 되는 결과가 되었다 하더라도 바로 범인도피죄를 구성한다고는 할 수 없다(대판 1987.2.10. 85도897).

정답 ④

제4절 위증과 증거인멸의 죄

> 지문의 내용에 대해 학설의 대립 등 다툼이 있는 경우 판례에 의함

01 다음 설명 중 가장 옳지 않은 것은?

① 위증죄에 있어서 증인의 증언이 기억에 반하는 허위진술인지 여부는 그 증언의 단편적인 구절에 구애될 것이 아니라 당해 신문절차에 있어서의 증언 전체를 일체로 파악하여 판단하여야 할 것이고, 그 진술이 객관적 사실과 부합하지 않는다고 하여 그 증언이 곧바로 기억에 반하는 진술이라고 단정할 수는 없다.

② 위증죄는 법률에 의하여 선서한 증인이 자기의 기억에 반하는 사실을 진술함으로써 성립하므로, 증인의 진술이 경험한 사실에 대한 법률적 평가이거나 단순한 의견에 지나지 아니하는 경우에는 위증죄에서 말하는 허위의 진술이라고 할 수 없고, 경험한 사실에 기초한 주관적 평가나 법률적 효력에 관한 견해를 부연한 부분에 다소의 오류가 있다 하여도 위증죄가 성립하지 않는다.

③ 피고인이 자기의 형사사건에 관하여 허위의 진술을 하는 행위는 피고인의 방어권을 인정하는 취지에서 처벌의 대상이 되지 않으나, 법률에 의하여 선서한 증인이 타인의 형사사건에 관하여 위증을 하면 형법 제152조 제1항의 위증죄가 성립되므로 자기의 형사사건에 관하여 타인을 교사하여 위증죄를 범하게 하는 것은 이러한 방어권을 남용하는 것이어서 교사범의 죄책을 부담한다.

④ 민사소송의 당사자는 증인능력이 없으므로 증인으로 선서하고 증언하였다고 하더라도 위증죄의 주체가 될 수 없으나, 민사소송에서의 당사자인 법인의 대표자의 경우에는 증인으로 선서하고 증언하는 것이 가능하므로 위증죄의 주체가 될 수 있다.

해설

① 【 O 】 증인의 증언이 기억에 반하는 허위진술인지 여부는 그 증언의 단편적인 구절에 구애될 것이 아니라 당해 신문절차에 있어서의 증언 전체를 일체로 파악하여 판단하여야 할 것이고, 증언의 전체적 취지가 객관적 사실과 일치되고 그것이 기억에 반하는 공술이 아니라면 사소한 부분에 관하여 기억과 불일치하더라도 그것이 신문취지의 몰이해 또는 착오에 의한 것이라면 위증이 될 수 없다(대판 1996.3.12. 95도2864). 23. 법원직

② 【 O 】 위증죄는 법률에 의하여 선서한 증인이 사실에 관하여 기억에 반하는 진술을 한 때에 성립하고, 증인의 진술이 경험한 사실에 대한 법률적 평가이거나 단순한 의견에 지나지 아니하는 경우에는 위증죄에서 말하는 허위의 공술이라고 할 수 없으며, 경험한 객관적 사실에 대한 증인 나름의 법률적·주관적 평가나 의견을 부연한 부분에 다소의 오류나 모순이 있더라도 위증죄가 성립하는 것은 아니라고 할 것이다(대판 2009.3.12. 2008도11007). 23. 법원직

③ 【 O 】 피고인이 자기의 형사사건에 관하여 허위의 진술을 하는 행위는 피고인의 형사소송에 있어서의 방어권을 인정하는 취지에서 처벌의 대상이 되지 않으나, 법률에 의하여 선서한 증인이 타인의 형사사건에 관하여 위증을 하면 형법 제152조 제1항의 위증죄가 성립되므로 자기의 형사사건에 관하여 타인을 교사하여 위증죄를 범하게 하는 것은 이러한 방어권을 남용하는 것이라고 할 것이어서 교사범의 죄책을 부담케 함이 상당하다(대판 2004.1.27. 2003도5114). 23. 법원직

④ 【 X 】 민사소송의 당사자는 증인능력이 없으므로 증인으로 선서하고 증언하였다고 하더라도 위증죄의 주체가 될 수 없고 이러한 법리는 민사소송에서의 당사자인 법인의 대표자의 경우에도 마찬가지로 적용된다(대판 2012.12.13. 2010도14360). 23. 법원직

정답 ④

02 위증죄에 관한 다음 설명 중 옳지 않은 것은 모두 몇 개인가?

㉠ 하나의 사건에 관하여 한 번 선서한 증인이 같은 기일에 여러 가지 사실에 관하여 기억에 반하는 허위의 진술을 한 경우 이는 하나의 범죄의사에 의하여 계속하여 허위의 진술을 한 것으로서 포괄하여 1개의 위증죄를 구성하는 것이고 각 진술마다 수 개의 위증죄를 구성하는 것이 아니다.
㉡ 위증죄와 형사소송법의 취지, 정신과 기능을 고려하여 볼 때, 형법 제152조 제1항에서 정한 '법률에 의하여 선서한 증인'이라 함은 '법률에 근거하여 법률이 정한 절차에 따라 유효한 선서를 한 증인'이라는 의미이고, 그 증인신문은 법률이 정한 절차 조항을 준수하여 적법하게 이루어진 경우여야 한다고 볼 것이다. 그러나 증인신문절차에서 법률에 규정된 증인 보호를 위한 규정이 지켜진 것으로 인정되지 않는 경우라 하더라도, 당해 사건에서 증인 보호에 사실상 장애가 초래되었다고 볼 수 없는 경우에까지 예외 없이 위증죄의 성립을 부정할 것은 아니라고 할 것이다.
㉢ 피고인이 甲을 모해할 목적으로 乙에게 위증을 교사한 이상, 가사 정범인 乙에게 모해의 목적이 없었다고 하더라도, 형법 제33조 단서의 규정에 의하여 피고인을 모해위증교사죄로 처단할 수 있다.
㉣ 증언당시 판사의 신문취지를 오해 내지 착각하고 진술한 것이라면 위증의 고의가 있었다고 보기 어렵다.
㉤ 위증죄에 있어서의 위증은 법률에 의하여 적법하게 선서한 증인이 자신의 기억에 반하는 사실을 진술함으로써 성립되고 설사 그 증언이 객관적 사실과 합치한다고 하더라도 기억에 반하는 진술을 한 때에는 위증죄의 성립에 영향이 없으나 그 증언이 당해 사건의 요증사항도 아니고 재판의 결과에 영향을 미치지도 않는 내용이라면 위증죄가 성립하지 아니한다.

① 없음　　② 1개　　③ 2개　　④ 3개　　⑤ 4개

[해설]

㉠ 【 O 】 하나의 사건에 관하여 한 번 선서한 증인이 같은 기일에 여러 가지 사실에 관하여 기억에 반하는 허위의 진술을 한 경우 이는 하나의 범죄의사에 의하여 계속하여 허위의 진술을 한 것으로서 포괄하여 1개의 위증죄를 구성하는 것이고 각 진술마다 수 개의 위증죄를 구성하는 것이 아니므로 같은 심급에서 변론기일을 달리하여 수차 증인으로 나가 수 개의 허위진술을 하더라도 최초 한 선서의 효력을 유지시킨 후 증언한 이상 1개의 위증죄를 구성함에 그친다(대판 2007.3.15. 2006도9463). 17. 법원행시

㉡ 【 O 】 형사소송법의 취지, 정신과 기능을 고려하여 볼 때, 형법 제152조 제1항에서 정한 "법률에 의하여 선서한 증인"이라 함은 "법률에 근거하여 법률이 정한 절차에 따라 유효한 선서를 한 증인"이라는 의미이고, 그 증인신문은 법률이 정한 절차 조항을 준수하여 적법하게 이루어진 경우여야 한다고 볼 것이다. 그러므로 증인신문절차에서 법률에 규정된 증인 보호를 위한 규정이 지켜진 것으로 인정되지 않은 경우에는 증인이 허위의 진술을 하였다고 하더라도 위증죄의 구성요건인 "법률에 의하여 선서한 증인"에 해당하지 아니한다고 보아 이를 위증죄로 처벌할 수 없는 것이 원칙이다. 다만, 법률에 규정된 증인 보호 절차라 하더라도 개별 보호절차 규정들의 내용과 취지가 같지 아니하고, 당해 신문 과정에서 지키지 못한 절차 규정과 그 경위 및 위반의 정도 등 제반 사정이 개별 사건마다 각기 상이하므로, 이러한 사정을 전체적·종합적으로 고려하여 볼 때, 당해 사건에서 증인 보호에 사실상 장애가 초래되었다고 볼 수 없는 경우에까지 예외 없이 위증죄의 성립을 부정할 것은 아니라고 할 것이다(대판 2010.1.21. 2008도942). 17. 법원행시

㉢ 【 O 】 피고인이 甲을 모해할 목적으로 乙에게 위증을 교사한 이상, 가사 정범인 乙에게 모해의 목적이 없었다고 하더라도, 형법 제33조 단서의 규정에 의하여 피고인을 모해위증교사죄로 처단할 수 있다(대판 1994.12.23. 93도1002). 17. 법원행시

㉣ 【 O 】 피고인이 법정에서 선서후 허위증언을 하였다는 이 사건 공소사실은 증언당시의 판사의 심문취지에 대한 오해 내지 착각으로 인한 진술에 불과한 것으로 위증의 고의가 있었다고 보기 어렵다고 판단한 원심의 조치는 정당하다(대판 1986.7.8. 86도1050). 17. 법원행시

㉤ 【 X 】 위증죄는 법률에 의하여 선서한 증인이 허위의 공술을 한 때에 성립하는 것으로서, 그 공술의 내용이 당해 사건의 요증사실에 관한 것인지의 여부나 판결에 영향을 미친 것인지의 여부는 위증죄의 성립과 아무런 관계가 없다(대판 1990.2.23. 89도1212). 17. 법원행시

정답 ②

03 위증죄에 대한 설명으로 옳은 것만을 모두 고른 것은?

㉠ 민사소송의 당사자는 증인능력이 없으므로 당해 사건의 증인으로 출석하여 선서하고 증언하였다고 하더라도 위증죄의 주체가 될 수 없다.
㉡ 민사소송절차에서 증인이 선서 후 증인진술서에 기재된 구체적인 내용에 관하여 진술함이 없이 단지 그 증인진술서에 기재된 내용이 사실대로라는 취지의 진술만을 한 경우, 그것이 증인진술서에 기재된 내용 중 특정사항을 구체적으로 진술한 것과 같이 볼 수 있는 등의 특별한 사정이 없는 한 기재된 내용에 일부 허위가 있다고 하더라도 위증죄가 성립하지 아니한다.
㉢ 증인이 증인신문절차에서 허위의 진술을 하고 그대로 증인신문절차가 종료된 후, 별도의 증인 신청 및 채택 절차를 거쳐 그 증인이 다시 신문을 받는 과정에서 종전 증인신문절차에서의 진술을 철회·시정하더라도 종전 증인신문절차에서 행한 위증죄의 성립에는 영향이 없다.
㉣ 증인이 소송사건의 같은 심급에서 변론기일을 달리하여 수차 증인으로 나가 수 개의 허위진술을 하였더라도 최초에 한 선서의 효력을 유지시킨 후 증언하였다면 1개의 위증죄가 성립한다.

① ㉡, ㉢ ② ㉠, ㉡, ㉣ ③ ㉠, ㉢, ㉣ ④ ㉠, ㉡, ㉢, ㉣

[해설]
㉠ 【O】 민사소송의 당사자는 증인능력이 없으므로 증인으로 선서하고 증언하였다고 하더라도 위증죄의 주체가 될 수 없고, 이러한 법리는 민사소송에서의 당사자인 법인의 대표자의 경우에도 마찬가지로 적용된다(대판 1998.3.10. 97도1168). 17. 국가직
㉡ 【O】 증인이 법정에서 선서 후 증인진술서에 기재된 구체적인 내용에 관하여 진술함이 없이 단지 그 증인진술서에 기재된 내용이 사실대로라는 취지의 진술만을 한 경우(대판 2010.5.13. 2007도1397). 17. 국가직 ⇨ 증인이 그 증인진술서에 기재된 구체적인 내용을 기억하여 반복 진술한 것으로는 볼 수 없음
㉢ 【O】 증인이 관련사건의 공판기일에 증인으로 출석하여 한 허위 진술이 철회·시정된 바 없이 증인신문절차가 그대로 종료되었다가, 그 후 증인으로 다시 신청·채택된 甲이 위 관련사건의 공판기일에 다시 출석하여 종전 선서의 효력이 유지됨을 고지받고 증언하면서 종전 기일에 한 진술이 허위 진술임을 시인하고 이를 철회하는 취지의 진술을 한 사안에서, 甲의 위증죄는 이미 기수에 이른 것으로 보아야 하고, 그 후 다시 증인으로 신청·채택되어 종전 신문절차에서 한 허위 진술을 철회하였더라도 이미 성립한 위증죄에 영향을 미친다고 볼 수는 없다(대판 2010.9.30. 2010도7525). 17. 국가직
㉣ 【O】 행정소송사건의 같은 심급에서 변론기일을 달리하여 수차 증인으로 나가 수 개의 허위진술을 하더라도 최초 한 선서의 효력을 유지시킨 후 증언한 이상 1개의 위증죄를 구성함에 그친다(대판 2007.3.15. 2006도9463). 17. 국가직

[정답] ④

04 위증죄에 대한 설명으로 가장 적절하지 않은 것은?

① 증인의 증언은 그 전부를 일체로 관찰·판단하는 것이므로 선서한 증인이 일단 기억에 반하는 허위의 진술을 하였더라도 그 신문이 끝나기 전에 그 진술을 철회·시정한 경우 위증이 되지 아니한다.
② 허위의 진술이란 그 객관적 사실이 허위라는 것이 아니라 스스로 체험한 사실을 기억에 반하여 진술하는 것을 뜻하고, 법률에 의하여 선서한 증인의 진술이 경험한 객관적 사실에 대한 증인 나름의 법률적·주관적 평가나 의견을 부연한 부분에 다소의 오류나 모순이 있더라도 위증죄가 성립하는 것은 아니다.
③ 하나의 사건에 관하여 한 번 선서한 증인이 같은 기일에 수개의 사실에 관하여 기억에 반하는 허위의 진술을 한 경우 한 개의 위증죄가 성립한다.
④ 민사소송의 당사자인 법인의 대표자 甲이 선서하고 증언을 한 경우 위증죄의 주체가 될 수 있다.

해설

① 【 O 】 대판 1993.12.7. 93도2510 18. 경찰승진
② 【 O 】 대판 1984.2.14. 83도37 18. 경찰승진
③ 【 O 】 하나의 사건에 관하여 한 번 선서한 증인이 같은 기일에 여러 가지 사실에 관하여 기억에 반하는 허위의 진술을 한 경우 이는 하나의 범죄의사에 의하여 계속하여 허위의 진술을 한 것으로서 포괄하여 1개의 위증죄를 구성하는 것이다(대판 1998.4.14. 97도3340). 18. 경찰승진
④ 【 X 】 민사소송의 당사자는 증인능력이 없으므로 증인으로 선서하고 증언하였다고 하더라도 위증죄의 주체가 될 수 없고, 이러한 법리는 민사소송에서의 당사자인 법인의 대표자의 경우에도 마찬가지로 적용된다(대판 1998.3.10. 97도1168). 18. 경찰승진

정답 ④

05 위증과 증거인멸의 죄에 관한 다음 설명 중 옳지 않은 것은 몇 개인가?

> ㉠ 민사소송절차에 증인으로 출석한 자가 재판장으로부터 증언거부권을 고지받지 않은 상태에서 허위의 증언을 하였다면 비록 증인으로서 적법하게 선서를 마치고 한 허위진술이라도 위증죄는 성립하지 않는다.
> ㉡ 형사소송절차에서 재판장이 신문 전에 증인에게 증언거부권을 고지하지 않은 경우, 자기부죄거부특권에 관한 것이거나 증언거부사유가 있음에도 증인이 증언거부권을 고지받지 못함으로 인하여 증언거부권을 행사하는 데 사실상 장애가 초래되었다면 위증죄는 성립하지 않는다.
> ㉢ 참고인이 타인의 형사사건에 관하여 제3자와 대화를 하면서 허위로 진술하고 그 진술이 담긴 대화 내용을 녹음한 녹음파일 또는 이를 녹취한 녹취록을 만들어 수사기관에 제출하는 행위는 증거위조죄를 구성한다.
> ㉣ 참고인이 타인의 형사사건에 관하여 직접 진술하기에 앞서 허위의 사실확인서나 진술서를 작성하여 수사기관에 제출한 것은 존재하지 않는 문서를 이전부터 존재하고 있는 것처럼 작출하는 방법으로 새로운 증거를 창조한 것이어서 증거위조죄를 구성한다.

① 1개 ② 2개 ③ 3개 ④ 4개

해설

㉠ 【 X 】 형사소송법은 증언거부권에 관한 규정(제148조, 제149조)과 함께 재판장의 증언거부권 고지의무에 관하여도 규정하고 있는 반면(제160조), 민사소송법은 증언거부권 제도를 두면서도(제314조 내지 제316조) 증언거부권 고지에 관한 규정을 따로 두고 있지 않다. 민사소송절차에서 재판장이 증인에게 증언거부권을 고지하지 아니하였다 하여 절차위반의 위법이 있다고 할 수 없고, 따라서 적법한 선서절차를 마쳤는데도 허위진술을 한 증인에 대해서는 달리 특별한 사정이 없는 한 위증죄가 성립한다고 보아야 한다(대판 2011.7.28. 2009도14928). 18. 경찰승진

㉡ 【 O 】 형사소송절차에서 재판장이 신문 전에 증인에게 증언거부권을 고지하지 않은 경우에도 당해 사건에서 증언 당시 증인이 처한 구체적인 상황, 증언거부사유의 내용, 증인이 증언거부사유 또는 증언거부권의 존재를 이미 알고 있었는지 여부, 증언거부권을 고지 받았더라도 허위진술을 하였을 것이라고 볼 만한 정황이 있는지 등을 전체적·종합적으로 고려하여 증인이 침묵하지 아니하고 진술한 것이 자신의 진정한 의사에 의한 것인지 여부를 기준으로 위증죄의 성립 여부를 판단하여야 한다. 증인이 증언거부권을 고지받지 못함으로 인하여 그 증언거부권을 행사하는 데 사실상 장애가 초래되었다고 볼 수 있는 경우에는 위증죄의 성립을 부정하여야 할 것이다(대판 2010.1.21. 2008도942). 18. 경찰승진

㉢ 【 O 】 ㉣ 【 X 】 참고인이 타인의 형사사건 등에서 직접 진술 또는 증언하는 것을 대신하거나 그 진술 등에 앞서서 허위의 사실확인서나 진술서를 작성하여 수사기관 등에 제출하거나 또는 제3자에게 교부하여 제3자가 이를 제출한 것은 존재하지 않는 문서를 이전부터 존재하고 있는 것처럼 작출하는 등의 방법으로 새로운 증거를 창조한 것이 아닐뿐더러, 참고인이 수사기관에서 허위의 진술을 하는 것과 차이가 없으므로, 증거위조죄를 구성하지 않는다고 할 것이다(대판 2011.7.28. 2010도2244). 18. 경찰승진

정답 ②

06 위증죄에 관한 설명 중 가장 적절하지 않은 것은?

① 제3자가 심문절차로 진행되는 가처분 신청사건에서 증인으로 출석하여 선서를 하고 허위의 진술을 한 경우 위증죄가 성립한다.
② 하나의 사건에 관하여 한 번 선서한 증인이 같은 기일에서 수 개의 사실에 관하여 허위의 진술을 한 경우 한 개의 위증죄가 성립한다.
③ 민사소송의 당사자인 법인의 대표자가 선서하고 증언하였더라도 위증죄가 성립하지 아니한다.
④ 위증죄를 범한 자가 그 공술한 사건의 재판 또는 징계처분이 확정되기 전에 자백 또는 자수한 때에는 그 형을 감경 또는 면제한다.

해설

① 【 X 】 제3자가 심문절차로 진행되는 가처분 신청사건에서 증인으로 출석하여 선서를 하고 진술함에 있어서 허위의 공술을 하였다고 하더라도 그 선서는 법률상 근거가 없어 무효라고 할 것이므로 위증죄는 성립하지 않는다(대판 2003.7.25. 2003도180). 17. 경찰승진
② 【 O 】 대판 1992.11.27. 92도498 17. 경찰승진
③ 【 O 】 민사소송의 당사자는 증인능력이 없으므로 증인으로 선서하고 증언하였다고 하더라도 위증죄의 주체가 될 수 없고, 이러한 법리는 민사소송에서의 당사자인 법인의 대표자의 경우에도 마찬가지로 적용된다(대판 1998.3.10. 97도1168). 17. 경찰승진
④ 【 O 】 형법 제153조 17. 경찰승진

정답 ①

07 다음 중 甲에게 위증죄가 성립하지 않는 경우는?

① 민사소송의 당사자인 A법인의 대표자 甲은 증인으로 선서한 후 허위의 증언을 하였다.
② 소송절차가 분리된 공범인 공동피고인 甲은 증언거부권을 고지받은 상태에서 자기의 범죄사실에 대하여 허위로 진술하였다.
③ 甲은 민사법정에서 증인으로 출석하여 자기의 기억에 반하는 사실을 증언하였는데, 그 내용이 객관적 사실과 부합하였다.
④ 형사법정에서 증인 甲은 자신의 기억에 반하는 허위의 진술을 하였는데, 그 내용이 당해 사건의 요증사실에 해당하지 않았으며 판결에 전혀 영향을 미치지 않았다.

[해설]
① 【X】 민사소송의 당사자는 증인능력이 없으므로 증인으로 선서하고 증언하였다고 하더라도 위증죄의 주체가 될 수 없고, 이러한 법리는 민사소송에서의 당사자인 법인의 대표자의 경우에도 마찬가지로 적용된다(대판 1998.3.10. 97도1168). 17. 경찰간부
② 【O】 대판 2008.6.26. 2008도3300 17. 경찰간부
③ 【O】 대판 1989.1.17. 88도580 17. 경찰간부
④ 【O】 위증죄는 법률에 의하여 선서한 증인이 허위의 공술을 한 때에 성립하는 것으로서, 그 공술의 내용이 당해 사건의 요증사실에 관한 것인지의 여부나 판결에 영향을 미친 것인지의 여부는 위증죄의 성립과 아무런 관계가 없다(대판 1990.2.23. 89도1212). 17. 경찰간부

[정답] ①

08 위증과 증거인멸의 죄에 관한 다음 설명 중 옳지 않은 것은?

① 형법 제155조 제1항의 증거위조죄에서 '증거'라 함은 타인의 형사사건 또는 징계사건에 관하여 수사기관이나 법원 또는 징계기관이 국가의 형벌권 또는 징계권의 유무를 확인하는 데 관계있다고 인정되는 일체의 자료를 의미하고, 타인에게 유리한 것이건 불리한 것이건 가리지 아니하며 또 증거가치의 유무 및 정도를 불문하는 것이다.
② 형법 제155조 제1항의 증거위조죄에서 '위조'란 문서에 관한 죄에 있어서의 위조 개념과는 달리 새로운 증거의 창조를 의미하는 것이므로 존재하지 아니한 증거를 이전부터 존재하고 있는 것처럼 작출하는 행위도 증거위조에 해당하며, 증거가 문서의 형식을 갖는 경우 증거위조죄에 있어서의 증거에 해당하는지 여부가 그 작성권한의 유무나 내용의 진실성에 좌우되는 것은 아니다.
③ 형법 제155조 제1항에서 말하는 '징계사건'이란 국가의 징계사건에 한정되는 것이 아니라 사인간의 징계사건도 포함한다.
④ 선서무능력자로서 범죄 현장을 목격하지도 못한 사람으로 하여금 형사법정에서 범죄 현장을 목격한 양 허위의 증언을 하도록 하는 것은 증거위조죄를 구성하지 아니한다 할 것이다.

[해설]
① 【O】 대판 2007.6.28. 2002도3600
② 【O】 대판 2007.6.28. 2002도3600
③ 【X】 형법 제155조 제1항은 '타인의 형사사건 또는 징계사건에 관한 증거를 인멸, 은닉, 위조 또는 변조하거나 위조 또는 변조한 증거를 사용한 자'를 처벌한다고 규정하고 있는바, 증거인멸 등 죄는 위증죄와 마찬가지로 국가의 형사사법작용 내지 징계작용을 그 보호법익으로 하므로, 위 법조문에서 말하는 '징계사건'이란 국가의 징계사건에 한정되고 사인 간의 징계사건은 포함되지 않는다(대판 2007.11.30. 2007도4191).
④ 【O】 대판 1998.2.10. 97도2961

[정답] ③

09 증거위조죄에 관한 다음 설명 중 가장 옳지 않은 것은?

① 사실의 증명을 위해 작성된 문서가 그 사실에 관한 내용이나 작성 명의 등에 아무런 허위가 없다고 하더라도 사실증명에 관한 문서가 형사사건 또는 징계사건에서 허위의 주장에 관한 증거로 제출되어 그 주장을 뒷받침하게 된 경우라면 형법 제155조 제1항의 증거위조죄가 성립한다.

② 형법 제155조 제1항의 증거위조죄에서 말하는 '증거'란 타인의 형사사건 또는 징계사건에 관하여 수사기관이나 법원 또는 징계기관이 국가의 형벌권 또는 징계권의 유무를 확인하는데 관계 있다고 인정되는 일체의 자료를 뜻한다. 따라서 범죄 또는 징계사유의 성립 여부에 관한 것뿐만 아니라 형 또는 징계의 경중에 관계 있는 정상을 인정하는 데 도움이 될 자료까지도 본조가 규정한 증거에 포함된다.

③ 형법 제155조 제1항은 타인의 형사사건 또는 징계사건에 관한 증거를 인멸, 은닉, 위조 또는 변조하거나 위조 또는 변조한 증거를 사용한 자를 처벌하고 있고, 여기서의 '위조'란 문서에 관한 죄의 위조 개념과는 달리 새로운 증거의 창조를 의미한다.

④ 형법 제155조 제1항에서 타인의 형사사건에 관한 증거를 위조한다 함은 증거 자체를 위조함을 말하는 것이고, 참고인이 수사기관에서 허위의 진술을 하는 것은 이에 포함되지 아니한다.

해설

① 【X】 형법 제155조 제1항은 타인의 형사사건 또는 징계사건에 관한 증거를 인멸, 은닉, 위조 또는 변조하거나 위조 또는 변조한 증거를 사용한 자를 처벌하고 있고, 여기서의 '위조'란 문서에 관한 죄의 위조 개념과는 달리 새로운 증거의 창조를 의미한다. 그러나 사실의 증명을 위해 작성된 문서가 그 사실에 관한 내용이나 작성명의 등에 아무런 허위가 없다면 '증거위조'에 해당한다고 볼 수 없다. 설령 사실증명에 관한 문서가 형사사건 또는 징계사건에서 허위의 주장에 관한 증거로 제출되어 그 주장을 뒷받침하게 되더라도 마찬가지이다(대판 2021.1.28. 2020도2642). 23. 법원행시

② 【O】 형법 제155조 제1항의 증거위조죄에서 말하는 '증거'란 타인의 형사사건 또는 징계사건에 관하여 수사기관이나 법원 또는 징계기관이 국가의 형벌권 또는 징계권의 유무를 확인하는 데 관계있다고 인정되는 일체의 자료를 뜻한다. 따라서 범죄 또는 징계사유의 성립 여부에 관한 것뿐만 아니라 형 또는 징계의 경중에 관계있는 정상을 인정하는 데 도움이 될 자료까지도 본조가 규정한 증거에 포함된다(대판 2021.1.28. 2020도2642). 23. 법원행시

③④ 【O】 타인의 형사사건 또는 징계사건에 관한 증거를 위조한 경우에 성립하는 형법 제155조 제1항의 증거위조죄에서 '증거'라 함은 타인의 형사사건 또는 징계사건에 관하여 수사기관이나 법원 또는 징계기관이 국가의 형벌권 또는 징계권의 유무를 확인하는 데 관계있다고 인정되는 일체의 자료를 의미하고, 타인에게 유리한 것이건 불리한 것이건 가리지 아니하며 또 증거가치의 유무 및 정도를 불문하는 것이고, 여기서의 '위조'란 문서에 관한 죄에 있어서의 위조 개념과는 달리 새로운 증거의 창조를 의미하는 것이므로 존재하지 아니한 증거를 이전부터 존재하고 있는 것처럼 작출하는 행위도 증거위조에 해당하며, 증거가 문서의 형식을 갖는 경우 증거위조죄에 있어서의 증거에 해당하는지 여부가 그 작성권한의 유무나 내용의 진실성에 좌우되는 것은 아니다. 그리고 타인의 형사사건 등에 관한 증거를 위조한다 함은 증거 자체를 위조함을 말하는 것이고, 참고인이 수사기관에서 허위의 진술을 하는 것은 여기에 포함되지 않는다(대판 2015.10.29. 2015도9010). 23. 법원행시

정답 ①

10 증거위조죄에 관한 다음 설명 중 옳은 것은 모두 몇 개인가?

> ㉠ 자신이 직접 형사처분이나 징계처분을 받게 될 것을 두려워한 나머지 자기의 이익을 위하여 그 증거가 될 자료를 인멸하였다 하더라도, 그 행위가 동시에 다른 공범자의 형사사건이나 징계사건에 관한 증거를 인멸한 결과가 되는 경우 증거인멸죄가 성립한다.
> ㉡ 증거위조죄에서 '타인의 형사사건'이란 증거위조 행위 시에 아직 수사절차가 개시되기 전이라도 장차 형사사건이 될 수 있는 것까지 포함하고 그 형사사건이 기소되지 아니하거나 무죄가 선고되더라도 증거위조죄의 성립에는 영향이 없다.
> ㉢ 참고인이 타인의 형사사건 등에서 직접 진술 또는 증언하는 것을 대신하거나 그 진술 등에 앞서서 허위의 사실확인서나 진술서를 작성하여 수사기관 등에 제출하거나 또는 제3자에게 교부하여 제3자가 이를 제출하게 한 경우 증거위조죄가 성립한다.
> ㉣ 참고인이 타인의 형사사건 등에 관하여 제3자와 대화를 하면서 허위로 진술하고 위와 같은 허위 진술이 담긴 대화 내용을 녹음한 녹음파일 또는 이를 녹취한 녹취록을 만들어 수사기관 등에 제출한 경우 증거위조죄가 성립한다

① 없음   ② 1개   ③ 2개   ④ 3개

[해설]

㉠ 【 X 】 피고인 자신이 직접 형사처분이나 징계처분을 받게 될 것을 두려워한 나머지 '자기의 이익'을 위하여 그 증거가 될 자료를 인멸하였다면, 그 행위가 동시에 '다른 공범자'의 형사사건이나 징계사건에 관한 증거를 인멸한 결과가 된다고 하더라도 이를 증거인멸죄로 다스릴 수 없고, 이러한 법리는 그 행위가 피고인의 '공범자가 아닌 자'의 형사사건이나 징계사건에 관한 증거를 인멸한 결과가 된다고 하더라도 마찬가지이다(대판 1995.9.29. 94도2608).

㉡ 【 O 】 대판 2011.2.10. 2010도15986

> **유사판례**
> 증거인멸죄에 있어서 타인의 형사사건 또는 징계사건이란 인멸행위 시에 아직 수사 또는 징계절차가 개시되기 전이라도 장차 형사 또는 징계사건이 될 수 있는 것까지를 포함한다(대판 2013.11. 28. 2011도5329).

㉢ 【 X 】 참고인이 타인의 형사사건 등에서 직접 진술 또는 증언하는 것을 대신하거나 그 진술 등에 앞서서 허위의 사실확인서(사안의 증거1)나 진술서를 작성하여 수사기관 등에 제출하거나 또는 제3자에게 교부하여 제3자가 이를 제출한 것은 존재하지 않는 문서를 이전부터 존재하고 있는 것처럼 작출하는 등의 방법으로 새로운 증거를 창조한 것이 아닐뿐더러, 참고인이 수사기관에서 허위의 진술을 하는 것과 차이가 없으므로, 증거위조죄를 구성하지 않는다(대판 2011.7.28. 2010도2244).

㉣ 【 O 】 대판 2013.12.26. 2013도8085

정답 ③

11 위증죄에 관한 다음 설명 중 옳은 것은?

① 상세한 내용의 증인심문사항에 대하여 증인이 그 상세한 심문사항내용을 파악하지 못하였거나 또는 기억하지 못함에도 불구하고 이를 그대로 긍정하는 취지의 답변을 하였더라도 기억에 반하여 허위의 진술을 한 것으로 볼 수 없다.
② 증언거부권이 있는 사람이라 하더라도 선서한 후 증언거부권을 포기하고 증언하였다면 위증죄가 바로 성립한다.
③ 소송사건의 같은 심급에서 변론기일을 달리하여 수차 증인으로 나가 수 개의 허위진술을 한 경우에는 최초 한 선서의 효력을 유지시킨 후 증언을 하더라도 각 진술마다 수 개의 위증죄를 구성한다.
④ 피고인을 공동피고로 한 민사사건에서 피고인이 의제자백에 의해 분리되고, 공소외인만이 피고로 남은 사건에서 한 증언이 기억에 반한 것이라면 위증죄에 해당한다.

[해설]
① 【 X 】 그대로 긍정하는 취지의 답변을 하였다면 기억에 반하여 허위의 진술을 한 것으로 볼 것이다(대판 1981.12.13. 83도2342).
② 【 X 】 [1] 재판장이 신문 전에 증인에게 증언거부권을 고지하지 않은 경우에도 당해 사건에서 증언 당시 증인이 처한 구체적인 상황, 증언거부사유의 내용, 증인이 증언거부사유 또는 증언거부권의 존재를 이미 알고 있었는지 여부, 증언거부권을 고지 받았더라도 허위 진술을 하였을 것이라고 볼 만한 정황이 있는지 등을 전체적·종합적으로 고려하여 증인이 침묵하지 아니하고 진술한 것이 자신의 진정한 의사에 의한 것인지 여부를 기준으로 위증죄의 성립여부를 판단하여야 한다. 그러므로 헌법 제12조 제2항에 정한 불이익 진술의 강요금지 원칙을 구체화한 자기부죄거부특권에 관한 것이거나 기타 증언거부사유가 있음에도 증인이 증언거부권을 고지받지 못함으로 인하여 그 증언거부권을 행사하는 데 사실상 장애가 초래되었다고 볼 수 있는 경우에는 위증죄의 성립을 부정하여야 할 것이다.
[2] 이와 달리, 피고인이 증인으로 선서한 이상 진실대로 진술한다고 하면 자신의 범죄를 시인하는 진술을 하는 것이 되고 증언을 거부하는 것은 자기의 범죄를 암시하는 것이 되는 처지에 있다 하더라도 증인에게는 증언을 거부할 수 있는 권리를 인정하여 위증죄로부터의 탈출구를 마련하고 있는 만큼 적법행위의 기대가능성이 없다고 할 수 없고 선서한 증인이 허위의 진술을 한 이상 증언거부권 고지여부를 고려하지 아니한 채 위증죄가 바로 성립한다는 취지로 대법원 1987.7.7. 선고 86도1724 전합 판결에서 판시한 대법원의 의견은 위 견해에 저촉되는 범위 내에서 이를 변경하기로 한다(대판 2010.1.21. 2008도942 전합).
③ 【 X 】 같은 심급에서 변론기일을 달리하여 수차 증인으로 나가 수 개의 허위진술을 하더라도 최초 한 선서의 효력을 유지시킨 후 증언한 이상 1개의 위증죄를 구성함에 그친다(대판 2007.3.15. 2006도9463).

> [비교판례]
> 증인이 1회 또는 수회의 기일에 걸쳐 이루어진 1개의 증인신문절차에서 허위의 진술을 하고 그 진술이 철회·시정된 바 없이 그대로 증인신문절차가 종료된 경우 그로써 위증죄는 기수에 달하고 그 후 별도의 증인 신청 및 채택 절차를 거쳐 그 증인이 다시 신문을 받는 과정에서 종전 신문절차에서의 진술을 철회·시정한다 하더라도 이미 종결된 종전 증인신문절차에서 행한 위증죄의 성립에 어떤 영향을 주는 것은 아니다(대판 2010.9.29. 2010도7525).

④ 【 O 】 대판 1983.10.25. 83도1318

정답 ④

12 위증과 증거인멸의 죄에 대한 설명으로 가장 적절하지 않은 것은?

① 자신의 강도범행을 일관되게 부인하였으나 법원으로부터 유죄판결이 확정된 피고인이 별건으로 기소된 공범의 형사사건에서 선서 후 범행사실을 부인하는 증언을 하였다면, 피고인에게 사실대로 진술할 것이라는 기대가능성이 있으므로 위증죄가 성립한다.
② 피고인이 자기의 형사사건에 관하여 타인을 교사하여 위증죄를 범하게 하였더라도, 이러한 피고인의 행위는 방어권의 정당한 행사로 위증죄의 교사범이 성립하지 않는다.
③ 선서한 증인이 자기의 기억에 반하는 증언을 하였다면, 그 증언 내용이 객관적 사실과 부합한다 하더라도 위증죄가 성립한다.
④ 증거은닉죄에 있어서 '타인의 형사사건 또는 징계사건'에는 이미 수사가 개시되거나 징계절차가 개시된 사건만이 아니라 수사 또는 징계절차 개시 전이라도 장차 형사사건 또는 징계사건이 될 수 있는 사건도 포함된다.

해설

① 【O】 피고인에게 적법행위를 기대할 가능성이 있는지 여부를 판단하기 위하여는 **행위 당시의 구체적인 상황하에** 행위자 대신에 사회적 평균인을 두고 이 **평균인의 관점에서** 그 기대가능성 유무를 판단하여야 한다. 또한, 자기에게 형사상 불리한 진술을 강요당하지 아니할 권리가 결코 적극적으로 허위의 진술을 할 권리를 보장하는 취지는 아니며, 이미 유죄의 확정판결을 받은 경우에는 일사부재리의 원칙에 의해 다시 처벌되지 아니하므로 증언을 거부할 수 없는바, 이는 사실대로의 진술 즉 자신의 범행을 시인하는 진술을 기대할 수 있기 때문이다. 이러한 점 등에 비추어 보면, 이미 유죄의 확정판결을 받은 피고인은 공범의 형사사건에서 그 범행에 대한 증언을 거부할 수 없을 뿐만 아니라 나아가 사실대로 증언하여야 하고, 설사 피고인이 자신의 형사사건에서 시종일관 그 범행을 부인하였다 하더라도 이러한 사정은 위증죄에 관한 양형참작사유로 볼 수 있음은 별론으로 하고 이를 이유로 피고인에게 사실대로 진술할 것을 기대할 가능성이 없다고 볼 수는 없다.

> **사실관계**
> 자신의 강도상해 **범행을 일관되게 부인**하였으나 유죄판결이 확정된 피고인이 **별건으로 기소된 공범의 형사사건에서** 자신의 범행사실을 부인하는 증언을 한 사안에서, 피고인에게 사실대로 진술할 기대가능성이 있으므로 위증죄가 성립한다고 판단한 사례(대판 2008.10.23. 2005도10101). 18. 경찰

② 【X】 피고인이 자기의 형사사건에 관하여 허위의 진술을 하는 행위는 피고인의 형사소송에 있어서의 방어권을 인정하는 취지에서 처벌의 대상이 되지 않으나, 법률에 의하여 선서한 증인이 타인의 형사사건에 관하여 위증을 하면 형법 제152조 제1항의 위증죄가 성립되므로 자기의 형사사건에 관하여 타인을 교사하여 위증죄를 범하게 하는 것은 이러한 방어권을 남용하는 것이라고 할 것이어서 교사범의 죄책을 부담케 함이 상당하다(대판 2004.1.27. 2003도5114). 18. 경찰
③ 【O】 위증죄에 있어서의 위증은 선서한 증인이 자기의 기억에 반하는 사실을 진술함으로써 성립되고 설사 그 증언이 객관적 사실에 부합된다고 하더라도 기억에 반하는 진술을 한 때에는 위증죄의 성립에 영향이 없다(대판 1982.9.14. 81도105). 18. 경찰
④ 【O】 증거은닉죄에 있어서 "타인의 형사사건 또는 징계사건"이란 은닉행위시에 아직 수사 또는 징계절차가 개시되기 전이라도 장차 형사 또는 징계사건이 될 수 있는 것까지를 포함한다(대판 1982.4.27. 82도274). 18. 경찰

정답 ②

13 다음 설명 중 가장 적절하지 않은 것은?

① 원고대리인 신문시에 한 증언을 피고대리인과 재판장 신문시에 취소 시정한 경우 앞의 증언부분만을 따로 떼어 위증이라고 보는 것은 적법하다.
② 위증죄에 있어서의 허위의 공술이란 증인이 자기의 기억에 반하는 사실을 진술하는 것을 말하는 것으로서 그 내용이 객관적 사실과 부합한다고 하여도 위증죄의 성립에 장애가 되지 않는다.
③ 하나의 사건에 관하여 한 번 선서한 증인이 같은 기일에 여러 가지 사실에 관하여 기억에 반하는 허위의 진술을 한 경우 이는 하나의 범죄의사에 의하여 계속하여 허위의 진술을 한 것으로서 포괄하여 1개의 위증 죄를 구성한다.
④ 위증죄에는 친족간의 특례는 없으나 자수, 자백의 특례가 인정된다.

[해설]
① 【X】 증언의 전체취지에 비추어 원고대리인 신문시에 한 증언을 피고대리인과 재판장 신문시에 취소시정한 것으로 보여진다면 앞의 증언부분만을 따로 떼어 위증이라고 보는 것은 위법하다(대판 1984.3.27. 83도2853).
② 【O】 대판 1988.5.24. 88도350
③ 【O】 대판 2005.3.25. 2005도60
④ 【O】 형법 제153조
☞ 위증죄와 무고죄는 자수, 자백의 특례가 인정되고 친족간의 특례가 인정되지 않지만 증거인멸죄와 범인은닉죄는 자수, 자백의 특례는 인정되지 않지만 친족간의 특례가 인정된다는 것을 주의해야 한다.

[정답] ①

14 위증죄에 관한 설명 중 가장 적절하지 않은 것은?

① 타인으로부터 전해들은 금품전달사실을 마치 증인 자신이 전달한 것처럼 진술한 경우 위증죄가 성립한다.
② 전 남편에 대한 음주운전사건의 증인으로 법정에 출석한 전처가 증언거부권을 고지받지 않은 채 적극적으로 허위진술을 한 경우, 증언거부권을 고지받지 못했다 하더라도 이로 인하여 증언거부권이 사실상 침해당한 것으로 평가할 수 없다면 위증죄가 성립된다.
③ 제3자가 심문절차로 진행되는 가처분신청사건에서 증인으로 출석하여 선서를 하고 허위의 진술을 한 경우 위증죄가 성립한다.
④ 부작위에 의한 위증도 가능하다.

[해설]
① 【O】 대판 1990.5.8. 90도448
② 【O】 전 남편에 대한 도로교통법위반(음주운전)사건의 증인으로 법정에 출석한 전처(前妻)가 증언거부권을 고지받지 않은 채 공소사실을 부인하는 전 남편의 변명에 부합하는 내용을 적극적으로 허위 진술한 사안에서, 증인으로 출석하여 증언한 경위와 그 증언 내용, 증언거부권을 고지받았더라도 그와 같이 증언을 하였을 것이라는 취지의 진술 내용 등을 전체적·종합적으로 고려할 때 선서 전에 재판장으로부터 증언거부권을 고지받지 아니하였다 하더라도 이로 인하여 증언거부권이 사실상 침해당한 것으로 평가할 수는 없으므로 위증죄가 성립한다고 판시함(대판 2010.2.25. 2007도6273).
③ 【X】 그 선서는 법률상 근거가 없어 무효라고 할 것이므로 위증죄는 성립하지 않는다(대판 2003.7.25. 2003도180).
④ 【O】 옳은 설명이다.

[정답] ③

15 형법 제155조의 증거인멸죄 등에 관한 기술로서 옳지 않은 것은?

① 형법 제155조 제1항에서 타인의 형사사건에 관하여 증거를 위조한다 함은 증거자체를 위조함을 말하는 것으로서, 선서무능력자로서 범죄현장을 목격하지도 못한 사람으로 하여금 형사법정에서 범죄현장을 목격한 양 허위의 증언을 하도록 하는 것은 위 조항이 규정하는 증거위조죄를 구성하지 아니한다.
② 증거은닉죄에 있어서 '타인의 형사사건 또는 징계사건'이란 은닉행위시에 아직 수사 또는 징계절차가 개시되기 전이라도 장차 형사 또는 징계사건이 될 수 있는 것까지를 포함한다.
③ 자기의 형사사건에 관한 증거라 하더라도 이를 인멸하기 위하여 타인을 교사하여 죄를 범하게 한 자에 대하여는 증거인멸교사죄가 성립한다.
④ 피고인 자신이 직접 형사처분이나 징계처분을 받게 될 것을 두려워한 나머지 자기의 이익을 위하여 증인이 될 사람을 도피하게 하였는데, 그 행위가 동시에 다른 공범자의 형사사건이나 징계사건에 관한 증인을 도피하게 한 결과가 된다면 형법 제155조의 증인도피죄로 처벌할 수 있다.
⑤ 형사사건의 재심이나 비상상고사건에 관한 증거도 증거인멸죄의 행위의 객체에 포함된다.

해설

① 【 O 】 대판 1998.2.10. 97도2961
② 【 O 】 대판 1982.4.27. 82도274
③ 【 O 】 대판 1965.12.10. 65도826 전합
④ 【 X 】 대판 2003.3.14. 2002도6134

> **유사판례**
> 피고인 자신이 직접 형사처분이나 징계처분을 받게 될 것을 두려워한 나머지 '자기의 이익'을 위하여 그 증거가 될 자료를 인멸하였다면, 그 행위가 동시에 '다른 공범자'의 형사사건이나 징계사건에 관한 증거를 인멸한 결과가 된다고 하더라도 이를 증거인멸죄로 다스릴 수 없고, 이러한 법리는 그 행위가 피고인의 '공범자가 아닌 자'의 형사사건이나 징계사건에 관한 증거를 인멸한 결과가 된다고 하더라도 마찬가지이다(대판 1995.9.29. 94도2608).

✔ 피고인이 자신을 위해 증인을 도피시키거나 증거를 은닉하는 행위는 증인도피죄나 증거은닉죄가 성립하지 않는다. 피고인이 타인으로 하여금 자신을 위해 위증하도록 교사하거나 증거인멸하도록 교사한 경우 피고인의 방어권의 남용을 이유로 위증교사죄, 증거인멸교사죄가 성립하는 것과 구별해야 한다.

⑤ 【 O 】 옳은 설명이다.

정답 ④

16 증거인멸 및 무고의 죄에 대한 설명으로 가장 적절한 것은?

① 자기의 형사사건에 관한 증거를 인멸하기 위하여 타인을 교사하여 죄를 범하게 한 자에 대하여 교사범의 죄책을 부담하게 할 수 없다.
② 피고인 자신이 직접 형사처분이나 징계처분을 받게 될 것을 두려워한 나머지 자기의 이익을 위하여 증인이 될 사람을 도피하게 하였다면, 그 행위가 동시에 다른 공범자의 형사사건이나 징계사건에 관한 증인을 도피하게 한 결과가 된다고 하더라도 이를 증인도피죄로 처벌할 수 없다.
③ 피고인이 고소를 한 목적이 피고소인들을 처벌받도록 하는 데에 있지 아니하고 단지 회사 장부상의 비리를 밝혀 정당한 정산을 구하는 데에 있다면 무고의 범의가 없다.
④ 甲이 경찰서에 "A가 송이의 채취권을 이중으로 양도하여 손해를 입었으니 엄벌하여 달라."는 내용의 고소장을 제출하였다면, 고소사실이 횡령이나 배임죄 기타 형사범죄를 구성하지 않는다고 하더라도 그 신고 내용이 허위라면 무고죄가 성립한다.

해설

① 【 X 】 타인이 타인의 형사사건에 관한 증거를 그 이익을 위하여 인멸하는 행위를 하면 제155조 제1항의 증거인멸죄가 성립되므로, 자기의 형사사건에 관한 증거를 인멸하기 위하여 타인을 교사하여 죄를 범하게 한 자에 대하여도 교사범의 죄책을 부담케 함이 상당할 것이다(대판 1965.12.10. 65도826 전합). 18. 경찰승진
② 【 O 】 대판 2003.3.14. 2002도6134 18. 경찰승진
③ 【 X 】 무고죄에 있어서 형사처분 또는 징계처분을 받게 할 목적은 허위신고를 함에 있어서 다른 사람이 그로 인하여 형사 또는 징계처분을 받게 될 것이라는 인식이 있으면 족한 것이고 그 결과발생을 희망하는 것을 요하는 것은 아닌바, 피고인이 고소장을 수사기관에 제출한 이상 그러한 인식은 있었다 할 것이니 피고인이 고소를 한 목적이 피고소인들을 처벌받도록 하는 데에 있지 아니하고 단지 회사 장부상의 비리를 밝혀 정당한 정산을 구하는 데에 있다 하여 무고의 범의가 없다 할 수 없다(대판 1991.5.10. 90도2601). 18. 경찰승진
④ 【 X 】 "피고소인이 송이의 채취권을 이중으로 양도하여 손해를 입었으니 엄벌하여 달라"는 내용의 고소사실이 횡령죄나 배임죄 기타 형사범죄를 구성하지 않는 내용의 신고에 불과하여 그 신고 내용이 허위라고 하더라도 무고죄가 성립할 수 없다(대판 2007.4.13. 2006도558). 18. 경찰승진

정답 ②

17 위증죄 및 무고죄에 대한 다음 설명 중 가장 적절한 것은?

① 제3자가 심문절차로 진행되는 가처분 신청사건에서 증인으로 출석하여 선서를 하고 진술함에 있어서 허위의 공술을 하였다면 위증죄가 성립한다.
② 자신의 강도상해 범행을 일관되게 부인하였으나 유죄판결이 확정된 피고인이 별건으로 기소된 공범의 형사사건에서 자신의 범행사실을 부인하는 증언을 한 사안에서, 피고인에게 사실대로 진술할 것이라는 기대가능성이 없으므로 위증죄가 성립하지 않는다.
③ 무고죄에 있어 신고한 사실이 객관적 사실에 반하는 허위사실이라는 요건은 신고사실의 진실성을 인정할 수 없다는 소극적 증명만으로 충분하다.
④ 피고인이 변호사인 피해자로 하여금 징계처분을 받게 할 목적으로 서울지방변호사회에 위 변호사회 회장을 수취인으로 하는 허위 내용의 진정서를 제출한 경우 피고인에 대하여는 무고죄가 성립한다.

해설

① 【X】 제3자가 심문절차로 진행되는 '가처분신청사건'에서 증인으로 출석하여 선서를 하고 진술함에 있어서 허위의 공술을 하였다고 하더라도 그 선서는 법률상 근거가 없어 무효라고 할 것이므로 위증죄는 성립하지 않는다(대판 2003.7.25. 2003도180). 16. 경찰
② 【X】 이미 유죄의 확정판결을 받은 피고인은 공범의 형사사건에서 그 범행에 대한 증언을 거부할 수 없을 뿐만 아니라 나아가 사실대로 증언하여야 하고, 설사 피고인이 자신의 형사사건에서 시종일관 그 범행을 부인하였다 하더라도 이러한 사정은 위증죄에 관한 양형참작사유로 볼 수 있음은 별론으로 하고 이를 이유로 피고인에게 사실대로 진술할 것을 기대할 가능성이 없다고 볼 수는 없다(대판 2008.10.23. 2005도10101). 16. 경찰
③ 【X】 무고죄는 신고한 사실이 객관적 진실에 반하는 허위사실이라는 점에 관하여는 적극적인 증명이 있어야 하며, 신고사실의 진실성을 인정할 수 없다는 점만으로 곧 그 신고사실이 객관적 진실에 반하는 허위사실이라고 단정하여 무고죄의 성립을 인정할 수 없다(대판 2014.2.13. 2011도15767). 16. 경찰
④ 【O】 대판 2010.11.25. 2010도10202 16. 경찰

정답 ④

18 위증의 죄 및 무고의 죄에 대한 설명 중 가장 적절하지 않은 것은?

① 「헌법」 제12조 제2항에 정한 불이익 진술의 강요금지 원칙을 구체화한 자기부죄거부특권에 관한 것이거나 기타 증언거부사유가 있음에도 증인이 증언거부권을 고지받지 못함으로 인하여 그 증언거부권을 행사하는 데 사실상 장애가 초래되었다고 볼 수 있는 경우에는 증언거부권자가 위증을 하였을지라도 위증죄가 성립하지 않는다.

② 위증죄를 범한 자가 그 공술한 사건의 재판 또는 징계처분이 확정되기 전에 자백 또는 자수한 때에는 그 형을 감경 또는 면제한다.

③ 무고죄에 있어 신고한 사실이 객관적 사실에 반하는 허위사실이라는 요건은 신고사실의 진실성을 인정할 수 없다는 소극적 증명만으로 충분하다.

④ 피고인이 사립대학교 교수인 甲, 乙로 하여금 징계처분을 받게 할 목적으로 국민권익위원회에서 운영하는 범정부 국민포털인 국민신문고에 민원을 제기한 경우, 무고죄가 성립하지 않는다.

해설

① 【 O 】 재판장이 신문 전에 증인에게 증언거부권을 고지하지 않은 경우에도 당해 사건에서 증언 당시 증인이 처한 구체적인 상황, 증언거부사유의 내용, 증인이 증언거부사유 또는 증언거부권의 존재를 이미 알고 있었는지 여부, 증언거부권을 고지 받았더라도 허위진술을 하였을 것이라고 볼 만한 정황이 있는지 등을 전체적·종합적으로 고려하여 증인이 침묵하지 아니하고 진술한 것이 자신의 진정한 의사에 의한 것인지 여부를 기준으로 위증죄의 성립 여부를 판단하여야 한다. 그러므로 헌법 제12조 제2항에 정한 불이익 진술의 강요금지 원칙을 구체화한 자기부죄거부특권에 관한 것이거나 기타 증언거부사유가 있음에도 증인이 증언거부권을 고지받지 못함으로 인하여 그 증언거부권을 행사하는 데 사실상 장애가 초래되었다고 볼 수 있는 경우에는 위증죄의 성립을 부정하여야 할 것이다(대판 2010.1.21. 2008도942). 18. 경찰

② 【 O 】 형법 제153조 18. 경찰

③ 【 X 】 무고죄는 타인으로 하여금 형사처분이나 징계처분을 받게 할 목적으로 신고한 사실이 객관적 진실에 반하는 허위사실인 경우에 성립되는 범죄이므로 신고한 사실이 객관적 진실에 반하는 허위사실이라는 점에 관하여는 적극적인 증명이 있어야 하며, 신고사실의 진실성을 인정할 수 없다는 점만으로 곧 그 신고사실이 객관적 진실에 반하는 허위사실이라고 단정하여 무고죄의 성립을 인정할 수는 없고, 이는 수표금액의 지급 또는 거래정지처분을 면할 목적으로 금융기관에 거짓 신고를 하는 경우에 성립하는 부정수표 단속법 제4조 위반죄에서도 마찬가지이다(대판 2014.2.13. 2011도15767). 18. 경찰

④ 【 O 】 피고인이 사립대학교 교수인 피해자들로 하여금 징계처분을 받게 할 목적으로 국민권익위원회에서 운영하는 범정부 국민포털인 국민신문고에 민원을 제기한 사안에서, 피해자들은 사립학교 교원이므로 피고인의 행위가 무고죄에 해당하지 않음에도, 이와 달리 보아 유죄를 인정한 원심판결에 무고죄의 '징계처분'에 관한 법리를 오해한 잘못이 있다고 한 사례(대판 2014.7.24. 2014도6377). 18. 경찰

정답 ③

19 다음 설명 중 가장 적절하지 않은 것은?

① 신고자가 그 신고내용을 허위라고 믿었다 하더라도 그것이 객관적으로 진실한 사실에 부합할 때에는 허위사실의 신고에 해당하지 않아 무고죄는 성립하지 않는다.
② 범인이 자신을 위하여 타인으로 하여금 허위의 자백을 하게 하여 범인도피죄를 범하게 하는 행위는 방어권의 남용으로 범인도피교사죄에 해당한다.
③ 모해위증죄를 범한 자가 그 공술한 사건의 재판 또는 징계처분이 확정되기 전에 자백 또는 자수한 때에는 그 형을 감경 또는 면제할 수 있다.
④ 범인 아닌 자가 수사기관에서 범인임을 자처하고 허위사실을 진술하여 진범의 체포와 발견에 지장을 초래하게 한 행위는 범인은닉·도피죄에 해당한다.

해설

① 【 O 】 대판 1991.10.11, 91도1950 ✓ **객관설** 19. 경찰
② 【 O 】 범인이 자신을 위하여 타인으로 하여금 **허위의 자백**을 하게 하여 범인도피죄를 범하게 하는 행위는 방어권의 남용으로 범인도피교사죄에 해당한다(대판 2000.3.24, 2000도20). 19. 경찰
③ 【 X 】 **제153조(자백, 자수)** 전조의 죄(위증, 모해위증)를 범한 자가 그 공술한 사건의 재판 또는 징계처분이 확정되기 전에 자백 또는 자수한 때에는 그 **형을 감경 또는 면제한다**. 19. 경찰
④ 【 O 】 범인 아닌 자가 수사기관에서 **범인임을 자처**하고 허위사실을 진술하여 진범의 체포와 발견에 지장을 초래하게 한 행위는 범인은닉죄에 해당한다(대판 1996.6.14, 96도1016). 19. 경찰

정답 ③

20 다음 설명 중 옳지 않은 것은?

① 자기의 형사사건에 관한 증거를 인멸하도록 타인에게 부탁하여 죄를 범하게 한 경우에는 증거인멸교사죄가 성립한다.
② 자기를 위하여 타인으로 하여금 허위의 자백을 하게 하여 범인도피죄를 범하게 한 경우에는 범인도피교사죄가 성립한다.
③ 증인될 자를 자기를 위하여 도피하게 한 것이 다른 공범자의 증인을 도피하게 하는 결과가 된 경우에는 증인도피죄가 성립한다.
④ 자기의 형사사건에 관하여 타인에게 부탁하여 위증하게 한 경우에는 위증교사죄가 성립한다.

> 해설

① 【 O 】 자기의 형사 사건에 관한 증거를 인멸하기 위하여 타인을 교사하여 죄를 범하게 한 자에 대하여는 증거인멸교사죄가 성립한다(대판 2000.3.24. 99도5275). 19. 국가직

② 【 O 】 [1] 범인이 자신을 위하여 타인으로 하여금 허위의 자백을 하게 하여 범인도피죄를 범하게 하는 행위는 **방어권의 남용으로** 범인도피교사죄에 해당하는바, 이 경우 그 타인이 형법 제151조 제2항에 의하여 처벌을 받지 아니하는 친족, 호주 또는 동거 가족에 해당한다 하여 달리 볼 것은 아니다.
[2] 무면허 운전으로 사고를 낸 사람이 동생을 경찰서에 대신 출두시켜 피의자로 조사받도록 한 행위는 범인도피교사죄를 구성한다(대판 2006.12.7. 2005도3707). 19. 국가직

③ 【 X 】 형법 제155조 제2항 소정의 증인도피죄는 타인의 형사사건 또는 징계사건에 관한 증인을 은닉·도피하게 한 경우에 성립하는 것으로서, 피고인 자신이 직접 형사처분이나 징계처분을 받게 될 것을 두려워한 나머지 자기의 이익을 위하여 증인이 될 사람을 도피하게 하였다면, 그 **행위가 동시에** 다른 공범자의 형사사건이나 징계사건에 관한 증인을 도피하게 한 결과가 된다고 하더라도 이를 증인도피죄로 처벌할 수 없다(대판 2003.3.14. 2002도6134). 19. 국가직

④ 【 O 】 피고인이 자기의 형사사건에 관하여 허위의 진술을 하는 행위는 피고인의 형사소송에 있어서의 방어권을 인정하는 취지에서 처벌의 대상이 되지 않으나, 법률에 의하여 선서한 증인이 타인의 형사사건에 관하여 위증을 하면 형법 제152조 제1항의 위증죄가 성립되므로 자기의 형사사건에 관하여 타인을 교사하여 위증죄를 범하게 하는 것은 이러한 **방어권을 남용하는** 것이라고 할 것이어서 교사범의 죄책을 부담케 함이 상당하다(대판 2004.1.27. 2003도5114). 19. 국가직

> 정답 ③

21   위증과 무고의 죄에 대한 설명 중 가장 적절한 것은?

① 유죄판결이 확정된 피고인이 별건으로 기소된 공범의 형사사건에서 자신의 범행사실을 부인하는 증언을 한 경우 피고인에게 사실대로 진술할 것이라는 기대가능성이 없으므로 위증죄가 성립하지 않는다.
② 별도의 증인신청 및 채택 절차를 거쳐 그 증인이 다시 신문을 받는 과정에서 종전 신문절차에서 한 허위의 진술을 철회 시정한 경우 위증죄가 성립하지 아니한다.
③ 상대방의 범행에 공범으로 가담한 자가 자신의 범죄 가담사실을 숨기고 상대방인 공범자만을 고소하였다면 무고죄가 성립한다.
④ 위증죄에 있어서 형의 감면 규정은 재판 확정전의 자백을 형의 필요적 감면사유로 한다는 것이고, 자발적인 고백은 물론 법원이나 수사기관의 심문에 의한 고백도 위 자백의 개념에 포함된다.

해설

① 【X】 자신의 강도상해 범행을 일관되게 부인하였으나 유죄판결이 확정된 피고인이 별건으로 기소된 공범의 형사사건에서 자신의 범행사실을 부인하는 증언을 한 사안에서, 피고인에게 사실대로 진술할 것이라는 기대가능성이 있으므로 위증죄가 성립한다(대판 2008.10.23. 2005도10101). 20. 경찰승진

② 【X】 증인의 증언은 그 전부를 일체로 관찰·판단하는 것이므로 선서한 증인이 일단 기억에 반하는 허위의 진술을 하였더라도 그 신문이 끝나기 전에 그 진술을 철회·시정한 경우 위증이 되지 아니한다고 할 것이나, 증인이 1회 또는 수회의 기일에 걸쳐 이루어진 1개의 증인신문절차에서 허위의 진술을 하고 그 진술이 철회·시정된 바 없이 그대로 증인신문절차가 종료된 경우 그로써 위증죄는 기수에 달하고, 그 후 별도의 증인 신청 및 채택 절차를 거쳐 그 증인이 다시 신문을 받는 과정에서 종전 신문절차에서의 진술을 철회·시정한다 하더라도 그러한 사정은 형법 제153조가 정한 형의 감면사유에 해당할 수 있을 뿐, 이미 종결된 종전 증인신문절차에서 행한 위증죄의 성립에 어떤 영향을 주는 것은 아니다. 위와 같은 법리는 증인이 별도의 증인신문절차에서 새로이 선서를 한 경우뿐만 아니라 종전 증인신문절차에서 한 선서의 효력이 유지됨을 고지받고 진술한 경우에도 마찬가지로 적용된다(대판 2010.9.30. 2010도7525). 20. 경찰승진

③ 【X】 피고인 자신이 상대방의 범행에 공범으로 가담하였음에도 자신의 가담사실을 숨기고 상대방만을 고소한 경우, 피고인의 고소내용이 상대방의 범행 부분에 관한 한 진실에 부합하므로 이를 허위의 사실로 볼 수 없고, 상대방의 범행에 피고인이 공범으로 가담한 사실을 숨겼다고 하여도 그것이 상대방에 대한 관계에서 독립하여 형사처분 등의 대상이 되지 아니할뿐더러 전체적으로 보아 상대방의 범죄사실의 성립 여부에 직접 영향을 줄 정도에 이르지 아니하는 내용에 관계되는 것이므로 무고죄가 성립하지 않는다(대판 2008.8.21. 2008도3754). 20. 경찰승진

④ 【O】 형법 제153조 소정의 위증죄를 범한자가 자백, 자수를 한 경우의 형의 감면규정은 재판 확정전의 자백을 형의 필요적 감경 또는 면제사유로 한다는 것이며, 또 위 자백의 절차에 관하여는 아무런 제한이 없으므로 그가 공술한 사건을 다루는 기관에 대한 자발적인 고백은 물론, 위증사건의 피고인 또는 피의자로서 법원이나 수사기관의 심문에 의한 고백도 위 자백의 개념에 포함된다(대판 1973.11.27. 73도1639). 20. 경찰승진

정답 ④

제5절 무고의 죄

● 지문의 내용에 대해 학설의 대립 등 다툼이 있는 경우 판례에 의함

01 무고죄에 관한 설명으로 옳지 않은 것을 모두 고른 것은?

> ㉠ 무고죄에 있어 타인은 자연인은 물론 법인도 포함하므로 특정되지 않은 이름을 알 수 없는 사람(성명불상자)에 대한 무고죄는 성립한다.
> ㉡ 성폭행 등의 피해를 입었다는 신고사실에 관하여 불기소처분 내지 무죄판결이 내려졌다고 하여, 그 자체를 무고를 하였다는 적극적인 근거로 삼아 신고내용을 허위라고 단정하여서는 아니 된다.
> ㉢ 신고자가 알고 있는 객관적인 사실관계에 의하더라도 신고 사실이 허위라거나 또는 허위일 가능성이 있다는 인식을 하지 못하였다면 무고의 고의를 부정할 수 있다.
> ㉣ 공동피고인 중 1인이 타범죄로 조사를 받는 과정에서 사법경찰관의 신문에 따라 다른 공동피고인의 범죄사실을 진술한 경우에 위 진술내용이 허위라면 이는 무고에 해당한다.

① ㉠, ㉢ ② ㉠, ㉣ ③ ㉡, ㉢ ④ ㉢, ㉣

해설

㉠ 【 X 】 특정되지 않은 성명불상자에 대한 무고죄는 성립하지 않는다. 공무원에게 무익한 수고를 끼치는 일은 있어도 심판 자체를 그르치게 할 염려가 없으며 피무고자를 해할 수도 없기 때문이다(대판 2009.9.10. 2009도5073). 24. 경찰승진

㉡ 【 O 】 피해자임을 주장하는 자가 성폭행 등의 피해를 입었다고 신고한 사실에 대하여 증거불충분 등을 이유로 불기소처분되거나 무죄판결이 선고된 경우 반대로 이러한 신고내용이 객관적 사실에 반하여 무고죄가 성립하는지 여부를 판단할 때에도 마찬가지로 고려되어야 한다. 따라서 성폭행 등의 피해를 입었다는 신고사실에 관하여 불기소처분 내지 무죄판결이 내려졌다고 하여, 그 자체를 무고를 하였다는 적극적인 근거로 삼아 신고내용을 허위라고 단정하여서는 아니 됨은 물론, 개별적, 구체적인 사건에서 피해자임을 주장하는 자가 처하였던 특별한 사정을 충분히 고려하지 아니한 채 진정한 피해자라면 마땅히 이렇게 하였을 것이라는 기준을 내세워 성폭행 등의 피해를 입었다는 점 및 신고에 이르게 된 경위 등에 관한 변소를 쉽게 배척하여서는 아니 된다(대판 2019.7.11. 2018도2614). 24. 경찰승진

㉢ 【 O 】 무고죄에 있어서 허위사실의 신고라 함은 신고사실이 객관적 사실에 반한다는 것을 확정적이거나 미필적으로 인식하고 신고하는 것을 말하는 것이므로 객관적 사실과 일치하지 않는 것이라도 신고자가 진실이라고 확신하고 신고하였을 때에는 무고죄가 성립하지 않는다고 할 것이나, 여기에서 진실이라고 확신한다 함은 신고자가 알고 있는 객관적인 사실관계에 의하더라도 신고사실이 허위라거나 또는 허위일 가능성이 있다는 인식을 하지 못하는 경우를 말하는 것이지, 신고자가 알고 있는 객관적 사실관계에 의하여 신고사실이 허위라거나 허위일 가능성이 있다는 인식을 하면서도 이를 무시한 채 무조건 자신의 주장이 옳다고 생각하는 경우까지 포함되는 것은 아니다(대판 2006.9.22. 2006도4255). 24. 경찰승진

㉣ 【 X 】 공동피고인중 1인이 타범죄로 조사를 받는 과정에서 사법경찰관 및 검사의 심문에 따라 다른 공동피고인의 범죄사실을 진술한 경우라면 가사 위 진술내용이 허위라 하더라도 이를 무고라고는 할 수 없다(대판 1985.7.26. 85모14). 24. 경찰승진

정답 ②

02 위증 및 무고의 죄에 관한 설명으로 옳은 것을 모두 고른것은?

㉠ 헌법 제12조 제2항에 정한 불이익 진술의 강요금지 원칙을 구체화한 자기부죄거부특권에 관한 것이거나 기타 증언거부사유가 있음에도 증인이 증언거부권을 고지받지 못함으로 인하여 그 증언거부권을 행사하는 데 사실상 장애가 초래되었다고 볼 수 있는 경우에는 위증죄의 성립을 부정하여야 할 것이다.
㉡ 무고죄에 있어서 '허위의 사실'이라 함은 그 신고된 사실로 인하여 상대방이 형사처분이나 징계처분 등을 받게 될 위험이 있는 것이어야 하고, 독립하여 형사처분 등의 대상이 되지 아니하고 단지 신고사실의 정황을 과장하는 데 불과하거나 전체적으로 보아 범죄사실의 성립 여부에 직접 영향을 줄 정도에 이르지 아니하는 내용에 관계되는 것이라면 무고죄가 성립하지 아니한다.
㉢ 「형법」 제153조 소정의 위증죄를 범한 자가 자백, 자수를 한 경우의 형의 감면규정은 재판 확정 전의 자백을 형의 필요적 감경 또는 면제사유로 한다는 것이며, 또 위 자백의 절차에 관하여는 공술한 사건을 다루는 기관에 대한 자발적인 고백은 포함되나, 위증 사건의 피고인 또는 피의자로서 법원이나 수사기관의 신문에 의한 고백은 위 자백의 개념에 포함되지 않는다.
㉣ 고소인이 고소장을 접수하더라도 수사기관의 고소인 출석 요구에 응하지 않음으로써 그 단계에서 수사중지를 의도하고 있었고, 더 나아가 피고소인들에 대한 출석요구와 피의자신문 등의 수사권까지 발동될 것은 의욕하지 않았다고 하더라도 고소장을 수사기관에 제출한 이상 무고죄는 성립한다.

① ㉠, ㉡ ② ㉠, ㉡, ㉣ ③ ㉠, ㉢, ㉣ ④ ㉡, ㉢, ㉣

해설

㉠ 【O】 헌법 제12조 제2항에 정한 불이익 진술의 강요금지 원칙을 구체화한 자기부죄거부특권에 관한 것이거나 기타 증언거부사유가 있음에도 증인이 증언거부권을 고지받지 못함으로 인하여 그 증언거부권을 행사하는 데 사실상 장애가 초래되었다고 볼 수 있는 경우에는 위증죄의 성립을 부정하여야 할 것이다(대판 2010.1.21. 2008도942). 24. 경찰
㉡ 【O】 대판 1994.1.11. 93도2995 24. 경찰
㉢ 【X】 형법 제153조 소정의 위증죄를 범한자가 자백, 자수를 한 경우의 형의 감면규정은 재판 확정전의 자백을 형의 필요적 감경 또는 면제사유로 한다는 것이며, 또 위 자백의 절차에 관하여는 아무런 제한이 없으므로 그가 공술한 사건을 다루는 기관에 대한 자발적인 고백은 물론, 위증사건의 피고인 또는 피의자로서 법원이나 수사기관의 심문에 의한 고백도 위 자백의 개념에 포함된다(대판 1973.11.27. 73도1639). 24. 경찰
㉣ 【O】 무고죄는 국가의 형사사법권 또는 징계권의 적정한 행사를 주된 보호법익으로 하고 다만, 개인의 부당하게 처벌 또는 징계받지 아니할 이익을 부수적으로 보호하는 죄로서, 무고죄에 있어서 형사처분 또는 징계처분을 받게 할 목적은 허위신고를 함에 있어서 다른 사람이 그로 인하여 형사 또는 징계처분을 받게 될 것이라는 인식이 있으면 족하고 그 결과발생을 희망하는 것까지를 요하는 것은 아니므로 고소인이 고소장을 수사기관에 제출한 이상 그러한 인식은 있었다고 보아야 한다(대판 2005.9.30. 2005도2712). 24. 경찰

정답 ②

03 무고죄에 관한 설명으로 가장 적절하지 않은 것은?

① 객관적으로 고소사실에 대한 공소시효가 완성되었더라도 고소를 제기하면서 마치 공소시효가 완성되지 아니한 것처럼 고소한 경우에는 국가기관의 직무를 그르칠 염려가 있으므로 무고죄를 구성한다.
② 허위로 신고한 사실이 무고행위 당시 형사처분의 대상이 될 수 있었던 경우에는 무고죄가 기수에 이르고, 이후 그러한 사실이 형사범죄가 되지 않는 것으로 판례가 변경되었더라도 특별한 사정이 없는 한 이미 성립한 무고죄에는 영향을 미치지 않는다.
③ 무고죄에 있어서 허위사실의 신고라 함은 신고사실이 객관적 사실에 반한다는 것을 확정적이나 미필적으로 인식하고 신고하는 것을 말하는 것으로서, 설령 고소사실이 객관적 사실에 반하는 허위의 것이라 할지라도 그 허위성에 대한 인식이 없을 때에는 무고에 대한 고의가 없다.
④ 「형법」제157조, 제153조는 무고죄를 범한 자가 그 신고한 사건의 재판 또는 징계처분이 확정되기 전에 자백 또는 자수한 때에는 그 형을 감경 또는 면제하도록 정하고 있는바,「형법」제153조에서 정한 '재판이 확정되기 전'이라 함은 피고소인에 대한 공소 제기 또는 재판절차가 개시되는 것을 전제로 하며, 피고소인에 대해서 불기소결정이 내려진 경우는 포함되지 않는다.

해설

① 【 O 】 객관적으로 고소사실에 대한 공소시효가 완성되었더라도 고소를 제기하면서 마치 공소시효가 완성되지 아니한 것처럼 고소한 경우에는 국가기관의 직무를 그르칠 염려가 있으므로 무고죄를 구성한다(대판 1995.12.5. 95도1908). 25. 경찰
② 【 O 】 허위로 신고한 사실이 무고행위 당시 형사처분의 대상이 될 수 있었던 경우에는 국가의 형사사법권의 적정한 행사를 그르치게 할 위험과 부당하게 처벌받지 않을 개인의 법적 안정성이 침해될 위험이 이미 발생하였으므로 무고죄는 기수에 이르고, 이후 그러한 사실이 형사범죄가 되지 않는 것으로 판례가 변경되었더라도 특별한 사정이 없는 한 이미 성립한 무고죄에는 영향을 미치지 않는다(대판 2017.5.30. 2015도15398). 25. 경찰
③ 【 O 】 무고죄는 타인으로 하여금 형사처분 또는 징계처분을 받게 할 목적으로 공무소 또는 공무원에 대하여 허위의 사실을 신고하는 때에 성립하는 것인데, 여기에서 허위사실의 신고라 함은 신고사실이 객관적 사실에 반한다는 것을 확정적이거나 미필적으로 인식하고 신고하는 것을 말하는 것으로서, 설령 고소사실이 객관적 사실에 반하는 허위의 것이라 할지라도 그 허위성에 대한 인식이 없을 때에는 무고에 대한 고의가 없다 할 것이고, 고소내용이 터무니없는 허위사실이 아니고 사실에 기초하여 그 정황을 다소 과장한 데 지나지 아니한 경우에는 무고죄가 성립하지 아니한다(대판 2003.1.24. 2002도5939). 25. 경찰
④ 【 X 】 [1] 형법 제157조, 제153조는 무고죄를 범한 자가 그 신고한 사건의 재판 또는 징계처분이 확정되기 전에 자백 또는 자수한 때에는 그 형을 감경 또는 면제한다고 하여 이러한 재판확정 전의 자백을 필요적 감경 또는 면제사유로 정하고 있다. 위와 같은 자백의 절차에 관해서는 아무런 법령상의 제한이 없으므로 그가 신고한 사건을 다루는 기관에 대한 고백이나 그 사건을 다루는 재판부에 증인으로 다시 출석하여 전에 그가 한 신고가 허위의 사실이었음을 고백하는 것은 물론 무고 사건의 피고인 또는 피의자로서 법원이나 수사기관에서의 신문에 의한 고백 또한 자백의 개념에 포함된다.
[2] 형법 제153조에서 정한 '재판이 확정되기 전'에는 피고인의 고소사건 수사 결과 피고인의 무고 혐의가 밝혀져 피고인에 대한 공소가 제기되고 피고소인에 대해서는 불기소결정이 내려져 재판절차가 개시되지 않은 경우도 포함된다(대판 2018.8.1. 2018도7293). 25. 경찰

정답 ④

04 무고죄에 관한 설명으로 옳지 않은 것을 모두 고른 것은?

㉠ 자기 자신을 무고하기로 제3자와 공모하고 이에 따라 무고 행위에 가담한 경우 무고죄의 공동정범으로 처벌할 수 없다.
㉡ 신고사실의 일부에 허위의 사실이 포함되어 있다고 하더라도 그 허위부분이 범죄의 성부에 영향을 미치는 중요한 부분이 아니고 단지 신고한 사실을 과장한 것에 불과한 경우에는 무고죄에 해당하지 아니하지만, 그 일부 허위인 사실이 국가의 심판작용을 그르치거나 부당하게 처벌을 받지 아니할 개인의 법적 안정성을 침해할 우려가 있을 정도로 고소사실 전체의 성질을 변경시키는 때에는 무고죄가 성립될 수 있다.
㉢ 신고자가 진실이라고 확신하고 신고하였을 때에는 무고죄가 성립하지 않는다고 할 것이고, '진실이라고 확신한다' 함에는 신고자가 알고 있는 객관적 사실관계에 의하여 신고사실이 허위라거나 허위일 가능성이 있다는 인식을 하면서도 이를 무시한 채 무조건 자신의 주장이 옳다고 생각하는 경우까지 포함되는 것은 아니다.
㉣ 무고죄에 있어서의 신고는 자발적인 것이어야 하고 수사기관 등의 추문에 대하여 허위의 진술을 하는 것은 무고죄를 구성하지 않는 것이므로, 당초 고소장에 기재하지 않은 사실을 수사기관에서 고소보충조서를 받을 때 자진하여 진술하였다 하더라도 이 진술 부분까지 신고한 것으로 볼 수는 없다.
㉤ 타인에게 형사처분을 받게 할 목적으로 '허위의 사실'을 신고한 행위가 무고죄를 구성하기 위해서는 신고된 사실 자체가 형사처분의 대상이 될 수 있어야 하므로, 허위로 신고한 사실이 신고 당시에는 형사처분의 대상이 될 수 있었으나 이후 그러한 사실이 형사처분의 대상이 되지 않는 것으로 대법원 판례가 변경된 경우 무고죄는 성립하지 않는다.

① ㉠, ㉡   ② ㉡, ㉢   ③ ㉢, ㉣   ④ ㉣, ㉤

해설

㉠ 【O】 형법 제156조에서 정한 무고죄는 타인으로 하여금 형사처분 또는 징계처분을 받게 할 목적으로 허위의 사실을 신고하는 것을 구성요건으로 하는 범죄이다. 자기 자신으로 하여금 형사처분 또는 징계처분을 받게 할 목적으로 허위의 사실을 신고하는 행위, 즉 자기 자신을 무고하는 행위는 무고죄의 구성요건에 해당하지 않아 무고죄가 성립하지 않는다. 따라서 자기 자신을 무고하기로 제3자와 공모하고 이에 따라 무고행위에 가담하였더라도 이는 자기 자신에게는 무고죄의 구성요건에 해당하지 않아 범죄가 성립할 수 없는 행위를 실현하고자 한 것에 지나지 않아 무고죄의 공동정범으로 처벌할 수 없다(대판 2017.4.26. 2013도12592). 22. 경찰

㉡ 【O】 무고죄는 타인으로 하여금 형사처분 또는 징계처분을 받게 할 목적으로 공무소 또는 공무원에 대하여 허위의 사실을 신고하는 때에 성립하는 것으로, 여기에서 허위사실의 신고라 함은 신고사실이 객관적 사실에 반한다는 것을 확정적이거나 미필적으로 인식하고 신고하는 것을 말하는 것이므로, 신고사실의 일부에 허위의 사실이 포함되어 있다고 하더라도 그 허위 부분이 범죄의 성부에 영향을 미치는 중요한 부분이 아니고, 단지 신고한 사실을 과장한 것에 불과한 경우에는 무고죄에 해당하지 아니하지만, 그 일부 허위인 사실이 국가의 심판작용을 그르치거나 부당하게 처벌을 받지 아니할 개인의 법적 안정성을 침해할 우려가 있을 정도로 고소사실 전체의 성질을 변경시키는 때에는 무고죄가 성립될 수 있다고 할 것이다(대판 2010.4.29. 2010도2745). 22. 경찰

㉢ 【O】 무고죄에 있어서 허위사실의 신고라 함은 신고사실이 객관적 사실에 반한다는 것을 확정적이거나 미필적으로 인식하고 신고하는 것을 말하는 것이므로 객관적 사실과 일치하지 않는 것이라도 신고자가 진실이라고 확신하고 신고하였을 때에는 무고죄가 성립하지 않는다고 할 것이나, 여기에서 진실이라고 확신한다 함은 신고자가 알고 있는 객관적인 사실관계에 의하더라도 신고사실이 허위라거나 또는 허위일 가능성이 있다는 인식을 하지 못하는 경우를 말하는 것이지, 신고자가 알고 있는 객관적 사실관계에 의하여 신고사실이 허위라거나 허위일 가능성이 있다는 인식을 하면서도 이를 무시한 채 무조건 자신의 주장이 옳다고 생각하는 경우까지 포함되는 것은 아니다(대판 2006.9.22. 2006도4255). 22. 경찰

② 【 X 】 무고죄에 있어서의 신고는 자발적인 것이어야 하고 수사기관 등의 추문에 대하여 허위의 진술을 하는 것은 무고죄를 구성하지 않는 것이지만, 당초 고소장에 기재하지 않은 사실을 수사기관에서 고소보충조서를 받을 때 자진하여 진술하였다면 이 진술부분까지 신고한 것으로 보아야 한다(대판 1996.2.9. 95도2652). 22. 경찰

⑩ 【 X 】 타인에게 형사처분을 받게 할 목적으로 '허위의 사실'을 신고한 행위가 무고죄를 구성하기 위해서는 신고된 사실 자체가 형사처분의 대상이 될 수 있어야 하므로, 가령 허위의 사실을 신고하였더라도 신고 당시 그 사실 자체가 형사범죄를 구성하지 않으면 무고죄는 성립하지 않는다. 그러나 허위로 신고한 사실이 무고행위 당시 형사처분의 대상이 될 수 있었던 경우에는 국가의 형사사법권의 적정한 행사를 그르치게 할 위험과 부당하게 처벌받지 않을 개인의 법적 안정성이 침해될 위험이 이미 발생하였으므로 무고죄는 기수에 이르고, 이후 그러한 사실이 형사범죄가 되지 않는 것으로 판례가 변경되었더라도 특별한 사정이 없는 한 이미 성립한 무고죄에는 영향을 미치지 않는다(대판 2017.5.30. 2015도15398). 22. 경찰

정답 ④

05 무고죄에 관한 다음 설명 중 옳지 않은 것은 모두 몇 개인가?

> ㉠ 위법성조각사유가 있음을 알면서도 이를 숨기고 범죄가 되는 사실만 신고한 때에는 허위의 사실을 신고한 때에 해당한다.
> ㉡ 허위사실의 적시정도는 수사기관·감독기관에 대해 수사권, 징계권의 발동을 촉구할 수 있을 정도를 넘어서 구체적으로 명시하거나 법률적 평가까지 기재하여야 한다.
> ㉢ 신고한 사실이 객관적 진실에 반하는 허위사실이라는 점에 관하여는 적극적 증명이 없더라도 신고사실의 진실성을 인정할 수 없다면 무고죄의 성립을 인정할 수 있다.
> ㉣ 금원을 대여한 甲은 차용금을 갚지 않은 乙을 '乙이 변제의사와 능력도 없이 차용금 명목으로 돈을 편취하였으니 사기죄로 처벌해달라'는 내용으로 고소하면서 대여금의 용도에 관하여 '도박자금'으로 빌려준 사실을 감추고 '내비게이션 구입에 필요한 자금'이라고 허위 기재한 경우 무고죄가 성립한다.

① 1개 ② 2개 ③ 3개 ④ 4개

㉠ 【 O 】 대판 1998.3.24. 97도2956 18. 경찰간부

㉡ 【 X 】 <u>무고죄에 있어서 허위사실 적시의 정도는 수사관서 또는 감독관서에 대하여 **수사권 또는 징계권의 발동을 촉구하는 정도의 것이면 충분하고** 반드시 범죄구성요건 사실이나 징계요건 사실을 구체적으로 명시하여야 하는 것은 아니다</u>(대판 2006.5.25. 2005도4642). 18. 경찰간부

㉢ 【 X 】 무고죄는 타인으로 하여금 형사처분이나 징계처분을 받게 할 목적으로 신고한 사실이 객관적 진실에 반하는 허위사실인 경우에 성립되는 범죄이므로 <u>신고한 사실이 객관적 사실에 반하는 허위사실이라는 요건은 **적극적인 증명**이 있어야 하며, 신고사실의 진실성을 인정할 수 없다는 소극적 증명만으로 곧 그 신고사실이 객관적 진실에 반하는 허위사실이라고 단정하여 무고죄의 성립을 인정할 수는 없다</u>(대판 2006.5.25. 2005도4642). 18. 경찰간부

㉣ 【 X 】 금원을 대여한 고소인이 차용금을 갚지 않은 차용인을 사기죄로 고소하는 데 있어서, ⅰ) <u>피고소인이 **차용금의 용도를** 사실대로 이야기하였더라면 금원을 대여하지 않았을 것인데 차용금의 용도를 속이는 바람에 대여하였다고 주장하는 사안이라면, 차용금의 실제 용도는 사기죄의 성립 여부에 영향을 미치는 것으로서 고소사실의 중요한 부분이 되고 따라서 실제 용도에 관하여 고소인이 허위로 신고할 경우에는 그것만으로도 무고죄에서 허위의 사실을 신고한 경우에 해당한다고 할 수 있다.</u> ⅱ) 그러나 단순히 차용인이 변제의사와 능력의 유무에 관하여 기망하였다는 내용으로 고소한 경우에는, 차용금의 용도와 무관하게 다른 자료만으로도 충분히 차용인의 변제의사나 능력의 유무에 관한 기망사실을 인정할 수 있는 경우도 있을 것이므로, 차용금의 실제 용도에 관하여 사실과 달리 신고하였다는 것만으로는 범죄사실의 성립 여부에 영향을 줄 정도의 중요한 부분을 허위로 신고하였다고 할 수 없다. 이와 같은 법리는 고소인이 차용사기로 고소할 때 묵비하거나 사실과 달리 신고한 차용금의 실제 용도가 도박자금이었더라도 달리 볼 것은 아니다(대판 2011.9.8. 2011도3489). 18. 경찰간부

정답 ③

06 무고죄에 관한 다음 설명 중 옳은 것은 몇 개인가?

> ㉠ 무고죄는 부수적으로 개인이 부당하게 처벌받거나 징계를 받지 않을 이익도 보호하지만, 국가의 형사사법권 또는 징계권의 적정한 행사를 주된 보호법익으로 한다.
> ㉡ 허위의 사실을 신고하였더라도 신고 당시 그 사실 자체가 형사범죄를 구성하지 않으면 무고죄는 성립하지 않는다.
> ㉢ 허위로 신고한 사실이 무고행위 당시 형사처분의 대상이 될 수 있었던 경우라면, 이후 그러한 사실이 형사범죄가 되지 않는 것으로 판례가 변경되었더라도 특별한 사정이 없는 한 이미 성립한 무고죄에는 영향을 미치지 않는다.
> ㉣ 甲이 자기 자신을 무고하기로 乙·丙과 공모하고 이에 따라 무고행위에 가담하였더라도 甲을 무고죄의 공동정범으로 처벌할 수 없다.

① 1개 ② 2개 ③ 3개 ④ 4개

해설

㉠ 【O】 무고죄는 국가의 형사사법권 또는 징계권의 적정한 행사를 주된 보호법익으로 하고 다만, 개인의 부당하게 처벌 또는 징계받지 아니할 이익을 부수적으로 보호하는 죄이므로, 설사 무고에 있어서 피무고자의 승낙이 있었다고 하더라도 무고죄의 성립에는 영향을 미치지 못한다 할 것이다(대판 2005.9.30. 2005도2712). 17. 경찰간부

㉡ 【O】 타인에게 형사처분을 받게 할 목적으로 "허위의 사실"을 신고한 행위가 무고죄를 구성하기 위하여는 신고된 사실 자체가 형사처분의 원인이 될 수 있어야 할 것이어서, 가령 허위의 사실을 신고하였다 하더라도 그 사실 자체가 형사범죄로 구성되지 아니한다면 무고죄는 성립하지 아니한다(대판 2017.5.30. 2015도15398). 17. 경찰간부

㉢ 【O】 허위로 신고한 사실이 무고행위 당시 형사처분의 대상이 될 수 있었던 경우에는 국가의 형사사법권의 적정한 행사를 그르치게 할 위험과 부당하게 처벌받지 않을 개인의 법적 안정성이 침해될 위험이 이미 발생하였으므로 무고죄는 기수에 이르고, 이후 그러한 사실이 형사범죄가 되지 않는 것으로 판례가 변경되었더라도 특별한 사정이 없는 한 이미 성립한 무고죄에는 영향을 미치지 않는다(대판 2017.5.30. 2015도15398). 17. 경찰간부

㉣ 【O】 자기 자신으로 하여금 형사처분 또는 징계처분을 받게 할 목적으로 허위의 사실을 신고하는 행위, 즉 자기 자신을 무고하는 행위는 무고죄의 구성요건에 해당하지 않아 무고죄가 성립하지 않는다. 따라서 자기 자신을 무고하기로 제3자와 공모하고 이에 따라 무고행위에 가담하였더라도 이는 자기 자신에게는 무고죄의 구성요건에 해당하지 않아 범죄가 성립할 수 없는 행위를 실현하고자 한 것에 지나지 않아 무고죄의 공동정범으로 처벌할 수 없다(대판 2017.4.26. 2013도12592). 17. 경찰간부

정답 ④

07 무고죄에 대한 설명으로 가장 적절하지 않은 것은?

① 무고죄에서의 무고는 '타인으로 하여금 형사처분 또는 징계처분'을 받게 할 목적으로 허위의 사실을 신고하는 행위를 말하며 이때 '징계처분'에는 변호사에 대한 징계처분도 포함된다.
② 피무고자의 승낙을 받아 허위사실을 기재한 고소장을 제출하였다면 피무고자에 대한 형사처분이라는 결과발생을 의욕하지 않았더라도 그러한 결과발생에 대한 미필적 인식은 있었으므로 무고죄가 인정될 수 있다.
③ 피고인이 허위사실을 신고하였지만 신고된 범죄사실에 대한 공소시효가 완성되었음이 신고내용 자체에 의하여 분명한 경우 무고죄가 성립하지 않는다.
④ 피고인 자신이 상대방의 범행에 가담하였음에도 자신의 가담사실을 숨기고 상대방만을 고소한 경우에 무고죄가 성립한다.

해설

① 【 O 】 대판 2010.11.25. 2010도10202 18. 경찰승진
② 【 O 】 대판 2005.9.30. 2005도2712 18. 경찰승진
③ 【 O 】 대판 1994.2.8. 93도3445 18. 경찰승진
④ 【 X 】 [1] 무고죄에 있어서 '허위의 사실'이라 함은 그 신고된 사실로 인하여 상대방이 형사처분이나 징계처분 등을 받게 될 위험이 있는 것이어야 하고, 비록 신고내용에 일부 객관적 진실에 반하는 내용이 포함되었다 하더라도 그것이 독립하여 형사처분 등의 대상이 되지 아니하고 단지 신고사실의 정황을 과장하는 데 불과하거나 허위인 일부 사실의 존부가 전체적으로 보아 범죄사실의 성립 여부에 직접 영향을 줄 정도에 이르지 아니하는 내용에 관계되는 것이라면 무고죄가 성립하지 아니한다.
[2] 피고인 자신이 상대방의 범행에 공범으로 가담하였음에도 자신의 가담사실을 숨기고 상대방만을 고소한 경우, 피고인의 고소내용이 상대방의 범행 부분에 관한 한 진실에 부합하므로 이를 허위의 사실로 볼 수 없고, 상대방의 범행에 피고인이 공범으로 가담한 사실을 숨겼다고 하여도 그것이 상대방에 대한 관계에서 독립하여 형사처분 등의 대상이 되지 아니할뿐더러 전체적으로 보아 상대방의 범죄사실의 성립 여부에 직접 영향을 줄 정도에 이르지 아니하는 내용에 관계되는 것이므로 무고죄가 성립하지 않는다(대판 2008.8.21. 2008도3754). 18. 경찰승진

정답 ④

08 무고죄에 관한 설명 중 가장 적절하지 않은 것은?

① 신고사실의 일부에 허위의 사실이 포함되어 있다고 하더라도 그 허위부분이 범죄의 성부에 영향을 미치는 중요한 부분이 아니고, 단지 신고한 사실을 과장한 것에 불과한 경우에는 무고죄에 해당하지 아니하지만, 그 일부 허위인 사실이 국가의 심판작용을 그르치거나 부당하게 처벌을 받지 아니할 개인의 법적 안정성을 침해할 우려가 있을 정도로 고소사실 전체의 성질을 변경시키는 때에는 무고죄가 성립될 수 있다.

② 고소당한 범죄가 유죄로 인정되는 경우, 고소를 당한 사람이 자신을 고소한 사람에 대하여 "고소당한 죄의 혐의가 없는 것으로 인정된다면 고소인이 자신을 무고한 것에 해당하므로 고소인을 처벌해 달라"는 내용의 고소장을 수사기관에 제출하였다면 자신의 결백을 주장하기 위한 것이라고 하더라도 무고죄의 범의를 인정할 수 있다.

③ 무고죄에 있어 신고한 사실이 객관적 사실에 반하는 허위사실이라는 요건은 신고사실의 진실성을 인정할 수 없다는 소극적 증명으로도 충분하다.

④ 변호사에 대한 징계처분은 형법 제156조에서 정하는 '징계처분'에 포함되고, 그 징계 개시의 신청권이 있는 지방변호사회의 장은 형법 제156조에서 정한 '공무소 또는 공무원'에 포함된다.

해설

① 【 O 】 대판 2009.1.30. 2008도8573 17. 경찰승진
② 【 O 】 대판 2007.3.15. 2006도9453 17. 경찰승진
③ 【 X 】 무고죄는 타인으로 하여금 형사처분이나 징계처분을 받게 할 목적으로 신고한 사실이 객관적 진실에 반하는 허위사실인 경우에 성립되는 범죄이므로 신고한 사실이 객관적 사실에 반하는 허위사실이라는 요건은 적극적인 증명이 있어야 하며, 신고사실의 진실성을 인정할 수 없다는 소극적 증명만으로 곧 그 신고사실이 객관적 진실에 반하는 허위사실이라고 단정하여 무고죄의 성립을 인정할 수는 없다(대판 2006.5.25. 2005도4642). 17. 경찰승진
④ 【 O 】 대판 2010.11.25. 2010도10202 17. 경찰승진

정답 ③

09 무고죄에 관한 다음 설명 중 가장 옳지 않은 것은?

① 신고한 사실이 객관적 진실에 반하는 허위사실이라는 점에 관하여는 적극적인 증명이 없더라도, 신고사실의 진실성을 인정할 수 없다면 무고죄의 성립을 인정할 수 있다.
② 형법 제156조는 타인으로 하여금 형사처분 또는 징계처분을 받게 할 목적으로 공무소 또는 공무원에 대하여 허위의 사실을 신고한 자를 처벌하도록 정하고 있고, 여기서 '징계처분'이란 공법상의 감독관계에서 질서유지를 위하여 과하는 신분적 제재를 말한다.
③ 무고죄에 있어서 형사처분 또는 징계처분을 받게 할 목적은 허위신고를 함에 있어서 다른 사람이 그로 인하여 형사 또는 징계처분을 받게 될 것이라는 인식이 있으면 족한 것이고 그 결과발생을 희망하는 것을 요하는 것은 아닌바, 피고인이 고소장을 수사기관에 제출한 이상 그러한 인식은 있었다 할 것이니 피고인이 고소를 한 목적이 피고소인들을 처벌받도록 하는 데에 있지 아니하고 단지 회사 장부상의 비리를 밝혀 정당한 정산을 구하는 데 있다 하여 무고의 범의가 없다 할 수 없다.
④ 무고죄는 국가의 형사사법권 또는 징계권의 적정한 행사를 주된 보호법익으로 하고 다만, 개인의 부당하게 처벌 또는 징계받지 아니할 이익을 부수적으로 보호하는 죄이므로, 설사 무고에 있어서 피무고자의 승낙이 있었다고 하더라도 무고죄의 성립에는 영향을 미치지 못한다.
⑤ 1통의 고발장에 의하여 수개의 혐의사실을 들어 고발한 경우, 그 중 일부 사실이 진실이라 하더라도 다른 사실이 허위이면 그 허위사실 부분은 독립하여 무고죄를 구성한다.

[해설]
① 【 X 】 무고죄는 신고한 사실이 객관적 진실에 반하는 허위사실이라는 점에 관하여는 적극적인 증명이 있어야 하며, 신고사실의 진실성을 인정할 수 없다는 점만으로 곧 그 신고사실이 객관적 진실에 반하는 허위사실이라고 단정하여 무고죄의 성립을 인정할 수 없다(대판 2014.2.13. 2011도15767). 16. 법원행시
② 【 O 】 대판 2014.7.24. 2014도6377 16. 법원행시
③ 【 O 】 대판 1991.5.10. 90도2601 16. 법원행시
④ 【 O 】 대판 2005.9.30. 2005도2712 16. 법원행시
⑤ 【 O 】 대판 2007.3.29. 2006도8638 16. 법원행시

정답 ①

10 다음 설명 중 옳은 것은 모두 몇 개인가?

㉠ 피고인이 마약류관리에 관한 법률 위반(향정)죄로 이미 유죄판결을 받아 확정된 후 별건으로 기소된 공범 甲에 대한 공판절차에 증인으로 출석하여 허위의 진술을 한 경우, 증언에 앞서 증언거부권을 고지받지 못하였다면 위증죄가 성립하지 아니한다.

㉡ 형법 제152조 제1항과 제2항은 위증을 한 범인이 형사사건의 피고인 등을 모해할 목적을 가지고 있었는가 아니면 그러한 목적이 없었는가 하는 범인의 특수한 상태의 차이에 따라 범인에게 과할 형의 경중을 구별하고 있으므로, 이는 바로 형법 제33조 단서 소정의 '신분관계로 인하여 형의 경중이 있는 경우'에 해당한다.

㉢ 타인으로 하여금 형사처분을 받게 할 목적으로 공무소에 대하여 허위사실을 신고하였다고 하더라도, 신고된 범죄사실에 대한 공소시효가 완성되었음이 신고 내용 자체에 의하여 분명한 경우에는 무고죄가 성립하지 아니하고, 또한 객관적으로 고소사실에 대한 공소시효가 완성되었다면 고소를 제기하면서 마치 공소시효가 완성되지 아니한 것처럼 고소한 경우에도 국가기관의 직무를 그르칠 염려가 없으므로 무고죄를 구성하지 아니한다.

㉣ 피무고자의 승낙을 받아 허위사실을 기재한 고소장을 제출하였다면, 피무고자로 하여금 형사처분을 받게 할 목적이 있었다고 보기 어렵다.

㉤ 무고죄에 있어서 형의 필요적 감면사유에 해당하는 자백에는 자신의 범죄사실, 즉 타인으로 하여금 형사처분 또는 징계처분을 받게 할 목적으로 공무소 또는 공무원에 대하여 허위의 사실을 신고하였음을 자인하는 것뿐만 아니라 단순히 그 신고한 내용이 객관적 사실에 반한다고 인정하는 것도 포함된다.

① 1개   ② 2개   ③ 3개   ④ 4개   ⑤ 5개

ⓜ 【 X 】 무고죄에 있어서 형의 필요적 감면사유에 해당하는 자백이란 자신의 범죄사실, 즉 타인으로 하여금 형사처분 또는 징계처분을 받게 할 목적으로 공무소 또는 공무원에 대하여 허위의 사실을 신고하였음을 자인하는 것을 말하고, 단순히 그 신고한 내용이 객관적 사실에 반한다고 인정함에 지나지 아니하는 것은 이에 해당하지 아니한다(대판 1995.9.5. 94도755). 14. 법원행시

정답 ①

11 무고죄에 대한 설명으로 옳지 않은 것은 모두 몇 개인가?

㉠ 피고인이 구타를 당했으나 입지 않은 상해사실을 포함하여 고소한 경우 무고죄에 해당한다.
㉡ 신고사실이 진실하더라도 형사책임을 부담할 자를 잘못 신고한 경우 무고죄에 해당한다.
㉢ 형사처분을 받게 할 목적으로 허위사실을 신고한 경우 그 사실 자체가 범죄가 되지 않는 경우에도 무고죄가 성립한다.
㉣ 신고자가 신고사실이 허위라거나 허위일 가능성이 있다는 인식을 하면서도 이를 무시한 채 무조건 자신의 주장이 옳다고 생각하고 허위의 사실을 신고하는 경우에도 무고죄가 성립한다.
㉤ 범행일시를 특정하지 않은 고소장을 제출한 후 고소보충진술시에 범죄사실의 공소시효가 아직 완성되지 않은 것으로 허위 진술한 다음, 피고인이 그 이후 검찰이나 제1심 법정에서 다시 범죄의 공소시효가 완성된 것으로 정정 진술한 경우 무고죄는 성립하지 않는다.

① 1개　　② 2개　　③ 3개　　④ 4개

해설

㉠ 【 X 】 피고인이 구타를 당한 것이 사실인 이상 이를 고소함에 있어서 입지 않은 상해사실을 포함시켰다 하더라도 이는 고소내용의 정황의 과장에 지나지 않으므로 위 상해부분만이 따로이 무고죄를 구성한다고는 할 수 없다(대판 1973.12.26. 73도2771).
㉡ 【 X 】 진실한 사실로서 허위사실을 신고한 것이 아닌 이상, 그 신고된 사실에 대한 형사책임을 부담할 자를 잘못 택하였다고 하여 무고죄가 성립한다고는 할 수 없다(대판 1982.4.27. 81도2341).
㉢ 【 X 】 타인에게 형사처분을 받게 할 목적으로 허위의 사실을 신고한 행위가 무고죄를 구성하기 위하여는 신고된 사실 자체가 형사처분의 원인이 될 수 있어야 할 것이어서, 가령 허위의 사실을 신고하였다 하더라도 그 사실 자체가 형사범죄로 구성되지 아니한다면 무고죄는 성립하지 아니한다(대판 2013.9.26. 2013도6862).
㉣ 【 O 】 대판 2008.5.29. 2006도6347
㉤ 【 X 】 [1] 무고죄는 타인으로 하여금 형사처분 등을 받게 할 목적으로 공무소 등에 허위의 사실을 신고함으로써 성립하는 범죄이므로, 그 신고된 범죄사실이 이미 공소시효가 완성된 것이어서 무고죄가 성립하지 아니하는 경우에 해당하는지 여부는 그 신고시를 기준으로 하여 판단하여야 한다고 할 것이다.
[2] 범행일시를 특정하지 않은 고소장을 제출한 후, 고소보충진술시에 범죄사실의 공소시효가 아직 완성되지 않은 것으로 진술한 피고인이 그 이후 검찰이나 제1심 법정에서 다시 범죄의 공소시효가 완성된 것으로 정정 진술한 사안에서, 이미 고소보충진술시에 무고죄가 성립하였다고 본 사례(대판 2008.3.27. 2007도11153).

정답 ④

12 무고죄에 관한 다음 설명 중 가장 적절하지 않은 것은?

① 신고자가 그 신고내용을 허위라고 믿었다 하더라도 그것이 객관적으로 진실한 사실에 부합할 때에는 무고죄는 성립하지 않으며, 위 신고한 사실의 허위 여부는 그 범죄의 구성요건과 관련하여 신고사실의 핵심 또는 중요내용이 허위인가에 따라 판단하여야 한다.
② 위증으로 고소, 고발한 사실 중 위증한 당해사건의 요증사항이 아니고 재판결과에 영향을 미친 바 없는 사실만이 허위라고 인정되는 경우, 무고죄는 성립하지 않는다.
③ 무고죄에 있어서의 신고는 자발적인 것이어야 하고 수사기관 등의 추문에 대하여 허위의 진술을 하는 것은 무고죄를 구성하지 않는 것이지만, 당초 고소장에 기재하지 않는 사실을 수사기관에서 고소보충조서를 받을 때 자진하여 진술하였다면 이 진술부분까지 신고한 것으로 보아야 한다.
④ 허위 내용의 고소장을 경찰서에 제출하였다면 다시 되돌려 받은 경우나 수사에 착수하지 않은 경우 모두 무고죄가 성립한다.

해설

① 【 O 】 대판 2006.2.10. 2003도7487
② 【 X 】 1통의 고소, 고발장에 의하여 수개의 혐의사실을 들어 무고로 고소, 고발한 경우 그중 일부사실은 진실이나 다른 사실은 허위인 때에는 그 허위사실 부분만이 독립하여 무고죄를 구성하는 것이고, 한편 위증죄는 진술내용이 당해 사건의 요증사항이 아니거나 재판의 결과에 영향을 미친 바 없더라도 선서한 증인이 그 기억에 반하여 허위의 진술을 한 경우에는 성립되어 그 죄책을 면할 수 없으므로, 위증으로 고소, 고발한 사실 중 위증한 당해사건의 요증사항이 아니고 재판결과에 영향을 미친 바 없는 사실만이 허위라고 인정되더라도 무고죄의 성립에는 영향이 없다(대판 2002.3.29. 2002도197).
  ◎ ①번 지문과 혼동되지 않도록 잘 정리해야 한다.
③ 【 O 】 대판 1996.2.9. 95도2652
④ 【 O 】 피고인이 최초에 작성한 허위내용의 고소장을 경찰관에게 제출하였을 때 이미 허위사실의 신고가 수사기관에 도달되어 무고죄의 기수에 이른 것이라 할 것이다(대판 1985.2.8. 84도2215).

정답 ②

13 무고죄에 관한 판례로서 옳지 않은 것은?

① 경찰관이 甲을 현행범으로 체포하려는 상황에서 乙이 경찰관을 폭행하여 乙을 현행범으로 체포하였는데 乙이 경찰관의 현행범 체포업무를 방해한 일이 없다며 경찰관을 불법체포로 고소한 경우 乙에게 무고죄가 성립한다.
② 고소당한 범죄가 유죄로 인정되는 경우에, 고소를 당한 사람이 고소인에 대하여 '고소당한 죄의 혐의가 없는 것으로 인정된다면 고소인이 자신을 무고한 것에 해당하므로 고소인을 처벌해 달라'는 내용의 고소장을 제출하였다면 이는 자신의 결백을 주장하기 위한 것으로서 방어권의 행사 범위 내에 있으므로 고소인을 무고한다는 범의를 인정할 수는 없다.
③ 피고인이 먼저 자신을 때려 주면 돈을 주겠다고 하여 甲, 乙이 피고인을 때리고 지갑을 교부받아 그 안에 있던 현금을 가지고 간 것임에도, '甲 등이 피고인을 폭행하여 돈을 빼앗았다'는 취지로 허위사실을 신고한 경우 무고죄가 성립한다.
④ 피고인이 위조수표에 대한 부정수표단속법 제7조의 고발의무가 있는 은행원을 도구로 이용하여 수사기관에 고발을 하게하고, 이어 수사기관에 대하여 특정인을 위조자로 지목한 경우, 이는 사법경찰관의 질문에 답변으로 한 것이라 할지라도 자발성이 인정되어 무고죄가 성립한다.

해설

① 【 O 】 대판 2009.1.30. 2008도8573
② 【 X 】 설사 그것이 자신의 결백을 주장하기 위한 것이라고 하더라도 방어권의 행사를 벗어난 것으로서 고소인을 무고한다는 범의를 인정할 수 있다(대판 2007.3.15. 2006도9453).
③ 【 O 】 사안의 경우, 때려 달라는 피고인의 요청은 윤리적·도덕적으로 사회상규에 어긋나는 것이어서 피해자의 승낙에 해당한다고 할 수는 없으므로, 甲 등의 행위가 결과적으로 위법하다 하더라도 폭행 내지 상해의 범죄에 해당할 수 있는 것인 반면, 피고인의 신고사실은 甲 등이 갈취 내지 강취의 범죄를 범하였다는 것이어서 그 신고사실의 일부가 허위라는 점은 명백하다. 甲 등이 갈취 내지 강취의 의사로 피고인을 폭행한 것이 아니라 피고인의 요청에 따라 그러한 행위를 하였음이 분명한 이상 '甲 등이 피고인을 폭행하여 돈을 빼앗았다'는 취지의 신고는 폭행의 경위에 관한 허위사실만으로도 국가의 심판작용을 그르치거나 부당하게 처벌을 받지 아니할 개인의 법적 안정성을 침해할 우려가 있을 정도로 고소사실 전체의 성질을 변경시킨 것으로 판단되므로 피고인의 신고는 '허위사실의 신고'에 해당한다(대판 2010.4.29. 2010도2745). ✪ 피해자의 승낙 인정여부와 무고죄 인정여부를 구별해서 정리해야 한다.
④ 【 O 】 대판 2005.12.22. 2005도3203

정답 ②

최정훈

주요 약력
고려대학교 대학원(석사)
現) 세종사이버대학교 겸임교수
　　경찰공제회 형법, 형사소송법 전임교수
　　박문각 경찰, 공무원 형법, 형사소송법 전임교수
前) 해커스 공무원 형법 전임교수
　　에듀윌 형법 전임
　　백석대학교 경찰행정학과 강사

주요 저서
2025 박문각 공무원 최정훈 형사소송법 기본 이론서
2025 박문각 공무원 최정훈 형법총론 기본 이론서
2025 박문각 공무원 최정훈 형법각론 기본 이론서
최신판 박문각 공무원 최정훈 형법총론 단원별 기출문제집
최신판 박문각 공무원 최정훈 형법각론 단원별 기출문제집
최신판 박문각 공무원 최정훈 형사소송법 단원별 기출문제집
최신판 박문각 경찰 최정훈 형사소송법(수사와 증거) 기출문제집
박문각 공무원 최정훈 퍼펙트 형법총론 핵심노트
박문각 공무원 최정훈 퍼펙트 형법각론 핵심노트

최정훈 형법각론
단원별 기출문제집

초판 인쇄 | 2025. 12. 10.　**초판 발행** | 2025. 12. 15.　**편저자** | 최정훈
발행인 | 박 용　**발행처** | (주)박문각출판　**등록** | 2015년 4월 29일 제2019-000137호
주소 | 06654 서울시 서초구 효령로 283 서경 B/D 4층　**팩스** | (02)584-2927
전화 | 교재 문의 (02)6466-7202

저자와의 협의하에 인지생략

이 책의 무단 전재 또는 복제 행위를 금합니다.

정가 39,000원
ISBN 979-11-7519-165-5